형법각론

제7판

김성천
중앙대학교 법학전문대학원 교수

도서출판 **소진**

2021

머리말

형법각론 교과서를 출간하고 나서 20년 정도의 시간이 흘렀다. 우리나라가 계수한 독일 형법의 체계가 궁금하여 직접 가서 공부를 하고 돌아와서 사례 중심으로 서술하는 교과서를 만들어 보았다. 사람들이 사례집이냐고 물어보았다. 사실 사례집을 만들 생각은 아니었고 사례를 중심으로 이론을 설명하려는 의도이었다. 이론을 먼저 강의하고 나서 사례를 풀게 하는 것이 아니라 거꾸로 사례를 해결하기 위해서 이론이 필요하다는 점을 느끼고 하고 싶었던 건데 진심이 전달되지 않는 것 같았다.

그래서 사례를 모두 빼서 그야말로 사례집을 만들고 그 앞에 사례분석틀을 집어넣고 그러다보니 필요한 형법전도 그 앞에 추가하고 그래서 아주 얇은 『형법노트』라는 책도 만들었다. 얇지만 꽤 유용한 책자이다. 앞뒤가 어떻게 바뀌든 형법이론은 형사사건을 해결하기 위해서 존재하는 것이라는 말을 계속 하고 싶어진다. 이론에 매몰되지 말고 사례를 해결하러 함께 가자.

계속 반복해서 20년 이상을 말을 해보았지만 그게 말이 쉽지 잘 안 되는 것도 같다. 문제를 던져주면 일단 풀어봐야 답이 나온다. 그냥 문제만 보았을 때 예상한 것과 실제 풀어보았을 때 나오는 답은 대부분 일치하지 않는다. 형법 문제라는 것이 수학 문제를 풀어본 지가 40년이 넘었지만 그거 하고 비슷해서 풀어봐야 답을 알 수 있다. 그래서 푸는 과정을 잘 가르쳐 주고 싶은데 뜻대로 잘 안 된다.

분명히 쉽게 가르치고 있는 것 같은데 그대로 잘 따라 하지를 않는다. 저 인간이 가르치고 있는 것 말고 무슨 다른 길이 있을 거야 라고 생각하는 듯하다. 결국 강의시간에 직접 답안을 타이핑 하고 있는데 그래도 그렇게 따라 하지 않는 사람들이 있다. 저렇게 이야기는 하고 있지만 무언가 숨기는 것이 있을 거야. 문제가 저렇게 쉽게 풀리면 문제가 아니지. 나는 내 나름대로 방법을 찾아볼 것이야. 이렇게 생각하는 사람들이 있는 것 같다.

시중에 나와 있는 사례집을 보면 논점식으로 서술한 것들이 있을 것이다. 그러한 풀이방식이 존재함을 잘 알고 있지만 그다지 참고하고 싶은 생각이 들지 않아 오래 동안 보지 않았다. 사법시험을 지나 변호사시험으로 변모하면서 매년 사례형 문제에 대한 예시답안들이

나오는데 옛날 논점 서술식 풀이에서 순정 사례형 풀이방식의 중간 형태로 보인다. 그 옛날 사법시험은 '공동정범에 대하여 논하시오' 이런 식으로 출제가 되었다. 그러면 교과서에 서술되어 있는 내용을 암기해서 적어야 합격할 수 있었다. 대략 한 과목에 60개 정도의 예상문제를 추출해서 암기를 하였다. 우리도 늘 그런 시험을 보았고 예상문제를 뽑아서 목차를 외웠다. 공부의 기본은 암기이므로 잘 외우는 사람이 장땡이다.

그런 식으로 공부해서 합격하면 그 상태에서 곧바로 사건을 해결할 수 있을까? 그럴 리가 없다. 연수원에 가서 다시 배워야 한다. 연수원에 가서 사례를 해결하는 방법을 배우기 위한 자격을 획득하는 시험이었다.

이제는 시험이 모두 사례형으로 바뀌었다. 사례형 문제는 사례를 푸는 방식으로 풀어야 하지 않겠는가. 범죄론 체계는 원래 독일에서 사례를 해결하기 위한 방법론으로 제작한 것이다. 사례 분석틀은 딱 법칙에 따라 사용되어야 한다. 그 법칙을 어떻게 가르치는지 강의도 듣고 연습도 듣고 다 해보았다. 그래서 나도 따라한다고 강의도 하고 별도로 시간을 내서 연습시간도 진행해 보았다. 아이고 싫단다. 정해진 강의시간 내에 다 가르쳐 주지 않고 왜 따로 공부를 시키냐며 싫다고 한다.

그래서 한정된 수업시간에 다 하려고 하고 있다. 그러니 진도가 제대로 나갈 리가 없다. 형법총론과 각론을 각각 2학기 씩 강의를 하면 다 나갈 수 있다. 그런데 지금은 그것의 반만 하고 있다. 매학기 열심히 달려보지만 언제나 뭐가 남아있다. 방학하고 나서 보강을 하고 싶지만 좋아할 리가 없다.

그러던 중 가능성 비슷한 걸 찾았다. 비대면 강의가 답이다. 강의시간을 얼마를 사용하든 제한이 없으니까 많이 듣게 하면 되는 것이다. 물론 이번 학기에는 실패다. 남들 고생할 때 1년 동안 쉬고 돌아와 갑자기 동영상 촬영을 하고 편집을 하고 하다 보니 한 학기 동안 너무 허덕거렸다. 다음 학기에는 가능할 것도 같다. 듣는 사람 입장에서도 속도를 빨리해서 들으면 되니까 괜찮을 듯하다.

너무 궁시렁 거린 것 같은데 결론은 잘 가르쳐 보고 싶다는 말이다. 이 책이 제6판 나오고 나서 4년이나 지나서 나오게 되었다. 내가 게을렀으니 크게 할 말도 없지만 조금 바쁜 일이 있었던 것도 사실이다. 그러면 작년에 쉴 때 뭐했냐 그럴 텐데 사실 나도 잘 모르겠다. 그래도 놀다가 형법총론은 개정을 했다고 하는 게 변명의 전부이다.

그 동안 판례도 많이 바뀌었고 설명 체계를 바꿔야 하는 부분도 여기 저기 발생하였다.

개정 작업을 하다 보니 도대체 왜 저렇게 생각을 했었나 싶은 부분들도 발견된다. 지금이라도 과오를 인지한다면 다행이 아닐까 한다. 여전히 잘못된 부분들이 남아있을 것으로 생각된다. 지적을 해주시기 바란다. 있는 힘을 다해 쉽게 쓰려고 노력했고 이 책을 통해 형법을 잘 이해하게 되었으면 하는 바램과 함께 개정작업을 마친다.

이 책이 출간되기 까지 도움을 주신 많은 분들께 감사드리고, 특히 원고의 교정에 도움을 준 공도원, 김다혜, 김동욱, 변혜림, 양지수, 조수현, 홍민지 그리고 출판을 맡아준 도서출판 소진의 강도구 동문에게 고맙다는 인사를 전한다.

2021년 7월

저 자

차 례

제 3 편 국가적 법익을 침해하는 범죄

법령 약자 목록

가등기담보법	가등기담보 등에 관한 법률
마약류관리법	마약류 관리에 관한 법률
부동산실명법	부동산실권리자명의등기에 관한 법률
성폭력특별법	성폭력범죄의 처벌 등에 관한 특례법
성매매처벌법	성매매 알선 등 행위의 처벌에 관한 법률
스토킹처벌법	스토킹범죄의 처벌 등에 관한 법률
정보통신망법	정보통신망 이용 촉진 및 정보 보호 등에 관한 법률
청소년성보호법	청소년의 성보호에 관한 법률
특가법	특정범죄 가중처벌 등에 관한 법률
특경법	특정경제범죄 가중처벌 등에 관한 법률
폭처법	폭력행위 등 처벌에 관한 법률
형소법	형사소송법
형집행법	형의 집행 및 수용자 처우에 관한 법률
환경범죄처벌법	환경범죄 등의 단속 및 가중처벌에 관한 법률

주요 참고문헌 목록

강구진, 형법강의 - 각론 Ⅰ, 박영사, 1983
김성돈, 형법총론, 제2판, 성균관대학교 출판부, 2009
______, 형법각론, 제2판, 성균관대학교 출판부, 2009
김일수・서보학, 형법총론, 제10판, 박영사, 2004
______, 한국형법 Ⅰ Ⅱ Ⅲ Ⅳ Ⅴ, 박영사, 1992
______, 형법각론, 제4판, 박영사, 2001
김종원, 형법각론(상), 법문사, 1971
남흥우, 형법총론, 빅영사, 1983
박동희, 형법학총론, 법문사, 1977
박상기, 형법총론, 제6판, 박영사, 2009
______, 형법각론, 전정판, 박영사, 2008
배종대, 형법총론, 제7판, 홍문사, 2009
______, 형법각론, 제3판, 홍문사, 2008
백남억, 형법총론, 법문사, 1963
백형구, 형법각론, 청림출판, 199
서일교, 형법각론, 박영사, 1982
손동권, 형법총론, 개정판, 율곡출판사, 2004
______, 형법각론, 율곡출판사, 2004
손해목, 형법총론, 법문사, 1996
신동운, 형사총론, 법문사, 2001
안동준, 형법총론, 학현사, 1998
오영근, 형법총론, 대명출판사, 2009
______, 형법각론, 박영사, 2009
유기천, 형법학 - 총론강의, 일조각, 1983
______, 형법학 - 각론강의 상・하, 일조각, 1982
이건호, 형법학개론, 고대출판부, 1977

이상돈, 예술형법, 박영사, 2014
이영란, 한국형법학, 숙대출판부, 2002
이재상, 형법총론, 제5판, 박영사, 2010
______, 형법각론, 제4판, 박영사, 2010
이정원, 형법총론, 법지사, 1999
______, 형법각론, 법지사, 1999
이형국, 형법총론, 제3판, 법문사, 2003
______, 형법총론연구 Ⅰ·Ⅱ, 법문사, 1984·1986
______, 형법각론연구(Ⅰ), 법문사, 1997
______, 형법각론연구(Ⅱ), 법문사, 2005
임 웅, 형법총론, 법문사, 2011
______, 형법각론(상), 법문사, 2009
정성근, 형법총론, 전정판, 법지사, 1996
______, 형법각론, 전정판, 법지사, 1996
정성근·박광민, 형법총론, 삼지원, 2011
____________, 형법각론, 삼지원, 2011
정영석, 형법총론, 제5전정판, 법문사, 1987
______, 형법각론, 법문사, 1983
조준현, 형법총론, 법원사, 1998
진계호, 형법총론, 제5판, 대왕사, 1996
______, 형법각론, 제3판, 대왕사, 1996
차용석, 형법총론강의 Ⅰ, 고시연구사, 1988
하태훈, 형법강의 - 총론(사례중심), 법원사, 1998
허일태, 독일형법총론, 법문사, 1991
황산덕, 형법총론, 제7정판, 방문사, 1982
______, 형법각론, 제5전정판, 방문사, 1983

제 1 편

개인적 법익을 침해하는 범죄

제 1 장 생명 · 신체를 침해하는 범죄

제 1 절 생명을 침해하는 범죄

I. 개 관

1. 보호법익

형법 제24장(살인의 죄)과 제27장(낙태의 죄)의 형벌규정들은 **생명**을 보호법익으로 하고 있다. 흔히 생명은 최고의 가치를 가지는 법익이라고 말한다. 생명을 가진 존재라면 누구나 다 생명을 잃는 것을 가장 고통스러워하기 때문일 것이다. 생명을 가장 귀하게 여기는 것은 일종의 본능이다. 이는 언어표현을 통해 자신의 느낌을 타인에게 전달할 수 있는 능력이 있건 없건 마찬가지이다. 태아의 경우에도 두려움과 공포를 느끼는 것은 성인과 마찬가지다. 생명을 귀하게 여기는 이러한 감정이 사회적으로 공유되어 있기 때문에 생명을 최고의 법익으로 평가하는 사회적 결단이 자연스럽게 이루어졌을 것이라고 생각한다.

생명은 최고의 법익이기 때문에 절대적으로 보호되는 것이 원칙이다. 법익형량을 할 때에도 생명은 일반적으로 절대적 우위를 인정받는다. 그러나 예외 없는 원칙이 없듯이 항상 생명에 대한 절대적 보호가 이루어지고 절대적 우위가 인정되는 것은 아니다.

그 중에서도 태아의 생명은 절대적 보호의 대상이 되지 못하고 있다. 태아의 생명을 고의로 침해하는 것은 금지되어 있지만 과실로 침해하는 것을 처벌하는 규정은 없다. 이미 출생한 사람과 비교해 볼 때 절대적인 보호를 받지 못하고 있는 부분이다.

2. 생명 침해 범죄의 분류체계

(1) 넓은 의미의 생명 침해 범죄

넓은 의미의 생명 침해 범죄에는 살인의 죄와 낙태의 죄가 포함된다. 살인죄와 낙태죄는 생명을 보호법익으로 한다는 점에서는 차이가 없다. 다만 살인죄는 이미 태어난 생명을 보호하기 위한 규정이고, 낙태죄는 태어나기 전의 생명을 보호하기 위한 규정이라는 점이 다를 뿐이다.

(2) 살인의 죄

사람을 살해하는 여러 가지 범죄의 **공통적 · 기본적인 불법**(결과반가치)은 '사람을 살해하는 것'이다. 이러한 기본적인 불법 내용을 바탕으로 여러 가지 변형 구성요건들이 형성되어 있다. 변형 구성요건의 유형을 변형 구성요건을 이루는 요소가 무엇인가에 따라 분류해보면 다음과 같다.

1) 피해자와 가해자 사이의 관계

직계비속이 직계존속을 살해하게 되면 제250조 제2항(존속살해)에 따라 가중처벌된다. 조선시대에는 존속살해는 최고의 극형인 능지처사(陵遲處死)에 처해질 극악무도한 범죄행위로 분류되었다.

반대로 직계존속이 직계비속을 살해하는 경우에는 치욕을 은폐하려고 했거나 양육할 수 없음을 예상하는 등 특별한 사유가 있다는 전제하에 제251조(영아살해)에 따라 감경처벌 대상이 된다.

2) 살해동기

치욕을 은폐하기 위해, 양육할 수 없음을 예상해서 또는 특히 참작할 만한 동기로 인하여 살해한 경우에는 행위주체가 직계존속인 때에 한하여 감경처벌된다.

피해자의 **촉탁** 또는 **승낙**에 의해서 살해한 경우에는 행위반가치와 책임이 감소되기 때문에 제252조(촉탁·승낙에 의한 살인)에 의해 감경처벌된다.

특가법 제5조의9 제1항은 자기 또는 타인의 형사사건과 관련해서 고소·고발을 했거나 증거제출·증언 등을 한 것에 대한 **보복**으로 살인을 한 경우 가중처벌하는 규정을 두고 있다.

3) 살해방법

위계 또는 위력을 사용하여 피해자로 하여금 살인을 촉탁·승낙하도록 만들거나 자살을 교사·방조함으로써 궁극적으로 사망을 유발하는 행위를 한 경우에는 보통살인의 경우와 동일하게 처벌한다.

독일 형법은 특히 잔혹한 방법으로 또는 무방비 상태의 피해자를 살해하는 경우에 **중살인**(Mord)으로 가중처벌하는 규정(독일 형법 제211조)을 두고 있으나, 우리나라의 경우에는 살해방법의 특별한 반가치성을 근거로 가중처벌하는 규정은 두지 않고 있다. 다만 살인범죄 양형기준에는 '잔혹한 범행수법'이 가중요소로 반영되어 있다.

4) 살인의 죄의 처벌 단계

살인죄는 처벌의 정도에 따라 다시 네 단계로 구분이 된다.

① 기본 구성요건: 제250조 제1항 (살인)

② 불법의 정도가 같은 변형 구성요건: 제253조 (위계·위력에 의한 살인)

③ 가중 구성요건: 제250조 제2항 (존속살해), 특가법 제5조의9 제1항 (보복살인)

④ 감경 구성요건: 제251조 (영아살해), 제252조 제1항 (촉탁·승낙에 의한 살인), 제252조 제2항 (자살교사·방조죄)

(3) 살인의 죄와 구별되는 개념

1) 사망이라는 결과로 인하여 가중처벌되는 범죄: 결과적 가중범

예를 들어 상해치사(제259조), 폭행치사(제262조), 낙태치사(제269조 제3항), 유기치사(제275조), 체포·감금치사(제281조), 강간치사(제301조의2), 강도치사

(제338조), 교통방해치사(제188조) 등이 이에 해당된다. 이들 범죄는 기본범죄는 고의로 범하고 중한 결과는 과실로 야기하는 형태를 가지고 있으므로 고의범인 살인죄와 구별되는 유형의 범죄이다.

2) 생명에 대한 위험을 야기하는 범죄

생명에 대한 위험만을 야기하는 경우는 생명침해 범죄에 포함되지 않는다. 비록 생명보호를 목적으로 하는 규정이기는 하지만 침해범인 살인죄와는 다른 개념이다. 예를 들면 중상해(제258조 제1항), 유기(제271조 제3항), 중권리행사방해(제326조) 등이 이에 속한다.

Ⅱ. 살인의 죄

1. 살인죄

제250조 (살인) ① 사람을 살해한 자는 사형, 무기 또는 5년 이상의 징역에 처한다

제254조 (미수범) 전 4조의 미수범은 처벌한다.

제256조 (자격정지의 병과) 제250조, 제252조 또는 제253조의 경우에 유기징역에 처할 때에는 10년 이하의 자격정지를 병과할 수 있다.

(1) 의의

보통살인(제250조 제1항)은 형법 제24장 살인의 죄 규정 가운데 **기본 구성요건**에 해당된다. 사람을 살해하는 가장 기본적인 범죄형태인 것이다. 이 규정은 **사람의 생명**을 보호법익으로 한다.

(2) 구성요건

1) 객관적 구성요건

가. 행위객체

살인죄의 **행위객체**는 '다른 사람'이다. 따라서 스스로의 목숨을 끊는 자살은 구성요건에 해당되지 않아 처벌대상이 되지 않는다.

그리고 사람은 태어나 생존해 있는 동안만 살인죄의 보호대상이 된다. 아직 태어나지 않은 사람(태아)과 죽은 사람(死者)은 행위객체에서 제외되며 법인도 마찬가지이다.

살아있는 사람이라면 그가 어떠한 정신적·육체적 상태에 있건 상관없이 살인죄의 객체가 된다. 생존능력이 의심되는 심각한 기형의 영아, 정신병자, 자살하려는 사람(대법원 1948. 5. 14. 4281형상38), 빈사상태에 있는 사람, 죽을 때가 거의 다 된 중환자 등도 모두 행위객체에 포함된다.

(가) 살인죄의 보호대상이 되는 시기(始期): 출생

사람은 태어났을 때 비로소 살인의 죄의 행위객체로서 보호의 대상이 된다. 그런데 태어나는 과정에서 어느 정도 시간이 소요되고 몇 가지 단계를 거치게 되므로 어느 상태에 이르렀을 때부터 적극적인 생명 보호의 대상으로 보아야 할 것인지에 대하여 해석의 여지가 있다. 이 문제를 자연분만의 경우와 인공분만의 경우로 나누어 생각해 보자.

가) 자연분만의 경우

자연분만인 경우에 언제부터 살인죄의 행위객체로 볼 것인가에 대하여 견해가 나누어져 있다.

① **진통설(분만개시설)** : 분만이 시작되면 자궁이 열리면서 규칙적인 진통이 있게 되고 태아를 밖으로 밀어내게 되는데 이렇게 **분만이 개시될 때**부터 사람으로서 적극적인 보호의 대상이 되는 것으로 보아야 한다는 것이 진통설 또는 분만개시설이다(**통설|판례**). 사람으로서 보호의 대상이 되는 시기를 가장 앞당겨 주는 견해이다.

진통설에서 말하는 진통은 분만이 개시될 때 있게 되는 주기적인 진통(Eröffnungswehen)을 의미한다. 따라서 진통설과 분만개시설은 같은 학설이다. 다만 진통설보다는 분만개시설이라는 표현이 더 정확하다고 할 수 있다.

【판례】 살인죄 보호객체가 되는 시기 사람의 생명과 신체의 안전을 보호법익으로 하고 있는 형법상의 해석으로는 규칙적인 진통을 동반하면서 분만이 개시된 때(소위 진통설 또는 분만개시설)가 사람의 시기라고 봄이 타당하다. (대법원 2007. 6. 29. 2005도3832 | 대법원 1982. 10. 12. 81도2621; 대법원 1988. 10. 9. 98도949)

② **일부노출설** : '분만이 시작되고 나서 태아의 신체 일부가 밖으로 나왔을 때'부터 보호의 대상이 된다는 견해이다. 일본의 통설과 판례가 일부노출설을 따르고 있다. 우리나라에서 이 견해를 취하는 학자는 없다.

③ **전부노출설** : 전부노출설은 '분만과정이 완료되어 태아가 모체에서 완전히 밖으로 나왔을 때'부터 보호의 대상이 되어야 한다는 입장이다. 우리나라의 경우 민사법 분야에서는 전부노출설이 자연인으로서 권리능력의 주체가 되는 시기에 관한 통설이다. 영미법계에서는 형사법 분야에서도 전부노출설을 따르고 있다.

④ **독립호흡설** : 태아는 자궁을 떠나 밖으로 나오더라도 잠깐 동안은 태반을 통해 산소공급을 받다가 공기호흡으로 전환하는 과정을 거친다. 독립호흡설은 모체와의 마지막 연결고리인 태반과의 관계가 끝나고 '독립적으로 호흡하기 시작했을 때'부터 살인죄의 행위객체로 볼 수 있다는 견해이다. 태아가 살아서 태어났는가 아니면 사산(死産)인가를 구별하기가 편리하다는 점 때문에 주장된 견해이다. 현재 이 견해를 지지하는 사람은 없다.

결론 인간의 생명은 최고의 가치를 가진 법익이다. 세상으로 나올 준비를 하고 있는 태아도 인간으로서의 생명을 가지고 있다는 점은 분명하다. 태아와 이미 출생한 자의 유일한 차이점은 자궁 속에 있는가 아니면 밖으로 나와 있는가 하는 점뿐이다. 단지 자궁 속에 있다는 이유로 경시되어서는 안 된다.

태아의 생명을 과실로 침해하는 경우 처벌을 하지 않는 것은 태아의 생명이 경시되어도 상관없기 때문이 아니라 과실범까지 처벌할 경우 임산부의 정상적인 생활 자체를 거의 불가능하게 만들어 버리기 때문이라고 이해해야 한다. 임산부의 정상적인 생활을 위해서 하는 수 없이 태아는 형법에 의한 보호를 상당기간 동안 제대로 받지 못하고 있는 것이다. 이렇게 미흡한 생명보호는 분만이 개시되는 순간 끝나고 그 이후부터는 완벽한 보호가 이루어져야 한다.

또한 제251조(영아살해)를 보면 '분만 중인 영아'를 행위객체에 포함시키고 있다. 우리 형법이 분만개시 이후의 사람은 살인죄 규정의 보호대상으로 보고 있다는 점을 명백하게 밝혀주는 규정이다. 따라서 자연분만의 경우 **분만개시설**(진통설)이 타당하다고 할 수밖에 없다.

나) 인공분만의 경우

인공분만의 경우는 태아신체의 일부가 노출되는 시점을 보호의 시기로 보아야 한다는 견해가 있다. 그러나 자연분만의 경우 진통이 시작되면서 자궁이 열리기 시작하는 것을 분만개시로 보는 것처럼 인공분만의 경우에도 '인공적으로 자궁이 열리기 시작할 때'를 분만개시 시기로 보아야 한다(**통설**). 다만 산모가 자연분만을 위한 진통을 시작한 이후에 문제가 발생하여 제왕절개수술을 하는 경우는 자궁의 절개시점이 아니라 진통을 시작한 시점을 보호의 시기로 보아야 할 것이다. 수술(**제왕절개**)이 아닌 약물에 의한 유도분만의 경우에도 마찬가지로 약물에 의해서 인공적으로 자궁이 열리기 시작한 때를 사람으로서 보호의 대상이 되는 시기(始期)로 보면 될 것이다.

다) 생명유지 능력 문제

분만(진통)이 시작될 때 태아가 행위객체로서 생명을 가지고 있어야 한다는 것은 당연하다. 그러나 출생과정을 거친 이후에도 계속 생명을 유지할 수 있는 능력까지 가지고 있어야 하는 것은 아니다.

출생 이후에 생명을 유지할 능력이 없는 예로는 **무뇌증**(Anencephalie)상태의 기형아를 들 수 있다. 대뇌, 간뇌 그리고 중뇌가 없는 경우이다. 태어날 때 살아서 태어날 수는 있지만 생존할 수 있는 가능성은 없고 태어나자마자 바로 죽게 된다. 하지만 그렇다고 해서 보호대상에서 제외되는 것은 아니다.

라) 분만 이전의 행위에 의한 결과가 분만 이후에 나타난 경우

생명을 침해할 성격의 행위는 분만 이전에 이루어졌는데 행위의 결과는 분만 이후에 나타난 경우에 행위객체를 태아라고 해야 하는가 아니면 살인죄의 객체인 사람이라고 해야 하는가가 문제된다.

예를 들어 태아를 살해할 목적으로 약물을 투여했는데 태아가 죽지 않고 살아서 태어났지만 그 약물의 영향으로 분만 이후에는 생명을 유지할 수 없는 상태가 되어 태어난 후 얼마

되지 않아 사망한 경우 행위객체를 어떻게 보아야 할 것인지 문제가 된다.

행위객체의 성격은 행위시를 기준으로 판단해야 한다. 따라서 미숙아 상태로 출산되도록 작용한 약물을 사용한 시점에 행위객체의 속성이 태아이었으면, 미숙아 상태로 출산되었기 때문에 아이가 사람의 상태에서 죽었더라도 낙태만 성립할 수 있다.

(나) 살인죄의 보호대상으로서의 종기(終期): 사망

사람이 사망하게 되면 더 이상 살인죄 규정의 보호대상이 되지 않는다. 출생에 대한 개념규정과 마찬가지로 사망에 대한 개념규정도 형법전에는 없다. 학설에 의해 해결할 수밖에 없는 문제이다.

① **호흡 종지설** : '호흡이 종국적으로 정지된 때(終止)'를 인간의 사망시기로 보자는 견해이다. 현재 지지하는 학자를 찾을 수 없다.

② **맥박 종지설** : '심장의 활동이 종국적으로 정지된 때'를 사망시기로 보아야 한다는 견해이다.

③ **호흡 · 맥박 종지설** : '호흡과 심장의 활동이 종국적으로 정지된 때'를 사망시기로 보아야 한다는 견해이다.

④ **뇌사설** : 호흡이나 심장박동이 일단 정지되는 경우 이를 다시 되살리거나 인공적으로 이를 계속 유지시키는 기술이 확보되지 않았던 시대에는 호흡 종지설이나 맥박 종지설을 따르더라도 별 문제가 없었다. 그러나 의학이 발달하면서 뇌의 기능이 완전히 정지되는 경우에도 심장박동과 호흡을 계속 연장시킬 수 있게 되자 과연 형법이 어느 선까지 보호해야 하는가 하는 의문이 제기되었다.

문제는 뇌가 완전히 죽어버린 경우 그 사람은 살아있는 생명으로서의 의미를 더는 가지고 있지 않게 된다는 점이다. 인간이 가지고 있는 가장 중요한 특징인 의식활동이 영구적으로 중지되었기 때문이다. 이에 따라 '뇌기능이 종국적으로 정지된 때' 즉 뇌사의 시기를 사망시기로 보아야 한다는 견해가 대두되었다. 현재 의학계에서의 정설이고 형사법학계에서는 **다수설**이다.

이와 관련하여 「장기 등 이식에 관한 법률」이 제정되었는데, 이 법 제4조 제5호는 '살아있는 자'를 "사람 중에서 **뇌사자**를 제외한 자"로 정의하고 있다.

「장기 등 이식에 관한 법률」 제18조 제2항에 따르면 다음과 같은 조건이 갖추어졌을 때 뇌사가 이루어진 것으로 볼 수 있다.

1. 선행조건: ① 원인질환이 확실하고 치료될 가능성이 없는 기질적인 뇌병변이 있을 것, ② 깊은 혼수상태로서 자발호흡이 없고 **인공호흡기**로 호흡이 유지되고 있을 것, ③ 치료 가능한 약물중독이나 대사성 또는 내분비성 장애의 가능성이 없을 것, ④ 저체온상태(32 ° C 이하)가 아닐 것, ⑤ 쇼크상태가 아닐 것.

2. 판정기준: ① 외부자극에 전혀 반응이 없는 깊은 혼수상태일 것, ② 자발호흡이 되살아날 수 없는 상태로 소실되었을 것, ③ 두 눈의 동공이 확대·고정되어 있을 것, ④ 뇌간반사(腦幹反射)가 완전히 소실되어 있을 것, ⑤ 자발운동, 제뇌경직, 제피질경직, 경련 등이 나타나지 아니할 것, ⑥ 무호흡검사 결과 **자발호흡**이 유발되지 아니하여 자발호흡이 되살아날 수 없다고 판정될 것, ⑦ ①~⑥에 의한 판정결과를 일정 시간이 경과한 후에 재확인하여도 그 결과가 동일할 것, ⑧ 뇌파검사를 실시하여 **평탄뇌파**가 30분 이상 지속될 것

따라서 사망 여부를 기준으로 사람을 살아있는 자와 죽은 자로 양분하는 경우 뇌사자는 사망자로 보아야 한다는 것이 이 법의 취지가 된다. 그런데 이 법은 제21조 제1항에 "뇌사자가 이 법에 의한 장기 등의 적출로 사망한 때에는 뇌사의 원인이 된 질병 또는 행위로 인하여 사망한 것으로 본다"는 규정을 두고 있다. 이 규정은 분명히 뇌사자를 '아직 사망하지 않은 자'로 보고 있다. 따라서 매우 특이한 구별 방법이긴 하지만 사람이 죽는 과정에서 [살아있는 자 → 뇌사자 → 죽은 자]의 세 단계를 거친다는 말이 된다. 이러한 점 때문에 아직 뇌사설이 입법적으로 확립되지는 않았다고 보는 것이 타당하다.

뇌사설에 대해서는 ① 심장 박동이 계속되는 한 살아있다고 보는 것이 전통적 생사관이며, ② 뇌사여부를 판단하는 기준이 의학계에서도 아직 확립되지 않은 상태라서 뇌사설을 취하게 되면 현재의 의료윤리 수준에 비추어 볼 때 자칫 생명권을 심각하게 침해할 가능성이 있고, ③ 규범과학인 형법학이 경험과학인 의학의 견해를 받아들여야 할 이유가 없다는 비판이 가해지고 있다.

⑤ **이원설** : 호흡·심장이 정지되어도 뇌활동이 정지되지 않은 경우에는 뇌사의 시점에서, 뇌사가 다른 장기사보다 선행하는 경우에는 맥박이 정지된 시점에서 사망을 인정해야 한다는 견해이다.

결론 뇌기능이 종국적으로 소멸되었다면 더 이상 사람이라고 할 수 없다. 종국적 정지란

뇌기능이 다시는 되살아날 수 없는 상태를 의미한다. 이 때에는 이미 인격은 사라졌고 거죽만 남은 상태라고 할 수 있다. 인공적으로 호흡과 맥박을 유지하여 육신이 썩지 않도록 한다는 것이 전혀 무의미한 것은 아니겠지만, 그 상태의 개체를 생명을 가진 존재라고 하면서 살인죄 규정의 보호대상으로 삼는 것은 무리라고 생각한다. **뇌사설**이 타당하다.

나. 행 위

살인은 행위내용에 제한이 없다. 어떠한 방법으로든 사망의 결과만 발생시키면 성립되는 범죄이다. 살인은 행위내용이라는 행위반가치보다는 주로 사람의 생명을 침해하였다는 결과반가치 때문에 처벌하는 범죄이다.

일반적으로 살인은 물리적인 방법이 동원되지만, 심리적 쇼크에 의해서 죽게 만들거나 희망을 잃게 하여 생명을 유지할 힘이 사라지게 하는 등 심리적인 방법도 가능하다.

벽에 누군가의 그림을 붙여놓고 저주하는 주문을 외워 죽게 만드는 것과 같은 미신범(불능범)의 경우에는 살해방법이 법적으로 의미 있는 위험을 창출하는 것으로 볼 수 없기 때문에 실제로 상대방이 죽는 결과가 발생되더라도 인과관계가 인정될 수 없다.

또한 살인은 작위의 형태로는 물론 부작위를 통해서도 가능하다.

【판례】 조카 유인 살해 피고인은 자신의 조카인 피해자(10세)를 살해하기로 작정하고 저수지로 데리고 가서 미끄러지기 쉬운 제방 쪽으로 유인하여 함께 걸었다. 그러다가 피해자가 정말로 물에 빠지자 그를 구해주지 않고 익사하게 놔두었다. 피해자의 숙부로서 익사의 위험에 대처할 보호능력이 없는 나이 어린 피해자를 익사의 위험이 있는 저수지로 데리고 갔던 피고인으로서는 피해자가 물에 빠져 익사할 위험을 방지하고 피해자가 물에 빠지는 경우 그를 구호하여 주어야 할 법적인 작위의무가 있다. 그럼에도 물에 빠진 피해자를 구호하지 아니한 채 그가 익사하는 것을 방관한 피고인의 행위는 직접 물에 빠뜨려 익사시키는 행위와 다를 바 없어 살인의 실행행위라고 보는 것이 타당하다. (대법원 1992. 2. 11. 91도2951 | 같은 취지: 대법원 1978. 9. 26. 78도1996; 대법원 1982. 11. 23. 82도2024)

다. 결과의 발생

살인은 **침해범**이다. 사람이 사망했다는 결과가 발생되어야만 범죄가 성립된다. 사람이 어느 상태에 도달해야 사망한 것으로 볼 수 있는가에 대해서는 앞에서 설명했듯이 호흡 종지설, 맥박 종지설 그리고 뇌사설이 대립되고 있다. 그 가운데 뇌사설이 가장 타당하다고 생각한다. 이에 따르게 되면 호흡과 맥박을 인공적으로 유지하는 상태가 지속된다고 하더라도 뇌기능이 영구적으로 정지되는 결과가 초래되었다면 사망의 결과가 있었던 것으로 인정된다.

일단 사망의 결과를 발생시켰다면 건강한 사람의 생명을 단축시켰거나 이미 불치병을 앓고 있는 사람을 좀 더 빨리 죽게 하였거나 관계없이 살인이 성립된다. 죽을 시기를 조금만 앞당긴 경우라도 마찬가지이다.

라. 인과관계

살인은 침해범이므로 살해행위와 사망이라는 결과 사이의 인과관계가 인정되어야 범죄가 성립된다. 인과관계가 연결되는가 하는 점은 인과관계에 관한 일반원칙에 따라 판단하면 된다.

2) 주관적 구성요건

살인죄가 성립하기 위해서는 당연히 행위자에게 살인의 **고의**가 있어야 한다. 살인의 고의는 사전고의나 사후고의 형태로서 존재해서는 안되지만, 확정적 고의까지는 필요 없고 **미필적 고의**만 있었다면 살인죄는 성립된다 (대법원 1987. 7. 21. 87도1091; 대법원 1988. 6. 14. 88도692; 대법원 1994. 12. 22. 94도2511; 대법원 1998. 6. 9. 98도980; 대법원 2001. 9. 28. 2001도3997).

생명침해의 위험을 인식하면서 이를 감수하고 행동한 경우에 미필적 고의를 인정할 것인가에 관한 문제는 신중하게 검토해서 결론이 내려져야 한다.

예를 들어 각목으로 머리를 때렸다고 하더라도 그 행위의 객관적 위험성 자체만을 이유로 살인의 고의가 있는 것이라고 속단해서는 안 된다. 또한 예를 들어 행위자의 분노가 폭발해서 화풀이를 한다는 심정을 가지고 있었음이 분명한 경우라 할지라도, 피해자가 사망하게 될 수도 있다는 가능성을 인식하고 이를 감수했는가 하는 점은 별개의 문제이므로 이에 대해서는 따로 확인이 이루어져야 한다.

계획적인 살인행위가 아니라 우발범죄인 경우에는 특히 고의 존재 여부를 신중하게 검토하고 인정해야 할 것이다. 그리고 고의가 주관적 구성요건이긴 하지만 그에 대한 판단은 객관적으로 하게 된다.

【판례】 살인의 고의 판단기준 살인의 범의가 있었는지 여부는 피고인이 범행에 이르게 된 경위, 범행의 동기, 준비된 흉기의 유무・종류・용법, 공격의 부위와 반복성, 사망의 결과발생 가능성 정도 등 범행 전후의 **객관적인 사정을 종합**하여 판단할 수밖에 없다. (대법원 2009. 2. 26. 2008도9867)

고의가 내심의 의사임은 사실이지만 그것을 입증하는 일은 객관적 사실을 바탕으로 하는 것 외에는 도리가 없어 보인다.

【판례】 살인의 고의가 인정되는 경우 1. 총기발사 총알이 장전되어 있는 엽총의 방아쇠를 잡고 있다가 총알이 발사되어 피해자가 사망한 경우, 범행의 도구로 사용된 엽총은 통상 사냥하기 직전에 총알을 장전하는 것인데도 사냥과는 전혀 관계없는 범행 당시 이미 총알이 장전되어 있었고, 실탄의 장전 유무는 탄창에 나타나는 표시에 의해서 쉽게 확인될 수 있어 총기에 실탄이 장전된 것인지 몰랐다고 하기 어려울 뿐 아니라, 안전장치를 하지 않은 상태에서 방아쇠를 잡고 있었던 점 등과 관계 증거에 나타난 전후 사정에 비추어, 피해자를 겁주려고 협박하다가 피해자의 접촉행위로 생겨난 단순한 오발사고가 아니라 살인의 고의가 있는 범죄행위이다. (대법원 1997. 2. 25. 96도3364)

2. 각목 가로 15cm, 세로 16cm, 길이 153cm, 무게 7kg의 각이 진 목재로 길바닥에 누워 있던 피해자의 왼쪽 귀 윗부분을 1회 때려 피해자가 왼쪽 전측두부에서 두개골의 기저부를 횡으로 지나 오른쪽 후두부로 이어지는 두개골 선상골절을 입고, 뇌의 기저부에서 광범위한 고도의 뇌출혈을 일으키고, 뇌기저동맥과 후교통동맥이 연결되는 부위에서 동맥이 파열되어 외상성뇌지주막하출혈로 사망하였다면, 피고인이 피해자의 머리를 때린 속도가 상당하여 그 타격의 강도가 상당한 것이었음을 알 수 있는바, 이와 같은 점을 고려하여 보면 피고인에 대하여 최소한 살인의 미필적 고의가 있었다고 보기에 충분하다. (대법원 1998. 6. 9. 98도980 | 같은 취지: 대법원 1985. 5. 14. 85도256)

3. 무술교관의 울대 가격 인체의 급소를 잘 알고 있는 무술교관 출신의 피고인이 무술의 방법으로 피해자의 울대(聲帶)를 가격하여 사망케 한 행위에는 살인의 범의가 있다. (대법원 2000. 8. 18. 2000도2231)

4. 칼 피고인 甲과 乙이 피해자의 허벅지와 종아리 부위 등을 칼로 20여 회 힘껏 찔러 그로 인하여 피해자가 과다실혈로 사망하였다면, 피고인이 피해자의 머리나 가슴 등 치명적인 부위가 아닌 허벅지나 종아리 부위 등을 주로 찔렀다고 하더라도 칼로 피해자를 20여 회나 힘껏 찌른 이상, 피고인 甲과 乙이 자기들의 가해행위로 인하여 피해자가 사망할 수도 있다는 사실을 인식하지 못하였다고는 볼 수 없고, 오히려 살인의 미필적 고의가 있었다고 볼 수 있다. (대법원 2002. 10. 25. 2002도4089)

그 외 칼로 찌른 경우: 대법원 1982. 12. 28. 82도2525 (하복부); 대법원 1983. 9. 13. 83도1594 (겨드랑이); 대법원 1983. 11. 22. 83도2481 (하복부); 대법원 1986. 5. 27. 86도367 (복부 및 옆구리); 대법원 1986. 5. 27. 86도420 (복부); 대법원 1986. 7. 8. 86도1046 (옆구리); 대법원 1986. 9. 9. 86도1313 (옆구리 및 복부); 대법원 1987. 7. 21. 87도1091 (목); 대법원 1989. 12. 26. 89도2087 (심장); 대법원 1991. 10. 22. 91도2174 (가슴)

5. 상습 구타 피고인 甲은 Y가 의무반에 전입한 직후부터 약 한 달 동안 지속적으로 Y를 폭행하였다. 사건 당일에는 약 25분의 짧은 시간 동안 Y의 옆구리, 복부, 가슴 부위를 약 15~18회 가량 발과 무릎 등으로 밟고 차거나 때렸다. 甲은 계속된 폭행으로 인해 침상에 쓰러져 물도 제대로 마시지 못하고 옷을 입은 상태로 오줌을 싸고 의사표현도 잘 하지 못하는 상태가 되었는데, 甲은 '꾀병 부리지 마라'고 말하며 발로 Y의 가슴 부위를 세게 걷어찼다. 곧 Y가 정신을 잃자 의무반의 乙과 丙이 심폐소생술을 시도하였지만 상황이 호전되지 않았고, 의무반 구급차를 이용하여 Y를 연천의료원으로 후송하였는데 도중에 Y는 사망하였다. 甲은 무차별적인 계속된 폭행으로 피해자가 사망할 수도 있다는 가능성을 인식하였고 나아가 그 결과 발생을 용인한 것이므로 살인의 미필적 고의가 인정된다. (대법원 2015. 10. 29. 2015도5355)

6. 승객 방치 선장인 피고인 甲은 갑자기 배가 기울어진 상태로 멈추자 승객들에게 구명조끼를 입고 그 자리에서 대기하도록 안내방송 지시를 한 이후, 구조를 위해 접근하는 경비정에서 승객 탈출 요청이 반복되고 항해사 등이 퇴선명령 여부를 문의하는데도 이를 묵살하였다. 배가 기운 상태에서 승객들이 탈출을 시작하면 약 9분 28초 내에 탈출을 완료할 수 있었음에도 甲이 퇴선조치를 무시한 결과 배에 남아있던 승객 등 303명이 익사하였다. 甲의 행태는 자신의 부작위로 인하여 승객 등이 사망에 이를 수 있음을 예견하고도 이를 용인한 것이므로 살인의 미필적 고의가 인정된다. (대법원 2015. 11. 12. 2015도6809 전원합의체)

【판례】 살인의 고의가 인정되지 않는 경우 1. 부부싸움 피고인 甲은 평소에 남편과 사이가 안 좋아 자주 부부싸움을 하였는데 남편은 화가 나면 칼을 집어드는 경우가 많았다. 사고 당일에도 말다툼 끝에 甲이 밖으로 나가려 하자 남편이 칼을 집어들었는데 甲이 이를 빼앗으며 실랑이를 하는 과정에서 남편의 가슴에 칼날방향이 외측으로 거의 수평으로 나 있는 길이 2.5㎝ 정도, 깊이 15㎝ 정도의 자창이 났으며, 곧바로 찔린 뒤 내부에서 흔들리지 않은 채 그대로 다시 칼이 빠져 나온 형태로 되어 있고, 피해자의 신체 부위에는 다른 손상이 없으며 주저흔이나 방어흔 등도 없었다.

이 경우 마주 선 상태에서 자창이 수평으로 나게 하려면 자세가 굉장히 어색해지며, 체격과 체력이 우월한 피해자가 아무런 저항이나 방어를 하지 않았다는 점 등을 종합할 때 우발적 사고의 가능성을 배제하고 살인의 고의를 인정하기는 어렵다. (대법원 2000. 11. 7. 2000도3507)

2. 부부갈등 피고인 甲은 평소 갈등관계에 있던 처를 승용차에 태우고 운전을 하던 중 말다툼을 하다가 도로에 설치된 대전차 방호벽 안쪽 벽면을 차량 오른쪽으로 충돌하였고 처가 그 자리에서 사망하였다. 이 경우 피고인이 살인의 고의를 강력하게 부인하는 상황에서 달리 범의를 인정할 직접 증거가 없다면 살인의 고의가 합리적 의심의 여지가 없을 정도로 입증되었다고 보기 어렵다. (대법원 2011. 5. 26. 2011도1902)

3. 생명보험 피고인 甲은 자신의 처를 피보험자로 자신을 수익자로 하는, 매달 보험료 약 360만원에 보험금이 약 95억원에 이르는 생명보험을 약 6년에 걸쳐서 순차적으로 총 11개 보험회사에 가입하였다. 그 후 甲은 스타렉스 승합차 운전석에 탑승하여 본인은 안전벨트를 하고 처는 하지 않은 상태에서 고속도로를 달리다가 갓길에 정차해 있던 화물차의 뒷부분을 자신의 차량 전면 우측 부분으로 추돌하였고 처가 그 자리에서 사망하였다.

일반적으로 금전적 이득의 기회가 살인 범행의 중요한 동기가 될 수 있음은 부인할 수 없다. 그러나 그것이 살인의 동기가 되기 위해서는 범인이 경제적으로 매우 궁박한 상황이거나, 그가 특별히 잔혹한 성격을 가진 자이거나 하는 이유가 있어야 할 것이다. 더구나 가족을 살해하면 가정생활의 기반이 무너지는 것이므로 더욱 강력한 동기가 있어야 한다. 甲의 경우에는 이러한 이유를 쉽게 인정하기 어렵다. 또한 고속도로에서 정확하게 동승자만 사망하도록 사고를 유발하는 것이 쉬운 일이라고 할 수도 없다. 따라서 고의로 일으킨 사고로 볼 과학적 근거가 충분하지 않다. (대법원 2017. 5. 30. 2017도1549)

(3) 위법성

1) 정당행위를 근거로 한 위법성 배제

형사소송법에 따른 사형집행으로써 사람을 살해하는 행위는 형법 제20조의 정당행위 규정을 근거로 위법성이 배제된다. 또 전시에 적군을 살해하는 행위도 전쟁법규를 위반하는 행위(예: 민간인 살해, 근거 없는 포로 처형)가 아닌 이상 위법성이 없다.

안락사 행위에 대해서는 우선 그 유형을 다음과 같이 분류하고 논의를 할 필요가 있다.

안락사의 유형		개 념
진정 안락사		생명을 단축시키지 않고 고통만 제거하는 안락사
부진정 안락사	**간접적 안락사**	진통제의 부작용으로 생명이 단축되는 안락사
	소극적 안락사	**연명치료**를 중단하여 생명을 단축시키는 안락사
	적극적(직접적) **안락사**	독극물을 주입하여 생명을 단축시키는 안락사

이 가운데 진정 안락사는 살인죄 구성요건에 해당하지 않아 문제가 되지 않는다. 의사에 의한 안락사 시술행위를 허용할 것인가에 대해서는 다음과 같은 견해의 대립이 있다.

① **간접적 안락사**에 한하여 허용하여야 한다는 입장

② **소극적 안락사**까지도 허용되어야 한다는 입장 **(판례)**

③ **적극적 안락사**까지도 일정한 요건(㉠ 환자가 불치병으로 인해 죽을 시기가 임박했을 것, ㉡ 환자의 고통이 극심할 것, ㉢ 환자의 의식이 명료할 경우에는 본인의 진지한 촉탁 또는 승낙, 환자의 의식의 명료하지 못할 경우에는 가족의 동의, 환자의 의식도 불명하고 가족도 없을 경우에는 본인의 촉탁이나 승낙이 추정될 만한 상황일 것)이 충족되면 허용하여야 한다는 입장

결론 죽을 시기가 임박했고 극심한 고통에 시달리는 환자를 달리 도와줄 방법은 없으며 단지 한 가지 남은 방법은 사망의 시기를 앞당겨 주는 것밖에 없을 경우에 이를 무작정 부정하는 것은 바람직하지 않은 것으로 생각된다. 또한 아무리 고통스럽더라도 무조건 생을 연장하기만 해야 한다고 법이 강제할 수도 없는 일이라고 본다. 이러한 측면에서 치료활동을 중단하는 **소극적 안락사**는 사회상규에 반하지 않는 것으로 생각된다. 다만 독극물 등으로 사람을 직접 살해하는 적극적 안락사의 경우는 안락사 남용의 방지를 위해서나 인명경시의 위험을 배제하기 위해서도 허용하지 말아야 할 것이다.

【판례】 연명치료의 중단 의학적으로 환자가 의식회복가능성이 없고 생명과 관련된 중요한 생체기능의 상실을 회복할 수 없으며 짧은 시간 내에 사망에 이를 수 있음이 명백한 경우(회복 불가능한 사망의 단계)에 이루어지는 진료행위(연명치료)는 질병의 호전을 목적으로 하는 것이 아니라 이를 사실상 포기한 상태에서 오로지 현 상태를 유지하기 위하여 이루어지는 치료에 불과하므로, 그에 이르지 아니한 경우와는 다른 기준으로 진료중단 허용 가능성을 판단하여야 한다. 이미 의식의 회복가능성을 상실하여 더 이상 인격체로서의 활동을 기대할 수 없고 자연적으로는 이미 죽음의 과정이 시작되었다고 볼 수 있는 회복불가능한 사망의 단계에 이른 후에는 의학적으로 무의미한 연명치료를 환자에게 강요하는 것이 오히려 인간의 존엄과 가치를 해하게 되므로, 이와 같은 예외적인 상황에서 죽음을 맞이하려는 환자의 의사결정을 존중하여 환자의 인간으로서의 존엄과 가치 및 행복추구권을 보호하는 것이 사회상규에 부합되고 헌법정신에도 어긋나지 아니한다. 그러므로 회복 불가능한 사망의 단계에 이른 후에 환자가 인간으로서의 존엄과 가치 및 행복추구권에 기초하여 자기결정권을 행사하는 것으로 인정되는 경우에는 특별한 사정이 없는 한 연명치료의 중단이 허용될 수 있다. (대법원 2009. 5. 21. 2009다17417 전원합의체)

2) 정당방위를 근거로 한 위법성 배제

살인에 대한 위법성 배제사유로서 실질적으로 가장 큰 중요성을 가지는 것은 형법 제21조의 정당방위이다. 긴급피난과는 달리 정당방위의 경우에는 상황에 따라 상당히 강력한 방어행위까지도 인정이 되고 있다. 따라서 상당히 위협적인 공격이 있게 되면 공격자를 살해하는 행위가 정당방위로서 위법성이 배제될 수 있다.

【판례】 살인과 정당방위 초소근무 교대시간이 늦었다는 이유로 언쟁을 하다가, 피고인

에게 구타당한 피해자가 소지하고 있던 칼빈 소총을 피고인의 등 뒤에 겨누며 실탄을 장전하는 등 발사할 듯이 위협을 하자, 피고인은 당황하여 먼저 사살하지 않으면 위험하다고 느끼고 뒤로 돌아서면서 소지하고 있던 칼빈 소총을 피해자의 복부를 향하여 발사하여 살해하였다. 싸움을 함에 있어서 격투를 하는 자 중의 한 사람의 공격이 그 격투에서 당연히 예상할 수 있는 정도를 초과하여 살인의 흉기 등을 사용하여 온 경우에는 이를 '부당한 침해'라 아니할 수 없으므로 이에 대하여 상대방을 살해함으로써 자신의 생명을 지키는 행위는 정당방위라고 하지 않을 수 없다. (대법원 1968. 5. 7. 68도370)

3) 긴급피난을 근거로 한 위법성 배제

긴급피난을 근거로 위법성이 배제된다는 것은 쉬운 일이 아니다. 긴급피난을 근거로 살인행위의 위법성이 조각될 수 있는가에 대하여 견해대립이 있다.

① 긍정설

② 부정설 (다수설)

결론 **방어적 긴급피난**의 경우에는 보호되는 법익의 본질적 우월성을 인정하는 데 있어서 행위상황을 상당히 감안해 주게 되므로, 위난을 발생시킨 당사자를 살해함으로써 위난을 피하는 행위가 긴급피난을 근거로 위법성이 배제될 수도 있다. 긍정설이 타당하다.

이른바 의붓아버지 상습 강간사건(대법원 1992. 12. 22. 92도2540)의 경우 논란의 여지가 있기는 하지만 의붓아버지의 반인륜성의 정도가 극에 달한 사건이었으므로 보호되는 이익이 본질적으로 우월했다고 볼 수 있다. 독일의 경우에는 같은 사안에 대하여 긴급피난을 근거로 무죄를 선고한 바 있다(BGH NJW 1966, 1823).

4) 자구행위와 피해자의 승낙

청구권을 보전하기 위해서 하는 행위인 자구행위를 근거로 살인이 정당화되는 것은 불가능하다.

또한 생명은 최고의 법익으로서 법익주체라도 이를 마음대로 처분할 수 없기 때문에 피해자의 승낙을 통해 살인행위가 정당화될 수는 없다. 피해자의 승낙에 따라 피해자를 살해하는 행위는 촉탁·승낙에 의한 살인(제252조)으로 처벌된다.

(4) 공 범

살인죄의 공범 문제는 공범에 대한 일반원칙에 따라 해결하면 된다.

피해자의 직계비속과 그의 친구가 피해자를 함께 살해하게 되면 가감적 신분을 가진 직계비속에 대해서는 가중 구성요건인 제250조 제2항의 존속살해가 성립되고, 그의 친구에 대해서는 기본 구성요건인 제250조 제1항에 따라 처벌된다.

무고나 위증 등의 방법을 동원하여 사법기관을 이용해서 사형집행을 받도록 하는 경우를 간접정범 형태의 살인으로 볼 수 있는가에 대해서는 견해대립이 있다.

① **긍정설 (다수설)**

② **부정설**

결론 행위지배가 인정될 수 있는 사안이라면 살인죄의 성립을 긍정하는 것이 타당하다고 생각한다.

피해자 자신으로 하여금 자살하도록 만든 경우에는 행위 유형이 정범에 속하는가 공범에 속하는가에 따라 살인의 간접정범이 될 수도 있고 자살교사가 될 수도 있다.

(5) 죄 수

살인행위는 고도의 개인적 법익을 침해하는 범죄이기 때문에 침해되는 법익의 수만큼 여러 개의 살인죄가 성립된다.

【판례】 수인에 대한 순차 살인 피고인이 단일한 범의로 동일한 장소에서 동일한 방법으로 시간적으로 접착된 상황에서 처와 자식들을 살해하였다고 하더라도 휴대하고 있던 권총에 실탄 6발을 장전하여 처와 자식들의 머리에 각기 1발씩 순차로 발사하여 살해하였다면, 피해자들의 수에 따라 수개의 살인죄를 구성한다. (대법원 1991. 8. 27. 91도1637)

그러나 동일인에게 동일한 고의로 수차례에 걸쳐 살인을 시도하다가 마침내 그 목적이 달성된 경우에는 포괄하여 살인죄 1개만 성립된다.

【판례】 동일인에 대한 수차례 살인 시도 살해의 목적으로 동일인에게 일시・장소를 달리하고 수차에 걸쳐 단순한 예비행위를 하거나 또는 공격을 가하였으나 미수에 그치다가 드디어 그 목적을 달성한 경우에 그 예비행위 내지 공격행위가 동일한 의사발동에서 나왔고 그 사이에 범의의 갱신이 없는 한 각 행위가 같은 일시 장소에서 행하여졌거나 또는 다른 장소에서 행하여 졌거나를 막론하고 또 그 방법이 동일한지 여부를 가릴 것 없이 그 살해의 목적을 달성할 때까지의 행위는 모두 실행행위의 일부로서 이를 포괄적으로 보고 단순한 한 개의 살인죄로 처단할 것이지 살인예비 내지 미수죄와 동 기수죄의 경합죄로 처단 할 수 없다. (대법원 1965. 9. 28. 65도695)

기본 구성요건(제250조 제1항)과 변형 구성요건(제250조 제2항, 제251조, 제252조, 특가법 제5조의9 제1항 등)이 동시에 성립될 때에는 변형 구성요건 규정만 적용된다. 강도살인죄(제338조)와 같은 경우에는 동죄와 살인죄는 보충관계가 성립되기 때문에 살인죄 규정은 적용이 배제된다.

살인예비나 미수는 기수인 살인에 대해서 보충관계에 있으므로 이들 규정은 적용이 배제된다. 살해 과정에서 피해자의 목을 조르느라 신체활동의 자유를 박탈하게 되거나, 칼로 찌르다보니 옷도 함께 찢어진 경우 체포 또는 재물손괴는 불가벌적 수반행위로서 법규적용이 배제된다.

2. 존속살해죄

제 250 조 (존속살해) ② 자기 또는 배우자의 직계존속을 살해한 자는 사형, 무기 또는 7년 이상의 징역에 처한다.

제 254 조 (미수범) 전 4조의 미수범은 처벌한다.

제 256 조 (자격정지의 병과) 제250조, 제252조 또는 제253조의 경우에 유기징역에 처할 때에는 10년 이하의 자격정지를 병과할 수 있다.

(1) 의 의

존속살해는 직계비속이 직계존속을 살해한다는 **패륜성**을 이유로 가중처벌하는 규정이다.

(2) 합헌성

존속살해를 가중처벌하는 규정에 대하여는 그 합헌성 여부에 관해 다음과 같은 견해대립이 있다.

① **위헌설**: 존속살해를 가중처벌하는 것은 직계비속이라는 신분을 이유로 비합리적인 차별을 하는 것이기 때문에 평등의 원칙에 반하므로 위헌이라는 입장

② **합헌설**: 헌법상 평등의 원칙이 어떠한 경우에도 모든 사람을 절대 차별대우해서는 안 된다는 절대적 평등을 의미하는 것이 아니고, 전통적 효(孝) 사상을 고려할 때 직계존속을 살해하는 경우를 가중처벌하는 것은 위헌이 아니라는 입장 (**판례** | 헌재 2002. 03. 28. 2000헌바53)

③ **폐지설**: 존속살해를 가중처벌하는 규정이 위헌은 아니지만 입법론적으로 폐지하는 것이 바람직하다는 입장 (**다수설**)

결론 헌법에서 말하는 법 앞의 평등은 불합리한 차별을 금지하여야 한다는 의미이므로, 직계존속을 살해하는 행위에 대해 보통의 경우보다 가중처벌하는 것이 타당하다고 보는 현재 우리나라의 일반적 법의식을 고려할 때 직계비속이 직계존속을 살해하는 경우를 가중처벌하는 것은 위헌이라고 할 수 없다. **합헌설**이 타당하다. 헌법재판소도 존속살해죄 규정이 평등원칙 등에 위배되지 않아 합헌이라고 판단하고 있다. (헌재 2002. 03. 28. 2000헌바53)

(3) 구성요건

존속살해가 보통살인과 다른 점은 행위객체가 자기 또는 배우자의 직계존속이라는 점뿐이다.

1) 객관적 구성요건

가. 배우자

제250조 제2항의 **배우자**는 '법적 배우자'만을 의미한다. 사실혼 관계의 배우자는 여기에서 제외된다. 또 현재의 배우자만을 의미하므로 배우자이

었던 자 또는 배우자가 될 자는 여기에 포함되지 않는다.

문제는 배우자와 배우자의 직계존속을 같은 기회에 살해했는데 그 중에서 배우자를 먼저 살해한 경우를 어떻게 보아야 할 것인가 하는 점이다. 형식적으로 해석하자면 배우자를 먼저 죽였으면 배우자의 직계존속은 더 이상 배우자의 직계존속이 아니기 때문에 존속살해가 되지 않는다고 볼 수도 있다. 그러나 이러한 경우를 직계존속을 살해한다는 행위반가치가 사라진 사안이라고 보기는 힘들다. 따라서 배우자와 그 직계존속을 다 살해한다는 의도 아래 살해행위를 시작했다면, 그 전체적인 행위를 시작할 때 이미 직계존속에 대한 살해행위도 실행에 착수한 것으로 보아야 할 것이고, 실행에 착수했을 때 배우자의 직계비속이라는 신분을 가지고 있었으면 존속살해가 인정된다고 보는 것이 타당할 것이다(**통설**).

나. 직계존속

(가) 법적 직계존속

배우자라는 개념과 마찬가지로 **직계존속**도 '법적으로 직계존속인 경우'를 의미한다(**통설**). 법적으로 친자관계가 인정되는지의 여부는 민법 규정에 따라 판단하게 된다. 민법 규정에 의해 판단할 때 친자관계가 인정되지 않는 경우에는, 가족관계등록부에 피해자의 직계비속으로 기재되어 있더라도 존속살해가 성립하지 않는다(대법원 1983. 6. 28. 83도996).

(나) 혼인 외의 자

혼인 외의 자의 경우에 직계존비속 관계를 인정할 수 있느냐의 문제는 일단 판례의 태도 때문에 생모와 생부의 경우를 나누어야 하는 측면이 있다. 판례는 **생모**의 경우에 대해서만 출생신고나 인지를 하지 않더라도 직계존속으로 보는데 문제가 없다는 입장(대법원 1980. 9. 9. 80도1731)이기 때문이다. 어떤 형태로든 생모임이 확인되기만 하면 존속살해가 인정된다는 것이다.

반면 **생부**에 대해서는 **인지**가 이루어져야만 직계존속으로 볼 수 있다는 것이 현재 판례의 입장인 것으로 보인다.

【판례】 생모와 자의 친족관계 혼인 외의 출생자와 생모간에는 그 생모의 인지나 출생신고를 기다리지 않고 자의 출생으로 당연히 법률상의 친족관계가 생기는 것이라 해석되며, 피해자인 甲이 피고인의 생모임이 기록상의 자료에 의하여 보더라도 넉넉히 시인된다. (대법원 1980. 9. 9. 80도1731)

그러나 유전자 감식 등을 통해서 친생관계를 정확하게 확인할 수 있는 수단이 있으므로 생부의 경우에도 입증자료를 통해 친부임이 확인되면 존속살해로 인정하는 것이 타당하다.

1970년의 판례에 따르면 생부의 경우에는 인지가 이루어지지 않는 한 사실상 친생관계에 있더라도 존속살해의 주체가 될 수 없다고 한다. 그러나 이 경우에도 인지는 단순히 친자관계를 확인하는 법적 절차에 불과하므로 행위시에는 인지가 되어 있지 않았더라도 뒤에 인지가 이루어지면 존속살해를 이유로 가중처벌될 수 있는 것으로 보는 것이 타당하다고 생각한다(**인지의 소급효**).

혼인 외의 출생자는 그 생부나 생모가 인지할 수 있다(민법 제855조). 생부나 생모가 사망하여 없게 된 경우더라도 子의 직계비속 또는 그 법정대리인이 검사를 상대로 인지청구의 소를 제기할 수 있다(민법 제863조, 제864조). 본래 인지는 호적법에 따라 신고함으로써 효력이 발생되며 유언으로도 할 수 있다(민법 제859조). 그리고 어떤 경로를 거치든 인지가 되면 그 子의 출생시에 소급하여 효력이 생긴다(민법 제860조). 존속살해와 관련해서는 판례가 없지만 친족상도례에 대해서는 인지의 소급효가 미친다는 점을 판례가 명시적으로 인정하고 있다. (대법원 1997. 1. 24. 96도1731)

부 또는 모가 배우자 이외의 자와 관계하여 혼인 외의 자를 낳고는 친생자인 것처럼 출생신고를 하고 키운 경우에는 비록 호적에 직계비속으로 기재되어 있더라도 생부나 생모 쪽에 대해서만 존속살해가 인정된다. 이른바 적모와 서자 사이와 같은 경우에는 호적에 친생자로 기록 되어 있더라도 직계존비속 관계로 볼 수 없다.

(다) 양친자

양친자 사이의 경우 직계존비속의 법적 관계가 인정되므로 합법적인 절차에 따라 입양된 양자는 존속살해의 주체가 된다. 그러나 친생자가 아닌 아이를 친생자인 것처럼 출생신고를 하고 입양절차는 밟지 않고 키웠던 경우에는 본래 직계존비속 관계가 인정되지 않는다(대법원 1981. 10. 13. 81도2466). 다만 그러한 경우에도 당사자 사이에 "양친자 관계를 창설하려는 명백한 의사"가 있고 입양신고를 제외한 나머지 입양의 요건은 모두 갖추어졌던 경우에는 양친자 관계가 성립된 것으로 보아야 한다(대법원 1981. 10. 13. 81도2466 | **무효행위의 전환**).

【판례】 양친자 관계 입양의 의사로 친생자 출생신고를 하고 입양의 실질적 요건이 구비되어 있다면 그 형식에 다소 잘못이 있더라도 입양의 효력이 발생하고, 이 경우의 허위의 친생자 출생신고는 법률상의 친자관계인 양친자관계를 공시하는 입양신고의 기능을 하게 되는 것이다. 따라서 입양할 의사로 친생자로 출생신고를 하고 양육하던 중 양육 받던 자가 그를 양육하던 피해자를 살해한 경우 존속살해죄가 성립한다. (대법원 2007. 11. 29. 2007도8333)

(라) 생가의 직계존속

다른 집에 양자로 들어간 자가 본래 자신이 속해 있던 **생가의 직계존속**을 살해한 경우에도 이를 존속살해로 보는 것이 **통설** 및 **판례**(대법원 1967. 1. 31. 66도1483)의 입장이다.

존속살해를 가중처벌하는 이유는 **패륜성** 때문이다. 그리고 그 비난의 초점은 친생관계로 이어지는 자기 집안의 직계존속을 살해한다는 부분에 맞추어져 있다. 이러한 친생관계는 입양이 이루어진다고 해서 사라지는 것은 아니기 때문에 생가의 직계존속을 살해하는 행위는 여전히 존속살해로 보는 것이 타당하다고 생각한다.

한편 **계부모**는 직계존속이 아니므로 존속살해의 행위객체에서 제외된다.

2) 주관적 구성요건

가. 고의

고의에는 모든 객관적 구성요건 요소에 대한 인식이 포함되어야 하므로 행위객체가 자기 또는 배우자의 직계존속이라는 인식과 이를 살해하고자 하는 의지가 있었어야 존속살해죄가 성립된다.

나. 구성요건적 착오

(가) 객체의 착오

착오와 관련하여 우선 행위객체가 **직계존속**이라는 점에 대한 인식이 없었다면 존속살해죄가 성립될 수는 없을 것이다.

예를 들어 어두운 밤에 평소 주도권 다툼을 하던 상대방 계파의 두목이라고 생각하고 살해하였는데 사실은 자신의 아버지였던 경우 존속살해죄가 성립될 수 없음은 분명하다. 그러나 사람을 살해한다는 고의는 분명하므로 제15조 제1항의 해석상 보통살인죄가 성립된다(**통설**). **판례**의 입장도 같다(대법원 1960. 10. 31 4293형상494).

반대로 직계존속을 살해한다는 의도를 가지고 있었으나 결과는 그렇지 않았을 경우에 대해서는 견해대립이 있다.

① 보통살인죄의 기수가 된다는 견해

② 존속살해죄의 불능미수와 보통살인죄의 상상적 경합이 된다는 견해

결론 생각해 보면 일단 행위자에게 사람을 살해한다는 인식과 의도는 분명히 존재하였으므로 보통살인죄가 성립된다는 점은 확실하다. 문제는 존속살해에 대한 고의가 있었다는 점인데 이 또한 사실이므로 미수가 되고 두 범죄는 하나의 행위에 의한 것이므로 상상적 경합이 되는 것으로 봄이 타당하다고 생각한다.

(나) 타격의 착오

직계존속을 살해하려다가 타격의 착오로 인해서 보통살인을 하게 된 경우에 대하여 견해대립이 있다.

① 타격의 착오에 관한 일반적 해결방안에 따르면 된다는 견해

② 보통살인죄의 기수가 성립된다는 견해

결론 착오의 해결은 이를 해결하기 위한 학설에 따르면 된다고 본다. 따라서 구성요건적 부합설이나 구체적 부합설을 따를 경우 존속살해 미수죄와 과실치사죄가 성립된다.

(4) 공 범

"신분관계로 인하여 형의 경중이 있는" 범죄에 가공한 경우에는 중한 형으로 처벌하지 않으므로(제33조) 교사, 방조, 간접정범, 공동정범 등의 형태로 존속살해에 가담한 직계비속이 아닌 행위자에게는 단순살인죄(제250조 제1항)만 적용된다.

3. 영아살해죄

제 251 조 (영아살해) 직계존속이 치욕을 은폐하기 위하거나 양육할 수 없음을 예상하거나 특히 참작할 만한 동기로 인하여 분만 중 또는 분만 직후의 영아를 살해한 때에는 10년 이하의 징역에 처한다.
제 254 조 (미수범) 전 4조의 미수범은 처벌한다.

(1) 의의와 법적 성격

치욕적인 상황을 모면하려 하거나 양육할 수 있는 능력이 없는데도 아이를 가지게 되는 곤란한 상황을 피하고자 하는 등 특별한 동기 때문에 분만 중이거나 분만 직후의 상태에 있는 영아를 살해한 경우에 감경처벌 하는 규정이다. 이처럼 감경처벌 하는 이유는 행위자가 처해있던 특별한 사정(심리적 격앙상태)으로 인해 책임이 감경되기 때문이다(**통설**).

(2) 구성요건

1) 객관적 구성요건

가. 행위주체

영아살해의 행위주체를 누구로 볼 것인가에 대하여 견해대립이 있다.

① 모든 **직계존속**을 행위주체로 보아야 한다는 견해 (**다수설|판례**)

② **산모**만 행위주체로 보아야 한다는 견해

결론 '직계존속'이라는 명문규정을 피고인에게 불리한 방향으로 축소해석 하는 것은 곤란하다. 모든 **직계존속**을 행위주체로 보는 견해가 타당하다.

행위주체를 직계존속으로 볼 경우에 직계존속에 **사실상의 직계존속**도 포함시켜야 하는가에 대하여 견해대립이 있다.

① **포함설** : 사실상의 직계존속도 포함시켜야 한다는 견해 (**통설**)

② **제외설** : 사실상의 직계존속은 제외시켜야 한다는 견해 (**판례**)

【판례】 직계존속의 범위 남녀가 사실상 동거한 관계가 있고 그 사이에 영아가 분만되었다 하여도 그 남자와 영아와의 사이에 법률상 직계존속, 비속의 관계가 있다 할 수 없으므로 그 남자가 영아를 살해한 경우에는 영아살해가 아닌 보통살인죄에 해당한다. (대법원 1970. 3. 10. 69도2285)

결론 영아살해죄를 감경처벌하는 이유는 분만 중의 격앙된 상태에서 치욕을 은폐해야 한다는 강박감에 사물변별능력이 저하된 상태에서 한 행위이기 때문이다. 그러한 상황은 혼인 중의 子를 출산하는 경우보다 혼인 외의 子를 출산할 때 봉착할 가능성이 더 많을 것이라는 점은 분명하다. 그러나 격앙된 상태는 산모가 경험하는 것이므로 굳이 산모가 아닌 직계존속을 포함시킬 이유는 없다고 본다. **제외설**이 타당하다.

나. 행위객체

본죄의 행위객체는 **분만 중** 또는 **분만 직후의 영아**이다. 영아는 이미 살인죄의 객체인 사람으로서의 성격을 가진 — 더 이상 태아가 아닌 — 존재를 의미한다.

[착상] ▼ [분만개시] ▼ [분만직후] ▼

수정란	태아	영아	사람
2주	40주	분만 중	약 80년

분만이 개시되는 시기는 자연분만의 경우 자궁이 열리기 시작하면서 진통이 있을 때이고, 인공분만의 경우에는 인공적으로 자궁을 열기 시작할 때이다. '분만 직후'의 개념은 심리적 격앙상태가 지속되는 동안으로 이해해야 할 것이다. 분만 직후는 분만이라는 격앙된 상황이 가라앉을 때(분만종료)까지로 보는 것이 타당하다(**통설**).

다. 행 위

행위내용은 **분만 중** 또는 **분만 직후의 영아를 살해**하는 것이다. 살해의 의미는 살인죄(제250조)의 경우와 같다.

2) 주관적 구성요건

주관적 구성요건으로서 **고의** 이외에 책임을 감경시킬 만한 다음과 같은 특별한 **행위동기**가 있어야 한다.

① **치욕**을 은폐하고자 한 경우 (예: 미혼모, 간통을 해서 아이가 생긴 경우 등)

② **양육**할 수 없는 어려운 처지인 경우 (경제적 빈곤 등)

③ **그 밖에 특히 참작할 만한 동기**가 있는 경우 (예: 심한 기형아를 출산한 경우)

이들 행위동기는 행위자가 범행을 결심하게 하는 데 영향을 미쳤다는 사실만 확인되면 족하다. 행위자가 염두에 두었던 사정이 실제로 존재했을 필요는 없다. 예를 들어 도저히 아이를 양육할 수 없는 어려운 경제적 사정 아래 있다고 생각했지만 사실은 엄청난 재산이 상속되는 상황이었더라도 영아살해죄의 성립은 인정된다. 그 반대의 경우에는 보통살인죄가 성립된다.

(3) 공 범

"신분관계로 인하여 형의 경중이 있는" 범죄에 가공한 경우에는 기본구성요건만 성립되고 가중·감경 구성요건은 성립되지 않으므로(제33조) 교사, 방조, 간접정범, 공동정범 등의 형태로 영아살해에 가담한 직계존속이 아닌 행위자에게는 제250조 제1항만 적용된다.

(4) 처 벌

영아살해 행위의 경우에 작량감경이 허용되는가에 대하여 견해대립이 있다.

① 허용설 (**다수설**)

② 불허설: 이미 특별한 행위동기라는 책임 감경사유를 감안하여 감경조치를 취한 것이고, 이는 작량 감경사유(제53조)에 해당하므로 다시 작량감경을 할 수는 없다는 입장

결론 영아살해에 있어서의 특별한 행위동기와 작량감경의 사유가 반드시 일치하는 것도 아니며 범죄의 정상에 참작할 만한 사유가 여러 개 있는 경우도 있을 수 있다. 따라서 영아살해죄에 대해서도 형법 제53조가 적용될 수 있다고 보아야 할 것이다. 허용설이 타당하다.

4. 촉탁 · 승낙에 의한 살인죄

제252조 (촉탁, 승낙에 의한 살인 등) ① 사람의 촉탁 또는 승낙을 받아 그를 살해한 자는 1년 이상 10년 이하의 징역에 처한다.
제254조 (미수범) 전 4조의 미수범은 처벌한다.
제256조 (자격정지의 병과) 제250조, 제252조 또는 제253조의 경우에 유기징역에 처할 때에는 10년 이하의 자격정지를 병과할 수 있다.

(1) 의의와 법적 성격

촉탁 · 승낙 살인을 감경처벌해야 한다는 점에 대해서는 이견이 없다. 그러나 무엇 때문에 감경하여야 하는가에 대해서는 견해대립이 있다.

① 불법감경설 (**다수설**)
② 책임감경설
③ 불법 · 책임감경설

결론 본래 피해자의 승낙은 위법성 조각사유이다. 하지만 생명의 경우에는 워낙 중요한 법익이기 때문에 법익주체 스스로도 이를 처분할 수 없다. 촉탁 · 승낙에 의한 살인죄를 처벌하는 규정이 있기 때문에 위법성이 조각될 수 없다는 점은 분명하다. 그렇지만 일반적인 살인의 경우와 불법이 같다고 하기는 곤란하다. 따라서 위법성이 조각되지는 않지만 감경되는 경우라고 생각된다. **불법감경설**이 타당하다.

(2) 구성요건

1) 객관적 구성요건

촉탁 · 승낙에 의한 살인이 성립하기 위해서는 우선 기본 구성요건인 단순살인죄의 구성요건 요소가 충족되어야 한다. 그 외에 부가적으로 필요한 것이 피해자의 촉탁 또는 승낙이다. 그런데 행위객체부터 달리 보아야 한다는 견해가 있다.

가. 행위객체

행위객체의 범위를 제한하여야 하는가에 대하여 견해대립이 있다.

① 유효한 촉탁·승낙을 할 수 있는 능력을 가진 자로 제한해야 한다는 견해 (**통설**)

예를 들어 정신병자 등 심신장애자나 아동 등은 행위객체에서 제외시켜야 한다는 것이다.

② 행위객체를 제한할 필요는 없다는 견해 (**소수설**)

결론 이 문제는 행위객체의 측면보다는 촉탁·승낙능력이 없는 사람의 승낙은 유효한 촉탁·승낙이 아니기 때문에 감경처벌의 행위상황을 인정할 수 없는 경우라고 보는 것이 더 합리적이라고 생각한다. 예를 들어 만취해서 제 정신이 아닌 사람이 죽여 달라고 한 경우에 그가 심신상실 상태라는 사실을 모르고 살해하였다면 객체의 착오가 아니라 행위상황에 대한 착오로 보는 것이 합당하다는 말이다.

객체의 착오가 될 수 없는 또 하나의 예를 들자면 정신병자의 경우 항상 심신상실 상태가 아니라 정상상태로 있을 때도 있는데 그 때 생을 비관해서 제발 살해해달라고 부탁을 하는 경우가 있을 수 있다. 이 경우에는 유효한 촉탁으로 보아야 할 것이다. 이처럼 정신병자의 경우를 아예 행위객체에서 제외하는 것은 옳지 못하고, 일반인의 경우에도 명정상태인가 아닌가에 따라 행위객체에 속할 수도 있고 제외될 수도 있다고 해석하는 것 또한 타당하지 않다고 본다. 현재 행위객체를 제한하여야 한다는 취지의 판례는 찾아볼 수 없다.

촉탁·승낙에 의한 살인의 행위객체는 제252조 제1항이 규정하고 있듯이 그저 '사람'으로서의 속성만 가지고 있으면 달리 제한이 없다고 보는 것이 타당하다.

나. 촉 탁

촉탁이란 '피해자가 자발적으로 살해를 부탁하는 것'을 의미한다. 촉탁은 명시적이고 진지해야 한다(**통설**). 명시적 의사표시는 언어를 통해서만 가능한 것이 아니라 분명하게 이해할 수 있는 내용이라면 거동을 통해서도 할 수 있다.

진지하지 않은 촉탁이란 술김에 죽여달라고 하는 경우, 비정상적으로 매우 우울해진 상태에서 죽여달라고 하는 경우 등을 의미한다. 또한 촉탁은 자유의사에 의해 이루어져야 하고 시간적으로 살해행위 이전부터 살해행위시까지 유효하게 유지되어야 한다. 자유롭지 못한 의사표시로는 기망, 착오, 강압 등에 의한 의사표시를 예로 들 수 있다.

촉탁은 행위자가 피해자의 촉탁에 의해서 비로소 피해자를 살해하겠다는 생각을 가지게 되었어야만 성립된다. 이는 **교사**의 경우와 같은 형태라고 할 수 있다. 행위자가 이미 피해자를 살해할 생각을 가지고 있었다면 촉탁은 성립되지 않는다(**통설**). 그러나 촉탁이 아닌 승낙에 의해서 피해자를 살해한 경우에도 역시 제252조 제1항에 의해 감경처벌되므로 실질적으로는 크게 문제가 되지 않는 부분이다.

다. 승 낙

승낙이란 '피해자가 가해자에게 자신을 살해하는 데 대한 동의를 하는 것'을 의미한다. 승낙의 의사표시는 어떤 형태로든지 외부에서 인식이 가능한 형태로 이루어져 상대방(가해자)에게 전달되어야 한다. 외부에서 인식이 가능한 형태이기만 하다면 묵시적인 형태로 승낙이 이루어져도 좋다(**다수설**). 이 점은 명시적인 의사표시를 요건으로 하는 촉탁의 경우와 다르다. 그 이외의 사항은 촉탁의 경우와 동일하다.

2) 주관적 구성요건

모든 객관적 구성요건 요소에 대한 인식이 있어야 한다. 문제는 이러한 주관적 구성요건에 **착오**가 발생한 경우이다.

촉탁이나 승낙이 없음에도 있다고 착각한 경우에 대하여 견해대립이 있다.

① 감경 처벌의 요건이 되는 행위상황이 존재하는 것으로 착각한 것으로서 형법 제15조 제1항의 해석에 따라 중한 죄인 보통살인죄가 아니라 경한 죄인 본죄로 처벌하여야 한다는 견해 (**통설**)

② 구성요건적 착오 가운데 추상적 사실의 착오(인식과 사실이 서로 다른 구성요건에 해당하는 경우)에 해당하므로 촉탁 · 승낙에 의한 살인죄의 미수와 과실치사죄의 상상적 경합으로 처리하여야 한다는 견해

> **결론** 단지 행위상황에 대한 착오를 일으켰을 뿐인 경우이므로 **통설**과 같이 해석하는 것이 타당하다고 생각한다.

촉탁 또는 승낙이 있었음에도 이를 몰랐던 경우에 대해서도 견해대립이

있다.

① 촉탁 · 승낙에 의한 살인죄가 성립된다는 견해

② 보통살인죄가 성립된다는 견해

③ 보통살인죄의 미수가 성립된다는 견해

④ 보통살인죄의 미수와 촉탁 · 승낙에 의한 살인 기수의 상상적 경합이 된다는 견해

⑤ 보통살인죄의 미수와 과실치사의 상상적 경합이 된다는 견해

결론 이 경우 촉탁 · 승낙에 의한 살인죄가 성립하기 위한 주관적 구성요건이 충족되지 못하므로 촉탁 · 승낙에 의한 살인죄가 성립한다고 하는 ①과 ④의 견해는 따르기 곤란하다. 보통살인죄의 구성요건을 모두 갖추고 있는 경우이므로 ②의 견해가 타당하다.

5. 자살교사 · 방조죄

제252조 (촉탁, 승낙에 의한 살인 등) ② 사람을 교사 또는 방조하여 자살하게 한 자도 제1항의 형에 처한다. [시행 2021. 12. 9.]

제254조 (미수범) 전 4조의 미수범은 처벌한다.

제256조 (자격정지의 병과) 제250조, 제252조 또는 제253조의 경우에 유기징역에 처할 때에는 10년 이하의 자격정지를 병과할 수 있다.

(1) 의 의

자살교사 · 방조죄는 타인으로 하여금 자살을 결심하여 실행하게 하거나 자살행위를 도와줌으로써 성립되는 범죄이다. **자살관여죄**라고도 한다. 자살행위를 하는 정범은 처벌이 되지 않음에도 불구하고 공범은 성립되는 예외를 규정하고 있다.

자살교사 · 방조를 처벌하도록 특별규정을 마련하기는 했지만 그 불법의 정도를 보면 촉탁 · 승낙에 의한 살인의 경우보다 결코 더 크다고는 할 수 없다. 따라서 형법은 형량을 같게 규정하고 있다.

(2) 구성요건

1) 객관적 구성요건

가. 피교사 · 피방조자의 자살

본죄가 성립하기 위해서는 우선 피교사 · 피방조자가 자살을 통해 자신의 목숨을 끊어야 한다. 여기서 피교사 · 피방조자의 범위에 대하여 견해대립이 있다.

① 정신병자나 연소자 또는 유아 등은 제외된다는 견해 **(통설)**

② 피교사 · 피방조자의 범위를 제한할 필요가 없다는 견해 **(소수설)**

생각해 보면 교사 · 방조에 의한 범죄행위의 경우에 피교사 · 피방조자는 무엇보다 우선해서 정범으로서의 속성을 가진다. 그리고 제한적 종속형식을 따르게 되면 그 정범의 행위가 일단 구성요건과 위법성까지 갖추어야 교사범 · 방조범의 형사책임을 논할 수 있다.

그런데 정신병자나 연소자의 행위는 구성요건과 위법성을 모두 충족시킨다. 다만 책임이 조각될 뿐이다. 그러므로 피교사 · 방조 행위로서의 속성에는 문제가 없게 된다. 연소자나 정신병자라고 해서 살인행위의 주체나 객체가 될 수 없는 것은 아니므로, 이들을 행위객체에서 제외시키는 것은 합당치 않다. 이 문제는 연소자나 유아 등이 본죄의 행위객체가 될 수 없다는 점에서가 아니라, 이들에 대하여 자살을 교사 · 방조할 수 있는가 하는 측면에서 논해야 한다고 생각한다.

한편 자기 또는 배우자의 직계존속의 자살을 교사 · 방조한 경우에는 살해행위를 직접 실행한 자와 피해자가 동일인이어서 직계존비속의 관계가 없으므로 존속살해와는 관계가 없게 되고 보통살인의 감경구성요건인 단순 자살 교사 · 방조에 해당하게 된다.

나. 교사 · 방조

여기서 말하는 교사 · 방조의 의미에 관하여 견해대립이 있다.

① 총론상의 교사 · 방조의 경우보다 넓은 개념으로 보아야 한다는 견해

② 총론상의 교사 · 방조와 달리 보아야 할 이유가 없다는 견해 **(통설)**

결론 교사 · 방조의 의미를 특별히 달리 보아야 할 이유는 없다고 본다. **통설**이 타당하다. 따라서 자살할 생각이 없는 사람으로 하여금 새롭게 자살을 결의하게 만들거나**(교사)**, 자살

행위를 촉진하면(**방조**) 본죄는 성립된다.

【판례】 자살방조가 인정되는 경우 1. 유서대필 피고인은 피해자가 분신자살을 하겠다는 생각을 갖고 있음을 알고 그 실행을 용이하게 도와주겠다는 의도로 리포트 용지에 검은 사인펜으로 유서 2장을 작성하여 주었다. 유서내용은 피해자의 분신자살은 조국과 민족을 위한 행위로 미화될 것이며 사후의 장례의식을 포함한 모든 문제도 전국민족민주운동연합에서 책임진다는 것을 암시하는 것이었다. 이는 결국 적극적·정신적 방법으로 자살하려는 사람에게 자살의 동원과 명분을 주어 자살을 용이하게 실행하도록 하였다는 것으로서 자살방조죄에 해당한다. (대법원 1992. 7. 24. 92도1148)

이 사건은 재심을 통해 무죄가 선고되었다. (대법원 2015. 5. 14. 2014도2946)

2. 휘발유 구매 피해자는 피고인과 말다툼을 하다가 죽고 싶다 또는 같이 죽자고 하며 휘발유를 사오라고 하였고, 이에 피고인이 휘발유 한 병을 사다주자 곧바로 이를 몸에 뿌리고 자살하였다. 이 경우 휘발유를 사다주면 이를 이용하여 자살할 수 있다는 것을 충분히 예상할 수 있었음에도 이를 사다준 것으로서 자살방조에 해당된다. (대법원 2010. 4. 29. 2010도2328)

【판례】 자살방조가 인정되지 않는 경우 | 유독물 판매광고 피고인들은 실제로는 청산염 등을 소지한 바도 없이 단지 금원 편취의 의도로 인터넷 사이트 내 자살 관련 카페(동호회)에 청산염 등 자살용 유독물의 일반적 효능 소개를 곁들인 판매 광고용 글을 올렸다. 변사자들은 동반 자살하기에 앞서 인터넷 사이트 내 자살 관련 카페 등지에서 유독물의 구입처와 동반 자살자를 물색하여 오던 중 피고인 한 사람과 청산염 구입을 위한 상담용 이메일을 주고받고 통화까지 하였으나, 피고인들의 의도를 알아채고서 피고인들과의 접촉을 중단하고 다른 경로를 통해 청산염을 입수한 다음 나머지 변사자들을 그의 소재지로 불러 모아 동반 자살하였다.

이 경우 피고인들이 위 변사자들의 자살의 실행에 정신적 혹은 무형적으로 기여하였다고 보기 어려운 점, 위 변사자들의 자살에 사용된 청산염의 효능에 대하여는 이미 자살 관련 카페의 회원들 사이에서는 주지의 사실이었던 것으로 보이는 점 등의 사정에 비추어 피고인들의 행위가 위 변사자들이 실행한 자살행위를 원조하여 이를 용이하게 한 방조행위에 해당한다고 보기 어렵다 할 것이다. (대법원 2005. 6. 10. 2005도1373)

교사·방조의 경우에 교사자·방조자는 공범으로서 다른 사람의 행위에 종속적으로 가담하는 데 그친다. 따라서 행위지배는 직접정범, 즉 피교사·피방조자가 가지게 된다. 이러한 점에서 문제가 되는 것은 위의 행위주체 부분에서 언급한 바와 같이, 유아나 정신병자 등 죽음의 의미를 이해하지 못하는 자를 시켜서 스스로 목숨을 끊게 하거나 그들의 자살을 부추기는 경우이다. 이들은 자신의 행위가 가지는 의미조차 파악하지 못하고 있다는 측면에서 자신의 행위에 대한 지배가 이루어졌다고 보기 힘들다.

그렇다면 행위지배는 이들을 시키거나 이들의 행위를 촉진시키는 자에게 있다고 보아야 할 것이다. 행위지배가 시키거나 부추기는 자에게 있다면 그들은 종속적으로 범죄에 참여하는 것이 아니라 의사지배의 형태로 행위를 지배하는 간접정범으로 보는 것이 옳다. 따라서 심신상실 상태에 있는 사람이나 연소자를 시켜서 또는 부추겨서 자살에 이르도록 하는 행위는 자살 교사·방조가 아니라 살인의 간접정범으로 보는 것이 타당하다.

【판례】 어린아이에 대한 자살 교사 피고인은 7세와 3세 남짓한 어린 자식들에게 함께 죽자고 해서 물속으로 따라 들어오게 하여 결국 익사하게 만들었다. 이 경우 비록 피해자들을 물속에 직접 밀어서 빠뜨리지는 않았다고 하더라도 자살의 의미를 이해할 능력이 없고 피고인의 말이라면 무엇이나 복종하는 어린 자식들을 권유하여 익사하게 한 이상 살인죄의 범의가 있었음이 분명하다. (대법원 1987. 1. 20. 86도2395)

다. 자살방조와 촉탁·승낙에 의한 살인과의 구별

자살방조와 촉탁·승낙에 의한 살인을 구별하는 기준에 관하여 다음과 같이 견해가 나뉘어져 있다.

① **주관적 행위수행 기준설** : 사망의 결과를 야기하는 '행위수행의 주도적 역할'을 행위자가 담당하면 촉탁·승낙에 의한 살인이고, 자살자가 담당하면 자살방조라는 견해

② **행위지배 기준설** : 촉탁·승낙에 의한 살인은 정범으로서의 행위이고 자살방조는 공범으로서의 행위라는 전제하에 정범과 공범의 구별 기준인 행위지배설에 따라 '행위자의 행위지배'가 있으면 촉탁·승낙에 의한 살

인이고 행위지배가 없으면 자살방조라는 견해

결론 본질적으로 촉탁·승낙에 의한 살인은 정범으로서의 행위이고 자살방조는 공범으로서의 행위이므로, 정범과 공범을 구별하는 학설인 행위지배설을 따르는 것이 타당하다고 본다.

2) 주관적 구성요건

어느 누구를 교사하여 자살을 하게 만든다는 인식과 의지 또는 어떤 사람이 자살하는 것을 도와준다는 인식·의지가 있어야 한다. 이 또한 총론상의 교사·방조의 경우와 같다.

(3) 미수범

1) 교사의 미수

① 피교사자가 자살을 시도하였으나 실패한 경우 (교사의 미수 : 제31조 제1항) : 자살행위는 가벌성이 없으므로 교사자만 미수로 처벌한다.

② 피교사자가 자살하겠다고 하고는 실행에 착수하지 않은 경우 (효과 없는 교사 : 제31조 제2항) : 교사자만 예비·음모에 준하여 처벌한다.

③ 자살을 교사했는데 피교사자가 자살을 결심하지 않은 경우(실패한 교사 : 제31조 제3항) : 교사자만 예비·음모에 준하여 처벌한다.

2) 방조의 미수

자살방조의 미수를 처벌하여야 하는가에 대해서는 견해대립이 있다.

① 처벌 긍정설

② 처벌 부정설

결론 자살교사·방조와 관련해서는 총론상의 원칙을 동원해서 해석하려고 하면 혼란이 야기된다. 이는 이 규정이 공범종속성이라는 총론상의 원칙을 무시하고 만들어진 규정이기 때문이다. 이와 관련하여 생명은 귀중한 것이기 때문에 총론상의 원칙이 한 발자국 뒤로 물러설 수도 있다는 점은 인정할 수 있다. 그러나 살인방조의 미수(사람을 죽이는 데 쓰겠다고 해서 칼을 빌려줬는데 실행에 착수하지도 않은 경우)는 처벌이 안되는데 자살방조의 미수는 처벌된다는 결론은 아무래도 온당치 못하다. 따라서 자살방조의 미수는 처벌할 수 없다고 보는 **처벌 부정설**이 타당하다.

자살교사 · 방조의 실행의 착수는 자살자의 행위가 범행 계획에 비추어 볼 때 더 이상 장애요소가 없어서 구성요건을 실현하기 위한 행위를 직접 시작한 것으로 볼 수 있을 때(실행의 착수시기에 관한 절충설의 입장)로 보는 것이 타당하다고 생각한다.

(4) 동반자살

함께 죽기로 하고 동반자살(合意同死 | 情死)을 시도해서 모두 죽게 되는 경우에는 어떤 과정을 거쳐서 죽게 되었는가와 관계없이 아무도 처벌할 수가 없다.

그러나 만약 죽지 않고 살아남은 사람이 있다면 그 사람의 행위가 죽은 사람과의 관계에서 무엇에 해당되는지를 확인해야 한다. 산 자가 죽은 자를 교사하여 자살하게 만든 것이면 자살교사, 죽은 자가 이미 죽기를 결심한 상태이었다면 자살방조가 성립될 것이다. 만약 자신은 죽을 생각이 없으면서 같이 죽자고 유혹해서 죽게 만들었다면 위계에 의한 살인죄가 성립된다.

동반자살을 시도했지만 아무도 죽지 않은 경우에는 각자의 행위내용에 따라 전부 개별적으로 책임을 판단해야 한다.

6. 위계 · 위력에 의한 살인죄

제253조 (위계 등에 의한 촉탁살인 등) 전조의 경우에 위계 또는 위력으로써 촉탁 또는 승낙하게 하거나 자살을 결의하게 한 때에는 제250조의 예에 의한다.
제254조 (미수범) 전 4조의 미수범은 처벌한다.
제256조 (자격정지의 병과) 제250조, 제252조 또는 제253조의 경우에 유기징역에 처할 때에는 10년 이하의 자격정지를 병과할 수 있다.

(1) 의 의

제253조는 촉탁 · 승낙에 의한 살인이나 자살교사 · 방조를 하는 데 위계나 위력을 사용하는 경우에 이를 제250조(살인 · 존속살해)의 예에 따라 처벌한다는 규정이다. 위계나 위력을 사용한 경우에는 촉탁 · 승낙 등을 이유로 또는 자살한 것이라고 해서 감경처벌할 일이 없어지기 때문이다.

(2) 구성요건

위계란 '자신의 의도 또는 객관적 상황에 관한 속임수를 통해 목적한 바를 달성하는 것'을 의미한다.

예를 들어 멀쩡한 사람의 진단기록을 조작하여 에이즈 바이러스에 감염된 것으로 알게 하고 이로서 자살하게 만드는 경우가 이에 해당된다.

위력은 폭행 · 협박을 뜻한다. 그 밖의 구성요건 내용은 촉탁 · 승낙에 의한 살인의 경우와 같다.

(3) 형 벌

제250조에서 정하고 있는 형벌을 부과한다. 단순살인에 해당될 때에는 제250조 제1항의 법정형을, 존속살해에 해당될 경우에는 제2항의 법정형을 부과하게 된다.

7. 살인예비·음모죄

제255조 (예비, 음모) 제250조와 제253조의 죄를 범할 목적으로 예비 또는 음모한 자는 10년 이하의 징역에 처한다.

(1) 구성요건

본죄는 살인죄, 존속살해죄, 위계·위력에 의한 살인죄를 범할 목적으로 예비·음모함으로써 성립된다.

예비란 범죄의사를 실현하기 위해서 준비를 하는 단계로서 실행의 착수가 있기 이전의 상태를 말한다. **음모**는 범행을 하기 위해 행위자들이 모여 어떻게 일을 진행시킬 것인가를 모의하는 과정을 말한다.

본죄가 성립되기 위해서는 주관적 구성요건으로서 고의와 목적을 필요로 한다. 고의는 준비행위 자체뿐만 아니라 살인이라는 기본범죄를 수행하겠다는 고의를 포함한다. 목적은 기본범죄(제250조와 제253조)를 범할 목적을 말하며, 미필적 형태이어도 좋다.

【판례】 살인예비 1. 권총 등을 교부하면서 사람을 살해하라고 한 자는 피교사자의 범죄실행결의의 유무와 관계 없이 그 행위 자체가 독립하여 살인예비죄를 구성한다. (대법원 1950. 4. 18. 4283형상10).

2. 살해의 용도에 공하기 위한 흉기를 준비하였다 하더라도 그 흉기로서 살해할 대상자가 확정되지 아니한 한 살인예비죄로 다스릴 수 없다. (대법원 1959. 9. 1. 4292형상387)

3. 간첩이 불특정의 경찰관으로부터 체포를 당하게 될 위급한 때의 방어를 하기 위하여 무기를 휴대한 것이라면 살인의 대상이 특정되지 아니하였으므로 살인예비죄의 성립을 인정할 수 없다. (대법원 1959. 7. 31. 59도308)

(2) 살인예비의 공동정범, 교사범, 방조범

살인예비의 **공동정범**이 가능한가와 관련하여 예비의 공동정범이 성립하는가 하는 문제 자체에 대하여 견해대립이 있다.

① **긍정설** : 예비의 실행행위성을 부인하더라도 공동정범을 인정할 수 있다는 견해 (**다수설**)

② **부정설** : 예비에는 실행행위성이 없기 때문에 공동정범을 인정할 수 없다는 견해

결론 준비행위에 대해서도 기능적 역할분담이 가능하므로 공동정범의 성립을 인정하는 **긍정설**이 타당하다고 생각한다.

살인을 **교사** 받은 사람이 "범죄의 실행을 승낙하고 실행의 착수에 이르지 아니한 때"에는 제31조 제2항에 따라 교사자와 피교사자 모두를 예비 또는 음모에 준하여 처벌하면 된다.

살인예비의 **방조**가 가능한가와 관련하여 예비의 방조가 있을 수 있는가 하는 문제 자체에 대하여 견해대립이 있다.

① **긍정설**

긍정설은 ① 공범종속성설의 입장에서 볼 때 정범이 처벌되면 종범도 따라서 처벌되는 것이 당연하다는 점, ② 예비도 하나의 실행행위라는 점 그리고 ③ 예비 단계인가 미수 단계인가와 공범 성립 여부는 관계없는 일이라는 점을 근거로 내세우고 있다.

② **부정설** (**통설 · 판례** | 대법원 1976. 5. 25. 75도1549; 대법원 1978. 2. 28. 77도3406; 대법원 1979. 5. 22. 79도552)

부정설은 ① 예비죄에는 미수와 같은 실행행위가 없다는 점, ② 방조의 방법에는 제한이 없고 예비도 정형성이 없기 때문에 예비의 방조가 처벌되면 처벌이 부당하게 확대될 수 있다는 점 그리고 ③ 예비의 방조를 처벌하는 것은 법감정에 반한다는 점을 논거로 제시하고 있다.

결론 타인예비를 처벌하지 않듯이 예비에 대한 방조도 처벌하지 않는 것이 합당하다고 생각한다. 부정설이 타당하다.

Ⅲ. 낙태의 죄

1. 서 설

(1) 보호법익

낙태의 보호법익이 무엇인가에 대하여 견해대립이 있다.

① **태아의 생명**이라는 견해 (**판례** | 헌재 2019. 4. 11. 2017헌바127)

② 태아의 생명을 주된 보호법익으로 하고 **임부의 신체**를 부차적인 보호법익으로 보는 견해

③ 태아의 생명을 주된 보호법익으로 하고 **임부의 생명 · 신체**를 부차적인 보호법익으로 보는 견해

④ 태아의 생명 · 신체를 주된 보호법익으로 하고 **임부의 생명 · 신체**를 부차적인 보호법익으로 보는 견해

⑤ 낙태의 죄의 유형에 따라 자기낙태죄, 동의낙태죄, 업무상 낙태죄는 태아의 생명만이, 부동의 낙태죄는 태아의 생명을 주로 임부의 의사결정의 자유를 부차적으로, 낙태치사상죄는 태아의 생명을 주로 임부의 생명 · 신체의 완전성을 부차적인 보호법익으로 삼는다는 견해

> **결론** 낙태가 임부의 건강을 해칠 위험이 있는 행위라는 점은 확실하다. 심한 경우에는 목숨까지 앗아갈 수도 있다. 그러나 낙태 자체는 **태아의 생명**을 보호법익으로 하는 범죄로 이해하여야 한다. 낙태를 시킴으로 인하여 임부의 생명 · 신체까지 침해한 경우에 결과적 가중범으로서 가중처벌하는 규정(제269조 제3항, 제270조 제3항)이 있다고 해서 낙태의 보호법익이 임부의 생명 · 신체도 포함한다고 보기는 곤란하다. 이는 강간치상 · 치사 규정이 있다고 해도 강간 자체는 성적 자기결정권을 보호법익으로 하는 범죄라고 보아야 하는 것과 마찬가지이다.

(2) 보호의 정도

법익보호의 정도에 대해서도 견해대립이 있다.

① **추상적 위험범설** : 낙태를 자연적인 출산시기 이전에 모태로부터 태아를 분리시키는 행위로 보는 견해 (**다수설**)

② **구체적 위험범설** : 낙태를 출산시기 이전에 모태로부터 태아를 분리시킴으로써 태아의 생명에 대한 구체적 위험을 발생시키는 행위로 보는 견해

③ **침해범설** : 태아의 생명을 침해하는 행위로 보는 견해

④ **이원설** : 자연적 출산시기 이전에 모태로부터 태아를 분리시키는 행위와 모태 내에서 태아의 생명을 침해하는 행위 등 두 가지를 모두 낙태로 보는 견해 **(판례)**

【판례】 미숙아에 대한 살인 산부인과 의사인 피고인은 임신 28주 상태인 산모에 대하여 약물에 의한 유도분만의 방법으로 낙태시술을 하였으나, 태아가 살아서 미숙아 상태로 출생하자 그 미숙아에게 염화칼륨을 주입하여 사망하게 하였다. 이 경우 낙태죄는 태아를 자연분만기에 앞서서 인위적으로 모체 밖으로 배출하거나 모체 안에서 살해함으로써 성립하므로, 그 결과 태아가 사망하였는지 여부는 낙태죄의 성립에 영향이 없다. 따라서 피고인이 살아서 출생한 미숙아에게 염화칼륨을 주입한 것을 낙태를 완성하기 위한 행위에 불과한 것으로 볼 수는 없다. 살아서 출생한 미숙아가 정상적으로 생존할 확률이 적다고 하더라도 그 상태에 대한 확인이나 최소한의 의료행위도 없이 적극적으로 염화칼륨을 주입하여 미숙아를 사망에 이르게 한 행위는 살인에 해당하며 업무상 촉탁낙태와 실체적 경합관계에 있다. (대법원 2005. 4. 15. 2003도2780)

결론 인간은 다른 동물에 비해서 아이가 상당히 성장이 덜 된 상태에서 출산을 한다. 대부분 포유류의 젖먹이는 태어나자마자 걷기 시작하는데 사람의 경우에는 1년 정도의 시간이 걸린다. 이렇게 일찍 태어나는 이유는 사람의 두뇌가 너무 크기 때문이다. 만약 독립보행이 가능할 정도까지 태내에서 성장하게 되면 출산이 불가능해진다. 이처럼 태어나서도 상당기간을 보호를 받아야만 하는 것이 인간인데 그러한 출산시기마저 인위적으로 앞당긴다면 이는 치명적인 위험을 야기하는 행위라고 볼 수 있다. 따라서 출산시기를 인위적으로 앞당기는 것 자체를 낙태로 보는 견해가 타당하다. 그런데 그렇다고 해서 모태 내에서 태아를 살해하는 행위를 낙태가 아니라고 하기도 곤란하다. 따라서 **이원설**이 타당하다.

(4) 구성요건의 유형

낙태죄에 있어서 불법의 핵심적인 내용은 태아의 생명을 침해하는 것이다. 낙태죄를 그렇게 이해한다면 **기본 구성요건**은 낙태이어야 한다. 그런데

우리나라 형법은 낙태행위 자체를 구성요건으로 하는 규정을 가지고 있지 않다. 대신 제269조 제1항과 제2항에서 임부가 낙태하는 행위와 임부의 촉탁 · 승낙에 따라 낙태하는 행위를 똑같은 형량으로 처벌하는 규정을 두고 있다. 독일 형법상의 낙태 기본 구성요건을 둘로 나누어 놓은 셈이다.

독일 형법은 행위주체에 대한 구별 없이 낙태행위를 기본 구성요건으로 제218조 제1항에서 규정하고 있으며, 산모가 자기낙태를 한 경우에 대해서는 제3항에 감경처벌 규정을 두고 있다.

이 가운데 어느 것 하나 만을 택해서 **기본 구성요건**이라고 말하기는 곤란하다. 특이한 경우이기는 하지만 자기낙태죄(제269조 제1항)와 동의낙태죄(제269조 제2항) 모두가 **기본 구성요건**이라고 보는 것이 합당하다고 생각한다.

이들 기본 구성요건에 대하여 제270조 제1항과 제2항에 **가중 구성요건**이 규정되어 있다. 제270조 제1항은 의사, 한의사, 조산사, 약제사, 약종상 등이 행위주체인 경우에 가중처벌하는 규정이다. 제270조 제2항은 임부의 촉탁 · 승낙이 없는데도 낙태를 하는 경우에 가중처벌하는 규정이다.

또한 촉탁 · 승낙에 의한 낙태를 하면서 임부의 생명 · 신체까지 침해하는 결과를 가져온 자를 **결과적 가중범**으로서 가중처벌하는 규정이 제269조 제3항이고, 촉탁 · 승낙 없이 낙태를 하다 중한 결과를 발생시킨 데 대해서는 제270조 제3항으로 가중처벌하고 있다.

2. 자기낙태죄

제269조 (낙태) ① 부녀가 약물 기타 방법으로 낙태한 때에는 1년 이하의 징역 또는 200만원 이하의 벌금에 처한다.

임부가 자신의 아이인 **태아**를 살해함으로써 성립하는 범죄이다. 낙태의 기본 구성요건에 해당된다.

(1) 구성요건

1) 객관적 구성요건

가. 행위주체

제269조 제1항의 행위주체는 임부(姙婦)이다. 이러한 의미에서 본죄는 신분범이다.

나. 행위객체

행위객체인 **태아**는 '수태된 후 분만이 시작될 때까지의 인간 생명체'를 의미한다. **수태**란 '어머니의 난자에 아버지의 정자가 수정되어 만들어진 수정란이 자궁에 착상되는 것'을 말한다(**통설**). 수정란이 되기까지의 과정이 반드시 자궁 내에서 이루어질 필요는 없다. 시험관에서 키워진 수정란이 인공적으로 착상된 경우도 수태라고 할 수 있다.

> 한편 자궁 외 임신은 수정란이 자궁에 착상되는 것이 아니므로 통설에 따르게 되면 수태라고 할 수 없다. 그러나 자궁이 아닌 곳에 착상이 되었다 하더라도 인간으로서의 생명을 가진 존재임은 분명한데 이를 구성요건 단계에서부터 행위객체에서 제외시키는 것은 문제이다.

수정란이 자궁에 착상하는 데 필요한 시간은 보통 수정된 후 14일 이내이므로 월경주기를 기준으로 계산하면 마지막 월경을 시작한 날로부터 4주 동안의 기간에 이루어지는 행위는 구성요건 해당성이 없게 된다.

> 이렇게 수정란을 행위객체에서 제외시키는 것은 그것이 인간으로서의 생명을 가지고 있지 않기 때문이 아니다. 수정란이 장차 사람으로 태어나게 될 생명체라는 것은 생물학적으로 절대 부정할 수 없는 사실이다. 문제는 수정이 이루어졌다는 사실을 객관적으로 입증하는 것이 불가능하고 주관적으로 인식할 수도 없다는 점이다. 따라서 사후피임약을 이용해서 수정란이 자궁에 착상하지 못하도록 하는 행위는 낙태의 구성요건에 해당되지 않는다.

일반적인 방법으로 수정이 되는 경우에는 이 설명이 타당하다. 그러나 인공수정의 경우에는 수정 여부가 객관적으로 입증 가능한 상황이므로 보호의 대상에서 제외시킬 이유가 없어진다. 현재 이에 대한 법적 보호장치는 없는 상태인데 의학기술이 점차 발전하는 것에 대비하여 보호규정을 만들어둘 필요가 있다.

일단 수정란이 자궁에 착상되면 낙태행위시에 태아가 생명을 유지하고 있다는 것 이외에 — 태아가 어느 정도까지 성장했는가 하는 점 등 — 다른 조건은 전혀 문제되지 않는다. 따라서 아무리 기형이라고 하더라도 생명을 유지하고 있으면 행위객체에 포함된다. 다만 **무뇌증** 태아(Anencephalus) 가운데 뇌가 전혀 기능을 하지 않는 경우는 인간으로서의 생명이라고 하기 곤란하므로 행위객체에서 제외된다.

다. 행위와 결과의 발생

낙태죄의 성립 여부는 본죄를 어떻게 이해하는가에 따라 달라진다.

① **추상적 위험범설** : 자연적인 분만기에 앞서서 인위적인 방법으로 태아를 모체 밖으로 배출시키면 본죄가 성립된다.

② **구체적 위험범설** : 자연적인 분만기에 앞서서 인위적인 방법으로 태아를 모체 밖으로 배출시킴으로써 태아에 대한 생명의 위험을 발생시키게 되면 본죄가 성립된다.

③ **침해범설** : 태아를 모체 내에서 살해하게 되면 본죄가 성립된다.

④ **이원설** : 자연적 출산시기 이전에 모태로부터 태아를 분리시키거나, 모태 내에서 태아를 살해하게 되면 본죄가 성립된다.

자기낙태는 행위내용에 제한이 없다. 어떠한 방법으로든 태아의 사망이라는 결과만 초래하면 된다.

2) 주관적 구성요건

낙태는 고의범만 처벌한다. 과실범까지 처벌하게 되면 임산부는 경우에 따라 모든 사회생활을 포기하고 병원에 가만히 누워서 지내야만 하게 될 것이다. 이는 법이 강요할 수는 없는 부분이다. 이 때 고의는 미필적 고의로 족하다.

(2) 위법성

낙태죄에 대한 위법성 조각사유는 **모자보건법** 제14조에 규정되어 있었다. 그 내용은 다음과 같았다.

① 수태후 24주가 넘지 않았을 것 (동법 시행령 제15조)
② 산모와 그 배우자(사실혼상의 배우자 포함)의 동의가 있을 것
③ 특별한 사유가 있을 것
④ 의사의 의한 시술일 것.

그런데 이들 특별한 사유(정당화 사유)에 광범위한 사회적 · 경제적 사유가 포함되어 있지 않다는 이유로 헌법재판소에 의해서 형법 제269조 제1항 및 제270조 제1항 중 의사에 관한 부분은 헌법에 합치하지 않는 것으로 판단되었다.

【판례】 낙태죄 규정의 한정위헌 낙태를 전면적으로 금지하고 이를 위반할 경우 형벌을 부과하는 것은 임신한 여성의 자기결정권을 제한하는 입법 조치이다. 낙태 처벌규정은 태아의 생명을 보호하기 위한 것이므로, 태아의 생명과 산모의 자기결정권 보호가 서로 충돌하는 상황이다. 태아는 대략 임신 22주에 도달하면 독자적인 생존이 가능하며, 그 시점까지 산모는 정당한 사유가 있을 경우 낙태를 하는 것이 허용되어야 한다. 현재 그러한 사유는 모자보건법이 정하고 있다. 하지만 이들 정당화 사유에는 '학업이나 직장생활 등 사회활동에 지장이 있을 것에 대한 우려, 소득이 충분하지 않거나 불안정한 경 우, 자녀가 이미 있어서 더 이상의 자녀를 감당할 여력이 되지 않는 경우, 상대 남성과 교제를 지속할 생각이 없거나 결혼 계획이 없는 경우, 혼인이 사실상 파탄에 이른 상태에서 배우자의 아이를 임신했음을 알게 된 경우, 결혼하지 않은 미성년자가 원치 않은 임신을 한 경우 등' 광범위한 사회적 · 경제적 사유가 포함되어 있지 않다. 이는 필요한 최소한도의 정도를 넘어 산모의 자기결정권을 제한하는 것으로서 최소침해의 원칙에 위배되고, 공익에 대하여만 일방적인 우위를 인정함으로써 과잉금지 원칙을 위반하는 입법이다. 형법 제269조 제1항, 제270조 제1항 중 '의사'에 관한 부분은 모두 헌법에 합치되지 아니한다. 이들 조항은 2020. 12. 31.을 시한으로 입법자가 개정할 때까지 계속 적용된다. (헌재 2019. 4. 11. 2017헌바127)

이에 따라 2020년 12월 31일을 시한으로 입법자가 개정할 때까지만 효력을 가지는 규정이었다. 하지만 정해진 시한까지 개정이 이루어지지 않아 해당 규정은 효력을 상실하였다. 위법성 조각사유의 내용이 불충분하다는 점이 헌법 불합치의 이유이었는데, 이를 입법자가 보완하지 않음으로써 낙태죄 처벌규정이 의사와 관련해서는 폐지되어 버린 셈이다. 낙태는 의사가 시술하는 경우에만 위법성이 조각되는 것이었으므로, 의사에 의한 낙태시술의 가벌성이 전면적으로 부정되는 상황에서 낙태의 위법성 조각이란 의미가 없어진 상황이다.

(3) 공 범

자기낙태는 ① 임부가 스스로 기구를 사용하거나 약물을 이용하여 **직접정범**의 형태로 할 수도 있고, ② 낙태 허용 사유가 없는데 있는 것처럼 의사를 속여서 낙태시술을 하게 하는 **간접정범**의 형태로도 할 수 있으며, ③ 제3자와 함께 **공동정범** 형태로도 가능하고, ④ 제3자가 낙태를 하겠다는 것을 동의하고 자신의 몸에서 이루어지는 낙태행위를 허용하여 태아에 대한 보증인적 지위에서 태아의 생명에 대한 침해를 방지할 수 있었음에도 불구하고 방지하지 않았음을 근거로 **부작위**에 의한 자기낙태의 정범 형태로도 가능하다.

3. 촉탁·승낙에 의한 낙태죄

> 제269조 (낙태) ② 부녀의 촉탁 또는 승낙을 받아 낙태하게 한 자도 제1항의 형(1년 이하의 징역 또는 200만원 이하의 벌금)과 같다.

촉탁·승낙에 의한 살인(제252조)의 경우와는 달리 제269조 제2항은 법익주체에 의한 촉탁·승낙이 아니라 법익주체를 대신한 어머니의 촉탁·승낙에 의하여 태아를 살해하는 범죄이다. 일반적으로 **동의낙태**라고 부른다. 자기낙태와 함께 낙태죄의 기본 구성요건이다.

살인의 죄와는 달리 자기낙태 교사·방조에 대해서는 별도의 처벌규정이 마련되어 있지 않다. 따라서 임산부를 시켜서 낙태를 하게 만들거나 임부의 낙태행위를 도와주면 각칙상의 개별범죄가 아니라 총칙상의 교사 또는 방조가 성립되며 방조의 경우에는 제32조 제2항에 따라 동의낙태보다 형이 감경된다.

본죄의 **행위주체**는 임부와 가중처벌되는 업무상 낙태(제270조 제1항)의 행위주체를 제외한 모든 사람이다. 촉탁과 승낙의 의미는 제252조의 경우와 같은 것으로 이해된다. 유효한 촉탁이나 승낙으로서의 요건을 갖추지 못하는 경우에는 제270조 제2항(부동의 낙태)에 해당되어 가중처벌 된다.

촉탁·승낙에 의한 낙태의 경우에도 모자보건법 제14조의 요건을 구비한 때에는 위법성이 배제된다. 의사의 수술행위에 공범으로 참여하는 경우를 생각해 볼 수 있다.

4. 업무상 낙태죄

> 제270조 (의사 등의 낙태) ① 의사, 한의사, 조산사, 약제사 또는 약종상이 부녀의 촉탁 또는 승낙을 받어 낙태하게 한 때에는 2년 이하의 징역에 처한다.
> ④ 전3항의 경우에는 7년 이하의 자격정지를 병과한다.

(1) 의 의

의약 업무에 종사하는 사람이 낙태행위를 하는 데 대한 가중처벌 규정이다. 이들 업무에 종사하는 사람은 본래 생명을 유지하는 데 도움을 주는 것을 사명으로 하고 있는 것인데, 거꾸로 생명을 파괴하는 데 나선 것이어서 보통 사람의 경우보다 더 큰 사회적 비난이 가해지기 때문에 가중처벌하는 것이다.

그런데 행위주체 가운데 의사에 대해서는 헌법 불합치 결정(헌재 2019. 4. 11. 2017헌바127)에 이은 입법적 보완이 이루어지지 않아 해당 규정이 폐지된 것이므로 가벌성이 인정되지 않는다.

(2) 구성요건

본죄의 행위주체는 의사를 제외한 한의사, 조산사, 약제사 또는 약종상으로서 의료 관련 면허를 가진 사람으로 제한된다. 치과의사, 수의사 등 본 규정에 열거되어 있지 않은 사람은 의사와 함께 행위주체에서 제외된다.

(3) 위법성

의사가 행위주체에서 제외되었기 때문에 의사의 시술을 전제로 하는 위법성 조각은 의미를 상실하였다.

5. 부동의 낙태죄

> 第270조 (부동의 낙태) ② 부녀의 촉탁 또는 승낙 없이 낙태하게 한 자는 3년 이하의 징역에 처한다.
>
> ④ 전3항의 경우에는 7년 이하의 자격정지를 병과한다.

임부의 촉탁 또는 승낙 없이 낙태행위를 자행한 경우에 가중처벌하는 규정이다. 따라서 강제로 낙태하게 하는 경우는 물론 임부 모르게 낙태시킨 경우에도 본죄가 성립된다.

행위주체는 임부를 제외한 모든 사람이다. 촉탁·승낙에 의한 동의낙태의 경우와는 달리 의료인이 행위자인 경우에도 가중처벌하는 규정은 없다.

겉으로는 촉탁·승낙이 있었다 하더라도 그것이 기망·착오·강압 등에 의해 이루어진 흠이 있는 의사표시였다면 촉탁·승낙이 없는 낙태가 된다. 촉탁이 없는데도 불구하고 있는 줄로 잘못 알고 낙태시키는 경우에는 구성요건적 착오가 문제된다. 가중 구성요건에 해당되는 행위를 하면서 기본 구성요건에 해당된다고 오해한 것이다. 이럴 때는 형법 제15조 제1항을 적용하여 가중 구성요건이 성립되지 않는 것으로 보아야 한다. 따라서 촉탁·승낙에 의한 낙태가 되고 행위주체가 일반인인가, 아니면 의료인인가에 따라 제269조 제2항 또는 제270조 제1항이 성립된다. 반대로 촉탁·승낙이 있었는데도 이를 알지 못하고 낙태하게 한 경우에는 본죄가 성립된다.

6. 낙태치사상죄

> 제269조 (낙태) ③ 제2항의 죄를 범하여 부녀를 상해에 이르게 한 때에는 3년 이하의 징역에 처한다. 사망에 이르게 한 때에는 7년 이하의 징역에 처한다.
>
> 제270조 (의사 등의 낙태, 부동의 낙태) ③ 제1항 또는 제2항의 죄를 범하여 부녀를 상해에 이르게 한 때에는 5년 이하의 징역에 처한다. 사망에 이르게 한 때에는 10년 이하의 징역에 처한다.
>
> ④ 전3항의 경우에는 7년 이하의 자격정지를 병과한다.

촉탁 · 승낙에 의한 낙태죄, 업무상 낙태죄, 부동의 낙태죄를 범하여 임부를 상해에 이르게 하거나 사망에 이르게 함으로써 성립되는 본죄는 이들 낙태죄의 결과적 가중범이다. 따라서 기본범죄로서 고의의 낙태가 성립되어야 하고, 중한 결과 부분에서 ① 부녀의 치상 또는 치사라는 중한 결과의 발생, ② 낙태라는 기본범죄와 중한 결과 사이의 인과관계 그리고 ③ 중한 결과의 발생에 대한 객관적 예견가능성이 있어야 한다.

기본범죄인 낙태가 기수에 이른 경우에는 본죄가 성립되는 데 문제가 없다. 그러나 기본범죄인 낙태가 미수에 그쳤으나 이로 인하여 산모가 죽거나 상해를 입는 결과가 발생한 경우 본죄가 성립될 수 있는가에 관하여는 견해대립이 있다.

① 결과적 가중범 성립 긍정설

② 결과적 가중범 성립 부정설(**다수설**)

결론 낙태치사상죄의 기본범죄에 미수범이 포함되어 있지 않으므로 기본범죄가 미수로 끝난 경우에는 중한 결과가 발생되더라도 결과적 가중범이 성립하지 않는다고 보는 것이 합당하다.

따라서 낙태를 시키기 위하여 약물을 주입하였는데 의도한 대로 되지 않아, 태아는 사망하지 않고 임부만 상해에 이른 경우에는 본죄는 성립되지 않고 과실치상 또는 업무상 과실치상만 성립된다. 또 위와 같은 상황에서 태아는 사망하지 않았으나 임부만 사망한 경우에는 과실치사 또는 업무상 과실치사가 성립된다.

태아는 사망하지 않고 임부만 사망한 경우, 임부의 사망으로 태아도 결국 사망하게 되어 낙태도 기수에 이르는 것이므로 본죄가 성립한다고 볼 여지가 있다. 그러나 산모가 사망하였다고 하여 반드시 태아가 사망하는 것은 아니므로 그렇게 볼 수는 없다. 임부가 사망한 후에 그 영향으로 태아가 사망한 경우에만 낙태치사가 성립된다.

모자보건법의 허용요건을 갖춘 동의낙태나 업무상 낙태라고 하더라도 치상의 결과가 발생한 경우에는 위법성이 배제되지 않는다(모자보건법 제28조).

제270조 제3항은 폭행죄와 비교하여 형의 균형이 맞지 않으므로 입법론상 문제가 있다. 부동의 낙태죄(제270조 제2항)의 형은 폭행죄(제260조 제1항)의 형보다 무거움에도 불구하고 그 결과적 가중범인 부동의 낙태치사상의 형이 폭행치사상의 형에 비하여 가볍게 규정되어 있는 것은 입법상의 과오이므로 개정이 필요하다.

제 2 절 신체를 침해하는 범죄

I. 개 관

1. 보호법익

폭행과 상해의 보호법익이 서로 다른가에 대해서 견해대립이 있다.

① **불구별설** : 보호법익 자체는 같고 침해의 정도만 서로 다르다고 보는 견해

② **구별설** : 보호법익 자체가 다르다고 보는 견해. 상해죄의 보호법익을 신체의 건강 또는 생리적 기능으로, 폭행죄의 보호법익은 신체의 건재로 본다.

결론 본래 폭행과 상해는 명확한 구별이 힘든 범죄이다. 그래서 아예 이들을 구별하지 않는 입법례도 있다. 똑같은 행위와 결과에 대해서도 시각에 따라 폭행인가 상해인가에 대한 판단이 얼마든지 달라질 수 있다. 결국 폭행과 상해는 근본적으로 동질의 범죄라고 볼 수 있다. 따라서 불법의 본질적인 내용이 같은 것이고 보호법익이 같은 범죄라고 보는 **불구별설**이 타당하다고 생각한다.

불구별설 내에서도 폭행과 상해 규정의 공통적인 보호법익을 어떻게 볼 것인가에 대한 견해대립이 있다.

① **신체의 완전성**이라는 견해

② 신체의 완전성 내지는 **불가침성**이라는 견해

③ **신체적 안온상태**라는 견해

그런데 폭행의 경우 반드시 신체의 완전성이나 불가침성이 침해되어야 성립되는 것이 아니다. 예를 들어 돌을 던졌는데 그 돌이 피해자를 맞추지는 않고 바로 옆에 떨어진 경우에도 폭행죄가 성립된다. 이는 신체의 완전성·불가침성 침해 이전에 그 무엇인가를 해치는 행위인데 그 무엇인가를 '신체적 안온상태'라고 하는 것이 적절하다고 생각한다.

2. 폭행과 상해의 구별

폭행과 상해는 신체적 안온상태를 침해하는 범죄라는 측면에서 보호법익이 같다. 따라서 폭행이나 상해 모두 신체적 안온상태를 침해하는 행위라는 면에서는 차이가 없다. 다만 **폭행**은 타인의 신체에 대한 유형력 행사를 통해 신체적 안온상태를 침해하는 데 그친 행위(**거동범**)이고, **상해**는 기본적으로 신체적 안온상태를 침해하는 행위이지만 그에 대한 침해의 정도가 심해서 일정한 결과를 발생시키는 경우(**침해범**)이다. 그러므로 폭행과 상해의 구별 문제는 결국 어떠한 결과를 발생시킨 경우를 상해로 볼 것인가 하는 문제로 귀결된다. 이에 대해서는 학설의 대립이 있다.

독일 등 국가에서는 폭행과 상해를 구별하지 않기 때문에 그리 큰 문제가 되지 않는 부분이다. 그러나 우리나라와 일본, 스위스 등은 이를 구별하고 있어서 논란이 되고 있다.

① **신체적 완전성 훼손설** : '신체의 완전성이 훼손되었을 때' 상해가 성립한 것으로 보아야 한다는 견해이다.

이 학설을 따르게 되면 손톱을 깎거나, 머리카락을 가위로 조금 자르는 행위까지도 상해에 해당된다고 보아야 한다. 따라서 이는 부당하다. 그리고 무엇보다도 신체적 완전성의 범주를 어디까지 볼 것인가 하는 점이 불명확하기 때문에 폭행과 상해를 구별하기 위한 실질적 기준으로 적용하기가 힘들다.

② **생리적 기능 훼손설** : '생리적 기능이 훼손되었을 때'를 상해로 보는 견해이다(**다수설|판례**).

여기서 생리적 기능 훼손이란 ① 상처를 입히는 경우는 물론 ② 병적 현상을 야기하거나 병세를 악화시키는 경우, ③ 신체의 일부를 제거하거나 신체 일부의 기능을 훼손하는 경우를 의미한다. 다만 그 정도가 극히 경미하여 특별히 치료를 하지 않아도 시간이 지나면 자연치유가 가능한 정도일 경우에는 상해로 보지 않는다(대법원 2009. 7. 23. 2009도1934; 대법원 2011. 5. 26. 2010도10305).

③ **절충설** : '생리적 기능 훼손 또는 신체외모의 중대한 변화가 있을 때' 상해가 되는 것으로 보는 견해이다.

이에 따르자면 생리적 기능 훼손이 없더라도 신체외모에 대한 중대한 변화가 있는 경우에는 상해로 해석하게 되는데, 예를 들어 여성의 현저한 두발 절단이나 얼굴에 멍이 들게 하는 것도 상해가 된다. 이 견해도 신체외모의 중대한 변화의 기준이 어디까지인지가 불명확하므로 상해와 폭행을 구별하는 이론으로는 적절하다고 볼 수 없다.

결론 우리나라 형법처럼 폭행과 상해를 구별하고 있는 경우에, 무엇이 폭행이고 무엇이 상해인지를 구별하는 실질적 기준으로서는 적용 가능한 구체적 기준을 제시해 주는 **생리적 기능 훼손설**이 가장 타당한 학설이라고 생각한다.

3. 구성요건 체계

(1) 상해의 죄

상해의 죄에서 기본 구성요건은 제257조 제1항(상해)이다. 이에 대한 변형 구성요건으로는 가중 구성요건만 있다. 가중 구성요건을 형성하는 요소가 무엇인가에 따라 여러 종류의 규정들이 있는데 다음과 같다.

① 가해자와 피해자의 관계를 고려하여 가중처벌하는 존속상해(제257조 제2항), ② 보통의 상해보다 침해의 정도가 심한 것을 이유로 가중처벌하는 중상해(제258조 제1항, 2항), ③ 직계존속에 대하여 중상해의 결과를 발생시켰다는 두 가지 요소가 중복되어 더욱 가중해서 처벌하는 존속 중상해(제258조 제3항), ④ 행위수단의 위험성 때문에 가중처벌하는 특수상해(제258조의2), ⑤ 사망이라는 중대한 결과를 야기했기 때문에 가중처벌하는 상해치사(제259조 제1항) · 존속 상해치사(제259조 제2항) · 보복 상해치사(특가법 제5조의9 제3항) 그리고 ⑥ 상습성 때문에 가중처벌하는 상습상해(제264조) 등의 규정이 있다.

(2) 폭행의 죄

폭행의 죄 가운데 기본 구성요건은 제260조 제1항의 폭행이다. 이에 대한 변형 구성요건도 상해의 경우와 마찬가지로 가중 구성요건만 있다. 이들 가중 구성요건의 종류를 분류해 보면 다음과 같다.

① 피해자와 가해자 사이의 가족관계를 고려해서 가중처벌하는 존속폭행(260조 제2항), ② 가해자의 신분이 인신구속에 관한 직무를 수행하는 자라는 이유 때문에 가중처벌하는 폭행 · 가혹행위(제125조), ③ 범행방법이 특히 위험하기 때문에 가중처벌하는 특수폭행(제261조), ④ 사망이나 상해라는 중대한 결과가 발생한 것을 근거로 가중처벌하는 폭행치사상(제262조) · 보복 폭행치사상(특가법 제5조의9 제3항) 그리고 ⑤ 행위자의 상습성 때문에 가중처벌하는 상습폭행(제264조) 등의 규정이 있다.

Ⅱ. 상해의 죄

1. 상해죄

제257조 (상해) ① 사람의 신체를 상해한 자는 7년 이하의 징역, 10년 이하의 자격정지 또는 1천만원 이하의 벌금에 처한다.
③ 전2항의 미수범은 처벌한다.

상해의 죄 가운데 기본 구성요건이다. 다른 사람의 생리적 기능을 훼손함으로써 성립되는 범죄행위로서 침해범이다.

(1) 구성요건

1) 객관적 구성요건

가. 행위객체

본죄의 **행위객체**는 '다른 사람'이다. 따라서 자기 자신의 신체에 상해를 입히는 행위는 본죄의 구성요건에 해당되지 않는다.

다만 자상행위도 병역법 제86조나 군형법 제41조 제1항에 해당하는 경우에는 처벌대상이 된다. (대법원 2004. 3. 25. 선고 2003도8247 판결).

누군가의 위계나 위력으로 인해 자신에게 상해를 입히게 된 경우에는 상해를 유도한 자가 상해의 간접정범이 된다.

【판례】 협박에 의한 자상(自傷) 현역병인 피고인이 자신과 동거했던 여성을 다른 남자와 정을 통했다는 이유로 시키는대로 하지 않으면 돌로 쳐 죽인다고 협박하여 그로 하여금 면도칼로 콧등을 자르게 한 경우, 그 협박의 정도가 피해자의 의사결정의 자유를 상실케 함에 족한 것인 이상 피고인의 행위는 중상해에 해당한다. (대법원 1970. 9. 22. 70도1638)

제257조 제1항의 '사람'이란 태어나 살아있는 사람을 의미하므로 태아와 사자(死者)는 행위객체에서 제외된다. 행위객체 문제는 일반적으로 살인의 경우와 다를 바가 없다.

나. 행 위

상해죄도 살인죄와 마찬가지로 행위내용에 제한이 없다(**통설**). 어떠한 행위에 의하건 일단 상해의 결과만 발생시키면 제257조 제1항의 구성요건은 성립된다. 반드시 타인의 신체에 직접적 유형력을 행사하지 않더라도 상관없다(**통설**). 예를 들어 정신적인 충격을 주거나 비관을 하게 만들어 생리적 기능이 훼손되게 하는 무형적인 방법도 가능하다.

또한 **부작위**의 형태로도 상해행위가 가능하다. 예를 들어 급성 맹장염에 걸렸는데 보증인적 지위에 있는 자가 이를 일부러 그대로 방치해서 맹장이 터지게 되면 상해죄가 성립된다.

한편 2인 이상이 공동으로 상해죄를 범하게 되면 그 행위유형이 특별히 위험하기 때문에 폭처법 제2조 제2항에 따라 가중처벌된다. 여기서 2인 이상의 의미는 합동범이 성립되는 경우를 의미한다고 해석해야 한다.

다. 결과의 발생

상해란 '생리적 기능 훼손'을 말한다. 따라서 타박상과 같이 신체에 상처가 있는 경우는 물론, 외부적인 상처가 없다고 하더라도 병적 현상을 야기하거나 병세를 악화시키는 경우에도 상해가 성립된다.

【판례】 상해로 인정되는 경우 1. 보행불능, 수면장애, 식욕감퇴 등의 증세를 일으켰다면, 외관상 상처가 없더라도 형법상 상해를 입힌 경우에 해당한다. (대법원 1969. 3. 11. 69도161)

2. 코피가 이불에 손바닥만큼의 넓이로 묻고 콧등이 부었다면, 비록 병원에서 치료를 받지 않더라도 일상생활에 지장이 없고 또 자연적으로 치료될 수 있는 것이라 하더라도 강간치상죄에 있어서의 상해에 해당한다고 보아야 할 것이다. (대법원 1991.

10. 22. 91도1832)

3. 피해자가 성경험을 가진 여자이지만 특이체질로 인해 **처녀막**이 새로 형성되었는데 그것이 강간과정에서 파열되었다면, 처녀막이 부녀자의 신체에 있어서 생리조직의 일부를 구성하는 것으로서 그것이 파열되면 정도의 차이는 있어도 생활기능에 장애가 오는 것이라고 보아야 할 것이므로, 강간치상죄를 구성하는 상처에 해당되는 것에는 틀림이 없다고 보아야 한다. (대법원 1995. 7. 25. 94도1351)

4. 피해자를 회칼로 죽여버리겠다거나 소주병을 깨어 찌를 듯한 태도를 보이면서 오랜 시간 계속하여 협박하다가 손바닥으로 피해자의 얼굴과 목덜미를 수회 때리자, 극도의 공포감을 이기지 못하고 **기절**하였다가 구급차 안에서야 정신을 차리게 되었다면, 외부적으로 어떤 상처가 발생하지 않았다고 하더라도 생리적 기능에 훼손을 입어 신체에 대한 상해가 있었다고 봄이 상당하다. (대법원 1996. 12. 10. 96도2529)

5. 강간을 하는 과정에서 양쪽 손으로 피해자의 팔을 붙잡아 내리누르고 비틀었으며, 엄지와 검지로 약 10초간 피해자의 목을 내리눌러 피해자에게 경추부좌상(좌상 : 피하조직이나 근육부의 상해) 및 우측주관절부염좌상이 발생하였다. (대법원 1997. 9. 5. 97도1725)

6. 강간을 당한 뒤 **외상 후 스트레스 장애** 증상이 나타나 2일간 치료약을 복용하고 6개월간의 정신과 치료를 받았다. (대법원 1999. 1. 26. 98도3732)

7. 왼쪽 젖가슴을 꽉 움켜잡음으로 인하여 왼쪽 젖가슴에 약 10일간의 치료를 요하는 좌상을 입고, 심한 압통과 약간의 종창이 있어 그 치료를 위하여 병원에서 주사를 맞고 3일간 투약하였다. (대법원 2000. 2. 11. 99도4794)

8. 주먹으로 머리를 1회 때리고 피해자의 발을 걸어 넘어뜨린 후 발로 가슴을 1회 걷어 차 우측 두부 타박으로 인한 피하출혈, 부종 및 찰과상, 두정부와 우측 발목 타박으로 부종과 동통 소견이 있어 약 2주일간의 치료를 요하는 상처를 입었다. (대법원 2002. 1. 11. 2001도5925)

9. 피해자를 승용차에 태우고 가던 중 주먹으로 피해자를 때려 반항을 억압하는 과정에서 피해자에게 약 2주간의 치료를 요하는 **안면부타박상** 등의 상처를 입혔다. (대법원 2003. 1. 10. 2002도4380)

10. 만취상태에서 여성용화장실에 잘못 들어가서 노크를 하였는데, 자신의 남편으로 오인한 피해자가 용변칸의 문을 열어주자, 안으로 들어갔고, 남편이 아닌 것을 알고 피해자가 놀라 고함을 지르자 피해자를 벽쪽으로 밀치고, 이에 피해자가 고함을 치며 저항하여 실랑이가 벌이는 과정에서 피해자는 **안면부좌상**, 측두하악관절 진탕증, 경추부염좌, 우견관절부좌상, 좌족관절부좌상 등 모두 2주의 치료를 필요로 하는 상처

를 입었다. (대법원 2003. 5. 30. 2003도1256)

11. 강간 범행을 당한 후 상처부위에 출혈이 있었으며 아파서 잘 걸어다니지도 못하고 소변시 통증을 느끼다가 범행 7일 후에야 병원을 찾아갔으나 병원에 대한 지식이 없어 산부인과 아닌 정형외과를 찾아 치료를 받고 3일 후 병명이 **요도염 의증**으로 된 진료소견서를 발부받았다. (대법원 2003. 9. 26. 2003도4606)

12. 전자충격기를 피해자의 허리에 대고 폭행하여 강간을 하려다 미수에 그치고 약 2주간의 치료를 요하는 **안면부좌상** 등의 상처를 입혔다. (대법원 2008. 4. 24. 2007도10058)

13. 멱살을 잡아 밀쳐 넘어뜨리고 발로 짓눌러 21일간의 치료를 요하는 **경추부염좌** 등 상처를 입혔다. (대법원 2010. 10. 14. 2010도8227)

14. 목 부위에 봉침시술을 한 뒤 온몸이 붓고 가려우며 호흡을 제대로 할 수 없는 등 아나필락시 **쇼크반응**이 나타났다. (대법원 2011. 4. 14. 2010도10104)

15. 피고인 2명이 술에 취해 반항할 수 없는 피해자를 간음한 결과 **처녀막**이 파열되었다. (대법원 2016. 6. 9. 2016도4618)

16. 회칼을 피해자의 몸 쪽으로 삿대질하듯 휘둘러 이를 막으려던 피해자에게 좌측 **단무지 외전근 손상**을 가하였다. (대법원 2017. 3. 30. 2017도771)

17. 의식불명 피해자(여, 26세)는 인터넷 채팅사이트를 통해 만난 피고인으로부터 졸피뎀과 트리아졸람이 섞인 커피를 받아 마신 후 정신을 잃고 깊이 잠들었다가 약 3시간 뒤에 깨어났다. 그 사이에 피고인이 강간하려 시도하였으나 발기가 되지 않아 실패하였다. (대법원 2017. 7. 11. 2015도3939 | 같은 취지: 대법원 2017. 6. 29. 2017도3196)

18. 대나무로 머리를 여러 차례 때려 대나무가 부러졌고, 피해자는 두피에 **표재성 손상**을 입어 병원에서 봉합수술을 받았다. (대법원 2017. 12. 28. 2015도5854)

19. 폴리헥사메틸렌구아니딘인산염(PHMG)을 성분으로 한 가습기살균제를 판매한 결과 이를 구입하여 사용한 피해자에게 **폐질환**이 발생하였다. (대법원 2018. 1. 25. 2017도13628)

20. 발로 피해자의 가슴과 옆구리, 팔 등을 수회 걷어차 피해자에게 약 14일간의 치료가 필요한 **타박상**을 가하였다. (대법원 2019. 9. 26. 2019도8531)

그러나 상처가 아주 경미한 경우는 상해가 아니라 폭행이라고 보아야 하겠다. 같은 맥락에서 신체의 일부를 제거하는 행위도 행위유형이나 행위결과가 심하지 않은 경우에는 폭행으로 보아야 하겠다. 예를 들어 잠자는 사람의 머리카락을 가위로 자른다거나 면도기로 털을 깎아버리는 행위는 생리적 기능을 훼손한 것이라고 할 수 없으므로 상해에 해당하지 않는다. 그러나 이 경우에도 모근(毛根)까지 뽑아버리는 행위는 상해라고 보아야 한다.

【판례】 상해로 인정되지 않는 경우 **1.** 강간도중 흥분하여 피해자의 왼쪽 어깨를 입으로 빨아서 동전크기 정도의 **반상출혈상**을 입혔다. (대법원 1986. 7. 8. 85도2042 판결)

2. 피해자를 강간하려다가 미수에 그치고 그 과정에서 위 피해자의 왼쪽 손바닥에 약 2센티미터 정도의 긁힌 **가벼운 상처**가 발생하였다. (대법원 1987. 10. 26. 87도1880)

3. 이미 성행위의 경험이 있는 피해자에게 3, 4일간의 가료를 요하는 외음부 충혈과 양 상박부 **근육통**을 발생시켰다. (대법원 1989. 1. 31. 88도831)

4. 피해자를 강간하려다가 미수에 그치고 그 과정에서 피해자에게 경부 및 전흉부 피하출혈, 통증으로 약 7일 간의 가료를 요하는 상처가 발생하였으나 그 상처가 굳이 치료를 받지 않더라도 **일상생활**을 하는 데 아무런 지장이 없고 시일이 경과함에 따라 자연적으로 치유될 수 있는 정도이었다. (대법원 1994. 11. 4. 94도1311)

5. 피해자와 연행문제로 시비하는 과정에서 피해자의 좌측 팔 부분에 약 1주간의 치료를 요하는 동전크기의 **멍**이 들었다. (대법원 1996. 12. 23. 96도2673)

6. 피해자를 강제로 눕혀 옷을 벗긴 뒤 1회용 면도기로 피해자의 **음모**를 위에서 아래로 가로 약 5㎝, 세로 약 3㎝ 정도 깎았다. (대법원 2000. 3. 23. 99도3099)

7. 피해자의 집에 들어가 피해자의 반항을 억압하고 신용카드를 강취한 뒤 그 비밀번호를 알아내는 과정에서 피해자를 수회 폭행하여 피해자의 얼굴과 팔다리 부분에 **멍**이 생겼다. 피해자는 간호사로서 이 사건 범행 다음날 직장이 휴무였으므로 출근하지 않았고 그 다음날부터는 정상적으로 출근하여 근무하였다. (대법원 2003. 7. 11. 2003도2313)

8. 피해자의 상의 위쪽으로 손을 넣어 가슴을 만지고 스타킹 위로 허벅지를 만져 강제로 추행하는 과정에서 가슴부 **찰과상**을 입혔으나 이에 대하여 별도로 치료받은 바 없이 일상생활에도 지장이 없어 시일이 경과함에 따라 자연적으로 치유되었다. (대법원 2009. 7. 23. 2009도1934)

9. 양손으로 피해자의 어깨 부위를 붙잡아 밀치고 발로 다리를 걸어 바닥에 넘어뜨린 다음 피해자의 몸 위에 올라타 양손으로 피해자의 목을 조르거나 피해자의 입을

손으로 막고 주먹으로 얼굴을 때리려고 하는 등으로 반항하지 못하게 한 다음 그대로 도주함으로써, 피해자에게 약 2주간의 치료를 요하는 양측 팔꿈치의 **찰과상**을 입혔다. (대법원 2014. 5. 16. 2014도2521)

10. 술자리에서 피해자의 얼굴을 잡아당기면서 억지로 입을 맞추어 강제로 추행한 결과 심장이 아프고 저항하면서 어깨에 힘을 주어 어깨가 아프게 되었으나 진단서를 발급받기까지 2주 동안 별도로 치료도 받지 않았고 **일상생활**에 지장도 없었다. (대법원 2017. 4. 7. 2017도1286)

라. 인과관계

상해는 결과범이므로 무형적 또는 유형적 공격행위와 상해의 결과 사이에는 인과관계가 연결되어야 한다.

【판례】 인과관계가 인정되지 않는 경우 피고인은 46세의 왜소한 부인이고 피해자는 키 171cm, 몸무게 85kg의 55세의 건강한 거구를 지닌 남자이고, 서로 얽혀 있는 상태에서 피고인이 피해자의 뺨을 2회 구타하였다 하여 곧바로 치아가 탈구된다는 것은 그 힘의 차이로 보아 쉽사리 수긍이 되지 아니하므로 원래 병약한 상태의 치아이었다는 등 특별한 사정이 없는 한 피해자의 상해가 피고인의 구타로 인한 것이라고 단정하기 어렵다. (대법원 1983. 4. 12. 82도2081)

2) 주관적 구성요건

제257조 제1항은 고의범이므로 구성요건적 고의가 필요하다. 상해의 고의는 미필적 형태로 존재해도 족하다. 행위자의 의도가 단순히 신체적 안온상태를 해치려는 것에 불과하였고 생리적 기능을 훼손할 생각은 없었던 경우에는 고의의 내용을 폭행으로 보아야 할 것이다. 따라서 폭행의 고의를 가지고 있었으나 상해의 결과를 야기한 때에는 폭행치상(제262조)으로 보는 것이 타당하다. 거꾸로 상해의 고의를 가지고 있었지만 생리적 기능 훼손이 되지 않은 경우에는 폭행이 아니라 상해 미수(제257조 제3항)가 된다.

(2) 위법성

1) 정당행위

징계사유가 있을 경우 징계권자(친권자, 학교장, 소년원장, 소년감별소장 등)가 미성년인 자(子), 학생, 수감 소년 등에 대하여 징계권 행사를 할 수 있다고 하더라도 체벌을 가하여 상해의 결과가 발생되었다면 정당행위로서 허용되는 객관적 한계를 벗어난 것이기 때문에 제20조를 근거로 위법성이 배제될 수 없다.

예를 들어 ① 군대의 기합으로 상해의 결과가 발생한 경우 (대법원 1967. 4. 25. 67도418; 대법원 1984. 6. 26. 84도603), ② 교사의 체벌로 상해의 결과가 발생한 경우 (대법원 1980. 9. 9. 80도762; 대법원 1990. 10. 30. 90도1456; 대법원 1991. 5. 14. 91도513)

2) 정당방위 · 긴급피난

정당방위(제21조) 또는 긴급피난(제22조)으로서의 요건이 갖추어지면 상해행위는 위법성이 배제된다. 흔히 있을 수 있는 경우이다.

3) 자구행위

자구행위(제23조)의 경우에는 가벼운 상해의 정도를 벗어나면 위법성이 배제되기 곤란하다.

4) 피해자의 승낙

신체는 법익주체가 처분할 수 있는 법익이기 때문에 피해자의 승낙을 근거로 위법성이 배제될 수 있다. 그러나 법익처분은 사회상규에 위배되지 않는 범위 내에서만 허용된다.

의사의 치료행위를 어떻게 평가할 것인가 하는 문제는 간단하지 않다. 의사의 치료행위 내용은 수술, 약물투여, 마취, 방사선 · 적외선 등 요법, 전기충격요법, 심리요법, 물리요법, 식이요법 등 매우 다양하기 때문이다. 따라서 일률적으로 결론을 내릴 수가 없다.

우선 통상적인 수술 등을 통해 생리적 기능을 침해하는 형태의 행위는 치료목적을 달성하건 달성하지 못하건 관계없이 일단 상해의 구성요건에 해당된다. 따라서 환자의 승낙이 반드시 필요하다고 보아야 한다. 물론 추정적 승낙도 가능하다.

반면 약물을 투여하거나 물리요법을 사용하는 등 생리적 기능을 침해하지 않는 치료행위는 상해의 구성요건에 해당한다고 볼 수 없다. 그러나 이는 치료가 됨을 전제로 한다. 의사 스스로 치료의 효과를 기대하기 어려운 비통상적인 치료행위를 함으로써 오히려 그냥 놔뒀을 때보다 건강이 악화되는 경우에는 이를 치료행위라고 할 수 없기 때문에 그 정도가 무시할 수 없을 지경에 이르면 상해행위로 평가된다.

(3) 공 범

공범문제는 공범에 관한 일반이론에 따라 해결하면 된다. 특히 상해의 경우에는 자살교사·방조에 대한 처벌규정(제252조 제2항)과 같은 조항이 없기 때문에 공범 일반론의 범위를 벗어나지 않는다.

【판례】 상해 교사 교사자가 피교사자에게 피해자를 "정신차릴 정도로 때려주라"고 교사하였다면 이는 상해에 대한 교사로 봄이 상당하다. (대법원 1997. 6. 24. 97도1075)

2. 존속상해죄

제257조 (존속상해) ② 자기 또는 배우자의 직계존속에 대하여 제1항의 죄를 범한 때에는 10년 이하의 징역 또는 1천500만원 이하의 벌금에 처한다.
③ 전2항의 미수범은 처벌한다.
제265조 (자격정지의 병과) 제257조 제2항, 제258조, 제260조 제2항, 제261조 또는 전조의 경우에는 10년 이하의 자격정지를 병과할 수 있다.

존속상해는 기본 구성요건인 제257조 제1항의 보통 상해에 대한 가중 구성요건이다. 직계비속이 **직계존속**에게 상해를 가했다는 패륜성 때문에 가중처벌하는 규정이다.

행위객체로서 "자기 또는 배우자의 직계존속"의 의미는 존속살인(제250조 제2항)의 경우와 같고 나머지 사항은 상해의 경우와 동일하다.

한편 2인 이상이 공동으로 존속상해죄를 범하게 되면 그 행위유형이 특별히 위험하기 때문에 폭처법 제2조 제2항에 따라 가중처벌된다.

3. 중상해죄

제 258 조 (중상해) ① 사람의 신체를 상해하여 생명에 대한 위험을 발생하게 한 자는 1년 이상 10년 이하의 징역에 처한다.

② 신체의 상해로 인하여 불구 또는 불치나 난치의 질병에 이르게 한 자도 전항의 형과 같다.

제 265 조 (자격정지의 병과) 제257조 제2항, 제258조, 제258조의2, 제260조 제2항, 제261조 또는 전조의 경우에는 10년 이하의 자격정지를 병과할 수 있다.

(1) 의 의

중상해는 피해자에게 생명에 대한 위험을 발생시키거나 피해자가 불구가 되거나 불치·난치의 질병에 걸리게 했다는 중대한 결과 때문에 가중처벌하는 규정이다.

이 죄의 법적 성격에 대하여 견해대립이 있다.

① 상해라는 기본범죄가 원인이 되어 중대한 결과를 발생시키는 **결과적 가중범**이라고 보는 견해 **(다수설)**

② 중상해 역시 상해의 개념에 포함되므로 결과적 가중범이 아니라 단순 고의범이라는 견해

③ 진정 결과적 가중범·부진정 결과적 가중범·고의범의 성격을 모두 가지고 있다는 견해

결론 규정 자체가 결과적 가중범 구조를 가지고 있으므로 다수설의 견해가 타당하다고 생

각한다. 그리고 중대한 결과를 과실로 야기한 경우뿐 아니라 고의로 야기한 경우에도 중상해는 성립하므로 부진정 결과적 가중범이라고 할 수 있다.

(2) 기본범죄

우선 기본범죄로서 상해가 성립됨을 확인해야 한다. 그런데 제258조(중상해)가 ① "사람의 신체를 상해하여" 또는 "신체의 상해로 인하여"라는 문구로 기본범죄를 표현하고 있는 상태에서 ② 제262조(폭행치사상)가 "제257조부터 제259조까지의 예에 의한다."고 하고 있기 때문에 중상해죄의 기본범죄에 상해죄만 포함시킬 것인가 아니면 폭행치상죄도 포함시킬 것인가에 대하여 견해대립이 있다.

① **광의설**: 상해 뿐 아니라 폭행치상죄도 기본범죄에 포함된다는 견해

② **협의설**: 폭행치상이 기본범죄에 포함되지는 않으므로, 폭행의 고의로 중상해의 결과를 발생시킨 경우에 폭행치상죄를 인정하되 처벌만은 본죄의 형을 적용하여야 한다는 견해

결론 제262조가 폭행치상의 경우에 대해서 제258조를 준용하겠다는 점을 명문으로 분명히 하고 있으므로, 폭행치상이 중한 결과를 가져오는 경우에는 일반적 폭행치상보다 가중처벌 하겠다는 것이 명백한 입법자의 의지라고 해석하는 것이 타당하다. 결과적 가중범(중상해)의 기본범죄가 다시 결과적 가중범(폭행치상)이 되는 특이한 경우지만 어쩔 수 없는 결론이다.

(3) 중한 결과

1) 객관적 구성요건

가. 결과의 발생

제258조 제1 · 2항이 예정하고 있는 중한 결과는 ① 생명에 대한 위험, ② 불구 그리고 ③ 불치 또는 난치의 질병이다.

(가) 생명에 대한 위험

여기서 말하는 **위험**은 '생명에 대한 구체적 위험'을 의미한다(**통설**). 생명

에 대한 **구체적 위험**이란 '거의 생명이 침해될 정도의 가능성이 구현된 상태'를 말한다.

거의 생명이 침해될 정도의 가능성이 구현된 사안인지 아닌지에 대해서는 지금까지 개발된 경험과학 지식을 바탕으로 판단해야 한다. 일반적이고 일률적인 판단기준은 없기 때문에 사안별로 구체적인 상황을 개별적으로 검토해야 한다. 일반적으로는 생명침해의 가능성이 거의 확실한 상태를 야기하는 행위라 할지라도 개별적인 특정 사건에서는 그렇지 않을 수도 있고 그 반대의 경우도 가능하기 때문이다.

(나) 불 구

불구는 '중요한 신체부위가 절단되거나 기능이 정지되는 것'을 의미한다. **중요한 신체부위**란 '사람 신체의 전체적인 측면에서 중요한 고유의 기능을 수행하는 기관'을 말한다.

중상해가 인정되는 경우: 눈을 멀게 한 경우(대법원 1960. 4. 6. 4292형상395), 코를 절단한 경우(대법원 1970. 9. 22. 70도1638), 청력을 상실시키는 경우, 혀를 잘라서 말을 하지 못하게 만드는 경우, 다리 한 쪽 또는 팔 하나를 못 쓰게 만드는 경우, 얼굴에 화학약품으로 본래의 형태를 알아볼 수 없을 정도의 상처를 내는 경우

중상해가 인정되지 않는 경우: 손가락 한두 개를 못 쓰게 만든 정도나 치아가 한두 개 빠진 경우(대법원 1960. 2. 29. 4292형상413), 1 ~ 2개월간 입원할 정도로 다리가 부러지는 상해 또는 3주간의 치료를 요하는 우측흉부자상(대법원 2005. 12. 9. 2005도7527)

신체적 기능의 중요성 여부는 피해자 개인의 입장에서 판단할 것이 아니라 일반적·객관적인 입장에서 판단해야 할 사항이다(**통설**). 여기서 불구라는 개념이 외부세계와 직접 접촉하는 관계에 놓여 있는 신체적 기능의 상실만을 의미하는가에 대하여 견해대립이 있다.

① 외부 신체기능 제한설

② 내부기관 포함설

[결론] 신체의 전체적인 측면에서 중요한 고유의 기능을 수행하는 기관이 반드시 외부세계와 직접 접촉하기만 하는 것은 아니다. 중요한 신체부위에 장애가 생기면 생활에 상당한 제약을 받게 되는데, 그러한 경우를 '장애인'으로 호칭한다. 장애인복지법 제2조에 따르면 장애인이란 "신체적·정신적 장애로 오랫동안 일상생활이나 사회생활에서 상당한 제약을 받는 자를 말한다." 그리고 신체적 장애란 '주요 외부 신체 기능 및 내부기관의 장애'를 말한다. 중요한 내부기관의 기능이 상실되더라도 일상생활에 상당한 수준의 제약을 받는 것이 사실이므로 중요한 내부기관의 제거 또는 기능 상실도 중상해의 개념에 포함시키는 것이 타당하다.

기능의 정지란 고유 기능을 상실하게 되는 것을 말하는 것이므로 단순히 기능이 약화된 경우는 불구라고 볼 수 없다.

예를 들어 다리를 90°까지만 구부릴 수 있을 정도의 상해를 입었더라도 이를 통해 걷는다는 다리의 고유 기능이 상실되지 않았다면 '불구'의 결과가 발생된 것으로 볼 수는 없다.

(다) 불치 또는 난치의 질병

불치는 '질병이 치료가 불가능하게 된 경우'를 말하고, **난치**는 '치료가 아주 힘들어 어느 정도의 시간이 소요될지 가늠할 수도 없는 상태에 이른 경우'를 의미한다. 생명에 대한 위험이 있는 경우에는 제258조 제1항의 중상해에 해당한다. 치료가능성은 의학적 측면에서 판단하여야 하므로, 자연치유가 불가능하더라도 의술을 통한 치료의 가능성이 있는 경우에는 불치 또는 난치에 해당되지 않는다.

질병 또는 질환은 신체기능이 저하되는 상태인데 어느 정도나 되어야 중상해에 해당된다고 할 수 있을지 논란의 여지가 있다. 예를 들어 난치의 피부병이 팔의 일부에 발생되었을 경우 일상적으로 생활하는 데 어려움이 없다면 중상해라고 하기 곤란하다. 그러나 그 가려움이 극심하여 정상적인 생활이나 노동을 할 수 없는 상태라면 중상해라고 하는 데 지장이 없을 것이다.

독일 판례에 따르면 40% 정도 노동력이 상실되면 중상해의 결과라고 한다(BGH MDR/D 68, 17).

나. 인과관계와 객관적 예견가능성

기본범죄와 제258조 제1항 · 2항에서 규정하고 있는 결과 사이에 인과관계가 인정되어야 하고, 중한 결과의 발생에 대하여 객관적 예견가능성이 있었어야 한다.

2) 주관적 구성요건

결과적 가중범은 중한 결과의 발생에 대하여 행위자에게 적어도 과실은 있어야 성립된다. 중상해가 부진정 결과적 가중범 형태로 이루어지는 경우에는 중한 결과가 고의로 야기되는 것이고, 진정 결과적 가중범의 형태로 범해지는 때에는 중한 결과가 과실로 야기되는 것이다.

(4) 미 수

중상해의 결과를 의도하였으나 단순 상해의 결과만 야기한 경우에는 중상해죄의 미수범에 대한 처벌규정이 없으므로 단순 상해로 처벌할 수밖에 없다. 예를 들어 총이 불발하고 그 사이에 피해자가 도망하여 상해의 결과도 발생하지 않았다면 단순 상해의 미수가 성립된다.

4. 존속 중상해죄

제 258 조 (존속중상해) ③ 자기 또는 배우자의 직계존속에 대하여 전2항(중상해)의 죄를 범한 때에는 2년 이상 15년 이하의 징역에 처한다.

제 265 조 (자격정지의 병과) 제257조 제2항, 제258조, 제258조의2, 제260조 제2항, 제261조 또는 전조의 경우에는 10년 이하의 자격정지를 병과할 수 있다.

직계존속에게 중상해를 가했다는 이유 때문에 가중해서 처벌하는 규정이다. 행위객체로서 "자기 또는 배우자의 직계존속"의 의미는 존속상해(제257조 제2항)의 경우와 같고 나머지 사항은 중상해의 경우와 동일하다. 다만 존속 중상해죄 규정(제258조)상의 신분은 가감적 신분이므로 이 범죄에 신분 없이 가담한 자는 중상해의 책임만 진다.

5. 특수상해죄

제258조의2 (특수상해) ① 단체 또는 다중의 위력을 보이거나 위험한 물건을 휴대하여 제257조 제1항 또는 제2항의 죄를 범한 때에는 1년 이상 10년 이하의 징역에 처한다.
② 단체 또는 다중의 위력을 보이거나 위험한 물건을 휴대하여 제258조의 죄를 범한 때에는 2년 이상 20년 이하의 징역에 처한다.
③ 제1항의 미수범은 처벌한다.

(1) 객관적 구성요건

1) 단 체

여기서 말하는 **단체**의 개념은 '다수의 사람이 공동의 목적을 수행하기 위하여 조직하였고 서로 구성원으로서의 일체감을 가지며 지속성을 지닌 결합체'로 이해된다. 범죄단체 조직죄(제114조 제1항)의 경우와는 달리 특수폭행죄에서의 단체는 범죄행위를 목적으로 하는 집단일 필요가 없다. 합법적인 단체인 정당이나 노동조합도 여기서 말하는 단체에 해당된다.

2) 다 중

다중은 단체의 성격을 가지지 않는 '다수인의 집합'을 의미한다. 따라서 공동의 목적을 수행하기 위해 조직되었을 필요도 없고, 지속성을 지닌 결합체일 필요도 없다. 그저 같은 장소에 모여 있기만 하면 되며, 그 규모는 사람이 위협을 느낄 수 있을 정도이어야 한다(대법원 2006. 2. 10. 2005도174). 사람에게 위협을 느끼게 한다는 것은 반드시 그 수가 많아야 하는 것은 아니다. 대여섯 명 정도이더라도 경우에 따라서는 충분히 위협적일 수 있다.

【판례】 폭력서클 5명의 폭행 피고인은 △△상업고등학교 내 화랑파의 두목으로서 △△시 노상에서 자파 학생 4명과 함께 반대파인 칠성파 소속 학생 한 명을 수권 대석괴 2개로 후두부를 구타하고 도망하는 피해자를 다시 추적·포착하여 전신을 수권으로 치고 발로 차는 등 폭행을 가하여 1주일간 치료를 요할 후두부 열상의 상해를 받게 하였다. 이 경우 피고인의 본 건 범행이 불과 5명으로써 하였다 하더라도 이는 화랑파의 집단적 세력을 배경으로 한 것이 분명하므로 이를 다중이라고 보아야 한다. (대법원 1961. 1. 18. 4293형상896 | 같은 취지: 대법원 1971. 12. 21. 71도1930)

3) 위력을 보여줌

위력이란 '상대방의 의사를 위압하기에 충분한 힘'을 말한다. 이러한 힘을 보여줌으로써 상대방이 위축되어 있는 상태에서 폭행을 하는 것이므로 위력은 상대방이 인식할 수 있어야 한다. 이때의 인식은 실체를 직접 보여줌으로써 이루어질 수도 있고, 그 실체에 대한 설명만을 통해서 이루어질 수도 있다. 따라서 위력을 보이기 위하여 단체 또는 다중이 모두 현장에 있어야 하는 것은 아니다(**통설**).

다만 단체 또는 다중은 실제로 존재해야 한다. 존재하지 않는 단체나 다중을 가장하는 것은 이 죄에 해당하지 않고 폭처법 제3조에 해당한다.

4) 위험한 물건

위험한 물건이란 '객관적 성질상 사용하기에 따라 생명이나 신체에 대한 위험을 초래할 수 있는 물건'을 의미한다.

위험한 물건과 흉기가 서로 구별되는 개념인가에 대하여 견해대립이 있다.

① 구별설

② 불구별설

결론 흉기는 위험한 물건과 달리 애초에 '사람의 살상을 목적으로 제작되었고 그 목적을 달성하는 데 적합한 물건'이라고 보아야 하므로 **구별설**이 타당하다. 스토킹처벌법 제18조 제2항은 "흉기 또는 그 밖의 위험한 물건을 휴대하거나 이용하여"라는 표현을 사용하고 있다.

위험성 여부는 구체적인 사안에 따라서 사회통념에 비추어 판단하여야 한다(대법원 1981. 7. 28. 81도1046; 대법원 1989. 12. 22. 89도1570; 대법원 1991. 12. 27. 91도2527; 대법원 1997. 2. 25. 96도3411; 대법원 1997. 5. 30. 97도597; 대법원 1998. 2. 27. 97도3421).

위험한 물건에 해당하는 경우: 자동차(대법원 1984. 10. 23. 84도2001; 대법원 1997. 5. 30. 97도597), 전기톱(대법원 1998. 2. 27. 97도3421), 가위(대법원 1984. 1. 17. 83도2900; 대법원 1976. 12. 14. 76도3375; 대법원 1985. 3. 26. 85도157), 갈고리(대법원 1986. 8. 19. 86도960)

과도(대법원 1984. 4. 10. 84도353; 대법원 2014. 11. 13. 2014도8377; 대법원 2017. 3. 16. 2013도16192), 조각도(대법원 1992. 5. 12. 92도381), 안전면도용 칼날(대법원 1971. 4. 30. 71도430), 부엌칼(대법원 2014. 12. 24. 2014도13797), 전체 길이 약 37cm, 칼날 길이 약 24cm의 식칼(대법원 2018. 12. 13. 2016도19417), 회칼(대법원 2017. 3. 30. 2017도771)

각목(대법원 1981. 7. 28. 81도1046; 대법원 1985. 10. 8. 85도1717), 부러뜨린 대걸레자루(대법원 1990. 6. 12. 90도859), 당구채(대법원 1997. 2. 25. 96도3346), 지름 4cm · 길이 140cm의 대나무(대법원 2017. 12. 28. 2015도5854), 쇠말뚝(대법원 1996. 9. 6. 96도1763), 알루미늄 밀대 막대(대법원 2019. 9. 26. 2019도8531)

직경 10cm의 돌(대법원 1995. 11. 24. 95도2282), 벽돌(대법원 1990. 1. 23. 89도2273), 유리병(대법원 1984. 6. 12. 84도647; 대법원 1991. 12. 27. 91도2527; 대법원 1997. 2. 25. 96도3411)

청산염(대법원 1985. 10. 8. 85도1851), CS최루분말(대법원 2014. 6. 12. 2014도1894)

객관적 상황에 따라 판단하여야 하므로 같은 물건이라도 위험할 수도 있고 그렇지 않을 수도 있다. 예를 들어 소형승용차(라노스)로 중형승용차(소나타)에 충격을 가한 경우에는 이를 위험한 물건이라고 볼 수 없다. (대법원 2009. 3. 26. 2007도3520)

5) 휴 대

휴대가 무엇을 의미하는가에 대해서는 견해대립이 있다.

① **협의설**: 사전적 의미 그대로 '손에 들거나 몸에 지니는 것'을 말하는 것으로 보는 견해 (**다수설**)

② **광의설**: 손에 들거나 몸에 지니는 것 뿐 아니라 동물을 사주하거나 자동차를 운전하는 것처럼 위험한 물건을 '자신의 의도대로 움직이는 경우'도 휴대에 해당되는 것으로 보는 견해 (**판례**)

③ **최광의설**: 벽에 사람을 부딪치게 하는 것처럼 그저 '이용하는 것'까지 포함시키는 견해

【판례】 휴대의 의미 피고인은 고속도로에서 자신의 승용차로 피해자의 승용차 뒤를

바짝 따라붙다가, 피해자의 승용차 앞으로 끼어들어 급제동을 함으로써 피해자가 충돌을 피하기 위해 어쩔 수 없이 급제동과 급차로변경 등을 하게 하였으며, 다시 피해자 차량의 옆으로 자신의 승용차를 바짝 밀어붙여 피해자의 승용차가 중앙분리대에 충돌할 위험에 빠지게 하였고, 피해자가 고속도로를 빠져나가려 하자 진로를 가로막아 차량이 진행하지 못하도록 하였다. '휴대하여'라는 말은 소지뿐만 아니라 널리 이용한다는 뜻도 포함하고 있다. 따라서 피고인의 이와 같은 행위는 위험한 물건인 자동차를 이용하여 폭행하는 것에 해당된다. (대법원 2001. 2. 23. 선고 2001도271 판결)

위험한 물건인 자동차를 휴대한 것으로 판단한 경우: 대법원 1984. 10. 23. 선고 84도2001, 84감도319 판결 (자동차를 급회전하여 매달린 경찰관을 떨어지게 한 사례); 대법원 1997. 5. 30. 선고 97도597 판결 (자동차로 사람을 밀어붙여 넘어뜨린 사례); 대법원 2001. 2. 23. 선고 2001도271 판결 (자동차로 급히 끼어들고 급제동 하는 등의 방법으로 급제동과 급차로 변경 등을 강제한 사례); 대법원 2010. 11. 11. 2010도10256 (차를 후진시켜 뒤따라 오던 자동차와 충돌한 사례)

결론 추상적 법규정이 새로 발생하는 행위유형을 포섭해 나가기 위해서는 어느 정도 해석의 확장이 필요하다. 그렇기 때문에 해석이 확장되더라도 '문언의 가능한 의미' 범위를 벗어나지 않는 한 허용된다고 보아야 하겠다. 이러한 측면에서 문제의 핵심은 '휴대'라는 문언이 '자신의 의도대로 움직임'이라는 확장된 의미까지 포함할 수 있는가 하는 점이다.

휴대한다는 것은 본래 휴대가 가능할 정도의 작은 물건이기 때문에 자신의 의도대로 움직일 수 있는 물건을 가지고 있다는 의미를 내포하고 있다. 그런데 예를 들어 행위자가 전기톱을 가지고 있었다고 한다면 그 위험한 물건은 근육의 힘만으로 움직이는 존재가 아니다. 다른 에너지원을 사용해서 움직이고 있는 물건이다. 그러면 유선으로 연결된 드론을 움직이는 경우는 어떠한가? 이 또한 마찬가지이다. 이렇게 확장해 나갈 때 결국 자신의 의도대로 움직이는 것인 한 그 물건은 휴대하는 것으로 볼 수밖에 없다. 이러한 맥락에서 **광의설**이 타당하다고 생각한다. 스토킹처벌법 제18조 제2항은 "휴대하거나 이용하여"라는 표현을 사용함으로써 입법적으로 문제를 해결하였다.

이렇게 자신의 의도대로 움직이게 하는 것이 휴대이므로 자기가 기거하는 장소에 보관만 한 경우나(대법원 1990. 1. 13. 90도2170; 대법원 1991. 4. 9. 91도427), 협박편지에 동봉 우송하여 피해자에게 도달케 하였다는 것만으로는(대법원 1985. 10. 8. 85도1851) 위험한 물건의 휴대라고 할 수 없다.

나아가 특수폭행의 위험성은 위험한 물건을 휴대하는 것 자체로 인정되는 것이므로, 위험한 물건을 몸에 지니고 있었던 이상 이를 피해자에게 보여주어서 위협을 느끼게 했을 필요는 없다(같은 취지: 김일수·서보학, 87면; 이재상, 69면. 반대 견해: 이형국 I, 112면; 정성근·박광민, 72면).

따라서 주머니에 과도를 넣어 가지고 가서 꺼내지도 않고 폭행행위를 했더라도 본죄는 성립된다.

【판례】 휴대의 의미 범행 현장에서 범행에 사용하려는 의도 아래 흉기 등 위험한 물건을 소지하거나 몸에 지닌 이상 그 사실을 피해자가 인식하거나 실제로 범행에 사용하였을 것까지 요구되는 것은 아니다. (대법원 2004. 6. 11. 2004도2018 | 대법원 1984. 4. 10. 84도353)

그러나 범행과 전혀 무관하게 우연히 위험한 물건을 소지하고 있었던 경우에는 특수폭행이 성립되지 않는다.

【판례】 범행과 무관한 소지 '흉기 기타 위험한 물건을 휴대하여 그 죄를 범한 자'란 범행현장에서 그 범행에 사용하려는 의도아래 흉기를 소지하거나 몸에 지니는 경우를 가리키는 것이지 그 범행과는 전혀 무관하게 우연히 이를 소지하게 된 경우까지를 포함하는 것은 아니다. (대법원 1990. 4. 24. 90도401)

범행 과정에서 위험한 물건을 이용하였지만 사람을 향해 사용한 것이 아닌 경우에도 특수폭행이 아니다.

【판례】 사람과 무관한 사용 피고인은 술에 취해 경륜장 매표소에서 행패를 부리다 직원들이 제지하자 경륜장 사무실로 들어가 직원들이 있는 상태에서 소란을 피우면서 소화기를 집어 던졌으나 특정인을 겨냥한 것은 아니었다. 이 경우 위험한 물건에 해당한다고 볼 수 없다. (대법원 2010. 4. 29. 2010도930)

바. 폭행 또는 존속폭행

폭행이나 존속폭행에 해당되는 행위를 하여야 한다.

(2) 주관적 구성요건

단체 또는 다중의 위력을 보이거나 위험한 물건을 휴대한 상태에서 폭행(존속폭행)을 한다는 데 대한 인식과 의지가 있었어야 한다.

6. 상해치사죄

> 제259조 (상해치사) ① 사람의 신체를 상해하여 사망에 이르게 한 자는 3년 이상의 유기징역에 처한다.

사망이라는 중대한 결과가 발생한 것을 이유로 가중처벌하는 규정이다. 본죄는 부진정 결과적 가중범의 형태로는 성립할 수 없는 범죄에 해당된다. 살인의 고의를 가지고 사람을 살해하였다면 상해치사가 아니라 살인에 해당할 수밖에 없기 때문이다.

(1) 구성요건

기본범죄에 제257조 제1항(상해)이 포함된다는 점은 확실하다. 그 밖에 제258조의 중상해도 기본범죄로 포함되어야 한다. 그러나 제125조의 폭행·가혹행위로 인해 사람을 죽게 만든 때에는 특가법 제4조의2가 적용되므로 제125조는 상해치사의 기본범죄로 볼 필요가 없다.

중한 결과는 과실에 의해서 범해지는 경우에만 상해치사가 가능하다. 따라서 객관적 구성요건으로 ① 중한 결과(피해자의 사망)의 발생, ② 인과관계(객관적 귀속), ③ 객관적 예견가능성이 필요하고, 주관적 구성요건으로 과실이 확인되어야 한다.

【판례】 인과관계 1. 상해를 피하다가 사망 피고인은 피해자의 머리카락을 잡아 흔들고 얼굴 등을 주먹으로 때리는 등 폭행을 가하였다. 이에 견디다 못한 피해자가 도로를 건너 도망가자 피고인은 계속하여 쫓아가 주먹으로 피해자의 얼굴 등을 구타하는 등 폭행을 가하여 전치 10일간의 흉부피하출혈상 등을 가하였다. 피해자는 위와 같이 계속되는 피고인의 폭행을 피하려고 다시 도로를 건너 도주하다가 차량에 치여 사망하였다. 위와 같은 사정에 비추어 보면 피고인을 상해치사죄로 처단한 것은 정당하다. (대법원 1996. 5. 10. 96도529)

2. 피고인의 타행위 개입 피고인의 구타행위로 상해를 입은 피해자가 정신을 잃고

빈사상태에 빠지자 사망한 것으로 오인하고, 자신의 행위를 은폐하고 피해자가 자살한 것처럼 가장하기 위하여 피해자를 베란다 아래의 바닥으로 떨어뜨려 사망케 하였다면, 피고인의 행위는 포괄하여 단일의 상해치사죄에 해당한다. (대법원 1994. 11. 4. 94도2361)

【판례】 예견가능성 1. 사람의 안면은 사람의 가장 중요한 곳이고 이에 대한 강한 타격은 생리적으로 두부에 중대한 영향을 주어 정신적 흥분과 혈압의 항진 등으로 인하여 뇌출혈을 일으켜 사망에 이르게 할 수도 있다는 것은 통상인이라면 누구나 예견할 수 있는 것이라고 할 것이다. (대법원 1981. 3. 10. 80도3321)

2. 사람의 얼굴과 가슴에 대한 가격은 신체기능에 중대한 지장을 초래할 수 있고 더구나 두뇌부위에 대하여 두개골 결손을 가져올 정도로 타격을 가할 경우에 치명적인 결과를 가져올 수 있다는 것은 누구나 예견할 수 있는 일이다. (대법원 1984. 12. 11. 84도2183)

(2) 공 범

상해행위에 대하여 **공동정범**의 책임을 지는 사람이라도 피해자가 사망하게 된 결과의 발생에 대하여 과실이 없는 한 결과적 가중범에 대한 공동정범의 책임을 부담하지 않는다. 중한 결과의 발생은 고의로 하는 것이 아니므로 그에 대해서는 공동실행의 의사가 필요하지 않다. 다만 행위자별로 과실이 있는지를 개별적으로 검토해서 인정되는 자에 한하여 상해치사죄로 처벌하면 된다.

【판례】 상해치사의 공동정범 1. 결과적 가중범인 상해치사의 공동정범은 폭행 기타의 신체침해행위를 공동으로 할 의사가 있으면 성립되고, 결과를 공동으로 할 의사는 필요없다 할 것인 바 피고인 지 아무개, 김 아무개, 안 아무개가 공동하여 피해자의 신체를 상해하거나 피해자의 신체에 대하여 폭행을 가하는 기회에 김 아무개가 피해자를 살해한 것이라면 지 아무개가 살인의 공모를 하지 아니하였다 하여도 상해나 폭행행위에 관하여는 인식이 있었다고 할 것이므로 그 살인행위나 치사의 결과를 예견할 수 있는 이상 상해치사의 죄책을 면할 수 없다고 보아야 할 것이다. (대법원 1993. 8. 24. 93도1674)

법령 약자 목록

가등기담보법	가등기담보 등에 관한 법률
마약류관리법	마약류 관리에 관한 법률
부동산실명법	부동산실권리자명의등기에 관한 법률
성폭력특별법	성폭력범죄의 처벌 등에 관한 특례법
성매매처벌법	성매매 알선 등 행위의 처벌에 관한 법률
스토킹처벌법	스토킹범죄의 처벌 등에 관한 법률
정보통신망법	정보통신망 이용 촉진 및 정보 보호 등에 관한 법률
청소년성보호법	청소년의 성보호에 관한 법률
특가법	특정범죄 가중처벌 등에 관한 법률
특경법	특정경제범죄 가중처벌 등에 관한 법률
폭처법	폭력행위 등 처벌에 관한 법률
형소법	형사소송법
형집행법	형의 집행 및 수용자 처우에 관한 법률
환경범죄처벌법	환경범죄 등의 단속 및 가중처벌에 관한 법률

주요 참고문헌 목록

강구진, 형법강의 - 각론 Ⅰ, 박영사, 1983
김성돈, 형법총론, 제2판, 성균관대학교 출판부, 2009
______, 형법각론, 제2판, 성균관대학교 출판부, 2009
김일수 · 서보학, 형법총론, 제10판, 박영사, 2004
______, 한국형법 Ⅰ Ⅱ Ⅲ Ⅳ Ⅴ, 박영사, 1992
______, 형법각론, 제4판, 박영사, 2001
김종원, 형법각론(상), 법문사, 1971
남흥우, 형법총론, 빅영사, 1983
박동희, 형법학총론, 법문사, 1977
박상기, 형법총론, 제6판, 박영사, 2009
______, 형법각론, 전정판, 박영사, 2008
배종대, 형법총론, 제7판, 홍문사, 2009
______, 형법각론, 제3판, 홍문사, 2008
백남억, 형법총론, 법문사, 1963
백형구, 형법각론, 청림출판, 199
서일교, 형법각론, 박영사, 1982
손동권, 형법총론, 개정판, 율곡출판사, 2004
______, 형법각론, 율곡출판사, 2004
손해목, 형법총론, 법문사, 1996
신동운, 형사총론, 법문사, 2001
안동준, 형법총론, 학현사, 1998
오영근, 형법총론, 대명출판사, 2009
______, 형법각론, 박영사, 2009
유기천, 형법학 - 총론강의, 일조각, 1983
______, 형법학 - 각론강의 상 · 하, 일조각, 1982
이건호, 형법학개론, 고대출판부, 1977

이상돈, 예술형법, 박영사, 2014
이영란, 한국형법학, 숙대출판부, 2002
이재상, 형법총론, 제5판, 박영사, 2010
______, 형법각론, 제4판, 박영사, 2010
이정원, 형법총론, 법지사, 1999
______, 형법각론, 법지사, 1999
이형국, 형법총론, 제3판, 법문사, 2003
______, 형법총론연구 Ⅰ·Ⅱ, 법문사, 1984·1986
______, 형법각론연구(Ⅰ), 법문사, 1997
______, 형법각론연구(Ⅱ), 법문사, 2005
임 웅, 형법총론, 법문사, 2011
______, 형법각론(상), 법문사, 2009
정성근, 형법총론, 전정판, 법지사, 1996
______, 형법각론, 전정판, 법지사, 1996
정성근·박광민, 형법총론, 삼지원, 2011
____________, 형법각론, 삼지원, 2011
정영석, 형법총론, 제5전정판, 법문사, 1987
______, 형법각론, 법문사, 1983
조준현, 형법총론, 법원사, 1998
진계호, 형법총론, 제5판, 대왕사, 1996
______, 형법각론, 제3판, 대왕사, 1996
차용석, 형법총론강의 Ⅰ, 고시연구사, 1988
하태훈, 형법강의 - 총론(사례중심), 법원사, 1998
허일태, 독일형법총론, 법문사, 1991
황산덕, 형법총론, 제7정판, 방문사, 1982
______, 형법각론, 제5전정판, 방문사, 1983

제 1 편

개인적 법익을 침해하는 범죄

제 1 장 생명·신체를 침해하는 범죄

제 2 장 자유를 침해하는 범죄

제 3 장 명예·신용을 침해하는 범죄

제 4 장 사생활의 평온을 침해하는 범죄

제 5 장 재산을 침해하는 범죄

제 1 장 생명 · 신체를 침해하는 범죄

제 1 절 생명을 침해하는 범죄

I. 개 관

1. 보호법익

형법 제24장(살인의 죄)과 제27장(낙태의 죄)의 형벌규정들은 **생명**을 보호법익으로 하고 있다. 흔히 생명은 최고의 가치를 가지는 법익이라고 말한다. 생명을 가진 존재라면 누구나 다 생명을 잃는 것을 가장 고통스러워하기 때문일 것이다. 생명을 가장 귀하게 여기는 것은 일종의 본능이다. 이는 언어표현을 통해 자신의 느낌을 타인에게 전달할 수 있는 능력이 있건 없건 마찬가지이다. 태아의 경우에도 두려움과 공포를 느끼는 것은 성인과 마찬가지다. 생명을 귀하게 여기는 이러한 감정이 사회적으로 공유되어 있기 때문에 생명을 최고의 법익으로 평가하는 사회적 결단이 자연스럽게 이루어졌을 것이라고 생각한다.

생명은 최고의 법익이기 때문에 절대적으로 보호되는 것이 원칙이다. 법익형량을 할 때에도 생명은 일반적으로 절대적 우위를 인정받는다. 그러나 예외 없는 원칙이 없듯이 항상 생명에 대한 절대적 보호가 이루어지고 절대적 우위가 인정되는 것은 아니다.

그 중에서도 태아의 생명은 절대적 보호의 대상이 되지 못하고 있다. 태아의 생명을 고의로 침해하는 것은 금지되어 있지만 과실로 침해하는 것을 처벌하는 규정은 없다. 이미 출생한 사람과 비교해 볼 때 절대적인 보호를 받지 못하고 있는 부분이다.

2. 생명 침해 범죄의 분류체계

(1) 넓은 의미의 생명 침해 범죄

넓은 의미의 생명 침해 범죄에는 살인의 죄와 낙태의 죄가 포함된다. 살인죄와 낙태죄는 생명을 보호법익으로 한다는 점에서는 차이가 없다. 다만 살인죄는 이미 태어난 생명을 보호하기 위한 규정이고, 낙태죄는 태어나기 전의 생명을 보호하기 위한 규정이라는 점이 다를 뿐이다.

(2) 살인의 죄

사람을 살해하는 여러 가지 범죄의 **공통적 · 기본적인 불법**(결과반가치)은 '사람을 살해하는 것'이다. 이러한 기본적인 불법 내용을 바탕으로 여러 가지 변형 구성요건들이 형성되어 있다. 변형 구성요건의 유형을 변형 구성요건을 이루는 요소가 무엇인가에 따라 분류해보면 다음과 같다.

1) 피해자와 가해자 사이의 관계

직계비속이 직계존속을 살해하게 되면 제250조 제2항(존속살해)에 따라 가중처벌된다. 조선시대에는 존속살해는 최고의 극형인 능지처사(陵遲處死)에 처해질 극악무도한 범죄행위로 분류되었다.

반대로 직계존속이 직계비속을 살해하는 경우에는 치욕을 은폐하려고 했거나 양육할 수 없음을 예상하는 등 특별한 사유가 있다는 전제하에 제251조(영아살해)에 따라 감경처벌 대상이 된다.

2) 살해동기

치욕을 은폐하기 위해, 양육할 수 없음을 예상해서 또는 특히 참작할 만한 동기로 인하여 살해한 경우에는 행위주체가 직계존속인 때에 한하여 감경처벌된다.

피해자의 **촉탁** 또는 **승낙**에 의해서 살해한 경우에는 행위반가치와 책임이 감소되기 때문에 제252조(촉탁·승낙에 의한 살인)에 의해 감경처벌된다.

특가법 제5조의9 제1항은 자기 또는 타인의 형사사건과 관련해서 고소·고발을 했거나 증거제출·증언 등을 한 것에 대한 **보복**으로 살인을 한 경우 가중처벌하는 규정을 두고 있다.

3) 살해방법

위계 또는 위력을 사용하여 피해자로 하여금 살인을 촉탁·승낙하도록 만들거나 자살을 교사·방조함으로써 궁극적으로 사망을 유발하는 행위를 한 경우에는 보통살인의 경우와 동일하게 처벌한다.

독일 형법은 특히 잔혹한 방법으로 또는 무방비 상태의 피해자를 살해하는 경우에 **중살인**(Mord)으로 가중처벌하는 규정(독일 형법 제211조)을 두고 있으나, 우리나라의 경우에는 살해방법의 특별한 반가치성을 근거로 가중처벌하는 규정은 두지 않고 있다. 다만 살인범죄 양형기준에는 '잔혹한 범행수법'이 가중요소로 반영되어 있다.

4) 살인의 죄의 처벌 단계

살인죄는 처벌의 정도에 따라 다시 네 단계로 구분이 된다.

① 기본 구성요건: 제250조 제1항 (살인)

② 불법의 정도가 같은 변형 구성요건: 제253조 (위계·위력에 의한 살인)

③ 가중 구성요건: 제250조 제2항 (존속살해), 특가법 제5조의9 제1항 (보복살인)

④ 감경 구성요건: 제251조 (영아살해), 제252조 제1항 (촉탁·승낙에 의한 살인), 제252조 제2항 (자살교사·방조죄)

(3) 살인의 죄와 구별되는 개념

1) 사망이라는 결과로 인하여 가중처벌되는 범죄: 결과적 가중범

예를 들어 상해치사(제259조), 폭행치사(제262조), 낙태치사(제269조 제3항), 유기치사(제275조), 체포·감금치사(제281조), 강간치사(제301조의2), 강도치사

(제338조), 교통방해치사(제188조) 등이 이에 해당된다. 이들 범죄는 기본범죄는 고의로 범하고 중한 결과는 과실로 야기하는 형태를 가지고 있으므로 고의범인 살인죄와 구별되는 유형의 범죄이다.

2) 생명에 대한 위험을 야기하는 범죄

생명에 대한 위험만을 야기하는 경우는 생명침해 범죄에 포함되지 않는다. 비록 생명보호를 목적으로 하는 규정이기는 하지만 침해범인 살인죄와는 다른 개념이다. 예를 들면 중상해(제258조 제1항), 유기(제271조 제3항), 중권리행사방해(제326조) 등이 이에 속한다.

Ⅱ. 살인의 죄

1. 살인죄

제250조 (살인) ① 사람을 살해한 자는 사형, 무기 또는 5년 이상의 징역에 처한다

제254조 (미수범) 전 4조의 미수범은 처벌한다.

제256조 (자격정지의 병과) 제250조, 제252조 또는 제253조의 경우에 유기징역에 처할 때에는 10년 이하의 자격정지를 병과할 수 있다.

(1) 의의

보통살인(제250조 제1항)은 형법 제24장 살인의 죄 규정 가운데 **기본 구성요건**에 해당된다. 사람을 살해하는 가장 기본적인 범죄형태인 것이다. 이 규정은 **사람의 생명**을 보호법익으로 한다.

(2) 구성요건

2. 결과적 가중범인 상해치사죄의 공동정범은 폭행 기타의 신체침해 행위를 공동으로 할 의사가 있으면 성립되고, 결과를 공동으로 할 의사는 필요 없으며, 여러 사람이 상해의 범의로 범행 중 한 사람이 중한 상해를 가하여 피해자가 사망에 이르게 된 경우 나머지 사람들은 사망의 결과를 예견할 수 없는 때가 아닌 한 상해치사의 죄책을 면할 수 없다. (대법원 2000. 5. 12. 선고 2000도745 판결)

중한 결과에 대한 예견가능성 유무를 판단하지 않은 과거 판례: 대법원 1978. 1. 17. 77도2193; 대법원 1984. 10. 5. 84도1544

【판례】 상해치사의 공모공동정범 공동정범의 주관적 요건인 공모가 이루어진 이상 실행행위에 관여하지 않더라도 다른 공범자의 행위에 대하여 형사책임을 진다. 따라서 피고인이 여러 공범들과 피해자를 상해하기로 공모하고, 피고인 등은 피고인의 사무실에서 대기하고, 실행행위를 분담한 공모자 일부가 사건현장에 가서 피해자를 상해하여 사망케 하였다면 피고인은 상해치사죄의 공동정범에 해당한다. (대법원 1991. 10. 11. 91도1755)

여러 공동정범 가운데 한 사람은 살해의 고의를 가지고 있었고 나머지는 상해의 고의만 있었다면, 살해의 고의를 가지고 있던 행위자에 대해서는 살인죄가 성립되고 나머지 행위자에 대해서는 과실이 인정되는(공동정범 가운데 한 사람이 우발적으로 살해행위를 할 수도 있다는 데 대한 예견의무와 회피의무 위반) 한도 내에서 상해치사죄가 성립된다(대법원 1991. 5. 14. 91도580).

7. 존속 상해치사죄

> 제259조 (존속상해치사) ② 자기 또는 배우자의 직계존속에 대하여 전항(상해치사)의 죄를 범한 때에는 무기 또는 5년 이상의 징역에 처한다.

직계비속이 직계존속에 대하여 상해치사 행위를 했다는 이유 때문에 상해치사보다 더욱 가중해서 처벌하는 규정이다. 행위객체로서 "자기 또는 배우자의 직계존속"의 의미는 존속상해의 경우와 같고 나머지 사항은 상해치사의 경우와 동일하다. 다만 존속 상해치사죄 규정상의 신분은 가감적 신분이므로 이 범죄에 신분 없이 가담한 자는 상해치사의 책임만 진다.

8. 상습상해죄

제 264 조 (상습범) 상습으로 제257조, 제258조, 제258조의2, 제260조 또는 제261조의 죄를 범한 때에는 그 죄에 정한 형의 2분의 1까지 가중한다.

제 265 조 (자격정지의 병과) 제257조 제2항, 제258조, 제258조의2, 제260조 제2항, 제261조 또는 전조의 경우에는 10년 이하의 자격정지를 병과할 수 있다.

상습적으로 제257조(상해 · 존속상해), 제258조(중상해 · 존속 중상해), 제258조의2(특수상해), 제260조(폭행 · 존속폭행) 또는 제261조(특수폭행)의 범죄행위를 하는 자에 대한 가중처벌 규정이다.

상습이란 행위자에게 그 범죄행위가 '완전히 습관화되어 전혀 윤리적 갈등을 하지 않고 거리낌 없이 하는 상태가 된 경우'를 의미한다. 이를 판례는 '**습벽**'으로 표현하고 있다(대법원 1996. 10. 11. 96도1698).

이처럼 상습성은 반복적 범죄행위를 통해 형성되는 것이므로 상습성이 인정되려면 우선 같은 범죄를 여러 차례 저질렀어야 하고(반대 견해: 김일수 · 서보학, 76면) 이들 범죄는 연속성을 가지고 있어야 한다. 이미 판결이 선고된 행위와의 관계에 의해서도 범죄의 상습성이 인정될 수 있다.

상습은 객관적 행위 자체의 속성이 아니라 같은 범죄를 계속 반복한다는 특정 행위자의 범죄적 속성을 의미한다(대법원 1972. 6. 27. 72도594). 행위자가 실제로 행한 것은 예를 들어 상해행위 하나인데, 그 상해행위를 통하여 행위자가 범한 불법과 책임의 크기만큼의 형벌을 부과하는 것이 아니라, 전에 같은 종류의 범죄행위를 행위자가 습관적으로 범해 왔다는 점을 이유로 행위자가 범한 불법과 책임의 크기 이상으로 처벌하는 것이다. 이는 '책임이 없으면 형벌이 부과될 수 없고 형벌의 양은 책임의 양을 넘어설 수 없다'는 책임 원칙에 어긋난다(같은 취지: 박상기, 61면; 오영근, 76면; 이재상, 71면; 이정원, 94면; 이형국 I, 96면; 진계호, 68면). 입법론적으로 문제가 있는 규정이다.

상습성을 이유로 여러 개의 상해행위를 하나의 죄로 보는 것은 부당하므로 확정되지 않은 여러 개의 상습범은 실체적 경합으로 보는 것이 옳다(같은 취지: 박상기, 63면; 이재상, 71면). 다만 이럴 경우 상습범을 가중처벌하고 있는 현행법상 부당하게 무거운 처벌을 하게 된다는 점이 문제가 된다. 따라서 입법적으로 상습범 가중처벌 규정은 삭제되어야 한다. 판례가 상습범을 포괄일죄로 인정하는 것도 이러한 문제점을 고려한 해석으로 보여진다(대법원 1984. 4. 24. 84도195; 대법원 1987. 7. 21. 87도1101; 대법원 1990. 6. 26. 90도833; 대법원 1993. 5. 14. 92도2585; 대법원 1996. 10. 11. 96도1698).

9. 상해죄의 동시범 특례

> 제263조 (동시범) 독립행위가 경합하여 상해의 결과를 발생하게 한 경우에 있어서 원인된 행위가 판명되지 아니한 때에는 공동정범의 예에 의한다.

(1) 의 의

동시범이란 '두 사람 이상의 행위자가 의사의 연락 없이 같은 대상에 대해 같은 기회에 범죄행위를 하는 경우'를 말한다. 우연히 객관적인 측면에서 공동의 범죄를 저질렀지만, 공동실행의 의사가 없기 때문에 동시범은 공동정범으로 평가되지 않는다. 문제는 여러 사람이 뒤엉켜 주먹다짐이 벌어졌고 누군가 다쳤는데 어느 누구의 행위 때문에 그 사람이 다치게 되었는지 알 수 없는 경우다. 원칙대로 처리하자면 원인행위가 판명되지 않았으므로 결과의 발생을 인정할 수 없고 따라서 모두 미수범으로 처리해야 한다(제19조). 하지만 이렇게 되면 수많은 폭력 행위를 제대로 처벌할 수 없게 되어 형사정책적으로 상당한 문제가 될 수 있다. 이 때문에 만들어 놓은 것이 상해죄의 동시범 특례 규정이다.

(2) 법적 성격

제263조 규정의 법적 성격이 무엇인가에 대하여 견해대립이 있다.

① **거증책임전환설** : 본래 검찰 측에서 인과관계를 입증해야 하는데 반대로 피고인이 인과관계가 없음을 입증하도록 전환하는 규정이라는 견해 **(다수설)**

② **법률상 추정설** : 법률에 의해 공동정범임을 추정하는 규정이라는 견해

③ **이원설** : 절차법상으로는 거증책임 전환의 성격을 가지고, 실체법적으로는 공동정범 의제 규정으로서의 성격을 가진다는 견해

결론 제263조는 본래 인과관계 입증 문제를 해결하기 위해 제정된 규정이다. 독립행위가

경합했다는 일정한 조건이 갖추어지면 인과관계가 연결되었다고 보는 것일 뿐이지 이를 공동정범으로 평가하는 것은 아니다. 또한 피고인에게 자신의 행위는 결과발생의 원인에서 제외된다는 것을 입증함으로써 상해의 결과에 대한 책임을 면제받는 것도 가능하다. 따라서 공동정범으로 간주한다는 것을 전제로 하는 법률상 추정설과 이원설은 부당하다. 결국 **거증책임전환설**이 가장 타당하다.

판례는 본래 법률상 추정설의 입장을 취하였으나(대법원 1984. 5. 15. 84도488) 뒤에 이 입장을 거두어들이고 나서 뚜렷한 입장표명 없이 '동시범'에 해당된다고 하고만 있다(대법원 1985. 5. 14. 84도2118; 대법원 1985. 12. 10 85도1892; 대법원 2000. 7. 28. 2000도2466).

(3) 적용 요건

1) 독립행위의 경합

독립행위의 경합이란 '두 사람 이상의 행위자가 서로 의사연락 없이 같은 대상에 대해 같은 기회에 범죄행위가 이루어지는 경우'를 말한다. 이 경우 누구인지는 모르지만 행위자 가운데 한 사람의 행위에 의해 결과가 발생했다는 점은 확실해야 한다.

따라서 가해행위가 해당 피고인의 소행일 가능성이 없는 경우에는 상해죄의 동시범으로 그 죄책을 물을 수 없다. (대법원 1984. 5. 15. 84도488)

【판례】 가해행위 자체의 불명확성 상해죄에 있어서의 동시범은 두 사람 이상이 가해행위를 하여 상해의 결과를 가져온 경우에 그 상해가 어느 사람의 가해행위로 말미암은 것인지 분명치 않다면 가해자 모두를 공동정범으로 보자는 것이므로 가해행위를 한 것 자체가 분명하지 않은 사람에 대해서 동시범으로 다스릴 수는 없다. (대법원 1984. 5. 15. 84도488)

같은 장소에 있었더라도 가해행위를 한 것 자체가 분명하지 않으면 동시범 특례를 적용할 수 없는 것이다.

같은 대상에 대하여 같은 기회에 공격행위가 이루어졌다면 어느 정도 시간적 차이가 있더라도 독립행위의 경합으로 인정된다. 판례의 경우 2~3시간의 시간적 간격이 있는 공격행위도 독립행위의 경합으로 보고 있다(대법원 1981. 3. 10. 80도3321; 대법원 2000. 7. 28. 2000도2466).

【판례】 시간적 간격과 독립행위 의자에 누워있는 피해자를 피고인 甲이 밀어서 땅바닥에 떨어지게 함으로써 피해자가 부상을 당하였다. 그 상태에서 2시간이 지난 후 땅바닥에 있는 피해자에 대하여 피고인 乙이 또 다시 폭행을 가하였고 피해자는 사망하였다. 이 과정에서 누구의 행위가 사망의 원인이 되었는지 판명되지 않았다면 피고인을 폭행치사죄의 동시범으로 처벌하는 것이 옳다. (대법원 2000. 7. 28. 2000도2466)

2) 상해의 결과 발생

객관적으로 상해의 결과가 발생하면 족하고, 주관적 측면에서 행위자가 폭행의 고의를 가지고 있었는가 상해의 고의를 가지고 있었는가 하는 점은 문제가 되지 않는다. 따라서 상해·존속상해와 폭행치상이 동시범 특례의 적용대상임은 명확하다. 상해 또는 폭행치상을 원인으로 해서 **중상해**의 결과가 발생된 경우에도 특례가 적용된다고 보아야 한다.

문제가 되는 것은 상해 또는 폭행으로 인하여 피해자가 **사망**에 이른 경우이다. 이 경우에도 특례가 적용되는가에 대하여 견해대립이 있다.

① 상해치사(대법원 1981. 3. 10. 80도3321; 대법원 1985. 5. 14. 84도2118)와 폭행치사(대법원 1970. 6. 30. 70도991; 대법원 2000. 7. 28. 2000도2466) 모두 동시범 특례가 적용된다는 견해 (**판례**)

② 폭행치사에 대해서는 특례가 적용되지만, 상해치사의 경우에는 사망의 결과에 대하여 인과관계가 있고 제15조 제2항에 의하여 예견가능성이 있는 때에만 특례가 적용된다는 견해

③ 폭행치사는 상해의 결과가 발생하지 않았으므로 특례의 적용이 없고, 상해치사의 경우는 사망의 결과에 대하여 인과관계가 있고 제15조 제2항에 의하여 예견가능성이 있는 때에만 동시범 특례가 적용된다는 견해

④ 상해치사와 폭행치사 모두에 대해서 동시범 특례가 적용되지 않는다는 견해

결론 상해치사이건 폭행치사이건 사망이라는 결과는 항상 상해라는 부분을 포함하고 있으므로 상해치사와 폭행치사를 구별할 것 없이 모두 동시범 특례가 적용된다고 보는 것이 타당하다.

상해죄 동시범 특례 규정은 상해와 폭행의 죄에 관한 것이라는 점이 형법전 체계상 명백하므로 상해의 결과를 포함하고 있는 다른 범죄, 예를

들면 현주건조물 방화치상, 교통방해치상, 낙태치상, 강간치상(대법원 1984. 4. 24. 84도372), 인질치상, 강도치상 등에 대해서는 적용되지 않는다(**통설**). 또한 과실치사에 대해서도 적용할 수 없다(대법원 2007. 10. 26. 2005도8822).

3) 원인행위의 불판명

원인행위가 판명되지 않아야 한다. 원인행위가 판명되면 동시범 특례를 적용할 필요가 없게 된다.

Ⅲ. 폭행의 죄

폭행의 죄는 상해의 죄와 함께 신체적 안온상태를 침해하는 범죄유형이다. 상해의 죄와의 차이점은 그 정도가 약해서 생리적 기능 훼손의 결과가 발생하지 않는 경우라는 것이다.

1. 폭행죄

> 제 260 조 (폭행) ① 사람의 신체에 대하여 폭행을 가한 자는 2년 이하의 징역, 500만원 이하의 벌금, 구류 또는 과료에 처한다.
> ③ 제1항 및 제2항의 죄는 피해자의 명시한 의사에 반하여 공소를 제기할 수 없다.

(1) 구성요건

1) 객관적 구성요건

가. 행위객체

폭행죄의 **행위객체**는 자신을 제외한 '다른 사람'이다. 이 점에 있어서는 상해와 다를 바 없다.

나. 행 위

폭행이란 '신체에 대한 유형력 행사'를 의미한다. 폭행은 거동범으로서 특별한 결과의 발생을 필요로 하는 것은 아니고, 폭행에 해당되는 행위를 한 것 자체로 구성요건이 충족된다.

형법상 폭행의 개념을 다음과 같이 분류하는 것이 일반적이다.

① **최광의의 폭행** : 물건 또는 사람에 대한 모든 형태의 유형력 행사

(제115조의 소요죄, 제116조의 다중불해산죄)

② **광의의 폭행** : 사람에 대한 직 · 간접적 유형력 행사

(제136조의 공무집행방해죄, 제146조의 특수도주죄, 제324조의 강요죄)

③ **협의의 폭행** : 사람의 신체에 대한 유형력 행사

(제125조의 폭행 · 가혹행위죄, 제260조의 폭행죄)

④ **최협의의 폭행** : 반항이 불가능하거나 현저하게 곤란할 정도의 유형력 행사 (제297조의 강간죄, 제333조의 강도죄)

그런데 이 분류방법은 폭행의 정도나 내용을 중심으로 하기보다는 폭행의 대상을 중심으로 분류하는 방식을 취하고 있기 때문에 형법상 폭행 개념을 이해하는 데에는 큰 도움이 되지 못한다. 따라서 이 분류방법에 의지하기보다는 제260조의 구성요건 내용 자체를 범죄론 체계와의 관계를 고려하여 파악하는 것이 더 옳다고 생각된다.

형법상 폭행의 유형은 그 정도에 따라 다음과 같은 순서로 분류하는 것이 타당하다고 본다.

① 반항이 불가능한 폭행 (제333조의 강도죄)

② 반항이 현저하게 곤란한 폭행 (제297조의 강간죄)

③ 반항이 상당히 곤란한 폭행 (제350조의 공갈죄)

④ 반항이 곤란한 폭행 (제324조의 강요죄)

신체를 침해하는 범죄의 보호법익인 신체적 안온상태가 물리적인 형태뿐만 아니라 심리적인 형태로도 침해될 수 있는가에 대하여 견해대립이 있다.

① **긍정설**

② **부정설(판례)**

긍정설은 예를 들어 강한 빛을 쏘이거나 엄청난 소음을 가까이에서 발생시키는 것이 신체에 대한 유형력 행사로서 **물리적 폭행**에 해당된다면, 유형력을 사용하여 심리적 고통을 주는 것도 폭행에 해당되므로 예를 들어 매일 계속 전화를 걸어 괴롭히는 것도 **심리적 폭행**으로서 폭행에 해당된다는 입장이다. 사람의 신체적 안온상태를 침해하는 모든 형태의 물리적 · 심리적 유형력 행사를 폭행으로 보는 것이다.

결론 사실 심리적 고통과 물리적 고통 자체는 명확하게 구별되는 존재가 아니다. 그러나 그것을 유발하는 행위의 형태는 구별이 가능하다. 예를 들어 인터넷을 통해서 누군가를 비난하면 피해자는 정신적 고통을 느끼고 그 고통은 신체적 반응을 유발하여 안온상태를 해치게 된다. 심리적 고통과 물리적 고통이 별로 차이가 나지 않는 것이다. 그러나 악성 댓글을

다는 행위를 유형력 행사라고 하기는 곤란하다고 생각한다. 따라서 단순히 욕을 하거나 비난을 하는 형태가 아니라 물리적 유형력이 행사되는 경우만 폭행으로 보는 것이 타당하다.

【판례】 유형력 행사의 의미 피고인은 피해자의 집으로 전화를 하여 피해자에게 수 차례에 걸쳐 폭언을 하고 그때부터 같은 방법으로 일주일에 4 내지 5일 정도, 하루에 수십 회 반복하여 폭언과 욕설을 하였고, 견디다 못한 피해자 乙이 전화번호를 바꾸었는데 바뀐 전화번호를 알아내서 다시 전화하여 여러 차례 폭언과 욕설을 하였고, 피해자가 전화를 받지 않을 때에는 자동응답전화기에 욕설과 폭언을 수 차례에 걸쳐 녹음하였다.

폭행죄는 사람의 신체에 대한 유형력의 행사를 가리키며, 그 유형력의 행사는 **신체적 고통을 주는 물리력의 작용**을 의미하므로 신체의 청각기관을 직접적으로 자극하는 음향도 경우에 따라서는 유형력에 포함될 수 있다 하겠다. 그러나 거리상 멀리 떨어져 있는 사람에게 전화기를 이용하여 전화하면서 고성을 내거나 그 전화 대화를 녹음 후 듣게 하는 경우에는 특수한 방법으로 수화자의 청각기관을 자극하여 그 수화자로 하여금 고통스럽게 느끼게 할 정도의 음향을 이용하였다는 등의 특별한 사정이 없는 한 신체에 대한 유형력의 행사를 한 것으로 보기 어렵다 할 것이다. 그러한 특별한 사정이 확인되지 않은 이 사건의 경우는 협박으로 볼 수는 있으나 폭행이라고는 할 수 없다. (대법원 2003. 1. 10. 2000도5716)

폭행은 기본적으로 사람의 신체에 대한 유형력의 행사라는 속성을 가지고 있어야 한다. 따라서 방문(대법원 1984. 2. 14. 83도3186)이나 대문(대법원 1991. 1. 29. 90도2153)을 발로 차는 행위는 신체에 대한 것이 아니므로 제260조의 폭행이 되지 않는다. 다만 그렇다고 해서 신체에 대한 유형력의 행사가 반드시 직접적인 접촉을 필요로 하는 것은 아니다(대법원 1972. 11. 28. 72도2201; 대법원 1981. 3. 24. 81도326; 대법원 1990. 2. 13. 89도1406).

【판례】 폭행이 인정되는 경우 1. 인분투척 피고인은 공무를 집행하고 있는 경찰관 파출소 사무실 바닥에 인분이 들어 있는 물통을 던지고 또 책상 위에 있던 재떨이에 인분을 퍼 담아 사무실 바닥에 던졌다. 이러한 행위는 공무집행중인 경찰관에 대한 폭행이라 할 것이다. (대법원 1981. 3. 24. 81도326)

2. 음주난동 피고인은 경찰지구대 내에서 술에 취해 약 1시간 40분 동안 큰 소리로 경찰관들을 모욕하는 말을 하고, 대기의자에 드러눕거나 다른 사람에게 시비를 걸었고, 경찰관들이 피고인을 밖으로 내보낸 후 문을 잠그자 다시 들어오기 위해 출입

문을 계속 두드리고 잡아 당기는 등 소란을 피웠다. 이러한 행위는 경찰관에 대한 간접적인 유형력 행사로서 폭행에 해당한다. (대법원 2013. 12. 26. 2013도11050)

3. 차량전진 피고인은 자신의 차를 가로막고 서 있는 피해자를 향해 차를 조금씩 전진시키고 피해자가 뒤로 물러나면 다시 차를 전진시키는 방식의 운행을 반복하였다. 이는 유형력의 행사로서 폭행에 해당한다. (대법원 2016. 10. 27. 2016도9302)

【판례】 폭행이 인정되지 않는 경우 **1. 폭언** 자신을 만나주지 않는다는 이유로 시정된 탁구장문과 주방문을 부수고 주방으로 들어가 방문을 열어주지 않으면 모두 죽여 버린다고 폭언하면서 시정된 방문을 수회 발로 찬 피고인의 행위는 재물손괴죄 또는 숙소 안의 자에게 해악을 고지하여 외포케 하는 단순 협박죄에 해당함은 별론으로 하고, 단순히 방문을 발로 몇 번 찼다고 하여 그것이 피해자들의 신체에 대한 유형력의 행사로는 볼 수 없어 폭행죄에 해당한다 할 수 없다. (대법원 1984. 2. 14. 83도3186)

2. 욕설 피해자에게 근접하여 욕설을 하면서 때릴 듯이 손발이나 물건을 휘두르거나 던지는 행위는 직접 피해자의 신체에 접촉하지 않았다고 하여도 피해자에 대한 불법한 유형력의 행사로서 폭행에 해당한다. 그러나 때릴 듯이 위세 또는 위력을 보인 것이 아니라 단순히 욕설을 한 것 외에 별다른 행위를 한 적이 없다면 이는 유형력의 행사라고 보기 어렵다. (대법원 1990. 2. 13. 89도1406 | 같은 취지: 대법원 1991. 1. 29. 90도2153)

3. 욕설 눈을 부릅뜨고 "이 십팔 놈아, 가면 될 것 아니냐."라고 욕설을 한 것으로는 신체에 대한 유형력의 행사라고 보기 어려워 폭행죄를 구성한다고 할 수 없다. (대법원 2001. 3. 9. 2001도277)

폭행은 상해와 마찬가지로 보증인적 지위가 인정됨을 전제로 **부작위**에 의해서도 가능하다.

한편 2인 이상이 공동으로 폭행죄를 범하게 되면 그 행위유형이 특별히 위험하기 때문에 폭처법 제2조 제2항에 따라 가중처벌된다.

2) 주관적 구성요건

신체적 안온상태를 침해하는 행동을 한다는 데에 대한 인식이 있어야 한다. 만약 폭행의 정도를 넘어 상해의 결과를 발생시킬 생각을 가지고 있었다면 폭행이 아니라 상해 미수가 성립된다.

(2) 위법성

폭행은 정당행위(제20조), 정당방위(제21조), 긴급피난(제22조), 자구행위(제23조) 그리고 피해자의 승낙(제24조) 등 모든 위법성 조각사유를 통해 비교적 쉽게 위법성이 배제될 수 있다.

【판례】 정당행위가 되는 경우 1. 피해자가 술에 취하여 자정이 가까운 시각에 피고인 경영의 술집에 와서 종업원을 불러내어 시비를 걸면서 피고인에게 심한 욕설을 하고 종업원들에게 폭행을 하였다. 이 때문에 피고인이 피해자의 팔을 잡고 밀고 당겼거나, 멱살을 잡고 흔든 것에 불과하다면 피고인의 행위는 사회통념상 허용될 만한 상당성이 있는 정도의 행위로서 위법성이 조각된다. (대법원 1986. 6. 24. 86도794)

2. 상대방의 시비를 만류하면서 조용히 얘기나 하자며 그의 팔을 2, 3회 끌어당긴 사실만 가지고는 사람의 신체에 대한 불법한 공격이라고 볼 수 없어 폭행죄에 해당한다고 볼 수 없다. (대법원 1986. 10. 14. 86도1796)

3. 이유 없이 멱살을 잡고 파출소로 가자면서 계속하여 끌어당기는 행위를 제지하기 위해 양팔부분의 옷자락을 잡고 밀친 행위는 사회통념상 허용될 만한 상당성이 있는 정도의 행위로서 위법성이 조각된다. (대법원 1990. 1. 23. 89도1328)

4. 차량 주차 문제로 시비가 되어 서로 다투던 중 26세의 청년인 피해자가 62세인 피고인과 그의 딸의 뺨을 때리는 등 구타하므로 이를 말리기 위하여 피해자의 멱살을 잡는 등 다소의 유형력을 행사한 경우는 사회통념상 허용될 만한 상당성이 있는 정도의 행위로서 위법성이 조각된다. (대법원 1996. 2. 23. 95도1642)

【판례】 정당행위가 되지 않는 경우 1. 피고인은 여학생들인 피해자들의 언행을 교정시킨다는 의도는 가지고 있었으나 스스로의 감정을 자제하지 못한 나머지 많은 학생들이 있는 교실 밖에서 피해자 학생들의 행동을 본 즉시 피고인 자신의 손이나 주먹으로 피해자 1의 머리 부분을 때렸고 피고인이 신고 있던 슬리퍼로 피해자 2의 양손을 때렸으며 감수성이 예민한 여학생인 피해자들에게 모욕감을 느낄 정도의 지나친 욕설을 하였다. (대법원 2004. 6. 10. 2001도5380)

2. 군부대의 동료인 피고인들은 속칭 '생일빵'을 한다는 명목 아래 피해자를 때려 숨지게 하였다. 이 경우 가격행위의 동기, 방법, 횟수 등 제반사정에 비추어 보아 사회상규에 위배되지 아니하는 행위라고 보기 어렵다. (대법원 2010. 5. 27. 2010도2680)

(3) 소추조건

폭행은 **반의사불벌죄**이다. 따라서 피해자가 명시적으로 가해자의 처벌을 반대할 때에는 검사는 피의자를 폭행죄로 기소할 수 없다. 다만 이는 제260조 제1항 · 2항의 경우에만 해당되므로, 폭행행위로 인하여 상해가 발생한 때에나 폭처법 제2조 제2항에 해당하는 때에는 불처벌의 의사표시가 있다고 하여 처벌을 면할 수 있는 것은 아니다.

불처벌의 의사가 없어 일단 공소제기가 이루어졌더라도 피해자가 뒤늦게 처벌을 반대한다는 의사표시를 하는 경우에는 법원은 판결에 의하여 공소기각을 선고하여야 한다(형사소송법 제327조 제6호).

2. 존속폭행죄

제260조 (존속폭행) ② 자기 또는 배우자의 직계존속에 대하여 제1항의 죄를 범한 때에는 5년 이하의 징역 또는 700만원 이하의 벌금에 처한다.

③ 제1항 및 제2항의 죄는 피해자의 명시한 의사에 반하여 공소를 제기할 수 없다.

제265조 (자격정지의 병과) 제257조 제2항, 제258조, 제258조의2, 제260조 제2항, 제261조 또는 전조의 경우에는 10년 이하의 자격정지를 병과할 수 있다.

존속폭행은 기본 구성요건인 제260조 제1항의 일반 폭행에 대한 가중구성요건이다. 직계비속이 **직계존속**을 폭행했다는 이유 때문에 가중처벌하는 규정이다.

행위객체로서 "자기 또는 배우자의 직계존속"의 의미는 존속상해(제257조 제2항)의 경우와 같고 나머지 사항은 폭행의 경우와 동일하다.

한편 2인 이상이 공동으로 존속폭행죄를 범하게 되면 그 행위유형이 특별히 위험하기 때문에 폭처법 제2조 제2항에 따라 가중처벌된다.

3. 폭행 · 가혹행위죄

> 제125조 (폭행 · 가혹행위) 재판, 검찰, 경찰 기타 인신구속에 관한 직무를 행하는 자 또는 이를 보조하는 자가 그 직무를 행함에 당하여 형사피의자 또는 기타 사람에 대하여 폭행 또는 가혹한 행위를 가한 때에는 5년 이하의 징역과 10년 이하의 자격정지에 처한다.

(1) 의 의

압수 · 수색 · 체포 · 구속을 비롯한 형사소송상의 대인강제처분과 그에 수반되는 행위를 하는 과정에서 사법기관 구성원 자신이 피의자 · 피고인이나 참고인 · 증인 등에게 폭행 · 가혹행위를 하는 것을 효과적으로 방지하기 위하여 만들어 둔 가중처벌 규정이다. 형법전의 체계상 제7장 공무원의 직무에 관한 죄에 포함되어 있다. 따라서 본죄의 **보호법익**을 구속에 관한 국가기능의 공정성에서 찾기도 한다.

하지만 법질서를 수호해야 할 사법기관의 공정성 보호보다는 불공정한 사법권의 행사를 통하여 침해되는 국민의 기본권 보호를 우선으로 하여, 국가기능의 공정한 행사의 효과로서 국민의 인권이 보호받는 것이 아니라 국민의 인권보호를 통하여 형사사법(刑事司法)의 공정성이 확보되어야 한다. 이러한 맥락에서 이 처벌규정은 존재할 의미를 가지고 있다. 따라서 제125조의 보호법익은 국민의 **신체에 대한 기본권**이라고 보아야 한다.

이렇게 보면 폭행 · 가혹행위는 인신구속에 관한 직무를 행하는 자가 아니더라도 범할 수 있지만 이들 신분을 가진 자가 이 범죄행위를 할 때에는 가중처벌되는 것이므로 기본 구성요건인 폭행(제260조 제1항)에 대한 가중 구성요건으로 이해하는 것이 합리적이라고 생각한다.

(2) 행위주체

행위주체는 “재판, 검찰, 경찰 기타 인신구속에 관한 직무를 행하는 자 또는 이를 보조하는 자”이다. 판사, 검사, 일반사법경찰관리(형사소송법 제196조 제1 · 2항, 경찰공무원법 부칙 제6조)는 물론 검찰수사서기관 · 수사사무관 및 마약수사사무관(검찰청법 제46조 제2항)과 이를 보좌하는 검찰서기 · 마약수사서기 · 검찰서기보 및 마약수사서기보(제3항)도 여기에 해당된다. 그 밖에 삼림, 해사, 세무, 전매, 군수사기관, 기타 특별한 사항에 관하여 사법경찰관의 직무를 행하는 특별사법경찰관리(형사소송법 제197조)도 이 죄의 주체이다.

(3) 행위객체

행위객체는 피의자 · 피고인뿐 아니라 증인 · 참고인 등 ‘**수사와 재판에 관련되는 모든 사람**’이 다 포함된다. 수사와 재판의 사유는 문제가 되지 않는다. 따라서 일반 형사사범은 물론 삼림, 해사, 세무, 전매 등과 관련하여 수사 또는 조사 받은 사람도 모두 여기에 해당된다. 이미 형이 확정되어 교도소, 소년원, 감호소 등에 수용된 사람도 이 죄의 객체가 된다.

(4) 행 위

1) 직무를 수행하면서

매우 고전적인 표현으로, ‘직무를 수행하는 과정에서’로 이해된다. 따라서 폭행 또는 가혹행위가 행위주체에 의해 수행되는 직무와 관련성을 가지고 있어야 한다(**통설**).

행위주체가 인신구속과 관련되는 직무를 수행하는 사람이라 할지라도 경우에 따라서는 인신구속과 전혀 관계없는 직무를 수행하다가 폭행을 할 수도 있기 때문이다. 예를 들어 사법경찰관이 범인을 체포하기 위하여 추적하던 중 지나가던 행인과 시비가 붙어 폭행한 경우에는 제125조가 말하는 폭행 · 가혹행위의 구성요건에 해당된다고 하기 어렵다.

따라서 적법한 절차에 의해서이건 아니건 관계없이 사실상 신체활동의 자유가 제한된 상태의 피의자 · 피고인 · 참고인 · 증인 등에 대한 수사와 재판에 관한 직무를 수행하는 과정에서 폭행 · 가혹행위를 하는 경우에만 구성요건이 성립된다고 보아야 하겠다.

직무를 수행하는 과정에서 폭행 · 가혹행위가 이루어진 한 어떠한 동기에 의해서 행위가 이루어졌건 관계없이 구성요건이 성립된다고 보아야 하겠다. 개인적인 감정에 의해 폭력을 행사한 경우에는 구성요건이 성립되지 않는다는 견해도 있으나, 예를 들어 평소에 원수같이 생각하던 사람을 수사하는 과정에서 악감정이 폭발하여 폭행하였다면 본죄가 성립한다고 보는 것이 옳다.

2) 폭행 또는 가혹한 행위

폭행은 사람의 '신체에 대한 유형력 행사'로서 제260조 제1항(폭행)의 폭행의 개념과 같다.

가혹행위란 '사람으로서는 견디기 어려운 육체적 · 정신적 고통을 가하는 행위'를 말한다.

【판례】 가혹행위가 되는 경우 1. 부대장요원 교육대장인 피고인은 사격성적이 불량하다는 이유로 피교육생 27명을 저수지 제방에 2열 횡대로 정렬시킨 다음 전투복과 전투화를 착용한 상태에서 제방에서 25미터 가량 떨어진 수심표시기까지 갔다 오게 함으로써 이 가운데 2명이 심장마비로 사망하게 하였다면 이는 훈계의 한도를 넘은 것으로서 가혹행위에 해당된다. (대법원 1985. 4. 9. 85도75)

2. 강력부 소속 무술수사요원인 피고인은 피해자가 범행을 부인한다는 이유로 무릎을 꿇게 한 다음 손과 발로 전신을 때리고 차고, 이른바 '깍지 끼고 엎드려뻗쳐'와 '원산폭격'을 시키고, 원산폭격 자세가 바르지 못하다며 발로 엉덩이를 걷어차는 등 폭행 및 가혹행위를 하여 약 1주간의 치료를 요하는 타박상 등을 입게 하였다. (대법원 2005. 5. 26. 2005도945)

3. 가혹행위라 함은 직권을 남용하여 사람으로서는 견디기 어려운 정신적 · 육체적 고통을 가하는 것을 말한다. 군대 행정보급관인 피고인은 사병인 피해자들로 하여금 강제로 코로 담배를 피우게 하거나, 강제로 금연에 도움이 된다는 약초를 씹어 먹게

강요하여 혀가 얼얼해지면서 일시적 마비현상을 일으키게 하거나, 뜨거운 물이 담긴 종이컵을 발목에 올려놓거나 발목 사이에 끼워놓거나, 약 20분 동안 뜨거운 물이 담긴 스테인리스 컵을 사이에 두고 두 사람이 이마를 마주대고 서 있게 하였다. 이 경우 피고인이 비록 금연을 강조하거나 훈계를 목적으로 하였더라도 이러한 행위가 훈계의 목적달성에 필요하고 정당한 범위 내의 행위라고 볼 수 없고, 피해자들에게 견디기 어려운 정신적인 고통을 가하는 행위라고 볼 수 있어 군형법상의 가혹행위라고 보아야 할 것이다. (대법원 2009. 12. 10. 2009도1166)

【판례】 가혹행위가 되지 않는 경우 1. 중대장인 피고인은 사격장에서 소속 중대원이 사격통제에 따르지 않는다는 이유로 약 30분간 엎드려뻗쳐를 시켰다. 이러한 행위는 안전사고 예방을 주목적으로 하는 사격장의 특성상 그 동기를 수긍할 수 있고, 육군 얼차려 규정 시행지침에 엎드려뻗쳐보다 고통이 심한 팔굽혀펴기를 얼차려 항목으로 규정하고 있으며, 피해자들이 상해를 입은 것도 아니므로 가혹행위에 해당하지 않는다. (대법원 2008. 5. 29. 2008도2222)

2. 중대장인 피고인은 피해자인 일병이 업무수행능력과 업무습득의지가 부족하고 업무를 태만히 함에 따라 그릇된 근무태도를 교정하고 업무능력을 향상시키기 위해서 매일 업무일지를 작성하도록 지시하고 이를 이행하지 않을 경우 얼차려의 제재를 부과하였다. 이 경우 얼차려를 부과하게 된 경위와 목적 및 얼차려의 내용과 강도를 종합하여 볼 때 사람으로서는 견디기 어려운 정신적・육체적 고통을 가한 행위라고 볼 수 없다. (대법원 2012. 11. 29. 2010도1233)

4. 특수폭행죄

제261조 (특수폭행) 단체 또는 다중의 위력을 보이거나 위험한 물건을 휴대하여 제260조 제1항 또는 제2항의 죄를 범한 때에는 5년 이하의 징역 또는 1천만원 이하의 벌금에 처한다.
제265조 (자격정지의 병과) 제257조 제2항, 제258조, 제258조의2, 제260조 제2항, 제261조 또는 전조의 경우에는 10년 이하의 자격정지를 병과할 수 있다.

행위방법이 특별히 위험하기 때문에 가중처벌하는 규정이다. 가중구성요건을 성립시키는 단체, 다중, 위력, 위험한 물건 등의 개념은 특수상해(제258조의2)의 경우와 동일하다.

5. 폭행 치사상죄

제262조 (폭행치사상) 제260조와 제261조의 죄를 범하여 사람을 사망이나 상해에 이르게 한 경우에는 제257조 내지 제259조의 예에 따른다. [시행 2021. 12. 9.]
특가법 제4조의2 (체포·감금 등의 가중처벌) ① 형법 제124조·제125조에 규정된 죄를 범하여 사람을 상해에 이르게 한 경우에는 1년 이상의 유기징역에 처한다.
② 형법 제124조·제125조에 규정된 죄를 범하여 사람을 사망에 이르게 한 경우에는 무기 또는 3년 이상의 징역에 처한다.

제260조(폭행·존속폭행), 제261조(특수폭행·존속 특수폭행) 또는 제125조(폭행·가혹행위)의 범죄로 인하여 사망 또는 상해의 결과를 발생시켰을 경우에 성립되는 결과적 가중범이다.

제257조 내지 제259조는 각각 발생된 결과가 어느 정도인가에 따라 구별된다. 폭행 등의 행위에 의해 상해의 결과가 발생되면 제257조, 중상해의 결과가 발생되면 제258조 그리고 사망의 결과가 발생되면 제259조의 예에 의해서 처벌된다.

6. 상습폭행죄

제264조 (상습범) 상습으로 제257조, 제258조, 제260조 또는 제261조의 죄를 범한 때에는 그 죄에 정한 형의 2분의 1까지 가중한다.

상습적으로 제257조(상해 · 존속상해), 제258조(중상해 · 존속 중상해), 제260조(폭행 · 존속폭행) 또는 제261조(특수폭행)의 범죄행위를 하는 자에 대한 가중처벌 규정이다.

제 3 절 과실치상과 과실치사의 죄

Ⅰ. 개 관

고의로 다른 사람을 다치게 하거나 죽이는 행위만 형사처벌 대상이 되는 것은 아니다. 과실이라도 사람의 신체를 상하게 하거나 죽게 만드는 행위는 처벌대상이 된다. 다만 과실 범죄는 의도적으로 다른 사람을 해치는 고의 범죄의 경우보다 행위반가치의 크기가 훨씬 작기 때문에 과실로 좋지 않은 결과를 야기한 경우에는 "법률에 특별한 규정이 있는 경우에 한하여 처벌"하도록 되어 있는데(제14조) 과실치상과 과실치사 처벌규정이 바로 이에 해당된다. 이렇듯 처벌규정을 둔 것은 생명・신체라는 매우 중요한 법익을 침해하는 행위이기 때문이다.

과실치상죄와 과실치사죄 규정의 보호법익은 각각 상해죄와 살인죄 규정의 경우와 같다.

기본 구성요건은 과실치상과 과실치사이고, 업무상과실과 중과실인 경우에 가중처벌 규정(제268조)이 적용된다.

Ⅱ. 과실치상죄

제266조 (과실치상) ① 과실로 인하여 사람의 신체를 상해에 이르게 한 자는 500만원 이하의 벌금, 구류 또는 과료에 처한다.
② 제1항의 죄는 피해자의 명시한 의사에 반하여 공소를 제기할 수 없다.

1. 구성요건

(1) 객관적 구성요건

① 상해의 결과가 발생하고, ② 상해의 결과와 행위자의 행위 사이에 인과관계(객관적 귀속)가 인정되어야 하며, ③ 결과발생에 대한 객관적 예견가능성이 있었어야 한다.

여기서 상해란 상해죄(제257조)의 경우와 같은 개념이다. **인과관계**의 경우 우선 합법칙적 조건공식 등에 따라 순수하게 사실적 측면에서 인과의 연결이 인정되어야 한다.

【판례】 인과의 진행이 합법칙성의 범주를 벗어나지 않은 경우 자동차의 운전자가 주의의무를 게을리하여 열차건널목을 그대로 건너는 바람에 그 자동차가 열차 좌측 모서리와 충돌하여 20여미터쯤 열차 진행방향으로 끌려가면서 튕겨나갔고, 피해자는 타고가던 자전거에서 내려 위 자동차 왼쪽에서 열차가 지나가기를 기다리고 있다가 위 충돌사고로 놀라 넘어져 상처를 입었다면 비록 위 자동차와 피해자가 직접 충돌하지는 않았더라도 자동차 운전자의 위 과실과 피해자가 입은 상처 사이에는 상당한 인과관계가 있다. (대법원 1989. 9. 12. 89도866)

그런데 사실적 측면만 파악하게 되면 인과관계를 인정하는 범위가 지나치게 넓어지게 되어 곤란하므로, **객관적 귀속** 이론을 통해 인과관계 인정에 일정한 제한을 가할 필요가 있다. 과실치상 · 치사와 관련해서는 '적법한 대체행위를 통해서도 결과회피 가능성이 없었던 경우'이거나 '규범의 보호목적 범위 외에서 발생된 결과' 또는 '규범의 보호영역 외에서 발생된 결과'이어서 **위험실현**이 결여되어 인과관계가 부정되는 사례가 많다.

대법원이 객관적 귀속 이론을 명시적으로 인용하고 있지는 않다. 그러나 상당인과관계설에 의할 경우에는 인과관계를 인정해야 할 사안임에도 불구하고 원인성이 없다는 결론을 내리는 경우가 많으며 그 결론이 객관적 귀속 이론을 적용하는 것과 사실상 같기 때문에 실질적으로는 객관적 귀속 이론을 받아들인 것이나 마찬가지라고 생각된다(김성천, 객관적 귀속 이론과 판례, 『비교형사법연구』(한국비교형사법학회) 제7권 제1호, 66~71면). 이하에서 판례를 객관적 귀속 이론 체계에 따라 분류한 것은 필자가 임의로 한 것이다.

【판례】 결과회피의무가 전적으로 타인에게 있는 경우 | 무개념 가스회사 ○○빌라에 살던 세입자 甲은 이사를 가게 되어 빌라 관리자 乙에게 가스 철거를 위한 조치를 부탁하였다. 이에 乙은 액화석유가스판매업체에 전화를 하여 '세입자가 이사를 가니 가스를 철거해 달라'고 하였다. 전화를 받은 가스업체 운영자 丙은 '본인 것은 달아줄 때만 달아주고 떼어갈 때는 알아서 떼어간다. 외부밸브만 잠그고 알아서 떼어가라'고 답변하였다. 乙은 이를 甲에게 전달하였고 甲은 말 그대로 가스렌지를 철거하면서 퓨즈코크까지 떼어 갔다. 이후 입주한 세입자 P가 이사 후에 샤워를 하려하였으나 보일러가 작동하지 않아 관리자 乙에게 전화를 하자 乙은 외부밸브가 잠겨있을 것이라고 답변하였다. P는 외부밸브를 열고 들어와서 다시 보일러를 작동시키려 하였으나 되지가 않아 단념하고 담배를 피우고자 라이터를 켜는 순간 가스가 폭발하여 화상을 입게 되었다. 이 경우 甲이나 乙의 과실이 개입되었다고 하더라도 결과발생의 원인은 丙의 행위라고 보아야 한다. (대법원 2006. 5. 12. 2006도819)

【판례】 적법한 대체행위를 통해서도 결과회피 가능성이 없었던 경우 1. 시내버스 사건 피고인은 시내버스를 운전하여 △△동 고개를 넘어 경사 15도의 비탈길을 내려감에 있어서 기어를 2단으로 변속하여 진행하지 아니하고 4단으로 진행하다가 3단으로 변속하고 횡단보도 전방 약 50미터 지점에 도달했는데, 그때 버스의 "브레이크 마스터 실린더 롯드핀"이 빠져 페달브레이크 장치가 작동하지 아니하게 되었으나 당황하여 사이드 브레이크핸들을 잡아 제동조치를 취하지 아니하여 사고가 발생하였다.

이 경우 "롯드핀"이 빠진 것은 피고인의 과실로 인한 것이라 할 수 없고 사이드 브레이크는 비상시에 사용하는 것이라 하더라도 원래 주차용으로서 차량 주행 중에는 이를 사용할 수 없을 뿐더러 더욱이 경사진 곳에서 내려가는 경우에는 이를 사용하더라도 제동의 효과를 얻을 수 없으므로 피고인이 이와 같이 사이드 브레이크를 조작하지 아니한 것이 사고의 원인이 되었다 할 수 없으며 피고인이 2단 기어로 운행 하였더라면 페달브레이크에 고장이 있었다 하더라도 사고의 발생을 방지할 수 있었을 것이라고 인정할 수도 없다. (대법원 1977. 3. 8. 76도4174)

2. 사랑니 사건 피해자 甲은 사랑니 1개를 뺀 후 환부에 부종이 있고 열이 심하여 치료를 받다가 상태가 악화되어 대학 부속병원에 입원하였다. 병원 의료진은 甲에게 포도당과 항생제를 투여하였으며 턱밑을 절개하여 배농을 시도하였으나 농이 나오지 아니하였다. 그 후 피고인 乙의 집도로 구강 내 절개수술을 시행함으로써 다량의 농을 배출하였으나 이에 대한 농배양은 하지 아니한 채 항생제를 바꾸었다. 며칠이 지

나 甲의 상태가 계속 악화되고 혈소판이 위험수위로 떨어짐에 따라 내과의사에게 진료의뢰한 결과 항생제를 바꾸도록 조언받았다. 이후 甲의 혈소판 수치는 정상으로 회복되었으나 호흡곤란의 증상이 더욱 심해지다가 맥박이 약해지고 저산소혈증으로 인한 청색증 등이 나타나며 혼수상태에 이르고 응급조치를 시행하였음에도 성인성호흡장애증후군과 패혈증 등으로 사망하였다.

이 경우 피해자의 병명인 루드비히 안기나와 같이 이미 원인균이 알려진 경우라 할지라도 배농이 되었을 경우 원칙적으로 농에 대한 배양검사를 실시하여 적절한 약물을 선택하여야 한다는 것이므로, 피고인이 농배양을 하지 않은 것이 과실이라고 할 수는 있겠으나, 그것이 피해자의 사망에 기여한 인과관계 있는 과실이 된다고 하려면 농배양을 하였더라면 피고인이 투약해 온 항생제와 다른 어떤 항생제를 사용하게 되었을 것이라거나 어떤 다른 조치를 취할 수 있었을 것이고, 따라서 피해자가 사망하지 않았을 것이라는 점이 확인되어야 한다. (대법원 1996. 11. 8. 95도2710)

3. 봉침 사건 한의사인 피고인은 목디스크 치료를 위해 내원한 피해자에게 과거 봉침시술을 받았으나 이상이 없었다는 말을 듣고 알레르기 반응검사를 생략한 채 1분 간격으로 4회에 걸친 봉침시술을 하였다. 피해자는 시술 후 5~10분이 경과하면서 온몸이 붓고 가려우며 호흡을 제대로 할 수 없는 등 아나필락시 쇼크반응을 나타내서 응급처치를 받았다.

이 경우 아나필락시 쇼크반응은 항원인 봉독액 투여량과 관계없이 발생하는 경우가 대부분이고 투여량에 의존하여 발생하는 경우에도 쇼크증상은 누적투여량이 임계치를 초과하는 순간 발현되는 것이어서 알레르기 반응검사를 하지 않은 점과 쇼크반응 사이에 인과관계를 인정하기 어렵다. (2011. 4. 14. 2010도10104)

【판례】 규범의 보호목적 범위 외에서 발생된 결과 | 교차로 사건 피고인 甲은 사고지점에서 자기 차선을 따라 시속 55킬로미터의 속력으로 제한속도를 약간 넘어서 운행 중 반대방향에서 오던 피고인 乙이 운행하던 차량이 좌회전금지구역인데도 갑자기 甲이 운행하던 차량 앞을 가로질러 좌회전 진입하여 사고가 발생하였다. 이 경우 충돌사고는 피고인 乙이 교통법규를 어기고 차량을 운행한 데 그 직접적인 원인이 있는 것이다. 피고인 甲이 교통법규를 어겨 제한속도를 약간 넘어서 운행하였다고 하여도 그에게 충돌의 책임을 물을 수는 없는 일이다. (대법원 1980. 2. 12. 79도3004)

이 [교차로 사건]의 경우 운전자 甲이 교통법규를 위반하기는 하였으나 제한속도 규정의 목적이 불법으로 좌회전 하는 차량과 충돌하는 것을 방지하기 위한 것은 아니기 때문에 甲에게 객관적 귀속을 시킬 수는 없는 일이다.

【판례】 규범의 보호영역 관련 | 피해자의 유책한 자기 위태화 1. 자가용 기사 사건 사고차량의 운전수인 피고인 甲이 갑자기 머리가 아프고 오한이 들어 자동차를 운전할 수 없게 되자 차량의 차주이며 무면허이지만 평소에 운전경험이 있는 乙이 자진하여 자기가 운전하겠다고 하므로 甲이 이를 그대로 방치하게 되었고 피고인이 오한으로 앓고 있는 사이에 乙이 차량을 운전하다가 사고를 발생케 하였다. 이 경우 피고인이 乙의 운전행위를 저지하지 않은 원인행위가 乙의 운전상의 부주의로 인한 이 사건 결과 발생에 까지 미친다고 볼 수는 없다. (대법원 1974. 7. 23. 74도778 | 같은 취지: 대법원 1971. 9. 28. 71도1082)

2. 유리창 청소 사건 피고인이 교사로 재직하고 있는 성덕여자중학교에서는 학교방침에 따라 학생들이 조를 짜서 교실을 청소하여왔고 유리창을 청소할 때는 교실안쪽에서 닦을 수 있는 유리창만을 닦도록 지시하였는데도 유독 피해자만이 수업시간이 끝나자마자 베란다로 넘어 갔다가 밑으로 떨어져 사망하였다. 이 경우 피고인이 학교의 방침에 따라 학생들에게 청소를 시켜왔고 학생들에게 청소방법과 주의사항들을 지도하였다면, 관할교육구청장이 유리창을 학생들에게 닦이지 않도록 훈시를 하였다 하더라도 담임교사에게 책임을 물을 수 없다. (대법원 1989. 3. 28. 89도108)

【판례】 규범의 보호영역 관련 (유책한 제3자의 행위 개입) 1. 제3자의 과실 개입 피고인의 주의의무 태만(노면 결빙되고 안개로 시계 20m인 상황에서 규정속도로 주행)으로 인하여 고속도로상에 정지중인 차량을 추돌한 사고가 발생된 이상 피해차량 후방에 사고발생표지가 설치되어 있지 아니하였고 피해자들이 다른 승객들처럼 대피하지 않고 피해차량 뒤 고속도로 노면에 들어와 있었다 하더라도 피고인의 범행성립에는 영향이 없다. (대법원 1990. 12. 26. 89도2589)

2. 퓨즈코크 사건 다가구주택의 하나를 임차하여 거주하던 피고인 甲은 이사를 가면서 외부에 설치되어 각 세대에 대한 가스공급을 개별적으로 차단할 수 있는 주밸브를 잠근 다음, 자신의 비용으로 설치하였던 퓨즈코크를 떼어갔다. 뒤를 이어 주택을 임차한 乙은 동업자 丙과 함께 생활하면서 외부로부터 공급되는 가스는 사용하지 않고 전기밥솥과 야외용 가스레인지만을 취사기구로 사용하던 중 누군가에 의해 외부에 설치되어 있는 주밸브가 열려서 가스가 내부로 누출되어 체류하고 있는 상태에서 폭발이 일어나 丙이 사망하였다. 이처럼 주밸브만 잠가놓은 채 아무런 조치 없이 퓨즈코크를 제거한 경우 과실이 없다고 할 수 없다. (대법원 2001. 6. 1. 99도5086)

유책한 제3자의 행위가 개입한 경우에 대해서는 결과회피의무가 전적으로 타인에게 있는 경우인가에 따라 판단을 하게 된다.

인과관계까지 확인되고 나면 객관적 구성요건 단계에서 마지막으로 객관적 예견가능성이 존재하였는가에 대한 판단이 이루어져야 한다.

(2) 주관적 구성요건

본죄는 결과적 가중범이 아니라 단순 과실범이므로 상해 또는 폭행에 대한 고의가 없어야 본 규정이 적용된다. 상해의 고의가 있었을 때에는 상해죄 규정이, 폭행의 고의가 있었을 경우에는 폭행치상죄 규정이 적용되어야 한다.

과실은 '주의의무 위반'을 의미한다. 그리고 주의의무는 예견의무와 결과회피 의무를 그 내용으로 한다. 주의의무는 **객관적**으로 판단되어야 한다 (**통설|판례**).

【판례】 주의의무가 인정되는 경우 1. 방바닥에는 폭 약 3mm, 길이 약 30cm의 여러 갈래의 틈이 나 있어 아궁이에서 올라온 연탄가스가 방바닥의 틈으로 스며 올라올 염려가 있었다. 그리고 피고인은 이 사건 발생전 임차인으로부터 연탄가스 냄새가 많이 나고 사람들이 두 차례나 연탄가스를 마셔 죽을 뻔하기까지 했으니 방을 고쳐달라는 요구를 받고도 아무런 조치를 취하지 않았다. 피고인이 임차인으로부터 이러한 요구를 받고도 연탄가스 냄새가 나는 원인을 조사하고 그에 대한 대책을 강구하는 등의 조처를 취하지 아니한 점에 비추어 보면 이 사건 사고는 임대인인 피고인의 과실로 인하여 발생하였다고 봄이 상당하다. (대법원 1993. 9. 10. 93도196)

2. 운동경기 참가자가 경기규칙을 준수하는 중에 또는 그 경기의 성격상 당연히 예상되는 정도의 경미한 규칙위반 속에 제3자에게 상해의 결과를 발생시킨 것이라면 모르겠으나, 골프경기 중 **골프공**을 쳐서 자신의 뒤편으로 보내 뒤에 있던 캐디에게 상해를 입힌 경우는 주의의무를 현저히 위반한 행위로서 과실이 인정된다. (대법원 2008. 10. 23. 2008도6940)

【판례】 주의의무가 인정되지 않는 경우 임대차 목적물상의 하자의 정도가 그 목적물을 사용할 수 없을 정도의 파손상태라고 볼 수 없다든지 임대인에게 수선의무가 있는 대규모의 것이라고 볼 수 없어 임차인의 통상의 수선 및 관리의무에 속한다고 보여지는

경우에는 그 하자로 인하여 가스 중독사가 발생하였더라도 임대인에게 과실이 있다 할 수 없다. (대법원 1985. 3. 26. 84도3085)

2. 소추조건

과실치상죄는 반의사불벌죄이다. 피해자가 명시적으로 가해자의 처벌을 반대하면 공소제기를 할 수 없다. 불처벌의 의사가 없어서 일단 공소제기가 이루어졌더라도 피해자가 뒤늦게 처벌을 반대한다는 의사표시를 하는 경우에는 법원은 판결에 의하여 공소기각을 선고하여야 한다(형사소송법 제327조 6호).

Ⅲ. 과실치사죄

제 267 조 (과실치사) 과실로 인하여 사람을 사망에 이르게 한 자는 2년 이하의 금고 또는 700만원 이하의 벌금에 처한다.

1. 구성요건

(1) 행위객체

살인죄의 경우와 마찬가지로 과실치사의 **행위객체**는 ‘다른 사람’이다. 과실에 의한 낙태는 처벌대상이 되지 않지만 과실치사는 처벌되기 때문에 행위객체가 사람으로서 살인죄 또는 과실치사죄 규정의 보호대상이 되는 시기는 중요한 의미를 가진다. 분만개시설에 따라 분만 중인 아이도 과실치사의 행위객체가 된다.

(2) 행위와 결과의 발생

과실행위는 과실치상과 마찬가지로 작위뿐 아니라 부작위에 의해서도 가능하다. 사망의 결과가 발생했는가의 문제는 뇌사설에 따라 판단하는 것이 합리적이라고 생각한다.

그 밖에 인과관계(객관적 귀속), 객관적 예견가능성 그리고 주관적 구성요건으로 과실(객관적 주의의무 위반) 등의 요건이 필요하다.

2. 공 범

과실치사 행위는 직접정범 형태로만 가능한 것이 아니다. **간접정범** 형태로도 가능하다. 예를 들어 운전면허가 없는 종업원으로 하여금 운전면허를 필요로 하는 배달차량을 운전하게 했는데 그 종업원이 본인의 부주의로 사망하면 과실치사의 간접정범이 될 수 있다.

과실치사의 **공동정범**은 인정하지 않는 것이 합당하다고 생각한다. 과실범은 행위내용 자체가 공동실행의 의사를 가질 수 없는 경우이기 때문이다.

3. 죄 수

하나의 과실행위로 여러 명의 사람을 죽게 하면 그 인원수만큼 과실치사죄가 성립되고 모두 상상적 경합관계에 있게 된다. 운전자가 부주의로 사람을 차로 치어 죽게 하면 제268조(업무상과실치사)가 적용되고 제267조(과실치사)는 적용이 배제된다(특별관계).

Ⅳ. 업무상 과실치상 · 치사죄

제 268 조 (업무상 과실 · 중과실치사상) 업무상 과실 또는 중대한 과실로 사람을 사망이나 상해에 이르게 한 자는 5년 이하의 금고 또는 2천만원 이하의 벌금에 처한다.

1. 의 의

업무상 과실로 인하여 치사 또는 치상의 결과를 야기하였다는 이유로 가중처벌대상이 되는 범죄이다. 업무상 과실을 가중처벌 하는 근거가 무엇인가에 대하여 견해대립이 있다.

① 고도의 주의의무가 요구되는데 이를 이행하지 않는 것이기 때문이라는 견해

② 주의의무의 수준은 같지만 주의능력이 일반인보다 뛰어나기 때문이라는 견해

③ 주의의무의 수준은 일반인과 동일하지만 결과발생에 대한 예견가능성이 더 크기 때문이라는 견해

④ 주의의무는 일반인과 같으나 업무자라는 신분 때문에 고도의 예견의무가 사회적으로 부과되었기 때문이라는 견해

⑤ 주의의무 및 예견가능성이 크기 때문이라는 견해

⑥ 업무를 근거로 일률적으로 가중처벌하는 것은 근거가 없는 조치라는 견해

결론 업무자는 해당 업무에 능통하기 마련이고 그 업무를 제대로 수행할 능력이 없으면 업무를 맡을 자격이 부여되지 않는 것이 원칙이다. 이를 근거로 업무자에게는 일반인의 경우보다 높은 수준의 주의의무가 부과된다. 그 이유는 통상적으로 업무와 관련해서는 일반적인 경우보다 더 큰 위험이 수반되기 때문에 정말 조심하라는 규범의 강한 요구가 필요하기 때문이다. 업무자의 경우에는 일반인보다 요구되는 **주의의무의 수준**이 높다는 점이 가중처벌의 근거가 된다는 견해가 타당하다.

2. 구성요건

(1) 객관적 구성요건

1) 행위주체

업무상 과실치상 · 치사죄의 행위주체는 업무자이다. 여기서 **업무자**란 '업무를 수행하는 자'를 의미한다. **업무**란 '사회생활상의 지위에 기하여 지속적으로 행하는 사무'를 의미한다(**통설**).

가. 위험요소가 내포되어 있는 업무

업무상 과실치사상죄의 보호법익은 생명 · 신체이므로 여기서의 업무는 생명 · 신체에 대한 침해를 유발할 수 있는 업무로 제한된다고 이해하여야 한다(**통설**).

이러한 업무중 대표적인 것이 자동차 운전이다. 자동차 운전이 가장 빈번하게 사람을 다치거나 죽게 만드는 업무로 인식되고 있지만, 그 외에도 현대사회의 위험요소는 도처에 깔려 있다. 건축업무도 주의의무를 제대로 준수하지 않을 경우 매우 위험해 질 수 있다는 점은 근래 이어지는 대형참사를 통해 잘 알 수 있다. 그 외에도 의료 업무, 식품제조 업무, 약품제조 업무, 공장운영 업무, 광산업 등 위험한 업무는 도처에 산재해 있다.

이들 위험요소를 가지고 있는 업무는 이를 수행함으로써 위험한 결과가 발생할 수 있다는 점을 충분히 예견할 수 있고, 또 업무 자체를 하지 않음으로써 결과회피도 얼마든지 가능하다. 그럼에도 불구하고 이들 업무는 **사회적 효용성** 때문에 금지되지 않고 법적으로 허용되고 있다. 주의의무를 본래 내용 그대로 적용한다면 사회가 마비될 수밖에 없기 때문이다.

나. 업무와 자격면허

업무활동에 수반되는 이러한 위험요소는 합리적인 범위 이내로 가능한 한 축소시켜야 한다. 이를 위해 위험성을 가지고 있는 업무는 일정한 자격을 갖춘 사람만 수행할 수 있게 제한을 가하고, 또 이들에 대해서 고도의 주의의무를 부과하는 것이 타당하다.

따라서 이렇게 위험성을 내포하고 있는 업무를 수행하는 사람은 이를 위한 **면허**를 가지고 있어야 하는 것이 원칙이다. 그런데 ① 면허가 필요한 업무인데도 불구하고 무면허자가 그 업무를 수행한 경우와 ② 위험성은 있지만 아직 면허제도가 도입되지 않은 분야의 업무를 수행한 경우에도 업무자로서 이 죄의 행위주체가 된다고 보아야 하는가? 자격면허제도라는 것이 항상 완벽할 수는 없는 것이고, 면허가 없으면서도 무면허 의료행위, 무면허 운전 등 위험한 일을 지속적으로 하는 사람이 실제로 종종 눈에 띄는 현실을 감안하면 이러한 경우에도 업무자로 보는 것이 타당하다고 생각된다. **판례**의 입장도 같다.

무면허 상태의 업무상 과실이 인정된 경우 : 대법원 1961. 3. 22. 61도5 (무면허 자동차 운전); 대법원 1966. 6. 28. 66도758 (무면허 화약류 취급); 대법원 1970. 6. 30. 70도738 (무자격 광산 보안관리); 대법원 1970. 8. 18. 70도820 (무면허 자동차 운전); 대법원 1972. 10. 31. 72도2001 (무면허 자동차 운전); 대법원 1979. 9. 11. 79도1250 (무면허 자가발전기 작동); 대법원 1985. 6. 11. 84도2527 (무허가 골재채취); 대법원 1986. 2. 11. 85도2544 (무면허 오토바이 운전)

다. 사회생활상의 지위에 기하여 지속적으로 행하는 사무

(가) 사회생활상의 지위

사람은 기본적으로 사회생활을 영위하면서 살아가고 있다. 정상적인 사람이라면 누구나 다 마찬가지이다. 인간의 사회생활은 개인 각자가 자신의 **역할**을 수행함으로써 전체 사회가 기능을 발휘하는 형태로 이루어진다.

근대 이전에는 역할이라는 개념보다는 **신분**이라는 개념이 사회의 지배적 요소이었다. 태어날 때부터 자신의 사회적 역할이 정해져 있었던 것이다. 시민혁명은 이러한 상하 신분구조를 파기하고 수평적인 역할 개념을 만들어 냈다. 사회생활 속에서 어떠한 역할을 맡는가에 따라 결정되는 것이 그 사람의 사회생활상 지위이다. 생래적 신분과 사회적 역할에 따른 지위의 차이는, 신분의 경우 평생 고정불변인 하나의 사회적 위치만을 가지는 반면, 지위는 항상 변화 가능하고 동시에 여러 개의 지위를 가지는 것이 가능하다는 점이다.

그러면 지위는 사회적으로 인정되는 역할을 수행할 때만 사회적 지위가 되는가 하는 문제점이 남는다. 예를 들어 소매치기, 해결사, 깡패, 사립탐정, 성매매 종사자 등을 사회적 지위라고 할 수 있는가? 이들의 업무도 위험성을 내포하고 있다. 성매매 종사자의 경우 성병이나 에이즈 등의 감염 여부를 정기적으로 점검하고 예방하지 않을 경우에는 고객에게 상해를 입힐 수 있는 것이다. 이를 업무상의 위험에서 굳이 배제할 이유는 없다고 생각한다. 사회적으로 인정되지 않는 역할을 수행하는 경우에도 사회생활상의 지위를 가진 것으로 보아야 하겠다.

(나) 지속성

지속성은 '상당한 횟수를 반복해서 해오고 있거나 계속 반복적으로 할 예정인 경우'에 인정된다.

대표적인 업무라고 할 수 있는 자동차 운전의 경우 몇 년씩 운전을 해 온 때는 물론, 앞으로 운전을 해야겠다는 생각으로 면허를 따서 처음 차를 몰고 나온 경우도 업무에 해당되고, 먹고 살기 위해 면허는 없지만 차량으로 배달을 시작한 경우에도 업무가 된다. 그러나 단 한 번 호기심으로 차를 몰다가 사고를 낸 경우에는 업무라고 할 수 없다(대법원 1966. 5. 31. 66도536).

【판례】 지속성이 없는 경우 건물의 소유자로서 건물을 비정기적으로 수리하거나 건물의 일부분을 **임대**하였다는 사정만으로는 업무상과실치사상죄에 있어서의 업무로 인정될 수 없다. (대법원 2017. 12. 5. 2016도16738 | 같은 취지: 대법원 2009. 5. 28. 2009도1040)

(다) 사 무

사무란 '업무를 처리하는 것'을 말한다. 사무가 적법하게 이루어지든 불법하게 이루어지든 그것도 상관없다.

2) 결과의 발생 · 인과관계 · 객관적 예견가능성

결과의 발생 · 인과관계 · 객관적 예견가능성 부분은 기본 구성요건인 과실치상 · 치사의 경우와 동일하다.

피고인의 행위에 의해서 결과가 발생한 것이 확실하지 않을 경우에는 본죄의 성립이 인정되지 않는다.

【판례】 원인성이 확실하지 않은 경우 공동피고인 甲이 무쏘 차량으로 도로에 누워 있던 피해자를 친 후 100m 가량 끌고 가서 정차하였다가, 다시 출발하려다가 바퀴가 피해자를 넘지 못하자 비로소 사람이 있음을 인식하고 후진하여 피해자를 떨어뜨린

후 도주하였는데, 8분 후에 피해자를 발견하지 못한 피고인 乙이 다시 자신의 차량으로 피해자의 가슴을 치게 되었다. 그런데 1차 사고로 피해자가 무쏘 차량에 끌려가면서 20m 가량의 혈흔과 1m 정도의 뇌수 및 주먹만 한 핏덩이를 남겼고 1차 사고 후 피해자는 미동도 하지 않았던 것이라면 乙이 피해자를 쳤을 때 피해자가 살아있었다고 단정하기 어렵다. 따라서 乙의 행위와 피해자의 사망 사이의 인과관계를 인정할 수 없다. (대법원 2014. 6. 12. 2014도3163)

(2) 주관적 구성요건

업무를 수행하는 사람에 대해서는 일반인의 경우보다 특별히 강한 주의의무가 부과된다. 건축법 관계법령이 건축물의 안전을 담보하기 위해 필요한 사항들을 자세하게 규정하고 있는 것처럼, 자격면허를 필요로 하는 업무의 경우에는 관계법령에 업무자의 주의의무 내용이 비교적 상세하게 규정된다.

예를 들어 건축법 제21조를 보면 공사감리자는 시공과정에서 법령 위반 사항이 발견되거나 설계대로 공사를 하지 않는 경우에는 이를 즉시 건축주에게 알린 후 시정 또는 재시공을 요청하고, 시공자가 이를 무시하면 어떠한 조치를 취해야 하는 등의 규정이 있다. 안전에 관련된 규정을 제대로 준수했음에도 불구하고 발생되는 위험은 법적으로 **허용되는 위험**으로서 행위자가 책임질 필요가 없는 부분이다.

업무상 요구되는 주의의무와 관련하여 주로 문제가 되는 것은 교통사고와 의료사고에서의 운전자와 의료인의 주의의무이다.

【판례】 업무상 과실이 인정되는 경우 1. 일상점검의무 자동차를 운행하는 자는 매일 그 운행개시 전에 일상점검의 하나로 제동장치 중 제동파이프에 기름 누설이 없고 고정이 확실한지 여부를 점검하여야 할 업무상 주의의무가 있다. (대법원 1985. 12. 24. 85도1755)

2. 중앙선 침범 예견의무 황색 중앙선이 설정된 도로에서 반대방향에서 오는 차량이 이미 중앙선을 침범하여 비정상적인 운행을 하고 있음을 목격한 경우에는 자기의 진행전방에 돌입할 가능성을 예견하여 그 차량의 동태를 주의깊게 살피면서 속도를 줄여 피행하는 등 적절한 조치를 취함으로써 사고발생을 미연에 방지할 업무상 주의의무가 있다. (대법원 1986. 2. 25. 85도2651 | 같은 취지: 대법원 1992. 7. 28. 92도1137)

3. 광고업자의 주의의무 광고업자가 건물옥상에 고정수소 2,850기압을 주입한 애드벌룬을 공중에 띄움에 있어서 당시 강풍이 불고 있었고 그곳 부근에 22,900볼트의 고압 전선이 설치되어 있었다면 그 안전여부를 확인하면서 주민들에게 위험을 알려 주어 주의를 환기시키고 애드벌룬이 고압선에 감겼을 때에도 안전하게 이를 제거할 방법을 강구할 업무상 주의의무가 있다. (대법원 1990. 11. 13. 90도1987)

4. 도로 결빙시 주의의무 고속도로의 노면이 결빙된 데다가 짙은 안개로 시계가 20m 정도 이내였다면 차량운전자는 제한시속에 관계 없이 장애물 발견 즉시 제동정지할 수 있을 정도로 속도를 줄이는 등의 조치를 취하였어야 할 것이므로 단순히 제한속도를 준수하였다는 사실만으로는 주의의무를 다하였다 할 수 없다. (대법원 1990. 12. 26. 89도2589)

5. 설명의무 일산화탄소(연탄가스) 중독으로 병원 응급실에 후송되어 온 환자를 진단하여 일산화탄소 중독으로 판명하고 치료한 담당의사에게 회복된 환자가 이튿날 퇴원할 당시 자신의 병명을 문의하였는데도 의사는 아무런 요양방법을 지도하여 주지 아니하였다. 환자는 일산화탄소에 중독되었던 사실을 모르고 퇴원 즉시 사고 난 자기 집 안방에서 다시 취침하다 전신피부파열 등 일산화탄소 중독을 입었다. 의사에게는 환자에 대한 요양의 방법 기타 건강관리에 필요한 사항을 지도하여 줄 요양방법의 지도의무가 있는 것이므로 이를 태만한 것으로서 의사로서의 업무상 과실이 있고, 이 과실과 일산화탄소 중독과의 사이에 인과관계가 있다고 보아야 한다. (대법원 1991. 2. 12. 90도2547)

6. 현장소장의 위험방지조치 의무 도로공사의 현장소장은 지반의 붕괴 등에 의하여 근로자에게 위험을 미칠 우려가 있는 때에는 그 위험을 방지하기 위하여 지반을 안전한 경사로 하고 낙하의 위험이 있는 토석을 제거하거나 옹벽 및 흙막이 지보공 등을 설치하여야 한다. 그럼에도 이러한 위험방지조치를 취하지 아니함으로써 근로자를 사망에 이르게 하였다면 업무상과실치사죄에 해당한다. (대법원 1991. 12. 10. 91도2642 | 같은 취지: 대법원 1986. 7. 22. 85도2223; 대법원 1986. 8. 19. 86도915)

7. 도선사의 주의의무 도선사(導船士)는 법률에 의하여 상당히 고도의 주의의무가 부과되어, 해도(海圖)에 표시된 장애물뿐 아니라 해도에 표시되어 있지 않고 외관상 쉽게 발견되지 않는 위험물을 포함하여 지방수역에 관한 지식을 가지고 있어야 하며 이를 활용할 의무가 있다. 더욱이 강제도선사는 전문지식이 있다고 판단하여 선임된 자이기 때문에 선박이 임의로 승선시킨 도선사보다 고도의 주의의무를 부담하고 있는 점을 고려하여 볼 때, 강제도선사인 피고인이 해도를 믿고 항행을 하였다 하여 면책

될 수 없다. (대법원 1995. 4. 11. 94도3302)

8. 간호사와 의사 수혈을 담당하는 의사는 혈액형의 일치 여부는 물론 수혈의 완성 여부를 확인하고, 수혈 도중에도 세심하게 환자의 반응을 주시하여 부작용이 있을 경우 필요한 조치를 취할 준비를 갖추는 등의 주의의무가 있다. 간호사로 하여금 의료행위에 관여하게 하는 경우에도 그 의료행위는 의사의 책임하에 이루어지는 것이고 간호사는 그 보조자에 불과하므로, 간호사를 신뢰하여 간호사에게 당해 의료행위를 일임함으로써 간호사의 과오로 환자에게 위해가 발생하였다면 의사는 그에 대한 과실 책임을 면할 수 없다. (대법원 1998. 2. 27. 97도2812 | 같은 취지: 대법원 1990. 5. 22. 90도579; 대법원 1994. 4. 26. 92도3283)

9. 수혈준비의무 산부인과 의사가 산모의 **태반조기박리**에 대한 대응조치로서 응급 제왕절개 수술을 시행하기로 결정하였다면 이러한 경우에는 적어도 제왕절개 수술 시행 결정과 아울러 산모에게 수혈을 할 필요가 있을 것이라고 예상되는 특별한 사정이 있어 미리 혈액을 준비하여야 할 업무상 주의의무가 있다. (대법원 2000. 1. 14. 99도3621)

10. 안전거리 확보의무 앞차를 뒤따라 진행하는 차량의 운전자는 앞차에 의하여 전방의 시야가 가리는 관계상 앞차의 어떠한 돌발적인 운전 또는 사고에 의하여서라도 자기 차량에 연쇄적인 사고가 일어나지 않도록 앞차와의 충분한 안전거리를 유지하고 진로 전방좌우를 잘 살펴 진로의 안전을 확인하면서 진행할 주의의무가 있다. (대법원 2001. 12. 11. 2001도5055)

11. 액화석유가스 판매업자의 주의의무 액화석유가스 판매업자인 피고인은 빌라 관리인으로부터 세입자가 이사를 가는데 가스를 철거해 달라는 요청을 받고도 "본인 것은 달아줄 때만 달아주고 떼어 갈 때는 알아서 떼어간다. 밖에 있는 밸브만 잠그고 안에 있는 본인 것은 알아서 떼어 가면 된다."고 답변하였다. 이에 관리인이 세입자에게 그대로 전달하였고 그 세입자는 밖에 있는 밸브를 잠근 후 가스레인지를 떼어 가면서 자신의 비용으로 설치했던 퓨즈코크까지 떼어 갔다. 이후 다음 세입자가 이사를 와서 보일러를 켜려 하였으나 켜지지 않자 관리인에게 전화를 하였고 밖에 있는 밸브가 잠겨있을 것이라는 설명을 듣고는 그 밸브를 열고 집안으로 들어와 담배를 피우려고 불을 붙이는 순간 가스가 폭발하여 화염화상을 입게 되었다. 이 경우 피고인에게는 액화석유가스에 의한 재해를 방지하기 위한 조치를 강구하여야 할 주의의무를 태만히 한 업무상 과실이 인정된다. (대법원 2006. 5. 12. 2006도819)

12. 조산사의 진료의무 조산사인 피고인은 임신 5개월째에 찾아 온 산모로부터 자연분만을 의뢰받았으며 산모가 제왕절개 방법으로 두 딸을 출산하였을 뿐 자연분만의

경험이 없는데다가 당뇨증상 및 양수과다증상이 있음을 알게 되었다. 이러한 경우 태아가 거대아로 성장할 가능성이 매우 높은데 출산예정일에서 약 2주가 지난 시점에 내원한 乙에 대하여 초음파검사 등을 실시하고서도 태아가 이미 5.2kg의 거대아로 성장한 사실조차 확인하지 못하고, 피해자가 계속 진통을 하면서 자궁경부가 약 3㎝ 가량 열려 분만이 개시되고 있었음에도 태아의 심박동수의 변화 등을 지속적으로 관찰하지도 아니한 채 자연분만을 위하여 피해자를 6시간 정도 대기실에 그대로 놔두었다. 이 과정에서 신생아는 乙의 자궁 내에서 뇌지주막하출혈 및 부분적인 뇌실질내출혈 등 분만 전 저산소성 손상으로 인한 심폐정지로 사망하였다. 이 경우 피고인에게는 신생아 사망에 대한 업무상 과실치사의 책임이 인정된다. (대법원 2007. 6. 29. 선고 2005도3832)

13. 조산사의 진료의뢰 의무 산후조리원에 입소한 신생아가 출생 후 10일 이상이 경과하도록 계속하여 수유량 및 체중이 지나치게 감소하고 잦은 설사 등의 이상증세를 보임에도 불구하고, 이 사실을 산모에게 알려 산모의 지시만 받았을 뿐 의사나 한의사 등의 진찰을 받도록 하지 않아 신생아가 탈수 내지 괴사성 장염으로 사망하였다면 신생아 사망에 대한 업무상 과실치사의 책임이 인정된다. (대법원 2007. 11. 16. 2005도1796)

14. 태안반도 유조선 기름누출 원칙적으로 정박선이 항행선과의 충돌 위험을 회피하기 위하여 먼저 적극적으로 피항조치를 하여야 할 주의의무를 부담하는 것은 아니지만, 이미 충돌 위험이 발생한 상황에서 항행선이 스스로 피항할 수 없는 상태에 처해 있다면 정박선으로서도 충돌 위험을 회피하는 데 요구되는 적절한 피항조치를 하여야 할 주의의무가 인정된다. (대법원 2009. 4. 23. 2008도11921)

15. 가습기 살균제 안전성에 관한 충분한 검증 없이 폴리헥사메틸렌구아니딘의 인산염(PHMG)을 주원료로 하는 가습기 살균제를 출시하여, 이를 사용한 피해자들이 사망 또는 상해에 이르게 하였다면 업무상 과실치사상죄의 책임이 인정된다. (대법원 2018. 1. 25. 2017도12537)

【판례】 업무상 과실이 인정되지 않는 경우 1. 소방감독자의 주의의무 호텔을 경영하는 주식회사에는 대표이사가 따로 있고, 동 회사의 실질적인 책임자로서 업무전반을 총괄하는 전무 밑에 상무, 지배인, 영업부장 등을 따로 두어 각 소관 업무를 분담하여 처리하도록 하고 있다. 피고인은 이 회사의 소방훈련 및 화기사용 또는 취급에 관한 지도감독 등을 하고 있었다. 이 경우 피고인은 호텔종업원의 부주의와 호텔구조상의

결함으로 발생, 확대된 화재에 대한 구체적이고도 직접적인 주의의무는 없다. (대법원 1986. 7. 22. 85도108)

2. 제한표시 신뢰 차높이 제한표지가 설치되어 있는 지점을 통과하는 운전자들은 이러한 제한표지가 본래 충분한 여유를 두고 표시되어야 하는 것이므로, 구조물의 실제 높이와 제한표지상의 높이와의 차이가 전혀 없어졌을 가능성까지 예견하여 차량을 일시 정차시키고 그 충돌 위험성이 있는지의 여부를 확인한 후 운행하여야 할 주의의무는 없다. (대법원 1997. 1. 24. 95도2125)

3. 고속도로상 규칙준수 신뢰 고속도로를 운행하는 자동차의 운전자는 고속도로를 무단횡단하는 보행자가 있을 것까지 예견하여 보행자와의 충돌사고를 예방하기 위하여 급정차 등의 조치를 취할 수 있도록 대비하면서 운전할 주의의무가 없다. (대법원 2000. 9. 5. 2000도2671)

4. 추가적 위험방지조치 현장 안전관리자인 피고인은 비계를 해체하기에 앞서 작업의 편리성을 위해 추락방지망을 제거하고 작업을 진행하였는데 공사도중 근로자가 추락하여 사망하였다. 그러나 피고인이 ① 감독자 지휘하의 작업, ② 비계해체의 시기·범위·절차에 대한 교육, ③ 해체작업 근로자 외 출입제한, ④ 발판설치 및 안전대 사용 등 산업안전보건법의 위임으로 제정된 산업안전기준에 관한 규칙상의 위험예방조치의무를 모두 이행하였다면 주의의무를 위반했다고 볼 수 없다. (대법원 2009. 5. 28. 2008도7030)

5. 강철빔과 라바콘 현장 안전관리자인 피고인은 트럭에 적재된 강철빔을 하역하면서 적재함에서 밖으로 돌출된 강철빔 끝에 묶여진 안전띠가 바닥까지 늘어뜨려져 있고 강철빔이 횡단보도를 침범하지 않은 상태에서 빔의 끝부분 바깥쪽에 라바콘 세 개를 세워두고 차량통행을 위한 신호수만 배치한 상태에서 작업을 진행시켰다. 그 때 횡단보도 보행신호가 얼마 남지 않은 상태에서 급히 달려서 길을 건너던 피해자가 라바콘과 트럭 적재함 사이를 질주하다가 강철빔에 부딪혀 얼굴에 폐쇄성 골절상을 입었다. 이 경우 피고인이 법령에서 정하고 있는 안전조치를 이행하지 않았다고 보기 어렵다. (대법원 2014. 4. 10. 2012도11361)

6. 한의사의 주의의무 당뇨병을 앓던 피해자는 다리의 통증을 치료하기 위하여 피고인 운영의 한의원에 내원하였다. 피고인은 피해자의 종아리와 발등에 침을 놓거나 사혈을 하는 등 치료를 하였는데 왼쪽 발의 상태가 심상치 않아 ㅇㅇㅇㅇ병원에 가보라는 권유를 하였다. 그러나 피해자는 곧바로 병원을 찾지 않고 2주 후에 병원에 갔으며 병원에서 상태가 심각하니 입원하라는 권유에도 그대로 귀가했다가 다음 날

입원하여 괴사한 발가락 절제수술을 받았다. 이 경우 당뇨병 환자에게 침을 놓거나 사혈을 하는 것이 의료상 금지되어 있지 않고, 다만 시술 전에 소독을 철저히 하고 너무 강하게 찌르지 않는 등 주의를 기울여야 할 의무는 있다. 피고인이 이와 같은 주의의무를 게을리 하였다고 볼 수 없으며, 괴사의 원인균은 통상 발 부위에서 발견되는 것으로서 피고인이 시술한 위치와 거리가 떨어져 있다는 점 그리고 병원에 가볼 것을 권유하였으나 피해자가 즉시 이에 응하지 않았던 점 등을 고려할 때 피고인의 주의의무 위반으로 상해의 결과가 발생한 것으로 보기 어렵다. (대법원 2014. 7. 24. 2013도16101)

Ⅴ. 중과실 치상 · 치사죄

제268조 (업무상 과실 · 중과실치사상) 업무상 과실 또는 중대한 과실로 사람을 사망이나 상해에 이르게 한 자는 5년 이하의 금고 또는 2천만원 이하의 벌금에 처한다.

중대한 과실로 인하여 사람을 상해 또는 사망하게 하는 행위에 대한 가중처벌 규정이다.

우리가 일상생활을 하면서 지켜야 할 주의의무의 내용에는 여러 가지가 있지만 특히 중요하기 때문에 누구나 항상 지켜야 하는 부분이 있다. 이러한 주의의무는 매우 중요한 것이기 때문에 누구나 웬만하면 지키는 사항이고 그 정도는 지켜야 한다는 것도 잘 알고 있다. 이처럼 조금만 주의하여도 결과 발생을 피할 수 있는 경우가 중과실이다. 이렇게 중요한 사항에 대하여 주의를 기울이지 않게 되면 그 행위에 대해서는 당연히 좀 더 혹독한 반가치 평가가 내려질 수밖에 없다. 나머지 사항은 업무상 과실치상 · 치사의 경우와 동일하다.

【판례】 살인적 안수기도 84세의 여자 노인에게 안수기도를 한다고 눕혀 놓고 큰 소리로 "마귀야 물러가라", "왜 안 나가느냐" 하면서 배와 가슴을 세게 때리고 누르는 행위를 20분 정도 지속한 결과 노인이 사망하였다. 고령의 여자 노인은 약간의 물리력만 가하더라도 골절상이나 타박상을 당할 수 있고 더욱이 배나 가슴 등에 그러한 상처가 생기면 치명적인 결과가 초래될 수 있다. 이는 약간의 주의만 기울이더라도 쉽게 예견할 수 있는 결과이므로 중대한 과실이 있었다고 보아야 한다. (대법원 1997. 4. 22. 97도538)

제 4 절 유기와 학대의 죄

Ⅰ. 개 관

유기죄의 보호법익은 **생명 · 신체의 안전**이다. 따라서 보호법익에 대한 위험의 유형도 생명에 대한 위험과 신체에 대한 위험의 두 가지로 분류된다. 신체에 대한 위험에 대해서는 상해의 결과가 발생되지 않을 정도(폭행 정도)의 경미한 위험도 포함되어야 하는지가 문제된다.

유기는 생명 · 신체의 안전이 실질적으로 침해되어야 처벌하는 범죄가 아니므로, 문제되는 행위가 가지는 불법의 정도는 나타난 결과가 아니라 행위의 속성 자체를 가지고 판단해야 한다.

예를 들어 치매에 걸린 직계존속을 버리고 도망했다고 할 경우에 그 불법의 정도는 어느 상황에서 어떠한 장소에 유기했는가에 따라 결정될 것이다. 한 겨울에 산 속에 버려두고 온 경우, 한적한 길가에 버려두고 온 경우, 고속도로 휴게소에 두고 온 경우, 지하철 승강장에 두고 간 경우, 종합병원 로비에 두고 도망간 경우 등 어떠한 상황이었는가에 따라 불법의 정도가 달라진다. 그 가운데 마지막 경우는 **상해**의 결과가 발생될 가능성이 비교적 적은 사안이다.

이 경우는 신체에 대한 유형력의 행사가 있었던 폭행과 비교해 볼 때 단지 혼자 우두커니 앉아 있게 했다는 정도일 뿐으로, 마치 신체에 대한 유형력을 행사하려다 하지 못한 폭행 미수 정도를 넘지 않은 위험만 발생시킨 경우이다. 그런데 폭행 미수는 처벌대상이 아니므로 폭행 미수가 처벌되지 않는다는 것과 균형을 맞춘다는 의미에서 **상해에 이를 만한 위험**도 없는 유기행위는 처벌대상에서 제외되어야 한다고 본다. 따라서 유기는 폭행 정도의 기초적 수준의 신체적 안온상태 침해 위험을 넘어서는 차원의 위험부터 방지하고자 하는 규정으로 이해되어야 한다.

한편 추상적 위험범인가 구체적 위험범인가에 대하여 견해대립이 있다.

① 추상적 위험범설 (**통설**)

② 구체적 위험범설

유기죄는 일단 그 행위를 하면 그 자체가 생명 · 신체에 대한 위험을 야기한 것으로 간주되어 성립되는 범죄로 보아야 하기 때문에 **추상적 위험범**이고 **거동범**이라고 보는 것이 타당하다.

유기를 구체적 위험범으로 보아야 한다는 견해의 근거는, 예를 들어 부조를 요하는 자를 버리고 그냥 간 것이 아니라 숨어서 누가 구조해 가는지 기다리다가 구조되는 것을 확인하고 간 경우에는 실제로 위험을 발생시키지 않는 행위이기 때문에 처벌할 이유가 없지 않느냐는 것이다. 그러나 이 문제는 유기를 추상적 위험범으로 이해하더라도 해결할 수 있다. 행위자의 행위 자체가 생명 · 신체에 대한 위험을 야기할 정도의 속성을 가지고 있는가를 판단해서 처벌여부를 결정하면 되기 때문이다. 아무도 구조해 주지 않으면 다시 집으로 데리고 갈 생각으로 숨어서 기다린 행위는 생명 · 신체에 대한 위험을 야기하는 속성의 행위가 아니다. 따라서 추상적 위험범으로 보더라도 처벌하지 않는 것이 타당하다.

무엇보다도 형법전상의 모든 구체적 위험범은 법조문에 "…… 위험을 발생하게 한 ……"이라는 명백한 표현을 가지고 있는데 유기죄 규정은 그렇지 않기 때문에 구체적 위험범으로 보기 어렵다.

Ⅱ. 유기의 죄

1. 유기죄

제271조 (유기) ① 나이가 많거나 어림, 질병 그 밖의 사정으로 도움이 필요한 사람을 법률상 또는 계약상 보호할 의무가 있는 자가 유기한 경우에는 3년 이하의 징역 또는 500만원 이하의 벌금에 처한다.

(1) 구성요건

1) 객관적 구성요건

가. 행위주체

유기죄의 행위주체는 "도움이 필요한 사람을 보호할 법률상 또는 계약상 의무 있는 자"이다.

(가) 법령상의 보호의무

부진정 부작위범의 행위주체를 인정하기 위한 근거인, 법령에 의한 작위의무의 경우와 같은 내용이다. 보호의무를 규정하고 있는 법령에는 민법 제913조(친권자의 보호의무), 민법 제826조(부부간의 부양의무), 경찰관직무집행법 제4조(경찰관의 보호조치 의무), 의료법 제15조 제2항(의료인의 구급조치의무), 도로교통법 제54조(운전자 등의 사상자 구호의무) 등이 있다.

【판례】 경찰관의 구호의무 국민의 생명과 신체의 안전을 도모하기 위한 응급의 조치를 강구하여야 할 직무를 가진 경찰관인 피고인으로서는 술에 만취된 피해자가 향토예비군 4명에게 떠메어 운반되어 지서 나무의자 위에 눕혀 놓았을 때 숨을 가쁘게 쿨쿨 내뿜고 자신의 수족과 의사도 자제할 수 없는 상태에 있음에도 불구하고 근 3시간 동안이나 아무런 구호조치를 취하지 아니한 것은 유기죄에 해당된다. (대법원 1972. 6. 27. 72도863)

그런데 형법 총칙에는 “자기의 행위로 인하여 위험발생의 원인을 야기한” 사람은 그 위험에 의하여 구성요건적 결과가 발생되지 않도록 방지할 작위의무를 가진다는 취지의 규정이 있다(제18조). 이는 형법 총칙 규정이 명문으로 법적 보호의무를 부과하고 있는 경우로 해석된다. 따라서 위험발생의 원인을 야기하는 **선행행위**는 법령상의 보호의무를 인정하게 되는 근거에 속하게 된다.

다만 선행행위를 통해 ‘상해의 위험’을 야기한 정도를 넘어 이미 상해의 결과를 발생시킨 경우에는 유기의 단계를 넘어섰으므로 포괄적으로 단일의 상해죄만 성립된다.

【판례】 강간치상 행위와 유기 이 아무개는 피해자를 강간하려고 시도하는 과정에서 상해를 입히고 기절하게 만든 후 피해자를 그대로 놔두고 도망하였다. 이 경우 포괄적으로 단일의 강간치상죄만을 구성하고 별도로 유기죄는 성립되지 않는다. (대법원 1980. 6. 24. 80도726)

한편 민법 제974조는 직계혈족과 그 배우자 사이 그리고 생계를 같이 하는 친족 사이에도 부양의무가 있다고 규정하고 있다. 따라서 이러한 직계혈족 · 배우자 · 친족 관계가 있는 사람 사이에도 서로 보호의무가 있다고 보아야 한다. 이와 같은 보호의무는 사실혼 관계에 있는 배우자 사이에도 존재하는 것으로 보는 것이 타당하다. 이는 보증인적 지위의 경우에도 마찬가지이다.

【판례】 사실혼 관계 부부의 보호의무 법률상 부부는 아니지만 사실혼 관계에 있는 경우에도 형법 제271조 규정의 취지 및 유기죄의 보호법익에 비추어 법률상 보호의무의 존재를 긍정하여야 한다. (대법원 2008. 2. 14. 2007도3952)

(나) 계약상의 보호의무

계약상의 보호의무의 내용은 부진정 부작위범에서의 계약에 의한 작위의무의 경우와 같다.

이렇게 보호의무의 내용을 보증인적 지위의 경우와 비교해 보면 결국 실제적으로는 거의 다를 바가 없다.

(다) 기타 보증인적 지위에 의한 보호의무

보호의무의 인정 근거를 법령 · 계약 이외의 범위로 확장시켜야 하는가에 대하여 견해대립이 있다.

① **긍정설** : 유기죄 규정의 문언의 가능한 해석 범위 안에서 인정범위를 확장하여야 한다는 견해

② **부정설** : 보호의무의 인정범위를 확장할 수 없다는 견해 **(판례)**

③ 부진정 부작위범의 당벌성의 범위 내에서 인정하여야 한다는 견해

④ 부진정 부작위범에서의 보증인 지위와 동일하게 보아야 한다는 견해

결론 제271조는 "법령에 의한 행위 또는 업무로 인한 행위 기타 사회상규에 위배되지 아니하는 행위"라는 식으로 표현된 제20조의 경우와는 다르다. 제20조의 경우에는 "기타"라는 문구가 삽입되어 있기 때문에 앞의 두 가지(법령과 업무)가 예시라는 것이 확실하지만 제271조의 경우에는 "법률상 또는 계약상 보호할 의무"라고 정확하게 한정짓고 있으므로 이를 예시로 보아서는 곤란하다. 보호의무의 인정범위를 확장하지 않는 것이 타당하다.

【판례】 보호의무의 제한적 해석 현행 형법은 유기죄에 있어서 구법과는 달리 보호법익의 범위를 넓힌 반면에 보호책임 없는 자의 유기죄는 없애고 법률상 또는 계약상의 의무 있는 자만을 유기죄의 주체로 규정하고 있어 명문상 사회상규상의 보호책임을 관념할 수 없다고 하겠으니 유기죄의 죄책을 인정하려면 보호책임이 있게 된 경위 사정관계 등을 설시하여 구성요건이 요구하는 법률상 또는 계약상 보호의무를 밝혀야 하고 설혹 동행자가 구조를 요하게 되었다 하여도 일정거리를 동행한 사실만으로는

피고인에게 법률상 계약상의 보호의무가 있다고 할 수 없으니 유기죄의 주체가 될 수 없다. (대법원 1977. 1. 11. 76도3419)

나. 행위객체

유기죄의 행위객체는 "도움이 필요한 사람"이다. 여기서 **도움이 필요한 사람**이란 '타인의 도움 없이는 생명이나 신체의 안전을 유지할 수 없는 사람'을 의미한다. 이러한 상태는 행위객체가 스스로 유발했더라도 상관없고 그 상태가 지속적일 필요도 없다(**통설**).

나이가 많거나 어림은 획일적으로 일정한 나이를 기준으로 판단할 수는 없다. 제271조상의 질병에는 육체적 질병뿐 아니라 정신적 질병도 포함된다.

예를 들어 치매에 걸린 사람의 경우 육체적으로는 별 문제가 없더라도 혼자 있게 할 경우 상당히 위험해 질 수 있다. 제271조의 그 밖의 사정에 해당되는 것은 만취, 마취, 최면, 불구, 분만 상태 등이다.

다. 행 위

유기행위란 '요부조자를 도움을 받을 수 없는 상황 아래로 옮기는 것'을 의미한다.

이러한 유기의 개념은 ① **협의의 유기**(요부조자를 장소적으로 이동시키는 형태의 유기 행위) ② **광의의 유기**(부조의무자가 요부조자를 그대로 방치하고 장소를 떠나는 형태까지 포함하는 유기 행위) 그리고 ③ **최광의의 유기**(보호의무를 이행하지 않는 부작위 형태까지 포함하는 유기 행위) 등 세 가지로 분류가 가능하다. 이처럼 분류는 할 수 있지만 협의나 광의의 유기 개념을 취하는 사람은 없고 분류를 할 실익도 없으므로 굳이 분류를 할 필요 없이 행위 내용에는 별다른 제한이 없다고 보면 될 것이라고 생각한다.

유기는 작위와 부작위 모두에 의해서 가능하다. ① **작위**에 의한 유기는 강제적으로 요부조자를 장소적으로 이동시키는 경우이다. 협박이나 위계에 의한 장소 이동도 이에 포함된다. 이와는 반대로 부조의무자가 요부조자를 그대로 방치하고 장소를 떠남으로써도 가능하다. ② **부작위**에 의한 유기는 요부조자 스스로 위험한 상황으로 가는 것을 방치하는 경우이다. 또한 부조의무자가 어디를 갔다가 요부조자를 보호하기 위해서 돌아와야 할 상황이 되는데도 오지 않는 경우도 부작위에 의한 유기가 된다. 그리고 부조의무자가 요부조자 옆에 있으면서도 아무런 조치도 취하지 않는 경우도 역시 부작위에 의한 유기가 된다.

2) 주관적 구성요건

자신이 보호의무를 가지게 되는 상황과 행위객체가 도움이 필요한 상황임을 인식하고 있어야 한다(대법원 1977. 1. 11. 76도3419; 대법원 1988. 8. 9. 86도225). 이러한 고의는 미필적 형태로 있어도 무방하다.

유기는 추상적 위험범이므로 생명 · 신체에 대한 위험을 발생시킨다는 고의까지는 갖추고 있어야 할 필요가 없다. 단지 자신의 행위가 어떠한 속성의 행위인지만 이해하고 있으면 된다.

유기를 통하여 상해나 사망의 결과를 야기하겠다는 고의를 가지고 있었고 상해나 사망의 결과가 야기되었다면 유기죄 외에 상해죄 또는 살인죄가 동시에 성립된다. 그렇게 되면 유기는 이들 결과를 발생시키기 위해서 거쳐가는 단계에 불과하기 때문에 유기죄 규정은 보충규범으로서 적용이 배제된다.

상해나 사망의 결과를 초래하는 결과적 가중범이 성립되는 경우에도 상해나 사망에 대한 고의 여부와 관계 없이 — 결과에 대하여 적어도 과실만 있으면 — 결과적 가중범 규정만 적용되며 유기죄 규정은 적용될 여지가 없다(같은 취지: 대법원 1980. 6. 24. 80도726).

(2) 위법성

유기 행위가 피해자의 승낙을 근거로 위법성이 배제될 수 있는가에 대해서는 논란이 있다. 유기죄의 보호법익은 생명 · 신체의 안전이므로 원칙적으로 처분은 가능하되 사회상규에 위배되지 않는 범위 내에서만 처분이 허용된다. 따라서 부모나 자식처럼 사회적으로 강력한 보호의무가 지워지고 그 의무를 이행하지 않았을 때 강한 비난이 따르게 되는 요부조자를 유기한 경우에는 피해자의 유효한 승낙이 있더라도 위법성이 배제되기가 힘들 것으로 판단된다.

2. 존속유기죄

> 제271조 (존속유기) ② 자기 또는 배우자의 직계존속에 대하여 제1항(유기)의 죄를 지은 경우에는 10년 이하의 징역 또는 1천500만원 이하의 벌금에 처한다.

직계비속이 직계존속을 유기했다는 이유 때문에 가중처벌하는 규정이다. 직계비속은 원칙적으로 민법 제974조(부양의무) 규정에 따라 직계존속에 대한 보호의무를 부담한다. 그 외에 직계존속과 배우자 등의 개념은 존속살해(제250조 제2항)의 경우와 같다.

3. 중유기 · 중존속유기죄

> 제271조 (중유기 · 중존속유기) ③ 제1항(유기)의 죄를 지어 사람의 생명에 위험을 발생하게 한 경우에는 7년 이하의 징역에 처한다.
> ④ 제2항(존속유기)의 죄를 지어 사람의 생명에 위험을 발생하게 한 경우에는 2년 이상의 유기징역에 처한다.

제271조 제3 · 4항은 유기 또는 존속유기 행위를 통해 피해자의 생명에 대한 위험을 야기한다는 중한 결과를 발생시킴으로써 성립되는 결과적 가중범 규정이다. 현실적으로 위험을 발생시켜야 성립하는 범죄이므로 **결과범**으로서 **구체적 위험범**이다(**통설**). 또한 중대한 결과를 과실로 야기한 경우뿐 아니라 고의로 야기한 경우에도 성립하므로 **부진정 결과적 가중범** 형태로도 저질러질 수 있다.

4. 영아유기죄

> 제272조 (영아유기) 직계존속이 치욕을 은폐하기 위하거나 양육할 수 없음을 예상하거나 특히 참작할 만한 동기로 인하여 영아를 유기한 때에는 2년 이하의 징역 또는 300만원 이하의 벌금에 처한다.

영아살해(제251조)를 감경처벌하는 것과 같은 이유로 형벌을 감해주는 규정이다. 영아유기의 행위주체는 영아살해의 경우와 같다. 그러나 행위객체는 분만 직후의 영아까지로 제한되어 있지 않으므로 일반적으로 타인의 도움을 받지 않으면 생존하기 어려운 젖먹이 아이로 이해된다(**통설**).

영아유기 행위를 일반적인 유기의 경우보다 감경처벌하는 것이 타당한가에 대하여 견해대립이 있다.

① 긍정설

② 부정설

결론 보통의 유기보다 좀 더 특별한 이유를 근거로 형벌을 약간 감해주는 것은 부당한 일이 아니라고 생각한다. 긍정설이 타당하다.

또한 제272조에 대해서 제53조(작량감경)를 적용해도 되는가에 대하여 견해대립이 있다.

① 긍정설

② 부정설

결론 영아살해의 경우와 마찬가지로 적용하지 말아야 할 합당한 이유가 없다고 본다.

5. 유기치사상 · 존속 유기치사상죄

> 제275조 (유기 등 치사상) ① 제271조 내지 제273조의 죄를 범하여 사람을 상해에 이르게 한 때에는 7년 이하의 징역에 처한다. 사망에 이르게 한 때에는 3년 이상의 유기 징역에 처한다.

② 자기 또는 배우자의 직계존속에 대하여 제271조 또는 제273조의 죄를 범하여 상해에 이르게 한 때에는 3년 이상의 유기징역에 처한다. 사망에 이르게 한 때에는 무기 또는 5년 이상의 징역에 처한다.

제271조(유기・존속유기) 또는 제272조(영아유기) 등의 범죄로 인하여 상해 또는 사망의 결과가 발생되었을 경우에 성립되는 **결과적 가중범**이다.

【판례】 유기치사에 해당되는 경우 | 수혈 거부 피고인은 전격성 간염에 걸려 장내출혈 증세까지 생긴 만 11세의 딸을 병원으로 데리고 다니면서 치료를 받게 함에 있어 의사들이 당시의 의료기술상 최선의 치료방법이라고 권유하는 수혈을 자신이 믿는 종교의 교리에 어긋난다는 이유로 완강히 거부하여 피해자로 하여금 의학상의 적정한 치료를 받지 못하도록 하여 그로 인해 피해자가 장내출혈 때문에 실혈사하게 하였다.

그렇다면 이는 결과적으로 요부조자를 위험한 장소에 두고 떠난 것이나 다름이 없다고 할 것이고, 수혈이라도 하지 않으면 사망할 것이라는 위험이 예견 가능한 경우에 아무리 생모라고 할지라도 자신의 종교적 신념이나 후유증 발생의 염려만을 이유로 의사가 하고자 하는 수혈을 거부하여 결과적으로 의학상 필요한 치료도 제대로 받지 못한 채 사망에 이르게 할 수 있는 정당한 권리가 있다고는 할 수 없는 것이며, 그때에 사리를 변식할 지능이 없다고 보아야 마땅할 11세 남짓의 환자 본인이 가사 그 생모와 마찬가지로 수혈을 거부한 일이 있다고 하여도 이것이 피고인의 수혈거부 행위가 위법한 것이라고 판단하는데 어떠한 영향을 미칠만한 사유가 된다고 볼 수는 없다. 피고인의 행위는 유기치사죄에 해당한다. (대법원 1980. 9. 24. 79도1387)

이처럼 수혈을 하여야 하는 상황에서 보호자가 거부한다고 해서 수혈을 하지 않아 환자가 사망하게 되면 해당 의사의 행위도 유기치사에 해당되는가 문제이다. 의료인은 의료법 제15조(진료거부 등의 금지) 제2항에 따라 응급환자에게 최선의 처치를 하여야 할 법적 의무를 가지고 있다. 장내출혈은 간에서 생산되는 혈액응고인자의 생산감소로 인한 현상으로서 응급의료법 제2조 제1호 관련 별표 1의 제1호 마목에서 말하는 "지혈이 안되는 출혈"에 해당한다. 따라서 응급환자이기에 수혈을 하여야 할 법적 의무가 인정된다. 그럼에도 불구하고 보호자가 수혈을 거부한다면 의료기관의 입장에서는 **수혈방해금지 가처분**을 신청하는 수밖에 없으며 실제로 그렇게 조치하고 있다.

Ⅲ. 학대의 죄

학대행위는 유기행위와 한 데 묶여서 형법전 제28장에 규정되어 있기는 하지만 성격상 유기보다는 폭행・상해행위에 더 가깝다는 측면도 있다. 유기는 보호를 해야 할 사람이 그 의무를 이행하지 않는 경우이고, 학대는 적극적으로 가해행위를 하는 경우이기 때문이다. 물론 두 가지 범죄유형 모두 피해자를 보호해 주어야 할 의무를 가진 사람에 의해서 저질러지는 불법이라는 공통점은 있다.

1. 학대죄

제273조 (학대) ① 자기의 보호 또는 감독을 받는 사람을 학대한 자는 2년 이하의 징역 또는 500만원 이하의 벌금에 처한다.

(1) 행위주체

제273조의 행위주체는 보호 또는 감독을 하는 자이다. 행위주체가 보호자 또는 감독자로 제한되므로 진정신분범이다.

1) 보호자

보호자란 '행위객체를 보호하여야 할 의무를 가진 사람'을 말한다. 이러한 보호자로서의 지위는 유기죄의 경우와는 달리 법률과 계약 외에 사무관리・관습・조리를 근거로도 인정되어야 한다(**통설**).

2) 감독자

감독자란 '직무 또는 고용관계로 인해서 지배적 위치에서 감독권한을 갖는 자'를 말한다. 이 경우에 반드시 고용계약이 정식으로 체결되어 있을 필요는 없다. 그러나 감독자가 말 그대로 감독을 하는 입장에 있다는 점은 확실해야 한다. 법적으로는 피고용자라 하더라도 행위자로부터 명령이나 지시를 받을 이유가 전혀 없는 입장에 있는 사람에 대해서는 감독자라고 할 수 없다.

예를 들어 자동차 제조회사(원청업체)가 생산 공정의 일부를 사내 하청업체 소속 근로자에게 작업하도록 맡기는 경우, 이 근로자들은 실질적으로 원청업체 공정관리자의 지휘・감독 아래 놓이게 된다(대법원 2010. 3. 25. 2007두8881). 이렇게 되면 형식적인 근로계약은 하청업체와 하였더라도 감독자는 원청업체의 공정관리자가 된다.

(2) 행위객체

제273조의 행위객체는 행위자의 "보호 또는 감독을 받는 사람"이다.

(3) 행 위

학대의 의미를 어디까지로 이해할 것인가에 대하여 견해대립이 있다.

① 협의설: **육체적 고통**을 가하는 행위로 제한해서 해석하는 견해

② 광의설: **정신적 고통**을 가하는 행위까지 포함시키는 견해 (**통설 | 판례**)

결론 문제는 폭행(상해)과 어떻게 구별되는가 하는 점이다. 학대가 폭행과 구별되어야 하는 개념일지라도 폭행과 전혀 별개의 개념이라고 할 수는 없다. 학대는 보호해 주어야 할 사람을 보호해 주지 않는 정도가 아니라 적극적으로 해코지를 한다는 측면을 가지고 있기 때문에 유기의 경우와는 달리 학대의 경우에는 **폭행** 정도 수준의 행위도 포함시키는 것이 타당하다고 생각한다.

따라서 **학대**는 '피보호・피감독자에게 가해지는 육체적・정신적 고통'으로 해석하는 것이 옳다.

【판례】 학대의 의미 형법 제273조 제1항에서 말하는 "학대"라 함은 육체적으로 고통을 주거나 정신적으로 차별대우를 하는 행위를 가리키고, 이러한 학대행위는 형법의 규정체제상 학대와 유기의 죄가 같은 장에 위치하고 있는 점 등에 비추어 단순히 상대방의 인격에 대한 반인륜적 침해만으로는 부족하고 적어도 **유기**에 준할 정도에 이르러야 한다. (대법원 2000. 4. 25. 2000도223)

2. 존속학대죄

> 제273조 (존속학대) ② 자기 또는 배우자의 직계존속에 대하여 전항의 죄(학대)를 범한 때에는 5년 이하의 징역 또는 700만원 이하의 벌금에 처한다.

직계존속을 학대했다는 이유로 가중처벌 하는 규정이다.

3. 아동혹사죄

> 제274조 (아동혹사) 자기의 보호 또는 감독을 받는 16세 미만의 자를 그 생명 또는 신체에 위험한 업무에 사용할 영업자 또는 종업자에게 인도한 자는 5년 이하의 징역에 처한다. 그 인도를 받은 자도 같다.

(1) 구성요건

1) 행위주체와 행위객체

행위주체는 '16세 미만의 아동을 보호 또는 감독하는 자'이고(진정신분범), **행위객체**는 '행위자의 보호 또는 감독을 받는 16세 미만의 사람'이다. 보호와 감독의 의미는 학대죄의 경우와 같다.

2) 행 위

가. 생명 · 신체에 위험한 업무

여기서 말하는 생명 · 신체에 위험한 업무는 근로기준법 제65조의 유해 · 위험한 사업보다 좁은 개념이다. 조문 내용대로 생명 · 신체에 위험한 업무만으로 제한해서 해석하는 것이 타당하다(**통설**).

나. 인 도

인도란 '현실적으로 신병을 넘겨주는 것'을 말한다. 따라서 단순히 계약만 체결한 경우에는 구성요건이 성립되지 않는다.

(2) 위법성

아동혹사죄는 법익의 주체인 16세 미만의 자가 스스로 위험한 업무에 종사할 것을 승낙하더라도 피해자의 승낙(제24조)을 근거로 위법성이 배제되지 않는다. 16세 미만의 자는 자신이 종사할 업무의 위험성을 제대로 판단할 수 없어서 승낙능력을 갖추고 있지 못하기 때문이다. 이들의 승낙은 유효한 승낙으로 볼 수 없다.

4. 학대치사상 · 존속 학대치사상죄

> 제275조 (유기 등 치사상) ① 제271조 내지 제273조의 죄를 범하여 사람을 상해에 이르게 한 때에는 7년 이하의 징역에 처한다. 사망에 이르게 한 때에는 3년 이상의 유기 징역에 처한다.
> ② 자기 또는 배우자의 직계존속에 대하여 제271조 또는 제273조의 죄를 범하여 상해에 이르게 한 때에는 3년 이상의 유기징역에 처한다. 사망에 이르게 한 때에는 무기 또는 5년 이상의 징역에 처한다.

학대행위로 인하여 상해 또는 사망의 결과를 발생시켰을 경우에 성립되는 **결과적 가중범**이다. 자기 또는 배우자의 **직계존속** 이외의 행위객체에 대하여 중한 결과를 발생시킨 경우에는 한 단계의 가중처벌만 있게 되는 데 비해, 직계존속에 대한 중대한 결과 발생의 경우에는 한 단계 더 가혹한 처벌이 가해진다.

제 2 장 자유를 침해하는 범죄

제 1 절 서 설

Ⅰ. 보호법익

자유를 침해하는 범죄 규정의 보호법익은 **자유**이다. 자유는 생명・신체 다음으로 중요한 법익이다. 그러나 생명・신체가 사람이 하나의 생명체로서 생래적으로 가지고 있는 법익임에 반해, 자유는 사회를 초월해서 원초적으로 존재하는 법익은 아니다. 따라서 자유는 절대적 가치를 지닌 법익이라고 할 수 없으며 상대적인 측면에서 사회적으로 부당하다고 판단되는 침해에 대해서만 보호가 된다.

자유를 침해하는 범죄 규정에 의해서 보호되어야 할 법익은 두 가지 유형으로 분류된다(**판례** | 대법원 2019. 8. 29. 2018도13792 전원합의체).

그 첫 번째는 **의사결정의 자유**이다. 이에 대한 침해는 두 가지 형태로 가능하다. ① 우선 의사결정능력 자체를 마비시키는 방법이 있다. 예를 들면 마취나 최면 등의 방법을 이용하는 것이 이에 해당된다. ② 다음으로는 강압(폭행・협박) 또는 위계에 의해 특정한 의사결정을 끌어내는 방법이 있다. 예를 들면 칼로 위협을 가해서 꼼짝하지 못하도록 하는 것이 이에 속한다.

보호법익의 두 번째 유형은 **의사실행의 자유**(좁은 의미의 행동의 자유)이다. 이에 대한 침해는 자신의 의사에 반하여 특정한 행동을 하도록 강제하는 방법으로 이루어진다. 예를 들면 **체포・감금** 등이 이에 해당된다.

Ⅱ. 자유침해의 수단

1. 폭 행

폭행이란 '신체에 대한 유형력의 행사'를 의미한다. 그리고 이러한 폭행은 그 정도에 따라 ① 반항이 불가능한 폭행(제333조의 강도죄), ② 반항이 현저하게 곤란한 폭행(제297조의 강간죄), ③ 반항이 상당히 곤란한 폭행(제350조의 공갈죄) ④ 반항이 곤란한 폭행(제324조의 강요죄) 등의 단계로 구분된다.

한편 폭행은 강압이 피해자에게 전달되는 유형에 따라 직접적 폭력과 간접적 폭력으로 구별된다. **직접적 폭력**은 피해자의 신체에 대하여 직접적으로 가해지는 폭력을 의미한다. 이에 비해 **간접적 폭력**은 문을 밖에서 잠가 가두는 것처럼 물건을 매개로 한 강압을 의미한다.

2. 협 박

협박이란 '시키는 대로 하지 않을 경우 가해질 해악의 고지'를 의미한다. 협박의 등급도 폭행의 경우와 마찬가지로 분류하면 될 것이다.

폭행과 협박의 차이점은 무엇보다도 폭행은 해악이 현존하는 경우이고 협박은 해악이 단지 예고되고 있는 상태일 뿐이라는 점이다. 즉 현존하는 해악과 예고된 해악의 차이인 셈이다.

3. 위 계

위계(僞計)란 '상대방으로 하여금 착오를 유발하게 하는 행위'를 의미한다.

예를 들면 도박업소의 실태를 취재하기 위해서 기자가 자신이 고객이라고 속이고 업장주인으로부터 출입을 허락 받는 것이 이에 해당된다.

제 2 절 체포와 감금의 죄

Ⅰ. 개 관

1. 보호법익과 보호의 정도

체포·감금죄의 보호법익은 **신체활동의 자유**이다. 여기서 신체활동의 자유가 구체적으로 무엇을 의미하는가에 대하여 견해대립이 있다.

① 잠재적 신체활동의 자유설(**통설**)

② 현실적 신체활동의 자유설

두 견해의 실질적인 차이는 피해자가 신체활동의 자유를 침해당하고 있음을 전혀 눈치 채지 못한 경우를 어떻게 처리할 것인가 하는 부분에서 나타난다.

예를 들어 누군가 술에 곯아 떨어져서 정신없이 자고 있는 사이에 밖에서 방문을 걸어 잠갔다가 그가 깨어나기 전에 열어 준 경우를 감금행위로 볼 것인가 하는 문제이다.

이 경우 잠재적 신체활동의 자유는 침해되었지만 현실적 신체활동의 자유는 방해받은 일이 없으므로, 잠재적 신체활동의 자유를 보호법익으로 보는 견해에 의하면 감금죄가 성립되는 것이고, 현실적 신체활동의 자유를 보호법익으로 보는 견해에 의하면 처벌할 필요가 없다는 결론이 내려지는 것이다.

[결론] 이 문제는 피해자가 자유박탈 사실을 인식하여야 체포·감금이 성립되는가 하는 점과 연결되어 있다. 예를 들어 기절해 있는 피해자의 손발을 끈으로 묶고 입을 테이프로 막은 후 자동차 트렁크에 싣고 멀리 갔는데 피해자가 깨어나기도 전에 질식사 하였다면 체포·감금에 해당한다고 보아야 하는가의 문제이다. 피해자가 인식할 수 없는 상태라고 하더라도 이와 같은 유형의 행위를 체포·감금이 아니라고 하기는 어려울 것으로 생각된다. **잠재적 신체활동**의 자유설이 타당하다.

보호의 정도에 대해서도 견해대립이 있다.

① 침해범설(**통설**)

② 추상적 위험범설

[결론] 예를 들어 수갑을 채워 신체활동의 자유를 침해한다고 할 경우에 수갑을 채우는 행위와 연결되는 별도의 결과가 발생되어야만 본죄가 성립된다고 보기 어렵다. **추상적 위험범설**이 타당하다.

2. 구성요건체계

기본 구성요건은 제276조 제1항의 체포·감금죄이다. 이 기본 구성요건에 대하여 피해자와 가해자 사이의 특수한 관계 때문에 가중처벌하는 존속체포·감금(제276조 제2항), 행위자가 인신구속에 관한 직무를 행하는 자이기 때문에 가중처벌하는 불법체포·감금(제124조), 행위내용이 불법의 정도가 더 심해서 가중처벌하는 중체포·감금(제277조 제1항), 행위내용이 불법의 정도가 심한데다가 피해자와 가해자 사이에 특수한 관계까지 있어서 더욱 가중처벌하는 존속 중체포·감금(제277조 제2항), 범행 방법이 특히 위험하기 때문에 가중처벌하는 특수체포·감금(제278조) 그리고 상습성 때문에 가중처벌하는 상습체포·감금(제279조) 등의 **가중 구성요건**이 있다.

또한 체포·감금을 한 것으로 끝나지 않고 상해나 사망이라는 중대한 결과를 발생시켰기 때문에 가중처벌하는 **결과적 가중범** 규정으로 체포·감금치사상(제281조)이 있다.

특가법 제5조의9 제3항은 자기 또는 타인의 형사사건과 관련해서 고소·고발을 했거나 증거제출·증언 등을 한 데 대한 **보복**으로 체포·감금한 경우 가중처벌하는 규정을 두고 있다.

Ⅱ. 체포 · 감금죄

> 제276조 (체포 · 감금) ① 사람을 체포 또는 감금한 자는 5년 이하의 징역 또는 700만원 이하의 벌금에 처한다.
>
> 제280조 (미수범) 전4조의 미수범은 처벌한다.
>
> 제282조 (자격정지의 병과) 본 장의 죄에는 10년 이하의 자격정지를 병과할 수 있다.

1. 구성요건

(1) 행위객체

본죄의 **행위객체**는 '다른 사람'이다. 문제는 이동할 의사를 형성할 상태가 아닌 사람(예: 잠자는 사람, 명정상태에 있는 사람, 최면상태에 있는 사람 등)이나 스스로 이동할 능력이 없는 사람(유아 등)도 행위객체에 포함할 것인가 하는 점이다. 다음과 같이 견해대립이 있다.

① **최광의설**: 스스로 장소적 이동을 할 능력이 없는 유아를 포함한 모든 사람을 다 행위객체로 보는 견해 (**판례**).

영아도 부모 등 다른 사람을 통해 장소적 이동을 할 수 있다는 점을 근거로 들고 있다.

② **광의설**: 이동할 의사를 형성할 가능성을 잠재적으로라도 가진 사람은 모두가 행위객체가 된다고 보는 견해 (**다수설**)

이 견해는 잠자는 사람, 술에 만취하여 자는 사람, 정신병자 등을 모두 행위객체에 포함시킨다. 다만 스스로 장소적 이동을 할 능력이 없는 유아는 행위객체에서 제외시킨다.

이 학설의 논거는 체포 · 감금죄의 보호법익이 현실적 장소이동의 자유가 아니라 잠재적 장소이동의 자유라는 것이다. 따라서 실제로 장소이동을 방해받았는가는 판단할 필요가 없고, 당사자가 만약 장소이동을 하려고 했다면 그것이 방해될 상태이었는가의 여부에 따라 감금죄의 성립을 따지게 된다.

③ **협의설**: 현실적으로 이동할 의사를 형성할 상태가 아닌 사람은 행위객체에서 제외시켜야 한다는 견해

이 학설은 잠자는 사람이나 술에 곯아떨어진 사람과 같은 경우에는 밖에서 문을 잠가 놓더라도 그 상태에서는 밖으로 나가고자 할 일이 없는 것이고, 따라서 실질적으로는 밖으로 나가는 것을 전혀 방해받지 않는 경우이므로 장소이동의 자유를 침해하는 것으로 볼 수 없다는 점을 근거로 하고 있다.

결론 실신해서 장소적 이동을 하겠다는 의사결정을 하는 것이 불가능한 사람을 꽁꽁 묶어서 차량 화물칸에 가두어 두는 행위를 체포·감금이 아니라고 하기는 곤란하다고 생각한다. 또한 제276조 자체가 행위객체를 그저 '사람'이라고만 하고 있으므로 굳이 행위객체를 제한할 이유는 없다고 본다.

【판례】 정신병자와 감금 피고인은 정신병자인 피해자가 4일가량 물조차 제대로 마시지 못하고 잠도 자지 아니하여 거의 탈진 상태에 이르렀는데 그 피해자의 손과 발을 17시간 이상 묶어 두고 좁은 차량 속에서 움직이지 못하게 감금한 결과 묶인 부위의 혈액 순환에 장애가 발생하여 혈전이 형성되고 그 혈전이 폐동맥을 막아 사망에 이르게 하였다. 이 경우 피고인에게 사망의 결과에 대한 예견가능성이 없었다고 할 수도 없을 것이며, 정신병자라고 해서 감금죄의 객체가 될 수 없다고 볼 수도 없다. (대법원 2002. 10. 11. 2002도4315)

(2) 행위

본죄의 행위는 체포와 감금이다. 두 가지 모두 신체활동의 자유를 침해한다는 점에서는 마찬가지이다. 다만 차이가 있는 것은 체포의 경우에는 신체의 움직임 자체를 제한하는 것이고 감금은 장소적 이동을 제한하는 것이라는 점에 있다. 다만 두 가지 모두 한 조항에 규정되어 있고 형량이 다른 것도 아니므로 구별의 실익은 없다.

1) 신체활동의 자유 침해 (체포)

체포란 '신체적 움직임의 자유를 박탈하는 것'을 말한다. 그 방법에는 제한이 없다. 밧줄로 손을 묶거나, 팔을 꽉 잡고 놔주지 않는다거나, 칼로 위협해서 손을 든 채로 움직이지 못하게 하는 등 어떠한 방식으로든 신체적 움직임의 자유를 빼앗으면 체포가 된다.

2) 장소이동의 자유 침해 (감금)

감금이란 '일정한 장소에서 밖으로 나가지 못하도록 가두는 것'을 의미한다(대법원 1984. 5. 15. 84도 655; 대법원 1985. 10. 8. 84도2424). 감금되어 있는 장소 내에서는 왔다 갔다 할 수 있으므로 신체활동의 자유를 완벽하게 박탈하는 것은 아니고 장소적 이동의 자유를 빼앗는 것이다(대법원 1984. 5. 15. 84도655; 대법원 1991. 12. 30. 91모5; 대법원 1994. 3. 16. 94모2). 가택연금처럼 집이라는 상대적으로 넓은 공간에서 밖으로 나가지 못하게 하는 것도 감금에 해당된다.

차에 태워서 강제로 데리고 가는 것처럼 일정한 장소에서 밖으로 나가지 못하게 하지만 그 장소 자체는 계속 이동하는 경우도 감금으로 보아야 한다.

【판례】 감금의 유형　1. 피고인은 피해자(당시 만 10세)를 유인한 다음 피고인이 운전하는 화물차에 태우고 다니면서, 피해자에게 "네가 집에 돌아가면 경찰이 붙잡아 소년원에 보낸다"라고 위협하였다. 혼자서는 생활할 능력이 없는 어린이인 피해자가 이 말을 듣고 겁을 먹은 나머지 부모에게 돌아갈 생각을 하지 못하고 어쩔 수 없이, 화물차 운전기사인 피고인이 강원도, 대구, 부산 등지로 운행할 때에는 피고인을 따라 화물차에 타고 다니고, 피고인의 셋방에 돌아와 있을 때에는 피고인과 함께 그 곳에 기거하였다면, 피고인은 피해자를 위 화물차와 피고인의 셋방에 감금한 것이라고 할 수 있다. (대법원 1998. 5. 26. 98도1036)

2. 피고인이 피해자를 승용차에 강제로 태운 뒤 운전하여 가자 겁에 질린 피해자가 차에서 뛰어 내리다가 상해를 입었다면 감금 및 감금치상죄가 성립된다. (대법원 2000. 5. 26. 2000도440)

그러나 예를 들어 경찰이 집회를 방지한다는 명목으로 학교 정문을 막고 출입을 통제하는 것처럼 일정한 장소에 들어가지 못하게 하거나, 계엄군이 진주하면서 학교 시설 내의 모든 학생을 학교 밖으로 내모는 것과 같은 행위는 장소적 이동의 자유를 침해하는 것이기는 하지만 감금이라고는 할 수 없다. 이들 행위는 강요(제324조)에 해당될 뿐이다.

감금의 방법은 제한이 없다. 폭행 · 협박 · 위계 어느 것을 사용하더라도 무방하다. 목욕하는 여성의 옷을 감추는 것과 같은 방법은 물론 심리적, 무형적 방법을 사용하는 경우도 포함된다. 또 작위에 의해서만 가능한 것이 아니라 부작위에 의해서도 감금이 성립될 수 있다. 예를 들어 석방될 날짜가 된 재소자를 교도관이 내보내 주지 않으면 감금죄가 성립된다.

【판례】 무형적 방법에 의한 감금 1. 감금죄에 있어서의 감금행위는 사람으로 하여금 일정한 장소 밖으로 나가지 못하도록 하여 신체의 자유를 제한하는 행위를 가리키는 것이고, 그 방법은 반드시 물리적, 유형적 장애를 사용하는 경우뿐만 아니라 심리적, 무형적 장애에 의하는 경우도 포함되는 것인바, 설사 피해자가 경찰서 안에서 직장동료인 피의자들과 같이 식사도 하고 사무실 안팎을 내왕하였다 하여도 피해자를 **경찰서** 밖으로 나가지 못하도록 그 신체의 자유를 제한하는 유형, 무형의 억압이 있었다면 이는 감금행위에 해당한다. (대법원 1991. 12. 30. 91모5)

2. 감금행위의 방법에는 반드시 물리적, 유형적 장애를 사용하는 경우뿐만 아니라 심리적, 무형적 장애에 의하는 경우도 포함되는 것이므로, 설사 그 장소가 경찰서 내 대기실로서 일반인과 면회인 및 경찰관이 수시로 출입하는 곳이고 여닫이문만 열면 나갈 수 있도록 된 구조라 하여도 **경찰서** 밖으로 나가지 못하도록 그 신체의 자유를 제한하는 유형, 무형의 억압이 있었다면 이는 감금에 해당한다. (대법원 1997. 6. 13. 97도877)

3) 시간적 계속성

체포·감금은 **계속범**으로서 침해가 어느 정도 시간적으로 계속되어야 성립된다. 상대방의 팔을 잠깐 잡았다가 놓았다던가, 방문을 밖에서 잠갔다가 바로 다시 열었다던가 하는 경우는 체포·감금에 해당된다고 할 수 없다.

4) 피해자의 인식

체포·감금의 기수시기에 대해서는 견해가 대립된다.

① **피해자 인식 필요설** : 신체활동의 자유가 현실적으로 침해되어야 기수에 도달했다고 할 수 있는 것이므로, 피해자가 자유박탈 사실을 인식하는 시점에 기수가 된다고 하는 견해

② **피해자 인식 불요설** : 잠재적 신체활동의 자유를 보호법익으로 보고 피해자의 인식 여부와 관계없이 잠재적 신체활동의 자유가 침해되기만 하면

기수가 된다는 견해

결론 체포·감금죄는 잠재적 신체활동의 자유만 침해되면 성립되는 것이므로, 실신하여 상황 인식이 불가능한 사람과 같은 경우에도 체포·감금이 가능하다고 보는 것이 타당하다.

2. 위법성

체포·감금행위의 위법성은 법적 절차를 준수한 수사상의 강제조치나 형벌의 집행 등 정당행위를 근거로 배제되는 경우가 많다.

【판례】 정당행위가 인정되는 경우 **1. 정신병자**의 어머니의 의뢰 및 승낙하에 그 감호를 위하여 그 보호실 문을 야간에 한해서 3일간 시정하여 출입을 못하게 한 감금행위는 그 병자의 신체의 안정과 보호를 위하여 사회통념상 부득이 한 조처로서 수긍될 수 있는 것이면, 위법성이 없다. (대법원 1980. 2. 12. 79도1349)

2. 수용시설에 수용중인 부랑인들의 야간도주를 방지하기 위하여 그 취침시간 중 출입문을 안에서 시정조치한 행위는 형법 제20조의 정당행위에 해당되어 위법성이 조각된다. (대법원 1988. 11. 8. 88도1580)

3. 정신의학과 전문의인 피고인 甲은 피해자 P의 자녀들이 P를 승용차에 강제로 태워 병원에 왔는데 P의 과거력이나 다른 증상를 알아보려고 대화를 시도하였으나 몹시 흥분하여 소리만 지르는 P와 대화가 불가능하자 자녀들의 설명만 듣고 입원동의서에 '망상장애, 정신과적 문제 등으로 입원치료 요함'이라고 기재한 다음 입원결정을 하였다. 이 경우 특별한 사정이 없는 한 甲에게 감금죄의 고의를 인정할 수 없다. (대법원 2015. 10. 29. 2015도8429)

그 밖에도 정당방위(공격자를 피해 방 밖으로 나와 방문을 잠그는 경우)나 자구행위 등을 근거로 위법성이 배제될 수 있다.

【판례】 위법성이 조각되지 않는 경우 회사의 관리사원인 피고인들이 해고에 항의하는 농성을 제지하기 위하여 그 주동자라고 생각되는 해고근로자들을 다른 근로자와 분산시켜 귀가시키거나 경찰에 고발·인계할 목적으로 봉고차에 강제로 태운 다음 그곳에서 내리지 못하게 하여 감금행위를 하였다면, 이를 정당한 업무행위라거나 사회상규에 위배되지 않는 정당한 행위라고 보기는 어렵고 또 현재의 부당한 침해를 방위하기

위하여 상당성이 인정되는 정당방위 행위라고 볼 수도 없다. (대법원 1989. 12. 12. 89도875)

체포・감금의 경우 피해자의 승낙은 위법성을 배제하는 것이 아니라 구성요건 성립을 배제하는 **양해**가 된다.

3. 죄 수

체포・감금의 수단으로는 일반적으로 폭행 또는 협박이 이용된다. 따라서 이러한 경우에 폭행죄와 협박죄도 동시에 성립되지만 보충규범이므로 그 적용이 배제된다.

【판례】 감금 수단으로서의 협박 감금을 하기 위한 수단으로서 행사된 단순한 협박행위는 감금죄에 흡수되어 따로 협박죄를 구성하지 아니한다. (대법원 1982. 6. 22. 82도705)

반대로 사람의 목을 졸라서 죽이거나 강제로 채혈하기 위해서 몸과 팔을 붙잡는 경우에는 체포행위가 살인이나 상해행위에 수반되는 행위(불가벌적 수반행위)로서 별도로 처벌되지 않는다.

또한 사람을 감금한 상태에서 강도・강간・폭행・상해 등의 행위를 하게 되면, 감금이 지속된 전 기간에 걸쳐 감금죄는 하나가 성립되고 이들 범죄행위는 각각 행위의 수만큼 범죄가 성립되어 감금죄와 실체적 경합관계가 됨이 분명하다.

【판례】 감금과 강도・강간 등 감금행위가 단순히 강도상해 범행의 수단이 되는 데 그치지 아니하고 강도상해의 범행이 끝난 뒤에도 계속된 경우에는 감금죄와 강도상해죄는 실체적 경합 관계에 있다. (대법원 2003. 1. 10. 2002도4380)

한편 감금이 강간의 수단이 된 경우에 대해서는 견해대립이 있다.

① 실체적 경합관계로 보는 견해 (**판례**)

② 상상적 경합관계로 보는 견해 (**다수설**)

강도나 강간 등의 행위를 할 때 일반적으로 체포행위는 동시에 수반되지만 감금행위는 당연히 이들 범죄에 동반되는 것이라고 할 수 없으므로 일단 감금을 불가벌적 수반행위로 보기는 곤란하다. 강도나 강간 등의 범죄와 감금죄는 각각 별개의 범죄로 성립된다고 보는 것이 합당하다. 그리고 감금이 지속되는 중에 별도의 범죄가 이루어진 경우에는 행위가 중복되는 측면이 있기는 하지만, 여러 개의 행위에 의한 여러 개의 범죄이므로 **실체적 경합**으로 보는 것이 타당하다. **판례**의 입장도 같은 것으로 보인다.

【판례】 강도 · 강간의 수단인 감금 감금행위가 강간죄나 강도죄의 수단이 된 경우, 감금죄는 강간죄나 강도죄에 흡수되지 아니하고 별죄를 구성한다. (대법원 1997. 1. 21. 96도2715 | 같은 취지: 대법원 1983. 4. 26. 83도323; 대법원 1984. 8. 21. 84도1550)

미성년자를 유인한 자가 유인이 기수에 이른 후에 계속해서 피해자를 감금해두는 경우에도 미성년자유인죄 이외에 감금죄가 별도로 성립하고 실체적 경합이 된다(대법원 1961. 9. 21. 61도455; 대법원 1998. 5. 26. 98도1036).

Ⅲ. 존속체포 · 감금죄

제276조 (존속체포 · 감금) ② 자기 또는 배우자의 직계존속에 대하여 제1항(체포 · 감금)의 죄를 범한 때에는 10년 이하의 징역 또는 1천500만원 이하의 벌금에 처한다.

제280조 (미수범) 전4조의 미수범은 처벌한다.

제282조 (자격정지의 병과) 본 장의 죄에는 10년 이하의 자격정지를 병과할 수 있다.

존속체포 · 감금은 기본 구성요건인 제276조 제1항의 체포 · 감금에 대한 가중 구성요건이다. 직계비속이 **직계존속**에게 체포 · 감금행위를 했다는 이유 때문에 가중처벌하는 규정이다.

Ⅳ. 불법체포 · 감금죄

제124조 (불법체포, 불법감금) ① 재판, 검찰, 경찰 기타 인신구속에 관한 직무를 행하는 자 또는 이를 보조하는 자가 그 직권을 남용하여 사람을 체포 또는 감금한 때에는 7년 이하의 징역과 10년 이하의 자격정지에 처한다.
② 전항의 미수범은 처벌한다.

1. 의 의

구속영장 집행 · 체포 등을 비롯한 인신구속에 관한 직무를 행하는 자가 적법절차를 준수하지 않고 임의로 체포 · 감금행위를 하는 것을 효과적으로 방지하기 위하여 만들어 둔 가중처벌 규정이다.

본죄를 체포 · 감금죄와 무관한 별개의 독립적인 범죄로 보는 견해도 있다. 비록 형법전의 체계상으로는 제7장 공무원의 직무에 관한 죄에 포함되어 있지만, 체포 · 감금행위는 인신구속에 관한 직무를 행하는 자가 아니더라도 범할 수 있으나, 이들 신분을 가진 자가 이 범죄행위를 할 때에는 가중처벌되는 **부진정 신분범**으로서 기본 구성요건인 제276조 제1항(체포 · 감금)에 대한 가중 구성요건으로 이해하는 것이 합리적이라고 생각한다 (**다수설**).

2. 구성요건

(1) 행위주체

행위주체는 폭행의 죄 부분에서 설명한 폭행 · 가혹행위(제125조)의 경우와 동일하다.

(2) 행 위

1) 직권남용

직권남용이란 '자신의 직무권한 내의 업무를 수행하면서 내용면에서 위법한 조치를 취하는 경우'를 의미한다. 따라서 처음부터 자신의 직무권한 밖의 행위를 한 경우에는 직권남용이 되지 않는다(**통설**). 예를 들어 그 사람에 대하여 체포권한이 없는 교도관이 긴급체포하는 행위는 직권남용이 되지 않는다.

【판례】 보호실 유치 형사소송법이나 경찰관직무집행법 등의 법률에 정하여진 구금 또는 보호유치 요건에 의하지 아니하고는 즉결심판 피의자라는 사유만으로 피의자를 구금, 유치할 수 있는 아무런 법률상 근거가 없다. 또 경찰 업무상 그러한 관행이나 지침이 있었다 하더라도 그것을 근거로 원칙적으로 금지되어 있는 인신구속을 행할 수는 없다. 따라서 즉결심판 피의자의 정당한 귀가요청을 거절한 채 다음날 즉결심판법정이 열릴 때까지 피의자를 경찰서 보호실에 강제유치 시키려고 함으로써 피의자를 경찰서 내 즉결피의자 대기실에 10~20분 동안 있게 한 행위는 불법감금죄에 해당한다. (대법원 1997. 6. 13. 97도877 | 같은 취지: 대법원 1971. 3. 9. 70도2406; 대법원 1985. 7. 29. 85모16)

【판례】 진술조서 허위작성에 의한 구속 감금죄는 간접정범의 형태로도 행해질 수 있는 것이므로 피고인인 경찰관이 피해자를 구속하기 위해 진술조서 등을 허위로 작성한 후 이를 기록에 첨부해 구속영장을 신청하고, 진술조서 등이 허위로 작성된 정을 모르는 검사와 영장전담판사를 기망해 구속영장을 발부받은 후 그 영장에 의해 피해자를 구금했다면 형법 제124조 제1항의 직권남용감금죄가 성립한다. (대법원 2006. 5. 25. 2003도3945)

2) 체포 · 감금

체포 · 감금의 의미는 기본 구성요건의 경우와 같다.

Ⅴ. 중체포·감금죄와 존속 중체포·감금죄

제277조 (중체포·감금, 존속중체포·감금) ① 사람을 체포 또는 감금하여 가혹한 행위를 가한 자는 7년 이하의 징역에 처한다.
② 자기 또는 배우자의 직계존속에 대하여 전항의 죄를 범한 때에는 2년 이상의 유기징역에 처한다.

제280조 (미수범) 전4조의 미수범은 처벌한다.
제282조 (자격정지의 병과) 본 장의 죄에는 10년 이하의 자격정지를 병과할 수 있다.

중체포·감금죄는 체포·감금 외에 가혹한 행위를 했다는 불법이 더해져서 가중처벌하는 경우로서 결합범이다. 존속 중체포·감금죄는 거기에 덧붙여서 직계비속이 직계존속에게 이러한 행위를 했다는 점까지 더해져 더욱 가중처벌되는 경우이다.

제277조의 '가혹한 행위'는 학대죄(제273조)의 '학대행위'와 유사한 개념이다. 육체적 고통뿐 아니라 정신적 고통을 유발하는 행위도 모두 포함되며, 폭행과는 달리 신체에 대한 유형력 행사가 없더라도 고통이 가해지는 행위라면 가혹한 행위의 범위에 포함된다. 따라서 밥을 굶기거나 잠을 자지 못하게 하는 경우는 물론 가두어 두고 용변을 처리할 수도 없게 하는 것도 가혹행위에 해당된다.

본죄는 체포·감금 행위를 시작할 때 실행의 착수가 있는 것으로 해석된다.

Ⅵ. 특수체포·감금죄

제278조 (특수체포·감금) 단체 또는 다중의 위력을 보이거나 위험한 물건을 휴대하여 전2조(체포·감금, 존속체포·감금, 중체포·감금, 존속중체포·감금)의 죄를 범한 때에는 그 죄에 정한 형의 2분의 1까지 가중한다.

> 제 280 조 (미수범) 전4조의 미수범은 처벌한다.
>
> 제 282 조 (자격정지의 병과) 본 장의 죄에는 10년 이하의 자격정지를 병과할 수 있다.

제278조는 행위방법이 특별히 위험하기 때문에 가중처벌하는 규정이다. 그러나 제278조 위반행위는 대부분 폭처법 제2조, 제3조에 해당하므로 사실상 적용의 여지가 없다.

Ⅷ. 상습체포·감금죄

> 제 279 조 (상습범) 상습으로 제276조(체포·감금, 존속체포·감금) 또는 제277조(중체포·감금, 존속중체포·감금)의 죄를 범한 때에는 전조(특수체포·감금)의 예에 의한다.
>
> 제 280 조 (미수범) 전4조의 미수범은 처벌한다.
>
> 제 282 조 (자격정지의 병과) 본 장의 죄에는 10년 이하의 자격정지를 병과할 수 있다.

상습적으로 제276조(체포·감금, 존속체포·감금) 또는 제277조(중체포·감금, 존속 중체포·감금)의 범죄행위를 하는 자에 대한 가중처벌 규정이다.

Ⅷ. 체포·감금치사상죄

제281조 (체포·감금 등의 치사상) ①제276조 내지 제280조의 죄를 범하여 사람을 상해에 이르게 한 때에는 1년 이상의 유기징역에 처한다. 사망에 이르게 한 때에는 3년 이상의 유기징역에 처한다.
② 자기 또는 배우자의 직계존속에 대하여 제276조 내지 제280조의 죄를 범하여 상해에 이르게 한 때에는 2년 이상의 유기징역에 처한다. 사망에 이르게 한 때에는 무기 또는 5년 이상의 징역에 처한다.
제282조 (자격정지의 병과) 본 장의 죄에는 10년 이하의 자격정지를 병과할 수 있다.
특가법 제4조의2 (체포·감금 등의 가중처벌) ① 형법 제124조, 제125조에 규정된 죄를 범하여 사람을 상해에 이르게 한 때에는 1년 이상의 유기징역에 처한다.
② 형법 제124조, 125조에 규정된 죄를 범하여 사람을 사망에 이르게 한 때에는 무기 또는 3년 이상의 징역에 처한다.

제281조를 제외한 체포·감금죄(제124조 포함)의 모든 구성요건을 기본범죄로 하는 **결과적 가중범** 규정이다. 자기 또는 배우자의 직계존속에 대하여 중한 결과를 발생시키면 제2항에 따라 더욱 가중처벌된다.

본죄의 기본범죄에는 미수범(제280조)도 포함된다. 중체포·감금(제277조)의 경우 그 범죄행위가 기본범죄로서 성립되고 그 범죄행위로 인하여 상해 또는 사망이라는 결과가 발생한 이상 그 결과가 감금 때문에 야기되었는가 아니면 가혹행위 때문에 야기되었는가 하는 점은 신경 쓸 필요가 없다.

【판례】 감금치사상에 해당하는 경우 1. 가혹행위 피고인이 피해자와 동거하고 있던 아파트에서 피해자가 술집에 다시 나가 일을 하겠다고 한다는 이유로 안방 문에 못질을 하여 밖으로 나갈 수 없게 감금하였다. 그리고 피해자가 술집에 나가기 위하여 준비해 놓은 화장품 등을 창문 밖으로 던져 버리고, 피해자를 때리고 옷을 벗긴 다음 가위

로 모발을 자르는 등 가혹행위를 하였다. 피해자가 이를 피하기 위하여 창문을 통해 밖으로 뛰어내리려 하자 피고인은 2회에 걸쳐 이를 제지하였다. 그러던 중 피고인이 전화를 받기 위하여 거실로 나오는 사이에 피해자가 갑자기 안방 창문을 통하여 알몸으로 아파트 아래 잔디밭에 뛰어내리다가 사망하였다면 피고인의 중감금행위와 피해자의 사망 사이에는 인과관계가 있고, 결과에 대한 예측가능성도 있으므로 중감금치사죄가 성립된다. (대법원 1991. 10. 25. 91도2085)

2. 자동차 감금 승용차로 피해자를 가로막아 승차하게 한 후 피해자의 하차 요구를 무시한 채 당초 목적지가 아닌 다른 장소를 향하여 시속 약 60km 내지 70km의 속도로 진행하여 피해자를 차량에서 내리지 못하게 한 행위는 감금죄에 해당하고, 피해자가 그와 같은 감금상태를 벗어날 목적으로 차량을 빠져 나오려다가 길바닥에 떨어져 상해를 입고 그 결과 사망에 이르렀다면 감금행위와 피해자의 사망 사이에는 상당인과관계가 있다고 할 것이므로 감금치사죄에 해당한다. (대법원 2000. 2. 11. 99도5286)

3. 자동차 감금 피해자를 강제로 승용차에 태운 뒤 운전하여 가자 겁에 질린 피해자가 차에서 뛰어 내리다가 상해를 입은 경우, 감금 및 감금치상죄가 성립한다. (대법원 2000. 5. 26. 2000도440)

4. 자동차 감금 4일 가량 물조차 제대로 마시지 못하고 잠도 자지 아니하여 거의 탈진 상태에 이른 피해자의 손과 발을 17시간 이상 묶어 두고 좁은 차량 속에서 움직이지 못하게 감금한 행위와 묶인 부위의 혈액 순환에 장애가 발생하여 혈전이 형성되고 그 혈전이 폐동맥을 막아 사망에 이르게 된 결과 사이에는 상당인과관계가 인정된다. (대법원 2002. 10. 11. 2002도4315)

본죄가 **부진정 결과적 가중범** 형태로 성립될 수 있는가에 대하여 견해대립이 있다.

① 긍정설

② 부정설

③ 이원설 : 체포·감금치상의 경우는 부진정 결과적 가중범 형태로 성립할 수 있으나, 체포·감금치사의 경우는 진정 결과적 가중범으로 보아야 한다는 견해

결론 체포·감금을 살인 또는 상해의 수단으로 사용하였다면 살인 또는 상해만 성립한다고 보아야 한다. 부정설이 타당하다.

제 3 절 협박의 죄

Ⅰ. 개 관

1. 보호법익과 보호의 정도

협박죄의 보호법익은 **의사결정의 자유**이다. 법익에 대한 보호의 정도에 대해서는 견해대립이 있다.

① **침해범설** : 피협박자가 해악의 고지에 따라 공포심을 갖게 되어야 한다는 견해 **(통설)**

침해범설의 논거는 ① 우선 협박죄에 대하여 미수범 처벌규정이 있다는 점이다. 그러나 미수범 처벌규정이 있는 범죄가 반드시 침해범은 아니다. 현주건조물 방화(제164조 제1항)도 미수범 처벌규정을 가지고 있지만 분명히 추상적 위험범이다. ② 또 다른 논거는 협박을 위험범으로 이해하면 처벌범위가 부당하게 확대된다는 점이다. 그러나 반대로 협박을 침해범으로 이해하는 것이 오히려 처벌범위를 부당하게 축소하는 것이라고 볼 수도 있다.

② **추상적 위험범설** : 공포심을 일으킬 만한 해악을 고지하면 범죄가 성립된다는 견해 (**판례** | 대법원 1991. 5. 10. 90도2102; 대법원 1995. 9. 29. 94도2187; 대법원 1998. 3. 10. 98도70; 대법원 2007. 9. 28. 2007도606 전원합의체)

결론 협박을 당한 사람이 실제로 공포심을 느꼈는지를 판단하는 것은 상당히 어려운 작업일 수 있다. 그 판단이 어려울 경우에는 일반적으로 그 정도라면 공포심을 느낄 상황인지를 근거로 결론을 추정할 수밖에 없게 된다. 결국 협박을 위험범으로 보는 경우와 크게 달라질 바도 없다. 따라서 협박을 **추상적 위험범**으로 파악하는 것이 합당하다고 생각한다.

2. 구성요건체계의 유형

제283조 제1항의 협박이 기본 구성요건이다. 가중 구성요건으로는 직계비속이라는 행위자의 신분 때문에 가중처벌하는 존속협박(제283조 제2항), 행위방법의 위험성으로 인하여 가중처벌하는 특수협박(제284조) 그리고 상습성 때문에 가중처벌하는 상습협박(제285조) 등이 있다.

특가법 제5조의9 제2항은 자기 또는 타인의 형사사건과 관련해서 고소·고발을 했거나 증거제출·증언 등을 한 데 대한 **보복** 또는 **범죄은폐** 등을 목적으로 협박을 한 경우 가중처벌하는 규정을 두고 있다.

Ⅱ. 협박죄

제283조 (협박) ① 사람을 협박한 자는 3년 이하의 징역, 500만원 이하의 벌금, 구류 또는 과료에 처한다.

③ 제1항 및 제2항의 죄는 피해자의 명시한 의사에 반하여 공소를 제기할 수 없다.

제286조 (미수범) 전3조의 미수범은 처벌한다.

1. 구성요건

(1) 객관적 구성요건

1) 행위객체

본죄의 행위객체를 제한하여야 하는가에 대하여 견해대립이 있다.

① 제한 긍정설 : 해악의 고지에 대하여 공포심을 가질 만한 정신능력을 가진 사람으로 제한해야 한다는 입장 **(통설)**

젖먹이, 명정자, 정신병자, 수면 중인 자 등은 제외하여야 한다는 입장이다.

② 제한 부정설

결론 사람은 태어나면서부터 규범의 틀 속으로 들어가는 사회화 과정을 거치게 된다. 이 작업의 주된 내용은 일탈행위를 하는 데 대해서 해악을 가하는 것이다. 그 일이 반드시 말이 통해야만 되는 것은 아니다. 해악을 느끼고 그에 대한 두려움을 가질 수 있으며 그 해악이 자신의 어떠한 행동과 연결된다는 것만 알 수 있으면 협박이라는 기제는 작동된다. 젖먹이라고 해서 다르지 않다. 예를 들어 영아가 젖을 더 이상 먹지 않게 하기 위해서 젖꼭지에 쓴 약을 발라두면 젖을 물었다가 쓴 맛을 보고는 엄마의 젖꼭지는 쓰다는 것을 기억하면서 젖을 그만 빨게 된다. 젖을 빨면 쓴 맛을 보게 하겠다는 협박이 통하는 것이다. 사람이라면 이렇게 누구나 협박을 수용할 수 있는 기본적인 능력을 가지고 있다. 따라서 협박의 행위객체에서 제외시켜야 할 사람이란 존재하지 않는다.

또한 명정상태나 수면상태에 있는 사람에게 협박편지를 보낸다고 해서 협박이 안 되는 것도 아니다. 깨어난 뒤에 해악의 고지를 인식하면 죄가 성립되기 때문이다. 이런 사람을 행위객체에서 제외해야 한다면 연락두절인 사람은 모두 행위객체에서 제외시켜야 할 것이다. **제한부정설**이 타당하다. 현재 협박의 행위객체에 제한을 가하는 **판례**는 찾아볼 수 없다.

이와 같은 논의는 행위객체의 제한과 관련이 있다기보다는 해악의 고지가 이루어지는가에 관련된 문제라고 생각한다. 잠자는 사람, 마취된 사람, 최면에 걸려 있는 사람 등에 대한 해악의 고지나 정신질환이 심해 의사소통이 되지 않는 사람 또는 말을 알아듣지 못하는 유아 등에 대해 말로 해악을 고지하는 것이 협박이 될 수 없는 것은 행위객체에 해당되지 않아서가 아니라 해악의 고지가 전달되지 않기 때문이라고 보는 것이 타당하다.

2) 행 위

협박죄의 행위내용은 협박이다. **협박**이란 '시키는 대로 하지 않을 경우 가해질 해악의 고지'를 의미한다.

가. 요 구

협박죄 성립의 전제가 될 요구의 내용에 특별한 제한은 없다.

요구의 내용이 합법적이어도 무방하다. 다만 요구의 내용과 해악의 내용이 모두 정당하면 위법성이 조각될 뿐이다.

나. 해 악

해악의 내용은 일반적으로 상대방의 **공포심**을 유발할 정도에 이르러야 한다.

공포심이 유발될 정도가 아님에도 상대방이 공포심을 느꼈다면 협박이라고 할 수 없다. 또 협박은 **추상적 위험범**이므로 상대방이 공포심을 느낄 정도의 해악을 고지하기만 하면 성립된다. 상대방이 실제로 공포를 느낀다는 결과가 발생할 필요는 없다(대법원 2007. 9. 28. 2007도606 전원합의체).

상대방이 두려움을 느끼게 만드는 것이라면 어떤 것이든 상관없으므로 해악의 대상은 생명·신체 등에 제한되지 않는다. 생명·신체 이외에도 자유·재산·명예·신용 등 상대방이 소중하게 여길 수 있는 모든 것이 해악의 대상이 될 수 있다.

【판례】 공포심을 유발할 정도의 해악 1. 피고인이 피해자인 누나의 집에서 갑자기 온몸에 연소성이 높은 **고무놀**을 바르고 라이터 불을 켜는 동작을 하면서 이를 말리려는 피해자 등에게 가위, 송곳을 휘두르며 "방에 불을 지르겠다.", "가족 전부를 죽여 버리겠다."고 소리쳤다면 협박에 해당한다. (대법원 1991. 5. 10. 90도2102)

2. 요구를 들어주지 않으면 서류를 세무서로 보내 **세무조사**를 받게 하여 망하게 하겠다고 한 행위는 협박죄에 있어서의 해악의 고지에 해당한다. (대법원 2007. 6. 1. 2006도1125)

3. 경찰관인 피고인이 빌려준 돈을 돌려받지 못해 걱정하고 있는 F를 만나 상황 설명을 듣고 그 자리에서 전화를 걸어 자신이 **정보과 형사**라고 신분을 밝힌 다음 돈을 빨리 안 해 주면 상부에 보고하여 문제를 삼겠다고 하였다면 협박죄에 있어서의 해악의 고지에 해당한다. (대법원 2007. 9. 28. 2007도606 전원합의체)

4. 피고인은 피해자와 말다툼을 하다가 발로 피해자의 배와 가슴 부위를 수회 차 약 2주간의 치료를 요하는 흉부좌상을 가하고, 계속하여 창고에서 **전지가위**를 가져다가 쓰러져 있는 피해자에게 들이대며 "너 오늘 죽여 버리겠다."고 말하여 협박하였다. (대법원 2008. 12. 11. 2008도3656)

5. 피고인은 회사로부터 횡령행위에 대한 책임을 법적으로 추궁당할 지경에 이르자 피해자인 상무이사에게 전화를 하여 자신의 행위를 문제 삼지 말라고 요구하면서, 피해자와 무관한 회사의 **내부비리**를 고발하겠다는 내용의 해악을 고지하였다. 이 경우 피해자와 가해의 대상이 된 법인과의 관계를 볼 때 공포심을 일으킬 만한 것으로서 협박에 해당한다. (대법원 2010. 7. 15. 2010도1017)

6. 피고인은 피해자와 횟집에서 술을 마시던 중 피해자가 모래 채취에 대하여 항의함에 화가 나서, 횟집 주방에 있던 **회칼**을 들고 나와 죽여 버리겠다고 하며 소란을 피웠다. 이는 피고인의 요구에 응하지 않으면 피해자에게 해악을 가할 듯한 위세를 보인 행위로서 협박에 해당한다. (대법원 2011. 1. 27. 2010도14316)

7. 수협조합장인 피고인은 지역사회에 상당한 영향력을 행사하고 있는 사람으로서 수사 중인 경찰관에게 전화를 하여 검찰청과 경찰청 고위간부들과의 친분관계를 과시하면서 수사를 계속하는 경우에는 **인사상 불이익**이 가해질 것이라고 하였다. 이는 객관적으로 보아 상대방으로 하여금 공포심을 느끼게 하기에 충분하여 협박에 해당한다. (대법원 2011. 2. 10. 2010도15986)

8. 사채업자인 피고인은 피해자에게 채무를 변제하지 않으면 그가 숨기고 싶어하는 **과거의 행적**과 사채를 쓴 사실 등을 남편과 시댁에 알리겠다는 내용의 문자메시지를 발송하였다. 이는 피해자에게 공포심을 일으키기에 충분한 것으로서 협박에 해당한다. (대법원 2011. 5. 26. 2011도2412)

9. 술에 취해 과도를 들고 피해자를 쫓아가며 "죽여 버린다."고 소리를 질렀다면 협박에 해당한다. (대법원 2012. 9. 13. 2012도6612)

10. '조·중·동 폐간 국민캠페인'이라는 인터넷 카페의 회원인 피고인들은 조·중·동 광고주들에게 집단적인 항의전화 등을 하여 업무방해죄로 기소되어 공판을 기다리고 있었는데, 공판정 앞에 광고주 회사 소속 직원이 증언을 하기 위해 대기하고 있는 것을 발견하고는 회사에 대해서 다시 **광고중단** 압박을 하겠다는 취지로 '두고보자'고 하며 욕설을 하였다. 이러한 행위는 협박에 해당한다. (대법원 2013. 6. 14. 2009도12055)

협박의 내용이 **합법적**이어도 상관없다. 고소·고발을 하겠다는 것도 자유나 재산에 대한 해악을 내용으로 하는 것이므로 협박이 될 수 있다. 다만 요구의 내용과 해악의 내용이 모두 정당하면 위법성이 조각될 뿐이다.

또한 해악은 피협박자가 아닌 **제3자**에 대한 것이어도 무방하다. 심지어 협박자가 스스로 자해하겠다는 것도 협박이 된다.

【판례】 제3자에 대한 해악으로서 협박이 되는 경우 절도범인 피고인은 경찰관 2명이 자신을 체포하기 위하여 추격해 오자 골목길 내의 사무실로 뛰어 들어가 그곳의 직원을 발견하고 그의 뒤에서 목을 끌어안고 **부엌칼**을 목에 들이댄 채 뒤쫓아 온 경찰관들에게 "들어오지 마라. 들어오면 (이 사람을) 죽여 버리겠다. 문을 닫아라."고 소리침으로써 협박하였다. (대법원 2012. 4. 26. 2012도1225)

【판례】 제3자에 대한 해악으로서 협박이 되지 않는 경우 협박이라 함은 일반적으로 그 상대방이 된 사람으로 하여금 공포심을 일으키기에 충분한 정도의 해악을 고지하는 것으로서 그 해악이 반드시 피해자 본인이 아니라 그 친족 그 밖의 제3자의 법익을 침해하는 것을 내용으로 하더라도 피해자 본인과 제3자가 밀접한 관계에 있어서 그 해악의 내용이 본인에게 공포심을 일으킬 만한 것이라면 협박죄가 성립된다.

그러나 경찰서에 여러 차례 전화를 하여 특정 **정당의 당사**를 폭파하겠다고 말한 경우에는 이로 인하여 그들 경찰관 개인에게 공포심을 일으킬 만큼 그들 경찰관과 그 정당 사이에 밀접한 관계가 있다고 보기 어려워 협박이 성립한다고 할 수 없다. (대법원 2012. 8. 17. 2011도10451)

한편 해악의 내용은 행위자에 의해 **지배 가능**한 것으로 보여야 한다. 따라서 객관적으로 인간의 힘에 의해 좌우될 수 없는 **해악의 고지**는 협박이라고 할 수 없다.

【판례】 행위자가 좌우할 수 없는 해악 1. **조상천도제**를 지내지 아니하면 좋지 않은 일이 생긴다는 취지의 해악의 고지는 길흉화복이나 천재지변의 예고로서 행위자에 의하여 직·간접적으로 좌우될 수 없는 것이고 해악의 발생가능성이 합리적으로 예견될 수 있는 것이 아니므로 협박으로 평가될 수 없다. (대법원 2002. 2. 8. 2000도3245)

2. 피고인의 휴대전화로 112신고센터에 전화를 하여 신고접수를 받은 경찰관에게 "내 휴대폰으로 **대전역**을 폭파시키겠다는 문자메시지를 받았는데 발신자 전화번호는 …이다. 알아봐 달라"고 말한 경우는 해악의 발생이 피고인의 의사에 의해 좌우될 수 있다는 취지가 아니므로 협박으로 볼 수 없다. (대법원 2006. 12. 8. 2006도6155)

협박은 상대방의 의사결정을 강압하는 기능 이상은 필요 없는 것이므로, 해악의 내용이 실제로는 행위자의 입장에서 **실현 불가능**한 것이어도 괜찮다.

예를 들어 요구를 들어주지 않으면 청와대를 통해서 회사를 망하게 하겠다고 협박하였는데 사실은 청와대를 동원할 능력이 없더라도 상대방에게 그렇게 믿도록 하였다면 협박이 성립되는 데 지장 없다. 또한 해악의 내용이 실현될 가능성이 진짜로 존재할 필요도 없다. 갖고 있지도 않은 불륜의 증거를 공개하겠다고 하며 위협하는 것도 협박이 된다.

다. 고 지

협박이 성립되기 위해서는 요구대로 하지 않을 경우 해악이 가해질 것이라는 취지의 표현을 행위자가 하고, 그 내용이 피협박자에게 **전달**되어야 한다.

따라서 잠자는 사람, 마취된 사람, 최면에 걸려 있는 사람, 정신질환이 심해 의사소통이 되지 않는 사람 등에 대해 해악을 고지하는 것은 협박이 될 수 없다. 또 협박을 했는데 상대방이 알아듣지를 못하거나 협박편지를 보냈는데 편지가 도달하지 않는 경우에도 협박이 성립되지 않는다. 상대방이 협박의 내용을 인식하여야 죄가 성립되는 것이다(대법원 2006. 12. 8. 2006도6155).

해악을 고지하는 **방법**에는 제한이 없다. 언어·문자·거동 어느 것에 의하든 상관없으며 묵시적인 방법으로도 가능하다.

【판례】 말없는 협박 피고인은 피해자와 사소한 문제로 시비하다가 피해자가 자기 집으로 돌아가자 그를 따라서 그 집 마당까지 가서 그곳에서 소지 중이던 **가위**를 목에 겨누면서 찌를 것처럼 하였다. 협박죄에 있어서의 해악을 가할 것을 고지하는 행위는 통상 언어에 의하는 것이나 경우에 따라서는 한마디 말도 없이 거동에 의하여서도 고지할 수 있는 것이므로 피고인의 행위는 협박에 해당한다. (대법원 1975. 10. 7. 74도2727)

(2) 주관적 구성요건

상대방이 해악에 대한 공포를 느껴 특정 방향의 의사결정을 하도록 강압하겠다는 의지를 가지고 있어야 한다. 시키는 대로 하지 않을 경우에 실제로 해악의 내용을 실행하겠다는 생각은 가지고 있지 않아도 된다 (같은 취지: 대법원 1991. 5. 10. 90도2102. 반대 견해: 대법원 1972. 8. 29. 72도1565).

【판례】 고의가 인정되는 경우 피고인이 피해자인 누나의 집에서 갑자기 온 몸에 연소성이 높은 **고무놀**을 바르고 라이타 불을 켜는 동작을 하면서 이를 말리려는 피해자 등에게 가위, 송곳을 휘두르면서 "방에 불을 지르겠다", "가족 전부를 죽여버리겠다"고 소리쳤고 피해자가 피고인의 행위를 약 1시간 가량 말렸으나 듣지 아니하여 무섭고 두려워서 신고를 하였다면, 피고인의 행위는 피해자 등에게 공포심을 일으키기에 충분할 정도의 해악을 고지한 것이고, 나아가 피고인에게 실제로 피해자 등의 신체에 위해를 가할 의사나 불을 놓을 의사가 없었다고 할지라도 위와 같은 해악을 고지한다는 점에 대한 인식, 인용은 있었다고 봄이 상당하며, 피고인의 행위가 단순한 감정적 언동에 불과하거나 가해의 의사가 없음이 객관적으로 명백한 경우에 해당한다고는 볼 수 없다. (대법원 1991. 5. 10. 90도2102)

【판례】 고의가 인정되지 않는 경우 1. 욕설 피해자와 언쟁 중 "입을 찢어 버릴라"라고 한 말은 당시의 주위사정 등에 비추어 단순한 감정적인 욕설에 불과하고 피해자에게 해악을 가할 것을 고지한 행위라고 볼 수 없어 협박에 해당하지 않는다. (대법원 1986. 7. 22. 86도1140)

2. 욕설 피고인이 자신의 동거남과 성관계를 가진 바 있던 피해자에게 "사람을 사서 쥐도 새도 모르게 파묻어버리겠다. 네까짓 것 쉽게 죽일 수 있다."라고 한 말은 언

성을 높이면서 말다툼으로 흥분한 나머지 단순히 감정적인 욕설 내지 일시적 분노의 표시를 한 것에 불과하고 해악을 고지한 행위라고 볼 수 없다. (대법원 2006. 8. 25. 2006도546)

3. 행패 피고인 경찰지구대 내에서 '경찰관들이 관내 업주로부터 금품을 수수한 것을 다 알고 있다. 갈 때까지 가보자. 정권말기에 몸조심해라'라고 소리 지르며 약 1시간 40분 동안 행패를 부렸다. 이 경우 지구대 경찰관들의 반응과 당시 경찰관들의 수 등에 비추어 협박이라고 보기 어렵다. (대법원 2013. 12. 26. 2013도11050)

2. 위법성

정당한 요구를 관철하기 위해 해악을 고지하였고, 고지한 해악의 내용도 적법한 것이라면 **정당행위**(제20조)로서 위법성이 배제된다(**통설**).

그러나 요구사항은 정당해도 해악의 내용이 부당하거나(대법원 1996. 9. 24. 96도2151), 해악의 내용은 정당하더라도 요구사항이 부당할 경우에는 위법성이 배제되지 않는다.

【판례】 정당행위가 되는 경우 1. 피해자가 甲을 대리하여 동인 소유의 여관을 피고인에게 매도하고 피고인으로부터 계약금과 잔대금 일부를 수령하였는데 그 후 위 甲이 많은 부채로 도피해 버리고 동인의 채권자들이 채무변제를 요구하면서 위 여관을 점거하여 피고인에게 여관을 명도하기가 어렵게 되자, 피고인은 피해자에게 여관을 **명도**해주든가 명도소송비용을 내놓지 않으면 **고소**하여 구속시키겠다고 말한 경우 피고인이 매도인의 대리인인 위 피해자에게 위 여관의 매도 또는 명도소송비용을 요구한 것은 매수인으로서 정당한 권리행사라 할 것이며 위와 같이 다소 위협적인 말을 하였다고 하여도 이는 사회통념상 용인될 정도의 것으로서 협박으로 볼 수 없다. (대법원 1984. 6. 26. 84도648)

2. 피고인은 수박 절취 범인을 붙잡기 위해 수박밭을 지키고 있던 중 피해자(13세, 여)가 피고인의 수박밭에 들어와 두리번거리는 것을 발견하였다. 피고인은 피해자가 수박을 훔치려던 것으로 믿은 나머지 피해자를 훈계하려고 "앞으로 **수박**이 없어지면 네 책임으로 한다", "학교에 **전화**를 하겠다"는 등을 말하였다. 피고인이 위와 같은 말을 하게 된 경위, 피고인과 피해자의 나이 및 친척관계 등에 비추어 볼 때 이는 정당한 훈계의 범위를 벗어나는 것이 아니어서 사회상규에 위배되지 아니하므로 위법성이

없다. (대법원 1995. 9. 29. 94도2187)

3. 피고인은 동거남인 임 아무개와 문 아무개가 간음한 사실을 알고 분노하여 문 아무개의 언니에게 전화로 "문 아무개를 빨리 찾아내어 **해결**하여야 할 것이 아닌가, 그렇지 않으면 간통죄로 **고소**하겠다." 고 하는 등 4차례에 걸쳐 협박하였다. 이와 같이 협박이 사회의 관습이나 윤리관념 등에 비추어 볼 때에 사회통념상 용인할 수 있을 정도의 것이라면 협박죄는 성립하지 아니한다. (대법원 1998. 3. 10. 98도70)

4. 신문기자인 피고인은 교회 설립과 관련하여 증여세 포탈 의혹을 받고 있는 피해자를 찾아가 **취재**를 요구하면서 이에 응하지 않으면 자신이 취재한 내용대로 **보도**하겠다고 하였다. 이는 협박죄에서의 해악의 고지에 해당되기는 하지만 신문기자로서의 일상적인 업무 범위 내에 속하는 것이어서 사회상규에 반하지 아니하는 행위라고 보아야 한다. (대법원 2011. 7. 14. 2011도639)

【판례】 정당행위가 되지 않는 경우 **1.** 친권자는 자를 보호하고 교양할 권리의무가 있고(민법 제913조) 그 자를 보호 또는 **교양**하기 위하여 필요한 징계를 할 수 있기는 하지만(민법 제915조) 인격의 건전한 육성을 위하여 필요한 범위 안에서 상당한 방법으로 행사되어야만 할 것인데, 스스로의 감정을 이기지 못하고 **야구방망이**로 때릴 듯이 피해자에게 "죽여 버린다"고 말하여 협박하는 것은 그 자체로 피해자의 인격성장에 장해를 가져올 우려가 커서 이를 교양권의 행사라고 보기도 어렵다. (대법원 2002. 2. 8. 2001도6468)

2. 공군 중사인 피고인은 상관인 피해자에게 자신이 작성한 피해자의 비위행위 목록을 제시하면서 향후 자신에 대한 폭언과 욕설을 중지하지 않으면 그 내용을 감찰기관에 제출하겠다고 협박하였다. 이에 피해자는 피고인에 대한 폭언과 욕설을 중단하였으나, 뒤에 형사사건에서 피고인이 불리한 위치에 서게 되자 다시 피해자에게 폭언사실을 **인정**하지 않으면 비위목록을 상부기관을 통해 수사기관에 **제출**하겠다고 하였다. 이처럼 폭언사실을 인정하지 않을 경우 비위를 공개하여 처벌받도록 하겠다는 취지로 해악을 고지하는 행위는 사회의 관습이나 윤리관념 등에 비추어 사회통념상 용인할 수 있는 정도를 넘는 것으로서 정당행위라고 할 수 없다. (대법원 2008. 12. 11. 2008도8922)

3. 소추조건

협박은 반의사 불벌죄이다. 피해자가 명시적으로 가해자의 처벌에 반대하면 공소제기를 할 수 없다. 이미 공소제기가 되어 있는 상태이더라도 후에 피해자가 처벌을 반대하는 의사를 표하면 법원은 판결에 의하여 공소기각을 선고하여야 한다(형소법 제327조 제6호).

Ⅲ. 존속협박죄

제 283 조 (존속협박) ② 자기 또는 배우자의 직계존속에 대하여 제1항의 죄를 범한 때에는 5년 이하의 징역 또는 700만원 이하의 벌금에 처한다.

③ 제1항 및 제2항의 죄는 피해자의 명시한 의사에 반하여 공소를 제기할 수 없다.

제 286 조 (미수범) 전3조의 미수범은 처벌한다.

존속협박은 기본 구성요건인 제283조 제1항의 협박에 대한 가중 구성요건이다. 직계비속이 직계존속에게 협박행위를 했다는 이유 때문에 가중처벌하는 규정이다.

행위객체로서 "자기 또는 배우자의 **직계존속**"의 의미는 존속살인(제250조 제2항)의 경우와 같고 나머지 사항은 협박의 경우와 동일하다.

Ⅳ. 특수협박죄

> 제 284 조 (특수협박) 단체 또는 다중의 위력을 보이거나 위험한 물건을 휴대하여 전조 제1항(협박), 제2항(존속협박)의 죄를 범한 때에는 7년 이하의 징역 또는 1천만원 이하의 벌금에 처한다.
> 제 286 조 (미수범) 전3조의 미수범은 처벌한다.

제284조는 행위방법이 특별히 위험하기 때문에 가중처벌하는 규정이다. 그러나 제284조 위반행위는 대부분 폭처법 제2조, 제3조에 해당하므로 사실상 적용의 여지가 없다.

Ⅴ. 상습협박죄

> 제 285 조 (상습범) 상습으로 제283조 제1항, 제2항 또는 전조의 죄를 범한 때에는 그 죄에 정한 형의 2분의 1까지 가중한다.
> 제 286 조 (미수범) 전3조의 미수범은 처벌한다.

상습적으로 제283조(협박·존속협박) 또는 제284조(특수협박) 행위를 한 자에 대한 가중처벌 규정이다. 누범인 경우에는 반의사 불벌의 규정이 적용되지 않는다.

제 4 절 약취와 유인의 죄

Ⅰ. 개 관

1. 보호법익

약취・유인죄의 보호법익이 무엇인가에 대하여 견해대립이 있다.

① 약취・유인되는 자의 신체적 자유라는 견해

② 약취・유인되는 자의 신체적 자유와 그가 미성년자인 경우 보호자의 보호권 두 가지 모두라고 하는 견해 (**다수설|판례**)

③ 약취・유인되는 자의 자유와 보호자의 보호권은 물론 약취・유인되는 자의 생명・신체의 안전도 포함된다는 견해

> **결론** 약취・유인의 유형이 여러 가지가 있는데 그 가운데 미성년자가 범행 대상이 되는 경우를 생각해 보면, 약취・유인은 단순히 미성년자의 신체적 자유만 박탈하는 행위가 아니다. 인간은 일반적으로 항상 더불어 살게 마련이므로 보호자가 있는 경우가 보통이라고 할 수 있다. 그러한 면에서 약취・유인은 일반적으로 누군가로부터 사람을 납치해 가는 것을 의미하고 따라서 보호법익은 약취・유인되는 자의 신체적 자유와 보호자의 보호권 두 가지 모두라고 하겠다. 이들 두 가지 가운데 주된 보호대상은 약취・유인되는 자 자신의 신체적 자유이고, 보호자의 보호권은 부수적인 보호대상이다. 견해 ②가 타당하다.

【판례】 약취유인죄의 보호법익 미성년자약취죄의 입법 취지는 심신의 발육이 불충분하고 지려와 경험이 풍부하지 못한 미성년자를 특별히 보호하기 위하여 그를 약취하는 행위를 처벌하려는 데 그 입법의 취지가 있으며, 미성년자의 자유 외에 보호감독자의 감호권도 그 보호법익으로 하고 있다. (대법원 2003. 2. 11. 2002도7115)

【판례】 부모의 부동의 피해자(15세, 여)가 스스로 가출하여 피고인 등의 전도회에 입관할 것을 호소하였다고 하더라도 이는 피고인들의 독자적인 교리설교에 의하여 하자 있는 의사로 가출하게 된 것이다. 또한 피고인들은 피해자의 보호・감독권자의 동의 없이 피해자를 보호관계로부터 이탈시키고 피고인들의 지배하에서 그들 교리에서 말

하는 소위 '주의 일'(껌팔이 등 행상)을 하도록 하였다. 그렇다면 미성년자 유인죄의 성립에 지장이 없다. (대법원 1982. 4. 27. 82도186 | 같은 취지: 대법원 1976. 9. 14. 76도2072)

2. 세계주의

사람을 약취・유인하고 이를 매매하며 국외로 이송하여 팔아넘기는 등의 행위는 많은 경우 국제적 공조를 통해서 예방・진압되어야 하는 속성을 가지고 있다. 나아가 이들 범죄는 모든 문명국가에서 공통적으로 인정되는 기본적 인권을 침해하는 것으로서 국제적 법익을 침해하는 범죄로 볼 수 있다. 이러한 범죄는 각 국가가 국내법을 통해서 행위자의 국적이나 행위지를 불문하고 처벌함으로써 효과적으로 진압할 수 있다. 이러한 견지에서 형법 제296조의2에 세계주의 원칙이 도입되었으며 매우 적절한 입법이라고 생각된다.

3. 구성요건체계

약취와 유인을 내용으로 하는 범죄들의 공통적인 요소는 약취・유인 행위이다. 그러므로 이들 범죄의 기본 구성요건은 약취・유인죄가 되는 것이 가장 타당하다. 하지만 단순약취・유인죄는 형법전에 범죄로 규정되어 있지 않다.

약취와 유인에 관한 구성요건 내용들을 보면 모두 특수한 행위객체(미성년자)를 대상으로 하거나 특별한 목적(추행, 간음, 결혼, 노동력 착취, 성적 착취, 장기적출 등)을 가지고 있는 경우 또는 인신매매처럼 행위반가치가 큰 경우이거나 결과적 가중범으로서 결과반가치가 큰 경우만을 내용으로 하고 있다. 미성년자를 대상으로 하지도 않고, 특별한 목적을 가지고 있지도 않은 경우에는 폭행, 협박, 강요, 감금 등의 범죄가 성립되는 것은 별론으로 하고 약취・유인에 관한 범죄가 성립하지 않는 것이다.

사정이 이러하기 때문에 이들 여러 가지 구성요건 가운데 어느 것이 기본 구성요건인지를 정하기가 곤란하므로, 이들 모두를 각각 독립적인 구성요건으로 보는 것이 타당하다(같은 취지: 박상기, 131면; 이정원, 182면). 다만 미성년자는 제287조부터 제292조까지 구성요건 모두의 행위객체가 될 수 있으므로 미성년자가 행위객체인 경우에 있어서는 제287조(미성년자 약취・유인)를 기본 구성요건으로 볼 수 있다.

약취·유인의 죄는 구성요건 체계가 복잡하다. 이를 표로 정리해보자.

<table>
<tr><th rowspan="2"></th><th rowspan="2">약취·유인</th><th rowspan="2">인신매매</th><th colspan="2">결과적 가중범</th></tr>
<tr><th>상해·치상</th><th>살인·치사</th></tr>
<tr><td>§287 미성년자</td><td>~10년</td><td rowspan="2">§289 ①
~7년</td><td rowspan="5">§290 ①
상해
3~25년

§290 ②
치상
2~20년</td><td rowspan="5">§291 ①
살인
사형·무기
7~30년

§291 ②
치사
무기
5~30년</td></tr>
<tr><td>사람</td><td>-</td></tr>
<tr><td>§288 ① 추행, 영리 등 목적</td><td>1~10년</td><td>§289 ②
1~10년</td></tr>
<tr><td>§288 ② 노동력 착취 등 목적
③ 국외 이송 목적</td><td>2~15년</td><td>§289 ③④
2~15년</td></tr>
<tr><td>§292 수수, 은닉, 모집, 운송, 전달</td><td>~7년</td><td>-</td></tr>
</table>

Ⅱ. 미성년자 약취·유인죄

제287조 (미성년자의 약취, 유인) 미성년자를 약취 또는 유인한 사람은 10년 이하의 징역에 처한다.

제294조 (미수범) 제287조부터 제289조까지, 제290조 제1항, 제291조 제1항과 제292조 제1항의 미수범은 처벌한다.

제295조의2 (형의 감경) 제287조부터 제290조까지, 제292조와 제294조의 죄를 범한 사람이 약취, 유인, 매매 또는 이송된 자를 안전한 장소로 풀어 준 때에는 그 형을 감경할 수 있다.

제296조 (예비, 음모) 제287조부터 제289조까지, 제290조 제1항, 제291조 제1항과 제292조 제1항의 죄를 범할 목적으로 예비 또는 음모한 사람은 3년 이하의 징역에 처한다.

제296조의2 (세계주의) 제287조부터 제292조까지 및 제294조는 대한민국 영역 밖에서 죄를 범한 외국인에게도 적용한다.

특가법 제5조의2 (약취·유인죄의 가중처벌) ① 13세 미만의 미성년자에 대하여 형법 제287조의 죄를 범한 자는 그 약취 또는 유인한 목적에 따라 다음과 같이 가중처벌한다

1. 약취 또는 유인한 미성년자의 부모나 그 밖에 그 미성년자의 안전을 염려하는 사람의 우려를 이용하여 재물이나 재산상의 이익을 취득할 목적인 경우에는 무기 또는 5년 이상의 징역에 처한다.
2. 약취 또는 유인한 미성년자를 살해할 목적인 경우에는 사형, 무기 또는 7년 이상의 징역에 처한다.

② 13세 미만의 미성년자에 대하여 형법 제287조의 죄를 범한 사람이 다음 각 호의 어느 하나에 해당하는 행위를 한 경우에는 다음 각 호와 같이 가중처벌한다.

1. 약취 또는 유인한 미성년자의 부모나 그 밖에 그 미성년자의 안전을 염려하는 사람의 우려를 이용하여 재물이나 재산상의 이익을 취득하거나 이를 요구한 경우에는 무기 또는 10년 이상의 징역에 처한다.
2. 약취 또는 유인한 미성년자를 살해한 경우에는 사형 또는 무기징역에 처한다.
3. 약취 또는 유인한 미성년자를 폭행·상해·감금 또는 유기하거나 그 미성년자에게 가혹한 행위를 한 경우에는 무기 또는 5년 이상의 징역에 처한다.
4. 제3호의 죄를 범하여 미성년자를 사망에 이르게 한 경우에는 사형, 무기 또는 7년 이상의 징역에 처한다.

③ 제1항 또는 제2항의 죄를 범한 사람을 방조하여 약취 또는 유인된 미성년자를 은닉하거나 그 밖의 방법으로 귀가하지 못하게 한 사람은 5년 이상의 유기징역에 처한다.

⑥ 제1항 및 제2항(제2항 제4호는 제외한다)에 규정된 죄의 미수범은 처벌한다.

⑦ 제1항부터 제3항까지 및 제6항의 죄를 범한 사람을 은닉하거나 도피하게 한 사람은 3년 이상 25년 이하의 징역에 처한다.

⑧ 제1항 또는 제2항 제1호·제2호의 죄를 범할 목적으로 예비하거나 음모한 사람은 1년 이상 10년 이하의 징역에 처한다.

1. 구성요건

(1) 객관적 구성요건

1) 행위주체

미성년자 약취 · 유인은 **일반범**으로서 행위주체에 제한이 없다. 이 죄의 주된 보호대상이 미성년자 자신의 신체적 자유이기 때문에 **친권자**도 행위주체가 될 수 있다.

【판례】 친권자의 약취가 되는 경우 미성년자를 보호감독하는 자라 하더라도 다른 보호감독자의 감호권을 침해하거나 자신의 감호권을 남용하여 미성년자 본인의 **이익**을 침해하는 경우에는 미성년자 약취 · 유인죄의 주체가 될 수 있다. **외조부**가 맡아서 양육해 오던 미성년인 자를 그의 의사에 반하여 친권자가 사실상 자신의 지배하에 옮겼다면 미성년자 약취 · 유인죄가 성립한다. (대법원 2008. 1. 31. 2007도8011)

【판례】 친권자의 약취가 되지 않는 경우 | 베트남 댁 한국인 K와 혼인한 베트남 여성 甲은 아들을 출산하여 K와 함께 양육하던 중 친구를 만나러 나갔다가 늦어져서 제 때 귀가를 못한 일 때문에 화가 난 K가 집을 나가라고 하자 아들을 데리고 항공편으로 베트남에 있는 친정집으로 가버렸다. 이 경우 甲은 어떠한 실력행사도 없이 친정집으로 갔으며, 피해자인 아들이 어머니인 甲 없이 양육되는 것보다 甲에게 양육되는 것이 더 **불리**한 상황이라고 할 수 없으므로 미성년자 약취에 해당하지 않는다. (대법원 2013. 6. 20. 2010도14328)

2) 행위객체

본죄의 행위객체는 **미성년자**이다. 여기서 미성년의 의미는 민법 제4조가 말하는 **만 19세 미만**의 자로 이해된다. 미성년자를 약취 · 유인하는 행위는 목적을 불문하고 범죄행위로 평가되는데, 이는 미성년자가 육체적 · 정신적으로 아직 성숙하지 않아서 특별한 보호가 필요하기 때문이다.

문제는 만 19세가 되지는 않았지만 결혼을 해서 **성년의제**(민법 제826조의2)

가 된 자를 행위객체에 포함시킬 것인가 하는 점이다.

① 포함설 (**통설**)

② 제외설

결론 민법의 **성년의제** 규정은 결혼해서 자신의 가정을 가지게 된 사람을 계속해서 부모의 친권에 복종하게 하고 법률행위도 제대로 하지 못하게 하는 등의 일이 부당하기 때문에 만들어진 것이다.

그러나 혼인을 했기 때문에 민사상 행위능력이 인정된다 하더라도, 형사적인 측면에서 육체적・정신적으로 특별한 보호대상이어야 한다는 점에는 변함이 없다. 결혼을 함으로써 친권의 보호대상에서 벗어나기 때문에 본 규정이 갖는 친권자의 친권을 보호한다는 취지가 퇴색되기는 하지만 본죄의 주된 보호법익은 미성년자 자신의 신체적 자유이므로 이것도 크게 문제되는 일은 아니다. 또한 소년법의 적용대상이 혼인 여부와 관계없이 일률적으로 19세 미만이라는 점, 민법 제826조의2는 대한민국 국민에게만 적용되는 규정이기 때문에 우리나라 영토 내의 모든 사람에게 적용되는 법인 형법을 해석하는 근거로서는 적절하지 못하다는 점을 보더라도 여기서 행위객체는 혼인 여부를 떠나 만 19세 미만의 모든 남녀로 보는 것이 타당하다.

3) 행 위

가. 약취・유인

약취는 폭행 또는 협박을 수단으로, **유인**은 기망 또는 유혹을 수단으로 '자유로운 상태 또는 보호받는 상태에 있는 사람을 자기 또는 제3자의 실력적 지배 아래로 옮기는 것'을 의미한다(대법원 1998. 5. 15. 98도690). 여기서의 폭행・협박의 정도는 상대방을 실력적 지배하에 둘 수 있을 정도이면 족하고 반드시 상대방의 반항을 억압할 정도의 것임을 요하지는 않는다(대법원 1991. 8. 13. 91도1184; 대법원 2009. 7. 9. 2009도3816).

【판례】 약취 횡단보도 앞에서 같이 등교할 친구를 기다리던 11세의 초등학교 여학생에게 다가가 "학교 가기 싫으냐? 집에 가기 싫으냐? 우리 집에 같이 자러 가자."고 하면서 옷소매를 끌어당기자 피해자가 그 팔을 뿌리치고 비켜 서 있다가 친구가 오자 그의 휴대폰을 빌려 경찰에 신고하였다. 이 경우 피고인의 행위는 위험에 대한 대처능력이 미약한 초등학교 5학년 여학생에 대한 것으로서 피해자를 그 의사에 반하여 자유로운 생활관계 또는 보호관계로부터 피고인의 사실상 지배 아래로 옮기기 위한 약취행위의 수단으로서의 폭행에 충분히 해당한다. (대법원 2009. 7. 9. 2009도3816)

【판례】 유인 미성년자 유인죄라 함은 기망 또는 유혹을 수단으로 하여 미성년자를 꾀어 현재의 보호상태로부터 이탈케 하여 자기 또는 제3자의 사실적 지배하로 옮기는 행위를 말하고, 여기서의 유혹이라 함은 기망의 정도에는 이르지 아니하나 감언이설로써 상대방을 현혹시켜 판단의 적정을 그르치게 하는 것이므로 반드시 그 유혹의 내용이 허위일 것을 요하지는 않는다. (대법원 1996. 2. 27. 95도2980)

실력적 지배란 '**장소적 이동**의 자유를 행위자가 통제하는 상태'를 의미한다. 실력적 지배 아래로 옮기는 것의 의미에 대하여 견해대립이 있다.

① 친권자로부터 **격리**시킨다는 점에서 감금과 다르다는 견해 (**통설| 판례**)

② 친권자로부터 격리시키지 않아도 된다는 견해

결론 약취 · 유인의 기본적인 속성이 자유롭거나 보호받는 상태의 피해자를 보호자로부터 분리하여 다른 사람의 실력적 지배 아래로 옮긴다는 것이므로 친권자로부터 격리시킨다는 기본적인 요소는 포함되어야 한다. **통설**이 타당하다. 따라서 미성년자를 포함한 한 가족을 집 밖으로 나오지 못하도록 가두거나 한 가족을 한꺼번에 납치하는 행위는 체포 · 감금에는 해당되지만 미성년자 약취 · 유인이라고는 할 수 없다.

【판례】 강도와 미성년자 약취 강도 범행을 하는 과정에서 미성년자와 그의 부모를 함께 체포 · 감금 또는 폭행 · 협박을 가하는 경우, 나아가 주거지에 침입하여 미성년자의 신체에 위해를 가할 것처럼 협박하여 부모로부터 금품을 강취하는 경우와 같이, 일시적으로 부모와의 보호관계가 사실상 침해 · 배제되었다 할지라도, 그 의도가 미성년자를 기존의 생활관계 및 보호관계로부터 이탈시키는 데 있었던 것이 아니라 단지 금품 강취를 위하여 고지한 해악의 대상이 그곳에 거주하는 미성년자였던 것에 불과하다면 미성년자를 약취한 것으로 보기 곤란하다. (대법원 2008. 1. 17. 2007도8485)

나. 약취 · 유인의 방법

미성년자가 친권자와 **격리**되도록 만드는 방법은 여러 가지가 있을 수 있다.

가장 전형적인 방법은 미성년자를 납치하거나 유인해서 데리고 가는 방법이지만, 가출해서 자신에게 찾아 온 미성년자를 가두어 두고 친권자가 접근하지 못하게 하는 것도 가능하다. 따라서 반드시 **장소적 이동**이 이루어져야만 미성년자 약취 · 유인이 되는 것은 아니다(**통설**).

다. 계속범

약취・유인은 '다른 사람의 보호 아래 있는 또는 자유로운 상태에 있는 사람을 자기 또는 제3자의 실력적 지배 아래로 옮기는 것'을 의미한다고 이해되기 때문에, 일단 실력적 지배 아래로 옮기는 것으로 범죄가 기수에 이르고(상태범) 그 이후에는 체포・감금 등 다른 범죄 행위가 되는 것인가, 아니면 일단 자유를 되돌려 줄 때까지 약취・유인이라는 범죄 행위가 계속되는 것인가(계속범)가 문제될 수 있다.

실력적 지배로 옮긴다는 것은 제3의 실력적 지배가 형성된다는 것을 의미하는데, 이렇게 실력적 지배가 형성되는 것 자체가 체포・감금과 유사한 상태로서 그것이 성립되기 위해서는 어느 정도 시간적 경과가 있어야 한다고 보는 것이 옳다. 그러므로 미성년자 약취・유인은 **계속범**으로 해석되어야 한다(**통설**).

(2) 주관적 구성요건

본죄는 고의범이므로 미필적 형태라도 미성년자를 약취・유인한다는 데 대한 인식과 의도가 있어야 한다.

2. 위법성

가정폭력으로부터 미성년자를 구해내기 위해서 강제로 아이를 탈취하는 경우에는 정당방위나 긴급피난이 성립될 수 있으며, 법원의 판결이 늦어지고 있는 동안 잠시 자신이 미성년자를 보호하는 것과 같은 자구행위도 가능하다.

【판례】 아버지의 요청에 따른 보호 피고인은 미성년자의 아버지가 아이들을 어머니로부터 격리시켜 둘 필요가 있으니 보호해 달라는 부탁을 하자 아버지가 미국으로 가

있는 동안 그의 아이들을 보호하고 있으면서 그 어머니가 아이들을 인도해 줄 것을 요구하였으나 이를 거부하였다. 이 경우 피고인이 미성년자 약취죄의 죄책을 진다고 볼 수 없다. (대법원 1974. 5. 28. 74도840)

미성년자 자신의 승낙만 있는 경우에는 피해자의 승낙에 의한 위법성 배제가 인정되지 않는다. 보호자의 보호권도 부수적으로 보호법익이기 때문이다.

【판례】 감호권 침해 미성년자 약취죄의 입법 취지는 심신의 발육이 불충분하고 지려와 경험이 풍부하지 못한 미성년자를 특별히 보호하기 위함에 있으며, 미성년자의 자유 외에 보호감독자의 감호권도 그 보호법익으로 하고 있다는 점을 고려하면, 피고인과 공범들이 미성년자를 보호·감독하고 있던 그 아버지의 감호권을 침해하여 그녀를 자신들의 사실상 지배하로 옮긴 이상 약취행위에 미성년자의 동의가 있었다 하더라도 약취죄의 성립에는 변함이 없다. (대법원 2003. 2. 11. 2002도7115)

3. 형 벌

행위자가 약취·유인한 미성년자를 안전한 장소로 풀어주면 제295조의 2에 따라 형을 감경할 수 있다.

Ⅲ. 특수 목적 약취·유인죄

제288조 (추행 등 목적 약취, 유인 등) ① 추행, 간음, 결혼 또는 영리의 목적으로 사람을 약취 또는 유인한 사람은 1년 이상 10년 이하의 징역에 처한다.

② 노동력 착취, 성매매와 성적 착취, 장기적출을 목적으로 사람을 약취 또는 유인한 사람은 2년 이상 15년 이하의 징역에 처한다.

③ 국외에 이송할 목적으로 사람을 약취 또는 유인하거나 약취 또는 유인된 사람을 국외에 이송한 사람도 제2항과 동일한 형으로 처벌한다.

제294조 (미수범) 제287조부터 제289조까지, 제290조 제1항, 제291조 제1항과 제292조 제1항의 미수범은 처벌한다.

제295조 (벌금의 병과) 제288조부터 제291조까지, 제292조 제1항의 죄와 그 미수범에 대하여는 5천만원 이하의 벌금을 병과할 수 있다.

제295조의2 (형의 감경) 제287조부터 제290조까지, 제292조와 제294조의 죄를 범한 사람이 약취, 유인, 매매 또는 이송된 사람을 안전한 장소로 풀어 준 때에는 그 형을 감경할 수 있다.

제296조 (예비, 음모) 제287조부터 제289조까지, 제290조 제1항, 제291조 제1항과 제292조 제1항의 죄를 범할 목적으로 예비 또는 음모한 사람은 3년 이하의 징역에 처한다.

제296조의2 (세계주의) 제287조부터 제292조까지 및 제294조는 대한민국 영역 밖에서 죄를 범한 외국인에게도 적용한다.

1. 추행 등 목적 약취·유인죄

추행, 간음, 결혼 또는 영리 등의 특수한 목적을 가지고 사람을 약취·유인함으로써 성립되는 범죄이다.

행위주체와 행위객체에는 제한이 없다. 행위객체가 미성년자이더라도 추행 등의 목적을 가지고 약취·유인하면 본죄가 성립된다.

약취·유인의 의미는 미성년자 약취·유인(제287조)의 경우와 동일하다. 미성년자 약취·유인과 구별되는 점은 주관적 구성요건으로서 특수한 목적이 있어야 한다는 것이다.

추행의 목적이란 '납치된 자를 추행할 목적'을 의미하며 **추행**은 '건전한 상식을 가진 일반인의 성적 수치심 또는 혐오감을 유발시키는 일체의 행위'를 뜻한다.

간음의 목적이란 '납치된 자와 성관계를 가질 목적'을 의미한다. 반드시 강간을 할 생각이었을 필요는 없다.

【판례】 간음 목적 약취·유인이 인정되는 경우 1. 피고인이 11세에 불과한 어린 나이의 피해자를 유혹하여 모텔 앞길에서부터 모텔 301호실까지 데리고 간 이상, 그로써 피고인은 피해자를 자유로운 생활관계로부터 이탈시켜 피고인의 사실적 지배 아래로 옮겼

다고 할 것이고 이로써 간음 목적 유인죄의 기수에 이른 것으로 보아야 한다. (대법원 2007. 5. 11. 2007도2318)

2. 11세 남짓한 초등학생을 간음할 목적으로 주차장으로 끌고 갔다가 다음 날 다시 피해자를 그 부근의 빌딩 2층으로 끌고 갔다면 간음 목적 약취에 해당한다. (대법원 2011. 6. 24. 2011도4451, 2011전도76)

【판례】 간음 목적 약취·유인이 인정되지 않는 경우 15세인 피해자를 간음하기로 마음먹고 "드라이브 가자."라고 속여 승용차에 태운 다음 1시간 동안 운전하다가 경찰관에 의하여 검거되었다면, 간음을 하기 위해서 일시적으로 장소를 이동할 때 기망 또는 유혹의 수단을 사용한 것에 불과하여 피해자를 자신의 물리적·실력적 지배 아래로 옮긴 것으로 보기 어렵다. (서울고법 2011. 5. 26. 2011노573)

결혼의 목적과 관련하여 결혼의 범위에 대하여 견해대립이 있다.

① 법률혼과 사실혼 두 가지 모두를 의미한다는 견해 (**통설**)

② 사실혼만을 의미한다는 견해

결론 결혼 목적의 이면에 깔려 있는 남성의 본능은 여성과 동반관계를 형성함으로써 번식에 성공하고자 한다는 내용을 가지고 있다. 그와 같은 본능이 범죄의 근본적인 동기이기 때문에 법률혼을 추구한 것이건 사실혼을 원한 것이건 관계없이 본죄가 성립된다고 보는 것이 옳다. **통설**이 타당하다.

영리의 목적이란 '재물 또는 재산상의 이득을 취할 목적'을 뜻한다. 이러한 목적으로는 ① 납치해서 가지고 있는 물건을 빼앗을 목적, ② 납치해서 일을 시킬 목적, ③ 납치함으로써 납치된 사람에 대한 채무를 변제하지 않을 목적 그리고 ④ 석방을 대가로 금품을 받아낼 목적 등이 그것이다.

이 가운데 석방을 대가로 금품을 받아 낼 목적으로 약취·유인한 경우, 본죄가 성립되는가 인질강도죄(제336조)가 성립될 것인가가 문제된다. 이에 대하여는 영리 약취·유인은 성립되지 않고 인질강도만 성립된다는 견해나 영리 약취·유인과 인질강도의 상상적 경합이 된다는 견해도 있다. 그러나 영리 약취·유인은 석방을 대가로 금품을 받겠다는 목적을 가지고 약취·유인을 한 것 자체로 성립되는 범죄이고, 인질강도는 그에서 더 나아가 인질을 해치겠다는 내용의 협박을 보호자에게 가하여 금품을 받아내는 데까지 도달해야 성립되는 것이기 때문에 인질강도죄가 성립한다고는 보기 어렵다.

따라서 이러한 목적을 가지고 미성년자를 약취·유인하면 특수목적 약취·유인죄(제288조)

가 성립되나(**다수설**) 특가법 제5조의2 제1항 제1호의 구성요건에 해당되어 특가법이 적용된다.

2. 노동력 착취 등 목적 약취·유인죄

노동력 착취, 성매매, 성적 착취 또는 장기적출 등의 행위는 다른 목적의 약취·유인의 경우보다 행위반가치가 특별히 더 강하기 때문에 가중처벌의 대상이 된다.

본죄의 행위주체 및 행위객체에는 제한이 없다. 약취·유인의 의미는 미성년자 약취·유인(제287조)의 경우와 동일하다.

주관적 구성요건으로는 구성요건적 **고의** 외에 부가적 주관적 구성요건으로서 노동력 착취 등 특수한 목적이 필요하다.

3. 국외이송 목적 약취·유인죄

본죄의 **행위주체**와 **객체**에는 제한이 없다. 약취·유인의 의미는 미성년자 약취·유인(제287조)의 경우와 동일하다.

국외이송이란 '한 국가의 영역 밖으로 사람을 옮기는 것'을 의미한다. 국외이송의 의미가 무엇인가에 대하여 견해대립이 있다.

① 우리나라에서 대한민국 영역 밖으로 사람을 옮기는 것뿐 아니라, 외국으로부터 그 나라 영역 밖으로 사람을 이송하는 것도 포함한다는 견해

② 우리나라에서 밖으로 가는 경우만으로 보아야 한다는 견해 (**통설**)

결론 예를 들어 우리나라 폭력조직이 러시아의 범죄단체와 협력하여 러시아 여성들을 우리나라로 끌고 오기 위해 약취·유인하였다면 본죄가 성립된다고 보는 것이 타당할 것으로 생각된다. 견해 ①이 타당하다.

Ⅳ. 인신매매죄

제 289 조 (인신매매) ① 사람을 매매한 사람은 7년 이하의 징역에 처한다.

② 추행, 간음, 결혼 또는 영리의 목적으로 사람을 매매한 사람은 1년 이상 10년 이하의 징역에 처한다.

③ 노동력 착취, 성매매와 성적 착취, 장기적출을 목적으로 사람을 매매한 사람은 2년 이상 15년 이하의 징역에 처한다.

④ 국외에 이송할 목적으로 사람을 매매하거나 매매된 사람을 국외로 이송한 사람도 제3항과 동일한 형으로 처벌한다.

제 294 조 (미수범) 제287조부터 제289조까지, 제290조 제1항, 제291조 제1항과 제292조 제1항의 미수범은 처벌한다.

제 295 조 (벌금의 병과) 제288조부터 제291조까지, 제292조 제1항의 죄와 그 미수범에 대하여는 5천만원 이하의 벌금을 병과할 수 있다.

제 295 조의2 (형의 감경) 제287조부터 제290조까지, 제292조와 제294조의 죄를 범한 사람이 약취, 유인, 매매 또는 이송된 사람을 안전한 장소로 풀어준 때에는 그 형을 감경할 수 있다.

제 296 조 (예비, 음모) 제287조부터 제289조까지, 제290조 제1항, 제291조 제1항과 제292조 제1항의 죄를 범할 목적으로 예비 또는 음모한 사람은 3년 이하의 징역에 처한다.

제 296 조의 2 (세계주의) 제287조부터 제292조까지 및 제294조는 대한민국 영역 밖에서 죄를 범한 외국인에게도 적용한다.

1. 객관적 구성요건

사람을 매도한 자와 매수한 자가 모두 행위주체이고 그 밖에 특별한 제한은 없으며 행위객체에도 제한이 없다. 살아있는 사람은 민법상 물건이 아니므로 매매의 대상이 될 수 없다. 따라서 제289조에서 말하는 **매매**는 민사상의 개념이 아니다. 이는 형사상의 개념으로서 사람에 대한 '실력적 지배를 대가를 받고 넘겨주는 것'을 의미한다.

종래 대법원은 국졸의 학력을 가진 17세의 여성은 정신적 지각이 있고 법질서의 보호를 호소할 수 있는 능력이 있으므로 그에 대해서는 실력적 지배를 주고받는 매매라는 것이 이루어질 수 없다는 판결을 내렸었다(대법원 1971. 3. 9. 71도27). 그러나 그 후 입장을 바꾸어 나이, 성년·미성년, 기혼·미혼 등에 관계없이 사람에 대한 실력적 지배가 이루어지고 그것이 이전되는 식으로 인신매매가 이루어지는 것을 인정하고 있다(대법원 1992. 1. 21. 91도1402).

【판례】 실력적 지배의 개념 본죄의 성립 여부는 그 주체 및 객체에 중점을 두고 볼 것이 아니라, 매매의 일방이 대가를 받고 어떠한 경위로든 사람에 대한 실력적 지배를 그 상대방에게 넘긴다고 하는 행위에 중점을 두고 판단하여야 한다. 따라서 매도인이 매매 당시 사람을 실력으로 지배하고 있었는가 여부, 즉 계속된 협박이나 명시적 혹은 묵시적인 폭행의 위협 등의 험악한 분위기로 인하여 보통의 사람이라면 법질서에 보호를 호소하기를 단념할 정도인 상태에서 그 신체에 대한 인계인수가 이루어졌는가의 여부에 달려 있다고 하여야 할 것이다. (대법원 1992. 1. 21. 91도1402)

2. 주관적 구성요건

제2항 내지 제3항의 인신매매죄는 목적범이므로 구성요건적 고의 외에 특수한 목적을 가지고 있어야 성립된다.

Ⅴ. 약취, 유인, 매매, 이송 등 상해·치상죄

> 제290조 (약취, 유인, 매매, 이송 등 상해·치상) ① 제287조부터 제289조까지의 죄를 범하여 약취, 유인, 매매 또는 이송된 사람을 상해한 때에는 3년 이상 25년 이하의 징역에 처한다.
>
> ② 제287조부터 제289조까지의 죄를 범하여 약취, 유인, 매매 또는 이송된 사람을 상해에 이르게 한 때에는 2년 이상 20년 이하의 징역에 처한다.
>
> 제294조 (미수범) 제287조부터 제289조까지, 제290조 제1항, 제291조 제1항과 제292조 제1항의 미수범은 처벌한다.
>
> 제295조 (벌금의 병과) 제288조부터 제291조까지, 제292조 제1항의 죄와 그 미수범에 대하여는 5천만원 이하의 벌금을 병과할 수 있다.
>
> 제295조의2 (형의 감경) 제287조부터 제290조까지, 제292조와 제294조의 죄를 범한 사람이 약취, 유인, 매매 또는 이송된 자를 안전한 장소로 풀어 준 때에는 그 형을 감경할 수 있다.
>
> 제296조 (예비, 음모) 제287조부터 제289조까지, 제290조 제1항, 제291조 제1항과 제292조 제1항의 죄를 범할 목적으로 예비 또는 음모한 사람은 3년 이하의 징역에 처한다.
>
> 제296조의2 (세계주의) 제287조부터 제292조까지 및 제294조는 대한민국 영역 밖에서 죄를 범한 외국인에게도 적용한다.

미성년자 약취·유인(제287조), 특수 목적 약취·유인(제288조) 및 인신매매(제289조)를 기본범죄로 하고 상해 또는 상해에 이르게 하는 행위를 중한 결과로 하는 결과적 가중범이다.

Ⅵ. 약취, 유인, 매매, 이송 등 살인 · 치사죄

제291조 (약취, 유인, 매매, 이송 등 살인·치사) ① 제287조부터 제289조까지의 죄를 범하여 약취, 유인, 매매 또는 이송된 사람을 살해한 때에는 사형, 무기 또는 7년 이상의 징역에 처한다.

② 제287조부터 제289조까지의 죄를 범하여 약취, 유인, 매매 또는 이송된 사람을 사망에 이르게 한 때에는 무기 또는 5년 이상의 징역에 처한다.

제294조 (미수범) 제287조부터 제289조까지, 제290조 제1항, 제291조 제1항과 제292조 제1항의 미수범은 처벌한다.

제295조 (벌금의 병과) 제288조부터 제291조까지, 제292조 제1항의 죄와 그 미수범에 대하여는 5천만원 이하의 벌금을 병과할 수 있다.

제296조 (예비, 음모) 제287조부터 제289조까지, 제290조 제1항, 제291조 제1항과 제292조 제1항의 죄를 범할 목적으로 예비 또는 음모한 사람은 3년 이하의 징역에 처한다.

제296조의2 (세계주의) 제287조부터 제292조까지 및 제294조는 대한민국 영역 밖에서 죄를 범한 외국인에게도 적용한다.

미성년자 약취 · 유인(제287조), 특수 목적 약취 · 유인(제288조) 및 인신매매(제289조)를 기본범죄로 하고 살인 또는 사망에 이르게 하는 행위를 중한 결과로 하는 결과적 가중범이다.

Ⅶ. 약취, 유인, 매매, 이송자 수수 · 은닉죄

제 292 조 (약취, 유인, 매매, 이송된 사람의 수수 · 은닉 등) ① 제287조부터 제289조까지의 죄로 약취, 유인, 매매 또는 이송된 사람을 수수 또는 은닉한 사람은 7년 이하의 징역에 처한다.

② 제287조부터 제289조까지의 죄를 범할 목적으로 사람을 모집, 운송, 전달한 사람도 제1항과 동일한 형으로 처벌한다.

제 294 조 (미수범) 제287조부터 제289조까지, 제290조 제1항, 제291조 제1항과 제292조 제1항의 미수범은 처벌한다.

제 295 조 (벌금의 병과) 제288조부터 제291조까지, 제292조 제1항의 죄와 그 미수범에 대하여는 5천만원 이하의 벌금을 병과할 수 있다.

제 295 조의2 (형의 감경) 제287조부터 제290조까지, 제292조와 제294조의 죄를 범한 사람이 약취, 유인, 매매 또는 이송된 자를 안전한 장소로 풀어 준 때에는 그 형을 감경할 수 있다.

제 296 조 (예비, 음모) 제287조부터 제289조까지, 제290조 제1항, 제291조 제1항과 제292조 제1항의 죄를 범할 목적으로 예비 또는 음모한 사람은 3년 이하의 징역에 처한다.

제 296 조의 2 (세계주의) 제287조부터 제292조까지 및 제294조는 대한민국 영역 밖에서 죄를 범한 외국인에게도 적용한다.

미성년자 약취 · 유인(제287조), 특수 목적 약취 · 유인(제288조) 및 인신매매(제289조)에 의해 약취, 유인, 매매, 이송된 사람을 수수 또는 은닉함으로써 성립되는 범죄행위이다. 약취 · 유인 등의 행위를 도와주는 것으로서 본래의 약취 · 유인보다는 조금 약하게 처벌되는 범죄이다.

수수란 약취, 유인, 매매, 이송된 사람을 '자신의 실력적 지배 아래로 받아들이는 것'을 의미하고, **은닉**이란 약취, 유인, 매매, 이송된 사람을 '찾는 것이 불가능하거나 아주 어렵게 만드는 것'을 의미한다.

제 5 절 성적 자기결정권을 침해하는 범죄

Ⅰ. 개 관

1. 의 의

종래 "정조에 관한 죄"였던 장의 제목은 "강간과 추행의 죄"로 변경되었다(1995. 12. 29. 개정, 법률 제5057호). **정조**라는 표현은 남성우위의 가부장제 사회가 만들어낸 것으로서 문제점이 많기 때문에 폐기된 것이다. 이처럼 정조라는 표현이 형법전으로부터 사라지기는 했지만 사회의 인식 수준이 이와 함께 완전히 바뀐 것은 아니다. 아직도 성범죄 피해자를 부정적으로 보는 뒤틀린 시각이 남아 있다. 그러한 부정적 시선 때문인지 우리나라에서의 성범죄 신고율은 거의 바닥 수준이고, 이에 따른 **범죄 암수**(暗數)를 고려하면 성범죄 발생률은 상당히 높은 수준에 이르고 있다고 할 수 있다.

검찰이 작성한 공식통계에 의하면 2021년에 6,403건의 강간사건이 발생되었다고 한다(대검찰청, 범죄분석, 2022, 98면). 이를 우리나라 강간죄 신고율인 10.2%를 기준으로 역산하면 실제로는 연간 6만 2,775건이 발생되는 셈이다. 매일 전국에서 172건 정도의 강간범죄가 저질러지고 있다는 말이 된다.

성범죄 신고율이 낮은 중요한 이유 가운데 하나가 2차 피해 때문인데, 대부분의 성폭력범죄가 친고죄로 되어 있어서 고소가 취하되면 처벌을 받지 않게 되는 관계로 가해자와 가해자의 가족들이 피해자와 피해자의 가족들에게 고소의 취하를 집요하게 요구함으로써 고통 받게 하는 일이 비일비재하였다. 이러한 친고죄 문제는 2012년 12월 18일의 형법개정(시행 2013. 6. 19)을 통해 해당조항이 삭제됨으로써 해소되었다.

2. 보호법익

제297조 이하의 규정이 보호하고자 하는 법익은 **성적 자기결정권**이다. 성적 자기결정권은 누구나 다 가지고 있는 개인적인 자유 중 하나이다. 이러한 원칙을 가감 없이 그대로 인정하면 남성에게나 여성에게나 성적 자기결정권 침해는 같은 의미를 가지는 것으로 보아야 할 것이다.

그럼에도 불구하고 종래에는 남성의 성적 자기결정권을 침해하는 행위보다는 여성의 그것을 침해하는 범죄의 불법이 훨씬 강한 것으로 평가하여 논란이 있었다. 이와 같은 차별은 2012년도의 형법 개정에 의하여 시정되어 남녀 모두 똑같은 정도의 보호를 받게 되었다.

3. 구성요건 체계

(1) 기본 구성요건

강간과 추행의 죄에 속하는 구성요건들의 공통점은 상대방의 의사에 반하여 그를 대상으로 성적 욕구를 충족시키는 것이다. 그 욕구는 궁극적으로는 성교로 충족되는 것이겠지만 그 밖에도 매우 다양한 형태의 행위를 통해 표출된다. 이러한 행태 모두를 포괄하는 것은 강제추행(제298조)이다. 따라서 기본 구성요건은 제298조의 **강제추행**이다.

(2) 변형 구성요건

1) 가중 구성요건

제297조의 **강간**은 역사적인 면에서 성적 자기결정권 침해 범죄의 원조이지만 형법적 견지에서는 변형 구성요건으로서 가중 구성요건이다. 가중 구성요건에 해당되는지가 의심되는 경우 일단 기본 구성요건에 해당되는가를 먼저 확인하고 가중적인 요소(이 경우 성기의 삽입이 이루어졌다는 점)만

별도로 검토하는 것이 원칙이지만, 제297조의 경우에는 일반적으로 제297조 성립 여부를 곧바로 검토하는 것이 옳다.

성폭력특별법상의 가중 구성요건으로 **특수강간**(제9조), **친족강간**(제5조)과 **미성년자 강간**(제7조)이 있다. 특수강간은 행위유형이 특별히 위험하기 때문에, 친족강간은 친족관계에 있는 자가 강간・강제추행 행위를 했기 때문에 그리고 미성년자 강간은 행위객체가 13세 미만의 어린이이기 때문에 가중처벌하는 규정이다.

강간 등 상해・치상(제301조)과 **강간 등 살인・치사**(제301조의2)는 중한 결과를 발생시켰기 때문에 가중처벌하는 경우이다.

2) 감경 구성요건

유사강간(제297조의2)은 강간과 비슷하지만 성관계까지는 이루어지지는 않았기 때문에 다소 감경처벌하는 유형이다.

미성년자 위계・위력 간음(제302조)은 미성년자와 심신미약자가 행위객체인데 행위수단이 폭행・협박이 아니라 위계와 위력이다. 따라서 폭력성의 정도가 강간의 경우보다 덜하기 때문에 감경처벌한다.

업무상 위력 등에 의한 간음(제303조)은 보호관계를 이용해서 간음하는 경우로서 역시 폭력성의 정도가 강간의 경우보다는 덜해서 약하게 처벌한다.

3) 피해자의 상태 때문에 강간 등으로 인정되는 변형 구성요건

준강간・강제추행(제299조)은 심신상실이나 항거불능 상태를 이용하여 간음하거나 추행하는 경우로서 강간・강제추행과 똑같이 취급된다.

아동 대상 간음・추행(제305조 제1항)은 폭행・협박・위계 등을 사용하지는 않았지만 행위객체가 13세 미만이기 때문에 역시 강간・강제추행 등과 같은 행위로 취급된다.

미성년자 간음・추행(제305조 제2항)의 경우에도 행위객체가 13세 이상 16세 미만이어서 강간・강제추행 등과 같은 행위로 취급된다.

Ⅱ. 기본적인 범죄유형

1. 강간죄

제 297 조 (강간) 폭행 또는 협박으로 사람을 강간한 자는 3년 이상의 유기징역에 처한다.
제 300 조 (미수범) 제297조, 제297조의2, 제298조 및 제299조의 미수범은 처벌한다.

(1) 의 의

성범죄의 가장 원초적인 형태로서 유사강간이나 강제추행의 경우보다 중하게 처벌된다. 중하게 처벌하는 이유는 성관계를 강제하는 행위의 불법성이 더 강하기 때문이라고 이해된다.

(2) 구성요건

1) 객관적 구성요건

가. 행위주체

본죄는 **일반범**이다. 그리고 자수범이 아니기 때문에 간접정범 형태로도 정범이 될 수 있으며, 직접 강간행위를 하는 사람뿐 아니라 기능적 역할분담 형태로 폭행·협박에만 가담한 사람도 정범이 될 수 있고, 남자가 여자를 강간하는 과정에서 기능적 역할분담을 한 여자도 공동정범이 될 수 있다(대법원 1998. 2. 27. 97도1757).

나. 행위객체

강간죄의 행위객체는 사람이다. 남성을 대상으로 강제 간음하는 것도 강간이며, 피해자의 혼인 여부, 성년 여부, 음행의 상습이 있는가의 여부는 문제가 되지 않는다(대법원 1996. 6. 11. 96도791).

종래 부부관계의 특수성을 들어 처(妻)는 본죄의 행위객체가 될 수 없다는 입장이 다수설이었다. 남편이 처를 폭행 또는 협박하여 강간한 경우에도 폭행죄나 협박죄만 성립한다는 것이다. **판례**는 처를 행위객체에서 제외시키던 종전의 입장(대법원 1970. 3. 10. 70도29)에서 처도 행위객체가 될 수 있다는 쪽으로 변경되었다.

【판례】 처에 대한 강간 1. 혼인관계가 존속하는 상태에서 남편이 처의 의사에 반하여 폭행 또는 협박으로 성교행위를 한 경우 강간죄가 성립하는지 여부는 별론으로 하더라도, 적어도 당사자 사이에 혼인관계가 파탄되었을 뿐만 아니라 더 이상 혼인관계를 지속할 의사가 없고 이혼의사의 합치가 있어 실질적인 부부관계가 인정될 수 없는 상태에 이르렀다면, 법률상의 배우자인 처도 강간죄의 객체가 된다. (대법원 2009. 2. 12. 2008도8601)

2. 형법이 처를 강간죄 객체에서 제외하는 명문규정을 두고 있지 않으므로 해석상 법률상의 처가 강간죄의 객체에 포함된다고 보는데 아무런 제한이 없다. 따라서 혼인관계가 파탄에 이른 경우는 물론 혼인관계가 실질적으로 유지되고 있는 경우에도 남편의 성폭력이 아내의 성적 자기결정권을 본질적으로 침해하는 정도에 이르렀다면 국가형벌권의 행사가 가능하다. (대법원 2013. 5. 16. 2012도14788 전원합의체)

강간죄의 행위객체가 부녀에서 사람으로 변경된 마당에 남편은 강간의 객체가 되고 처는 되지 않는다는 견해는 더 이상 설 자리가 없다고 생각한다.

다. 행 위

(가) 폭행 또는 협박

강간죄에서 말하는 폭행·협박의 개념 자체는 자유를 침해하는 범죄의 일반적인 경우와 동일하다. 다만 강간이 성립하기 위해서 어느 정도의 폭행·협박이 필요한가에 대해서는 견해의 대립이 있다.

① 반항이 불가능할 정도의 폭행·협박이 필요하다는 견해

② 반항이 현저하게 곤란할 정도의 폭행·협박이 필요하다는 견해 (**다수설**)

판례 | (대법원 1979. 2. 13. 78도1792; 대법원 1988. 11. 8. 88도1628; 대법원 1990. 12. 11. 90도2224; 대법원 1991. 5. 28. 91도546; 대법원 1992. 4. 14. 92도259; 대법원 2004. 6. 25. 2004도2611)

③ **피해자의 진지한 거부**에도 불구하고 폭행·협박을 사용하여 간음하였다면 그 정도와 무관하게 강간죄가 성립한다는 견해

결론 반항이 불가능할 정도의 폭행·협박이 있어야만 강간의 성립을 인정할 수 있다는 주장은 바꿔 말하면 피해자가 거의 목숨을 잃을 것까지 각오하고 극렬하게 저항하는 정도에 이르러야 강간이라고 할 수 있다는 것이어서 부당하다. 그렇다고 폭행·협박의 정도에 관계없이 상대방의 의사에 반하여 간음이 이루어지면 모두 강간이 된다고 하는 것도 강간의 성립 범위를 부당하게 확대할 가능성이 있다는 점에서 타당하지 않다. 적어도 폭행·협박이 성적 자기결정권을 침해할 정도에는 이르러야 하기 때문이다.

따라서 '**반항이 현저하게 곤란할 정도**'의 폭행·협박이 있었으면 강간죄가 성립한다고 보는 것이 옳다.

예를 들어 소리치며 반항하는 피해자의 입을 손으로 막고 음부를 만지는 등의 행위를 한 경우 정도도 강간의 수단으로서의 폭행에 해당된다고 볼 수 있다(대법원 1995. 1. 12. 94도2781).

판례는 폭행·협박이 성적 자기결정권을 침해할 정도로 반항 억압의 정도가 심했는가의 여부를 폭행·협박의 내용과 정도는 물론 유형력을 행사하게 된 경위, 피해자와의 관계, 성교 당시와 그 후의 정황 등 모든 사정을 종합하여 판단하고 있다(대법원 2004. 6. 25. 2004도2611; 대법원 2007. 1. 25. 2006도5979).

【판례】 반항이 현저하게 곤란할 정도에 이르지 않은 폭행·협박 **1.** ① 피해자가 기숙사로 가던 중 피고인을 우연히 만나 별다른 강압이나 저항 없이 다방에서 커피를 마시며 이야기를 나누고, 다시 길 건너 생맥주집으로 자리를 옮겨 함께 있다가 같이 나왔고, ② 기숙사에 이르러 전등이 고장나 텔레비젼 불빛만으로 어두운 방안에 함께 들어갔고, 그곳에서 피고인이 갑자기 피해자를 방바닥에 눕히고 몸으로 짓누르며 내의를 벗기어 간음하려 하였으나 거부의 의사표시는 하였지만 그 외에는 별다른 **저항**이나 **고함**을 지르지 않았고, ③ 그 후 밤늦은 23:00경까지 약 2시간 가까이 그곳에서 피고인과 함께 머물다가, 그곳에서 나온 후 별다른 저항 없이 피고인의 자취방으로 또 다시 따라 갔다. 전후의 사정이 그와 같다면 피고인에 의한 유형력의 행사가 피해자의 반항을 현저히 곤란케 할 정도에까지 이른 것은 아니라고 봄이 상당하다. (대법원 1990. 12. 11. 90도2224)

2. ① 피고인이 피해자와의 간음을 시도하자 피해자가 "여기는 죽은 시어머니를 위한 제청(祭廳)이 설치된 방이니 이런 곳에서 이런 짓을 하면 벌 받는다."고 하여 안방

으로 장소를 옮긴 사실, ② 방을 옮길 때 시아버지가 전화를 해서 피해자가 전화를 받았으나 시아버지에게 **구조**를 요청하지 않은 사실(구조요청 없었던 경우: 대법원 1990. 9. 28. 90도1562; 대법원 1990. 12. 11. 90도2224), ③ 같은 날 한 두 차례 성관계가 있었는데 성관계 전에 발기되지 않고 있는 피고인의 성기를 피해자가 손으로 만져 발기시킨 사실 등으로 미루어 본다면, 이 피해자에게 가한 폭행 또는 협박이 그 반항을 현저히 곤란하게 할 정도에까지 이른 것이라고 보기는 어렵다. (대법원 1991. 5. 28. 91도546)

3. 피고인이 같은 아파트 내의 옆방에 거주하는 피해자를 자신의 방으로 끌고 가 쓰러뜨리고 목을 누르면서 "소리를 지르면 칼을 가져와 죽여버리겠다."라고 협박하였는데 ① 피해자와 가해자는 같은 아파트에 살면서 서로 친숙하게 지낸 사이이고, ② 성교 직전에 피고인의 성기가 발기되지 아니하자 피해자가 피고인의 성기를 손으로 만져서 발기시켜 주었으며, ③ 성교 도중 두 사람이 서로 **대화**를 나누었고, ④ 성교 도중 삽입을 여러 차례 하였으며, ⑤ 피해자가 질 외에 사정해 달라고 하여 그렇게 하였고, ⑥ 피해자가 성교 후 피고인의 **담배**를 꺼내 피웠다는 점 등의 상황으로 미루어 본다면, 간음의 수단으로 이용된 폭행·협박이 피해자의 항거를 현저히 곤란하게 할 정도에까지 이른 것이라고 보기에 미흡하다. (대법원 1992. 4. 14. 92도259)

4. 피고인은 1997. 6. 경 친구의 소개로 피해자(여, 19세)를 만나 사귀면서 같은 달 24. 01:00경 같이 술을 마신 뒤 여관에 들어가 한 방에서 같이 잠을 자다가 성교를 시도하였으나 피해자가 적극적으로 거부하므로 성교를 포기하고 잠만 같이 잔 일이 있었고, 그 후 같은 해 7. 2. 18:00경 피해자로부터 호출기에 의한 연락을 받고 만나 호프집에서 같이 술을 마신 뒤 여관에서 같이 잠을 자기로 하여 그 날 23:30경 피해자가 여관비를 계산하여 여관에 들어갔는데, ① 피고인은 피해자의 어깨를 감싸고 침대에 앉아 텔레비전을 보다가 피곤하여 먼저 침대에 누워 잠을 잤고, 피해자는 피고인이 잠든 뒤에 그 옆에 엎드려 잠을 잤으며, ② 피고인이 아침에 깨어 보니 피해자가 옆에서 잠을 자고 있어서 순간적으로 욕정을 느껴 피해자의 옷을 벗기고 성교하려고 하자 피해자는 잠에서 깨어나 하지 말라고 하면서 몸을 좌·우로 흔드는 등 거부하였으나 몸을 일으켜 그 장소에서 탈출하려고 하거나 소리를 질러 **구조**를 요청하는 등 적극적인 반항은 하지 않았고, ③ 피고인이 피해자의 몸을 누른 채 한 번만 하게 해달라고 애원하듯이 말하면서 피해자의 반항이 덜해지자 피해자의 다리를 벌려 성교를 시도하였으나 잘 되지 않자 피해자의 다리를 올려 성교하던 도중 호출기가 여러 번 울리자 더 이상 계속하지 않았고, 이로 인하여 피해자에게 약 2주간의 치료를 요하는 질 열상을 입혔으며, ④ 그 후 피고인은 피해자에게 연락할 때까지 잘 지내라고

하면서 피해자와 같이 여관에서 나왔다. 피고인이 피해자를 간음하게 된 경위와 피해자와의 관계, 당시의 정황 등 모든 사정을 종합할 때 피고인은 피해자의 의사에 반하는 정도의 유형력을 행사하여 피해자를 간음한 것에 불과하고, 그 유형력의 행사가 피해자의 반항을 현저히 곤란하게 할 정도에 이른 것은 아니므로 피고인의 행위는 강간치상죄에 해당하지 않는다. (대법원 1999. 9. 21. 99도2608)

5. 피고인이 인터넷 채팅사이트를 통하여 알게 된 피해자(여,14세)와 함께 03:00경 비디오방에서 영화를 보다가 순간적으로 욕정을 일으켜 "야, 우리 하자"고 말하면서 그 곳 소파에 누워 있던 피해자의 몸 위에 올라 타 움직이지 못하게 하고 양손으로 바지와 팬티를 벗긴 후 1회 성관계를 맺고, 같은 날 13:00경 피고인이 근무하는 회사 숙직실에서 그 곳에 누워 자고 있던 피해자를 보고 순간적으로 욕정을 일으켜 "하자"고 말하면서 몸 위에 올라 타 움직이지 못하게 하고 양손으로 팬티를 벗기고 다시 1회 성관계를 맺고, 그 후 피고인은 피해자를 인근 미장원에 데리고 가서 머리손질을 하게 하고, 함께 PC방과 목욕탕을 돌아다니는 등 지내다가 이틀 후 피해자가 집으로 돌아간 경우 피해자의 반항을 현저히 곤란하게 할 정도의 폭행이나 협박이 있었다고 보기 어렵다. (대법원 2004. 6. 25. 2004도2611)

6. ① 피고인과 피해자는 교제를 시작한 지 한 달 정도 지나면서 정기적으로 성관계를 가져왔고, ② 피고인의 소개로 부모를 만났으나 아버지가 혼인을 반대한다는 의사표시를 한 후에도 성관계를 가져왔으며, ③ 피해자가 피고인으로부터 폭행을 당하여 좌측고막천공 등의 상해를 입은 후에도 서로 연락을 하였고, ④ 피고인과 함께 피해자의 부모가 거주하는 광주로 가기 위해 피고인이 운전하는 자동차에 동승하거나 피고인이 구입한 고속버스 승차권으로 광주로 갔던 사실, ⑤ 피해자가 경찰공무원인 피해자 친구의 외삼촌을 만난 이후에 피고인에 대하여 강간혐의로 고소장을 제출하였으나, ⑥ 경찰 및 검찰에서 피고인이 피해자의 팔을 잡아 꺾어 반항을 억압한 상태에서 강제로 간음하였다고 하였다가 또 강간을 당한 사실이 없다고 하는 등 진술에 일관성이 없는 점 등을 종합해보면 피해자의 의사에 반하는 정도를 넘어 피해자의 항거를 불가능하게 하거나 현저히 곤란하게 할 정도의 폭행·협박이 있었다고 보기 어렵다. (대법원 2010. 11. 11. 2010도9633)

이들 판례를 보면 유형력을 행사한 당해 폭행 및 협박의 내용과 정도는 물론이고, 유형력을 행사하게 된 경위, 피해자와의 관계, 성교 당시의 정황 등 제반사정을 종합하여 간음행위의 강제성을 판단하고 있다.

그러나 이러한 판례의 태도에 대해서는 이론의 여지가 많이 있다. 특히 성교 도중 피해자가 강간범과 대화를 했다는 사실을 피해자가 성교에 동의를 했다는 증거로 이용하는 데 대하여, 강간범의 마음을 안심시켜 더 이상의 피해를 예방하기 위한 행동임에도 불구하고, 이를 근거로 피해자가 간음에 동의한 것이라고 판단하는 판례의 입장은 부당하다고 할 수 있다.

【판례】 반항이 현저하게 곤란할 정도에 이른 폭행 · 협박 1. 피고인은 **나이 어린 피해자**를 여관방으로 유인하여 방문을 걸어 잠근 후 피해자에게 성교할 것을 요구하였으나 피해자가 이를 거부하자 "옆방에 내 친구들이 많이 있다. 소리 지르면 다 들을 것이다. 조용히 해라. 한 명하고 할 것이냐? 여러 명하고 할 것이냐?"라고 말하면서 성행위를 요구하였다. 이러한 사실과 피해자의 연령이 어린 점, 다른 사람의 출입이 곤란한 심야의 여관방에 피고인과 피해자 단둘이 있는 상황인 점 등 모든 사정을 종합하면 피고인이 피해자의 항거를 현저히 곤란하게 할 정도의 유형력을 행사한 사실은 충분히 인정된다고 보아야 할 것이다. (대법원 2000. 8. 18. 2000도1914)

2. 노래방 도우미인 피해자는 피고인 운영의 노래방에 와서 피고인 및 그 일행들의 유흥을 돋우는 일을 하다가 피고인의 일행들이 먼저 귀가한 후 1시간 더 연장하자는 피고인의 요청에 따라 피고인과 단둘이 노래방에 있던 중, 피해자가 울면서 하지 말라고 하고 '사람 살려'라고 소리를 지르는 등 **반항**하였음에도, 피고인이 피해자를 소파에 밀어붙이고 양쪽 어깨를 눌러 일어나지 못하게 하는 등으로 피해자의 반항을 억압하고는 피고인의 성기를 피해자의 음부에 삽입하였다. 그렇다면 피해자가 당시 피고인과 단둘이 노래방 안에 있었던 점을 고려할 때 피고인의 폭행으로 인하여 피해자는 항거하기 현저히 곤란한 상태에 이르렀던 것으로 봄이 상당하다. (대법원 2005. 7. 28. 2005도3071)

3. 유부녀인 피해자에 대하여 혼인 외 성관계 사실을 **폭로**하겠다는 등의 내용으로 협박하여 간음 또는 추행하였다면 이와 같은 협박이 피해자를 단순히 외포시킨 정도를 넘어 적어도 피해자의 항거를 현저히 곤란하게 할 정도의 것이었다고 보기에 충분하므로 강간죄 및 강제추행죄가 성립한다. (대법원 2007. 1. 25. 2006도5979)

4. 피고인과 피해자는 밴드동호회 회원인데 연말회식으로 동료들과 함께 술을 마시고 새벽 2시경 귀가할 때 ① 피고인이 대리기사를 불러 자신의 승용차로 데려다 주겠다고 하여 차량 뒷자리에 같이 앉았는데 사실은 대리기사를 부르지 않은 점, ② 옆에

앉아있던 피고인이 피해자를 껴안으려 하자 싫다고 밀친 점, ③ 그럼에도 피고인이 '억지로 하는 것이 뭔지 보여주겠다'고 하며 억지로 키스하고 온몸을 만지고 어깨를 잡아 옆으로 눕힌 점, ④ 피고인이 치마를 걷어 올리고 핫팬츠를 벗기려 하자 못벗기게 버티면서 하지 말라고 **울며 애원**한 점, ⑤ 그럼에도 강제로 핫팬츠와 팬티를 강제로 내리고 간음한 점, ⑥ 피고인은 키 175cm 몸무게 70kg의 건장한 체격이고 피해자는 키 158cm 몸무게 51kg이어서 체격차이가 컸던 점, ⑦ 사건 당일 아침 피해자가 곧바로 동호회를 탈퇴하였고 리더가 전화를 하자 피고인에게 강간을 당했다고 이야기했던 점, ⑧ 주위에 피해사실이 알려질까 두려워 신고를 못하다가 자궁외 임신이 확인되어 나팔관절제술을 받게 되자 비로소 경찰에 신고한 점 등 제반사정을 종합해 보면 반항을 억압하거나 현저하게 곤란하게 할 정도의 유형력을 행사하여 피해자를 강간한 것으로 보기에 충분하다. (대법원 2012. 7. 12. 2012도4031)

한편 행위자가 상대방의 의사에 반하여 수면제·마취제 등을 사용하거나 최면상태를 유발하는 것도 비록 행위유형이 폭력적이지 않아 보이더라도 강간이 성립되기 위한 **폭행의 개념**에 포함된다.

여기서 의사에 반한다는 것은 상대방 몰래 심신상실·항거불능 상태를 유발하는 경우를 포함한다. 몰래 수면제를 먹여서 잠들게 만드는 것과 몰래 뒤로 접근해서 뒤통수를 때려 기절시키는 행위는 모두 강간죄에서 말하는 폭행이라는 면에서 같은 유형의 행위이다.

준강간의 경우는 제3의 원인에 의해서 이미 심신상실이나 항거불능 상태가 되어 있는 피해자를 강간하는 경우를 의미하기 때문에 이와 구별된다.

(나) 강 간

강간이란 '상대방의 의사에 반하여 간음하는 것'을 말한다. 그리고 **간음**이란 '성기에 성기를 넣는 것'을 말한다. 어느 정도까지 넣었는가 하는 점은 관계가 없다. 성기와 성기의 직접적인 결합 이외의 행위는 본죄가 아니라 유사강간이나 강제추행에 속한다.

피해자의 의사에 반하는 상태는 삽입할 때까지 지속되기만 하면 된다. 폭행·협박이 있었다고 하여도 그 폭행·협박의 물리적·심리적 영향이 완전히 사라진 후에 간음이 이루어지는 경우에는 강간이 되지 않는다. 폭행·협박과 간음 사이에 인과관계가 연결되지 않기 때문이다. 폭행·협박을 하였지만 상대방이 의사의 강압을 느껴서가 아니라 성관계를 스스로 원하게 되어 간음을 허용하게 되는 경우도 마찬가지이다.

한편 일단 삽입이 된 상태에서 피해자가 더 이상 저항을 하지 않거나 성적 흥분을 느끼게 되더라도 강간죄가 성립되는 데는 지장이 없다.

2) 주관적 구성요건

주관적 구성요건으로 폭행·협박을 이용하여 상대방의 의사에 반하는 간음을 한다는 인식과 의사가 필요하다. 미필적 고의라도 충분하다.

3) 실행의 착수와 기수

본죄는 폭행 또는 협박 행위를 개시할 때 실행의 착수가 있다고 할 것이고, 실제로 그와 같은 폭행 또는 협박에 의하여 피해자의 항거가 불능하게 되거나 현저히 곤란하게 되어야만 실행의 착수가 있는 것은 아니다(대법원 2000. 6. 9. 2000도1253).

【판례】 실행의 착수가 인정되는 경우 1. 피고인이 피해자가 **자동차**에서 내릴 수 없는 상태에 있음을 이용하여 강간하려고 결의하고, 주행중인 자동차에서 탈출불가능하게 하여 외포케 하고 50킬로미터를 운행하여 **여관 앞**까지 강제연행한 후 강간하려다 미수에 그친 경우 위 협박은 감금죄의 실행의 착수임과 동시에 강간미수죄의 실행의 착수라고 할 것이며 감금과 강간미수는 형법 제40조의 상상적 경합이라고 해석함이 상당하다. (대법원 1983. 4. 26. 83도323)

2. 피고인이 간음할 목적으로 새벽 4시에 여자 혼자 있는 방문 앞에 가서 피해자가 방문을 열어 주지 않으면 부수고 들어갈 듯한 기세로 방문을 두드리고 피해자가 위험을 느끼고 창문에 걸터앉아 가까이 오면 뛰어 내리겠다고 하는데도 베란다를 통하여 창문으로 침입하려고 하였다면 강간의 수단으로서의 폭행에 착수하였다고 할 수 있으므로 강간의 착수가 있었다고 할 것이다. (대법원 1991. 4. 9. 91도288)

3. 피고인은 침대에서 일어나 나가려는 피해자의 팔을 낚아채어 일어나지 못하게 하고, 갑자기 입술을 빨고 계속하여 저항하는 피해자의 유방과 엉덩이를 만지면서 피해자의 팬티를 벗기려고 하였다면 피해자의 반항을 억압하거나 현저하게 곤란하게 할

정도의 유형력의 행사를 개시하였다고 보아야 할 것이다. (대법원 2000. 6. 9. 2000도1253)

【판례】 실행의 착수가 인정되지 않는 경우 피고인은 강간을 할 목적으로 피해자의 집에 침입하여 안방에 들어가서 자고 있는 피해자의 가슴과 엉덩이를 만지면서 간음을 기도하였다. 강간죄의 실행의 착수가 있었다고 하려면 강간의 수단으로서 폭행이나 협박을 한 사실이 있어야 할 터인데 피고인의 위 행위만으로는 강간의 수단으로 피해자에게 폭행이나 협박을 개시하였다고 하기 어렵다. (대법원 1990. 5. 25. 90도607)

본죄는 성기에 성기를 넣는 순간 기수가 된다(**삽입설 | 통설**).

(3) 위법성

만약 상대방이 동의를 한 상태에서 성관계가 이루어졌다면 그 경우의 동의는 위법성 조각사유인 '피해자의 승낙'이 아니라 구성요건 성립을 배제하는 '양해'에 해당된다. 다만 13세 미만의 사람이 동의한 경우에는 본죄는 성립되지 않지만 대신 아동 대상 간음죄(제305조 제1항)가 성립되며 형량도 같다. 본죄와 관련해서는 위법성 조각사유를 찾아보기 힘들다.

(4) 죄 수

동일한 기회에 하나의 폭행·협박을 통해서 여러 차례의 간음행위를 한 경우에는 전후의 간음에 다소의 시차가 있더라도 하나의 강간죄가 성립된다(대법원 1970. 9. 29. 70도1516). 그러나 시간적 간격이 어느 정도 벌어져 별개의 행위로 볼 수 있게 되면 별도의 강간죄가 성립된다(대법원 1987. 5. 12. 87도694).

【판례】 강간죄의 실체적 경합 피고인은 피해자를 강간할 목적으로 도망가는 피해자를 추격하여 머리채를 잡아끌면서 블록조각으로 머리를 수회 때리고 손으로 목을 조르면서 항거불능케 한 후 1회 간음하여 강간하고 이로 인하여 그녀로 하여금 요치 28일간의 전두부 타박상을 입게 한 후, 약 1시간 후에 그녀를 피고인 집 작은방으로 끌고가 앞서 범행으로 항거불능 상태인 그녀를 다시 1회 간음하여 강간하였다. 이 경우

피고인의 두 번에 걸친 피해자에 대한 강간행위는 그 범행시간과 장소를 각각 달리하고 있을 뿐만 아니라 각각 별개의 범의에서 이루어진 행위로 볼 수 있으므로 실체적 경합범으로 처단하는 것이 옳다. (대법원 1987. 5. 12. 87도694)

동일한 기회에 여러 사람에 대한 강간이 이루어지면 피해자의 수만큼 강간죄가 성립된다. 또 약취·유인이나 감금을 한 상태에서 여러 번에 나누어 강간을 하면 약취·유인이나 감금이 하나의 범죄행위이더라도 강간죄는 간음 횟수만큼 성립된다.

강간을 하면서 **감금**이 동시에 이루어진 경우 강간과 감금은 서로 구별되는 범죄이며 보호법익도 서로 다르기 때문에 각각 별개의 범죄가 성립된다(대법원 1983. 4. 26. 83도323; 대법원 1984. 8. 21. 84도1550; 대법원 1997. 1. 21. 96도2715).

강간범죄를 저지르는 자가 범행 중간에 **강도**행위를 하게 되면 결합범으로서 강도강간죄(제339조)가 성립되지만, 강간행위를 완료한 뒤에 강도의 고의를 새롭게 형성해서 재물을 강취하면 강간과 강도는 실체적 경합이 된다(대법원 1977. 9. 28. 77도1350; 대법원 1988. 9. 9. 88도1240).

【판례】 강간과 강도의 관계 강도강간죄는 강도라는 신분을 가진 범인이 강간죄를 범하였을 때 성립하는 범죄이므로 강간범이 강간행위 후에 강도의 범의를 일으켜 재물을 강취하는 경우에는 강도강간죄가 아니라 강도죄와 강간죄의 경합범이 성립될 수 있을 뿐이나, 강간범이 강간 실행행위의 계속 중에 강도의 행위를 할 경우에는 이 때 바로 강도의 신분을 취득하는 것이므로 이후에 그 자리에서 강간행위를 계속하는 때에는 강도가 부녀를 강간하는 경우에 해당하여 형법 제339조 소정의 강도강간죄를 구성한다. (대법원 1988. 9. 9. 88도1240)

타인의 주거에 침입해서 강간을 한 경우에 대해서 견해대립이 있다.

① 주거침입과 강간의 실체적 경합

② 주거침입은 강간의 수단이므로 강간죄만 성립

결론 주거침입 자체가 폭력적인 형태를 띠는 경우에는 그것 자체가 이미 강간죄의 실행의 착수가 되므로(대법원 1991. 4. 9. 91도288) 주거침입과 강간이 동시에 하나의 행위에 의해서 실행되는 것이어서 상상적 경합이 된다고 보는 것이 타당하다. 그러나 그렇지 않고 몰래 피해자의 집으로 침입하는 경우에는 주거침입과 강간이 동시에 진행되는 것이 아니므로 실체적 경합으로 보는 것이 옳다. 주거침입죄가 강간죄의 보충규정으로서 적용이 배제된다고 보기는 곤란하다.

한편 이에 대하여 성폭력특별법 제3조 제1항이 주거침입죄를 범한 자가 강간행위를 하는 경우에 가중처벌하는 규정을 두고 있으므로 주거침입과 강간죄의 관계가 어떻든 관계없이 두 범죄 모두 성폭력특별법 제3조 제1항상의 특수강도강간 등 범죄에 대해서 보충관계에 있게 된다.

강간죄가 성립하는 경우 그 수단으로 사용된 폭행·협박 부분은 별도로 폭행죄나 협박죄를 구성하지 않는다(대법원 2002. 5. 16. 2002도51 전원합의체). 폭행죄나 협박죄 처벌규정은 강간죄 처벌규정의 보충규정으로서 그 적용이 배제된다.

2. 유사강간죄

제 297 조의2 (유사강간) 폭행 또는 협박으로 사람에 대하여 구강, 항문 등 신체(성기는 제외한다)의 내부에 성기를 넣거나 성기, 항문에 손가락 등 신체(성기는 제외한다)의 일부 또는 도구를 넣는 행위를 한 사람은 2년 이상의 유기징역에 처한다.

제 300 조 (미수범) 제297조, 제297조의2, 제298조 및 제299조의 미수범은 처벌한다.

옷 위로 유방이나 엉덩이를 만지는 행위와 성기를 항문이나 입에 집어넣는 행위를 비교해 보면 후자의 경우는 강간행위에 거의 근접할 정도로 행위반가치가 훨씬 큼에도 불구하고 강제추행으로만 처벌할 수 있는 불합리를 해소하기 위하여 2012년 12월에 도입된 규정이다.

성기에 성기를 넣는 대신 성기 이외의 신체의 내부에 성기를 넣거나 성기·항문에 신체의 일부 또는 도구를 넣는다는 점을 제외하고는 모두 강간죄의 경우와 같은 성립요건을 가지고 있다.

3. 강제추행죄

제 298 조 (강제추행) 폭행 또는 협박으로 사람에 대하여 추행을 한 자는 10년 이하의 징역 또는 1천500만원 이하의 벌금에 처한다.

제 300 조 (미수범) 제297조, 제297조의2, 제298조 및 제299조의 미수범은 처벌한다.

폭행・협박을 수단으로 해서 사람을 추행함으로써 성립하는 범죄이다.

(1) 객관적 구성요건

1) 행위주체・행위객체

행위주체와 객체에는 제한이 없다. 다만 처(妻)는 행위객체에서 제외해야 한다는 것이 **다수설**이다. 그러나 이 입장이 처는 행위객체에서 제외하면서 왜 남편은 행위객체에서 제외시키지 않는지 의문이다. 강간죄 부분에서 설명한 바와 마찬가지 이유로 처도 행위객체에 포함시켜야 한다고 생각한다.

행위객체가 13세 미만의 사람일 경우에는 성폭력특별법 제7조 제3항에 따라 가중처벌된다.

2) 행 위

가. 폭행・협박

폭행・협박의 개념은 강간죄의 경우와 같다. 그러나 어느 정도의 폭행・협박을 필요로 하는가에 대해서는 견해가 대립되어 있다.

① 폭행・협박에 해당되기만 하면 되고 그 정도는 문제가 되지 않는다는 견해 **(판례)**

② 의사결정의 임의성을 잃게 할 정도이거나, 항거가 곤란하다고 느낄

정도에 이르면 된다는 견해

③ 강간죄와 마찬가지로 반항이 현저하게 곤란할 정도까지 이르러야 한다는 견해

결론 강제추행 행위는 강간이라는 범죄행위와는 달리 다양한 변종을 가지고 있는 범죄유형이다. 그리고 이러한 추행행위들은 일단 상대를 폭행·협박을 동원해서 제압한 이후에 하는 것이 아니라 폭행과 함께 동시에 진행되는 경우가 많다(대법원 1992. 2. 28. 91도3182). 따라서 이 경우의 폭행도 추행으로 볼 수 있는 경우가 많을 것이므로 폭행·협박의 정도는 문제 삼지 않는 것이 옳다고 생각한다. 판례의 입장도 같다(대법원 1983. 6. 28. 83도399; 대법원 1992. 2. 28. 91도3182; 대법원 1994. 8. 23. 94도630; 대법원 2002. 4. 26. 2001도2417).

공중밀집장소의 경우에는 아예 폭행·협박이 없더라도 추행이 성립되며 성폭력특별법 제11조에 따라 형사처벌 대상이 된다. 그러나 공중밀집장소라고 하더라도 단순히 사람과 사람이 밀착되어 있다는 점을 이용하는 정도를 넘어 폭행·협박이 사용되면 형법 제298조의 강제추행이 된다.

【판례】 추행으로서의 폭행행위 피고인은 자신의 처가 경영하는 식당의 지하실에서 피해자를 포함한 종업원들과 노래를 부르며 놀던 중 피해자를 뒤에서 껴안고 브루스를 추면서 피해자의 유방을 만졌다. 강제추행죄는 상대방에 대하여 폭행 또는 협박을 가하여 항거를 곤란하게 한 뒤에 추행행위를 하는 경우뿐만 아니라 **폭행행위 자체가 추행행위**라고 인정되는 경우도 포함되는 것이며, 이 경우에 있어서의 폭행은 반드시 상대방의 의사를 억압할 정도의 것임을 요하지 않고 상대방의 의사에 반하는 유형력의 행사가 있는 이상 그 힘의 대소·강약을 불문한다. 피고인의 위 행위가 순간적인 행위에 불과하더라도 피해자의 의사에 반하여 행하여진 유형력의 행사에 해당하고 피해자의 성적 자유를 침해할 뿐만 아니라 일반인의 입장에서도 추행행위라고 평가될 수 있는 것으로서, 폭행행위 자체가 추행행위라고 인정되어 강제추행죄가 성립된다. (대법원 2002. 4. 26. 2001도2417)

나. 추 행

대체로 **추행**의 개념은 '객관적으로 일반인에게 성적 수치·혐오의 감정을 느끼게 하는 일체의 행위'로 정의된다(**다수설**).

여기서 일반인에게 성적 혐오의 감정을 느끼게 하는 행위라는 부분은 큰 문제가 없지만, 수치심을 느끼게 하는 행위라는 개념규정은 문제가 있다. 수치심이라는 것은 추행을 당하는 사람이 느끼는 감정이지 그런 사실이 있었음을 전해 듣거나 범죄 현장을 목격하는 사람이 느끼는 감정이 아니다. 당사자가 아닌 제3자가 느끼는 감정은 성적 혐오의 감정이다.

또한 남을 추행하는 행위를 보면서 스스로 성적 만족을 느끼는 사람도 있으므로 '객관적' 이라는 부분은 '건전한 상식의 견지에서'라는 의미로 파악하여야 할 것으로 본다.

따라서 추행이란 '건전한 상식의 견지에서 일반인에게 성적 혐오의 감정을 느끼게 하는 일체의 행위'로 이해하는 것이 적절하다고 본다.

【판례】 유치원 원장의 추행 유치원 원장인 피고인은 20대의 젊은 미혼의 유치원 교사인 피해자를 자기 차에 태우고 가다가 강제로 키스를 하고, 다른 사람이 없는 틈을 이용하여 피해자의 허리를 양손으로 잡아 올리고, 발기된 성기를 피해자의 허벅지에 닿게 하고, 두 손으로 피해자의 어깨를 감싸 안고 이에 놀라 비명을 지르는 피해자의 왼손을 잡아 쥐고 주무르고, 전화기 전달을 빙자하여 오른손으로 피해자의 젖가슴 밑부분을 닿게 하는 등의 행위를 계속적으로 하였다. 이는 일반인이 보기에도 추행에 해당되는 행위이다. (대법원 1998. 1. 23. 97도2506)

【판례】 강제추행이 인정되는 경우 1. 양손으로 어깨를 껴안아 항거 불능케 한 뒤 강제로 유방을 만지고 다시 음부와 허벅다리를 더듬고 입술을 맞춘 경우 (대법원 1986. 6. 10. 85도2761)

2. 방안에서 갑자기 상의를 걷어 올려서 유방을 만지고, 하의를 끄집어 내린 경우 (대법원 1994. 8. 23. 94도630)

3. 옷 속으로 음부를 만지면서 키스를 한 경우 (대법원 1989. 8. 8. 89도358)

4. 젖가슴을 꽉 움켜잡은 경우 (대법원 2000. 2. 11. 99도4794)

5. 강제로 눕혀 옷을 벗긴 뒤 1회용 면도기로 음모를 반 정도 깎은 경우 (대법원 2000. 3. 23. 99도3099)

6. 노래를 부르는 피해자를 뒤에서 껴안고 브루스를 추면서 유방을 만진 경우 (대법원 2002. 4. 26. 2001도2417)

7. 직장 상사가 등 뒤에서 명백한 의사에 반하여 어깨를 주무른 경우 (대법원 2004. 4. 16. 2004도52)

8. 남성인 담임교사가 초등학교 4학년 남학생의 성기를 만진 경우 (대법원 2006. 1. 13. 2005도6791)

9. 팔을 감아 돌림으로써 얼굴이나 상체가 밀착되어 서로 포옹하는 것과 같은 자세가 되는 러브샷의 방법으로 술을 마시게 강요한 경우 (대법원 2008. 3. 13. 2007도10050)

10. 엘리베이터 속에서 피해자들을 칼로 위협하여 꼼짝하지 못하도록 한 다음 자신

의 자위행위 모습을 보여준 경우 (대법원 2010. 2. 25. 2009도13716)

11. 음부를 손으로 만진 경우 (대법원 2012. 6. 14. 2012도3893)

12. 엘리베이터 속에서 성기를 꺼내 잡고 이리 저리 움직이다가 가까이 들이민 경우 (대법원 2013. 1. 16. 2011도7164)

13. 입술, 귀, 유두, 가슴을 입으로 깨문 경우 (대법원 2013. 9. 26. 2013도5856)

【판례】 강제추행이 인정되지 않는 경우 단순히 바지를 벗어 성기를 보여주는 행위 (대법원 2012. 7. 26. 2011도8805)

강제추행을 넘어 유사강간이 되는 경우 : 대낮에 도로변에서 술에 취한 자가 5세의 여아에게 자신의 음경을 빨게 하는 행위 (대법원 1970. 10. 30. 선고 70도1898), 침대 위에 눕혀 놓고 팬티를 내린 다음 손가락을 피해자의 음부에 넣고 만지는 행위 (대법원 1990. 4. 13. 90도154; 대법원 1996. 11. 22. 96도1395), 옷 속으로 손을 넣어 음부에 손가락을 집어넣는 행위 (대법원 2005. 4. 15. 2004도362) 등은 과거 강제추행죄로 처벌되었으나 이제는 새로 도입된 유사강간죄에 해당한다.

(2) 주관적 구성요건

폭행 · 협박을 수단으로 해서 사람을 추행한다는 데 대한 인식과 의사가 있어야 한다. 미필적 고의로 충분하다.

나아가 '성욕을 자극 · 흥분 · 만족시키려는 목적'이 있어야 본죄가 성립하는가에 대하여 견해대립이 있다.

① 필요설

② 불요설 (판례)

[결론] 강제추행죄는 성적 자기결정권을 침해하는 범죄인데 성적 자기결정권을 침해하는 행위를 하였음에도 행위자가 성욕을 자극 · 흥분 · 만족시키겠다는 목적을 가지고 있지 않았다는 이유만으로 범죄가 성립되지 않는다고 보는 것은 부당하다. 불요설이 타당하다.

【판례】 성욕 자극 · 흥분 · 만족 목적이 없는 추행 피고인은 피해자가 자신의 머리채를 잡고 폭행을 가하자 화가 나서 보복하는 차원에서 피해자의 입술, 귀, 유두, 가슴을 입으로 깨물었다. 이 경우 피고인에게 성욕을 자극 · 흥분 · 만족시키고자 하는 목적이 없었더라도, 객관적으로 성적 수치심을 야기하는 행위를 하여 피해자의 성적 자유를 침해하였으므로 추행에 해당한다. (대법원 2013. 9. 26. 2013도5856)

(3) 실행의 착수와 기수

본죄는 폭행 또는 협박 행위를 시작할 때 또는 폭행이나 협박을 수반한 추행행위가 시작될 때 실행의 착수가 있다고 볼 수 있다.

【판례】 강제추행의 실행의 착수 피고인이 밤에 술을 마시고 배회하던 중 버스에서 내려 혼자 걸어가는 17세 여성을 발견하고 뒤따라가다가 인적이 없고 외진 곳에서 가까이 접근하여 껴안으려 하였으나, 피해자가 뒤돌아보면서 소리치자 그 상태로 몇 초 동안 쳐다보다가 다시 오던 길로 되돌아갔다면 '기습추행'으로서 실행의 착수가 인정된다. (대법원 2015. 9. 10. 2015도6980)

일단 추행행위가 있게 되면 본죄는 곧바로 기수가 된다.

(4) 죄 수

불특정 또는 다수가 보고 있는 상황에서 본죄를 저지르면 동시에 공연음란죄(제245조)도 성립된다. 강제추행죄와 공연음란죄는 서로 보호법익이 다른 별개의 범죄이므로 하나의 행위로 여러 개의 범죄를 저지른 경우로서 상상적 경합 관계가 된다.

Ⅲ. 피해자의 상태 때문에 강간 등으로 인정되는 범죄유형

1. 준강간·강제추행죄

제299조 (준강간, 준강제추행) 사람의 심신상실 또는 항거불능의 상태를 이용하여 간음 또는 추행을 한 자는 제297조, 제297조의2 및 제298조의 예에 의한다.
제300조 (미수범) 제297조, 제297조의2, 제298조 및 제299조의 미수범은 처벌한다.
성폭력특별법 제6조 (장애인에 대한 강간·강제추행 등) ① 신체적인 또는 정신적인 장애가 있는 사람에 대하여 「형법」 제297조(강간)의 죄를 범한 사람은 무기징역 또는 7년 이상의 징역에 처한다.

> ② 신체적인 또는 정신적인 장애가 있는 사람에 대하여 폭행이나 협박으로 다음 각 호의 어느 하나에 해당하는 행위를 한 사람은 5년 이상의 유기징역에 처한다.
> 1. 구강 · 항문 등 신체(성기는 제외한다)의 내부에 성기를 넣는 행위
> 2. 성기 · 항문에 손가락 등 신체(성기는 제외한다)의 일부나 도구를 넣는 행위
>
> ③ 신체적인 또는 정신적인 장애가 있는 사람에 대하여 「형법」 제298조(강제추행)의 죄를 범한 사람은 3년 이상의 유기징역 또는 2천만원 이상 5천만원 이하의 벌금에 처한다.
> ④ 신체적인 또는 정신적인 장애로 항거불능 또는 항거곤란 상태에 있음을 이용하여 사람을 간음하거나 추행한 사람은 제1항부터 제3항까지의 예에 따라 처벌한다.

(1) 의 의

폭행 · 협박을 이용하지 않더라도 성적 자기결정권을 침해하는 행위이기 때문에 처벌하는 범죄이다. **자수범**인가에 대하여 견해대립이 있다.

① 긍정설

② 부정설 (**다수설**)

결론 형사미성년자 등 처벌받지 않는 자를 이용해서 간접정범 형태로 저지를 수 있는 범죄이므로 자수범이 아니라고 보는 **부정설**이 타당하다.

(2) 구성요건

1) 행위객체

심신상실 또는 항거불능 상태에 있는 사람이 행위객체이다.

가. 심신상실

심신상실이란 제10조 제1항에서 말하는 심신상실과 다를 바 없는 개념

이다. 따라서 정신적 장애로 인하여 사물을 변별할 능력이 없는 상태를 의미하는 것으로 이해된다. 정도가 조금 덜해서 심신미약 상태에 있는 사람인 때에는 미성년자 등에 대한 위계·위력·간음(제302조)의 행위객체가 된다(**통설**).

【판례】 심신상실이 인정되지 않는 경우 피고인은 술에 취하여 안방에서 잠을 자고 있던 피해자를 발견하고 갑자기 욕정을 일으켜 피해자의 옆에 누워 피해자의 몸을 더듬다가 피해자의 바지를 벗기려는 순간 피해자가 어렴풋이 잠에서 깨어났으나 잠결에 자신의 바지를 벗기려는 피고인을 자신의 애인으로 착각하여 반항하지 않고 응함에 따라 피해자를 1회 간음하였다. 이와 같은 피해자의 의식상태를 심신상실의 상태이었다고 볼 수는 없다. (대법원 2000. 2. 25. 98도4355)

성폭력특별법에 규정되어 있는 "정신상의 장애"는 병적 장애를 의미하므로 심신장애 가운데 병적 정신장애, 정신박약 또는 그 밖의 중대한 정신적 변성 등만을 의미하는 것으로 이해된다.

나. 항거불능

항거불능이란 '물리적·신체적 또는 심리적으로 저항이 불가능한 상태'를 말한다(대법원 2000. 5. 26. 98도3257; 대법원 2007. 7. 27. 2005도2994; 대법원 2014. 2. 13. 2011도6907).

줄에 묶여 있는 것은 물론 기절한 상태이거나, 깊은 잠에 빠져 있거나, 마취되어 있거나, 만취상태이거나, 여러 차례 강간을 당하여 기진맥진한 상태 등이 이에 해당된다. 또한 선천적이거나 후천적인 신체장애로 인해서 항거할 수 없는 상태인 경우도 이에 포함된다. 이와 같은 상태는 행위자에 의해서가 아니라 제3의 원인에 의해 이미 형성되어 있어야 한다.

【판례】 항거불능이 인정되는 경우 1. 피고인 甲은 지적 능력이 4~8세에 불과한 장애 여성을 야산으로 데리고 가거나 집에 아무도 없는 틈을 이용하여 강제로 바닥에 눕히고 바지와 팬티를 벗긴 다음 여러 차례 간음하였다. 이 과정에서 피해자는 하지 말라고 하거나 밀어내거나 바지와 팬티를 벗기지 못하게 잡고 있는 정도의 저항을 하였다. 정신지체를 가진 사람들은 자기보다 힘이나 능력이 우월한 사람에게는 위압감을 느끼고 절대적으로 복종하는 경향을 보이는 바 항거불능 상태이었던 것으로 인정된다. (대법원 2007. 7. 27. 2005도2994)

2. 피고인 甲은 지능지수가 62이고 사회연령이 7세 정도인 피해자(28세 여성)를 자신의 오토바이를 이용하여 인적이 드문 공원으로 데리고 가서 벤치에 앉자마자 몸을 만졌는데 피해자는 甲이 무섭고 겁이 나서 이를 제지하지 못하였다. (대법원 2014. 2. 13. 2011도6907)

【판례】 항거불능이 인정되지 않는 경우 1. 정상적인 판단능력을 가진 성인여성들인 피해자들이 본인이나 가족의 병을 낫게 하려고 목사인 피고인의 요구에 응하였고 당시 피고인과 대화를 주고받기도 한 사실, 범행의 경위 및 횟수, 피고인과 피해자의 대화내용 등에 비추어 보면 피해자들이 당시 피고인의 성적 행위를 인식하고 이에 따른 것이어서 항거가 현저히 곤란한 상태였다고 보기는 어렵다. (대법원 2000. 5. 26. 98도3257)

2. 피해자의 지능이 정상인에 미달하기는 하나 사고능력이나 사리분별력이 전혀 없다고는 할 수 없고 성적인 자기결정을 할 능력이 미약한 상태에 있었던 데 불과하고, 피고인이 피해자의 그러한 상태를 이용하여 가벼운 폭행과 협박・위계로써 피해자의 반항을 손쉽게 억압하고 간음하게 된 것이라면 피해자가 항거불능의 상태에 있었다고 단정하기 어렵다. (대법원 2004. 5. 27. 2004도1449)

2) 행 위

"심신상실 또는 항거불능의 상태를 이용"한다는 것은 피해자가 이미 그와 같은 상태에 있어서 저항한다는 의사를 형성하는 것이 불가능하거나 항거한다는 의사에 따른 행동이 불가능한 것을 기회로 삼아 피해자의 의사에 반하여 간음행위를 하는 것을 말한다. 이렇게 이미 형성된 피해자의 상태를 이용하는 것이 준강간・강제추행이므로 그러한 상황을 행위자가 유발하는 경우에는 본죄가 아니라 강간・강제추행이 된다.

간음과 추행의 의미는 강간・강제추행의 경우와 같다.

3) 실행의 착수

준강간죄는 심신상실 또는 항거불능의 상태를 이용하는 행위를 시작할 때 실행의 착수가 있는 것으로 볼 수 있다.

【판례】 항거불능 상태의 이용 시기 피고인은 피해자가 잠을 자는 사이에 피해자의 바

지와 팬티를 발목까지 벗기고 웃옷을 가슴 위까지 올린 다음, 피고인의 바지를 아래로 내린 상태에서 피해자의 가슴, 엉덩이, 음부 등을 만지고 피고인이 성기를 피해자의 음부에 삽입하려고 하였으나 피해자가 몸을 뒤척이고 비트는 등 잠에서 깨어 거부하는 듯한 기색을 보이자 더 이상 간음행위에 나아가는 것을 포기하였다. 사실관계가 그와 같다면 피고인의 행위를 전체적으로 관찰할 때, 피고인은 잠을 자고 있는 피해자의 옷을 벗기고 자신의 바지를 내린 상태에서 피해자의 음부 등을 만지는 행위를 한 시점에서 피해자의 항거불능의 상태를 이용하여 간음을 할 의도를 가지고 간음의 수단이라고 할 수 있는 행동을 시작한 것으로서 준강간죄의 실행에 착수하였다고 보아야 할 것이다. (대법원 2000. 1. 14. 99도5187)

(3) 공 범

준강간・강제추행은 강간・강제추행과는 달리 **자수범**이라는 견해가 있다. 그 근거는 제299조는 간음이나 추행이라는 하나의 행위로 이루어지는 범죄이고, 하나의 행위로 이루어지는 범죄이기 때문에 제299조의 불법은 간음이나 추행을 스스로 실행하는 것만을 내용으로 한다는 것이다.

그러나 하나의 행위로 이루어지는 범죄는 제299조만이 아니다. 살인・상해・방화・폭행 등 하나의 행위로 이루어지는 범죄는 얼마든지 많이 있는데 이들 범죄는 자수범이 아니고 준강간・강제추행의 경우만 자수범이라고 하는 것은 납득할 수 없다. 강간・강제추행을 간접정범의 형태로 범할 수 있듯이 준강간・강제추행도 형사미성년자를 시키거나 최면을 걸거나 해서 얼마든지 **간접정범** 형태로 할 수 있는 범죄이다(**통설**).

2. 미성년자 간음죄

제305조 (미성년자에 대한 간음, 추행) ① 13세 미만의 사람에 대하여 간음 또는 추행을 한 자는 제297조, 제297조의2, 제298조, 제301조 또는 제301조의2의 예에 의한다.

② 13세 이상 16세 미만의 사람에 대하여 간음 또는 추행한 19세 이상의 자는 제297조, 제297조의2, 제298조, 제301조 또는 제301조의2의 예에 의한다.

(1) 의 의

13세 미만 또는 13세 이상 16세 미만의 사람과 간음을 하거나 추행함으로써 성립되는 범죄이다. 폭행·협박이 동원되지 않았음에도 불구하고 강간·강제추행과 똑같이 처벌한다. 폭행·협박을 가하여 간음한 경우에는 본죄가 성립되지 않고 강간(제297조)이 성립된다.

이 규정은 아직 16세가 되지 않은 사람은 성적 자기결정을 제대로 하기가 어려운 상태에 있다는 것을 전제로 한다. 따라서 본죄의 주된 보호법익은 성적 자기결정권보다는 **청소년의 올바른 성적(性的) 성장**이라고 보아야 하겠다(대법원 2012. 8. 30. 2012도7377).

(2) 구성요건

13세 미만의 사람에 대해서는 **행위주체**에 제한이 없고, 13세 이상 16세 미만의 사람에 대해서는 행위주체가 성인으로 제한된다. **행위내용**은 간음 또는 추행이고 그 의미는 강간죄·강제추행죄의 경우와 같다.

【판례】 미성년자 추행 초등학교 4학년 담임교사(남자)가 교실에서 자신이 담당하는 반의 남학생의 성기를 만진 행위는 미성년자 의제 강제추행죄에서 말하는 '추행'에 해당한다. (대법원 2006. 1. 13. 2005도6791)

주관적 구성요건으로서 행위객체의 연령에 대한 인식과 간음 또는 추행을 한다는 인식과 의사가 있어야 한다. 미필적 고의로 충분하다. 상대방이 13세 미만이라는 사실을 몰랐던 경우에는 범죄가 성립하지 않는다. 반대로 13세 이상인데 미만이라고 생각했던 경우에 대해서는 견해대립이 있다.

① **불능범**이라고 보는 견해
② **불능미수**로 보는 것이 견해

객체에 대한 착오로 범죄의 성립이 불가능하였으나 위험성은 있는 경우이므로 **불능미수**로 보는 것이 타당하다.

(3) 미수범

본죄에 대해서는 미수범 처벌규정이 별도로 없다. 그러나 "제297조, 제298조 ……의 예에 의한다"는 것은 제297조·제298조와 모든 면에서 동일하게 취급한다는 것을 의미한다. 제297조와 제298조가 미수범을 처벌하므로(제300조) 미성년자 간음 또는 추행을 시도한 행위도 미수범으로서 처벌된다(**통설·판례** | 대법원 2007. 3. 15. 2006도9453).

Ⅳ. 가중 구성요건

1. 친족강간죄

성폭력특별법 제5조 (친족관계에 의한 강간 등) ① 친족관계인 사람이 폭행 또는 협박으로 사람을 강간한 경우에는 7년 이상의 유기징역에 처한다.

② 친족관계인 사람이 폭행 또는 협박으로 사람을 강제추행한 경우에는 5년 이상의 유기징역에 처한다.

③ 친족관계인 사람이 형법 제299조(준강간, 준강제추행)의 죄를 범한 경우에는 제1항 또는 제2항의 예에 따라 처벌한다.

④ 제1항부터 제3항까지의 친족의 범위는 4촌 이내의 혈족·인척과 동거하는 친족으로 한다.

⑤ 제1항부터 제3항까지의 친족은 사실상의 관계에 의한 친족을 포함한다.

성폭력특별법 제15조 (미수범) 제3조부터 제9조까지 및 제14조의 미수범은 처벌한다.

친족관계에 있는 자가 강간·강제추행·준강간·준강제추행 등의 행위를 했기 때문에 가중처벌하는 규정이다. 의붓아버지가 의붓딸을 상습적으로 강간하는 등의 범죄가 큰 사회문제로 대두되면서 만들어진 조항이다.

본래는 (구)성폭력특별법 제7조 제4항이 친족의 범위에 대하여 "제1항 및 제2항의 존속 또는 친족은 사실상의 관계에 의한 존속 또는 친족을 포함한다."고 규정하고 있었는데, 의붓아버지는 사실상의 관계에 의한 존속에 해당되지 않는다는 판례(대법원 1996. 2. 23. 95도

2914)가 나옴에 따라 명확하게 의붓아버지를 포함할 수 있도록 "4촌 이내의 혈족 및 인척과 동거하는 친족"으로 조문이 개정된 것이다.

【판례】 친족관계가 인정되는 경우 1. 중혼적 사실혼 법률이 정한 혼인의 실질관계는 모두 갖추었으나 법률이 정한 방식, 즉 혼인신고가 없기 때문에 법률상 혼인으로 인정되지 않는 이른바 사실혼으로 인하여 형성되는 인척도 성폭력특별법에서 규정한 '사실상의 관계에 의한 친족'에 해당하고, 비록 우리 법제가 일부일처주의를 채택하여 중혼을 금지하는 규정을 두고 있다 하더라도 이를 위반한 때를 혼인 무효의 사유로 규정하고 있지 아니하고 단지 혼인 취소의 사유로만 규정함으로써 중혼에 해당하는 혼인이라도 취소되기 전까지는 유효하게 존속하는 것이므로, 중혼적 사실혼이라 하여 달리 볼 것은 아니다. (대법원 2002. 2. 22. 2001도5075)

2. 출생신고한 양자 피고인이 피해자의 생모의 동의를 얻어 피해자를 입양할 의사로 데려왔으나 자신의 처의 동의 없이 피해자를 자신과 처 사이의 친생자로 출생신고를 한 경우, 피고인은 친생자출생신고 전에는 성폭력특별법상의 '사실상의 관계에 의한 친족'에 해당하고, 친생자출생신고 후에는 같은 법상의 '친족'에 해당한다. (대법원 2006. 1. 12. 2005도8427)

2. 미성년자 강간 등

성폭력특별법 제7조 (13세 미만의 미성년자에 대한 강간, 강제추행 등) ① 13세 미만의 사람에 대하여 형법 제297조(강간)의 죄를 범한 사람은 무기징역 또는 10년 이상의 징역에 처한다.

② 13세 미만의 사람에 대하여 폭행이나 협박으로 다음 각 호의 어느 하나에 해당하는 행위를 한 사람은 7년 이상의 유기징역에 처한다.

1. 구강 · 항문 등 신체(성기는 제외한다)의 내부에 성기를 넣는 행위
2. 성기 · 항문에 손가락 등 신체(성기는 제외한다)의 일부나 도구를 넣는 행위

③ 13세 미만의 사람에 대하여 형법 제298조(강제추행)의 죄를 범한 사람은 5년 이상의 유기징역 또는 3천만원 이상 5천만원 이하의 벌금에 처한다.

④ 13세 미만의 사람에 대하여 형법 제299조(준강간, 준강제추행)의 죄를 범한 사람은 제1항부터 제3항까지의 예에 따라 처벌한다.

⑤ 위계 또는 위력으로써 13세 미만의 사람을 간음하거나 추행한 사람은 제1항부터 제3항까지의 예에 따라 처벌한다.

> 성폭력특별법 제15조 (미수범) 제3조부터 제9조까지 및 제14조의 미수범은 처벌한다.

피해자가 13세 미만의 어린이이기 때문에 가중처벌하는 규정이다. 행위 내용은 강간(제297조), 강제추행(제298조), 준강간·강제추행(제299조) 그리고 미성년자 위계·위력 간음·추행(제302조)이다.

3. 특수강간죄

> 성폭력특별법 제4조 (특수강간 등) ① 흉기나 그 밖의 위험한 물건을 지닌 채 또는 2명 이상이 합동하여 형법 제297조(강간)의 죄를 범한 사람은 무기징역 또는 7년 이상의 징역에 처한다.
>
> ② 제1항의 방법으로 형법 제298조(강제추행)의 죄를 범한 사람은 5년 이상의 유기징역에 처한다.
>
> ③ 제1항의 방법으로 형법 제299조(준강간, 준강제추행)의 죄를 범한 사람은 제1항 또는 제2항의 예에 따라 처벌한다.
>
> 성폭력특별법 제15조 (미수범) 제3조부터 제9조까지 및 제14조의 미수범은 처벌한다.

성폭력특별법 제4조(특수강간)는 행위방법이 특별히 위험하기 때문에 가중처벌하는 규정이다. “위험한 물건을 휴대”한다는 의미는 특수폭행죄(제261조)의 경우와 같다.

“2인 이상이 합동”한다는 것은 시간적·장소적으로 협동을 한다는 것을 의미한다.

> 합동절도(제331조 제2항)의 경우에는 장소적으로는 꼭 인접한 상태에서 일을 벌이지 않더라도 합동범이 인정된다는 판례(대법원 1998. 5. 21. 98도321)가 나왔지만, 이는 공범 한 사람이 피해자를 붙잡아 두고 있는 상태에서 다른 공범이 피해자의 신용카드를 들고 가 현금자동출납기에서 현금을 인출해 왔다고 하는 특수한 사건 내용 때문에 합동범이 인정된 경우이므로 특수강간에 있어서는 여전히 장소적 협동관계도 필요하다고 해석하는 것이 맞다.

일단 2인 이상이 협력해서 강간 등의 행위를 했으면 간음을 직접 한 사람

뿐 아니라 폭행·협박 등에만 가담한 사람도 합동범으로서의 책임을 진다.

Ⅴ. 결과적 가중범

1. 강간 등 상해·치상죄

제301조 (강간 등 상해·치상) 제297조, 제297조의2 및 제298조부터 제300조까지의 죄를 범한 자가 사람을 상해하거나 상해에 이르게 한 때에는 무기 또는 5년 이상의 징역에 처한다.

성폭력특별법 제8조 (강간 등 상해·치상) ① 제3조제1항, 제4조, 제6조, 제7조 또는 제15조(제3조제1항, 제4조, 제6조 또는 제7조의 미수범으로 한정한다)의 죄를 범한 사람이 다른 사람을 상해하거나 상해에 이르게 한 때에는 무기징역 또는 10년 이상의 징역에 처한다.

② 제5조 또는 제15조(제5조의 미수범으로 한정한다)의 죄를 범한 사람이 다른 사람을 상해하거나 상해에 이르게 한 때에는 무기징역 또는 7년 이상의 징역에 처한다.

성폭력특별법 제15조 (미수범) 제3조부터 제9조까지 및 제14조의 미수범은 처벌한다.

(1) 의 의

성범죄를 저지른 자가 피해자에게 고의로 상해를 입히거나 과실로 상해의 결과를 야기하는 경우에 가중처벌하는 규정이다. 따라서 성적 자기결정권과 함께 부수적으로 신체적 안온상태도 보호법익으로 한다고 볼 수 있다.

(2) 구성요건

1) 기본범죄

강간상해·치상의 기본범죄는 강간(제297조), 강제추행(제298조), 준강간·

강제추행(제299조)과 그 미수범(제300조) 그리고 성폭력특별법의 경우에는 특수강도강간(동법 제3조 제1항), 특수강간(동법 제4조), 장애인강간(동법 제6조), 아동강간 · 강제추행(동법 제7조)과 그 미수범이다. 그리고 미성년자 간음 · 추행(제305조)에 대해서도 제301조가 적용되므로 본죄의 기본범죄로 보아야 한다.

2) 중한 결과

고의 또는 과실에 의해서 **상해의 결과**를 야기하여야 한다. 일반적인 결과적 가중범의 경우와 같다.

가. 상 해

중한 결과인 상해를 고의로 야기하는 경우를 말한다. [고의+고의] 형태의 결과적 가중범이 된다.

여기서 상해의 의미에 대하여 견해대립이 있다.

① 상해죄(제257조)의 경우와 동일하게 보아야 한다는 견해 (**다수설**)

② 특별히 심한 상해로 해석해야 한다는 견해

결론 견해 ②의 논거는 본죄의 형량이 단순상해죄의 경우보다 높기 때문이라는 것이다. 그러나 강간 등 상해 · 치상죄의 형량이 단순상해죄보다 높은 것은 강간의 불법과 합쳐졌기 때문이므로 굳이 여기서 상해의 개념을 달리 이해할 필요는 없다고 생각한다. 견해 ①이 타당하다.

【판례】 강간치상죄에서의 상해개념 강간치상죄에 있어서의 상해는 피해자의 신체의 건강상태가 불량하게 변경되고 생활기능에 장애가 초래되는 것을 말하는 것으로서, 피해자가 입은 상처가 극히 경미하여 굳이 치료할 필요가 없고 치료를 받지 않더라도 일상생활을 하는 데 아무런 지장이 없으며 시일이 경과함에 따라 자연적으로 치유될 수 있는 정도라면, 그로 인하여 피해자의 신체의 건강상태가 불량하게 변경되었다거나 생활기능에 장애가 초래된 것으로 보기 어려워 강간치상죄에 있어서의 상해에 해당한다고 할 수 없다. (대법원 2004. 3. 11. 2004도483)

상해의 결과와 강간 · 강제추행 행위 등 기본범죄 사이에는 **인과관계**가 인정되어야 한다. 이 경우 상해의 결과는 강간의 수단으로 사용한 폭행으로 인한 경우뿐 아니라 간음행위 그 자체로부터 발생한 경우나 강간에 수반하는 행위에서 발생한 경우도 포함한다(대법원 1995. 1. 12. 94도2781; 대법원 1999. 4. 9. 99도51).

나. 치 상

중한 결과를 과실로 야기하는 경우를 말한다. [고의+과실] 형태의 결과적 가중범이 된다. "상해에 이르게 한" 결과와 기본범죄 사이에는 **인과관계**가 인정되어야 하며, 결과발생에 대한 **예견가능성**도 있어야 한다.

【판례】 예견가능성 없는 중한 결과 피해자는 피고인과 카바레에서 만나 함께 놀다가 큰 저항 없이 여관에 함께 들어갔다. 여관에서 피고인은 강간을 시도하면서 폭행(소파에 밀어 넘어뜨리고 가슴을 만짐)과 협박(나가면 죽인다)을 하였으나 그 정도가 강간의 수단으로는 비교적 경미하였고, 피해자가 여관방 창문을 통하여 아래로 뛰어내릴 당시에는 피고인이 소변을 보기 위하여 화장실에 가 있었기 때문에 피해자는 일단 급박한 위험상태에서 벗어나 있었다. 이러한 상황에서 피해자가 강간을 모면하기 위하여 4층에서 창문을 넘어 뛰어내려 상해를 입게 되리라고는 예견할 수 없다. (대법원 1993. 4. 27. 92도3229)

(3) 미수범

형법전상의 강간상해·치상죄에 대해서는 미수범 처벌규정이 없고, 성폭력특별법상의 강간상해·치상죄에 대해서는 미수범 처벌규정이 있다.

2. 강간 등 살인·치사죄

제301조의2 (강간 등 살인·치사) 제297조, 제297조의2 및 제298조부터 제300조까지의 죄를 범한 자가 사람을 살해한 때에는 사형 또는 무기징역에 처한다. 사망에 이르게 한 때에는 무기 또는 10년 이상의 징역에 처한다.

성폭력특별법 제 9 조 (강간 등 살인·치사) ① 제3조부터 제7조까지, 제15조(제3조부터 제7조까지의 미수범으로 한정한다)의 죄 또는 「형법」 제297조(강간), 제297조의2(유사강간) 및 제298조(강제추행)부터 제300조(미수범)까지의 죄를 범한 사람이 다른 사람을 살해한 때에는 사형 또는 무기징역에 처한다.

② 제4조, 제5조 또는 제15조(제4조 또는 제5조의 미수범으로 한정한다)의 죄를 범한 사람이 다른 사람을 사망에 이르게 한 때에는 무기징역 또는 10년 이상의 징역에 처한다.

③ 제6조, 제7조 또는 제15조(제6조 또는 제7조의 미수범으로 한정한다)의 죄를 범한 사람이 다른 사람을 사망에 이르게 한 때에는 사형, 무기징역 또는 10년 이상의 징역에 처한다.

성폭력특별법 제 15 조 (미수범) 제3조부터 제9조까지 및 제14조의 미수범은 처벌한다.

(1) 의 의

성범죄를 저지른 자가 피해자를 고의로 살해하거나 과실로 사망의 결과를 야기하는 경우에 가중처벌하는 규정이다.

강간상해·치상과 마찬가지로 중한 결과를 과실로만이 아니라 고의에 의해서도 야기할 수 있는 유형이므로 **부진정 결과적 가중범**에 속한다.

(2) 구성요건

1) 기본범죄

기본범죄는 강간상해·치상의 경우와 동일하다. 미성년자 간음·추행(제305조)에 대해서도 제301조의2가 적용되므로 역시 본죄의 기본범죄에 포함된다.

2) 중한 결과

중한 결과는 고의에 의한 살인 또는 과실에 의한 사망의 결과 야기이다. 중한 결과가 과실에 의해 발생한 경우 결과적 가중범이 성립하기 위해서는 객관적 구성요건 부분에서 ① 결과의 발생, ② 인과관계(객관적 귀속) 그리고 ③ 객관적 예견가능성이 확인되어야 한다.

만약 피해자가 강간당했다는 사실을 정신적으로 감당할 수 없어서 자살을 했다면 **인과관계**가 인정되는가? 우선 기본범죄와 사망이라는 결과 사이의 인과의 진행은 합법칙성의 범위를 벗어나지 않는 것으로 판단된다. 조선시대에는 그러한 일이 수도 없이 일어났고 지금도 일어나고 있다. 합법칙성의 범주를 벗어났다고 할 수 없다.

다음 문제는 **객관적 귀속**이다. 강간치사죄 규범의 보호범위를 어디까지로 보아야 하는가? 결과적 가중범 규정의 경우 기본범죄는 행위 자체가 전형적으로 상당한 위험을 내포하고 있는 유형들이다. 따라서 법규 제정의 근본목적은 기본범죄가 수반하고 있는 위험을 방지하자는 것이다. 강간치사죄의 경우에는 강간행위시에 수반되는 생명침해의 위험을 막는 것이 규범의 목적이다. 이렇게 본다면 피해자가 자살한다는 결과는 강간치사죄 규정의 보호범위를 벗어난 것으로 판단된다.

【판례】 강간과 자살의 인과관계 피고인에게 강간을 당한 피해자가 집에 돌아가 강간을 당함으로 인하여 생긴 수치심과 장래에 대한 절망감 등으로 인하여 음독자살하였다 하더라도, 그 자살행위가 바로 강간행위로 인하여 생긴 당연한 결과라고 볼 수는 없으므로 강간행위와 피해자의 자살행위 사이에 인과관계를 인정할 수는 없다. (대법원 1982. 11. 23. 82도1446)

【판례】 중한 결과에 대한 예견가능성이 없는 경우 피고인 甲은 친구 5명과 같이 술집에서 그 집 접대부인 피해자 등 6명과 더불어 밤늦도록 술을 마시고 모두 각자의 상대방과 성교까지 하였는데 술값이 부족하여 친구 집에 가서 돈을 빌리려고 자신의 일행 중 乙·丙 함께 봉고차를 타고 이동 중, 甲이 乙의 상대방이었던 피해자의 맞은편에 앉아 있다가 장난삼아 피해자의 유방을 만지고 피해자가 이를 뿌리치자 발을 앞으로 뻗어 치마를 걷어 올리고 구둣발로 허벅지를 문지르는 등 강제로 추행하자 피해자가 욕설을 하면서 갑자기 차의 문을 열고 뛰어 내림으로써 부상을 입고 사망하였다. 이 경우 피고인으로서는 그때 피해자가 추행행위를 피하기 위하여 달리는 차에서 뛰어내려 사망에 이르게 될 것이라고 예견할 수 없다. (대법원 1988. 4. 12. 88도178)

【판례】 중한 결과에 대한 예견가능성이 있는 경우 **1.** 피고인이 자신이 경영하는 속셈학원의 강사인 피해자(여, 20세)를 몰래 미리 예약해 놓은 호텔 객실 앞까지 유인하였다. 들어가지 않으려는 피해자를 붙잡아 떠미는 등 강제로 객실 안으로 끌고 들어간 후 붙잡거나 객실방문을 가로막아 못나가게 하면서 여러 차례에 걸쳐 집요하게 반항을 억압

한 후 강간하려 하였다. 피해자는 피고인이 객실문 쪽에서 호텔 프런트에 전화를 하는 사이에 다급한 나머지 위 객실 창문을 열고 뛰어 내리다가 28m 아래 지상으로 추락하여 두개골 골절상등을 입고 사망하였다. 이러한 상황을 종합하면 피고인으로서는 피해자가 경우에 따라서는 위 객실의 창문을 통하여 아래로 뛰어내리는 등 탈출을 시도할 가능성이 있고 그러한 경우 사망할 수도 있다는 예견도 가능하였다고 봄이 상당하다. (대법원 1995. 5. 12. 95도425)

2. 13세에 불과한 피해자로 하여금 술을 마셔 취하게 한 후 4명의 피고인이 번갈아 강간하고 의식을 잃은 피해자를 인적이 드문 비닐창고로 옮겨 두었는데, 피고인 1인이 다시 와서 강간을 한 뒤 하의를 벗겨둔 채 귀가한 결과 피해자가 다음 날 새벽에 사망하였다면 사망에 대한 피고인들의 예견가능성이 인정된다. (대법원 2008. 2. 29. 2007도10120)

(3) 미수범

강간상해・치상죄의 경우와 같다.

Ⅵ. 감경 구성요건

1. 미성년자 등 위계・위력 간음죄

제302조 (미성년자 등에 대한 간음) 미성년자 또는 심신미약자에 대하여 위계 또는 위력으로써 간음 또는 추행을 한 자는 5년 이하의 징역에 처한다.

(1) 의 의

위계나 위력을 동원해서 미성년자나 심신미약자를 간음 또는 추행함으로써 성립되는 범죄이다. 폭행・협박을 이용하는 강간의 경우보다 폭력성이 약하기 때문에 감경처벌하고 있다.

(2) 구성요건

1) 행위객체

본죄의 행위객체는 미성년자 또는 심신미약자이다.

여기서 **미성년자**의 의미는 민법 제4조가 말하는 만 19세 미만의 자로 이해된다. 만 20세가 되지는 않았지만 결혼을 해서 민법 제826조의2(성년의제)에 의해 성년으로 의제되는 자도 행위객체에 포함된다. 그 이유는 미성년자 약취·유인죄(제287조) 부분에서 설명한 바와 같다.

행위객체가 청소년(만 19세 미만)인 경우에는 청소년성보호법 제10조 제4항이 적용되고, 만 13세 미만일 경우에는 성폭력특별법 제8조의2 제4항이 적용되므로 이들은 본죄의 행위객체에서는 제외된다. 이와 관련하여 법규 적용 관계가 복잡하므로 이를 표로 정리해 본다.

법 규	행위객체	행위내용	형 량
형법 제302조 (미성년자 등 위계·위력 간음)	미성년자· 심신미약자	위계·위력 간음	5년 이하
		위계·위력 추행	
청소년성보호법 제7조 제5항	청소년	위계·위력 간음	5년 이상
		위계·위력 유사성교	
		위계·위력 추행	2년 이상
성폭력특별법 제7조 제5항	13세 미만 사람	위계·위력 간음	10년 이상
		위계·위력 유사성교	7년 이상
		위계·위력 추행	5년 이상
형법 제305조 (미성년자 간음)	13세 미만 사람· 13세 이상 16세 미만 사람	간 음	3년 이상
		유사성교	2년 이상
		추 행	10년 이하

만 13세 미만의 사람을 위계·위력으로 간음·추행한 경우에 어떠한 범죄가 성립되는가에 대하여 견해대립이 있다.

① 미성년자 간음(제305조)이 된다는 견해

② 성폭력특별법상의 위계·위력 간음·추행이 된다는 견해

제305조의 미성년자 간음죄는 위계나 위력을 행위수단으로 이용하지 않는 경우로서 성적 자기결정권 침해범죄가 아니다. 위계나 위력이 사용되면 19세 미만 미성년자의 경우보다 가중처벌된다. 견해 ②가 타당하다.

심신미약자는 제10조 제2항에서 말하는 심신미약자와 같은 의미라고 이해된다.

2) 행 위

위계란 '자신의 의도 또는 객관적 상황에 관한 속임수'를 의미한다.

【판례】 위계의 의미 1. 피고인은 채팅을 통하여 피해자인 16세의 **여자 청소년**에게 성관계를 가지면 50만원을 주겠다는 제의를 하였다. 이 제의를 받아들인 피해자는 자신의 집이 비어 있다면서 피고인으로 하여금 당일 밤 11시경 자신의 집으로 찾아오도록 하여 성교행위를 하였다. 그러나 피해자는 성교에 대한 사리판단력이 있는 사람으로서 피고인으로부터 성교의 대가를 받기로 하고 스스로 성교행위에 나아간 것이므로 피고인이 피해자에게 성교의 대가를 지급할 의사나 능력이 없으면서도 위 돈을 주겠다고 거짓말을 하고 피해자가 이 말에 속아 피고인과 성교행위를 하였다고 하더라도, 사리판단력이 있는 피해자에 관하여는 그러한 금품의 제공과 성교행위 사이에 불가분의 관련성이 인정되지 아니하는 만큼 이로 인하여 피해자가 **간음행위 자체에 대한 착오**에 빠졌다거나 이를 알지 못하였다고 할 수 없다. 따라서 피고인의 위 행위는 특별법 제10조 제4항의 '위계'로 청소년인 피해자를 간음한 것에 해당하지 아니한다. (대법원 2001. 12. 24. 2001도5074)

2. 피고인은 **정신지체 장애자**인 피해자에게 남자를 소개시켜 주겠다고 거짓말을 해서 여관으로 유인하여 그곳에서 성관계를 하였다. 형법 제302조 소정의 위계에 의한 심신미약자간음죄에 있어서 위계라 함은 행위자가 간음의 목적으로 상대방에게 오인, 착각, 부지를 일으키고는 상대방의 그러한 심적 상태를 이용하여 간음의 목적을 달성하는 것을 말하는 것이고, 여기에서 오인, 착각, 부지란 **간음행위 자체에 대한 오인**, 착각, 부지를 말하는 것이지, 간음행위와 불가분적 관련성이 인정되지 않는 다른 조건에 관한 오인, 착각, 부지를 가리키는 것은 아니다. 이 사건의 경우 피해자가 여관으로 온 행위와 성교행위 사이에 불가분의 관련성이 인정되지 아니하는 만큼 이로 인하여 피

해자가 간음행위 자체에 대한 착오에 빠졌다거나 이를 알지 못하였다고 할 수는 없다. 따라서 피고인의 위 행위는 형법 제302조 소정의 위계에 해당하지 아니한다 할 것이다. (대법원 2002. 7. 12. 2002도2029)

제302조에서의 **위력**은 폭행·협박으로서 강간을 성립시키지 않을 정도의 약한 것으로 이해된다.

2. 업무상 위계·위력 간음죄

제303조 (업무상 위력 등에 의한 간음) ① 업무, 고용 기타 관계로 인하여 자기의 보호 또는 감독을 받는 사람에 대하여 위계 또는 위력으로써 간음한 자는 7년 이하의 징역 또는 3천만원 이하의 벌금에 처한다.
② 법률에 의하여 구금된 사람을 감호하는 자가 그 사람을 간음한 때에는 10년 이하의 징역에 처한다.

(1) 의 의

제303조는 피보호·감독자에 대한 간음죄와 피구금자 간음죄 두 가지로 구성되어 있다. 보호·감독 또는 감호를 한다는 지위를 이용해서 부당하게 성적 자기결정권을 침해하는 행위를 막기 위한 규정이다.

한편 제303조 제2항의 경우에는 그 밖에도 피구금자를 감호하는 직무를 수행하는 공무원의 직무의 공정성을 보호하고, 감호 임무를 수행하는 공무원이 특정인과 성관계를 갖게 됨으로써 직무처리에 형평성을 잃고 특혜를 주게 될 위험성을 방지한다는 측면도 있다.

(2) 구성요건

1) 행위주체

가. 보호자·감독자

제303조 제1항에 의하면 '업무, 고용 기타 관계에 의하여 사람을 보호

또는 감독하고 있는 자'가 행위주체이다.

> 여기서 업무와 고용은 예시에 불과하다. 따라서 반드시 법적 고용관계가 성립되어 있을 필요는 없다. 어쨌든 사실상 타인을 보호 또는 감독하고 있으면 된다. 예를 들어 미용실 원장의 남편도 미용실에 고용되어 있는 여종업원을 보호·감독하는 자로 볼 수 있다(대법원 1976. 2. 10. 74도1519).

행위객체가 미성년자이거나 심신미약자일 경우, 어떠한 범죄가 성립되는가에 대하여 견해대립이 있다.

① 미성년자 위계·위력 간음죄만 성립한다는 견해

② 본죄와 미성년자 위계·위력 간음죄의 상상적 경합이 된다는 견해

> 두 범죄를 비교해보면 행위객체가 각각 본죄는 피보호자와 피감독자로 되어 있고 미성년자 위계·위력 간음죄는 미성년자와 심신미약자로 되어 있어서 서로 나름대로의 보호대상이 있는 것이지 보충관계가 되는 것은 아니라고 생각한다. 두 범죄가 **상상적 경합**이 된다는 견해가 타당하다.

나. 감호자

제303조 제2항의 행위주체는 '법률에 의하여 구금된 사람을 감호하는 자'이다.

> 법률에 의해서 구금이 되는 경우는 자유형의 확정판결을 받은 경우뿐 아니라 적법한 체포나 구속에 의해서 체포·구속되어 수사의 대상이 되는 경우, 경찰서 보호실에 감금되어 있는 경우, 공판이 시작되어 미결구금 상태에 있게 되는 경우, 보호감호·치료감호를 받는 경우 등 다양하다. 이러한 사람을 감호하는 위치에 있는 자가 행위주체이다.

2) 행위객체

업무, 고용 기타 관계에 의하여 행위자의 보호·감독을 받는 사람 또는 행위자의 감호를 받는 사람이 행위객체이다.

3) 행 위

제303조 제1항의 행위내용은 위계·위력에 의한 간음이다. 위계·위력의 의미는 제302조(미성년자 등 위계·위력 간음)의 경우와 같다.

제303조 제2항의 행위내용은 그냥 간음이다. 굳이 위계나 위력을 사용

할 것을 요건으로 하지 않는다. 어떠한 경위로든 피구금자와 성관계를 가진 감호자는 처벌대상이 되는 것이다. 감호자가 먼저 원해서 했을 필요도 없다. 피구금자가 먼저 원하여 이에 응했더라도 본죄는 성립된다.

제303조 제2항의 죄는 감호자가 직접 행위를 하여야 성립되므로 자수범이다(**다수설**).

제6절 강요의 죄

Ⅰ. 개 관

1. 의 의

강요는 폭행·협박을 수단으로 타인이 하고자 하는 일을 못하게 하거나 하지 않아도 되는 일을 하게 만드는 범죄이다. 근대 이전에는 범죄목록에 들어 있지 않던 범죄이다.

강요죄의 **보호법익**은 '의사결정의 자유'와 '의사실행의 자유' 두 가지 모두이며 **침해범**이다.

2. 구성요건 체계

형법 제37장의 표제는 "권리행사를 방해하는 죄"로 되어 있다. 그리고 제37장의 첫머리에 실려 있는 범죄의 이름도 "권리행사방해(제323조)"이다. 그러나 제323조는 물건을 취거·은닉·손괴함으로써 타인의 권리행사를 방해하는 것을 내용으로 하고 있기 때문에 자유를 침해하는 범죄라기보다는 재산권을 침해하는 범죄로서의 성격이 강하다. 이는 제325조(점유강취·준점유강취)와 제327조(강제집행 면탈)도 마찬가지이다. 이 세 가지는 모두 재산권 행사를 방해하는 범죄이다. 이는 재산권 행사의 자유를 침해하는 것이기 때문에 자유를 침해하는 범죄의 일종이라고 할 수도 있겠지만, 그렇게 되면 재산범죄는 모두 자유를 침해하는 범죄로 분류해야 한다는 문제가 생긴다. 따라서 재산권과 관련된 범죄들은 나름대로 공통적인 특징을 가지고 있으므로 별도로 분류하는 것이 타당하다고 생각한다.

제323조 그리고 제327조를 뺀 나머지를 '강요의 죄'로 분류하게 되면 그 가운데 기본 구성요건은 강요(제324조)이고 나머지는 모두 가중 구성요건이다. 중강요(제326조)는 중한 결과 때문에 가중처벌하는 규정이고, 인질

강요(제324조의2)는 행위내용이 더욱 위험하고 불법이 심하기 때문에 가중처벌하는 규정이다. 인질상해・치상(제324조의3)과 인질살인・치사(제324조의4)는 인질강요 행위를 하다가 중한 결과를 발생시켜 더욱 가중처벌하는 규정이다.

Ⅱ. 강요죄

> 제324조 (강요) ① 폭행 또는 협박으로 사람의 권리행사를 방해하거나 의무없는 일을 하게 한 자는 5년 이하의 징역에 처한다.
> 제324조의5 (미수범) 제324조 내지 제324조의4의 미수범은 처벌한다.

1. 구성요건

(1) 객관적 구성요건

1) 행위객체

행위객체는 다른 사람인데 반드시 특정되어 있을 필요는 없다. 한 집단 내의 일부가 심리적 압박을 받는 정도여도 충분하다. 협박죄의 경우에서와 마찬가지로 강요죄의 경우에도 공포심을 가질 말한 정신적 능력을 가진 사람으로 행위객체를 제한해야 한다는 견해가 있으나, 공포심은 사람이라면 누구나 다 느낄 수 있는 것이므로 축소해석을 할 이유는 없다고 본다.

2) 폭행 또는 협박

강요죄의 행위내용은 폭행・협박이다. 폭행・협박의 의미는 자유를 침해하는 범죄에서의 일반적인 경우와 같다. 강요가 성립하기 위한 폭행・협박의 정도는 **강한 심리적 압박**을 받는 정도로서 반항이 약간이라도 곤란할 정도에 이르면 족하다.

【판례】 폭행 · 협박이 인정되는 경우 1. 여권 회수 피고인은 피해자가 해외로 도피하는 것을 방지하기 위해서 피해자를 협박해서 여권을 강제 회수하였다. 그렇다면 피해자가 해외여행을 할 권리가 사실상 침해되었다고 볼 것이므로 강요죄의 기수로 보아야 한다. (대법원 1993. 7. 27. 93도901)

2. 경제적 불이익 △△골프장을 인수한 회사의 최대주주인 피고인은 기존 회원들에게 특별회원 등을 모집하는 내용이 기재된 새로운 회칙을 첨부하여 "본인은 귀 Club 회칙의 취지를 찬동하고 회원자격 승계약정을 승낙하며 회원의 등록을 신청합니다." 라는 문구가 기재된 '일반회원등록신청서' 양식을 송부하면서 위 양식에 따라 등록신청을 하라고 요구하고, 위와 같은 내용의 회칙에 동의하지 않는 회원들이 변경된 회칙에 동의한다는 문구를 삭제하여 발송한 신청서를 양식에 따라 회원등록을 하라는 취지로 반송하면서, 변경된 회칙에 동의하지 않는 회원들의 승계등록신청을 거부할 의사를 밝히고, 그 후 승계등록절차를 밟지 않은 회원들의 예약을 사실상 거부하는 등 회원으로서의 권리를 제한하였다.

이와 같은 행위는 행정적 절차에 불과한 회원의 승계등록절차를 빌미로 회사 측에서 요구하는 대로 승계등록절차를 이행하지 않는 한 회원의 자격을 인정하지 않고 예약제한, 비회원요금 징수와 같은 재산상 불이익을 가하겠다는 의사를 명시한 것으로서, **재산상 불이익**이라는 해악을 고지하는 방법으로 회원들을 협박하여 회원권이라는 재산적 권리의 행사를 제한하고 변경된 회칙을 승낙하도록 강요한 경우에 해당한다. (대법원 2003. 9. 26. 2003도763)

3. 부하에 대한 얼차려 상사 계급의 피고인이 그의 잦은 폭력으로 신체에 위해를 느끼고 겁을 먹은 상태에 있던 부대원들에게 청소 불량 등을 이유로 40분 내지 50분간 속칭 원산폭격을 시키거나 양손을 깍지 낀 상태에서 약 2시간 동안 팔굽혀펴기를 50~60회 정도 하게 한 행위는 형법 제324조에서 정한 강요죄에 해당한다. (대법원 2006. 4. 27. 2003도4151)

4. 의법조치 환경단체 회원인 피고인들은 축산농가의 폐수 배출 단속 활동을 벌이면서 '환경감시단'이라고 기재된 신분증을 소지하고 '환경감시단' 마크가 부착된 복장을 착용한 상태에서 자신의 소속이나 신분 등에 관한 정확한 정보를 제공하지 아니한 채 폐수 배출 현장을 사진촬영하거나 지적하면서 폐수 배출 사실확인서에 서명할 것을 요구하고 이를 주저하는 피해자들에게 서명하지 않을 경우 법에 저촉된다고 겁을 주어 어쩔 수 없이 서명하게 만들었다. 이는 협박에 의한 강요행위에 해당한다. (대법

원 2010. 4. 29. 2007도7064)

5. 불매운동 甲 회사가 조·중·동에 광고를 편중하였다는 이유로 甲 회사로 하여금 '앞으로 특정 언론사에 편중하지 않고 동등한 광고 집행을 하겠다.'는 내용의 팝업창을 회사 인터넷 홈페이지에 띄울 것을 요구하고, 그에 응하지 않으면 甲 회사의 제품에 대한 불매운동을 전개하겠다고 한 행위는 강요죄의 수단으로서의 협박에 해당한다. (대법원 2013. 4. 11. 2010도13774)

강요되는 자가 아닌 제3자에 대한 폭행·협박도 강요의 수단이 될 수 있다.

예를 들어 합의사항을 무시하고 싼값에 물건을 판매하는 가게 주인으로 하여금 다시 판매가격을 올리도록 만들기 위해 다른 상점주인이 단합해서 상품공급자에게 그 가게에 물건을 납품하면 모두 거래선을 바꾸겠다고 협박하는 경우가 이에 해당된다.

또한 강요를 위한 폭행·협박은 **부작위**를 통해서도 가능하다.

예를 들어 사상범에게 전향서를 쓰지 않으면 석방해 주지 않겠다고 하면서 계속 그대로 놔두는 경우 부작위를 수단으로 하는 강요가 된다.

3) 부작위 또는 작위 강제

가. 권리행사 방해

권리행사를 방해한다는 것은 **부작위**를 강제하는 것을 의미한다.

【판례】 부작위의 강제 1. 해외 출국의 금지 피고인은 피해자가 해외로 도피하는 것을 방지하기 위해서 피해자를 협박해서 여권을 강제 회수하였다. (대법원 1993. 7. 27. 93도901)

2. 특정 정당을 위한 선거운동의 금지 노동조합 임원인 피고인들은 회사 출입문에서 "○○○당 선거운동시 강력조치"라는 제목 아래 "노조원과 가족 중 노동자의 목줄을 쥔 정리해고를 도입한 ○○○당의 선거운동원으로 활동할 경우, 채증활동을 벌여 노조가 시행하는 각종 복지와 포상 등 혜택을 차단하고, 신고자에 대한 포상방안을 마련하겠다."는 내용을 게재한 중앙쟁대위 속보 2만여 장을 배포하였다. 이는 노동조합의 내부적 통제권에 기초하여 불이익을 가하겠다는 내용으로서 공직선거에 관한 의사결정을 방해하는 정도의 강요행위에 해당한다. (대법원 2005. 1. 28. 2004도227)

부작위를 강제한다는 것은 피해자가 무언가 행동을 하고자 했음을 전제로 한다. 물론 피해자가 진짜로 무엇을 하려고 했었는가를 행위자가 제대로 알고 있었을 필요는 없다.

부작위를 강제하는 경우의 강요죄는 피해자가 의사결정을 하지 못하는 상태가 되거나(예: 마취), 특정 행위를 하지 못하도록 폭행·협박에 의한 조치가 취해진 상태에서 그러한 행위를 할 수 없는 상황이어서 포기했을 때(예: ○○○당 선거운동을 하고 싶지만 겁이 나서 포기) **기수**가 된다.

나. 의무 없는 일 강제

의무 없는 일을 하게 한다는 것은 권리행사 방해의 경우와 반대로 **작위**를 강제하는 것을 의미한다.

【판례】 작위의 강제 1. 진술서 작성 피고인은 피해자를 협박하여 법률상 의무 없는 진술서를 작성하게 함으로써 자유권 행사를 방해하였다. (대법원 1974. 5. 14. 73도2578)

2. 회칙 승낙 피고인은 골프장을 인수한 후 기존 회원들에게 '일반회원등록신청서' 양식을 송부하면서 새로운 회칙에 동의하지 않으면 회원자격을 승계하지 않겠다고 함으로써 회칙 승낙을 강요하였다. (대법원 2003. 9. 26. 2003도763)

3. 얼차려 피고인은 부대원들에게 청소 불량 등을 이유로 40분 내지 50분간 속칭 '원산폭격'을 시키거나 약 2시간 동안 깍지 끼고 팔굽혀펴기를 하도록 강요하였다. (대법원 2006. 4. 27. 2003도4151)

법적 의무가 있는 일을 폭행·협박으로 강요하게 되면 폭행·협박만 성립되고 본죄는 성립되지 않는다.

【판례】 의무 있는 일의 강요 폭력조직배 전력이 있는 피고인은 피해자가 팬미팅 공연에 대한 대가로 1억원 상당의 금품을 받았고 피해자 소속회사의 대표이사가 합법적인 절차에 의하여 서명·날인하여 작성한 계약서에 팬미팅 공연에 대한 자세한 사항이 명시되어 있음에도 그 의무를 이행하지 않는 것으로 확인되자 피해자에게 팬미팅 공

연이 이행되지 않으면 안 좋은 일을 당할 것이라고 협박하였다. 이처럼 폭행 또는 협박으로 법률상 의무 있는 일을 하게 한 경우에는 폭행 또는 협박죄만 성립할 뿐 강요죄는 성립하지 않는다. (대법원 2008. 5. 15. 2008도1097)

작위가 일반적 행위요소를 갖추고 있을 필요는 없다. 절대적 폭력에 의해 강제된 행동은 법적 의미에서 행위라고 할 수 없지만 이를 강제한 것도 강요에 해당되는 것으로 보아야 한다. 일단 폭행·협박을 당한 사람이 행위자가 요구하는 행동을 시작하기만 하면 강요죄는 **기수**에 이른다.

4) 인과관계

폭행·협박과 작위 또는 부작위에 대한 강제의 결과는 직접 인과관계가 있어야 한다.

예를 들어 노조위원장이 임금을 5% 인상해 주지 않으면 파업을 하겠다고 위협했는데, 이미 사장은 그렇지 않아도 여러 임금인상 요인을 고려하여 5% 정도 임금을 인상할 생각을 하고 있었기 때문에 인상해 준 경우처럼, 행위자가 협박을 하기는 했지만 상대방이 그 협박 때문이 아니라 스스로 그렇게 하는 것이 좋겠다고 생각해서 행동을 한 경우에는 인과관계가 연결되지 않는다.

(2) 주관적 구성요건

주관적 구성요건 요소로서 행위 상황과 행위내용에 대한 인식과 결과를 발생시키겠다는 의도가 필요하다. 이는 미필적 고의로도 충분하다.

2. 위법성

강요죄는 자신의 정당한 권리를 행사하기 위한 방법으로 활용될 가능성이 많은데, 강요죄에서 강요의 수단으로 규정하고 있는 폭행·협박은 상당히 포괄적인 개념이기 때문에 강요죄의 인정범위가 지나치게 넓어지게 될 가능성이 있다.

독일 형법은 제240조 제2항에 '그 목적을 실현하는 데 그러한 폭행이나 협박을 사용하는 것이 비난받을 만한 일일 경우에만 위법성이 인정된다'고 규정하여 이 문제를 해결하고 있다.

이 문제는 제20조의 정당행위 규정을 통해 해결되어야 할 것이다. 다만 정당행위도 역시 막연한 개념이기는 마찬가지이므로 모든 사항을 종합적으로 고려해서 목적과 수단이 적절한 형평관계를 가지고 있는지에 따라 상당성 인정 여부를 결정해야 하겠다. 행위자가 무엇을 목적으로 행동했는가, 그리고 어느 정도의 폭행 또는 협박을 얼마나 강하게, 얼마 동안이나, 어떠한 형태로 가했는가를 잘 검토해 보아야 한다.

추구한 목표의 정당성이 강하면 강할수록 높은 정도의 폭행·협박도 용인될 것이고, 반대로 추구한 목표의 정당성이 희박할수록 폭행·협박의 정도는 낮아져야만 위법성이 배제될 수 있을 것이다. 또한 잠깐 동안 길을 못 가게 가로막은 경우처럼 강요의 내용이 아주 사소한 경우에는 추구한 목표가 무엇이든 간에 위법성이 배제된다고 보아야 한다.

3. 죄 수

강요는 대부분의 자유를 침해하는 범죄와 중복된다. 따라서 체포·감금의 죄, 약취·유인의 죄, 강간죄, 강제추행죄 등이 성립할 때에는 보충규범으로서 강요의 적용은 배제된다. 물론 협박과의 관계에서는 협박이 보충규범이기 때문에 강요가 성립하는 경우에는 협박의 적용이 배제된다.

강요된 행위의 내용이 범죄에 해당될 경우에는 폭행·협박에 의한 강압의 정도에 따라 평가가 달라질 것이다.

① 도심에 폭탄을 설치하고 폭발시키겠다는 정도의 극단적인 위협일 경우에는 피강요자의 행위는 긴급피난에 해당되어 위법성이 조각될 것이다.

② "저항할 수 없는 폭력이나 자기 또는 친족의 생명, 신체에 대한 위해를 방어할 방법이 없는 협박에 의하여 강요된" 경우에는 제12조에 따라 책임이 조각될 것이다.

③ 강한 심리적 압박을 받는 정도(반항이 약간 곤란할 정도)에 그쳤다면 피강요자의 행위는 가벌성이 인정된다.

이에 따라 강요된 범죄행위에 대한 강요자의 형사책임도 달라진다.

①의 경우에는 "어느 행위로 인하여 처벌되지 아니하는 자"를 이용하여 범죄행위를 한 것이므로 간접정범이 되며 강요죄와 상상적 경합이 된다.

②의 경우에는 행위지배 여부에 따라 간접정범 또는 교사범이 되고 역시 강요죄와 상상적 경합이 될 것이다.

③의 경우에는 교사범이 되면서 강요죄와 상상적 경합이 된다.

Ⅲ. 특수강요죄

> 제 324 조 (강요) ② 단체 또는 다중의 위력을 보이거나 위험한 물건을 휴대하여 제1항의 죄를 범한 자는 10년 이하의 징역 또는 5천만원 이하의 벌금에 처한다.
>
> 제 324 조의5 (미수범) 제324조 내지 제324조의4의 미수범은 처벌한다.

Ⅳ. 중강요죄

> 제 326 조 (중권리행사방해) 제324조 또는 제325조의 죄를 범하여 사람의 생명에 대한 위험을 발생하게 한 자는 10년 이하의 징역에 처한다.

강요행위를 통해 "생명에 대한 위험"이라는 중한 결과를 발생시킴으로써 성립되는 결과적 가중범인 동시에 구체적 위험범이다. 진정 결과적 가중범이라는 견해도 있으나, 생명에 대한 위험이라는 중한 결과를 과실에 의해서 유발하는 경우뿐 아니라 고의에 의해서 발생시키는 경우에도 본죄가 성립하므로 부진정 결과적 가중범이다.

이때 생명에 대한 위험의 의미는 중상해(제258조 제1항)의 경우와 동일하다.

Ⅳ. 인질강요죄

제 324 조의2 (인질강요) 사람을 체포·감금·약취 또는 유인하여 이를 인질로 삼아 제3자에 대하여 권리행사를 방해하거나 의무 없는 일을 하게 한 자는 3년 이상의 유기징역에 처한다.
제 324 조의5 (미수범) 제324조 내지 제324조의4의 미수범은 처벌한다.
제 324 조의6 (형의 감경) 제324조의2 또는 제324조의3의 죄를 범한 자 및 그 죄의 미수범이 인질을 안전한 장소로 풀어준 때에는 그 형을 감경할 수 있다.

1. 의 의

인질강요는 인질을 잡고 그 인질의 생명이나 신체의 안위를 위협하면서 인질의 안전을 염려하는 사람에게 특정한 작위나 부작위를 강요하는 범죄행위이다. 기본적으로 강요죄와 마찬가지의 구조를 가지고 있는데, 인질을 잡고 위협한다는 것이 매우 위험한 행동이고 강한 불법을 지니므로 가중처벌하는 것이다. 인질은 보통 테러리스트들이 많이 사용하는 수단이다. 따라서 범죄방지를 위한 국제공조 측면에서 중요성을 가지는 규정이다.

비슷한 유형의 범죄로 인질강도(제336조)가 있지만 이는 재산범죄로 분류되며 형법 제38장(절도와 강도의 죄)에 포함되어 있다.

본죄의 보호법익은 인질의 생명·신체·자유와 피강요자의 의사결정 및 의사에 따른 행동의 자유이다. 보호의 정도에 관해서는 침해범으로 본다.

2. 구성요건

(1) 행위객체

행위객체는 인질과 피강요자이다. 인질은 반드시 자연인이어야 하지만 피강요자는 국가, 국가기관, 법인 또는 법인격 없는 단체이어도 무방하다.

(2) 행위와 결과의 발생

1) 체포 · 감금 · 약취 · 유인

체포 · 감금 · 약취 · 유인의 개념은 체포 · 감금죄와 약취 · 유인죄의 경우와 같다. 본죄는 인질로 하기 위해서 납치한 경우에만 성립되는 것은 아니다. 처음 체포 · 감금 · 약취 · 유인할 때에는 본죄의 고의가 없었다가 나중에 인질강요를 할 생각을 가지게 되었더라도 구성요건이 성립된다.

예를 들어 시위대가 우연히 자신들을 정탐하기 위해 잠입한 형사를 발견하고는 그 사람을 일단 감금하고 나서 어떻게 처리할 것인가에 대하여 회의를 한 결과 석방을 대가로 시위 과정에서 체포된 학생들을 풀어달라고 요구하기로 결정하고 이를 관철시켰다면 인질강요죄가 성립한다.

2) 인 질

인질로 삼는다는 것은 '납치된 사람의 생명 · 신체 · 자유가 보호되기를 원하는 심정을 자신의 의도를 관철하는 데 이용하는 것'을 의미한다.

3) 강 요

강요의 의미는 강요죄(제324조)의 경우와 같다. 다만 이때 강요의 대상은 제3자이어야 한다.

(3) 실행의 착수시기와 기수시기

인질을 잡고 난 뒤에 강요를 하기 시작할 때를 착수시기로 보는 견해도 있으나, 실행의 착수시기를 '행위자의 범행 계획에 따른 구성요건 실현행위가 직접 시작된 때'라고 본다면 인질을 잡는 행위를 시작한 때를 실행의 착수시기로 보는 것이 타당하다. 이는 실행의 착수시기를 가장 늦춰서 잡아주는 형식적 객관설을 따르더라도 마찬가지의 결론이 나온다.

기수시기와 관련해서 본죄의 기수시기를 인질범의 강요의사가 객관적으로 표출된 시점으로 보는 견해가 있다. 인질범이 제3자에 대하여 일정한 행위를 하게 하거나 하지 못하게 강요를 시도한 때 기수가 된다는 것이다. 그러나 인질강요는 결과범이므로 강요에 의하여 하고자 하는 일을 못하게 되거나 의무 없는 일을 하게 되는 때에 기수가 된다고 보는 것이 타당하다(**통설**).

(4) 형의 감경

인질강요범이 인질을 안전한 장소로 풀어준 때에는 그 형을 감경할 수 있다. 인질의 안전을 위한 형사정책적 고려로 신설된 조항이다.

이때 실행에 착수한 행위를 기수에 이르기 전에 중지하는 경우만으로 한정하지 않으며, 중지의 자의성을 요구하지 않고, 필요적 감면이 아니라 임의적 감경으로 해결하는 점에서 중지미수(제26조)와 구별된다.

V. 인질상해 · 치상죄

제 324 조의3 (인질상해 · 치상) 제324조의2의 죄를 범한 자가 인질을 상해하거나 상해에 이르게 한 때에는 무기 또는 5년 이상의 징역에 처한다.
제 324 조의5 (미수범) 제324조 내지 제324조의4의 미수범은 처벌한다.
제 324 조의6 (형의 감경) 제324조의2 또는 제324조의3의 죄를 범한 자 및 그 죄의 미수범이 인질을 안전한 장소로 풀어준 때에는 그 형을 감경할 수 있다.

인질강요 행위를 통해 인질을 고의로 상해하거나 과실로 상해의 결과를 야기한 경우에 가중처벌하는 결과적 가중범 규정이다.

본죄의 기본범죄는 제324조의2(인질강요)로 명확하게 지정되어 있다. 기본범죄가 이렇게 조문으로 명시되어 있는 경우에는 그 조문이 미수범을 포함하고 있지 않는 한 기본범죄에 미수범을 포함시킬 수 없다. 대법원도 개정 전의 성폭력특별법 제9조와 관련하여 그러한 결론을 내린 바 있다(대법원 1995. 4. 7. 95도94). 그러나 성폭력특별법의 입법자들은 기본범죄가 미수에 그친 경우에도 중한 결과가 발생되면 결과적 가중범으로 처벌하자는 취지를 가지고 있었으므로 이는 입법적 불비였다. 그리고 이 입법상의 실수는 곧바로 성폭력특별법의 개정을 통해서 회복되었다.

제324조의3도 현재의 조문대로라면 기본범죄에 미수범을 포함시키는 것이 불가능하다. 만약 기본범죄(인질강요)는 미수에 그쳤지만 상해의 결과를 발생시킨 경우를 결과적 가중범으로 처벌하고자 한다면 조문을 개정해야 할 것이다. 현 상태로서는 그러한 경우에 인질강요 미수와 상해 또는 과실상해의 경합범으로 처리할 수밖에 없다(같은 취지: 오영근, 164면).

인질상해 · 치상범이 인질을 안전한 장소로 풀어준 때에는 그 형을 감경할 수 있다. 인질의 안전을 고려한 조항이다.

Ⅵ. 인질살해 · 치사죄

제 324 조의4 (인질살해 · 치사) 제324조의2의 죄를 범한 자가 인질을 살해한 때에는 사형 또는 무기징역에 처한다. 사망에 이르게 한 때에는 무기 또는 10년 이상의 징역에 처한다.

제 324 조의5 (미수범) 제324조 내지 제324조의4의 미수범은 처벌한다.

인질범이 인질을 살해하거나 과실로 죽게 만드는 경우에 성립되는 결과적 가중범이다. 나머지 사항은 인질상해 · 치상의 경우와 같다.

제 7 절 업무방해의 죄

Ⅰ. 업무방해죄

> 제314조 (업무방해) ① 제313조의 방법 또는 위력으로써 사람의 업무를 방해한 자는 5년 이하의 징역 또는 1천500만원 이하의 벌금에 처한다.

1. 개 관

(1) 의 의

제314조는 허위사실 유포, 위계, 위력 등을 통해 다른 사람의 업무를 방해하는 것을 내용으로 하는 범죄이다.

업무방해죄 규정(제314조)은 형법 제34장(신용, 업무와 경매에 관한 죄)에 위치하고 있지만 자유를 침해하는 범죄로 분류하는 것이 타당하다. 제314조에서 말하고 있는 업무가 전적으로 경제생활상의 업무만을 의미한다면 업무방해를 재산적 손실을 유발하는 행위로 보게 되어 재산범죄라고 할 수도 있겠지만 여기서 말하는 업무의 개념은 그렇게 제한적인 것이 아니기 때문이다. 업무란 '사회생활상의 지위에 기하여 지속적으로 행하는 사무'로 이해되므로 업무방해는 사회생활 속에서의 업무수행의 자유를 침해하는 범죄로 평가되어야 한다.

(2) 보호법익

제314조의 보호법익은 **업무수행의 자유**이다. 본죄는 "업무를 방해"한 자를 처벌하는 것으로 규정하고 있다. 그러나 실제로 업무가 방해되었는가를 판단하는 것은 대부분의 경우 쉬운 일이 아니다. 업무가 방해되는 결

과까지 확인할 것을 요구하는 것은 지나치므로 행위 자체가 업무를 방해할 위험을 가진 것으로 판단되면 범죄의 성립을 인정하는 것이 타당한 것으로 생각된다. 따라서 본죄는 **추상적 위험범**으로 보는 것이 합리적이다(**통설** | 구체적 위험범으로 보는 견해: 배종대, 296면).

【판례】 업무방해의 위험성 업무방해죄의 성립에 있어서는 업무방해의 결과가 실제로 발생함을 요하는 것은 아니고 업무방해의 결과를 초래할 위험이 발생하면 충분하다고 할 것이다. 임시주주총회 결과 대표이사로 선임된 피해자가 업무집행을 위하여 위 회사 사무실에 들어가려고 하자 피고인들이 두 달 동안 이를 제지한 행위는 피해자의 업무를 방해하는 결과를 초래할 위험을 야기하였다고 인정하기에 충분하다. (대법원 1997. 3. 11. 96도2801 | 같은 취지: 대법원 1991. 6. 28. 91도944; 대법원 1992. 4. 10. 91도3044; 대법원 1992. 12. 8. 92도1645)

2. 구성요건

(1) 객관적 구성요건

1) 행위객체 : 업무

업무란 '사회생활상의 지위에 기하여 지속적으로 행하는 사무'를 의미한다.

【판례】 업무가 아닌 경우 피고인은 초등학교 1학년 교실 안에서 교사와 학생들에게 욕설을 하여 수업이 진행되지 못하도록 하였다. 이 경우 초등학생들이 학교에서 수업을 듣는 것은 헌법상의 교육을 받을 권리를 향유하는 것이고 국가는 그 권리에 기하여 의무를 이행하는 것에 불과할 뿐이어서 '사회생활상의 지위에 기하여 계속적으로 종사하는 사무'라고 볼 수는 없다. 따라서 학생들의 업무를 방해하였다고 볼 수는 없다. (대법원 2013. 6. 14. 2013도3829)

업무의 개념 자체는 업무상 과실치상 · 치사죄(제268조)의 경우와 같다. 그러나 제268조의 업무와는 구체적으로 같은 내용이라고 할 수 없다.

첫째, **위험요소**에 관하여 차이가 있다. 제268조의 경우에는 위험요소가 내포되어 있는 업무로 제한되지만 제314조의 경우에는 그러한 제한이 없다. 따라서 자격면허는 제314조의 경우 애초에 문제될 일이 없는 사항이다.

둘째, **사회적 지위** 부분도 제268조와 다르다. 물론 경제적 활동의 일환으로서의 사무나 사업만을 업무로 보지 않는다는 점은 제268조의 경우와 같다. 다만 제268조와 다른 점은 제314조에서의 업무는 공무집행방해(제136조)의 경우와 마찬가지로 **정당한 업무**만을 의미하고, 그 보호대상이 된다는 점이다. 형법상 보호할 가치가 있는 업무만을 보호대상으로 하는 것이다 (대법원 1986. 12. 23. 86도1372; 대법원 1991. 6. 28. 91도944; 대법원 1996. 11. 12. 96도2214).

【판례】 정당한 업무에 해당하는 경우 **1. 연장근로**가 당사자의 합의에 의하여 이루어지는 것이라고 하더라도 근로자들을 선동하여 통상적으로 해 오던 연장근로를 집단적으로 거부하도록 함으로써 회사 업무의 정상 운영을 방해하였다면 이는 업무방해가 된다. (대법원 1996. 2. 27. 95도2970 | 같은 취지: 대법원 1996. 1. 26. 95도1959)

2. 조기출근 9시 이전에 출근하여 업무준비를 한 후 9시부터 근무하는 것이 관행으로 되어 있는 직원들로 하여금 집단으로 9시 정각에 출근하도록 시킨 행위는 업무방해에 해당된다. (대법원 1996. 5. 10. 96도419)

3. 공법과 사법 업무의 기초가 된 계약 또는 행정행위 등이 반드시 적법하여야 하는 것은 아니다. 이 사건 회사는 관리청으로부터 선착장에 대한 **공유수면 점용허가**를 받지 않았다. 그러나 고흥군의 지시에 따라 선착장 점용허가권자인 마을주민 대표들과 **임대차계약**을 체결하고 위 선착장을 이용해 왔던 것이므로, 위 회사의 폐석운반 업무를 업무방해죄의 보호대상에서 제외할 수 없다. (대법원 1996. 11. 12. 96도2214 | 같은 취지: 대법원 1991. 6. 28. 91도944)

4. 쟁의 중 사측의 특별교육 전국철도노조가 파업을 예고한 상황에서 파업 예정일 하루 전에 사용자 측 교섭위원이 산하 차량정비단 직원들을 상대로 설명회 등 특별교육을 실시하려하자, 직원들의 교육장 진입을 실력으로 저지한 경우, 그 특별교육이 노조 운영에 대한 지배·개입으로서의 부당노동행위가 아니므로, 정당한 업무에 대한 방해행위가 되어 업무방해죄에 해당한다. (대법원 2013. 1. 31. 2012도3475)

【판례】 정당한 업무에 해당하지 않는 경우 **1. 점유 경작 침탈** 소유권자라고 하더라도 타인이 점유 경작하는 토지에 대하여 적법한 절차에 의하여 점유이전을 받지 못한 상태에서 내용증명만 발송한 후 경작하는 것은 정당한 업무수행 행위로 볼 수 없다. (대

법원 1977. 10. 11. 77도2502)

2. 점유 관리 침탈 대하양식장의 소유권 분규가 일어나고 있는 상황에서 양식대하에 대한 소유권이 피고인에게 귀속되는가의 여부에 관계없이, 피해자들의 대하포획행위를 방지하고 양식대하에 대한 현재의 관리상태를 유지하려 한 피고인의 행위는 업무방해죄에 해당되지 않는다. (대법원 1994. 4. 12. 93도2690)

3. 불법 점거 백화점 입주상인들이 영업을 하지 않고 매장 내에서 점거 농성만 하면서 매장 내의 기존 전기시설에 임의로 전선을 연결하여 각종 전열기구를 사용함으로써 화재위험이 높아 백화점 경영 회사의 대표이사인 피고인이 부득이 단전조치를 취하였다면, 그 단전조치 당시 보호받을 업무가 존재하지 않았다고 보아야 한다. (대법원 1995. 6. 30. 94도3136)

4. 불법 영업 성매매업소 운영업무는 형사처벌대상이 되는 범죄행위이므로 보호대상이 되는 업무라고 볼 수 없다. (대법원 2011. 10. 13. 2011도7081)

한편 **지속성**을 요건으로 한다는 점에서는 제314조의 업무와 제268조의 업무는 공통된다. 따라서 일시적인 사무는 보호대상이 되지 않는다.

【판례】 업무의 지속성이 인정되는 경우 **1. 종중 업무** 종중 정기총회를 주재하는 종중회장의 의사진행 업무 자체가 1회성을 갖는 것이라고 하더라도 그것이 종중 회장으로서의 사회적인 지위에서 계속적으로 행하여 온 종중 업무수행의 일환으로 행하여진 것이라면, 그와 같은 의사진행 업무도 업무방해죄에 의하여 보호되는 업무에 해당된다. (대법원 1995. 10. 12. 95도1589)

2. 장기 계획 사업장 이전 회사가 사업장의 이전을 계획하고 그 이전을 전후하여 사업을 중단 없이 영위할 목적으로 이전에 따른 사업의 지속적인 수행방안, 새 사업장의 신축 및 가동개시와 구 사업장의 폐쇄 및 가동중단 등에 관한 일련의 계획에 따라 사업장 이전을 추진·실시하는 행위는 그 자체로서 일정기간 계속성을 지닌 업무의 성격을 지니고 있으므로 업무방해죄에 의한 보호의 대상이 되는 업무에 해당한다. (대법원 2005. 4. 15. 선고 2004도8701)

【판례】 업무의 지속성이 인정되지 않는 경우 **1. 공장 이전** 계속하여 행하는 사무가 아닌 공장의 이전과 같은 1회적인 사무는 업무방해죄의 객체가 되는 업무에 해당되지 않는다. (대법원 1989. 9. 12. 88도1752)

2. 조경공사 건물 임대인이 구청장의 조경공사 촉구지시에 따라 임대 건물 앞에서

1회적인 조경공사를 하는 데 불과한 경우는 업무에 해당되지 않는다. (대법원 1993. 2. 9. 92도2929)

정리하자면 ① '정당한 업무'와 ② '업무의 지속성'이 본죄의 업무에 해당되는지 여부를 판단하는 핵심적인 기준이다.

2) 행위

가. 위계

위계란 '자신의 의도 또는 객관적 상황에 관한 속임수'를 말한다. 그 대표적인 유형이 허위사실 유포이고 그 외에도 다양한 속임수가 가능하다.

(가) 허위사실 유포

허위사실 유포는 위계의 대표적인 유형이다. **허위사실**이란 '객관적 진실과 맞지 않는 사실'을 의미한다. 내용 전부가 허위가 아니더라도 진실한 사실 속에 허위의 사실들이 포함되어 있는 경우에는 허위의 사실이라고 해야 한다.

그러나 유포의 대상은 어디까지나 '사실'과 관련된 것이므로 '가치판단'은 여기에서 제외된다. "……가 뇌물을 받았다"라고 퍼뜨리는 것은 사실을 유포하는 것이지만 "……는 나쁜 놈이다"라고 말하고 다니는 것은 사실 유포가 아니다.

유포는 '여러 사람이 알도록 퍼뜨리는 것'을 의미한다. 그 방법에는 제한이 없다. 불특정 또는 다수를 대상으로 하여 공연성을 명백하게 갖추고 있는 경우는 물론이고 한 사람에게 말하더라도 전파성이 있는 경우에는 유포라고 할 수 있다.

행위당시 행위자는 자신이 유포하는 사실이 허위라는 점을 적극적으로 인식하고 있어야 한다(대법원 1994. 1. 28. 93도1278).

【판례】 허위사실 유포 1. 구속 형사사건의 변호인으로 선임된 변호사가 피고인에게 무죄 판결을 받아주겠다고 약속한 일이 없는 상태에서 피고인은 범죄사실을 자백하였고 유죄 선고를 받았다. 그런데도 피고인이 사람의 통행이 빈번한 변호사 사무실 앞에서 등에 붉은색 페인트로 "변호사는 밝혀라. 무죄라고 약속하고 이백만원에 선임했

다.”라고 기재한 흰 까운을 입고 배회하였다면 이는 공연히 허위의 사실을 유포함으로써 변호사로서의 업무의 경영을 저해하는 경우에 해당하므로 업무방해죄를 구성한다. (대법원 1991. 8. 27. 91도1344)

2. 피고인은 자사제품 우유의 장점을 선전하기 위하여 소비자보호원의 발표내용을 임의로 **과장 왜곡**하고 발표에 들어 있지 아니한 내용을 삽입하는 등의 방법으로 그 광고를 보는 불특정다수인에게 소비자보호원의 발표내용을 본래의 의미나 내용과 전혀 다른 의미나 내용으로 이해되도록 하였다. 그렇다면 피고인이 공연히 허위의 사실을 유포하여 한국소비자보호원의 업무를 방해한 것이다. (대법원 1993. 4. 13. 92도3035)

(나) 기타 위계

【판례】 위계에 해당하는 경우 1. 대학원 신입생전형 **시험문제**를 사전에 알려 준 교수와 미리 답안쪽지를 작성하여 답안지를 작성하는 행위는 위계에 의한 업무방해가 된다. (대법원 1991. 11. 12. 91도2211)

2. **자체 휴무** 노동조합 간부들이 회사와 협의 없이 일방적으로 휴무를 결정한 후 유인물을 배포하여 유급 휴일로 오인한 근로자들이 출근하지 아니하여 공장의 가동을 불가능하게 한 것은 위계에 의한 업무방해죄에 해당된다. (대법원 1992. 3. 31. 92도58)

3. **허위 사정부** 대학교 교직원으로 하여금 허위의 사정부를 작성하게 함으로써 입학사정위원들이 그에 따라 입학사정을 하게 한 행위는 위계에 의한 업무방해죄를 구성한다. (대법원 1994. 3. 11. 93도2305 | 같은 취지: 대법원 1993. 5. 11. 92도255)

4. **성능평가 조작** 한국도로공사가 고속도로 통행요금징수 기계화시스템의 성능에 대한 2차 현장평가를 하게 되었는데, 이 시스템의 설치회사와는 반대의 이해관계를 가진 회사의 직원들인 피고인들이 위 설비의 문제점을 부각시키기 위하여, 한국도로공사에 알리지 아니한 채, 인위적으로 각종 소형화물차 16대의 타이어 공기압을 낮추어 접지면을 증가시킨 후 위 설비가 설치되어 있는 동서울톨게이트 하행선 우측 2번 라인을 통과하도록 하였다면 위계에 의한 업무방해죄를 구성함에 충분하다. (대법원 1994. 6. 14. 93도288)

5. **고난이도 위조** 비자발급업무와 같이 신청을 받아 일정한 자격요건 등을 갖춘 경우에 한하여 그에 대한 수용 여부를 결정하는 업무에 있어서는 그 업무담당자가 사실을 충분히 확인하지 아니한 채 신청인이 제출한 허위의 신청사유나 허위의 소명자료를 가볍게 믿고 이를 수용하였다면 이는 업무담당자의 불충분한 심사에 기인한 것으

로서 신청인의 위계가 업무방해의 위험성을 발생시켰다고 할 수 없지만, 업무담당자가 관계 규정이 정한 바에 따라 그 요건의 존부에 관하여 나름대로 충분히 심사를 하였으나 신청사유 및 소명자료가 허위임을 발견하지 못하여 그 신청을 수리하게 되었다면 이는 업무담당자의 불충분한 심사가 아니라 신청인의 위계행위에 의하여 업무방해의 위험성이 발생된 것이어서 이에 대하여 위계에 의한 업무방해죄가 성립된다. (대법원 2004. 3. 26. 2003도7927)

6. 신청자격 위조 대한주택공사가 시행하는 택지개발사업의 공동택지용지 수의공급 업무와 관련하여 택지개발예정지구 지정공고일 이후에 대상토지를 매수하여 관련 규정상 신청자격이 없는 자가, 계약일자를 위 공고일 이전으로 허위기재한 매매계약서를 기초로 소유권이전등기를 마친 후 그 등기부등본과 계약일자를 허위로 기재한 소유토지조서를 첨부하여 수의공급신청을 한 경우, 위 공사의 택지공급업무의 적정성과 공정성을 해할 위험을 초래한 것에 해당하여 위계에 의한 업무방해죄를 구성한다. (대법원 2007. 12. 27. 2007도5030)

7. 평가항목 조작 한국자산관리공사가 공적자금을 회수하기 위하여 공적자금 투입업체의 출자전환주식을 매각하기로 하고 그 매각업무의 주간사를 선정하는 과정에서 우선 공사 내부구성원들이 1차 선정위원회를 구성하여 후보기관을 심사·선정하면서, 선정위원회가 준수해야 하는 매각심사소위원회의 평가표에 따를 경우 甲 업체의 제안서 심사결과가 경쟁상대인 乙 업체보다 불리하다고 판단되자, 평가표의 평가항목별 배점을 甲 업체에 유리하게 수정하여 甲 업체를 1순위로, 乙 업체를 2순위로 선정한 다음, 이러한 사실을 고지하지 않은 채 별도의 민간전문가가 참여한 2차 선정위원회에 위 심사결과와 수정된 평가표를 제출하여 평가절차를 진행하게 한 경우, 위 평가표의 임의 수정 및 제출행위는 위계에 해당하고 이로 인하여 위 2차 선정위원회의 민간전문가가 매각 주간사를 선정하는 업무의 적정성 내지 공정성을 해할 위험이 발생하였으므로 위계에 의한 업무방해죄가 성립한다. (대법원 2008. 1. 17. 2006도1721)

8. 허위광고 농기계 제조사 ○○주식회사로부터 상주 지역 위탁판매권한을 취득한 피해자로부터 다시 상주시 낙동면에 한하여 판매권한을 위임받은 피고인이 추후 피해자의 그러한 위임이 철회되었음에도, 계속해서 판매권한을 가지고 있는 것처럼 광고를 함으로써 농기계 10여대를 판매하였다면, 위계에 의한 업무방해죄에 해당한다. (대법원 2011. 7. 14. 2011도3782)

9. 감독 기밀 누설 상호저축은행 경영진인 피고인이 영업정지가 임박한 상황에서 금감원 감독관에게 알리지 않은 채 특정 고액 예금채권자들에게 영업 마감 후에 예금

을 인출하도록 하였다면 위계에 의한 업무방해죄에 해당한다. (대법원 2013. 1. 24. 2012도10629)

10. 대리 투표 당내 경선과정에서 선거권자들로부터 인증번호만을 전달 받은 뒤 그들 명의로 자신들이 지지하는 후보자에게 전자투표를 한 행위는 후보자에 대한 지지율 등에 관한 사실관계를 오인, 착각하도록 함으로써 경선업무의 적정성이나 공정성을 방해하는 행위로서 위계에 의한 업무방해죄에 해당한다. (대법원 2013. 11. 28. 2013도5117)

나. 위 력

위력이란 폭행·협박을 의미한다. 현실적으로 피해자의 자유의사가 제압될 것을 요하는 것은 아니지만, 범인의 위세, 사람 수, 주위의 상황 등에 비추어 보아 피해자의 자유의사를 제압하기에 족한 세력이 있을 것을 필요로 한다(대법원 1987. 4. 28. 87도453; 대법원 1995. 10. 12. 95도1589; 대법원 1999. 5. 28. 99도495).

【판례】 위력에 해당하는 경우 1. 피고인들이 조합원 **660여명**을 동원하여 근무 중이던 직원을 몰아내고 지하철공사 사무실을 점거한 것은 업무수행을 위력으로 방해한 것이다. (대법원 1990. 5. 15. 90도357)

2. 100여명의 공장 종업원들이 회사의 공장 정문을 봉쇄하고 출입자를 통제하여 규찰을 보며 공장 관리직 사원들과 함께 밖으로 나가려는 이사를 밖으로 나가지 못하게 하였다면, 이는 회사 업무종사자들의 자유의사를 제압하거나 혼란케 할 만한 정도의 세력이므로 업무방해죄에 있어서의 행위수단인 위력에 해당된다. (대법원 1992. 2. 11. 91도1834)

3. 과도한 독촉 피고인은 자신이 근무하는 △△ 주식회사(대부업체) 사무실에서 간판업을 하는 피해자가 회사로부터 대출받은 200만 원에 대한 이자를 지급하지 않는다는 이유로 그 지급을 독촉하기 위하여 피해자의 집과 핸드폰 등으로 한 달여에 걸쳐 매일 평균 10통 가량, 심한 날은 90여 통에 이르는 전화 공세를 하였다. 이처럼 피해자에게 소액의 지연이자를 문제 삼아 무차별적인 전화공세를 하는 식의 채권추심행위는 사회통념상의 허용한도를 벗어나 경제적 약자인 피해자의 자유의사를 제압하기에 족한 위력에 해당한다고 할 것이고 간판업 업무가 방해되는 결과를 초래할 위험이 발생하였다고 인정하기에 충분하다. (대법원 2005. 5. 27. 2004도8447)

4. 예측 불가 파업 '위력'이란 사람의 자유의사를 제압·혼란케 할 만한 일체의 힘

을 말한다. 따라서 쟁의행위로서의 파업도 단순히 근로계약에 따른 노무제공을 거부하는 부작위에 그치지 않고, 이를 넘어서 사용자에게 압력을 가하여 근로자의 주장을 관철할 수 있도록 집단적으로 노무제공을 중단하는 실력행사이므로 업무방해죄의 '위력'에 해당하는 요소를 가지고 있다. 그런데 근로자는 원칙적으로 단결권, 단체교섭권 및 단체행동권을 헌법에 의하여 보장받으므로, 쟁의행위로서의 파업이 항상 업무방해죄에 해당하는 것이 아니라, 전후 사정과 경위 등에 비추어 사용자가 예측할 수 없는 시기에 전격적으로 이루어져 사용자의 사업운영에 심대한 혼란이나 막대한 손해를 초래하는 등을 통하여 사용자의 자유의사가 제압·혼란되는 것으로 평가할 수 있을 때 비로소 업무방해죄가 성립한다.

따라서 중앙노동위원회의 직권중재회부 결정이 내려진 경우에는 직권중재회부 시 쟁의행위 금지 규정을 위반하면서까지 파업을 강행하리라고 예측할 수 없으므로, 파업에 돌입하여 수백 회에 이르는 열차운행이 중단되었다면 철도공사의 사업운영에 예기치 않은 중대한 손해를 끼치고 사용자의 자유의사를 제압·혼란케 한 것으로서 업무방해죄에 해당한다. (대법원 2011. 3. 17. 2007도482 전원합의체)

5. 집회 참가자 **1,500여명**이 피해자 회사가 운영하는 매장을 둘러싸고 함성을 지르며 매장점거를 계속 시도하여, 그 매장을 방문한 손님들의 출입이 현저하게 곤란해진 경우, 업무방해죄가 성립한다. (대법원 2011. 10. 13. 2009도5698)

6. 접속 차단 회사가 대리점 사업자의 업무에 활용되는 내부전산망 고객관리시스템 중 자유게시판에 대한 접속을 일방적으로 차단한 것은 대리점 사업자의 판매업무를 방해하거나 방해할 위험이 있는 행위로서 업무방해죄에 해당한다. (대법원 2012. 5. 24. 2009도4141)

7. 집단적 항의 특정 신문에 광고를 게재하는 광고주에게 불매운동의 일환으로 지속적·집단적으로 항의전화를 하거나 항의글을 게시하는 행위는 업무방해죄의 위력에 해당한다. (대법원 2013. 3. 14. 2010도410)

8. 총장 지시 전달 입학처장인 甲은 면접위원들에 대한 오리엔테이션 자리에서 '이번에 금메달을 가지고 올 승마 종목 특기생이 비선실세의 딸이고, 총장님께 보고를 드렸더니 무조건 뽑으라고 하신다'고 말하였다. 이 경우 총장의 보직 임용 등 직무권한에 비추어 볼 때, 甲이 말한 '총장의 선발지시'는 면접위원들이 자유롭게 면접평가 업무를 수행하는 데 분명한 장애사유가 될 위력에 해당한다. (대법원 2018. 5. 15. 2017도19499)

【판례】 위력에 해당하지 않는 경우 **1.** 전체근로자 50명 중 29명이 노동조합에 가입한

회사의 노조위원장이 다른 2명과 함께 조합원 1명을 대동하고 3시간 정도 조기퇴근하였다고 해서 이것이 위력에 의한 업무방해에 해당한다고 하기는 어렵다. (대법원 1991. 4. 23. 90도2961)

2. 74세를 넘긴 피고인이 종중원들, 마을 주민들 10여명, 지적공사 직원 3명이 모여 있는데 나타나서 혼자 측량을 반대하며 소리지르고 시비를 걸었다고 해서 측량업무를 담당하는 사람의 자유의사를 제압하기에 족한 위력을 행사한 것이라고는 할 수 없다. (대법원 1999. 5. 28. 99도495)

3. 근로자 100명 중 **2명**이 지역집회 참가를 이유로 2시간 파업에 참여하는 등 사업운영에 심대한 혼란이나 막대한 손해가 초래되었다고 볼 수 없는 경우에는 업무방해죄가 성립하지 않는다. (대법원 2011. 10. 27. 2009도3390)

4. 근로자 182명 중 **9명**이 부분파업에 참여하는 등 사업운영에 심대한 혼란이나 막대한 손해가 초래되었다고 볼 수 없는 경우에는 업무방해죄가 성립하지 않는다. (대법원 2011. 10. 27. 2010도7733)

5. 예측 가능 파업 회사측에서 일방적으로 성과급제를 실시할 경우 노조가 파업에 돌입할 것을 충분히 예상할 수 있었을 경우, 그 파업으로 사용자의 사업운영에 심대한 혼란이나 막대한 손해가 초래되었다고 볼 수 없으므로 업무방해죄에 해당하지 않는다. (대법원 2012. 1. 27. 2009도8917)

6. 일시 출장 거부 출장배치를 받은 골프장 경기보조원 18명이 약 40분간 출장을 거부하였으나, 전체 경기보조원 수 및 운영시간과 비교하여 규모가 크지 않고, 이로 인하여 경기 자체가 불가능해지거나 수입 감소 등 불이익이 발생하지 않은 경우라면, 골프장 운영자의 자유의사를 제압·혼란케 할 정도의 위력에 해당한다고 보기 어렵다. (대법원 2013. 5. 23. 2011도12440)

다. 방해

업무방해죄는 추상적 위험범이므로 '업무를 방해할 수 있을 정도의 위험을 갖춘 행위'가 있게 되면 업무가 방해되는 결과가 실제로 발생하지 않더라도 범죄가 성립한다.

【판례】 업무방해의 개념 **1.** 업무방해죄에 있어 업무를 '방해한다'함은 업무의 집행 자체를 방해하는 것은 물론이고 널리 업무의 경영을 저해할 위험이 발생한 것도 포함한다. 따라서 서류배달업 회사에 근무하는 피고인이 회사가 고객으로부터 배달을 의뢰

받은 서류의 포장 안에 고객이 배달을 의뢰하지 않은 특정 종교를 비방하는 내용의 전단을 몰래 집어넣어 함께 배달되게 한 것은 회사 업무의 경영이 **저해될 위험**을 발생시키는 행위로서 업무방해에 해당된다. (대법원 1999. 5. 14. 98도3767)

2. 업무방해죄의 성립에 있어서는 업무방해의 결과가 실제로 발생함을 요하는 것이 아니고 업무방해의 결과를 **초래할 위험**이 발생하는 것이면 족하다. (대법원 2005. 5. 27. 2004도8447 | 같은 취지: 대법원 1991. 6. 28. 91도944; 대법원 2004. 3. 26. 2003도7927)

3. 업무방해죄가 성립하기 위하여 업무방해의 결과가 실제로 발생할 필요는 없고 업무방해의 결과를 **초래할 위험**이 발생하면 족하며, 업무수행 자체가 아니라 업무의 적정성이나 공정성이 방해된 경우에도 업무방해죄가 성립한다. (대법원 2018. 5. 15. 2017도19499 | 같은 취지: 대법원 2010. 3. 25. 2009도8506)

업무방해의 유형은 ① 업무수행 자체를 불가능하도록 할 가능성, 또는 ② 업무수행이 부당한 방향으로 이루어지도록 할 가능성을 가진 행위 등 두 가지로 요약된다. 그리고 강의시간에 대리출석을 해주는 정도를 형사처벌 하는 것은 형벌의 보충성 측면에서 문제가 있으므로 업무수행의 자유를 침해할 위험은 그 **위험이 현저할 경우**만으로 한정하여 해석하는 것이 타당하다.

(2) 주관적 구성요건

【판례】 광우병 보도 방송국 프로듀서인 피고인은 방송보도를 통하여 미국산 쇠고기는 광우병 위험성이 매우 높은 위험한 식품이고 우리나라 사람들이 유전적으로 광우병에 취약하다는 취지의 허위사실을 유포하여 미국산 쇠고기 수입·판매업자의 업무를 방해하였으나, 방송보도의 전체적인 취지와 내용이 미국산 쇠고기의 식품 안전성 문제 및 쇠고기 수입 협상의 문제점을 지적하고 협상체결과 관련한 정부 태도를 비판한 것으로서 업무방해의 고의가 있었다고 보기 어렵다. (대법원 2011. 9. 2. 2010도17237)

3. 위법성

(1) 정당행위

노동쟁의 행위는 사용자가 근로자의 근로조건 개선에 관한 구체적인 요구에 대하여 단체교섭을 거부하는 경우에, 단체교섭의 주체로 될 수 있는 자(노동3권을 보장받는 사업장의 노동조합과 그 구성원인 조합원)가 쟁의행위에 선행하는 절차(① 조합원의 직접 · 비밀 · 무기명 투표에 의한 과반수 찬성 결정(노조법 제41조 제1항), ② 노조법에 따른 조정(노조법 제45조 제2항))를 이행하고 나서 하게 되면, 본죄의 구성요건에 해당되더라도 위법성이 배제된다.

여기서 구성요건에 해당된다는 것은 쟁의과정에서 허위사실 유포와 같은 위계나 위력 등이 사용되었음을 의미한다. 그런데 문제는 노조법이 쟁의행위를 할 때 폭력을 사용하거나 파괴행위를 해서는 안된다고 하고 있으며(제42조 제1항), 폭행 · 협박 또는 위력을 사용해서 쟁의행위에 참여할 것을 호소해도 안된다고 하고 있다(제38조 제1항)는 점이다. 그렇다면 위계나 위력을 사용하면 안된다는 말인가? 그렇지 않다. 위계나 위력을 사용하지 않는다면 구성요건 자체가 성립되지 않으므로 애초에 문제될 일이 없다. 그러므로 쟁의행위가 정당행위로서 위법성이 배제된다는 것은 상당성의 범주를 벗어나지 않는 한 위계나 위력의 사용이 허용된다는 뜻으로 이해하여야 할 것이다.

【판례】 정당한 방해행위 1. 시장번영회 회장이 이사회의 결의와 시장번영회의 관리규정에 따라서 관리비 체납자의 점포에 대하여 단전조치를 실시한 것은 정당행위로서 업무방해죄를 구성하지 아니한다. (대법원 2004. 8. 20. 2003도4732)

2. 甲 개인택시운송사업조합은 자신이 설립한 새마을금고에 대하여 甲 조합 집행부를 비방하는 기사를 게재한 개인택시신문에 광고를 게재하지 않도록 권고하였다. 이 사건 새마을금고는 사실상 조합의 영향력 아래 있어서 권고를 따르지 않을 수 없는 지위에 있었다. 이 경우 조합은 새마을금고의 의사결정에 직접 관여할 권한을 가지고 있으므로 그 권한 범위 내에서 지시 등을 하면서 다소 과도한 표현을 사용하였다 하더라도 업무방해죄를 구성하지 아니한다. (대법원 2013. 2. 28. 2011도16718)

(2) 피해자의 승낙

업무수행의 자유는 법익주체가 처분할 수 있는 법익이기 때문에 피해자의 승낙을 근거로 위법성이 배제될 수 있다고 보는 견해가 있다(**다수설**). **판례**의 입장 또한 같다(대법원 1983. 2. 8. 82도2486).

【판례】 피해자의 승낙에 의한 업무방해 피해자 甲은 많은 계를 조직 운영하면서 그로서 생계를 꾸려왔는데 계원들의 계금 납부가 원활하지 않아 피고인에게 다액의 채무를 지게 되었다. 이에 피고인은 채권확보를 위해 계원들로 하여금 甲 대신 자신을 계주로 믿게 하여 계금을 지급하고 불입금을 지급받았다. 이렇게 피고인이 위계를 사용하여 甲의 계 운영업무를 방해하였다고 하여도 피고인에 대하여 다액의 채무를 부담

하고 있던 甲으로서는 채권확보를 위한 피고인의 요구를 거절할 수 없었기 때문에 피고인이 계주의 업무를 대행하는데 대하여 이를 승인 내지 묵인한 것이므로 피고인의 행위는 이른바 甲의 승낙이 있었던 것으로서 위법성이 조각되어 업무방해죄가 성립되지 않는다. (대법원 1983. 2. 8. 82도2486)

그러나 업무방해는 법익주체의 행동의 자유 또는 의사의 자유를 침해하는 성격의 범죄이므로, 피해자의 동의가 있었다면 이는 구성요건을 조각하는 **양해**가 되어 구성요건 자체가 성립되지 않는다고 보는 것이 타당하다고 생각한다.

4. 죄 수

본죄의 보호대상이 되는 업무라고 하기 위해서는 ① '사회적 지위를 기반으로 한 정당한 업무'와 ② '지속성'이라는 두 가지 요건이 충족되어야 하는데, 이 기준에 따라 판단하면 공무원의 직무집행도 보호대상이 된다. 문제는 공무집행 방해죄(제136~137조)가 별도로 규정되어 있다는 점이다.

공무원의 정당한 직무집행을 위계를 사용하거나 폭행·협박을 동원하여 방해하게 되면 본죄와 공무집행 방해죄의 구성요건이 모두 충족되는데 어느 법규를 적용해야 하는가가 문제가 되는 것이다. 이에 대하여 견해의 대립이 있다.

① **긍정설**: 업무방해죄의 업무의 개념에 공무를 전적으로 포함시키는 견해

② **부정설**: 업무방해죄의 업무의 개념에 공무가 포함되지 않는다는 견해

③ **제1절충설**: 원칙적으로 공무가 포함되지는 않지만 위력에 의한 공무집행 방해의 경우에는 포함된다는 견해

④ **제2절충설**: 원칙적으로 공무가 포함되지는 않지만 비공무원에 의한 공무수행이나 비권력적 공무수행의 경우 또는 위력에 의한 공무집행 방해의 경우에는 공무도 보호대상에 포함된다는 견해

결론 일단 공무가 정당성을 갖추고 있을 경우에는 제314조에서 말하는 '업무'의 개념에 해당되는 것이 분명하므로 공무도 본죄의 업무에 포함된다고 보는 **긍정설**이 타당하다.

따라서 공무집행 방해가 성립될 경우에는 항상 업무방해죄도 인정될 것인데 그러한 측면에서 두 범죄는 **특별관계**에 있다고 보는 것이 맞다. 결론적으로 공무집행 방해가 성립되면 업무방해죄도 동시에 성립되지만 법규적용은 배제되는 법조경합 관계로 보면 되겠다.

Ⅱ. 컴퓨터 손괴 등에 의한 업무방해죄

제314조 (업무방해) ② 컴퓨터 등 정보처리장치 또는 전자기록 등 특수매체기록을 손괴하거나 정보처리장치에 허위의 정보 또는 부정한 명령을 입력하거나 기타 방법으로 정보처리에 장애를 발생하게 하여 사람의 업무를 방해한 자도 제1항의 형과 같다.

1. 의의 및 보호법익

본죄는 컴퓨터 등 정보처리장치 또는 전자기록 등 특수매체기록을 손괴하거나 정보처리장치에 허위의 정보 또는 부정한 명령을 입력하거나 기타 방법으로 정보처리에 장애를 발생하게 하여 사람의 업무를 방해한 행위를 처벌하는 범죄이다.

제314조 제2항의 보호법익은 컴퓨터 등을 이용한 정보처리 업무수행의 자유이다. 이때 정보처리에 장애가 발생하게 하는 것은 행위내용이지 결과가 아니다. 한편 법익보호의 정도와 관련해서는 제314조 제1항과 마찬가지로 추상적 위험범으로 보는 것이 타당하다.

2. 구성요건

(1) 행위객체

본죄의 행위객체는 컴퓨터 등 정보처리장치 또는 전자기록 등 특수매체 기록이다.

정보처리장치란 '자동적으로 정보를 처리해 주는 기기'를 의미하며 컴퓨터와 이를 운영하는 시스템 그리고 그 주변장치들로 구성된다. 여기서 **처리**란 정보의 입력 · 저장 · 편집 · 검색 · 삭제 · 출력 등의 작업을 의미한다.

특수매체란 정보처리장치를 위해 개발된, 종이 이외의 새로운 기록매체를 의미한다.

> 현재 HDD, USB, SSD, CD, DVD 등이 개발되어 있고 앞으로도 또 다른 다양한 기록매체가 개발될 것이다.

(2) 행 위

정보처리장치를 **손괴**한다는 것은 그 '이용가능성을 침해하는 것'을 의미한다.

> 예를 들어 컴퓨터 본체 또는 그 주변기기를 물리적으로 부수어서 못 쓰게 만드는 행위뿐 아니라, 바이러스를 침투시켜 BIOS의 작동을 멈추게 한다거나, 네트워크 체제로 운영되는 시스템의 Router 또는 HUB 시설을 고장내서 기능을 마비시키거나, 스팸메일을 통해 시스템을 다운시키는 등의 행위도 모두 이용가능성을 침해하는 것이라고 할 수 있다.

특수매체기록을 **손괴**한다는 것은 저장내용을 삭제, 변조, 위조하는 등 그 기록 내용에 대한 이용가능성을 침해하는 행위를 의미한다.

허위정보란 진실에 반하는 정보를 의미하며, **부정한 명령**이란 사용권한을 가진 자가 허용하는 범위를 벗어나서 내리는 명령을 의미한다. 입력이란 정보 또는 명령이 시스템에 전달되게 하는 것을 말한다. 따라서 원격 단말기를 통해 명령을 보냈지만 회선장애로 그 명령이 시스템에 전달되지 않으면 입력이라고 할 수 없다. 그러나 일단 시스템에 명령이 도달했다면 보안체제가 작동하여 시스템에 영향을 미치지 못하더라도 입력이 된 것으로 보아야 한다.

(3) 기 수

제314조 제2항도 추상적 위험범이다. 따라서 컴퓨터를 손괴하는 등 업무를 방해할 수 있는 위험을 가진 행위를 하기만 하면 범죄는 성립된다. 예를 들어 특정 기관의 전산 시스템을 다운시키기 위해서 엄청난 양의 스팸메일을 보냈는데 회선에 이상이 있어서 메일이 전달되지 않아 아무 일도 일어나지 않더라도 업무방해가 성립된다고 해야 한다.

3. 죄 수

정보처리장치나 특수매체기록을 손괴한 경우에는 재물손괴죄(제366조)도 성립된다. 이 경우 두 범죄의 관계에 대하여 견해대립이 있다.

① 법조경합설

② 상상적 경합설

결론 본죄와 재물손괴죄는 보호법익을 달리 하므로 어느 하나가 다른 하나를 완전히 포함하고 있다고 볼 수 없다. 따라서 두 범죄는 상상적 경합관계에 있다고 봄이 마땅하다.

제 3 장 명예 · 신용을 침해하는 범죄

제 1 절 명예에 관한 범죄

Ⅰ. 개 관

1. 보호법익

명예에 관한 범죄의 보호법익은 **명예**이다. 명예의 개념은 여러 가지 측면을 가지고 있다. 이를 어떻게 이해하는가에 따라 보호의 내용이 달라진다.

① 서술적 개념으로 보는 입장 : 서술적 개념으로 보는 입장에서는 명예를 주관적 명예감과 사회적 평판으로 분류한다(**다수설 | 판례**). 이 가운데 주관적 명예감(명예감정)은 **내적 명예**를 의미하며 사회적 평판은 **외적 명예**를 뜻한다.

서술적 개념이 문제가 되는 부분은 주관적 명예감이 사람에 따라서는 아예 없을 수도 있고, 반대로 지나치게 높을 수도 있다는 것이다. 아무리 욕을 해도 감정에 전혀 변화가 없는 돌과 같이 무딘 사람이 있는 반면, 별것도 아닌 것을 가지고 흥분하는 병적으로 예민한 사람도 있다.

이는 외적 명예인 사회적 평가도 마찬가지이다. 실제보다 훨씬 좋을 수도 있고, 반대로 훨씬 나쁠 수도 있는 가능성이 언제나 존재한다. 이러한 문제점을 극복하기 위해 등장한 것이 규범적 개념이다.

② 규범적 개념으로 보는 입장 : 규범적 개념으로 보는 입장에서는 **명예**를 '근거 없이 실추되지 않을 것이 요구되는 사람의 **사회적 가치**'로 파악한다.

모름지기 규범은 보호될 가치가 있는 부분만 보호한다는 것이다. 이에 따르면 명예훼손의 경우 법이 보호하는 것은 지나치게 높게 평가된 당사자의 사회적 평판도 아니고 그렇다고 해서 근거 없이 낮게 평가된 그 사람의 사회적 평판도 아니다.

예를 들어 원생들에게 강제노동을 시키고 상습적으로 추행한 복지원장이 사회적으로는 대단히 훌륭한 사회사업가로 추앙 받고 있는 경우에 과대평가 되어있는 이 당사자의 사회적 평판을 그대로 보호할 필요는 없지 않느냐는 것이다. 이러한 견해에 따라 명예의 개념을 파악하게 되면 진실한 사실을 적시하는 행위는 처벌대상에서 제외된다. 독일 형법은 진실한 사실 적시행위를 처벌대상에서 제외하고 있다.

[결론] 다수설과 판례(대법원 1987. 5. 12. 87도739)는 명예훼손죄와 모욕죄의 보호법익을 모두 서술적 개념으로서의 사회적 평판(외적 명예)으로 파악하고 있다. 이들 견해는 보호할 가치가 없는 이익을 법이 굳이 보호하도록 한다는 측면에서 부당하다. 그러나 현행 형법이 제307조 제1항에서 진실한 사실을 적시하는 행위도 명예훼손죄로 처벌하고 있기 때문에 달리 해석하기가 힘들다.

2. 구성요건 체계

명예와 신용을 침해하는 범죄 가운데 **기본 구성요건**은 제307조 제1항의 명예훼손이다. 이에 대한 **가중 구성요건**은 제307조 제2항의 허위사실적시 명예훼손, 제309조의 출판물 등에 의한 명예훼손 그리고 제313조의 신용훼손이 있다. 또한 외국원수(제107조 제2항)나 외국사절(제108조 제2항)에 대한 명예훼손과 모욕도 가중처벌 대상이다. 제311조(모욕)는 **감경 구성요건**이며, 제308조(사자의 명예훼손)는 불법의 정도가 같은 **변형 구성요건**이다.

Ⅱ. 명예훼손죄

제307조 (명예훼손) ① 공연히 사실을 적시하여 사람의 명예를 훼손한 자는 2년 이하의 징역이나 금고 또는 500만원 이하의 벌금에 처한다.
② 공연히 허위의 사실을 적시하여 사람의 명예를 훼손한 자는 5년 이하의 징역, 10년 이하의 자격정지 또는 1천만원 이하의 벌금에 처한다.

제312조 (고소와 피해자의 의사) ② 제307조와 제309조의 죄는 피해자의 명시한 의사에 반하여 공소를 제기할 수 없다.

1. 의 의

공공연하게 진실한 사실 또는 허위의 사실을 적시함으로써 사람의 명예를 훼손하는 범죄행위이다. 허위의 사실을 적시하였을 경우에는 더 강하게 처벌된다. 본죄는 **추상적 위험범**이다(**통설**).

2. 구성요건

(1) 객관적 구성요건

1) 행위객체 (법익의 주체)

가. 자연인

자연인은 누구나 명예의 주체가 된다. 사람은 누구이건 간에 모두 일정한 사회적 평판을 가지고 있어서, 보호할 가치가 전혀 없는, 명예를 전혀 인정해 줄 수 없는 사람이란 있을 수 없는 일이기 때문이다.

나아가 죽은 사람의 명예도 제308조에 의해서 보호되는데 이 조항의 보호법익이 무엇인가에 대하여 견해대립이 있다.

① 죽은 사람의 명예로 보는 견해
② 유족이 사자에게 갖는 추모감정으로 보는 견해
③ 사망한 사람이라 할지라도 그를 매도하여서는 안 된다는 일반대중들이 갖는 가치관 혹은 정서로 보는 견해

[결론] 제308조의 내용 자체가 "사자의 명예를 훼손"한 자를 처벌한다는 것이기 때문에 달리 해석하기가 곤란하며, 유족의 추모감정이 보호법익이라고 해석하게 되면 유족이 없는 사자(死者)에 대해서는 제308조가 성립될 수 없게 된다는 문제가 있으므로 ②의 견해는 부당하다.

또한 형사소송법 제227조가 본죄를 친고죄로 규정하고 그 고소권자를 친족 또는 자손으로 한정하고 있다는 점을 고려하면, 일반대중의 정서가 부수적 보호법익은 될 수 있어도 주된 보호법익이라고 보기는 힘들다. 따라서 죽은 사람의 명예도 보호의 대상이 된다고 보는 것이 타당하다.

나. 단 체

법익의 주체는 자연인 외에 '사회적 평판을 향유하는 단체'도 될 수 있다. 여기서 말하는 단체는 반드시 법인일 필요도 없고 또 공공기관만으로 제한되지도 않는다. 따라서 법인, 정당, 노동조합, 기업, 적십자사, 병원, 종교단체, 학교 등 많은 단체가 명예의 주체가 될 수 있다.

그러나 모든 단체가 다 명예의 주체가 될 수 있는 것은 아니다. 명예는 법적으로 보호할 필요가 인정되는 사회적 평판이고, 법적 보호의 필요성이 인정되는 것은 '① 법적으로 인정된 사회적 기능을 담당하고(**보호가치**) ② 통일된 의사를 형성할 수 있는 단체'의 명예이다(**실체**).

따라서 범죄단체처럼 법적으로 보호의 대상이 아니라 처단의 대상이 되는 단체는 명예의 주체가 될 수 없다. 또한 구성원 상호간의 결속상태가 매우 약한 단체(예: 낚시 동호회)나 통일된 의사 형성을 갖고 활동한다고 할 수 없는 단체(예: 가족)도 법익의 주체로 보기 힘들다.

경실련이나 참여연대 같은 사회단체는 법적으로 인정된 사회적 기능을 담당하는 단체이고, 통일된 의사를 형성하고 움직여 나가기 위한 체제를 갖추고 있으므로 법익의 주체가 된다. 한총련과 같은 학생단체의 경우에도 이적단체가 아닌 이상 명예의 주체가 될 수 있다.

【판례】 정부 또는 국가기관의 업무수행과 관련된 사항은 항상 국민의 감시와 비판의 대상이 되어야 하는 것이기에 정부 또는 국가기관은 명예훼손죄의 피해자가 될 수 없다. 나아가 그러한 표현으로 그 업무수행에 관여한 공직자에 대한 사회적 평가가 다소 저하될 수 있다고 하더라도, 그 내용이 공직자 개인에 대한 악의적이거나 심히 경솔한 공격으로서 현저히 상당성을 잃은 것으로 평가되지 않는 한, 그로 인하여 공직자 개인에 대한 명예훼손이 된다고 할 수도 없다. (대법원 2018. 11. 29. 2016도14678

| 같은 취지: 대법원 2003. 7. 22. 2002다62494; 대법원 2011. 9. 2. 2010도17237)

다. 집합명칭에 의한 명예훼손

단체 자체에 대한 명예훼손과는 별도로 집합명칭을 사용함으로써 그 집단의 구성원들 각자에 대한 명예훼손을 할 수도 있다. 예를 들어 한 일본 극우보수주의자가 일본 대학 내 강의에서 “조선놈들은 맞아야 정신을 차리는 한심한 인간들이다”라는 발언을 했다면 일본에 거주하고 있는 조선사람 개개인에 대한 명예를 훼손하는 행위가 될 수 있다. 집합명칭에 의한 명예훼손은 ① 집단의 모든 구성원을 지칭하는 형태와 ② 집단의 한 사람 또는 일부만을 지칭하는 형태의 두 가지로 분류된다.

(가) 집단의 모든 구성원을 지칭하는 형태

이 형태의 명예훼손이 성립되기 위해서는 지칭된 집단의 구성원이 누구인지를 일반인과 명확하게 구분할 수 있는 기준이 있어야 한다. 그러므로 학자, 기독교 신자, 상인 등의 집합명칭이 명예훼손 대상 집단을 지칭하는 것이라고 하기는 곤란하다.

또한 문제되는 집단의 규모는 수적으로 어느 정도 가늠할 수 있을 정도이어야 한다. 너무 수가 많아지면 명예훼손은 의미가 없어지기 때문이다. 예를 들어 “장사꾼은 모두 자린고비이다” 또는 “여자는 남자보다 모든 면에서 열등하다”는 등의 표현은 집합명칭에 의한 명예훼손이 될 수 없다. 그런 면에서 이러한 형태의 명예훼손 성립 가능성은 집단의 크기가 작아질수록 커진다.

그러나 집단의 크기가 커도 그 구성원이 민감하게 명예훼손의 느낌을 받을 수 있는 경우에는 법익의 주체에 포함시키는 것이 타당하다. 예를 들면 서구와 미국에서의 “이슬람교도”, 독일에 있어서의 “유태인” 그리고 일본의 경우 “조선인” 등이 이에 해당된다. 이들은 특별한 역사적·문화적 배경을 가지고 있기 때문이다.

한편 경상도 사람, 전라도 사람, 서울 깍쟁이 등의 경우에는 미국놈, 일본놈의 경우보다는 집단의 크기가 작지만, 누가 그 구성원인지를 명확하게 판단할 수 없고 그 수도 잘 가늠이 안되기 때문에 법익주체가 될 수 없다(같은 취지: 대법원 1960. 11. 26. 4293형상244; 대법원 2000. 10. 10. 99도5407). 결국 집단의 크기보다는 누가 그 구성원인지를 명확하게 판단할 수 있는지의 여부가 결정적이고 합리적인 기준이라고 할 수 있다.

【판례】 집합명칭에 의한 명예훼손 피고인은 △△여자상업고등학교 이사 ×××의 지시를 받고 3.19 동지회 소속 교사들이 학생들을 선동하여 무단하교를 하게 하였다는 허위 내용의 보도자료를 만들어 서울특별시 교육청 내 공보실에서 기자들에게 배포하였다.

명예훼손죄는 어떤 특정한 사람 또는 인격을 보유하는 단체에 대하여 그 명예를 훼손함으로써 성립하는 것이므로 그 피해자는 특정한 것임을 요하고, 다만 서울시민 또는 경기도민이라 함과 같은 막연한 표시에 의해서는 명예훼손죄를 구성하지 아니한다 할 것이지만, **집합적 명사**를 쓴 경우에도 그것에 의하여 그 범위에 속하는 특정인을 가리키는 것이 명백하면, 이를 각자의 명예를 훼손하는 행위라고 볼 수 있다.

이 사건의 경우 위 학교의 교사는 총 66명으로서 그 중 약 37명이 3.19 동지회 소속 교사들이고, 위 학교의 학생이나 학부모, 교육청 관계자들은 3.19 동지회 소속 교사들이 누구인지 알고 있음이 사실이다. 그렇다면 3.19 동지회는 그 집단의 규모가 비교적 작고 그 구성원이 특정되어 있으므로 피고인이 3.19 동지회 소속 교사들에 대한 허위의 사실을 적시함으로써 3.19 동지회 소속 교사들 모두에 대한 명예가 훼손되었다고 할 것이다. (대법원 2000. 10. 10. 99도5407)

(나) 집단의 한 사람 또는 일부만을 지칭하는 형태

단체 자체를 지목하는 것도 아니고, 집단 구성원 전체를 지칭하는 것도 아니며, 그렇다고 특정인을 지명하는 것도 아닌 형태를 말한다. 집단 구성원 중에 딱히 누구라는 것을 명확하게 말하지는 않았지만 누구라도 그에 해당될 수 있도록 기술적으로 표현한 경우이다. 예를 들어 "☆☆당 의원 가운데 빨갱이가 세 놈 있다"는 식의 표현형태가 이에 해당된다. 이런 형태의 명예훼손이 성립하기 위해서는 지칭한 집단의 규모가 비교적 작고 그 구성원이 누구인지 쉽게 특정될 수 있어야 한다.

2) 공연성

명예훼손 행위는 공연성이 있을 경우에만 처벌한다. **공연성**은 '불특정 또는 다수의 사람이 인식할 수 있는 상황'을 의미한다(**통설**). **판례**의 입장도 같다(대법원 1986. 9. 23. 86도556; 대법원 1990. 7. 24. 90도1167; 대법원 1994. 9. 30. 94도1880; 대법원 1996. 7. 12. 96도1007; 대법원 1998. 9. 8. 98도1949). 공연성의 의미는 인식가능성에 초점을 맞추는가 아니면 전파가능성에 중점을 두는가에 따라 해석기준이 약간 달라진다.

① **인식가능성 이론**: 행위자에 의해서 사실이 적시될 때 이를 인식할 수 있는 사람이 불특정 또는 다수이었던 경우에 공연성을 인정하는 견해이다.

여기서 **불특정**이란 행위자가 문제의 표현을 할 때 이를 인식할 수 있는 상황에 있는 사람이 누구인가가 특정되어 있지 않다는 의미이다. 특정이 되어 있지 않다는 것은 누구라도 이를 인식할 수 있는 개방적인 상태임을 말한다. 그러나 행위자가 발언을 할 때 그 주위에 누군지는 알 수 없지만 딱 한 사람 밖에 없는 상황이었다면 공연성을 인정하기 곤란하다. 따라서 불특정이란 행위자와 인적 교류가 없어서 누군지 알 수 없는 한 무리의 사람들이 있었던 경우를 뜻하는 것으로 이해된다.

다수란 단순히 둘 이상을 의미하는 것이 아니라 상당히 많은 수를 의미한다. 그리고 사실적시의 상대방이 불특정인 경우에는 상대방의 숫자가 많아야 할 필요가 없으므로, '다수'라는 요건은 아주 많은 수의 특정된 사람들을 상대방으로 하는 경우를 의미하는 것으로 보아야 한다. 특정된 사람들이란 행위자와 서로 인적 교류가 있는 사람들을 의미한다.

예를 들어 법인 이사장이 임시총회를 진행하다가 회원 30여명이 있는 자리에서 특정인의 명예를 훼손하는 사실을 적시하는 경우가 이에 해당된다(대법원 1990. 12. 26. 90도2473. 같은 취지: 대법원 1981. 8. 25. 81도149; 대법원 1984. 2. 28. 83도3124).

'특정이 되지 않는 사람들(불특정)' 또는 '상당히 많은 수의 특정되는 사람들(다수)'은 행위자가 사실적시 행위를 할 당시에 여럿이 함께 이를 인식할 수 있는 상태에 있어야 한다. 따라서 행위자가 한 사람을 붙잡고 이야기하고, 장소를 이동해서 또 다른 사람에게 이야기하고, 그 다음 날 또 다른 사람에게 이야기하는 식으로 개별적으로는 공연성이 전혀 없는 행위를 여러 번 함으로써 결국은 많은 사람들에게 말을 퍼뜨리게 된 경우에는 인식가능성 이론에 따르면 공연성이 인정될 수 없다.

② **전파가능성 이론**: 불특정 또는 다수의 사람에게 전파되어 인식될 가능성이 있는 경우에 공연성을 인정하는 입장이다. 보통 **전파성 이론**이라고 한다. 이에 따르면 불특정 또는 다수를 상대로 사실적시를 하지 않았더라도, 그 말을 들은 사람이 불특정 또는 다수를 상대로 자신이 들은 사실을 적시할 가능성이 있으면 공연성이 인정된다. 대법원은 일관하여 이 이론을 인정하고 있다.

【판례】 공연성이 인정되는 경우 **1.** 피고인의 말을 들은 사람은 매번 한 사람씩에 불과했지만, 그들은 피고인과 특별한 친분관계가 있는 자가 아니며, 말의 내용도 지방의회 의원선거를 앞둔 시점에 후보자를 비방한 것이어서 피고인이 적시한 사실이 전파될 가능성이 많을 뿐만 아니라, 그 사실이 피해자에게까지 전파되었다면 행위 당시에 이미 공연성을 갖추었다. (대법원 1996. 7. 12. 96도1007 | 같은 취지: 대법원 1994. 9. 30. 94도1880)

2. 피고인 甲은 자신과 ××사 사이에 발생한 분쟁을 해결하고자 ××사의 대표이사를 사기 혐의로 고소하였으나 검찰에 의하여 혐의 없다는 결정이 내려지자, 다시 이 문제를 **야당 국회의원**들을 통하여 해결하고자 야당 소속 乙에게 분쟁 경위와 검찰의 사건처리를 설명하고 국회 차원에서 ××사의 비리를 조사해 줄 것을 부탁하면서 관련자료를 넘겨주었다. 이에 乙은 같은 당 소속 丙 의원에게 이 자료를 넘겨주었다. 丙 의원은 乙을 통하여 넘겨받은 자료를 바탕으로 그 내용을 국회에서 공개적으로 주장하였고 이것이 각 일간신문에 게재되어 일반에게 배포되었다. 이 경우 비록 개별적으로 한 사람에 대하여 사실을 적시하였더라도 그로부터 불특정 또는 다수인에게 전파될 가능성이 있었으므로 공연성의 요건을 충족한다. 피고인의 행위는 명예훼손죄에 해당된다. (대법원 2004. 4. 9. 2004도340)

3. 인터넷 블로그의 비공개 대화방에서 일대일로 대화하면서 상대방으로부터 비밀을 지키겠다는 말을 들었다 하더라도 그가 당연히 대화내용을 불특정 또는 다수인에게 전파할 가능성이 없다고 할 수는 없다. (대법원 2008. 2. 14. 2007도8155)

【판례】 공연성이 인정되지 않는 경우 **1.** 피고인이 경찰지서 내에서 지서장으로부터 피해자와 화해할 것을 권유받고 있던 중 이에 불응하고 피해자의 명예를 훼손하는 발언을 한 경우에 그 지서 내에 경찰관들과 사환 및 경찰의 소환으로 역시 화해를 위해 와 있던 피해자의 종형만 있었을 뿐이라면 피고인의 발언은 전파될 염려가 없어 공연

성이 없다. (대법원 1966. 4. 19. 66도179)

2. 피고인이 피해자를 비방하는 **진정서**를 피해자가 교사로 근무하고 있는 학교법인 이사장 앞으로 제출했다고 하더라도 위 진정서의 내용과 진정서의 수취인인 학교법인 이사장과 위 피해자의 관계 등에 비추어 볼 때 이사장이 진정서 내용을 다른 곳에 전파할 가능성이 있다고 보기 어렵다. (대법원 1983. 10. 25. 83도2190)

3. 피고인이 말한 장소가 여관 방안이고 그 곳에는 피고인과 그의 처, 피해자들과 그들의 딸, 사위, 매형밖에 없었고 피고인이 피고인의 딸과 피해자들의 아들간의 파탄된 혼인관계를 수습하기 위하여 만나 얘기하던 중 감정이 격화되어 발설을 한 사실이 인정된다면, 전파될 가능성 있는 상태에서 이루어진 것이라 보기 어렵다. (대법원 1984. 4. 10. 83도49)

4. 조합장으로 취임한 피고인이 조합의 원만한 운영을 위하여 피해자의 측근이며 피해자의 불신임을 적극 반대하였던 갑에게 조합운영에 대한 협조를 구하기 위하여 동인과 단둘이 있는 자리에서 이사회가 피해자를 불신임하게 된 사유를 설명하는 과정에서 피해자에 대한 여자관계의 소문이 돌고 있다는 취지의 말을 한 것이라면 그것은 전파될 가능성이 있다고 할 수 없다. (대법원 1990. 4. 27. 89도1467)

5. 피고인을 명예훼손죄로 고소하기 위한 증거자료를 미리 은밀하게 수집·확보하기 위해서 온 사람들에게 피고인이 피해자의 여자 문제 등 사생활에 관해서 발언한 내용은 **수사기관** 이외의 다른 곳으로 전파될 가능성이 없다. (대법원 1996. 4. 12. 94도3309)

6. 피고인의 말을 들은 사람은 L 단 한 사람뿐이었고, L은 피해자인 S와 직장에 함께 근무하는 동료로서 S의 명예가 훼손될 것을 염려하여 피고인이 발설한 내용을 함부로 소문내지 않을 것으로 기대할 수 있는 사람이다. 또 실제로 피고인의 말은 오직 S에게만 전달되었으므로 공연성이 없다. (대법원 1998. 9. 8. 98도1949)

7. 피고인(처)과 피해자(남편)는 서로 이혼소송을 제기하였는데 피고인의 청구에 기하여 이혼한다는 제1심 판결이 선고되었다. 피해자의 친구 丙은 대학교수로서 위 소송 과정에서 피해자에게 유리한 증거자료인 진술서를 작성하여 주었던 관계로, 피고인은 제1심 판결 이후 丙에게 사실 관계를 알리는 내용의 편지를 보내면서 피해자에게 보내는 서신도 함께 동봉하였다. 그 서신에는 피해자의 명예를 훼손하는 문구가 기재되어 있었다. 피해자는 丙으로부터 위 서신을 전달받은 다음, 이 사건 공소사실과는 다른 사실로 피고인을 고소함에 있어서 위 서신을 자료로 첨부하였을 뿐이고, 달리 丙이 위 사실을 불특정 또는 다수인에게 전파하지는 않았다. 이와 같은 사정 하에

서는 특히 丙과 피고인과의 관계에 비추어 보아 피고인이 적시한 사실이 불특정 또는 다수인에게 전파될 가능성이 있다고 볼 수는 없다. (대법원 2000. 2. 11. 99도4579)

8. 피고인은 주간신문 **기자**와의 전화인터뷰에서 제3자의 명예를 훼손시키는 내용의 이야기를 하였는데 기자는 피고인의 진술을 기사화 하여 보도하지 않았다. 통상 기자가 아닌 보통 사람에게 사실을 적시할 경우에는 그 자체로서 적시된 사실이 외부에 공표되는 것이므로 그 때부터 곧 전파가능성을 따져 공연성 여부를 판단하여야 할 것이지만, 기자를 통해 사실을 적시하는 경우에는 기사화되어 보도되어야만 적시된 사실이 외부에 공표된다고 보아야 할 것이므로 기자가 취재를 한 상태에서 아직 기사화하여 보도하지 아니한 경우에는 전파가능성이 없다고 할 것이어서 공연성이 없다고 보아야 한다. (대법원 2000. 5. 16. 99도5622)

9. 어느 사람에게 귀엣말 등 그 사람만 들을 수 있는 방법으로 그 사람 본인의 사회적 가치 내지 평가를 떨어뜨릴 만한 사실을 이야기한 경우, 전파가능성이 없어서 명예훼손죄를 구성하지 않는다. (대법원 2005. 12. 9. 2004도2880)

10. 피고인은 지인과 함께 자신의 아들에게 폭행을 당해 입원한 피해자의 병실로 찾아가 피해자의 어머니 및 그 이웃이 있는 상황에서 '학교에 알아보니 피해자에게 원래 정신병이 있었다고 하더라.'라고 허위사실을 말하였다. 이 경우 그 자리에 있던 사람들의 관계 등 여러 사정에 비추어 피고인의 발언이 불특정 또는 다수인에게 전파될 가능성이 있다고 보기 어렵다. (대법원 2011. 9. 8. 2010도7497)

결론 전파가능성 이론에 대해서는 ① 이 이론을 따르게 되면 공연성이라는 것을 구성요건 내용으로 할 필요가 사실상 없어지게 되며, 이는 법원에 주어진 해석 권한의 한계를 뛰어넘는 것이므로 곤란하다는 점, ② 전파될 위험성이 있는가 하는 점에 대하여는 객관적 기준을 제시하지 못하고 거의 개별 법관의 주관적 판단에 의존해서 판단하게 되므로 죄형법정주의에 반한다는 점, ③ 헌법상의 표현의 자유와의 관계에서 생각해 보면, 공공연하게 특정인의 사회적 평판을 해치는 내용의 이야기를 하는 경우에도 그 내용이 공익을 위해 유용한 것이라면 처벌하지 말아야 한다고 해석되어야 하고, 그렇기 때문에 제310조에 바로 이를 위한 위법성 조각사유까지 마련되어 있는 상황에서, 사적으로 몇몇 아는 사람에게 이야기한 것까지 처벌한다는 것은 헌법 정신에 어긋나는 일이라는 점 등을 근거로 비판이 이루어지고 있다(**다수설**).

그러나 공연성의 판단기준인 '불특정 또는 다수'라는 것 자체가 많은 사람에게 전파될 가능성을 가늠하기 위한 척도로서의 기능을 하고 있다고 생각된다. 불특정의 경우는 모르는 사람이기 때문에 말이 퍼져나가지 않을 것을 보장할 수 없는 상황인 것이고, 다수가 있었다는 것은 아는 사람들이지만 그 숫자가 많아서 입을 막을 수 없는 상황임을 의미한다. 그렇다면 전파될 가능성과 본질적으로 같은 내용의 판단기준이다. 이렇게 공연성과 전파성이 사실상 크게 다르지 않은 판단기준이고 본질적으로 행위자가 적시한 사실이 퍼져나갈 가능성에 따라 판단하는 것이므로 굳이 전파성 이론을 부정할 이유는 없다고 생각된다.

3) 사실의 적시

가. 사 실

본죄가 성립하기 위해서는 '사실'에 대한 적시가 있어야 한다. **사실**이란 '인간의 인식체계를 통한 인식이 가능해서 증명이 가능한 것'을 의미한다. 인간 내심의 상태(예: 무슨 의도로 ……을 하였다)도 특정 사안과 결부되어 객관적 인식이 가능하도록 드러나게 되면 여기서 말하는 사실에 포함된다. **허위의 사실**도 인간이 인식할 수 있는 유형에 해당하며 허위임을 증명할 수 있으므로 사실의 개념에 포함된다.

앞으로 일어나게 될 일에 대한 예상은 일반적으로 하나의 의견에 불과하지만 동시에 현재의 사실에 대한 적시가 포함될 수도 있다.

【판례】 사실에 해당하는 경우 | 현재를 포함하는 미래 피고인은 자신이 경찰관을 상대로 진정한 사건이 혐의가 인정되지 않아 내사종결 처리되었음에도 불구하고 공연히 "사건을 조사한 △△경찰서 경찰관한테 내일부로 검찰청에서 구속영장이 떨어진다"고 말하였다. 이 경우 피고인이 위와 같이 말을 한 전체적인 취지나 내용, 이에 이르게 된 경위나 전후 상황, 기타 기록에 나타나는 제반 사정에 비추어 보면, 피고인이 위와 같은 말을 한 것은 단순히 피고인의 희망이나 의견을 진술한 것이라거나 또는 피고인의 가치판단을 나타낸 것에 불과하다고 볼 수 없고 피해자에 대한 사건이 수사 중이라거나 검사가 구속영장을 청구하였다는 현재의 사실을 기초로 하거나 이에 대한 주장을 포함하고 있다고 할 것이므로 이는 명예훼손죄에 있어서의 사실의 적시에 해당한다. (대법원 2003. 5. 13. 2002도7420)

【판례】 사실에 해당하지 않는 경우 | 구체적 내용의 결여 "애꾸눈, 병신"이라는 발언 내용은 피고인이 피해자를 모욕하기 위하여 경멸적인 언사를 사용하면서 욕설을 한 것에 지나지 아니하고, 피해자의 사회적 가치나 평가를 저하시키기에 충분한 구체적 사실을 적시한 것이라고 보기는 어렵다. (대법원 1994. 10. 25. 94도1770)

사실과 가치판단은 서로 구별되어야 할 개념이지만 그 구별이 경우에 따라서는 쉽지 않을 수도 있다. 행위자가 언급한 내용이 객관적 설명이 가능하고 소송법상의 입증방법을 통해 규명이 될 수 있는 성질의 것이라면 이는 사실에 대한 언급이 된다. 반면 행위자가 말한 내용이 주관적 입장을 표명한 것이고 의견에 지나지 않기 때문에, 개인적 가치관을 기반으로 옳은지 아닌지에 대한 판단은 가능하지만 사실인지 아닌지에 대한 판단은 불가능할 경우에는 가치판단에 대한 언급이 된다(대법원 1998. 3. 24. 97도2956).

【판례】 사실에 해당하지 않는 경우 | 패러디를 통한 강한 의견표명 △△신문의 국장과 기자인 피고인들은 1897년 10월 1일의 목포 개항은 "일제침략에 무릎 꿇은 통한의 사건"이므로 그날을 시민의 날로 해서는 안된다며 강하게 반발하는 향토사학자들의 의견을 무시하고 100주년 기념사업까지 추진하려는 피해자(목포시장)가 향토사학자로서 문화원 사무국장을 맡고 있던 ○○○를 사직하게 하자 ① 신문의 표지에 일장기를 배경으로 피해자 ×××가 두 손을 앞으로 모아 힘껏 쥐고 있는 모습의 합성사진을 싣고, ② 그 밑에 "친일매국", "××× 역사관 확인 수순", "향토사학자 해직", "10월 1일 시민의 날 고수"라고 기재하였으며, ③ 신문의 내용에 "민선시대 최초 해직당한 ○○○ 문화원 전사무국장"이라는 제목으로 "1897년 10월 1일 7인의 일본인들만이 참석한 가운데 열린 제1회 개항 기념식은 조선 서남단에 자신들의 교두보 확보를 자축하는 자리였다 …… 이 같은 역사적 사실 앞에 목포문화원 소속 향토사가들은 지난 91년 이후 …… 백주년 기념행사와 시민의 날에 대한 반역사성을 제기하였다 …… 계속적인 문제제기 과정에서 결국 민선시장 출범 후 최초로 강제 해직당한 향토사가 목포문화원 ○○○ 전사무국장, 개항 백주년 행사를 개최하려는 백년회 회장 출신의 민선시장과 불협화음 속에 도중 하차하는 신세가 되어 버린 것이다."라고 기재하였다.

이 사건 기사는 그 문맥 및 구조에 비추어 이 사건 합성 사진의 영상이나 "친일매국"이라는 문구가 의견 내지 논평을 표명하는 것 외에 별도의 사실, 즉 피해자가 일장기 앞에서 실제로 충성을 맹세한 일이 있었다거나 피해자가 과거에 친일 매국 행위를 한 바 있다는 등의 사실 자체를 적시하거나 암시하는 것으로 볼 여지는 없으므로 허위사실을 적시한 것이라고 볼 수 없다. (대법원 2000. 2. 25. 98도2188)

사실적시와 가치판단이 뒤섞인 경우에는 그 두 종류가 분리 가능하면 — 명예훼손과 모욕으로 — 따로따로 법령을 적용시키면 되고, 분리가 불가능하면 어느 쪽이 더 주된 내용이었는가에 따라 법규를 적용하면 된다.

나. 적 시

적시(摘示)란 '사실이라고 주장하는 것'을 말한다.

자기 자신이 직접 경험한 내용이라고 언급하는 것이 아니라, 예를 들어 "甲이 乙에게 뇌물을 천만원 받았다더라!"고 하는 식으로 다른 사람에게서 전해들은 내용을 말하더라도 기본적으로 그것이 사실이라는 입장에서 전달이 되면 '적시'에 해당된다(대법원 1985. 4. 23. 85도431).

또한 단정적으로 이야기한 경우만 적시가 되는 것이 아니다. 한 바퀴 돌려서 이야기하거나, 반어법을 쓰거나, 의문형의 표현을 사용하거나, 누가 어떠했다고 하기는 하는데 그렇지 않다고 하는 반론도 있다고 함께 이야기하더라도 기본입장이 사실임을 주장하는 쪽이라면 모두 적시에 해당된다(대법원 1991. 5. 14. 91도420).

【판례】 피해자의 특정 방법 형법 제309조 제2항의 출판물 등에 의한 명예훼손죄가 성립하려면 적시된 허위사실에 의하여 명예를 훼손당하게 될 피해자가 특정되어야 한다. 이름이 명시되지 않았더라도 기사 내용을 주위 사정과 종합해 보면 누구를 나타내는 지를 알 수 있고, 또 그 사실을 알게 된 사람이 다수인 경우에는 피해자가 특정되어 있다고 보아야 한다. (대법원 1989. 11. 14. 89도1744)

4) 명예훼손

명예를 훼손한다는 것은 '사회적 평판을 저하시키는 것'을 의미한다. 실제로 사회적 평판이 저하되었는가를 측정하는 것이 쉬운 일이 아니고 꼭 그것을 확인한 다음에 처벌 여부를 결정해야만 정의가 구현되는 것도 아니기 때문에 명예훼손죄는 추상적 위험범으로 분류된다.

따라서 행위자가 적시한 사실의 내용이 능히 명예를 훼손시킬 수 있는 것이면 명예훼손죄는 성립된다. 사람에 대한 사회적 평판은 인격, 성격, 학력, 경력, 대인관계, 지능, 기술, 건강, 가문, 재산, 신용 등 여러 방면으로 이루어진다. 이 가운데 어느 것이든 마땅히 보호되어야 할 정도 아래로 평가절하 시킬 수 있다면 명예를 훼손시킬 사실의 적시가 된다.

다만 신용에 대해서는 허위의 사실을 유포해서 이를 저하시키는 행위를 처벌하는 규정이 제313조(신용훼손)에 마련되어 있으므로, 허위의 사실을 적시하여 신용평가를 절하시키는 행위에 대해서는 명예훼손죄 규정(제307조)이 적용되지 않는다(특별관계).

명예를 훼손시키는 내용이라면 그것이 진실이든 허위이든 관계없이 명예훼손죄는 성립된다. 다만 내용이 허위일 경우에는 가중처벌된다는 점이 다를 뿐이다.

【판례】 명예훼손에 해당하는 경우 1. 알려진 사실의 적시 명예훼손죄가 성립하기 위해서는 반드시 숨겨진 사실이 알려져야 하는 것은 아니다. 이미 사회의 일부에 잘 알려져 세인의 관심의 대상이 된 사실이라고 하더라도 이를 적시하여 사람의 사회적 평가를 저하시킬 만한 행위를 한 때에는 명예훼손죄를 구성한다. (대법원 1994. 4. 12. 93도3535)

2. 넷째 부인 또는 **첩**이라는 표현은 일반 관념상 부도덕한 성적 관계를 암시하는 단어이므로 첩이라고 볼 만한 직접적인 증거가 없는 상황에서 그러한 관계라고 말하는 것은 허위사실 적시에 의한 명예훼손에 해당한다. (대법원 2014. 9. 4. 2012도13718)

【판례】 명예훼손에 해당하지 않는 경우 1. 고발사실의 적시 피고인은 피해자가 자신을 경찰에 밀고해서 조사를 받게 되었다고 생각하고, 친목회 모임에서 피해자를 지칭하면서 "고발당해서 경찰서에 갔다 왔다. 연놈이 신고해서 경찰서에 갔다 왔다"라고 큰 소리로 말하였다. 그런데 누구든지 범죄가 있다고 생각하는 때에는 고발을 할 수 있는 것이므로(형소법 제234조 1항), 고발행위를 했다는 사실이 주위에 알려졌다고 해서 그로써 고발한 사람의 사회적 가치나 평가가 침해될 가능성이 있는 것은 아니다. (대법원 1994. 6. 28. 93도696)

2. 신이 아님을 밝히는 발언 甲은 이 사건 종교단체가 재림예수 등의 표현을 사용하면서 신앙의 대상으로 신봉하던 乙이 신도들과 점심식사로 국수를 먹은 직후 지병인 뇌출혈이 발병하여 병원으로 이송되어 다음날 사망하였음에도, 공개석상에서 乙이 식당에서 냉면을 먹다 갑자기 쓰러져 병원으로 옮겼으나 중풍으로 죽었다고 하였다. 이 경우 발언이 다소 왜곡되었으나 중요한 부분에서 진실과 부합하고, 乙이 신이 아니라 인간이었다는 점을 말한 것으로서 명예훼손이라고 볼 수 없다. (대법원 2014. 9. 4. 2012도13718)

(2) 주관적 구성요건

법적으로 보호되는 다른 사람의 사회적 평판을 저하시키는 사실을 적시한다는 의사를 가지고 있어야 한다. 미필적 고의로도 충분하다. 목적범이 아니기 때문에 명예를 훼손시키겠다는 목적의식을 가지고 있을 필요는 없다.

【판례】 명예훼손의 고의가 없는 경우 1. 명예훼손 내용의 사실을 발설하게 된 경위가 전에 그러한 말을 하고 다녔냐며 사실 확인을 요구하는데 대한 답변을 하는 과정에서 나오게 된 것이라면 그 발설내용과 동기에 비추어 명예훼손의 고의를 인정할 수 없다. (대법원 1983. 8. 23. 83도1017)

2. 새로 목사로서 부임한 피고인이 전임목사에 관한 교회내의 불미스러운 소문의 진위를 확인하기 위하여 이를 교회집사들에게 물어보았다면, 이는 경험칙상 충분히 있을 수 있는 일로서 명예훼손의 고의 또는 미필적 고의가 있다고 할 수 없다. (대법원 1985. 5. 28. 85도588)

3. 마트 운영자인 甲이 물품을 납품하는 업체 직원 A에게 마트에 입점하기 위해서 점장에게 얼마를 주었냐고 물음에 A가 돈을 주지 않았다고 답을 하자, 다 알고 물어보는 것이니 정확히 답하라, 점장이 여러 업체로부터 돈을 받아서 조사 중이다'라고 말하였다. 이 경우 甲은 점장의 사회적 평가를 저하시킬 의도를 가지거나 그러한 결과가 발생할 것을 인식한 상태에서 위와 같은 말을 한 것이 아니라 단지 점장의 입점비 수수 여부에 관한 진위를 확인하기 위한 질문을 하는 과정에서 그런 말을 한 것에 지나지 아니하므로, 피고인에게 명예훼손의 고의를 인정하기 어렵다. (대법원 2018. 6. 15. 2018도4200)

4. 오픈워터 다이버 자격을 가지고 있던 피고인 H는 세월호 사건이 발생하자 수색작업을 돕기 위해 팽목항으로 갔다가 언론사와의 인터뷰에서 ① '해경이 민간 잠수사들의 입수를 적극적으로 돕지 않거나 오히려 막고 있다.' ② '민간 잠수사들이 배 안의 생존자와 교신을 했다.'는 언급을 하였다. 당시 해경이 안전사고 등의 문제를 감안하여 현장을 통제하고 있었던 것은 사실이었으나, 민간 잠수사가 생존자와 교신하였다는 점은 확인된 사실은 아니고 현장의 소문이었다. H가 일부 사실이 아닌 언급을 하였지만 그것이 허위라는 인식이 있었음이 증명이 되지 않으며, 적시한 사실이 공공

의 이익에 관한 것인 경우에는 특별한 사정이 없는 한 비방할 목적은 부정되는바 그러한 사정도 보이지 않으므로 모두 범죄의 증명이 없는 경우라고 하여야 한다. (대법원 2018. 11. 29. 2016도14678)

자신이 적시한 사실이 진실이라고 믿고 있었지만 사실은 허위이었을 경우에는 제307조 1항의 고의를 가지고 제2항의 행위를 한 것이 된다. 이는 "특별히 중한 죄가 되는 사실을 인식하지 못한" 경우(제15조 1항)에 해당된다. 따라서 가중처벌 규정인 제2항이 아니라 제1항이 적용된다(통설).

반대로 허위의 사실을 적시한다고 생각했는데 사실은 진실이었을 경우에는 ① 객관적으로 가중처벌되는 요건이 존재하지 않았고, ② 명예를 훼손시키는 사실의 적시를 한다는 고의는 분명히 있었으므로, 역시 제307조 제2항이 아니라 제1항이 적용되어야 한다(**통설**).

3. 위법성

제307조의 행위에 대해서는 일반적 위법성 조각사유와 명예훼손죄 특유의 위법성 조각사유인 제310조 두 가지가 모두 적용될 수 있다.

(1) 정당행위

1) 제20조의 정당행위

정당한 권리를 행사하기 위해서 또는 지키기 위해서 어쩔 수 없이 다른 사람의 명예를 훼손시키는 사실을 적시하는 행위는 제20조의 정당행위가 되므로 위법성이 배제된다.

정당한 권리를 행사하기 위해서 하는 행위란 소송제기, 항소, 상고, 제척 · 기피신청 등 소송과 직접 관련되는 행위뿐 아니라 적법한 절차에 의해서 정당한 권리를 행사하기 위한 모든 행위를 의미한다. 정당한 권리를 지키기 위해서 하는 행위는 자신에게 가해지는 법적 공격으로부터 자신의 권리를 지키기 위해서 하는 행위를 말한다.

검찰이나 변호인이 자신의 직무를 수행하기 위해서 어쩔 수 없이 명예를 훼손시키는 언급을 하는 것도 역시 제20조에 의해서 위법성이 배제된다.

학술저작, 예술저작・작품, 생산품・서비스 품질, 법원의 판결 등에 대한 비판은 이를 통해 당사자의 사회적 평판을 저해시키는 내용을 가지고 있더라도 위법성이 배제된다. 이들 분야는 강한 공공성을 가지고 있기 때문에 그만큼 표현의 자유가 강력하게 보호되는 것이다.

【판례】 정당행위 1. 조합의 긴급이사회에서 불신임을 받아 조합장직을 사임한 피해자가 그 후 개최된 대의원총회에서 피고인 등의 음모로 조합장직을 박탈당한 것이라고 대의원들을 선동하여 회의 진행이 어렵게 되자 새조합장이 되어 사회를 보던 피고인이 이사회의 불신임결의 과정에 대한 진상보고를 하면서 피해자는 긴급 이사회에서 불신임을 받고 쫓겨나간 사람이라고 발언한 것이라면, 그러한 발언은 사회상규에 위배되지 아니한다. (대법원 1990. 4. 27. 89도1467)

2. 피고인이 소속된 교단 협의회에서 조사위원회를 구성하여 피고인이 목사로 있는 교회의 이단성 여부에 대한 조사활동을 하고 보고서를 그 교회 사무국장에게 작성토록 하자, 피고인은 조사보고서의 관련자료에 피해자를 명예훼손죄로 고소했던 고소장의 사본을 첨부하였다. 이는 자신의 주장의 정당성을 입증하기 위한 자료의 제출행위로서 정당한 행위로 볼 수 있다. (대법원 1995. 3. 17. 93도923)

2) 제310조의 정당행위

가. 의 의

형법은 적시한 사실이 진실한 내용이더라도 처벌하는 태도를 취하고 있다. 그러나 이러한 태도를 그대로 관철하는 것은 헌법 제21조가 보장하고 있는 표현의 자유와의 관계에서 곤란한 일이다. 따라서 일정한 한도 내에서는 다른 사람의 사회적 평판을 저해하는 사실을 적시하더라도 처벌을 하지 말아야 할 필요가 있다. 무엇보다도 법이 보호해야 할 부분은 보호받음이 마땅한 사회적 평판에 한정되어야 할 것이므로, 사회적으로 과대포장되어 있는 평판은 이를 평가절하시켜서 원래 있어야 할 만큼의 크기의 사회적 평판으로 조정하더라도 크게 부당한 일이 아니다. 따라서 형법 제310조에서 진실성 외에 공공성이라는 요건을 하나 더 추가하여 보호받아야 할 사회적 평판인지 여부를 판단하고 있다.

나. 성립요건

(가) 객관적 요건

가) 사실의 진실성

제310조가 성립되기 위해서는 우선 행위자가 적시한 것이 진실한 사실이어야 한다. 진실이란 객관적 진실을 말하는데, 완벽한 진실이란 어느 누구도 말할 수 없는 것이고 행위자가 언급한 것이 정말 진실인가 아닌가를 법원이 완벽하게 확인하는 것 또한 불가능한 일이다.

따라서 제310조가 요구하는 것은 그 내용 전체의 취지를 살펴볼 때 중요한 부분이 객관적 사실과 합치되는 경우라고 보아야겠다. 세부적으로 진실과 약간 차이가 있거나 다소 과장된 표현이 포함되어 있더라도 무방하다(대법원 1996. 8. 23. 94도3191; 대법원 2007. 1. 26. 2004도1632).

또한 진실한 '사실'을 적시할 것이 요건이므로 사회적 평판을 깎아 내리는 '가치판단'을 표명하는 경우인 모욕죄(제311조)에 대해서는 제310조를 적용할 수 없다. 가치판단과 사실 적시가 뒤섞인 경우 명예훼손 행위의 위법성이 배제되면 그와 동반된 모욕 행위에 대해서도 동시에 위법성이 배제되는 것으로 보아야 하는가에 대해서 견해대립이 있다.

① 긍정설

② 부정설(다수설)

결론 이 문제는 두 종류의 행위가 서로 분리 가능하면 명예훼손에 대해서만 위법성을 배제시키고, 분리가 불가능하면 어느 쪽이 더 주된 내용이었는가에 따라 명예훼손이 주된 행위이었다면 위법성을 배제시키고 아니면 모욕죄로 처벌하면 해결될 것이다.

나) 사실의 공익성

제310조가 성립되기 위한 다음 요건은 공공의 이익 관련성이다. 법조문에서 "오로지 공공의 이익에 관한 때"라고 하고 있는데, 이는 사실을 적시하는 행위가 공공의 이익을 추구하는 속성을 가지고 있어야 함을 의미하는 것으로 이해된다.

여기서 공공의 이익이란 국가, 사회 또는 사회 일반인의 이익은 물론이고 특정 사회집단이나 그 구성원 전체의 이익도 포괄하는 개념이다(대법원 1993. 6. 22. 93도1035). 따라서 아파트 주민들의 이익을 위한 경우(대법원 1994. 8. 26. 94도237; 대법원 2005. 7. 15. 2004도1388), 조합원들의 이익을 위한 경우(대법원 1993. 6. 22. 92도3160; 대법원 1996. 10. 25. 95도1473), 교사들의 이익을 위한 경우(대법원 2001. 10. 9. 2001도3594), 교육기관의 교직원 및 학생과 학부모 전체의 이익을 위한 경우(대법원 1993. 6. 22. 93도1035) 또는 여성의 인권을 위한 경우(대법원 2005. 4. 29. 2003도2137)도 여기에 해당한다.

【판례】 공익성이 인정되는 경우 1. 교단의 이익 특정 기독교 교단의 목사들이 교단 내 목회자들에게 보낸 유인물에서 다른 목사가 인격적으로 목사안수를 받을 자격이 없는 자가 목사안수를 받았다는 점을 적시하고 있으나, 이는 특정 **교단 구성원** 전체의 관심과 이익에 관한 것으로서 공공의 이익에 관한 것이라고 할 수 있다. (대법원 1999. 6. 8. 99도1543)

2. 교사의 이익 전국교직원노동조합 △△지부장인 피고인은 ○○○초등학교에서 개최된 보궐선거 합동연설회 당시 일부 시의원들이 학교 교무실에 들어와 여교사에게 “어이 아가씨, 차 좀 주지”라고 함에 원로교사가 항의하자 오히려 “우리가 누군지 아느냐. 교육담당 시의원들이다”고 하며 고함을 지르는 등 소란을 피우는 일이 발생하자, “…… 일부 시의원들이 교무실에 들어와…… ××× 의원이 교감 책상에 버젓이 앉아 항의를 받았다……”는 내용의 사실이 기재된 유인물을 팩시밀리를 이용하여 부산교육청 기자실, 부산일보, 국제신문, 부산매일 등 언론사에 송부하였다. 피고인은 **교사의 권익**을 지킨다는 취지에서 위와 같이 보도자료를 만들어 배포하였는바, 피고인이 작성한 보도자료의 기재 내용은 ‘진실한 사실’이고, 피고인이 이를 배포한 것은 공공의 이익을 위한 것이다. (대법원 2001. 10. 9. 2001도3594)

3. 여성의 인권 한국여성의전화 대구지부의 공동대표인 피고인들은 인터넷 홈페이지의 여성인권란에 “○○대학 ×××교수에 의한 제자 성추행사건 - 성명서”라는 제목하에 “…… 가해자 ×××교수는 같은 학과 여학생 A에게 지속적으로 전화와 이메일 등으로 성희롱을 일삼았으며, …… 자신의 연구실로 불러 강제로 껴안고 …… 얼굴과 목 등에 키스를 하였다. 또한 소파에 강제로 눕히는 등……”라는 취지의 글을 게재하였고, 피고인들 발행의 소식지 인권소식란에도 같은 내용의 글을 게재한 다음 1,500권을 제작하여 배포하였다. 이와 같은 피고인들의 행위는 학내 성폭력 사건의 철저한 진상조사와 처벌 그리고 **학내 성폭력의 근절**을 위한 대책마련을 촉구하기 위한 목적으로 공공의 이익을 위하여 한 것으로 봄이 상당하다. (대법원 2005. 4. 29. 2003도2137)

4. 아파트 입주민의 이익 아파트 동대표인 피고인이 자신에 대한 부정비리 의혹을

해명하기 위하여 그 의혹제기자가 명예훼손죄로 입건된 사실 등을 기재한 문서를 **아파트 입주민**들에게 배포한 행위는 형법 제310조의 위법성조각사유에 해당한다. (대법원 2005. 7. 15. 2004도1388)

5. 조합원의 이익 개인택시운송조합 전임 이사장이 새로 취임한 이사장의 비리에 관한 사실을 적시하여 **조합원**들에게 유인물을 배포한 행위는 진실한 사실로서 공공의 이익에 관한 것이므로 위법성이 조각된다. (대법원 2007. 12. 14. 2006도2074)

6. 총학 후보 총학생회장 선거에 입후보하였다가 중도 사퇴한 P의 실명을 거론하며 '학생회비도 내지 않고 총학생회장 선거에 출마하려 했다가 상대방 후보를 비방하고 이래저래 학과를 분열시키고 개인적인 감정을 표한 사례가 있다. 그러한 행동은 지양했으면 한다.'는 글을 같은 학과 학생들만 가입한 네이버밴드에 올렸다면 이는 공공의 이익을 위한 것으로서 비방할 목적이 있었다고 보기 어렵다. (대법원 2020. 3. 2. 2018도15868)

【판례】 공익성이 인정되지 않는 경우 1. 비방 피고인이 작성 · 발송한 청원서의 내용이 진실한 사실로서 시정되어야 할 연구소의 사정이 포함되어 있기는 하나 상대방을 **비방하는 취지**가 그 내용의 주조를 이루고 있다. 또한 피고인이 위 청원서를 그의 주장을 심사할 수 있는 권한과는 무관한 정치인에게 발송하는 것을 시발로 하여 약간의 시차를 두고 정치인, 언론인, 언론기관 등에게 광범위하게 발송한 사정에 비추어 볼 때, 피고인의 범행이 오로지 공공의 이익에 관한 것이라고는 할 수 없다. (대법원 1995. 11. 10. 94도1942)

2. 과도한 행태 노동조합원인 피고인은 회사의 대표이사인 피해자에게 압력을 가하여 단체협상에서 양보를 얻어내기 위한 방법의 하나로 위 회사의 다른 직원들과 함께 "△△주식회사 사장 ×××는 체불임금 지급하고 단체교섭에 성실히 임하라.", "노동임금 갈취하는 악덕업주 피해자는 각성하라."는 등의 내용이 기재된 현수막과 피켓을 들고 확성기를 사용하여 위와 같은 내용을 반복해서 불특정다수의 행인을 상대로 소리치면서 위 회사의 정문을 출발하여 ○○시청을 경유, ○○지방경찰청 앞 인도까지 거리행진을 함으로써 피해자의 명예를 훼손한 사실이 인정되는 바 이와 같은 피고인의 이 사건 행위의 동기 및 목적, 당해 사실의 공표가 이루어진 상대방의 범위 등에 비추어 볼 때, 피고인의 판시 행위가 공공의 이익을 위하여 사실을 적시한 것으로 볼 수는 없다. (대법원 2004. 10. 15. 2004도3912)

3. 비방 피고인들이 공소외 주식회사 사용자측에 압력을 가하여 단체협상에서 양보를 얻어내기 위한 방법의 하나로 피해자의 지역구나 소속 정당의 중앙당사 앞에서

그가 노동조합을 탄압하는 악덕 기업주라고 **비방하는 집회**를 개최하고 피해자를 모욕하거나 명예를 훼손하는 발언 등을 하였다면, 이와 같은 피고인들의 행위는 동기 및 목적 등에 비추어 볼 때 사실의 적시가 공공의 이익을 위한 것이라고 볼 수 없다. (대법원 2006. 5. 25. 2005도2049)

4. 과도한 행태 학교운영의 공공성, 투명성의 보장을 요구하여 학교가 합리적이고 정상적으로 운영되게 할 목적으로 공연히 사실을 적시한 것이라 하더라도, 피해자들의 거주지 앞에서 그들의 주소까지 명시하며 명예를 훼손하였다면, 이는 공공의 이익을 위한 사실의 적시로 볼 수 없다. (대법원 2008 .3. 14. 2006도6049)

예를 들어 어느 대학교수가 제자를 강제추행 하였다는 사실을 인터넷 게시판에 올린다면 그러한 행위가 잘못된 것이라는 비판의식이 전제가 됨은 당연하다. 공론화를 통해서 그러한 행위에 대한 응징이 가해지는 기제 또한 사회적 비난을 바탕으로 한다. **비난**을 수단으로 공공의 이익을 추구하게 되는데, 그것이 선을 넘어 **비방**까지 가면 안 된다는 말이다. 비난과 비방은 본질적으로 같은 심리적 태도에 속하면서 다만 정도의 차이가 있을 뿐이다. 행위를 비난하는 선에 머물면 공익성이 인정되지만, 행위자를 비방하는 수준으로 나아가면 공익성이 부인된다.

(나) 주관적 요건

주관적 요건 부분에서 문제되는 것은 행위자가 자신이 적시하는 사실이 공익성을 가지고 있다는 점만 인식하고 있으면 되는가, 아니면 오로지 공공의 이익 달성을 위해 행동한다는 투철한 목적의식까지 필요로 하는가 하는 점이다.

제310조의 내용을 보면 "행위가 진실한 사실로서 '오로지' 공공의 이익에 관한 때"라고 되어 있다. 하지만 이 규정을 공공의 이익을 위한다는 **목적** 이외에 다른 요소는 개입되지 말아야 한다는 것으로 이해하기는 곤란하다. 그보다는 정당방위에 있어서의 주관적 요건인 방위의사처럼, 주된 동기가 공공의 이익을 위한다는 것이었다면 부수적으로 복수심 · 증오심 등이 함께 작용하였더라도 무방하다고 해석하는 것이 타당하다고 생각한다(**통설 · 판례** | 대법원 1989. 2. 14. 88도899; 대법원 1996. 10. 25. 95도1473; 대법원 1998. 10. 9. 97도158).

【판례】 공공의 이익 행위자의 주요한 동기 내지 목적이 공공의 이익을 위한 것이라면 부수적으로 다른 개인적인 목적 또는 동기가 내포되어 있거나 그 표현에 있어서 다소

모욕적인 표현이 들어 있다 하더라도 형법 제310조의 적용을 배제할 수 없다. (대법원 2007. 1. 26. 2004도1632)

다. 거증책임

제310조의 위법성 조각사유가 인정되기 위해서는 사실의 진실성을 피고인이 입증해야 하는가에 대하여 견해대립이 있다.

① 긍정설 (**통설 | 판례**)

② 부정설

결론 피고인이 위법성 조각사유의 존재를 주장하면 검사가 그것이 존재하지 않는다는 점을 입증해야 하는 것이 원칙이다. 그러나 표현의 자유가 타인에게 해를 가하는 범위까지 무제한적으로 인정될 수는 없는 일이므로, 명예를 훼손하는 발언을 하는 사람은 적어도 그것이 사실이라는 점을 객관적 자료를 통해 확인한 상태이어야 한다. 따라서 엄격한 증거법칙이 적용되지 않는 한도에서 피고인에게 입증책임을 전환시키는 것이 옳다고 본다. 긍정설이 타당하다.

【판례】 거증책임의 전환 공연히 사실을 적시하여 사람의 명예를 훼손한 행위가 형법 제310조의 규정에 따라서 위법성이 조각되어 처벌대상이 되지 않기 위하여는 그것이 진실한 사실로서 오로지 공공의 이익에 관한 때에 해당된다는 점을 행위자가 증명하여야 하는 것이나, 그 증명은 유죄의 인정에 있어 요구되는 것과 같이 법관으로 하여금 의심할 여지가 없을 정도의 확신을 가지게 하는 증명력을 가진 **엄격한 증거**에 의하여야 하는 것은 아니므로, 이 때에는 전문증거에 대한 증거능력의 제한을 규정한 형사소송법 제310조의2는 적용될 여지가 없다. (대법원 1996. 10. 25. 95도1473)

라. 사실의 진실성에 대한 착오

행위자가 진실한 사실을 공공의 이익을 위해 적시한다고 생각하고 행동을 했더라도 실제로는 적시한 것이 진실한 사실이 아니었다면 제310조에 따른 위법성 배제가 불가능하다. 이렇게 사실의 진실성은 제310조의 정당행위를 하기 위한 객관적 전제이고, 이에 대한 착오는 전형적인 '위법성 조각사유의 객관적 전제에 대한 착오'가 된다.

위법성 조각사유의 객관적 전제에 대한 착오(이하 "위전착")를 어떻게 해결할 것인가에 대해서는 네 가지 입장이 대립되고 있다. ① **엄격책임설**은 위전착을 책임영역에서 형법 제16

조의 금지착오로 처리해야 한다고 한다. ② **소극적 구성요건 요소 이론**은 범죄구성2원론을 취하는 입장으로서 위전착은 소극적 구성요건 요소(범죄구성3원론에서의 위법성 조각사유)에 대한 착오이므로 구성요건적 착오에 관한 규정인 제15조 제1항을 직접 적용하자는 견해이다. ③ **유추적용설**은 제한책임설의 일종으로서 구성요건적 착오에 관한 규정(제15조 제1항)을 유추적용하여 고의의 성립을 부정하자는 입장이다. ④ **법효과제한설** 역시 제한책임설의 일종으로서 유추적용설과 결론은 같지만 공범에 대한 처벌을 가능하도록 하기 위해 구성요건적 착오 규정을 그대로 유추적용하는 것이 아니라 책임고의를 부정함으로써 법효과 측면에서만 구성요건적 착오와 마찬가지로 취급하자고 한다.

이 가운데 범죄론 체계나 공범의 종속성과 관련해서 아무런 문제점이 없는 법효과제한설이 가장 타당하다고 생각한다. 이에 따르면 과실범으로 처벌할 수밖에 없는데 명예훼손죄에 대해서는 과실범 처벌규정이 없으므로 처벌이 불가능하게 된다.

제한책임설을 취하게 되면 이 부분에서 부당한 처벌의 공백이 생긴다는 이유를 들어 사실의 진실성 여부에 대한 성실한 검토 의무를 부과하고 그 의무를 이행하지 않고 가볍게 진실한 사실이라고 믿고 퍼뜨린 경우에는 명예훼손죄 성립을 인정해야 한다는 견해가 있다. 착오를 회피하기 위한 노력 여하에 따라 판단하는 것이므로 엄격책임설과 같은 논리구조가 된다.

판례는 적시한 사실이 진실이라는 증명이 없더라도 행위자가 진실이라고 믿었고 또 그렇게 믿을 만한 상당한 이유가 있다면 제310조에 따라 위법성이 배제된다고 하고 있다.

위법성 조각사유의 객관적 전제가 충족되지 않음에도 불구하고 위법성이 조각된다고 하고 있어서 이론구성이 어떻게 되는지는 알 수가 없다. 다만 이 경우에도 착오가 회피 가능한 것이었는가에 대한 판단구조와 유사하게 되므로 결과적으로 **엄격책임설**과 비슷한 논리구조가 된다. 판단기준은 엄격책임설과 같으면서 결론은 위법성이 조각된다고 하는 셈이다.

【판례】 진실한 사실로 믿을 만한 경우 1. 과다계상 의혹 피고인은 시내버스 운전사로서 △△운수회사의 노동조합장에 취임하여 전임 노동조합장인 피해자의 재임 중의 업무처리내용을 확인하는 과정에서 근거자료가 불명확한 부분을 발견하고 회사 내 배차실 벽에 "체육복에 관하여, 1벌당 10,000원이면 구입할 수 있는 것을 터무니없이 비싼 가격인 18,000원에 구입하였다"는 등의 내용으로 대자보를 작성하여 붙였다. 이 경우 적시된 사실이 진실한 것이라는 증명이 없더라도 행위자가 그 사실을 진실한 것으로 믿었고 또 그렇게 믿을 만한 상당한 이유가 있으므로 위법성이 없다고 보아야 할 것이다. (대법원 1993. 6. 22. 92도3160)

2. 학생회장과 안기부 직원 피고인은 한겨레신문 민권사회부 기자로서 1989. 10. 6.

자 신문 11면에 머리기사로 “L씨 사망 전 안기부 요원 동행”이라는 제목 아래 “C대 안성캠퍼스 총학생회장 L씨가 사망하기 직전에 마지막으로 동행한 사람은 남자 한 명, 여자 한 명이며 이 중 여자는 안기부에 근무하고 있다는 새로운 사실이 밝혀졌으며, 숨진 L씨가 배에 타기 직전 L씨를 보았다는 다방종업원 ○○씨는 L씨가 동행한 여자는 사진으로 확인해 보니 D(23세)였다고 경찰에서 진술했고, 선장 △△△는 L씨와 배에 탄 남자는 X(22세)라고 말하고 D는 안기부 인천분실에 근무하고 있는 것이 밝혀졌다”는 요지의 기사를 작성 · 게재하였다. 이 기사 가운데 일부는 뒤에 사실이 아닌 것으로 밝혀졌으나 피고인은 위 기사내용을 진실이라고 믿고 보도하였으며 피고인이 그와 같이 믿은 데에는 객관적으로 그럴 만한 상당한 이유가 있었다 할 것이어서 피고인의 행위는 형법 제310조에 따라 처벌할 수 없다고 봄이 상당하다. (대법원 1994. 8. 23. 94도3191)

마. 적용범위

제310조의 적용범위는 제307조 제1항으로 국한된다고 보는 것이 타당하다(대법원 1993. 4. 13. 92도234; 대법원 2004. 6. 25. 2003도4934). 그 이유는 ① 우선 조문에서 그 적용대상을 “제307조 제1항의 행위”로 명시하고 있으며, ② 제307조 제2항(허위사실 적시 명예훼손), 제308조(사자의 명예훼손), 제309조 제2항(허위사실 적시 출판물에 의한 명예훼손) 그리고 제311조(모욕)의 경우에는 사실의 진실성이라는 요건이 충족되지 않아서 적용이 불가능하고, ③ 제309조 제1항(출판물 등에 의한 명예훼손)은 비방할 목적을 가지고 사실을 적시한 경우이므로 공공의 이익 관련성이 인정될 수 없어서 적용할 수가 없기 때문이다.

(2) 정당방위 · 긴급피난 · 피해자의 승낙

제307조의 행위는 정당방위나 긴급피난에 의해서도 위법성이 배제될 수 있고, 명예는 법익주체가 처분할 수 있는 법익이므로 유효한 승낙이 있으면 이를 근거로 위법성이 배제된다.

4. 소추조건

제307조는 반의사불벌죄이다. 피해자가 명시적으로 가해자의 처벌에 반대하면 공소제기를 할 수 없다. 이미 공소제기가 되어 있는 상태라면 후에 피해자가 불처벌의사를 표시하는 경우 법원은 판결에 의하여 공소기각을 선고하여야 한다(형소법 제327조 6호).

5. 죄 수

하나의 행위를 통해 여러 사람의 명예를 동시에 훼손하는 경우에는 피해자 수만큼 명예훼손죄가 성립되고 상상적 경합 관계가 된다. 연속해서 행해진 여러 개의 행위를 통해 동일인의 명예를 연속적으로 침해하게 되면 연속범으로서 포괄1죄가 된다.

Ⅲ. 사자의 명예훼손죄

제 308 조 (사자의 명예훼손) 공연히 허위의 사실을 적시하여 사자의 명예를 훼손한 자는 2년 이하의 징역이나 금고 또는 500만원 이하의 벌금에 처한다.

제 312 조 (고소와 피해자의 의사) ① 제308조와 제311조의 죄는 고소가 있어야 공소를 제기할 수 있다.

1. 의 의

공공연하게 허위의 사실을 적시해서 죽은 사람의 명예를 훼손하는 범죄행위이다. 죽은 사람의 경우에는 진실한 사실에 근거한 정확한 사회적 평판이 가해지는 것까지 막을 이유가 없기 때문에 허위의 사실에 의한 명예훼손만 처벌대상이 되는 것이다. 보호법익은 죽은 사람 자신의 명예이다.

2. 구성요건

구성요건의 내용은 허위의 사실을 적시하여 다른 사람의 명예를 훼손하는 경우인 제307조 제2항의 경우와 동일하다. 다만 주관적 구성요건인 고의 가운데 허위의 사실을 적시한다는 인식은 확정적 고의이어야 한다는 견해가 있는데(**다수설**) 사자의 명예를 훼손하는 경우만 달리 해석해야 할 필요는 없으므로 미필적 고의로도 충분하다고 생각한다.

죽은 사람에 관한 **진실**한 사실을 이야기한다고 생각했는데 실제로는 죽은 사람이 아니었을 경우에는 "특별히 중한 죄가 되는 사실을 인식하지 못한 행위"(제15조 제1항)이므로 처벌할 수 없다. 또 죽은 사람으로 생각하고 허위의 사실을 이야기한다고 생각했는데 실제로는 살아있는 사람이었을 경우에는 제15조 제1항에 의하여 제307조 제2항이 아니라 본죄가 성립된다.

반대로 살아있는 사람에 관한 **진실**한 사실을 이야기한다고 생각했는데 실제로는 죽은 사람이었을 경우에는 처벌할 수 없다. 그러나 살아있는 사람에 관한 허위의 사실을 적시한다고 생각했는데 그게 아니라 죽은 사람이었을 경우에는 본죄가 성립된다.

다시 정리하자면 명예훼손의 대상이 산 자인지 죽은 자인지 헷갈렸을 때에는 허위의 사실을 적시하는 경우에 한해 사자의 명예훼손죄가 성립된다.

3. 소추조건

사자의 명예훼손은 친고죄이다. 고소권자는 친족 또는 자손(형소법 제227조)인데 고소권자가 없으면 이해관계인의 신청에 따라 검사가 지정한다(형소법 제228조). 이 신청조차 없으면 죽은 사람에 대한 명예훼손은 처벌이 불가능하다.

Ⅳ. 출판물 등에 의한 명예훼손죄

제309조 (출판물 등에 의한 명예훼손) ① 사람을 비방할 목적으로 신문, 잡지 또는 라디오 기타 출판물에 의하여 제307조 제1항의 죄를 범한 자는 3년 이하의 징역이나 금고 또는 700만원 이하의 벌금에 처한다.
② 제1항의 방법으로 제307조 제2항의 죄를 범한 자는 7년 이하의 징역, 10년 이하의 자격정지 또는 1천500만원 이하의 벌금에 처한다.
제312조 (고소와 피해자의 의사) ② 제307조와 제309조의 죄는 피해자의 명시한 의사에 반하여 공소를 제기할 수 없다.

1. 의 의

신문, 잡지, 라디오, 기타 출판물 등 대량전달매체를 이용해서 명예훼손 행위를 하는 것은 일반적인 경우보다 위험성이 훨씬 더 크기 때문에 가중 처벌된다.

2. 구성요건

(1) 객관적 구성요건

제309조가 명시하고 있는 매체는 "신문, 잡지 또는 라디오 기타 출판물"이다. 조문의 형태만 보아서는 열거규정인지 예시규정인지 분간하기가 어렵다. 그러나 법규 제정의 근본 취지를 생각해 보면, 대량전달매체를 이용한다는 위험성을 방지하기 위해서 만들어진 규정이므로 제309조에 제시되어 있는 매체는 예시라고 보는 것이 타당하다. 따라서 현대사회의 대표적인 대량전달매체인 TV는 물론 인터넷 등도 포함되어야 한다.

다만 인터넷을 이용하는 명예훼손 행위에 대해서는 정보통신망법 제70조에 별도의 처벌규정이 마련되어 있어서 출판물에 인터넷을 포함시킬 실익은 없다.

신문 · 잡지 · 기타 출판물은 모두 인쇄매체이다. 이 가운데 신문 · 잡지의 의미는 분명하지만 출판물의 경우는 그렇지 않다. 출판이란 문자나 형상을 인쇄해서 대량으로 정보를 전달하는 행위를 의미한다.

【판례】 출판물이 아닌 경우 1. 두 장짜리 최고장 장수가 2장에 불과하며 제본방법도 조잡한 상태의 최고서 사본을 두고, 출판물이라고 할 수 있을 정도의 외관과 기능을 가진 인쇄물에 해당한다고 보기는 어려운 일이다. (대법원 1997. 8. 26. 97도133 |

같은 취지: 대법원 1986. 3. 25. 85도대법원 2000. 2.
1143; 대법원 1998. 10. 9. 97도158;11. 99도3048)

2. 일곱 쪽짜리 유인물 피고인이 작성하여 우송 또는 교부한 이 사건 유인물은 컴퓨터 워드프로세서로 작성되고 프린트된 A4용지 7쪽 분량의 인쇄물로서 보통편지봉투에 넣어 우송될 수 있을 정도에 불과한 것으로, 그 외관이나 형식 및 그 작성경위 등에 비추어 볼 때, 그것이 등록된 간행물과 동일한 정도의 높은 전파성, 신뢰성, 보존가능성 등을 가지고 사실상 유통 · 통용될 수 있는 출판물이라고 보기 어렵다. (대법원 2000. 2. 11. 99도3048)

【판례】 출판물이 갖추어야 할 요건 사실적시의 방법으로서 출판물을 이용하는 경우 그 성질상 다수인이 볼 수 있게 된다는 높은 전파성과 신뢰성 및 장기간의 보존가능성 등 피해자에 대한 법익침해의 정도가 더욱 크다는 데 그 가중처벌의 이유가 있다. 따라서 그것이 등록 · 출판된 제본 인쇄물이나 제작물은 아니라고 할지라도 적어도 그와 같은 정도의 효용과 기능을 가지고 사실상 출판물처럼 유통 · 통용될 수 있는 외관을 가진 것은 인쇄물로 보아야 한다. (대법원 1998. 10. 9. 97도158).

문제는 전자출판물인데 일방적인 대량정보전달이라는 특징을 그대로 가지고 있으므로 출판물에 해당된다고 보는 것이 타당하다.

(2) 주관적 구성요건

구성요건적 고의 이외에 부가적 주관적 구성요건 요소로 사람을 비방한다는 **목적**을 가지고 있어야 한다(**다수설**).

【판례】 공익성과 비방의 목적 형법 제309조 소정의 '사람을 비방할 목적'이란 가해의 의사 내지 목적을 요하는 것으로서 공공의 이익을 위한 것과는 행위자의 주관적 의도

의 방향에 있어 서로 **상반되는 관계**에 있다고 할 것이므로, 적시한 사실이 공공의 이익에 관한 것인 때에는 특별한 사정이 없는 한 비방의 목적은 부인된다. (대법원 2005. 4. 29. 2003도2137 | 같은 취지: 대법원 1998. 10. 9. 97도158; 대법원 2000. 2. 25. 98도2188; 대법원 2003.11. 13. 2003도3606; 대법원 2003. 12. 26. 2003도6036)

【판례】 비방의 목적이 있는 경우 감사원에 근무하는 감사주사가, 감사사항에 대한 감사가 종료된 후 감사반원들의 토론을 거쳐 감사지적사항으로 선정하지 않기로 하여 감사가 종결된 것임에도, 일일감사상황보고서의 일부를 변조하여 제시하면서 자신의 상사인 감사원 국장이 고위층의 압력을 받고 감사기간 중 자신이 감사를 진행중인 사항에 대한 감사활동을 중단시켰다고 기자회견을 한 경우, 그 적시사실의 허위성에 대한 인식은 물론 상사에 대한 비방의 목적도 있었다. (대법원 2002. 8. 23. 2000도329)

행위의 주된 동기가 공공의 이익을 위하는 것이었고 비방의 목적은 부수적인 동기에 불과한 경우에는 본죄가 성립되지 않는다. 이러한 경우에는 결론적으로 단순 명예훼손죄(제307조)가 성립될 가능성만 남게 되며, 제310조에 의거하여 위법성이 조각되는지에 대하여 다시 판단해 보아야 한다(대법원 1998. 10. 9. 97도158; 대법원 2000. 2. 25. 98도2188; 대법원 2003. 12. 26. 2003도6036; 대법원 2005. 4. 29. 2003도2137).

반대로 주로 비방의 목적을 가지고 있었고 공익성이 오히려 부수적이었던 경우에는 본죄가 성립되며(대법원 1984. 9. 11. 84도1547; 대법원 1986. 5. 27. 85도785; 대법원 1995. 6. 30. 95도1010), 위법성이 조각될 여지는 없다.

3. 위법성

명예훼손죄 특유의 위법성 조각사유인 제310조가 인정되기 위해서는 객관적 요건으로 사실의 진실성과 공익성 두 가지가 충족되어야 한다. 이 가운데 사실의 공익성은 '비방의 목적'과 공존할 수 없다. 여기서 비방의 목적은 구성요건 요소이므로 그것이 인정되지 않으면, 위법성 단계의 검토까지 넘어올 필요가 없게 된다.

만약 비방의 목적 없이 출판물을 통해 명예를 훼손했는데, 그렇다고 해서 공익성이 인정되는 것도 아닌 경우에는 어떻게 처리하는가 문제이다. 이 경우에는 기본구성요건인 제307조의 명예훼손으로 처벌하는 것이 마땅할 것으로 생각된다. 예를 들어 누군가가 동성애자라는 사실을 밝히는 행위가 이에 해당할 것이다.

이러한 유형의 혼선을 피하기 위해서는 명예훼손의 경우에도 기본구성요건을 먼저 검토하고 변형구성요건의 성립을 위한 추가적 요건은 다음 단계에서 검토하는 것이 바람직할 것으로 생각된다. 이와 같은 단계적 검토의 필요성은 정보통신망법 제70조가 정하고 있는 사이버명예훼손의 경우에도 똑같이 인정된다.

4. 소추조건

제309조는 반의사불벌죄이다. 피해자가 명시적으로 가해자의 처벌에 반대하면 공소제기를 할 수 없다. 이미 공소제기가 되어 있는 상태라면 후에 피해자가 불처벌의사를 표시하는 경우 법원은 판결에 의하여 공소기각을 선고하여야 한다(형소법 제327조 6호).

5. 공 범

출판물에 의한 명예훼손은 간접정범의 형태로도 범행이 가능하다. 예를 들어 사실의 진실성과 공공성을 믿는 신문기자에게 허위 내용의 기사자료를 제공해서 기사화하게 만들면 간접정범이 성립된다.

【판례】 신문 기사 자료의 제공 타인을 비방할 목적으로 허위사실인 기사의 자료를 신문기자에게 제공한 경우에 기사를 신문지상에 게재하느냐의 여부는 신문 편집인의 권한에 속한다고 할 것이나, 이를 편집인이 신문지상에 게재한 이상, 기사의 게재는 기사 재료를 제공한 자의 행위에 기인한 것이므로 기사 자료의 제공행위는 형법 제309조 제2항 소정의 출판물에 의한 명예훼손죄의 죄책을 면할 수 없다. (대법원 1994. 4. 12. 93도3535)

V. 모욕죄

제311조 (모욕) 공연히 사람을 모욕한 자는 1년 이하의 징역이나 금고 또는 200만 원 이하의 벌금에 처한다.

제312조 (고소와 피해자의 의사) ① 제308조와 제311조의 죄는 고소가 있어야 공소를 제기할 수 있다.

1. 의 의

공공연하게 경멸의 의사표시를 하여 사람의 사회적 평판을 저하시키는 범죄행위이다. 사실의 적시가 없다는 면에서 명예훼손죄와 구별된다. 본죄는 추상적 위험범이며 친고죄이다.

피해자의 외부적 명예가 현실적으로 침해되거나 구체적·현실적으로 침해될 위험이 발생하지 않아도 본죄는 성립된다(대법원 2016. 10. 13. 2016도9674).

2. 구성요건

(1) 객관적 구성요건

명예훼손의 경우와 마찬가지로 우선 **공연성**이 있어야 한다. 공연성의 요건은 명예훼손의 경우와 같다.

모욕이란 '사회적 평판을 깎아 내리는 가치판단을 표현하는 행위'를 말한다. 그러한 면에서 사회적 평판을 저하시키는 **사실**을 적시함으로써 성립되는 명예훼손과 대비된다.

모욕이 되는 표현: "도둑놈, 죽일 놈"(대법원 1961. 2. 24. 60도864), "빨갱이 계집년, 첩년"(대법원 1981. 11. 24. 81도2280), "개 같은 잡년, 시집을 열두 번을 간 년, 자식도 못 낳는 창녀 같은 년"(대법원 1985. 10. 22. 85도1629), "화냥년"(대법원 1987. 5. 12. 87도739), "아무 것도 아닌 똥꼬다리 같은 놈"(대법원 1989. 3. 14. 88도1397), "망할 년"(대법원 1990. 9. 25. 90도873), "애꾸눈, 병신"(대법원 1994. 10. 25. 94도1770)

모욕이 되지 않는 표현: "부모가 그런 식이니 자식도 그런 것이다" (대법원 2007. 2. 22. 2006

도8915)

모욕은 상대방을 비하하는 표현을 피해자 자신에게 직접 하거나, 제3자에게 하거나 관계없다(대법원 2004. 6. 25. 2003도4934).

모욕의 의사표시는 언어, 문자, 거동 등 어떠한 방법으로도 가능하다. 따라서 사람들 앞에서 얼굴에 침을 뱉거나 뺨을 때리는 행위도 모욕이 된다.

(2) 주관적 구성요건

공공연하게 사람의 사회적 평판을 저해하는 가치평가 표현을 한다는 인식과 의사를 가지고 있어야 한다. 미필적 고의로도 충분하다.

3. 위법성

본죄는 사실을 적시하는 경우가 아니므로 제310조는 적용될 여지가 없고, 일반적 위법성 조각사유만 적용될 수 있다(**통설**).

【판례】 정당행위에 해당하는 경우 1. 피고인은 MBC 방송 '우리시대'라는 프로그램에서 피해자(교사)를 대상으로 하여 방영한 '엄마의 외로운 싸움'을 시청한 직후 위 프로그램이 피해자의 입장에서 편파적으로 방송하였다는 생각에 컴퓨터를 이용하여 MBC 홈페이지에 접속하여 프로그램 시청자 의견란에 "오선생님 대단하십니다, …… 학교 선생님이 불법주차에 그렇게 소중한 자식을 두고 내리시다니 …… 그렇게 소중한 자식을 범법행위의 변명의 방패로 쓰시다니 …… 견인을 우려해 아이를 두고 내리신 건 아닌지 …… "라는 글을 작성·게시하였다. 이와 같은 표현은 피해자에 대한 사회적 평가를 훼손할 만한 모욕적 언사라고 할 것이나, 피해자에게 자신의 의견에 대한 반박이나 반론을 구하면서, 자신의 판단과 의견의 타당함을 강조하는 과정에서, 부분적으로 그와 같은 표현을 사용한 것으로서, 사회상규에 위배되지 않는다고 봄이 상당하다. (대법원 2003. 11. 28. 2003도3972)

2. 골프클럽 경기보조원들의 구직편의를 위해 제작된 인터넷 사이트 내 회원 게시판에 특정 골프클럽의 운영상 불합리성을 비난하는 글을 게시하면서 위 클럽담당자에 대하여 한심하고 불쌍한 인간이라는 등 경멸적 표현을 사용하였으나, 글 게시의 동기와 경위, 모욕적 표현의 정도와 비중 등에 비추어 사회상규에 위배되지 않는다고 봄

이 상당하다. (대법원 2008. 7. 10. 2008도1433)

4. 죄 수

외국원수나 외교사절에 대한 모욕행위에 대해서는 제107조·제108조가 적용된다. 사실적시와 모욕적인 가치판단이 뒤섞여 있는 경우에는 그 두 종류가 분리 가능하면 따로 법령을 적용시키면 되고(상상적 경합), 분리가 불가능하면 어느 쪽이 더 주된 내용이었는가에 따라 법규를 적용하면 된다.

Ⅵ. 피의사실 공표죄

제126조 (피의사실 공표) 검찰, 경찰 기타 범죄수사에 관한 직무를 행하는 자 또는 이를 감독하거나 보조하는 자가 그 직무를 수행하면서 알게 된 피의사실을 공소제기 전에 공표(公表)한 경우에는 3년 이하의 징역 또는 5년 이하의 자격정지에 처한다.

1. 보호법익

본죄의 보호법익은 일반적으로 국가의 **범죄수사권**과 피의자 개인의 **명예** 두 가지라고 이야기되고 있다. 이 두 가지 보호법익 가운데 어느 것이 우선되어야 하는가에 대하여 견해대립이 있다.

① 국가의 범죄수사권이 더 우선적이라고 하는 견해

② 피의자 개인의 인권이 더 우선적이라는 견해

③ 어느 일방에 중점을 두는 것은 옳지 않다는 견해 (**다수설**)

결론 우리의 사회현실을 보면 피의사실이 공표됨으로써 수사에 방해가 되는 사례보다는 그로 인해 당사자가 사회적으로 심각한 타격을 입게 되는 경우를 훨씬 더 자주 볼 수 있다. 따라서 피의사실 공표죄 규정이 보호해야 할 주된 법익은 피의자의 명예라고 하는 **인권**이라고 해야 하겠다.

2. 구성요건

(1) 행위주체

검찰, 경찰 기타 범죄수사에 관한 직무를 행하는 자 또는 이를 감독하거나 보조하는 자이다. 검찰을 지휘 · 감독하는 지위에 있는 법무부 장관이나 검찰의 수사업무를 보조해 주는 검찰직 공무원과 특별사법경찰관리도 이에 포함된다.

대통령은 검찰이나 경찰을 감독하는 자를 감독하는 자로서 결국 검찰과 경찰을 감독하는 자라고 할 수 있다. 그러므로 대통령도 행위주체에 포함되며 수사사건에 대한 영장발부 등에 관여한 판사도 마찬가지이다.

(2) 행위객체

직무수행 과정에서 알게 된 피의사실이다. 직무수행 과정이라는 것은 단순히 업무시간 내를 의미하는 것이 아니라 자신의 직무와 관련해서라는 의미를 가지고 있다. 따라서 직무시간 내에 알게 된 사실이더라도 '성격상 업무처리 중에 알게 되는 비밀'이라는 속성을 가지고 있어야 한다. 직무와 관련 없이 사적으로 알게 된 피의사실은 직무 중에 알게 되었더라도 행위객체에서 제외된다.

(3) 행 위

공판청구 이전에 공표하는 것이다. **공표**란 '공공연하게 사실을 발표하는 행위'를 말한다.

• 공판청구 전에 공표해야 범죄가 성립되므로 공소제기 이후에 피의사실을 공표하는 것은 무방하다. 다만 불기소 처분이 내려진 경우에는 공소제기가 없는 것이므로 불기소 처분이 번복되어 기소가 되기 이전에는 언제든지 피의사실을 공표하면 본죄가 성립된다.

3. 위법성

(1) 정당행위

피의사실 공표가 분명히 범죄로 규정되어 있음에도 불구하고 우리나라 수사기관은 언제나 아무 거리낌 없이 피의사실을 공공연하게 발표하고 있는 것이 현실이다. 그러나 이는 헌법상 보장되고 있는 무죄추정의 정신에도 반하는 것이므로 위법성이 배제되지 않는 범죄행위라고 말할 수밖에 없다.

(2) 긴급피난

수사기관이 일반인의 도움을 받기 위해서 공개수사를 하면서 피의자를 지명수배하는 경우에는 국가형벌권 행사가 불가능해진다는 위난을 피하기 위한 행위이므로 긴급피난(제22조)을 근거로 위법성이 배제될 수 있다.

이 때에는 ① 범법자의 혐의내용과 인적 사항 등을 공표하는 것 외에는 피의자를 추적할 방법이 없어야 하고, ② 해당 피의자에 대한 국가형벌권 행사가 피의자의 명예보다 본질적으로 우월한 것으로 판단되는 상황이어야 하며, ③ 사회윤리적으로 적합한 방식으로 공표가 이루어져야 할 것이다. 따라서 당해 피의자를 추적하는 것이 공공의 이익을 위해 상당히 중요한 일이어야 할 것이고, 공표 내용에는 범법자의 추적을 위해 필요하고 중요한 사항만 포함되어야 할 것이다. 혐의내용과 별 관계도 없고 피의자의 명예만 훼손하는 내용의 공표행위는 긴급피난을 근거로 정당화 될 수 없다.

(3) 피해자의 승낙

제126조의 보호법익은 국가의 범죄수사권과 피의자 개인의 명예 두 가지인데 국가의 범죄수사권에 대해서는 피의자가 처분할 권한을 가지고 있지 않기 때문에 **피해자의 승낙**을 근거로 위법성이 배제될 수 없다.

제 2 절 신용에 관한 범죄

Ⅰ. 개 관

형법 제34장(신용, 업무와 경매에 관한 죄)은 신용훼손죄, 업무방해죄 그리고 경매 · 입찰 방해죄의 세 가지 범죄로 구성되어 있다. 이 가운데 업무방해죄(제314조)는 업무수행의 자유를 침해하는 범죄로 분류하는 것이 타당하기 때문에 자유를 침해하는 범죄 부분에서 설명하였다. 또한 경매 · 입찰 방해죄는 공정경쟁을 해치는 범죄로서 공공의 신용이라는 사회적 법익을 침해하는 죄로 분류하는 것이 적절하다. 따라서 여기에서는 신용훼손죄에 대해서만 논한다.

Ⅱ. 신용훼손죄

> 제 313 조 (신용훼손) 허위의 사실을 유포하거나 기타 위계로써 사람의 신용을 훼손한 자는 5년 이하의 징역 또는 1천500만원 이하의 벌금에 처한다.

1. 의 의

위계를 동원하여 사람의 신용을 훼손함으로써 성립되는 범죄행위이다. 허위의 사실을 유포하는 것이 그 대표적인 방법이다. 신용은 인격, 성격, 학력, 경력, 대인관계, 지능, 기술, 건강, 가문, 재산 등과 함께 사람에 대한 **사회적 평판**의 일부이므로 명예의 한 부분이라고 할 수 있지만, 경제생활의 중요성이 강조되면서 명예로부터 분리 · 독립된 보호법익이다.

보호법익의 주체에는 명예훼손죄의 경우와 마찬가지로 자연인 뿐 아니라 법인 및 법인격 없는 단체도 모두 포함된다. 본죄는 **추상적 위험범**이다.

2. 구성요건

(1) 위 계

위계란 '자신의 의도 또는 객관적 상황에 관한 교묘한 속임수'를 의미한다. 신용훼손죄의 경우 그 대표적인 방법이 허위의 사실을 유포하는 것이다. 명예훼손의 경우와 마찬가지로 사실관계가 아닌 가치판단을 이야기하는 것은 구성요건에 해당되지 않는다.

【판례】 가치판단의 언급 "계주가 계 불입금을 모아서 도망가더라도 책임지고 도와줄 사람이 없다"는 말은 피해자(계주)에 대한 개인적 의견이나 평가를 진술한 것에 불과하다. 이를 허위사실의 유포라고 할 수 없다. (대법원 1983. 2. 8. 82도2486)

허위의 사실이란 '진실에 반하는 사실'을 말한다. 다만 그 내용에 있어서 세부적인 면까지 전부 다 허위로 구성되어 있을 필요는 없다. 전반적인 내용이 허위이면 족하다.

유포는 '불특정 다수가 알 수 있도록 퍼뜨리는 행위'이다. 제313조는 명예훼손죄 규정과는 달리 '공연히'라는 표현이나 '공표'라는 구절을 쓰지 않고 있으므로 허위의 사실을 알리는 행위가 공공연하게 이루어질 필요가 없다. 어떠한 방법을 동원하든 불특정 다수가 알도록 만들기만 하면 된다.

예를 들어 증권회사 로비에 앉아서 옆에 있는 사람에게 낮은 목소리로 "△△사가 곧 부도처리된다고 하네요."라고 말함으로써 소문이 퍼지도록 만드는 것도 유포행위에 해당된다.

(2) 신용훼손

명예훼손죄와 마찬가지로 신용훼손죄도 **추상적 위험범**으로 해석된다. 신용이라는 사회적 평판이 실제로 저하되었는가를 모든 사안에서 일일이 확인하는 것은 어려운 일이기 때문이다. 따라서 신용훼손의 결과가 실증적으로 확인되어야만 범죄성립이 인정되는 것이 아니라 신용훼손의 위험성이 있는 행위를 했다는 사실 자체로 범죄 기수가 인정된다.

신용훼손의 위험성이란 당사자의 지불능력 또는 지불의지에 대한 신뢰를 저하시킬 위험성을 의미한다.

【판례】 신용훼손에 해당하는 경우 **1.** 피해자가 대출금 이자를 연체하여 해당 은행 지점장이 3천만원의 연체이자를 대납하였다는 허위의 사실을 기재한 편지를 은행 본점 앞으로 보냈다면 신용훼손에 해당한다. (대법원 2006. 12. 7. 2006도3400)

2. 피해회사 P가 A주식회사의 주식 및 경영권을 인수하지 않았음에도 불구하고 허위로 그러한 계약이 성립한 것처럼 채권단이 그 계약에 따라 P주식회사에 대하여 367억원 상당의 채권을 가지게 되었으며 이를 곧 행사할 것이라고 신문기자에게 이야기하였다면 신용훼손에 해당한다. (대법원 2011. 9. 8. 2011도7262)

【판례】 신용훼손에 해당하지 않는 경우 **1.** 신용훼손죄는 허위의 사실을 유포하거나 기타 위계로써 사람의 지불능력 또는 지불의사에 대한 타인의 신뢰에 해를 가하는 것을 말한다. 따라서 어느 점포의 물건값이 유달리 비싸다고 말한 것은 피해자의 지불의사에 대한 사회적 신뢰를 훼손하는 것이라고 볼 수 없다. (대법원 1969. 1. 21. 68도1660)

2. 퀵서비스 운영자인 피고인이 배송지연 등 손님의 불만이 예상되는 경우에 경쟁업체 명의의 영수증을 발급해 준 것은 피해자의 경제적 신용인 지불능력이나 지불의사에 대한 사회적 신뢰를 저해하는 행위가 아니어서 신용훼손죄에 해당하지 않는다. (대법원 2011. 5. 13. 2009도5549)

3. 죄 수

행위자가 공연히 허위의 사실을 적시하는 방법으로 피해자의 신용을 훼손하는 경우 명예훼손죄(제307조)와의 관계에 대하여 견해대립이 있다.

① 상상적 경합 관계로 보는 견해

② 특별관계로 보는 견해

결론 두 가지 모두 마땅히 보호되어야 할 사회적 평판을 보호법익으로 하는 범죄규정이므로 더 특수한 내용을 구성요건으로 하고 있는 신용훼손죄 규정(제313조)만 특별규정으로서 적용되고 명예훼손죄 규정은 적용이 배제된다고 보는 것이 맞다(**다수설**).

제 4 장 사생활의 평온을 침해하는 범죄

사생활의 평온을 침해하는 범죄는 비밀침해 범죄와 주거침입 범죄의 두 가지로 분류된다. 이 가운데 사적 비밀을 침해하는 범죄는 비교적 최근(근대 이후)에 범죄목록에 추가되었다. 주거침입의 경우에는 인류 문화의 발전과 함께 가족이라는 소집단의 사적 영역이 사회적으로 인정되기 시작하면서부터 범죄화되었을 것으로 생각된다.

제 1 절 비밀을 침해하는 범죄

Ⅰ. 개 관

1. 보호법익

비밀을 침해하는 범죄의 보호법익은 **정보에 관한 자기결정권**이다. 정보에 관한 자기결정권이란 '자신의 개인적 생활에 관한 사실관계가 언제 어느 범위까지 공개될 것인가의 여부를 스스로 결정할 권리'를 말한다. 정보에 관한 자기결정권은 헌법 제17조가 보장하고 있는 기본권이기도 하다.

2. 구성요건 체계

구성요건의 유형은 대략 두 가지로 분류된다. ① 아무나 함부로 볼 수 없도록 조치를 취해 둔 기록의 내용을 본인 허락 없이 열어 보는 행위를 처벌하는 비밀침해죄(제316조) 그리고 ② 의사, 한의사, 치과의사 등의 업무를 수행하는 사람이 업무상 알게 된 비밀을 누설하는 행위를 처벌하는 업무상 비밀누설죄(제317조)이다.

그 밖에 **통신비밀보호법**과 **개인정보보호법**이 있어서 비밀침해 행위에 대한 처벌규정을 두고 있다. 통신비밀보호법은 '공개되지 아니한 타인간의 대화'를 도청・녹음・누설하는 행위에 대한 처벌규정을 가지고 있으며, 개인정보보호법은 개인정보의 부당한 수집・이용・처리・제공 등의 행위에 대한 처벌규정을 두고 있다.

Ⅱ. 비밀침해죄

제316조 (비밀침해) ① 봉함 기타 비밀장치한 사람의 편지, 문서 또는 도화를 개봉한 자는 3년 이하의 징역이나 금고 또는 500만원 이하의 벌금에 처한다.
② 봉함 기타 비밀장치한 사람의 편지, 문서, 도화 또는 전자기록 등 특수매체기록을 기술적 수단을 이용하여 그 내용을 알아낸 자도 제1항의 형과 같다.
제318조 (고소) 본장의 죄는 고소가 있어야 공소를 제기할 수 있다.

1. 의 의

봉함을 하는 등 비밀장치를 해둔 다른 사람의 편지, 문서 또는 도화를 개봉하거나 그러한 편지, 문서, 도화 또는 특수매체기록의 내용을 기술적인 수단을 이용해서 알아냄으로써 성립되는 범죄이다.

본죄의 **보호법익**은 '비밀장치가 되어 있는 정보의 불가침성'이다. 보호대상이 되는 정보의 주체에는 자연인 뿐 아니라 법인과 법인격 없는 단체까지 포함된다. 이에 대해 국가 또는 공공기관의 정보는 본죄의 보호대상이 아니라는 견해가 있다. 그러나 ① 제316조가 친고죄이더라도 문제가 되는 경우에 고소권자는 얼마든지 지정이 될 수 있으므로(형소법 제228조) 친고죄라는 점 때문에 공공기관의 정보를 보호대상에서 제외할 이유는 없고, ②

개인의 정보보다 공공기관의 정보를 덜 중요하게 취급할 이유가 전혀 없으므로 국가·공공기관의 비밀장치 정보도 제316조의 보호대상으로 보는 것이 타당하다(**다수설**).

그러므로 본죄의 보호법익을 '개인의 비밀'이라고 하는 것은 곤란하다. 행위객체로서 편지, 문서, 도화, 특수매체기록 등의 내용이 비밀일 것이 요구되는 것도 아니기 때문에 더욱 그러하다.

법익보호의 정도와 관련해서 제1항의 경우 다음의 견해대립이 있다.

① 추상적 위험범설 (**다수설**)

② 구체적 위험범설

제2항에 대해서도 다음과 같은 견해대립이 있다.

① 침해범설

② 추상적 위험범설

> 결론 제1항은 비밀장치를 열어서 내용을 알 수 있는 상태까지만 가면 범죄가 성립하므로 추상적 위험범이고, 제2항은 내용을 확인해야만 성립되므로 침해범으로 보는 것이 타당하다고 생각한다.

2. 구성요건

(1) 객관적 구성요건

1) 행위객체

제316조의 행위객체는 비밀장치된 다른 사람의 편지, 문서, 도화(圖畵) 또는 특수매체기록이다.

가. 편지, 문서, 도화 또는 특수매체기록

편지란 '다른 사람에게 의사를 전달하기 위해 작성하는 문서'를 말한다. 그 전달방법은 우체국을 거치건 택배를 통하건 인편으로 보내건 상관없다. **문서**는 '문자나 기호를 통해 사람의 생각을 기록한 것'을 말한다. 다만 이때의 문서는 공문서 위조·변조죄(제225조)에서 말하는 문서로서의 요건을 갖추고 있을 필요는 없다. 문서는 편지처럼 다른 사람에게 전달하기 위한 것일 수도 있고 일기처럼 자기 자신만을 위한 것일 수도 있다. **도화**란 '사람의 생각이 담겨져 있는 그림'을 의미한다. 문자나 기호가 아닌 그림으로 생각을 표현하는 것도 얼마든지 가능하다. 편지·문서·도화의 내용을 찍은 사진이나 복사본도 원본과 같은 의미를 가진다.

특수매체기록이란 특수매체에 수록된 사람의 생각을 말하며 **특수매체**란 정보처리장치를 위해 개발된 새로운 기록매체를 의미한다. 현재 HDD, USB, SSD, CD, DVD 등이 개발되어 있고 앞으로도 계속 개발될 것이다. 이들 기록을 읽기 위해서는 정보처리장치가 필요하다.

한편 비밀장치가 되어 있더라도 예를 들어 안에 들어있는 것이 현금, 신문, 잡지, 사용안내서, 광고전단 등인 경우처럼 내용물이 법익주체의 생각을 담고 있는 것이 아닐 때에는 행위객체에서 제외된다.

나. 봉함 기타 비밀장치

봉함이란 '봉투의 뚜껑이 봉해져서 아무나 열어 볼 수 없게 되어 있는 상태'를 말한다.

> 봉함은 비밀장치의 대표적인 예이다. 비밀장치의 핵심은 쉽게 열어볼 수 없게 한다는 것이므로, 그러한 요건이 갖추어지는 한, 봉투 안에 편지·문서·도화 등을 넣어서 봉하든 문서 자체를 접어서 풀로 붙이든 상관없다. 또한 봉투 자체는 봉하지 않았지만 그 봉투를 금고에 넣어두는 경우도 비밀장치가 되어 있는 것으로 보아야 한다(**통설**).

비밀장치로서 열기가 쉽지 않은 정도는 엄청난 어려움을 의미하는 것이 아니다. 끈으로 묶어 놓았는데 끈을 끊을 필요 없이 조금만 수고를 하면 풀어볼 수 있을 정도로 되어 있더라도 비밀장치라고 할 수 있다.

그러나 아무나 해독할 수 없도록 하기 위해 문서의 내용을 암호화 한 것 자체는 비밀장치라고 할 수 없다.

한편 **특수매체기록**의 경우에는 비밀장치의 의미가 약간 다르다. 디스켓을 보관함에 넣고 자물쇠를 잠그는 것처럼 특수매체 자체에 대한 접근을 물리적으로 저지하는 것만 비밀장치가 아니라, 비밀번호·안구 인식장치·음성 인식장치·지문 감지기 등 보안체제를 통해 정보에 접근하는 것을 전자적으로 통제하는 경우도 비밀장치로 보아야 한다. 그러나 이 경우에도 내용을 암호화한 것 자체는 비밀장치로 볼 수 없다.

2) 행 위

비밀침해의 행위내용은 개봉하거나 기술적 수단을 이용하여 그 내용을 알아내는 것이다.

가. 개 봉

개봉이란 '비밀장치를 열어 편지·문서·도화의 내용을 알 수 있는 상태로 만드는 것'을 의미한다. 제316조 제1항은 추상적 위험범이다. 따라서 편지 등의 내용을 실제로 알게 되었을 필요는 없고 단지 알 수 있는 상태를 만들면 범죄는 기수가 된다.

나. 기술적 수단 이용 내용 확인

제316조 제2항의 행위방법은 비밀장치는 그대로 둔 채로 편지·문서·도화·특수매체기록의 내용을 기술적 수단을 통해 알아내는 것이다. 기술적 수단이란 투시기와 같은 장비 또는 약품 등을 의미한다. 봉투를 들어 불빛에 비추어 보는 것은 기술적 수단을 이용하는 것이 아니기 때문에 제316조 제2항의 행위에 해당되지 않는다. 또한 타인의 아이디와 비밀번호를 우연히 알게 되어 그를 이용해서 전자우편의 내용을 보는 행위도 기술적 수단을 이용하는 것이 아니므로 제2항에 해당되지 않는다. 물론 해킹을 통해 전자우편 시스템에 침입해서 우편물의 내용을 확인하는 것은 본죄에 해당된다.

제316조 제1항의 경우와 달리 제2항의 범죄행위가 성립하려면 행위자가 실제로 편지·문서 등의 내용을 부분적으로라도 알아내야 한다. 투시기로 보아서 글자의 대략적 형태는 알아보았지만 도저히 내용을 확인할 수 없거나, 내용이 행위자가 전혀 모르는 문자로 쓰여 있어서 해독이 안 되면 범죄가 성립되지 않는다. 따라서 제2항은 결과범(침해범)이다. 이 경

우 본죄의 미수에 대해서는 처벌규정이 없어서 처벌할 수 없게 되는데, 제316조 제2항을 추상적 위험범으로 보는 경우에는 처벌대상이 되어버린다.

(2) 주관적 구성요건

봉함 기타 비밀장치된 다른 사람의 편지·문서·도화·특수매체기록 등을 개봉하거나 기술적 수단을 이용하여 내용을 알아내겠다는 의사가 있어야 한다. 미필적 고의로도 충분하다. 다른 사람의 편지를 자신의 것으로 잘못 알고 열어보면 구성요건적 착오가 된다.

3. 위법성

본죄의 범죄행위는 긴급피난에 의해 위법성이 배제될 수 있다. 피해자의 승낙에 의해서 위법성이 배제되는가에 대해서는 견해대립이 있다.

① **긍정설(승낙설)** : 위법성 조각사유인 피해자의 승낙으로 보는 견해

② **부정설(양해설)** : 구성요건을 조각하는 양해로 보는 견해 (**다수설**)

결론 본죄의 보호법익은 '비밀장치가 되어 있는 정보의 불가침성'이다. 여기서 불가침성은 법익의 주체가 함부로 자신의 정보가 알려지는 것을 원하지 않는다는 것을 전제로 한다. 그렇다면 법익주체 스스로 누군가가 그 정보에 접근해도 좋다고 하게 되면 더는 불가침성이 문제될 수 없는 상황이 되는 것이다. 따라서 그러한 경우에는 구성요건 자체가 성립되지 않는 **'양해'**가 있는 것으로 보는 것이 타당하다.

일상적으로 부부사이에서는 추정적 승낙이 큰 의미를 가지게 되는데, 배우자 앞으로 온 편지라 하더라도 전화요금 통지서, 재산세 청구서 등 공적인 편지는 일반적으로 배우자 대신 뜯어보는 것이 인정된다. 그러나 배우자에게 온 사적인 편지를 임의로 뜯어보는 경우에는 추정적 승낙을 인정하기 곤란하다.

또한 친권자라 하더라도 불가피한 상황이 아닌 한 사적인 편지까지 검열할 권한을 가지고 있다고 보기는 힘들다. 법령에 의해 편지 개봉이 허락되는 경우도 있다. 행형법 제18조의2 제3항, 형소법 제107조·제120조,

우편법 제28조 제2항·제35조, 통신비밀보호법 제3조·제5조 이하 등이 이에 해당된다.

4. 소추조건

비밀침해죄는 친고죄이다. 문제는 발신인과 수신인이 어느 시점부터 피해자로서 고소권을 가지게 되는가 하는 점에 대하여 견해대립이 있다.

① 발신인은 편지가 도달되기 전까지만 피해자가 될 수 있고, 수신인은 도달시점 이전에는 이해관계인(형소법 제228조)으로서, 도달 이후에는 피해자로서 고소권을 행사할 수 있다는 견해

② 발신인·수신인 모두 항상 고소권자라고 하는 견해 **(통설)**

결론 본죄의 보호법익은 비밀장치가 되어 있는 정보의 불가침성이다. 그렇다면 편지의 발신이나 도착여부와 관계없이 그 내용은 보호받을 가치가 있다. 따라서 발신인이나 수신인은 언제나 고소권을 가진다고 보는 것이 타당하다.

5. 죄 수

다른 사람의 편지를 뜯어보게 되면 비밀침해(제316조)와 동시에 재물손괴(제366조)도 성립되지만 이 경우 재물손괴죄는 불가벌적 수반행위가 된다. 그러나 편지를 읽어보고 나서 파쇄기에 집어넣거나 태워버리게 되면 새롭게 재물손괴죄가 성립되면서 본죄와 실체적 경합관계가 된다.

Ⅲ. 업무상 비밀누설죄

제317조 (업무상비밀누설) ① 의사, 한의사, 치과의사, 약제사, 약종상, 조산사, 변호사, 변리사, 공인회계사, 공증인, 대서업자나 그 직무상 보조자 또는 차등의 직에 있던 자가 그 직무처리 중 지득한 타인의 비밀을 누설한 때에는 3년 이하의 징역이나 금고, 10년 이하의 자격정지 또는 700만원 이하의 벌금에 처한다.

② 종교의 직에 있는 자 또는 있던 자가 그 직무상 지득한 사람의 비밀을 누설한 때에도 전항의 형과 같다.

제318조 (고소) 본장의 죄는 고소가 있어야 공소를 제기할 수 있다.

1. 의 의

의사, 한의사, 치과의사, 변호사, 대서업자 등 고객의 비밀을 업무과정에서 알게 되는 직종에 종사하는 사람들이 업무 과정에서 알게 된 비밀을 누설함으로써 성립되는 범죄이다.

본죄가 보호하고자 하는 것은 **정보자기결정권**뿐만 아니라 의사, 변호사 등 특정직업 종사자의 비밀유지에 대한 '**일반적 신뢰**'도 중요한 보호대상이다(**다수설**). 의사, 변호사 등의 직업은 환자 또는 고객과의 사이에 신뢰관계가 형성되어야만 제대로 수행될 수 있다는 속성을 가지고 있다. 그렇지 않으면 국민의 건강 또는 법적 권리의 보호는 요원해질 것이다. 이러한 의미에서 이들 직업 종사자의 비밀유지의무는 형벌이라는 제재를 통해 강력하게 지켜지고 있다.

본죄의 속성이 무엇인가에 대해서 견해대립이 있다.

① 구체적 위험범설

② 추상적 위험범설

결론 비밀누설 행위 자체가 위험성을 가지고 있기 때문에 이를 금지하는 규정이 제317조이기 때문에 **추상적 위험범**으로 보는 견해가 타당하다.

2. 구성요건

(1) 객관적 구성요건

1) 행위주체

본죄는 **진정 신분범**이다. 의사, 한의사, 치과의사, 약제사, 약종상, 조산사, 변호사, 변리사, 공인회계사, 공증인, 대서업자나 그 직무상 보조자와 종교의 직에 있는 자 또는 그러한 직에 있던 자이어야 행위의 주체가 될 수 있다. 이는 열거규정이기 때문에 조문이 개정되지 않는 한 다른 직업을 가지고 있는 사람은 행위주체가 될 수 없다. 직무상 보조자란 간호사, 사무장, 사무직원 등의 직책을 가지고 의사, 한의사……대서업자 등의 직무를 사실상 보조해 주면서 그 과정에서 고객의 비밀에 접근할 수 있는 위치에 있는 사람을 이야기한다. 종교의 직에 있는 자는 승려, 신부, 목사 등을 말한다.

본죄가 **자수범**이어서 간접정범 형태로 성립될 수 없다는 견해도 있다. 하지만 예를 들어 의사가 환자의 비밀을 제3자를 이용해서 간접적으로 전파하게 되면 업무상 비밀누설의 간접정범이 될 수 있으므로 제317조는 자수범이라고 볼 수는 없다.

2) 행위객체

가. 비 밀

비밀이란 '① 제한된 범위의 사람들에게만 알려져 있고, ② 이를 다른 사람이 모르게 유지하는 것이 본인에게 이익이 되는 사실'을 의미한다.

(가) 제한된 정보 접근 가능성

우선 보호되어야 할 사실을 알고 있는 제한된 범위의 사람에 당사자가 반드시 속해 있을 필요는 없다.

> 의사가 환자에게 병명을 이야기해 주지 않는 경우처럼 정작 당사자는 그 사실을 모르고 있더라도 비밀로 인정되는 데에는 지장이 없다.

제한된 범위의 사람만 알고 있다고 할 수 있기 위해서는 그 사실을 알고 있는 사람이 대략 누구까지인지 파악이 가능해야 한다. 불특정 다수가 그 내용을 인식할 수 있는 상태가 되면 그때부터는 더 이상 비밀이 아니다. 언론매체를 통해 보도가 되지 않았더라도 이미 알 만한 사람은 다 알고 있는 이른바 **공지의 사실**은 비밀이라고 할 수 없다.

(나) 본인의 이익

비밀로 인정되기 위한 두 번째 요건에 대해서는 견해가 대립되었다.

① **주관설** : 본인이 비밀로 하기를 원하기만 하면 된다는 견해

② **객관설** : 객관적으로 보호되어야 할 가치가 인정되어야 한다는 견해

③ **절충설(결합설)** : 본인이 비밀로 하기를 원하고 객관적으로 보아도 다른 사람이 모르게 유지되는 것이 본인에게 이익이 되는 것이어야 한다는 견해

결론 현재 절충설로 견해가 통일되어 있다. 오로지 본인의 기분에 따라 비밀이 되거나 되지 않는다고 보는 것은 곤란한 일이고, 본인이 원하지도 않는데 비밀로 할 필요도 없는 것이므로 **절충설**이 타당하다.

당사자가 비밀의 내용을 모르고 있는 경우에는 추정적 의사를 기준으로 판단해야 한다. 또한 비밀유지에 따르는 이익이 반드시 **합법성**을 확보하고 있어야 하는 것은 아니다.

(다) 비밀의 주체

비밀의 주체에는 자연인과 법인이 모두 포함된다. 다만 국가와 공공단체를 비밀의 주체에서 제외할 것인가에 대해서는 견해대립이 있다.

① **제외설 (다수설)**

② **포함설**

결론 국가의 비밀은 군사상의 기밀이나 외교상의 기밀의 경우에는 제98조의 간첩죄와 제113조의 외교상 기밀누설죄에 의해 보호되고, 이에 속하지 않더라도 공무상 알게 된 비밀을 누설하는 경우에는 제127조의 공무상 비밀누설죄에 의해 처벌되므로 본죄의 보호대상에서 제외하더라도 큰 부작용은 없을 것으로 보인다. 제외설이 타당하다.

나. 업무처리 중 지득한 비밀

본죄의 행위객체가 되기 위해서는 비밀이 업무처리 중에 알게 된 것이어야 하는데, 이는 '성격상 업무처리 중에 알게 되는 비밀'을 의미한다.

3) 행 위

본죄의 행위내용은 누설이다. **누설**이란 '그 비밀에 대하여 모르거나 어렴풋이는 알아도 확실하게는 모르는 사람에게 알리는 것'을 말한다. 여러 사람에게 퍼뜨리는 것을 요하지 않으므로 한 사람에게 말하더라도 누설에 해당된다.

방법에는 제한이 없다. 말로 전달하는 경우에는 상대방이 알아들었어야 하지만, 문서를 통해 알리는 경우에는 다른 사람이 인지할 수 있는 상태로 만들어 놓기만 하면 범죄가 성립된다.

다만 비밀의 내용이 전달되는 경우라 하더라도 그 주체가 누구인지는 감춰져 있게 되면 이는 누설이라고 볼 수 없다. 즉 비밀의 주체가 누구인지는 밝히지 않은 채 어떠한 일이 있다는 내용만 보도하는 것은 비밀 누설이 아니다. 그러나 이름을 정확하게 밝히지는 않았지만 전달된 내용만 보면 당사자가 누구라는 것을 알 수 있도록 되어 있는 경우에는 누설이라고 할 수 있다.

(2) 주관적 구성요건

의사, 한의사 등의 직책을 가진 사람으로서 직무상 알게 된 비밀을 누설한다는 인식과 의사가 있어야 한다. 미필적 고의로도 충분하다.

자신이 전달하는 정보가 비밀에 해당된다는 점을 몰랐던 경우에는 포섭의 착오로서 금지착오가 된다. 또한 비밀준수의무가 있다는 점을 몰랐던 경우도 마찬가지이다.

3. 위법성

(1) 정당행위

예를 들어 변호사가 고객의 정당한 이익을 보호하기 위해 변론과정에서 비밀을 누설하는 행위는 정당행위로서 위법성이 배제된다.

(2) 긴급피난

긴급피난은 주로 **의무의 충돌** 형태로 문제가 된다.

예를 들어 의사와 한의사는 「감염병의 예방 및 관리에 관한 법률」 제11조에 따라 감염병 환자를 발견하게 되면 소속 의료기관의 장이나 관할 보건소장에게 신고하고, 환자와 그 동거인에게 감염방지 방법을 지도하여야 한다. 감염병으로부터 불특정 다수를 보호한다는 법적 이익은 비밀유지라는 법익보다 본질적으로 우월한 것이므로 이 경우 의무의 충돌로서 위법성이 배제된다고 봄이 타당하다.

한편 본죄의 행위주체는 제1항의 직무상 보조자를 제외하고는 업무상 알게 된 비밀에 대하여 증언거부권을 가진다(형소법 제149조). 따라서 이들이 업무상 비밀에 대하여 법정에서 증언 형태로 누설하게 되면, 증언을 해야 할 법적 의무가 없는 상태이기 때문에 의무가 충돌되는 상황이 아니어서, 위법성이 배제될 수 없다.

다만 중대한 공익상의 필요가 있는 경우에는 증언거부권이 인정되지 않기 때문에(형소법 제149조 단서) 증언을 하여야 할 의무와 비밀유지의 의무가 충돌하는 상황이 된다. 이 경우를 어떻게 보아야 하는가에 대하여 견해대립이 있다.

① 증언을 하여야 할 공익상의 필요라는 법익이 본질적으로 우월한 경우에는 위법성이 배제된다는 견해

② 증언을 하여야 할 공익상의 필요와 관계없이 항상 위법성이 조각된다는 견해

[결론] 공익상의 필요가 본질적으로 우월하지 않을 때에는 개인의 정보자기결정권을 보호하

는 것이 옳다고 생각한다. ①의 견해가 타당하다.

(3) 피해자의 승낙

피해자의 승낙이 있는 경우에는 본인이 비밀로 유지할 의사가 없는 경우이므로 더 이상 비밀로서의 성격을 가지고 있지 않는 것이 되어 본죄의 구성요건 자체가 성립되지 않는 사안이 된다.

4. 소추조건

본죄는 피해자 등의 고소가 있어야 기소할 수 있는 친고죄이다.

제 2 절 주거의 평온을 침해하는 범죄

Ⅰ. 개 관

1. 보호법익

(1) 보호의 대상

주거침입죄의 보호법익이 무엇인가에 대해서는 견해가 대립되고 있다.

① 주거권설 : 보호법익을 **주거권**으로 보는 견해

주거권은 '주거를 배타적으로 지배할 권리'이다. 다른 측면에서 말하면 자신에게 속하는 거주 공간에 누구를 들어오게 할 것인가를 스스로 결정할 권리라고 할 수 있다. 따라서 이 또한 일종의 자기결정권으로 볼 수 있다. 주거침입죄의 보호법익과 관련하여 근대 이후에 특별히 강조되고 있는 자기결정권의 일부로 보는 입장이다.

② 사실상 평온설 : 보호법익을 **사실상의 주거의 평온**으로 보는 견해 (**다수설 | 판례**)

사실상의 평온을 보호법익으로 보는 근거는 ① 주거권의 법적 성격이 불명확하고 ② 주거권을 보호법익으로 보는 것은 불법의 본질을 권리침해로 보는 낡은 사고방식의 잔재이기 때문이라고 한다.

③ 제1절충설 | 개별화설 : 개인의 사적 장소의 보호법익은 주거의 사실상 평온이고, 공중이 출입하도록 개방된 장소의 보호법익은 업무상 평온과 비밀이라는 견해

④ 제2절충설 : 주거권과 사실상의 평온은 동일한 내용의 각각 다른 용어에 불과하다는 견해

결론 주거를 배타적으로 지배할 권리(주거권) 자체를 보호법익으로 보게 되면 주거권과 관련하여 다툼이 있는 등 실체적 권리관계가 불명확할 때 보호의 대상을 확정할 수 없다는 문제가 생긴다. 그러한 경우에는 현재의 주거에 대한 사실상의 지배상태를 존중하여 보호하는 것이 타당하다고 생각한다. 따라서 주거침입죄 규정의 보호법익은 **주거의 사실상의 평온**이라고 봄이 마땅하다.

(2) 보호의 정도

본죄의 속성에 대해서는 견해대립이 있다.

① 추상적 위험범설

② 침해범설

결론 사실상의 평온이 침해되는 결과가 발생되었는가를 확인할 필요 없이 행위의 성격 자체가 주거의 평온을 해치는 행위라고 판단되면 주거침입죄는 성립이 인정된다는 측면에서 **추상적 위험범설**이 타당하다.

2. 구성요건 체계

주거침입・퇴거불응(제319조)이 기본 구성요건이며 특수주거침입(제320조)은 행위방법의 위험성 때문에 가중처벌하는 가중 구성요건이다. 주거・신체수색(제321조)은 독자적 변형 구성요건이다.

Ⅱ. 주거침입죄

제 319 조 (주거침입) ① 사람의 주거, 관리하는 건조물, 선박이나 항공기 또는 점유하는 방실에 침입한 자는 3년 이하의 징역 또는 500만원 이하의 벌금에 처한다.

제 322 조 (미수범) 본장의 미수범은 처벌한다.

1. 의 의

사람의 주거, 관리하는 건조물, 선박이나 항공기 또는 점유하는 방실에 침입함으로써 성립하는 범죄이다. 1995년 12월의 개정을 통해 “간수하는 저택, 건조물”이라는 표현이 “관리하는 건조물”로 변경되었다.

2. 구성요건

(1) 객관적 구성요건

1) 행위객체

가. 사람의 주거

사람의 주거란 무엇을 의미하는가에 대하여 견해대립이 있다.

① ‘사람이 일상생활을 영위하기 위해 점거하는 장소’라고 하는 견해

② ‘기거하고 침식하는 장소’로 보는 견해

결론 기거와 침식은 일상생활의 중요한 내용에 대한 예시라고 할 수 있다. 따라서 두 가지 개념이 서로 동떨어진 것은 아니다. 일상생활이 좀 더 포괄적이어서 개념을 정확하게 설명하므로 ①번 견해가 타당하다.

주거라고 하기 위해서는 건축물로서의 최소한의 요건인 지붕과 기둥 또는 벽은 갖추고 있어야 한다. 이러한 요건을 갖추고 있다면 컨테이너 가설 건축물처럼 **동산**이어도 무방하다.

일상생활을 영위한다는 것은 하루 종일 그곳에 붙어있는 것을 의미하는 것이 아니다. 따라서 밤에 들어와 잠만 자도 무방하고 낮에만 이용해도 상관없으며, 일 년 내내 거주할 것을 필요로 하는 것도 아니기 때문에 콘도나 별장처럼 일시적으로 이용하는 공간도 주거에 해당된다. 또한 텐트, 캠핑 카, 토굴 등도 주거로 보아야 한다.

사람이 일상적으로 기거하는 공간뿐 아니라 화장실, 다용도실, 복도, 세탁실, 지하실 등 **주변공간**도 주거에 포함된다. 주거공간과 아예 분리해서 설치되어 있는 집합건물 내의 엘리베이터와 계단이나 별도의 건축물로 조성되어 있는 차고도 주거용 건축물에 부속되어 있는 것이라면 주거로 볼 수 있다.

나아가 판례는 주거용 건축물에 부속되어 있는 **마당**(위요지|圍繞地)까지도 주거로 보고 있다(대법원 1967. 12. 26. 67도1439; 대법원 1983. 3. 8. 82도1363; 대법원 2001. 4. 24. 2001도1092; 대법원 2010. 4. 29. 2009도14643; 대법원 2017. 12. 22. 2017도690).

【판례】 주거의 범위 1. 이미 수일 전에 2차례에 걸쳐 피해자를 강간하였던 피고인이 대문을 몰래 열고 들어와 담장과 피해자가 거주하던 방 사이의 좁은 통로에서 창문을 통하여 방안을 엿보던 상황이라면 피해자의 주거에 대한 사실상 평온상태가 침해된 것으로 보는 것이 정당하다. 주거침입죄에 있어서 주거라 함은 단순히 가옥 자체만을 말하는 것이 아니라 그 **위요지**를 포함한다. (대법원 2001. 04. 24. 2001도1092)

2. 주거침입죄에서 주거란 단순히 가옥 자체만을 말하는 것이 아니라 그 **위요지**를 포함한다. 따라서 이 사건 빌라의 대문을 열고 계단으로 들어간 이상 피해자의 주거에 들어간 것이고 주거침입죄에 해당한다. (대법원 2009. 8. 20. 2009도3452)

3. 주거침입죄가 주거의 평온을 보호법익으로 하는 점에 비추어 엄격한 의미에서의 건조물 그 자체뿐만이 아니라 그에 부속하는 **위요지**를 포함한다고 할 것이나, 여기서 위요지라고 함은 건조물에 인접한 그 주변의 토지로서 외부와의 경계에 담 등이 설치되어 그 토지가 건조물의 이용에 제공되고 또 외부인이 함부로 출입할 수 없다는 점이 객관적으로 명확하게 드러나야 한다. (대법원 2017. 12. 22. 2017도690)

주거는 사람이 현존하는 동안에만 주거로 인정되는 것이 아니다. 따라서 주거로서의 속성을 가지고 있는 한 사람이 없어서 비어있는 동안에도 주거로 보아야 한다.

나. 관리하는 건조물

관리하는 건조물이란 '사실상 사람이 관리 · 지배하는 건조물'을 의미한다.

사실상 관리·지배하는 것으로 인정되려면 '함부로 타인이 침입하는 것을 방지할 물적 또는 인적 설비'가 있어야 한다. 따라서 자물쇠가 채워져 있거나 경비원이 지키는 등의 관리가 이루어져야 한다. 대학강의실도 여기에 해당한다(대법원 1992. 9. 25. 92도1520).

【판례】 교회 건물 교회는 교인들의 총유에 속하는 것으로서 교인들 모두가 사용수익권을 갖고 있고, 출입이 묵시적으로 승낙되어 있는 장소이다. 그러나 이렇게 일반적으로 개방되어 있는 장소라도 필요한 때는 관리자가 그 출입을 금지 또는 제한할 수 있으므로 주거침입의 객체가 된다. (대법원 1992. 4. 28. 91도2309)

여기서 건조물은 건축법(제2조)에서 말하는 건축물로 이해된다. 따라서 주거의 경우와 마찬가지로 적어도 지붕과 기둥 또는 벽이 있어야 한다(대법원 1989. 2. 28. 88도2430). 주거와는 달리 건조물은 반드시 부동산이어야 하는가에 대하여 견해대립이 있다.

① 긍정설

② 부정설

결론 예를 들어 물품보관 창고로 이용되고 있는 컨테이너 박스(대법원 2005. 10. 7. 2005도5351)나 천막 등 가설건축물은 동산이지만 행위객체에서 제외시킬 이유는 없다고 본다. **부정설**이 타당하다.

【판례】 타워크레인과 컨테이너 박스 피고인들은 건물신축 공사현장에 무단으로 들어간 뒤 타워크레인에 올라가 이를 점거하였다. 이 경우 타워크레인은 건설기계의 일종으로서 작업을 위하여 토지에 고정되었을 뿐이고 운전실은 기계를 운전하기 위한 작업공간 그 자체이지 건조물침입죄의 객체인 건조물에 해당하지 아니한다. 피고인들이 위 공사현장에 컨테이너 박스 등으로 가설된 현장사무실 또는 경비실 자체에 들어가지 아니하였다면, 이를 공사현장 구내에 있는 건물에 침입한 행위로 볼 수 없다. (대법원 2005. 10. 7. 2005도5351)

다. 선박·항공기

선박과 항공기는 적어도 사람이 주거에 사용할 수 있을 정도의 크기와 형태를 갖춘 것이어야 한다(**통설**). 따라서 고무보트나 초경량 비행기는 여기에 해당하지 않는다. 자동차도 제외된다.

라. 점유하는 방실

점유하는 방실이란 '건축물의 일부로서 사실상 지배·관리하는 구획'을 말한다.

예를 들어 주거로 이용되지 않고 있는 점포, 사무실, 연구실, 호텔방 등이 이에 해당된다. 화장실에서 볼 일을 보는 경우 그 **용변칸**도 행위객체가 된다(대법원 2003. 5. 30 2003도1256).

2) 행 위

주거침입죄의 행위내용은 **침입**하는 것이다. 여기서 침입이란 무엇을 의미하는가에 대하여 견해대립이 있다.

① '주거권자의 의사에 반하여 들어가는 것'으로 이해하는 견해

② '주거에 대한 결정의 자유를 가진 주거자(주거의 경우), 관리자(건조물·선박·항공기의 경우) 또는 점유자(점유하는 방실의 경우)의 의사 또는 추정적 의사에 반하여 들어가는 것'으로 보는 견해

결론 이와 같은 견해의 대립은 본죄의 속성에 대한 시각의 차이에서 연유하는 것으로 보인다. 따라서 주거침입죄를 어떻게 파악할 것인가를 먼저 정리해보아야 하겠다. 본죄는 무엇보다도 사실상의 지배권을 침해하는 속성을 가지고 있다. 그러한 측면에서는 분명히 절도죄와 유사하다. 다른 점을 들자면 본죄는 '주거공간의 사실상의 평온'을 보호하기 위한 규정이고, 절도죄는 '소유권 행사를 할 수 있는 실질적 가능성'을 보호대상으로 한다는 것이다.

또한 절도죄의 경우에는 소유권자가 아니라 '점유자의 의사에 반하여 점유를 배제하는 것'을 절도죄 성립의 첫째 요건으로 보고 있다. 이에 따라 소유권자 대신 물건을 맡아 가지고 있던 점유자의 동의 아래 제3자가 그 물건을 가져가게 되면 절도죄가 성립되지 않게 된다. 소유권자의 의사에 반하더라도 절도는 문제가 되지 않는 것이다.

그렇다면 같은 취지에서 사무실에 잠시 놀러와 있던 친구의 동의 아래 제3자가 들어와 캐비넷과 책상을 뒤져서 귀중품을 모두 가져간 경우에 주거침입이 성립되지 않는다고 볼 것인가? 그렇게 보기는 곤란하다고 생각한다. 주거공간에 대한 사실상의 지배권은 물리적으로 멀리 떨어져 있더라도 계속 유지되는 것으로 보아야 할 것이고 그러한 면에서 분명 이 경우는 '주거공간의 사실상의 평온'을 침해하는 사안에 해당된다고 보는 것이 마땅하다.

물건을 맡아 가지고 있던 사람이 그것을 제3자에게 내어주는 경우에는 횡령죄 규정이 있어

서 달리 처리할 수 있지만, 사무실에 놀러와 있던 사람이 아무나 들어오게 한 경우에는 달리 처리할 수 있는 규정도 없다. 이처럼 주거침입과 관련해서는 주거권자와 점유자의 의사가 배치되었을 경우에 주거권자의 의사를 기준으로 판단해야 할 것이므로 본죄에서의 '침입'의 의미는 '주거권자의 의사에 반하여 들어가는 것'으로 이해하는 것이 타당하다. 주거권자가 곧 부동산 소유권자를 뜻하는 것은 아니므로 주거권자의 범위를 합리적으로 보는 한 침입의 의미를 그렇게 보아도 문제가 없을 것이다.

가. 주거권자

주거권자는 '주거에의 출입 여부를 결정할 사실상의 권한을 가진 사람'이다. 행위객체가 사적 공간인 경우에는 **직접점유자**가 주거권자이다. 주거의 소유권자가 아니더라도 임차인과 같은 직접점유자는 주거권을 가진다. 임차권자의 배우자는 주거권을 공동으로 행사하는 것으로 볼 수 있으나 직계비속 등 그 외의 동거가족은 그렇게 보기가 곤란하다. 또한 임차권자가 집을 비운 사이에 자동적으로 다른 동거자에게 주거권이 위임된다고 볼 수도 없으므로 그들의 동의를 얻었다고 해서 주거침입이 부인되지는 않는다.

여러 명의 학생들이 자취방 하나를 같이 이용하는 경우처럼 한 사람 명의로 건물을 임차한 상태에서 친족관계가 없는 여러 사람이 사실상 공동으로 주거를 사용하는 경우, 임차비용을 분담하는 등 **대등한 관계**가 성립되어 있다면 주거권을 공동으로 행사하는 것으로 보아야 할 것이다. 이 경우 공동주거권자 가운데 한 사람이 공동이용관계에서 이탈하게 되면 그 사람의 명의로 임차계약이 성립되어 있다고 하더라도 더 이상 주거권자가 아니라고 보는 것이 타당하다고 생각한다.

간접점유자도 주거권을 가지는가에 대해서는 견해대립이 있다.

① **긍정설**

② **부정설** (**통설** | **판례** | 대법원 1989. 9. 12. 89도889)

[결론] 사실상의 주거의 평온을 보호하는 것이 근본취지이므로, 간접점유자는 주거권 보호의 대상이 아니라고 보아야 한다. 따라서 예를 들어 임대인이 임차인의 거부의사에도 불구하고 임차인의 주거에 함부로 들어가면 주거침입이 된다. 임대인은 임차인 허락 없이는 스스로 임대목적물에 못 들어갈 뿐더러 제3자가 들어가도록 허락해 줄 권한도 없다.

또한 주거권은 임대차 계약기간이 만료되더라도 곧바로 사라지지 않는다. 임대인이라 하더라도 주거권을 되찾기 위해서는 적법하게 계약을 해지하고 법적 절차에 따라 목적물을 반환받아야 한다. 따라서 그 때까지 임차인은 완전한 주거권을 유지하므로 임대인의 무단 침입은 주거침입에 해당한다.

【판례】 본권 없는 직접점유권에 대한 보호 주거침입죄는 **사실상의 주거의 평온**을 보호법익으로 하는 것이므로 점유할 권리가 없는 자의 점유라고 하더라도 그 주거의 평온은 보호되어야 한다. 따라서 권리자가 그 권리를 실행한다고 해서 자력구제의 수단으로 권리 없는 자가 점유하고 있는 건조물에 침입한 경우에도 주거침입죄가 성립된다. (대법원 1985. 3. 26. 85도122 | 같은 취지: 대법원 1983. 3. 8. 82도1363; 대법원 1987. 11. 10. 87도1760)

【판례】 소유권 분쟁 중인 가옥의 주거권자 1. 소유자의 침입 甲과 P 사이에 소유권에 대한 분쟁이 있는 가옥을 P가 점유관리하고 있는 상황에서 피고인이 침입하였다면 가사 甲의 주장과 같이 위 가옥이 甲의 소유라 할지라도 주거침입죄의 성립에는 아무런 장애가 되지 아니하고, 甲이 위 가옥에 침입하는 것에 대한 P의 추정적 승낙이 있었다거나, 甲의 이 사건 범행이 사회상규에 위배되지 아니한다고 볼 수 없다. (대법원 1989. 9. 12. 89도889)

2. 주거침입죄는 사실상의 주거의 평온을 보호법익으로 하는 것이므로 **점유할 권리가 없는 자의 점유**라 하더라도 그 주거의 평온은 보호되어야 하므로 권리자가 그 권리를 실행함에 있어 법에 정하여진 절차에 의하지 아니하고 그 건조물에 침입한 경우에는 주거침입죄가 성립한다(대법원 1983. 3. 8. 82도1363; 대법원 1987. 11. 10. 87도1760). 따라서 비록 이 사건 농아원을 점거 중인 일부 원생 및 직원에 대하여 법원에서 공대위 인사의 출입을 방해해서는 안 된다는 가처분결정이 내려졌다고 하더라도, 공대위가 관계법령에 의한 정당한 절차에 의하지 아니한 채 구 재단측을 물리적으로 제압하고 건조물에 침입한 이상 주거침입죄가 성립되지 않는다고 할 수 없다. (대법원 2007. 7. 27. 2006도3137)

주거공간으로 사용되지 않는 관리하는 건조물, 선박·항공기, 점유하는 방실의 경우에는 '주거권자'라는 표현이 부적합하지 않는가라는 반론이 가능하다. 그러나 그러한 장소에 함부로 들어가는 행위를 모두 '주거'침입이라고 부르는 것처럼 본죄의 행위객체인 공간에 거주하는 사람과 아울러 사실상 지배·관리 또는 점유하고 있는 사람까지 통칭해서 '주거권자'라고 하는 것도 별 무리가 없는 일이라고 생각한다.

다만 이 경우에 공간을 사실상 지배·관리 또는 점유하는 사람으로서의 '주거권자'는 일정한 권한을 가지고 있는 자로 제한해서 해석하는 것이 타당할 것이다.

그 권한은 예를 들어 임차권자와 같이 사용권이 법적으로 명백하게 갖추어진 경우 뿐 아니라, 사무실을 잠시 봐달라는 부탁에 따라 잠시 관리하고 있는 경우처럼 잠정적으로 권한이 위임되어 있는 경우도 포함되어야 한다. 하지만 시위대가 외국 공관 집무실을 점거하고 있는 경우처럼 불법으로 점유하고 있는 경우에는 주거권자의 범위에 포함시키기 곤란하다.

【판례】 직장점거와 주거권 1. 적법한 직장폐쇄 근로자들의 직장점거가 개시 당시 적법한 것이었다 하더라도 사용자가 이에 대응하여 적법하게 직장폐쇄를 하게 되면, 사용자의 사업장에 대한 물권적 지배권이 전면적으로 회복되는 결과 사용자는 점거 중인 근로자들에 대하여 정당하게 사업장으로부터의 퇴거를 요구할 수 있고 퇴거를 요구받은 이후의 직장점거는 위법하게 되므로, 적법하게 직장폐쇄를 단행한 사용자로부터 퇴거요구를 받고도 불응한 채 직장점거를 계속한 행위는 퇴거불응죄를 구성한다. (대법원 1991. 8. 13. 91도1324)

2. 위법한 직장폐쇄 사용자의 직장폐쇄가 정당한 쟁의행위로 인정되지 않는 때에는 적법한 쟁의행위로서 사업장을 점거 중인 근로자들이 직장폐쇄를 단행한 사용자로부터 퇴거요구를 받고 이에 불응한 채 직장점거를 계속하더라도 퇴거불응죄가 성립하지 않는다. (대법원 2007. 3. 29. 2006도9307)

학교 강의실 등의 공간은 학생들의 이용을 위해 개방되어 있고 학생회가 사용하고 있는 학생회관 같은 경우에는 사실상의 지배권을 학생회가 가지고 있는 것처럼 보이기는 하지만 주거권이 위임되어 있지는 않기 때문에 본래의 주거권자인 학교 당국의 의사가 주거권자의 의사가 된다.

【판례】 학생회관의 주거권자 학생회관의 관리권은 그 대학 당국에 귀속된다고 보아야 하므로 학생회의 동의가 있더라도 대학 당국의 허락이 없으면 주거침입죄를 구성한다. (대법원 1995. 4. 14. 선고 95도12 판결)

사실상의 지배는 공중 화장실을 이용하는 것처럼 극히 일시적인 경우도 포함된다(대법원 2003. 5. 30. 2003도1256). 따라서 화장실을 이용하고 있을 때 허락 없이 문을 열고 들어오면 본죄가 성립된다.

나. 주거권자의 의사

주거침입은 주거권자의 의사에 반하여 주거에 침입함으로써 성립된다. 따라서 주거권자가 주거에 진입하는 것을 허락하였는가 또는 허락한 것으로 볼 수 있는가 하는 점은 주거침입 여부를 결정하는 데 있어서 매우 중요한 부분이다. 주거권자의 동의 여부에 따라 주거침입 성립 여부를 판단하는 구체적인 기준을 살펴보자.

(가) 주거권자의 사실상 동의가 있었던 경우

이 경우에는 주거권자의 의사표시에 문제가 없으면 주거침입이 성립할 수 없다. 그러나 행위자의 강압이나 기망에 의해서 주거권자가 들어와도 좋다고 허락한 경우에는 문제가 된다.

주거권자의 허락이 **강압에 의한 의사표시**이었던 경우에는 동의로서의 효력을 인정할 수 없다(**통설**).

한편 **기망에 의한 의사표시**로 주거권자의 허락이 있었던 경우에 대해서는 의견이 대립되고 있다.

① **긍정설**: 만약 주거권자가 상대방의 본래 목적을 알았다면 허락을 하지 않았을 것이기 때문에 기망에 의한 허락이 있는 경우에는 사실상의 허락이 있더라도 주거침입이 된다는 견해 (**판례**)

② **부정설**: 주거의 사실상의 평온을 해치는 것이 아니므로 주거침입이 성립하지 않는다는 견해

결론 불온한 생각을 가지고 있음에도 이를 숨기고 주거권자를 기망한 상태에서 들어가는 것도 사실상의 주거의 평온을 해치는 일이므로 **긍정설**이 타당하다.

【판례】 주거권자의 의사에 반하는 경우 甲은 만취상태에서 용변을 보기 위하여 길가에 있던 여성용화장실에 잘못 들어가서 P가 들어 있던 용변칸 앞으로 다가가 노크를 하였는데, 이를 자신의 남편으로 오인한 P가 용변칸의 문을 열어주었다. 당시 용변칸 안에는 P가 용변을 보기 위하여 하의를 내린 채 좌변기에 앉아 있었는데, 甲은 문이 열리자 용변칸 안으로 들어가게 되었다. 이 때 甲을 발견한 P가 놀라 고함을 지르자 甲은 순간적으로 용변칸의 문을 잠근 다음 P에게 "조용히 해, 가만히 있어."라고 말하

며, P를 벽쪽으로 밀쳤다. 이에 P가 고함을 치며 저항하여 실랑이가 벌어지게 되었고, 이후 P의 비명소리를 듣고 P의 남편이 현장에 도착하여 甲과 몸싸움을 벌이게 되었다. 이 과정에서 P는 안면부좌상 등 모두 2주의 치료를 필요로 하는 상처를 입었다.

이 사건 P는 甲의 노크 소리를 듣고 P의 남편으로 오인하고 용변칸 문을 연 것이고, 甲은 P를 강간할 의도로 용변칸에 들어간 것으로 봄이 상당한바, 그렇다면 甲이 용변칸으로 들어오는 것을 P가 명시적 또는 묵시적으로 승낙하였다고는 볼 수 없다 할 것이다. (대법원 2003. 5. 30. 2003도1256)

이 사건에서 甲은 용변칸 안에 누가 있는지 확인할 목적으로 노크를 하였다. 이에 P는 남편이 노크를 하는 것으로 오인하였다. 여기서 甲이 P의 착오를 의도한 바는 없다. 그렇다면 甲의 노크는 선행행위로서 상대방의 착오를 언제 인식하였을 경우에 이를 해소시켜줄 설명의무가 인정되는가에 따라 기망 여부가 결정된다.

이와 관련하여 거스름돈 사취의 경우를 보면 ① 거스름돈 받기 전, ② 거스름돈 받으면서, ③ 거스름돈 가지고 현장을 이탈한 후 등 세 가지 중에 ②번 단계까지는 설명의무가 인정된다(대법원 2004. 5. 27. 2003도4531). 용변칸 사건은 ②에 해당한다. 따라서 甲의 행위는 선행행위에 의한 기망에 해당한다. 기망에 의한 동의이었으므로 침입이 인정된다.

(나) 사실상의 동의가 없었던 경우

가) 동의가 있었을 것으로 추정되는 경우

① **일반적으로 출입이 허용되는 장소** : 일반적으로 출입이 허용되는 장소로는 백화점, 슈퍼마켓, 동사무소, 은행 등이 있다. 한편 대학교의 강의실이나 교회는 앞에서 살펴본 바와 같이 관리할 수 있는 건조물이므로 여기에 해당되지 않는다.

이러한 장소의 경우에는 원칙적으로 출입이 **일반적 허용의 범위**를 벗어나지 않는 한 주거침입이 될 수 없다. 일반적 허용범위를 벗어나는 경우는 다음 두 가지로 생각할 수 있다.

㉠ **출입이 허용되지 않는 시간에 들어가는 경우** : 예를 들어 백화점 영업이 끝나는 때부터 문을 열기 전까지

㉡ **출입방법이 비정상적인 경우** : 예를 들어 담을 넘어 창문으로 들어간다거나 강도행위를 하기 위해 복면을 하고 흉기를 들고 은행에 난입하는 경우

【판례】 주거권자의 의사에 반하는 경우 1. 여객터미널 건물이 일반적으로 출입이 허가된

건물이라 하여도 피고인이 출입이 금지된 시간에 그 건물담벽에 있던 드럼통을 딛고 담벽을 넘어 들어간 후, 그곳 마당에 있던 아이스박스통과 삽을 같은 건물 화장실 유리창문 아래에 놓고 올라가 창문을 열고 이를 통해 들어간 것이라면 그 침입방법 자체가 일반적인 허가 범위를 벗어난 것이므로 건조물 침입죄가 성립된다. (대법원 1990. 3. 13. 90도173 판결 | 같은 취지: 대법원 1983. 3. 8. 82도1363)

2. 일반적으로 개방되어 있는 장소라 하더라도 관리자가 필요에 따라 그 출입을 제한할 수 있는 것이므로, 관리자의 출입제지에도 불구하고 **다중**이 **고함**이나 **소란**을 피우면서 건조물에 출입하는 것은 사실상의 주거의 평온을 해하는 것으로서 건조물 침입죄를 구성한다. (대법원 1996. 5. 10. 96도419)

3. 대학교가 한국대학총학생회연합의 행사개최를 불허하고 외부인의 출입을 금지하는 한편 경찰에 시설물 보호를 위한 경비지원을 요청하였음에도 피고인이 다른 많은 학생들과 함께 위 행사에 참여하거나 주최하기 위하여 대학교에 들어간 것이라면, 들어갈 당시 경찰공무원 또는 대학교의 교직원들로부터 구체적으로 출입을 제지당하지 아니하였다고 하더라도 대학교 관리자의 의사에 반하여 다중의 위력으로써 건조물인 대학교에 침입한 것이다. (대법원2003. 5. 13. 2003도604)

논란이 있는 사안은 출입방법은 정상적이지만 **범죄의 목적**을 가지고 있는 경우이다. 예를 들어 절도를 목적으로 백화점에 들어가는 경우를 말하는데 이에 대해서는 견해대립이 있다.

① 주거침입 긍정설

② 주거침입 부정설 (**통설**|**판례**)

결론 범죄의 목적을 가지고 있더라도 그러한 의도의 존재만으로 사실상의 주거의 평온을 해치는 방향으로 영향을 미치는 것은 아니므로 주거침입으로 보지 않는 것이 타당하다.

【판례】 범죄 목적 출입 | 도청기 설치 목적 광양항 자유무역지역 내에 연료용 펠릿(pellet) 등을 보관하고 이를 화력발전소에 운송해 주는 회사의 부사장인 피고인 甲과 관리팀장인 피고인 乙은 회사에 불리한 기사가 인터넷 언론에 게재되자, 해당 언론사 기자들에게 향응을 제공하고 기자들이 부당한 요구를 하는 장면을 녹음·녹화하기 위해서 이들 기자와 약속을 잡고 약속장소인 음식점에 미리 도착하였다. 피고인들은 음식점 영업주에게 이야기 하고 예약된 방실에 들어가 녹음·녹화 장치를 설치하고 작동상태를 점검하였다. 이후 기자를 만나 식사를 하면서 대화 내용을 녹음·녹화하고 그

이후에 녹음·녹화 장치를 제거하였다.

주거침입죄는 사실상 주거의 평온을 보호법익으로 한다. 사실상의 평온상태를 해치는 행위태양으로 주거에 들어가는 것이라면 대체로 거주자의 의사에 반하겠지만, 단순히 주거에 들어가는 행위 자체가 거주자의 의사에 반한다는 주관적 사정만으로는 바로 침입에 해당한다고 볼 수 없다. 침입행위에 해당하는지는 거주자의 의사에 반하는지가 아니라, 사실상의 평온상태를 해치는 행위태양인지에 따라 판단되어야 한다. 이 사건 피고인들은 음식점의 영업주로부터 사실상의 승낙을 받고 통상적인 출입방법에 따라 음식점의 방실에 들어갔다. 따라서 피고인들이 사실상의 평온상태를 해치는 행위태양으로 음식점의 방실에 들어갔다고 볼 수 없으므로 피고인들의 행위는 침입에 해당하지 않는다. (대법원 2022. 3. 24. 2017도18272 전원합의체)

② **평소에 출입이 허용되던 사람** : 일반적으로 출입이 허용되는 장소의 경우와 마찬가지로 평소에 출입이 허용되던 사람은 일상적으로 들어와도 좋다는 주거권자의 허락이 있는 상태이므로 일반적인 허용의 범위를 벗어나지 않는 한 주거침입이 되지 않는다.

다만 출입이 허용된 사람이라 하더라도 출입문을 통한 정상적인 출입이 아닌 경우에는 주거침입이 성립된다(대법원 1995. 9. 15. 94도3336). 또한 출입방법은 정상적이지만 범죄의 목적으로 침입한 경우에도 주거침입이 성립된다(대법원 1983. 7. 12. 83도1394).

나) 일부 주거권자에게서는 동의가 없었을 것으로 추정되는 경우

예를 들면 간통을 목적으로 주거권자 가운데 한 사람인 부인의 동의만 있는 상태에서 주거에 들어가는 경우처럼 주거권자 가운데 일부의 동의는 있었지만 다른 주거권자는 들어오는 것을 허락하지 않았을 것으로 생각되는 상황인 경우를 말한다. 이에 대하여 견해대립이 있다.

① 주거침입 긍정설

② 주거침입 부정설 (판례)

결론 동의를 하지 않은 주거권자가 부재중인 상황에서는 그 주거권자의 사실상의 주거의 평온을 해치는 일이 없으므로 주거침입이 성립하지 않는다고 보는 것이 옳다. 부정설이 타당하다.

【판례】 일부 주거권자의 추정적 의사에 반하는 경우 피고인은 피해자의 처와 혼외 성관

계를 할 목적으로 피해자와 피해자의 처가 공동으로 생활하는 주거에 들어갔다. 주거침입죄의 보호법익은 사적 생활관계에 있어서 사실상 누리고 있는 주거의 평온(사실상 주거의 평온)이다. 공동거주자 중 주거 내에 현재하는 거주자의 현실적인 승낙을 받아 통상적인 출입방법에 따라 들어갔다면, 설령 그것이 부재중인 다른 거주자의 의사에 반하는 것으로 추정된다고 하더라도 그 사실만으로 사실상 주거의 평온을 깨트리는 행위라고 볼 수는 없다. (대법원 2021. 9. 9. 2020도12630 전원합의체)

주거권자의 의사와 주거침입 성립 여부에 대한 판단결과를 표로 정리하면 다음과 같다.

〈표〉 주거권자의 의사와 주거침입

주거권자의 사실상 동의가 있었던 경우	동의가 강압에 의한 의사표시인 경우	주거침입 성립
	동의가 기망에 의한 의사표시인 경우	[견해 대립] ① 긍정설 (판례) ② 부정설
주거권자의 사실상 동의가 없었던 경우	일반적으로 출입이 허용되는 장소 또는 평소에 출입이 허용되던 장소	일반적 허용 범위를 벗어나지 않는 방법으로 들어오면 주거침입 아니다. 범죄목적을 가지고 있었더라도 마찬가지이다. (판례)
	그 밖의 장소	주거침입 성립
주거권자 일부만의 사실상 동의가 있었던 경우	다른 주거권자의 동의가 추정되는 경우	문제 안됨
	다른 주거권자의 동의가 추정되지 않는 경우	[견해 대립] ① 긍정설 ② 부정설 (판례)

다. 들어감

주거침입이 성립하기 위한 마지막 요건은 보호객체인 주거 안으로 들어가는 것이다. 들어간다는 것은 주거 밖에서 주거 안으로 들어간다는 것을 의미하므로(대법원 1984. 2. 14. 83도2897) 이미 적법하게 주거 안에 있는 경우에는 퇴거불응이 성립될 여지는 있으나 주거침입이 성립되지는 않는다.

또 들어간다는 것은 **몸**이 들어간다는 것을 뜻한다. 몸은 들어가지 않고 물건을 주거권자의 의사에 반해서 집어넣거나, 밖에서 안을 보는 행위는 주거침입이 아니다. 의사에 반해서 들어가는 이상 어떠한 방법으로 들어가든 상관없다. 예를 들어 차를 탄 채로 다른 사람 집 마당을 통과하는 것도 주거침입이 된다. 이때 주거권자의 저항을 받을 것을 필요로 하지 않는다(대법원 1983. 3. 8. 82도1363).

주거침입은 문이 열려 있는 남의 집을 자기 집으로 잘못 알고 들어갔다가 자기 집이 아니라는 사실을 인식하고 나서도 밖으로 나가지 않고 머물러 있는 경우처럼 **부진정 부작위범** 형태로 저지를 수도 있다.

(2) 주관적 구성요건

주거권자의 의사에 반해서 주거에 들어간다는 인식과 의도가 있어야 한다. 신체의 일부가 주거에 들어간다는 인식만으로 족하다(대법원 1995. 9. 15. 94도2561).

타인의 주거를 자신의 주거로 잘못 알고 들어가면 구성요건적 착오로서 고의가 부정된다. 반대로 자신의 주거를 타인의 주거로 생각하고 침입한다며 들어간 경우에는 불능미수가 문제된다. 주거권자의 양해가 있었는가의 여부에 대한 착오의 경우도 마찬가지이다.

(3) 기 수

행위가 있음과 동시에 곧 범죄가 기수에 이르고 행위가 끝나면서 범죄는 종료되며 법익침해 상태는 계속되지 않는 유형에 속하므로 **즉시범**이다(대법원 1995. 9. 15. 94도2561).

몸 전체가 들어가야 본죄가 성립되는가에 대하여 견해대립이 있다.

① 몸이 전부 들어가야 한다는 입장 (**다수설**)

② 일부만 들어가도 기수가 된다는 입장 (**판례**)

결론 주거침입죄는 사실상의 주거의 평온을 보호법익으로 하고 있으므로 이것이 침해될 정도의 행위가 있는 경우에는 기수가 된다고 보아야 할 것이다. 사실상의 평온은 반드시 행위자의 신체가 전부 다 주거 안으로 들어가야만 침해되는 것이 아니므로 일부만 들어가더라도 사실상의 평온을 해치는 정도에 이르렀다면 주거침입죄가 성립된다고 보는 것이 타당하다.

【판례】 침입에 해당하는 경우 야간에 타인의 집의 창문을 열고 집 안으로 얼굴을 들이미는 등의 행위를 하였다면 피고인이 자신의 **신체의 일부**만 집 안으로 들어간다는 인식하에 하였더라도 주거침입죄의 범의는 인정되고, 또한 비록 신체의 일부만이 집 안으로 들어갔다고 하더라도 사실상 주거의 평온을 해하였다면 주거침입죄는 기수에 이르렀다. (대법원 1995. 9. 15. 94도2561)

3. 위법성

주거침입의 경우 가장 중요한 위법성 조각사유는 **정당행위**이다. 적법절차에 따라 주거에 들어가는 행위는 위법성이 배제된다. 적법절차는 피의자 체포·압수·수색 등 형사소송절차의 일부일 수도 있고, 강제집행과 같은 민사상의 강제처분절차일 수도 있다.

기타 사회상규에 위배되지 않는 행위로서 위법성이 배제될 수도 있다.

【판례】 위법성이 배제되는 경우 1. 피해자가 자신에게 폭행을 가하자 피해자의 집에까지 따라 들어가서 자신을 때리는 이유를 따졌던 것이라면 피고인이 피해자의 집으로 들어간 행위는 주거침입으로서 위법성이 있다고 하기 어렵다. (대법원 1967. 9. 26. 67도1089)

2. 연립주택 아래층에 사는 피해자가 위층 피고인의 집으로 통하는 상수도관의 밸브를 임의로 잠근 후 이를 피고인에게 알리지 않아 하루 동안 수돗물이 나오지 않은 고통을 겪었던 피고인이 상수도관의 밸브를 확인하고 이를 열기 위하여 부득이 피해자의 집에 들어간 행위는 정당행위에 해당한다. (대법원 2004. 2. 13. 2003도7393)

【판례】 위법성이 배제되지 않는 경우 1. 현행범이 아닌 제3자의 집에 침입한 경우 현행범을 추적하여 그 범인의 부의 집에 들어가서 동인과 시비 끝에 상해를 입힌 경우에는 주거침입죄가 성립한다. (대법원 1965. 12. 21. 65도899)

2. 집단적으로 밀고 들어간 경우 피고인은 서 아무개가 동리 부녀자에게 욕설을 했다고 하자, 이를 따지기 위해 동리 부녀자 10여명과 작당하여 야간(밤 9시경)에 그의

집에 침입하였다. 이는 거주자의 의사에 반한다는 인식 아래 한 것으로서 위법하다. (대법원 1983. 10. 11. 83도2230)

3. 간통 물증 확보를 위해 들어간 경우 피고인 甲은 남편이 간통하고 있다고 확신하고 간통현장을 확보하기 위하여 경찰관에게 동행을 요구하였으나 고소가 되지 않았다는 이유로 동행을 거절당했다. 이에 피고인은 자신의 동생과 아들을 동반하고 남편의 애인으로 의심되는 乙의 집으로 가서 현관문을 노크하였고, 乙은 "잠깐만요"하면서 甲의 남편의 신발을 감추고 문을 열어 주었다. 이에 피고인이 乙의 방으로 들어가 乙에게 욕설을 하고, 피고인의 동생과 아들은 남편과 乙이 함께 있는 것, 남편의 옷가지, 부엌 살림살이 등에 관하여 사진 촬영을 하였다. 이 경우 주거에 침입한 행위가 정당행위에 해당하지 않는다. (대법원 2003. 9. 26. 2003도3000)

무서운 개가 쫓아와서 피하기 위해 남의 집으로 도망하는 경우처럼 **긴급피난**에 의해 위법성이 배제되는 것도 가능하다.

주거침입은 주거권자의 의사에 반해서 들어갈 때만 성립되는 범죄이므로 피해자가 허락하는 경우에는 위법성 조각사유인 피해자의 승낙이 되는 것이 아니라 **양해**가 되어 구성요건 자체가 성립되지 않는다.

4. 죄 수

주거침입을 위한 수단으로 행한 재물손괴나 폭행과 주거침입은 상상적 경합 관계에 있다(**통설**).

반면 남의 집에 들어가 범죄행위를 하는 경우에는 그 범죄행위가 주거침입을 구성요건 요소로 하고 있는가의 여부에 따라 보충관계가 될 수도 있고 실체적 경합 관계가 될 수도 있다. 야간주거침입 절도(제330조) 행위를 한 경우에는 보충관계가 되고, 강간(제297조) 행위를 했을 때에는 실체적 경합 관계가 된다.

주택에 무단침입하여 주거침입죄 유죄판결을 받은 자가 계속 그 주택에 거주하면 계속해서 주거침입죄가 성립한다(대법원 2008. 5. 8. 2007도11322).

Ⅲ. 퇴거불응죄

제319조 (퇴거불응) ② 전항의 장소에서 퇴거요구를 받고 응하지 아니한 자도 전항의 형과 같다.
제322조 (미수범) 본장의 미수범은 처벌한다.

1. 의 의

주거권자가 퇴거를 요구하는 데도 불구하고 나가지 않고 버팀으로써 성립되는 범죄이다. 흔치 않은 범죄유형인 **진정 부작위범**이다.

2. 구성요건

(1) 작위의무를 인정할 수 있는 상황

일단 주거권자로부터 **퇴거요구**가 있게 되면 퇴거요구를 받은 비주거권자에게 퇴거를 해야 할 작위의무가 발생된다. 퇴거요구는 한 번만 하면 족하다. 반드시 명시적인 언어표현으로 해야 하는 것은 아니라고 보아야 할 것이다(**통설**).

퇴거요구를 받은 사람에게 계속 체류할 수 있는 권한이 인정되는 경우에는 퇴거의무가 발생되지 않는다. 예를 들어 식당에서 밥을 시켜서 먹고 있는 사람은 식사를 마칠 때까지 식당에 머물 수 있는 권리를 가진다.

【판례】 당회의 결정과 관리인의 통보 피고인이 예배의 목적이 아니라 교회의 예배를 방해하여 교회의 평온을 해할 목적으로 교회에 출입하는 것이 판명되어 위 교회 건물의 관리주체라고 할 수 있는 교회 당회에서 피고인에 대한 교회출입금지의결을 하고, 이에 따라 위 교회의 관리인이 피고인에게 퇴거를 요구한 경우 피고인의 교회출입을 막으려는 위 교회의 의사는 명백히 나타난 것이기 때문에 이에 기하여 퇴거요구를 한

것은 정당하고 이에 불응하여 퇴거를 하지 아니한 행위는 퇴거불응죄에 해당한다. (대법원 1992. 4. 28. 91도2309)

(2) 작위의무 이행 가능성

퇴거를 하는 것이 물리적·실질적으로 가능해야 한다. 손발이 묶여 있는 사람에게 주거권자가 나가라고 요구하는 경우에 퇴거불응죄가 성립한다고 할 수는 없다.

(3) 작위의무 불이행

퇴거요구가 있고 퇴거의무를 이행할 수 있는 데도 불구하고 즉시 이에 응하지 않으면 기수가 된다.

3. 미 수

제319조 제2항은 진정 부작위범으로서는 유일하게 미수범 처벌 규정을 가지고 있는 조항이다. 이와 관련하여 진정 부작위범이기 때문에 미수가 있을 수 없다는 견해(다수설)도 있지만, 진정 부작위범도 **불능미수**의 형태로는 미수가 가능하다.

4. 죄 수

퇴거불응은 일단 적법하게 주거에 들어간 자가 퇴거요구에 응하지 않는 경우에 성립된다. 따라서 처음부터 주거권자의 의사에 반하여 주거에 침입한 경우에는 그 후 침입자가 주거권자의 퇴거요구에 불응한다고 하여도 퇴거불응죄는 성립되지 않고 주거침입죄만이 문제된다.

Ⅳ. 특수주거침입·퇴거불응죄

제320조 (특수주거침입) 단체 또는 다중의 위력을 보이거나 위험한 물건을 휴대하여 전조의 죄를 범한 때에는 5년 이하의 징역에 처한다.
제322조 (미수범) 본장의 미수범은 처벌한다.

단체나 다중의 위력을 보이거나 위험한 물건을 휴대하여 또는 2인 이상이 공동으로 제319조의 죄를 범하는 등 행위방법이 특별히 위험하기 때문에 가중처벌하는 규정이다. 가중 구성요건 요소의 내용은 특수폭행의 경우와 같다.

Ⅴ. 신체 · 주거수색죄

제321조 (주거 · 신체 수색) 사람의 신체, 주거, 관리하는 건조물, 자동차, 선박이나 항공기 또는 점유하는 방실을 수색한 자는 3년 이하의 징역에 처한다.
제322조 (미수범) 본장의 미수범은 처벌한다.

행위객체는 사람의 신체와 제319조의 보호객체에 부가해서 자동차까지 포괄한다.

행위내용은 수색이다. **수색**이란 '사람 또는 물건을 발견하기 위해 사람의 신체나 일정한 장소를 뒤지는 것'이다.

영장에 의한 적법한 수색일 경우에는 정당행위로서 위법성이 배제된다. 피해자가 허락하는 경우에는 주거침입의 경우와 마찬가지로 구성요건 자체가 성립되지 않는다.

【판례】 주주의 회사 수색 회사의 정기주주총회에 적법하게 참석한 주주라고 할지라도 주주총회장에서의 질문, 의사진행 발언, 의결권의 행사 등의 주주총회에서의 통상적인 권리행사 범위를 넘어서서 회사의 구체적인 회계장부나 서류철 등을 열람하기 위해서는 별도로 상법 제466조 등에 정해진 바에 따라 회사에 대하여 그 열람을 청구하여야 하고, 만일 회사에서 정당한 이유 없이 이를 거부하는 경우에는 법원에 그 이행을 청구하여 그 결과에 따라 회계장부 등을 열람할 수 있을 뿐 주주총회 장소라고 하여 회사측의 의사에 반하여 회사의 회계장부를 강제로 찾아 열람할 수는 없다고 할 것이며, 설사 회사 측이 회사 운영을 부실하게 하여 소수주주들에게 손해를 입게 하였다고 하더라도 위와 같은 사정만으로 주주총회에 참석한 주주가 강제로 사무실을 뒤져 회계장부를 찾아내는 것이 사회통념상 용인되는 정당행위로 되는 것은 아니다. (대법원 2001. 9. 7. 2001도2917)

주거에 침입하여 수색을 하게 되면 주거침입죄와 신체 · 주거수색죄가 실체적 경합 관계가 된다. 강도나 절도가 빼앗을 또는 훔칠 물건을 찾기 위해서 피해자의 신체나 주거를 수색하게 되면 신체 · 주거수색죄는 강도죄나 절도죄의 불가벌적 수반행위가 된다.

제 5 장 재산을 침해하는 범죄

인간 사회가 **사적 소유권**이라는 개념을 가지게 되면서 이를 법적으로 보호하기 위하여 사유재산을 침해하는 행위를 형사처벌하는 방안이 강구되었다. 재산침해를 범죄화한 것은 아주 오래 전의 일이다. 현재 확인이 가능한 것으로서 가장 오랜 우리나라 형벌규정은 고조선의 8개조 범금(犯禁)인데 그 가운데 세번째 조항이 "도둑질한 자는 그 집의 노비로 삼는다. 단, 노비를 면하고자 할 때는 50만의 돈을 내야 한다."는 내용이다. 우리나라의 가장 오래 된 성문 형법전의 3개 조항이 각각 생명·신체·재산을 보호법익으로 하는 규정이라는 것은 재산이 생명·신체와 함께 유사이래 지금까지 대단히 중요한 법익으로서의 지위를 유지하고 있음을 말해준다.

재산범죄는 몇 가지 측면에서 분류가 가능하다.

① **재물죄와 이득죄의 분류**: 한편 재산은 재물과 재산적 이익으로 분류할 수 있는데 각 재산범죄가 이들 중 어느 것을 행위객체로 하는지를 표로 나타내면 다음과 같다.

<table>
<tr><th></th><th>절도</th><th>강도</th><th>사기</th><th>공갈</th><th>횡령</th><th>배임</th><th>장물</th><th>손괴</th></tr>
<tr><td>재 물</td><td></td><td rowspan="2"></td><td rowspan="2"></td><td rowspan="2"></td><td></td><td></td><td></td><td></td></tr>
<tr><td>재산적 이익</td><td></td><td></td><td></td><td></td><td></td></tr>
</table>

이렇게 재물과 재산적 이익 중 어느 것을 행위객체로 하는가에 따라, 재물을 행위객체로 하는 경우를 **재물죄**라 부르고, 재산적 이익을 행위객체로 하는 것을 **이익죄(이득죄)**라 한다. 순수한 재물죄는 절도, 횡령, 장물, 손괴이고, 완전히 이익죄로서의 성격만 가지고 있는 것은 배임 한 가지이다. 나머지 강도, 사기, 공갈은 두 가지 속성을 다 가지고 있다.

② **영득죄와 손괴죄의 분류**: 일곱 개의 재물죄 가운데 장물, 손괴를 제외한 나머지 다섯 종류의 범죄(절도, 강도, 사기, 공갈, 횡령)는 모두 타인의 재물을 자기의 소유물처럼 사용·수익·처분하게 되기를 원해서 하는 것(불법영득의사)이라는 공통점을 가지고 있다. 물론 강도, 사기, 공갈죄의 이익죄로서의 속성은 논외로 하는 이야기이다. 이러한 공통점을 묶어서 **영득죄**라고 한다.

영득죄와 분명하게 구별되는 것은 **손괴죄**이다. 타인의 재물을 가져가 사용·수익·처분하려는 것이 아니라 이용가능성만 없애서 못쓰게 만들고자 하는 속성의 범죄이기 때문이다.

③ **탈취죄와 편취죄의 구별**: 다섯 종류의 영득죄(절도, 강도, 사기, 공갈, 횡령)를 다시 상대방의 의사에 반하는 영득행위를 하는가 아닌가에 따라 탈취죄와 편취죄로 구분할 수 있다. 사기죄만 편취죄이고 나머지는 모두 탈취죄이다.

공갈을 편취죄로 보는 견해도 있으나(통설) 공갈의 행위내용이 폭행·협박으로 재산적 처분행위를 강제하는 것이므로 피해자의 의사에 반하여 재물이나 재산적 이익을 탈취하는 것으로 보는 것이 타당하다고 생각한다.

제 1 절 절도의 죄

Ⅰ. 개 관

1. 보호법익

(1) 보호의 대상

① **소유권**이라는 견해

② 소유권이 주이고, **점유**가 부차적이라는 견해

③ 사실상의 **소유상태**라는 견해

[결론] **점유권**을 보호법익으로 보는 것은 두 가지 점에서 옳지 못하다. 첫째, 점유권은 물건을 사실상 지배하게 되면 취득된다(민법 제192조 제1항). 도둑이 물건을 훔쳐가면 그 도둑에게 점유권이 발생되는 것이다. 이 경우 도둑의 점유권이 보호되어야 한다는 것은 이상한 결론이 된다. 본권이 없는 점유권의 경우에는 보호대상이라고 할 수 없으므로 점유권을 보호법익으로 보는 것은 곤란하다. 둘째, 절도죄가 점유를 침탈하는 행위라는 말이 맞기는 하지만 이는 행위내용이 그렇다는 것이지 보호법익이 점유라는 말은 아니다. 그러므로 점유권이 보호법익이라고 할 수는 없다. 보호법익은 **소유권**으로 보는 것이 타당하다.

(2) 보호의 정도

① 침해범설 **(다수설)**

② 추상적 위험범설

③ 이원설 : 소유권 측면에서 위험범, 점유 측면에서 침해범이라는 견해

[결론] 절도죄는 타인의 재물을 절취함으로써 성립된다. 절취한다는 것은 행위내용이다. 이러한 행위를 하게 되면 절도는 곧바로 성립되고 어떠한 결과도 필요로 하지 않는다. 절취행위 자체가 소유권 행사 가능성을 침해하는 행위로 평가되는 것이다. 그렇다면 절도는 **추상적 위험범**이다.

2. 구성요건 체계

기본 구성요건은 절도(제329조)이다. 이에 대하여 야간주거침입 절도(제330조)와 특수절도(제331조)는 행위방법의 위험성 때문에 가중처벌하는 가중 구성요건이다. 또한 상습절도(제332조)는 상습성 때문에 가중처벌하는 규정이다. 그리고 자동차 등 불법사용(제331조의2)은 독자적 변형 구성요건이다.

Ⅱ. 절도죄

제329조 (절도) 타인의 재물을 절취한 자는 6년 이하의 징역 또는 1천만원 이하의 벌금에 처한다.

제342조 (미수범) 제329조 내지 제341조의 미수범은 처벌한다.

제344조 (친족간의 범행) 제328조의 규정은 제329조 내지 제332조의 죄 또는 미수범에 준용한다.

제328조 (친족간의 범행과 고소) ① 직계혈족, 배우자, 동거친족, 동거가족 또는 그 배우자간의 제323조(권리행사방해)의 죄는 그 형을 면제한다.

② 제1항 이외의 친족간에 제323조의 죄를 범한 때에는 고소가 있어야 공소를 제기할 수 있다.

③ 전2항의 신분관계가 없는 공범에 대하여는 전2항을 적용하지 아니한다.

제345조 (자격정지의 병과) 본장의 죄를 범하여 유기징역에 처할 경우에는 10년 이하의 자격정지를 병과할 수 있다.

1. 구성요건

(1) 객관적 구성요건

1) 행위객체

절도의 행위객체는 타인의 재물이다.

가. 재 물

재물은 일반적으로 민법상의 물건과 같은 의미로 이해된다. 민법상 물건은 "유체물 및 전기 기타 관리할 수 있는 자연력"(민법 제98조)이다. 그런데 형법 제346조는 특별히 "관리할 수 있는 동력"을 재물로 간주하고 있다. 따라서 이를 종합하면 **재물**이란 '유체물 및 관리할 수 있는 동력'으로 이해할 수 있다.

종래 재물의 개념에 대해서는 유체성설과 관리가능성설이 대립되어 왔지만 제346조가 입법됨으로써 절도죄와 관련해서는 더 이상 필요 없는 논쟁이 되었다. 나아가 제346조가 재산범죄 전반에 준용되고 있으므로(제354조, 제361조, 제372조) 일반론으로서도 큰 의미가 없게 되었다. 다만 장물죄와 권리행사방해죄 부분에는 준용규정이 없으므로 논의의 실익이 완전히 사라진 것은 아니다.

장물죄(제362조)의 경우 행위객체가 '장물'인데 이는 '재산범죄 행위를 통해 가져온 재물'을 의미한다. 따라서 다른 재산범죄가 모두 재물에 관리할 수 있는 동력을 포함시키고 있다면 장물도 당연히 이를 포괄하는 것으로 보아야 할 것이다. 제41장(장물에 관한 죄)이 제346조에 대한 준용규정을 두지 않은 것은 재물이라는 표현을 사용하지 않고 장물이라는 단어만 쓰고 있기 때문이라고 생각된다.

권리행사방해죄 규정도 마찬가지로 '재물'이라는 표현을 사용하지 않고 있다. 행위객체에 '물건'이 등장하고 있을 뿐이다. 제346조를 준용할 이유가 없는 것이다. 이런 점을 고려해 보면 제346조는 재산범죄와 관련해서 모든 재물 개념에 준용되고 있다고 할 수 있다. '재물'의 개념은 '유체물과 관리할 수 있는 동력'으로 파악하는 것이 타당하다.

(가) 유체물

유체물은 '형태를 가지고 있는 물건'을 의미한다. 고체·액체·기체의 어느 상태에 있건 상관이 없다. 따라서 도시가스, 난방용 수증기, 수소, 산소, 질소, 맑은 공기 등의 기체나 물, 휘발유, 페인트 같은 액체도 절도행위의 객체가 된다. 다만 기체는 유체물이기는 한데 공기 중에 있을 경우에는 소유권을 확정하는 것이 불가능하므로 일정한 공간에 갇혀 있을 때에만 절도의 객체가 될 수 있다.

(나) 관리할 수 있는 동력

관리할 수 있는 동력이란 물리적으로 관리가 가능한 에너지를 의미한다. 동력은 모든 형태의 에너지를 포괄하는 개념이다. 가장 대표적인 것이 **전기**이고 그 외에 위치 에너지와 열에너지 등 관리가 가능한 것은 모두 행위객체에 해당된다. 인공적인 냉기나 열기도 관리할 수 있는 동력이라고 할 수 있다.

한편 **전파**가 재물인가에 대해서는 견해의 대립이 있다.

① **긍정설**: 전파도 재물에 포함시키는 견해

② **부정설**: 전파를 재물에서 제외시키는 견해 (**다수설 | 판례**)

결론 부정설은 전파는 물리적 관리가 불가능하기 때문에 재물이 될 수 없다는 입장이다. 그러나 전파라고 해서 기술적으로 관리가 불가능한 것은 아니다. 다만 전파는 정보를 담고 있는 존재라고 볼 수는 있지만, 동력이라고 할 수 있을 정도의 에너지(임계치 이상의 에너지)를 가지고 있는 존재는 아니라는 점에서 재물이라고 할 수 없다. 논거가 정확하지는 못하지만 **부정설**이 타당하다.

【판례】 일반전화 무단사용 **1.** 타인의 전화기를 무단으로 사용하여 전화통화를 하는 행위는 전기통신사업자가 그가 갖추고 있는 통신선로, 전화교환기 등 전기통신설비를 이용하고 전기의 성질을 과학적으로 응용한 기술을 사용하여 전화가입자에게 음향의 송수신이 가능하도록 하여 줌으로써 상대방과의 통신을 매개하여 주는 역무, 즉 전기통신사업자에 의하여 가능하게 된 전화기의 음향송수신기능을 부당하게 이용하는 것이다. 이러한 내용의 역무는 무형적인 이익에 불과하고 물리적 관리의 대상이 될 수 없어 재물이 아니라고 할 것이므로 절도죄의 객체가 되지 아니한다. (대법원 1998. 6. 23. 98도700)

2. 타인의 전화를 무단으로 이용하는 행위는 전기통신사업자인 한국전기통신공사가 일반전화 가입자인 타인에게 통신을 매개하여 주는 역무를 부당하게 이용하는 것에 불과하여 한국전기통신공사에 대한 기망행위에 해당한다고 볼 수 없을 뿐만 아니라, 한국전기통신공사가 착오에 빠져 처분행위를 한 것이라고 볼 수도 없으므로 사기죄가 성립되지 않는다. (대법원 1999. 6. 25. 98도3891)

또 한 가지 문제가 될 수 있는 것은 **노동력**이다. 인간과 다른 동물의 노동력을 관리할 수 있는 동력에 포함시켜야 하는가에 대하여 견해대립이 있다.

① 긍정설

② 부정설

결론 예를 들어 다른 집의 소를 몰래 데리고 가서 자신의 논을 가는 데 쓰고는 다시 데려다 놓은 경우 소가 가지고 있는 에너지를 절취한 것으로 볼 수 있는가 하는 문제이다. 이러한 경우 소의 에너지는 분명히 관리할 수 있는 동력에 해당되므로 노동력도 '관리할 수 있는 동력'에 포함시키는 것이 타당하다고 생각한다. **긍정설**이 타당하다.

(다) 재산적 가치가 없는 재물

재산적 가치가 없어도 재물로서 행위객체에 해당하는가에 대하여 견해 대립이 있다.

① 긍정설 (**통설 | 판례**)

② 부정설

결론 재물의 개념 자체가 재산적 가치를 전제로 하고 있지 않으므로 그와 무관하게 재물로 보는 것이 타당하다.

【판례】 재물에 해당하는 경우 재산죄의 객체인 재물은 반드시 객관적인 금전적 교환가치를 가질 필요는 없고 소유자·점유자의 입장에서 주관적인 가치를 가지고 있으면 족하다. 이 경우 주관적, 경제적 가치의 유무를 판별함에 있어서 그것이 타인에 의하여 이용되지 않는다고 하는 소극적 관계에 그 가치가 있다고 하더라도 관계없다. 따라서 피고인이 절취한 비어 있는 자동차 **출고의뢰서 용지**도 그것이 어떠한 권리도 표창하고 있지 않다 하더라도 경제적 가치가 없다고는 할 수 없으므로 절도죄의 객체가 되는 재물에 해당된다. (대법원 1996. 5. 10. 95도3057)

재산적 가치가 없어 보이지만 재물로 인정되는 경우 : 대법원 1971. 10. 19. 70도1399 (주민등록증); 대법원 1976. 1. 27. 74도3442 (찢어진 어음); 대법원 1979. 7. 24. 78도2138 (포도주원액이 부패하여 포도주제조에는 사용할 수 없으나 식초 등은 만들 수 있는 부패된 포도원액); 대법원 1981. 3. 24. 80도2902 (폐지로서 소각될 '도시계획구조변경계획서'); 대법원 1986. 9. 23. 85도1775 (인감증명서); 대법원 1987. 10. 13. 87도1240 (찢어진 어음); 대법원 1995. 12. 22. 94도3013 (무효인 약속어음공정증서); 대법원 2000. 2. 25. 99도5775 (법원으로부터 송달된 심문기일소환장); 대법원 2004. 10. 28. 2004도5183 (주주명부를 복사한 복사본); 대법원 2007. 8. 23. 2007도2595 (부동산 매매계약서 사본)

(라) 예금 / 금전의 특수성

예금통장은 유체물로서 예금잔고가 없더라도 재물에 해당한다. 이에 비해 예금액 자체는 유체물도 관리할 수 있는 동력도 아니어서 재물이라고 보기 어렵다. 그러나 금전은 사회적으로 매우 독특한 속성을 가지고 있어서 어떠한 형태로 존재하건 관계없이 그 경제적 가치가 변함없이 존속된다. 금전이 **현금** 형태로 보관되건 **수표**나 **예금** 형태로 보관되건 관계없이 그 경제적 가치와 함께 **사회적 의미**가 다르지 않다. 그러한 특수성 때문에 예금 형태로 보관되는 금전은 재물로 인정되고 있다(**판례**).

【판례】 재물로서의 예금 피고인은 피해자 주식회사 명의의 통장을 몰래 가지고 나와 예금 1천만원을 인출한 후 다시 통장을 제자리에 갖다 놓았다. 이처럼 타인의 재물을 점유자의 승낙 없이 무단 사용함으로써 재물 자체의 경제적 가치가 상당한 정도로 소모되었다면 불법영득의사를 인정할 수 있다. 이 경우 **예금액에 대한 증명기능**이 예금통장 자체의 경제적 가치라고 보아야 하고, 그 가치가 소모되었으므로 예금통장을 곧바로 반환하였다 하더라도 가치의 소모가 무시할 수 있을 정도로 경미하지 않는 한 절도죄가 성립한다. (대법원 2010. 5. 27. 2009도9008)

예금통장을 가져가 예금을 몰래 인출하는 경우 통장과 인감을 소지한 자가 비밀번호를 정확하게 기재하여 예금지급청구를 하였다면 금융기관의 지급은 준점유자에 대한 예금반환(민법 제470조)으로서 유효하다(대법원 2004. 4. 23. 2004다5389). 따라서 금융기관에 손해가 발생하지 않아 그에 대한 사기죄가 성립하지 않는다.

한편 금융기관 직원이 아닌 기계(ATM)에서 예금을 인출하게 되면 금전의 점유자인 ATM기 관리자의 의사에 반하여 점유를 배제한 것이기 때문에 그대로 절도죄가 성립된다(대법원 2007. 5. 10. 2007도1375).

(마) 인체 · 사체

사람은 살아있는 동안은 권리의 주체일 뿐 소유의 대상이 될 수 없으므로 살아있는 사람의 인체는 절도의 대상이 되지 않는다. 그러나 인체에서 분리된 혈액이나 장기 등은 재물이 된다. 사체(死體)는 제161조(사체 등의 영득)의 행위객체가 되지 않는 범위 내에서 유체물로서의 재물이 될 수 있다(**통설**). 해부용 사체가 그 예이다.

(바) 권리 · 정보 | 제외

권리는 유체물도 아니고 관리할 수 있는 동력도 아니기 때문에 절도의 객체가 되지 않는다. 그러나 예금통장, 증권, 주권, 상품권 등 그 권리의 존재를 표현하고 있는 증서 자체는 유체물이기 때문에 절도의 대상이 된다.

【판례】 재물에 해당하지 않는 경우 | **광업권**은 재물인 광물을 취득할 수 있는 권리에 불과하지 재물 그 자체는 아니다. (대법원 1994. 3. 8. 93도2272)

정보도 마찬가지 이유로 재물이라고 할 수 없다(**통설**). 다만 그 정보가 기록된 매체는 유체물로서 재물이 된다.

【판례】 재물에 해당하지 않는 경우 1. 회사 직원이 업무와 관련하여 다른 사람이 작성한 회사의 문서를 복사기를 이용하여 복사를 한 후 원본은 제자리에 갖다 놓고 그 사본만 가져간 경우, 그 회사 소유의 문서의 **사본**을 절취한 것으로 볼 수는 없다. (대법원 1996. 8. 23. 95도192)

2. 절도죄의 객체는 관리 가능한 동력을 포함한 '재물'에 한한다 할 것이고, 또 절도죄가 성립하기 위해서는 그 재물의 소유자 기타 점유자의 점유 내지 이용가능성을 배제하고 이를 자신의 점유하에 배타적으로 이전하는 행위가 있어야만 할 것인바, **컴퓨터**에 저장되어 있는 **정보** 그 자체는 유체물이라고 볼 수도 없고, 물질성을 가진 동력도 아니므로 재물이 될 수 없다 할 것이며, 또 이를 복사하거나 출력하였다 할지라도 그 정보 자체가 감소하거나 피해자의 점유 및 이용가능성을 감소시키는 것이 아니므로 그 복사나 출력 행위를 가지고 절도죄를 구성한다고 볼 수도 없다. (대법원 2002. 7. 12. 2002도745)

(사) 부동산 | 제외

부동산도 유체물이다. 다만 이동이 불가능하므로 절취의 대상으로 볼 것인가 하는 문제가 있다. 견해의 대립이 있다.

① 적극설

적극설의 논거는 두 가지이다. 그 첫째는 독일 형법 제242조와 달리 우리나라 형법은 행위객체를 동산으로 제한하고 있지 않다는 것이다. 둘째 이유는 점유를 배제하고 새로운 점유를 창설하기 위해서 반드시 재물이 장소적 이동을 해야 하는 것은 아니라는 점이다.

② **소극설 (다수설)**

결론 부동산은 점유를 이동시키는 것이 불가능하므로 **소극설**이 타당하다고 생각한다.

나. 재물의 타인성

(가) 타인성이 인정되는 경우

재물의 타인성은 그 재물의 소유권이 다른 사람에게 속해 있을 경우에 인정된다. 다른 사람에게 소유권이 있다는 것은 행위자의 **단독 소유물**이나 **무주물**이 아님을 의미한다. 여기서 소유권이 누구에게 속하는가의 문제는 민법상의 기준에 따라 판단해야 한다.

【판례】 타인성이 인정되는 경우 1. 권원 없이 심은 나무의 과실 타인의 토지상에 권원 없이 심은 수목의 소유권은 토지소유자에게 속하고, 권원에 의하여 심은 경우에는 그 소유권이 심은 사람에게 있으므로, 권원 없이 심은 감나무에서 감을 수확한 것은 절도죄에 해당한다. (대법원 1998. 4. 24. 97도3425)

반면 농작물은 권원과 관계없이 경작자에게 소유권이 인정된다(대법원 1968. 6. 4. 68다613,614; 대법원 1979. 8. 28. 79다784).

2. 분열된 교회 재산 하나의 교회가 두 개 이상으로 분열된 경우 그 재산의 처분에 관하여 교회 장정 등에 규정이 없는 한 분열 당시 교인들의 **총의**에 따라 그 귀속을 정하여야 하고 그와 같은 절차 없이 위 재산에 대하여 다른 교파의 점유를 배제하고 자기 교파만의 지배에 옮긴다는 인식 아래 이를 가지고 갔다면 절도죄를 구성한다. (대법원 1998. 7. 10. 98도126).

3. 명의대여 약정 명의대여 약정에 따라 신청해서 발급된 영업허가증과 사업자등록증은 신탁자가 **인도**받음으로써 신탁자의 소유가 되었다고 할 것이므로, 이를 명의대여자가 가지고 간 행위는 절도죄에 해당한다. (대법원 2004. 3. 12. 2002도5090)

소유권과 관련하여 이른바 **금제품**(禁制品)은 누구의 소유도 될 수 없으므로 타인성이 인정될 수 없는 것 아닌가 하는 문제가 있다. 금제품이란 '소유 또는 점유가 금지되어 있는 물건'을 의미한다. 금제품이 소유의 대상이 됨으로써 절도의 객체가 될 수 있는가에 대하여 견해가 대립된다.

① **소극설** : 금제품은 소유권의 객체가 될 수 없고 경제적 이용가능성도

없으므로 절도의 객체가 될 수 없다는 견해

② **적극설** : 금제품이라고 하더라도 절차에 따라 몰수될 때까지는 소유 또는 점유를 보호해야 하는 것이므로 절도의 행위객체가 될 수 있다는 견해 **(판례** | 대법원 1999. 4. 13. 98도3619 **)**

③ **절충설** : 단순히 점유가 금지되어 있는 물건(예: 불법소지 무기)은 절도죄의 객체가 되나, 소유권의 객체가 될 수 없는 물건(예: 위조통화)은 절도죄의 객체가 될 수 없다는 견해

결론 예를 들어 마약을 소지하는 행위는 형법 제198조 등 관계법령에 의해서 금지된다. 그러나 이것이 마약은 소유권의 객체가 될 수 없다는 것을 의미하는 것은 아니다. 단적인 예로 제198조가 아편의 판매행위를 처벌하고 있는데, 판매란 소유권의 존재를 전제로 하는 법률행위이므로 이 규정은 아편에 대한 소유권이 존재한다는 것을 말해 주는 것이라고 할 수 있다. 또 모든 의료기관에서 실제로 아편 등을 치료용으로 보유하고 있기도 하다. 다른 종류의 마약도 면허를 가진 사람은 이를 소지, 소유, 관리, 수입, 제조, 조제, 투약, 매매 등의 행위를 할 수 있다. 이와 같이 금제품이라고 하더라도 소유권 자체가 존재할 수 없는 물건은 아니므로 금제품도 절도죄의 행위객체가 된다고 하는 **적극설**이 타당하다.

【판례】 금제품 절도 1. 위조 유가증권 유가증권도 그것이 정상적으로 발행된 것은 물론 비록 작성권한 없는 자에 의하여 위조된 것이라고 하더라도 절차에 따라 몰수되기까지는 그 소지자의 점유를 보호하여야 한다는 점에서 형법상 재물로서 절도죄의 객체가 된다. (대법원 1998. 11. 24. 98도2967)

2. 대마초 피고인 1·2·3은 합동하여 승용차로 피해자의 대마초 밭에 가서 피고인 2와 3은 차량 전조등으로 밭을 밝게 비추면서 망을 보고 피고인 1은 대마 밭에 들어가 대마초를 따고 있는데 차가 한 대 나타나는 것을 발견하고 피고인 2가 차가 온다고 소리치자 얼른 차에 탑승하여 대마초를 차량의자 밑에 숨겼으나 차에서 내린 경찰관들에게 검거되었다. 이 경우 대마초의 소지가 일시적인 것이라 하여도 특수절도죄의 불가벌적 사후행위라 할 수 없고 절도죄 외에 무허가대마소지죄가 별도로 성립되어 경합범이 된다고 할 것이다. (대법원 1999. 4. 13. 98도3619)

(나) 타인성이 부정되는 경우

가) 행위자의 단독 소유

행위자의 단독 소유에 속하는 재물은 절도의 행위객체에서 제외되지만 공동소유물은 절도의 대상이 된다(대법원 1990. 9. 11. 90도1021; 대법원 1994. 11. 25. 94도2432). 소유권 관계는 법적으

로 판단해야 하기 때문에, 사실적 · 경제적 관점에서의 소유개념은 제329조를 해석 · 적용하는 데에는 고려할 필요가 없다.

나) 무주물

무주물은 절도의 행위객체에서 제외된다. 무주물이란 어느 누구의 소유에도 속하지 않는 재물을 말한다.

우선 야생동물처럼 원래 누구의 소유도 아닌 것은 절도의 객체가 되지 않는다. 인간에 의해 길러지다가 풀려나거나 도망을 쳐서 다시 야생으로 돌아간 동물도 마찬가지이다. 예를 들어 양봉업자가 기르는 벌이 양봉업자의 벌통을 떠나 다른 곳으로 이주해 버리면 즉시 쫓아가서 다시 데려오지 못하는 한 무주물이 된다.

소유권자가 소유권을 포기한 물건도 무주물이다.

【판례】 포기한 물건 육지로부터 멀리 떨어진 섬에서 광산을 개발하기 위하여 발전기, 경운기 엔진을 섬으로 반입하였다가 광업권 설정이 취소됨으로써 광산개발이 불가능하게 되자 육지로 그 물건들을 반출하는 것을 포기하고 그대로 버려 둔 채 섬을 떠난 후 10년 동안 그 물건들을 관리하지 않고 있었다. 그렇다면 원소유자나 그 상속인이 그 물건들을 점유할 의사로 사실상 지배하고 있었다고는 볼 수 없다. (대법원 1994. 10. 11. 94도1481)

일반적으로 쓰레기통에 버린 것은 소유권이 포기된 것이라 하겠지만, 그 쓰레기통이 집무실 등 자신의 **지배영역** 내에 있는 것이라면 그것이 비워지기 전까지는 완전히 포기된 것이라고 볼 수 없다.

【판례】 불완전한 포기 재물의 주관적 가치의 유무를 판별함에 있어서는 그것이 타인에 의하여 이용되지 않는다고 하는 소극적 관계에 있어서 그 가치가 성립하는 경우가 있을 수 있다. 따라서 발행자가 회수한 약속어음을 세 조각으로 찢어버림으로서 쓸모없는 것처럼 보인다 하더라도 그것이 타인에 의하여 조합되어 하나의 새로운 어음으로 이용되지 않는 것에 대하여 소극적인 가치를 가지는 것이므로 타인이 주거에 침입하여 이를 가져갔다면 절도죄가 성립된다. (대법원 1976. 1. 27. 74도3442)

잃어버린 물건은 무주물이 아니다. 다만 점유를 이탈한 물건이기 때문에 절도의 행위객체가 아니라 점유이탈물 횡령(제360조)의 객체가 될 뿐이다. 또한 공기, 바닷물, 강물 등 어느 누구도 배타적으로 지배할 수 없어서 소유권의 객체가 될 수 없는 물건도 절도의 대상이 될 수 없다.

2) 행 위

본죄의 행위내용은 절취이다. **절취**란 '점유자의 의사에 반하여 그 점유를 배제하고 자기 또는 제3자의 점유로 옮기는 것'을 말한다.

가. 점 유

(가) 점유의 개념

여기에서 **점유**는 '재물에 대한 사실상의 지배'를 의미한다. 민법상의 점유와는 다른 개념이다.

민법 제195조는 "가사상, 영업상 기타 유사한 관계에 의하여 타인의 지시를 받아 물건에 대한 사실상의 지배를 하는 때에는 그 타인만을 점유자로 한다"고 규정하고 있다. 여기서 민법상 점유보조자는 점유자가 아니다. 따라서 이러한 민법상의 점유의 개념을 형사상 절취라는 행위 유형에 해당되는지의 여부를 가릴 때 적용하기는 곤란하다.

【판례】 점유보조자의 점유 민법상 점유보조자(점원)라고 할지라도 그 물건에 대하여 **사실상 지배력**을 행사하는 경우에는 형법상 보관의 주체로 볼 수 있으므로 이를 영득한 경우에는 타인의 점유를 배제한 것이 아니어서 절도죄가 아니라 횡령죄에 해당한다. (대법원 1982. 3. 9. 81도3396)

민법 제194조에 따라 질권, 사용대차, 임대차, 임치 등의 관계로 타인으로 하여금 물건을 점유하게 한 자의 **간접점유**도 재물에 대한 현실적인 지배가 없으므로 형법에서는 점유로 보기 곤란하다. 나아가 상속에 의해서 민사상 상속인에게 점유가 이전되더라도(민법 제193조) 현실적으로 점유가 상속인에게 이전되지 않는 한 상속인을 점유자로 볼 수 없다(**통설**).

형법상의 점유는 이처럼 민법의 경우와는 달리 사실적인 측면이 강하며 '점유의사에 의하여 지배되고 그 범위와 한계가 경험칙에 따라 결정되는 재물에 대한 사람의 지배관계'로 이해된다.

(나) 점유의 성립요건

가) 물리적 요건

재물에 대한 사실상의 지배는 재물에 대하여 직접적 영향력을 행사할 수 있는 상태에 있을 때 인정된다. 이는 법적 권리의무 관계가 아니라 사실상의 상태를 의미하는 것이므로 정당한 권리 없이 물건을 사실상 지배하고 있는 경우에도 점유가 인정된다. 따라서 도둑이 훔친 물건을 가지고 있는 경우에도 점유가 되고 이를 누가 몰래 가져가면 역시 절도가 성립된다(대법원 1966. 12. 20. 66도1437).

재물에 대한 직접적 영향력이 유지되기 위해서는 물리적으로 지배가능한 공간 내에 있어야 한다. 그러나 형사상 점유의 개념은 일상적인 생활관계를 바탕으로 하는 상식에 의해 형성되는 것이므로 경우에 따라서는 공간적으로 근접해 있지 않더라도 사회통념에 따라 점유가 인정될 수도 있고, 반대로 공간적으로 근접해 있더라도 점유가 인정되지 않을 수도 있다. 이를 **사회적 · 규범적 판단기준**이라고 한다.

① **원격지배** : 우선 공간적으로 물건으로부터 멀어져 있더라도 사회적 통념에 의거해서 볼 때 물건에 대한 사실상의 영향력이 유지되고 있다고 판단되는 경우에는 점유가 인정된다.

예를 들어 집이나 연구실을 잠시 비우는 동안 그 안에 그대로 놔둔 물건에 대해서는 점유가 인정된다. 밖으로 나돌아 다니는 강아지, 길에 세워둔 자동차 · 자전거 · 유모차 등에 대해서도 점유가 인정된다. 금은방 주인이 손님에게 잠깐 걸어 볼 수 있도록 금목걸이를 내주는 경우에도 역시 점유는 그대로 주인에게 보존된다. 음식점에서 손님에게 음식을 그릇에 담아 주는 경우처럼, 손님이 먹는 동안에만 잠시 이용하도록 제공하는 때에도 손님이 그릇을 붙잡고 있더라도 점유는 음식점 주인에게 계속 있는 것으로 본다.

【판례】 속임수(책략) 절도 피고인이 피해자 경영의 금은방에서 마치 귀금속을 구입할 것처럼 가장하여 피해자로부터 순금 목걸이 등을 건네받은 다음, 화장실에 갔다 오겠다는 핑계를 대고 도주한 것이라면, 위 순금 목걸이 등은 그때까지는 아직 피해자의 점유 아래 있었다고 할 것이므로 이를 절도죄로 처단한 것은 정당하다. (대법원 1994.

8. 12. 94도1487 | 같은 취지: 대법원 1983. 2. 22. 82도3115)

임차인이 이사를 가면서 놔두고 간 물건과 같은 경우에도 그에 대한 점유는 임차인에게 계속 유지된다.

【판례】 임차인이 두고 간 냉장고 임차인이 임대계약 종료 후 식당건물에서 퇴거하면서 종전부터 사용하던 냉장고의 전원을 켜 둔 채 그대로 두었다가 약 1개월 후 철거해 가는 바람에 그 기간 동안 전기가 소비되었다. 이 경우 임차인이 퇴거 후에도 냉장고에 관한 점유를 그대로 유지하고 있었다고 보아야 하므로, 냉장고를 통하여 전기를 계속 사용하였다고 하더라도 이는 당초부터 자기의 점유하에 있던 전원의 전기를 사용한 것일 뿐 타인의 점유하에 있던 전기가 아니어서 절도죄가 성립하지 않는다. (대법원 2008. 7. 10. 2008도3252)

② **수취지배** : 물건을 지금까지 점유하지 않고 있던 사람이 물건을 직접 건네받지 않아도 점유가 생성될 수 있다.

예를 들어 택배로 배송된 물건을 기사가 현관 앞에 놓고 간 경우 수취인의 점유가 생성된다.

【판례】 축의금 절도 피해자가 결혼예식장에서 신부측 축의금 접수인인 것처럼 행세하는 피고인에게 축의금을 내어 놓자 이를 교부받아 가로챈 경우, 피해자의 교부행위의 취지는 신부측에 전달하는 것일 뿐 피고인에게 그 처분권을 주는 것이 아니므로, 이를 피고인에게 교부한 것이라고 볼 수 없고 단지 신부측 접수대에 교부하는 취지에 불과하므로 피고인이 그 돈을 가져간 것은 신부측 접수처의 점유를 침탈하여 범한 절취행위라고 보는 것이 정당하다. (대법원 1996. 10. 15. 96도2227)

③ **공간지배** : 잃어버린 물건이더라도 그 물건이 자신의 배타적 지배공간 내에 머무는 한 점유는 유지된다.

예를 들어 열쇠를 어딘가에 두고 찾지 못하고 있더라도 그 열쇠가 집 안에 있는 한 점유가 이탈된 것으로 볼 수 없다. 다른 사람의 지배공간 내에 물건이 있는 경우에는 그 공간의 지배자에게 물건에 대한 점유가 인정된다.

【판례】 다른 사람의 지배공간에서 잃어버린 물건 1. 물건을 잃어버린 장소가 **당구장** 같

이 다른 사람의 관리 아래 있을 때에는 그 물건은 그 관리자의 점유에 속한다 할 것이고, 이를 그 관리자 아닌 제3자가 가져가는 것은 유실물횡령이 아니라 절도죄에 해당한다. (대법원 1988. 4. 25. 88도409)

2. 피해자가 피씨방에 두고 간 핸드폰은 **피씨방** 관리자의 점유하에 있는 것이므로 제3자가 이를 가져가면 절도죄에 해당한다. (대법원 2007. 3. 15. 2006도9338)

【판례】 불확실한 지배공간 1. **고속버스** 운전사는 차에 승객이 두고 내린 물건을 점유하는 것이 아니라 고속버스의 간수자로서 승객이 잊고 내린 유실물을 교부받아 보관할 권능을 가질 뿐이므로, 유실물을 현실적으로 발견하지 않는 한 이에 대한 점유를 개시하였다고 할 수 없다. 따라서 그 사이에 다른 승객이 유실물을 발견하고 이를 가져갔다면 절도에 해당하지 아니하고 점유이탈물 횡령에 해당한다. (대법원 1993. 3. 16. 92도3170)

2. 승객이 놓고 내린 **지하철**의 전동차 바닥이나 선반 위에 있던 물건을 가지고 간 경우, 지하철의 승무원은 유실물법상 전동차의 간수자로서 승객이 잊고 내린 유실물을 교부받을 권능을 가질 뿐 전동차 안에 있는 승객의 물건을 점유한다고 할 수 없고, 그 유실물을 현실적으로 발견하지 않는 한 이에 대한 점유를 개시하였다고 할 수도 없으므로, 그 사이에 위와 같은 유실물을 발견하고 가져간 행위는 점유이탈물횡령죄에 해당함은 별론으로 하고 절도죄에 해당하지는 않는다. (대법원 1999. 11. 26. 99도3963)

④ **은닉지배** : 다른 사람의 배타적 지배공간에 자신이 물건을 숨겨 둔 경우에는 점유는 숨긴 사람에게 인정된다.

예를 들어 절도범이 도주하면서 훔친 물건을 환기구 안에 숨겨두었다면 그 물건은 그 절도범이 점유하는 것이 된다.

나) 주관적 · 심리적 요건

점유가 성립되기 위해서는 주관적 · 심리적 측면에서 재물에 대한 **지배의사**가 있어야 한다. 물건에 대한 지배의사는 그 물건을 실제로 자신의 생각대로 한다는 의도를 가지고 있을 때 인정된다.

따라서 예를 들어 슈퍼마켓에 들어가서 계산할 물건을 골라 쇼핑손수레에 담아 끌고 가서 계산대에 올려놓을 때까지는 이러한 형태의 지배의사가 없으므로 점유가 생성되었다고 볼 수 없다. 반면 물건을 훔친다는 생각으로 호주머니 안에 집어넣게 되면 그때는 이미 지배의사가 생성된 것이므로 점유가 된다.

여기서 말하는 지배의사는 소유의사나 영득의사와는 구별되는 기초적(자연적)인 형태의 의사이다. 이는 자연적 의미의 기초적 의사이기 때문에 행위능력이 없는 사람(심신상실자나 미성년자)도 가질 수 있다. 반면 자연적 의미의 의사를 가질 수 없는 존재인 법인에게는 이와 같은 지배의사가 있을 수 없다.

지배의사의 존재도 **사회적·규범적 판단기준**에 따라 결정되어야 한다. 특히 짚고 넘어가야 할 유형이 세 가지 있다.

① **일반적 지배의사**: 점유자의 지배의사가 점유 대상물 하나하나에 모두 구체화되어 있어야만 지배의사를 인정할 수 있는 것은 아니다. 그런 식으로 생활을 한다는 것은 불가능하기 때문이다. 따라서 대략 점유자의 지배의사 영역 내에 들어와 있는 물건들은 지배의사의 영향이 미치는 것으로 해석된다. 어느 물건이 자기 집 어디에 있는지 잘 몰라도 지배의사는 여전히 인정된다.

② **잠재적 지배의사**: 자신이 점유하고자 하는 물건에 대해 계속 신경을 쓰고 있어야만 그 물건들에 대한 지배의사를 인정할 수는 없다. 잠을 잘 때나 의식을 잃고 쓰러져 있을 때도 사회적·규범적 측면에서 지배의사는 인정된다.

【판례】 범죄 피해자가 도피시 두고 간 가방 강간을 당한 피해자가 도피하면서 현장에 놓아두고 간 손가방은 점유이탈물이 아니라 사회통념상 피해자의 지배하에 있는 물건이라고 보아야 할 것이므로 피고인이 그 손가방 안에 들어 있는 피해자 소유의 돈을 꺼낸 행위는 절도죄에 해당한다. (대법원 1984. 2. 28. 84도38)

의식을 잃은 상태에서 깨어나지 못하고 **죽은 경우**에 대해서는 견해가 대립되어 있다.

㉠ **소극설** : 사람은 사망과 동시에 지배의사를 상실하기 때문에 점유를 인정할 수 없다는 견해

㉡ **적극설** : 사람이 죽더라도 사회적·규범적 견지에서 그 죽은 사람

의 점유가 보호되는 것이 마땅하다고 인정되는 범위 내에서는 지배의사가 인정된다고 보는 견해 **(판례)**

결론 생각해 보면 비록 피해자가 죽더라도 시간적·공간적 근접성이 인정되는 범위 내에서는 지배의사의 존재를 인정하는 것이 일반적 법의식에 부합한다. **적극설**이 타당하다.

【판례】 죽은 자의 점유 피해자를 살해한 방에서 사망한 피해자 곁에 4시간 30분쯤 있다가 그 곳 피해자의 자취방 벽에 걸려 있던 피해자가 소지하는 물건들을 영득의 의사로 가지고 나온 경우 피해자가 생전에 가진 점유는 사망 후에도 여전히 계속되는 것으로 보아야 한다. (대법원 1993. 9. 28. 93도2143 | 같은 취지: 대법원 1968. 6. 25. 선고 68도590)

죽은 사람의 지배의사가 더 이상 인정될 수 없는 상태가 되는 시점이 되더라도 점유가 상속인에게 자동으로 넘어가지는 않는다. 소유권은 법적으로 그냥 상속이 되지만, 점유는 상속인 쪽에서 사실상의 지배의사를 형성해야만 생성되는 것이기 때문이다.

③ **예비적 지배의사**: 장차 자신의 지배영역으로 들어오는 재물을 지배하겠다는 예비적 형태의 의사에 의해서도 점유는 인정된다.

예를 들어 장례식장에서 부의함에 들어오는 부의금을 상주가 점유하겠다는 예비적 지배의사를 가지고 있으면 이들 부의금이 지배영역인 부의함으로 들어오면서 상주의 점유가 생성된다. 택배 배송으로 현관문 앞에 도달해 있는, 그러나 아직 집 안으로 들어오지 않은 물건도 주문자의 점유가 되는 것으로 보아야 한다.

나. 타인의 점유

타인이 점유하는 재물에 대해서만 절도죄가 성립된다. 타인의 점유란 **행위자의 점유** 또는 **점유 이탈 상태**가 아닌 경우를 말한다. 소유권 관계와는 달리 공동점유일 경우에는 행위자의 점유가 인정된다. 자기가 점유하는 타인의 재물에 대하여는 횡령죄가 성립되고, 어느 누구의 점유에도 속하지 않는 경우에는 점유이탈물횡령죄가 성립된다.

(가) 운반위탁의 경우

택배 등을 통해 물건의 운송을 위탁하는 경우 일단 운송을 해달라고 물건을 맡긴다는 것은 상대방을 믿고 하는 일이기 때문에 횡령죄(제355조) 성립의 기초가 되는 **신뢰관계**가 성립된다. 그러므로 일단 물건을 맡기면 운반자를 믿고 점유를 넘겨 준 것이라서 **수탁자**의 **단독점유**가 된다.

【판례】 수탁자의 단독점유 1. 피해자가 시장 점포에서 물건을 매수하여 묶어서 그곳에 맡겨 놓은 후 그곳에서 약 50미터 떨어져 동 점포를 살펴볼 수 없는 딴 가게로 가서 지게 짐꾼인 피고인을 불러 피고인 단독으로 위 점포에 가서 맡긴 물건을 **운반**해 줄 것을 의뢰하였더니 피고인이 동 점포에 가서 맡긴 물건을 찾아 피해자에게 운반해 주지 않고 용달차에 싣고 가서 처분한 것이라면 피고인의 위 운반을 위한 소지 관계는 피해자의 위탁에 의한 보관관계에 있다고 할 것이므로 이를 영득한 행위는 절도죄가 아니라 횡령죄를 구성한다. (대법원 1982. 11. 23. 82도2394 | 같은 취지: 대법원 1957. 9. 20. 4290형상281)

2. 피해자가 그 소유의 오토바이를 타고 **심부름**을 다녀오라고 해서 그 오토바이를 타고 가다가, 마음이 변하여 이를 반환하지 아니한 채 그대로 타고 가버렸다면 횡령죄를 구성함은 별론으로 하고 적어도 절도죄를 구성하지는 아니한다. (대법원 1986. 8. 19. 86도1093 | 같은 취지: 대법원 1982. 3. 9. 81도3396)

그러나 신뢰관계가 형성되지 않는다면 운반위탁이라고 하더라도 점유가 이전된다고 할 수 없다.

【판례】 위탁자의 계속된 점유 금괴무역상인 G는 甲에게 금괴를 일본으로 운반할 운반책 모집을 부탁하였는데, 甲은 乙 등을 불러 이 금괴를 빼돌리기로 공모하였다. 금괴 운반 당일 G는 안내인을 통해 운반책들의 항공기 탑승수속을 시키고, 면세구역 안으로 들어온 운반책들에게 금괴 허리띠를 차게 한 후 탑승장으로 이동하는 과정에서 동행하며 이들을 감시하였다. 또한 운반책들의 사진을 일본 후쿠오카 공항에서 대기 중인 금괴를 전달받을 사람에게 전송하여, 도착시간에 맞추어 입국장 앞에서 기다리게 조치하였다. 사정이 이러하다면 금괴 교부장소인 인천공항 면세구역에서부터 금괴 전달장소인 후쿠오카 공항의 입국장에 도착할 때까지 운반책들의 이동이 G에 의하여 관리 또는 감독되고 있었고, 정해진 경로에서 이탈할 가능성이 없어, 운반책들이 G의 금괴 교부행위로 인하여 금괴에 대한 사실상의 지배를 취득하였다고 보기 어렵다. 다만 운반책들이 공항에서 화장실이 급하다는 핑계로 화장실로 들어가 공범에게 금괴를 전달하였을 때 비로소 점유가 이전되었다고 볼 수 있다. (대법원 2018. 8. 1. 2018도7030)

(나) 판매위탁의 경우

물건 판매를 부탁하기 위해서 이를 넘겨줄 때에는 상대방을 믿고 처분을 맡기는 것이므로 횡령죄(제355조) 성립의 기초가 되는 **신뢰관계**가 성립된다. 따라서 판매위탁을 목적으로 물건을 맡기면 판매자를 믿고 점유를 넘겨준 것이라서 **수탁자**의 **단독점유**가 된다.

(다) 관리위탁의 경우

가) 완전 위탁

사업체의 규모가 커짐에 따라 금전 등 재물의 출납을 담당하는 임・직원이 별도로 있게 된 경우, 그 담당자가 전적으로 자신의 책임 아래 재물을 관리하게 되면 관리를 위탁한 사람과의 사이에 **강한 신뢰관계**가 형성되면서 점유관계는 담당자에게 넘어가 그의 단독점유가 된다.

따라서 자금담당 임직원이 회사명의의 예금을 임의로 인출하여 사용하게 되면 절도가 아니라 횡령이 성립된다.

【판례】 점원의 영득 점포에서 일하던 점원 甲이 금고와 오토바이의 열쇠를 가지고 있으면서 금고 안의 돈과 오토바이를 사실상 지배하에 두고 보관하다가 영득한 것은 횡령죄에 해당한다. (대법원 1982. 3. 9. 81도3396)

나) 고용・도급 등 관계의 위탁

공장 노동자와 사용자, 편의점 점원과 주인, 가사도우미와 집주인 등 고용 또는 도급 등 관계가 있는 경우 공장 집기, 편의점 상품, 집안 물건 등에 대한 점유관계가 어떻게 되는가에 대해서는 견해대립이 있다.

① **단독점유설**: 사용자나 주인 등 높은 위치에 있는 사람의 단독점유가 된다는 견해 **(다수설)**

② **공동점유설**: 공동점유가 된다는 견해

③ **이원설**: 대내적으로는 상위 점유자의 단독점유이고, 대외적으로는 공동점유라는 견해

[결론] 고용 또는 도급 등 관계를 기초로 하여 재물에 대한 관리를 위탁하는 경우에 노동자,

점원 또는 가사도우미에 대한 신뢰를 바탕으로 관리가 위탁되는 경우라고 보아야 하겠다. 이에 따라 노동자, 점원 또는 가사도우미의 재물에 대한 사실상의 지배를 인정하여야 할 것으로 생각된다. **공동점유설**이 타당하다.

따라서 노동자, 점원, 가사도우미 등 이른바 하위 점유자를 기망해서 재물의 교부를 받게 되면 속임수 절도가 아니라 삼각사기가 된다고 보아야 한다. 노동자, 점원 또는 가사도우미가 사용자, 편의점 주인 또는 집주인의 물건을 가져가는 경우에는 횡령이 된다.

다만 이와 같은 공동점유 관계는 노동자, 직원 또는 가사도우미가 직무 수행 중인 동안에만 성립한다.

【판례】 영업 종료 후 점원의 절취 주점 점원인 甲이 친구들과 함께 자신이 근무하는 주점에 잠겨 있는 셔터 문을 열고 들어가 주방 안에 있던 맥주 등을 꺼내어 마셨다면 타인의 재물에 대한 불법영득의 의사가 있었다고 할 것이고 절도죄를 구성한다. (대법원 1986. 9. 9. 86도1439)

예를 들어 백화점에서 경비 업무를 수행 중인 직원과 같은 경우에는 백화점 내 판매상품을 관리하는 것이 아니라, 외부 침입으로부터 백화점 전체를 지키는 임무를 맡아서 하는 것으로 볼 수 있다.

【판례】 산지기의 절취 산지기로서 종중 소유의 분묘를 간수하는 자는 그 분묘에 설치된 석등이나 문관석 등을 점유하고 있다고 할 수 없다. 따라서 이들 물건을 가져가면 절도죄가 성립된다. (대법원 1985. 3. 26. 84도3024)

산지기의 경우에는 분묘 관리 임무를 수행하는 사람으로서 선산의 물건을 점유하는 사람이라고 할 수 있다. 다만 종중과 공동점유 상태이어서 절도가 성립한다.

다) 대등한 관계의 상호 위탁

부부(대법원 1984. 1. 31. 83도3027), 조합원(대법원 1982. 4. 27. 81도2956; 대법원 1982. 12. 28. 82도2058), 동업자(대법원 1987. 12. 8. 87도1831; 대법원 1995. 10. 12. 94도2076) 등 **대등한 관계**에 있는 사람들 사이에서 집안 물건, 조합의 재물, 동업 재산 등을 한 사람이 전적으로 관리하지 않는 경우에 이들 재물에 대한 **공동점유**가 성립된다(**통설**). 이러한 공동점유도 공동의 관리상태가 유지되는 동안에만 인정된다.

【판례】 별거 중 부인의 절취 부인 甲은 남편 P의 인장이 들어 있던 돈 궤짝의 열쇠를 보관하고 있다가 이를 공소외 乙에게 주어 사실상 별개 가옥에 별거중이면서 P가 보관하던 돈 궤짝에서 인장을 꺼내어 오게 하였다. 이 경우 비록 甲이 단독으로 돈 궤짝의 열쇠를 소지하고 있었다고 하더라도 그 안에 들어 있는 인장은 甲의 단독 보관 하

에 있었던 것이 아니라 피해자와 공동 보관 하에 있었다고 보아야 할 것이다. (대법원 1984. 1. 31. 83도3027)

공동점유는 공동생활이 유지되는 동안에만 형성되는 것이므로, 이 경우 부인이 열쇠를 가지고 있더라도 공동점유로 보기 곤란하다. 다만 절도가 성립한다는 결론에는 변함이 없다.

별거 상태가 아님에도 불구하고 남편 소유의 민화에 대한 부인의 공동점유를 인정하지 아니한 판례도 있다(대법원 1985. 3. 26. 84도365).

(라) 보관위탁의 경우

다른 사람에게 보관해달라고 물건을 맡기는 경우에 점유가 위탁자에게 있는 것인지 수탁자에게 넘어가는 것인지 아니면 계속 공동점유가 되는지 등의 문제는 위탁하는 형태에 따라 결론이 달라질 수 있고 어떻게 보아야 하는가에 대하여 논란도 많은 부분이다. 이 문제를 어떻게 해결할 것인가에 대해서는 세 가지 해결방식이 제시되고 있다.

① **위탁관계**가 실질적인가 형식적인가에 따라 처리하는 방식 (**다수설**)

② **보관용기**가 붙박이로 설치되어 있는가 아니면 운반이 가능한 형태인가에 따라 처리하는 방식

③ 보관용기에 **잠금장치**가 되어 있는가의 여부에 따라 처리하는 방식

[결론] 판단의 핵심은 '**물건에 대한 사실상의 지배**'가 누구에게 있는가 하는 점이다. 사실상의 지배가 이루어지고 있다는 것은 그 물건을 사용하거나 처분할 수 있는 사실상의 지위에 있음을 의미한다. 따라서 고정된 보관용기에 맡긴 경우이건 운반가능한 보관용기에 맡긴 경우이건 관계없이 물건에 대한 접근이 가능한 사람이 물건을 사실상 지배하는 것으로 보아야 할 것이다. ①번 견해가 타당하다.

가) 고정된 보관용기에 맡긴 물건의 점유

우선 목욕탕이나 수영장의 옷장, 사물함 또는 은행 대여금고 등과 같이 붙박이로 설치된 보관용기에 물건을 넣어 맡기는 경우를 생각해보자. 이 경우 위탁자가 재물에 대한 지배의사를 포기하는 것이 아니므로 일단 위탁자의 점유는 계속되는 것으로 보아야 하겠다. 따라서 문제는 수탁자에게도 점유가 인정되어 공동점유가 되는가 하는 점에 한정된다.

이 경우의 보관유형은 ① 보관용기에 잠금장치가 있고 열쇠를 위탁자와 수탁자가 모두 가지고 있는 경우, ② 은행금고처럼 열쇠를 **위탁자만** 가지

고 있는 경우, ③ 열쇠를 수탁자만 가지고 있는 경우 ④ 잠금장치가 없는 경우 등으로 분류할 수 있다.

이 가운데 ①, ③, ④의 경우에는 수탁자가 물건을 사용·수익·처분하는 것이 사실상 가능하다. 재물에 대한 사실상의 지배가 인정되는 상황이다. 따라서 수탁자에게도 점유가 인정된다고 보는 것이 타당하다. 반면 ②의 경우에는 수탁자의 입장에서 재물에 대한 사실상의 지배가 불가능하므로 위탁자에게만 점유가 인정된다고 보는 것이 옳다고 생각한다.

나) 운반가능한 보관용기에 맡긴 물건의 점유

운반가능한 보관용기의 경우에도 물건을 맡긴다는 것이 재물에 대한 지배의사를 포기하는 것이 아니므로 위탁자가 열쇠를 가지고 있지 않다고 해서 점유를 상실하는 것이라고 보기는 힘들다. 따라서 이 경우에도 위탁자의 점유는 지속된다고 보는 것이 타당하다.

운반 가능한 보관함의 경우에도 마찬가지로 ① 잠금장치가 있고 열쇠는 위탁자와 수탁자 모두에게 있는 경우, ② 열쇠를 **위탁자만** 가지고 있는 경우, ③ 열쇠를 수탁자만 가지고 있는 경우 ④ 잠금장치가 없는 경우 등으로 나누어 생각해 볼 수 있다.

이 가운데 수탁자에게 열쇠가 맡겨져 있는 ①과 ③의 경우 수탁자가 물건을 사용·수익·처분하는 것이 사실상 가능하다. 재물에 대한 사실상의 지배가 인정되는 상황이다. 따라서 수탁자에게도 점유가 인정된다고 보는 것이 타당하다.

반면 ②의 경우에는 수탁자가 보관함 자체를 옮김으로써 물건의 장소적 위치를 변경시키는 것은 가능하지만 물건을 함부로 꺼낼 수는 없는 상태이므로 재물에 대한 사실상의 지배가 확보되었다고 보기가 곤란하다. 따라서 이러한 경우에는 위탁자의 단독점유로 보는 것이 타당하다.

잠금장치가 없는 ④의 경우에 대해서는 견해대립이 있다.

① 수탁자 점유설

② 위탁자 점유설

③ 공동점유설

④ 이분설: 위탁이 어떻게 이루어졌는가에 따라 위탁관계가 실질적인

경우에는 수탁자에게 점유가 인정되고, 위탁관계가 형식적인 경우에는 위탁자에게 점유가 있다는 견해 (**다수설**)

> **결론** 운반 가능하고 잠금장치도 없는 상태로 물건을 맡기게 되면 수탁자가 그 물건을 사용・수익・처분할 수 있는 위치에 있게 되어 사실상의 지배를 확보하게 되므로 위탁자의 점유와 함께 수탁자의 점유도 인정해야 한다고 보는 것이 타당하다.

결국 보관위탁의 경우에는 위탁자에게는 항상 점유가 인정되고, 수탁자는 물건을 보관용기 없이 보관하거나, 보관용기에 담기더라도 잠금장치가 없거나 수탁자에게 열쇠가 있어서 접근 가능한 경우 공동점유를 하게 된다고 볼 수 있다. 간단하게 말하자면 보관용기의 열쇠를 위탁자만 가지고 있는 경우에만 위탁자 단독점유이고 나머지 경우에는 모두 공동점유이다.

다. 점유 배제

타인이 점유하는 물건을 점유자의 의사에 반해서 그 점유를 배제하여야 한다. 점유를 배제한다는 것은 재물에 대한 사실상의 지배를 더 이상 하지 못하는 상태로 만드는 것을 의미한다.

점유 배제가 **점유자의 의사에 반하는 경우**에만 절도가 성립되므로 점유자인 관리인의 동의에 따라 물건을 가져가는 경우에는 구성요건 자체가 성립되지 않는다(**통설**). 이때 비록 허위의 주장으로 점유자의 동의를 받았다고 하여도 절도가 성립되지는 않는다(대법원 1990. 8. 10. 90도1211).

점유자의 동의는 점유가 이전될 때 존재해야 한다. 뒤늦게 이루어진 동의는 구성요건을 배제하지 않는다. 동의는 **묵시적 형태**로 이루어져도 괜찮다.

> **【판례】 묵시적 동의** 피고인 甲은 밍크 45마리를 가지고 있는 M에게 가서 거짓말로 자신이 그 밍크를 가지고 가기로 한 사람이라고 말하고 밍크를 가져갔다. M은 이를 저지하지 않고 그대로 둠으로써 묵시적으로 동의하였다. 사건의 경과가 이렇게 된 것이라면 甲의 행위는 절도죄의 절취행위에 해당하지 않는다. (대법원 1990. 8. 10. 90도1211 | 같은 취지: 대법원 1985. 11. 26. 85도1487)

조건부 동의인 경우에는 행위자가 그 조건을 충족시킬 때에만 구성요건이 배제된다(**통설**). 따라서 가짜 동전을 사용해서 음료수를 뽑아먹는 행위는 절도에 해당된다. 다만 이에 대해서는 제348조의2(편의시설 부정이용)에 특별규정이 있으므로 제329조는 적용되지 않는다.

아래 사건은 조건부 사전동의가 있었지만 법적 평가가 조금 복잡해지는 경우이다.

【판례】 조건부 사전동의와 절취 피해자 P는 피고인 甲이 근무하는 자동차회사로부터 굴삭기를 할부로 매입한 후 계속 할부금 납부를 연체하였다. 이에 甲은 P 소유의 주택에 대하여 강제경매를 신청하였다. 그러자 P는 甲을 찾아와 경매를 취하해 주면 일정한 기한까지 나머지 할부대금을 분할해서 지급하겠으며, 만약 이를 이행하지 않으면 굴삭기의 소유권을 포기할 것이고 이 경우 회사가 굴삭기를 임의로 회수해서 처분해도 좋다는 약속을 하고 건설기계매매계약서(중고) 및 양도증명서 등에 자신의 인감을 날인하고 인감증명서를 첨부하여 자신의 약속내용을 담은 각서와 함께 甲에게 교부하였다. 그 후 甲이 강제경매를 취하하였음에도 P는 약속한 기일에 할부대금을 납부하지 않았다. 이에 甲은 여러 차례 변제를 독촉하였으나 계속 할부대금을 납부하지 않자, P의 굴삭기를 임의로 회수하여 제3자에게 매도하였다. 이 경우 비록 약정에 기한 인도 등의 청구권이 인정된다고 하더라도, 취거 당시에 점유 이전에 관한 점유자의 명시적·묵시적인 동의가 있었던 것으로 인정되지 않는 한, 점유자의 의사에 반하여 점유를 배제하는 행위로써 절도에 해당한다. (대법원 2001. 10. 26. 2001도4546)

이 사건에서 P는 채무를 변제하지 않을 경우 굴삭기의 소유권을 채권자인 甲에게 이전하겠다는 합의를 하였다. 이는 소유권 이전을 약속함으로써 채무의 이행을 담보하는 것으로서 일종의 **비전형 담보물권**의 설정(양도담보 또는 매도담보)에 해당한다. 이와 같은 방식으로 동산을 담보로 제공하였을 경우에 계약에 명시되어 있지 않더라도 **청산금**이 지급될 때까지 물건의 소유권을 이전할 조건이 충족되지 않았다고 보아야 한다. 따라서 이러한 경우 채권자 甲이 채무자 P에게 청산금 평가액을 고지하고 굴삭기를 처분한 후 청산금을 지급하는 절차를 밟지 않는 한 채권자 甲의 행위는 범죄를 구성하게 된다.

점유 배제의 **행위방법**에는 제한이 없다. 제3자를 이용해도 되고 동물을 시켜서 물건을 가져오게 해도 무방하다.

【판례】 소유권자를 이용한 취거 이 사건 축산업협동조합은 생축장 부지로 피고인의 동생이 경매로 낙찰 받은 토지를 구매하였다. 이 토지 위에는 토지의 경매 전 원소유자

로부터 창고 건축을 의뢰받은 수급인이 지은 창고가 있었는데, 원소유자의 부도로 공사대금을 지급받지 못한 상태에서 피고인이 수급인으로부터 그 창고를 매수하였다. 조합은 그 상태에서 피고인에게서 창고를 피고인의 동생에게서는 토지를 일괄 매입하였다. 토지에 대한 소유권이전등기만 경료된 상태이었는데, 피고인은 수급인을 시켜서 창고의 패널을 뜯어다가 자신의 숯공장에 사용하였다. 이 경우 창고 건축의 도급인이 수급인에게 공사대금을 지급하고 창고를 인수할 때까지 창고의 소유권은 수급인에게 있게 되는 것이며, 조합은 창고 매수 대금을 지급하여 소유권 취득의 실질적 요건을 갖추었고 창고에 대한 사실상의 지배를 확보하여 점유자라고 할 수 있다. 이처럼 정당한 권원에 근거하여 조합이 점유하고 있는 물건을 그 점유자의 의사에 반하여 취거하도록 소유권자인 수급인을 시켜서 가져오게 하였다면 **간접정범 형태**의 절도죄가 성립된다. (대법원 2006. 9. 28. 2006도2963)

점유 배제행위의 **실행의 착수시기** 문제는 실행의 착수에 관한 일반이론에 따라 해결하면 된다.

라. 점유 취득

행위가 완료되기 위해서는 행위자의 입장에서 재물에 대한 사실상의 지배가 확보되어야 한다. 반드시 행위자의 점유가 창설되어야 하는 것은 아니다. 제3자의 점유가 생성되어도 구성요건은 성립된다.

기수시기에 대해서는 다음과 같은 견해가 있다.

① **접촉설**: 물건에 손을 대기만 하면 된다는 견해

② **취득설**: 물건에 대한 점유를 취득하면 된다는 견해 (**통설 | 판례**)

③ **이전설**: 물건을 다른 장소로 옮겨야 한다는 견해

④ **은닉설**: 물건을 안전한 장소에 숨겨야 한다는 견해

결론 물건을 자기 지배 아래 두게 되면 이미 점유를 확보하게 되는 것이므로 **취득설**이 타당하다.

【판례】 점유취득이 인정되는 경우 **1. 창고**에서 물건을 밖으로 들고 나와 운반해 가다가 방범대원들에게 발각되어 체포되었다면 절도의 기수에 해당한다. (대법원 1984. 2. 14. 83도3242)

2. 피고인이 피해자 경영의 카페에서 야간에 아무도 없는 그 곳 **내실**에 침입하여 장식장 안에 들어 있던 정기적금통장 등을 꺼내 들고 카페로 나오던 중 발각되어 돌려 준 경우 피고인은 피해자의 재물에 대한 소지(점유)를 침해하고, 일단 피고인 자신의 지배 내에 옮겼다고 볼 수 있으므로 절도의 미수에 그친 것이 아니라 야간주거침입절도의 기수라고 할 것이다. (대법원 1991. 4. 23. 91도476)

3. 영산홍 나무를 절취하고자 캐낸 경우에는 그 시점에 나무에 대한 사실적 지배가 확보되어 점유가 취득되는 것으로 볼 수 있다. (대법원 2008. 10. 23. 2008도6080)

【판례】 점유취득이 인정되지 않는 경우 1. 자동차를 절취할 생각으로 자동차의 조수석 문을 열고 들어가 시동을 걸려고 시도하는 등 차 안의 기기를 이것저것 만지다가 **핸드브레이크**를 풀게 되었는데 그 장소가 내리막길인 관계로 시동이 걸리지 않은 상태에서 약 10미터 전진하다가 가로수를 들이받는 바람에 멈추게 되었다면 절도의 기수에 해당한다고 볼 수 없을 뿐 아니라 도로교통법 제2조 제19호 소정의 자동차의 운전에 해당하지도 않는다. (대법원 1994. 9. 9. 94도1522)

2. 피고인은 소속 대대 위병소 앞 탄약고 출입문 서북방 20m 떨어진 언덕 위 소로에서 더덕을 찾기 위하여 나무막대로 땅을 파다가 땅속 20㎝ 깊이에서 **탄통** 8개를 발견하고 뚜껑을 열어 그 안에 군용물인 탄약이 들어 있음을 확인하고도 이를 지휘관에게 보고하는 등의 절차를 거치지 아니하고 전역일에 이를 가지고 나갈 목적으로 그 자리에 다시 파묻어 은닉하였다. 이 경우 소속 중대 및 대대가 보유중인 탄약의 재고에 아무런 이상이 없다는 탄약 조사결과 등에 비추어 보면 위와 같은 행위만으로 피고인이 종전의 점유자의 의사를 배제하고 새로운 점유를 취득하였다고 보기에 부족하다. (대법원 1999. 11. 12. 99도3801)

(2) 주관적 구성요건

절도가 성립하기 위해서는 구성요건적 고의와 불법영득의사 두 가지가 모두 필요하다.

1) 구성요건적 고의

일단 미필적 형태라도 고의가 있어야 본죄가 성립된다. 따라서 타인의 물건을 자신의 물건으로 오인하고 가지고 온 경우에는 고의가 없으므로 본죄가 성립되지 않는다(대법원 1989. 1. 17. 88도971; 대법원 1983. 9. 13. 83도1762).

2) 불법영득의사

불법영득의사란 '권리자를 배제하고 그 타인의 물건을 자기의 소유물처럼 사용·수익·처분하고자 하는 의사'를 말한다. 그러나 현행 절도죄 규정(제329조)은 불법영득의사가 있어야 한다는 점을 명문으로 요구하지 않고 있다(독일 형법 제242조는 이를 명문으로 요구하고 있다). 따라서 이러한 점을 이유로 절도죄의 주관적 요소로 불법영득의사가 필요하지 않다고 보는 견해도 있다. 그러나 불법영득의사가 필요 없다면 **사용절도**를 절도로 처벌하게 됨으로써 처벌의 범위를 부당하게 확대시키고, 절도죄가 손괴죄보다 무겁게 처벌되어야 하는 이유를 설명할 수 없게 된다. 따라서 불법영득의사는 구성요건 요소로서 필요하다고 보는 것이 타당하다(**통설**).

가. 영 득

재물에 대한 소유권과 유사한 지배권의 확보를 의미한다. 이를 통하여 재물 자체 또는 재물의 가치를 자신의 재산과 같이 지배할 수 있는 상태가 되도록 하는 것을 말한다. 법적인 측면과는 별개의 문제이다.

영득은 실질적인 측면에서 두 가지 요소를 가진다.

① 소유권자의 재물에 대한 지배권 **배제**

② 행위자의 재물을 이용할 수 있는 지위 **취득**

영득이 성립하기 위해서는 지배권의 배제는 **영구**적으로 하되 지배권의 취득은 **일시**적이어도 무방하다(대법원 1973. 2. 26. 73도51; 대법원 1981. 10. 13. 81도2394). 단지 일시적으로만 점유를 배제시킬 의사를 가지고 있었다면 영득의사가 인정될 수 없다. **사용절도**가 될 뿐이다.

【판례】 불법영득의사가 인정되는 경우 **1.** 피고인이 만약 자신의 항의가 중대장에게 관철되지 않을 경우 그를 살해할 의도로 **수류탄** 등을 가져갔다면 불법영득의 의사가 인정된다. (대법원 1984. 2. 28. 83도3271)

2. 길가에 세워진 **자동차**를 그 소유자의 의사에 반하여 운전하여 갔다가 다음날 다

른 장소에 갔다 버린 것이라면, 절도죄의 성립에 필요한 불법영득의 의사라 함이 권리자를 배제하고 타인의 물건을 자기의 소유물과 같이 이용·처분할 의사를 말하고, 영구적으로 그 물건의 경제적 이익을 보유할 의사임은 요치 않으므로, 이처럼 일시사용의 목적으로 타인의 점유를 침탈한 경우에도 이를 반환할 의사 없이 본래의 장소와 다른 곳에 **유기**하게 되면 불법영득의 의사가 인정된다. (대법원 1984. 12. 26. 84감도 392)

3. 피고인이 피해자의 돈을 그 의사에 반하여 뺏어간 이상 피고인이 그 돈을 피해자에 대한 **채권담보**로서 보관할 의도가 있었다 하더라도 불법영득의 의사가 있다. (대법원 1986. 7. 12. 86도230)

4. 피고인은 소총 소지자를 총기로 협박하여 그 **소총**을 교부받아 소속 부대 하급자에게 건네주고 그로 하여금 소속 부대원들이 내무반에서 나오는지 여부를 감시하도록 지시하였다. 비록 소총을 소지하고 있던 하급자가 나중에 피고인이 위병소를 빠져나갈 때 뒤따라 나가면서 그 소총을 원래의 소지자에게 던져준 사실이 있다고 하더라도, 그러한 사정만으로는 피고인에게 그 소총에 대한 불법영득의사가 없다고 할 수 없다. (대법원 1995. 7. 11. 95도910)

5. 절도죄에 있어 영득의 의사라 함은 권리자를 배제하고 타인의 물건을 자기 소유물과 같이 그 경제적 용법에 따라 이용·처분할 의사를 말하는 것이므로, 피고인이 현금 등이 들어 있는 피해자의 **지갑**을 가져갈 당시에 피해자의 승낙을 받지 않았다면 가사 피고인이 후일 변제할 의사가 있었다고 하더라도 불법영득의사가 있었다고 할 것이다. (대법원 1999. 4. 9. 99도519)

6. 굴삭기 매수인이 약정된 기일에 대금채무를 이행하지 아니하면 **굴삭기**를 회수하여 가도 좋다는 약정을 하고 각서와 매매계약서 및 양도증명서 등을 작성하여 판매회사 담당자에게 교부한 후 그 채무를 불이행하자 그 담당자가 굴삭기를 취거하여 매도한 경우, 그 굴삭기 취거행위는 절도죄에 해당하고 불법영득의 의사도 인정된다. (대법원 2001. 10. 26. 2001도4546)

7. 소유자의 승낙 없이 **오토바이**를 타고 가서 다른 장소에 버린 경우에는 불법영득의 의사가 없다고 볼 수 없으므로 자동차등불법사용죄가 아닌 절도죄가 성립한다. (대법원 2002. 9. 6. 2002도3465)

취득이라는 측면에서 반드시 있어야 할 것은 소유권자와 같은 지위를 가지겠다는 의도이다. 이러한 의도가 없는 경우에는 영득의사가 부인되어 절도가 성립되지 않는다. 예를 들어 법원에 증거로 제출하기 위해서 훔치거나, 도난당한 물건을 주인에게 되돌려주기 위해서 도둑으로부터 다시 훔치는 행위는 절도가 되지 않는다.

【판례】 불법영득의사가 인정되지 않는 경우 **1. 자전차**를 습득하여 소유자가 나타날 때까지 보관을 선언하고 수일간 보관한 경우에는 영득의 의사가 없었다고 보아야 한다. (대법원 1957. 7. 12. 4290형상104)

2. 부정행위를 한 타인을 꾸짖어 줄 목적으로 그 타인의 **물건**을 가져와 보관하고 있으면 그가 이를 찾으러 올 것이고 그때에 그 물건을 반환하면서 그를 꾸짖어 줄 생각으로 그 물권을 가져온 것이라면 절도죄가 성립되지 아니한다. (대법원 1973. 2. 28. 72도2812)

3. 군인이 총기를 분실하고 그를 보충하기 위해 **타부대의 총기**를 가져다 놓은 경우에는 불법영득의 의사가 있다고 할 수 없다. (대법원 1977. 6. 7. 77도1069)

4. 회사의 판매사원인 피고인이 임의로(물품창고에 미리 준비한 사제열쇠로 들어가 당직근무자나 지점장에게 알리지 않고) 물품을 인출하여 공소외인에게 교부했더라도, 그 공소외인이 회사와 직접 거래를 개시한 자이고 위 물품은 회사와 공소외인간의 거래물품으로 정리되어 그 대금의 일부까지 납부한 사실이 인정된다면, 피고인의 위 소위는 비록 **물품인출절차**에 잘못이 있다 하더라도 정상거래를 위한 출고이므로 불법영득의사로써 절취한 것이라고는 할 수 없다. (대법원 1983. 10. 25. 83도1865)

5. 친구의 근무처인 **세차장**에 들렀다가 승용차를 발견하고는 습득한 승용차 열쇠로 문을 열고 시동을 걸고서 아는 여자를 만나러 가기 위해 위 차를 운행하여 갔다가 오던 중 방범대원에게 검거 되었는데 운행한 거리가 약 2킬로미터 정도로서 그에 소요된 시간이 약 10분 정도인 경우에는 불법영득의 의사가 있다고 보기 어렵다. (대법원 1984. 4. 24. 84도311)

6. 피고인은 피해자의 도장과 **인감도장**을 그의 책상서랍에서 몰래 꺼내어 가서 차용금증서의 연대보증인란에 찍고 난 후 곧 제자리에 넣어두었다. 이 경우 그 사용으로 인한 물건 가치의 소모가 무시할 수 있을 정도로 경미하고 또 사용 후 곧 반환하였으므로 그 소유권 또는 본권을 침해할 의사가 있다고 할 수 없어 불법영득의 의사를 인정할 수 없다. (대법원 1987. 12. 8. 87도1959)

7. 동네 **선배의 차량**을 3차례에 걸쳐 2~3시간 정도 몰래 운행한 후 원래의 장소에 갖다 놓은 행위에 불법영득의 의사가 없다. (대법원 1992. 4. 24. 92도118)

8. 피고인이 **군무**를 **이탈**할 때 총기를 휴대하고 있는지 조차 인식할 수 없는 정신상태에 있었고 총기는 어떤 경우라도 몸을 떠나서는 안 된다는 교육을 지속적으로 받아 왔다면, 사격장에서 군무를 이탈하면서 총기를 휴대하였다는 것만 가지고는 피고인에게 총기에 대한 불법영득의 의사가 있었다고 할 수 없다. (대법원 1992. 9. 8. 91도3149)

9. 피고인이 사촌형제인 피해자와의 분규로 재단법인 이사장직을 사임한 뒤 피해자의 집무실에 찾아가 잘못을 나무라는 과정에서 화가 나서 피해자를 혼내주려고 피해자의 **가방**을 들고 나온 경우 불법영득의 의사가 있다고 할 수 없다. (대법원 1993. 4. 13. 93도328)

10. 상사와의 의견 충돌 끝에 항의의 표시로 사표를 제출한 다음 평소 피고인이 전적으로 보관, 관리해 오던 이른바 비자금 관계 서류 및 금품이 든 **가방**을 들고 나온 경우, 불법영득의 의사가 있다고 할 수 없다. (대법원 1995. 9. 5. 94도3033)

11. 피고인은 자신이 종업원으로 일하던 가게에서 주인인 피해자가 자리를 비운 틈을 타서 피해자가 두고 나간 핸드백에서 피해자 소유의 **신용카드** 1장을 꺼내어 그 곳에서 약 50m 떨어진 장소에 설치된 현금자동지급기에서 50만원을 현금서비스 받고, 다시 가게로 돌아와서 피해자의 핸드백 안에 신용카드를 넣어 두었다. 이 경우 현금자동지급기에서 현금을 인출하였다 하더라도 신용카드 자체가 가지는 경제적 가치가 인출된 예금액만큼 소모되었다고 할 수 없으므로, 이를 일시 사용하고 곧 반환한 경우에는 불법영득의 의사가 없어서 절도가 성립되지 않는다. (대법원 1999. 7. 9. 99도857 | 같은 취지: 대법원 1998. 11. 10. 98도2642; 대법원 2006. 3. 9. 2005도7819 대신 여신전문금융업법 위반이 됨)

12. 피해자의 승낙 없이 혼인신고서를 작성하기 위하여 피해자의 **도장**을 몰래 꺼내어 사용한 후 곧바로 제자리에 갖다 놓은 경우, 도장에 대한 불법영득의 의사가 있었다고 볼 수 없다. (대법원 2000. 3. 28. 2000도493)

13. 피고인이 살해된 피해자의 주머니에서 꺼낸 지갑을 살해도구로 이용한 골프채와 옷 등 다른 증거품들과 함께 자신의 차량에 싣고 가다가 쓰레기 **소각장**에서 태워버린 경우, 살인 범행의 증거를 인멸하기 위한 행위로서 불법영득의 의사가 있었다고 보기 어렵다. (대법원 2000. 10. 13. 2000도3655)

14. 은행이 발급한 직불카드를 사용하여 타인의 예금계좌에서 자기의 예금계좌로 돈을 이체시켰다 하더라도 **직불카드** 자체가 가지는 경제적 가치가 계좌이체된 금액만큼 소모되었다고 할 수는 없으므로, 이를 일시 사용하고 곧 반환한 경우에는 그 직불카드에 대한 불법영득의 의사는 없다고 보아야 한다. (대법원 2006. 3. 9. 2005도

7819)

나. 영득의 객체

영득의 객체가 무엇인가에 대하여 견해대립이 있다.

① **물체설** : 물건 자체만 영득의 객체가 될 수 있다는 견해

② **가치설** : 선하증권을 훔치는 경우처럼 물건 자체의 가치보다는 그 물건에 내포되어 있는 경제적 가치를 취득하는 것이 절도의 주된 목표이므로, 물건보다는 그 물건에 화체되어 있는 경제적 가치를 영득의 대상으로 보아야 한다는 견해

③ **결합설(절충설)** : 물체와 가치 모두를 영득의 객체로 보는 견해 (**다수설**| **판례** | 대법원 1973. 2. 26. 73도51; 대법원 1981. 10. 13. 81도2394; 대법원 1992. 9. 8. 91도3149)

[결론] 재물은 물체 자체로서의 속성과 경제적 가치라는 성격을 함께 가지고 있으므로 **절충설**이 타당하다고 본다.

다. 영득의 불법성

절취행위가 있기는 했지만 영득의 불법성은 없었다고 판단할 수도 있는 사안에 대하여 영득의 불법성에 대한 판단 없이 곧바로 절도의 성립을 인정한 판례가 있었다(대법원 1973. 2. 28. 72도2538). 이 판례의 취지는 불법영득의사를 부가적 주관적 구성요건 요소가 아니라 단순한 구성요건적 고의의 내용으로 본 것으로 판단된다. 그러나 불법영득의사는 부가적 주관적 구성요건 요소로 보는 것이 타당하므로 이 견해는 따르기 곤란하다.

영득은 재물을 인도받을 권리가 없는 경우에 불법성을 가진다. 따라서 행위자가 재물을 절취했지만 ① 그 절취한 재물에 대하여 청구권을 행사할 수 있는 시기가 이미 도래해 있었고, ② 그 청구권이 전혀 결함이 없었던 경우에는 영득의 불법성이 인정되지 않아 절도죄가 성립되지 않는다(**통설**). 이에 해당하는 판례는 아직 없다.

종류채권의 경우에는 종류채권 자체가 '일정한 종류에 속하는 물건의 일정량의 인도를 목적으로 하는 채권'이기 때문에 특정 재물에 대한 청구

권이 존재할 수 없으므로 이 원칙이 적용되지 않는다(**통설**). 그러나 금전채권의 경우에는 금전의 경제적 가치만 법적으로 의미를 가지기 때문에 종류채권이기는 하지만 이 원칙이 적용된다.

라. 제3자를 위한 불법영득의사

재물죄 가운데 불법영득의사를 필요로 하는 범죄가 다섯 종류 있는데(절도, 강도, 사기, 공갈, 횡령) 이 가운데 강도, 사기, 공갈은 제3자로 하여금 재물을 취득하게 하는 경우에 대한 처벌을 법조문에 명시하고 있다. 반면 절도죄와 횡령죄는 이와 같은 내용을 규정하고 있지 않은데 이를 어떻게 볼 것인가 문제이다.

생각해보면 불법영득의 본질은 권리자를 배제하고 그 타인의 물건을 소유물처럼 사용·수익·처분하는 것이다. 이러한 행위를 행위자 스스로 하게 되건 제3자가 하게 되건 불법한 영득이 이루어지는 것이라는 점에서는 차이가 없다고 생각된다. 따라서 제3자를 위한 불법영득의 경우에도 불법영득의사를 인정하는 것이 타당하다.

2. 처벌조건·소추조건(친족상도례)

(1) 의 의

재산범죄의 경우 강도와 손괴를 제외하고는 친족 사이에 범죄가 일어난 때에는 가까운 친족이면 형사처벌을 면제하고, 먼 친족이면 고소가 있어야 처벌하도록 규정되어 있다. 재산범죄의 원형이 도둑질이므로, 대다수의 재산범죄에 적용되는 이와 같은 처벌조건과 소추조건을 '친족끼리 서로 도둑질하는 경우에는 이 예에 따른다'는 의미의 **친족상도례**라는 이름으로 부른다. 이 원칙은 강도와 손괴를 제외한 나머지 재산범죄에 모두 적용(절도: 제344조, 사기·공갈: 제354조, 횡령·배임: 제361조)된다. 나아가 이들 재산범죄를 가중처벌하는 특별형법에 대해서도 원칙이 적용된다.

【판례】 특별형법과 친족상도례 형법상 사기죄의 성질은 특경법 제3조 제1항에 의해 가중처벌되는 경우에도 그대로 유지되고, 특별법인 특경법에 친족상도례에 관한 형법 제354조, 제328조의 적용을 배제한다는 명시적인 규정이 없으므로, 형법 제354조는 특경법 제3조 제1항 위반죄에도 그대로 적용된다. (대법원 2000. 10. 13. 99오1)

(2) 처벌조건

1) 법적 성격

친족상도례 규정 중 가까운 친족의 경우에 처벌을 면제하는 제328조 제1항의 법적 성격에 대하여 종래에는 위법성 조각사유 또는 책임 조각사유라고 하는 견해가 있었지만, 현재는 **인적 처벌조각사유**라는 점에 대해 다른 견해가 없다(**통설**).

친족의 물건을 훔치는 행위가 위법성이 배제되거나 책임이 인정되지 않는 것이라고 볼 수 있는 근거는 찾기 힘들다. 친족간의 재산범죄를 처벌하지 않는 이유는 그것이 범죄행위이기는 하지만 굳이 국가가 개입해서 처벌할 필요까지는 없지 않는가 하는 법경제적 합목적성 판단 때문이다.

따라서 친족상도례 규정은 불법이나 책임과는 관계없이 정책적인 고려 때문에 형벌조항에 붙어있는 부가적인 조건으로서의 속성을 가지고 있다고 보아야 한다. 제328조 제1항은 처벌조건이며 인적 관계를 근거로 처벌을 배제하는 것이기 때문에 **인적 처벌조각사유**라고 부른다.

2) 인적 처벌조각사유 성립요건

인적 처벌조각사유로서 친족상도례가 적용되기 위해서는 행위자와 법익주체 사이에 직계혈족, 배우자, 동거친족, 동거가족 또는 그 배우자인 관계가 있어야 한다.

가. 친족관계의 존재 범위

친족상도례가 적용되기 위한 친족관계가 어느 범위까지 있어야 하는가에 대하여 견해대립이 있다.

① 행위자와 소유자 뿐 아니라 행위자와 점유자 사이에도 있어야 한다는 견해

② 행위자와 소유자 사이에만 필요하다는 견해

①번 견해에 따르면 점유보조자 또는 공동점유자가 있는 경우에는 소유권자와 점유자가 모두 제328조 제1항의 친족관계를 가지고 있어야 친족상도례가 성립된다. 예를 들어 제3자가 보관하고 있는 아버지의 카메라를 아들이 몰래 가져다가 처분했다면 친족상도례가 적용되지 않는다는 것이다. 판례의 입장은 변화하고 있다.

【판례】 친족관계의 필요범위 1. 다이아몬드 피고인 甲은 자신의 생질 乙이 경영하는 금은 세공공장에서 乙이 丙으로부터 가공의뢰를 받아 보관 중이던 丙 소유의 다이아몬드 6개를 절취하였다. 이 경우 절도죄는 재물의 점유를 침탈함으로 인하여 성립하는 범죄이므로 재물의 점유자가 절도죄의 피해자가 되는 것이나, 동시에 절도죄는 점유자의 점유를 침탈함으로 인하여 그 재물의 소유자를 해하게 되는 것이므로 재물의 소유자도 절도죄의 피해자로 보아야 할 것이다. 그러므로 형법 제344조에 의하여 준용되는 형법 제328조 제2항 소정의 친족 간의 범행에 관한 조문은 범인과 피해물건의 소유자 및 점유자 쌍방간에 같은 조문 소정의 친족관계가 있는 경우에만 적용되는 것이고, 단지 절도범인과 피해물건의 소유자간에만 친족관계가 있거나 절도범인과 피해물건의 점유자간에만 친족관계가 있는 경우에는 그 적용이 없는 것이라고 보는 것이 타당할 것이다. (대법원 1980. 11. 11. 80도131)

2. 민화 피해품인 민화가 피고인의 오빠 甲이 매수한 것이라면 이는 甲의 특유재산으로서 이에 대한 점유·관리권은 甲에게 있다 할 것이고, 범행당시 비록 甲이 집에 없었다 하더라도 그것이 甲 소유의 집 벽에 걸려있었던 이상 甲의 지배력이 미치는 범위 안에 있는 것이라 할 것이므로 甲의 소지에 속하고 그 부부의 공동점유하에 있다고 볼 수는 없으므로 이를 절취한 행위에 대하여는 친족상도례가 적용된다. (대법원 1985. 3. 26. 84도365)

결론 재산범죄의 보호법익은 소유권이므로 행위자와 소유권자 사이에만 친족관계가 존재하면 친족상도례가 적용된다고 보는 것이 타당하다고 본다.

참고 은행예금의 경우 금전을 예치하면 그 소유권이 금융기관으로 이전된다. 하지만 예금주 입장에서 통장과 함께 예금액에 대한 증명기능이 보존된다. 따라서 예금을 임의로 인출해 가는 경우 예금주와 친족관계가 있는 사람에 대해서 친족상도례가 적용된다.

재물이 제328조 제1항의 친족과 제2항의 친족이 공동으로 소유하는 것일 때에는 제328조 제2항의 친족이 고소를 해야 처벌할 수 있다. 재물이 친족과 친족 아닌 사람의 공유물일 경우에는 친족상도례가 적용될 수 없다.

나. 친족의 범위

친족상도례에서 말하는 친족의 개념은 민법에 따라야 한다. 사실혼 관계의 배우자도 포함되는가에 대해서는 견해대립이 있다.

① 긍정설

② 부정설

결론 친족상도례 규정의 입법 취지에 비추어 볼 때, 일상생활 측면에서 법률혼 관계인 부부와 다른 측면이 전혀 없으므로, 사실혼 관계에 대해서도 친족상도례 규정을 적용하는 것이 옳다고 생각한다.

동거친족이란 한 집에서 일상생활을 함께 영위하는 친족을 의미한다.

다. 친족관계의 존재 시기

친족관계는 범죄행위를 할 당시에 존재하여야 한다. 행위 당시에 친족관계가 존재하였다면 재판시에는 그 관계가 소멸되어 있더라도 무방하다(**통설**). 파양(민법 제898조 이하)에 의해 양친자 관계가 해소되는 것이 그 예에 해당된다.

혼인외의 자의 경우에는 인지가 이루어지기 전까지는 친족관계가 인정되지 않는다. 그러나 인지는 단순히 친자관계를 확인하는 법적 절차에 불과하므로 행위시에는 인지가 되어 있지 않더라도 뒤에 인지가 이루어지면 친족상도례가 적용된다(**통설**).

【판례】 인지의 소급효와 친족상도례 형법 제344조, 제328조 제1항 소정의 친족간의 범행에 관한 규정이 적용되기 위한 친족관계는 원칙적으로 범행 당시에 존재하여야 하는 것이지만, 父가 혼인 외의 출생자를 인지하는 경우에 있어서는 민법 제860조에 의하여 그 자의 출생시에 소급하여 인지의 효력이 생기는 것이며, 이와 같은 인지의 소급효는 친족상도례에 관한 규정의 적용에도 미친다고 보아야 할 것이다. 따라서 인지가

범행 후에 이루어진 경우라고 하더라도 그 소급효에 따라 형성되는 친족관계를 기초로 하여 친족상도례의 규정이 적용된다. (대법원 1997. 1. 24. 선고 96도1731 판결)

라. 주관적 요건 | 불필요

처벌조건은 고의나 과실 등 주관적 요건을 필요로 하지 않는다. 그저 객관적으로 존재하기만 하면 된다. 따라서 행위자가 이에 대하여 착오를 일으켜도 전혀 상관이 없다.

마. 친족상도례와 공범

친족상도례는 정범이건 공범이건 관계없이 친족관계가 있는 사람에게만 적용된다.

예를 들어 동거친족이 그와 같은 신분관계가 없는 사람을 교사하여 절도행위를 하게 하면 사주를 한 동거친족에 대해서만 친족상도례가 적용된다는 것이다. 반대로 친족관계 없는 자가 피해자의 직계혈족을 교사하여 물건을 훔치게 하면 정범인 자에 대해서만 친족상도례가 적용된다. 공범에 대하여 친족상도례를 적용하지 않는다는 점은 제328조 제3항이 명시적으로 규정하고 있다.

(3) 소추조건

행위자와 법익주체 사이에 직계혈족, 배우자, 동거친족, 동거가족 또는 그 배우자 이외의 친족관계가 있게 되면 고소가 있어야만 공소를 제기할 수 있다. 외사촌이 여기에 해당한다(대법원 1991. 7. 12. 91도1077).

3. 죄 수

절도는 생명 · 신체를 침해하는 범죄와는 달리 고도의 개인적 법익을 침해하는 행위가 아니다. 따라서 죄수를 결정하는 기준이 침해된 법익의 수보다는 행위의 수 쪽에 맞춰지게 된다.

그리하여 한 장소에 들어가서 볼펜, 만년필, 샤프, 지우개, 필통, 자, 책받침 등 여러 가지 물건을 훔쳐 나오더라도 하나의 범죄행위가 된다(**접속범**). 또 동일한 창고를 일주일 내내 털어서 쌀 14가마를 훔친 경우에도 하나의 범죄행위로 평가된다(**연속범**).

【판례】 소유자가 다른 물건의 절도 1. 단일한 범의를 가지고 절취한 시간과 장소가 밀접하며 같은 관리인의 관리 아래 있는 방안에서 소유자를 달리하는 두 사람의 물건을 절취한 경우에는 1개의 절도죄가 성립한다. (대법원 1970. 7. 21. 선고 70도1133 판결)

2. 절도범이 백 아무개의 집에 침입하여 그 집의 방안에서 그 소유의 재물을 절취하고, 다시 그 집에 세들어 사는 김 아무개의 방에 침입하여 재물을 절취하려다 미수에 그쳤다면, 위 두 범죄는 그 범행장소가 서로 다르므로 별개의 범죄를 구성한다. (대법원 1989. 8. 8. 선고 89도664 판결)

절도와 절도행위를 포함하고 있는 결합범 사이에는 보충관계가 성립된다. 이러한 결합범으로는 야간주거침입 절도(제330조), 특수절도(제331조), 강도(제333조), 특수강도(제334조) 등 여러 가지가 있다. 이들 범죄가 성립하면 제329조는 보충규정이 되므로 적용이 배제된다.

훔친 물건을 손괴하거나 절취한 열차승차권(대법원 1975. 8. 29. 75도1996)이나 자기앞수표(대법원 1982. 7. 27. 82도822)를 환금하는 행위는 불가벌적 사후행위로서 별도의 범죄가 성립되지 않는다.

통장이나 카드의 경우 영득의 객체는 통장이나 카드 그 자체뿐만 아니라 그 물체가 갖는 경제적 가치도 포함된다(결합설). 하지만 그 경제적 가치는 금융기관에의 신고를 통해서 곧바로 분리되어 별개의 법익이 될 수 있다. 승차권이나 자기앞수표와는 달리 이러한 분리가능성이 높기 때문에 훔친 예금통장이나 카드를 이용하여 예금을 인출하는 행위는 사전에 있었던 절도행위와 별개의 법익을 침해하는 것이 되어서 불가벌적 사후행위가 아니다.

판례는 종래 이러한 경우 별개의 절도죄를 구성하지는 않지만 여신전문금융업법 위반 행위가 된다고 보았으나(대법원 1998. 2. 27. 97도2974), 여신전문금융업법 위반 행위가 아니라는 쪽으로의 입장 변화(대법원 2003. 11. 14. 2003도3977)를 거쳐, 이제는 별개의 절도죄를 구성한다는 견해를 취하고 있다.

【판례】 강취한 현금카드를 이용한 예금인출 강취한 현금카드를 사용하여 현금자동지급기에서 예금을 인출하는 행위는 피해자의 승낙에 기한 것이라고 할 수 없고, 현금자동지급기 관리자의 의사에 반하여 그 지배를 배제하고 그 현금을 자기의 지배하에 옮겨 놓는 것이 되어서 강도죄와는 별도로 절도죄를 구성한다. (대법원 2007. 5. 10. 2007도1375)

한편 훔친 신용카드를 이용해서 현금서비스를 받거나 물품을 구입하게 되면 여신전문금융업법 위반죄가 성립되는데(대법원 1999. 7. 9. 99도857), 이는 '금융거래의 건전성'이라는 새로운 법익을 침해하는 것이므로 이 또한 불가벌적 사후행위로 보기 곤란하다.

절취한 신용카드나 직불카드를 가지고 물품을 구입하면 여신전문금융업법 위반죄 외에 사기죄도 별도로 성립될 수 있는데(대법원 1996. 7. 12. 96도1181) 이 경우에도 가맹점에게 손해를 미치는 것이므로 역시 불가벌적 사후행위로 볼 수 없다.

【판례】 절취한 신용카드를 이용한 현금서비스 피고인은 자신이 종업원으로 일하던 가게에서 주인인 피해자가 자리를 비운 틈을 타서 피해자가 두고 나간 핸드백에서 피해자 소유의 신용카드 1장을 꺼내어 그 곳에서 약 50m 떨어진 장소에 설치된 현금자동지급기에서 50만원을 현금서비스 받고, 다시 가게로 돌아와서 피해자의 핸드백 안에 신용카드를 넣어 두었다. 여신전문금융업법 제70조 제1항 제3호에서 말하는 분실 또는 도난된 신용카드라 함은 소유자 또는 점유자의 의사에 기하지 않고 그의 점유를 이탈하거나 그의 의사에 반하여 점유가 배제된 신용카드를 가리키는 것으로서 그 점유를 배제하는 행위가 반드시 범죄를 구성할 것을 요하지 아니한다. 따라서 피고인의 행위는 도난된 신용카드를 부정사용한 것으로서 여신전문금융업법 위반죄에 해당한다. (대법원 1999. 7. 9. 99도857)

신용카드 부정사용과 절도죄 등 범죄성립에 관한 사항을 다시 한 번 표로 정리해 보면 다음과 같다.

〈표〉 신용카드 부정사용과 범죄성립

<table>
<tr><td rowspan="2">카드 자체</td><td>일시적 점유 배제</td><td colspan="2">절도 ×
대법원 1998. 11. 10. 98도2642 : 불법영득의사 없음 (현금카드)
대법원 1999. 7. 9. 99도857 : 불법영득의사 없음 (신용카드)
대법원 2006. 3. 9. 2005도7819 : 불법영득의사 없음 (직불카드)</td></tr>
<tr><td>영구적 점유 배제</td><td colspan="2">절도 ○</td></tr>
<tr><td colspan="2" rowspan="3">현금(예금) 인출</td><td colspan="2">여신전문금융업법 위반 ×
대법원 2003. 11. 14. 2003도3977 : 신용카드 본래용법에 따른 사용 아님</td></tr>
<tr><td colspan="2">컴퓨터 등 사용사기 ×
현금서비스의 경우 → 대법원 2003. 5. 13. 2003도1178 : 재물은 행위객체 ×</td></tr>
<tr><td colspan="2">절도 ○
대법원 2007. 5. 10. 2007도1375 : 현금자동인출기 관리자의 의사에 반하여 점유 배제</td></tr>
<tr><td colspan="2" rowspan="3">현금 서비스</td><td colspan="2">여신전문금융업법 위반 ○
대법원 1999. 7. 9. 99도857</td></tr>
<tr><td colspan="2">컴퓨터 등 사용사기 ×
대법원 2003. 5. 13. 2003도1178 : 재물은 행위객체 ×</td></tr>
<tr><td colspan="2">절도 ○
대법원 1995. 7. 28. 95도997 : 현금자동인출기 관리자의 의사에 반하여 점유 배제</td></tr>
<tr><td colspan="2" rowspan="2">물품 구입</td><td>여신전문금융업법 위반 ○
대법원 1996. 7. 12. 96도1181</td><td rowspan="2">실체적 경합</td></tr>
<tr><td>사기 ○
대법원 1996. 7. 12. 96도1181</td></tr>
</table>

Ⅲ. 야간주거침입 절도죄

제330조 (야간주거침입절도) 야간에 사람의 주거, 관리하는 건조물, 선박, 항공기 또는 점유하는 방실(房室)에 침입하여 타인의 재물을 절취(竊取)한 자는 10년 이하의 징역에 처한다.

제342조 (미수범) 제329조 내지 제341조의 미수범은 처벌한다.

제344조 (친족간의 범행) 제328조의 규정은 제329조 내지 제332조의 죄 또는 미수범에 준용한다.

제345조 (자격정지의 병과) 본장의 죄를 범하여 유기징역에 처할 경우에는 10년 이하의 자격정지를 병과할 수 있다.

야간에 주거침입죄를 범하면서 절도행위를 함으로써 단순절도보다 가중처벌되는 범죄행위이다. **야간**이란 '일몰 후부터 일출 전까지'(천문학적 해석)를 말한다(대법원 1979. 7. 24. 79도1217; 대법원 1992. 11. 10. 92도2364; 대법원 1993. 9. 24. 93도1744).

본죄는 주거침입과 절도가 결합된 범죄인데 이 두 가지 가운데 어떤 행위가 야간에 이루어져야 범죄의 성립을 인정할 것인가에 대하여 견해가 대립된다.

① 주거침입이 야간에 이루어져야 한다는 견해 (**판례**)

② 절취행위가 야간에 이루어져야 한다는 견해

③ 주거침입과 절취행위 모두가 야간이어야 한다는 견해

④ 주거침입이나 절취행위 가운데 한 가지만 야간에 행하여지면 된다는 견해

결론 본죄의 핵심은 야간에 주거침입을 해서 절취행위를 한다는 점이다. 주거침입이 야간에 이루어지면 주간에 주거침입하는 경우보다 위험성이 더 높아지기 때문에(대법원 2011. 4. 14. 2011도300) 가중처벌 하는 것이므로 주거침입이 야간에 이루어져야 야간주거침입 절도가 성립된다고 보는 ①번 견해가 타당하다.

【판례】 야간주거침입절도에 해당하지 않는 경우 피고인은 피해자가 운영하는 모텔이 비어 있는 객실의 문을 열어둔다는 사실을 알고 15:40경 202호 안에 침입한 다음 21:00경 그곳에 설치되어 있던 LCD모니터 한 대를 가지고 나와 절취하였다. 형법이 야간

절도에 대한 처벌규정은 두지 않고 야간주거침입절도에 대한 별도의 규정을 두고 있는 점과 제330조의 규정형식을 보면 야간에 이루어지는 주거침입행위의 위험성에 주목하여 중하게 처벌하는 것임을 알 수 있다. 따라서 주거침입이 주간에 이루어진 경우에는 야간주거침입절도죄가 성립하지 않는다고 해석함이 상당하다. (대법원 2011. 4. 14. 2011도300)

본죄의 착수시기는 주거에 침입할 때이다(대법원 1984. 12. 26. 84도2433).

【판례】 야간주거침입 절도의 실행의 착수 1. 야간에 아파트에 침입하여 물건을 훔칠 의도하에 아파트의 베란다 철제난간까지 올라가 유리창문을 열려고 시도하였다면 야간주거침입절도죄의 실행에 착수한 것으로 보아야 한다. (대법원 2003. 10. 24. 2003도4417)

2. 야간에 재물을 절취하기로 마음을 먹고 다세대주택 건물에 들어가 출입문이 열려 있으면 안으로 들어가고자 출입문을 당겨보았다면 주거침입의 실행에 착수가 있었고 이에 따라 야간주거침입절도죄의 실행에 착수한 것이라고 보아야 한다. (대법원 2006. 9. 14. 2006도2824)

Ⅳ. 특수절도죄

> 제331조 (특수절도) ① 야간에 문이나 담 그 밖의 건조물의 일부를 손괴하고 제330조의 장소에 침입하여 타인의 재물을 절취한 자는 1년 이상 10년 이하의 징역에 처한다.
> ② 흉기를 휴대하거나 2인 이상이 합동하여 타인의 재물을 절취한 자도 전항의 형과 같다.
>
> 제342조 (미수범) 제329조 내지 제341조의 미수범은 처벌한다.
>
> 제344조 (친족간의 범행) 제328조의 규정은 제329조 내지 제332조의 죄 또는 미수범에 준용한다.
>
> 제345조 (자격정지의 병과) 본장의 죄를 범하여 유기징역에 처할 경우에는 10년 이하의 자격정지를 병과할 수 있다.

행위내용이 특별히 위험하기 때문에 가중처벌하는 규정이다.

1. 제331조 제1항의 특수절도

야간의 의미는 야간주거침입 절도의 경우와 동일하다. 낮에 하는 행위는 본죄에 해당될 수 없다.

"문이나 담 그 밖의 건조물의 일부"란 다른 사람이 함부로 침입하는 것을 방지하기 위한 물적 설비를 의미한다. 토지 자체는 물적 설비가 아니므로 굴을 파고 들어온 경우에는 본죄가 성립되지 않는다.

손괴란 이용가능성을 침해하는 행위이다. 따라서 자물쇠를 끊고 들어오면 본죄가 성립하지만(대법원 1977. 7. 26. 77도1802; 대법원 1979. 9. 11. 79도1736; 대법원 1986. 7. 8. 86도843; 대법원 1986. 9. 9. 86도1273), 만능키로 열고 들어오면 성립하지 않는다.

【판례】 특수절도 피고인은 피해자 경영의 편의점 앞에 이르러 상점의 불이 꺼져 있어 사람이 없는 것으로 생각하고 상점의 출입문을 손으로 열어보려고 하였으나 출입문이 그 하단에 부착되어 있던 잠금 고리에 의하여 잠겨져 있어 열리지 않았는데, 피고인이 출입문을 발로 걷어차자 잠금 고리의 아래쪽 부착 부분이 출입문에서 떨어져 출입

문과의 사이가 뜨게 되면서 출입문이 열리게 되었고, 이에 피고인이 상점 안으로 침입하여 상점 내에 진열되어 있던 피해자 소유의 담배를 봉투에 넣고, 카운터의 금고에서 피해자 소유의 현금을 꺼내어 피고인의 상의 주머니에 집어넣어 이를 절취하였다. 형법 제331조 제1항에 정한 '문호 또는 장벽 기타 건조물의 일부'라 함은 주거 등에 대한 침입을 방지하기 위하여 설치된 일체의 위장시설(圍障施設)을 말하고, '손괴'라 함은 물리적으로 위와 같은 위장시설을 훼손하여 그 효용을 상실시키는 것을 말한다. 피고인의 위와 같은 행위는 물리적으로 위장시설을 훼손하여 그 효용을 상실시키는 행위에 해당한다. (대법원 2004. 10. 15. 2004도4505)

본죄의 착수시기는 손괴행위를 시작할 때이다(대법원 1977. 7. 26. 77도1802; 대법원 1986. 7. 8. 86도843). 본죄가 성립되면 야간주거침입 절도죄(제330조)와 손괴죄(제366조) 규정은 보충규정으로서 적용이 배제된다.

2. 제331조 제2항의 특수절도

흉기 휴대의 의미는 특수폭행(제261조) 부분에서 설명하였다. "2인 이상이 합동하여"라는 것은 합동범이 성립하는 경우를 말한다. 여기서 **합동**의 의미에 대해서는 견해대립이 있다.

① 공모공동정범설

② 가중적 공동정범설

③ 현장설 (**다수설 | 판례**)

결론 2인 이상이 합동해서 절도행위를 할 경우 가중처벌하는 이유는 위험성이 증대되는 행위유형이기 때문이다. 이러한 위험성은 2인 이상이 힘을 합하기 때문인데 기능적 역할분담을 통해서 그러한 결과가 야기된다고 볼 수 있다. **현장설**이 타당하다.

【판례】 합동범의 공동정범 3인 이상의 범인이 합동절도의 범행을 공모한 후 적어도 2인 이상의 범인이 범행 현장에서 시간적, 장소적으로 협동관계를 이루어 절도의 실행행위를 분담하여 절도 범행을 한 경우에는, 공동정범의 일반 이론에 비추어 그 공모에는 참여하였으나 현장에서 절도의 실행행위를 직접 분담하지 아니한 다른 범인에 대해서도 그가 현장에서 절도 범행을 실행한 위 2인 이상의 범인의 행위를 자기 의사의 수단으로 하여 합동절도의 범행을 하였다고 평가할 수 있는 정범성의 표지를 갖추

고 있다고 보여지는 한 그 다른 범인에 대하여 합동절도의 공동정범의 성립을 부정할 이유가 없다고 할 것이다. 합동절도에서도 공동정범과 교사범·종범의 구별기준은 일반원칙에 따라야 하고, 그 결과 범행현장에 존재하지 아니한 범인도 공동정범이 될 수 있으며, 반대로 상황에 따라서는 장소적으로 협동한 범인도 방조만 한 경우에는 종범으로 처벌될 수도 있다. (대법원 1998. 5. 21. 98도321)

【판례】 특수절도의 실행착수시기 2인 이상이 주간에 아파트 출입문 시정장치를 부수다가 발각되어 도주하였다면 절취한 물건의 물색행위를 시작하기 전이므로 특수절도죄의 실행에 착수한 것으로 볼 수 없다. (대법원 2009. 12. 24. 2009도9667)

판례는 단순절도(대법원 1984. 12. 11. 84도2524; 대법원 1989. 9. 12. 89도1153; 대법원 2003. 6. 24. 2003도1985)의 경우와 마찬가지로 특수절도의 경우에도 절취할 물건을 물색하기 시작한 시점을 실행의 착수시기로 보고 있다.

3. 처벌조건·소추조건

특수절도죄에 대해서도 친족상도례 규정(제328조)이 적용된다.

V. 자동차 등 불법사용죄

> 제331조의2 (자동차등 불법사용) 권리자의 동의 없이 타인의 자동차, 선박, 항공기 또는 원동기장치자전차를 일시 사용한 자는 3년 이하의 징역, 500만원 이하의 벌금, 구류 또는 과료에 처한다.
>
> 제342조 (미수범) 제329조 내지 제341조의 미수범은 처벌한다.
>
> 제344조 (친족간의 범행) 제328조의 규정은 제329조 내지 제332조의 죄 또는 미수범에 준용한다.
>
> 제345조 (자격정지의 병과) 본장의 죄를 범하여 유기징역에 처할 경우에는 10년 이하의 자격정지를 병과할 수 있다.

1. 의 의

절도가 성립하기 위해서는 불법영득의사가 있어야 하는데 영득의사의 내용 가운데 법익주체의 경제적 지위를 배제한다는 측면은 영구적인 것이어야 한다. 일시적으로만 소유권자의 경제적 지위를 침탈한다고 생각했을 경우에는 불법영득의사가 성립되지 않는다. 물건을 잠시 사용하고 제자리에 다시 가져다 둔다고 생각한 경우에는 절도가 되지 않는다는 것이다. 이러한 경우를 **사용절도**라고 한다.

이렇게 절도가 성립되지 않아 법적으로는 처벌할 수 없지만 사실상의 처벌 필요성이 제기되었던 것이 자동차 등 교통수단을 주인 허락도 없이 함부로 사용하는 경우였다. 결국 이 문제를 해결하기 위해서 제331조의2가 1995년 12월에 새로 신설되었다.

2. 보호법익

본죄의 보호법익이 무엇인가에 대해서는 소유권설과 사용권설이 대립하고 있다. 자동차 등 불법사용죄는 소유권 행사를 할 수 있는 실질적 가능성을 침해한다는 측면에서 절도죄와 같은 속성을 가지고 있다. 다만 점유를 영구적으로 배제하는 것이 아니라 일시적으로만 침탈해서 사용가능성을 침해한다는 점에서 다를 뿐이다. 즉 그러한 이유 때문에 불법영득의사가 인정될 수 없지만 그렇다고 해서 절도죄와 본질적으로 다른 범죄라고 보기는 곤란하다. 따라서 사용권설이 타당하다.

3. 구성요건

(1) 객관적 구성요건

1) 행위객체

본죄의 행위객체는 타인의 자동차, 선박, 항공기 또는 원동기장치자전차이다. **자동차**란 “철길 또는 가설된 선에 의하지 아니하고 원동기를 사용하여 운전되는 차”를 의미하므로(도로교통법 제2조 제18호) 전차・기차・케이블카 등은 객체가 될 수 없다. 원동기장치자전차는 ‘자동차관리법 제3조에 따른 이륜자동차 가운데 배기량 125cc 이하의 이륜자동차와, 50cc 미만의 원동기를 단 자동차’(도로교통법 제2조 제19호)로서 ‘자동차’보다 작은 규모의 차량이다.

2) 행 위

행위내용은 ‘권리자의 동의 없이 일시적으로 사용하는 것’이다. 여기서 권리자는 소유권자 또는 소유권자로부터 사용권한을 위임받은 사람을 의미한다. 동의는 묵시적이어도 무방하다.

사용이란 탈것으로서의 용도로 이용하는 것을 의미한다. 탈것으로서의 용도란 사람이나 물건을 운반하는 데 이용하는 것을 말한다. 따라서 차량의 보관을 위탁받아(발레파킹) 보관장소로 이동하는 것은 사람을 운반하는 것이 아니라 차량을 운반하는 것에 해당한다. 사용권한을 위임받은 경우가 아니므로, 보관 중에 함부로 타고 다니면 본죄에 해당한다. 세차장에 맡겨진 차량을 함부로 타고 다니는 경우와 마찬가지이다.

사용행위는 시작할 때부터 불법이어야 한다(**통설**). 자동차를 빌린 사람이 반납시기가 지났는데도 불구하고 계속 운행하는 경우처럼 처음에 사용을 시작할 때에는 적법한 이용이었지만 일정한 시점이 지나면서부터는 법익주체의 의사에 반하는 이용이 되는 경우에는 본죄가 성립되지 않는다.

(2) 주관적 구성요건

권리자의 동의 없이 다른 사람의 자동차, 선박, 항공기 또는 원동기장치 자전차를 일시적으로 사용한다는 데 대한 인식과 의사가 있어야 한다. 미필적 고의로도 충분하다. 불법영득의사는 필요하지 않다.

(3) 실행의 착수와 기수

본죄는 불법사용을 시작할 때 실행의 착수가 있다고 할 수 있는데 자동차를 사용하기 시작한다는 것은 차량의 작동이 개시되는 것이고, 작동이 개시되는 것은 시동을 거는 순간으로 볼 수 있다. 따라서 실행의 착수시기는 시동을 걸 때로 보아야 하겠다.

기수시기에 대해서는 견해대립이 있다.

① 시동을 걸고 출발했을 때로 보는 견해

② 상당한 거리를 주행해서 자동차 사용권이 침해된 때로 보는 견해

결론 제331조의2를 통해서 보호하고자 하는 것은 자동차에 대한 소유권 행사의 실질적 가능성이다. 이 가능성은 점유자가 차량을 세워둔 위치에서 차량이 일단 벗어나서 점유가 배제되기만 하면 침탈되는 것이라고 볼 수 있다. 반드시 상당한 시간이 경과되어야만 이용가능성이 침해된다고 보기는 힘들다. 따라서 첫 번째 견해가 타당하다. 또한 그러한 이유에서 계속범으로 보기도 곤란하다고 생각한다.

4. 처벌조건 · 소추조건

본죄에 대해서도 친족상도례 규정(제328조)이 적용된다.

Ⅵ. 상습절도죄

제332조 (상습범) 상습으로 제329조 내지 제331조의2의 죄를 범한 자는 그 죄에 정한 형의 2분의 1까지 가중한다.

제342조 (미수범) 제329조 내지 제341조의 미수범은 처벌한다.

제344조 (친족간의 범행) 제328조의 규정은 제329조 내지 제332조의 죄 또는 미수범에 준용한다.

제345조 (자격정지의 병과) 본장의 죄를 범하여 유기징역에 처할 경우에는 10년 이하의 자격정지를 병과할 수 있다.

상습적으로 제329조(절도), 제330조(야간주거침입 절도), 제331조(특수절도) 그리고 제331조의2(자동차 등 불법사용) 행위를 한 자에 대한 가중처벌 규정이다. 제329조부터 제331조까지의 행위에 대해서는 특가법 제5조의4에 다시 가중처벌하는 규정이 있으므로 이들 경우에 대해서는 특가법만 적용된다. 상습성 판단기준 등 나머지 사항은 상습폭행·상해죄(제264조)의 경우와 동일하다.

【판례】 절도 상습성의 판단기준 절도에 있어서의 상습성은 절도범행을 반복 수행하는 습벽을 말하는 것으로서, 동종 전과의 유무와 그 사건 범행의 횟수, 기간, 동기 및 수단과 방법 등을 종합적으로 고려하여 상습성 유무를 결정하여야 한다. 또한 행위자가 범죄행위 당시 심신미약 등 정신적 장애상태에 있었다고 하여 일률적으로 그 행위자의 상습성이 부정되는 것은 아니다. (대법원 2009. 2. 12. 2008도11550)

【판례】 절도 상습성이 인정되는 경우 1. 3회의 절도, 4회의 야간주거침입 절도, 1회의 야간주거침입 절도 미수의 범죄사실이 있는 경우 (대법원 1976. 5. 25. 76도1124)

2. 피고인의 범행이 최종전과 사실로 출소한때부터 3년이 경과하였으나 상습특수절도 등으로 7차에 걸쳐 실형선고를 받은 경험이 있는 경우 (대법원 1982. 10. 12. 82도2010)

3. 특수절도죄 등으로 4차에 걸쳐 실형선고를 받아 그 집행을 종료한 전과가 있는데다가 이건 범행도 두 차례에 걸쳐 타인의 재물을 절취한 경우 (대법원 1983. 4. 26. 83도445)

4. 절·강도 전과가 6회나 있는 자가 비록 복역출소후 1년 10월이 경과된 후의 것이기는 하나 아는 사람의 집에서 자고 나오면서 반지와 카메라를 훔쳐 나온 경우 (대법원 1983. 8. 23. 83도1506)

5. 절도죄로 형의 선고를 받아 그 집행유예기간 중에 있는 자가 출소한지 한달만에 다시 절도행위를 반복한 경우 (대법원 1983. 10. 11. 83도1885)

【판례】 절도 상습성이 부정되는 경우 상습성을 인정하지 않는 판례로는 3차례에 걸친 전과사실만으로 최종범행일로부터 6년이 훨씬 지나고 출소일로부터 3년이 지난 단 1회의 동종의 범행을 한 경우 (대법원 1987. 9. 8. 87도1371)

제 2 절 강도의 죄

Ⅰ. 개 관

1. 보호법익

강도죄 규정의 보호법익은 재산이다. 또한 부수적으로 의사결정의 자유도 보호법익으로 한다. 본죄는 추상적 위험범이다.

2. 구성요건 체계

기본 구성요건은 제333조의 단순강도이다. 이에 대한 가중 구성요건으로는 제334조(특수강도), 제337조(강도상해 · 치상), 제338조(강도살인 · 치사), 제339조(강도강간), 제340조(해상강도), 제341조(상습강도) 등이 있다. 제335조(준강도)는 불법의 정도가 동일한 변형 구성요건이고, 제336조(인질강도)는 독자적 변형 구성요건이다.

Ⅱ. 강도죄

제333조 (강도) 폭행 또는 협박으로 타인의 재물을 강취하거나 기타 재산상의 이익을 취득하거나 제3자로 하여금 이를 취득하게 한 자는 3년 이상의 유기징역에 처한다.

제342조 (미수범) 제329조 내지 제341조의 미수범은 처벌한다.

제345조 (자격정지의 병과) 본장의 죄를 범하여 유기징역에 처할 경우에는 10년 이하의 자격정지를 병과할 수 있다.

1. 구성요건

(1) 객관적 구성요건

1) 행위객체

가. 타인의 재물

재물과 타인성의 의미는 절도죄의 경우와 같다.

나. 재 산

재산의 개념이 무엇인가에 대해서는 견해대립이 있다.

① **법적 재산 개념**: 재산을 '법적 권리로 인정되는 재산권'만으로 제한해서 파악하는 견해

② **경제적 재산 개념**: 법적 성격과는 관계없이 '경제적 가치를 가지는 모든 것'을 재산으로 보는 견해

절도범이 장물아비에 대해서 장물 처분 대금을 청구하는 사실상의 권리와 같이 법적으로 인정되지 않는 채권도 재산으로 보게 된다. 이와 같은 경제적 재산 개념을 따르게 되면 법규범 내에서의 상호 모순이라는 문제를 피할 수 없게 된다(박상기, 243면).

③ **개인적 재산 개념**: 재산적 가치 여부를 판단할 때 경제적 가치에 대한 개인적 관점을 가미하여야 한다는 견해

예를 들어 세숫비누를 두 달에 한 개 정도 소비하는 사람이 협박에 의해 10개들이 세숫비누 500상자를 구입하게 된 경우, 손익계산만으로는 재산상의 손실이 전혀 발생하지 않는 것으로 평가되지만 돈이 남아도는 사람이 아닌 이상 개인적 입장에서 이는 경제적 손해를 입는 일이 된다. 이러한 측면을 고려한 재산 개념이 개인적 재산 개념이다.

이에 대해서는 원래 재산 개념이라는 것이 경제적 측면을 완전히 배제하지 않는 한, 똑같은 내용의 재산이라 할지라도 언제 어느 경우에나 어디에서나 누구에게나 항상 똑같은 가치를 가지는 것은 아니라는 점을 포용하고 있는 것이기 때문에, 단지 같은 내용의 재산이라도 개인적으로 각기 다른 의미를 가질 수 있다는 점만을 이유로 굳이 별도의 재산 개념을 만들어 낼 필요는 없다는 비판이 가해지고 있다.

④ **법적·경제적 재산 개념 (절충설)**: 권리로 인정되기에 이르지는 않은 것이라도 경제적 가치를 가지고 있고, 법이 적어도 금지하지는 않는 것까지

재산으로 보는 견해 (**판례**).

판례는 사법상 유효하지 않더라도 재산상의 이익으로 볼 수 있다고는 하고 있으나, 장물아비가 장물을 처분한 대금을 절도범에게 주지 않기 위해서 그를 살해한다거나, 인질범이 이미 확보한 돈을 동료와 나누지 않기 위해서 동료를 살해하는 경우 등을 소극적 이익으로서 강도죄 규정의 보호대상으로 보지는 않고 있다.

아래 판례들처럼 강압에 의해서 재산적 처분행위를 하게 만드는 경우에는 당연히 그 의사표시는 무효이거나 취소할 수 있는 것이 된다. 이는 재물을 강취하는 경우에도 마찬가지이다. 강도가 물건을 강취한다고 해서 소유권이 유효하게 이전되는 것은 아니다.

이러한 면에서 어떤 이익이 강도죄 규정의 보호대상이 되는가의 문제는 행위자가 그 이익을 유효하게 취득하게 되느냐의 물음이 아니라 범행의 대상이 된 이익 자체가 어떠한 속성을 가지고 있는가에 대한 물음이어야 한다. 아래 판례들의 경우 피해자들의 재산권은 분명히 법적으로 보호되는 이익이다. 따라서 이들 판례를 근거로 대법원이 경제적 재산 개념을 취하고 있다고 보기는 곤란하다(반대 견해: 임웅, 262면).

현실적으로 문제가 될 수 있을 만한 예는 성매매 업소에 잠입해서 성매매 여성을 칼로 위협하여 성관계를 가지는 경우일 것이다. 성매매가 범죄행위로 평가되고 있으므로 성매매 여성의 대금 청구권은 법적으로 금지된 이익이라고 볼 수도 있기 때문이다. 그럼에도 사기죄의 경우에는 성매매 대금채무의 면탈을 재산상의 이익으로 보고 있다(대법원 2001. 10. 23. 2001도2991).

【판례】 재산의 개념 1. 피고인은 자신과 룸살롱을 동업한 적이 있는 피해자의 목에 식칼을 들이대고 "룸살롱을 경영하면서 손해를 보았으니 2천만원 지급한다는 내용의 지불각서를 쓰라"고 협박하다가 피해자가 주저하자 피해자의 오른쪽 어깨를 1회 찔러 항거를 불가능하게 하고 그로 하여금 위와 같은 취지의 **지불각서** 1매를 쓰게 한 다음 이를 강취하고, 약 2주간의 치료를 요하는 우측견갑부열상을 입혔다. 이 경우 피해자의 의사표시는 사법상 무효이거나 적어도 강박을 이유로 취소가 가능하겠지만 형법 제333조 후단의 강제이득죄는 권리의무관계가 외형상으로라도 불법적으로 변동되는 것을 막고자 함에 있는 것으로서, 법률상 정당하게 그 이행을 청구할 수 있는 것이 아니라도 강도죄에 있어서의 재산상의 이익에 해당하는 것이며, 따라서 이와 같은 재산상의 이익은 반드시 사법상 유효한 재산상의 이득만을 의미하는 것이 아니고 외견상 재산상의 이득을 얻을 것이라고 인정할 수 있는 사실관계만 있으면 되는 것이다. (대법원 1994. 2. 22. 93도428)

2. 피고인들이 폭행·협박으로 피해자로 하여금 **매출전표**에 서명을 하게 한 다음 이를 교부받아 소지함으로써 이미 외관상 각 매출전표를 제출하여 신용카드회사들로부터 그 금액을 지급받을 수 있는 상태가 되었는바, 피해자가 각 매출전표에 허위 서명

한 탓으로 피고인들이 신용카드회사들에게 각 매출전표를 제출하여도 신용카드회사들이 신용카드 가맹점 규약 또는 약관의 규정을 들어 그 금액의 지급을 거절할 가능성이 있다 하더라도, 그로 인하여 피고인들이 각 매출전표 상의 금액을 지급받을 가능성이 완전히 없어져 버린 것이 아니고 외견상 여전히 그 금액을 지급받을 가능성이 있는 상태이므로, 결국 피고인들이 '재산상 이익'을 취득하였다고 볼 수 있다. (대법원 1997. 2. 25. 96도3411 | 같은 취지: 대법원 1987. 2. 10. 86도2472)

결론 법적 권리로 인정되는 것만을 재산으로 보는 것도 곤란하고, 그렇다고 모든 경제적 가치를 다 재산으로 보는 것도 법질서 내에서의 상호모순이라는 문제를 해결할 수 없어 곤란하므로, 법적으로 금지되는 것을 제외한 실현 가능한 경제적 가치를 모두 재산으로 보는 **법적 · 경제적 재산 개념**이 타당하다. 그리고 여기서 법적 금지는 형사법적 금지로 보는 것이 마땅하다.

다. 재산상의 이익

재산상의 이익이라 함은 '재산이 증가되거나 (**적극적 이익**) 감소되어야 할 재산이 감소되지 않는 것 (**소극적 이익**)'을 의미한다(대법원 1994. 2. 22. 93도428). 따라서 채무의 면탈(대법원 1985. 10. 22. 85도1527; 대법원 1994. 2. 22. 93도428; 대법원 1999. 3. 9. 99도242)도 재산상의 이익이 된다.

【판례】 재산상의 이익에 해당하는 경우 | 채무의 면탈 피고인이 피해자를 살해할 당시 그 소주방 안에는 피고인과 피해자 두 사람밖에 없었다. 따라서 피고인이 피해자를 살해하면 피해자는 피고인에 대하여 술값 채권을 행사할 수 없게 되고, 피해자 이외의 사람들에게는 피해자가 피고인에 대하여 술값 채권을 가지고 있음이 알려져 있지 아니한 탓으로 피해자의 상속인이 있다 하더라도 피고인에 대하여 그 채권을 행사할 가능성은 없다 하겠다. 위와 같은 상황에서 피고인이 채무를 면탈할 목적으로 피해자를 살해한 것은 재산상의 이익을 취득할 목적으로 피해자를 살해한 것이라 할 수 있다. (대법원 1999. 3. 9. 99도242 | 같은 취지: 대법원 1985. 10. 22. 85도1527; 대법원 1994. 2. 22. 93도428)

【판례】 재산상의 이익에 해당하지 않는 경우 | 일시적인 채무 추급 모면 피고인은 피해자에게 채무 변제기 유예를 요청하였으나 피해자가 이를 거부하면서 심히 모욕하자 격분하여 바닥에 있던 망치로 피해자의 뒷머리 부분을 수회 때려 살해한 다음, 피해자의 차량 적재함에 시체를 싣고 보니 상의에 지갑이 있는 것을 발견하고, 시체의 신원이 밝혀지는 것을 숨기기 위하여 지갑을 꺼내 그 차량의 사물함에 넣어두었다가, 15

시간 정도 지난 후 다시 돌아와 지갑 속에 들어 있던 돈과 바지주머니에 별도로 들어 있던 돈을 꺼냈으나, 지갑 속의 돈은 피에 젖어 며칠 후 지갑째로 버리고, 바지주머니에서 꺼낸 돈은 유류대금과 담뱃값 등으로 사용하였다. 이 경우 채무의 존재가 명백할 뿐만 아니라 채권자의 상속인이 존재하고 그 상속인에게 채권의 존재를 확인할 방법이 확보되어 있어 비록 채무를 면탈할 의사로 채권자를 살해하더라도 일시적으로 채권자측의 추급을 면한 것에 불과하여 재산상 이익의 지배가 채권자측으로부터 범인 앞으로 이전되었다고 보기는 어려우므로 강도살인죄가 성립할 수 없다. (대법원 2004. 6. 24. 2004도1098; 같은 취지: 대법원 2010. 9. 30 2010도7405)

사기죄와 관련해서는 '채무이행을 연기 받는 것도 재산상의 이익'으로 본다. (대법원 1997. 7. 25. 97도1095)

변제해야 할 법적 의무는 없지만 변제를 하는 것이 법적으로 금지되어 있지는 않은 채무(특히 자연채무)를 면제받는 것도 법적·경제적 재산 개념을 기준으로 판단하면 재산상의 이익이다.

예를 들어 건축공사를 수주하게 해달라고 부탁하며 군수에게 현금으로 뇌물을 주었는데 결국 허가가 나지 않게 되자 쫓아다니며 뇌물을 돌려달라고 조르고 안 돌려주면 언론에 알리겠다고 하기에 이를 면하려고 사람을 시켜 살해하게 되면 군수의 입장에서 재산상의 이익을 취하는 것이 된다.

2) 행 위

가. 폭행·협박

폭행·협박의 개념은 자유를 침해하는 범죄 부분에서 설명한 것과 같다. 다만 폭행·협박의 정도는 범죄유형에 따라 필요로 하는 정도가 다른데, 강도의 경우에는 반항이 불가능할 정도의 폭행·협박이 있어야 한다. 물건에 대한 유형력의 행사라고 하더라도 그것으로 사람의 반항을 불가능하게 할 정도의 것이면 된다.

【판례】 반항이 불가능한 폭행·협박인 경우 날치기 수법으로 피해자가 들고 있던 가방을 탈취하면서 가방을 놓지 않고 버티는 피해자를 5m 가량 끌고 감으로써 피해자의 무릎 등에 상해를 입혔다면 이는 반항을 억압하기 위한 목적으로 가해진 강제력으로서 그 반항을 억압할 정도에 해당하므로 강도치상죄의 성립이 인정된다. (대법원

2007. 12. 13. 2007도7601)

【판례】 반항이 불가능한 폭행 · 협박이 아닌 경우

1. 피고인이 강제력을 행사하여 피해자로부터 금품을 가져갔다고 하더라도, 두 사람의 친분관계(10여년간의 친구로 함께 고스톱 화투를 자주 치는 사이)나 나이, 직업, 재산 정도(피고인이 오히려 여유가 있다), 신체상태(피해자가 힘이 더 세다는 점), 범행의 동기 및 그 전후의 행적 등에 비추어 볼 때, 피해자가 반항이 억압되거나 항거불능의 상태에서 금원을 강취 당한 것이라고 보기는 어렵다고 보인다. (대법원 1993. 3. 9. 92도2884)

2. 길을 가는 여성(49세)에게 승용차로 접근하여 손가방을 낚아채는 과정에서 피해자의 왼손 중지 골절상을 입혔다면 이는 반항을 억압하기 위한 목적의 강제력 행사가 아니어서 강도치상이 되지 않는다. (대법원 2003. 7. 25. 2003도2316)

강도의 고의로 폭행 · 협박을 하였으나 그것이 상대방의 반항이 불가능할 정도에 이르지 못하고 단순히 두려움을 느끼게 하는 정도에 그쳤으나 재물을 얻어낸 경우에 대해서는 견해 대립이 있다.

① 강도 미수와 공갈죄가 모두 성립된다는 견해 (**다수설**)
② 강도 불능미수와 공갈죄의 상상적 경합이 된다는 견해
③ 강도 미수만 성립된다는 견해

[결론] 강도의 고의를 가지고 강도를 실행하고자 하였으나 미수에 그친 것인데, 강도의 고의가 공갈의 고의도 포함하고 있으므로, 강도는 미수가 되고 공갈죄도 동시에 성립되지만 강도죄 규정이 특별규정이므로 강도 미수만 적용된다고 보는 것이 타당하다.

사람을 **살해**하는 것도 반항을 불가능하게 만드는 방법에 속한다. 사람이 죽더라도 재물에 대한 점유 또는 재산에 대한 지배의사는 잠재적 형태로 죽은 후에도 얼마간 지속된다고 보아야 하기 때문에 재물을 강탈하거나 재산상의 이익을 얻기 위해서 사람을 살해하게 되면 강도가 성립된다(대법원 1999. 3. 9. 99도242).

나. 재물의 강취

강취란 폭행 · 협박으로 재물 점유자의 반항을 불가능하게 만들고 타인의 재물을 자기 또는 제3자의 점유로 옮기는 것을 의미한다. 상대방에게

서 탈취하건 상대방이 스스로 재물을 내주건 상관없다. 다만 폭행 · 협박과 재물의 강취 사이에는 **인과관계**가 있어야 한다.

예를 들어 인질강도가 지정된 장소에 돈을 놔두고 가라고 한 상황에서, 경찰과 상의한 끝에 경찰이 잠복했다가 돈을 집어가는 범인을 추적해서 체포할 생각으로 피협박자가 협박자의 말대로 지정된 장소에 돈을 가져다 두는 경우에는 협박과 재물이 취득되는 것 사이에 사실적 측면의 인과관계는 연결이 인정되지만 법적으로 의미가 있는 위험은 발생하지 않는 경우이므로 **객관적 귀속**이 부정되어 인질강도는 미수가 문제될 뿐이다.

다음과 같은 경우도 문제가 될 수 있다.

① 객관적으로 상대방의 반항이 불가능할 정도에 이르는 폭행 · 협박을 행사하였지만, 상대방이 기대한 수준의 공포심을 느끼지 않은 경우, 강도의 고의를 가지고 강도의 객관적 구성요건을 충족시키지 못한 경우이므로 강도 미수가 된다.

② 객관적으로 상대방의 반항이 불가능할 정도에 이르는 폭행 · 협박을 행사하였지만, 상대방이 단순히 두려움을 느끼는 정도에 그쳤다면 강도 미수가 된다.

한편 강취는 재물의 취득이 폭행 · 협박을 수단으로 해서 이루어져야 하기 때문에 먼저 재물이 취득되고 나서 폭행 · 협박이 있게 되면 준강도는 성립되더라도 강도는 되지 않는다. 또한 폭행 · 협박이 이루어진 후 뒤늦게 재물을 강취할 생각이 나서 재물을 취득한 경우에도 시간적 · 공간적 연관성이 없으면 강도는 성립되지 않는다.

【판례】 시간적 · 공간적 근접성이 없는 경우 피고인은 피해자의 집과 여관에서 폭행 · 협박을 한 후 그로부터 18시간이 경과한 뒤 다른 장소에서 돈을 교부받았다. 그렇다면 피고인이 폭행 · 협박하였을 때 피해자의 의사가 억압되어 반항이 불가능한 정도에 이르렀다고 하더라도 그 후 피고인의 폭행 · 협박으로부터 벗어난 이후에는 그러한 의사억압상태가 계속된다고 보기는 어렵다. 따라서 위 금원 교부는 강취가 아니라 **갈취**에 해당된다. (대법원 1995. 3. 28. 95도91)

다른 목적으로 사용된 폭행 · 협박에 의해서 조성된 항거불능의 상태를 이용하는 경우에도 강도가 성립되지 않는다.

【판례】 다른 목적의 폭행 1. 채무 변제기 유예를 요청하였으나 피해자가 이를 거부하면서 심히 모욕하자 격분하여 바닥에 있던 망치로 피해자의 뒷머리 부분을 수회 때려 살해함으로써 일시적으로 채무 추급을 모면한 경우 강도의 성립을 인정할 수 없다.

(대법원 2004. 6. 24. 2004도1098)

2. 피고인은 피해자와 금품을 대가로 하는 성관계를 갖기 위해서 주점을 나와 함께 모텔로 가서 모텔비를 지급한 후 모텔 408호실에서 피해자와 성관계를 하던 중 피해자가 성행위가 너무 과격하다는 이유로 항의하면서 성교를 중단하자, 화가 나서 피해자에 대한 폭행을 시작하였고 피해자가 이불을 뒤집어 쓴 후에도 계속 주먹과 발로 피해자를 구타한 후, 피해자를 두고 옷을 입고 방을 나가다가 탁자 위의 피해자 손가방 안에서 현금 20만원 등이 들어있는 피해자의 키홀더를 발견하고 우발적으로 가져갔다. 이 경우 비록 재물의 취득이 피해자에 대한 폭행 직후에 이루어졌더라도 그 폭행이 재물 탈취를 위한 반항억압의 수단으로 이루어진 것이 아니므로 양자 사이에 인과관계가 없어서 강도의 성립을 인정할 수 없다. (대법원 2009. 1. 30. 2008도10308)

참고 이와 관련하여 재물 탈취시에 부작위에 의한 폭행이 존재하였음을 이유로 강도가 성립된다고 볼 여지도 있으나, ① 폭행이란 '신체에 대한 유형력 행사'로서 본래 작위에 의한 행위유형이며, ② 부작위에 의한 폭행이 인정되려면 항거불능상태를 제거하여야 할 법적 작위의무가 인정되고, 작위의무 이행가능성 그리고 부작위의 동가치성이 있어야 한다. 여기서 작위의무는 선행행위를 근거로 인정할 수 있으나, 항거불능상태를 이용하는 것이 작위에 의해서 반항이 불가능하도록 만드는 것과 같은 수준의 불법이라고 보기는 곤란하다.

다. 재산상의 이익 취득

재산상의 이익을 취득하는 방법은 ① 상대방이 재산상의 처분행위를 하게 만드는 방법과 ② 대가를 지급하지 않고 노동력을 제공하게 하는 방법 두 가지가 있다.

한편 피해자의 의사표시(교부행위)가 있어야만 재산상의 이익이 취득되는 것으로 볼 수 있는 것은 아니다(**통설|판례**).

예를 들어 채무 면제를 위해서 사람을 살해하는 경우를 재산상의 이익 취득으로 볼 것인가 하는 문제이다. 사람을 살해하는 것은 폭행 중에서도 가장 극렬한 형태이므로 피해자의 의사표시가 없더라도 재산상의 이익이 취득된 것으로 보아야 한다. (대법원 1985. 10. 22. 85도1527; 대법원 1999. 3. 9. 99도242)

3) 실행의 착수와 기수

폭행・협박을 하기 시작할 때가 구성요건 해당행위를 직접 시작하는 시기이므로 그때를 실행의 착수시기로 보아야 한다.

강도의 기수시기는 행위내용을 완료한 때이다. 따라서 재물의 강취 또는 재산상의 이익 취득이 완성되는 때 범죄는 기수가 된다. 본죄는 폭행・협박과 재물 강취・재산상 이익 취득이라는 두 가지 요소가 결합되어 있으므로 그 가운데 한 가지라도 충족이 되지 않으면 기수라고 볼 수 없다.

(2) 주관적 구성요건

1) 구성요건적 고의

미필적 형태라도 고의가 있어야 한다.

2) 부가적 주관적 구성요건 요소

재물을 강취하는 경우에는 **불법영득의사**, 재산상의 이익을 취득하는 경우에는 **불법이득의사**가 있어야 한다. 따라서 영득 또는 이득의 불법성이 없으면 본죄가 성립하지 않는다고 보아야 하는데 이를 인정하는 판례는 없다. 그 반대의 결론을 내리는 판례는 있다.

【판례】 채권추심과 강도 채권자로부터 채무자에 대한 외상물품 대금채권의 회수를 의뢰받았다고 하더라도, 채무자의 반항을 억압할 정도의 폭행과 협박을 가하여 재물 및 재산상 이득을 취득한 이상, 이는 정당한 권리행사라고 볼 수 없음이 명백하여 강도상해죄가 성립함에는 아무런 지장이 없다고 보아야 한다. (대법원 1995. 12. 12. 95도2385 | 같은 취지: 대법원 1962. 2. 15. 4294형상677)

한편 돈을 절취당한 사람의 의뢰를 받고 돈을 훔쳐간 절도범을 폭력조직원과 함께 협박해서 그 돈을 되찾아 준 경우에 대해서는 공갈죄가 성립되지 않는다고 하고 있다(대법원 2012. 8. 30. 2012도6157). 강도가 너무 강력한 수단을 사용하는 범죄이어서 그러한 것으로 보인다.

2. 공 범

범죄실행 과정에서는 폭행・협박에 가담하지 않더라도 기능적 행위지배가 있으면 공동정범이 되지만, 불법영득(이득)의사는 있어야 한다.

3. 죄 수

절도(제329조), 폭행(제260조), 협박(제283조)은 강도에 대한 보충규정이다. 따라서 강도가 성립되면 이들 규정은 항상 적용이 배제된다. 강요(제324조), 공갈(제350조)과의 관계에서 강도는 특별규정이다. 그러나 강도의 수단으로 피해자를 감금한 경우에는 강도와 별도로 감금죄가 성립하며(대법원 1997. 1. 21. 96도2715) 상상적 경합관계가 된다. 나아가 감금행위가 강도의 수단에 그치지 않고 강도 후에도 계속된 때에는 감금죄가 따로 성립되고 실체적 경합이 된다.

【판례】 강도 후의 감금행위 감금행위가 단순히 강도상해 범행의 수단이 되는 데 그치지 않고 강도상해의 범행이 끝난 뒤에도 계속된 경우에는 1개의 행위가 감금죄와 강도상해죄에 해당하는 경우라고 볼 수 없고, 이 경우 감금죄와 강도상해죄는 실체적 경합 관계에 있다. (대법원 2003. 1. 10. 2002도4380)

강도는 폭행·협박이라는 수단을 사용하기 때문에 고도의 개인적 법익을 침해하는 범죄에 속한다. 따라서 동일한 장소에서 동일한 방법으로 시간적으로 밀접한 상황에서 여러 사람의 피해자들에게 폭행 또는 협박을 가하여 그들로부터 각기 점유관리하고 있는 재물을 강취한 경우에는 피해자들의 수에 따라 여러 개의 강도죄가 성립된다(대법원 1991. 6. 25. 91도643). 반면 피해자가 여러 명이더라도 이들이 공동점유하고 있던 물건을 강취한 때에는 하나의 강도죄만 인정된다.

【판례】 한 가족 여러 명에 대한 강취 강도가 시간적으로 밀접한 상황에서 가족을 이루는 여러 사람에게 폭행·협박을 가하여 집안에 있는 재물들을 탈취한 경우 그 재물은 가족의 공동점유 아래 있는 것이므로 여러 명에게서 강취했더라도 하나의 강도죄가 성립된다. (대법원 1996. 7. 30. 96도1285)

또한 행위대상이 한 사람인 경우에는 여러 가지 물건을 강취했더라도 하나의 행위에 의한 하나의 강도죄가 성립된다.

Ⅲ. 특수강도죄

제 334 조 (특수강도) ① 야간에 사람의 주거, 관리하는 건조물, 선박이나 항공기 또는 점유하는 방실에 침입하여 제333조(강도)의 죄를 범한 자는 무기 또는 5년 이상의 징역에 처한다.
② 흉기를 휴대하거나 2인 이상이 합동하여 전조의 죄를 범한 자도 전항의 형과 같다.

제 342 조 (미수범) 제329조 내지 제341조의 미수범은 처벌한다.

제 345 조 (자격정지의 병과) 본장의 죄를 범하여 유기징역에 처할 경우에는 10년 이하의 자격정지를 병과할 수 있다.

특수강도는 행위방법이 특별히 위험하기 때문에 가중처벌하는 규정이다.

제1항의 행위형태는 야간주거침입 절도(제330조)와 절도가 아니라 강도라는 부분만 다르다. 야간주거침입 강도의 실행의 착수시기와 관련하여 **다수설**은 주거에 침입할 때가 아니라 폭행·협박을 시작할 때라고 하고 있으나, '행위자의 범행 계획에 따른 구성요건 실현행위가 직접 시작된 때'를 실행의 착수시기로 본다면 구성요건 내용의 한 부분인 야간에 주거침입을 하는 행위가 시작될 때를 실행의 착수시기로 보는 것이 타당하다. **판례**는 일관된 입장을 보이지 않고 있다.

【판례】 폭행·협박을 실행의 착수로 본 경우 강도의 범의로 야간에 칼을 휴대한 채 타인의 주거에 침입하여 집안의 동정을 살피다가 피해자를 발견하고 갑자기 욕정을 일으켜 칼로 협박하여 강간한 경우, 야간에 흉기를 휴대한 채 타인의 주거에 침입하여 집안의 동정을 살피는 것만으로는 특수강도의 실행에 착수한 것이라고 할 수 없다. (대법원 1991. 11. 22. 91도2296)

【판례】 주거침입을 실행의 착수로 본 경우 야간주거침입 강도죄는 주거침입과 강도의 결합범으로서 시간적으로 주거침입행위가 선행되는 것이므로 주거침입을 한 때에 본죄의 실행에 착수한 것으로 보아야 한다. 또한 같은 조 제2항 소정의 흉기 휴대 합동강도죄에 있어서도 그 강도행위가 야간에 주거에 침입하여 이루어지는 경우에는 주거

침입을 한 때에 실행에 착수한 것으로 보는 것이 타당하다. (대법원 1992. 7. 28. 92도917)

제2항의 "흉기를 휴대하거나 2인 이상이 합동하여" 한다는 의미는 특수절도죄(제331조 제2항)의 경우와 같다.

Ⅳ. 준강도죄

제 335 조 (준강도) 절도가 재물의 탈환에 항거하거나 체포를 면탈하거나 범죄의 흔적을 인멸할 목적으로 폭행 또는 협박한 때에는 전2조(강도, 특수강도)의 예에 의한다.
제 342 조 (미수범) 제329조 내지 제341조의 미수범은 처벌한다.
제 345 조 (자격정지의 병과) 본장의 죄를 범하여 유기징역에 처할 경우에는 10년 이하의 자격정지를 병과할 수 있다.

1. 의 의

절도범이 재물의 탈환에 항거하거나 체포를 면탈하거나 범죄의 흔적을 인멸할 목적으로 폭행 또는 협박을 함으로써 성립하는 범죄이다. 강도와 다른 점은 재물의 취득이 먼저 이루어지고 그 뒤에 재물에 대한 점유를 확보하는 수단으로 폭행·협박이 나중에 사용된다는 것이다. 이러한 의미에서 **사후강도**라고 부르기도 한다. 어쨌든 강도행위와 비교해 볼 때 불법의 정도가 덜하지 않기 때문에 같은 형량으로 처벌하도록 되어 있다.

본죄의 속성에 대해서는 견해대립이 있다.

① **일반범설**

② **신분범설**

결론 본죄의 행위주체를 구성요건 자체에서 "절도"로 한정하고 있으므로 신분범이라고 하지 않을 수 없다.

2. 구성요건

(1) 객관적 구성요건

1) 행위주체

본죄의 행위주체는 '절도'이다. 그리고 여기서 말하는 **절도**는 '절도행위를 하는 자'로서 실행에 착수하여 기수에 이르지 못한 자도 포함한다(**통설·판례** | 대법원 1990. 2. 27. 89도2532). 다만 절도는 예비를 처벌하지 않으므로 실행의 착수에 이르지 못한 경우에는 본죄가 성립하지 않는다(**통설**).

> 재물을 절취하려 하였으나 점유자가 물건을 지키려고 함에 폭행이나 협박을 통해서 그와 같은 반항을 억압하고 재물을 탈취하게 되면, 준강도가 아니라 강도죄가 성립된다. "절도가 재물의 탈환을 항거"한다는 것은 절도범이 이미 점유를 취득하였음을 전제로 하는 이야기이다. 점유를 취득하기 이전에 폭행·협박을 사용하고 그를 통해 반항을 억압하고 비로소 점유를 취득하게 되면 절도가 아니라 강도이다. 절도가 미수인 상태에서는 "체포를 면탈하거나 죄적을 인멸"하는 형태의 준강도만 가능한 것이다. **판례**도 날치기가 점유를 탈취하는 과정에서 상대방의 반항을 억압하기 위해서 폭행을 사용하면 강도죄가 성립한다고 보고 있다. (대법원 2007. 12. 13. 2007도7601)

절도의 기본 구성요건인 제329조뿐 아니라 제330조(야간주거침입 절도)와 제331조(특수절도)도 절도행위를 구성요건 안에 포함하고 있으므로 이들 범죄행위를 하는 자도 행위주체가 된다. 친족상도례 규정은 제333조 이하에 대해서는 적용되지 않으므로 절도가 친족간의 범행인 경우에도 준강도는 성립된다.

강도행위를 하는 자도 준강도의 행위주체가 될 수 있는가에 대해서는 견해대립이 있다.

① 긍정설

② 부정설

③ 절충설 (**판례** | 대법원 2014. 5. 16. 2014도2521)

> 결론 강도의 행위객체는 재물 또는 재산상 이익이다. 이에 비해 절도의 행위객체는 재물만이므로 재물을 행위객체로 하는 강도행위를 하는 경우에는 행위주체를 인정할 수 있지

만, 재산상 이익을 행위객체로 하는 강도행위의 경우에는 행위주체로 볼 수 없다. 절충설이 타당하다. 예를 들어 재물을 강취한 단순강도가 체포를 면하기 위해서 처음에는 가지고 있지 않던 흉기를 갑자기 집어 들고 사용하게 되면 특수강도에 준하는 준강도가 된다. 그러나 술값 지급을 면하기 위해서 주인을 폭행한 경우에는 준강도가 될 수 없다(대법원 2014. 5. 16. 2014도2521).

한편 준강도는 강도와 마찬가지로 절도와 폭행·협박의 결합범이므로 두 가지 부분을 모두 **정범**의 형태로 실행해야만 성립된다. 앞부분인 절도가 성립되려면 불법영득의사까지 갖추어져야 하는데 공범(교사범·종범)의 경우에는 그렇지가 않다. 따라서 절도의 교사범과 종범은 준강도의 행위주체가 될 수 없다. 뒤늦게 절도행위에 참가한 사람의 경우에는 절도의 공동정범으로 인정될 수 있을 만큼 실행행위에 가담하고 공동실행의 의사를 가지고 있었던 경우에만 준강도의 행위주체가 될 수 있다.

2) 행위상황

폭행·협박이 언제 이루어져야 준강도가 성립되는가에 대해서는 제335조에 명문으로 규정되어 있지 않으며 그에 대하여 견해가 대립된다.

① 실행의 착수 이후부터 **기수 직후**까지로 보는 견해
② 실행의 착수 이후부터 **종료시**까지로 보는 견해
③ 실행의 착수 이후 **종료 직후**까지라는 견해 **(판례)**

[결론] 준강도의 행위주체에는 절도미수범도 포함되어야 하므로 절도가 기수에 이르지 않더라도 일단 절도행위가 시작되어 진행 중이면 행위상황으로 포함시킬 수 있다. 또한 절도행위를 마친 자가 재물의 탈환에 항거하기 위해 폭행·협박하는 경우를 본죄에서 제외할 일이 아니므로 절도행위가 종료될 때까지의 시간도 행위상황에 포함시키는 것이 타당하다.

나아가 예를 들어 재물을 가지고 무사히 계산대까지는 통과했더라도 그 상태에서 경비원에게 발각된다면 역시 준강도행위가 가능하다고 보는 것이 마땅하므로 종료 직후까지도 본죄의 성립이 가능한 것으로 보는 것이 타당하다. 즉, 본죄는 시간적 측면에서 넓게 보아 '**절도의 기회**'에 폭행·협박이 행해지면 성립되는 것으로 보는 것이 올바른 해석이라고 생각한다(독일 형법 제252조는 이를 명문으로 규정하고 있다).

이는 폭행·협박이 이루어진 상황이 시간적·공간적인 측면에서 **현행범 상태**라고 볼 수 있을 정도이어야 한다(대법원 1982. 7. 13. 82도1352)는 표현과 다르지 않다. 시간적으로는 절도행위 중이거나 그 직후이어야 하고, 공간적으로는 범행 현장 또는 그 부근이어야만 한다는 말이다. 현장에서 발각되어 도주하는 경우에는 현장에서 많이 떨어지게 되더라도 현행범 상태로 볼 수 있으므로 행위상황에 포함된다.

예를 들면 200m 떨어진 곳에서 폭행한 경우(대법원 1984. 9. 11. 84도1398); 70m 떨어진 곳에서 폭행한 경우(대법원 1987. 10. 26. 87도1662)가 이에 해당한다. ③의 견해가 타당하다.

【판례】 시간적 · 공간적 근접성이 있는 경우 1. 절도범인이 현장에서 발견되어 추적되어 **도주 중**에 그 추적하는 자 또는 이에 호응하는 다른 사람에게 체포될 것을 면하기 위하여 폭행 · 협박을 가한 경우에도 준강도죄가 성립된다. (대법원 1964. 5. 12. 64도95)

2. 절도범행의 종료 후 얼마 되지 아니한 단계이며 안전지대로 이탈하지도 못하고 피해자 측에 의하여 체포될 가능성이 남아 있는 상황에서 **추적**당하여 체포되려 하자 구타한 경우에는 절도행위와 그 체포를 면탈하기 위한 구타행위와의 사이에 시간상 및 거리상 극히 근접한 관계에 있다 할 것이므로 준강도죄가 성립한다. (대법원 1982. 7. 13. 82도1352)

3. 피고인은 야간에 절도의 목적으로 피해자의 집 담을 넘어 들어갔다가 피해자에게 발각되어 범행현장으로부터 **200m** 떨어진 곳까지 도주한 상태에서 피해자에게 폭행을 가하였다. 이는 절도의 기회 계속 중에 폭행을 가한 것이라고 보아야 할 것이다. (대법원 1984. 9. 11. 84도1398)

4. 방범대원인 피해자가 약 **70m** 추격 끝에 피고인을 붙잡게 되자 피고인은 체포를 면하기 위하여 피해자에게 폭행을 가하였다. 이 경우 피고인의 행위는 절취미수 행위와 시간상 및 거리상 매우 근접하여 절취미수행위의 실행 중 또는 실행직후에 행하여진 것으로 볼 수 있다. (대법원 1987. 10. 26. 87도1662)

5. 피고인은 절도행위가 발각되어 도주하다가 곧바로 뒤쫓아 온 보안요원에게 붙잡혀 보안사무실로 인도되어 피해자로부터 경위를 확인받던 중 **체포**된 상태를 벗어나기 위해서 피해자에게 폭행을 가하여 상해를 가하였다. 준강도는 절도범인이 절도의 기회에 재물탈환의 항거 등의 목적으로 폭행 또는 협박을 가함으로써 성립되는 것으로서, 여기서 절도의 기회라고 함은 절도범인과 피해자측이 절도의 현장에 있는 경우와 절도에 잇달아 또는 절도의 시간 · 장소에 접착하여 피해자측이 범인을 체포할 수 있는 상황, 범인이 죄적인멸에 나올 가능성이 높은 상황에 있는 경우를 말하고, 그러한 의미에서 피해자측이 추적태세에 있는 경우나 범인이 일단 체포되어 아직 신병확보가 확실하다고 할 수 없는 경우에는 절도의 기회에 해당한다. (대법원 2001. 10. 23. 2001도4142)

【판례】 시간적 · 공간적 근접성이 없는 경우 피해자의 집에서 절도범행을 마친지 10분

가량 지나, 피해자의 집에서 200m 가량 떨어진 **버스정류장**이 있는 곳에서 피고인을 절도범인이라고 의심하고 뒤쫓아 온 피해자에게 붙잡혀 피해자의 집으로 돌아왔을 때 비로소 피해자를 폭행한 경우, 그 폭행은 사회통념상 절도범행이 이미 완료된 이후에 행하여진 것이므로 준강도죄가 성립하지 않는다. (대법원 1999. 2. 26. 98도3321)

3) 행 위

준강도의 행위내용은 폭행 또는 협박이다. 폭행・협박의 정도는 강도의 경우와 마찬가지로 상대방의 반항이 불가능하게 할 정도에 이르러야 한다.

【판례】 준강도가 되는 폭행・협박 1. 약 30cm의 **쇠 밥주걱**으로 피해자의 왼쪽 어깨를 수회 강타하여 전치 10일을 요하는 견좌상부위열상을 입힌 경우 (대법원 1969. 7. 22. 69도927)

2. 소지 중이던 **손톱깎이** 칼로 추격자의 좌측 눈 위 부분을 한 차례 찌르고 잡아 땅바닥에 넘어뜨린 경우 (대법원 1971. 4. 20. 71도441)

3. 피해자의 얼굴을 주먹으로 때리고 놓아주지 않으면 죽여버리겠다고 협박한 경우 (대법원 1983. 3. 8. 82도2838)

4. 자기의 멱살을 잡은 피해자의 얼굴을 **주먹**으로 때리고 뒤로 넘어뜨려 상해를 입게 한 경우 (대법원 1985. 11. 12. 85도2115)

5. 힘껏 떠밀어 **콘크리트바닥**에 넘어뜨려 상처를 입게 함으로써 추적을 할 수 없게 한 경우 (대법원 1991. 11. 26. 91도2267)

【판례】 준강도가 되지 않는 폭행・협박 1. 범행이 발각되어 목욕탕을 나와 출입문 앞길로 도망하는데 피해자가 추적해와 피고인의 저고리 어깨와 등 부분을 붙잡아 도망하려고 잡은 손을 뿌리치는 바람에 피해자가 밀려 넘어지면서 상처를 입은 경우 이를 준강도죄로 볼 수는 없다. (대법원 1985. 5. 14. 85도619)

2. 피고인을 체포하려고 심한 폭력을 가해 오자 피고인이 이를 피하기 위하여 엉겁결에 **솥뚜껑**을 들어 그 폭력을 막아내려다가 그 솥뚜껑에 스치어 피해자가 상처를 입게 되었다면 이는 일반적, 객관적으로 피해자의 체포 의사를 제압할 정도의 폭행에 해당하지 않는다고 할 것이므로 준강도상해죄는 성립되지 않는다. (대법원 1990. 4. 24. 90도193)

(2) 주관적 구성요건

1) 구성요건적 고의

절도의 기회에 폭행 또는 협박을 가한다는 데 대한 인식과 의사가 있어야 한다. 미필적 고의로도 충분하다.

2) 목 적

본죄는 목적범이다. ① 재물의 탈환에 항거하거나, ② 체포를 면탈하거나, ③ 범죄의 흔적을 인멸할 목적을 가지고 있어야 한다. 본죄의 목적은 다른 목적범의 경우와 마찬가지로 그저 목적으로 존재하면 된다. 객관적으로 그 목적이 달성되어야 준강도죄가 성립되는 것은 아니다.

3. 미 수

본죄의 미수와 기수를 구별하는 기준을 무엇으로 할 것인가에 대하여 견해의 대립이 있다.

① **폭행·협박행위 기준설** : 폭행·협박행위가 기수에 이르렀는가의 여부에 따라 판단해야 한다는 견해

② **절취행위 기준설** : 절도행위가 기수에 이르렀는가에 따라 정해야 한다는 견해 **(판례)**

③ **이원설(종합설)** : 폭행·협박과 절도행위 모두가 기수에 이르렀는가를 기준으로 하여야 한다는 견해

> 결론 준강도 행위의 핵심은 범죄를 통해 획득한 재물을 안전하게 확보하는 것이다. 따라서 절취행위가 완료되어야 비로소 범죄가 완성단계에 이르는 것이라고 할 수 있다. **절취행위 기준설**이 타당하다.

【판례】 준강도의 기수시기 형법 제335조에서 절도가 재물의 탈환을 항거하거나 체포를 면탈하거나 죄적을 인멸할 목적으로 폭행 또는 협박을 가한 때에 준강도로서 강도죄의 예에 따라 처벌하는 취지는, 강도죄와 준강도죄의 구성요건인 재물탈취와 폭행

· 협박 사이에 시간적 순서상 전후의 차이가 있을 뿐 실질적으로 위법성이 같다고 보기 때문인 바, 이와 같은 준강도죄의 입법 취지, 강도죄와의 균형 등을 종합적으로 고려해 보면, 준강도죄의 기수 여부는 절도행위의 기수 여부를 기준으로 하여 판단하여야 한다. (대법원 2004. 11. 18. 2004도5074 전원합의체)

4. 공 범

절도행위는 공동으로 했지만 폭행 · 협박행위는 공동정범 가운데 일부만 한 경우에는 그 폭행 · 협박행위에 대한 공동실행의 의사가 나머지 공동정범에게도 있었던 경우에 한하여 함께 준강도가 된다고 보아야 하겠다. (**판례** | 대법원 1982. 7. 13. 82도1352; 대법원 1984. 12. 26. 84도2552; 대법원 1989. 12. 12. 89도1991).

5. 죄 수

준강도와 절도는 보충관계에 있으므로 준강도 규정만 적용된다. 단순강도가 체포를 면탈하는 등의 목적으로 처음에는 가지고 있지 않던 흉기를 집어들고 사용하게 되면 특수강도에 해당되는 준강도가 되고 강도죄 규정은 적용이 배제된다.

V. 인질강도죄

제 336 조 (인질강도) 사람을 체포·감금·약취 또는 유인하여 이를 인질로 삼아 재물 또는 재산상의 이익을 취득하거나 제3자로 하여금 이를 취득하게 한 자는 3년 이상의 유기징역에 처한다.

제 342 조 (미수범) 제329조 내지 제341조의 미수범은 처벌한다.

제 345 조 (자격정지의 병과) 본장의 죄를 범하여 유기징역에 처할 경우에는 10년 이하의 자격정지를 병과할 수 있다.

특가법 제 5 조의2 (약취·유인죄의 가중처벌) ① 13세 미만의 미성년자에 대하여 형법 제287조의 죄를 범한 자는 그 약취 또는 유인의 목적에 따라 다음과 같이 가중처벌한다.

1. 약취 또는 유인한 미성년자의 부모나 그 밖에 그 미성년자의 안전을 염려하는 자의 우려를 이용하여 재물이나 재산상의 이익을 취득할 목적인 때에는 무기 또는 5년 이상의 징역에 처한다.

1. 의 의

사람을 체포·감금·약취 또는 유인해서 이를 인질로 삼아 재물 또는 재산상의 이익을 취득하거나 제3자로 하여금 이를 취득하게 함으로써 성립되는 범죄이다. 재산범죄로 분류되어 있기는 하지만 인질인 피해자의 자유와 재물이나 재산상의 이익을 제공하도록 강요받는 피해자의 의사결정의 자유도 함께 보호법익으로 하는 규정이다.

2. 구성요건

체포·감금(제276조)과 약취·유인(제287조)은 해당 범죄에 대해서 설명한 것과 내용이 동일하다. 인질로 삼는다는 것은 '납치된 사람의 생명·신체·자유가 보호되기를 원하는 심정을 자신의 의도를 관철하는 데 이용하는 것'을 의미한다.

본죄는 인질강요(제324조의2)의 경우와 마찬가지로, 인질로 하기 위해서 납치한 경우에만 성립되는 것이 아니다. 처음 체포·감금·약취·유인할 때에는 다른 생각이 없다가 나중에 인질강도를 할 생각을 가지게 되어도 구성요건이 성립된다.

일단 체포·감금 또는 약취·유인행위가 이루어진 다음, 요구하는 대로 하지 않으면 체포·감금 또는 약취·유인된 자를 해치겠다는 내용의 협박이 이루어져야 하고, 이에 따라 재물의 교부나 재산상의 처분행위가 이루어지고, 이로 인하여 행위자 또는 제3자가 재물 또는 재산상의 이익을 취득해야 한다.

체포·감금 또는 약취·유인된 사람과 재물 또는 재산상의 이익의 소유권자는 같아도 좋고 달라도 좋다.

인질강도죄의 실행의 착수시기는 체포·감금·약취·유인 행위를 시작할 때이고, 기수시기는 재물이나 재산상의 이익을 취득하는 때이다(통설).

3. 죄 수

체포·감금(제276조)과 미성년자 약취·유인(제287조)은 본죄에 대하여 보충관계에 있다. 특가법상의 인질강도 목적 미성년자 약취·유인 규정(제5조의2 제1항 1호)은 본죄에 대하여 특별규정이다.

Ⅵ. 강도상해·치상죄

제337조 (강도상해, 치상) 강도가 사람을 상해하거나 상해에 이르게 한 때에는 무기 또는 7년 이상의 징역에 처한다.

제342조 (미수범) 제329조 내지 제341조의 미수범은 처벌한다.

제345조 (자격정지의 병과) 본장의 죄를 범하여 유기징역에 처할 경우에는 10년 이하의 자격정지를 병과할 수 있다.

특가법 제5조의5 (강도상해 등 재범자의 가중처벌) 형법 제337조·제339조의 죄 또는 그 미수죄로 형을 선고받고 그 집행이 끝나거나 면제된 후 3년 내에 다시 이들 죄를 범한 사람은 사형·무기 또는 10년 이상의 징역에 처한다.

1. 의 의

사람을 상해하거나 상해의 결과를 야기했기 때문에 가중처벌하는 **결과적 가중범** 규정이다(**다수설**).

2. 구성요건

(1) 기본범죄

제337조는 결과적 가중범 중에서 기본범죄를 문구로 표현하는 방식에 속한다. "강도"라고만 표현되어 있지만 이는 단순강도(제333조), 특수강도(제334조), 준강도(제335조), 인질강도(제336조) 등 모든 유형의 강도를 다 포함하는 개념이고 기수범 뿐 아니라 미수범과 예비·음모도 포괄하는 것으로 보아야 한다(대법원 1984. 1. 24. 83도3043; 대법원 1986. 9. 23. 86도1526).

(2) 중한 결과

1) 객관적 구성요건

① 상해의 결과가 발생해야 하며, ② 기본범죄와 상해의 결과 사이에 인과관계가 있어야 하고, ③ (상해의 결과가 과실에 의해 발생한 경우) 중한 결과의 발생에 대한 객관적 예견가능성이 있어야 한다.

중한 결과는 반드시 강취의 수단에 의하여 발생하였을 필요는 없고 **강도의 기회**에 이루어진 것이면 족하다.

따라서 강취현장에서 피고인의 발을 붙잡고 늘어지는 피해자를 30미터쯤 끌고 가서 폭행하여 상해한 경우에도 강도상해죄에 해당한다(대법원 1984. 6. 26. 84도970).

【판례】 재물강취 수단 이외의 이유에 의한 상해 강도범인이 강도를 하는 기회에 범행의 현장에서 사람을 상해한 이상, 재물강취의 수단인 폭행으로 인하여 상해의 결과가 발생한 것이 아니고, 재물의 탈환을 항거하거나 체포를 면탈하거나 죄적을 인멸할 목적

으로 폭행을 가한 것도 아니라고 하더라도 강도상해죄가 성립한다. (대법원 1992. 4. 14. 92도408)

【판례】 상해 결과에 대한 인과관계가 인정되는 경우 1. 강도치상죄에 있어서의 상해는 '강도의 기회'에 범인의 행위로 인하여 발생한 것이면 족한 것이므로, 피고인이 택시를 타고 가다가 요금지급을 면할 목적으로 소지한 과도로 운전수를 협박하자 이에 놀란 운전수가 택시를 급우회전하면서 그 충격으로 피고인이 겨누고 있던 과도에 피해자의 어깨부분이 찔려 상처를 입었다면 강도치상죄가 된다. (대법원 1985. 1. 15. 84도2397)

2. 피고인이 피해자로부터 재물을 강취하고 피해자가 운전하는 자동차에 함께 타고 도주하다가 단속 경찰관이 뒤따라오자 피해자를 칼로 찔러 상해를 가하였다면 강도상해죄를 구성한다. 강취와 상해 사이에 1시간 20분이라는 시간적 간격이 있었다 하더라도 범죄의 성립에 영향이 없다. (대법원 1992. 1. 21. 91도2727)

3. 피해자가 도박으로 차지한 금원을 강취당하지 않기 위하여 안방으로 도주한 후 출입문을 잠그면서 출입문이 열리지 않도록 완강히 버티고 있는 상황에서, 피고인이 죽여 버리겠다고 위협하면서 출입문 틈 사이로 위 식칼을 집어 넣어 잠금장치를 풀려고 하고 발로 위 출입문을 수회 차서 결국 그 문을 열고 위 안방 안으로 들어 왔으며, 칼을 든 피고인 외에도 그 문 밖에 피고인의 일행 5명이 있어 그 문을 통해서는 밖으로 탈출하기가 불가능한 상태에서 그 방 창문을 통하여 베란다까지 피신한 다음 **극도의 공포심**을 느껴 베란다의 열려진 창문을 통하여 약 8m 가량의 위 주택 아래로 뛰어내려 땅바닥에 쓰러져 약 5개월 17일간의 치료를 요하는 요추방출성 골절 등의 상해를 입었다면, 피고인의 위 폭행·협박 행위와 위 피해자의 상해 사이에는 상당인과관계가 있고, 피해자가 상해를 입을 수 있다는 예견도 가능하다. (대법원 1996. 7. 12. 96도1142)

4. 피고인은 피해자인 택시기사를 회칼로 위협하여 손발을 청테이프와 노끈으로 묶고 트렁크에 가둔 후 피해자의 주머니에서 지갑을 꺼내 현금과 신용카드를 강취하였다. 이후 택시를 운전하여 새마을금고로 가서 빼앗은 신용카드로 현금을 인출하고 다른 곳으로 이동하는데 피해자가 결박을 풀고 달아났다. 피고인이 차에서 내려 회칼을 들고 쫓아가 피해자를 넘어뜨리고 회칼로 찌르려 하자 피해자가 칼의 날 부분을 손으로 잡았고 피고인이 칼을 위로 들려 손에 상해를 입고 도망하였다. 도망하려는 피해자에게 상해를 가한 것은 '강도의 기회'에 상해행위를 한 것으로서 강도상해가 된다. (대법원 2014. 9. 26. 2014도9567)

【판례】 인과관계가 부정되는 경우 1. 피해자 丙은 도주하는 강도 甲을 체포하기 위해 위에서 덮쳐 오른손으로 목을 잡고, 왼손으로 앞부분을 잡는 순간 甲이 들고 있던 벽돌에 끼어 있는 철사에 찔려 부상을 입었다. 피해자 丁은 도망하려는 공범 乙을 뒤에서 양팔로 목을 감싸 잡고 내려오다 같이 넘어져 부상을 입었다. 이 경우 피해자들의 부상은 피해자들의 적극적인 체포행위 과정에서 스스로의 행위의 결과로 입은 상처이어서 그 상해의 결과에 대하여 강도상해죄로 의율할 수는 없다. (대법원 1985. 7. 9. 85도1109)

2. 날치기가 피해자의 핸드백을 낚아챌 때 그에 대한 피해자의 탈환을 항거할 목적으로 폭행하여 상해를 입힌 것이 아니라 탈취과정에서 우연히 상처를 입게 된 것이라면 강도치상죄로 볼 수 없다. (대법원 2003. 7. 25. 2003도2316)

2) 주관적 구성요건

상해의 결과 발생에 대하여 고의 또는 과실이 있어야 한다.

3. 미수와 기수

본죄에 대한 미수범 처벌규정은 부진정 결과적 가중범 형태인 강도상해의 경우에 대해서만 적용된다(**통설**). 본죄는 상해의 결과가 발생함으로써 기수가 된다. 강도 미수도 기본범죄에 포함되므로 재물강취를 하지 못하더라도 범죄 성립에 장애가 되지 않는다.

【판례】 강도상해의 기수 강도의 범인이 강도의 기회에 사람을 상해하여 상해의 결과가 발생하면 형법 제337조 전단의 강도상해죄의 기수가 되는 것이고 거기에 반드시 재물탈취의 목적달성을 필요로 하는 것은 아닌 것이다. (대법원 1988. 2. 9. 87도2492 | 같은 취지: 대법원 1971. 1. 26. 70도2518; 대법원 1985. 5. 28. 85도682; 대법원 1986. 9. 23. 86도1526)

4. 공 범

강도행위는 공동으로 했지만 상해 또는 치상의 결과를 야기하는 행위는 공동정범 가운데 일부만 하였더라도 그 결과에 대한 공동실행의 의사가 있었거나, 결과발생에 대하여 과실이 있는 나머지 공동정범도 이 부분에 대한 책임을 면할 수 없다.

【판례】 강도상해의 공범 강도합동범 중 1인이 피고인과 공모한 대로 과도를 들고 강도를 하기 위하여 피해자의 거소로 들어가 피해자를 향하여 칼을 휘두른 이상 이미 강도의 실행행위에 착수한 것임이 명백하고, 그가 피해자들을 과도로 찔러 상해를 가하였다면 밖에서 망을 본 피고인이 상해를 가하는 것까지는 공모과정에서 합의하지 않았다 하더라도 상해의 결과에 대하여도 공동정범으로서의 책임을 면할 수 없다. (대법원 1998. 4. 14. 98도356 | 같은 취지: 대법원 1988. 12. 13. 88도1844; 대법원 1990. 2. 13. 89도2426; 대법원 1991. 5. 14. 91도580)

Ⅶ. 강도살인 · 치사죄

제 338 조 (강도살인 · 치사) 강도가 사람을 살해한 때에는 사형 또는 무기징역에 처한다. 사망에 이르게 한 때에는 무기 또는 10년 이상의 징역에 처한다.

제 342 조 (미수범) 제329조 내지 제341조의 미수범은 처벌한다.

제 345 조 (자격정지의 병과) 본장의 죄를 범하여 유기징역에 처할 경우에는 10년 이하의 자격정지를 병과할 수 있다.

1. 의 의

사람을 살해하거나 사망의 결과를 야기했기 때문에 가중처벌하는 결과적 가중범 규정이다.

2. 구성요건

본죄의 기본범죄는 강도상해 · 치상의 경우와 같다. 중한 결과의 경우도 상해가 아니라 사망의 결과가 발생한다는 것 이외에는 모두 같다.

채권자를 살해하여 채무를 면탈하게 되면 소극적 이익의 형태로 재산적 이익을 취득하는 것이므로 이 또한 강도살인에 해당된다. 물론 여기서 말하는 채무의 면탈은 사실상의 모면을 의미한다. 강취한 물건의 소유권이 강도에게 이전되지 않는 것처럼 채무자를 살해하더라도 민사상의 채무가 소멸되는 것은 아니기 때문이다. 따라서 법적 채무소멸과는 관계없이 사실상 채무를 면탈할 수 있는 상황에 이르게 되면 강도살인이 성립된다. 반대로 채무이행을 사실상 모면할 수 있을 정도의 상황이 되지 못하면 채권자를 살해하더라도 강도살인죄는 인정되지 않는다.

【판례】 강도살인이 성립되는 경우 1. 술집에 피고인과 술집 주인 두 사람밖에 없는 상황에서 술값의 지급을 요구하는 술집 주인을 살해하고 곧바로 피해자가 소지하던 현금을 탈취한 경우 강도살인죄가 성립한다. (대법원 1999. 3. 9. 99도242)

2. 강도가 베개로 피해자의 머리부분을 약 3분간 누르던 중 피해자가 저항을 멈추고 사지가 늘어졌음에도 계속하여 누른 행위에 살해의 고의가 인정되므로 강도살인죄가 성립한다. (대법원 2002. 2. 8. 2001도6425)

【판례】 강도살인이 성립되지 않는 경우 강도살인죄가 성립하려면 먼저 강도죄의 성립이 인정되어야 하고, 강도죄가 성립하려면 불법영득(또는 불법이득)의 의사가 있어야 하며, 형법 제333조 후단 소정의 이른바 강제이득죄의 성립요건인 '재산상 이익의 취득'을 인정하기 위하여는 재산상 이익이 사실상 피해자에 대하여 불이익하게 범인 또는 제3자 앞으로 이전되었다고 볼 만한 상태가 이루어져야 하는데, 채무의 존재가 명백할 뿐만 아니라 채권자의 상속인이 존재하고 그 상속인에게 채권의 존재를 확인할 방법이 확보되어 있는 경우에는 비록 그 채무를 면탈할 의사로 채권자를 살해하더라도 일시적으로 채권자측의 추급을 면한 것에 불과하여 재산상 이익의 지배가 채권자측으로부터 범인 앞으로 이전되었다고 보기는 어려우므로, 이러한 경우에는 강도살인죄가 성립할 수 없다. (대법원 2004. 6. 24. 2004도1098)

3. 공 범

강도행위는 공동으로 했지만 살해나 치사의 결과를 야기하는 행위는 공동정범 가운데 일부만 한 경우에는 그 결과에 대한 공동실행의 의사가 있었거나, 치사의 결과발생에 대하여 과실이 있는 나머지 공동정범의 경우에 한하여 본죄가 성립된다고 보아야 하겠다. 다만 판례는 실행행위를 하지 않은 공동정범의 과실 여부를 면밀하게 검토하지 않는 것으로 보인다.

【판례】 강도살인의 공범 수인이 합동하여 강도를 하는데 그 중 1인이 사람을 살해하는 행위를 한 경우 다른 공범자가 살해행위에 관한 고의의 공동이 없었더라도 피해자가 사망한 경우에는 강도치사의, 강도살인이 미수에 그치고 피해자가 상해만 입은 경우에는 강도상해 또는 치상의, 피해자가 아무런 상해를 입지 아니한 경우에는 강도의 죄책을 진다고 보아야 할 것이다. (대법원 1991. 11. 12. 91도2156)

Ⅷ. 강도강간죄

제339조 (강도강간) 강도가 사람을 강간한 때에는 무기 또는 10년 이상의 징역에 처한다.
제342조 (미수범) 제329조 내지 제341조의 미수범은 처벌한다.
제345조 (자격정지의 병과) 본장의 죄를 범하여 유기징역에 처할 경우에는 10년 이하의 자격정지를 병과할 수 있다.

1. 의 의

강도가 강간행위까지 했다는 것을 이유로 가중처벌하는 규정이다. 강도죄와 강간죄의 결합범이다.

2. 구성요건

(1) 행위주체

본죄의 행위주체는 강도이다. 모든 종류의 강도가 다 포함되고 미수범도 행위주체에 해당된다(대법원 1985. 10. 22. 85도2001; 대법원 1986. 1. 28. 85도2416). 강도가 강도의 기회에 금품을 강취당한 사람 외에 다른 사람을 강간하여도 본죄에 해당된다.

【판례】 강도강간이 인정되는 경우 피고인이 피해자 甲(남)으로부터 금품을 빼앗고 이어

서 피해자 乙(여)을 강간하였다면 강도강간죄를 구성한다. (대법원 1991. 11. 12. 91도2241)

【판례】 강도강간이 인정되지 않는 경우 강간범이 강간행위 후에 강도의 범의를 일으켜 그 부녀의 재물을 강취하는 경우에는 형법상 강간죄와 강도죄의 경합범이 성립될 수 있을 뿐 강도강간죄는 인정되지 않는다. (대법원 2002. 2. 8. 2001도6425)

강간을 먼저 하고 강도행위를 하는 경우에는 강도가 강간을 한 것이 아니므로 강도강간이 되지 않는다(대법원 1977. 9. 28. 77도1350). 그러나 강간을 시작하다가 기수에 이르기 전에 일단 강도행위를 먼저 하고 이어서 강간행위를 마저 한 경우에는 강도강간이 된다(대법원 1984. 10. 10. 84도1880; 대법원 1988. 9. 9. 88도1240).

(2) 행 위

본죄의 행위내용은 강간이다. 폭행·협박으로 항거불능 상태에 빠진 피해자를 간음하는 준강간도 행위내용에 포함된다.

3. 죄 수

강도가 강간을 했는데 상해나 사망의 결과가 발생된 경우의 경합관계에 대해서는 견해대립이 있다.

① 본죄와 강도상해·치상(살인·치사)의 상상적 경합이 된다는 견해
② 본죄와 강도상해·치상(살인·치사) 및 강간상해·치상(살인·치사)의 상상적 경합이 된다는 견해
③ 상해의 결과가 강도행위로 인한 것인 때에는 본죄와 강도상해·치상(살인·치사)의 상상적 경합이, 상해의 결과가 강간행위로 인한 것인 때에는 본죄와 강간상해·치상(살인·치사)의 상상적 경합이 된다는 견해 (**다수설**)

결론 어느 행위로 인한 결과인가에 따라 판단하는 것이 마땅하다. 다수설이 타당하다.

【판례】 강도강간 상해 강도가 강취할 재물이 없어서 뜻을 이루지 못하고 그 자리에서

> 항거불능의 상태에 빠진 피해자를 간음할 것을 결의하고 실행에 착수했으나 역시 미수에 그쳤더라도 반항을 억압하기 위한 폭행으로 피해자에게 상해를 입힌 경우에는 강도강간 미수죄와 강도치상죄가 성립되고 이는 1개의 행위가 2개의 죄명에 해당되어 상상적 경합관계가 된다. (대법원 1988. 6. 28. 88도820)

한편 강도가 강간을 하고 난 후에 상해의 고의가 생겨 상해한 때에는 본죄와 강도상해의 실체적 경합이 된다(**통설**).

Ⅸ. 해상강도죄

> 제 340 조 (해상강도) ① 다중의 위력으로 해상에서 선박을 강취하거나 선박 내에 침입하여 타인의 재물을 강취한 자는 무기 또는 7년 이상의 징역에 처한다.
> ② 제1항의 죄를 범한 자가 사람을 상해하거나 상해에 이르게 한 때에는 무기 또는 10년 이상의 징역에 처한다.
> ③ 제1항의 죄를 범한 자가 사람을 살해 또는 사망에 이르게 하거나 사람을 강간한 때에는 사형 또는 무기징역에 처한다.
> 제 342 조 (미수범) 제329조 내지 제341조의 미수범은 처벌한다.
> 제 345 조 (자격정지의 병과) 본장의 죄를 범하여 유기징역에 처할 경우에는 10년 이하의 자격정지를 병과할 수 있다.

1. 해상강도죄

(1) 행위상황

해상이란 영해와 공해를 포함한 모든 바다 위를 포괄하는 개념이다. 따라서 강·호수 등 담수에서의 행위에 대해서는 본죄가 적용되지 않는 것으로 보는 것이 옳다.

(2) 행위객체

행위객체는 타인의 선박 자체 또는 선박 내의 타인의 재물이다.

(3) 행 위

행위내용은 다중의 위력을 이용하여 강취하는 것이다. 다중의 위력은 특수폭행의 경우와 같은 개념이다.

2. 해상강도 상해·치상죄

해상강도를 기본범죄로 상해나 치상의 결과를 야기하는 경우를 가중처벌하는 결과적 가중범 규정이다. 기본범죄인 제340조 제1항은 미수범을 포함하지 않고 있으므로 해상강도 미수(제342조)는 기본범죄에서 제외된다. 해상강도 살인·치사·강간의 경우도 마찬가지이다.

3. 해상강도 살인·치사·강간죄

해상강도를 기본범죄로 살인이나 치사의 결과를 야기하는 경우를 가중처벌하는 결과적 가중범과 해상강도가 강간하는 경우를 포괄하는 가중 구성요건이다.

【판례】 해상강도 살인의 고의 1. 페스카마호 조선족 중국인 등 선원들이 선장을 비롯한 한국인 선원들을 살해하는 등의 방법으로 선박의 지배권을 장악하여 목적지까지 항해한 후, 선박을 매도하거나 침몰시키려고 하였는바, 이 경우 선박에 대한 불법영득의 의사가 있다고 보아야 하므로 해상강도살인죄가 성립한다. (대법원 1997. 7. 25. 97도1142)

2. 인간방패 이 사건 해적들은 총기 등으로 위협하여 선박을 강취한 다음 선박과 선원들을 소말리아로 끌고 가 인질로 삼아 그 석방대가를 요구하기로 하였는데, 선박

납치 후 군함이 추적함을 알고 무기를 소지한 채 주야로 윙브리지에서 감시를 하다가, 해군의 제1차 구출작전 이후 두목은 해군의 공격이 또다시 시작되면 인질로 억류하고 있는 선원들을 윙브리지로 내몰아 세우라고 지시하였다. 이에 따라 해군의 제2차 구출작전이 시작되자 해적들 중 한 명이 선원들을 윙브리지로 내몰아 세웠고, 당시 윙브리지로는 해군의 위협사격에 의하여 총알이 빗발치는 상황이었는데 그 상황에서 선원들을 윙브리지로 내몰 경우 선원들이 사망할 수 있다는 점을 당연히 예견하고 나아가 이를 용인하였다고 할 것이므로 살인의 미필적 고의가 인정된다. 이와 같은 행위는 사전 공모에 따른 것으로서 피고인 2, 피고인 3 및 피고인 4가 당시 총을 버리고 도망갔다고 하더라도 그것만으로는 이들이 공모관계에서 이탈한 것으로 볼 수 없다. (대법원 2011. 12. 22. 2011도12927)

X. 상습강도죄

제 341 조 (상습범) 상습으로 제333조, 제334조, 제336조 또는 전조제1항의 죄를 범한 자는 무기 또는 10년 이상의 징역에 처한다.

제 342 조 (미수범) 제329조 내지 제341조의 미수범은 처벌한다.

제 345 조 (자격정지의 병과) 본장의 죄를 범하여 유기징역에 처할 경우에는 10년 이하의 자격정지를 병과할 수 있다.

제341조는 상습적으로 제333조(강도), 제334조(특수강도), 제336조(인질강도) 또는 제340조(해상강도)의 행위를 한 자에 대한 가중처벌 규정이다. 그러나 특가법 제5조의4에 가중처벌하는 규정이 있으므로 제341조는 실제 사건에 적용될 여지는 없다. 상습성 판단기준 등 나머지 사항은 상습폭행·상해죄(제264조)의 경우와 동일하다.

강도상해(제337조)에는 제341조가 적용되지 않으므로 상습강도 이외에 강도상해를 범한 경우에 양자는 실체적 경합관계에 있다(대법원 1990. 9. 28. 90도1365).

XI. 강도예비 · 음모죄

제343조 (예비, 음모) 강도할 목적으로 예비 또는 음모한 자는 7년 이하의 징역에 처한다.

강도의 예비 · 음모는 처벌한다. 본죄는 강도가 행위주체가 되는 모든 유형의 강도죄에 적용된다. 따라서 절도가 행위주체인 제335조의 준강도에 대해서는 예비 · 음모죄가 적용되지 않는다(대법원 2006. 9. 14. 2004도6432). 예비 · 음모의 개념은 살인예비 · 음모에서 설명한 바와 같다.

제 3 절 사기의 죄

Ⅰ. 개 관

1. 보호법익

사기죄 규정의 보호법익에 대해서는 견해대립이 있다.

① 재산으로 보는 견해 (**다수설**)

② 거래상의 신의·성실 또는 진실성으로 보는 견해

이와 같은 보호법익 문제는 결국 **재산상의 손해**를 사기죄의 성립요건으로 볼 것인가 하는 문제로 연결된다. 이에 관한 견해는 다음 세 가지이다.

① **필요설** : 재산상의 손해가 발생해야 한다는 견해 (**다수설**)

② **불요설** : 재산상의 손해가 발생하지 않아도 된다는 견해

③ **절충설** : 재물의 교부가 있는 경우에는 손해발생이 필요 없고, 재산상의 이익 취득의 경우에는 그것이 필요하다는 견해

이에 대한 **판례**의 입장은 다소 혼란스럽다. 다음 세 가지 판례를 보자.

【판례】 사기죄가 성립되는 경우 | 원산지 허위표기 사기죄의 요건으로서의 기망은 널리 재산상의 거래관계에 있어서 서로 지켜야 할 **신의와 성실의 의무**를 저버리는 모든 적극적 및 소극적 행위로서 사람으로 하여금 착오를 일으키게 하는 것을 말하며(대법원 1988. 6. 28. 88도740; 대법원 1998. 4. 24. 97도3054), 사기죄의 본질은 기망에 의한 재물이나 재산상 이익의 취득에 있고, 상대방에게 **현실적으로 재산상 손해**가 발생함을 그 요건으로 하지 않는다.

따라서 식육식당을 경영하는 자가 음식점에서 한우만을 취급한다는 취지의 광고를 하고, 식단표에도 그와 같이 기재한 경우, 이는 그 사술의 정도가 사회적으로 용인될 수 있는 상술의 정도를 넘는 것이고, 따라서 피고인의 행위는 사기에 해당된다. (대법원 1997. 9. 9. 97도1561 | 같은 취지: 대법원 1992. 9. 14. 91도2994 [롯데백화점 변칙세일 사건])

【판례】 사기죄가 성립되지 않는 경우 1. 보험가입사실증명 허위발급 甲은 교통사고를 낸

乙이 교통사고처리특례법에 따라 형사처벌을 면하도록 하기 위해서 허위의 보험가입 사실증명원을 발급받아 수사기관에 제출하도록 하였다. 사기죄는 재물이나 재산상의 이익을 보호법익으로 하는 범죄인데, 허위의 증명원이라 하더라도 이러한 증명에 의하여 재물이나 **재산상의 이익 침해**로 볼 것은 아니어서 사기죄가 성립될 여지가 없다. (대법원 1997. 3. 28. 96도2625)

2. 명의수탁자의 임의처분 甲은 차량을 구입하면서 면세 혜택을 보기 위해서 乙의 모 丙(장애인)의 명의로 자동차등록을 하였다. 이후 乙은 丙으로부터 차량처분의 동의를 받아 인감증명을 교부받고, 열쇠공을 불러 甲의 차량의 문을 연 후 이를 운전하여 자동차매매상사에 가서 매도하고 현금으로 대가를 취득하였다. 이 경우 매수인이 승용차에 대한 **권리를 취득하는데 법적 장애**가 없으므로 거래관계에서 요구되는 신의칙에 반하는 기망행위가 있었다고 할 수 없다. (대법원 2007. 1. 11. 2006도4498)

기망행위의 본질이 재산상의 거래관계에서 준수하여야 할 신의·성실 의무를 이행하지 않는 것이라고 하면서, 현실적으로 재산상의 손해가 발생되어야 하는 것은 아니라고 한다(97도1561). 그렇지만 재산상의 이익 침해로 볼 수 없는 경우에는 사기죄가 성립할 수 없다고도 한다(96도2625). 권리관계의 진실을 숨겼지만 상대방이 권리를 취득하는데 법적 장애가 없으면 사기죄가 되지 않는다는 판례도 있다(2006도4498)

재산상의 손해가 있어야 한다는 것인지 아닌지 언뜻 혼란스럽다. 이 문제는 손해의 개념을 어떻게 볼 것인가 하는 관점에서 해결되어야 할 것으로 생각된다. 재산상 손해의 반대인 재산상 이익의 경우 피해자를 협박해서 신용카드 매출전표에 서명을 받아낸 단계에서 이미 이를 인정한다(대법원 1997. 2. 25. 96도3411). 실제로 금전을 취득하기 전에 이미 재산상 이익을 얻은 것으로 보는 것이다.

같은 논리로 재산상 손해도 설명할 수 있다. 협박을 당해 매출전표에 서명한 것이 재산상 손해(강도 피해)라면, 기망을 당해 불리한 계약을 체결한 것 역시 재산상 손해라고 할 수 있다. 그렇게 되면 재산상 손해란 **'재산손실 위험의 구체화'**를 말하는 것이라고 할 수 있다. 이러한 재산상 손해의 개념을 도식화 하면 다음과 같다.

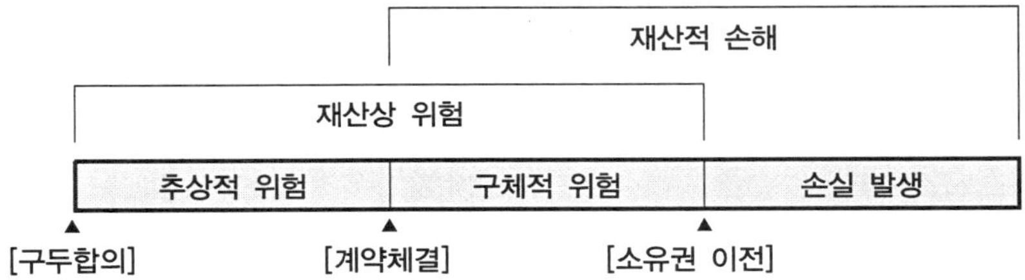

예를 들어 자신에게 **불리한 계약**을 체결하게 되면 그것으로서 경제적 위험이 구체화되는 것이고 이로써 이미 재산적 손해가 있는 것으로 평가된다. 이 단계를 넘어 불리한 계약에 따른 소유권 이전 등기가 있게 되면 손실이 발생하여 손해가 현실화 되는 것이다.

[97도1561] 판례가 말하고 있는 '현실적 재산상 손해의 발생'이란 재산상 위험의 구체화 단계를 넘어 현실적으로 손실이 발생한 경우를 의미하는 것으로 볼 수 있다. 이러한 관점에서 판례도 **재산상 손해**를 사기죄 성립의 요건으로 보고 있다고 할 수 있다.

결론 사기는 전형적인 **재산범죄**로서 사기를 처벌하는 이유도 타인을 속여서 재산상의 손해를 가하기 때문이므로, 어떠한 면에서도 재산상의 손해를 끼치지 않는 행위를 사기라고 해서 처벌한다는 것은 곤란하다. 따라서 **재산상 손해 필요설**이 타당하다.

2. 구성요건 체계

기본 구성요건은 제347조의 사기이다. 컴퓨터 등 사용 사기(제347조의2)와 준사기(제348조)는 불법의 정도가 같은 독자적 변형 구성요건이다. 부당이득(제349조)은 감경 구성요건이고 상습사기(제351조)는 가중 구성요건이다.

Ⅱ. 사기죄

제 347 조 (사기) ① 사람을 기망하여 재물의 교부를 받거나 재산상의 이익을 취득한 자는 10년 이하의 징역 또는 2천만원 이하의 벌금에 처한다.

② 전항의 방법으로 제3자로 하여금 재물의 교부를 받게 하거나 재산상의 이익을 취득하게 한 때에도 전항의 형과 같다.

제 352 조 (미수범) 제347조 내지 제348조의2, 제350조, 제350조의2와 제351조의 미수범은 처벌한다.

제 353 조 (자격정지의 병과) 본장의 죄에는 10년 이하의 자격정지를 병과할 수 있다.

제 354 조 (친족간의 범행, 동력) 제328조와 제346조의 규정은 본장의 죄에 준용한다.

1. 구성요건

(1) 객관적 구성요건

사기죄의 객관적 구성요건이 성립하기 위해서는 ① 기망, ② 착오, ③ 재산적 처분행위, ④ 재산상 손해 그리고 ⑤ 재물 또는 재산상 이익 취득이라는 다섯 단계의 요건이 갖추어져야 한다. 각 단계는 차례로 인과관계로 연결되어야 한다.

1) 기망행위

기망이란 '상대방에게 착오를 일으키게 만드는 행위'이다.

가. 기망의 내용

기망은 무엇을 대상으로 하는 것인가에 대하여 견해대립이 있다.

① **사실관계**에 한정된다는 견해 (**다수설**)

② **가치판단**에 대해서도 할 수 있다는 견해

③ **절충설** : 가치판단도 중요한 경우에는 대상이 된다는 견해

결론 가치판단은 주관적 입장을 표명하는 것이고 의견에 지나지 않기 때문에 개인적 가치관을 기반으로 옳다 그르다는 판단은 되지만 사실이다 아니다 라는 판단은 불가능하다. 따라서 순수한 가치판단의 경우에는 그것이 절대적으로 정당하다 아니다를 판단할 수 없는 것이므로 가치판단에 대한 것은 기망의 내용에서 제외하는 것이 타당하다.

기망의 내용이 될 수 있는 것은 예를 들면 물건의 생산지 · 생산연도 · 제조회사 · 성분 · 구조, 사람의 재정상태 · 채무관계 · 지불능력 · 가족관계 · 건강상태, 계약내용 등이다. 미래에 있을 일은 지금 현재 사실이 아니기 때문에 기망의 내용이 될 수 없다. 따라서 보험외판원이 올 여름에는 비가 많이 올 것이라고 얘기해서 풍수해 보험에 가입하게 하더라도 사기가 성립되지 않는다. 그러나 근거(예: 기상청 발표)를 들먹이며 미래의 일에 대해 이야기하는 것은 기망이 된다.

사실과 가치판단의 구별은 경우에 따라 쉽지 않을 수도 있다.

예를 들어 똑같은 그림에 대한 판단이더라도 그림의 작품성에 대한 판단(훌륭한 작품이다, 형편없는 작품이다)은 가치판단이 되지만, 그림의 시가에 대한 판단은 사실에 대한 진술이 된다. 순수한 법적 의견을 말하는 것은 가치판단이지만, 구체적 사안과 관련된 담보물의 가치에 대한 판단을 말하는 것은 사실에 대한 진술로 보아야 한다. 또 순수한 법적 판단만 말하지 않고 그것이 대법원의 견해라고 거짓말을 덧붙이면 기망이 된다. 한편 어느 주식에 투자하면 확실한 이익이 있을 것이라는 식의 판단을 이야기하는 것은 미래에 대한 예상으로서 사실 진술이 될 수 없다.

주관적인 의도를 이야기하더라도 이는 **내적 사실**에 해당하므로 사실에 대한 진술이 될 수 있다.

예를 들어 뒤에 지급하겠다고 약속하는 경우 본인이 그럴 생각이 없다면 기망이 된다.

한편 기망의 대상은 "법률행위의 내용의 중요부분(민법 제109조 제1항)"에 한하지 않는다. 예를 들어 행위자 자신이 취하고자 하는 행위의 동기에 대해서 속이는 것도 사기죄의 성립요건인 기망에 해당된다.

【판례】 의도를 속인 기망 **1.** 돈을 빌려주면 이를 **개발제한구역 지정**을 **해제**하는데 필요한 비용으로 사용하고 개발제한구역이 해제되면 빌린 돈과 함께 그 해제로부터 얻게 되는 이익까지 함께 피해자에게 나누어 주겠다고 거짓말을 해서 피해자가 이를 믿고 돈을 빌려 주었다면 이는 사기죄에 있어서의 기망행위에 해당하고 피해자는 피고인에게 기망당하여 착오를 일으켜 금원을 대여하게 되었다고 보아야 할 것이다. (대법원 1996. 2. 27. 95도2828 | 같은 취지: 대법원 1983. 7.1. 15. 92도2588; 대법원 26. 83도1085; 대법원 1993. 1995. 9. 15. 95도707)

2. 현금으로 **결제**하겠다고 하여 물품을 구입한 후 상대방이 그 존재를 다투고 있는 채권과 상계하는 경우 사기죄가 성립한다. (대법원 1997. 11. 11. 97도2220)

3. 국민주택건설자금을 융자받고자 하는 민간사업자가 처음부터 사실은 국민주택건설자금으로 사용할 의사가 없으면서도 국민주택건설자금으로 사용할 것처럼 용도를 속여 국민주택건설자금을 대출받은 경우에는 대출받은 자금 중 일부를 나중에 국민주택건설자금으로 사용하였다 하더라도 대출금 전액에 대하여 사기죄가 성립한다. (대법원 2002. 7. 26. 2002도2620)

기망의 내용이 **일반인**으로 하여금 착오에 빠지게 할 정도의 수준에 도달하여야 하는가에 대하여 견해대립이 있다.

① 긍정설

② 부정설 (**통설** | **판례**)

결론 보통사람이 보기에 황당한 내용에 속았다 하더라도 기망이 아니라고 하기는 어려우므로 **부정설**이 타당하다. 건전한 상식을 가진 사람이라면 도저히 믿을 수 없을만한 황당한 것이라고 하더라도 상대방이 착오에 빠지면 기망이 된다.

【판례】 사이비 교주의 설교 | 승리제단 사건 피고인이 신도들을 상대로 자신을 스스로 하나님, 구세주, 이긴 자, 생미륵불, 정도령, 완성자 등으로 지칭하면서 자신은 성경의 완성이고 모든 경전의 완성이자 하나님의 완성이라고 하면서 재물을 자신에게 맡기고 충성하며 자기들이 시행하는 건축공사에 참여하면 피 속의 마귀를 빨리 박멸소탕 해 주겠다고 하고, 자신이 하나님인 사실이 알려져 세계 각국에서 금은보화가 모이면 마

지막 날에 1인당 1,000억원씩을 나누어 주겠으며, 헌금하지 않는 신도는 하나님이 깍쟁이 하나님이므로 영생할 수 없다는 취지의 설교를 사실인 것처럼 계속하여 이에 기망당한 신도들로부터 헌금명목으로 고액의 금원을 교부 받은 것은 형법상 사기죄에 해당한다. (대법원 1995. 4. 28. 95도250)

한 가지 문제는 상인들이 일상적으로 범하고 있는 **과대선전**을 어떻게 볼 것인가 하는 점이다. 장사하는 사람들이 하는 거의 모든 광고가 다소의 과장을 포함하고 있기 마련인데 이를 모두 사기죄 성립요건인 기망에 해당된다고 보아야 할 것인가 하는 것이다. 과대광고는 고객들로 하여금 사실이 아닌 것을 믿게 하고 이로 인하여 상품을 구매하도록 유도할 목적을 가지고 있는 것이므로 분명히 기망에 해당된다.

그러나 그것이 **일반 상거래상의 관행**을 넘어서지 않을 정도의 가벼운 과장이라면 사회상규를 벗어나지 않는 정당행위로서 위법성이 배제된다고 보는 것이 타당할 것이다. 판례도 다소의 과대선전은 허용하고 있다. 다만 위법성이 배제되는 것이 아니라 아예 기망에도 해당되지 않는다고 하고 있다.

【판례】 사회상규에 위배되지 않는 기망 1. 점포의 **일부**를 **임차**하고 있는 자가 나머지 부분을 임차하고 있는 자로부터 전대를 위임받아 동 점포를 전대함에 있어 자신이 그 점포전체를 임차하여 사용하고 있는 것처럼 이야기하였다 하더라도 이는 거래에 있어 있을 수 있는 과장에 불과한 것이어서 사기죄에 있어서의 기망이라고 보기 어렵다. (대법원 1986. 4. 8. 86도236)

2. 연립주택을 분양함에 있어 **평형**의 수치를 다소 과장하여 광고를 하였으나, 그 분양가의 결정방법, 분양계약 체결의 경위, 피분양자가 그 분양계약서나 건축물관리대장 등에 의하여 그 공급면적을 평(坪)으로 환산하여 쉽게 확인할 수 있었던 점 등 제반 사정에 비추어 볼 때, 그 광고는 그 거래당사자 사이에서 매매대금을 산정하기 위한 기준이 되었다고 할 수 없고, 단지 분양 대상 주택의 규모를 표시하여 분양이 쉽게 이루어지도록 하려는 의도에서 한 것에 지나지 않는다. 따라서 연립주택의 서비스면적을 포함하여 평형을 과장한 광고는 거래에 있어 중요한 사항에 관하여 구체적 사실을 거래상의 신의성실의 의무에 비추어 비난받을 정도의 방법으로 허위로 고지함으로

써 사회적으로 용인될 수 있는 상술의 정도를 넘은 기망행위에 해당하지 않는다. (대법원 1995. 7. 28. 95다19515)

【판례】 사회상규에 위배되는 기망 1. 현대산업화 사회에 있어 소비자가 갖는 상품의 품질, 가격에 대한 정보는 대부분 생산자 및 유통업자의 광고에 의존할 수밖에 없고 백화점과 같은 대형유통업체에 대한 소비자들의 신뢰(정당한 품질, 정당한 가격)는 백화점 스스로의 대대적인 광고에 의하여 창출된 것으로서 이에 대한 소비자들의 신뢰와 기대는 보호되어야 한다고 할 것인바, 종전에 출하한 일이 없던 신상품에 대하여 첫 출하시부터 종전가격 및 할인가격을 비교표시하여 막바로 세일에 들어가는 이른바 **변칙세일**은 진실규명이 가능한 구체적 사실인 가격조건에 관하여 기망이 이루어진 경우로서 그 사술의 정도가 사회적으로 용인될 수 있는 상술의 정도를 넘은 것이어서 사기죄의 기망행위를 구성한다. (대법원 1992. 9. 14. 91도2994)

2. 식육식당을 경영하는 자가 음식점에서 한우만을 취급한다는 취지의 상호를 사용하면서 광고선전판, 식단표 등에도 한우만을 사용한다고 기재한 경우, '한우만을 판매한다'는 취지의 광고가 식육점 부분에만 한정하는 것이 아니라 음식점에서 조리·판매하는 쇠고기에 대한 광고로서 음식점에서 쇠고기를 먹는 사람들로 하여금 그 곳에서는 **한우**만을 판매하는 것으로 오인시키기에 충분하므로, 이러한 광고는 진실규명이 가능한 구체적인 사실인 쇠갈비의 품질과 원산지에 관하여 기망이 이루어진 경우로서 그 사술의 정도가 사회적으로 용인될 수 있는 상술의 정도를 넘는 것이고, 따라서 피고인의 기망행위 및 편취의 범의를 인정하기에 넉넉하다. (대법원 1997. 9. 9. 97도1561)

3. 통신판매에 있어 소비자가 갖는 상품의 품질, 가격에 대한 정보는 전적으로 유통업자의 광고에 의존할 수밖에 없고, TV홈쇼핑업체에 대한 소비자들의 신뢰는 TV라는 영상매체를 이용한 스스로의 강도 높은 광고에 의하여 창출된 것인 만큼 이에 대한 소비자들의 신뢰와 기대는 특별히 보호되어야 할 것인바, **농업협동조합**의 조합원이나 **검품위원**이 아닌 자가 TV홈쇼핑업체에 납품한 삼이 제3자가 산삼의 종자인지 여부가 불분명한 삼의 종자를 뿌려 이식하면서 인공적으로 재배한 것이라는 사실을 알면서도 광고방송에 출연하여 위 삼이 위 조합의 조합원들이 자연산삼의 종자를 심산유곡에 심고 자연방임 상태에서 성장시킨 산양산삼이며 자신이 조합의 검품위원으로서 위 삼 중 우수한 것만을 선정하여 감정인의 감정을 받은 것처럼 허위 내용의 광고를 한 것은 진실규명이 가능하고 구매의 결정에 있어 가장 중요한 요소로서 구체적 사실인 판매물품의 품질에 관하여 기망한 것으로서 그 사술의 정도가 사회적으로 용인될

수 있는 상술의 정도를 넘은 것이어서 사기죄의 기망행위를 구성한다. (대법원 2002. 2. 5. 2001도5789)

4. 오리, 하명, 누에, 동충하초, 녹용 등 여러가지 재료를 혼합하여 제조·가공한 '녹동달오리골드'라는 제품이 당뇨병, 관절염, 신경통 등의 성인병 치료에 특별한 효능이 있는 좋은 약이라는 허위의 **강의식 선전**·광고행위를 하여 이에 속은 노인들로 하여금 위 제품을 고가에 구입하도록 한 것은 그 사술의 정도가 사회적으로 용인될 수 있는 상술의 정도를 넘은 것이어서 사기죄의 기망행위를 구성한다. (대법원 2004. 1. 15. 2001도1429)

나. 기망의 방법

기망은 적극적으로 나서서 상대방이 잘못된 사실판단을 하도록 만듦으로써 이루어질 수도 있고, 반대로 잘못된 판단을 시정시켜 줄 법적 의무가 있는데도 불구하고 가만히 둠으로써 이루어질 수도 있다. 또한 언어표현에 의해서만 가능한 것이 아니라 신체거동을 통해서도 할 수 있고 경우에 따라서는 침묵을 지키는 것도 한 방법이 된다. 이들 여러 가지 기망의 방법 가운데 반드시 구별해야 할 필요가 있는 부분은 기망이 작위에 의한 것인가 아니면 부작위에 의한 것인가 하는 측면이다. 왜냐하면 부작위에 의한 기망은 상대방의 착오를 방지·제거해 줄 의무가 인정되는 경우에만 성립되기 때문이다.

(가) 작위에 의한 기망

작위에 의한 기망은 명시적·적극적인 방법으로도 가능하고, 명시적이지는 않지만 결과적으로는 행위자가 원하는 방향으로 상대방 머리 속에서 추론이 이루어지도록 만드는 방법으로도 가능하다. 전자를 **명시적 기망행위** 그리고 후자를 **묵시적 기망행위**라고 부른다.

묵시적 기망은 음식 값을 지급할 생각이 없으면서 음식을 시키는 것과 같은 경우이다. 식당에 들어가 음식을 주문하는 행위는 당연히 식사 후에 음식 값을 지급하겠다는 의사표시를 포함하고 있다. 이처럼 일정한 행위를 하는 것은 일정한 의사표시를 하는 것으로 추론이 된다는 의미에서 '**추론 유도형 기망행위**'라고 부르기도 한다.

가) 명시적 기망행위

허위의 사실을 진실한 사실인 것처럼 믿도록 만드는 행위를 의미한다. 진실에 반하는 설명을 말로 했건 다른 방법을 사용해서 했건 관계없다.

【판례】 명시적 기망 1. 가공일 변조 판매하다 남은 식품에 부착되어 있는 바코드와 비닐 랩 포장을 뜯어내고 다시 포장을 하면서 가공일이 당일로 기재된 바코드와 백화점 상표를 부착하여 진열대에 진열하여 마치 위 상품이 판매 당일 구입되어 가공된 신선한 것처럼 고객에게 판매한 백화점 식품담당 직원의 행위는 사기죄에 해당된다. (대법원 1996. 2. 13. 선고 95도2121 판결 | 같은 취지: 대법원 1995. 7. 28. 95도1157)

2. 변제능력 없는 자의 대출 특별한 자금공급 없이는 도산이 불가피한 상황에서 신용과대조작, 변태적 지급보증 및 재력과시 등의 방법으로 변제 자력이 있음을 가장하여 대출, 지급보증 및 어음할인을 받은 행위는 사기죄에 해당된다. (대법원 1997. 2. 14. 96도2904 | 유사 취지: 대법원 1996. 4. 9. 95도2466)

3. 분식회계 당해 회계연도의 결산이 적자인 경우 다음해에 관급공사의 수주나 금융기관으로부터의 대출이 어렵게 되는 것을 피하기 위하여 실제로는 손실을 입었음에도 이익이 발생한 것처럼 이른바 분식결산서를 작성한 후 이를 토대로 금융기관으로부터 대출을 받은 경우에는 사기죄를 구성한다. (대법원 2000. 9. 8. 2000도1447)

나) 묵시적 기망행위

특정 행위가 묵시적 기망이 될 수 있는가 하는 것은 **일반적인 관행**을 기준으로 해서 판단해야 한다.

예를 들어 계약을 체결하는 행위는 별다른 설명이 없는 한 계약 내용을 이행하겠다는 의사표시로 이해된다. 음식점에서 음식을 주문하거나 호텔에 투숙하는 행위는 계산을 할 수 있는 능력이 있고 계산을 할 의사도 있음을 의미한다. 따라서 무전취식이나 무전투숙은 묵시적 기망에 해당한다. 그러나 호텔에 처음 투숙할 때에는 지불능력이 있었지만 중간에 지불능력이 사라진 경우에는 그 시점부터만 문제가 되는 것이므로 처음 투숙한 행위는 기망이 될 수 없다(**통설**).

어음이나 당좌수표 등을 발행하는 행위는 그 어음이나 수표에 대하여 돈이 지급이 될 것이라는 설명을 내포하고 있다. 또 은행 창구에서 예금통장을 가지고 예금을 청구하는 행위는 자신이 정당한 권리자임을 말하는 것으로 해석되어야 한다(대법원 1991. 9. 10. 91도1722).

【판례】 묵시적 기망 1. 위조한 수표 또는 약속어음을 마치 진정한 수표 또는 약속어음인 것처럼 피해자들에게 담보로 교부하는 등의 기망행위에 의하여 금원대여가 이루

어진 이상 사기죄가 성립한다. (대법원 1993. 7. 27. 93도1408)

2. 채무자가 강제집행을 승낙한 취지의 기재가 있는 약속어음 공정증서에 있어서 그 약속어음의 원인관계가 소멸하였음에도 불구하고, 약속어음 공정증서 정본을 소지하고 있음을 기화로 이를 근거로 하여 강제집행을 하였다면 사기죄를 구성한다. (대법원 1999. 12. 10. 99도2213)

3. 피고인은 접속 후 매 30초당 정보이용료 1,000원이 부과되는 060 회선을 임차하여 피해자들에게 음악편지도착 등의 문자메시지를 보내 마치 아는 사람으로부터 음악 및 음성메세지가 도착한 것으로 오인하게 하여 통화버튼을 눌러 접속하게 한 후 정보이용료가 부과되게 하였다. 이러한 행위는 사기죄의 구성요건에 해당한다. (대법원 2004. 10. 15. 2004도4705)

4. 비록 카드발급시에는 변제할 의사나 능력이 있었다고 하더라도, 피고인이 범행 당시 일정한 수입이 없었고 다른 카드의 사용으로 인하여 채무 및 사채 등 빚이 많은 상태이어서 카드대금을 결제할 능력이 없었음에도 불구하고, 그러한 상태에서 피고인이 이 사건 신용카드를 사용하여 피해자 회사로부터 대출을 받거나 현금서비스를 받았다면 비록 적극적인 기망행위가 없었다고 하더라도 사기죄를 구성한다고 봄이 상당하다. (대법원 2005. 9. 30. 2005도398)

5. 기업회계기준이 개정되었지만 그 부칙에 따라 개정 전의 기업회계기준을 적용하여야 함에도, 개정된 기업회계기준을 적용하여 작성한 재무제표를 금융기관에 제출하면, 금융기관으로서는 특별한 사정이 없는 한 당해 회계연도에 적용되는 회계처리기준에 따라 작성된 것으로 신뢰할 것이므로, 이러한 행위는 기망에 해당한다. (대법원 2007. 6. 1. 2006도1813)

(나) 부작위에 의한 기망

기망행위가 부작위에 의해서도 가능하다는데 대해서는 의문이 없다. 다만 부작위에 의한 기망은 작위에 의한 기망의 한 유형인 묵시적 기망과 구별되어야 한다. 묵시적 기망은 행위자가 자신의 행위를 통하여 상대방에게 착오를 일으키는 경우이고, 부작위에 의한 기망은 상대방이 행위자의 행위와 관계없이 스스로 착오에 빠진 것을 행위자가 그냥 놔둠으로써 상대방이 착오에서 헤어나지 못하는 경우이다.

예를 들어 국민연금 수급권자가 사망했음에도 불구하고 연금관리공단에서 그 사실을 모르고 계속 연금을 지급하는데, 유족들이 이 사실을 알리지 않고 계속해서 그냥 연금을 수령하는 경우가 부작위에 의한 기망이 된다.

또한 3천원 짜리 물건을 산 손님이 5천원짜리를 냈는데 가게 주인이 1만원짜리로 착각해서 거스름돈으로 7천원을 내주는데 이를 알고도 그냥 가지고 가는 이른바 '거스름돈 사취(詐取)'의 경우도 부작위에 의한 기망이 된다.

부작위에 의한 기망이 성립하기 위해서는 행위자에게 ① 상대방의 재산적 손해를 유발할 착오를 방지해야 할 법적 의무와 ② 방지할 수 있는 실질적 가능성, ③ 의무의 불이행 그리고 ④ 부작위가 작위에 의한 기망의 경우와 같은 수준의 행위반가치가 있어야 한다.

상대방의 착오를 방지해야 할 **보증인적 지위**의 발생근거로는 법령 · 계약 · 선행행위의 세 가지가 가능하다.

보증인적 지위(설명의무)의 근거가 되는 **법령**으로는 상법 제651조(보험계약자의 고지의무), 국민연금법 제100조(신고의무) 등이 있다.

계약의 경우에는 특별한 신뢰관계가 바탕이 되는 경우에만 보증인적 지위가 인정된다. 이러한 작위의무는 계약의 효력이 발생되어야만 인정되는 것은 아니다. 계약관계가 성립되기 전에도 계약체결 과정에서 보증인적 지위는 인정될 수 있다.

한편 계약이 체결되었고 그 계약내용 중에 상대방에게 어떠한 형태로든 손해를 끼치면 안 된다는 내용이 들어 있다고 해서 곧바로 보증인적 지위의 근거가 되는 것은 아니다. 이럴 경우 사회적 강자가 자신이 부담해야 하는 위험을 전부 약자에게 떠넘기고 법이 그 행위를 옹호해 주는 결과가 야기될 수 있기 때문이다.

법적 설명의무는 다음 두 가지 요건이 충족될 때 인정된다.

① 그 사실이 상대방의 의사결정에 본질적으로 중요한 요소일 것

② 이를 알리지 않으면 상대방에게 상당한 재산적 손해가 가해질 것

【판례】 설명의무를 인정한 사례 1. 부동산 매매에 있어서 매도인은 매수인에게 매매목적물이 소송계속중인 사실을 고지할 의무가 있다. (대법원 1983. 3. 22. 82도2837 | 같은 취지: 대법원 1986. 9. 9. 86도956)

2. 토지의 매매계약서에 매수인의 매수목적 즉 건물건축의 목적으로 매수한다는 내용이 표시되지 않았다고 하여도, 매도인이 그러한 매수인의 매수목적을 알면서 건축

이 불가능한 절대농지라는 사실을 알리지 않고 건축이 가능한 것처럼 가장하여 이를 오신한 매수인과 사이에 매매계약이 성립된 것이라면 그와 같은 매도인의 행위는 사기죄의 구성요건인 기망행위에 해당한다. (대법원 1985. 4. 9. 85도167)

3. 다방의 임대차보증금 등의 담보 제공사실을 은폐하여 전대차계약을 맺고 계약금을 수령하였다면 사기죄가 성립한다. (대법원 1991. 11. 12. 91도2270)

4. 부동산 매매 목적물이 유언으로 재단법인에 출연된 사실을 숨기고 매도하여 대금을 받았다면 사기죄가 성립된다. (대법원 1992. 8. 14. 91도2202)

5. 토지에 대하여 도시계획이 입안되어 있어 장차 협의매수되거나 수용될 것이라는 사정을 매수인에게 고지할 의무가 있다. (대법원 1993. 7. 13. 93도14)

6. 토지의 소유자로 등기되어 있다고 하더라도 자신이 진정한 소유자가 아닌 사실을 알게 된 이상, 당해 토지의 수용보상금을 수령함에 있어서 당해 토지를 수용한 기업자나 공탁공무원에게 그러한 사실을 고지하여야 할 의무가 있다. (대법원 1994. 10. 14. 94도1911)

7. 임대인이 임대차계약을 체결하면서 임차인에게 임대목적물이 경매진행중인 사실을 알리지 아니한 경우, 임차인이 등기부를 확인 또는 열람하는 것이 가능하더라도 사기죄가 성립한다. (대법원 1998. 12. 8. 98도3263 | 같은 취지: 대법원 1985. 4. 9. 선고 85도242)

8. 수표나 어음이 지급기일에 결제되지 않으리라는 점을 예견하였거나 지급기일에 지급될 수 있다는 확신이 없으면서도 그러한 내용을 수취인에게 고지하지 아니하고 이를 속여서 할인을 받으면 사기죄가 성립한다. (대법원 1998. 12. 9. 98도3282)

9. 사채업자가 대출희망자로부터 대출을 의뢰받은 다음 대출희망자가 자동차의 실제 구입자가 아니어서 자동차할부금융의 대상이 되지 아니함에도 그가 실제로 자동차를 할부로 구입하는 것처럼 그 명의의 대출신청서 등 관련 서류를 작성한 후 이를 할부금융회사에 제출하여 대출금을 받은 경우, 할부금융회사로서는 대출의뢰인들이 자동차를 구입하여 보유할 의사 없이 단지 자동차할부금융대출의 형식을 빌려 자금을 융통하려는 의도로 할부금융대출을 의뢰하였다는 사정을 알았더라면 할부금융대출을 실시하지 않았을 것이므로, 사채업자로서는 신의성실의 원칙상 사전에 이러한 사정을 고지할 의무가 있다. (대법원 2004. 4. 9. 2003도7828)

10. 대출자금으로 빌딩을 경락받았으나 분양이 저조하여 자금조달에 실패한 피고인들이 수분양자들과 사이에 대출금으로 충당되는 중도금을 제외한 계약금과 잔금의 지급을 유예하고 1년의 위탁기간 후 재매입하기로 하는 등의 비정상적인 이면약정을 체결하고 점포를 분양하였음에도, 금융기관에 대해서는 그러한 이면약정의 내용을 감춘

채 분양 중도금의 집단적 대출을 교섭하여 중도금 대출 명목으로 금원을 지급받았다면 이는 부작위에 의한 기망에 해당한다. (대법원 2006. 2. 23. 2005도8645)

11. 주식거래의 목적물이 증자 전의 주식이 아니라 증자 후의 주식이라는 점은 주식거래 여부나 그 내용을 결정하는 데 중요한 사항이므로 주식매도인은 주식매수인에게 이러한 사실을 고지할 의무가 있다. (대법원 2006. 10. 27. 2004도6503)

【판례】 설명의무를 부정한 사례 1. 식육점과 그에 딸린 식당의 매매에 있어서 매도인이 식당영업이 무허가라는 점을 고지하지 않았더라도 기망행위에 해당하지 않는다.(대법원 1983. 6. 14. 83도575)

2. 아파트 전매인이 전매시 전매인에게 아파트분양회사 대표이사가 그 분양 업무와 관련하여 유죄판결을 받은 사실을 고지할 의무는 없다. (대법원 1983. 9. 13. 83도823)

3. 채무담보로 제공된 아파트를 분양하는 매도인이 매수인에게 담보제공의 사실을 고지하지 아니하였을 뿐인 경우에는 기망이라고 볼 수 없다.(대법원 1984. 5. 9. 83도3194)

4. 부동산소유자가 임대차계약을 체결한 후 그 목적물을 타에 매도하면서 매수인과 사이에 임대차보증금을 매매대금에서 공제하여 매수인이 임대인의 지위를 승계하기로 약정한 경우, 임대차계약 당시 위 목적물을 매매를 위하여 복덕방에 내놓았다는 사실을 임차인에게 고지하지 않았다는 사실만으로 기망행위가 된다고 볼 수 없다. (대법원 1985. 11. 12. 85도1914)

5. 자동차를 매도함에 있어 그 자동차가 제3자와의 대물변제예약의 목적이 되어 있는 사실을 고지하지 않고 매매대금을 교부받은 경우에는 사기죄가 되지 않는다. (대법원 1989. 10. 24. 89도1397)

6. 부동산의 이중매매에 있어서 매도인이 제1의 매매계약을 일방적으로 해제할 수 없는 처지에 있었다는 사정만으로는, 바로 제2의 매매계약의 효력이나 그 매매계약에 따르는 채무이행, 또는 제2의 매수인의 매매목적물에 대한 권리의 실현에 장애가 된다고도 볼 수 없는 것이므로 매도인이 제2의 매수인에게 그와 같은 사정을 고지할 의무는 없다. (대법원 1991. 12. 24. 91도2698)

7. 중고 자동차 매매에 있어서 매도인의 할부금융회사 또는 보증보험에 대한 할부금 채무가 매수인에게 당연히 승계되는 것이 아니므로 그 할부금 채무의 존재를 매수인에게 고지할 의무는 없다. (대법원 1998. 4. 14. 98도231)

8. 토지의 공유자 겸 명의수탁자인 피고인이 나머지 공유자들로부터 그들 소유 지

분에 관하여 매도가격 및 처분기한을 특정하여 처분권한을 위임받고 그 처분에 따른 양도소득세 등 일체의 경비를 피고인이 부담하기로 약정한 경우, 피고인이 위 매도위임가격보다 훨씬 고가로 매도하였다 하더라도 그와 같은 사실을 위임인에게 고지할 법률상 의무는 없다. (대법원 1999. 5. 25. 98도2792)

9. 의료인의 자격이 없는 자가 개설한 의료기관이 마치 적법하게 개설된 요양기관인 것처럼 국민건강보험공단에 요양급여비용을 청구하는 것은 기망에 해당한다. 그러나 이러한 의료기관이 보험회사에 대하여 자동차보험진료수가를 청구하는 것은 보험금 청구권의 인정 범위 내에서 법적으로 허용되는 것이고, 설령 의료법을 위반하여 개설한 의료기관이라고 하더라도, 면허를 갖춘 의료인을 통해 교통사고 피해자에 대한 진료가 이루어지고 보험회사 등에 자동차손해배상 보장법에 따라 자동차보험진료수가의 지급을 청구한 것이라면 보험회사 등으로서는 특별한 사정이 없는 한 그 지급을 거부할 수 없다고 보아야 한다. 그러므로 의료법 규정에 위반되어 개설된 사정을 보험회사 등에 고지하지 아니한 채 자동차보험진료수가의 지급을 청구하였다고 하여도, 이는 사기죄에서 말하는 기망에 해당하지 않는다. (대법원 2018. 9. 13. 2018도10183)

작위의무는 **선행행위**를 통해서도 발생된다. 고의 없이 상대방의 착오를 유발한 사람이 그 상황을 이용해서 재산적 이익을 얻게 되는 경우가 이에 해당된다. 상대방을 속일 고의도 없었고 진실에 반하는 말을 한 것도 아니었는데, 단지 객관적 상황이 꼬여서 결과적으로 착오가 유발된 경우로서 이른바 **'거스름돈 사취**(詐取)'가 이에 해당된다. 이 문제는 행위자가 상대방의 착오를 언제 인식하였는가에 따라 달리 해결된다.

① **거스름돈 받기 전에 착오를 인식한 경우** : 예를 들어 손님이 2만원짜리 물건을 사면서 지갑에서 1만원짜리와 5천원짜리 지폐 각 1장을 1만원권 두 장으로 착각하고 건네주었는데, 가게 주인도 2만원으로 알고 받은 돈을 돈 통에 집어넣는 순간 손님이 다시 보고는 잘못 주었다는 것을 인식하였음에도 불구하고 가만히 있는 경우가 이에 해당된다. [**판례**: 사기 인정]

② **거스름돈 받으면서 착오를 인식한 경우** : 예를 들어 3천원짜리 물건을 산 손님이 5천원짜리를 냈는데 가게 주인이 1만원짜리로 착각해서 거스름돈으로 7천원을 내주는데 이를 알고도 그냥 가지고 가는 것과 같은 경우를 말한다. [**판례**: 사기 인정]

③ **거스름돈 받아가지고 현장 이탈 후에 착오를 인식한 경우** : 예를 들자면 2만원짜리 물건을 사면서 지갑에서 1만원짜리와 5천원짜리 지폐 각 1장을 1만원권 두 장으로 착각하고 건네

주었는데, 가게 주인도 2만원으로 알고 받았고 손님도 그렇게 알고 상점을 빠져나왔다가 다른 곳에 가서 다시 지갑을 열고는 잘못되었다는 사실을 알게 되는 경우이다. 이 때에는 행위자가 행위 당시에 자신의 행동에 의해 착오가 유발되었다는 점을 인식하지 못했으므로 고의가 없어서 사기죄가 성립되지 않고, 부당하게 취득한 5천원을 반납하지 않는 행위에 대하여 점유이탈물 횡령죄가 성립될 수 있을 뿐이다. [**판례**: 사기 인정 안함]

【판례】 뒤늦은 착오의 인식 피고인 甲은 매도인의 대리인으로서 부동산 거래를 하면서 매수인의 대리인으로부터 대금을 수령하는 과정에서 매수인의 실수로 1천만원을 더 받은 후 그 사실을 추후에 알고도 이를 반납하지 않고 그냥 가지고 있었다. 이처럼 피해자가 피고인에게 매매잔금을 지급함에 있어 착오에 빠져 지급해야 할 금액을 초과하는 돈을 교부하는 경우, 피고인이 사실대로 고지하였다면 피해자가 그와 같이 초과하여 교부하지 아니하였을 것임은 경험칙상 명백하므로, 피고인이 매매잔금을 **교부받기 전 또는 교부받던 중**에 그 사실을 알게 되었을 경우에는 특별한 사정이 없는 한 피고인으로서는 피해자에게 사실대로 고지하여 피해자의 그 착오를 제거하여야 할 신의칙상 의무를 지므로 그 의무를 이행하지 아니하고 피해자가 건네주는 돈을 그대로 수령한 경우에는 사기죄에 해당될 것이다.

그러나 그 사실을 미리 알지 못하고 매매잔금을 건네주고 받는 행위를 끝마친 후에야 비로소 알게 되었을 경우에는 주고받는 행위는 이미 종료되어 버린 후이므로 피해자의 착오 상태를 제거하기 위하여 그 사실을 고지하여야 할 법률상 의무의 불이행은 더 이상 그 초과된 금액 편취의 수단으로서의 의미는 없으므로, 교부하는 돈을 그대로 받은 그 행위는 점유이탈물횡령죄가 될 수 있음은 별론으로 하고 사기죄를 구성할 수는 없다고 할 것이다. (대법원 2004. 5. 27. 2003도4531)

2) 착 오

가. 착오의 내용

착오란 '인식과 사실의 불일치'를 말한다. 대부분 사실과 일치하는 인식을 가지고 있지만 정작 중요한 부분은 모르는 경우도 착오이다. 반대로 의사결정에 중요한 부분은 알고 그와 무관한 부수적인 부분을 모르는 경우는 착오가 아니다. 착오의 내용은 사기가 성립하기 위한 착오로 인정될 만한 의미를 가지고 있어야 하는 것이다.

【판례】 예금계약 성립과 무관한 사실에 대한 인식의 결여 甲은 P로부터 자신의 계좌로 송금을 받았는데, 해당 통장은 甲이 사기범들에게 넘겨 준 것이었고 P는 사기범들에게 속아 송금을 한 것이었다. 이처럼 계좌이체의 원인되는 법률관계가 존재하지 않은 상태에서 이루어진 송금이었음에도 甲은 그 돈을 인출하였다. 이 경우 계좌이체의 원인인 법률관계의 존재 여부와 무관하게 예금계약은 성립되고 수취인이 예금채권을 취득하는 것이므로, 그 수취인이 예금반환을 청구하여 은행이 이를 지급하는 행위는 착오에 빠져 처분행위를 한 것으로 볼 수 없다. (대법원 2010. 5. 27. 2010도3498)

한편 전혀 아무 것도 모르고 있는 경우는 인식 자체가 없는 경우이므로 착오가 아니다. 작위에 의한 기망의 경우 행위자의 기망행위가 상대방의 정신영역에 영향을 미침으로써 착오가 유발되지 않으면 사기가 성립된다고 볼 수 없다.

예를 들어 현금자동지급기에 절취한 카드를 넣고 현금서비스를 받거나 자동판매기에 가짜 동전을 넣고 물건을 꺼내는 행위는 사람의 정신영역에 영향을 미치는 행위가 아니므로 착오를 유발했다고 볼 수 없다. 대신 이러한 행위는 여신전문금융업법 위반죄나 편의시설부정이용죄(제348조의2)에 해당된다.

나. 착오의 정도

잘못된 인식이 피기망자의 머리 속에 얼마나 강하게 자리를 잡고 있어야 하는가가 문제의 소지가 있으나, 그에 대하여 **확신**을 하고 있을 필요는 없어서, 그저 그러려니 하는 생각이 의식의 저변에 엷게 깔려 있는 경우도 착오라고 할 수 있다. 나아가 어느 것이 맞을까 **의심**을 하는 경우에도 일단 착오를 일으키면 사기가 성립된다. 상대방의 말을 그대로 믿지 않고 한 번 재검토 해보는 신중한 태도를 가진 사람을 형법의 보호범위에서 제외시켜야 할 이유는 없기 때문이다.

다. 인과관계

기망행위와 착오 사이에는 인과관계가 있어야 한다. 일반적 인과관계의 경우와 마찬가지로 사실적 측면의 인과의 연결은 물론 **객관적 귀속**도 인정되어야 한다.

【판례】 사기죄와 인과관계 1. 일반인의 기망 | 결과회피의무가 전적으로 금융기관에게 있는 경우 피고인 甲은 ××중기의 경영주로서 ○○은행에 대한 대출금 채무와 다른 사람에 대한 채무를 변제기가 넘도록 변제하지 못하고 있었고, 강제집행을 피하기 위해 보유하고 있던 중기들을 제3자에게 허위양도하고 더 이상 중기임대사업을 하지 않는 상태이었다. 그럼에도 불구하고 신규 여신이 필요하자 ○○은행장 乙에게 융자를 부탁하였고, 乙은 대출서류를 갖추어 제출하라고 대답하였다.

이에 甲은 **허위의 사업계획서**를 작성하여 대출을 신청하였다. 대출신청서를 검토한 ○○은행 영업부는 신규 여신을 해서는 안 된다는 의견으로 결재를 올렸으나 乙의 지시에 따라 대출을 승인하는 것으로 다시 결재를 올려 대출이 이루어졌다.

사기가 성립하기 위해서는 피기망자가 착오를 일으키고 그 착오는 기망자의 기망행위와의 사이에 인과관계를 형성하고 있어야 한다. 그러나 이 사건에서 甲이 작성하여 제출한 사업계획서의 내용이 비록 허위이기는 하지만 △△은행의 대출은 甲이 제출한 사업계획서 내용에 속아서 이루어진 것이 아니다. 일반 사인이 금전을 대여하는 경우와는 달리 전문적으로 대출을 취급하면서 차용인에 대한 체계적인 신용조사를 행하는 금융기관이 금전을 대출하는 경우에는 비록 대출 신청 당시 차용인에게 변제기 안에 대출금을 변제할 능력이 없었고, 금융기관이 차용인 말만을 그대로 믿고 대출하였다고 하더라도, 차용인의 이러한 **기망행위**와 금융기관의 **대출행위** 사이에 인과관계를 인정할 수는 없다. (대법원 2000. 6. 27. 2000도1155)

2. 공인회계사의 기망 | 결과회피의무가 전적으로 금융기관에게 있지 않은 경우 피고인은 회계처리기준이 개정되었으나 **경과규정**에 따라 개정 전 회계기준을 적용하여 회계처리를 하여야 함에도, 그렇게 할 경우 당기 순손실이 나타나게 되는 것을 숨기기 위해서 **개정 후의 회계기준**에 따라 회계처리를 함으로써 당기 순이익이 발생한 것으로 재무제표를 작성하여 이를 첨부해서 금융기관에 대출신청을 하였다. 이에 금융기관에서 재무제표가 적절하게 작성된 것으로 믿고 대출취급 하였다면, 금융기관이 제출된 재무제표를 면밀히 분석해 보았다면 회계처리 기준이 잘못 적용되었음을 알 수 있었을 것이라고 하더라도 기망행위와 여신 결정 사이의 인과관계가 단절된다고 볼 수는 없다. (대법원 2007. 6. 1. 2006도1813)

일반인과 달리 공인회계사는 재무제표 작성 및 신용평가 작업 측면에서 전문가이고 이는 국가가 공인하는 자격이다. 따라서 공인회계사를 신뢰하였다는 점에 대해서는 금융기관에 잘못이 없다. 공인회계사와 관련해서는 금융기관에게 전적으로 결과회피의무가 있지 않다.

3) 재산적 처분행위

가. 의의와 성격

재산적 처분행위란 '직접적 재산 감소를 유발하는 행위'를 말한다. 행위자의 기망행위로 인한 착오가 있고 그 착오 때문에 재산적 처분행위가 있게 되어야 한다. 피기망자가 스스로 재산적 처분행위를 한다는 점은 사기를 절도와 구별할 수 있게 해주는 중요한 특징이다.

본죄에서 처분행위라고 하는 것은 민법상의 개념이 아닌 순수한 **사실상의 개념**으로 파악되어야 한다. 따라서 상품 주문, 대출 허가, 채무 면제 등 법률행위의 성격을 가지거나 판결 선고와 같은 국가권력 행사에 해당되는 것뿐 아니라, '사실상 자기 또는 제3자의 재산 감소를 직접 유발하는 모든 형태의 작위와 부작위'를 포괄해서 처분행위라고 해야 한다.

【판례】 처분행위로 인정되는 경우 1. 작위 배당이의소송의 제1심에서 패소판결을 받고 항소한 자가 그 **항소를 취하**하면 그 즉시 제1심판결이 확정되고 상대방이 배당금을 수령할 수 있는 이익을 얻게 되는 것이므로 위 항소를 취하하는 것 역시 사기죄에서 말하는 재산적 처분행위에 해당한다. (대법원 2002. 11. 22. 2000도4419)

2. 부작위 사기죄에서 처분행위라 함은 재산적 처분행위로서 피해자가 자유의사로 직접 재산상 손해를 초래하는 작위에 나아가거나 또는 부작위에 이른 것을 말하므로, 피해자가 착오에 빠진 결과 **채권의 존재**를 알지 못하여 채권을 행사하지 아니하였다면 그와 같은 부작위도 재산적 처분행위에 해당한다. (대법원 2007. 7. 12. 2005도9221)

【판례】 처분행위로 인정되지 않는 경우 피고인이 피해자들을 기망하여 투자금 명목으로 47회에 걸쳐 합계 24억 5천여만원을 편취한 경우, 금원을 차용하는 과정에서 이자의 지급을 약정하였다 하더라도 **이자 부분**에 대하여 피해자들이 별도의 처분행위를 하지 않는 한 기망행위와 이자발생 사이에 인과관계가 없어서 그 부분에 대해서는 사기죄가 성립하지 않는다. (대법원 2011. 4. 14. 2011도769)

처분행위 가운데 순수한 **사실행위**로서의 성격을 가지는 것은 어린아이나 행위무능력자도 할 수 있다.

사기죄의 구성요건 요소로서 재산적 처분행위가 필요하다는 데 대해서는 이설이 없지만, 그것이 제347조 규정에 명시되어 있는 것인가에 대해서는 논란이 있다.

① **긍정설**

② **부정설 (다수설)**

[결론] 제347조를 보면 "재물의 교부를 받거나 재산상의 이익을 취득한"이라고 서술되어 있다. 여기서 '교부'는 '내어 줌'을 의미하므로 교부를 받는다는 것은 내어주어서 받게 되었음을 뜻한다. 따라서 재물의 교부 형태의 재산적 처분행위는 법조문에 분명히 명시되어 있다고 볼 수 있다.

'재산상 이익 취득' 부분은 조금 애매한 측면이 있지만 "기망하여"라는 표현과 연결해서 이해하면 재산상의 이익을 내어주도록 유도한다는 의미로 읽혀진다.

결국 '재물의 교부'와 관련해서는 조문에 재산적 처분행위가 명시되어 있고, '재산상의 이익 취득' 부분은 법문에 그것이 쓰여 있는 것이나 마찬가지라고 할 수 있다. 긍정설이 좀 더 타당하다. 다만 이 부분은 논의의 실익이 없다.

나. 처분의사

재산적 처분행위가 피기망자의 처분의사를 전제로 하는가에 대하여 견해대립이 있다.

① **필요설**: 피기망자가 처분행위를 한다는 데 대한 인식을 가지고 있어야 한다는 견해

이 견해를 따를 경우 사기의 많은 유형이 자신이 어떠한 처분행위를 하는지도 모르고 당하는 경우인데 이를 사기죄 적용범위에서 제외시켜야 하기 때문에 문제가 된다.

② **불요설**: 처분행위를 한다는 데 대한 인식이 없는 경우에만 사기가 성립된다고 보는 견해

채무 면제, 의무 부담 등의 경우에는 몰라도 재물을 교부하는 경우에는 피기망자가 의식적으로 물건을 내주거나 적어도 상대방이 가져가는 것을 알고도 가만 놔둬야만 사기가 될 수 있다는 측면에서 문제의 소지가 있는 견해라고 생각된다.

예를 들어 슈퍼마켓에서 진열대에 있는 선글라스를 꺼내 자기 것인 양 쓰고 계산대를 통과하면 사기가 되지만, 호주머니에 넣고 숨겨서 계산대를 통과하게 되면 사기가 아니라 절도가 되는 것이기 때문이다.

③ **절충설**: 재물의 교부 형태로 처분행위를 하는 경우에는 처분의사가

있어야 하고, 그 밖의 경우에는 피기망자가 스스로 재산상의 처분행위를 한다는 인식을 하고 있을 필요가 없다는 견해

그러나 예를 들어 출고증에 사실은 맥주 40박스라고 적어놓고는 말로는 10박스라고 해서 상대방을 속여 서명을 받고 창고로 가서 40박스의 맥주를 가져가면, 피기망자는 맥주 30박스를 교부하는 부분에 대해서 처분의사가 없었지만 재물의 교부 형태로 이루어진 이 사건에서 사기가 성립된다고 보아야 할 것이다. 따라서 재산적 처분행위를 재물의 교부 형태와 그 밖의 유형으로 구분하는 것만으로는 해결이 곤란하다.

이 문제는 처분의사의 유무 이전에 처분의사의 개념을 어떻게 볼 것인가 하는 면을 먼저 생각해보아야 해결될 것으로 보인다. **처분의사의 개념**에 대해서는 견해대립이 있다.

① **완전인식설**: 처분의사의 개념을 처분행위 자체와 처분행위의 결과까지 인식하는 것으로 보는 견해

완전인식설을 따르게 되면 처분행위를 하면서 처분행위의 실체에 대해서는 모르는 경우 처분행위의 결과까지 인식한 것은 아니므로 처분의사가 없는 것으로 보아야 한다는 문제점이 생기게 된다.

② **불완전인식설**: 처분의사를 처분행위 자체에 대한 인식만으로 보는 견해 **(판례)**

【판례】 서명사취 피고인은 피해자 P에게 3천만 원을 차용하는데 대한 근저당권을 설정한다고 속이고, 사실은 1억 원을 차용하고 채권최고액 1억2천만 원을 담보하는 근저당권 설정계약서를 작성한 후 P로 하여금 서명하게 하고 위임장과 인감증명서를 교부받아 등기를 경료하였다. 이 경우 피기망자가 어떤 문서에 스스로 서명 또는 날인함으로써 그 처분문서에 서명 또는 날인하는 행위에 관한 인식이 있었던 이상, 그 문서의 구체적 내용과 법적 효과를 제대로 인식하지 못했더라도 처분의사가 인정된다. (대법원 2017. 2. 16. 2016도13362 전원합의체)

결론 처분행위 자체 뿐 아니라 처분행위의 결과까지 제대로 이해하고 있었다면 기망을 당한 것이라고 할 수 없을 것이므로 **불완전인식**으로 보는 견해가 타당하다. 처분행위는 스스로 하지만 속아서 하는 것이므로 처분의사는 있어야 하고 불완전인식을 내용으로 하는 처분의사가 필요하다. **불완전 인식설**에 근거한 **필요설**이 타당하다.

다. 직접적 재산 감소 유발

처분행위가 그 자체로서 재산 감소를 직접 유발하는 것이 아니라 추가적인 행위를 거쳐서 비로소 재산 감소의 결과가 나타나는 경우에는 **직접성**이 없기 때문에 사기가 성립하지 않는다(**성분의 동일성 문제**).

예를 들어 목걸이를 한 번 보자고 해서 받아 가지고는 목에 걸고 주인이 한눈파는 사이에 달아나는 이른바 **속임수 절도**(책략절도 또는 트릭절도라고도 부른다.)의 경우 목걸이를 꺼내 행위자 앞에 내놓은 행위 그 자체로서 재산 감소가 직접 유발된 것이 아니라 달아나는 추가적인 행위를 거쳐서 재산이 감소되므로 사기가 아니라 절도에 해당한다. 판례의 입장도 같다(대법원 1994. 8. 12. 94도1487).

재산의 감소는 재물이 교부되거나, 의무를 부담하거나, 채권을 상실하는 등 경제적 측면에서 손해가 되는 모든 형태를 포괄하는 개념이다. 처분행위라는 것은 개념적으로 재산의 감소를 내포하고 있기 때문에 재산의 감소가 없는 처분행위라는 것은 존재할 수 없다. 다만 이와 구별해야 하는 문제는 재산이 감소된 반면 그 대가로 재산의 증가가 있었는가 그래서 전체적으로 경제적 손해의 결과가 존재하는가 하는 점이다. 이 점은 마지막 단계인 재산적 손해 부분에서 검토되어야 한다.

라. 제3자에 의한 처분행위

피기망자와 처분행위자가 동일인이어야 하기는 하지만, 피기망자가 처분행위를 스스로 하지 않고 다른 사람의 도움을 빌려서 하더라도 상관이 없다.

예를 들어 대리점 주인이 직원을 시켜 사기꾼에게 물건을 내주라고 지시하는 경우가 이에 해당된다.

또한 처분행위자와 피해자가 동일인이어야 할 필요가 없기 때문에 가능한 것이 이른바 **삼각사기**이다.

예를 들면 할머니 혼자 집을 보고 있는데 손자의 친구라고 하면서 손자가 자기 카메라를 가져오라고 했다고 속여서 카메라를 건네받아 가져가는 경우가 이에 해당된다.

그런데 문제는 삼각사기와 간접정범 형태의 절도를 어떻게 구별할 것인가 하는 점이다. 절도는 점유자의 의사에 반하여 그 점유를 배제하는 범죄유형이고 사기는 피기망자가 스스로 점유를 내주게 만드는 범죄형태이다. 그런데 점유는 물건에 대한 사실상의 지배를 의미하므로 물건에 대한 정당한 권리를 가지지 않은 사람도 점유자가 될 수 있다. 따라서 물건을 사실상 지배하고 있는 사람의 의사에 반하는가 반하지 않는가에 따라 절도와 사기를 구별한다는 것은 사실상 구분을 포기하는 것이 된다. 처분행위를 한 피기망자가 어느 정도의 처분권한은 가지고 있어야만 그 사람이 스스로 처분했을 때 사기가 된다고 할 수 있는 것이기 때문이다. 여기서 어느 정도의 권한이 필요한가에 대해서는 학설이 대립되어 있다.

① **법적 권한설**: 처분행위자에게 법적으로 유효한 점유 이전을 할 권한이 있어야 된다는 견해

② **사실상 지위설**: 처분행위자가 사실상 점유이전을 해줄 지위에 있으면 된다는 견해로서, 공동점유자이거나 사실상 가까운 사이이거나 하는 경우에 이에 해당한다. (**통설 | 판례**)

【판례】 재산처분의 권능 사기죄가 성립되려면 피기망자가 착오에 빠져 어떠한 재산상의 처분행위를 하도록 유발하여 재산적 이득을 얻을 것을 요하고, 피기망자와 재산상의 피해자가 같은 사람이 아닌 경우에는 피기망자가 피해자를 위하여 그 재산을 처분할 수 있는 **권능**을 갖거나 그 **지위**에 있어야 하지만, 여기에서 피해자를 위하여 재산을 처분할 수 있는 권능이나 지위라 함은 반드시 사법상의 위임이나 대리권의 범위 내에서 처분행위가 이루어지는 경우에만 인정되는 것이 아니다. 피해자로부터 피기망자에게 재산을 처분할 수 있는 서류 등이 교부된 경우에는 위와 같은 권능을 갖거나 그 지위에 있는 것으로 보아야 한다. (대법원 1994. 10. 11. 94도1575)

판례는 종래 법적 권한설의 입장(대법원 1970. 9. 29. 70도1734; 대법원 1981. 7. 28. 81도529)이었으나 근래에는 이 판례와 같이 사실상 지위설을 취하고 있다.

결론 처분행위자가 피해자와 사실상 가까운 사이이거나 공동점유자일 경우에는 그 사람을 속여서 물건을 가져가는 것을 절도라고 보기는 곤란하다. 따라서 **사실상 지위설**이 타당하다.

마. 법원에 의한 처분행위

처분행위자와 피해자가 동일인일 필요가 없기 때문에 사인(私人)이 아닌 법원을 기망해서 부당한 처분행위를 하게 만드는 것도 가능하다. 이를 이른바 **소송사기**라고 한다. 법원이 허위의 주장을 믿고 상대방 당사자의 재산을 침해하는 판결을 내리는 경우이다. 법관이 살아있는 도구로서 사기에 이용되는 것이다.

【판례】 소송사기가 되는 경우 1. 피고인 자신이 토지의 소유자라고 허위의 주장을 하면서 소유권보존등기 명의자를 상대로 **보존등기의 말소**를 구하는 소송을 제기한 경우

그 소송에서 이 토지가 피고인의 소유임을 인정하여 보존등기 말소를 명하는 내용의 승소확정판결을 받는다면, 이에 터 잡아 언제든지 단독으로 상대방의 소유권보존등기를 말소시킨 후 이 판결을 부동산등기법 제130조 제2호 소정의 소유권을 증명하는 판결로 하여 자기 앞으로의 소유권보존등기를 신청하여 그 등기를 마칠 수 있게 되므로, 이는 법원을 기망하여 유리한 판결을 얻음으로써 '대상 토지의 소유권에 대한 방해를 제거하고 그 소유명의를 얻을 수 있는 지위'라는 재산상 이익을 취득한 것이어서 사기죄에 해당한다. (대법원 2006. 4. 7. 2005도9858 전원합의체)

2. 자기에게 유리한 판결을 얻기 위하여 소송상의 주장이 사실과 다르다거나 증거가 조작되어 있다는 사실을 인식하지 못하는 제3자를 이용하여 그로 하여금 소송의 당사자가 되게 하고 법원을 기망하여 소송 상대방으로부터 재물 또는 재산상 이익을 취득하게 되면 **간접정범 형태**의 소송사기죄가 성립한다. (대법원 2007. 9. 6. 2006도3591)

【판례】 소송사기가 되지 않는 경우 1. 토지 소유권자 甲이 자신의 토지를 J에게 매도하기로 계약을 체결했는데 중간에 그 토지 주변에 거주하는 주민 19명이 자신들이 그 토지를 매입하겠다고 나섰다. 이에 甲은 주민들의 제안에 동의했으나 J가 반발하였다. 그러자 피고인을 포함한 주민 4명이 甲과 자신들 사이에 유효한 매매계약이 이미 체결되어 있다는 내용의 소송을 제기하였다. 이 경우 피고인들이 사실과 다른 주장을 하기는 하였지만 소유권자인 甲이 원하는 대로 처분행위가 이루어지는 것이므로 사기에 해당하지 않는다. (대법원 1996. 8. 23. 96도1265 | 같은 취지: 대법원 1992. 12. 11. 92도743)

2. 소송사기는 법원을 기망하여 제3자의 재물을 편취하는 것을 내용으로 하는 범죄로서, 그 이면에는 필연적으로 누구든지 자기에게 유리한 법률상의 주장을 하고 민사재판을 통하여 권리구제를 받을 수 있다는 이념과의 상치가 문제되는 것이므로 양자의 조정을 위하여서도 그 적용은 엄격함을 요한다. 따라서 피고인이 범행을 인정한 경우 외에는 그 소송상의 주장이 사실과 다른 것임이 객관적으로 명백하거나 증거를 조작하려고 한 흔적이 있는 등의 경우 외에는 이를 유죄로 인정하는데 각별한 주의가 필요하다. (대법원 1998. 9. 8. 98도1949 | 같은 취지: 대법원 1992. 2. 25. 91도2666; 대법원 1997. 7. 22. 96도2422; 대법원 1998. 2. 27. 97도2786)

3. 당사자주의 소송구조하에서는 자기에게 유리한 주장이나 증거는 각자가 자신의 책임하에 변론에 현출하여야 하는 것이고, 비록 자기가 상대방에게 유리한 증거를 가지고 있다거나 상대방에게 유리한 사실을 알고 있다고 하더라도 상대방을 위하여 이를 현출하여야 할 의무가 있다고 보기는 어려울 것이므로 상대방에게 유리한 증거를 제출하지 않거나 상대방에게 유리한 사실을 진술하지 않는 행위만으로는 소송사기에

있어 기망이 된다고 할 수 없다. (대법원 2002. 6. 28. 2001도1610)

4. 소송사기는 법원을 속여 자기에게 유리한 판결을 얻음으로써 상대방의 재물 또는 재산상 이익을 취득하는 범죄로서, 이를 쉽사리 유죄로 인정하게 되면 누구든지 자기에게 유리한 주장을 하고 소송을 통하여 권리구제를 받을 수 있는 민사재판제도의 위축을 가져올 수밖에 없으므로, 피고인이 그 범행을 인정한 경우 외에는 그 소송상의 주장이 사실과 다름이 객관적으로 명백하고 피고인이 그 주장이 명백히 거짓인 것을 인식하였거나 증거를 조작하려고 하였음이 인정되는 때와 같이 범죄가 성립되는 것이 명백한 경우가 아니면 이를 유죄로 인정하여서는 아니 되고, 단순히 사실을 잘못 인식하였다거나 법률적 평가를 잘못하여 존재하지 않는 권리를 존재한다고 믿고 제소한 행위는 사기죄를 구성하지 아니하며, 소송상 주장이 다소 사실과 다르더라도 존재한다고 믿는 권리를 이유 있게 하기 위한 과장표현에 지나지 아니하는 경우 사기의 범의가 있다고 볼 수 없다. (대법원 2004. 6. 25. 2003도7124)

소송사기는 우선 **허위의 증거**를 제출함으로써 이루어질 수 있다. 여기서 증거는 물적 증거와 인적 증거 모두를 의미한다. 따라서 가짜 서류를 제출하거나 허위의 진술을 할 증인을 내세우는 방법이 모두 가능하다. 원고는 물론 소극적 당사자인 피고(대법원 1998. 2. 27. 97도2786; 대법원 2004. 3. 12. 2003도333)나 증인 스스로도 행위주체가 될 수 있다.

한편 소송사기는 **허위의 주장**을 통해서도 가능하다. 예를 들어 소유권 이전등기를 위해 필요한 서류를 스스로 작성해서 교부해주고도 재판과정에서 상대방이 서류를 위조했다고 주장하는 것은 기망행위로서 사기의 구성요건에 해당된다(대법원 1990. 1. 23. 89도607).

【판례】 허위의 지급명령 신청 피고인이 피해자에게 이 사건 수표를 할인해 준 것이 아니라 타인에게 할인을 해주었는데도 아무런 관련이 없는 피해자를 상대로 지급명령을 신청하였다면, 피고인이 허위의 내용으로 지급명령을 신청하여 법원을 기망한다는 고의가 드러났었다고 할 것이고, 이와 같은 경우에 법원을 기망하는 것은 반드시 허위의 증거를 이용하지 않더라도 당사자의 주장이 법원을 기만하기 충분한 것이라면 기망수단이 되는 것이다. (대법원 2004. 6. 24. 2002도4151)

가압류·가처분 등과 같은 **보전절차**는 재산 감소를 유발하는 판결이 내려지는 소송절차가 아니기 때문에 보전소송 과정에서 허위의 증거를 제출하는 등 기망행위를 하게 되더라도 이는 사기의 구성요건이 될 수 없다(대법원 1982. 10. 26. 82도1529; 대법원 1988. 9. 13. 88도55).

그러나 **독촉절차**의 경우에는 상대방이 이의를 제기하지 않으면 집행권원이 확정되기 때문에 재산 감소를 유발하는 판결이 나오는 것이라고 할 수 있으므로 사기의 수단이 될 수 있다.

【판례】 사망한 자에 대한 소송사기 피고인의 제소가 사망한 자를 상대로 한 것이라면 그 판결은 그 내용에 따른 효력이 생기지 아니하여 상속인에게 그 효력이 미치지 아니하므로 사기죄를 구성한다고 할 수 없다. (대법원 2002. 1. 11. 선고 2000도1881 판결 | 같은 취지: 대법원 1997. 7. 8. 97도632)

바. 불법원인 급여

재산적 처분행위 자체가 불법원인 급여(민법 제746조)인 경우 사기죄가 성립되는가에 대하여 견해대립이 있다.

① 긍정설 (**다수설** | **판례** 대법원 1995. 9. 15. 95도707)

② 부정설

결론 예를 들어 거짓말로 로비를 해주겠다고 하면서 뇌물자금을 받아서 챙기는 경우가 이에 해당한다. 이러한 불법원인 급여의 경우에는 피기망자에게 부당이득 반환청구권이 없게 되므로 더욱 확실하게 재산적 손해를 보게 되는 경우라고 볼 수 있다. 사기죄의 성립을 **긍정**하는 견해가 타당하다.

사. 인과관계 (객관적 귀속)

일반적 인과관계의 경우와 마찬가지로 기망행위에 의한 착오가 처분행위의 유일한 원인일 필요는 없다. 다만 기망행위가 없더라도 재산적 처분행위를 할 경우이었을 때에는 인과관계는 연결되지만(가설적 인과관계) 객관적 귀속이 인정되지 않는다.

또 착오는 행위자가 의도하는 내용으로 발생해야 한다. 그렇지 않을 경우 야기된 착오에 관하여 행위자에게 책임을 물을 수 없다. 이 경우 기망행위와 착오 사이의 **인과관계**는 연결되지만 **객관적 귀속**이 인정되지는 않기 때문이다.

【판례】 인과관계가 인정되는 경우 동일한 부동산을 피해자와 함께 매수하면서 매도인과 공모하여, 사실은 그 부동산의 평당 매수단가를 피해자보다 싸게 매수하면서도 피해자에게는 자신이 마치 피해자와 같은 값으로 매수하는 것처럼 말하여 피해자를 착오에 빠뜨려 그 부동산을 비싼 값에 매수케 하고, 그 매매차액을 분배, 교부받은 경우 이는 사기죄의 구성요건인 기망 행위에 해당한다고 할 것이고, 위 피해자가 만일 동일한 부동산을 피고인과 함께 매수하면서 피고인의 평당 매수단가 보다 비싸게 매수한다는 사실을 사전에 알았더라면 그 매매계약에 임하지 않았으리라는 점은 경험 법칙상 쉽게 추측할 수 있다 하겠으므로, 피고인의 위 기망 행위와 피해자의 매수행위 사이에 인과관계가 있다고 보아야 한다. (대법원 1992. 3. 10. 91도2746)

【판례】 인과관계가 인정되지 않는 경우 1. 피해자가 피고인이 말한 **차용금 용도**의 목적이 실현 안 되더라도 금원을 대여하기로 합의하여 이를 피고인에게 교부하였다면 피고인이 말한 위 차용금 용도가 거짓이었다고 하여도 이 기망행위와 피해자의 위 재산적 처분행위 사이에는 상당인과관계가 있다고 보기 어렵다. (대법원 1984. 1. 17. 선고 83도2818 판결)

2. 법인이 임대주택용지 분양신청을 함에 있어서 분양신청자 중의 추첨대상자에 들기 위하여 법인의 **대표이사 개인의 허위 건축실적증명**을 첨부하였으나 당시 한국토지개발공사의 분양심사에서는 회사 대표이사 개인의 실적은 전혀 참작이 되지 않았던 경우 기망행위와 처분행위 사이의 인과관계가 없어 사기죄를 구성하지 않는다. (대법원 1994. 5. 24. 93도1839)

3. 피고인 甲은 K와 임대차 계약을 체결하고 식구들과 함께 그 건물에 입주하였는데 처만 전입신고를 하고 나머지 식구들은 자신들이 운영하는 식당 소재지에 주민등록을 유지하였다. 그러던 중 K가 건물에 근저당권을 설정하고 축산업협동조합에서 대출한 금원을 변제하지 못하여 건물이 경매에 넘어가자 불안해진 甲은 K에게 임대차 계약 당사자를 자신이 아닌 처로 변경해 달라고 부탁하였다. 이에 K가 응하였고 처의 명의로 경매법원에 우선변제권자로서 배당 신청을 하여 축협에 우선하여 1천 2백만원을 지급받았다. 이 경우 임차인 명의를 처로 변경하지 않았더라도 어차피 甲이 **소액임대차보증금**에 대한 우선변제권을 행사하여 우선적으로 해당 금액을 배당받았을 상황이므로 사기가 성립할 수 없다. (대법원 2002. 2. 8. 2001도6669)

4. 피고인은 남편의 **폭행**으로 목을 다쳐서 수술을 받았으나 후유장해가 남게 되었고 이는 일반재해에 해당됨에도 **교통사고**로 상해를 입었다는 취지로 보험금을 청구하고 교부받았다. 이 경우 약관상 교통재해만 보험사고로 규정되어 있거나 교통재해의 보험금이 일반재해의 보험금보다 다액으로 규정되어 있지 않는 한 피고인의 이와 같은 보험금 청구가 기망행위이거나 인과관계가 있다고 할 수 없다. (대법원 2011. 2. 24. 2010도17512)

4) 재산상 손해

피기망자의 재산적 처분행위를 통해 피기망자 자신 또는 제3자가 재산상 손해를 입어야 한다. 여기서 **재산의 개념**은 강도죄 부분에서 설명한 것과 같다. 다만 판례가 다른 재산죄와는 달리 사기죄와 관련하여는 성행위의 재산성을 인정하고 있다는 점은 주목할 만하다.

【판례】 성행위의 재산성 피고인은 대가를 지급하기로 하고 술집 여종업원과 성관계를 가진 뒤 절취한 신용카드로 그 대금을 결제하였다. 일반적으로 부녀와의 성행위 자체는 경제적으로 평가할 수 없고, 부녀가 상대방으로부터 금품이나 재산상 이익을 받을 것을 약속하고 성행위를 하는 약속 자체는 선량한 풍속 기타 사회질서에 위반한 사항을 내용으로 하는 법률행위로서 무효이다. 그러나 사기죄의 객체가 되는 재산상의 이익이 반드시 사법(私法)상 보호되는 경제적 이익만을 의미하지 아니하고, 부녀가 금품 등을 받을 것을 전제로 성행위를 하는 경우 그 행위의 대가는 사기죄의 객체인 경제적 이익에 해당하므로, 부녀를 기망하여 성행위 대가의 지급을 면하는 경우 사기죄가 성립한다. (대법원 2001. 10. 23. 2001도2991)

공갈죄와 관련해서는 판례가 성행위의 재산성을 인정하지 않고 있어서(대법원 1983. 2. 8. 82도2714), 이 판례만을 근거로 대법원이 성행위를 재산상 이익에 포함시킨다고 단언하기는 힘들어 보인다.

가. 판단기준

재산상의 손해란 '차감계산의 결과 전체 재산이 감소하는 경우'를 말한다.

재산상 손해가 발생했는가의 여부에 대한 판단은 **객관적 · 개인적 관점**에서 전체재산이 감소했는가를 기준으로 한다. 재산적 처분행위의 전후를 비교해 볼 때 전체재산이 감소했으면 재산상 손해가 인정되고, 그렇지 않으면 사기가 성립되지 않으며, 감소한 부분만큼만 **손해액**으로 보아야 한다. **(차감계산의 원칙)**

계약을 체결하는 경우에는 일반적으로 양당사자 모두가 의무를 부담하게 되므로 이 두 가지를 서로 비교해서 손해 여부를 판단해야 한다. 그리고 이 과정에서는 객관적 · 경제적 가치만을 가지고 단순비교를 해서는 안된다. 구체적 · 개인적 사정에 비추어 볼 때 불필요하거나 지나친 부담을 지게 되는 경우에는 객관적 측면에서 서로 상응하는 의무를 부담하는 계약을 체결하는 것이더라도 재산적 손해가 있다고 보아야 한다.

사기는 계약 체결 자체에서 뿐 아니라 계약 이행과정에서도 가능하다.

예를 들어 공사진척도에 따라 공사비를 지급하도록 되어 있는데 시공자가 50%의 공정을 마쳤음에도 불구하고 80%를 마쳤다고 하면서 80%에 해당되는 공사대금을 수령하게 되면 재산적 손해를 미친 것이고 사기가 성립된다.

이른바 **구걸사기**나 **기부금사기**의 경우 희사를 하는 사람 스스로 재산의 감소를 감수하는 것이라면 사기를 구성하는 재산적 손해가 발생한다고 볼 수 없다.

따라서 희사한 돈이 제대로 쓰인다면 사기는 문제되지 않는다. 그러나 수집된 돈이 원래의 목적에 쓰이지 않고 사기꾼이 가로챈다면 재산상의 손해가 있다고 보아야 할 것이므로 사기죄가 성립된다.

자신이 예금주인 것처럼 금융기관을 기망하여 예금을 인출한 경우 금융기관이 예금주로 오신한 착오에 대하여 과실이 없으면 재산적 손해가 발생하지 않는다.

예를 들어 타인의 예금통장을 가져가 예금을 몰래 인출하는데 통장과 인감을 소지한 자가 비밀번호를 정확하게 기재하여 예금지급청구를 하였다면 금융기관의 지급은 준점유자에 대한 예금반환(민법 제470조)으로서 유효하다(대법원 2004. 4. 23. 2004다5389). 따라서 금융기관에 손해가 발생하지 않아 그에 대한 사기죄가 성립하지 않는다.

나. 경제적 위험

재산적 손해는 재산 감소가 실제로 일어나야만 인정되는 것이 아니다. 경제적 위험이 구체화되는 것도 손해로 평가된다.

5) 재물 또는 재산상 이익의 취득

마지막으로 사기가 성립하기 위해서는 기망행위자가 피기망자의 처분행위에 의해 발생된 재산상 손해를 바탕으로 재물이나 재산상 이익을 취득하여야 한다.

이렇게 기망행위자가 얻은 재물이나 재산상 이익이 피기망자의 처분행위에 의한 재산적 손해를 기반으로 하여야 한다는 원칙을 **'성분의 동일성'** 원칙이라고 한다.

【판례】 재산상 이익으로 인정된 경우 1. 국유재산의 매각을 전제로 연고권자에게 유상대부계약을 할 때에 허위로 연고권이 있는 것 같이 관계공무원을 기망한 경우 (대법원 1972. 1. 31. 71도1193)

2. 피해자를 기망하여 피해자를 연대보증인으로 하는 차량 할부판매보증보험계약을 체결하게 하는 경우 (대법원 1995. 8. 25. 94도2132)

3. 지급할 의사가 없음을 숨기고 어음을 발행・교부함으로써 채무이행이 연기된 경우 (대법원 1997. 7. 25. 97도1095)

4. 제3자로부터 금원을 융자받거나 물품을 외상으로 공급받을 목적으로 타인을 기망하여 그 타인 소유의 부동산에 제3자 앞으로 근저당권을 설정케 하는 경우 (대법원 2000. 4. 25. 2000도137)

【판례】 재산상 이익으로 인정되지 않은 경우 1. 법원을 기망하여 부재자 재산관리인으로 선임된 경우 (대법원 1973. 9. 25. 73도1080)

2. 위조된 약속어음을 진정한 약속어음인 것처럼 속여 기왕의 물품대금채무의 변제를 위하여 채권자에게 교부한 경우 (대법원 1983. 4. 12. 82도2938)

3. 채무를 면탈할 목적으로 존재하지 않는 제3자에 대한 채권을 양도한 경우 (대법원 1985. 3. 12. 85도74)

4. 채권자들로부터 채무의 변제 또는 담보제공을 심하게 독촉받자 그러한 급한 상황에서 풀려 나오려는 의도에서 공소외인으로부터 환매권을 양수받은 사실이 없어 처분권이 없는 부동산 등에 대해서 환매권양도계약을 체결해준 경우 (대법원 1986. 7. 22. 86도681)

5. 피고인이 피해자에게 백미 100가마를 변제한다고 말하면서 10가마의 백미보관증을 100가마의 보관증이라고 속여 교부하고 한문판독능력이 없는 피해자가 이를

100가마의 보관증으로 믿고 교부받은 경우 (대법원 1990. 12. 26. 90도2037)

참고 영수증 숫자 변조를 방지하기 위해서 一, 二, 十, 白, 千 등의 표기를 壹, 貳, 參, 拾, 佰, 仟 등 갖은자로 표기하는 관행이 있었다. 한자를 잘 모를 경우 拾과 佰을 구분하지 못할 수 있는 일이다.

6. 교통사고를 낸 사람이 교통사고처리처리특례법에 따라 형사처벌을 면할 목적으로 미납된 분할보험료를 정상적으로 납부한 것처럼 전산조작한 후 보험가입사실증명원을 발급받아 수사기관에 제출한 경우 (대법원 1997. 3. 28. 96도2625)

【판례】 편취액의 산정기준 1. 금융기관의 대출이나 신용보증기금의 신용보증서 발급이 기망행위에 의하여 이루어진 사기죄에 있어서, 담보권의 설정이 있다고 하여도 사기죄의 이득액에서 담보물의 가액을 공제하여야 하는 것이 아니다. (대법원 1983. 4. 26. 82도3088)

2. 다른 공범들과 순차 공모하여 상습으로 당좌수표와 어음 등을 유통시키고 이를 결제하지 아니하여 재산상 이익을 편취한 경우의 이득액은 공범 중 1인이 실제로 취한 이익만을 합산하여 산정할 것이 아니라 순차 공모의 최종공범이 피해자로부터 편취한 재물 또는 재산상 이익의 가액을 합산하여 산정하여야 한다. (대법원 1993. 7. 13. 93도1341)

3. 유가증권을 편취한 사기범행의 이득액은 그 유가증권의 액면가액이다. (대법원 1994. 9. 9. 94도2032)

4. 재물편취를 내용으로 하는 사기죄에 있어서는 기망으로 인한 재물교부가 있으면 그 자체로써 피해자의 재산침해가 되어 이로써 곧 사기죄가 성립하는 것이고, 상당한 대가가 지급되었다거나 피해자의 전체 재산상에 손해가 없다 하여도 사기죄의 성립에는 영향이 없으므로 대가가 일부 지급된 경우에도 편취액은 피해자로부터 교부된 재물의 가치로부터 그 대가를 공제한 차액이 아니라 교부받은 재물 전부라 할 것이다. (대법원 2000. 7. 7. 2000도1899)

5. 사람을 기망하여 부동산의 소유권을 이전받거나 받게 하여 편취한 경우에 그 부동산 가액을 산정함에 있어서 그 부동산에 근저당권설정등기가 경료되어 있거나 압류 또는 가압류 등이 이루어져 있을 때에는 그 부동산의 시가 상당액에서 근저당권의 채권최고액 범위 내에서의 피담보채권액, 압류에 걸린 집행채권액, 가압류에 걸린 청구금액 범위 내에서 피보전채권액 등을 뺀 실제의 교환가치를 그 부동산의 가액으로 보아야 한다. (대법원 2007. 4. 19. 2005도7288)

(2) 주관적 구성요건

1) 구성요건적 고의

기망행위를 해서 이로 인하여 상대방이 착오를 일으키고 그 착오로 인하여 재산적 처분행위를 하고 이로써 자기 또는 제3자에게 재산적 이익이 돌아오며 이로 인하여 상대방에게 재산적 손해를 야기한다는 인식과 의사를 가지고 있어야 한다. 미필적 고의라도 좋다(대법원 1997. 12. 26. 97도2609).

【판례】 수증재산매매와 사기 고의 유증받은 재산에 대하여 상속재산분할청구가 제기되어 있다는 사정을 매수인에게 고지하지 아니하고 수증재산을 매매한 경우, 매도인에게 편취의 범의가 있다고 하려면, 그가 단순히 다른 공동상속인에 의하여 상속재산분할청구가 제기되어 있다는 사실을 알았다는 것만으로는 부족하고, 적어도 그가 그 토지를 유증에 의하여 전부 취득하게 되는 것이 아니라 민법상 **유류분제도**에 따라 다른 공동상속인들이 유류분반환청구권을 행사하는 경우에는 유류분 침해의 한도에서 그 토지를 취득할 수 없게 된다는 사실을 알고 있었다는 것이 전제되어야 한다. (대법원 1997. 7. 8. 97도472)

【판례】 소송사기의 고의 원고측에 의한 소송사기가 성립하기 위하여는 제소 당시에 그 주장과 같은 채권이 존재하지 아니하다는 것만으로는 부족하고 그 주장의 채권이 존재하지 아니한 사실을 잘 알고 있으면서도 허위의 주장과 입증으로써 법원을 기망한다는 인식을 하고 있어야만 하는 것이고, 이와 마찬가지로, 피고측에 의한 소송사기가 성립하기 위하여는 원고 주장과 같은 채무가 존재한다는 것만으로는 부족하고 그 주장의 채무가 존재한다는 사실을 잘 알고 있으면서도 허위의 주장과 입증으로써 법원을 기망한다는 인식을 하고 있어야만 한다. (대법원 2004. 3. 12. 2003도333 | 같은 취지: 대법원 1984. 4. 24. 83도973; 대법원 1995. 4. 21. 95도357)

【판례】 고의의 판단시점 · 판단기준 1. 거래물품의 편취에 의한 사기죄의 성립 여부는 거래 당시를 기준으로 피고인에게 납품대금을 변제할 의사나 능력이 없음에도 피해자에게 납품대금을 변제할 것처럼 거짓말을 하여 피해자로부터 물품을 편취할 고의가 있었는지의 여부에 의하여 판단하여야 하므로 납품 후 경제사정 등의 변화로 납품대금을 일시 변제할 수 없게 되었다고 하여 사기죄에 해당한다고 볼 수 없다. (대법원

2003. 1. 24. 2002도5265 | 같은 취지: 대법원 1985. 7. 23. 85도754; 대법원 1990. 11. 13. 90도1218; 대법원 1998. 3. 10. 98도180)

2. 사기죄가 성립하는지는 행위 당시를 기준으로 판단하여야 하므로, 소비대차 거래에서 차주가 돈을 빌릴 당시에는 변제할 의사와 능력을 가지고 있었다면 비록 그 후에 변제하지 않더라도 이는 민사상 채무불이행에 불과하며 형사상 사기죄가 성립하지는 않는다. (대법원 2016. 4. 2. 2012도14516)

2) 불법영득의사 · 불법이득의사

부가적 주관적 구성요건 요소로서 재물의 교부를 받는 경우에는 불법영득의사, 재산상의 이익을 취득하는 경우에는 불법이득의사가 필요하다. 불법영득의사란 권리자를 배제하고 그 타인의 물건을 자기의 소유물처럼 사용 · 수익 · 처분하고자 하는 의사를 말하며, 불법이득의사란 불법한 재산상의 이익을 얻겠다는 의사를 의미한다.

【판례】 사기죄와 불법영득의사 면사무소 직원인 피고인이 면 회계공무원으로부터 자금을 지출 받음에 있어서 적법한 절차가 아닌 허위의 지출결의서를 작성 · 행사하는 변태적인 방법을 취하였다 하더라도 피고인이 그 돈을 결국 면이 지출해야 할 소요경비에 사용하였다면, 허위 공문서의 작성 및 동행사의 점은 별론으로 하고 소관 면에 무슨 손해가 있다거나 불법영득의사가 있었다고는 볼 수 없다 할 것이고 본인인 면을 위한 행위로서 **편법**을 사용한 것에 불과하므로 사기죄를 구성한다고 볼 수 없다. (대법원 1984. 2. 14. 83도2857)

여기서 영득이나 이익 취득은 불법한 것이어야 하므로 행위자 쪽에서 흠이 없는 청구권을 가지고 있는 경우에는 영득이나 이익의 불법성이 없어 사기가 성립되지 않는다. 여기서 흠이 없는 청구권이라고 하는 것은 ① 청구권 자체가 정당성을 가지고 있고, ② 이행시기를 더 이상 늦출 아무런 근거도 없는 경우를 의미한다. 따라서 이행시기가 아직 도래하지 않았는데도 청구권을 충족하기 위해서 기망행위를 하는 경우에는 불법영득의사나 불법이득의사가 있다고 인정되어야 한다. 또한 정당한 청구권을 가지고 있다고 하더라도 채권액 이상의 재물을 교부받거나 그 이상의 이익을 취득하면 불법영득 또는 불법이득의사가 인정된다(대법원 1982. 9. 14. 82도1679).

2. 실행의 착수와 기수

실행의 착수시기는 '행위자의 범행계획에 따른 구성요건 실현행위가 직접 시작된 때'로 보는 것이 타당하다. 따라서 사기행위의 경우에는 기망행위를 하기 시작할 때를 **실행의 착수**시기로 보는 것이 옳다.

【판례】 소송사기와 실행의 착수 소송사기의 경우에는 적극적인 방법으로 법원을 기망할 의사를 가지고 소를 **제기**하거나(대법원 1988. 9. 20. 87도964; 대법원 1993. 9. 14. 93도915), 허위내용의 서류를 증거로 제출하거나 그에 따른 주장을 담은 답변서나 준비서면을 **제출**한 경우에 사기죄의 실행의 착수가 있다고 볼 것이다. (대법원 1998. 2. 27. 선고 97도2786 판결 | 같은 취지: 대법원 2003. 7. 22. 2003도1951)

【판례】 소송사기 미수죄의 종료시기 법원을 기망하여 유리한 판결을 얻어내고 이에 터잡아 상대방으로부터 재물이나 재산상 이익을 취득하려고 소송을 제기하였다가 법원으로부터 패소의 종국판결을 선고받고 그 판결이 확정되는 등 법원으로부터 유리한 판결을 받지 못하고 소송이 종료됨으로써 미수에 그친 경우에, 그러한 소송사기미수죄에 있어서 범죄행위의 종료시기는 위와 같이 소송이 종료된 때라고 할 것이다. (대법원 2000. 2. 11. 99도4459)

【판례】 보조금 편취와 실행의 착수 1. 태풍 피해복구보조금 지원절차가 행정당국에 의한 실사를 거쳐 피해자로 확인된 경우에 한하여 보조금 지원신청을 할 수 있도록 되어 있는 경우, 피해신고는 국가가 보조금의 지원 여부 및 정도를 결정함에 있어 그 직권조사를 개시하기 위한 참고자료에 불과하므로 허위의 **피해신고**만으로는 보조금 편취범행의 실행에 착수한 것이라고 볼 수 없다. (대법원 1999. 3. 12. 98도3443 | 같은 취지: 대법원 1980. 5. 13. 78도2259)

2. 장애인단체의 지회장이 지방자치단체로부터 보조금을 더 많이 지원받기 위하여 허위의 보조금 정산보고서를 제출한 경우, 보조금 정산보고서는 보조금의 지원 여부 및 금액을 결정하기 위한 참고자료에 불과하고 직접적인 서류라고 할 수 없으므로 허위의 **정산보고**만으로는 보조금 편취범행(기망)의 실행에 착수한 것으로 보기 어렵다. (대법원 2003. 6. 13. 2003도1279)

기수시기에 대해서는 견해가 대립된다.

① **손해발생시설** : 손해가 발생한 때를 기수시기로 보아야 한다는 견해 **(다수설)**

② **이익취득시설** : 이익이 취득되는 시점을 기수시기로 보아야 한다는 견해 **(소수설 | 판례)**

【판례】 사기죄의 기수시기 **1. 소송사기의 경우** 소송사기의 경우에는 당해 소송의 판결이 확정된 때에 범행이 기수에 이르는 것이므로, 신축 중인 다세대 주택 4동의 건축주 명의 변경을 목적으로 하는 사기소송을 제기하여 4동 전부에 대하여 승소판결을 선고 받아 그 판결이 확정된 이상 승소판결을 받은 후 3동에 관하여만 건축주 명의변경이 이루어졌다 하더라도 4동 전부에 대하여 건축허가에 따른 재산상 이익을 취득한 것으로서 사기죄의 기수에 이른 것으로 보아야 할 것이다. (대법원 1997. 7. 11. 95도1874 | 같은 취지: 대법원 1980. 4. 22. 80도533; 대법원 1983. 4. 26. 83도188; 대법원 2006. 4. 7. 2005도9858 전원합의체)

2. 토지편취 · 토지대금 부당이득의 경우 토지 자체의 편취가 기수에 이르렀다고 하기 위해서는 피고인이 그 토지에 관한 소유권 취득의 등기를 해야 하며, 토지대금 상당의 불법이득행위가 기수에 이르렀다고 하기 위해서는 피고인이 그 지급을 면하여야만 된다. (대법원 1996. 5. 14. 96도481)

3. 어음 · 수표 사기의 경우 어음, 수표의 발행인이 그 지급기일에 결제되지 않으리라는 점을 예견하면서도 이를 발행하고, 거래상대방을 속여 그 할인을 받거나 물품을 매수하였다면 위 발행인의 사기행위는 이로써 완성되는 것이다. (대법원 1998. 2. 10. 97도3040)

결론 형법 제347조의 구성요건 내용이 이익의 취득까지 포함하고 있으므로 이익 취득 시점을 범죄가 완성되는 기수시기로 보는 것이 타당하다.

3. 처벌조건 · 소추조건

사기죄에 대해서도 **친족상도례** 규정(제328조)이 준용된다. 친족상도례가 적용되기 위한 친족관계는 기망행위자와 피해자 사이에만 있으면 된다(**통설**).

4. 죄 수

한 사람을 기망해서 그 사람으로부터 여러 차례 돈을 받아낸 경우에는 하나의 사기죄가 성립된다(대법원 1992. 3. 31. 92도155; 대법원 1996. 1. 26. 95도2437; 대법원 1996. 4. 9. 95도2466).

【판례】 사기죄의 죄수 단일한 범의의 발동에 의하여 상대방을 기망하고 그 결과 착오에 빠져 있는 동일인으로부터 일정 기간 동안 동일한 방법에 의하여 금원을 편취한 경우에는 이를 포괄적으로 관찰하여 일죄로 처단하는 것이 가능할 것이나, 범의의 단일성과 계속성이 인정되지 아니하거나 범행방법이 동일하지 않은 경우에는 각 범행은 실체적 경합범에 해당한다. (대법원 2004. 6. 25. 2004도1751)

여러 사람의 피해자에 대하여 각 피해자별로 기망행위를 하여 각각 재물을 편취한 경우에 그 고의가 단일하고 범행방법이 동일하다고 하더라도 피해자별로 1개씩의 죄가 성립한다(대법원 1993. 6. 22. 93도743; 대법원 1995. 8. 22. 95도594; 대법원 1996. 2. 13. 95도2121; 대법원 1997. 6. 27. 97도508).

【판례】 새로운 사기죄 여부 1. 편취한 약속어음을 그와 같은 사실을 모르는 제3자에게 편취사실을 숨기고 할인받는 행위는 당초의 어음 편취와는 별개의 새로운 법익을 침해하는 행위로서 새로운 사기죄를 구성한다. (대법원 2005. 9. 30. 2005도5236)

2. 일반적으로 물품거래 관계에 있어서 물품대금을 변제할 의사나 능력이 없음에도 피해자를 기망하여 물품을 공급받는 경우 피해자의 착오에 의한 재산적 처분행위로서 물품의 교부가 있으면 사기죄가 성립하고, 그 이후에 물품대금채무를 변제하지 아니한 것은 채무불이행에 불과하여 별도로 재산상 이익을 편취한 것이라고는 볼 수 없어 새로운 사기죄가 성립하지 않는다. (대법원 2005. 11. 24. 2005도7481)

타인의 사무를 처리하는 자가 본인을 속여서 재산적 손해를 입히고 자기 또는 제3자에게 재산적 이익을 취득하게 하면 배임죄 이외에 사기죄가 성립되고 양자는 상상적 경합의 관계가 인정된다(**통설|판례**).

【판례】 사기죄와 배임죄 | 상상적 경합 신용협동조합의 전무인 피고인은 조합의 담당직원을 기망하여 예금인출금 또는 대출금 명목으로 금원을 교부받았다. 사기죄는 사람을 기망하여 재물의 교부를 받거나 재산상의 이익을 취득하는 것을 구성요건으로 하는 범죄로서 임무위배를 그 구성요소로 하지 아니하고 사기죄의 관념에 임무위배 행위가 당연히 포함된다고 할 수도 없으며, 업무상배임죄는 업무상 타인의 사무를 처리

하는 자가 그 업무상의 임무에 위배하는 행위로써 재산상의 이익을 취득하거나 제3자로 하여금 이를 취득하게 하여 본인에게 손해를 가하는 것을 구성요건으로 하는 범죄로서 기망적 요소를 구성요건의 일부로 하는 것이 아니어서 양 죄는 그 구성요건을 달리하는 별개의 범죄이고 형법상으로도 각각 **별개의 장**(章)에 규정되어 있어, 1개의 행위에 관하여 사기죄와 업무상배임죄의 각 구성요건이 모두 구비된 때에는 양 죄를 법조경합 관계로 볼 것이 아니라 상상적 경합관계로 봄이 상당하다. 따라서 사기의 점에 대하여만 유죄를 선고하고, 업무상배임의 점에 대하여는 무죄로 인정하되 사기죄와 일죄의 관계에 있는 것으로 보아 주문에서 따로 무죄의 선고를 하지 아니하여서는 안된다. (대법원 2002. 7. 18. 2002도669 전원합의체)

사기도박을 하는 경우에는 말이 도박이지 운에 따라 돈이 왔다 갔다 한다는 도박의 속성을 가지는 경기가 아니라 일방적으로 속아서 돈을 잃게 되는 경우이므로 도박죄(제246조)는 성립되지 않고 사기죄만 성립된다(대법원 1985. 4. 23. 85도583).

【판례】 뇌물죄와 사기죄 | 상상적 경합 공무원이 뇌물공여자를 기망하여 금품을 제공하게 하였다면, 이는 하나의 행위가 뇌물죄와 사기죄 각 구성요건에 해당하는 것이므로 상상적 경합으로 처단하여야 한다. (대법원 2015. 10. 29. 2015도12838)

【판례】 사기죄와 조세포탈 | 특별관계 기망행위에 의하여 조세를 포탈하거나 조세의 환급·공제를 받은 경우 조세범처벌법 제9조에서 이러한 행위를 처벌하는 규정을 별도로 두고 있을 뿐만 아니라, 조세를 강제적으로 징수하는 국가 또는 지방자치단체의 직접적인 권력작용을 사기죄의 보호법익인 재산권과 동일하게 평가할 수 없는 것이므로, 기망행위에 의하여 조세를 포탈하거나 조세의 환급·공제를 받은 경우에는 조세범처벌법 위반죄만 성립한다. (대법원 2008. 11. 27. 2008도7303)

참고 원심에서 사기죄(특경법 위반)로 유죄를 선고한 사건이다.

Ⅲ. 컴퓨터 등 사용사기죄

제347조의2 (컴퓨터 등 사용사기) 컴퓨터 등 정보처리장치에 허위의 정보 또는 부정한 명령을 입력하거나 권한 없이 정보를 입력·변경하여 정보처리를 하게 함으로써 재산상의 이익을 취득하거나 제3자로 하여금 취득하게 한 자는 10년 이하의 징역 또는 2천만원 이하의 벌금에 처한다.

제352조 (미수범) 제347조 내지 제348조의2, 제350조, 제350조의2와 제351조의 미수범은 처벌한다.

제353조 (자격정지의 병과) 본장의 죄에는 10년 이하의 자격정지를 병과할 수 있다.

제354조 (친족간의 범행, 동력) 제328조와 제346조의 규정은 본장의 죄에 준용한다.

1. 의 의

상대방을 기망하는 수단으로 컴퓨터 등 정보처리장치에 허위의 정보 또는 부정한 명령을 입력하여 정보처리를 하게 하는 방법을 동원하는 사기죄 유형이다.

다른 사람의 계좌에서 자신의 계좌로 정보처리장치를 이용해서 돈을 옮기는 행위는 기망의 상대방이 사람이 아니고 재산적 처분행위를 하는 것도 역시 사람이 아니기 때문에 사기죄를 적용하기가 곤란한 면이 있다. 본 규정은 이러한 난점을 해결하기 위한 방편으로 1995년 12월에 신설되었다.

2. 구성요건

(1) 행위객체

본죄의 행위객체는 **재산상의 이익**이다. 재물은 본죄의 객체가 아니므로 다른 사람의 현금카드나 신용카드를 이용해서 현금지급기를 통해 예금을 인출하는 행위에 대해서는 본죄가 적용될 수 없고, 신용카드를 이용해서 현금서비스를 받는 행위는 본죄가 아니라 여신전문금융업법 위반이 된다 (대법원 1999. 7. 9. 99도857).

(2) 행 위

1) 정보처리장치

정보처리장치란 '자동으로 정보를 처리해 주는 기기'를 말한다.

2) 허위의 정보나 부정한 명령 입력

가. 허위의 정보

허위의 정보란 진실에 반하는 정보를 의미한다. 주로 문제되는 것은 예금 또는 대출 잔고에 대한 허위의 정보를 입력하는 행위이다.

예를 들어 예금 잔고가 5백만원인데 5천만원이라고 입력하거나 대출금이 많이 남아 있는데 모두 변제되었다는 정보를 입력하게 되면 은행이 재산적 손해를 입게 되는 것이다.

나. 부정한 명령

부정한 명령이란 '자신에게 허용되는 범위를 벗어나는 명령'을 의미한다. 다른 고객의 예금을 임의로 자신이나 타인의 계좌로 이체하는 것이 전형적인 예이다.

【판례】 부정한 명령 1. 피고인이 권한 없이 (주)××의 **아이디**와 **패스워드**를 입력하여 인터넷뱅킹에 접속한 다음 그 회사의 예금계좌로부터 자신의 예금계좌로 합계 180,500,000원을 이체하는 내용의 정보를 입력하여 자신의 예금액을 증액시킨 행위는 컴퓨터 등 사용사기죄에 해당한다. (대법원 2004. 4. 16. 2004도353)

2. 타인의 명의를 모용하여 발급받은 **신용카드**의 **번호**와 그 **비밀번호**를 이용하여 ARS 전화서비스나 인터넷 등을 통하여 신용대출을 받는 방법으로 재산상 이익을 취득하는 행위는 컴퓨터 등 정보처리장치에 권한 없이 정보를 입력하여 정보처리를 하

게 함으로써 재산상 이익을 취득하는 행위로서 컴퓨터 등 사용사기죄에 해당한다. (대법원 2006. 7. 27. 2006도3126)

3. 전자복권구매시스템에서 은행환불명령을 입력하여 가상계좌 잔액이 천원 이하로 되었을 때 복권 구매명령을 입력하면 가상계좌로 복권 구매요청금과 동일한 액수의 가상현금이 입금되는 프로그램 오류를 발견하고, 이를 이용하여 **복권 구매명령**을 반복하여 가상계좌로 요청금액 상당의 가상현금이 입금되도록 하였다면 '부정한 명령의 입력'에 해당한다. (대법원 2013. 11. 14. 2011도4440)

또 금융기관의 프로그램에 변경을 가해 예금을 아무리 인출해도 잔고가 줄지 않게 하는 방법도 가능하다.

잔액이 남아 있지 않은 공중전화카드의 마그네틱테이프에 부정한 명령을 입력하여 잔액이 남아 있는 것으로 조작하는 경우도 본죄에 해당한다는 견해가 있는데, 공중전화카드 자체는 정보처리장치가 아니므로 카드 자체를 변조하는 것은 본죄에 해당되지 않고 변조된 카드를 정보처리장치인 공중전화에 집어넣고 이용할 때 비로소 본죄가 성립된다고 보아야 한다. 이 경우 편의시설부정이용죄(제348조의2)도 성립되어 상상적 경합관계가 된다.

3) 권한 없이 정보 입력 · 변경

'정당한 정보이지만 권한 없이 사용하는 경우'를 말한다. 다른 사람의 신용카드나 현금카드를 훔치고 비밀번호를 알아내서 이를 이용하여 그 사람의 예금을 자신의 계좌로 이체시키거나, 다른 사람의 계좌번호와 폰뱅킹 비밀번호를 알아내어 예금을 빼돌리는 경우가 그 예이다.

다른 사람의 전화카드를 훔쳐서 사용하는 경우에 대해서는 견해대립이 있다.

① 컴퓨터 등 사용사기죄와 편의시설부정이용죄 등 두 가지 죄가 모두 성립된다는 견해

② 사문서부정행사에 해당한다는 견해 **(판례)**

【판례】 절취 공중전화카드 사용 피고인 甲은 피해자 乙 소유의 KT전화카드를 절취한 후 자신의 전화카드인 것처럼 공중전화기에 넣고 모두 1,706회에 걸쳐 이를 사용하였다. 사용자에 관한 각종 정보가 전자기록 되어 있는 자기띠가 카드번호와 카드발행자 등이 문자로 인쇄된 플라스틱 카드에 부착되어 있는 전화카드의 경우 그 자기띠 부분

은 카드의 나머지 부분과 불가분적으로 결합되어 전체가 하나의 문서를 구성하므로, 전화카드를 공중전화기에 넣어 사용하는 경우 전화카드 전체가 하나의 문서로서 사용된 것으로 보아야 하고 그 자기띠 부분만 사용된 것으로 볼 수는 없다. 따라서 피고인이 절취한 전화카드를 공중전화기에 넣어 사용한 것은 권리의무에 관한 타인의 사문서를 부정행사한 경우에 해당한다. (대법원 2002. 6. 25. 2002도461)

결론 정보처리장치인 공중전화에 권한 없이 정보를 입력하여 재산상의 이익을 취득하는 것이므로 본죄가 성립되고, 대가를 지급하지 않은 상태에서 편의시설을 이용하여 재산상의 이익을 취득하는 행위이므로 편의시설부정이용죄도 함께 성립된다고 보는 것이 타당하다고 생각한다.

4) 정보처리

정보처리란 '정보처리장치가 입력된 허위의 정보나 부정한 명령 또는 권한 없이 입력된 정보에 따라 부당한 결과를 도출하게 만드는 것'을 의미한다.

5) 이익 취득

정보처리의 결과 자기 또는 제3자가 재산상의 이익을 취득해야 한다. 예금 잔고를 늘리거나 대출 잔고를 소멸시키는 경우가 이에 해당된다.

재물을 취득하는 경우는 처벌대상에서 제외시키고 있어서 현금카드 기능을 겸하는 타인의 신용카드를 잠시 가져가서 예금을 인출하고 제자리에 가져다 두는 행위는 컴퓨터 등 사용사기가 되지 않는다. 대신 절도죄가 성립된다. (대법원 2007. 5. 10. 2007도1375)

【판례】 컴퓨터 등 사용사기에 해당하는 경우 1. 위임받은 액수를 초과한 현금인출 예금주인 현금카드 소유자로부터 일정한 금액의 현금을 인출해 오라는 부탁을 받으면서 이와 함께 현금카드를 건네받은 것을 기화로 그 위임을 받은 금액을 초과하여 현금을 인출하는 방법으로 그 차액 상당을 위법하게 이득할 의사로 현금자동지급기에 그 초과된 금액이 인출되도록 입력하여 그 초과된 금액의 현금을 인출한 경우에는, 그 인출된 현금에 대한 점유를 취득함으로써 이 때에 그 인출한 현금 총액 중 인출을 위임받은 금액을 넘는 부분의 비율에 상당하는 재산상 이익을 취득한 것으로 볼 수 있으므로, 이러한 행위는 그 차액 상당액에 관하여 형법 제347조의2에 규정된 컴퓨터 등 정보처리장치에 **권한 없이** 정보를 입력하여 정보처리를 하게 함으로써 재산상의 이익

을 취득하는 행위로서 컴퓨터등사용사기죄에 해당한다. (대법원 2006. 3. 24. 2005도3516)

2. 손자가 할아버지 소유 예금통장을 몰래 가져다가 현금자동지급기에 넣고 조작하여 예금잔고를 자신의 계좌로 이체하였다면 컴퓨터등사용사기죄에 해당하며 금융기관도 피해자이므로 친족상도례가 적용되지 않는다. (대법원 2007. 3. 15. 2006도2704)

6) 실행의 착수와 기수

본죄는 허위의 정보나 부정한 명령을 입력하기 시작할 때 실행의 착수가 있다고 보아야 한다. 따라서 예금을 빼돌리기 위한 프로그램을 짜거나, 다른 사람의 폰뱅킹 비밀번호를 알아내기 위해서 도청장치를 하는 행위 정도로는 본죄의 미수범 처벌규정이 적용되지 않는다.

허위의 정보나 부정한 명령을 입력하자마자 곧바로 재산상의 이익을 취득하는 경우가 일반적이지만, 행위자가 심어놓은 프로그램이 일정한 조건을 기다리다가 작동하는 경우도 있으므로 기수시기는 재산적 이익이 취득되는 시기로 보아야 하겠다.

3. 죄 수

컴퓨터 등 사용사기죄가 사기죄(제347조)에 대하여 법조경합으로서 보충관계에 있으므로 사기죄가 성립되면 본죄는 성립되지 않는다고 보는 견해가 있다.

보충관계라고 할 수 있으려면 예를 들어 야간주거침입 절도죄가 성립될 때 주거침입죄는 반드시 성립되는 것처럼 사기죄가 성립될 때 본죄가 반드시 성립되어야 한다. 그러나 본죄는 사람을 기망하고 기망을 당한 사람이 재산적 처분행위를 한다는 요소를 갖추고 있지 않으므로 사기와의 관계를 보충관계로 볼 수는 없다.

이러한 의미에서 본죄는 사기죄의 **독자적 변형 구성요건**이다. 따라서 오퍼레이터를 기망하여 컴퓨터에 허위의 정보를 입력시켜 재산상의 이익을 취득한 때에도 사기가 성립된다고 할 수 없고 본죄의 간접정범이 성립된다고 해야 한다.

같은 법익주체에 대하여 여러 차례에 걸쳐서 계속 재산적 이익을 취득하는 경우에는 연속범으로서 하나의 컴퓨터 등 사용사기죄가 성립된다.

【판례】 본죄로 취득한 예금의 인출 컴퓨터등사용사기죄의 범행으로 예금채권을 취득한 다음 자기의 현금카드를 사용하여 현금자동지급기에서 현금을 인출한 경우, 현금카드 사용권한 있는 자의 정당한 사용에 의한 것으로서 현금자동지급기 관리자의 의사에 반하거나 기망행위 및 그에 따른 처분행위도 없었으므로, 별도로 절도죄나 사기죄는 물론 장물죄도 성립하지 않는다. (대법원 2004. 4. 16. 2004도353)

Ⅳ. 준사기죄

제 348 조 (준사기) ① 미성년자의 사리분별력 부족 또는 사람의 심신장애를 이용하여 재물의 교부를 받거나 재산상 이익을 취득한 자는 10년 이하의 징역 또는 2천만원 이하의 벌금에 처한다.
② 제1항의 방법으로 제3자로 하여금 재물의 교부를 받게 하거나 재산상 이익을 취득하게 한 경우에도 제1항의 형에 처한다.

제 352 조 (미수범) 제347조 내지 제348조의2, 제350조, 제350조의2와 제351조의 미수범은 처벌한다.

제 353 조 (자격정지의 병과) 본장의 죄에는 10년 이하의 자격정지를 병과할 수 있다.

제 354 조 (친족간의 범행, 동력) 제328조와 제346조의 규정은 본장의 죄에 준용한다.

1. 의 의

적극적인 기망행위를 하는 대신 상대방이 세상물정을 잘 모르거나 판단력이 온전하지 못한 것을 이용해서 재산상의 이득을 꾀하는 범죄행위이다. 불법의 정도가 사기(제347조)의 경우와 같다.

본죄가 침해범인가에 대하여 견해대립이 있다.

① 침해범설 (**통설**)

② 추상적 위험범설

> **결론** 본죄를 사기죄의 경우와 달리 해석할 특별한 이유가 없다. 본죄의 상대방이 정신적으로 부족한 사람이기 때문에 항상 속게 될 위험에 처해 있는 것은 사실이지만, 그렇더라도 재산범인 준사기죄가 성립하기 위한 요건으로서 법익 침해의 결과가 필요하지 않다고 하기는 곤란하다. **침해범**으로 보는 것이 타당하다.

2. 구성요건

본죄에서 **미성년자**는 민법상의 미성년자를 의미한다. 성년이 되기 전까지는 일반적으로 사리분별 능력이 온전한 형태로 갖추어지지 않는다. 그렇게 사회물정을 잘 모르는 상태를 이용하는 것이 이 범죄의 본질이다.

심신장애는 병적 정신장애, 심한 의식장애 또는 지적장애 등이 원인이 되어 사리분별을 제대로 할 수 없는 상태를 의미한다. 완전히 의식을 잃은 상태가 되면 재산적 처분행위를 할 수가 없게 되므로 준사기의 대상이 되는 것이 아니라 절도의 대상이 될 뿐이다(**통설**).

Ⅴ. 편의시설부정이용죄

> 제 348 조의 2 (편의시설부정이용) 부정한 방법으로 대가를 지급하지 아니하고 자동판매기, 공중전화 기타 유료자동설비를 이용하여 재물 또는 재산상의 이익을 취득한 자는 3년 이하의 징역, 500만원 이하의 벌금, 구류 또는 과료에 처한다.
>
> 제 352 조 (미수범) 제347조 내지 제348조의2, 제350조, 제350조의2와 제351조의 미수범은 처벌한다.
>
> 제 353 조 (자격정지의 병과) 본장의 죄에는 10년 이하의 자격정지를 병과할 수 있다.
>
> 제 354 조 (친족간의 범행, 동력) 제328조와 제346조의 규정은 본장의 죄에 준용한다.

1. 의 의

부정한 방법으로 대가를 지급하지 않고 유료자동설비를 이용하여 재물 또는 재산상의 이익을 취득하는 행위를 처벌하기 위한 규정이다. 유료자동설비가 늘어나면서 사람을 기망하는 것이 아니기 때문에 사기죄로 처벌할 수도 없고 재물을 절취하는 것이 아니기 때문에 절도죄로 처벌할 수도 없는 행위가 생겨났고 이를 처리하기 위해 1995년 12월에 신설된 규정이다. 제348조의2 규정의 보호법익은 재산이고 본죄는 침해범이다.

2. 구성요건

(1) 객관적 구성요건

1) 행위객체

본죄의 행위객체는 유료자동설비이다. **유료자동설비**란 '대가를 지불하면 기계적 또는 전자적 장치가 작동하여 일정한 물건이나 편익을 제공하는 기계'를 의미한다.

자동판매기와 공중전화가 그 대표적인 예이다. 자동판매기와 같은 기계를 물품자동제공장치라 하고, 공중전화와 같은 기계는 용역자동제공장치라고 부른다.

자동판매기가 고장이 나서 대가를 지불하지 않아도 스위치만 누르면 원하는 물건을 내놓게 되어 있을 경우에는 그 순간 '대가를 지불하지 않아도 일정한 물건을 제공하는 기계'가 되어 유료자동설비로서의 성격을 상실하게 되는 것이므로 본죄의 행위객체가 되지 않는다.

2) 행 위

행위내용은 유료자동설비를 **부정하게 이용**하는 것이다. 부정하게 이용한다는 것은 '대가를 정당하게 지불하지 않고 이용하는 것'을 말한다.

예를 들면 가짜동전이나 위조된 카드를 집어넣고 이용하거나, 동전을 실에 매달아 집어넣었다가 이용이 끝난 후에 다시 꺼내는 방법이 있을 수 있다.

이와 관련하여 **판례**는 부정하게 이용한다는 의미를 편의시설의 '설치자나 소유자에게 대가가 지급되지 않게 하는 방법으로 이용'하는 것으로 보고 있다(대법원 2001. 9. 25. 2001도3625).

예를 들어 다른 사람의 후불식 전화카드를 훔쳐서 사용하게 되면 본래 카드 이용계약을 한 피해자가 통신요금을 납부할 책임을 부담하게 되기 때문에 누군가는 대가를 지급하는 것이라서 '대가를 지급하지 않는 경우'에 해당되지 않고 따라서 본죄가 성립되지 않는다. 대신 사문서 부정행사가 된다.

한편 자동설비가 본래의 기능을 하여야만 "이용"한다는 구성요건이 성립하는 것이므로, 본래의 기능대로 이용하는 것이 아니라 예를 들어 공중전화를 손바닥으로 힘껏 때려서 동전이 밑으로 나오게 하여 가져가는 것과 같은 행위는 본죄에 해당되지 않고 절도죄가 된다.

지하철을 이용하기 위해서 승차권 자동발매기에 가짜 동전을 넣고 표를 끊는 행위도 본죄에 해당되지만, 표를 끊지 않고 자동개찰기를 살짝 뛰어넘어 들어가서 지하철을 이용하는 행위도 출입통제가 자동화되어 있고 대가를 지불해야 이용할 수 있는 체제를 갖추고 있으므로 본죄를 성립시킨다.

3) 재물 또는 재산상의 이익 취득

본죄는 유료자동설비를 부정하게 이용한 결과 행위자가 재물이나 재산상의 이익을 취득하게 되어야 성립한다. 재물 또는 재산상의 이익 취득은 부정이용의 결과이어야 하므로 인과관계가 연결되지 않으면 본죄는 성립되지 않는다.

(2) 주관적 구성요건

유료자동설비를 대가를 지급하지 않고 이용한다는 인식과 의사를 가지고 있어야 한다. 미필적 고의로도 충분하다.

또한 부가적 주관적 구성요건 요소로서 불법영득 또는 불법이득의사도 있어야 한다.

3. 죄 수

편의시설부정이용죄를 절도죄의 특별규정으로 보는 견해도 있지만(임웅, 388면) 기망행위를 하는데 그 대상이 사람이 아니라서 처벌할 수 없다는 공백을 메우는 규정으로서 사기죄의 **독자적 변형 구성요건**이라고 보는 것이 타당하다.

선불 전화카드의 전자기록을 조작해서 잔액을 늘린 후 유료자동설비인 공중전화를 이용하게 되면, 조작행위는 사전자기록 변작죄(제232조의2)가 되고, 이용행위는 본죄와 컴퓨터등사용사기죄(제347조의2)를 동시에 충족시키며 이들 두 범죄는 상상적 경합이 된다. 사전자기록 변작죄와 이용행위로 인한 두 범죄는 실체적 경합이 된다.

Ⅵ. 부당이득죄

제 349 조 (부당이득) ① 사람의 곤궁하고 절박한 상태를 이용하여 현저하게 부당한 이익을 취득한 자는 3년 이하의 징역 또는 1천만원 이하의 벌금에 처한다.
② 제1항의 방법으로 제3자로 하여금 부당한 이익을 취득하게 한 때에도 제1항의 형에 처한다.

제 353 조 (자격정지의 병과) 본장의 죄에는 10년 이하의 자격정지를 병과할 수 있다.

제 354 조 (친족간의 범행, 동력) 제328조와 제346조의 규정은 본장의 죄에 준용한다.

1. 의 의

상대방을 속여서 재산적 이익을 얻는 것이 아니라 궁박한 처지 때문에 뻔히 알고도 당하게 만드는 것을 처벌하는 규정이다. 따라서 속여서 가져간다는 사기죄의 일반적 요소는 갖추고 있지 않은 범죄이다.

19세기식 자유주의 이념을 그대로 적용하자면 당사자 사이에 어떠한 거래를 하건 국가가 나설 일이 아니다. 실제로 자유주의가 극성을 이룰 때는 사적 자치라는 미명 아래 어떠한 일이 벌어지더라도 국가는 그저 방임만 하고 있었다. 그러나 사회적 강자가 자신의 지위를 이용해서 사회적 약자를 착취하는 행위를 그대로 내버려두는 것은 사회질서의 존재 자체를 무의미하게 만드는 일이고 궁극적으로는 큰 사회문제를 야기하여 오히려 사회질서를 무너뜨리는 결과를 가져오게 된다. 이러한 의미에서 상대방의 궁박한 처지를 이용하는 폭리행위는 도덕적으로 지탄받아야 할 일임과 동시에 건전한 사회질서의 유지를 위해 형사처벌받아 마땅한 짓이라고 할 수 있다.

본죄를 위험범으로 보는 견해도 있지만, 행위자가 이익을 취득해야 범죄가 성립한다는 면에서 사기죄의 경우와 달리 해석할 특별한 이유가 없으므로 **침해범**으로 보는 것이 타당하다. 본죄가 상대방의 궁박한 처지를 이용하는 것이기 때문에 행위자가 원하는 방향으로 결과가 발생할 가능성이 상당히 높다는 것은 사실이지만, 그렇더라도 재산범인 부당이득죄가 성립하기 위한 요건으로서 법익 침해의 결과가 필요하지 않다고 하기는 곤란하다(통설).

2. 구성요건

(1) 객관적 구성요건

1) 궁박한 상태

부도 위기에 몰려 있는 등의 경제적 궁박상태뿐 아니라 암에 걸려 생명이 얼마 남지 않는 등의 육체적 궁박상태나 거처할 주거를 구하지 못하고 있는 등의 사회적 궁박상태, 명예를 잃게 될 정신적 궁박상태 등 모든 형태의 궁박상태가 포함된다.

【판례】 재건축과 궁박상태 피해자인 재건축 조합은 재건축 사업을 추진하면서 재건축 지역 내에 토지를 소유하고 있는 피고인이 자신의 토지를 매도하지 않으려 하자 조합장 등이 설득하여 시세보다 비싼 가격인 평당 2,075만 원에 매입하였다. 이 경우 그 매매대금이 현저하게 부당하다고 단정할 수 없고, 피고인이 토지를 시세보다 높은 가격에 피해자 조합에게 매도하였다고 하더라도, 피해자 조합이 이 사건 재건축 사업을 추진함에 있어서 피고인 소유의 토지가 반드시 필요한 것은 아니었고, 이를 매입하지 아니하고도 재건축을 추진할 대안이 있었음에도 피해자 조합의 이익에 가장 부합한다는 판단하에 토지를 구입한 점, 피고인은 애초에 위 토지를 매도할 의사가 없었으나 조합장 등의 설득에 의하여 위 토지를 매도할 의사를 결정하게 된 사정들을 종합하면 피해자 조합이 피고인의 토지를 구입하여야만 하는 급박한 곤궁 상태에 있었다고 보기는 어렵다. (대법원 2005. 4. 15. 2004도1246)

2) 궁박한 상태 이용

상대방의 궁박상태가 거래의 기반이 되어야 한다. 따라서 궁박한 상태가 상대방의 재산적 처분행위가 있을 때까지 존재해야 한다.

3) 현저하게 부당한 이익

현저하게 부당하다는 것은 행위자의 급부와 비교해 볼 때 상대방의 급부가 통상적인 거래 수준에 비추어 지나친 불균형을 이루도록 고가인 경우를 말한다. 이는 일반적·추상적 기준에 의해서 판단할 수 없는 사항이므로 행위 당시의 사정을 구체적으로 종합해서 판단해야 할 것이다. 판단기준에 대하여 견해대립이 있다.

① 행위자기준설

② 피해자기준설

③ 객관적 기준설

결론 사회적 통상적 거래 수준을 기준으로 판단하여야 하므로 **객관적 기준**에 따라 판단하는 것이 타당하다고 생각한다.

【판례】 부당이득에 해당하지 않는 경우 **1.** 300만원의 변제에 갈음하여 합계 600여만원의 이득을 취득하여 지급 받을 300만원을 공제한 300만원의 이득을 취득한 것만으로는 형법 제349조의 현저하게 부당한 이득을 취득한 것이라고 보기 어렵다. (대법원 1972. 10. 31. 72도1803)

2. 알박기 피고인 甲은 이 사건 부동산을 매수하여 5년간 거주하던 중 그 부동산을 포함한 사업부지에서 아파트 건축사업을 추진하던 피해자 회사 P에게 부동산 매도를 하지 않고 거부하다가, P가 사업계획승인신청 지체로 약 6억원의 금융비용이 발생한 이후 주변 부동산 가격의 40배가 넘는 가격으로 자신의 부동산을 매각하였다.

형법상 부당이득죄에서 궁박이라 함은 '급박한 곤궁'을 의미하고, '현저하게 부당한 이익의 취득'이라 함은 단순히 시가와 이익과의 배율로만 판단해서는 안 되고 구체적 · 개별적 사안에 있어서 일반인의 사회통념에 따라 결정하여야 한다. 특히, 우리 헌법이 규정하고 있는 자유시장경제질서와 여기에서 파생되는 사적 계약자유의 원칙을 고려하여 그 범죄의 성립을 인정함에 있어서는 신중을 요한다. 이 사건의 경우 피해자가 궁박한 상태에 빠지게 된 데에 피고인이 적극적으로 원인을 제공하였다거나 상당한 책임을 부담하는 정도에 이르렀다고 볼 증거가 없으므로, 부당이득죄가 성립한다고 인정하기 어렵다. (대법원 2009. 1. 15. 2008도8577)

4) 자기 또는 제3자의 이익 취득

본죄는 행위자 자신이나 제3자가 재산적 이익을 취득함으로써 기수가 된다.

(2) 주관적 구성요건

상대방의 궁박상태를 이용해서 현저하게 부당한 이익을 취득하거나 제3자가 취득하게 한다는 데 대한 인식과 의사가 있어야 한다. 미필적 고의로도 충분하다. 또한 부가적 주관적 구성요건 요소로서 불법이득의사가 있어야 한다.

Ⅶ. 상습사기죄

제 351 조 (상습범) 상습으로 제347조 내지 전조의 죄를 범한 자는 그 죄에 정한 형의 2분의 1까지 가중한다.

제 352 조 (미수범) 제347조 내지 제348조의2, 제350조, 제350조의2와 제351조의 미수범은 처벌한다.

제 353 조 (자격정지의 병과) 본장의 죄에는 10년 이하의 자격정지를 병과할 수 있다.

제 354 조 (친족간의 범행, 동력) 제328조와 제346조의 규정은 본장의 죄에 준용한다.

상습적으로 제347조(사기), 제347조의2(컴퓨터 등 사용사기), 제348조(준사기), 제348조의2(편의시설부정이용) 또는 제349조(부당이득)의 행위를 한 자에 대한 가중처벌 규정이다. 상습성 판단기준 등 나머지 사항은 상습폭행・상해죄(제264조)의 경우와 동일하다.

【판례】 상습성의 판단 상습사기에 있어서의 상습성은 반복하여 사기행위를 하는 습벽으로서 행위자의 속성을 말하고, 이러한 습벽의 유무를 판단함에 있어서는 사기의 전과가 중요한 판단자료가 되나 사기의 전과가 없다고 하더라도 범행의 횟수, 수단과 방법, 동기 등 제반 사정을 참작하여 사기의 습벽이 인정되는 경우에는 상습성을 인정하여야 하는 것이며, 특히 처음부터 장기간에 걸쳐 불특정 다수로부터 회원가입비 명목의 금원을 편취할 목적으로 상당한 자금을 투자하여 성인사이트를 개설하고 직원까지 고용하여 사기행위를 영업으로 한 경우에는 그 행위의 반복성이 영업이라는 면에서 행위 그 자체의 속성에서 나아가 행위자의 속성으로서 상습성을 내포하는 성질을 갖게 되고, 또한 이미 투자한 자금에 얽매여 그러한 사기행위를 쉽게 그만둘 수 없다는 자본적 또는 경제활동상의 의존성도 습벽의 내용이 될 수 있으므로 상습성을 인정할 수 있다. (대법원 2006. 9. 8. 2006도2860)

제 4 절 공갈의 죄

Ⅰ. 개 관

1. 의 의

공갈은 강도와 마찬가지로 남의 물건을 강압적으로 가져가는 범죄행위이다. 그 수단도 강도와 마찬가지로 폭행·협박이다. 단지 폭행·협박의 정도가 강도의 경우보다 약할 뿐이다. 강도의 경우와 달리 공갈죄의 폭행·협박은 상대방의 의사를 억압할 정도이면 된다. 또한 강도는 행위자가 재물을 강제로 탈취해 가는 것도 행위내용으로 하고 있는 데 비해, 공갈은 상대방이 스스로 내놓게 하는 것만 행위유형으로 하고 있다는 점도 다르다. 이때 상대방이 스스로 재산적 처분행위를 하도록 만든다는 점에서는 사기와 같은 측면이 있다. 다만 사기는 기망행위를 통해 이를 유도하는 것이고, 공갈은 폭행·협박을 통해 이를 강제하는 범죄이다.

〈표〉 사기죄와 공갈죄의 구조

사 기	공 갈
기망	폭행·협박
착오 (기망에 의한 의사결정)	강압에 의한 의사결정
재산적 처분행위	재산적 처분행위
재산상 손해	재산상 손해
재산적 이익	재산적 이익

2. 보호법익

공갈죄 규정의 주된 보호법익은 **재산**이다. 또한 부수적으로 의사결정의 자유도 보호법익으로 한다. 본죄는 **침해범**이다.

3. 구성요건 체계

기본 구성요건은 제350조의 공갈이다. 상습공갈(제351조)은 가중 구성요건이다. 공갈죄의 가중 구성요건은 폭처법 제2조·제3조와 특경법 제3조에도 규정되어 있다. 또한 공갈죄의 미수범에 대해서는 처벌규정이 있으며(제352조), 친족상도례가 적용된다(제354조).

Ⅱ. 공갈죄

제 350 조 (공갈) ① 사람을 공갈하여 재물의 교부를 받거나 재산상의 이익을 취득한 자는 10년 이하의 징역 또는 2천만원 이하의 벌금에 처한다.
② 전항의 방법으로 제삼자로 하여금 재물의 교부를 받게 하거나 재산상의 이익을 취득하게 한 때에도 전항의 형과 같다.

제 352 조 (미수범) 제347조 내지 제348조의2, 제350조, 제350조의2와 제351조의 미수범은 처벌한다.

제 353 조 (자격정지의 병과) 본장의 죄에는 10년 이하의 자격정지를 병과할 수 있다.

제 354 조 (친족간의 범행, 동력) 제328조와 제346조의 규정은 본장의 죄에 준용한다.

1. 구성요건

(1) 객관적 구성요건

공갈은 사기와 같은 구성요건 체계를 가지고 있으면서 단지 행위수단이 기망행위가 아니고 공갈행위라는 점만 다르므로 구성요건 체계를 사기와 대비해서 이해하는 것이 편하다. 따라서 공갈죄의 구성요건은 공갈행위가 있고 이로 인하여 상대방이 두려움을 느낌으로써 재산적 처분행위가 이루어지며 그 결과 재산적 손해가 발생하고 행위자가 재산상의 이익을 취득해야 성립되는 것으로 이해하면 된다.

1) 공갈행위

공갈이란 '폭행·협박을 사용함으로써 상대방이 두려움을 느껴 행위자가 원하는 대로 의사결정을 하도록 강요하는 행위'이다. 여기서 폭행·협박의 정도는 상대방의 반항이 불가능할 정도에 이르지 않아야 한다. 그 정도에 이르게 되면 공갈이 아니라 강도가 되기 때문이다.

폭행의 의미는 자유를 침해하는 범죄 부분에서 설명하였다. 다만 상대방의 반항을 불가능하게 할 정도의 폭력이 행사되면 더 이상 공갈이 아니므로, 폭행 가운데 절대적 폭력은 공갈의 행위유형에서 제외되고 **강제적 폭력**(심리적 폭력)만 포함된다(**다수설**).

협박의 의미도 자유를 침해하는 범죄 부분에서 설명한 것과 같다. 폭행의 경우와 마찬가지로 상대방의 반항을 불가능하게 할 정도에 이르지 않아야 한다. 만약 그렇게 된다면 강도죄에 해당하기 때문이다.

폭행·협박은 상대방이 두려움을 느껴 행위자가 원하는 대로 재산적 처분행위를 하겠다는 의사결정을 하게 만들 정도에는 이르러야 한다.

【판례】 공갈에 해당하는 경우 1. 피고인이 투자금의 회수를 위해 피해자를 강요하여 물품대금을 횡령하였다는 자인서를 받아낸 뒤 이를 근거로 돈을 갈취하였다. (대법원 1985. 6. 25. 84도2083)

2. 피고인이 피해자의 유혹으로 **간통관계**를 갖게 되었는데, 피고인이 이를 미끼로 협박하여 돈을 뜯어냈다. (대법원 1984. 5. 9. 84도573)

3. 방송사 기자가 건설회사 경영주에게 그 회사가 건축한 아파트의 **공사 하자**에 관하여 방송으로 계속 보도할 것 같은 태도를 보임으로써 회사의 신용훼손을 우려한 그로부터 속보 무마비조로 돈을 받았다. (대법원 1991. 5. 28. 91도80)

4. 피고인이 피해자에게 "당신이 허위로 매매계약서를 작성하고 허위의 가등기를 한 것은 사문서위조, 인감도용, 인감위조, 강제집행면탈죄에 해당"한다고 말하여 피해자가 피고인의 요구에 응하지 아니하면 사문서위조 등의 죄로 고발하겠다는 뜻을 암시하여 1억 5천만원을 지급한다는 약속을 받아냈다. (대법원 1993. 9. 14. 93도915)

5. 부실공사 관련 기사에 대한 해당 업체의 반박 광고가 있음에도 반복 기사가 나간 상태에서, 그 신문사 사주 및 광고국장이 그 업체 대표이사에게 감정이 격앙되어 있는 기자들의 분위기를 전하는 방식으로 자사 신문에 사과광고를 게재토록 하면서 과다 광고료를 받아냈다. (대법원 1997. 2. 14. 96도1959)

6. 피고인이 배우자인 피해자에게 재산이전 요구에 응하지 않으면 퇴원시켜 주지 않겠다고 말한 바 없으나, 피해자가 **정신병원**에서 퇴원하게 해달라는 요구를 하였으나 피고인이 이를 거절해 오다가 피해자에게 재산이전 요구를 하였다. (대법원 2001. 2. 23. 2000도4415)

7. 피고인 甲은 **폭력조직**인 속칭 '향촌동파' 추종세력인 乙 등 스포츠 머리를 한 건장한 폭력배들과 함께 특별히 하는 일 없이 피해자가 운영하는 호텔의 커피숍 등에 모여 앉아 시간을 보내는 등 어울려 다니면서 그들로 하여금 피고인에게 "형님"이라면서 90도로 인사를 하게 하는 등 피고인이 조직폭력배 두목인 것처럼 과시하여 이에 겁을 먹은 호텔 프론트 직원으로 하여금 호텔 객실을 내어주게 하고, 호텔 측에서 객실요금을 지불해 줄 것을 요구하면 어깨에 힘을 주면서 "나중에 주겠다"거나 "알았다"고 말하고 그냥 가버리는 등 호텔 직원들의 신체에 어떠한 위해를 가할 듯한 태도를 취하여 그 요금 청구를 단념하게 하였다. (대법원 2003. 5. 13. 2003도709)

8. 피해자들이 제작·투자한 영화의 소재로 삼은 **폭력조직**의 두목 또는 조직원이 피해자들에게 그 영화의 감독을 통해 조직폭력배의 불량한 성행, 경력 등을 이용하여 재물의 교부를 요구하고 피해자들로 하여금 그 요구에 응하지 아니할 때에는 부당한 불이익을 초래할 위험이 있을 수 있다는 위구심을 야기하게 하여, 이에 응하지 않을 경우 자신들이 받을 불이익을 두려워하거나 또는 곤경에 빠진 위 영화감독을 위해서라도 돈을 지급하지 않을 수 없다고 판단하여 마지못해 돈을 주었다. (대법원 2005. 7. 15. 2004도1565)

9. 주점의 종업원에게 신체에 위해를 가할 듯 한 태도를 보여 이에 겁을 먹은 종업원으로부터 주류를 제공받았다. (대법원 2005. 9. 29. 2005도4738)

10. 甲은 P회사에게 일주일 정도의 유예기간을 두고 돈을 요구하면서 그때까지 돈이 지급되지 않으면 자동차 부품 생산라인을 중단하여 자동차 부품 공급 중단으로 큰 손실을 입게 만들겠다는 태도를 보였다. P회사는 이와 같은 해악의 고지로 두려움을 느껴 손실비용 등 명목으로 110억 원을 지급하였다. (대법원 2019. 2. 14. 2018도19493)

【판례】 공갈에 해당하지 않는 경우 1. 토지매도인이 그 매매대금을 지급받기 위하여 매수인을 상대로 하여 당해 토지에 관한 소유권이전등기말소청구소송을 제기하고 위 대금을 변제받지 못하면 위 소송을 취하하지 아니하고 예고등기도 말소하지 않겠다는 취지를 알렸다. (대법원 1989. 2. 28. 87도690)

2. 지역신문의 발행인이 시정에 관한 비판기사 및 사설을 보도하고 관련공무원에게 광고의뢰 및 직보배정을 타 신문사와 같은 수준으로 높게 해달라고 요청하였다. (대법원 2002. 12. 10. 2001도7095)

2) 재산적 처분행위

행위자의 공갈행위로 인한 두려움이 발생되고 그 두려움 때문에 재산적 처분행위가 있게 되어야 한다. 재산적 처분행위의 내용은 사기죄의 경우와 일치한다.

가. 처분의사

사기의 경우에는 피기망자가 재산적 처분행위를 할 때 **처분의사**가 있어야 하는가에 대하여 논란이 있으나, 공갈의 경우에는 두려움을 느껴 스스로 내주는 경우에 구성요건이 성립하는 것이므로 처분의사가 있어야 한다.

나. 직접적 재산 감소 유발

처분행위가 그 자체로서 재산 감소를 직접 유발하는 것이어야 하는가, 즉 공갈자의 처분행위와 손해의 발생 사이에 **직접성**이 있어야 하는가에 대하여 견해대립이 있다.

① **필요설 (통설)**

② **불요설**

결론 불요설은 행위자가 폭행·협박을 해서 피공갈자가 가만히 있게 한 상태에서 물건을 가져가는 경우를 공갈죄에 포함시키기 위해서 직접성을 인정하지 말아야 한다고 하고 있다. 그러나 행위자가 물건을 가져가는 것을 피공갈자가 용인하는 것도 실질적으로 재산적 처분행위에 포함되는 것이라고 해석할 수 있으므로, 그 때문에 직접성이 필요없다고 할 것은 아니라고 생각한다. 공갈의 경우에도 사기에서와 마찬가지로 직접성이 **필요**하다고 보는 것이 타당하다.

다. 제3자에 의한 처분행위

피공갈자와 처분행위자는 동일인이어야 하지만 처분행위자와 피해자는 동일인이어야 할 필요가 없다. 처분행위자는 처분행위를 할 수 있는 사실상의 지위를 가지고 있어야 한다.

라. 인과관계

공갈행위와 처분행위 사이에 인과관계가 연결되어야 한다.

【판례】 인과관계가 없는 경우 피고인이 그 처와 처남 등 사이의 상속재산분배 과정에 끼어들어 불화 끝에 처남을 고발, 고소하고 다소 위협적인 언사를 사용하였다 하더라도 4, 5개월간에 걸친 협의과정에서 처남이 변호사의 도움을 받아 상속재산의 일부인 이 사건 부동산의 소유권을 넘겨주게 된 점과 처남의 사회적 지위 등 모든 사정을 참작하면 처남이 피고인의 협박에 의하여 외포심을 느낀 나머지 위 부동산을 양도하였다고 보기 어렵다. (대법원 1984. 2. 14. 81도3202)

3) 재산상 손해

피공갈자의 재산적 처분행위를 통해 피공갈자 자신 또는 제3자가 재산상 손해를 입어야 하는가에 대하여 견해대립이 있다.

① 필요설 (**다수설**)

② 불요설

사기죄에서 설명한 것과 같은 이유로 재산상 손해가 있어야 공갈죄가 성립되는 것으로 보는 **필요설**이 타당하다고 생각한다.

【판례】 손해가 없는 경우 피고인은 돈을 절취 당한 사람의 부탁을 받고 폭력조직원과 함께 절도범에게 겁을 주어 절취한 돈을 교부받아 주인에게 돌려주었다. 이 경우 절취한 금전은 절도범의 소유가 아니므로 타인의 재물을 갈취한 행위로서 공갈죄가 성립된다고 볼 수 없다. (대법원 2012. 8. 30. 2012도6157)

4) 재산상 이익 취득

공갈자가 피공갈자의 처분행위에 의해 발생된 재산상 손해를 바탕으로 재물이나 재산상 이익을 취득하여야 한다.

【판례】 공갈죄의 기수시기 1. 피해자들을 공갈하여 피해자들로 하여금 지정한 예금계좌에 돈을 입금케 한 이상, 그 돈은 범인이 자유롭게 처분할 수 있는 상태에 놓인 것으로서 공갈죄는 이미 기수에 이르렀다 할 것이다. (대법원 1985. 9. 24. 85도1687)

2. 부동산에 대한 공갈죄는 그 부동산에 관하여 소유권 이전등기를 경료 받거나 인도를 받은 때에 기수가 되는 것이지, 소유권 이전등기에 필요한 서류를 교부받은 때에 이미 기수가 되는 것은 아니다. (대법원 1992. 9. 14. 92도1506)

3. 자동차를 갈취하는 경우 자동차에 대한 소유권이전등록을 받기 전이라고 하더라도 자동차를 현실로 인도받은 때에 공갈죄의 기수가 된다. (대법원 2001. 6. 15. 2001도1884)

사기의 경우(대법원 2001. 10. 23. 2001도2991)와 달리 공갈과 관련해서는 판례가 성행위의 재산성을 원칙적으로는 인정하지 않고 있다.

【판례】 성행위의 재산성 재산상 이익은 경제적 이익이 있는 것을 말하는 것인바 일반적으로 부녀와의 정교 그 자체는 이를 경제적 이익으로 평가할 수 없는 것이므로 부녀를 공갈하여 그와 정교(情交)를 맺었다고 하여도 특단의 사정이 없는 한 이로써 재산상 이익을 갈취한 것이라고 볼 수 없는 것이고 이러한 취지는 가령 피해자가 주점 접대부라고 할지라도 **매음**을 전제로 정교를 맺은 것이 아닌 이상 동일하다고 보아야 한다. (대법원 1983. 2. 8. 82도2714)

따라서 폭행 · 협박에 의한 성관계는 강간이나 강제추행은 될 수 있어도 공갈에 해당할 수는 없는 것이 원칙이다. 그러나 성매매 여성의 경우에는 판례가 "매음을 전제로 정교를 맺은 것이 아닌 이상"이라고 하고 있듯이 일단 금품을 지급하기로 하고 성관계를 가진 뒤에 폭행 · 협박을 사용하여 대금 지급을 피하게 되면 공갈이 성립한다고 볼 수 있다. 똑같은 상황에서 피해자를 기망하여 대금 지급을 피한 데 대해서는 판례가 사기죄의 성립을 인정하고 있으므로(대법원 2001. 10. 23. 2001도2991) 논리적으로는 그러한 결론이 타당하다.

(2) 주관적 구성요건

공갈행위를 해서 상대방에게 두려움을 일으켜 재산적 처분행위를 하게 함으로써 재산적 손해를 야기하고 이로써 자기 또는 제3자에게 재산적 이익이 돌아온다는 인식과 의사를 가지고 있어야 한다. 미필적 고의로도 충분하다.

또한 **불법영득의사**나 **불법이득의사**를 가지고 있어야 한다. 행위자 쪽이 흠이 없는 청구권을 가지고 있는 경우에는 영득이나 이익의 불법성이 없어 공갈죄가 성립되지 않는다. 흠이 없는 청구권이라고 하기 위해서는 청구권 자체가 정당한 것이어야 하고, 상대방에게 이행시기를 늦출 수 있는 근거가 전혀 없음을 요한다. 이러한 경우에는 구성요건 해당성이 없기 때문에 공갈죄로 처벌할 수는 없고, 경우에 따라서 강요가 되거나 폭행 또는 협박이 성립될 수 있을 뿐이다.

2. 위법성

행위자가 정당한 권리를 가지고 있기는 하지만, 행위시에 상대방에게 의무이행을 바로 요구할 수 없는 경우도 있을 수 있다. 이 때에는 구성요건이 배제되는 것은 아니고, 목적과 수단의 내용을 비교해서 사회통념상 허용되는 범위를 벗어나지 않는 경우에 한하여 위법성이 배제된다고 보아야 하겠다(같은 취지: 대법원 1984. 3. 27. 83도3204; 대법원 1991. 11. 26. 91도2344; 대법원 1996. 3. 22. 95도2801). 구체적으로 어떠한 행위가 사회통념상 허용되는 정도나 범위를 넘는 것이냐의 여부는 그 행위의 주관적인 측면과 객관적인 측면, 즉 추구된 목적과 선택된 수단을 전체적으로 종합하여 판단하여야 한다(대법원 1995. 3. 10. 94도2422).

【판례】 사회통념상 허용되지 않는 수단 1. 피고인이 외상대금을 받아주기 위해 채무를 당장 갚고 나서 영업을 하라고 요구하고, 이를 갚기 전에는 영업을 할 수 없다고 하면서 개새끼라고 욕을 하고 눈을 치켜뜨고 죽어볼래 하면서 갑의 멱살을 2~3분 잡아 흔

든 경우 (대법원 1987. 10. 26. 87도1656)

2. **교통사고**를 당한 피고인이 상대방의 약점을 알고서 과다한 돈을 요구하며 이에 응하지 않으면 수사기관에 신고할 듯한 태도를 보인 경우 (대법원 1990. 3. 27. 89도2036)

3. 피해자의 기망에 의하여 부동산을 비싸게 매수한 피고인이 그 계약을 취소함이 없이 등기를 자기 명의로 놔둔 채 자신이 비싸게 지불한 만큼의 돈을 받아낼 셈으로 피해자를 협박하여 돈을 받아낸 경우 (대법원 1991. 9. 24. 91도1824)

4. 피해자와의 동거를 청산하는 과정에서 폭언과 협박으로 피해자에 대한 금전채권을 확보하려고 한 경우 (대법원 1996. 9. 24. 96도2151)

5. 피고인은 피해자로부터 회사를 인수하기 위한 매매계약을 체결하면서 인수시점일을 기준으로 금 24억원을 초과하는 추가채무 발견시 피해자 소유의 토지를 금 5억원으로 계산하여 상계처리한다는 취지의 계약서를 작성하였는데, 뒤에 약속어음채무총액 금 8억 8천만원을 초과채무라고 주장하면서 피해자에게 토지소유권이전을 요구하였으나 피해자가 거절하자, 주먹으로 피해자의 머리를 때린 후 인상을 쓰고 주먹으로 곧 내리칠 것 같은 태도를 보이면서 소유권을 이전할 것을 협박한 것을 비롯하여 매일 밤, 낮으로 같은 취지로 전화 협박하여 이에 외포된 피해자로 하여금 피고인이 지정한 다른 사람 앞으로 소유권이전등기를 경료하도록 한 경우 (대법원 2000. 2. 25. 99도4305)

【판례】 사회통념상 허용되는 수단 1. 피고인이 공사한 건물의 대장상 평수보다 실제상의 평수가 많아 실제상의 평수에 따른 공사금의 지급을 요구하면서 그렇지 않으면 구청장에게 진정을 해서라도 대장상의 건물 평수가 부족함을 밝히겠다고 한 경우 (대법원 1979. 10. 30. 79도1660)

2. 피고인 등이 비료를 매수하여 시비한 결과 딸기묘목 또는 사과나무묘목이 고사하자 그 비료를 생산한 회사에게 **손해배상**을 요구하면서 사장 이하 간부들에게 욕설을 하거나 응접탁자 등을 들었다 놓았다 하거나 현수막을 만들어 보이면서 시위를 할 듯한 태도를 보인 경우 (대법원 1980. 11. 25. 79도2565)

3. 피고인이 관계당국 진정 등을 통해 그 소유건물에 인접한 대지 위에 건축허가조건에 위반되게 건물을 신축·사용하는 소유자로부터 **일조권 침해** 등으로 인한 손해배상에 관한 합의금을 받은 경우 (대법원 1990. 8. 14. 90도114)

4. 국가안전기획부 직원이 아들 담임선생의 부탁을 받고 그 담임선생의 채무자에게 채무변제를 독촉하는 과정에서 다소 위협적인 말을 한 경우 (대법원 1993. 12. 24. 93

도2339)

5. 인터넷 게임머니 환전사업을 피고인과 함께 영위하던 피해자가 피고인의 휴대전화, 장부, 통장을 가지고 친정집으로 가버려서, 피고인이 게임머니 구입을 위해 대금을 입금한 고객을 확인할 수 없게 되어 게임머니를 공급하지 못하게 되자 고객들의 항의가 빗발치게 되었으며, 이에 피고인은 피해자의 친정집으로 찾아가 훔쳐간 고객 장부와 통장을 돌려주면 경찰에 고소하지 않겠다는 메모를 대문에 붙인 경우 (대법원 2013. 9. 13. 2013도6809)

3. 죄 수

(1) 경합관계

한 사람을 공갈해서 그 사람으로부터 여러 차례 돈을 받아낸 경우에는 하나의 공갈죄가 성립된다.

【판례】 갈취한 현금카드를 이용한 예금인출 1. 현금카드 소유자를 협박하여 예금인출 승낙과 함께 현금카드를 교부받은 행위와 이를 사용하여 현금자동지급기에서 예금을 여러 번 인출한 행위는 모두 피해자의 예금을 갈취하고자 하는 피고인의 단일하고 계속된 범의 아래에서 이루어진 일련의 행위로서 포괄하여 하나의 공갈죄를 구성한다고 볼 것이지, 현금지급기에서 피해자의 예금을 취득한 행위를 현금지급기 관리자의 의사에 반하여 그가 점유하고 있는 현금을 절취한 것이라 하여 이를 현금카드 갈취행위와 분리하여 따로 절도죄로 처단할 수는 없다. (대법원 1996. 9. 20. 95도1728)

2. 갈취한 현금카드로 예금을 인출하는 행위는 하자 있는 의사표시이기는 하지만 피해자의 승낙에 기한 것이어서, 그 승낙의 의사표시가 취소되기 전까지는 현금카드를 적법·유효하게 사용할 수 있는 것이므로, 이를 분리하여 따로 절도죄로 처단할 수 없다. (대법원 2007. 5. 10. 2007도1375)

한 사람을 여러 차례 공갈해서 그 때마다 금품을 갈취하면 여러 개의 공갈죄가 실체적 경합된다. 하나의 공갈행위로 여러 사람의 법익을 침해하게 되면 여러 개의 공갈죄가 상상적으로 경합된다.

(2) 사기죄와의 관계

사기죄와의 관계에서는 공갈과 기망 두 가지 방법을 모두 동원해서 재산적 처분행위를 이끌어 낸 경우에는, 재산적 처분행위의 주된 원인이 무엇이었는가에 따라 판단을 해야 한다. 두 가지가 모두 비슷한 정도로 원인이 되었다면 공갈과 사기의 상상적 경합이 된다(**통설**).

(3) 뇌물죄와의 관계

예를 들어 세무공무원이 세무조사 과정에서 탈루 세액을 찾아내고 이를 추징할 경우 세금액이 얼마가 된다는 사실을 알려줌으로써 납세의무자가 경제적 손실에 대한 두려움으로 뇌물을 제공하게 만드는 경우 뇌물죄와 공갈죄의 관계가 어떻게 되는가 하는 문제가 있다.

우선 공무원의 **수뢰** 부분에 대해서 다음과 같은 견해대립이 있다.

① 공무원에게 직무집행의 의사가 있었으면 수뢰죄만 성립되고, 그렇지 않은 경우에는 공갈죄만 성립된다고 하는 견해 (**다수설 | 판례**)

② 공무원의 직무집행 의사의 존재 여부와 관계없이 수뢰죄와 공갈죄가 모두 성립하며 상상적 경합이 된다는 견해 (**소수설**)

> **결론** 뇌물이란 '직무에 관련된 부당한 이익'을 의미하므로 공무원에게 직무집행 의사가 있었던 경우에만 **대가성**이 인정되어 수뢰죄가 성립한다고 보는 견해가 타당하다.

공무원에게 **증뢰**한 부분에 대해서도 다음과 같은 견해대립이 있다.

① **부정설** : 강요에 의하여 어쩔 수 없이 한 행위이므로 증뢰가 되지 않는다는 견해 (**판례**)

② **긍정설** : 협박에 의한 행위이었더라도 증뢰가 된다고 보는 견해

> **결론** 강압에 의해서 어쩔 수 없이 금전을 교부한 것을 두고 증뢰행위로 보고 처벌하는 것은 부당하므로 **부정설**이 타당하다.

【판례】 공갈과 뇌물 공무원이 직무집행의 의사 없이 또는 직무처리와 대가적 관계없이 타인을 공갈하여 재물을 교부하게 한 경우에는 공갈죄만 성립하고, 그러한 경우 재물의

교부자가 공무원의 해악의 고지로 인하여 외포의 결과 금품을 제공한 것이라면 그는 공갈죄의 피해자가 될 것이고 뇌물공여죄는 성립될 수 없다고 하여야 할 것이다. (대법원 1994. 12. 22. 94도2528 | 같은 취지: 대법원 1966. 4. 6. 66도12; 대법원 1969. 7. 22. 65도1166)

(4) 체포·감금죄와의 관계

사람을 체포 또는 감금한 상태에서 공갈 행위를 하게 되면, 체포·감금이 지속된 전 기간에 걸쳐 체포·감금죄는 하나가 성립되고 공갈 행위는 각각 행위의 수만큼 범죄가 성립되어 감금죄와 실체적 경합관계가 된다. 사람을 잡아 가두는 것이 폭행으로서 공갈 행위의 수단으로 사용되는 경우에는 체포·감금과 공갈이 하나의 행위에 의해서 이루어지는 것이므로 상상적 경합이 된다.

(5) 장물죄와의 관계

절도범을 협박해서 훔친 물건을 빼앗아 가는 것처럼 장물을 갈취하는 경우에 공갈죄 외에 장물죄도 성립되는가가 문제가 되는데, 장물죄의 본질은 본범을 도와 위법상태를 유지·강화하는 것이므로 본범을 돕는 것이 아니라 본범으로부터 재물을 갈취하는 행위는 장물죄로 볼 수 없다고 생각한다.

4. 친족상도례

공갈죄에도 친족상도례가 **적용**된다. 또한 특별법인 폭처법에 형법상 친족상도례에 관한 규정의 적용을 배제한다는 명시적인 규정이 없으므로, 친족상도례는 폭처법상의 공갈죄에도 적용된다(대법원 1994. 5. 27. 94도617).

처분행위자와 피해자가 서로 일치하지 않는 경우에 친족상도례가 적용되기 위한 친족관계가 누구와의 사이에 존재하여야 하는가에 대하여 견해대립이 있다.

① 행위자와 피해자 뿐 아니라, 행위자와 처분행위자 사이에도 있어야 한다는 견해

② 행위자와 피해자 사이에만 있으면 된다는 견해

결론 절도죄의 경우와 마찬가지로 행위자와 피해자 사이에만 친족관계가 존재하면 친족상도례가 적용된다고 보는 것이 타당하다.

Ⅲ. 상습공갈죄

제 351 조 (상습범) 상습으로 제347조 내지 전조의 죄를 범한 자는 그 죄에 정한 형의 2분의 1까지 가중한다.

제 352 조 (미수범) 제347조 내지 제348조의2, 제350조, 제350조의2와 제351조의 미수범은 처벌한다.

제 353 조 (자격정지의 병과) 본장의 죄에는 10년 이하의 자격정지를 병과할 수 있다.

제 354 조 (친족간의 범행, 동력) 제328조와 제346조의 규정은 본장의 죄에 준용한다.

상습적으로 공갈(제350조)행위를 한 자에 대한 가중처벌 규정이다. 그러나 폭처법 제2조 제1항에 똑같은 행위에 대하여 다시 가중처벌하는 규정이 있으므로 제351조는 실제 사건에 적용될 일이 없다. 상습성 판단기준 등 나머지 사항은 상습폭행・상해죄(제264조)의 경우와 동일하다.

제5절 횡령의 죄

Ⅰ. 개 관

1. 횡령죄의 본질

횡령행위의 본질이 무엇인가에 관하여 견해대립이 있다.

① **월권행위설**: 행위자가 위탁관계에 의해 자신에게 부여된 권한을 남용하는 것이 횡령행위의 본질이라고 보는 견해

이에 의하면 위탁관계라는 신뢰관계를 위반하는 것이 횡령의 본질이기 때문에 불법영득의사가 없더라도 본죄가 성립된다고 본다.

② **영득행위설**: 다른 사람의 물건을 불법적으로 영득하는 것이 횡령행위의 본질이라고 보는 견해

이에 의하면 영득의 불법성이 없는 한 신뢰관계에 위배되는 행위를 했더라도 횡령이 성립되지 않는다고 보게 된다.

③ **결합설**: 권한남용과 불법영득의 두 가지 성격을 모두 가지고 있다고 보는 견해 **(판례)**

결론 횡령행위는 본질적으로 신뢰에 어긋나는 행동을 한다는 측면과 타인의 재물을 불법영득 한다는 측면 두 가지를 모두 가지고 있다. 그러므로 월권행위나 영득행위 가운데 한 가지의 속성만 가지고 있다고 보지 말고 두 가지 성격을 모두 가지고 있는 것으로 파악하는 것이 옳다고 생각한다. **결합설**이 타당하다.

판례는 횡령이 신임관계에 반하는 행위로서의 속성을 가지고 있다고 하기도 하고(대법원 1989. 10. 24. 89도1605; 대법원 1993. 6. 22. 92도797; 대법원 1999. 4. 15. 97도666), 불법영득의사를 구성요건 요소로 한다고 하기도 하고(대법원 1995. 3. 14. 95도59; 대법원 1996. 8. 23. 96도1525; 대법원 1995.3. 14. 95도59; 대법원 1996. 8. 23. 96도1525; 대법원 1999. 2. 23. 98도2296) 있다. 따라서 판례도 결합설의 입장이라고 볼 수 있다.

2. 보호법익

횡령죄 규정의 보호법익은 **소유권**이다. 보호의 정도에 대해서는 견해대립이 있다.

① 추상적 위험범설 (**판례** | 대법원 1975. 4. 22. 75도123)

② 침해범설

결론 횡령이라는 행위만 있으면 구성요건이 성립되고 소유권 침해라는 결과는 발생될 필요가 없는 범죄이므로 **추상적 위험범**으로 보는 것이 타당하다고 생각한다.

3. 구성요건 체계

기본 구성요건은 횡령(제355조)이다. 업무상 횡령(제356조)은 행위주체가 업무자이기 때문에 불법이 가중되는 **가중 구성요건**이다. 점유이탈물 횡령(제360조)은 타인의 물건을 위탁관계에 의해 보관한다는 신뢰관계를 기본으로 하고 있지 않다는 면에서 본질적으로 횡령과는 다른 유형의 범죄이기 때문에 **독자적 변형 구성요건**으로 보는 것이 타당하다.

Ⅱ. 횡령죄

제355조 (횡령) ① 타인의 재물을 보관하는 자가 그 재물을 횡령하거나 그 반환을 거부한 때에는 5년 이하의 징역 또는 1천500만원이하의 벌금에 처한다.

제358조 (자격정지의 병과) 전3조의 죄에는 10년 이하의 자격정지를 병과할 수 있다.

제359조 (미수범) 제355조 내지 제357조의 미수범은 처벌한다.

제361조 (친족간의 범행, 동력) 제328조와 제346조의 규정은 본장의 죄에 준용한다.

특경법 제3조 (특정재산범죄의 가중처벌) ① 형법 ……제355조(횡령)……의 죄를 범한 사람은 그 범죄행위로 인하여 취득하거나 제3자로 하여금 취득하게 한 재물 또는 재산상 이익의 가액(이하 이 조에서 "이득액"이라 한다)이 5억원 이상일 때에는 다음 각 호의 구분에 따라 가중처벌한다.

1. 이득액이 50억원 이상일 때 : 무기 또는 5년 이상의 징역
2. 이득액이 5억원 이상 50억원 미만일 때 : 3년 이상의 유기징역

② 제1항의 경우 이득액 이하에 상당하는 벌금을 병과할 수 있다.

1. 구성요건

(1) 객관적 구성요건

1) 행위객체

본죄의 행위객체는 **타인의 재물**이다.

가. 재물

재물이란 '유체물과 관리할 수 있는 동력'을 말한다. 절도죄의 경우와 마찬가지로 권리나 정보는 행위객체에서 제외된다.

【판례】 재물이 아닌 경우 1. 권리 횡령죄에 있어서의 재물은 동산, 부동산의 유체물에

한정되지 아니하고 관리할 수 있는 동력도 포함하지만, 여기에서 말하는 관리란 물리적 또는 물질적 관리를 가리킨다고 볼 것이고, 재물과 재산상 이익을 구별하고 횡령과 배임을 별개의 죄로 규정한 현행 형법의 규정에 비추어 볼 때 사무적으로 관리가 가능한 채권이나 그 밖의 권리 등은 재물에 포함된다고 해석할 수 없다. (대법원 1994. 3. 8. 93도2272)

2. 정보 노트에 피고인이 근무하던 회사의 영업상의 주요사항이 기재되어 있고, 그 내용이 업무와 관련성이 있기는 하였으나, 이는 직무수행상의 일환으로 작성된 것이 아니고 개인적인 필요에 의하여 작성된 것으로서, 그 노트에 기재된 내용이 회사의 기밀사항이라 하여도 이 노트는 피고인의 소유에 속하는 것이므로 퇴직시에 이를 회사에 반환하지 않고 가지고 나왔다 하더라도 횡령죄가 성립한다고 할 수는 없다. (대법원 1994. 5. 24. 94도763)

3. 주식 상법상 주식은 자본구성의 단위 또는 **주주의 지위**(주주권)를 의미하고, 주주권을 표창하는 유가증권인 주권과는 구분이 되는바, 주권은 유가증권으로서 재물에 해당되므로 횡령죄의 객체가 될 수 있으나, 자본의 구성단위 또는 주주권을 의미하는 주식은 재물이 아니므로 횡령죄의 객체가 될 수 없다. (대법원 2005. 2. 18. 2002도2822)

하지만 권리의 존재를 증명하는 증서나 정보의 내용을 기록하고 있는 문서는 유체물이므로 재물로서 행위객체에 속한다

【판례】 재물에 속하는 경우 횡령죄의 객체인 타인의 재물이라 함은 부동산, 동산은 물론 유가증권 등을 포함하는 개념인바, 증권예탁결제원에 예탁되어 계좌 간 대체 기재의 방식에 의하여 양도되는 **주권**은 유가증권으로서 재물에 해당되므로 횡령죄의 객체가 된다. (대법원 2007. 10. 11. 2007도6406)

나. 재물의 타인성

재물의 타인성은 절도죄의 경우와 마찬가지로 민사실체법의 원칙에 따라 정해져야 한다.

타인의 재물인가와 관련된 법률관계가 당사자의 국적, 주소, 물건의 소재지, 행위지 등의 부분이 외국과 밀접하게 관련되어 국제사법 제1조상의 외국적 요소가 있는 경우에는 그에 따라 준거법을 정하여 소유권의 귀속관계를 결정하여야 한다.

【판례】 준거법의 선택 피고인은 **미국 캘리포니아주**에서 미국 리스회사와 미국 캘리포니아주 법에 따라 체결한 리스계약에 따른 리스차량 이용자들(대한민국 국민 또는 외국인)이 리스기간 도중에 임의로 처분하는 차량들을 인수하여 국내로 수입하였다. 이 리스계약에는 준거법에 관한 별도의 약정이 없었다. 이 경우 리스회사의 소재지법인 미국 캘리포니아주의 법이 이 **리스계약**과 가장 밀접한 관련이 있는 법으로서 **준거법**이 된다. 캘리포니아주 법에 따라 체결된 이 리스계약에 의하면 리스차량의 소유권은 리스회사에 속하고 리스이용자는 일정 기간 차량의 점유·사용권한을 이전받을 뿐이어서 리스회사에 대하여 차량 **보관자**로서의 지위에 있는 것이다. 따라서 이들 차량을 임의로 처분한 것은 횡령죄에 해당하며 그 차량을 인수한 행위는 장물취득죄가 된다. (대법원 2011. 4. 28. 2010도15350)

행위자의 단독소유에 속하는 물건과 무주물은 타인성이 부정된다. 타인성에 관하여 논란의 여지가 있는 몇 가지 유형에 대하여 검토해 보자.

가. 부동산 소유권

(가) 부동산 물권 변동의 원칙

법률행위로 인한 부동산 물권의 변동은 ① **물권적 합의**와 ② **등기**가 이루어져야만 그 효력이 생긴다(민법 제186조). 따라서 매매 계약을 체결했다고 하더라도 소유권 이전 등기가 이루어지지 않으면 소유권은 계속 매도인에게 귀속된 상태로 남아 있게 되고, 그 상태에서 매도인이 부동산을 다른 사람에게 처분하더라도(**이중매매**) 매도인의 입장에서 그 부동산은 타인의 재물이 아니므로 횡령이 성립되지 않는다.

(나) 비전형 담보물권과 소유권

민법상의 전형적인 담보물권은 유치권, 질권, 저당권 세 가지이다. 그러나 실제로 이용되는 담보제도로서 소유권 자체를 담보 목적으로 활용하는 양도담보, 매도담보 그리고 가등기담보 등 비전형 담보물권이 있다. 이들 담보물권에 대해서는 **가등기담보법**이 적용된다.

가) 양도담보

양도담보란 '채권담보의 목적으로 소유권 이전 등기를 하면서 이것이 담보 목적임을 등기부에 명시하는 담보방식'을 말한다.

이 경우 부동산에 대한 소유권이 형식적으로는 채권자에게 이전되지만, 그 부동산의 전체 가치에서 채권액을 제외한 나머지 부분에 대해서는 여전히 채무자가 권리를 가지기 때문에 실질적으로는 소유권이 채권자에게 이전되는 것이 아니다.

따라서 그 부동산은 채권자의 입장에서 타인의 재물이므로 이를 채권자가 임의로 처분하게 되면 횡령이 된다. 채권자는 채무불이행의 경우에 부동산 가격에서 채권액을 제외한 나머지를 채무자에게 청산금으로 지급해야 비로소 부동산에 대한 소유권을 취득할 수 있다(가등기담보법 제4조 제2항).

나) 매도담보

매도담보는 내부적으로만 담보의 목적이라는 약정이 이루어질 뿐 외부적으로는 담보물권이라는 사실이 전혀 나타나지 않고 순수하게 매매의 형식만을 가지는 담보방식이다.

종래 채권자들이 가장 애용하던 담보방법이었다. 매도담보의 경우에는 채무자가 단순 매매가 아닌 매도담보이었음을 입증해야만 가등기담보법이 적용될 수 있다. 다만 일단 입증이 되면 매도담보는 양도담보와 법규 적용면에서 다른 점이 없다.

다) 가등기담보

가등기담보란 '채무자가 채무를 변제하지 않으면 부동산의 소유권을 채권자에게로 이전한다는 내용의 가등기를 하는 담보방식'을 말한다.

현재 비전형 담보방법 가운데 가장 많이 이용되고 있다. 이 경우에는 형식적으로도 소유권이 채권자에게 넘어가 있지 않으므로 부동산에 대한 처분행위를 할 수 있는 서류를 모두 가지고 있는 채권자는 타인의 재물을 보관하는 자로서 횡령죄의 주체가 되는 데 전혀 문제가 없다.

(다) 기타 채권담보로 활용될 수 있는 방법과 소유권

가) 소유권 유보부 매매

소유권 유보부 매매는 매수인이 매매대금 납부의무를 모두 이행하기 전에 미리 목적물을 점유해서 사용하는 대신 소유권은 대금 납부가 완결될 때까지 그 이전을 유보하는 담보방식이다.

만약 매수인이 소유권 이전을 위한 서류를 확보하고 있으면 타인의 재물을 보관하는 자가 되어 횡령죄의 주체가 될 수 있다.

나) 환매특약

환매특약은 매매계약을 하면서 매매목적물을 회수할 수 있는 권리를 유보하는 특약이다.

공공기관이 토지를 불하할 때 자주 사용하는 방법이다. 예를 들어 택지조성을 목적으로 시로부터 토지를 불하받을 경우, 시는 일정기간 내에 매매목적에 적합한 토지의 이용을 하지 않을 경우 이를 환매한다는 특약 아래 토지를 불하하는 것이 보통이다. 환매에 대해서는 민법의 환매 규정(민법 제590조 이하)이 적용된다.

환매특약은 사실상 담보의 목적으로는 거의 이용되지 않는다. 양도담보 등과는 달리 환매특약은 단순한 청구권에 불과한데다가 매수인에게 이전되는 소유권 자체에는 흠이 없기 때문에 환매특약부 매매의 매수인은 온전한 소유권을 갖는다. 따라서 횡령행위의 주체가 될 수 없다.

다) 재매매의 예약

재매매의 예약은 매매계약과 별도로 매도인이 매매목적물을 다시 매입하기로 하는 약정이다.

환매특약은 매매계약과 동시에 이루어지는 것(민법 제590조 제1항)임에 비해 재매매의 예약은 시기와 상관없이 언제나 할 수 있다. 민법의 환매규정이 적용되지 않는다는 점은 다르지만 소유권 관계는 환매특약의 경우와 달리 해석할 이유가 없다. 따라서 이 경우에도 매수인은 횡령죄의 주체가 되지 않는다.

(라) 명의신탁과 소유권

다른 사람의 부동산을 자신의 명의로 등기하는 이른바 명의신탁은 실명등기법에 의하여 금지되어 있다. 그러나 그렇다고 해서 명의신탁에 의한 등기가 항상 무효인 것은 아니기 때문에 뒤에서 설명할 불법원인 급여·위탁과 마찬가지로 소유권과 관련한 문제가 복잡하다. 문제의 핵심은 행위자에게 소유권이 이전되었는가 하는 점이고, 다음과 같이 판단하여야 한다.

가) 2자간 등기명의신탁

신탁자에게서 수탁자에게로 직접 등기명의가 이전되는 방식의 명의

신탁이다.

신탁자 ⟶ 수탁자

[소유권 이전 무효]

명의신탁에 의한 부동산 물권변동은 원칙적으로 무효이다(실명등기법 제4조 제2항 본문). 따라서 수탁자는 등기상의 명의에도 불구하고 소유권자가 아니다. 그런데 수탁자와 신탁자 사이에 형법적으로 보호할 만한 가치가 있는 신뢰관계를 바탕으로 하는 보관관계가 존재하지 않는다. 따라서 수탁자는 횡령죄의 주체가 될 수 없다.

이와 같은 입장은 2자간 명의신탁을 제외한 나머지 모든 유형에 대하여 대법원 2014도6992 전원합의체 판결에 의해 관철된 바 있다. 그러나 2자간 명의신탁에 대해서는 이러한 원칙이 적용되지 않는 상태로 혼란이 지속되다가 아래 판례에 의해서 정리가 되었다.

【판례】 2자간 명의신탁 횡령죄에서 보관이란 위탁관계에 의하여 재물을 점유하는 것을 뜻하므로 횡령죄가 성립하기 위해서는 재물의 보관자와 재물의 소유자 사이에 위탁관계가 존재하여야 한다. 이러한 위탁관계는 횡령죄로 보호할 만한 가치 있는 신임에 의한 것으로 한정함이 타당하다. 부동산실명법에 의하면, 누구든지 부동산에 관한 물권을 명의신탁약정에 따라 명의수탁자의 명의로 등기하여서는 아니 되고(제3조 제1항), 명의신탁약정과 그에 따른 등기로 이루어진 부동산에 관한 물권변동은 무효가 되며(제4조 제1항, 제2항 본문), 명의신탁약정에 따른 명의수탁자 명의의 등기를 금지하도록 규정한 부동산실명법 제3조 제1항을 위반한 경우 명의신탁자와 명의수탁자 쌍방은 형사처벌 된다(제7조).

나아가 명의신탁자와 명의수탁자 사이에 무효인 명의신탁약정 등에 기초하여 존재한다고 주장될 수 있는 사실상의 위탁관계라는 것은 부동산실명법에 반하여 범죄를 구성하는 불법적인 관계에 지나지 아니할 뿐 이를 형법상 보호할 만한 가치 있는 신임에 의한 것이라고 할 수 없다. 그러므로 부동산실명법을 위반한 2자간 명의신탁의 경우 수탁자가 보관 중인 부동산을 임의로 처분하여도 횡령죄가 성립하지 아니한다. (대법원 2021. 2. 18. 2016도18761 전원합의체)

나) 3자간 등기명의신탁 (중간생략 명의신탁)

신탁자가 수탁자로부터 명의신탁약정 동의를 얻고 매도인에게도 동의를 얻어서 수탁자명의의 매매계약을 체결함으로써 매도인으로부터 수탁자에게로 등기를 직접 이전하는 방식의 명의신탁이다.

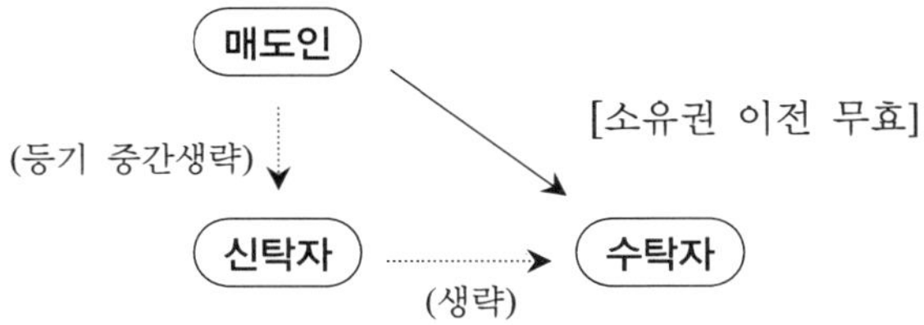

※ 명의신탁자가 매수인으로 전면에 나서는 경우이다.

이 경우 매도인이 악의이므로 소유권 이전이 무효이다(실명등기법 제4조 제2항 본문). 따라서 **수탁자**는 타인의 재물을 보관하는 자가 된다. 그러나 매도인과 수탁자 사이에 신뢰관계가 존재하지 않으므로 수탁자는 횡령죄의 주체가 되지 않는다.

또한 신탁자와의 관계는 신뢰관계를 바탕으로 하지만 그가 소유자가 아니기 때문에 재물의 소유자와의 신뢰관계를 전제로 보관하는 자의 지위에 있지도 않다. 따라서 신탁자와의 관계에서도 횡령죄의 주체가 되지 않는다.

【판례】 수탁자의 반환 거부 피고인 甲은 P와의 명의신탁약정에 따라 M으로부터 P가 매수한 부동산을 본인 앞으로 곧바로 소유권이전등기를 하여 보관하던 중, 제3자인 K에게 돈을 차용하면서 임의로 그 부동산에 대한 근저당권설정등기를 마쳐주었다. 이 경우 명의신탁자와 명의수탁자 사이에 존재한다고 주장될 수 있는 사실상의 위탁관계는 부동산실명법에 반하여 범죄를 구성하는 불법적인 관계에 지나지 아니할 뿐 이를 형법상 보호할 만한 가치 있는 신임에 의한 것이라고 할 수 없다. 따라서 甲의 행위는 횡령죄를 구성하지 않는다. (대법원 2016. 5. 19. 2014도6992 전원합의체)

여기서 명의신탁은 무효이지만 매매계약은 유효하므로, **신탁자**는 매도인에 대하여 소유권이전등기청구권을 가진다. 따라서 신탁자가 실질적인 소유자이기 때문에 임의로 처분하더라도 불법영득의사가 인정되지 않는다. 신탁자는 횡령죄의 주체가 안된다.

이 경우 신탁자가 매도인에게 소유권이전등기청구를 하고, 매도인이 다시 수탁자를 상대로 소유권이전등기청구를 하는 대신, 신탁자가 매도인을 대위하여 직접 수탁자를 상대로 등기명의의 반환을 청구할 수 있다. 명의신탁이 반사회질서 법률행위(민법 제103조)가 아니라고 하는 민사판례(대법원 2003. 11. 27. 2003다41722; 대법원 2014. 7. 10. 2013다74769)는 위 전원합의체 판결에 의해서 폐기되지 않았다. 따라서 명의신탁에 따른 명의이전은 불법원인급여(민법 제746조)가 아니어서 수탁자를 상대로 하는 부당이득 반환청구가 아직은 가능할 수도 있지만 이들 민사판례도 폐기되어야 할 것으로 생각된다.

다) 계약 명의신탁

신탁자가 수탁자로부터 명의신탁약정 동의를 얻고 수탁자를 시켜서 매도인과 매매계약을 체결하게 하면서 등기도 직접 수탁자에게로 이전하도록 하는 방식의 명의신탁이다.

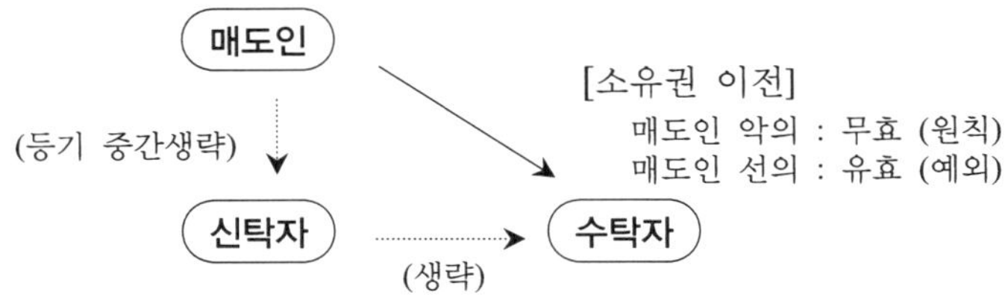

※ 명의수탁자가 매수인으로 전면에 나서는 경우이다.

이 경우에는 매도인이 명의신탁 사실을 알고 있었는지가 문제된다.

① **악의**: 매도인이 명의신탁 사실을 알면서 명의수탁자에게 소유권 이전등기를 한 경우, 이 물권변동은 **무효**이다(실명등기법 제4조 제2항 본문). 소유권은 계속 매도인에게 있게 된다. 이에 따라 수탁자는 매도인에 대하여 소유권이전등기말소의무를 부담하지만, 이것이 신뢰관계를 전제로 하는 것이 아니므로 매도인과의 관계에서 횡령죄의 주체가 되지 않는다. 또한 신탁자와의 관계는 신뢰관계를 바탕으로 하지만 그가 소유자가 아니기 때문에 재물의 소유자와의 신뢰관계를 전제로 보관하는 자의 지위에 있지도 않다. 따라서 신탁자와의 관계에서도 횡령죄의 주체가 되지 않는다.

【판례】 악의의 매도인과 수탁자 명의신탁자와 명의수탁자가 이른바 계약명의신탁 약정을 맺고 명의수탁자가 당사자가 되어 명의신탁 약정이 있다는 사실을 알고 있는 소유자와 부동산에 관한 매매계약을 체결한 후 매매계약에 따라 부동산의 소유권이전등기를 명의수탁자 명의로 마친 경우, 부동산실명법에 의하여 부동산의 소유권은 매도인이 그대로 보유하게 되므로, 명의수탁자는 부동산 취득을 위한 계약의 당사자도 아닌 명의신탁자에 대한 관계에서 횡령죄에서 '타인의 재물을 보관하는 자'의 지위에 있다고 볼 수 없다. 또한 명의수탁자는 매도인에 대하여 소유권이전등기말소의무를 부담하게 되나, 이는 **신임관계**가 존재함을 전제한 것이라고는 볼 수 없으므로 매도인에 대한 관계에서 횡령죄에서 '타인의 재물을 보관하는 자'의 지위에 있다고 볼 수도 없다. (대법원 2012. 11. 29. 2011도7361)

② **선의**: 매도인이 명의신탁약정이 있다는 사실을 알지 못한 경우에는 물권변동이 **유효**하다(실명등기법 제4조 제2항 단서). 이 경우에는 소유권이 수탁자에게 유효하게 넘어가므로 수탁자가 횡령죄의 행위주체가 될 수 없다(대법원 2000. 3. 24. 98도4347; 대법원 2012. 12. 13. 2010도10515). 신탁자는 수탁자에 대하여 소유권이전등기청구를 할 수 있으므로(대법원 2002. 12. 26. 2000다21123) 역시 횡령죄의 주체가 될 수 없다.

【판례】 선의의 매도인과 수탁자 피고인은 피해자 10인과 함께 임야를 매수하되, 편의상 피고인이 단독으로 매매계약을 체결하고, 그 등기명의도 피고인의 단독 명의로 하여 두기로 약정한 다음, 피고인이 소유자와 매매대금을 정하여 토지를 매수하여 매매대금을 지급하고 피고인 단독 명의로 소유권이전등기를 경료하였다. 매매계약 당시 피고인은 자신이 단독으로 이 사건 토지 지분을 매수하는 것으로 계약을 체결하였기 때문에 매도인도 피고인이 단독으로 매수하는 것으로 알고 있었다. 그 후 피고인은 토지 지분에 관하여 피고인을 채무자로 하여 은행에 근저당권을 설정하였다. 이 경우 이 사건 토지 지분과 관련하여 피고인은 타인의 재물을 보관하는 지위에 있지 않으므로 피고인의 행위는 횡령죄를 구성하지 않는다. (대법원 2000. 3. 24. 98도4347)

라) 공동소유자간 명의신탁

실제 소유관계는 공동소유인데 공동소유자 가운데 한 사람을 내세워 단독명의로 등기하는 방식의 명의신탁이다.

단독소유로 등기한 부분이 명의신탁으로서 무효가 된다. 법률관계는 계속 공동소유가 된다. 따라서 **수탁자**는 타인의 재물을 보관하는 자가 되지만, 보호할 가치가 있는 신뢰관계를 바탕으로 하는 것이 아니어서 횡령죄의 주체가 되지 않는다. 이 경우에 횡령죄가 성립한다는 종전의 판례(대법원 2002. 2. 22. 2001도6209)는 대법원 2014도6992 전원합의체 판결에 의해서 폐기되었다.

마) 종중·배우자·종교단체의 명의신탁

조세 포탈이나 강제집행면탈 등 불법 목적이 아닌 한 다음과 같은 경우에 명의신탁이 허용된다(부동산실명법 제8조).

① 종중이 보유한 부동산을 종중 외의 사람의 명의로 등기하는 경우
② 배우자 명의로 등기하는 경우
③ 종교단체 명의로 산하 조직이 보유한 부동산을 등기하는 경우

이처럼 허용되는 명의신탁의 경우에만 수탁자가 횡령죄의 주체가 된다.

나. 동산 소유권

동산에 관한 물권의 양도는 ① **물권적 합의**와 ② 그 동산에 대한 **점유의 이전**에 의하여 효력이 발생된다(민법 제188조 제1항).

동산에 대해서도 양도담보, 소유권 유보부 매매, 환매특약 그리고 재매매의 예약이 가능하다.

(가) 비전형 담보물권과 소유권

동산의 경우에도 채무자가 담보의 목적으로 동산 소유권을 채권자에게 이전시키되 점유개정(민법 제189조)의 방법으로 물건의 점유를 이전하고 본인이 재물에 대한 직접점유를 계속하는 **양도담보**를 설정하는 것이 가능하다. 이 경우 소유권이 누구에게 있는가에 대하여 견해대립이 있다.

① **채권자 소유설**: 동산에 대해서는 가등기담보법이 적용되지 않으므로, 소유권이 신탁관계를 근거로 채권자에게 이전된다는 견해

② **채무자 소유설**: 채권자가 청산금을 지급하기 전까지 실질적 소유자는 채무자라고 보는 견해 **(판례)**

【판례】 동산의 양도담보 채무자가 채권자에게 동산을 양도담보로 제공하고 점유개정의 방법으로 점유하고 있는 경우에는 그 동산의 소유권은 여전히 **채무자**에게 유보되어 있는 것이어서 채무자는 자기의 물건을 보관하고 있는 셈이 되므로, 양도담보의 목적물을 제3자에게 처분하거나 담보로 제공하였다 하더라도 횡령죄를 구성하지 아니한다. (대법원 2009. 2. 12. 2008도10971 | 같은 취지: 대법원 1980. 11. 11. 80도2097; 대법원 1983. 8. 23. 80도1545; 대법원 1989. 4. 11. 88도906)

결론 담보를 위해 물건의 소유권을 이전하는 방법은 상당히 유용한 방법이지만 채무자의 입장에서는 자신의 채무 이상의 가치가 있는 물건을 채권자에게 빼앗길 수도 있는 위험이 있는 제도이다. 동산 양도담보에 대해서는 부동산에 관한 가등기담보법이 직접 적용되지는 않지만, 같은 방식으로 해결하는 것이 타당하다. 동산 양도담보의 경우에도 실질적 소유권은 **채무자**에게 유지된다고 보는 것이 옳다.

(나) 기타 채권담보로 활용될 수 있는 방법과 소유권

소유권 유보부 매매, 환매특약 그리고 재매매의 예약의 경우에는 부동산에 대해서 설명한 것과 같은 내용이 적용된다.

(다) 금전 기타 대체물

금전 기타 대체물을 위탁했을 때에도 수탁자가 이를 횡령할 수 있는가에 대하여 다음과 같이 견해가 대립된다.

① **부정설** (배임죄설) : 금전 기타 대체물은 물건이 아니라 가치로 파악해야 하기 때문에 횡령죄가 성립되지 않고 배임죄만 성립될 수 있다는 견해

② **긍정설** (횡령죄설) : 금전 기타 대체물도 재물이므로 횡령죄가 성립된다는 견해 **(판례)**

[결론] 금전 기타 대체물이 가치의 성격을 강하게 가지고 있기는 하지만 그렇다고 해서 재물에 속하지 않는다고 하기는 곤란하다. 일단 **긍정설**이 타당하다.

문제는 돈을 맡겼는데 그 돈이 수탁자 소유의 돈과 섞였다가 그 원래의 돈은 수탁자가 쓰고 대신 다른 돈으로 반환하면 횡령이 되는가 하는 점이다.

예를 들어 5만원권 20장을 맡겼는데, 그 중 50만원은 사용하고 대신 뒤에 원래의 5만원권 10장과 다른 데서 생긴 만원권 50장으로 돌려줘도 되는가 하는 점이다. 금전이 재물임은 분명하지만 결제수단·가치척도로서의 의미가 거의 전적인 물건이기 때문에 이렇게 대체된 다른 돈으로 돌려줘도 무방하다고 해야 할 것이다. 따라서 별다른 조건 없이 돈을 맡겨두었을 때에는 수탁자가 나중에 같은 금액만 돌려주면 문제가 되지 않는다.

따라서 횡령 여부는 금전이 어떠한 취지로 위탁되었는가에 따라 나누어 생각해보아야 하겠다.

① **목적과 용도를 제한하지 않고 위탁한 경우** : 수탁자가 필요한 시기에 다른 금전으로 대체시킬 수 있는 상태에서 일시 사용하더라도 횡령죄가 되지 않는다.

② **목적과 용도가 제한된 상태로 위탁된 경우** : 제한된 목적과 용도를 벗어나지 않는 한도 내에서 사용하는 한 횡령죄가 되지 않는다.

【판례】 횡령이 되는 경우 **1.** 증권회사의 경리과장이 은행에 예치하고 있던 고객들의 **신주청약 증거금**을 그 증권회사 당좌구좌의 적자보전을 위하여 그 구좌에 자의로 대체입금을 시켰다면 이는 횡령죄가 된다. (대법원 1980. 9. 30. 78도2100)

[참고] 증권회사가 주식매매를 중개하는 역할만 수행하는 경우 고객이 위탁한 매수대금은 고객 소유이다. 반면 증권회사가 자신의 비용으로 주식을 인수한 후 이를 다시 고객에게

매도하는 경우에는 고객이 지급하는 매수대금은 증권회사의 소유가 된다.

2. 증권회사의 임직원들이 그 고객들로부터 임치받아 보관중인 **청약 증거금**을 그 고객들의 동의 없이 다른 목적이나 용도에 사용하였다면 업무상횡령죄를 구성한다. (대법원 1980. 10. 14. 79도671)

3. 금전수수를 수반하는 사무의 처리를 위임받은 자가 그 지위에 기하여 위임자를 위하여 제3자로부터 수령한 금전은 그 목적이나 용도를 한정하여 위탁된 금전과 마찬가지게 된다. 따라서 특별한 사정이 없는 한 그 금전은 수령과 동시에 위임자의 소유에 속하는 것이고, 위임을 받은 자는 이를 위임자를 위하여 보관하는 관계에 있다. 그러므로 위탁자로부터 **당좌수표 할인**을 의뢰받은 피고인이 제3자를 기망하여 당좌수표를 할인받은 다음 그 할인금을 임의 소비한 경우, 제3자에 대한 사기죄와 별도로 위탁자에 대한 횡령죄도 동시에 성립한다고 보아야 한다. (대법원 1998. 4. 10. 97도3057 | 같은 취지: 대법원 1989. 11. 14. 89도968; 대법원 1995. 11. 24. 95도1923; 대법원 1996. 6. 14. 96도106; 대법원 1997. 3. 28. 96도3155)

4. 주상복합상가의 매수인들로부터 **우수상인 유치경비** 명목으로 금원을 납부 받아 보관하던 중 그 용도와 무관하게 일반경비로 사용하였다면 횡령죄를 구성한다. (대법원 2002. 8. 23. 2002도366)

5. 피고인은 피해자들로부터 **토지 매입** 명목으로 금원을 교부받아 보관하던 중 이를 자신이 건축하는 자동차매매센터 건축비용과 주식매입 비용 등으로 임의로 소비하여 횡령하였다. (대법원 2002. 10. 11. 2002도2939)

6. 타인으로부터 용도가 엄격히 제한된 자금을 위탁받아 보관하는 자가 그 자금을 제한된 용도 이외의 목적으로 사용하는 것은 횡령죄가 되는 것이고, 이와 같이 용도나 목적이 특정되어 보관된 금전은 그 보관 도중에 특정의 용도나 목적이 소멸되었다고 하더라도 위탁자가 이를 반환받거나 그 임의소비를 승낙하기까지는 횡령죄의 적용에 있어서는 여전히 위탁자의 소유물이라고 할 것이다. (대법원 2002. 11. 22. 2002도4291)

7. 피고인은 피해자로부터 부동산의 매도 위임을 받아 매매계약을 체결하고 계약금으로 5억원을 교부받아 보관하던 중 이를 자신의 채무 변제에 충당하였다. 금전의 수수를 수반하는 사무처리를 위임받은 자가 그 행위에 기하여 위임자를 위하여 제3자로부터 수령한 금전은 목적이나 용도를 한정하여 위탁된 금전과 마찬가지로 달리 특별한 사정이 없는 한 그 수령과 동시에 위임자의 소유에 속하고, 위임을 받은 자는 이를 위임자를 위하여 보관하는 관계에 있다고 보아야 한다. 따라서 피고인의 행위는 횡령죄에 해당하고 그 점을 알면서 금원을 교부받은 행위는 장물취득죄에 해당한다.

(대법원 2004. 3. 12. 2004도134)

8. 피고인은 법정관리하에서 허용되는 영업활동비 만으로는 선박회사에 지급하여야 할 리베이트 등을 충당할 수 없었기 때문에 **비자금**을 조성하여 이들 금원에서 리베이트를 지급하였다. 이 경우 회사가 기업활동을 하면서 범죄를 수단으로 해서는 안 되는 것이므로 금지된 용도로 금전을 지출한 것으로서 업무상횡령에 해당한다. (대법원 2013. 4. 25. 2011도9238)

9. 관광지조성사업조합의 조합장으로서 조합 명의의 계좌를 관리하고 있던 피고인은 조합 정관상 조합 상근임원의 보수는 총회의 인준을 받은 보수규정에 따라야 한다는 규정이 있음에도 불구하고 그와 같은 규정 제정 절차를 무시하고 임의로 조합 명의의 계좌에서 총 7,800만원을 피고인의 급여 명목으로 수령하여 채무 변제 등으로 사용하였다면 횡령죄에 해당한다. (대법원 2013. 8. 30. 2013도2761)

10. 초·중등교육법에 정한 **학교발전기금**으로 기부한 금원의 경우, 그 기부의 경위와 목적, 상황, 액수 등 그 실질에 비추어 법령상 엄격히 제한된 용도 외에 학교운영에 필요한 특정한 공익적 용도로 수수한 것으로 볼 수 있는 예외적 경우가 아닌 한, 학교운영위원회에 귀속되어 법령에서 정한 사용목적으로만 사용되어야 할 것이므로, 그 정해진 용도 외의 사용행위는 원칙적으로 횡령죄를 구성한다고 보아야 한다. (대법원 2014. 3. 13. 2012도6336)

【판례】 횡령이 되지 않는 경우 1. 국가안전기획부가 그 예산을 관리해 오던 위장업체 명의의 관리계좌로부터 자금원이 국고수표인 돈을 인출하여 정치자금으로 사용하였다 할지라도, 만약 그 관리계좌에 예산 아닌 외부자금이 혼입되어 있었고 또한 예산의 잔고를 유지하면서 그와 같이 혼입된 외부자금의 한도 내에서 돈을 인출하여 사용하였다면 국고손실죄나 횡령죄가 성립할 수 없다. (대법원 2005. 10. 28. 2004도4530)

금전은 가치로서의 의미(결제수단·가치척도수단·가치저장수단)만 가지므로 예산의 잔고 금액은 그대로 유지하면서 외부자금의 한도 내에서 사용을 한다면, 예산으로 지급받은 바로 그 수표를 사용했더라도 그 수표금액이 외부자금으로 대체되어 유지되기 때문에 횡령이라고 할 수 없는 것이다.

2. 甲회사는 선박건조회사 乙과 선박건조계약을 체결하였고 이 때 보험회사 丙이 선수금환급보증서를 발급해 주었는데, 신한은행에서 대출받아 乙회사에 지급할 선박건조 **선수금**에 관하여 보험회사 丙과 신한은행 및 乙회사 사이에 계좌관리약정을 체결하면서, 乙회사가 선수금 계좌에서 자금을 인출하기 위해서는 보험회사 丙에게 증빙자료를 제출하여 검토·확인을 받아야 하고 만약 자금인출 시 증빙자료를 제출하지

않거나 선박건조 이외의 목적으로 선수금을 사용하면 보험회사 丙이 선수금 계좌의 출금 정지를 요구할 수 있도록 정하였다. 이 경우 금전의 위탁자인 甲회사가 금전의 용도를 선박건조자금으로 엄격하게 제한하였다고 볼 수 없으므로 乙회사의 자금집행자가 정상적인 회계처리를 거쳐 계열사인 甲회사에 자금지원을 한 것을 두고 업무상배임죄는 별론으로 하더라도 업무상횡령죄에서의 불법영득의사가 있었다고 할 수는 없다. (대법원 2012. 5. 24. 2012도535)

3. 이 사건 주식회사의 대주주이자 회장인 피고인은 자신의 어머니 乙을 회사 고문으로 선임하고 약 6년간 매월 약 8백만원의 급여를 지급하였다. 乙은 매월 1∼2회 출근하여 경영회의에 참석하였고, 연 2회 회장단과 주요임원을 면담하여 업무보고를 받았으며, 신년하례식 등 회사의 행사에 참석하였고, 영업조직의 안정과 갈등 해소를 위한 활동을 하였고, ○○○마트 경영개선을 위한 업무를 보았고, 연수원의 청결도 유지 등과 제품개발 및 서비스 개선을 위한 조언 등을 하였다. 일반적으로 乙처럼 상당히 고령인 가까운 친족을 고문 등으로 위촉하고 보수를 지급하는 행위가 기업윤리적인 측면에서 의문의 여지가 있어서 신중한 판단이 필요한 부분이기는 하지만, 이 사건 고문 위촉 과정이 회사 내부의 정상적인 의사결정 절차를 거친 것이고 급여를 지급한 것이 명백히 필요성이나 정당성이 없었다거나 급여 액수가 합리적인 수준을 현저히 벗어나는 것이라고 단정할 수는 없으므로 업무상횡령 행위에 해당한다고 보기 어렵다. (대법원 2013. 6. 27. 2012도4848)

(라) 불법원인 급여 · 위탁

불법원인에 의해서 맡겨진 재물을 보관하는 경우이다. **불법원인 급여**의 경우에 물건을 맡은 사람을 횡령죄에서 말하는 재물을 보관하는 자에 포함시킬 것인가에 관하여 견해가 대립되고 있다.

① **적극설** : 불법원인 급여에 의해 재물의 보관을 위탁받은 사람도 횡령죄의 주체가 된다는 견해

논거는 ㉠ 불법원인 급여에 의해 재물이 맡겨지더라도 소유권은 수탁자에게 이전되지 않는 것이고, ㉡ 범죄 성립 여부는 민사법 원리와 관계없이 정해져야 하며, ㉢ 불법원인 급여의 경우에도 신뢰관계는 분명히 존재한다는 것이다.

② **소극설** : 불법원인 급여에 의해 맡겨진 물건을 보관하는 사람은 횡령죄의 주체가 될 수 없다는 견해 **(다수설)**

종전 판례(대법원 1988. 9. 20. 86도628)의 입장으로서 논거는 ㉠ 불법원인 급여에 의해 물

건이 맡겨지면 수탁자에게 소유권이 이전되어 수탁자의 입장에서는 더 이상 타인의 재물이 아니고, ㉡ 위탁자에게 물건에 대한 반환청구권이 없으므로 수탁자가 자유롭게 처분해도 되고, ㉢ 이 경우의 신뢰관계는 보호할 만한 가치가 없다는 것이다.

③ **절충설**: 급여의 원인이 된 불법의 정도를 감안하여 위탁자를 보호하여야 할 가치가 있는 경우에는 수탁자가 횡령죄의 주체가 된다는 견해 (**판례**)

【판례】 횡령에 해당하는 경우 1. 전직 경찰관 포주 피고인은 처와 함께 경영하는 윤락업소에서 피해자가 손님을 상대로 윤락행위를 하고 그 대가로 받은 화대를 절반씩 분배하기로 약정한 다음, 그 때부터 피해자가 피고인의 업소에 찾아온 손님들을 상대로 윤락행위를 하고서 받은 화대 합계 2천7백만 원을 보관하던 중 그 중 절반인 1천3백5십만 원을 피해자에게 반환하지 아니하고 피고인과 처의 생활비 등으로 임의로 소비하였다.

불법원인으로 인한 급여에 있어서 수익자의 불법성이 급여자의 그것보다 현저히 큰 데 반하여 급여자의 불법성은 미약한 경우에도 급여자의 반환청구가 허용되지 않는다면 공평에 반하고 신의성실의 원칙에도 어긋나므로, 이러한 경우에는 민법 제746조 본문의 적용이 배제되어 급여자의 반환청구는 허용된다고 해석함이 상당하다. 이 사건의 경우 피고인이 자신의 업소에서 윤락행위를 해 줄 것을 적극적으로 권유함으로써 피해자가 윤락행위를 하게 되었고, 피고인은 전직 경찰관으로서 행정사 업무에 종사하면서도 자신의 업소에 피해자 등 5명의 윤락녀를 두고 그들이 받은 화대에서 상당한 이득을 취하는 것을 영업으로 해 왔음에 반하여, 피해자는 남편과 두 아들이 있음에도 남편이 알코올중독으로 생활능력이 없어 가족의 생계를 위하여 피고인의 권유에 따라 윤락행위에 이르게 되었음을 알 수 있는바, 피고인 측의 불법성이 피해자 측의 그것보다 현저하게 크다고 봄이 상당하므로, 피해자가 피고인에게 보관한 화대의 소유권은 여전히 피해자에게 속하는 것이어서, 피해자는 그 전부의 반환을 청구할 수 있고, 피고인이 이를 임의로 소비한 행위는 횡령죄를 구성한다. (대법원 1999. 9. 17. 98도2036)

2. 병원 약제부장 병원에서 사용되는 의약품의 선정, 구매 및 관리를 담당하는 약국장 및 약제부장으로 근무하던 피고인이 그 병원에 의약품을 납품하는 제약회사들로부터 약품 매출액의 5% ~ 20%에 해당하는 금원을 기부금 명목으로 교부받아 보관하던 중 교부받은 금원을 임의 소비한 경우, 다른 특별한 사정이 없는 한 이를 선량한 풍속 기타 사회질서에 반하는 행위로서 불법원인급여에 해당한다고 보기는 어려우므로, 병원을 대신하여 제약회사들로부터 제공받아 보관하던 금원에 대하여 병원이 반

환을 구하지 못한다고 할 수는 없다. 따라서 피고인의 행위는 횡령에 해당한다. (대법원 2008. 10. 9. 2007도2511)

3. 대학 사무국장 학교법인 사무국장으로 근무하던 甲은 교직원 乙이 건축공사, 전기공사, 설비공사 등의 과정에서 조성한 발전기금 명목의 비자금을 전달받은 후 대학의 설립자이자 실제 경영권자인 丙의 승인 아래 이를 교비회계로 편성하지 않고 보관하던 중 다른 비자금 사건으로 수사를 받게 되자 검찰 수사에 대비하여 급히 그 금원으로 형과 동생 명의를 차용하여 부동산을 구매하였다. 그렇더라도 이는 대학 교육에 필요한 용도로 사용한 것이 아님이 명백하여 횡령에 해당한다. (대법원 2009. 12. 24. 2008도11967)

④ **불능미수설** : 불법원인 급여의 경우에는 횡령죄가 성립하지 않지만, 불법원인 위탁의 경우에는 비록 보호가치가 없는 신뢰관계의 배반으로 인해 법익 침해나 법익 위태화가 없더라도 법익 평온상태를 교란하는 정도의 결과반가치와 행위반가치는 인정되므로 불능미수로 처벌하여야 한다는 견해

[결론] 문제의 핵심은 불법원인급여의 신뢰관계도 보호하여야 하는가 하는 점이다. 이는 일률적으로 판단하기 어려운 일이다. 따라서 구체적인 경우를 감안하여 위탁자를 보호할 가치가 있을 때에는 횡령죄를 인정하는 **절충설**이 타당하다.

이와 관련해서 또 하나의 문제점이 있는데 수탁자가 보관하게 되는 것이 타인의 재물이냐 하는 점이다.

소유권 관계는 민법 원칙에 따라 판단할 수밖에 없다. 그런데 여기에서 일반적으로 문제되는 동산 물권의 경우 소유권이 이전되기 위해서는 소유권 이전의 합의와 점유의 이전이 있어야 한다. 이때 소유권 이전의 합의가 있었는가의 여부는 사안별로 판단할 문제이지 일률적으로 어떻다고 말할 수 있는 성질의 문제는 아니다.

이 문제는 수탁자에게 재물의 소유권이 이전되어 민법 제746조가 적용되는 불법원인 '급여'와 단지 보관만을 수탁자에게 맡긴 것에 불과한 불법원인 '위탁'으로 나누어 생각해 보아야 한다.

① **불법원인 급여** : 예를 들어 1억원을 내주면서 "××에게 잘 말하여 우리 회사가 외국인 산업연수생에 대한 국내관리업체로 선정되는 데 힘써 달라"고 하는 경우에는 소유권 이전의 합의가 있는 것으로 보아야 하기 때문에, 그 돈의 소유권은 일단 수탁자에게 넘어가는 것이므로 재물의 타인성이 없어서 수탁자는 횡령죄의 주체가 될 수 없다(대법원 1979. 11.

13. 79다483; 대법원 1988. 9. 20. 86도628; 대법원 1999. 6. 11. 99도275).

부동산중개사 자격 없는 피고인이 부동산 중개를 하고 수수료를 받았을 경우 이는 단속규정 위반에 불과하고 효력규정 위반이 아니어서 불법원인 급여는 아니지만, 어쨌건 그 경우에도 지급받은 수고비는 피고인의 소유로 귀속되기 때문에 이를 임의로 소비하더라도 횡령이 되지 않는다. (대법원 2012. 5. 24. 2010도3950)

② **불법원인 위탁** : 예를 들면 사과박스에 1억원을 담아 주면서 ○○○의원에게 전달하라고 위탁한 때에는 소유권이 위탁자에게 계속 유지되고 수탁자는 단순히 심부름을 하는 사람으로서 점유이전 과정을 매개하는 데 지나지 않으므로 타인의 재물을 보관하는 자로서 횡령죄의 주체가 된다. 이 경우에 재물의 소유권은 위탁자에게 있으므로 위탁자는 수탁자에게 소유권에 기한 반환청구권을 행사할 수 있다고 해야 할 것이다. 그렇다면 당사자들 사이에 법이 보호하는 신뢰관계가 존재한다고 보아야 한다(같은 취지: 이재상, 388면. 반대 견해: 강동범, 소위 불법원인 급여와 횡령죄의 성부, 194면). 따라서 불법원인 위탁의 경우에는 횡령죄가 성립된다.

(마) 명의신탁

동산의 경우에도 등록을 통해 소유권이 공시되는 재물(자동차, 항공기, 선박 등)에 대해서는 명의신탁이 이루어질 수 있다. 부동산의 경우와 달리 동산에 대해서는 부동산실명등기법이 적용되지 않는다. 이에 따라 명의신탁계약의 유효성이 인정되고 명의신탁의 유형과 관계없이 항상 신탁자를 실질적인 소유자로 보게 된다.

다. 회사재산

동업관계에 있는 사람들 사이에 손익분배의 정산이 되지 않은 상태에서는 동업자의 한 사람이 다른 동업자의 **합유**에 속하는 동업재산이나 동업재산의 매각대금 등에 대한 지분을 처분할 권한이 없는 것이므로, 동업자들 가운데 한 사람이 동업재산을 보관 중 임의로 소비하였다면 지분 비율에 관계없이 임의로 소비한 금액 전부에 대해서 횡령죄의 책임을 부담한다(대법원 1986. 10. 14. 86도1589; 대법원 1989. 11. 14. 89도17; 대법원 1996. 3. 22. 95도2824).

여러 사람의 동업자가 차례로 동업관계에서 탈퇴하고 남은 한 사람이 단독으로 회사를 경영하게 된 경우 현재의 경영자는 이미 탈퇴한 동업자의 재산을 보관하는 자의 지위에 있는 것이 아니다(대법원 1996. 5. 28. 96도140). 그리고 **프랜차이즈 계약**은 동업계약이 아니다.

【판례】 프랜차이즈 계약 이른바 '프랜차이즈 계약'의 기본적인 성격은 각각 독립된 상인으로서의 본사 및 가맹점주 간의 계약기간 동안의 **계속적인 물품공급계약**이고, 본사의 경우 실제로는 가맹점의 영업활동에 관여함이 없이 경영기술지도, 상품대여의 대가로 결과적으로 매출액의 일정 비율을 보장받는 것에 지나지 아니하여 본사와 가맹점이 독립하여 공동경영하고, 그 사이에서 손익분배가 공동으로 이루어진다고 할 수 없으므로 이러한 가맹점 계약을 **동업계약** 관계로는 볼 수 없다. 따라서 가맹점주인 피고인이 판매하여 보관 중인 물품판매 대금은 피고인의 소유라 할 것이어서 피고인이 이를 임의 소비한 행위는 프랜차이즈 계약상의 채무불이행에 지나지 아니하므로, 결국 횡령죄는 성립하지 아니한다. (대법원 1998. 4. 14. 98도292)

주식회사의 주식이 사실상 1인의 주주에 귀속하는 **1인 회사**라고 하더라도 주주와 법인인 주식회사는 법적으로 별개의 인격체이므로, 그 법인인 주식회사 소유의 재산을 1인 주주가 임의로 소비하면 횡령죄가 성립하게 된다.

【판례】 1인 회사 피고인은 주식이 사실상 전부 자신에게 귀속하는 회사의 자금으로 다른 회사의 주식 또는 부동산을 구입하거나 채무를 변제하는 등 임의로 소비하였다. 이 경우 1인 회사도 회사와 주주는 별개의 인격체로서 1인 회사의 재산이 곧바로 그 1인 주주의 소유라고 볼 수 없으므로, 그 회사 소유의 금원을 임의로 소비하면 횡령죄가 성립한다. (대법원 1999. 7. 9. 99도1040 | 같은 취지 : 대법원 1982. 4. 13. 80도537; 대법원 1987. 2. 24. 86도999; 대법원 1996. 8. 23. 96도1525)

라. 조합재산

조합재산도 동업관계에 있는 회사재산과 마찬가지로 조합원의 **합유**에 속하는 것이기 때문에 조합원 중 한 사람이 조합재산을 보관 중 임의로 소비하였다면 횡령에 해당한다.

【판례】 동업조합 피고인이 운영하는 오피스텔 신축·분양사업의 시행사인 甲회사와 시공사인 乙회사는 이 사업을 공동으로 경영할 것을 약정하는 동업계약을 체결하였다. 이에 따라 동업관계로 인하여 발생한 수익금은 **합유**에 속하는 것임에도 피고인은 부가가치세를 납부한 후 돌려받은 환급금을 공동운영계좌에 입금하지 않고 개인적인 용

도에 임의로 사용하였다면 횡령죄의 죄책을 부담한다. (대법원 2011. 5. 26. 2011도1904)

이는 내부적으로는 조합관계에 있지만 대외적으로는 조합관계가 드러나지 않는 이른바 '**내적 조합**'의 경우에도 마찬가지이다. (대법원 2008. 2. 14. 2007도10645; 대법원 2009. 10. 15. 2009도7423)

그러나 '**익명조합**'의 경우에는 익명조합원이 영업을 위해 출자한 금전 기타의 재산은 상대편인 영업자의 재산으로 귀속되는 것이므로(상법 제79조), 그 영업자는 타인의 재물을 보관하는 자의 지위에 있지 않기 때문에 영업이익금 등을 임의로 소비하더라도 횡령죄가 성립되지 않는다.

【판례】 익명조합 피고인과 피해자는 ○○○소재 3필지의 토지를 매수하여 이를 전매한 후 그 전매이익금을 정산하기로 약정하였다. 피고인은 피해자가 조달한 금원을 합하여 토지를 매수하였으나 소유권이전등기는 자신과 제3자의 명의로 경료하였다. 피해자는 이 과정에서 토지의 매수와 전매를 피고인에게 일임하였으며, 토지 매입과 전매 과정에 전혀 관여하지 않았다. 이 경우 피해자가 이 사건 토지의 전매차익을 얻을 목적으로 금원을 출자한 것은 사실이지만, 이후 업무감시권 등에 근거하여 업무집행에 관여한 바가 전혀 없었고 피고인이 아무런 제한 없이 그 재산을 처분할 수 있었음이 분명하므로 피해자와 피고인 사이의 약정은 익명조합에 유사한 무명계약에 해당한다. 따라서 피고인은 타인의 재물을 보관하는 자의 지위에 있지 않아 횡령죄가 성립되지 않는다. (대법원 2011. 11. 24. 2010도5014 | 같은 취지 : 대법원 1971. 12. 28. 71도2032; 대법원 1973. 1. 30. 72도2704)

참고 익명조합은 당사자의 일방이 상대방의 영업을 위하여 출자하고 상대방은 그 영업으로 인한 이익을 분배할 것을 약정함으로써 그 효력이 생긴다(상법 제78조). 익명조합원이 출자한 금전 기타의 재산은 영업자의 재산으로 본다(상법 제79조).

2) 행위주체

본죄의 행위주체는 '신뢰관계를 바탕으로 타인의 재물을 보관하는 자'이다.

가. 위탁관계

횡령은 신뢰관계를 위배하여 타인의 재물을 불법영득하는 행위이므로 **(결합설)**, 배신성이 횡령죄 성립의 우선적인 기본 요건이 되어 타인의 재물을 우연히 보관하게 되는 경우는 제외하고, 신뢰관계를 바탕으로 재물을 보관하는 경우만 행위주체에 포함하게 된다.

타인의 재물을 보관하게 되는 경우 신뢰관계의 유형은 다음 세 가지로 분류할 수 있다.

① **신뢰관계가 없는 경우** : 재물의 소유자와 보관자 사이에 전혀 신뢰관계가 형성되어 있지 않은 경우이다.

예를 들어 우연히 타인의 재물을 보관하게 된 경우가 이에 해당된다. 이 때 보관하던 재물을 횡령하는 행위는 **점유이탈물 횡령**(제360조)이 된다.

② **신뢰관계가 있는 경우** : 일단 신뢰관계를 기반으로 타인의 물건을 보관하게 되면 **횡령죄**(제355조 제1항)의 규율 대상이 된다.

신뢰관계를 바탕으로 하는 **위탁관계**는 법령·계약·조리 등 여러 가지 원인에 의해서 발생될 수 있다(대법원 1987. 10. 13. 87도1778).

③ **강한 신뢰관계가 있는 경우** : 타인의 재물을 관리·처분할 권한이 인정될 정도로 강한 신뢰관계가 있는 경우에는 **배임죄**(제355조 제2항)의 규율 대상이다.

한편 이와 같은 강한 신뢰관계는 당연히 약한 수준의 신뢰관계를 내포하기 때문에 동시에 횡령죄의 적용 대상도 된다.

【판례】 위탁관계가 인정되는 경우 **1.** 채무자가 채무총액에 관한 **지불각서**를 써줄 것으로 믿고, 채권자가 채무자에게 그 액면금 등을 확인할 수 있도록 가계수표들을 교부하였다면, 채권자와 채무자 사이에는 만약 합의가 결렬되어 채무자가 채권자에게 지불각서를 써주지 아니하는 경우에는 곧바로 그 가계수표들을 채권자에게 반환하기로 하는 횡령죄에 있어서 조리에 의한 위탁관계가 발생하였다고 보아야 한다. (대법원 1996. 5. 14. 96도410)

2. 착오 입금 피고인은 자신의 홍콩상하이(HSBC)은행 계좌로 누군가 이름을 알 수 없는 사람이 착오로 3백만 홍콩달러를 송금하자 이를 임의로 인출하여 사용하였다. 이처럼 돈이 착오로 잘못 송금되어 입금된 경우 그 예금주와 송금인 사이에 신의칙상 보관관계가 성립하는 것이므로 이를 임의로 사용하는 것은 횡령에 해당한다. (대법원 2010. 12. 9. 2010도891)

3. 학교법인 이사장인 피고인은 대학과 산학협력단 운영에 직·간접적으로 영향력

을 행사하였고 대학 교비나 산단 자금에 대하여 입출금을 지시하기도 하였으므로 이들 자금에 대하여 **사실상 보관자**의 지위에 있었다고 볼 수 있다. 그러한 피고인이 학교와 무관한 골프연습장 공사에 관한 선급금으로 교비회계에 속하는 자금을 지급한 것은 횡령에 해당한다.

【판례】 위탁관계가 인정되지 않는 경우 **1.** 피고인은 절도범으로부터 **장물**인 고려청자 원앙형 향로를 매각해 달라는 부탁을 받고 보관하던 중 이를 제3자에게 담보로 제공함으로써 임의로 처분하였다. 이 경우 장물보관죄 외에 별도로 횡령죄가 성립하지는 않는다. (대법원 2004. 4. 9. 2003도8219)

2. 채무자 법인의 대표이사인 피고인을 비롯한 공동상속인들이 피상속인의 채무자 법인에 대한 대여금채권을 공동상속한 경우, 피고인이 다른 공동상속인들로부터 위 대여금채권의 변제수령에 관한 권한을 위임받은 바가 없음에도 단독으로 피상속인의 채무자 법인에 대한 채권을 변제받는 것으로 회계처리하면서 채무자 법인의 자금을 인출하였다면, 그 인출금액 중 피고인의 상속분을 초과하는 부분에 대하여는 권한 없이 채무자 법인 소유의 금원을 인출한 것이어서 채무자 법인에 대한 업무상횡령죄가 성립한다.

그러나 피고인이 위와 같이 인출한 금원에 대하여 다른 공동상속인들과 사이에 어떠한 위탁관계를 맺고 있다고 할 수 없으므로 다른 공동상속인들에 대해서는 횡령죄가 성립되지 않는다. (대법원 2006. 6. 30. 2005도5338)

3. 채무자 甲은 자신의 명의로 개설된 예금계좌의 예금통장과 체크카드 및 OTP 카드를 보이스피싱 조직원 乙에게 교부하여 전자금융거래에 대한 접근매체를 양도하였다. 乙은 피해자 P에게 전화를 하여 검사를 사칭하고 거짓말을 하여 613만원을 송금하게 하였다. 금전이 송금된 후 甲은 자신이 별도로 가지고 있던 체크카드를 이용하여 이 중 300만원을 인출하였다. 이 경우 계좌명의인 甲과 금융사기범 乙 사이의 관계는 횡령죄로 보호할 만한 가치가 있는 위탁관계가 아니다. 이들 사이의 관계를 횡령죄로 보호하는 것은 그 범행으로 송금·이체된 돈을 사기범에게 귀속시키는 결과가 되어 옳지 않다. (대법원 2018. 7. 19. 2017도17494 전원합의체)

나. 보 관

여기서 보관은 민법상의 점유와 형법상의 점유의 개념인 '재물에 대한 사실상의 지배'를 포괄하는 개념으로 해석된다.

독일 형법 제246조는 횡령죄의 행위주체를 '타인의 동산을 Besitz 또는 Gewahrsam 하고 있는 사람'으로 정하고 있다. 여기서 Besitz는 민법상의 점유이고 Gewahrsam은 형법상의 점유를 의미한다.

행위자가 이미 영득(횡령)한 재물은 더 이상 소유자를 위해서 보관하는 물건이라고 볼 수 없어서 행위객체에서 제외된다.

횡령죄에서 말하는 보관이 될 수 있는가 하는 점에서 문제되는 것으로는 부동산 점유와 유가증권 점유가 있다.

(가) 부동산 점유

예를 들어 어느 집에 실질적으로 거주하고 있는 사람이 부동산을 보관하는 사람으로서 그 부동산을 횡령할 수 있는가 하는 문제이다. 그런데 부동산에 대한 소유권의 변동은 등기가 되어야 효력이 발생되므로(민법 제186조), 부동산을 제3자에게 유효하게 처분할 수 있는 권능을 가지고 있지 않은 사람은 그 부동산에 대한 진정한 지배권을 가지는 것이 아니어서 부동산을 보관하는 사람이라고 할 수 없다.

부동산을 보관하고 있는 사람이라고 할 수 있기 위해서는 소유권자의 인감·인감증명서·등기권리증 등을 가지고 있는 등 이를 사실상 처분할 수 있는 권능이 있어야 한다.

【판례】 처분 권능이 있는 경우 부동산의 보관은 원칙으로 등기부상의 소유명의인에 대하여 인정되지만 등기부상의 명의인이 아니라도 미등기 건물의 경우에는 위탁관계에 의하여 현실적으로 부동산을 관리·지배하는 자가 보관자라고 할 수 있다. (대법원 1993. 3. 9. 92도2999 | 같은 취지: 대법원 1990. 3. 23. 89도1911)

【판례】 처분 권능이 없는 경우 1. 상속지분 초과 처분 부동산을 공동으로 상속한 자들 중 1인이 부동산을 혼자 점유하던 중 다른 공동상속인의 상속지분을 임의로 처분하더라도 그에게는 임의로 처분할 수 있는 권능이 없어서 횡령죄가 성립할 수 없다. (대법원 2000. 4. 11. 2000도565)

공동상속인(공동소유자) 중 1인이 다른 공동상속인(공동소유자)의 상속지분을 임의로 처분하는 매매계약을 제3자와 체결하였을 경우, 그 계약 자체는 원시적 불능이 아니기 때문에 유효하다. 다만 다른 공동상속인이 그와 같은 부동산 처분에 대하여 동의하지 않는 한 소유권 이전을 시켜줄 수 없기 때문에 **후발적 이행불능**이 되어 버릴 것이다. 이렇게 임의로 처분하는 것 자체가 불가능하기 때문에 보관자의 지위에 있다고 볼 수 없다.

2. 공유지분 초과 처분 부동산에 관한 횡령죄에 있어서 타인의 재물을 보관하는 자의 지위는 동산의 경우와는 달리 부동산에 대한 점유의 여부가 아니라 부동산을 제3자에게 유효하게 처분할 수 있는 권능의 유무에 따라 결정하여야 하므로, 부동산의 공유자 중 1인이 다른 공유자의 지분을 임의로 처분하거나 임대하여도 그에게는 그 처분권능이 없어 횡령죄가 성립할 수 없다. (대법원 2004. 5. 27. 2003도6988)

3. 원인무효 소유권 이전의 명의자 횡령죄의 주체는 타인의 재물을 보관하는 자이어야 하고, 여기서 보관이라 함은 위탁관계에 의하여 재물을 점유하는 것을 의미하므로, 결국 횡령죄가 성립하기 위해서는 그 재물의 보관자가 재물의 소유자(또는 기타의 본권자)와 사이에 법률상 또는 사실상의 위탁신임관계가 존재하여야 하고, 또한 부동산의 경우 보관자의 지위는 점유를 기준으로 할 것이 아니라 그 부동산을 제3자에게 유효하게 처분할 수 있는 권능의 유무를 기준으로 결정하여야 하므로, 원인무효인 소유권이전등기의 명의자는 횡령죄의 주체인 타인의 재물을 보관하는 자에 해당한다고 할 수 없다. (대법원 2007. 5. 31. 2007도1082)

(나) 동산 점유

사실상 처분할 수 있는 권능을 가지고 있으면 되므로 법률상 유효하게 처분할 수 있는 지위에 있지 않아도 점유가 인정된다.

【판례】 보관에 해당하는 경우 | 지입차주 소유권의 취득에 등록이 필요한 타인 소유의 차량을 인도받아 보관하고 있는 사람이 이를 사실상 처분하면 횡령죄가 성립하며, 그 보관 위임자나 보관자가 차량의 등록명의자일 필요는 없다. 따라서 지입회사에 소유권이 있는 차량에 대하여 지입회사로부터 운행관리권을 위임받은 지입차주가 지입회사의 승낙 없이 그 보관 중인 차량을 사실상 처분하거나, 지입차주로부터 차량 보관을 위임받은 사람이 지입차주의 승낙 없이 그 보관 중인 차량을 사실상 처분하면 횡령죄가 성립한다. (대법원 2015. 6. 25. 2015도1944 전원합의체)

【판례】 보관에 해당하지 않는 경우 P는 차량을 구입하면서 면세 혜택을 보기 위해서 甲의 모 乙(장애인)의 명의로 자동차등록을 하였다. 이후 甲은 乙로부터 차량처분의 동의를 받아 인감증명을 교부받고, 열쇠공을 불러 P의 차량의 문을 연 후 이를 운전하여 자동차매매상사에 가서 매도하고 현금으로 대가를 취득하였다. 이 경우 甲과 乙에 대해서는 **절도죄**의 공모공동정범이 성립되지만, 매수인이 승용차에 대한 권리를 취

득하는데 법적 장애가 없으므로 거래관계에서 요구되는 신의칙에 반하는 기망행위가 있었다고 할 수 없어서 **사기죄**는 성립되지 않는다. (대법원 2007. 1. 11. 2006도4498)

이 사건의 경우에는 명의수탁자(乙)가 자동차를 운행할 수 있는 상황이 아니었기 때문에 사실상 처분할 수 있는 권능을 가지고 있었다고 볼 수 없다. 무엇보다 열쇠를 가지고 있지 않아서 열쇠공을 불러 타인(P)의 점유를 침탈한 것으로서 자동차의 보관자라고 할 수 없다. 이에 따라 횡령이 아닌 절도가 성립된다.

(다) 유가증권 점유

창고증권, 선하증권, 상품권, 약속어음, 수표 등의 유가증권을 가지고 있는 사람은 목적물인 유가증권에 표창되어 있는 재물을 직접 지니고 있는 것은 아니지만 이를 직접 처분할 수 있는 지위에 있으므로 타인의 재물을 보관하고 있는 사람으로 볼 수 있다.

상품권, 약속어음, 수표 등은 금전적 가치를 표창하는 유가증권이다. 이 가운데 약속어음이나 수표는 백지상태로 보관을 위탁할 수 있다. 백지 어음이나 수표를 맡기면서 보충권한을 부여하되 그 금액을 한정한 경우에는 그 제한된 금액의 범위 내에서만 '신뢰관계를 기반으로 하는 보관관계'가 인정된다.

【판례】 보관에 해당하지 않는 경우 | 보충권한 초과분 발행인으로부터 일정한 금액의 범위 내에서 액면을 보충·할인하여 달라는 의뢰를 받고 액면 백지인 약속어음을 교부받아 보관 중이던 자가 발행인과의 합의에 의하여 정해진 보충권의 한도를 넘어 보충을 한 경우에는 발행인의 서명날인이 있는 기존의 약속어음 용지를 이용하여 새로운 별개의 약속어음을 발행한 것에 해당하여 이러한 보충권의 남용행위로 인하여 생겨난 **새로운 약속어음**에 대하여는 발행인과의 관계에서 보관자의 지위에 있다 할 수 없으므로, 설사 그 약속어음을 자신의 채무변제조로 제3자에게 교부하여 임의로 사용하였다고 하더라도, 발행인으로 하여금 제3자에 대하여 어음상의 채무를 부담하는 손해를 입게 한 데에 대한 **배임죄**가 성립될 수 있음은 별론으로 하고, 보관자의 지위에 있음을 전제로 횡령죄가 성립될 수는 없다. (대법원 1995. 1. 20. 94도2760)

3) 행 위

횡령죄의 행위내용은 '횡령 또는 반환 거부'이다. 여기서 말하는 횡령 또는 반환 거부란 '**영득의사의 객관적 표출**'이 이루어지는 두 가지 형태이다.

횡령죄의 행위주체는 이미 재물에 대한 점유를 확보하고 있는 상태이기 때문에 그 상태에서 마음을 바꿔먹고 보관하던 남의 물건을 자기 것으로 해버리는 행동은 영득의사의 객관적 표출을 통해서 확인하는 수밖에 없다(대법원 1993. 3. 9. 92도2999).

가. 횡 령

영득의사의 객관적 표출로서의 횡령은 소비·착복·은닉·점유의 부인 등 **사실행위**를 통해서도 할 수 있고, 매매·입질·저당권 설정·가등기·증여·대여 등 **법률행위**를 통해서도 할 수 있다.

점원이 물건을 판 돈을 착복할 의도를 가지고 판매에 임하더라도 물건을 팔 때까지는 영득의사의 객관적 표출로 볼 수 없다. 나중에 판매대금을 착복한 때 비로소 횡령이 성립된다.

그러나 판매를 의뢰한 것이 아니라 그냥 물건을 보관하라고 맡겨 놓은 경우에는 그 물건을 제3자에게 팔아치우려고 매매 의사를 표시하는 청약만 하더라도 영득의사가 객관적으로 표출된 것으로 판단되고 이로써 횡령이 성립된다.

【판례】 횡령이 되는 경우 | 거실 공사비 교비 지급 교비회계에 속하는 수입금을 지출이 허용되는 다른 교비회계에 전용하는 것이 사립학교법 위반으로 처벌될 수 있음은 별론으로 하고 그 전용 자체만으로 곧바로 불법영득의사를 실현하는 횡령행위가 된다고 할 수 없다. 그러나 대학의 건물 중 일부를 정관 기타 규정상 근거 없이 주거용으로 사용하다가 거실 확장 공사 등을 한 후 그 공사대금을 교비회계로 지급하였다면, 이는 사립학교법상 허용되는 교비회계 세출에 포함되지 않는 것이므로 횡령에 해당한다. (대법원 2012. 5. 10. 2011도12408; 같은 취지 : 대법원 1994. 9. 9. 94도998)

【판례】 횡령이 되지 않는 경우 단위농업협동조합의 조합장이 조합채무자가 채무변제로 납입한 금원을 자신의 영업실적을 과장하기 위해 만든 조합직원 명의의 가장된 대출금 중 동액상당이 변제된 것처럼 변칙적인 장부정리를 한 경우, 이와 같은 행위는 **일시적인 장부상 분식**을 한 데에 불과한 것으로 횡령행위라고 볼 수 없다. (대법원 1985. 7. 9. 84도2597 판결)

나. 반환 거부

제355조 제1항이 행위형태를 '횡령'과 '반환 거부' 두 가지로 규정하고

있기는 하지만 반환 거부는 횡령에 포함되는 개념이다. 물건을 반환할 수 있음에도 불구하고 이를 거부하게 되면 영득의사의 객관적 표출이 있게 되는 것이고 이로써 횡령행위가 성립된다.

(2) 주관적 구성요건

자신이 보관하고 있는 다른 사람의 재물을 횡령한다는 인식과 의사가 있어야 한다. 미필적 고의로도 충분하다.

【판례】 횡령의 고의가 없는 경우 1. 상호신용금고의 경영자가 장부상 직원들의 봉급을 인상한 것처럼 하여 실제로는 종전과 같은 액수를 지급하면서 그 차액으로 회사의 부채를 변제한 경우, 이는 회사의 채무를 변제한 것이어서 횡령의 고의가 있었다고 볼 수 없다. (대법원 1986. 6. 24. 선고 86도538 판결)

2. 양도담보권자와 채무자 사이에 변제할 채무액에 관하여 다툼이 있었다면 채무가 잔존한 것으로 믿고 담보부동산을 처분한 양도담보권자에게 위 부동산에 관한 횡령의 고의가 있다고 볼 수 없고, 그가 담보부동산을 처분한 후 정산의무를 이행하지 아니한 것만으로는 범죄행위가 되지 아니한다. (대법원 1992. 7. 14. 92도279)

한편 횡령행위는 본질적으로 신뢰에 어긋나는 행동을 한다는 측면과 타인의 재물을 불법영득한다는 측면 두 가지를 모두 가지고 있다(결합설). 따라서 고의 외에 **불법영득의사**도 갖추고 있어야 횡령죄가 성립된다. 영득의사는 불법하여야 하므로 반환거부에 정당한 사유가 있을 때는 횡령이 성립되지 않는다(같은 취지: 대법원 1986. 2. 25. 86도2; 대법원 1992. 11. 27. 92도2079; 대원 1998. 7. 10. 98도126. 반대 취지: 대법원 1982. 4. 13. 80도537).

정당한 사유가 있어 영득의 불법성이 없다고 하기 위해서는 ① 그 횡령한 재물에 대하여 청구권을 행사할 수 있는 시기가 이미 도래해 있었고, ② 그 청구권이 전혀 결함이 없었던 경우이어야 한다.

【판례】 불법영득의사가 인정되는 경우 1. 협회의 공금을 협회장의 승인하에 개인구좌에 입금시킨 후 위 돈을 수시로 인출하여 개인적 용도에 소비하였다면, 피고인이 위 금원을 위 협회의 예금구좌로부터 피고인 개인구좌로 옮긴 것 자체는 협회장의 승인을 받았기 때문에 횡령행위가 되지 않는다고 하더라도 위와 같이 자기명의로 예금하여

보관중인 타인의 금원을 인출하여 소비한 행위는 횡령죄에 해당하는 것이며 그만한 돈을 별도로 현금 또는 수표로 보관중이었다 하여 예금에 대한 불법영득의 의사가 없다고 볼 수는 없다. (대법원 1984. 2. 14. 83도3207)

2. 업무상 횡령죄에 있어서의 불법영득의 의사라 함은 자기 또는 제3자의 이익을 도모할 목적으로 그 임무에 위배하여 타인의 재물을 사실상 또는 법률상 처분하는 의사를 뜻하는 것이므로 창고업자가 보관중인 피해자 소유의 시멘트를 그 보관위탁자인 피해자 명의의 출급의뢰서 소지자에게 출고 할 수 있을 뿐 이를 일반수요자들에게 직접판매할 권한이 없음에도 위 시멘트를 수요자에게 직접 판매하였다면 비록 그 대금으로 위 피해자 회사의 대리점에서 그 판매가격 보다 저렴한 가격으로 출고의뢰서를 구입하여 마치 출고의뢰서에 의하여 정당하게 출고된 것처럼 장부를 정리해 두었다하더라도 불법영득의 의사가 있다고 할 것이다. (대법원 1986. 10. 14. 85도2698)

3. 택시노조조합장이 각 단위노동조합으로부터 일정한 금액을 연맹의무금으로 특정하여 받아 보관하다가 이를 상위조합인 전국자동차노동조합연맹에 송금하지 아니하고 분실운영비 등으로 사용하였다면 그 보관취지에 반하는 것이 되어 불법영득의 의사가 있다고 하지 않을 수 없고 비록 그후 이를 반환하거나 변상. 보충할 의사가 있더라도 업무상횡령죄의 성립에는 아무런 영향이 없다. (대법원 1989. 3. 14. 88도1278)

4. 학교법인의 이사장이었던 자가 이사장으로 근무할 당시 학교법인이 부담하는 부외부채를 자신의 자금으로 변제한 후 그 자금회수를 위하여 자신이 보관하던 학교법인 소유의 양도성 예금증서를 어음할인에 대한 담보로 제공한 경우, 그 부외부채가 학교법인이 승인한 채무가 아니고 그 변제도 학교법인의 의사에 반하여 임의로 한 것으로서 불법영득의 의사가 인정된다. (대법원 2000. 2. 8. 99도3982)

5. 피고인이 2천원을 내어 피해자를 통하여 구입한 **복권** 4장을 피고인과 피해자를 포함한 4명이 한 장씩 나누어 그 당첨 여부를 확인한 결과 피해자 등 2명이 긁어 확인한 복권 2장이 1천원씩에 당첨되자 이를 다시 복권 4장으로 교환하여 같은 4명이 각자 한 장씩 골라잡아 그 당첨 여부를 확인한 결과 피해자 등 2명이 긁어 확인한 복권 2장이 2천만원씩에 당첨되었으나 당첨금을 수령한 피고인이 피해자에게 그 당첨금의 반환을 거부한 경우, 피고인과 피해자를 포함한 4명 사이에는 어느 누구의 복권이 당첨되더라도 당첨금을 공평하게 나누거나 공동으로 사용하기로 하는 묵시적인 합의가 있었다고 보아야 하므로 그 당첨금 전액은 같은 4명의 **공유**라고 봄이 상당하여 피고인으로서는 피해자의 당첨금 반환요구에 따라 그의 몫을 반환할 의무가 있고 피고인이 이를 거부하고 있는 이상 불법영득의사가 있다는 이유로 횡령죄가 성립될 수 있

다. (대법원 2000. 11. 10. 2000도4335)

6. 사립학교법 제29조 및 같은 법 시행령에 의해 학교법인의 회계는 학교회계, 법인회계로 구분되고, 학교회계 중 특히 교비회계에 속하는 수입은 다른 회계에 전출하거나 대여할 수 없는 등 용도가 엄격히 제한됨에도 불구하고, 甲 학교의 교비회계자금을 같은 학교법인에 속하는 乙 학교의 교비회계에 사용한 경우, 횡령죄 소정의 불법영득의사가 있다. (대법원 2002. 5. 10. 2001도1779)

7. 타인으로부터 용도가 엄격히 제한된 자금을 위탁받아 집행하면서 그 제한된 용도 이외의 목적으로 자금을 사용하는 것은, 그 사용이 개인적인 목적에서 비롯된 경우는 물론 결과적으로 자금을 위탁한 본인을 위하는 면이 있더라도, 그 사용행위 자체로서 불법영득의 의사를 실현한 것이 되어 횡령죄가 성립한다. (대법원 2004. 8. 20. 2003도4732)

8. 사회복지법인의 이사가 설립자를 대리하여 선교지원금 명목의 금원을 수령하고, 그 금원에 대하여 설립자 개인 명의로 영수증을 작성한 후 현금을 자신의 집 물탱크 안에 보관하고 있었다면 위 금원에 대한 업무상횡령죄가 성립한다. (대법원 2005. 5. 26. 2004도1925)

9. 회사 소유 재산을 주주나 대표이사가 제3자의 자금 조달을 위하여 담보로 제공하는 등 사적인 용도로 임의 처분하였다면 그 처분에 관하여 주주총회나 이사회의 결의가 있었는지 여부와는 관계없이 횡령죄의 죄책을 면할 수는 없는 것이고, 횡령죄에 있어서 불법영득의 의사라 함은 자기 또는 제3자의 이익을 꾀할 목적으로 업무상의 임무에 위배하여 보관하는 타인의 재물을 자기의 소유인 경우와 같은 처분을 하는 의사를 말하고 사후에 이를 반환하거나 변상, 보전하는 의사가 있다 하더라도 불법영득의 의사를 인정함에 지장이 없다. (대법원 2005. 8. 19. 2005도3045)

10. 회사의 대표이사 혹은 그에 준하여 회사 자금의 보관이나 운용에 관한 사실상의 사무를 처리하여 온 자가 회사를 위한 지출 이외의 용도로 거액의 회사 자금을 가지급금 등의 명목으로 인출, 사용함에 있어서 이자나 변제기의 약정이 없음은 물론 이사회 결의 등 적법한 절차도 거치지 아니하는 것은 통상 용인될 수 있는 범위를 벗어나 대표이사 등의 지위를 이용하여 회사 자금을 사적인 용도로 임의로 대여, 처분하는 것과 다름없어 횡령죄를 구성한다고 볼 수 있다. (대법원 2006. 4. 27. 2003도135)

11. 주식회사의 대표이사가 회사의 금원을 인출하여 사용하였는데 그 사용처에 관한 증빙자료를 제시하지 못하고 있고 그 인출사유와 금원의 사용처에 관하여 납득할

만한 합리적인 설명을 하지 못하고 있다면, 이러한 금원은 그가 불법영득의 의사로 회사의 금원을 인출하여 개인적 용도로 사용한 것으로 추단할 수 있다. (대법원 2008. 3. 27. 2007도9250)

12. 위탁자에 대한 채권의 존재는 횡령죄의 성립에 영향을 미치는 것이 아니며, 또한 상계할 수 있는 반대채권이 있어 그에 **상계충당**하였다는 것만으로는 용도 내지 목적을 특정하여 위탁한 돈의 반환을 거절할 정당한 사유가 되지 못한다. 따라서 상가관리・운영 계약에 기초하여 일반관리비와 특별수선충당금을 별도로 징수하여 보관・관리하다가 관리계약이 종료된 후 인수・인계 과정에서 일반관리비에서 지출하여야 하나 관리비 징수가 되지 않아 자신이 대신 지출한 금액에 대한 채권의 존재를 주장하며 특별수선충당금에서 해당금액을 상계충당하였다면 목적이나 용도를 한정하여 위탁된 금전을 임의소비 한 것으로서 횡령에 해당한다. (대법원 2017. 11. 29. 2015도18253 | 같은 취지: 대법원 1995. 3. 14. 95도59; 대법원 1997. 9. 26. 97도1520)

【판례】 불법영득의사가 인정되지 않는 경우 **1.** 피고인이 그 근무처인 조합에서 그 부하직원인 회계담당자로부터 동 조합공금을 여비에 쓸 목적으로 소정절차를 밟지 않고 가져다가 이를 출장여비로 소비하고 또 회계담당자로부터 조합공금을 동 조합을 위하여 소송비용에 쓸 목적으로 가져다가 이를 동 조합 소송관계인에 대한 주식접대비로 소비하였다 하더라도 피고인이 이에 대하여 그 예산집행방법과 절차가 법규에 위반된다는 이유로 행정상의 책임을 져야 한다는 것은 몰라도 불법영득의 의사를 필요로 하는 업무상 횡령죄책이 있다고는 볼 수 없다. (대법원 1960. 12. 7. 4293형상95)

2. 甲으로부터 선박 1척을 대금 50만원에 매수하기로 하여 계약금 20만원을 지급하고 선박은 인도받고 만일 약정기일에 잔대금을 지급하지 못하면 동 선박을 甲에게 반환하기로 약정한 후 잔금지급기일에 잔대금을 지급하지 못하여 이를 준비하기 위하여 甲의 승낙을 받고 위 선박을 제3자에게 담보로 제공함으로써 甲의 위 선박반환요청에 응하지 못한 경우에는 피고인에게 본건 선박을 불법영득한 의사가 있었다고 볼 수 없으므로 횡령죄를 구성하지 아니한다. (대법원 1966. 3. 29. 66도185)

3. 아파트관리위원회의 회장과 전무인 피고인들이 그 아파트관리위원회 회칙에 위배하여 위원회의 관리기금에서 단기차입금 명목으로 금원을 인출했다 하더라도, 종전에도 다른 회원들에게 관리기금을 대여한 사례가 있었고 피고인들이 대여원금의 이자를 변제하여 왔으며 그 대여행위에 집행위원들의 동의가 있었다면, 위 관리기금의 인출을 들어 바로 위 위원회의 재산권의 처분행위라고 할 수 없을 뿐만 아니라 피고인들에게 불법영득의 의사가 있었다고도 볼 수 없다. (대법원 1990. 5. 8. 90도599)

4. 회사에 대하여 개인적인 채권을 가지고 있는 대표이사가 회사를 위하여 보관하고 있는 회사 소유의 금전으로 자신의 채권의 변제에 충당하는 행위는 회사와 이사의 이해가 충돌하는 자기거래행위에 해당하지 않는다. 따라서 대표이사가 이사회의 승인 등의 절차 없이 자신의 회사에 대한 채권을 변제하였더라도 이는 대표이사의 권한 내에서 한 회사채무의 이행행위로서 유효하며, 그에게는 불법영득의 의사가 인정되지 아니하여 횡령죄의 책임을 물을 수 없다. (대법원 1999. 2. 23. 98도2296)

5. 피고인이 조성한 비자금이 회사의 장부상 일반자금 속에 은닉되어 있었다 하더라도 이는 당해 비자금의 소유자인 회사 이외의 제3자가 이를 발견하기 곤란하게 하기 위한 장부상의 분식(粉飾)에 불과하여 그것만으로 피고인의 불법영득의 의사를 인정할 수는 없다. (대법원 1999. 9. 17. 99도2889)

6. 사찰창건 이래 사찰재산에 대한 관리처분권한이 부여되어 사찰의 운영을 책임지고 있었던 자가 병원치료비와 장학금지급 등을 위하여 사찰재산을 사용하였다 하더라도 업무상횡령죄에 해당되지 아니한다. (대법원 2001. 5. 8. 99도4699)

7. 법인의 대표자가 법인의 예비비를 전용하여 기관운영판공비, 회의비 등으로 사용한 경우 이사회에서 사전에 예비비의 전용결의가 이루어지지 아니하였다는 사정만으로 불법영득의 의사를 단정할 수 없다. (대법원 2002. 2. 5. 2001도5439)

8. 출장비 예산의 항목유용 자체가 위법한 목적이 있다거나 예산의 용도가 엄격하게 제한되어 있다고 볼만한 사정이 없다면 단지 피고인이 출장비를 지정용도 이외로 임의 소비하였다는 것 만으로 바로 피고인에게 불법영득의 의사를 인정할 수는 없다. (대법원 2002. 11. 26. 2002도5130)

9. 가장납입 타인으로부터 금원을 차용하여 주금을 납입하고 설립등기나 증자등기 후 바로 인출하여 차용금 변제에 사용하는 경우에 불법영득의 의사를 인정할 수는 없다. (대법원 2004. 12. 10. 2003도3963)

10. 사립학교에 있어서 학교교육에 직접 필요한 시설, 설비를 위한 경비 등과 같이 원래 교비회계에 속하는 자금으로 지출할 수 있는 항목에 관한 차입금을 상환하기 위하여 교비회계 자금을 지출한 경우, 이러한 차입금 상환행위에 관하여 교비회계 자금을 임의로 횡령하고자 하는 불법영득의 의사가 있다고 보기는 어렵다. (대법원 2006. 4. 28. 2005도4085)

11. 가장납입 피고인은 주식회사의 증자업무를 수행하면서 주식 인수인과 사전 공모하여 제3자로부터 납입금에 해당하는 금액을 차입하여 주금을 납입하고 은행에서 납입금보관증명서를 교부받아 증자등기절차를 마친 직후 이를 다시 인출하여 차용금

채무를 변제하였다. 이 경우 회사의 자본금에는 실제 아무런 변동이 없는 것이므로 회사의 돈을 임의로 유용한다는 불법영득의사를 인정할 수 없다. (대법원 2011. 9. 8. 2011도7262)

12. 음성 꽃동네 사건 피고인은 충북 음성군에 위치한 사회복지시설인 꽃동네의 자금으로 충북 청원군 지역의 토지를 집중적으로 구입하면서 등기절차 등의 편의상 친인척 명의로 매입을 하고 비교적 단기간 내에 꽃동네가 속한 청주교구 명의의 근저당권이 설정되었고, 추후 토지의 대부분이 꽃동네 소속 수사나 수녀의 소유 명의로 이전되었다. 이 경우 피고인의 친인척들은 명의수탁자로서 토지를 관리한 것에 불과하므로 이들에게 경제적 이익을 독점적으로 귀속시키고자 한 것이 아니어서 불법영득의사를 인정하기 어렵다. (대법원 2007. 12. 27. 2006도8870)

13. 본인을 위한 비자금 조성 지사의 임직원인 피고인들이 법인 운영에 필요한 자금을 조달하는 수단으로서 지사에서 생산된 섬유제품을 무자료 판매하고 그 대금을 정상거래 자금과 구분하지 않고 보관하다가 본사 임원에게 직접 전달하였다면, 섬유제품 소유자인 법인의 이익에 반하지 않으므로 불법영득의사를 인정할 수 없다. (대법원 2016. 8. 30. 2013도658)

2. 기 수

불법영득의사가 실현되어야 기수인가에 대하여 견해대립이 있다.

① **표출설** : 영득의사가 객관적으로 표출되기만 하면 횡령죄가 성립한다고 보는 견해 **(판례)**

【판례】 횡령죄의 기수시기 피고인 甲은 종중 소유 토지를 명의신탁 받아 보관하던 중 자신의 개인 채무 변제를 위한 돈을 차용하기 위해서 그 토지에 근저당권을 설정한 후, 뒤에 다시 이 토지를 임의로 매도하였다.

횡령죄는 다른 사람의 재물에 관한 소유권 등 본권을 그 보호법익으로 하고 그 법익침해의 위험이 있으면 그 침해의 결과가 발생되지 아니하더라도 성립하는 위험범이다. 그리고 일단 특정한 처분행위(선행 처분행위)로 인하여 법익침해의 위험이 발생함으로써 횡령죄가 기수에 이른 후 종국적인 법익침해의 결과가 발생하기 전에 새로운 처분행위(후행 처분행위)가 이루어졌을 때, 그 후행 처분행위가 선행 처분행위에 의하여 발생한 위험을 현실적인 법익침해로 완성하는 수단에 불과하거나 그 과정에서 당연히 예상될 수 있는 것으로서 새로운 위험을 추가하는 것이 아니라면 후행 처분행위에 의해 발생한 위험은 선행 처분행위에 의하여 이미 성립된 횡령죄에 의해 평가된 위험에 포함되는 것이라 할 것이므로 그 후행 처분행위는 이른바 불가벌적 사후행위에 해당한다. 그러나 후행 처분행위가 이를 넘어서서, 선행 처분행위로 예상할 수 없는 새로운 위험을 추가함으로써 법익침해에 대한 위험을 증가시키거나 선행 처분행위와는 무관한 방법으로 법익침해의 결과를 발생시키는 경우라면, 이는 선행 처분행위에 의하여 이미 성립된 횡령죄에 의해 평가된 위험의 범위를 벗어나는 것이므로 특별한 사정이 없는 한 별도로 횡령죄를 구성한다고 보아야 한다.

따라서 타인의 부동산을 보관 중인 자가 불법영득의사를 가지고 그 부동산에 근저당권설정등기를 경료함으로써 일단 횡령행위가 기수에 이르렀다 하더라도 그 후 같은 부동산에 별개의 근저당권을 설정하여 새로운 법익침해의 위험을 추가함으로써 법익침해의 위험을 증가시키거나 해당 부동산을 매각함으로써 기존의 근저당권과 관계없이 법익침해의 결과를 발생시켰다면 이는 당초의 근저당권 실행을 위한 임의경매에 의한 매각 등 그 근저당권으로 인해 당연히 예상될 수 있는 범위를 넘어 새로운 법익침해의 위험을 추가시키거나 법익침해의 결과를 발생시킨 것이므로 특별한 사정이 없는 한 불가벌적 사후행위로 볼 수 없고, 별도로 횡령죄를 구성한다 할 것이다. (대법원 2013. 2. 21. 2010도10500 전원합의체 | 같은 취지: 대법원 1981. 5. 26. 81도673; 대법원 2002. 11. 13. 2002도2219)

② **실현설** : 영득의사가 실현되어야 한다는 견해 (김일수 · 서보학, 373면; 이정원, 453면; 이형국 I, 493면.)

결론 횡령죄는 추상적 위험범이다. 따라서 영득의사가 객관적으로 표출되기만 하면 본죄가 성립된다고 보는 것이 타당하다.

3. 죄 수

횡령행위의 본질은 신뢰관계 위반과 재물에 대한 불법영득이므로 한 사람에게서 위탁받은 하나의 재물을 영득할 때마다 하나의 범죄가 성립된다. 따라서 여러 사람에게서 위탁받은 여러 재물을 하나의 행위에 의해 횡령하면 여러 개의 횡령죄가 상상적 경합관계가 된다(**법익표준설**).

반면 한 회사의 공금을 오랜 기간에 걸쳐 계속해서 횡령한 경우에는 연속범으로서 하나의 횡령죄가 성립된다(대법원 1984. 8. 14. 84도1139; 대법원 1993. 10. 12. 93도1512). 그러나 예를 들어 한 공공기관에 근무하면서 오래도록 여러 차례 횡령을 하더라도 그 침해

법익이 서로 다를 경우에는 포괄일죄가 되지 않는다.

【판례】 포괄일죄의 판단 1. 횡령 세금에 직할시세인 취득세, 등록세 등과 구세인 재산세, 종합토지세 등 및 국세인 방위세 또는 교육세가 포함되어 있는 경우, 직할시세, 구세 및 국세는 각기 과세주체를 달리하고 세금을 수납할 수 있는 근거 규정도 서로 다르므로, 비록 세금 횡령이라는 단일한 범의가 계속적으로 발현된 일련의 범행이더라도 직할시세, 구세 및 국세를 횡령한 각 범행을 통틀어 하나의 포괄일죄로 볼 수는 없다. (대법원 1995. 9. 5. 95도1269)

2. 수개의 업무상 횡령행위라 하더라도 피해법익이 단일하고, 범죄의 태양이 동일하며 단일 범의의 발현에 기인하는 일련의 행위라고 인정될 때에는 포괄하여 1개의 범죄라고 봄이 타당하다. (대법원 2006. 6. 2. 2005도3431)

일단 횡령한 물건을 처분하는 행위는 별도의 법익을 침해하지 않는 한 불가벌적 사후행위로서 별도의 처벌법규가 적용되지 않는다.

종래 판례는 명의신탁자의 승낙 없이 제3자에게 근저당권 설정등기를 해주어 횡령죄가 성립한 후 그 토지를 다른 사람에게 매도하는 것이 별도의 법익을 침해하는 것이 아니라고 보았으나(대법원 1993. 3. 9. 92도2999; 대법원 1996. 11. 29. 96도1755; 대법원 1999. 4. 27. 99도5), 최근 입장이 변경되어 별도의 법익을 침해하는 것으로서 불가벌적 사후행위가 아니라고 보고 있다. (대법원 2013. 2. 21. 2010도10500 전원합의체)

재물의 일부에 대해서만 횡령이 있고 나서 다시 전체에 대한 횡령이 있게 되면 별도의 법익을 침해하므로 불가벌적 사후행위가 아니다.

【판례】 일부에 대한 횡령과 불가벌적 사후행위 명의수탁자가 신탁 받은 부동산의 일부에 대한 토지수용보상금 중 일부를 소비하고, 이어 수용되지 않은 나머지 부동산 전체에 대한 반환을 거부한 경우, 새로운 법익의 침해로서 별개의 횡령죄가 성립하는 것이지 불가벌적 사후행위라 할 수 없다. (대법원 2001. 11. 27. 2000도3463)

명의신탁자나 수탁자에게 횡령이 성립되는 경우 횡령죄와 실명등기법상의 명의신탁 · 수탁죄(동법 제7조 제1항 · 제2항)는 상상적 경합관계에 있게 된다.

4. 친족상도례

횡령죄에도 친족상도례가 적용된다(제361조).

Ⅲ. 업무상 횡령죄

제356조 (업무상의 횡령과 배임) 업무상의 임무에 위배하여 제355조의 죄를 범한 자는 10년 이하의 징역 또는 3천만원 이하의 벌금에 처한다.

제358조 (자격정지의 병과) 전3조의 죄에는 10년 이하의 자격정지를 병과할 수 있다.

제359조 (미수범) 제355조 내지 제357조의 미수범은 처벌한다.

제361조 (친족간의 범행, 동력) 제328조와 제346조의 규정은 본장의 죄에 준용한다.

특경법 제3조 (특정재산범죄의 가중처벌) ① 형법……제356조(업무상의 횡령)……의 죄를 범한 사람은 그 범죄행위로 인하여 취득하거나 제3자로 하여금 취득하게 한 재물 또는 재산상 이익의 가액(이하 이 조에서 "이득액"이라 한다)이 5억원 이상일 때에는 다음 각 호의 구분에 따라 가중처벌한다.

1. 이득액이 50억원 이상일 때 : 무기 또는 5년 이상의 징역
2. 이득액이 5억원 이상 50억원 미만일 때 : 3년 이상의 유기징역

② 제1항의 경우 이득액 이하에 상당하는 벌금을 병과할 수 있다.

1. 의 의

타인의 재물을 보관하는 것이 업무 내용에 포함되어 있는 사람이 이를 횡령하는 경우에 가중처벌하는 규정이다.

업무상 타인의 재물을 보관하는 경우에는 ① 그것이 업무이기 때문에 항상 남의 물건을 맡아 가지고 있으므로 횡령을 할 기회가 많아지고, ② 그에 따라 위험성도 높아지는 데다가, ③ 타인의 재물을 보관하는 업무를 맡긴다는 것은 당사자에게 높은 신뢰를 부여함을 의미하는 것이고 이를 위반하는 것은 강력한 신뢰위반 행위가 되는 것이므로 가중처벌을 할 수밖에 없다.

횡령죄에서 '타인의 재물을 보관하는 자'라는 신분은 구성적 신분이어서 그 신분을 가지지 아니하는 자는 횡령죄의 주체가 될 수 없기 때문에 범죄 자체가 성립될 수 없지만, 업무상 횡령죄에서 '업무자'라는 신분은 형벌을 가중시키는 기능만 하는 가감적 신분이므로 이러한 신분이 없더라도 횡령죄 자체는 성립되고 다만 가중처벌이 안 될 뿐이다.

2. 구성요건

(1) 행위주체

본죄의 행위주체는 '업무상 타인의 재물을 보관하는 자'이다. 여기서 업무란 '사회생활상의 지위에 기하여 지속적으로 행하는 사무'를 의미한다. 이는 업무상 과실치상 · 치사(제268조)의 업무와 기본적으로 같은 개념이지만 다음과 같은 차이점이 있다.

첫째, 제268조의 경우에는 **위험요소**가 내포되어 있는 업무로 제한되지만 제356조의 경우에는 그러한 제한이 없다. 이처럼 위험요소의 포함 여부가 문제되지 않으므로 자격면허는 제356조의 경우 애초에 문제될 일이 없는 사항이다.

둘째, 제268조와는 달리 제356조에서의 업무는 업무방해(제314조)의 경우와 마찬가지로 **정당한 업무**만을 의미하며 **지속성**은 가지고 있어야 한다.

따라서 예를 들어 장물취득 · 처분 등의 업무를 수행하는 사람은 본죄의 행위주체에서 제외된다. 업무를 수행하는 자에 해당하는 한 그 업무가 행위자의 주된 업무이건 부수적인 업무이건 상관이 없다. 또한 타인의 재물을 보관하는 것을 주된 내용으로 하는 업무만이 아니라 본래의 업무수행과 관련하여 타인의 재물을 보관하는 경우도 포함한다(대법원 1985. 2. 26. 84도1109).

【판례】 업무에 해당되는 경우 피고인이 등기부상으로 공소외 회사의 대표이사를 사임한 후에도 계속하여 사실상 대표이사 업무를 행하여 왔고 회사원들도 피고인을 대표이사의 일을 하는 사람으로 상대해 왔다면 피고인은 위 회사 소유 금전을 보관할 업무상의 지위에 있었다고 할 것이다. (대법원 1982. 1. 12. 80도1970)

【판례】 업무에 해당되지 않는 경우 1. 시내버스 운전사가 승객으로부터 요금을 받아 소지하고 있던 버스안내원으로부터 건네받은 현금을 자신의 개인용도에 임의소비한 경우라면 동 버스운전사가 징수한 버스요금 등을 받아 보관하고 있었다거나 또는 그 보관이 동인의 업무내용이라고 단정할 수 없어 동인을 업무상 횡령으로 문죄 할 수 없다. (대법원 1985. 6. 25. 선고 85도1036 판결)

2. 군의 재무회계규칙상 전도자금출납원은 부면장으로, 세입세출외 현금출납원은

총무계장으로 지정되어 있고, 실제로도 예산이 군에서 영달되어 면소속 금고인 단위농협에 예치되면 회계사무보조가 지출결의서를 기안작성하여 소정의 결의를 받아 전도자금은 부면장이, 세입세출외 현금의 경우는 총무계장이 각 지출원으로서 출금전표를 끊어주어 이를 단위농협에 제시하여 현금을 인출하여 왔다면, 회계사무보조와 총무계장은 전도자금에 대하여는 이를 업무상 직접 점유보관하는 자라고 할 수 없고, 면장도 수입지출의 명령과 회계감독을 하는 지위에 있었음에 그치고 전도자금을 직접 점유보관하는 자라고 할 수 없으니 전도자금에 대한 업무상 횡령죄의 주체가 될 수 없다. (대법원 1989. 10. 10. 87도1901)

(2) 행 위

행위내용은 횡령죄의 경우와 동일하다.

Ⅳ. 점유이탈물 횡령죄

제 360 조 (점유이탈물횡령) ① 유실물, 표류물 또는 타인의 점유를 이탈한 재물을 횡령한 자는 1년 이하의 징역이나 300만원 이하의 벌금 또는 과료에 처한다.
② 매장물을 횡령한 자도 전항의 형과 같다.
제 361 조 (친족간의 범행, 동력) 제328조와 제346조의 규정은 본장의 죄에 준용한다.

1. 의 의

누군가 잃어버린 물건, 물 위를 떠다니는 물건, 땅 속에 묻혀 있는 물건 등 소유권자의 점유를 이탈한 재물을 횡령함으로써 성립되는 범죄이다. 타인의 점유를 배제하지 않는다는 점에서 횡령죄의 일종으로 취급된다. 횡령죄와 다른 점은 위탁관계에 의해서 타인의 재물을 보관하게 되는 것이 아니라, 우연한 기회에 다른 사람의 재물을 점유하게 되는 것이기 때문에 소유권자와의 사이에 **신뢰관계**가 존재하지 않는다는 것이다.

2. 구성요건

(1) 행위객체

본죄의 행위객체는 점유이탈물이다. 어떤 물건이 점유를 이탈했는가 이탈하지 않았는가에 대한 판단은 그 '재물에 대한 사실상의 지배'가 유지되는가의 여부를 기준으로 해야 한다. 자세한 사항은 절도죄 부분에서 설명하였다.

【판례】 불확실한 지배공간과 점유이탈 1. 고속버스 운전사는 차에 승객이 두고 내린 물건을 점유하는 것이 아니므로, 유실물을 현실적으로 발견하지 않는 한 이에 대한 점유를 개시하였다고 할 수 없다. 따라서 다른 승객이 먼저 유실물을 발견하고 이를 가져갔다면 절도에 해당하지 않고 점유이탈물 횡령에 해당한다. (대법원 1993. 3. 16. 92도3170)

2. 승객이 지하철의 전동차 바닥이나 선반위에 놓고 내린 물건을 가지고 간 경우, 지하철의 승무원은 전동차 안에 있는 승객의 물건을 점유한다고 할 수 없고, 그 유실물을 현실적으로 발견하지 않는 한 이에 대한 점유를 개시하였다고 할 수도 없으므로, 위와 같은 유실물을 발견하고 가져간 행위는 점유이탈물횡령죄에 해당함은 별론으로 하고 절도죄에 해당하지는 않는다. (대법원 1999. 11. 26. 99도3963)

그러나 물건이 집안 어디론가 사라져 버린 경우처럼 잃어버린 물건이 물건을 잃어버린 사람의 지배영역을 벗어나지 않고 있으면 점유이탈물이 아니다. 다른 사람의 지배영역 안에서 그 사람의 관리 아래 있게 되는 경우에도 점유이탈물로 볼 수 없다.

【판례】 다른 사람의 지배공간에서 잃어버린 물건 물건을 잃어버린 장소가 당구장 같이 다른 사람의 관리 아래 있을 때에는 그 물건은 그 관리자의 점유에 속한다 할 것이고, 이를 그 관리자 아닌 제3자가 가져가는 것은 유실물횡령이 아니라 절도죄에 해당한다. (대법원 1988. 4. 25. 88도409)

또한 길거리에 주차해 둔 자동차, 부두에 정박시켜 둔 선박 등의 경우도 멀리 떨어져 있더라도 점유이탈물이 아니다. 범죄 피해자가 위험을 면하기 위해서 피하다가 흘리고 간 물건도 역시 점유이탈물이라고 할 수 없다.

잠을 자거나 정신을 잃고 쓰러져 있는 사람의 물건에 대해서는 잠재적 지배의사가 인정되므로 그런 사람의 물건을 점유이탈물이라고 할 수는 없다. 정신을 잃는 단계를 지나 죽어버린 경우에는 생존시의 지배의사가 잠재적인 형태로 어느 정도의 시간 동안 지속된다고 보아야 한다. 다만 그러한 시간이 지난 후에는 점유이탈물이 된다.

(2) 행 위

행위내용은 횡령죄의 경우와 동일하다. 다만 점유이탈물 횡령의 경우에는 미리 점유를 취득한 상태가 아니더라도 횡령이 가능하므로, 점유를 취득하면서 동시에 영득의사가 객관적으로 표출되더라도 범죄가 성립된다.

제6절 배임의 죄

Ⅰ. 개 관

1. 의 의

배임이란 타인의 사무를 처리하는 사람이 자신의 임무에 위배되는 행위를 통해서 자기 또는 제3자에게 재산적 이익을 취하게 하고 이로써 본인에게 손해를 끼치는 행위를 말한다. 재산범죄 가운데 **재산적 이익**만을 행위객체로 하는 몇 안 되는 범죄다. 지금까지 거론된 재산범죄 가운데 재물만을 행위객체로 하는 것은 절도와 횡령 두 가지이고, 강도・사기・공갈은 재물과 재산적 이익을 모두 행위객체로 하는 범죄이다.

배임행위는 횡령행위와 마찬가지로 신뢰를 위반한다는 특징을 가지고 있다. 다만 배임죄에서의 신뢰관계는 횡령죄에서의 그것보다 강한 것이어야 함을 요건으로 하고 있다.

2. 배임죄의 본질

배임죄의 본질은 신의성실 의무를 침해하는 것이다. 배임은 대외적인 측면에서 주어진 권한을 남용하는 것보다는 대내적인 면에서 **신뢰관계**를 침해하는 것을 본질적인 내용으로 하는 범죄이다(**배신설** | **통설**). 따라서 대리권이라는 법적 권한이 부여되어 있지 않더라도 행위주체가 될 수 있다. 판례(대법원 1976. 5. 11. 75도2245; 대법원 1990. 5. 8. 89도1524; 대법원 1994. 9. 9. 94도902; 대법원 1999. 6. 22. 99도1095)의 입장도 같다.

그런데 이렇게 되면 곤란한 문제가 생긴다. 신의성실 의무는 일반적으로 모든 계약관계에 다 적용되는 원칙이기 때문에 모든 계약 위반 행위를 다 배임죄로 처벌해야 하게 되는 것이다.

결국 이 문제는 배임죄의 행위주체가 되기 위한 전제조건인 신뢰관계를 제한적으로 해석함으로써 해결할 수밖에 없다. 단순한 계약상의 의무만을 가지고 있는 경우는 행위주체에서 배제하고, 특별한 신뢰관계가 있는 경우에만 행위주체를 인정해야 할 것이다. 그렇기 때문에 배임죄의 행위주체가 인정되기 위한 신뢰관계는 횡령죄의 경우보다 더 강한 것이라고 보아야 한다. 횡령죄의 경우에는 단순한 계약관계를 근거로 물건이 맡겨져 있는 경우에도 재물을 보관하는 사람이 행위주체가 되기 때문이다.

3. 보호법익

배임죄 규정의 보호법익은 **재산**이다. 보호의 정도를 어떻게 볼 것인가에 대하여 견해대립이 있다.

① **위험범설 (판례 |** 대법원 1993. 9. 28. 93도2206; 대법원 1995. 12. 22. 94도3013; 대법원 1997. 6. 24. 96도1218; 대법원 1999. 6. 22. 99도1095)

② **침해범설**

결론 배임죄는 재산적 손해라는 결과가 발생해야만 성립되는 범죄이다. 여기서 재산적 손해는 '재산상 실해 발생의 위험'으로 이해할 수 있다. 그러한 측면에서 본죄는 구체적 위험범이라고 할 수 있다.

4. 구성요건 체계

기본 구성요건은 제355조 제2항(배임)이다. 제356조(업무상 배임)는 행위주체가 업무자이기 때문에 불법이 가중되는 **가중 구성요건**이다. 제357조의 배임수증은 부정한 청탁을 받고 금품을 수수하는 행위로서 **독자적 변형 구성요건**이다.

Ⅱ. 배임죄

제 355 조 (횡령, 배임) ② 타인의 사무를 처리하는 자가 그 임무에 위배하는 행위로써 재산상의 이익을 취득하거나 제3자로 하여금 이를 취득하게 하여 본인에게 손해를 가한 때에도 전항의 형(5년 이하의 징역 또는 1천500만원 이하의 벌금)과 같다.

제 358 조 (자격정지의 병과) 전3조의 죄에는 10년 이하의 자격정지를 병과할 수 있다.

제 359 조 (미수범) 제355조 내지 제357조의 미수범은 처벌한다.

제 361 조 (친족간의 범행, 동력) 제328조와 제346조의 규정은 본장의 죄에 준용한다.

특경법 제 3 조 (특정재산범죄의 가중처벌) ① 형법 ……제355조(횡령, 배임)……의 죄를 범한 사람은 그 범죄행위로 인하여 취득하거나 제3자로 하여금 취득하게 한 재물 또는 재산상 이익의 가액(이하 이 조에서 "이득액"이라 한다)이 5억원 이상일 때에는 다음 각 호의 구분에 따라 가중처벌한다.

1. 이득액이 50억원 이상일 때 : 무기 또는 5년 이상의 징역
2. 이득액이 5억원 이상 50억원 미만일 때 : 3년 이상의 유기징역

② 제1항의 경우 이득액 이하에 상당하는 벌금을 병과할 수 있다.

1. 구성요건

(1) 객관적 구성요건

1) 행위주체

제355조 제2항의 행위주체는 "타인의 사무를 처리하는 자"이다. 타인의 사무를 처리할 법적 권한이 있어야만 하는 것은 아니지만(대법원 1999. 6. 22. 99도1095), 대내적으로는 적어도 본인과 **특별한 신뢰관계**가 형성되어 있어야 한다.

가. 사무의 내용

배임죄 규정에서 말하는 사무의 의미에 대하여 견해대립이 있다.

① **재산상의 사무**에 한정된다는 견해 (**다수설 | 판례**)

② 재산상의 사무에 한정시킬 필요는 없지만 적어도 **재산적 이해관계**는 있어야 한다는 견해

③ 재산 관련성이 필요 없다는 견해

결론 제355조 제2항의 내용을 보면 그저 "사무"라고만 되어 있어 이를 근거로 해서는 제한적 해석을 하기 곤란할 것으로 보이기도 하지만, 제355조 제2항의 사무를 재산상의 사무로 한정하지 않으면 처벌범위가 지나치게 확장될 위험이 있다. 따라서 배임죄 규정에서 말하는 사무는 **재산상의 사무**로 한정해서 보는 것이 타당하다.

판례는 본죄의 사무를 ① 타인의 **재산관리**에 관한 사무의 전부 또는 일부를 수탁한 경우와 ② 타인의 **재산보전**에 협력하는 경우를 '재산상의 사무'로 보고 있다.(대법원 1984. 12. 26. 84도2127; 대법원 1987. 4. 28. 86도2490; 대법원 1990. 5. 8. 89도1524; 대법원 1994. 9. 9. 94도902; 대법원 1995. 11. 21. 94도1598)

【판례】 재산상의 사무로 인정되는 경우 1. **가등기 담보권자** 담보목적으로 채무자 소유 부동산을 자신의 명의로 가등기 해 둔 경우 (대법원 1990. 8. 10. 90도414)

2. 토지의 처분을 위하여 원매자의 물색과 매도가격의 합의・절충을 위임받은 경우 (대법원 1994. 9. 9. 94도902)

3. **양도담보권자** 채권자로서 담보의 목적으로 채무자의 부동산을 자신의 명의로 옮겨두고 있는 경우 (대법원 1995. 5. 12. 95도283)

4. **계주**로서 계원들로부터 곗돈을 걷어서 순번에 따라 지급하는 임무를 수행하는 경우 (대법원 1995. 9. 29. 95도1176)

5. **은행 지점장**으로서 은행의 사무를 처리하는 경우 (대법원 1997. 5. 30. 95도531 | 같은 취지: 대법원 1999. 7. 9. 99도1864)

6. 재개발 조합의 **조합장**으로서 조합원들을 대표해서 사무를 보는 경우 (대법원 1997. 6. 13. 97도618)

7. 농업협동조합의 **판매부장**으로 근무하면서 양곡의 매입, 판매 등의 업무에 종사하는 자로서 조합 내규상 양곡을 외상으로 판매함에 있어서는 조합이 정한 여신규정 및 판매사업요령에 따라 외상거래판매계약을 체결하기 전에 담보물에 대한 감정평가를 실시하고 담보가치가 있는 담보물을 취득하여 채권 회수의 확실성을 기하고, 사전에

채권 확보 조치를 한 후에 양곡을 외상 판매하여야 할 업무상 임무가 있는 경우 (대법원 1997. 6. 27. 97도163)

8. 상호신용금고의 발기인 · 임원 · 관리인 · 청산인 · 지배인 기타 상호신용금고의 영업에 관한 어느 종류 또는 특정한 사항의 위임을 받은 사용인의 경우 (대법원 1997. 12. 26. 97도2609)

9. 미성년자와 친생자관계가 없으나 **호적상 친모**로 등재되어 있는 자가 미성년자의 상속재산 처분에 관여하는 경우 (대법원 2002. 6. 14. 2001도3534)

10. 설정자로부터 그의 금융기관에 대한 피담보채무를 이행인수하면서 공장저당법에 의하여 공장저당권이 설정된 공장기계를 함께 양수한 경우 (대법원 2003. 7. 11. 2003도67)

11. 신용카드 정보통신부가사업회사와 가맹점 관리대행계약, 대리점계약, 단말기 무상임대차계약, 판매장려금계약을 체결하고 그 회사의 대리점으로서 카드단말기의 판매 및 설치, 가맹점 관리업무 등을 수행하는 경우 (대법원 2012. 5. 10. 2010도3532)

나. 사무의 타인성

(가) 특별한 신뢰관계

배임죄의 행위주체를 재산상의 사무를 처리하는 자로 제한하더라도 행위주체의 범위가 지나치게 넓어질 가능성은 여전히 남아있다. 왜냐하면 계약관계는 거의 모두가 상대방의 재산상 이익과 관련이 있기 때문이다.

따라서 배임죄의 주체는 본인과의 관계에서 **특별한 신뢰관계**를 기반으로 하고 있는 경우로 제한해서 인정하는 것이 타당하다. 단순한 계약상의 의무는 타인의 재산상의 이익을 보전하는 성격을 가지고 있더라도 배임죄의 주체가 되기 위한 근거로 보지 말아야 할 것이다.

타인의 재산상 이익을 보전하는 성격을 가지지 않는 계약이라는 것은 거의 존재할 수가 없다. 계약 이행의 의무를 배임죄 행위주체의 근거로 하게 되면 계약 의무의 불이행을 모두 배임죄로 처벌해야 한다는 곤란한 문제가 생긴다.

(나) 재산상 사무의 두 가지 유형

특별한 신뢰관계가 존재하는 경우인가에 대한 판단은 재산상의 사무의 유형에 따라 결론이 달라질 수 있다.

① **재산관리 수탁사무** : 타인의 재산을 관리하는 사무의 경우에는 특별한 신뢰관계가 바탕이 되어 있다는 점에 대하여 의문의 여지가 없다. 다른 사람에게 재산의 관리 및 처분의 권한을 주었다는 것은 특별한 신뢰관계가 있음을 의미하기 때문이다. 이 경우의 배임은 주어진 권한을 남용하는 것이기 때문에 **권한남용형 배임**이라고 부르기도 한다.

② **재산보전 협력사무** : 타인의 재산보전에 협력하는 사무의 경우에는 특별한 신뢰관계가 바탕이 되는 경우와 그렇지 않은 경우를 구분해서, 특별한 신뢰관계가 바탕이 되는 경우에만 배임죄의 행위주체가 된다고 해석해야 한다. 이러한 유형의 배임은 믿고 맡겼는데 배신을 한 것이기 때문에 **신뢰위반형 배임**이라고 부르기도 한다.

(다) 재산보전 협력 사무와 특별한 신뢰관계

가) 재량권

사회생활을 영위하다보면 타인의 재산상의 이익에 협력해야 할 의무를 수시로 부담하면서 살게 되는데, 그 모든 협력의무를 배임죄에서 말하는 "타인의 사무를 처리하는 자"로서의 신분을 인정할 근거로 보는 것은 곤란하다. 그렇게 넓은 범위까지 형벌을 통한 제재를 가한다는 것은 보충성의 원칙에 어긋나기 때문이다.

따라서 단순히 특정인에 '대하여' 가지는 의무만으로는 곤란하고, 그보다는 특정인을 '위하여' 재산상의 이익을 보전할 의무를 가지고 있는 경우에만 사무처리자의 지위를 인정하여야 할 것이다. 누군가에 대한 협력의무일 경우에는 그저 정해진 대로 일을 하면 된다. 반면 누군가를 위한 협력의무를 이행하기 위해서는 상당히 신경을 쓰고 공을 들여야 한다.

이렇게 신경을 쓴다는 것은 정해진 대로 기계적으로 일을 하는 것이 아니라 나름대로의 판단을 하게 됨을 의미한다. 나름대로의 판단은 재량권을 전제로 한다. 그러한 면에서 특별한 신뢰관계를 바탕으로 하는 재산보전 협력 사무의 첫 번째 특징은 **재량권**이다. 이는 자기책임 아래 재량권을 가지고 재산권자의 개괄적 지침에 따라 의무를 이행하는 위치에 있음을 의미한다.

나) 의무의 편면성·중대성

일반적으로 계약은 양 당사자 모두 자신의 의무를 이행함으로써 상대방의 재산적 이익을 보전해 주어야 하는 구조를 가지고 있다. 예를 들어 매매계약의 경우 매도인은 목적물의 소유권을 매수인에게 이전해 줄 의무를 가지고, 매수인은 매도인에게 대금을 지급할 의무를 가진다. 이 상태에서는 각 당사자가 자신에게 부과되어 있는 의무를 이행하는 데 불과하여서 누구도 배임죄의 주체가 되지 않는다.

그러나 일단 한 쪽 당사자가 자신의 의무를 이행하고 나면 상황이 달라진다. 예를 들어 부동산 매매계약의 한 당사자인 매수인이 매매대금을 지급하게 되면, 그와 동시에 매수인이 매도인에게 소유권이전등기에 협조하는 것을 내용으로 하는 사무를 특별한 신뢰를 바탕으로 맡기는 것이 된다. 부동산 매매대금은 거액이기 때문에 이를 건네는 것은 특별한 신뢰관계가 바탕이 될 수밖에 없기 때문이다. 따라서 재산보전 협력 사무의 두 번째 특징은 **의무의 편면성·중대성**이다.

사무의 타인성과 관련하여 특히 문제가 되고 있는 것이 이중매매와 이중저당이다.

이중매매는 '매도인이 소유권 이전 의무를 이행하지 않은 상태에서 다시 다른 사람에게 매도하고 그 사람에게 소유권을 이전해주는 경우'를 의미한다. 이에 대해서는 견해의 대립이 있다.

① 매수인이 **중도금**을 주었을 때부터 매도인이 타인의 사무를 처리하는 자가 된다는 견해 **(다수설·판례)**

② **잔금**까지 지급되고 등기서류가 매수인에게 교부되어 사회통념상 소유권을 매수인에게 이전하는 의사가 표명되어 물권적 합의가 있게 된 때부터 타인의 사무를 처리하는 자가 된다는 견해

결론 한 쪽 당사자가 자신의 의무를 이행하였으되, 그 의무의 이행이 타방 당사자에게 특별한 신뢰를 가지면서 하는 것으로 평가될 때 의무의 편면성·중대성이 갖추어지는 것이라고 볼 수 있다. 그러한 맥락에서 통상 매매대금의 10%인 계약금만 받은 때(대법원 1980. 5. 27. 80도290; 대법원 1984. 5. 15. 84도315)에는 배임죄의 주체가 된다고 할 수 없을 것이다. 그보다는 적어도 **중도금**까지는 지급이 되어야 그 때부터 배임죄의 주체가 된다고 할 수 있다(대법원 1986. 7. 8. 85도1873; 대법원 1990. 10. 16. 90도1702; 대법원 1998. 2. 10. 97도2919). 다수설과 판례의 입장이 타당하다.

이중저당은 '채무자가 채권자 명의로 저당권 설정 등기를 해주기로 약속하고서, 다른 사람을 그 채권자보다 선순위의 저당권자로 등기를 해주는 경우'를 말한다. 저당권 설정 특약이 있는 금전 소비대차 계약이 체결되면 대주(貸主)는 차주(借主)에게 금전을 지급할 의무를 가지게 되고, 차주는 대주에게 저당권 설정 등기를 해줄 의무가 생긴다. 이렇게 서로 상대방의 재산적 이익을 위해 행동할 의무를 가지고 있는 상태에서는 어느 누구도 전적으로 타인을 위해 사무를 처리하는 자라고 할 수 없다.

따라서 차주가 부담하는 저당권 설정 의무는 차주 자신의 의무이다. 이를 두고 통상의 이익대립관계를 넘어서 대주와의 신임관계에 기초하여 대주의 사무를 처리하는 것으로 볼 수 없다. 대금의 지급을 받은 채무자가 제3자에게 먼저 저당권을 설정하여 담보가치를 감소 또는 상실시키더라도 배임으로 볼 수 없다. (대법원 2020. 6. 18. 2019도14340 전원합의체)

【판례】 타인의 사무로 인정되는 경우 **1.** 토석채취권을 매도한 자는 그 매수인에게 그들이 토석을 채취할 수 있도록 그에 필요한 서류를 넘겨주어 위 허가를 받는데 협력할 의무가 있으므로 위 임무에 위배하여 타인에게 토석채취권을 양도하고 소요서류를 교부하여 토석채취허가를 취득케 한 경우에는 배임죄가 성립한다. (대법원 1979. 7. 10. 79도961)

2. 피고인이 캬바레영업을 할 목적으로 캬바레건물을 임차하면서 임대차계약이 종료될 때에 반환하기로 하는 약정 아래 캬바레영업 허가 명의를 이전받았다면 임대인에 대한 대내적 관계에서는 위 영업허가권의 단순한 임차인 내지 명의수탁자에 불과하다 할 것이므로 임대차계약 종료시에 이를 반환하는 범위안에서 타인의 사무를 처리하는 자라고 할 것이니 이 임무에 위배하여 이를 제3자에게 처분하고 그 명의를 이전하려 하였다면 배임미수에 해당한다. (대법원 1981. 7. 28. 81도966)

3. 담보목적으로 피고인 명의로 가등기가 경료된 피해자 소유의 부동산에 대하여 피해자의 아들로부터 채무가 변제 공탁된 사실을 통고받고서도 피고인 앞으로 본등기를 경료함과 동시에 제3자 앞으로 가등기를 경료하여 준 경우에는 배임죄가 성립된다. (대법원 1990. 8. 10. 90도414)

4. 농지매매 당사자들이 장차 관광지 조성계획의 승인이 있는 등의 사유로 소유권이전 등기가 가능하게 되면 이전등기를 할 생각으로 매매계약을 체결하고 매매대금을 지급한 후 소유권등기청구권보전을 위한 가등기를 해두었다면, 농지 소재지관서의 증명이 없다거나 당장 이를 발급받을 수 있는 형편에 있지 않다고 하더라도 이를 이중으로 매도하여 소유권이전등기를 한 경우에는 배임죄에 해당한다. (대법원 1991. 7. 9. 91도846)

5. 동백나무는 입목에관한법률의 적용을 받을 수 있는 수목의 집단에 속하지 아니하고, 이를 토지와 독립하여 거래하는 경우 명인방법에 의한 거래가 인정되고 있어 매도인은 매수인 명의로의 명인방법의 실시에 협력할 임무가 있는 것인데, 매도인이 위와 같은 명인방법도 실시하지 아니한 채 이미 매도한 입목(동백나무)을 포함한 임야를 이중으로 타에 매도하고 소유권이전등기를 경료해 주었다면, 입목매수인과의 관계에 있어서는 배임죄의 죄책을 면할 수 없다. (대법원 1993. 9. 28. 93도2069)

6. 계주가 계원들로부터 월불입금을 모두 징수하였음에도 불구하고 그 임무에 위배하여 정당한 사유 없이 이를 지정된 계원에게 지급하지 아니하였다면 다른 특별한 사정이 없는 한 그 지정된 계원에 대한 관계에 있어서 배임죄를 구성한다. (대법원 1994. 3. 8. 93도2221 | 같은 취지: 대법원 1986. 7. 22. 86도230; 대법원 1987. 2. 24. 86도1744; 대법원 1995. 9. 29. 95도1176)

【판례】 타인의 사무로 인정되지 않는 경우 1. 부동산을 경락한 피고인이 그 경락허가결정이 확정 된 뒤에 그 경매부동산의 소유자들에게 대하여 그 경락을 포기하겠노라고 약속하여 놓고 그 경매법원에서 경락대금지급명령이 전달되자 위의 약속을 어기고 그 경락대금을 완납함으로써 그 경락부동산에 대한 소유권을 취득한 경우에 피고인은 본조 제2항에서 말하는 타인의 사무를 처리하는 자에 해당하지 아니한다. (대법원 1969. 2. 25. 69도46)

2. 건축공사수급자의 건축에 관한 업무는 단순히 타인에 대하여 채무를 부담하는 경우에 불과하여 그 자신의 사무의 처리에 속하므로 그가 설계도에 따라 시공하지 아니하였다 하여도 배임죄를 구성하지 아니한다. (대법원 1982. 6. 22. 82도45)

3. 피고인은 이 사건 부동산 위에 광업권을 갖고 있던 丙과의 분쟁을 경찰관이던 처남 乙을 내세워 해결할 생각으로 乙과의 합의 아래 乙이 이들 부동산에 대한 권한이 있는 것처럼 가장하기 위하여 형식상 이들 부동산에 대한 매매계약서를 작성·교부하고 가등기를 경료한 후, 그에 사용된 乙의 인장과 가등기권리증을 보관하던 중, 이들 부동산 중 일부를 타인에게 매도하였다면 이중매매에 의한 배임행위가 된다고 할 수 없다. (대법원 1983. 7. 12. 82도2941)

4. 피고인이 이 사건 부동산에 대한 공소외인과의 분쟁을 피고인의 처남을 내세워 해결할 생각으로 처남에게 허위로 위 부동산에 대한 매매계약서를 작성·교부하고 가등기를 경료한 후 위 부동산 중 일부를 타인에게 매도하였다 하여 이중매매에 의한 배임행위가 된다고 할 수 없다. (대법원 1983. 7. 12. 82도2941)

5. 채권가압류명령이 송달된 후에는 제3채무자는 채무자에게 지급이 금지되고 제3채무자가 이에 위반하여 채무자에게 지급하거나 그후에 취득한 자동채권으로 상계하

더라도 채권자에게 대항할 수 없고, 추심 또는 전부명령을 받은 채권자로부터 변제의 청구를 받으면 이를 거절할 수 없으나 그 지급을 금지당하였다가 추심 또는 전부명령을 받은 채권자에게 지급하는 은행의 행위는 자신의 사무처리행위이지 채권자의 사무처리행위라고 볼 수 없으므로 전부명령을 받은 채권자에게 예금액을 지급하지 않았다 하여 배임죄가 성립하지 않는다. (대법원 1983. 7. 12. 83도1405)

6. 피고인과 공소외 甲의 채권을 담보하기 위한 것이지만 피고인의 단독명의로 근저당권이 설정된 경우 변제할 이익이 없는 제3자는 위 甲의 채권을 변제하였어도 채권자의 승낙이 없으면 채권자를 대위할 수 없는 것이므로 피고인은 근저당권을 대위행사 할 수 있는 지위에 있지 아니하는 제3자의 사무를 처리하는 자에 해당되지 아니하니 피고인이 그 자신의 채권의 만족을 위하여 임의경매 신청 중 그 채무를 변제받고 경매신청을 취하하려는 것을 위 제3자가 甲을 대위한 위 근저당권의 공동관리자임을 자칭하고 경매를 취하하지 말라고 종용하였으나 피고인이 이를 묵살, 경매를 취하하였더라도 배임죄에 해당되지 않는다. (대법원 1983. 11. 8. 83도1553)

7. 할부로 구입하였으나 할부금 납부가 끝나지 않은 상태에서 자동차를 매도하면서 그 당시 시점에서 연체된 할부금을 일정 기일까지 완납하겠다고 약정하였다 하더라도, 이는 단순한 채무를 부담하는 경우에 해당할 뿐 이로 인하여 피고인이 배임죄에서 말하는 타인의 사무를 처리하는 자에 해당한다고 볼 수 없다. (대법원 1983. 11. 8. 83도2496)

8. 대지매도인이 중도금 및 잔금채권을 담보하기 위하여 매수인이 건축한 동지상 상가건물의 소유권보존등기를 그 명의로 하면서 동인과 사이에 점포를 직접 분양자들에게 지분이전등기를 하기로 하였는데, 이미 상가점포를 분양받은 자들이 있음에도 불구하고 매수인의 요구에 따라 제3자에게 소유권지분이전등기를 경료하여 주었다 하더라도 매도인은 점포분양 계약의 당사자가 아니므로 점포분양자들에게 지분이전등기 절차에 협력할 의무를 부담하고 있다고 보기 어렵고 설사 매도인이 위 대지를 매도하면서 직접 점포를 분양받은 자에게 이전등기를 해 줄 것을 약정하였다고 하더라도 이는 매수인에 대하여 부담하는 의무일 뿐 분양자들에 대한 의무로는 볼 수 없으므로 이들의 사무를 처리하는 자의 지위에 있다고 볼 수 없다. (대법원 1984. 1. 24. 83도1035)

9. 상표권양도약정을 체결한 피고인은 양수인에 대하여 그 상표권에 관하여 양수인 명의로 이전등록하도록 협력할 의무가 있고 그 점에서 양수인의 사무를 처리하는 자의 지위를 가진다 할 것이지만, 피고인이 그 상표권이전등록의무의 이행을 거부하고

양수인과 동종생산업체를 설립하여 그 제품에 위 상표를 부착하여 사용하였다 하더라도 이는 상표권이전등록을 이행하여 자기의 양도행위를 완성하여야 하는 자기의 채무의 불이행에 불과한 것이고 그것이 양수인의 사무를 처리하는 자의 임무위배행위에 해당하여 배임죄를 구성하는 것이라고 할 수는 없다. (대법원 1984. 5. 29. 83도2930)

10. 종중의 대표자가 그의 자와 공모하여 종중의 결의없이 대표자 자격을 참칭하여 종중소유 부동산에 관하여 자 앞으로 법률상 원인없는 소유권이전등기를 경료하였다면, 위 자가 종중에 대하여 무슨 사무처리의 임무를 부담하거나 종중과의 사이에 재물의 보관관계가 있다고 할 수 없어 자신의 명의가 된 부동산을 다시 처분하였다 하더라도 배임죄를 구성할 여지는 없다. (대법원 1985. 9. 10. 84도1518)

11. 약사명의로 약국개설과 사업자등록을 하고 그의 명의로 제약회사 등과 거래를 하되 대내적으로는 피고인의 책임과 계산으로 약국을 운영하고 약사에게는 매월 일정 금원의 보수를 지급키로 약정한 경우, 그 후 약사가 위 계약관계의 해소를 요구하였더라도 후임자를 구하지 못하여 위 약국을 폐쇄할 때까지 계속 경영한 것은 타인의 사무가 아닌 피고인 자신의 사무이며 그로 인한 채권채무관계등 일체의 거래관계로 인한 권리의무는 바로 피고인 자신에게 귀속하는 것이므로 위 약사와의 계속관계가 해소되지 않는 한 피고인을 배임죄에서 말하는 타인의 사무를 처리하는 자라 할 수 없다. (대법원 1986. 2. 11. 85도2435)

12. 근저당권 설정자는 근저당권자를 위하여 근저당권설정등기를 경료하여 줌으로써 근저당권설정계약상의 의무를 이행한 것이 되고 그 후 위 근저당권설정등기를 임의로 말소하여서 안되는 것은 물권인 근저당권의 대세적 효력의 당연한 귀결로서 근저당권 설정자를 포함한 모든 사람이 부담하는 의무이고 근저당권 설정자가 그 설정계약에 따라 근저당권자의 재산의 관리보호를 위하여 특별히 부담하는 의무는 아니므로 근저당권 설정자가 등기 관계서류를 위조하여 근저당권설정등기를 말소하였다 하더라도 이는 문서에 관한 범죄를 구성할 뿐이고 달리 배임죄를 구성한다고 할 수 없다. (대법원 1987. 8. 18. 87도201)

13. 청산회사의 대표청산인이 처리하는 채무의 변제, 재산의 환가처분 등 회사의 청산의무는 청산인 자신의 사무 또는 청산회사의 업무에 속하는 것이므로, 청산인은 회사의 채권자들에 대한 관계에 있어 직접 그들의 사무를 처리하는 자가 아니다. (대법원 1990. 5. 25. 90도6)

14. 양품점의 임차권만의 양도계약을 체결한 경우 양수인에게 그 점포를 명도하여 줄 양도인의 의무는 양도계약에 따른 민사상의 채무에 불과할 뿐 타인의 사무라고 할

수 없으므로 위 점포의 이중양도행위는 배임죄를 구성하지 않는다. (대법원 1990. 9. 25. 90도1216 | 같은 취지: 대법원 1986. 9. 23. 86도811; 대법원 1991. 12. 10. 91도2184)

15. 동업자 甲은 자금만 투자하고 동업자 乙은 노무와 설비를 투자하여 공사를 수급하여 시공하고 그 대금 등을 추심하는 등 일체의 거래행위를 담당하면서 그 이익을 나누어 갖기로 하는 내용의 동업계약이 체결되었다가 그 계약이 종료된 경우, 위 공사 시공 등 일체의 행위를 담당하였던 乙이 자금만을 투자한 甲에게 투자금원을 반환하고 또 이익 또는 손해를 부담시키는 내용의 정산의무나 그 정산과정에서 행하는 채권의 추심과 채무의 변제 등의 행위는 모두 乙 자신의 사무이지 자금을 투자한 甲을 위하여 하는 타인의 사무라고 볼 수는 없다. (대법원 1992. 4. 14. 91도2390)

16. 국토이용관리법 제21조의2 소정의 규제구역 내에 있는 토지를 매도하였으나 같은 법 소정의 거래허가를 받은 바가 없다면, 매도인에게 매수인에 대한 소유권이전등기에 협력할 의무가 생겼다고 볼 수 없고, 따라서 매도인이 배임죄의 주체인 타인의 사무를 처리하는 자에 해당한다고 할 수 없다. (대법원 1996. 8. 23. 96도1514)

17. 1인 주식회사 주식회사의 주식이 사실상 1인의 주주에 귀속하는 1인 회사의 경우 행위의 주체와 그 본인 및 다른 회사와는 별개의 인격체이므로 그 법인인 주식회사 소유의 금원을 1인 주주가 임의로 소비하여 그 본인 및 주식회사에게 손해가 발생하였을 때에는 배임죄가 성립한다. (대법원 1996. 8. 23. 96도1525)

18. 담보권이 설정된 상태에서 변제기가 경과하였으나 채무변제가 이루어지지 않아 담보권을 실행하는 경우 그 담보권의 실행업무는 자기의 사무처리이지 타인의 사무가 아니다. (대법원 1997. 12. 23. 97도2430 | 대법원 1985. 11. 26. 85도1493;)

19. 골프시설의 운영자가 일반회원들을 위한 회원의 날을 없애고, 일반회원들 중에서 주말예약에 대하여 우선권이 있는 특별회원을 모집하였다고 하더라도 그것이 곧 일반회원들에 대한 배임죄가 되는 것은 아니다. (대법원 2003. 9. 26. 2003도763)

20. 증여계약 불이행 서면에 의하지 아니한 증여계약이 행하여진 경우 당사자는 그 증여가 이행되기 전까지는 언제든지 이를 해제할 수 있으므로 증여자가 구두의 증여계약에 따라 수증자에 대하여 증여 목적물의 소유권을 이전하여 줄 의무를 부담한다고 하더라도 그 증여자는 수증자의 사무를 처리하는 자의 지위에 있다고 할 수 없다. (대법원 2005. 12. 9. 2005도5962)

21. 건설업자가 피해자들 소유의 토지 위에 다세대주택을 신축하여 그 중 일부를 피해자들에게 분양해 주기로 하면서 분양대금의 선지급 명목으로 토지의 소유권을 이전받은 후 이를 담보로 대출받은 돈을 임의로 사용한 경우, 위 대출금을 공사 목적

범위 내에서 사용할 임무는 배임죄에 있어서 타인의 사무에 해당하지 않는다. (대법원 2007. 10. 11. 2007도6161)

22. 이른바 보통예금은 은행 등 법률이 정하는 금융기관을 수치인으로 하는 금전의 소비임치 계약으로서, 그 예금계좌에 입금된 금전의 소유권은 금융기관에 이전되고, 예금주는 그 예금계좌를 통한 예금반환채권을 취득하는 것이므로, 금융기관의 임직원은 예금주로부터 예금계좌를 통한 적법한 예금반환 청구가 있으면 이에 응할 의무가 있을 뿐 예금주와의 사이에서 그의 재산관리에 관한 사무를 처리하는 자의 지위에 있다고 할 수 없다. (대법원 2008. 4. 24. 2008도1408)

23. 신탁회사와 신축아파트에 대한 부동산관리처분 신탁계약을 체결하고 소유권이전등기까지 경료해 준 아파트 건축분양회사가 임의로 신탁목적물인 아파트를 제3자에게 매도하여 제3자로 하여금 아파트를 임대하고 보증금을 받게 한 사안에서, 신탁계약의 목적은 소유권이전등기의 경료로써 이미 달성되었고 신탁목적물에 대한 보존·관리 및 비용부담 등의 사무는 위탁자인 건축분양회사 자신의 사무에 해당하므로, 위탁자의 위 처분행위는 배임죄를 구성하지 않는다. (대법원 2009. 2. 26. 2008도11722)

24. 대금지급의무 불이행 피고인은 임야를 매수하면서 계약금을 지급하는 즉시 자신의 명의로 소유권을 이전받되 매매잔금은 매도인 책임 아래 형질변경과 건축허가를 받으면 일정기간 내에 그 임야를 담보로 대출을 받아 지급하되, 건축허가가 나지 않으면 계약을 해제하여 원상회복하기로 약정하였으나, 피고인은 소유권이전등기가 되자마자 이를 담보로 제공하여 자금을 융통하고는 이를 매매대금으로 지급하지는 않았다. 이 경우 피고인이 일부 자신의 의무를 이행하지 않은 점이 있지만, 이는 매수인으로서 이행하여야 할 자신의 사무이고, 동시이행의 항변권은 매도인이 스스로 포기한 것이며, 매수인이 미리 부동산의 소유권을 이전받아서 이를 담보로 나머지 매매대금을 마련하기로 한 약정은 매매대금의 재원을 마련하는 방편에 관한 것에 불과하며, 매매대금 지급의무의 성실이행에 대한 매도인의 이익만을 근거로 매수인이 매도인의 사무를 처리하는 것이라고 할 수 없으므로 배임죄를 구성하지 않는다. (대법원 2011. 4. 28. 2011도3247)

25. 양도담보 설정자 채무자가 금전채무를 담보하기 위하여 그 소유의 동산을 채권자에게 양도담보로 제공함으로써 채권자인 양도담보권자에 대하여 담보물의 담보가치를 유지·보전할 의무 내지 담보물을 타에 처분하거나 멸실, 훼손하는 등으로 담보권 실행에 지장을 초래하는 행위를 하지 않을 의무를 부담하게 되었더라도, 이를 들어 채무자가 통상의 계약에서의 이익대립관계를 넘어서 채권자와의 신임관계에 기초하여

채권자의 사무를 맡아 처리하는 것으로 볼 수 없다. 따라서 채무자가 담보물을 제3자에게 처분하는 등으로 담보가치를 감소 또는 상실시켜 채권자의 담보권 실행이나 이를 통한 채권실현에 위험을 초래하더라도 배임죄가 성립한다고 할 수 없다. (대법원 2020. 2. 20. 2019도9756 전원합의체)

다. 사무처리의 근거

사무처리를 하게 되는 근거에는 제한이 없다. 사무처리를 하게 되는 근거를 유형별로 분류하면 법령, 법률행위, 관습, 사무관리 또는 사실상의 신임관계 등이 있다(대법원 1999. 6. 22. 99도1095).

【판례】 사무처리의 근거 배임죄의 주체로서 '타인의 사무를 처리하는 자'란 타인과의 대내관계에 있어서 신의성실의 원칙에 비추어 그 사무를 처리할 신임관계가 존재한다고 인정되는 자를 의미하고, 반드시 제3자에 대한 대외관계에서 그 사무에 관한 대리권이 존재할 것을 요하지 않으며, 업무상배임죄에 있어서의 업무의 근거는 법령, 계약, 관습의 어느 것에 의하건 묻지 않고, 사실상의 것도 포함한다. (대법원 2003. 1. 10. 2002도758)

사무처리의 근거가 되는 법률행위가 **무효**인 경우에 배임죄가 성립되는가에 대하여 견해대립이 있다.

① 긍정설

② 부정설 (**판례** | 대법원 1986. 9. 9. 선고 86도1382)

③ 절충설

결론 사무처리의 근거인 법률관계가 무효가 되는 경우로서 예를 들면 직권남용을 통해 상속세 없이 경영권 승계가 가능해지도록 도와주는 것을 조건으로 스포츠재단에 기금을 출연하기로 하는 계약이 있을 수 있다. 이 경우 불법조건이 붙어 있기 때문에 계약 자체가 무효가 되는데(민법 제151조 제1항), 그래도 채무자가 기금 출연을 해주지 않으면 배임죄가 성립된다고 보아야 하는가? 그렇지 않다. 법률행위가 무효이기 때문에 그에 따른 의무도 없으므로 배임행위가 성립된다고 할 수는 없는 일이다. **부정설**이 타당하다.

2) 임무에 위배되는 행위

임무에 위배되는 행위인가의 여부는 임무의 내용이 무엇인가에 따라 판단되어야 한다. 그리고 행위자에게 주어진 임무가 무엇인가 하는 점은 행위자에게 부여되어 있는 권한의 범위, 계약의 내용, 사무의 성격, 관련 법률규정, 신의성실의 원칙 등을 종합적으로 검토해서 결정해야 한다.

임무 위배 행위는 매매와 같은 법률행위를 통해서 뿐 아니라 사실행위를 통해서도 할 수 있으며, 재산적 처분행위의 형태 또는 의무부담 형태로도 가능하다. 또 회사 직원이 경제적인 대가를 얻기 위하여 경쟁업체에 영업비밀을 유출하는 경우(대법원 1999. 3. 12. 98도4704)같은, 작위에 의한 경우는 물론 부작위로도 할 수 있다.

【판례】 부작위에 의한 배임 주택조합 정산위원회 위원장이 해임되고 후임 위원장이 선출되었는데도 업무 인계를 거부하고 있던 중 정산위원회를 상대로 제기된 소송의 소장 부본 및 변론기일소환장을 송달받고도 그 제소사실을 정산위원회에 알려주지도 않고 스스로 응소하지도 않아 의제자백에 의한 패소확정판결을 받게 한 경우 (대법원 1999. 6. 22. 99도1095)

매매차익을 노리는 주식거래처럼 위험성이 매우 높은 거래(**위험거래**)의 경우에 타인의 사무처리를 맡은 사람이 선택을 잘못해서 큰돈을 날리게 될 수 있는데 이를 배임행위로 볼 수 있는가 하는 점이 문제될 수 있다.

우선 고려해야 할 사항은 위탁자가 재산관리 지침을 어떤 내용으로 내렸는가 또는 법인의 재산을 관리하는 경우 그 법인의 정관 규정이 어떠한 내용을 가지고 있는가 하는 점이다. 매매차익을 노린 주식거래와 같은 위험한 투자행위를 할 권한을 행위자에게 부여하고 있다면 위험거래는 배임행위가 되지 않는다. 반대로 안정적인 재산 관리를 하도록 되어 있는데도 불구하고 그러한 지침 또는 규정의 틀을 벗어나서 투자행위를 하게 되면 이는 배임행위가 된다.

【판례】 배임행위가 되는 경우 1. 공사잔대금 확보조로 부동산에 관한 소유권 이전등기 소요서류를 임치하고 있는 자가 이를 타인에게 처분하였을 경우에는 배임죄를 구성한다. (대법원 1973. 3. 13. 73도181)

2. 동업관계에서 탈퇴하였더라도 조합이 존속하고 있는 이상 아직 존속하고 있는 조합을 위하여 탈퇴로 인한 계산이 끝날 때까지 사업자등록 명의나 공장시설 등을 선량하게 보존할 의무가 있다 할 것이므로, 위 조합을 탈퇴한 후에 위와 같은 임무에 위배하여 그 사업자등록 명의를 다른 사람 앞으로 변경시켜 그 대가로 월 사용료를

받기로 하여 그에게 위 공장설비를 이용하도록 함으로써 다른 동업자들로 하여금 위 공장경영에 관여할 수 없게 하였다면 이는 배임죄에 해당한다. (대법원 1987. 5. 12. 86도2566)

3. **신용협동조합의 이사장**이 비조합원으로부터 받은 예탁금을 임의인출하여 어음할인 등에 사용하였다면 배임죄에 해당한다. (대법원 1990. 2. 23. 89도325)

4. **지하철공사 노동조합원**이 승객들로 하여금 무임승차하게 하여 지하철을 운행한 것은 배임 행위가 된다. (대법원 1990. 9. 28. 90도602)

5. 동업자들이 동업계약을 체결하고 영업을 해 오다가 중도에 영업활동을 중단하였거나 또는 동업약정기간이 경과되었더라도 그것만으로는 공동으로 취득한 해사채취권이 동업자의 1인인 피고인의 단독소유가 된다고 볼 수 없고 나머지 동업자들의 지분에 관한 한 명의수탁자의 지위에 있다 할 것이므로 이를 임의로 매도한 것은 배임죄에 해당한다. (대법원 1992. 10. 27. 91도2346)

6. **법인 기본재산 매도** 비영리 재단법인의 이사장이 설립목적과는 다른 목적으로 기본재산을 매수하여 사용할 의도를 가진 공소외인과 사이에 기본재산의 직접적인 매도는 주무관청의 허가문제 등으로 불가능하자 이사진 등을 교체하는 방법으로 재단법인의 운영을 공소외인에게 넘긴 후 공소외인이 의도하는 사업을 할 수 있게 재단법인의 명칭과 목적을 변경함으로써 사실상 기본재산을 매각하는 효과를 얻되 그 대가로 금원을 받기로 하는 약정을 체결하고 그 일부를 수령한 경우, 주무관청의 허가의 문제로 법률상 유효한 약정인가 여부와 관계없이 재단법인과 사이의 신임관계를 저버린 배임행위에 해당한다. (대법원 2001. 9. 28. 99도2639)

7. **저가 전환사채 발행** 비등록·비상장 법인의 대표이사가 시세차익을 얻을 의도로 주식 시가보다 현저히 낮은 금액을 전환가격으로 한 전환사채를 발행하고 제3자의 이름을 빌려 이를 인수한 후 전환권을 행사하여 인수한 주식 중 일부를 직원들에게 전환가격 상당에 배분한 경우, 전환사채의 발행·인수로써 주식 시가와 전환가격의 차액 상당의 재산상의 이익을 취득하고 법인에게 손해를 가한 업무상배임죄가 성립하였다. (대법원 2001. 9. 28. 2001도3191)

8. **여신부당취급** 금융기관의 직원들이 대출을 함에 있어 대출채권의 회수를 확실하게 하기 위하여 충분한 담보를 제공받는 등 상당하고도 합리적인 조치를 강구함이 없이 만연히 대출을 해 주었다면 업무위배행위로 제3자로 하여금 재산상 이득을 취득하게 하고 금융기관에 손해를 가한다는 인식이 없었다고 볼 수 없다. (대법원 2003. 2. 11. 2002도5679)

9. 여신부당취급 남북정상회담을 전후하여 대북경제협력사업을 추진 중인 기업에 대하여 국책 금융기관이 충분한 담보를 제공받는 등 상당하고도 합리적인 조치를 강구함이 없이 만연히 대규모 여신지원을 한 경우 은행 관련자들에게 업무상 배임죄가 인정된다. (대법원 2004. 3. 26. 2003도7878)

10. 여신부당취급 상호지급보증 관계에 있는 회사 간에 보증회사가 채무변제능력이 없는 피보증회사에 대하여 합리적인 채권회수책 없이 새로 금원을 대여하거나 예금담보를 제공하였다면 업무상배임죄를 구성한다. (대법원 2004. 7. 9. 2004도810)

11. 여신부당취급 금융기관 직원이 허위의 분양계약자들을 내세운 주택건설업자나 하청업자에게 주택신용보증기금의 전자보증 아래 주택자금 융자를 해준 경우, 이러한 전자보증은 주택수요자가 아닌 자를 대상으로 한 것으로서 보증사고 발생시 신용보증기금으로부터 대출금에 대한 보증금을 지급받지 못할 우려가 있어 위 보증으로 대출의 부실가능성을 봉쇄하였다고 볼 수 없으므로 업무상배임죄가 성립한다. (대법원 2006. 10. 26. 2004도8106)

12. 甲상호저축은행의 임원인 피고인들은 상호저축은행법에 위배되기 때문에 甲상호저축은행이 실질적 당사자가 되어 시행하거나 보유할 수 없는 골프장 건설사업을 친인척 명의를 내세워 편법으로 추진하고 구체적인 사업성 검토도 제대로 거치지 아니한 채 甲상호저축은행의 자금을 지출하였다. 이는 업무상배임에 해당한다. (대법원 2011. 10. 27. 2009도14464)

13. 甲회사의 실질적인 경영자인 피고인이 자신의 개인사업체가 甲회사에 수목을 매매하였다는 허위의 매매계약을 체결하고 그 매매대금 채권과 甲회사의 자신에 대한 채권을 상계처리 하였다면, 그 상계가 법률상 무효라고 하더라도 업무상배임죄가 성립한다. (대법원 2012. 2. 23. 2011도15857)

14. 피고인은 자동차를 매수하면서 甲회사에서 필요한 자금을 대출받고 자동차에 저당권을 설정하였다. 그 후 피고인은 신원을 알 수 없는 제3자에게서 돈을 차용하고 담보로 자동차를 인도하면서 차량포기각서만 작성해 주고 소유권이전등록에 필요한 조치는 취하지 않았다. 이후 피고인은 제3자에 대한 차용금의 변제도 甲회사에 대한 채무의 변제도 하지 않았고, 甲회사는 저당권 실행을 위해 자동차 인도명령을 받았으나 차량의 소재 파악이 불가능하여 집행불능에 이르렀다. 이와 같은 피고인의 행위는 담보가치를 실질적으로 상실시키는 것으로서 배임죄가 성립되는 특별한 사정이 있는 경우에 해당한다. (대법원 2012. 9. 13. 2010도11665)

15. 甲회사의 대표이사인 피고인은 乙회사와 포괄적 주식교환계약을 체결하면서 甲

회사의 매출액을 부풀려 허위 계상한 자료를 평가기관에 제공하는 방법으로 甲회사의 주식가치가 과대평가되도록 하여 주식교환비율을 정한 다음 乙회사의 대표이사로 취임한 후 이 계약에 따라 주식교환을 실시하여 乙회사에 손해를 가하였다면 업무상배임에 해당한다. (대법원 2012. 11. 15. 2010도11382)

16. 甲회사의 부사장인 피고인은 대외적인 영업활동을 하면서 금형제작·납품계약을 체결하는 과정에서 금형제작물량 중 1/2은 甲회사에서 제작하고 나머지 1/2은 자신이 직접 운영하던 乙회사에서 제작하기로 약정을 하고는, 甲회사에 알리지 않은 채 주문물량 전체를 자신이 직접 운영하던 회사 몫으로 돌려 제작·납품하고 납품대금 전액을 받아 챙겼다면 대금 전액에 대하여 업무상배임죄가 성립한다. (대법원 2013. 4. 26. 2011도6798)

17. 여신부당취급 회사의 이사가 채무변제능력을 상실한 사람에게 회사자금을 대여하거나 그 사람의 채무에 대한 지급보증을 하면서 충분한 담보를 제공받는 등 상당하고 합리적인 채권회수조치를 취하지 않았다면 배임죄가 성립한다. (대법원 2013. 9. 26. 2013도5214)

18. 영업상 주요한 자산 영업비밀이 아니더라도 그 자료가 불특정 다수의 사람에게 공개되지 아니하였고 사용자가 상당한 시간, 노력 및 비용을 들여 제작한 영업상 주요한 자산인 경우에는 그 자료의 반출행위는 업무상배임죄를 구성한다. (대법원 2016. 6. 23. 2014도11876)

19. 연대보증 甲 주식회사의 대표이사인 피고인이 자신과 자신의 딸이 주식 모두를 소유하고 있는 乙 주식회사를 운영하던 중, 乙회사로부터 아무런 담보도 제공받지 않고 주주총회나 이사회의 결의도 없이 甲회사가 乙회사의 대출에 대한 연대보증을 하고 乙회사가 신축하는 건물을 미리 임차하여 임대료를 선지급하게 하였다면 업무상배임에 해당한다. (대법원 2015. 11. 26. 2014도17180)

【판례】 배임행위가 되지 않는 경우 **1. 계주**는 계원들로부터 징수한 계금을 계원에게 지급하여야 할 업무상 임무가 있으므로 그 임무에 위배하여 지정된 계원에게 지급하지 아니하고 임의로 소비한 경우에는 업무상 배임죄가 성립한다고 할 것이나, 계가 **파계**된 후에 있어서는 계불입금의 청산의무는 있을지언정 계 존속을 전제로 한 위와 같은 계금 지급의무는 인정할 여지가 없는 것이므로 계주가 파계후에 계원들로부터 계가 존속하는 것처럼 계금을 징수하는 것이 계원들과 사이에 사기죄가 성립함은 별론으로 하고 위와 같이 징수한 금원을 계불 입금의 청산금이 아니라 계존속을 전제로 한 계

금으로서 계원에게 지급할 업무상 임무가 있다고 볼 수 없다. (대법원 1982. 11. 9. 82도2093)

2. 채권자인 피고인은 채무자의 부동산을 담보목적으로 자신의 명의로 소유권이전등기 해 두었는데, 변제기일이 지나도 변제가 되지 않자 대물변제된 것으로 하되 채무자가 환매할 수 있도록 약정하였다. 그 상태에서 피고인이 환매기일이 도과된 후에 그 부동산에 관하여 제3자 앞으로 그 저당권설정등기를 하였다면 배임행위가 될 수 없다. (대법원 1983. 2. 22. 82도2945)

3. 중간계주를 통하여 계부금을 불입하였으나 계원으로서의 지위를 갖지 않는 자에 대하여 계주가 계금지급을 하지 아니하더라도 배임죄가 성립하지 아니한다. (대법원 1983. 4. 12. 82도2460)

4. 계주인 피고인이 계원에게 100만원의 곗돈을 적게 지급한 것이 사실이라 하더라도 그 당시 피고인이 100만원을 다음 달에 주겠다고 말하고 계원인 고소인이 처음에는 안 된다고 하다가 나중에는 다음 달에 달라고 승낙하였다면 피고인의 위 소위를 가리켜 임무에 위배한 행위라고 할 수 없다. (대법원 1983. 11. 8. 83도2309)

5. 대지를 매도하였다가 등기를 넘기지 않은 채 재매입한 자가 이를 타에 다시 매도한다고 해서 배임죄를 구성하지는 않는다. (대법원 1984. 4. 24. 83도1945)

6. 채무자가 물상보증인의 사전승낙 없이 채무 최고한도액을 초과하여 차금을 하였더라도 이것이 곧 배임죄를 구성하지는 않는다. (대법원 1984. 7. 24. 83도3196)

7. 도급인이 수급인에게 잔여공사를 완공할 것을 정지조건으로 하여 그 공사비에 대한 대물변제로 부동산의 소유권을 이전키로 하였으나 수급인이 위 공사를 완성하지 않았다면 수급인으로서는 도급인에게 위 대물변제예약의 이행을 청구할 수 있는 지위에 있지 않다 할 것이므로 도급인이 위 부동산을 다시 다른 채권자에게 담보제공하였다 하여 이를 임무위배행위라 할 수 없다. (대법원 1985. 3. 26. 85도124)

8. 부동산을 이중으로 매도한 경우에 매도인이 선매수인에게 소유권이전의무를 이행하였다고 하여 후매수인에 대한 관계에서 그가 임무를 위법하게 위배한 것이라고 할 수 없다. (대법원 1992. 12. 24. 92도1223)

9. 조합의 대표자에게 약정위반에 따른 청구권을 행사하여 위 대표자로부터 약속어음을 발행받고 그에 대한 집행증서를 작성·교부받았다면, 피고인이 위 약속어음 발행 당시에 그에 관하여 위 조합의 결의를 거치지 않은 사실을 알고 있었다 하더라도 이는 위 조합이 승계약정을 위반한 데에 대하여 피고인 자신의 채권을 확보하기 위한 정당한 권리의 행사라고 보여지고, 그와 같은 피고인의 행위가 위 조합으로부터

불법적인 이익을 얻을 의사로써 위 대표자의 배임행위에 가담하였다고 보기 어렵다. (대법원 1996. 4. 23. 96도163)

10. **가장납입** 신주발행에 있어서 대표이사가 납입의 이행을 가장한 경우, 상법 제628조의 납입가장죄가 성립하는 이외에 따로 기존 주주에 대한 업무상배임죄가 성립하지는 않는다. (대법원 2004. 5. 13. 2002도7340)

11. 주식회사의 설립업무 또는 증자업무를 담당한 자와 주식인수인이 사전 공모하여 주금납입취급은행 이외의 제3자로부터 납입금에 해당하는 금액을 차입하여 주금을 납입하고 납입취급은행으로부터 납입금보관증명서를 교부받아 회사의 설립등기절차 또는 증자등기절차를 마친 직후 이를 인출하여 위 차용금채무의 변제에 사용하는 경우, 위와 같은 행위는 실질적으로 회사의 자본을 증가시키는 것이 아니고 등기를 위하여 납입을 가장하는 편법에 불과하여 주금의 납입 및 인출의 전 과정에서 회사의 자본금에는 실제 아무런 변동이 없다고 보아야 할 것이므로 그들에게 불법이득의 의사가 있다거나 회사에 재산상 손해가 발생한다고 볼 수는 없으므로, 업무상배임죄가 성립한다고 할 수 없다. (대법원 2005. 4. 29. 2005도856)

12. 불법매각된 국유지의 환수업무를 처리하는 공무원이 다수의 이해관계가 충돌하고 법적 해결이 용이하지 않은 상황에서 이를 해결하기 위하여 선의의 취득자 보호를 위한 국유재산법상 특례매각에 관한 규정을 유추적용하기로 하면서 문제의 발생 원인과 각종 이해관계 및 파급효과 등을 전반적으로 고려하고 내부 결재를 거쳐 특례매각의 범위를 확장하여 시행한 경우, 그로 인해 결과적으로 국가에 재산상 손해가 발생하였다고 하더라도 문제해결을 위한 직무범위 내의 정책판단과 선택이므로 업무상배임죄에 해당하지 않는다. (대법원 2008. 6. 26. 선고 2006도2222)

13. 피고인들은 퇴사하면서 회사가 제조·판매하는 특정 단말기에 관한 회로도, 부품리스트, 다운로드 매뉴얼, 테스트 매뉴얼, 소프트웨어, 사양서 등이 저장된 CD와 컴퓨터를 반출하였다. 그런데 유출된 기술자료 중 회로도는 이미 공개되어 있는 표준회로도와 매우 유사하고, 단말기는 이미 판매되고 있었으며, 단말기를 구성하는 부품 자체는 모두 공지된 것이어서 자료의 부품리스트를 쉽게 알아낼 수 있는 것이었고, 다운로드 매뉴얼과 테스트 매뉴얼 및 사양서는 제품의 하드웨어 구조와 소프트웨어 기능이 확정되면 작성될 수 있는 것이어서, 이들 자료는 이를 통해 경쟁상 이득을 얻을 수 있는 정도에 이르렀다고 할 수 없으므로 '**영업상 주요한 자산**'에 해당한다고 볼 수 없어 업무상배임죄에 해당한다고 하기 어렵다. (대법원 2011. 6. 30. 2009도3915)

14. 甲회사의 직원인 피고인이 대표이사 乙의 직무발명을 특허로 출원하면서 임의

로 특허출원서 발명자란에 자신의 성명을 추가로 기재하여 공동발명자로 등재되도록 했더라도 업무상배임죄에 해당하지 않는다. (대법원 2011. 12. 13. 2011도10525)

3) 재산상 이익

행위자가 임무에 위배되는 행위를 함으로써 자기 또는 제3자가 재산적 이익을 취득해야 한다. 재산상의 이익이란 재산이 증가되거나(**적극적 이익**) 감소되어야 할 재산이 감소되지 않는 것(**소극적 이익**)을 의미한다.

금전은 재물이지만 재산적 가치라는 사회적 의미를 갖고 있어서 금전을 취득하는 것도 재산상의 이익으로 평가된다. 예탁금 임의인출(대법원 1990. 2. 23. 89도325), 대출금 지급(대법원 2003. 2. 11. 2002도5679; 대법원 2004. 3. 26. 2003도7878; 대법원 2004. 7. 9. 2004도810), 계금 지급 면탈(대법원 1994. 3. 8. 93도2221) 등의 경우가 이에 해당한다.

4) 재산상 손해

행위자가 임무에 위배되는 행위를 함으로써 자기 또는 제3자가 재산적 이익을 취득하고 이를 통해 본인에게 재산적 손해가 발생하여야 한다. 임무 위배 행위를 통해 재산적 이익을 취득했지만 손해가 발생하지 않거나, 손해는 발생했지만 다른 원인에 의한 것이면 배임죄는 성립되지 않는다.

사기죄에서 재산적 처분행위와 재산적 손해의 발생 사이에 인과관계가 연결되어야 하듯이, 배임죄의 경우에도 재산적 이익 취득과 재산적 손해 사이에 인과관계가 있어야 한다.

재산적 손해가 있었는가의 여부를 판단하는 방법은 사기죄의 경우와 같다. 임무 위배 행위의 전후를 비교해 볼 때 전체재산이 감소했으면 재산적 손해가 인정된다(**차감계산의 원칙**). 전체재산의 감소는 기존 재산이 감소하는 경우(**적극적 손해**) 뿐 아니라 장래에 취득할 이익의 상실(**소극적 손해**)도 포함하는 개념이다.

【판례】 손해발생이 인정되는 경우 1. 정부가 관리하는 조절용 사료의 적정한 배급을 위하여 그 관할구역내의 양돈수를 조사·보고하는 임무를 맡은 읍직원이 허위보고를 함으로써 조절용사료가 부당하게 배정·방출 되었다면 그로 인하여 나라에게 **조절용 사료의 부당한 감소**라는 재산적 손해를 입힌 것이므로 배임죄가 성립된다. (대법원

1978. 8. 22. 78도958)

2. 교회재산의 관리업무에 종사하고 있던 자가 공소외인과 간에 동인이 위 부동산을 담보로 금융기관으로부터 8,000만원의 대출을 받아 교회채무를 변제키로 하는 약정하에 2억원 상당의 교회부동산을 동인 앞으로 무조건 소유권이전등기하여 주는 것은 동인에게 차액상당의 재산상 이익을 취득케하고 소유자인 교회에게 손해를 입히는 것이 되어 배임죄에 해당한다. (대법원 1986. 6. 10. 84도2015)

3. 온천개발을 목적으로 설립된 주식회사의 대표이사가 그 회사가 명의신탁의 방법으로 사실상 보유하고 있던 온천발견자의 지위를 그 임무에 위배하여 아무런 대가 없이 타에 양도하였다면, 적어도 회사에 대하여 위 온천발견에 소요된 비용 상당의 손해를 가하고 타인으로 하여금 동액 상당의 이익을 취하게 하였다고 봄이 상당하다. (대법원 2000. 11. 24. 99도822)

4. 주식회사의 대표이사가 주주들에게 법인의 가지급금을 지급함에 따라 가지급금에 대한 인정이자를 계산하여 익금에 산입하여야 함에도 주주들로부터 인정이자를 회수하지 않고 회수한 것처럼 회계서류를 조작한 경우 배임죄가 성립한다. (대법원 2005. 9. 29. 2003도4890)

5. 회사정리절차가 진행 중인 주식회사를 인수하기 위하여 서류상 회사를 설립하고 대출을 받아 피인수회사의 주식 등을 인수하는 과정에서 피인수회사의 자산을 담보로 제공한 경우 업무상배임죄를 구성한다. (대법원 2006. 11. 9. 2004도7027)

6. 정부의 "1999. 12. 15. 어가부채경감대책"에 따라 수산업협동조합중앙회가 조성하여 해수어류수산업협동조합이 차입한 '수산업 경영개선자금'은 그 지원대상이 각종 수산업 자금을 5,000만 원 이상 대출받은 수산업 경영체로, 지원한도가 기존의 고금리대출자금의 원리금 범위 내로 각 한정되어 있으므로, 위 경영개선자금을 부적격자에게 대출하거나 적격자에게 대출하더라도 그 지원한도를 초과하여 대출하는 행위는 비록 충분한 담보가 제공되어 대출금의 회수가 보장된다고 하더라도, 결국 특정 목적을 위하여 조성된 위 **경영개선자금의 부당한 감소**를 초래하여 위 자금이 본래의 목적을 위하여 사용됨을 저해하는 것이므로, 해수어류수산업협동조합은 위와 같은 경영개선자금의 부당대출로 인하여 재산상의 손해를 입었다고 보아야 한다. (대법원 2007. 4. 27. 2007도1038)

【판례】 손해발생이 인정되지 않는 경우 1. 한국전력공사 지방출장소장인 피고인이 전기수용자로부터 전기요금 징수가 부당하다는 항의를 받고 이를 조사하여 초과징수된 금액을 전기수용자에게 환급처리하는 임무는 한국전력공사의 사무를 처리하는 직원으로

서의 임무라 하겠으므로 피고인이 그 **환급사무**의 처리를 태만히 하였다 하여도 한국전력공사에 대한 임무위배는 될지언정 위 전기수용자에 대한 임무위배는 될 수 없다고 할 것인데, 피고인의 위 임무위배 행위는 사무주체인 한국전력공사에 아무런 손해를 입힌 바 없음이 명백하여 배임죄를 구성하지 아니한다. (대법원 1984. 7. 10. 84도883)

2. 이중양도담보 피고인은 자기 소유의 에어컨을 피해자 乙에게 양도담보로 제공하고 점유개정의 방법으로 점유하고 있었는데, 다시 그 에어컨을 丙에게 양도담보로 제공한 후 역시 점유개정의 방법으로 점유를 계속하였다. 이 경우 丙은 처음 담보권자인 乙에 대하여 배타적으로 자신의 담보권을 주장할 수 없으므로 乙의 입장에서 담보권 상실이나 담보가치 감소 등 손해가 발생한 것이 아니어서 배임죄가 성립하지 않는다. (대법원 1990. 2. 13. 89도1931 | 같은 취지: 대법원 1987. 5. 12. 86도1117)

3. 대출금 용도외 유용 형식적으로 대출금이 거래처에 교부된 것처럼 되어 있으나 실질적으로는 거래처의 기존대출금에 대한 연체이자 정리를 위하여 서류상으로만 위 거래처가 신규대출 받는 것으로 기재되었을 뿐 금융기관 측에서 위 거래처에게 대출금이 새로 교부된 것이 아니므로 그로 인하여 금융기관 측에 어떤 새로운 손해가 발생하는 것은 아니라고 할 것이어서 따로 업무상배임죄가 성립된다고 볼 수 없다. (대법원 2002. 6. 28. 2000도3716 | 같은 취지: 대법원 2000. 6. 27. 2000도1155)

4. 대표이사가 개인의 차용금 채무에 관하여 개인 명의로 작성하여 교부한 차용증에 추가로 회사의 법인 인감을 날인하였다고 하더라도 회사에 재산상 손해가 발생하였다거나 재산상 실해 발생의 위험이 초래되었다고 볼 수 없다. (대법원 2004. 4. 9. 2004도771)

5. 가장납입 주식회사의 설립업무 또는 증자업무를 담당한 자와 주식인수인이 사전 공모하여 주금납입취급은행 이외의 제3자로부터 납입금에 해당하는 금액을 차입하여 주금을 납입하고 납입취급은행으로부터 납입금보관증명서를 교부받아 회사의 설립등기절차 또는 증자등기절차를 마친 직후 이를 인출하여 위 차용금채무의 변제에 사용하는 경우, 이러한 행위는 주금의 납입 및 인출의 전 과정에서 회사의 자본금에는 실제 아무런 변동이 없다고 보아야 할 것이므로 회사에 재산상 손해가 발생한다고 볼 수는 없다. (대법원 2005. 4. 29. 2005도856)

6. 피고인이 (선박등기법의 적용대상이 아닌) 소형 어선을 점유개정에 의한 방식으로 양도담보로 제공한 후, 그 어선을 동생에게 매도하는 증서를 작성하고 동생을 어선원부상의 소유자로 변경 등록하면서 자신이 계속 점유하여 사용한 경우, 어선원부

상의 명의변경은 실체적 권리변동에 아무런 영향도 끼치지 않아 피해자에게 어떠한 손해도 발생시킬 위험을 가지지 않으므로 배임죄가 성립하지 않는다. (대법원 2007. 2. 22. 2006도6686)

7. 새마을금고의 **동일인 대출한도** 제한 규정은 새마을금고 자체의 적정한 운영을 위하여 마련된 것이지 대출채무자의 신용도를 평가해서 대출채권의 회수가능성을 직접적으로 고려하여 만들어진 것은 아니므로 동일인 대출한도를 초과하였다는 사실만으로 곧바로 대출채권을 회수하지 못하게 될 위험이 생겼다고 볼 수 없고, 그로 인하여 다른 회원들에 대한 대출을 곤란하게 함으로써 새마을금고의 적정한 자산운용에 장애를 초래한다는 등 어떠한 위험이 발생하였다고 단정할 수도 없다. 따라서 동일인 대출한도를 초과하여 대출함으로써 그 사실만으로 특별한 사정이 없는 한 업무상배임죄가 성립한다고 할 수 없다. (대법원 2008. 6. 19. 2006도4876 전원합의체)

8. 자동차에 대하여 저당권이 설정되는 경우 자동차의 교환가치는 그 저당권에 포섭되고, 저당권설정자가 자동차를 매도하여 그 소유자가 달라지더라도 저당권에는 영향이 없으므로, 특별한 사정이 없는 한 저당권설정자가 단순히 그 저당권의 목적인 자동차를 다른 사람에게 매도한 것만으로는 배임죄가 성립하지 아니한다. (대법원 2008. 8. 21. 2008도3651)

9. 甲회사의 대표이사인 피고인은 乙회사 등의 주식에 대한 인위적 주가조작을 하는 과정에서 제3자로부터 필요한 자금을 제공받은 후 甲회사를 채무자로 하는 금전소비대차계약을 체결하였다. 이 경우 이러한 금전소비대차계약은 사기적 부정거래를 통한 주가조작 범행에 필요한 자금을 제공하는 반사회질서 법률행위에 기초한 것으로서 그 채무부담행위는 甲회사에 대하여 무효가 되어 甲회사에 어떠한 손해도 발생하거나 발생할 위험이 없어 업무상배임죄가 성립한다고 할 수 없다. (대법원 2011. 7. 14. 2011도3180)

재산의 감소가 현실적으로 발생하지 않더라도 위험을 부담하게 되면 그 자체가 재산상 손해로 평가된다(대법원 1989. 10. 24. 89도641; 대법원 1990. 3. 27. 89도1083; 대법원 1992. 5. 26. 91도2963; 대법원 1995. 12. 22. 94도3013; 대법원 1998. 2. 24. 97도183; 대법원 1999. 4. 13. 98도4022; 대법원 1999. 6. 22. 99도1095; 대법원 2005. 9. 29. 2003도4890; 대법원 2004. 3. 26. 2003도7878; 대법원 2012. 2. 23. 2011도15857; 대법원 2012. 12. 27. 2012도10822). 따라서 경제적으로 불리한 계약을 체결하게 되면 그 자체로서 재산상 손해가 된다.

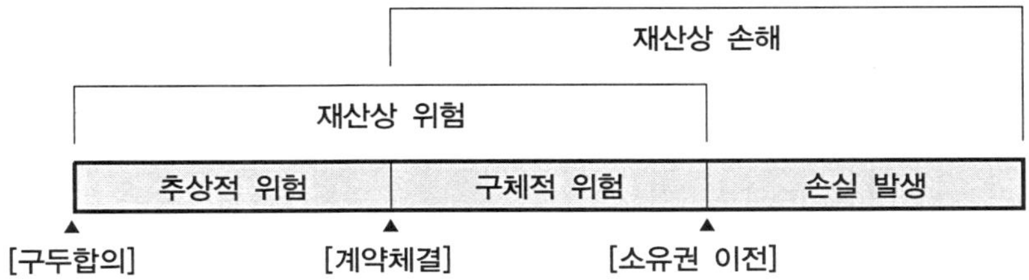

【판례】 재산상 실해 발생의 위험이 인정되는 경우 1. 주식회사의 대표이사가 회사의 유일한 재산을 처분하면서 주주총회의 특별결의나 이사회의 승인을 거치지 아니하여 그 매매계약이나 소유권이전등기가 법률상 무효라고 하더라도 경제적 관점에서 파악할 때 **재산상 실해 발생의 위험**을 초래한 것으로서 손해를 가한 경우에 해당한다. (대법원 1995. 11. 21. 94도1375)

2. 자신의 채권자와 부동산 양도담보 설정계약을 체결한 피고인이 그 소유권 이전 등기 경료 전에 임의로 기존의 근저당권자인 제3자에게 지상권 설정 등기를 경료해 준 경우, 그 지상권 설정이 새로운 채무부담 행위에 기한 것이 아니라 기존의 저당권자가 가지는 채권을 저당권과 함께 담보하는 의미밖에 없다고 하더라도 이로써 양도담보권자의 채권에 대한 **담보능력 감소의 위험**이 발생한 이상 배임죄를 구성한다. (대법원 1997. 6. 24. 96도1218)

3. 재단법인 불교방송의 이사장 직무대리인 피고인이 후원회 기부금을 정상 회계처리하지 않고 자신과 친분관계에 있는 신도가 자금압박을 받고 있고 은행대출에 필요한 조건을 갖추지 못해 대출받기가 어렵다는 사정을 알고는 충분한 담보를 제공받는 등 합리적인 채권회수조치를 취하지 아니한 채 대여하였다면 **재산상 실해 발생의 위험**을 초래한 것으로서, 그 신도가 이자를 제때에 불입하고 나중에 원금을 변제하였다 하더라도 배임죄가 성립한다. (대법원 2000. 12. 8. 99도3338)

4. **신한LBO** 피고인 甲은 서류상 회사 S&K월드코리아를 설립하고, 이 회사를 통해서 (주)신한의 주식 지분 66.2%를 인수하여 대표이사로 취임하였다. 甲은 동양현대종합금융에서 350억 원을 그리고 한미은행에서 320억 원을 대출 받아 인수자금을 마련하였는데, 그 과정에서 동양현대종합금융에 대해서는 (주)신한 소유의 550억 원 대 부동산에 근저당권을 설정해주기로, 한미은행에 대해서는 (주)신한 소유의 예금 320억 원을 담보로 제공하기로 약정하였다. 甲은 (주)신한의 대표이사로 취임한 후 별다른 대가 없이 S&K월드코리아가 동양현대종합금융에 대하여 부담하는 채무에 대한 담보 명목으로 (주)신한 소유의 9개 부동산에 관하여 채권최고액 350억 원 상당의 근저당

권을 설정해 주었으며, S&K월드코리아가 한미은행에 대하여 부담하는 채무에 대한 담보 명목으로 (주)신한 소유의 320억 원 상당의 정기예금채권에 대하여 근질권을 설정해 주었다.

이처럼 甲이 (주)신한의 대표이사로서 그 회사 소유 부동산을 별개의 회사인 S&K 월드코리아가 금융기관에 대하여 부담하고 있는 채무에 대한 담보로 제공하면서, 그 위험부담에 상응하는 반대급부를 제공받지 않았다면 업무상 배임에 해당한다. (대법원 2008. 2. 28. 2007도5987)

5. 배임죄에 있어 재산상의 손해를 가한 때라 함은 현실적인 손해를 가한 경우뿐만 아니라 재산상 실해 발생의 위험을 초래한 경우도 포함되고, 재산상 손해의 유무에 대한 판단은 본인의 전 재산 상태와의 관계에서 법률적 판단에 의하지 아니하고 경제적 관점에서 파악하여야 하며, 따라서 법률적 판단에 의하여 당해 배임행위가 무효라 하더라도 경제적 관점에서 파악하여 배임행위로 인하여 본인에게 현실적인 손해를 가하였거나 **재산상 실해 발생의 위험**을 초래한 경우에는 재산상의 손해를 가한 때에 해당되어 배임죄를 구성한다. (대법원 2013. 4. 11. 2012도15890)

【판례】 실해 발생의 위험이 인정되지 않는 경우　1. 피고인은 자신의 부동산을 6억5천만원에 매도하기로 하고 계약금과 중도금 5억7천만원을 지급받았는데, 제3자가 7억원에 매입하겠다고 나서자 매매계약을 체결하고 계약금 2천만원을 수령하였으나 더 이상 계약이행이 이루어지지 않았고 중도금도 수령하지 않았다. 이 경우 배임행위는 실행의 착수에도 이르지 않았으므로 처벌대상이 되지 않는다. (대법원 2003. 3. 25. 2002도7134)

2. 한일합섬 LBO　피고인 甲은 정리법원이 한일합섬에 대한 매각공고를 하자 이를 인수하기 위한 특수목적회사로 (주)동양메이저산업을 설립하고 자신이 대표이사로 취임하였다. 동양메이저산업을 주축으로 한 컨소시엄은 곧 우선협상대상자로 선정되었고, 한일합섬의 회사채 2천억 원과 신주 3,002억 원을 인수하는 방식으로 한일합섬을 인수하였다. 이 과정에서 동양메이저산업은 3개 은행과 4,725억 원의 대출계약(회사채 인수대금 2천억 원, 신주 인수대금 1,700억 원, 대출금 이자 및 수수료 375억 원, 주식 추가매입 자금 650억 원)을 체결하면서, 향후 인수하게 될 한일합섬이 보유하고 있는 예금채권에 대한 근질권과 회사채에 대한 양보담보를 설정해 주기로 약정하였다. 또한 동양메이저산업의 지주회사인 동양메이저가 추가로 자금제공의무를 부담하기로 하였고, 이에 따라 동양메이저는 회사채를 발행하고 계열사로부터 자금을 모아 1천억 원을 조달하여 동양메이저산업의 신주를 100% 매입하였다. 이후 동양메이저는

동양메이저산업이 납입하였던 회사채 인수대금 2천억 원을 인출하여 회사채를 변제하였으며, 예금채권 1,700억 원을 인출하여 은행 대출을 변제하였다.

이 경우 동양메이저산업 컨소시엄이 한일합섬 주식회사를 인수하면서 한일합섬의 자산이 직접 담보로 제공되지 않았으며, 합병의 실질이나 절차에 문제가 없었으므로 합병으로 인하여 한일합섬 주식회사가 손해를 입었다고 볼 수 없다. (대법원 2010. 4. 15. 2009도663)

3. 온세통신 LBO (주)유비스타의 대표이사로 재직 중이던 피고인 甲은 온세통신 주식회사가 회사 매각을 위한 입찰을 실시하자 제안서를 제출하여 우선협상대상자로 선정되었다. 甲은 유상증자 222억 원, 전환사채 발행 740억 원, 은행 대출 950억 원 그리고 내부 자금 71억 원을 동원하여 인수자금을 마련하였다. 이 과정에서 甲은 온세통신의 경영권을 확보한 후에 온세통신이 보유하고 있는 예금채권(88억 원), 매출채권(100억 원) 및 전세보증금채권(90억 원) 등을 담보로 제공하겠다는 약정을 하였다. 이후 유비스타는 인수대금을 모두 납입하였고 甲은 온세통신의 대표이사로 취임하였다. 온세통신을 인수한 이후에 甲은 온세통신 주식회사 소유의 부동산에 근저당권을 설정해 주고 우리은행으로부터 834억 원을 장기대출 받았다. 이 834억 원으로 甲은 온세통신의 사채 834억원을 조기상환하였다. 그리고 온세통신 사옥을 매각하여 그 대금으로 우리은행에서 차입한 장기대출금과 이자를 모두 상환하였다.

피고인 甲은 온세통신 주식회사를 인수하기 위한 자금을 마련하기 위해서 유상증자 및 전환사채 발행을 하였으며, 이렇게 자체적으로 조달한 인수대금이 신주인수대금의 절반 정도를 차지하고 있으므로, 피인수 기업에게 아무런 반대급부 없이 손해만 야기한 경우라고 하기 어렵다. 또한 인수·합병 이후에 온세통신의 부동산을 담보로 제공하고 장기대출을 받아 온세통신이 부담하고 있던 사채를 조기상환하고, 나아가 온세통신의 사옥을 매각하여 그 대금으로 우리은행에 대한 장기대출을 변제한 것은 모두 甲이 온세통신의 경영자로서 자율적인 판단에 의해서 이루어진 것으로서 배임의 고의를 인정할 수 없다. (대법원 2015. 3. 12. 2012도9148)

(2) 주관적 구성요건

1) 구성요건적 고의

타인의 사무를 처리하는 자로서 임무에 위배되는 행위를 하여 자기 또는 제3자가 재산적 이익을 취득하도록 하고 이를 통해 본인에게 손해를 가한다는 데 대한 인식과 의사가 있어야 한다. 미필적 고의로도 충분하다.

【판례】 배임죄의 고의내용 **1.** 배임죄가 성립하기 위하여는 주관적 요건으로서 임무에 위배되는 행위를 한다는 인식 외에도 그로 인하여 자기 또는 제3자의 이득을 취득하고 본인에게 손해를 가한다는 점에 관한 의사 내지 인식을 필요로 한다. (대법원 1999. 4. 13. 98도4022 | 같은 취지: 대법원 1996. 5. 28. 95도161; 대법원 1999. 7. 9. 99도1864)

2. 자기 또는 제3자가 재산상 이익을 취득한다는 인식과 본인에게 손해를 가한다는 인식(미필적 인식을 포함)하의 의도적 행위임이 인정되는 경우에 한하여 배임죄의 고의를 인정하는 엄격한 해석기준은 유지되어야 할 것이고, 그러한 인식이 없는데 단순히 본인에게 손해가 발생하였다는 결과만으로 책임을 묻거나 주의의무를 소홀히 한 과실이 있다는 이유로 책임을 물을 수는 없다. (대법원 2004. 7. 22. 2002도4229)

3. 기업의 경영에는 원천적으로 위험이 내재하여 있어서 경영자가 아무런 개인적인 이익을 취할 의도 없이 선의에 기하여 가능한 범위 내에서 수집된 정보를 바탕으로 기업의 이익에 합치된다는 믿음을 가지고 신중하게 결정을 내렸다 하더라도 그 예측이 빗나가 기업에 손해가 발생하는 경우가 있을 수 있으므로 경영상의 판단과 관련하여 기업의 경영자에게 배임의 고의가 있었는지 여부를 판단함에 있어서는 기업 경영에 있어 경영상 판단의 특성을 고려하여 엄격하게 해석하여야 한다. (대법원 2007. 1. 26. 2004도1632 | 같은 취지 : 대법원 2004. 10. 28. 2002도3131)

4. 이익을 취득하는 제3자가 같은 계열회사이고 계열그룹 전체의 회생을 위한 행위로서 그 행위의 결과가 일부 본인을 위한 측면이 있다 하더라도 본인의 이익을 위한다는 의사는 부수적일 뿐이고 본인에게 손해를 가한다는 의사가 주된 것이라면 배임죄의 고의를 부정할 수 없다. (대법원 2008. 5. 29. 2005도4640)

2) 부가적 주관적 구성요건 요소

배임죄 성립에 불법이득의사가 필요한가에 대해서는 견해대립이 있다.

① **필요설** (**다수설** | **판례** | 대법원 1984. 11. 13. 84도2112; 대법원 1990. 7. 24. 90도1042; 대법원 1995. 2. 10. 94도2911; 대법원 1999. 7. 9. 99도1864)

② **불요설**

결론 독일 형법(제266조)의 경우와는 달리 우리나라 형법의 배임죄 규정은 재산적 이익을 구성요건 요소로 하고 있으므로, 재산적 이익이 불법성을 가지지 않는 경우에는 배임죄가 성립되지 않는다고 보는 것이 타당하다.

2. 미 수

'본인에게 손해를 가한 때'란 임무 위배 행위로 인하여 전체 재산이 감소한 경우를 뜻하며, 이는 재산상 실해 발생의 경우뿐 아니라 실해 발생의 위험을 초래한 경우도 포함한다. 여기서 '재산상 실해 발생의 위험'은 경제적 관점에서 볼 때 재산상 손해가 발생한 것과 사실상 같다고 평가될 정도로 구체적·현실적인 위험이 야기된 경우를 말한다.

따라서 재산상 실해 발생의 구체적 위험이 현실화 되었다면 배임기수가 되지만, 재산상 실해 발생의 구체적 위험을 야기할 고의가 있었고 실행의 착수도 되었으나 위험이 구체화·현실화 되지 않았을 경우에는 배임미수가 된다.

【판례】 배임죄의 미수 P회사의 대표이사 甲은 자신이 별도로 대표이사를 맡고 있던 Q회사의 ○○상호저축은행에 대한 대출금채무를 담보하기 위해서 ○○상호저축은행에 P회사 명의로 액면금 29억 9,000만 원의 약속어음을 발행해 주었다. 약속어음을 취득한 ○○상호저축은행은 이를 유통시키지 않고 그대로 보관만 하였다.

이 경우 약속어음의 발행인은 종전의 소지인에 대한 인적 관계로 인한 항변으로 소지인에게 대항하지 못하므로(어음법 제17조, 제77조), 어음 발행 자체가 배임행위에 해당하여 무효라 하더라도, 그 어음이 제3자에게 유통되었다면 P회사가 어음채무를 부담할 위험이 구체적·현실적으로 발생한 것으로 보아야 한다. 그러나 약속어음 발행이 무효일 뿐 아니라 그 어음이 유통되지도 않았으므로 재산상 실해 발생의 위험이 구체화 된 것으로 볼 수 없어 배임기수가 아니라 배임미수에 해당한다. (대법원 2017. 7. 20. 2014도1104 전원합의체)

3. 죄 수

(1) 횡령죄와의 관계

횡령죄와 배임죄는 같은 장에 규정되어 있다. 또 두 가지 범죄 모두 본인과의 신뢰관계를 바탕으로 하고 있다는 점에서 공통점을 가지고 있다. 한편 두 범죄의 차이점은 다음과 같다.

	횡령죄	배임죄
범죄유형	거동범	침해범
행위주체	타인의 재물을 보관하는 자	타인의 사무를 처리하는 자
행위객체	재물	재산적 이익

두 범죄의 관계에 대해서는 견해대립이 있다.

① 횡령죄가 배임죄에 대하여 특별규정이라는 견해 **(통설)**

② 별개의 범죄라는 견해

결론 특별관계란 '여러 형벌 법규가 동일한 사실관계를 규정하고 있는데 그 가운데 한 법규가 다른 법규보다 구성요건을 특별하게 규정하고 있는 경우'를 말한다. 예를 들어 제252조 제1항(촉탁 · 승낙에 의한 살인)은 제250조 제1항(살인)에 대하여 특별관계에 있다. 일반적으로 변형 구성요건은 기본 구성요건에 대하여 특별관계에 있다.

그러면 제355조 제1항(횡령)도 제355조 제2항(배임)에 대하여 특별관계에 있다고 보아야 하는가? 특별관계가 되기 위해서는 우선 횡령과 배임이 동일한 사실관계를 규정하고 있는 것이어야 한다. 또한 그 중에서도 횡령이 더 특별한 규정이라면 횡령은 성립하지 않지만 배임은 성립하는 경우는 있어도, 반대로 횡령은 성립하지만 배임은 성립하지 않는 경우는 있을 수 없어야 한다.

그러나 거동범인 횡령은 성립되지만 침해범인 배임은 성립하지 않는 경우가 분명히 있다. 따라서 횡령은 배임에 대하여 특별관계에 있다고 할 수 없다. 횡령과 배임은 서로 다른 사실관계를 규정하고 있다고 보아야 한다. **별개범죄설**이 타당하다.

판례는 횡령인가 아니면 배임인가에 대한 판단이 명확하지 않더라도 별 상관이 없다는 입장이다.

【판례】 횡령죄와 배임죄 업무상 횡령죄와 업무상 배임죄는 다같이 신임관계를 기본으로 하고 있는 재산범죄로서 그 형벌에 있어서도 같은 조문에 규정되어 경중의 차이가 없으므로 업무상 배임죄에 해당하는데도 이를 업무상 횡령죄로 처벌하였다 하더라도 그와 같은 법령적용의 잘못은 판결결과에 영향을 미치는 것이 아니다. (대법원 1990. 11. 27. 90도1335)

(2) 사기죄와의 관계

타인의 사무를 처리하는 자가 그 타인을 기망하여 재산적 처분행위를 하게 만들고 이로 인하여 재산적 손해를 유발했는데 그 행위가 동시에 임

무 위배 행위가 되는 경우 사기와 배임 가운데 어느 범죄에 해당되는지 문제가 될 소지가 있지만, 사기와 배임은 서로 성격이 다른 범죄행위이므로 두 가지 범죄가 모두 성립되어 상상적 경합이 된다고 보는 것이 타당하다(**통설 · 판례** | 대법원 2002. 7. 18. 2002도669 전원합의체).

4. 친족상도례

배임죄에도 친족상도례가 적용된다(제361조).

Ⅲ. 업무상 배임죄

제356조 (업무상의 배임) 업무상의 임무에 위배하여 제355조의 죄를 범한 자는 10년 이하의 징역 또는 3천만원 이하의 벌금에 처한다.

제358조 (자격정지의 병과) 전3조의 죄에는 10년 이하의 자격정지를 병과할 수 있다.

제359조 (미수범) 제355조 내지 제357조의 미수범은 처벌한다.

제361조 (친족간의 범행, 동력) 제328조와 제346조의 규정은 본장의 죄에 준용한다.

특경법 제3조 (특정재산범죄의 가중처벌) ① 형법……제356조(업무상의 배임)……의 죄를 범한 사람은 그 범죄행위로 인하여 취득하거나 제3자로 하여금 취득하게 한 재물 또는 재산상 이익의 가액(이하 이 조에서 "이득액"이라 한다)이 5억원 이상일 때에는 다음 각 호의 구분에 따라 가중처벌한다.

1. 이득액이 50억원 이상일 때: 무기 또는 5년 이상의 징역
2. 이득액이 5억원 이상 50억원 미만일 때: 3년 이상의 유기징역

② 제1항의 경우 이득액 이하에 상당하는 벌금을 병과할 수 있다.

1. 의 의

타인의 사무를 처리하는 것이 업무 내용에 포함되어 있는 사람이 배임 행위를 하는 경우에 가중처벌하는 규정이다. 업무상 타인의 사무를 처리

하는 경우에는 ① 그것이 업무이기 때문에 항상 남의 사무를 맡아 처리하고 있으므로 배임행위를 할 기회가 많아지고, ② 그에 따라 위험성도 높아지는데다가, ③ 타인의 사무를 처리하는 업무를 맡긴다는 것은 당사자에게 높은 신뢰를 부여함을 의미하는 것으로 이를 위반하는 것은 강력한 신뢰위반 행위가 되는 것이므로 가중처벌을 할 수밖에 없다.

2. 구성요건

(1) 행위주체

본죄의 행위주체는 '업무상 타인의 사무를 처리하는 자'이다. 여기서 **업무**란 '사회생활상의 지위에 기하여 지속적으로 행하는 사무'를 의미한다. 업무의 의미는 업무상 횡령의 경우와 같다.

【판례】 업무자의 범위 1. 업무상배임죄에 있어서 타인의 사무를 처리하는 자란 고유의 권한으로서 그 처리를 하는 자에 한하지 않고 그 자의 보조기관으로서 직접 또는 간접으로 그 처리에 관한 사무를 담당하는 자도 포함한다. (대법원 2004. 6. 24. 2004도520)

2. 업무상배임죄에 있어서 타인의 사무를 처리하는 자라 함은 고유의 권한으로서 그 처리를 하는 자에 한하지 않고, 직접 업무를 담당하고 있는 자가 아니더라도 그 업무 담당자의 상급기관으로서 실행행위자의 행위가 피해자인 본인에 대한 배임행위에 해당한다는 것을 알면서도 실행행위자의 배임행위를 교사하거나 또는 배임행위의 전 과정에 관여하는 등으로 배임행위에 적극 가담한 경우에는 배임죄의 주체가 된다. (대법원 2004. 7. 9. 2004도810)

(2) 행 위

행위내용은 배임죄의 경우와 동일하다.

Ⅳ. 배임수증재죄

제 357 조 (배임수증재) ① 타인의 사무를 처리하는 자가 그 임무에 관하여 부정한 청탁을 받고 재물 또는 재산상의 이익을 취득하거나 제3자로 하여금 이를 취득하게 한 때에는 5년 이하의 징역 또는 1천만원 이하의 벌금에 처한다.

② 제1항의 재물 또는 이익을 공여한 자는 2년 이하의 징역 또는 500만원이하의 벌금에 처한다.

③ 범인 또는 정(情)을 아는 제3자가 취득한 제1항의 재물은 몰수한다. 그 재물을 몰수하기 불능하거나 재산상의 이익을 취득한 때에는 그 가액을 추징한다.

제 358 조 (자격정지의 병과) 전3조의 죄에는 10년 이하의 자격정지를 병과할 수 있다.

제 359 조 (미수범) 제355조 내지 제357조의 미수범은 처벌한다.

제 361 조 (친족간의 범행, 동력) 제328조와 제346조의 규정은 본장의 죄에 준용한다.

특경법 제 5 조 (수재 등의 죄) ② 금융회사등의 임직원이 그 직무에 관하여 부정한 청탁을 받고 제3자에게 금품이나 그 밖의 이익을 공여하게 하거나 공여하게 할 것을 요구 또는 약속하였을 때에는 제1항과 같은 형(5년 이하의 징역 또는 10년 이하의 자격정지)에 처한다.

1. 의 의

배임수증재죄는 타인의 사무를 처리하는 사람의 업무처리의 공정성을 확보하기 위한 규정이다. 공무원의 경우에는 뇌물죄를 적용하면 되지만 행위주체가 공무원이 아닐 경우에는 처벌이 어렵게 된다는 폐단을 방지하기 위한 규정이기도 하다. 이러한 측면에서 배임수증재죄의 보호법익은 **직무의 공정성**(청렴성)이라고 할 수 있다(대법원 1989. 12. 12. 89도495; 대법원 1996. 10. 11. 95도2090; 대법원 1997. 10. 24. 97도2042).

사적 영역에서의 뇌물수수 행위는 **공정경쟁을 해치는 행위**로 평가된다. 따라서 사회적 법익을 침해하는 범죄의 성격을 가지지만 편의상 배임죄와 함께 이곳에서 설명한다.

2. 배임수재죄

(1) 구성요건

1) 객관적 구성요건

가. 행위주체

본죄의 행위주체는 배임죄의 경우와 마찬가지로 타인의 사무를 처리하는 자이다.

반드시 수재 당시에도 그와 관련된 임무를 현실적으로 담당하고 있을 것을 그 요건으로 하는 것은 아니므로, 타인의 사무를 처리하는 자가 그 임무에 관하여 부정한 청탁을 받은 이상 그 후 사직으로 인하여 그 직무를 담당하지 아니하게 된 상태에서 재물을 수수하게 되었다 하더라도, 그 재물 등의 수수가 부정한 청탁과 관련하여 이루어진 것이라면 배임수재죄가 성립된다. (대법원 1984. 11. 27. 84도1906; 대법원 1997. 10. 24. 97도2042)

그러한 신분을 가지지 아니한 자는 신분 있는 자의 범행에 가공한 경우에 한하여 그 주체가 될 수 있다.

【판례】 배임수증죄의 행위주체가 되는 경우 1. 임대차계약을 체결함에 있어 임차인을 선정하거나 임대보증금 및 차임을 결정하는 권한이 없고 다만 상사에게 임차인을 추천할 수 있는 권한 밖에 없다 하더라도 업무과장으로서 점포 등의 임대 및 관리를 담당하고 있는 이상 타인의 사무를 처리하는 자에 해당한다 할 것이며 그러한 자가 다른 사람이 점포를 임차하려는 상태에서 사례비를 줄 터이니 자기에게 임대하여 달라는 부탁을 받고 금원을 교부받았다면 배임죄의 구성요건에 해당한다. (대법원 1984. 8. 21. 83도2447)

2. 배임수재죄의 주체로서 타인의 사무를 처리하는 자라 함은 타인과의 대내관계에 있어서 신의성실의 원칙에 비추어 그 사무를 처리할 신임관계가 존재한다고 인정되는 자를 의미하고, 반드시 제3자에 대한 대외관계에서 그 사무에 관한 권한이 존재할 것을 요하지 않으며, 그 사무가 포괄적 위탁사무일 것을 요하는 것도 아니다. (대법원 2003. 2. 26. 2002도6834)

【판례】 배임수증죄의 행위주체가 되지 않는 경우 1. (구)축산업협동조합법의 해석상 총대

(전체대표)는 총회에 갈음하여 조합의 의사를 결정하는 총대회의 구성원에 불과하며 스스로의 권한으로 총대회에서 임원선거에 참여하고 의결권을 행사하는 등 자주적으로 임무를 수행한다고 할 것이니 이를 선출구역 조합원의 사무나 전체 조합원 혹은 조합의 사무를 처리하는 것이라고 볼 수도 없으므로 단위축산업협동조합의 총대가 총대회에서의 조합장 후보자 추천과 관련하여 돈을 주고 받았더라도 배임수증재죄가 성립되지 않는다. (대법원 1990. 10. 12. 90도1477)

2. 대학 편입학 업무를 담당하지 아니한 피고인 甲이 피고인 乙로부터 편입학과 관련한 부정한 청탁을 받고 금품을 수수하였다 하더라도 편입학 업무를 담당한 교무처장 등이 피고인 甲이 부정한 청탁을 받았음을 알았거나 스스로 부정한 청탁을 받지 않은 경우, 피고인 甲을 배임수재로, 피고인 乙을 배임증재로 처벌할 수 없다. (대법원 1999. 1. 15. 98도663 | 같은 취지: 대법원 1982. 4. 13. 81도2646)

나. 부정한 청탁

부정한 청탁이란 '임무에 위배되는 행위를 해줄 것을 부탁하는 청탁'을 말한다. 따라서 직무권한 범위 내에서 공정한 처리를 해달라고 부탁하는 것은 부정한 청탁이 아니다. 또한 부정한 청탁은 내용이 구체적이어야 한다. 이 점에서 있어서 뇌물죄와 성격이 조금 다르다. 그러므로 단지 선처를 바란다는 식의 추상적인 부탁을 한 것만으로는 부정한 청탁이라고 할 수가 없다(대법원 1982. 9. 28. 82도1656; 대법원 1983. 12. 27. 83도2472).

【판례】 부정한 청탁의 개념 배임수증죄에 있어서 부정한 청탁이라 함은 청탁이 사회상규 또는 신의성실의 원칙에 반하는 것을 말하고, 이에 해당하는가를 판단함에 있어서는 청탁의 내용과 이와 관련한 대가의 액수와 형식 그리고 보호법익인 거래의 청렴성 등을 종합적으로 고찰하여야 하며 그 청탁이 반드시 명시적임을 요하지 않는다. (대법원 2008. 12. 11. 2008도6987 | 같은 취지: 대법원 1990. 8. 10. 90도665; 대법원 1996. 10. 11. 95도2090; 대법원 1998. 6. 9. 96도837; 대법원 2010. 9. 9. 2010도7380)

본죄가 성립하기 위해서는 부정한 청탁을 '받고' 재물이나 재산상의 이득을 취득하여야 하는데 부정한 청탁을 받는다는 것은 부정한 청탁을 들어준다는 것을 의미한다. 따라서 재물을 공여하는 사람이 부정한 청탁을 하였다 하더라도 그 청탁을 들어주지는 않고, 금품을 받기만 한 경우에는 배임수재죄가 성립되지 않는다(대법원 1982. 7. 13. 82도874).

【판례】 부정한 청탁이 되는 경우 1. 신문사의 지국장에게 취재기사를 본사에 송고하지 말아 달라고 하는 청탁 (대법원 1970. 9. 17. 70도1355)

2. 은행장에게 기업의 재무구조, 은행거래실적과 담보능력에 비추어 대출금의 회수가 불가능하다고 예상되는 기업에 대하여 거액의 당좌대월을 하여 달라고 하는 청탁 (대법원 1983. 3. 8. 82도2873)

3. 공사를 발주하는 회사의 대표이사에게 부적당한 건설업체를 입찰경쟁업체로 지명해 달라고 하는 청탁 (대법원 1983. 12. 13. 82도735)

4. 물품구매 계약을 담당하고 있는 회사 자재과장과 직원에게 물품납품계약을 자신의 회사와 수의계약으로 체결해 달라고 하는 청탁 (대법원 1990. 8. 10. 90도665)

5. 종합병원 또는 대학병원 소속 의사들에게 원외처방을 해서 환자들이 약을 많이 사먹도록 해달라고 하는 청탁 (대법원 1991. 6. 11. 91도413)

6. 방송될 가요를 선곡하는 임무를 방송국으로부터 부여받은 가요담당 방송프로듀서에게 특정 가수의 음반을 많이 틀어달라고 하는 청탁 (대법원 1991. 6. 11. 91도688 | 같은 취지: 대법원 1991. 1. 15. 90도2257)

7. 공사시공에 하자가 있더라도 묵인하여 달라는 취지의 청탁 (대법원 1991. 11. 26. 91도2418 | 같은 취지: 대법원 1988. 3. 8. 87도1445)

8. 대학교의 의과대학 부속병원 부대시설의 임차운영자를 추천할 권한 등이 있는 부총장에게 부속병원의 부대시설 운영권을 인수하는 데 우선적으로 추천해 달라고 하는 청탁 (대법원 1991. 12. 10. 91도2543)

9. 아파트 건축회사 협상대표가 각 세대당 금 2백만 원의 보상금지급요구 문제 등에 관한 협상권한을 위임받은 아파트입주자 대표들에게 보상금을 전체 금 2천만 원으로 대폭 감액하여 조속히 합의하여 달라고 하는 청탁 (대법원 1993. 3. 26. 92도2033)

10. 대학교수에게 특정출판사의 교재를 채택하여 달라고 하는 청탁 (대법원 1996. 10. 11. 95도2090)

11. 광고대행업무를 수행하는 주식회사의 대표이사에게, 방송사 관계자에게 사례비를 지급하여서라도 특정회사의 이익을 위해 수능과외방송을 하는 내용의 방송협약을 체결해 달라고 하는 청탁 (대법원 2002. 4. 9. 99도2165)

12. 정상적으로 KOC 위원의 위촉절차를 밟지 않고 KOC 위원이 되고자 KOC 위원장에게 KOC 위원으로 선임해 달라거나, 태권도단체의 주요보직에 임명해 달라거나, 스포츠의류부분 공식공급업체로 지정해 달라고 하는 청탁 (대법원 2005. 1. 14.

2004도6646)

13. 본인이 그 전환사채를 인수하기 위해서 거액의 금품을 제공하는 대가로 주식회사측이 특정인에 대한 전환사채 조기상환을 요구하도록 하는 청탁 (대법원 2006. 5. 11. 2003도4320)

14. 회원제 골프장의 주말부킹권을 자신에게 판매해 달라고 하는 부킹대행업자의 골프장 예약업무 담당자에 대한 청탁 (대법원 2008. 12. 11. 2008도6987)

15. 재건축조합의 총무가 시공사로부터 업무추진비 명목으로 다액의 돈을 지급받는 경우의 묵시적인 부정한 청탁 (대법원 2008. 12. 24. 2008도9602)

16. 대학병원 의사인 피고인이, 의약품인 조영제나 의료재료를 지속적으로 납품할 수 있도록 해달라는 부탁 또는 의약품 등을 사용해 준 대가로 제약회사 등으로부터 명절 선물이나 골프접대 등 향응 미치 회식비 지원을 받았다면 이는 부정한 청탁의 대가로서 단순한 사교적 의례의 범위를 벗어난다. (대법원 2011. 8. 18. 2010도10290)

【판례】 부정한 청탁이 되지 않는 경우　**1.** 계약관계를 유지시켜 기존 권리를 확보하게 해달라는 청탁 (대법원 1991. 8. 27. 91도61 | 같은 취지: 대법원 1985. 10. 22. 85도465)

2. 사회복지법인의 설립자 내지 운영자가 사회복지법인 운영권을 양도하고 양수인으로부터 양수인 측을 사회복지법인의 임원으로 선임해 주는 대가로 양도대금을 받기로 하는 내용의 청탁은 사회복지법인의 설립자 내지 운영자가 자신들이 출연한 재산을 회수하기 위하여 양도대금을 받은 경우라 하더라도 부정한 청탁이라고 할 수 없다. (대법원 2013. 12. 26. 2010도16681)

3. 공사업자 甲, 乙, 丙은 G공사의 입찰시스템 유지·보수를 담당하는 프로그래머 P를 통해서 입찰프로그램을 조작하는 방식으로 G공사가 발주하는 공사계약의 낙찰하한가를 알아낸 다음 이를 이용하여 12회에 걸쳐 G공사가 발주하는 공사의 낙찰자로 선정된 후, 낙찰금액의 일부분을 미리 정한 약정내용에 따라 분배하였다. 그런데 공사계약을 체결한 업체들은 모두 관계 법령에 따른 적격심사를 통과한 건설사들이었고 공사를 시행하는 과정에서 품질에 관한 기망행위를 하지는 않았다. 따라서 G공사의 처분행위에 의해서 피고인들이 편취한 것은 '계약당사자의 지위'라는 재산상의 이익일 뿐 공사대금 자체는 아니다. 이는 공모자들 사이의 이익 분배행위이지 부정한 청탁에 따른 재물의 취득이라고 할 수 없다. (대법원 2016. 5. 24. 2015도18795)

4. 특허권의 명의수탁자에게 특허권을 이전하라고 제의하고 그 이전의 대가로 1천만 원을 지급하였다면 이는 특허권 양도양수계약에 따른 의무의 이행일 뿐 부정한 청탁에 대한 대가 지급이라고 할 수 없다. (대법원 2016. 10. 13. 2014도17211)

다. 재물 또는 재산상의 이익 취득

부정한 청탁을 들어주는 대가로 재물 또는 재산상의 이익을 취득해야 한다. 뇌물죄와는 달리 배임수재의 경우에는 실제로 재물이나 재산상의 이익을 취득해야 기수가 되고 요구·약속만을 한 경우에는 이에 해당되지 않는다(대법원 1999. 1. 29. 98도4182).

【판례】 이익 취득으로 볼 수 있는 경우 1. 회원제 골프장 예약업무 담당자 甲이 회원들에게 제공하여야 할 부킹권을 빼돌려 부킹대행업자에게 판매하고 수령한 대금 중 12% 정도를 수수료 명목으로 자신이 챙기고 나머지는 총괄경영본부장 개인 계좌로 입금하였다면 甲이 받은 판매대금은 부정한 청탁의 대가에 해당한다. (대법원 2008. 12. 11. 2008도6987)

2. 골프장 건설공사 총괄 사장이 부정한 청탁을 받고 약 2억 6천만 원의 금액이 입금된 통장과 예금인출기능이 있는 신용카드를 교부받아 이를 소지하면서 언제든지 위 예금통장 등을 이용하여 예금된 돈을 인출할 수 있어 예금통장의 돈에 대한 실질적인 사용권한과 처분권한을 가지고 있는 것으로 평가될 수 있다면, 예금된 돈을 취득한 것으로 보아야 한다. (대법원 2017. 12. 5. 2017도11564)

【판례】 이익 취득으로 볼 수 없는 경우 1. 사무처리자 자신의 어떤 책임 또는 불이익을 면하게 하여 그의 이익이 되는 것이라 하더라도 그것이 주로 본인의 사무처리에 관계되고 본인을 위한 사무처리의 결과로서 이루어진 것이라면 그 부수적 이익을 가지고 위의 사무처리자 자신이 이익을 취득하거나 그에게 이익을 공여한 것으로 볼 수는 없다. (대법원 1987. 4. 4. 85도1339)

2. 실질적으로 학교법인의 이사장 직무를 수행하면서 **학교공사**와 관련하여 공사대금 중 수급인이 학교법인 부담부분 상당액을 학교법인에 기부하는 것을 조건으로 공사계약을 체결한 후 공사를 완성하여 이 부분에 대한 공사대금 지급의무를 면제받거나 그 대금 상당액을 입금받은 다음 다시 수급인에게 공사대금으로 지급한 것으로 처리한 경우, 이러한 행위는 학교공사에 관하여 관계 규정에 따른 공개입찰을 하지 아니하는 대신 특정 공사업자와 수의계약을 체결하면서 공사업자에게 공사대금 중 국고지원 부분만을 지급하기로 하고 학교법인 부담 부분은 면제받은 것으로 볼 것이고, 이러한 경우 공사대금 지급채무는 학교법인이 공사업자에 대하여 부담하는 것이므로 이를 면

제받는 것은 학교법인의 이익으로 되는 것일 뿐 실질적으로 학교법인의 이사장 직무를 수행한 자가 면제받은 대금 상당의 이익을 취득하였다고 볼 수는 없다. (대법원 2001. 2. 9. 2000도4700)

3. 조합 이사장이 조합이 주관하는 도자기 축제의 대행기획사를 선정하는 과정에서 최종 기획사로 선정된 회사로부터 조합운영비 지급을 약속받고 위 축제가 끝난 후 조합운영비 명목으로 현금 3천만 원을 교부받아 조합운영비로 사용한 경우 이사장이 개인적인 이익을 위해서가 아니라 금전을 받아 조합의 운영경비로 사용한 것이므로 배임수재죄는 성립하지 않는다. (대법원 2008. 4. 24. 2006도1202)

행위주체가 금융기관의 임·직원인 경우에는 금품 기타 이익을 요구하기만 해도 특경법 제5조 제2항에 따라 기수범으로 처벌된다.

한편 재물이나 재산상의 이익을 현실적으로 취득해야 본죄가 성립하기는 하지만, 그렇다고 해서 부정한 청탁과 재물·이익의 취득이 반드시 동시에 이루어져야 할 필요는 없다. 미리 돈을 받고 나중에 부정한 청탁을 들어주거나, 반대로 부정한 청탁을 먼저 들어주고 나서 금품을 받아도 대가관계만 인정된다면 본죄는 성립된다.

금품을 받고 부정한 청탁을 들어 준 결과 사무를 위임한 본인에게 재산적 손해가 발생하지 않더라도 본죄는 성립된다(대법원 1982. 5. 25. 81도1305).

2) 주관적 구성요건

타인의 사무를 처리하는 자로서 자신의 임무와 관련하여 부정한 청탁을 받고 재물이나 재산상의 이익을 취득한다는 데 대한 인식과 의사가 있어야 한다. 미필적 고의로도 충분하다.

또한 부가적 주관적 구성요건 요소로서 **불법영득의사**도 필요하다.

(2) 미수범

본죄의 미수범은 처벌대상이 된다. 배임수재는 금품을 받기 이전 단계인 금품을 요구하는 행위가 시작될 때 실행의 착수가 있다고 볼 수 있다. 실행의 착수는 하였으나 미처 금품을 받지 못하게 되면 미수범으로 처벌된다.

다만 행위주체가 금융기관의 임·직원인 경우에는 특경법 제5조 제2항에 따라 요구행위까지만 해도 기수가 된다.

(3) 몰수・추징

범인이 취득한 재물은 몰수한다. 몰수가 불가능하거나 재산상의 이익을 취득한 경우에는 그 가액을 추징한다. 일단 금품을 제공받으면 범죄는 기수가 되고, 범죄가 성립되면 제공받은 금품은 몰수・추징해야 하므로, 제공받은 금액을 제공자에게 이미 돌려준 경우에도 그 가액에 대해 추징할 수 있다(대법원 1983. 8. 23. 83도406).

3. 배임증재죄

타인의 사무를 처리하는 자에게 그 임무에 관하여 부정한 청탁을 하고 재물이나 재산상의 이익을 제공하는 범죄행위이다. 배임수재죄와 배임증재죄가 필요적 공범인가에 대하여 견해의 대립이 있다.

① **부정설** : 필요적 공범이 아니어서 같은 사안에서 배임수재는 성립하지만 배임증재는 성립하지 않을 수도 있다는 견해

② **긍정설** : 필요적 공범이기는 하지만 배임수재와 배임증재가 반드시 함께 성립하는 것은 아니라는 견해 (**판례**)

【판례】 배임증재와 부정한 청탁 형법 제357조 제1항의 배임수재죄와 같은 조 제2항의 배임증재죄는 통상 필요적 공범의 관계에 있기는 하나 이것은 반드시 수재자와 증재자가 같이 처벌받아야 하는 것을 의미하는 것은 아니고 증재자에게는 정당한 업무에 속하는 청탁이라도 수재자에게는 부정한 청탁이 될 수도 있다. (대법원 1991. 1. 15. 90도2257)

결론 부정한 청탁 여부는 객관적으로 판단되어야 하기 때문에 배임증재와 배임수재는 통상적으로 필요적 공범 관계가 되겠지만, 위법성이나 책임 측면에서 배임증재와 배임수재 가운데 한쪽만 성립될 가능성이 열려있으므로 **긍정설**이 타당하다.

제 7 절 장물에 관한 죄

Ⅰ. 개 관

1. 의 의

형법 제41장의 장물에 관한 범죄는 다른 사람(**본범** : 재산범죄를 통해 장물을 만들어낸 사람)이 재산범죄에 의해 취득한 재물(**장물**)을 취득하거나 양도, 운반, 보관 또는 알선 등을 함으로써 본래 범죄를 통해 추구했던 이익을 확보하게 해 주는 범죄행위이다.

2. 보호법익

장물죄 규정의 보호법익에 대해서 견해의 대립이 있다.

① **재산권**이라는 견해 (**통설**)

② 피해자의 **추구권**과 재산권의 **안전**이라고 하는 견해

여기서 추구권은 자신의 재물에 대한 피해자의 반환청구권을 의미한다. 그런데 반환청구권 또한 결국 재산권의 일부분이다. 따라서 장물죄 규정의 보호법익을 반환청구권을 포함한 **재산권**이라고 보는 ①의 견해가 타당하다.

보호의 정도에 대해서도 견해대립이 있다.

① 추상적 위험범설

② 침해범설

③ 절충설

결론 본죄는 특별한 결과의 발생을 범죄성립의 요건으로 보지 않으므로 **추상적 위험범설**이 타당하다.

3. 장물죄의 본질

장물죄의 본질이 무엇인가에 관하여 다음과 같은 학설의 대립이 있다.

① **추구권 방해설**: 피해자의 반환청구권 행사를 방해하는 것이 장물죄의 본질이라고 하는 견해

이 견해에 따르면 반환청구권이 없는 경우에는 장물이 아니라고 보게 된다. 반환청구권이 없는 경우로는 ① 뇌물과 같은 불법원인급여의 경우, ② 취득시효에 의해 물건의 점유자가 물건에 대한 소유권을 취득하는 경우 그리고 ③ 제3자가 선의취득 하는 경우 등이 있다.

【판례】 장물의 개념 형법상 장물이라 함은 재산권상의 침해를 가져올 위법행위로 인하여 영득한 물건으로서 피해자가 반환청구권을 가지는 것을 말한다. (대법원 1975. 12. 9. 74도2804)

② **위법상태 유지설**: 재산범죄를 통해 생성된 위법상태를 본범과 장물범죄자가 힘을 합해서 유지・강화시키는 것이 장물죄의 본질이라는 견해

이에 따르면 피해자가 반환청구권을 행사할 수 없더라도 위법상태가 지속되는 한 본범이 가져간 재물은 장물이게 된다.

③ **공범설**: 본범에 의해서 조성된 범죄적 이익을 함께 나누기 위해서 뒤늦게 참여하는 사후공범의 속성을 가진다는 견해

이에 따르면 피해자에게 반환청구권이 없는 경우는 물론, 재물의 동일성이 사라진 대체장물의 경우에도 장물로 인정하게 된다.

④ **결합설**: 장물범죄는 반환청구권 행사를 방해하는 측면과 위법상태를 유지・강화시켜주는 측면을 모두 다 가지고 있다는 견해 **(다수설 | 판례)**

【판례】 장물죄의 본질 장물인 정을 모르고 보관하던 중 장물인 정을 알게 되었고, 위 장물을 반환하는 것이 불가능하지 않음에도 불구하고 계속 보관함으로써 피해자의 정당한 반환청구권 행사를 어렵게 하여 위법한 재산상태를 유지시킨 경우에는 장물보관죄에 해당한다. (대법원 1987. 10. 13. 87도1633)

[결론] 장물죄는 사실 위법하게 가져간 물건에 대한 반환청구권 행사를 방해한다는 측면과 장물을 처리해 줌으로써 위법상태를 유지・강화시켜준다는 측면을 모두 다 가지고 있다. 따라서 추구권 방해설과 위법상태 유지설은 모두 나름대로 타당한 면을 지니고 있다. **결합설**이 타당하다.

4. 구성요건 체계

기본 구성요건은 장물취득 · 알선 등(제362조)이다. 상습장물취득 · 알선 등(제363조)은 상습성에 의하여 가중처벌되는 **가중 구성요건**이다. 업무상과실 · 중과실 장물취득 · 알선 등(제364조)은 업무상 과실로 장물을 취득하거나 알선하는 등의 행위를 한 자에 대한 처벌규정이다. 다만 일반 과실에 의한 장물죄는 처벌대상이 아니다.

Ⅱ. 장물취득 · 양도 · 운반 · 보관 · 알선죄

제362조 (장물의 취득, 알선 등) ① 장물을 취득, 양도, 운반 또는 보관한 자는 7년 이하의 징역 또는 1천500만원 이하의 벌금에 처한다.
② 전항의 행위를 알선한 자도 전항의 형과 같다.

제365조 (친족간의 범행) ① 전3조의 죄를 범한 자와 피해자간에 제328조 제1항, 제2항의 신분관계가 있는 때에는 동조의 규정을 준용한다.
② 전3조의 죄를 범한 자와 본범간에 제328조 제1항의 신분관계가 있는 때에는 그 형을 감경 또는 면제한다. 단, 신분관계가 없는 공범에 대하여는 예외로 한다.

1. 구성요건

(1) 객관적 구성요건

1) 행위주체

본죄의 속성에 대하여 견해대립이 있다.

① **신분범설** : 본범이 아니라는 신분을 가진 자만 장물죄의 주체가 될 수 있다는 견해

② **일반범설** (판례)

결론 제362조가 행위주체에 대한 제한을 전혀 하지 않는 상태에서 본죄를 신분범으로 볼 이유는 없다. 본범이 다시 장물을 양도·운반·보관 등을 하게 되면 불가벌적 사후행위가 된다.

【판례】 범죄집단 구성원의 장물취득 장물죄는 타인(본범)이 불법하게 영득한 재물의 처분에 관여하는 범죄이므로 자기의 범죄에 의하여 영득한 물건에 대하여는 성립하지 아니하고 이는 **불가벌적 사후행위**에 해당하나 여기에서 자기의 범죄라 함은 정범자(공동정범과 합동범을 포함한다)에 한정되는 것이므로 평소 본범과 공동하여 수차 상습으로 절도 등 범행을 자행함으로써 실질적인 범죄집단을 이루고 있었다 하더라도, 당해 범죄행위의 정범자(공동정범이나 합동범)가 아닌 이상 이를 자기의 범죄라고 할 수 없고 따라서 그 장물의 취득을 불가벌적 사후행위라고 할 수 없다. (대법원 1986. 9. 9. 선고 86도1273 판결)

2) 행위객체

본죄의 행위객체는 장물이다. 장물의 의미가 무엇인가에 대해서는 형법전에 개념 규정이 되어 있지 않으므로 해석에 따르는 수밖에 없다. 일반적으로 **장물**이란 '재산범죄에 의하여 취득한 재물'을 의미하는 것으로 이해된다. 피해자에게 반환청구권이 인정되지 않더라도 경우에 따라서는 장물이 될 수 있다.

가. 재산범죄

(가) 재산범죄의 범위

장물죄에서의 **재산범죄**란 '재물의 획득을 목적으로 하는 범죄'를 말한다.

장물죄의 본범이 될 수 있는 형법전상의 재산범죄는 절도, 강도, 사기, 공갈, 횡령 그리고 장물의 죄이다. 배임은 재산상 이익이 행위객체이어서 제외된다. 손괴와 권리행사방해는 재물을 획득하는 것이 아니라 파괴하는 것이 범죄의 목적이기 때문에 제외된다. 장물죄 자체도 장물죄의 본범이 될 수 있고 이러한 경우의 장물을 **연쇄장물**이라고 부른다.

특별형법상의 범죄도 재물의 획득을 목적으로 하는 범죄이면 모두 본범이 된다.

(나) 범죄 실현 정도

본범인 재산범죄는 **구성요건**과 **위법성**까지만 갖추고 있으면 된다. 따라서 책임무능력자가 훔쳐 온 물건도 장물이고, 아들이 몰래 들고 나온 아버지의 카메라도 장물이다. 이 경우 본범은 처벌대상이 되지 않고 장물범만 처벌대상이 된다.

구성요건과 위법성은 미수인 범죄도 갖출 수 있는 속성인데 미수인 상태의 재산범죄에 의해 영득한 재물도 행위객체에 포함되는가에 대하여 견해대립이 있다.

① 긍정설

② 부정설

결론 이 논의에서 우선 문제되는 것은 재물을 영득했는데도 재산범죄가 미수일 수 있는가 하는 점이다. 흔한 일은 아니지만 그렇다고 불가능한 일도 아니다. 예를 들어 골동품을 구하러 시골 마을을 돌아다니던 사람이 오래된 농을 발견해서 시가 1천만원이 넘는 것으로 판단하고는, 그냥 팔면 70~80만원 정도 받을 수 있는 물건인데 85만원 줄테니 팔라고 나름대로 거짓말을 하고 사왔으나, 사실은 실제로 85만원을 넘지 않는 평범한 농이었다면 행위자는 사기 불능미수를 범한 것이다.

이러한 경우에는 상대방에게 재산적 손해를 끼치지 않았기 때문에 위법상태가 형성되었다고 말하기가 곤란하다. 그러한 측면에서 미수인 재산범죄를 통해 영득한 재물은 장물로 보지 않는 **부정설**이 타당하다.

나. 재산범죄에 의해 취득한 재물

(가) 재 물

장물은 재산범죄에 의해 취득한 '재물'이어야 하므로 재산범죄를 통해 취득한 '재산적 이익'은 장물이라고 할 수 없다(대법원 1971. 2. 23. 70도2589). 재산상의 이익은 강도·사기·공갈의 경우에는 행위객체가 되지만 장물에서는 제외된다. 재물에는 동산, 부동산 뿐 아니라 스키장의 리프트 탑승권과 같은 유가증권(대법원 1998. 11. 24. 98도2967)도 포함된다.

배임의 경우에는 행위객체가 재산적 이익에 한정되므로 아예 장물죄의 본범에서 제외된다. **판례**의 입장도 같다.

예를 들어 본인의 위임을 받아 부동산을 매도하는 사무를 처리하는 자가 아는 사람과 짜고

헐값에 부동산을 팔아넘겨 그 아는 사람이 재산적 이익을 취득하게 하는 경우 행위객체는 재산적 이익일 뿐이므로 장물이 될 수 없다. 또한 팔아넘긴 부동산은 행위객체가 아니므로 역시 장물이 될 수 없다. 이는 이중매매의 경우에도 마찬가지이다(대법원 1975. 12. 9. 74도2804).

관리할 수 있는 동력을 재물에 포함시킨다는 제346조에 대한 준용규정이 장물죄에 대해서는 마련되어 있지 않지만, 본죄의 행위객체인 장물이 곧 '재산범죄에 의하여 취득한 재물'을 의미하므로, 다른 재산범죄가 모두 재물에 관리할 수 있는 동력을 포함시키고 있다면 장물도 당연히 이를 포괄하는 것으로 보는 것이 타당하다(**다수설**). **판례**도 같은 입장이다.

【판례】 장물의 범위 1. 장물이란, 재산죄로 인하여 얻어진 재물(관리할 수 있는 동력도 포함된다)을 말하는 것이다. (대법원 1972. 6. 13. 72도971)

2. 피해자가 본범의 기망행위에 속아 현금을 예금계좌로 송금하였다면, 이는 재물인 현금을 교부받는 방법이 예금계좌로 송금하는 형식으로 이루어진 것에 불과하므로, 송금을 통하여 취득한 것은 재물로서 장물이다. (대법원 2010. 12. 9. 2010도6256)

(나) 위법 상태의 유지

가) 선의취득 | 위법상태 ×

장물로 인정되기 위해서는 위법한 상태가 유지되고 있어야 한다. 따라서 제3자가 선의취득(민법 제249조)하게 되면 더이상 장물이 아니다.

예를 들어 본래 도품·유실물의 경우에는 선의취득이 될 수 없지만(민법 제250조 본문), 금전의 경우에는 도품·유실물이더라도 선의취득이 가능하며(민법 제250조 단서), 수표의 경우에도 수표법 제21조에 따라 선의취득이 가능하다.

명의신탁된 부동산을 임의로 처분하는 것이라는 사실을 모르고 이를 매수한 경우에 대해서는 선의취득 규정이 적용될 대상은 아니지만, 달리 해석할 이유가 없으므로 위법상태가 소멸되면서 장물로 볼 수 없다고 해석해야 한다.

나) 취득시효의 완성 | 위법상태 ×

또한 재산범죄를 통해 취득한 재물이더라도 취득시효(민법 제245·246조)가 완성되어 본범이나 제3자가 소유권을 획득하게 되면 더 이상 장물이라고 볼 수 없다. 취득시효가 아닌 다른 원인(예: 부합, 혼화, 가공, 상속 등)에 의해서 또는 피해자가 사후에 증여의 의사표시를 해서 소유권이 취득되는 경우도 마찬가지이다.

다) 불법원인 급여 | 위법상태 ○

싼값에 마약을 구해 주겠다는 말에 속아서 돈을 주는 것처럼 불법원인 급여가 되는 경우에는 피해자에게 반환청구권이 없게 되지만, 행위자가 위법한 재산범죄 행위(사기)를 통해 재물을 취득했고 이러한 위법상태가 그대로 유지되고 있는 경우이므로 행위자가 받은 돈은 장물로 보아야 한다(**다수설**).

라) 취소권 · 반환청구권 | 무관

장물 여부를 판단하는 기준을 위법 상태 유지로 보게 되면 피해자의 취소권이나 반환청구권의 존재 여부와는 무관하게 결론을 내리게 된다.

예를 들어 재산적 처분행위를 한다는 의사표시가 사기 또는 강박에 의해서 이루어지면 민법 제110조 제1항에 따라 취소할 수 있게 되는데, 피해자가 이에 따라 취소권을 행사하건 말건 관계없이 재물이 피해자에게 실제로 반환이 되지 않아 위법상태가 유지되는 한 장물로서의 속성은 계속 유지된다는 것이다.

나아가 사기 또는 강박에 의한 의사표시로 재산적 처분행위를 하고 나서 취소기간이 지나 취소권이 소멸(민법 제146조)한 경우에도 취소권의 존속 여부와는 관계없이 장물 여부를 판단해야 한다. 다만 이 때에는 대부분의 경우 취득시효가 완성되어 장물로서의 속성을 잃게 될 것이다.

(다) 재물의 동일성 유지

가) 대체물 | 장물 ×

재산범죄에 의해 취득한 재물이 장물이므로 그 재물과 대체해서 얻게 된 다른 재물은 장물이 아니다. 이러한 재물을 **대체장물**이라고 해서 '장물' 이라는 표현을 붙이기는 하지만 장물이 아니다. 예를 들어 훔친 물건을 팔아서 받은 돈은 원래의 재물이 아니므로 장물이 아니다(대법원 1972. 6. 13. 72도971).

【판례】 장물 전당표 장물을 전당잡힌 전당표는 그것이 장물 그 자체라고 볼 수 없음은 물론 그 장물과 **동일성**이 있는 변형된 물건이라고 볼 수도 없으므로 장물이 아니다. (대법원 1973. 3. 13. 73도58)

나) 별개의 재산범죄를 통한 대체물 | 장물 ○

그러나 장물을 대체하는 과정이 본범과는 별개의 또 다른 재산범죄를 구성하게 되면 이를 통해 취득한 재물은 새로운 재산범죄 행위에 의해서 취득된 것으로서 장물이 된다.

예를 들어 절도범이 훔친 시계를 자기 시계인 것처럼 속여서 전자손목시계와 바꾸게 되면 이 자체가 재산범죄(사기)가 되고 이를 통해 취득한 전자손목시계는 장물이다.

다) 금전인 대체물 | 장물 ○

대체된 **금전**을 장물로 볼 것인가에 대해서는 견해대립이 있다.

① **긍정설 (판례)**

② **부정설**

결론 금전은 본래 사회적으로 가치(결제수단 · 가치척도 · 가치저장)로서의 의미만 가지고 있는 것으로서, 예를 들어 1만원짜리 지폐가 천원짜리 지폐 10장으로 대체되었다고 하더라도 재물의 동일성이 사라졌다고 하기가 곤란하다. 대체된 금전을 장물로 보는 **긍정설**이 타당하다. 수표환전의 경우도 마찬가지이다.

【판례】 대체된 금전의 장물성 피고인은 장물인 현금을 금융기관에 예금의 형태로 보관하였다가 다시 동일한 액수의 현금을 인출하였다. 이 경우 장물이라 함은 재산범죄로 인하여 취득한 물건 그 자체를 말하고, 그 장물의 처분 대가는 장물성을 상실하는 것이지만, 금전은 **고도의 대체성**을 가지고 있어 다른 종류의 통화와 쉽게 교환할 수 있고, 그 금전 자체는 별다른 의미가 없고 금액에 의하여 표시되는 금전적 가치가 거래상 의미를 가지고 유통되고 있는 점에 비추어 볼 때, 장물인 현금을 금융기관에 예금의 형태로 보관했다가 이를 동일한 액수의 현금으로 인출한 경우에 예금계약의 성질상 인출된 현금은 당초의 현금과 물리적인 동일성은 상실되었지만 액수에 의하여 표시되는 **금전적 가치**에는 아무런 변동이 없으므로 장물로서의 성질은 그대로 유지된다고 봄이 상당하고, 자기앞수표도 그 액면금을 즉시 지급 받을 수 있는 등 현금을 대신하는 기능을 가지고 거래상 현금과 동일하게 취급되고 있는 점에서 금전의 경우와 동일하게 보아야 한다. (대법원 2004. 4. 16. 2004도353 | 같은 취지: 대법원 2000. 3. 10. 98도2579; 대법원 2004. 3. 12. 2004도134)

【판례】 대체된 금전으로 볼 수 없는 경우 피고인은 권한 없이 주식회사 ××××의 아이디와 패스워드를 입력하여 인터넷뱅킹에 접속한 다음 회사의 예금계좌로부터 자신의 예금계좌로 합계 1억 8천 5십만원을 이체하는 내용의 정보를 입력하여 자신의 예금액을

증액시킨 다음 자신의 현금카드를 사용하여 현금자동지급기에서 현금을 인출하였다. 인터넷뱅킹으로 예금을 옮긴 행위는 **컴퓨터등사용사기죄**에 해당된다. 그리고 자기의 현금카드를 사용하여 현금자동지급기에서 현금을 인출한 경우에는 그것이 비록 컴퓨터등사용사기죄의 범행으로 취득한 예금채권을 인출한 것이라 할지라도 현금카드 사용권한 있는 자의 정당한 사용에 의한 것으로서 현금자동지급기 관리자의 의사에 반하거나 기망행위 및 그에 따른 처분행위도 없었으므로, 별도로 절도죄나 사기죄의 구성요건에 해당하지 않는다 할 것이고, 그 결과 그 인출된 현금은 재산범죄에 의하여 취득한 재물이 아니므로 장물이 될 수 없다. (대법원 2004. 4. 16. 2004도353)

3) 행 위

가. 취 득

취득은 '점유를 이전 받아 장물에 대한 사실상의 처분권을 획득하는 것'을 의미한다.

따라서 단순히 계약만 체결되거나 약속만 있는 경우에는 점유 이전이 없기 때문에 장물취득이 되지 않으며, 잠시 구경하기 위해 건네받는 경우에는 사실상의 처분권을 획득하는 것이 아니므로 장물취득이라고 할 수 없다.

사용대차, 임대차 또는 담보권 설정 등의 경우에도 처분권이 획득되는 것이 아니므로 장물취득으로 볼 수 없다.

【판례】 장물취득에 해당하는 경우 **1. 지입회사**로부터 차량의 운행관리권을 위임받은 회사의 대표이사가 지입차주의 승낙 없이 차량을 임의처분하면 횡령죄가 성립하며, 그로부터 차량을 매수한 행위는 장물취득에 해당한다. (대법원 2015. 6. 25. 2015도1944 전원합의체)

2. 甲은 회사를 위하여 업무상 보관하던 자금 중 일부를 乙에게 임의로 교부함으로써 횡령하였다. 이 경우 甲이 교부한 금원은 그 즉시 장물이 되는 것이고 乙의 행위는 장물취득에 해당한다. (대법원 1979. 11. 27. 79도2410)

【판례】 장물취득이 아닌 경우 **1. 구매대행** 피고인 甲은 乙로부터 보수를 받는 조건으로 乙이 습득하였다고 주장하는 신용카드들로 물품을 구입하여 주기로 하고 그 신용카드들을 교부받았다. 장물취득죄에서 '취득'이라고 함은 점유를 이전받음으로써 그 장물에 대하여 사실상의 처분권을 획득하는 것을 의미하는 것이므로, 이 사건의 경우

처럼 단순히 보수를 받고 본범을 위하여 장물을 일시 사용하거나 그와 같이 사용할 목적으로 장물을 건네받은 것만으로는 장물을 취득한 것으로 볼 수 없다. (대법원 2003. 5. 13. 2003도1366)

2. 대포통장 피고인은 사기범죄에 사용될 것임을 알면서 자신의 명의로 새마을금고 예금계좌를 개설하고 그 통장을 성명불상자에게 양도하였다. 그 성명불상자는 피해자를 속여 그 계좌에 1천만원을 송금하게 만들었으며, 피고인은 이 가운데 140만원을 인출하였다. 이 경우 본범의 사기범행은 피해자가 피고인 명의의 계좌로 돈을 송금함으로써 종료되는 것이고, 그 후 피고인이 자신의 예금계좌에서 돈을 인출한 것은 은행에 예금반환을 청구한 결과일 뿐 본범으로부터 돈에 대한 점유를 이전받아 사실상의 처분권을 획득한 것이 아니므로 장물취득죄로 벌할 수 없다. (대법원 2010. 12. 9. 2010도6256)

점유의 이전은 보관함의 열쇠를 건네주는 것처럼 간접적인 방법으로도 가능하다. 대가를 받았는지 여부는 장물죄의 성립에는 관계가 없다.

장물취득은 취득당시 장물인 줄을 알면서 이를 취득하여야 성립하는 것이므로, 물건을 인도 받은 후에 비로소 장물이 아닌가 하는 의구심을 가졌다면 장물취득죄를 구성한다고 할 수 없다. 물건을 받을 당시에는 그것이 장물인지 몰랐다가 나중에 그것이 장물이라는 사실을 알게 되었으면서도 그대로 계속 그 물건을 가지고 있게 되면 장물취득이 아니라 장물보관죄가 성립한다(대법원 1971. 4. 20. 71도468; 대법원 1986. 1. 21. 85도2472; 대법원 2006. 10. 13. 2004도6084).

장물취득은 유상이건 무상이건 관계없다.

【판례】 위조 유가증권 매수와 장물취득 피고인 甲은 △△리조트 전산팀에 근무하던 피고인 乙이 △△리조트 서편매표소에서 판매할 목적으로 권한 없이 그곳에 있는 리프트탑승권 발매기를 임의 조작한 다음 정상적인 리프트탑승권과 상이한 쌍방울개발 명의의 회원용 리프트탑승권을 부정 발급하여 절취한 탑승권 100장이 장물인 정을 알면서도 매수하여 취득한 것을 비롯하여 모두 5회에 걸쳐 乙로부터 회원용 리프트탑승권 1,700장 시가 금 4천 7백 43만원 상당을 매수하여 취득하였다.

이와 같이 리프트탑승권 발매기에서 나오는 위조된 탑승권은 乙이 이를 뜯어가기 전까지는 회사의 소유 및 점유하에 있다고 보아야 할 것이므로, 위 乙의 행위는 발매할 권한 없이 발매기를 임의 조작함으로써 유가증권인 리프트탑승권을 위조하는 행위와 발매기로부터 위조되어 나오는 리프트탑승권을 절취하는 행위가 결합된 것이고,

나아가 그와 같이 위조된 리프트탑승권을 판매하는 행위는 일면으로는 위조된 리프트탑승권을 행사하는 행위임과 동시에 절취한 장물인 위조 리프트탑승권의 처분행위에 해당한다 할 것이다. 따라서 이 사건에서 乙이 위 탑승권을 위와 같은 방법으로 취득하였다는 정을 甲이 알면서 이를 매수하였다면 그러한 甲의 행위는 위조된 유가증권인 리프트탑승권에 대한 장물취득죄를 구성한다. (대법원 1998. 11. 24. 98도2967)

나. 양 도

양도는 '장물에 대한 점유와 사실상의 처분권을 이전하는 것'을 말한다. 본범이 자신이 취득한 재물을 다른 사람에게 건네주는 것은 불가벌적 사후행위이기 때문에 장물양도죄가 적용되지 않는다.

【판례】 장물양도에 해당하지 않는 경우 | 자기앞수표의 사용 금융기관 발행의 자기앞수표는 그 액면금을 즉시 지급받을 수 있는 점에서 현금에 대신하는 기능을 가지고 있어서 장물인 자기앞수표를 취득한 후 이를 현금 대신 교부한 행위는 장물취득에 대한 가벌적 평가에 당연히 포함되는 **불가벌적 사후행위**로서 별도의 범죄를 구성하지 아니한다. (대법원 1993. 11. 23. 93도213)

장물이라는 사실을 알고 취득한 사람이 이를 제3자에게 양도하는 경우에 장물양도가 되는가에 대하여 견해대립이 있다.

① **긍정설**: 취득 당시에 장물임을 알았는가에 관계없이 양도할 때 장물이라는 점을 알았으면 양도죄가 성립한다는 견해

② **부정설**: 취득할 때 장물이라는 사실을 몰랐던 사람이 나중에 장물이라는 사실을 알고 나서 이를 제3자에게 넘겨줬을 때에만 성립한다는 견해 **(다수설)**

결론 장물을 취득함으로써 장물에 관한 죄를 범한 사람이 다시 이를 제3자에게 양도하는 행위는 불가벌적 사후행위로 보는 것이 마땅하다. **부정설**이 타당하다.

【판례】 장물양도에 해당하는 경우 | 장물에 대한 뒤늦은 인식 후 양도 피고인은 미등록 상태인 수입자동차를 취득하여 최초 등록을 마친 후, 비로소 그 자동차가 장물일 수도 있다는 생각을 하게 된 상태에서 제3자에게 양도하였다. 이 경우 피고인의 행위는 장물양도에 해당한다. (대법원 2011. 5. 13. 2009도3552)

다. 운 반

운반이란 '장물을 장소적으로 이동시키는 것'을 말한다. 장물운반은 장물을 다른 곳으로 옮김으로써 재산범죄에 의해 야기된 위법상태를 유지·강화하는 행위이므로, 반대로 위법상태를 제거하기 위해서 장물을 운반하는 경우에는 장물운반에 포함시켜서는 안 된다.

예를 들어 절도범의 부탁을 받은 사람이 물건을 지정된 장소로 가져다 놓지 않고 피해자에게 되돌려주는 경우에는 장물을 장소적으로 이동시키더라도 장물운반이라고 할 수 없다.

일단 운반을 함으로써 위법상태가 유지·강화되었다면 그 대가를 받았는지 여부와 상관없이 장물운반이 된다.

차량처럼 장물 자체가 이동수단인 경우 그 이동수단을 이용해서 행위자의 몸을 이동시키게 되면 동시에 장물을 운반하는 것에도 해당한다.

【판례】 장물차량의 운전 피고인이 본범이 절취한 차량이라는 점을 알면서도 본범 등으로부터 그들이 위 차량을 이용하여 강도행위를 하려 함에 있어 차량을 운전해 달라는 부탁을 받고 위 차량을 운전해 준 경우, 피고인은 강도예비와 아울러 장물운반의 고의를 가지고 위와 같은 행위를 하였다고 봄이 상당하다. (대법원 1999. 3. 26. 98도3030)

그러나 훔친 자동차를 본범이나 장물취득자가 운전할 때 그 차에 동승하는 행위는 장물운반이라고 할 수 없다. (대법원 1983. 9. 13. 83도1146)

라. 보 관

보관이란 '위탁에 따라 장물을 점유하고 있는 것'을 말한다. 본범으로부터 장물범으로 점유의 이전이 있기는 하지만 사실상의 처분권은 본범이 계속 가지고 있다는 점에서 장물취득과 구별된다.

장물보관은 장물을 대신 보관해 줌으로써 본범의 재산범죄를 도와주기 때문에 처벌대상이 된다. 따라서 본범의 범죄를 돕기 위해서가 아니라 본범에 대한 채권을 확보하기 위해 장물을 보관하는 것은 처벌대상이 되지 않는다.

【판례】 채권확보를 위한 장물 보관 甲은 乙로부터 채권담보 목적으로 수표를 받았는데

원래 그것이 장물인지 몰랐다. 그러나 뒤에 그것이 장물인 점을 알게 되었지만, 그럼에도 불구하고 乙에 대한 채권을 확보하기 위해 그 수표를 계속 가지고 있었다. 이러한 경우에는 장물취득죄는 물론 장물보관죄도 성립되지 않는다. (대법원 1986. 1. 21. 85도2472)

마. 알 선

알선이란 '장물에 대한 취득·양도·운반·보관 등의 행위를 매개·주선하는 것'을 의미한다.

예를 들어 장물을 처분해 줄 사람을 소개해 주거나 해외로 반출할 운반책을 구해 주거나 하는 등의 행위가 이에 해당된다.

알선행위 자체만 있으면 장물알선죄가 성립되는가에 대하여 견해의 대립이 있다.

① **긍정설** : 알선행위 자체만 있으면 장물알선죄가 성립된다고 보는 견해 **(판례)**

② **부정설** : 알선행위 외에 알선행위에 따른 구체적인 결과(취득·양도·운반·보관)까지 있어야 성립된다고 보는 견해

[결론] 부정설은 알선행위만으로는 피해자의 반환청구권 행사에 대한 방해가 있다고 볼 수 없다고 하는데, 반환청구권 행사 방해가 장물죄의 본질이라고 보지 않는 이상 이 논거는 타당하다고 할 수 없다. 장물죄의 본질은 위법상태 유지·강화에 있다고 보아야 하고 알선행위는 그 자체로서 이미 위법상태를 유지·강화하는 데 기여하는 것으로 평가된다.

또한 장물취득·양도·운반·보관의 경우에는 장물에 대한 점유의 이전이 있어야만 범죄가 성립된다고 하면서, 유독 장물알선의 경우에는 점유의 이전이 없어도 된다고 하는 것은 균형이 맞지 않는 해석론이라고 하지만, 알선이라는 행위는 그 자체가 점유의 이전을 행위내용으로 하지 않는 것이기 때문에 알선행위 자체로 범죄가 성립된다고 해석하더라도 무리가 없다. 이러한 이유 때문에 **긍정설**이 타당하다고 생각한다.

【판례】 알선의 의미 형법 제362조 제2항의 '알선'이란 장물을 취득·양도·운반·보관하려는 당사자 사이에 서서 이를 중개하거나 편의를 도모하는 것을 의미한다. 따라서 장물임을 알면서, 장물을 취득·양도·운반·보관하려는 당사자 사이에 서서 서로를 연결하여 장물의 취득·양도·운반·보관행위를 중개하거나 편의를 도모하였다면, 그 알선에 의하여 당사자 사이에 실제로 장물의 취득·양도·운반·보관에 관한 계약

이 성립하지 아니하였거나 **장물의 점유**가 현실적으로 이전되지 아니한 경우에도 장물알선죄가 성립한다.

따라서 절도범들이 절취해 온 귀금속을 매도하여 달라는 부탁을 받고, 그 귀금속을 매수하기로 한 사람에게 전화하여 이 사건 노래연습장에서 만나기로 약속을 하고 그 노래연습장에 들어갔다가 미처 매수인을 만나기도 전에 피고인을 추적중이던 경찰관에게 체포되었더라도 장물알선죄는 성립한다. (대법원 2009. 4. 23. 2009도1203)

(2) 주관적 구성요건

객관적 구성요건 요소에 대한 인식과 의사가 있어야 한다.

예를 들어 장물취득의 경우에는 장물을 건네받을 당시에 그것이 장물이라는 사실을 인식하고 있어야 한다. 인식이 있었는가의 여부는 장물 소지자의 신분, 재물의 성질, 거래의 대가 기타 상황을 참작하여 판단할 수밖에 없다.

【판례】 장물 보관 장물취득죄는 취득 당시 장물임을 알면서 재물을 취득하여야 성립하는 것이므로 피고인이 재물을 인도받은 후에 비로소 장물이 아닌가 하는 의구심을 가졌다면 장물취득죄가 성립한다 할 수 없고, 장물임을 모르고 장물을 보관하였다가 그 후에 장물임을 알게 된 경우 이를 계속하여 보관하는 행위는 장물보관죄를 구성한다. (대법원 2006. 10. 13. 2004도6084 | 대법원 1971. 4. 20. 71도468; 대법원 1986. 1. 21. 85도2472)

고의는 미필적이어도 무방하다(대법원 1987. 4. 14. 87도107; 대법원 1995. 1. 20. 94도1968; 대법원 2004. 12. 9. 2004도5904; 대법원 2011. 5. 13. 2009도3552). 또한 장물이라는 점만 알고 있으면 되고 구체적으로 누가 어떠한 범죄행위를 통해 취득한 것인지는 모르더라도 상관없다(대법원 2000. 3. 24. 99도5275).

【판례】 장물에 대한 미필적 인식 피고인은 미등록 상태인 수입자동차를 취득하여 최초등록을 마친 후 그 자동차가 장물일 수도 있다는 생각을 하면서 제3자에게 양도하였다. 이 경우 수입자동차를 신규등록 하였다고 해서 최초 등록명의인이 해당 자동차를 원시취득한다고 볼 수 없어서 이를 여전히 장물이라고 보아야 하므로 피고인의 행위는 장물양도에 해당한다. (대법원 2011. 5. 13. 2009도3552)

불법영득·이득의사가 필요한가에 대해서는 견해의 대립이 있다.

① **불요설** : 장물죄는 불법영득·이득의사를 필요로 하지 않는다는 견

해 (**다수설**)

② **이원설** : 장물취득의 경우에는 불법영득의사, 장물양도・운반・보관・알선의 경우에는 불법이득의사가 필요하다는 견해

③ **부분적 필요설** : 장물취득죄에는 불법영득의사가 필요하지만, 장물양도・운반・보관・알선죄에는 필요하지 않다는 견해

결론 장물의 개념이 '재산범죄에 의하여 취득한 재물'이면서 그 재물의 타인성을 요건으로 하지 않기 때문에, 예를 들어 절취행위를 통해 점유를 침탈당한 재물의 소유자 입장에서도 그 물건은 장물에 해당한다. 그 재물을 소유자가 절도범으로부터 돌려받게 되면 장물취득의 객관적 구성요건이 성립한다. 이러한 경우를 처벌할 이유는 없으므로 자신의 물건을 되찾은 소유자에게는 불법영득의사가 없어서 가벌성이 인정되지 않는다고 보는 것이 마땅하다. **필요설**이 타당하다.

2. 처벌조건

장물범죄자와 피해자 사이에 제328조 제1항(**친족상도례**)의 친족관계가 있으면 형을 면제한다. 그리고 장물범죄자와 본범 사이에 이러한 친족관계가 있는 경우에는 형을 감경 또는 면제한다.

3. 죄 수

본범이 다시 장물을 양도・운반・보관 등을 하는 것은 불가벌적 사후행위이기 때문에 장물죄 규정이 적용되지 않는다. 여기서 본범은 정범만을 의미하는 것이므로 재산범죄 행위에 종속적으로 기여한 교사범・종범은 다시 장물죄의 정범이 될 수 있다.

예를 들어 물건을 훔쳐오면 잘 처분해 주겠다고 부추겨서 물건을 훔쳐오게 만들고, 이를 취득해서 팔아주게 되면 절도교사와 장물취득 두 가지 범죄를 모두 저지르는 것이 된다. 이들 두 범죄는 실체적 경합관계가 된다. 판례(대법원 1986. 9. 9. 86도1273)의 입장도 같다.

그러나 본범이 훔친 물건을 마치 자기 것인 듯 상대방을 **기망**하여 이를 구입하게 만들면 새로운 법익을 침해하는 것이므로 불가벌적 사후행위가 아니라 별도의 **사기**가 성립된다.

【판례】 장물처분과 사기 절도범인이 그 절취한 장물을 자기 것인 양 제3자를 기망하여 금원을 편취한 경우에는 장물에 관하여 소비 또는 손괴하는 경우와는 달리 제3자에 대한 관계에 있어서는 새로운 법익의 침해가 있다고 할 것이므로 절도죄 외에 사기죄의 성립을 인정하여야 한다. (대법원 1980. 11. 25. 80도2310)

장물을 맡아서 **보관**하던 사람이 물건을 **횡령**해 버리는 경우에 횡령죄가 성립되는가에 대하여 견해대립이 있다.

① **긍정설**

② **부정설 (다수설 | 판례)**

결론 횡령죄가 성립하기 위해서는 재물을 맡기는 사람과 행위자 사이에 신뢰관계가 형성되어 있어야 한다. 그러나 장물인 경우에는 재물의 소유자와 보관자 사이에 신뢰관계가 전혀 없다. 신뢰관계는 재산범죄자와 장물보관자 사이에만 형성되어 있다. 따라서 이 경우에는 횡령죄가 성립될 수 없다고 보는 **부정설**이 타당하다. **판례**는 이를 불가벌적 사후행위로 본다(대법원 1976. 11. 23. 76도3067; 대법원 2004. 4. 9. 2003도8219).

또 하나의 문제는 장물에 대한 절도, 강도, 사기, 공갈 등의 범죄가 이루어진 경우에 이들 범죄 외에 장물죄도 함께 성립하는가 하는 점이다. 장물죄의 본질은 본범을 도와 위법상태를 유지・강화하는 것이다. 그렇다면 본범을 돕는 것이 아니라 본범으로부터 재물을 절취・강취・사취・갈취하는 행위는 장물죄로 보기 곤란하다.

공무원이 장물인줄 알면서 이를 뇌물로 받게 되면 장물취득죄와 수뢰죄가 동시에 성립하면서 상상적 경합이 된다.

명의수탁자인 본범이 신탁된 부동산을 임의로 처분하는 것처럼 **횡령**죄를 범하는 경우에 이러한 사실을 알면서 이를 매입하는 행위가 횡령 방조 외에 **장물**죄에도 해당되는가에 대해서 견해의 대립이 있다.

① **긍정설** : 일단 매도 의사를 표명함으로써 불법영득의사의 객관적 표출이 있으면 횡령죄가 기수에 이르는 것이고 이에 따라 장물이 된 부동산을 매수하는 것이므로 장물취득이 된다는 견해 **(판례)**

② **부정설** : 부동산을 임의 처분함으로써 횡령하는 행위와 매수하는 행위가 시간적으로 중첩되기 때문에 장물취득이 별도로 성립될 수 없다는

견해

결론 본범이 횡령행위를 하는 경우에 이를 매입함으로써 횡령범죄를 도와주는 행위라는 것은 바로 매수행위 자체이고 별도로 분리해서 따로 취득행위라는 것이 있는 것은 아니지만, 하나의 행위가 두 가지 범죄를 동시에 충족시키는 것은 얼마든지 가능한 일이므로 **긍정설**이 타당하다고 생각한다.

【판례】 횡령과 장물취득 **1.** 피고인 甲은 乙·丙과 동업형태로 회사를 인수하여 회사를 경영하였는데, 피고인은 회사의 자금이 자신 모르게 빠져나간 것을 알고는 대표이사 및 이사직을 사임하였다. 乙과 丙은 회사를 실질적으로 경영하면서 과다계상된 매입세금계산서를 이용하는 등의 방법으로 비자금을 조성하여 개인명의의 예금통장에 입금해두고 관리하였다. 피고인은 회사의 자금을 횡령한 것과 관련하여 乙과 丁사이에 다툼이 생기자 더 이상 동업을 하지 못하겠다고 하면서 동업청산의 대가로 5억 원을 요구하였고, 乙은 이에 응하면서 다만 회사의 자금사정이 좋아지는 대로 나누어 지급하겠다고 하면서 우선 5,000만 원을 지급한 후 합계 5억 원을 시차를 두고 분할하여 지급하였는데, 금원이 지급되는 과정에서 서로 간에 어떻게 마련된 금원인지에 관하여 물어 보거나 이야기를 나눈 적이 없다. 이 사건 금원은 단순히 횡령행위에 제공된 물건이 아니라 횡령행위에 의하여 영득된 장물에 해당한다고 할 것이고, 나아가 설령 乙과 丙이 피고인에게 금원을 교부한 행위 자체가 횡령행위라고 하더라도 이러한 경우 乙과 丙의 업무상 횡령죄가 기수에 달하는 것과 동시에 그 금원은 장물이 되는 것이다. (대법원 2004. 12. 9. 2004도5904)

2. 피고인은 미국 캘리포니아주에서 미국 리스회사와 미국 캘리포니아주 법에 따라 체결한 리스계약에 따른 리스차량 이용자들(대한민국 국민 또는 외국인)이 리스기간 도중에 임의로 처분하는 차량들을 인수하여 국내로 수입하였다. 이 리스계약에는 준거법에 관한 별도의 약정이 없었다. 이 경우 리스회사의 소재지법인 미국 캘리포니아주의 법이 이 리스계약과 가장 밀접한 관련이 있는 법으로서 준거법이 된다. 캘리포니아주 법에 따라 체결된 이 리스계약에 의하면 리스차량의 소유권은 리스회사에 속하고 리스이용자는 일정 기간 차량의 점유·사용권한을 이전받을 뿐이어서 리스회사에 대하여 차량 보관자로서의 지위에 있는 것이다. 따라서 이들 차량을 임의로 처분한 것은 횡령죄에 해당하며 그 차량을 인수한 행위는 장물취득죄가 된다. (대법원 2011. 4. 28. 2010도15350)

Ⅲ. 상습장물취득 · 양도 · 운반 · 보관 · 알선죄

제363조 (상습범) ① 상습으로 전조(장물취득, 알선 등)의 죄를 범한 자는 1년 이상 10년 이하의 징역에 처한다.

② 제1항의 경우에는 10년 이하의 자격정지 또는 1천500만원 이하의 벌금을 병과할 수 있다.

상습적으로 제363조(장물취득, 알선 등)의 행위를 한 자에 대한 가중처벌 규정이다.

Ⅳ. 업무상 과실 · 중과실 장물취득 · 양도 · 운반 · 보관 · 알선죄

제364조 (업무상과실, 중과실) 업무상과실 또는 중대한 과실로 인하여 제362조의 죄를 범한 자는 1년 이하의 금고 또는 500만원 이하의 벌금에 처한다.

재산범들이 금은방, 전당포, 고물상, 골동품 가게 등을 이용하여 물건을 처분하는 경우가 많기 때문에 이들에게 주의를 시켜 처분경로를 차단하기 위한 규정이다. 재산범죄 중 과실범을 처벌하는 유일한 조항이다.

과실에 의한 장물양도가 있을 수 있는가에 대하여 견해대립이 있다.

① **긍정설** : 취득할 때에는 그것이 장물이라는 사실을 몰랐고 모르게 된 데 대해서 과실도 없었지만, 그 후 다시 주의를 제대로 기울였다면 장물이라는 것을 알 수 있었는데도 과실로 이를 인식하지 못하고 양도할 수 있으므로 과실장물양도가 가능하다는 견해

② **부정설** : 장물이라는 사실을 모르고 취득했다가 나중에 장물이라는 점을 알게 되고 나서 이를 제3자에게 넘겨주는 것이기 때문에 과실에 의한 장물양도는 있을 수 없다고 하는 견해

[결론] 양도하기 전에라도 주의를 기울이면 장물임을 알 수 있는 일이므로 **긍정설**이 타당하다.

【판례】 업무상 과실을 부정한 사례 1. 영업용 택시 운전사가 승객이 가지고 탄 자리돔 그물 한 틀을 택시 뒷좌석에 적재하고 운반함에 있어 그 물건의 출처와 장물 여부를 따지고 신분에 적합한 소지인가를 알아보는 등의 주의를 하지 않아 그물이 장물이라는 점을 알지 못한 경우 (대법원 1983. 6. 28. 83도1144)

2. 절도범이 장물을 전당포에 맡기면서 전당포 주인에게 위조한 주민등록증을 제시하고 전당포 주인의 질문에 대하여 전당물의 취득경위나 전당이유 등을 그럴싸하게 꾸며서 진술하여, 전당포 주인이 육안으로는 위조여부를 쉽게 식별할 수 없는 주민등록증과 절도범의 말을 믿고 전당물 대장에 소정양식대로 기재한 후 통상의 경우와 같이 그 가격에 상응한 한도 내에서 절도범이 요구하는 금원을 대출한 경우 (대법원

1983. 9. 27. 83도1857 | 같은 취지: 대법원 1985. 2. 26. 83도1215; 대법원 1986. 8. 19. 86도1174; 대법원 1987. 2. 24. 86도2077)

3. 밀가루 및 전분 등을 구입판매하는 상인이 같은 시내에서 같은 업종의 상회를 경영하고 있는 자로부터 수표부도를 막기 위하여 공장출고가격보다 염가로 팔려고 하니 밀가루 등을 사라는 권유를 받고 고시가격 또는 통상의 공장출고가격보다 다소 저렴한 가격으로 매수한 경우 (대법원 1986. 8. 19. 84도704)

4. 미싱취급 고물영업자들이 봉제공장 경영자로부터 미싱 50대를 구입함에 있어서 그의 사업자등록증과 주민등록증을 확인하고 고물상 장부에 이를 모두 기재한 경우 (대법원 1991. 11. 26. 91도2332)

같은 취지: 대법원 1970. 8. 31. 70도1489; 대법원 1983. 3. 22. 83도47(귀금속상); 대법원 1984. 2. 14. 83도2982(중고시계상); 대법원 1984. 7. 24. 84도1196(전당포); 대법원 1986. 6. 24. 86도396(우표상)

【판례】 업무상 과실을 인정한 사례 **1.** 전자대리점을 경영하는 자가 그 취급물품의 판매회사 사원으로부터 그가 소개한 회사 보관창고의 물품반출 업무담당자가 그 창고에서 내어주는 회사소유 물품을 반출하여 판매한 후 그 대금을 달라는 부탁을 받고 이를 반출함에 있어서, 그 대금도 확실히 정하지 않고 인수증의 발행 등 정당한 출고절차를 거치지도 아니한 경우 (대법원 1987. 6. 9. 87도915)

2. 피고인 甲은 乙이 14K 커플링반지를 가지고 甲의 금은방에 와서 이를 매수하였고, 다시 일주일 후에 乙이 종류가 다른 18K 큐빅반지 2개를 가져와 주민등록증을 제시받아 신원을 확인한 후 이를 15만 6천원에 매입하였다. 그런데 그 반지는 乙이 훔친 물건으로서 큐빅과 가공비를 제외한 금값만의 시세는 17만원 정도이나 신품의 판매가격은 54만원 정도인 물품이었다. 한편 甲은 이 사건이 있기 8년 전에 업무상과실장물취득죄로 벌금 30만원의 처벌을 받은 전력이 있다. 이 사건 반지의 매수시세가 17만원 정도로 그다지 고가가 아니라고 하더라도 동일한 전과까지 있는 피고인으로서는 이 사건 반지가 장물인 점을 알 수 있었거나 장물인지의 여부를 의심할 만한 특별한 사정이 있는 경우에 해당한다고 보아야 할 것이므로, 금은방을 운영하는 피고인으로서는 신원확인을 하는 것을 넘어 이 사건 반지의 출처 및 소지경위 등에 대하여도 확인할 업무상 주의의무가 있다. (대법원 2003. 4. 25. 2003도348)

제 8 절 손괴의 죄

Ⅰ. 개 관

1. 의 의

손괴는 남의 물건을 못쓰게 만듦으로써(**이용가능성 침해**) 재산을 침해하는 범죄유형이다. 재산범죄 가운데 절도・횡령・장물죄와 마찬가지로 재물을 행위객체로 하는 범죄이다.

개인의 물건을 망가뜨리는 행위는 근대 이전까지는 형사처벌 대상이 아니었다. 근대 이전에는 공공물건을 못쓰게 만드는 행위에 대해서만 처벌했던 것이다. 그러나 근대에 이르러 공동체 중심의 생활방식이 종말을 고하고 개인 중심의 생존방식이 자리를 잡게 됨으로써 공공의 재산이 아닌 개인의 재산에 의해서만 각 개인의 생존이 담보되어야 하는 상황이 도래하였다. 이 때문에 개인 재산의 효용가치를 강력하게 보호해야 할 필요성이 대두되었다.

2. 보호법익

손괴의 죄에는 손괴죄, 공익건조물파괴죄 그리고 경계침범죄 등 세 가지 범죄가 포함되어 있다.

이 가운데 손괴죄 규정은 **소유권**을 보호법익으로 한다. 공익건조물파괴죄 규정은 공공건조물에 대한 일반의 이익을 보호하는 것을 목적으로 한다. 그리고 경계침범죄 조항은 토지경계의 명확성을 보호하기 위한 규정이다.

3. 구성요건 체계

손괴죄, 공익건조물파괴죄 그리고 경계침범죄는 각각 독자적 구성요건이다. 제369조 제1항은 손괴죄에 대한 가중 구성요건이고, 제369조 제2항은 공익건조물파괴죄에 대한 가중 구성요건이다. 제368조의 중손괴는 손괴 또는 공익건조물파괴에 대한 결과적 가중범이다.

Ⅱ. 손괴죄

> 제 366 조 (재물손괴 등) 타인의 재물, 문서 또는 전자기록 등 특수매체기록을 손괴 또는 은닉 기타 방법으로 그 효용을 해한 자는 3년 이하의 징역 또는 700만 원 이하의 벌금에 처한다.
>
> 제 371 조 (미수범) 제366조, 제367조와 제369조의 미수범은 처벌한다.

1. 의 의

본죄는 다른 사람의 재물, 문서 또는 특수매체기록을 손괴하거나 숨기는 방법을 통해 못쓰게 만듦으로써 성립되는 범죄이다. 특수매체기록은 1995년 12월의 형법개정을 통해 새로 추가된 행위객체이다. 이 규정이 없으면 특수매체 자체에는 전혀 손상을 가하지 않고 그 기록만 삭제하는 행위에 대해서 처벌할 수 없게 된다.

2. 구성요건

(1) 객관적 구성요건

1) 행위객체

가. 재물 · 문서 · 특수매체기록

(가) 재 물

재물이란 '유체물과 관리할 수 있는 동력'을 말한다. 여기서 재물의 범위에 공익건조물을 포함시킬 것인가에 대하여 견해대립이 있다.

① 포함설 **(다수설)**

② 제외설

결론 공익건조물이라고 해서 재물의 성격을 가지고 있지 않은 것은 아니므로 행위객체에 포함시키는 것이 타당하다.

【판례】 손괴죄의 객체가 되는 경우 1. 관리처분계획의 인가·고시 이후 분양처분의 고시 이전에 재개발구역 안의 무허가 건물이라고 하더라도 제3자가 임의로 손괴할 경우 특별한 사정이 없는 한 재물손괴죄가 성립한다. (대법원 2004. 5. 28. 2004도434)

2. 재건축사업으로 철거예정이고 입주자들이 모두 이사하여 아무도 거주하지 않은 채 비어 있는 아파트라 하더라도, 그 객관적 성상이 본래 사용목적인 주거용으로 쓰일 수 없는 상태라거나 재물로서의 이용가치나 효용이 없는 물건이라고도 할 수 없으므로 재물손괴죄의 객체가 된다. (대법원 2007. 9 20. 2007도5207)

(나) 문 서

문서란 '문자 또는 기호를 통해 사상이나 관념을 표시한 물건'을 말한다.

반드시 권리·의무에 관한 문서이거나 사실증명에 관한 문서일 필요는 없다. 단순한 안부편지, 일기, 신변잡기 등도 개인적·사회적 측면에서 가치를 가지고 있다면 모두 문서에 해당된다.

【판례】 손괴죄의 객체가 되지 않는 경우 손괴죄의 객체인 문서란 거기에 표시된 내용이 적어도 법률상 또는 사회생활상 중요한 사항에 관한 것이어야 하는 바, 이미 작성되어 있던 장부의 기재를 새로운 장부로 이기하는 과정에서 누계 등을 잘못 기재하다가 그 부분을 찢어버리고 계속하여 종전장부의 기재내용을 모두 이기하였다면, 그 당시 새로운 경리장부는 아직 작성 중이어서 손괴죄의 객체가 되는 문서로서의 경리장부가 아니고, 찢어버린 부분이 진실된 증빙내용을 기재한 것이었다는 등의 특별한 사정이 없는 한 그 이기 과정에서 잘못 기재되어 찢어버린 부분 그 자체가 손괴죄의 객체가 되는 재산적 이용가치 내지 효용이 있는 재물이라고도 볼 수 없다. (대법원 1989. 10. 24. 88도1296)

공무소에서 사용하는 서류를 손괴죄의 객체에서는 제외시켜야 하는가에 대하여 견해대립이 있다.

① **제외설**: 공용서류무효죄(제141조 제1항)의 행위객체이기 때문에 손괴

죄의 객체에서는 제외시켜야 한다는 견해

② **포함설**: 제외시킬 필요가 없다는 견해

결론 공용서류도 문서로서의 성격을 가지는 것은 분명하므로 손괴죄의 행위객체로 인정하는 것이 타당하다. 다만 문서손괴죄와 공용서류무효죄가 동시에 성립할 때에는 공용서류무효죄 규정이 특별규정이어서 손괴죄 규정의 적용이 배제되므로 공용서류를 행위객체에서 제외시키건 말건 법적용의 결과는 다르지 않다.

(다) 특수매체기록

특수매체의 개념은 컴퓨터 손괴 등에 의한 업무방해죄(제314조 제2항)의 경우와 같다. 특수매체기록이란 특수매체에 저장되어 있는 내용을 말한다.

나. 재물 · 문서 · 특수매체기록의 타인성

재물 · 문서 · 특수매체기록의 타인성 판단기준은 절도죄의 경우와 같다.

자신이 점유 또는 보관하고 있는 타인의 재물에 대해서도 손괴가 가능하다(대법원 1984. 12. 26. 84도2290). 따라서 자기 땅에 타인이 경작한 농작물의 경우 경작행위를 할 권한이 그 사람에게 없더라도 경작자의 소유이므로(대법원 1968. 6. 4. 68다613, 614; 대법원 1979. 8. 28. 79다784) 손괴죄의 객체가 된다.

문서나 특수매체기록의 경우 누가 그 내용을 작성했는가 하는 점은 중요하지 않다. 중요한 것은 그 문서나 특수매체기록 자체가 행위 당시에 누구의 소유물인가 하는 점이다.

【판례】 타인성이 인정되는 경우 **1.** 피고인이 甲에게 채무 없이 단순히 잠시 빌려준 피고인 발행의 약속어음을 甲이 乙에게 배서양도하여 乙이 소지하고 있는데 피고인이 이를 찢어버린 것은 문서손괴죄에 해당하고 이를 자구행위 또는 긴급피난이라고 볼 수 없다. (대법원 1975. 5. 27. 74도3559)

2. 채무자가 약속어음금의 일부를 변제하였다 할지라도 어음금 전액을 변제하지 않는 한 이 약속어음은 채권자가 그 정당한 소지인이라 할 것이므로 설사 채무자가 어음을 서환할 의사였다 하여도 채권자의 의사에 반하여 이를 찢어버렸다면 채무자는 어음 손괴죄의 죄책을 면할 수 없다. (대법원 1977. 2. 22. 76도4396)

3. 약속어음의 수취인이 차용금의 지급담보를 위하여 은행에 보관시킨 약속어음을 은행지점장이 발행인의 부탁이 있더라도 그 지급기일란의 일자를 지움으로써 그 효용

을 해한 경우에는 문서손괴죄가 성립한다. (대법원 1982. 7. 27. 82도223)

4. 확인서가 소유자의 의사에 반하여 손괴된 것이라면 그 확인서가 피고인 명의로 작성된 것이고 또 그것이 진실에 반하는 허위내용을 기재한 것이라 하더라도 피고인은 문서손괴의 죄책을 면할 수 없다. (대법원 1982. 12. 28. 82도1807)

5. 비록 자기명의의 문서라 할지라도 이미 타인(타기관)에 접수되어 있는 문서에 대하여 함부로 이를 무효화시켜 그 용도에 사용하지 못하게 하였다면 이는 형법상의 문서손괴죄를 구성한다. (대법원 1987. 4. 14. 87도177)

6. 재개발구역 안의 무허가 건물에 대한 사실상 소유권은 관리처분계획의 인가·고시에 의하여 조합원에게 잠정적으로 이전되었다가, 분양처분의 고시가 있게 되면 그 소유권이 소멸하게 되는 것이므로, 관리처분계획의 인가·고시 이후 분양처분의 고시 이전에 이들 무허가 건물을 제3자가 임의로 손괴하면 재물손괴죄가 성립한다. (대법원 2004. 5. 28. 2004도434)

【판례】 타인성이 인정되지 않는 경우 쪽파의 매수인이 명인방법을 갖추지 않은 경우, 쪽파에 대한 소유권을 취득하였다고 볼 수 없어 그 소유권은 여전히 매도인에게 있고 매도인과 제3자 사이에 일정 기간 후 임의처분의 약정이 있었다면 그 기간 후에 제3자가 쪽파를 손괴하였더라도 재물손괴죄가 성립하지 않는다. (대법원 1996. 2. 23. 95도2754)

2) 행 위

어떤 방법으로든 효용(이용가능성)을 해하면 본죄가 성립한다. 제366조는 이용가능성을 침해하는 방법으로 손괴와 은닉 두 가지를 예시하고 있다.

가. 손 괴

손괴란 '직접 유형력을 가하여 효용(이용가능성)을 해하는 것'을 말한다.

직접적 유형력을 행사하는 것이어야 손괴가 되므로 건축물을 세워서 햇볕을 가림으로써 태양전지가 작동하지 못하게 하는 것과 같은 행위는 손괴가 되지 않는다. 또한 전파가 잘 통과하지 못하는 벽을 설치하여 라디오나 TV 등이 제대로 전파를 수신하지 못하도록 만드는 것도 손괴에 해당되지 않는다.

이용가능성을 침해한다는 것은 물건을 완전히 파괴해서 전혀 쓸 수 없게 만들 정도를 말하는 것은 아니다. 그보다는 물건의 본래 용도인 중요한 기능을 상실하게 만드는 것을 의미한다. 따라서 예를 들어 자동차 유리창에 구멍을 뚫어서 비·바람과 소음을 막는다는 유리창으로서의 기능을 상실하게 만드는 것은 손괴행위가 되지만, 유리창을 칼로 그어서 흠집을 내는 정도는 손괴라고 할 수 없다.

기능이 영구적으로 상실되지 않더라도 기능을 복구시키는 것이 상당히 어렵게 되는 경우에는 손괴가 인정된다. 예를 들어 절단기를 사용해서 철문을 문틀로부터 분리시키는 경우, 이를 다시 용접을 통해 복구시킬 수는 있지만 이는 상당히 많은 노력을 필요로 하므로 손괴가 성립된다. 타이어의 바람을 빼서 타이어로서의 기능을 상실하게 만드는 경우를 생각해보면, 밸브의 마개를 열고 성냥개비로 눌러서 바람을 빼버린 때에는 다시 바람을 넣기만 하면 타이어의 기능이 손쉽게 회복되므로 손괴라고 할 수 없지만, 타이어에 구멍을 뚫어 바람을 빼버리는 것은 복구하는 데 힘든 작업을 필요하게 만드는 것이므로 손괴가 된다.

【판례】 이용가능성 침해가 인정되는 경우 1. 어음배서의 연속성 상실 약속어음의 발행인이 소지인에게 어음의 액면과 지급기일을 개서해 주겠다고 하여 어음을 교부받은 후 위 어음의 수취인란에 타인의 이름을 추가로 기입하여 어음배서의 연속성을 상실하게 함으로써 그 효용을 해한 경우에는 문서손괴죄가 성립된다. (대법원 1985. 2. 26. 84도2802)

2. 백색 페인팅 타인 소유의 광고용 간판을 백색 페인트로 도색하여 광고문안을 지워버린 행위는 재물손괴죄를 구성한다. (대법원 1991. 10. 22. 91도2090)

3. 전축 분해 재물의 효용을 해한다고 함은 물건을 본래의 사용목적에 이용할 수 없는 상태로 만드는 것은 물론 일시적으로 그것을 이용할 수 없는 상태로 만드는 것도 포함하는 개념이다. 따라서 전축 등을 망치로 부수는 행위는 물론 드라이버로 분해하는 것도 재물의 효용을 해하는 경우에 해당된다. (대법원 1993. 12. 7. 93도2701 같은 취지: 대법원 1992. 7. 28. 92도1345)

4. 낙서와 계란 투척 건조물의 벽면에 낙서를 하거나 게시물을 부착하는 행위 또는 오물을 투척하는 행위 등이 그 건조물의 효용을 해하는 것에 해당하는지 여부는 당해 건조물의 용도와 기능, 그 행위가 건조물의 채광·통풍·조망 등에 미치는 영향과 건조물의 미관을 해치는 정도, 건조물 이용자들이 느끼는 불쾌감이나 저항감, 원상회복의 난이도와 거기에 드는 비용, 그 행위의 목적과 시간적 계속성, 행위 당시의 상황 등 제반 사정을 종합하여 사회통념에 따라 판단하여야 한다. 래커 스프레이를 이용하여 회사 건물 외벽과 1층 벽면 등에 낙서한 행위는 건물의 효용을 해한 것으로 볼 수 있으나, 계란 30여 개를 건물에 투척한 행위는 건물의 효용을 해하는 정도의 것에 해당하지 않는다. (대법원 2007. 6. 28. 2007도2590)

4. 낙서와 계란 투척 피고인은 자신이 항상 굴삭기를 주차하던 장소에 피해자의 차

량이 주차되어 있는 것을 발견하고, 그 차량이 이동할 수 없도록 차량 앞에는 철근콘크리트 구조물을, 뒤에는 굴삭기 크러셔를 바짝 붙여 놓아두었다. 피고인은 피해자의 차량이나 굴삭기에 자신의 연락처를 남겨놓지 않았다. 이로 인하여 피해자는 18시간 동안 차량 운행을 하지 못하였다. 이처럼 차량을 운행할 수 없게 됨으로써 본래의 사용목적에 이용할 수 없게 된 이상, 차량 본래의 효용을 해한 경우에 해당한다. (대법원 2021. 5. 7. 2019도13764)

문서의 경우에는 찢어버리거나 색칠을 해서 알아보기 힘들게 만드는 등의 행위가 손괴죄를 구성한다. 타인소유・자기명의의 문서의 내용을 변조해서 본래의 용도에 사용할 수 없도록 만드는 것도 손괴에 해당된다. 특수매체기록에 대한 손괴는 특수매체에 물리적 힘을 가해서 못쓰게 만들어 그 저장내용에 대한 이용가능성을 침해함으로써 성립한다.

나. 은 닉

은닉이란 '숨김으로써 발견하는 것이 불가능하거나 매우 곤란하게 만들어서 이용가능성을 침해하는 것'을 말한다. 물건이 반드시 피해자의 점유를 이탈해야 하는 것은 아니므로, 물건이 피해자의 지배영역 내에 그대로 머물러 있더라도 찾기 힘들게 하였다면 은닉이 된다.

다만 물건을 소유권자가 마음대로 가져올 수가 없게 되었다고 하더라도 물건이 어느 장소의 누구에게 보관되어 있다는 것을 알 수 있다면 은닉이라고 할 수 없다. 예를 들어 남의 물건을 법원에 증거물로 제출해서 소유권자가 이를 되찾을 수 없게 만드는 행위는 은닉에 해당되지 않는다(대법원 1979. 8. 28. 79도1266).

다. 기 타

【판례】 자동작동 중지 피고인 甲은 P의 의뢰를 받아 자동문 설치공사를 하였으나 공사가 완료되었음에도 잔금을 지급받지 못하게 되자, 약 10일 후에 문의 자동작동이 중지되도록 예약 설정하였다. 이로 인하여 문이 자동으로 잠기지 않게 된 사이에 P의 건물에 도둑이 들었다. 효용을 해함에는 일시적으로 물건 등이 구체적 역할을 할 수 없는 상태로 만들어 효용을 떨어뜨리는 경우도 포함되므로 甲의 행위는 손괴죄에 해당한다. (대법원 2016. 11. 25. 2016도9219)

그밖에 새장의 문을 열어 남이 기르고 있는 새를 풀어주거나, 특수매체의 저장내용을 삭제・변조・위조하거나, 컴퓨터를 바이러스에 감염시켜 작동이 되지 않게 만드는 등의 방법도

가능하다.

(2) 주관적 구성요건

재물·문서 또는 특수매체기록을 손괴·은닉 또는 기타의 방법으로 그 효용을 해한다는 인식과 의사를 가지고 있어야 한다. 미필적 고의로도 충분하다. 본죄는 영득죄가 아니어서 불법영득의사는 필요없다.

【판례】 고의가 인정되는 경우 피고인이 경락받은 농수산물 저온저장 공장건물 중 공냉식 저온창고를 수냉식으로 개조함에 있어 그 공장에 시설된 피해자 소유의 자재에 관하여 피해자에게 철거를 최고하는 등 적법한 조치를 취함이 없이 이를 일방적으로 철거하게 하여 손괴하였다면 이는 재물손괴의 범의가 없었다고 할 수 없고 이것이 사회상규상 당연히 허용되는 것이라고 할 수도 없다. (대법원 1990. 5. 22. 90도700)

【판례】 고의가 인정되지 않는 경우 **1.** 임차인이 가재도구를 그대로 둔 채 시골로 내려가 버린 사이에 임대인의 어머니인 피고인이 임차인의 승낙 없이 가재도구를 옥상에 옮겨놓으면서 그 위에다 비닐장판과 비닐천 등을 덮어씌워 비가 스며들지 않게끔 하고 또한 다른 사람이 열지 못하도록 종이를 바르는 등 조치를 취하였다면 설사 그 무렵 내린 비로 침수되어 그 효용을 해하였다 하더라도 손괴의 범의가 있다고 보기 어렵다. (대법원 1983. 5. 10. 83도595)

2. 공중전화기가 고장난 것으로 생각하고 파출소에 신고하기 위하여 전화선코드를 빼고 이를 떼어낸 것이라면 위 전화기를 물질적으로 파괴하거나 또는 위 전화기를 떼어내 전화기의 구체적 역할인 통화를 할 수 없게 함으로써 그 효용을 해하려는 손괴의 범의가 있었다고 볼 수 없다. (대법원 1986. 9. 23. 86도941)

3. 甲 소유였다가 약정에 따라 乙 명의로 이전되었으나 권리관계에 다툼이 생긴 토지상에서 甲이 버스공용터미널을 운영하고 있는데 乙이 甲의 영업을 방해하기 위하여 철조망을 설치하려 하자 甲이 위 철조망을 가까운 곳에 마땅한 장소가 없어 터미널로부터 약 200 내지 300미터 가량 떨어진 甲 소유의 다른 토지 위에 옮겨 놓았다면 甲의 행위에는 재물의 소재를 불명하게 함으로써 그 발견을 곤란 또는 불가능하게 하여 그 효능을 해하게 하는 재물은닉의 범의가 있다고 할 수 없다. (대법원 1990. 9. 25. 90도1591)

Ⅲ. 공익건조물파괴죄

> 제 367 조 (공익건조물파괴) 공익에 공하는 건조물을 파괴한 자는 10년 이하의 징역 또는 2천만원 이하의 벌금에 처한다.
>
> 제 371 조 (미수범) 제366조, 제367조와 제369조의 미수범은 처벌한다.

1. 행위객체

공익건조물파괴죄의 행위객체는 '공익에 공하는 건조물'이다. 여기서 건조물은 건축법 제2조에서 말하는 건축물로 이해된다.

건조물이란 "토지에 정착하는 공작물 중 지붕과 기둥 또는 벽이 있는 것과 이에 부수되는 시설물, 지하 또는 고가의 공작물에 설치하는 사무소 · 공연장 · 점포 · 차고 · 창고" 등을 말하는 것이라고 할 수 있다.

건조물은 '토지에 정착하는 공작물(부동산)'이어야 하므로 예를 들어 컨테이너 등 가설건축물이나 텐트 등 동산은 행위객체에서 제외시켜야 한다. 그러나 완성 여부는 상관이 없으므로 공사 중인 건조물도 일단 건조물로서의 성격만 갖추고 있으면 행위객체가 된다.

공공의 이익에 공(供)한다는 것은 공공의 이익을 위해 사용된다는 것을 의미한다.

건조물 자체의 성격이 공공의 이익을 위한 것이라면 건조물의 소유권자가 국가나 지방자치단체가 아니더라도 공익건조물이 된다. 공공의 이익을 위하는 길은 여러 가지가 있을 수 있지만 여기서 의미하는 것은 일반 대중이 건조물을 자주 이용함으로써 이들에게 이익이 되는 것을 말한다. 동사무소, 구청, 자치단체 도서관, 구민회관, 공중 화장실, 대합실 등이 이에 해당된다.

공익건조물은 많은 사람이 이용할 수 있기 때문에 공공의 이익을 위한 건조물이라고 평가되는 것이므로 일반적으로 출입이 허용되는 것이어야 한다. 경찰청이나 정부종합청사 건물처럼 주민등록증을 확인하고 출입을 허용하는 것은 통제가 이루어지기는 하지만 일반적으로 출입이 허용되는 경우로 보아야 한다. 박물관, 전시장 또는 전망대처럼 일정한 대가를 지불해야 출입이 허용되는 것도 공익건조물이다. 그러나 법원도서관 같이 특정인에게만 출입이 허용되는 건물은 공익건조물이라고 할 수 없다.

2. 행 위

파괴란 '건조물의 구조상 주요부분에 대하여 중대한 손괴를 가하여 건조물의 이용가능성을 침해하는 것'을 말한다. 여기서 구조상 주요부분이란 기초·벽·기둥·바닥·보·지붕 그리고 주계단을 의미한다(건축법 시행령 제122조). 중대한 손괴란 손괴의 정도가 심해서 건조물로서의 기능을 상실하게 만드는 경우를 말한다.

Ⅳ. 중손괴죄

제368조 (중손괴) ① 전2조의 죄(손괴, 공익건조물파괴)를 범하여 사람의 생명 또는 신체에 대하여 위험을 발생하게 한 때에는 1년 이상 10년 이하의 징역에 처한다.
② 제366조(손괴) 또는 제367조(공익건조물파괴)의 죄를 범하여 사람을 상해에 이르게 한 때에는 1년 이상의 유기징역에 처한다. 사망에 이르게 한 때에는 3년 이상의 유기징역에 처한다.

중손괴죄는 손괴죄와 공익건조물파괴죄에 대한 결과적 가중범이다. 제1항은 사람의 생명 또는 신체에 대한 위험을 야기한 것 때문에 가중처벌하는 규정으로서 **구체적 위험범**이다. 제2항은 상해 또는 사망의 결과를 야기한 데 대하여 가중처벌하는 규정이다.

본죄에서 기본범죄는 제366조(손괴)와 제367조(공익건조물파괴)이다. 결과적 가중범 가운데 기본범죄의 조문을 명시하는 방식의 규정형태를 가지고 있는 경우에 해당된다. 따라서 결과적 가중범 규정인 제368조 제2항에 제371조(미수범 처벌규정)가 기본범죄로 포함되어 있지 않으므로 제366조나 제367조가 미수에 그친 경우에는 결과적 가중범인 본죄가 성립될 수 없다고 보아야 한다.

V. 특수손괴죄

제369조 (특수손괴) ① 단체 또는 다중의 위력을 보이거나 위험한 물건을 휴대하여 제366조의 죄(손괴)를 범한 때에는 5년 이하의 징역 또는 1천만원 이하의 벌금에 처한다.

② 제1항의 방법으로 제367조의 죄(공익건조물파괴)를 범한 때에는 1년 이상의 유기징역 또는 2천만원 이하의 벌금에 처한다.

폭처법 제3조 (집단적 폭행 등) ① 단체나 다중의 위력으로써 또는 단체나 집단을 가장하여 위력을 보임으로써 제2조 제1항에 열거된 죄(제369조)를 범한 자 또는 흉기 기타 위험한 물건을 휴대하여 그 죄를 범한 자는 제2조 제1항 각 호의 예에 따라 처벌한다.

제369조는 행위방법이 특별히 위험하기 때문에 가중처벌하는 규정이다. 그러나 폭처법 제3조에 똑같은 행위에 대하여 다시 가중처벌하는 규정이 있으므로 제369조는 실제 사건에 적용될 여지가 없다. "단체 또는 다중의 위력을 보이거나 위험한 물건을 휴대"한다는 의미는 특수폭행죄(제261조)의 경우와 같다.

Ⅵ. 경계침범죄

> 제370조 (경계침범) 경계표를 손괴, 이동 또는 제거하거나 기타 방법으로 토지의 경계를 인식불능하게 한 자는 3년 이하의 징역 또는 500만원 이하의 벌금에 처한다.

1. 의 의

토지의 경계를 인식하지 못하게 만듦으로써 성립되는 범죄이다. 토지경계의 명확성이 보호법익이다. 토지는 자본주의 체제 아래에서 매우 중요한 사유재산이기 때문에 경계선이 불분명해져서 이를 침해할 수 있는 상황이 되는 것 자체를 미연에 방지하자는 취지이다.

2. 객관적 구성요건

(1) 행위객체

본죄의 행위객체는 토지에 관한 **경계표시**이다. 토지의 경계를 표시하는 물건은 담, 철조망, 도로, 말뚝, 경계석, 경계선에 따라 심은 나무 등 여러 가지가 있을 수 있다. 이렇게 인공적인 것 뿐 아니라 하천, 능선, 바위 등 자연물도 경계표시로서의 기능을 수행하고 있으면 행위객체가 된다.

경계표시는 그것이 어느 정도 객관적으로 통용되는 사실상의 경계를 표시하는 것이라면 영속적인 것이 아니고 일시적인 것이라도 이 죄의 객체에 해당한다(대법원 1999. 4. 9. 99도480).

토지의 경계는 민사상 소유권의 범위를 지적해 주는 기능만을 가진 것이 아니다. 공법상의 토지관할을 표시해 주는 것도 마찬가지로 경계표이다. 따라서 행정구역의 경계선을 표시해 주는 물건도 경계침범죄의 행위객체에 포함된다.

경계침범죄의 행위객체인 경계표시는 실체적 권리관계와 부합되지 않더라도 관계없다.

【판례】 경계의 개념 형법 제370조에서 말하는 경계는 반드시 법률상의 정당한 경계를 말하는 것이 아니고, 비록 법률상의 정당한 경계에 부합되지 않는 경계라고 하더라도 이해관계인들 사이의 명시적 또는 묵시적 합의에 의하여 정하여진 것이라면 이는 모두 형법 제370조에서 말하는 경계라고 할 수 있는 것이다. (대법원 1999. 4. 9. 99도480 | 같은 취지: 대법원 1986. 12. 6. 86도1492; 대법원 1991. 9. 10. 91도856; 대법원 1992. 12. 8. 92도1682)

(2) 행 위

경계를 인식하지 못하게 만드는 행위로 제370조가 규정하고 있는 것은 손괴, 이동, 제거 그리고 기타의 방법이다.

손괴는 경계표에 유형력을 행사하여 물리적으로 훼손함으로써 경계표로서의 기능을 상실하게 만드는 행위를 말한다.

이 경우 재물손괴죄도 동시에 성립되지만 법조경합으로서 제370조만 적용된다.

이동은 경계표를 훼손하지는 않고 원래 있던 장소에서 옮겨서 새로운 경계선을 만드는 행위를 의미한다.

제거는 아예 경계를 표시하는 물건 자체를 없애버리는 것을 의미한다.

【판례】 경계표시 제거 피고인 소유토지 135평과 높은 언덕으로 인접한 국유지 89평과의 경계선을 표시하는 위 언덕 위의 10년생 내지 18년생의 포플러 및 아카시아나무 약 30본을 뽑아 버리고 위 국유대지 1평 7합을 깍아 내려 약 1미터 높이의 석축을 쌓은 소위는 경계침범죄를 구성한다. (대법원 1980. 10. 27. 80도225)

【판례】 경계침범이 아닌 경우 피고인이 건물을 신축하면서 그 건물의 1층과 2층 사이에 있는 처마를 피해자 소유의 가옥 지붕 위로 나오게 한 사실만으로는 양 토지의 경계가 인식불능 되었다고 볼 수 없으므로 경계침범죄의 구성요건에 해당하지 아니한다. (대법원 1984. 2. 28. 83도1533)

그 외에 경계를 인식하지 못하게 만드는 방법으로는 경계표시였던 도랑을 메우는 방법, 기존의 경계표시와 구별이 안 되는 똑같은 경계표를 새로 세우는 방법, 경계표 위로 흙을 쌓아 보이지 않게 하는 방법 등이 있을 수 있다.

그러나 경계침범은 경계표 자체에 대한 변화를 초래하는 것이어야 하므로 경계를 알고 있는 사람을 살해하거나 경계를 그려둔 도면을 손괴하는 등의 행위는 본죄에 해당하지 않는다.

(3) 결과의 발생

경계침범행위에 의해 경계를 인식할 수 없는 상태가 유발되어야 한다. 제370조에 대해서는 미수범 처벌규정이 없으므로 경계 인식 불능이라는 결과가 발생되지 않으면 처벌할 수 없다(대법원 1991. 9. 10. 91도856). 지적도를 근거로 측량에 의해서 다시 경계표를 세울 수 있다고 하더라도 범죄성립에는 영향을 미치지 않는다.

3. 주관적 구성요건

경계표를 손괴, 이동, 제거 등의 방법을 통해 인식 불가능하게 만든다는 인식과 의사가 있어야 한다. 미필적 고의로도 충분하다. 경계표시가 실체적 권리관계와 부합된다는 인식은 필요 없다.

제 9 절 권리행사방해의 죄

Ⅰ. 개 관

1. 의 의

권리행사방해는 자기 소유 물건에 대한 타인의 권리행사를 방해하는 것을 내용으로 하는 범죄이다. 재산적 법익을 침해하는 범죄 가운데 유일하게 소유권을 보호법익으로 하지 않는 범죄이다.

2. 보호법익

권리행사방해의 죄에는 권리행사방해죄(제323조), 점유강취・준점유강취(제325조) 그리고 강제집행면탈(제327조) 등 세 가지 범죄가 포함되어 있다.

이 가운데 권리행사방해죄와 점유강취죄 규정은 용익물권(지상권, 전세권, 지역권)・담보물권(유치권, 질권, 저당권) 등 제한물권과 채권을 보호법익으로 한다. 강제집행면탈죄 규정의 보호법익은 채권이다.

이들 범죄가 침해범인가 거동범인가에 대해서 논란이 있으나 세 가지 범죄를 모두 같은 속성으로 판단하기는 곤란하다. 권리행사방해, 점유강취, 준점유강취는 거동범, 중권리행사방해는 구체적 위험범 그리고 강제집행면탈은 거동범으로 보는 것이 타당하다.

3. 구성요건 체계

형법 제37장(권리행사를 방해하는 죄)에 함께 규정되어 있는 범죄 가운데 제324조(강요)부터 제324조의4(인질살해・치사)까지는 자유를 침해하는 범죄이므로 재산범죄인 권리행사방해의 죄에서 제외시켜야 한다.

권리행사방해죄(제323조), 점유강취・준점유강취죄(제325조) 그리고 강제집행면탈죄(제

327조)는 각각 독자적 구성요건이다. 제326조의 중권리행사방해죄는 권리행사방해죄가 아니라 점유강취·준점유강취죄의 가중구성요건이다.

입법론적인 면에서 권리행사를 방해하는 죄 규정은 두 가지 점에서 문제가 있다. 첫째, 재산범죄와 자유를 침해하는 범죄를 같은 장 안에 규정해 둠으로써 혼란을 야기하고 있다. 둘째, 자기 소유의 물건을 손괴하는 행위를 내용으로 하는 권리행사방해죄의 법정형(5년 이하의 징역 또는 700만원 이하의 벌금)이 다른 사람 소유의 물건을 손괴하는 경우인 재물손괴죄의 법정형(3년 이하의 징역 또는 700만원 이하의 벌금)보다 높다.

Ⅱ. 권리행사방해죄

제323조 (권리행사방해) 타인의 점유 또는 권리의 목적이 된 자기의 물건 또는 전자기록 등 특수매체기록을 취거, 은닉 또는 손괴하여 타인의 권리행사를 방해한 자는 5년 이하의 징역 또는 700만원 이하의 벌금에 처한다.

제328조 (친족간의 범행과 고소) ① 직계혈족 ,배우자, 동거친족, 호주, 가족 또는 그 배우자간의 제323조의 죄는 형을 면제한다.

② 제1항 이외의 친족간에 제323조의 죄를 범한 때에는 고소가 있어야 공소를 제기할 수 있다.

③ 전2항의 신분관계가 없는 공범에 대하여는 전2항을 적용하지 아니한다.

1. 구성요건

(1) 객관적 구성요건

1) 행위객체

행위객체는 '타인의 점유 또는 권리의 목적이 된 자기의 물건 또는 특수매체기록'이다.

가. 자기의 물건 또는 특수매체기록

여기서 물건은 절도죄(제329조)에서의 재물과 같은 개념이고, 특수매체의 의미는 컴퓨터 손괴 등에 의한 업무방해죄(제314조 제2항)의 경우와 같다.

특수매체기록은 특수매체에 저장되어 있는 내용을 말한다.

행위객체가 되기 위해서는 자기의 것이어야 하므로 자신의 **단독소유**에 속하는 물건이나 특수매체기록만 범행의 대상이 될 수 있다.

【판례】 자기의 물건인 경우 주식회사의 대표이사가 대표이사의 지위에 기하여 그 직무집행 행위로서 타인이 점유하는 위 회사의 물건을 취거한 경우에는, 위 행위는 위 회사의 **대표기관**으로서의 행위라고 평가되므로, 위 회사의 물건도 권리행사방해죄에 있어서의 "자기의 물건"이라고 보아야 할 것이다. (대법원 1992. 1. 21. 91도1170)

【판례】 자기의 물건이 아닌 경우 1. 피고인이 이 사건 굴삭기를 취거할 당시 그 굴삭기를 공소외 회사에 **지입**하여 그 회사명의로 중기등록원부에 소유권등록이 되어 있었다면 위 굴삭기는 위 회사의 소유이고 피고인의 소유가 아니라 할 것이므로 이를 취거한 행위는 권리행사방해죄를 구성하지 않는다. (대법원 1985. 9. 10. 85도899)

2. 피고인이 택시를 회사에 **지입**하여 운행하였다고 하더라도, 피고인이 회사와 사이에 위 택시의 소유권을 피고인이 보유하기로 약정하였다는 등의 특별한 사정이 없는 한, 위 택시는 그 등록명의자인 회사의 소유이고 피고인의 소유는 아니라고 할 것이므로 회사의 요구로 위 택시를 회사 차고지에 입고하였다가 회사의 승낙을 받지 않고 이를 가져간 피고인의 행위는 권리행사방해죄에 해당하지 않는다. (대법원 2003. 5. 30. 2000도5767)

3. 식품접객업 허가를 받는 과정에서 S는 甲의 명의를 빌리기로 약정하고 이에 따라 甲의 명의로 영업허가를 신청하여 영업허가증과 사업자등록증이 발급되었고 이를 S가 인도받았다. 이 경우 허가증과 등록증은 점유의 이전과 함께 신탁자인 S의 소유가 된 것이므로, 이를 甲이 가지고 갔다면 권리행사방해죄가 아니라 절도죄에 해당한다. (대법원 2004. 3. 12. 2002도5090)

담보의 목적으로 소유권을 이전시키는 비전형 담보물권(양도담보, 매도담보, 가등기담보)이 설정되어 있는 경우 담보목적물이 부동산이면 가등기담보법 제4조 제2항이 적용되어 정산절차(청산금 지급)를 마쳐야만 채권자가 소유권을 취득할 수 있어서 그 때까지는 채무자의 소유물이 된다.

이와 같은 법리는 횡령죄와 관련해서는 동산의 경우에도 그대로 적용되는데(대법원 1980. 11. 11. 80도2097 판결; 대법원 1983. 8. 23. 80도1545; 대법원 1989. 4. 11. 선고 88도906 판결), 권리행사방해죄와 관련해서는 그렇지 않아서 채권자가 양도담보목적물의 소유자가 된다.

【판례】 양도담보목적물의 소유관계 채무자가 담보권 설정 목적으로 자기 소유의 동산을 채권자에게 양도하되 점유개정의 방법으로 이를 계속 점유하는 경우, 채권자와 채무자 사이의 대내관계에서는 채무자가 소유권을 보유하지만, **대외관계**에서는 소유권이 채권자에게 양도되고 채무자는 무권리자가 된다. 따라서 양도담보권자인 채권자가 제3자에게 담보목적물인 동산을 매각하면서 그 제3자로 하여금 담보목적물을 취거하게 하면 자기의 소유물을 취거하게 한 것으로서 권리행사방해죄를 구성한다. (대법원 2008. 11. 27. 2006도4263 | 같은 취지: 대법원 2004. 6. 25. 2004도1751)

나. 타인의 점유의 목적

타인은 '행위자 이외의 사람'을 의미하며, 자연인과 법인은 물론 법인격 없는 단체도 여기에서 말하는 타인에 해당된다.

점유의 목적이 된다는 것은 '타인이 점유할 권한을 가지고 있는 경우'를 의미한다. 여기서 점유의 개념을 어떻게 볼 것인가에 대하여 견해대립이 있다.

① '물건에 대한 사실상의 지배'로서 **형사상의 점유 개념**으로 보는 견해

② '정당한 권리(**권원**)에 의한 점유'로서 **민사상의 점유 개념**으로 보는 견해 (**판례** | 대법원 1994. 11. 11. 94도343)

결론 점유할 권한의 유무는 권원의 유무에 따라 판단할 수밖에 없는 것이므로, **민사상의 점유** 개념으로 보는 것이 타당하다. 점유의 근거가 되는 권원은 공동소유권을 비롯해서 유치권·질권·저당권 등 무엇이든 관계없다.

【판례】 타인의 점유의 목적이 되는 경우 1. 형법 제323조의 권리행사방해죄에 있어서의 타인의 점유라 함은 **권원으로 인한 점유** 즉 정당한 원인에 기하여 그 물건을 점유하는 권리 있는 점유를 의미하는 것으로서 본권을 갖지 아니한 절도범인의 점유는 여기에 해당하지 아니하나, 반드시 본권에 의한 점유만에 한하지 아니하고 **동시이행항변권** 등에 기한 점유와 같은 적법한 점유도 여기에 해당한다고 할 것이고, 한편, 쌍무계약이 무효로 되어 각 당사자가 서로 취득한 것을 반환하여야 할 경우, 어느 일방의 당사자에게만 먼저 그 반환의무의 이행이 강제된다면 공평과 신의칙에 위배되는 결과가 되므로 각 당사자의 반환의무는 동시이행 관계에 있다고 보아 민법 제536조를 준용함

이 옳다고 해석되고, 이러한 법리는 경매절차가 무효로 된 경우에도 마찬가지라고 할 것이므로, 무효인 경매절차에서 경매목적물을 경락받아 이를 점유하고 있는 낙찰자의 점유는 적법한 점유로서 그 경락물은 권리행사방해죄에 있어서의 행위객체인 타인의 점유의 목적이 된 자기의 물건에 해당된다. (대법원 2003. 11. 28. 2003도4257)

2. 권리행사방해죄에서의 보호대상인 '타인의 점유'는 반드시 점유할 권원에 기한 점유만을 의미하는 것은 아니고, 일단 적법한 권원에 기하여 점유를 개시하였으나 사후에 점유권원을 상실한 경우의 점유, 점유권원의 존부가 외관상 명백하지 아니하여 법정절차를 통하여 권원의 존부가 밝혀질 때까지의 점유, 권원에 기하여 점유를 개시한 것은 아니나 동시이행항변권 등으로 대항할 수 있는 점유 등과 같이 법정절차를 통한 분쟁해결시까지 **잠정적으로 보호할 가치가 있는 점유**는 모두 포함된다고 볼 것이며, 다만 절도범인의 점유와 같이 점유할 권리 없는 자의 점유임이 명백한 경우는 포함되지 아니한다. (대법원 2010. 10. 14. 2008도6578)

3. 권리행사방해죄에서의 '타인의 점유'라 함은 권원으로 인한 점유를 의미하지만 그것이 반드시 본권에 기한 점유만을 말하는 것이 아니라 **유치권** 등에 의한 점유도 여기에 해당한다. 따라서 피해자가 이 사건 주택의 유치권자로서 유치권 행사를 위해 주택을 점유하고 있는 상황에서 주택의 소유자가 출입문의 용접을 해제하고 들어가 거주하였다면 권리행사방해죄에 해당한다. (대법원 2011. 5. 13. 2011도2368)

참고 선의인 매도인으로부터 계약명의신탁을 통해 부동산 소유권이전등기를 수탁자 명의로 하였으나 신탁자가 만약의 경우를 생각하여 등기권리증은 스스로 보관하는 경우, 이 등기권리증의 소유자는 신탁자이다(대법원 2004. 3. 12. 2002도5090). 소유자는 수탁자인데 부당이득반환청구권(소유권이전등기청구권) 행사를 위해서 신탁자가 점유하고 있는 물건이어서 잠정적으로 신탁자의 점유를 보호할 대상물이 아닌 것이다. 따라서 수탁자 입장에서 권리행사방해죄의 행위객체가 아니라 타인의 재물로서 절도죄의 행위객체가 된다.

다. 타인의 권리의 목적

점유권을 수반하지 않는 제한물권이나 채권의 목적물이 되는 경우를 의미한다(대법원 1991. 4. 26. 90도1958).

【판례】 권리의 목적 아닌 경우 이 사건 변소는 피고인의 선대가 건립하여 피고인이 물려 받은 피고인의 소유이고 6.25당시에 피난민들이 이웃에 많이 거주하면서 변소가 없어 위 변소를 같이 사용할 것을 간청함에 그 편의를 보아주는 의미에서 위 변소를 같이 사용할 것을 자신의 선대가 허락하여 준 결과 피난민들이 같이 사용 하여오던

중 위 사용자들이 약 6년 전에 그들의 비용으로 보수를 하기도 하였는데, 피고인이 위 사용자들에게 사용중지를 통고한 후 위 변소를 손괴하였다. 위 변소 사용권은 점유권이라기보다 **채권적인 사용관계**라고 보아지는 만큼 피고인이 위 사용자들에게 그 변소의 사용중지를 통고한 후, 위 변소를 손괴하였다고 하더라도 권리행사 방해죄가 성립될 수 없다. (대법원 1971. 6. 29. 71도926)

'채권적 사용관계'는 채권과 유사하지만 채권이라는 권리의 일종으로 볼 수는 없는 사실상의 상태를 의미하는 것으로 이해된다.

채권이 보호대상인 경우 행위객체가 채권의 목적물로 특정되어 있어야 하므로, 목적물이 특정되기 이전 상태인 종류채권만 존재하는 경우에는 타인의 권리의 목적이 되었다고 할 수 없다.

2) 행 위

권리행사방해죄의 행위내용은 취거・은닉 또는 손괴하는 것이다.

취거(取去)는 '점유자의 의사에 반하여 점유를 배제하고 자기 또는 제3자의 점유로 옮기는 것'을 의미한다. 따라서 점유자의 의사(또는 하자있는 의사)에 기하여 점유가 이전된 경우에는 취거로 볼 수 없다(대법원 1988. 2. 23. 87도1952). 자기 소유의 물건에 대한 행위라는 점을 제외하고는 절도죄에 있어서의 절취와 똑같은 내용의 행위이다.

은닉과 **손괴**는 재물손괴죄(제366조)의 경우와 같은 개념이다.

【판례】 이중담보 제공과 권리행사방해 공장근저당권이 설정된 선반기계 등을 이중담보로 제공하기 위하여 이를 다른 장소로 옮긴 경우, 이는 공장저당권의 행사가 방해될 우려가 있는 행위로서 권리행사방해죄에 해당한다. (대법원 1994. 9. 27. 94도1439)

범죄의 속성에 대해서 견해대립이 있다.

① **추상적 위험범설 (다수설)**

② **구체적 위험범설**

결론 취거・은닉 또는 손괴행위 자체가 권리행사를 방해하는 속성을 가지고 있으므로 행위만 있으면 성립되는 추상적 위험범으로 보는 것이 타당하다.

(2) 주관적 구성요건

타인의 점유 또는 권리의 목적이 된 자신의 물건 또는 특수매체기록을 취거·은닉 또는 손괴하여 타인의 권리행사를 방해한다는 데 대한 인식과 의사가 있어야 한다. 미필적 고의로도 충분하다.

2. 처벌조건

권리행사방해죄에 대해서는 친족상도례 규정(제328조)이 적용된다.

Ⅲ. 점유강취·준점유강취죄

제325조 (점유강취, 준점유강취) ① 폭행 또는 협박으로 타인의 점유에 속하는 자기의 물건을 강취한 자는 7년 이하의 징역 또는 10년 이하의 자격정지에 처한다.
② 타인의 점유에 속하는 자기의 물건을 취거함에 당하여 그 탈환을 항거하거나 체포를 면탈하거나 죄적을 인멸할 목적으로 폭행 또는 협박을 가한 때에도 전항의 형과 같다.
③ 제1항과 제2항의 미수범은 처벌한다.

1. 점유강취죄

자신의 소유에 속하는 물건이 행위객체라는 점과 불법영득의사가 필요하지 않다는 점을 제외하고는 강도죄(제333조)와 같은 내용의 범죄이다.

2. 준점유강취죄

준점유강취죄도 자신의 소유에 속하는 물건이 행위객체라는 점과 불법영득의사가 필요하지 않다는 점을 제외하고는 준강도죄(제335조)와 같은 내용의 범죄이다.

Ⅳ. 중권리행사방해죄

제326조 (중권리행사방해) 제324조 또는 제325조의 죄를 범하여 사람의 생명에 대한 위험을 발생하게 한 자는 10년 이하의 징역에 처한다.

중권리행사방해죄는 점유강취와 준점유강취에 대한 결과적 가중범이다. 사람의 생명에 대한 위험을 야기한 것 때문에 가중처벌하는 규정으로서 구체적 위험범이다.

그런데 점유강취나 준점유강취 행위를 통해 상해나 사망의 결과를 야기한 경우에 대한 가중처벌 규정은 마련되어 있지 않다. 따라서 이때 상해나 사망의 결과를 야기한 경우에는 점유강취죄나 준점유강취죄와 폭행치상죄 또는 폭행치사죄가 동시에 성립하게 된다.

Ⅴ. 강제집행면탈죄

제327조 (강제집행면탈) 강제집행을 면할 목적으로 재산을 은닉, 손괴, 허위양도 또는 허위의 채무를 부담하여 채권자를 해한 자는 3년 이하의 징역 또는 1천만원 이하의 벌금에 처한다.

1. 객관적 구성요건

(1) 행위상황

강제집행면탈죄가 성립하기 위해서는 채무변제를 위한 '강제집행이 이루어질 만한 상황'이 존재해야 한다.

【판례】 강제집행상황이 인정되는 경우 1. 피고인의 아파트에 대해 **가압류신청**을 하였다면 강제집행을 받을 객관적 상태가 존재한 것으로 볼 수 있다. (대법원 1996. 1. 26. 95도2526)

2. 채무초과상태에 있는 피고인 발행의 약속어음(약 17억 정도)이 **부도**가 난 경우에는 강제집행을 당할 구체적 위험이 있는 상태에 있다고 보아야 한다. (대법원 1999. 2. 9. 96도3141)

【판례】 강제집행상황이 인정되지 않는 경우 1. 피고인은 자신의 형에게 빚진 것 같이 꾸미고 그 때문에 자기소유 부동산을 그에게 넘긴 것으로 꾸며 가등기해 주었다. 그러나 피고인이 그러한 행동을 할 당시에는 피고인이 발행한 약속어음들의 지급기일이 되기 전이었으며 어음의 부도도 있기 전이었고 피고인이 어음소지인등으로부터 어음금의 지급요구를 받는 등 채무변제의 **독촉**을 받았다거나 채권자들이 피고인을 상대로 법적 절차를 취하기 위한 준비를 하고 있지도 않았다. 따라서 피고인이 그 재산을 형에게 빼돌린 것은 그가 강제집행을 당할 급박한 객관적 상태 하에서 한 것이 아니다. 강제집행면탈죄가 성립되려면 행위자의 주관적인 강제집행을 면탈하려는 의도가 객관적으로 강제집행을 당할 급박한 상태 하에서 나타나야 한다. (대법원 1979. 9. 11. 79도436 | 같은 취지: 대법원 1974. 10. 8. 74도1798)

2. 피고인은 피고인 명의로 발행한 어음수표상의 채무액이 모두 1억 2천만원이 되는 상황에서 자기 소유의 부동산을 장남에게 매도하는 내용의 매도증서, 위임장 등 이전등기에 필요한 서류를 작성하여 이전등기를 경료함으로써 위 부동산을 허위로 양도하였다. 그러나 피고인이 발행한 수표들이 부도가 난 것은 1980. 6. 20 이후이며 소유권이전등기를 할 당시인 1980. 6. 7을 전후해서는 채권자들에 의하여 수표금 등 **청구소송**이 제기되었거나 **가압류**나 **가처분**을 신청하려는 기세에 있었다고 볼 자료가 없으므로 강제집행을 면탈할 상태에 있었다고 보기 어렵다. 여기서 강제집행을 면탈할 상태라 함은 민사소송법에 의한 강제집행 또는 이를 준용하는 가압류 가처분 등의 집행을 당할 구체적인 염려가 있는 상태를 말한다. (대법원 1981. 6. 23. 81도588)

집행권원을 소송절차를 통해 확인하는 경우에는 본안소송이 먼저 이루어져야 하고, 공증서류를 근거로 하는 경우에는 집행문이 발급되어야 하므로, 적어도 소송제기 등 **민사절차**가 시작되기 직전의 상황까지는 가야 한다. 강제집행 이전에 권리를 보전하기 위한 조치인 가압류・가처분 등의 절차가 시작될 상황도 이에 포함된다(대법원 1984. 3. 13. 84도18; 대법원 1996. 1. 26. 95도2526; 대법원 1999. 2. 9. 96도3141).

소송제기 등의 민사절차가 시작되기 직전의 상황이란 채권자가 소송제기를 위한 자료를 준비하거나, 다른 채권자와 상의하여 소송제기를 결정하거나, 변호사에게 사건 처리를 의뢰하는 등의 행동을 하는 경우를 의미한다.

강제집행면탈죄에서의 강제집행이란 **민사집행법상의 강제집행**만을 의미한다. 따라서 몰수·추징과 같은 형사법상의 강제조치 또는 국세징수법에 의한 체납처분 등이 취해질 상황은 포함되지 않는다.

강제집행이 이루어질 상황이라 하더라도 실체법적으로 채권의 존재가 인정될 수 없으면 본죄는 성립할 수 없다(대법원 1982. 10. 26. 82도2157; 대법원 1988. 4. 12. 88도48). 본죄의 보호법익은 채권이고 여기서 채권은 **정당한 채권**을 의미하기 때문이다.

【판례】 채권의 부존재 피고인은 자신의 처 甲의 명의로 주유소를 임차하여 운영하면서 차임을 체납한 상태에서 주유소의 주유대금의 신용카드 결제를 별도로 운영하는 다른 주유소의 신용카드 결제 단말기를 이용해서 처리함으로써 매출채권을 은닉하였다. 그런데 임대인인 乙회사가 甲을 상대로 미지급 차임의 지급을 구하는 민사소송을 제기하자, 甲은 임대차보증금 반환채권으로 이를 상계하겠다고 주장하여 乙회사의 청구가 기각되었다. 이 경우 乙회사의 차임채권은 임대차보증금 반환채권과 대등액으로 상계되어 소멸하였으므로, 채권의 존재가 인정되지 않아 강제집행면탈죄가 성립하지 않는다. (대법원 2012. 8. 30. 2011도2252)

(2) 행위주체

본죄의 행위주체에 채무자 자신 외에 제3자도 포함되는지에 대하여 견해대립이 있다.

① **제3자 포함설** : 독일 형법 제288조의 경우와는 달리 우리 형법 제327조는 행위객체를 '자신의 재산'으로 제한하고 있지 않다는 점을 근거로 하는 견해이다(**다수설·판례** | 대법원 2012. 8. 30. 2011도2252).

② **제3자 제외설** : 형법 제327조의 문맥상 채무자 스스로가 자신에 대한 강제집행을 면하기 위해서 범죄를 저지르는 경우에만 강제집행면탈에 해

당하는 것으로 이해하는 것이 타당하다는 견해이다.

[결론] 배우자나 다른 직계가족처럼 채무관계에 대하여 밀접한 공동의 이해관계를 가지는 사람이 나서서 법적인 채무자를 위하여 재산을 은닉, 손괴, 허위양도 등 행위를 할 가능성이 얼마든지 열려 있으므로 제3자도 행위주체에 **포함**시키는 것이 타당하다.

(3) 행위객체

채무자 등의 생활에 필요한 의복·침구·가구 등 민사집행법 제195조에 따라 강제집행이 금지되는 물건을 제외한 나머지 강제집행의 대상이 될 수 있는 채무자 소유의 모든 재산은 동산과 부동산을 불문하고 전부 본죄의 행위객체가 된다.

【판례】 행위객체에 해당하는 경우 강제집행면탈죄에 있어서 재산에는 동산·부동산 뿐만 아니라 재산적 가치가 있어 민사소송법에 의한 강제집행 또는 보전처분이 가능한 특허 내지 실용신안 등을 받을 수 있는 권리도 포함된다. (대법원 2001. 11. 27. 2001도4759)

【판례】 행위객체에 해당하지 않는 경우 피고인이 계약명의신탁 약정에 따라 제3자의 명의로 매수한 부동산은 피고인의 입장에서 소유권을 취득할 수 없는 물건이므로 피고인에 대한 강제집행이나 보전처분의 대상이 될 수 없어 강제집행면탈죄의 객체가 될 수 없다. (2011. 12. 8. 2010도4129)

현재 상황에서 강제집행이 가능한 재산은 행위객체에 해당하지만, 앞으로 발생할 재산은 행위객체에 해당하지 않는다. 따라서 장래의 재산이 강제집행 대상범위 내로 들어오지 못하게 하는 행위는 강제집행면탈이라고 할 수 없다. 예를 들어 강제집행이 이루어질 상황에서 버는 돈을 차명계좌에 입금시키도록 하는 조치가 이에 해당한다.

(4) 행 위

은닉이란 '재산을 찾는 것이 불가능하거나 매우 곤란하게 만드는 행위'를 말한다. 재산 자체를 물리적으로 숨기는 경우 뿐 아니라 채무자의 소유라는 것을 모르게 만드는 행위도 포함된다(대법원 1983. 5. 10. 82도1987; 대법원 1992. 12. 8. 92도1653).

【판례】 은닉의 의미 1. 강제집행면탈의 한 행위유형인 '재산의 은닉'이라 함은 재산의 **소유관계를 불명하게 하는 행위**를 포함하는 것으로서, 피고인이 자신의 채권담보의 목적으로 채무자 소유의 선박들에 관하여 가등기를 경료하여 두었다가 채무자와 공모하여 위 선박들을 가압류한 다른 채권자들의 강제집행을 불가능하게 할 목적으로 정확한 청산절차도 거치지 않은 채 의제자백 판결을 통하여 선순위 가등기권자인 피고인 앞으로 본등기를 경료함과 동시에 가등기 이후에 경료된 가압류등기 등을 모두 직권말소하게 하였음은 소유관계를 불명하게 하는 방법에 의한 '재산의 은닉'에 해당한다. (대법원 2000. 7. 28. 98도4558)

2. 형법 제327조에 규정된 강제집행면탈죄에 있어서의 재산의 '은닉'이라 함은 강제집행을 실시하는 자에 대하여 재산의 발견을 불능 또는 곤란케 하는 것을 말하는 것으로서, 재산의 소재를 불명케 하는 경우는 물론 그 **소유관계를 불명하게 하는 행위**도 포함하나, 재산의 소유관계를 불명하게 하는 데 반드시 공부상의 소유자 명의를 변경하거나 폐업 신고 후 다른 사람 명의로 새로 사업자 등록을 할 것까지 요하는 것은 아니고, 강제집행면탈죄의 성립에 있어서는 채권자가 현실적으로 실제로 손해를 입을 것을 요하는 것이 아니라 채권자가 손해를 입을 위험성만 있으면 족하다. (대법원 2003. 10. 9. 2003도3387)

3. 피고인이 회사의 어음 채권자들이 회사의 예금계좌에 가압류 등의 채권보전조치를 취하는 것을 피하기 위하여 회사의 예금계좌에 입금된 회사 자금을 인출하여 제3자 명의의 다른 계좌로 송금한 행위는 재산의 '은닉'에 해당한다. (대법원 2005. 10. 13. 2005도4522)

손괴란 '재산적 가치를 감소 또는 상실시키는 행위'를 말한다.

허위양도란 '사실상의 소유권은 유지하면서 형식적으로만 다른 사람의 명의로 옮기는 행위'를 의미한다(대법원 1987. 9. 22. 87도1579). 따라서 양도가 형식적이 아닌 진의에 의한 양도였다면 강제집행면탈의 목적으로 이루어지고 채권자의 불이익을 초래하는 결과가 되었다고 하더라도 본죄에 해당된다고 볼 수 없다(대법원 1986. 8. 19. 86도1191; 대법원 2000. 9. 8. 2000도1447).

【판례】 채권의 허위양도인 경우 피고인 甲의 채권자 乙이 대여금 청구소송을 제기하면서 甲의 丙에 대한 채권에 대하여 가압류 신청을 하였고, 그 가압류 신청이 인용되어

丙에게 가압류결정이 송달되었다. 그런데 甲은 강제집행을 면탈할 목적으로 가압류결정이 송달된 바로 그날 자신의 처제에게 丙에 대한 채권을 양도하기로 하는 내용의 채권양도계약서를 작성하고 그 사실을 丙에게 통지하였다.

이처럼 채권양도통지와 가압류결정 정본이 제3채무자에게 동시에 송달된 경우에는 채권양수인과 압류채권자가 각각 제3채무자에 대해서 완벽한 대항력을 가지게 되고, 제3채무자가 이들 가운데 누구에게라도 그 채무를 변제하게 되면 나머지 당사자에 대해서는 면책이 된다. 따라서 피고인의 행위는 채권의 허위양도로서 강제집행면탈죄에 해당한다. (대법원 2012. 6. 28. 2012도3999)

허위의 채무를 부담한다는 것은 거짓으로 채무를 부담한 것과 같이 해서 강제집행을 통한 채권자에 대한 분배금액이 줄어들게 만드는 행위를 말한다.

【판례】 허위채무의 부담인 경우 재단법인의 이사장인 피고인 甲이 강제집행을 면탈할 목적으로 재단법인에 대하여 채권을 가지는 양 가장하여 이를 공동피고인 乙에게 양도함으로써 재단법인으로 하여금 허위의 채무를 부담케 하고 이를 담보한다는 구실하에 재단법인 소유 토지를 공동피고인 乙 명의로 가등기 및 본등기를 경료케 하였다면 강제집행면탈죄를 구성한다. (대법원 1982. 12. 14. 80도2403)

【판례】 허위채무의 부담이 아닌 경우 1. 피고인이 타인에게 채무를 부담하고 있는 양 가장하는 방편으로 피고인 소유의 부동산들에 관하여 소유권이전청구권보전을 위한 가등기를 경료하여 주었다 하더라도 그와 같은 가등기는 원래 순위보전의 효력밖에 없는 것이므로 그와 같이 각 가등기를 경료한 사실만으로는 피고인이 강제집행을 면탈할 목적으로 '허위채무를 부담'하여 채권자를 해한 것이라고 할 수 없다. (대법원 1987. 8. 18. 87도1260)

2. 피고인이 장래에 발생할 특정의 조건부 채권을 담보하기 위한 방편으로 부동산에 대하여 근저당권을 설정한 것이라면, 특별한 사정이 없는 한 이는 장래 발생할 진실한 채무를 담보하기 위한 것으로서, 피고인의 위 행위를 가리켜 강제집행면탈죄 소정의 '허위의 채무를 부담'하는 경우에 해당한다고 할 수 없다. (대법원 1996. 10. 25. 96도1531)

이상과 같은 채무자의 행위에 의해 채권자를 해할 상태가 조성되면 범죄는 성립된다. 반드시 강제집행이 실패해서 채권자를 해하는 결과가 발생되어야만 본죄가 성립되는 것은 아니다(**통설**). **판례**도 같은 입장을 취하고 있다(대법원 1994. 10. 14. 94도2056; 대법원 1998. 9. 8. 98도1949; 대법원 1999. 2. 12. 98도2474; 대법원 2001. 11. 27. 2001도4759; 대법원 2012. 6. 28. 2012도3999). 또한 여기서 채권자를 해하게 된다는 것은 채권 추심이 완벽하게 불가능하게 되는 것을 의미하지는 않는다.

【판례】 채권자를 해할 우려가 있는 경우 피고인이 강제집행을 면할 목적으로 허위채무를 부담하고 근저당권 설정등기를 경료하여 줌으로써 채권자를 해하게 되었다는 상황이 인정된다면, 설혹 피고인에게 그 근저당권이 설정된 부동산 외에 약간의 다른 재산이 있더라도 강제집행면탈죄가 성립된다. (대법원 1990. 3. 23. 89도2506)

【판례】 채권자를 해할 우려가 없는 경우 피고인은 자신을 상대로 사실혼관계해소 청구소송을 제기한 甲에 대한 위자료 채무를 면탈할 목적으로 자기 명의의 아파트를 담보로 대출을 받아 그 중 대부분을 제3자 명의의 계좌로 입금하였다. 그러나 피고인에게 위자료채권액을 훨씬 상회하는 다른 재산이 있었던 이상 강제집행면탈죄는 성립하지 않는다. (대법원 2011. 9. 8. 2011도5165)

2. 주관적 구성요건

재산을 은닉·손괴·양도 하거나 허위의 채무를 부담하여 채권자를 해한다는 데 대한 인식과 의사가 있어야 한다. 미필적 고의로도 충분하다. 또한 부가적 주관적 구성요건 요소로서 강제집행을 면한다는 목적이 있어야 한다. 물론 목적이 달성되지 않더라도 본죄가 성립되는 데에는 문제가 없다.

제2편

사회적 법익을 침해하는 범죄

제 1 장 공공의 안전과 평온을 침해하는 범죄

제 1 절 공공의 안전을 침해하는 범죄

Ⅰ. 개 관

공안이란 '공공의 안전'을 의미한다. 그런데 공공의 안전을 침해하는 범죄라고 볼 수 있는 것은 제5장의 범죄만이 아니다. 제6장의 폭발물에 관한 죄나 제13장의 방화와 실화의 죄 그리고 제14장의 일수와 수리에 관한 죄도 공공의 안전을 침해하는 범죄이다. 따라서 제5장의 범죄는 공공의 안전을 해하는 범죄 가운데 이들 개별 범주에 속하지 않는 것들을 우선적으로 모아 놓은 것이라고 생각된다.

제5장의 범죄가 국가적 법익을 침해하는 범죄인가 아니면 사회적 법익을 침해하는 범죄인가에 대하여 논란의 여지가 있다. 그런데 제5장의 범죄를 보면 두 가지 부류로 구분이 된다. 범죄단체 조직, 소요, 다중불해산 등의 행위는 공공의 안전과 평온을 해하는 유형인 반면, 전시공수계약불이행은 비상시에 국가에 대한 채무를 불이행하는 것을 내용으로 하고, 공무원 자격 사칭은 국가의 기능을 해치는 범죄이다. 따라서 이들 제5장의 범죄는 무리하게 한 가지로 보지 말고 제114조·제115조·제116조는 사회적 법익을 침해하는 범죄로, 나머지 제117조와 제118조는 국가적 법익을 침해하는 범죄로 이해하는 것이 타당하다(**통설**).

국가적 법익을 침해하는 범죄인 제117조와 제118조의 범죄에 대한 설명은 제4편에서 하고 여기서는 제114조~제116조의 범죄에 대해서만 논한다.

Ⅱ. 범죄단체 조직죄

제114조 (범죄단체 등의 조직) 사형, 무기 또는 장기 4년 이상의 징역에 해당하는 범죄를 목적으로 하는 단체 또는 집단을 조직하거나 이에 가입 또는 그 구성원으로 활동한 사람은 그 목적한 죄에 정한 형으로 처벌한다. 다만, 형을 감경할 수 있다.

폭처법 제4조 (단체 등의 구성·활동) ① 이 법에 규정된 범죄를 목적으로 한 단체 또는 집단을 구성하거나 그러한 단체 또는 집단에 가입하거나 그 구성원으로 활동한 사람은 다음의 구별에 의하여 처벌한다.

1. 수괴는 사형, 무기 또는 10년 이상의 징역에 처한다.
2. 간부는 무기 또는 7년 이상의 징역에 처한다.
3. 그외의 자는 2년 이상의 유기징역에 처한다.

1. 의 의

범죄를 목적으로 하는 단체나 집단을 조직하거나 이에 가입하는 것 자체를 처벌하는 규정이다.

범죄를 수행하기 위한 조직 결성 작업을 하거나 이러한 단체에 가입하는 행위는 장차 범죄행위를 하겠다는 전제 아래 준비를 하는 데 불과하다. 이 때문에 예비의 법적 성격에 관한 학설 가운데 **이분설**은 제114조의 범죄단체 조직죄를 예비죄의 일종으로 보고 있다. 그러나 본죄를 예비죄로 보고 예비죄에 관한 일반원칙을 적용하는 것은 곤란하다고 생각한다. 내용은 범죄 준비행위이지만 독립범죄 형태로 규정되어 있으므로 다른 일반 범죄와 마찬가지로 취급하면 될 것이다.

본죄의 성격이 무엇인가에 대하여 견해의 대립이 있다.

① **즉시범설(판례)**

② **계속범설**

[결론] 계속범설에서 근거로 제시하고 있는 것은 범죄단체로 인정되기 위한 요건 가운데 지속성 부분이다. 일시적 조직이 아니라 지속적으로 유지되는 단체이어야 하므로 본죄는 구성요건적 행위가 어느 정도 시간적으로 계속되어야 성립되는 계속범이라는 주장이다.

그러나 여기서 말하는 지속성이라는 것은 문제의 단체가 가지고 있는 속성 자체를 의미하는 것이지, 그 조직된 단체가 실제로 과거부터 현재까지 지속적으로 유지되어온 역사를 가지고 있어야 함을 말하는 것은 아니라고 생각한다.

예를 들어 업무라 함은 '사회적 지위에 기하여 지속적으로 행하는 사무'인데 운전면허를 막 취득해서 앞으로 계속적으로 그러한 지위에 기하여 운전을 하겠다고 시작하는 단계에서도 지속성이 인정되어 업무자가 되듯, 범죄단체도 그러한 성격을 가지고 일단 조직되기만 하면 단체의 요건을 충족시키는 것으로 볼 수 있다. **즉시범설**이 타당하다.

【판례】 범죄단체조직죄의 속성 폭력행위등처벌에관한법률 제4조 소정의 단체 등의 조직죄는 같은 법에 규정된 범죄를 목적으로 한 단체 또는 집단을 구성함으로써 즉시 성립하고 그와 동시에 완성되는 즉시범이므로, 범죄성립과 동시에 공소시효가 진행된다. (대법원 1995. 1. 20. 94도2752)

2. 보호법익

제114조는 공공질서와 공공의 안전을 동시에 보호법익으로 한다. 공공의 질서와 공공의 평온은 범죄를 목적으로 하는 단체의 존재 자체로 인해 위협을 받기 때문이다.

3. 구성요건

(1) 객관적 구성요건

1) 범죄를 목적으로 하는 단체 또는 집단

가. 범죄 목적

본죄에서 말하는 범죄란 광의의 형법에 의해 범죄로 평가되는 행위를 의미한다. 그러나 단체의 존재 자체가 공공의 안전을 위협하는 것으로 평가되는 것이기 때문에 비교적 중한 범죄(사형, 무기 또는 장기 4년 이상)를 목적으로 하는 경우로 제한된다. 나아가 본래 목적했던 범죄보다 더 심하게 처벌하는 것도 부당하기 때문에 "그 목적한 죄에 정한 형으로 처벌"하는 것이고 감경도 가능하다.

나. 단 체

본죄에서 말하는 **단체**의 개념은 특수폭행에서 설명한 바와 같이 '다수의 사람(적어도 3명 이상)이 공동의 목적을 수행하기 위하여 조직하였고 서로 구성원으로서의 일체감을 가지며 지속성을 지닌 결합체'로 이해된다.

단체라고 하기 위해서는 ① **통솔체계**와 ② **지속성**이 갖추어져야 한다. 이 가운데 통솔체계가 갖추어져 있다고 하기 위해서는 ㉠ 의사결정구조(민주적이어도 무방함)와 ㉡ 규범질서(결정을 준수하도록 강제하는 기능이 있어야 함)가 필요하다.

범죄를 한다는 공동의 목적 아래 특정 다수인에 의하여 이루어진 계속적인 결합체로서 그 단체를 주도하거나 내부의 질서를 유지하는 최소한의 통솔체계를 갖추고 있어야 한다(대법원 1991. 5. 28. 91도739; 대법원 1994. 9. 23. 94도1853; 대법원 1996. 6. 25. 96도923; 대법원 1997. 10. 10. 97도1829).

【판례】 범죄단체로 인정되는 경우 1. 피고인들이 수괴, 간부, 가입자를 구분할 수 있을 정도의 지휘통솔체계를 갖춘 단체를 구성하고 또는 이에 가입한 후 피고인 甲으로부터 단체생활에 필요한 자금 등을 제공받고, 싸움에 대비하여 수시로 단체 및 개인훈련을 실시하는 한편 피고인 甲의 사주를 받거나 고향의 선배들을 괴롭히는 자들을 응징한다는 명목 등으로 위 단체구성 후 1년 10개월 동안 16건에 걸쳐 강도상해 및 폭력행위(상해, 협박 등)를 자행하여 왔다면 그 과정에서 생활비절감 등의 편의상 함께 모여 단체생활을 한 일면이 있다고 인정된다거나 위 단체의 명칭이 수사단계에서야 비로소 붙여진 것이라 하더라도 피고인들의 위와 같은 소위는 결국 폭력을 목적으로 한 범죄단체를 구성 또는 이에 가입한 죄에 해당된다. (대법원 1987. 10. 13. 87도1240)

2. 일정한 조직체계를 갖추어 역할을 분담하고, 그 활동자금으로 원심 판시와 같은 방법으로 조달한 금품 등을 사용하기로 하며, 조직의 근거지, 행동지침, 행동강령을 정하고, 돌발사태에 대비한 암호번호를 정하여 이에 따른 비상소집에 따라 즉시 대기할 수 있도록 함과 아울러 경쟁세력과의 싸움에 대비하여 흉기를 미리 준비하도록 하는 등 경쟁세력을 폭력으로 제압하려고 하였다면, 이는 폭력범죄 등을 목적으로 하는 계속적이고도 조직 내의 통솔체계를 갖춘 결합체로서 범죄단체에 해당한다. (대법원 1996. 6. 25. 96도923)

3. 피고인들이 불특정 다수의 피해자들에게 전화하여 금융기관 등을 사칭하면서 신용등급을 올려 낮은 이자로 대출을 해주겠다고 속여 신용관리비용 명목의 돈을 송금

받아 편취할 목적으로 보이스피싱 사기 조직을 구성하고 이에 가담하여 조직원으로 활동하였다면, 이는 사기범죄를 목적으로 구성된 다수인의 계속적인 결합체로서 총책을 중심으로 간부급 조직원들과 상담원들, 현금인출책 등으로 구성되어 내부의 위계질서가 유지되고 조직원의 역할 분담이 이루어지는 최소한의 통솔체계를 갖춘 형법상의 범죄단체에 해당한다. (대법원 2017. 10. 26. 2017도8600)

4. 이 사건 외부 사무실에는 직원이 평균 20~30명 정도 있었고, 평균 5~6개의 팀이 있었다. 이 사건 외부 사무실은 회사 조직과 유사하게 대표, 팀장, 팀원으로 직책이나 역할이 분담되어 있었다. 상담원은 인터넷 허위 광고를 보고 전화를 건 손님들에게 거짓말로 이 사건 외부 사무실에 방문할 것을 유인하는 역할을, 출동조는 이 사건 외부 사무실을 방문한 손님들에게 허위 중고차량을 보여주면서 이른바 '뜬플' 또는 '쌩플'의 수법으로 중고차량 매매계약을 유도하는 역할을, 팀장은 소속 직원을 채용하고, 손님 방문 시 출동조를 배정하며, 출동조로부터 계약 진행 상황을 보고받고, 출동조가 매매계약 유도를 성공하면 손님들과 정식 계약을 체결하는 역할을, 대표는 사무실과 집기, 중고자동차 매매계약에 필요한 자료와 할부금융, 광고 등을 준비해 이 사건 외부 사무실을 운영하면서 팀장을 채용한 뒤 팀장으로 하여금 팀을 꾸려 이 사건 사기 범행을 실행하도록 하고, 할부금융사로부터 할부중개수수료를 받으면 이를 팀별로 배분하는 역할을 수행하였다. 외부 사무실에서 이루어진 중고자동차 매매계약은 모두 이른바 '뜬플', '쌩플' 등의 사기 수법이 동원된 것이고, 정상적인 판매행위는 이루어지지 않았다. 따라서 이 사건 외부 사무실은 특정 다수인이 사기 범행을 수행한다는 공동 목적으로 구성원들이 역할분담에 따라 행동함으로써 사기 범행을 반복적으로 실행하는 체계를 갖춘 결합체, 즉 '범죄를 목적으로 하는 집단'에 해당한다. (대법원 2020. 9. 7. 2020도7915)

【판례】 범죄단체로 인정되지 않는 경우 1. 폭처법 제4조 소정의 범죄단체는 같은 법 소정의 범죄를 한다는 공동목적하에 특정다수인에 의하여 이루어진 계속적이고도 최소한의 통솔체제를 갖춘 조직화된 결합체를 말하고, 같은 법조 소정의 범죄집단은 같은 법에서 규정하고 있는 폭력 등 범죄의 실행을 공동목적으로 한 다수 자연인의 결합체를 의미하는 것으로서 위의 범죄단체와는 달라서 계속적일 필요는 없고 위의 목적하에 다수자가 동시에 동일장소에 집합되어 있고 그 조직의 형태가 위 법조에서 정하고 있는 수괴, 간부, 가입자를 구분할 수 있는 정도로 결합체를 이루고 있어야 하는 것이며 단순히 위 폭력 등의 범죄를 예비, 음모하거나 또는 그 범죄의 모의에 가담하여 실행행위의 분담을 정함에 불과하거나 실행행위를 하였다는 사실만으로는 위와 같은 폭

력의 범죄단체를 조직하거나 범죄집단을 구성한 것이라고 할 수 없다. (대법원 1991. 1. 15. 90도2301)

2. 타인의 자가용 유상운송행위를 제지하고 자신들만이 배타적으로 운송행위를 하기 위하여 조직한 '독수리회'라는 단체가 자가용 유상운송 및 협박 등을 목적으로 한 범죄단체로서 조직원 사이에 지휘, 명령, 복종체계를 갖춘 결합체를 이룬 것으로 인정하기 어렵고 회원들의 친목단체로서의 성격이 짙다. (대법원 1991. 12. 10. 91도2569)

3. 사북 지역 출신의 청년들에 의하여 자생적으로 조직된 사북청년회라는 단체의 일부 회원들이 사북 지역에 내국인 카지노가 들어서면서 폭력 범행을 저지르거나 관여하게 되었다고 하여 사북청년회 자체가 폭력 범행을 목적으로 조직화되었고 사북청년회 자체에서 그러한 폭력 범행을 지시하였거나 의도하였다고 보기 어려우므로 사북청년회가 범죄단체라고 볼 수는 없다. (대법원 2004. 7. 8. 2004도2009)

다. 집단

집단이란 '공동의 목적아래 특정다수인에 의하여 이루어진 계속적인 결합체로서 통솔체계가 정착되어 있지 않은 경우'를 말한다.

통솔체계를 제대로 갖추지 못하였지만 무리를 지어서 범죄행위를 하는 일이 있고 그것이 공공의 안전을 위협하는 것이기에 단체에 준하여 처벌대상으로 하여야 한다는 취지에서 폭처법 등 특별형법에 먼저 도입되었고 2013년 4월에 형법 제114조에도 추가되었다.

2) 조직 또는 가입

조직은 '스스로 단체를 구성하는 행위'이고, **가입**은 '이미 만들어진 단체의 새로운 구성원이 되는 행위'이다. 조직이나 가입을 하는 방식에는 제한이 없다.

【판례】 범죄단체 조직으로 볼 수 없는 경우 1. 신동성로파 甲을 두목으로 하여 구성되어 활동하여 온 동성로파의 구성원인 피고인들은 서로 공모하여 乙이 후계자로 지명되는 과정에서 조직통솔력이 약화된 틈을 이용하여 소위 봉덕동계를 주축으로 경제건달이라는 새로운 조직폭력개념을 도입하여 새로운 동성로파를 결성하기로 마음먹고, 기존의 조직 선배들을 배제하고 소위 신천동계를 몰아내며 새로운 조직원들을 받아들여 조직을 정비하면서 丙이 사실상 두목으로 행세하다가 출소한 乙에게 협박하여 반강제적인 승낙을 받아 조직원 150여 명이 참석한 가운데 피고인 丙이 乙의 후계자로

지명되는 절차를 거쳐 두목으로 취임하였다. 이후 조직을 공고히 한 다음, 활동영역을 종전의 동성로 일대에서 대구시내 전지역으로 확장시키고, 다른 지역의 폭력조직과 연계활동을 강화하고, 선배에게 인사하고 조직내부의 일을 외부에 누설하지 아니하며 조직을 탈퇴하면 보복한다는 등의 불문율을 행동강령으로 삼고, 통신수단을 이용하여 각종 지시를 하고 하부조직원은 이에 복종하는 지휘・통솔체계를 확립함으로써 피고인들은 수괴, 간부 및 행동대원으로 갈취 등을 목적으로 한 폭력단체인 신동성로파를 구성하였다.

범죄단체의 구성이란 단체를 새로이 조직・창설하는 것을 의미하므로, 기존의 범죄단체를 이용하여 새로운 범죄단체를 구성한다는 것은 ① 기존의 범죄단체가 이미 해체 내지 와해된 상태에 있어 그 조직을 재건하는 경우, ② 기존의 범죄단체에서 분리되어 나와 별도의 범죄단체를 구성하는 경우, ③ 현재 활동 중인 범죄단체가 다른 범죄단체를 흡수하거나, 그와 통합하는 경우 등으로 그 조직이 완전히 변경됨으로써 기존의 범죄단체와 동일성이 없는 별개의 단체로 인정될 수 있을 정도에 이른 경우를 말한다. 그러나 이 사건의 경우에는 그 범죄단체의 동일성이 변경되어 새로운 범죄단체가 구성되었다고 할 수 없으므로 범죄단체구성죄에 해당한다고 할 수 없다. (대법원 2000. 3. 24. 2000도102)

2. 당진식구파 피고인들을 포함한 무리로 이루어진 당진식구파는 범죄단체에 해당한다. 한편, ① 소외 A의 귀휴일 이전에도 소외 B가 두목으로서 조직을 이끌고 있었다는 점, ② 당진식구파의 조직원 40여 명은 1990년경부터 순차적으로 가입하여 활동해 오던 조직원들 그대로일 뿐, 신규 조직원들이 대거 영입되는 등으로 조직원이 크게 변동되었다거나 조직원의 수에 현저한 양적 변화가 있지도 아니하였다는 점, ③ B가 이끌던 당진식구파와 그 이후 A가 이끄는 당진식구파 사이에 내부 서열과 구성원간 역할분담, 행동강령, 비상연락망의 구축, 선배의 명령이나 행동강령을 어기는 행위에 대한 폭력적 제재수단의 활용, 조직의 위세를 내세운 당진 지역 유흥업소 등을 상대로 한 속칭 보호비 갈취, 조직원들의 축구경기 및 회식 등 조직원의 단합 또는 결속을 위한 행위 등의 측면에서도 객관적으로 질적인 변화가 있었다고 보이지 아니하는 점 등의 사정들에 비추어 볼 때, A가 두목으로서 당진식구파를 이끌게 된 이후에 당진식구파 구성원들의 참여의사가 보다 적극적으로 변화하고 조직의 체계가 좀 더 정비 내지 활성화되었다는 점을 넘어, 그 조직이 완전히 변경됨으로써 기존의 범죄단체와 동일성이 없는 별개의 단체로 인정될 수 있을 정도에 이른 것으로 평가하기 어려우므로, A의 귀휴일을 기준으로 새로운 범죄단체가 구성되었다고 할 수 없다. (대법

원 2014. 2. 13. 2013도12804)

(2) 주관적 구성요건

범죄를 목적으로 하는 단체를 조직하거나 이에 가입한다는 데 대한 인식과 의사가 있어야 한다.

4. 죄 수

범죄단체를 조직하거나 이에 가입한 사람이 그 단체가 목적으로 하는 범죄를 저질렀을 경우에 실행범죄와 본죄의 관계에 대하여 견해대립이 있다.

① **실체적 경합설**

② **보충관계설** : 제114조가 보충규정이기에 적용이 배제된다는 견해

결론 보충관계설은 본죄가 실행범죄에 대한 예비·음모에 불과하고, 본죄가 행위형법의 원칙에 위배되는 과잉처벌 규정이어서 가능하면 적용을 하지 말아야 한다는 점을 근거로 들고 있다.

그러나 본죄의 내용이 실행범죄에 대한 준비행위로서의 속성을 가지고 있다고 해서 독립범죄가 아니라고 할 수는 없는 일이다. 또한 범죄단체를 구성하거나 가입한다는 사회적으로 매우 위험한 '행위'에 대해서 처벌을 하는 것이므로 행위형법의 원칙에 위배되는 규정이라고 보기도 곤란하다. **실체적 경합설**이 타당하다고 생각한다.

5. 특별법에 의한 가중처벌

국가보안법 제3조는 반국가단체를 구성하거나 이에 가입한 자를 그 단체 내 지위에 따라 가중처벌하고 있다. 폭처법 제4조는 상해, 폭행, 체포, 감금, 협박, 주거침입, 퇴거불응, 폭력에 의한 권리행사방해, 공갈 또는 손괴의 죄를 목적으로 한 단체를 구성하거나 그러한 단체에 가입한 자를 그 단체 내 지위에 따라 구별하여 가중처벌 한다. 이들 특별법이 적용되는 경우에는 보충관계가 되므로 본죄는 적용되지 않는다.

Ⅲ. 소요죄

제115조 (소요) 다중이 집합하여 폭행, 협박 또는 손괴의 행위를 한 자는 1년 이상 10년 이하의 징역이나 금고 또는 1천500만원 이하의 벌금에 처한다.

1. 의의와 보호법익

다수가 모여서 폭행, 협박 또는 손괴행위를 함으로써 성립되는 범죄이다. 소요죄는 **집합범**으로서 필요적 공범의 전형적인 예이다.

본죄의 보호법익은 **공공의 안전**이다. 공공의 안전이 실제로 침해될 필요는 없다. 본죄가 위험범이라는 점에 대해서는 다른 견해가 없으나, 구체적 위험범인가 아니면 추상적 위험범인가에 대해서는 학설의 대립이 있다.

① 구체적 위험범설

② 추상적 위험범설 (**통설**)

결론 구체적 위험범설은 처벌범위가 지나치게 확대될 가능성을 방지하기 위해 실제로 위험을 발생시켰을 때에만 범죄성립을 인정하자고 한다. 그러나 제115조 규정은 우선 문언상 구체적 위험발생을 처벌의 전제로 하지 않고 있으며, 다중이 모여 폭행·협박·손괴행위를 하는 것은 그 자체로서 이미 위험성이 다분한 행위라고 평가되어도 별 무리가 없을 것으로 생각된다. **추상적 위험범설**이 타당하다.

2. 구성요건

(1) 객관적 구성요건

1) 행위주체

본죄의 주체를 누구로 볼 것인가에 대하여 견해대립이 있다.

① **다중**으로 보는 견해

② 개인으로 보는 견해 (**다수설**)

결론 다중 자체를 행위주체로 보는 것은 개인책임의 원칙에 정면으로 위배되기 때문에 인정할 수 없다. 다른 범죄행위와 마찬가지로 본죄의 주체는 구성요건에 해당되는 행위를 한 행위자 **개인**으로 보는 것이 마땅하다.

2) 행 위

가. 다중의 집합

본죄의 보호법익은 공공의 안전이다. 따라서 본죄의 행위 내용은 공공의 안전을 위협할 정도의 속성을 가지고 있어야 한다. 다중이 집합한다는 요건도 이러한 견지에서 해석되어야 한다. 따라서 단순히 많은 사람이 모인 것이 아니라, 모인 양상이 한 지방의 안전을 위협할 정도의 수준에 이르러야만 요건이 충족되는 것으로 보아야 하겠다.

한 지방의 안전을 능히 위협할 양상을 이루었는가의 여부는 모인 사람의 수, 장소, 시간, 모이게 된 동기 등을 종합해서 판단해야 한다. 모인 사람들이 조직화되는 수준에까지 이를 필요는 없으며 주모자가 없어도 무방하다.

나. 폭행 · 협박 · 손괴

폭행 · 협박 · 손괴의 개념은 각각 폭행죄(제260조) · 협박죄(제283조) · 손괴죄(제366조)의 경우와 본질적으로 같다. 다만 제115조의 폭행 · 협박 · 손괴는 다중의 합동력으로 인한 것이어야 하고 다중 가운데 극히 일부만 행동으로 옮기는 경우에는 성립되지 않는 것으로 보아야 한다는 점에서 일반적인 폭행 · 협박 · 손괴의 경우와 구별된다. 다수가 함께 행동을 함으로써 공공의 안전을 위협하는 정도에 이르러야 본죄의 행위에 해당된다고 할 수 있다.

그런데 군집한 사람들 모두가 예외 없이 행동에 가담해야 하는가에 대해서는 견해대립이 있다.

① 긍정설

② 부정설 (다수설)

[결론] 본죄는 군집한 사람들이 전체로서 공동의 범죄행위를 저지르는 것이므로, 직접 폭행 · 협박 · 손괴행위를 하지 않은 사람도 현장에서 함께 심리적 · 물리적으로 힘을 보탰다면 모두 정범이 된다고 보아야 한다. **부정설**이 타당하다.

(2) 주관적 구성요건

많은 사람과 함께 다중의 위력에 편승해서 또는 이를 이용하여 폭행 · 협박 · 손괴행위를 한다는 데 대한 인식과 의사가 있어야 한다(**공동실행의 의사**).

본죄는 일종의 공동정범이므로 자기 스스로 직접 폭행 · 협박 · 손괴행위를 한다는 데 대한 인식이 없더라도, 다른 많은 사람들과 함께 결과적으로 공공의 안전을 위협하는 폭행 · 협박 · 손괴가 이루어지도록 동참한다는 인식만 있으면 고의가 성립된다.

3. 공 범

본죄는 필요적 공범이고 공동정범으로서의 성격을 가지고 있으므로, 실행행위에 가담한 정도 또는 실제 폭행 · 협박 · 손괴행위를 했는가의 여부와 관계없이 일단 가담한 사람은 모두 다 정범이 된다.

이를 두고 형법이 **단일정범체계**를 인정한 것이라고 보는 견해가 있다. 그러나 단일정범체계란 '공범이라는 개념이 없는 입법 체계'를 의미한다. 제115조의 존재 하나만 가지고 우리 형법이 공범이라는 개념이 없는 입법체계를 취하고 있다고 보는 것은 곤란하다.

이런 저런 형태로 소요행위에 가담한 사람은 모두 정범이 되지만, 이러한 행위에 대하여 소요에는 가담하지 않고 외부에서 교사나 방조 등의 행위를 한 사람은 공범이 된다는 것은 당연하다. 따라서 본죄에 대해서도 형법총론의 공범 규정이 적용된다고 보는 것이 타당하다.

다만 본죄는 그 자체가 공동정범의 성격을 가지고 있는데, 그럼에도 공동정범 규정이 다시 적용되는가에 대하여 견해대립이 있다.

① **긍정설**: 공동정범을 포함한 모든 공범 규정이 두루 적용된다는 견해

② **부정설**: 공동정범 규정은 적용될 여지가 없고 나머지 공범 관련 규정(교사 · 방조 · 간접정범)만 적용된다는 견해 (**다수설**)

[결론] 행위내용 자체가 공동정범인데 다시 공동정범 규정을 적용할 필요는 없다고 본다. **부정설**이 타당하다.

4. 죄 수

소요죄가 성립되면 폭행・협박・손괴죄 규정은 보충규정이므로 적용이 배제된다(**보충관계**). 특수폭행・특수협박・특수손괴죄도 마찬가지이다.

공무집행방해죄(제136조)와 주거침입죄(제319조)가 소요죄에 대하여 보충관계에 있는가에 대하여 견해대립이 있다.

① 긍정설

② 부정설

결론 공무집행방해죄와 주거침입죄의 구성요건 내용을 소요죄가 모두 포괄하고 있지 않으므로 보충관계에 있다고 보기 어렵다. **부정설**이 타당하다.

Ⅳ. 다중불해산죄

> 제116조 (다중불해산) 폭행, 협박 또는 손괴의 행위를 할 목적으로 다중이 집합하여 그를 단속할 권한이 있는 공무원으로부터 3회 이상의 해산명령을 받고 해산하지 아니한 자는 2년 이하의 징역이나 금고 또는 300만원 이하의 벌금에 처한다.

1. 의 의

소요행위를 하려는 사람들이 권한 있는 공무원의 해산명령을 받고도 이에 따르지 않음으로써 성립되는 **진정 부작위범**이다.

2. 구성요건

(1) 객관적 구성요건

1) 행위주체

본죄의 행위주체는 폭행·협박·손괴행위를 목적으로 모인 다중에 속한 자이다.

2) 행위상황

가. 작위의무를 인정할 수 있는 상황

해산을 해야 하는 의무는 단속 권한이 있는 공무원이 3회 이상 해산명령을 내렸을 때 발생된다. **해산명령**을 내릴 권한은 법령(예: 경찰관직무집행법 제6조)을 근거로 인정된다. 공무원의 해산명령은 행위자가 인식할 수 있는 형태로 통지되어야 하며 적어도 3회 이상은 내려져야 한다.

3회의 해산명령이라는 것은 적절한 간격으로 해산에 필요한 시간적 여유를 확보해 주는 3회 거듭되는 해산명령을 의미한다. 시간적 여유 없이 연달아 외쳤다면 이는 3회의 명령이 아니라 1회의 명령으로 해석된다(**통설**).

작위의무의 발생 시점과 관련해서 단속 권한 있는 공무원의 해산명령이 3회에 그치지 않고 계속 이어질 수 있는데, 그러한 경우에는 마지막 해산명령이 내려질 때 비로소 작위의무가 발생된다(**통설**). 해산명령을 3회를 초과해서 발한다는 것은 해산의 기회를 주겠다는 의사표시라고 할 수 있다.

나. 작위의무를 이행할 물리적·실질적 가능성

해산하는 것이 물리적·실질적으로 가능해야 한다. 예를 들어 다중이 모인 장소에서부터 빠져나오는 사람을 기다리다가 사살하거나, 연행해 가는 상황이라면 해산은 사실상 불가능하다고 할 수 있다.

3) 행위: 작위의무의 불이행

작위의무의 내용은 **해산**하는 것이다. 해산에 해당되는 행위는 두 가지 형태로 가능하다. ① 더 이상 다중으로서의 의미를 가질 수 없을 정도의 인원만 남게 되면 남은 사람을 포함한 모든 사람이 다 해산한 것이 되고, ② 다중이 그대로 있는 상태에서 일부만 빠져 나오게 되면 그 빠져 나온 사람만 작위의무를 이행한 것이 된다.

다중이 무리를 지은 상태를 유지하면서 모여 있는 장소만 다른 곳으로 옮기는 것은 해산이라고 볼 수 없다(**통설**). 따라서 단속권한이 있는 공무원의 해산명령이 있고 나서 모여 있던 다중이 다른 곳으로 가버렸다고 해서 해산이라는 작위의무를 이행한 것으로 볼 수는 없다.

(2) 주관적 구성요건

해산을 명령할 권한이 있는 공무원이 3회 이상 해산하라는 명령을 내렸는데도 불구하고 이에 따르지 않는다는 데 대한 인식과 의사가 있어야 한다.

또한 많은 사람과 함께 다중의 위력에 편승해서 또는 이를 이용하여 폭행·협박·손괴 행위를 하고자 하는 목적을 가지고 있어야 한다.

제 2 절 폭발물에 관한 범죄

제6장(폭발물에 관한 죄)은 폭발물사용죄(제119조), 폭발물사용 예비・음모・선동죄(제120조) 그리고 전시폭발물제조 등 죄(제121조)만을 규정하고 있다. 그러나 제13장(방화와 실화의 죄)에 포함되어 있는 폭발성물건 파열죄(제172조)와 과실폭발성물건 파열죄(제173조의2)는 성격상 폭발물에 관한 범죄에 포함시키는 것이 타당하다. 이곳에서 함께 논하기로 한다.

Ⅰ. 폭발물사용죄

제119조 (폭발물사용) ① 폭발물을 사용하여 사람의 생명, 신체 또는 재산을 해하거나 그 밖에 공공의 안전을 문란하게 한 자는 사형, 무기 또는 7년 이상의 징역에 처한다.

③ 제1항과 제2항의 미수범은 처벌한다.

본죄의 법익 보호의 정도에 대하여 견해대립이 있다.

① 추상적 위험범설

② 구체적 위험범설 (**다수설**)

③ 침해범설

④ **절충설**: 사람의 생명・신체・재산에 대해서는 침해범이고 공공의 안전에 대해서는 구체적 위험범이라는 견해

결론 본죄는 사회적 법익을 침해하는 범죄이고 보호법익은 공공의 안전이다. 조문을 보면 구성요건의 핵심적인 내용이 공공의 안전을 문란하게 하는 것으로 되어 있다. 그리고 "기타"라는 표현이 사용되고 있어서 그 앞에 있는 "폭발물을 사용하여 사람의 생명, 신체 또는 재산을 해"하는 것은 공공의 안전을 문란하게 하는 행위의 예시라고 볼 수 있다. 그렇다면 본죄는 공공의 안전을 문란하게 만든다는 결과를 발생시킴으로써 성립되는 **구체적 위험범**으로 보는 것이 타당하다.

1. 구성요건

(1) 객관적 구성요건

1) 행위: 폭발물 사용

폭발물이란 '일정한 자극을 가하면 폭발하는 성질을 가진 물건'을 말한다. 또한 **폭발**이란 '급격한 팽창에 의해 파괴력을 가지는 작용'을 의미한다.

화약, 니트로글리세린, 다이너마이트, TNT 등이 폭발물에 해당된다.

핵에너지를 폭발물에서 제외시켜야 하는가에 대하여 견해대립이 있다.
① **제외설**
② **포함설**
[결론] 핵분열 또는 핵융합도 급격하게 이루어질 경우 충분한 파괴력을 가지므로 핵폭탄도 폭발물에 포함시키는 것이 타당하다.

파괴력이라고 하기 위해서는 사람의 생명, 신체 또는 재산을 해하거나 공공의 안전을 문란하게 할 정도의 도달하여야 한다(**현저성의 원칙** | **통설**).

한편 **폭발물**과 **폭발성 물건**(제172조)은 서로 구별되어야 하는 개념이다. 폭발물은 다이너마이트처럼 '폭파를 목적으로 제작되었고 그 목적을 달성하는 데 적합한 물건'으로, 폭발성 물건은 프로판가스통처럼 '객관적 성질상 사용하기에 따라 폭파의 결과를 초래할 수 있는 물건'으로 이해되어야 한다.

2) 결과 : 공공의 안전 문란

제119조가 의미하는 공공의 안전은 한 지역의 공공의 안전으로 해석된다. 폭발물을 사용하여 생명·신체·재산을 해하거나, 그렇지는 않더라도 공공의 안전을 침해하게 되면 결과 발생이 인정된다. 생명·신체·재산을 해하는 것은 공안을 문란하게 하는 방법 가운데 대표적인 것으로서 예시되어 있는 것이다.

3) 인과관계

폭발물을 사용한 행위와 공안을 해치는 결과 사이에는 인과관계가 연결되어야 한다.

(2) 주관적 구성요건

폭발물을 사용하여 생명・신체・재산을 해치는 등 공안을 해한다는 인식과 의사가 있어야 한다.

2. 죄 수

폭발물을 사용해서 고의로 사람의 생명, 신체 또는 재산을 해치고 공안을 문란하게 하면 본죄와 살인(제250조), 상해(제257조) 또는 손괴죄(제366조)가 동시에 성립된다. 이들 살인, 상해 또는 손괴죄는 개인적 법익을 침해하는 범죄로서 본죄와 성격을 달리하므로 법조경합으로 보기는 곤란하다. 서로 상상적 경합관계가 된다고 보는 것이 타당하다.

또한 사람을 상해 또는 사망에 이르게 한 때에는 제172조 제2항의 폭발성물건파열치사상죄도 동시에 성립되지만 제172조 제2항은 본죄에 대해서 보충적・보조적 의미만 가지므로 보충규정으로서 적용이 배제된다.

Ⅱ. 전시 폭발물사용죄

제119조 (폭발물사용) ② 전쟁, 천재지변 그 밖의 사변에 있어서 제1항의 죄를 범한 자는 사형이나 무기징역에 처한다.
③ 제1항과 제2항의 미수범은 처벌한다.

전쟁, 천재 또는 다른 사변이 일어난 상황에서 제119조 제1항의 행위를 한 자에 대한 가중처벌 규정이다.

여기서 **전시**라 함은 "상대국이나 교전단체에 대하여 선전포고를 하였거나 대적행위를 취한 때로부터 당해 상대국이나 교전단체에 대한 휴전협정이 성립된 때까지의 기간을 말한다.(군형법 제2조 제6호)" 따라서 휴전기간은 전시에 포함되지 않는다. 그리고 **사변**이라 함은 "전시에 준하는 동란상태로서 전국 또는 지역별로 계엄이 선포된 기간을 말한다.(군형법 제2조 제7호)"

Ⅲ. 폭발물사용 예비·음모·선동죄

제120조 (예비, 음모, 선동) ① 전조 제1항, 제2항의 죄를 범할 목적으로 예비 또는 음모한 자는 2년 이상의 유기징역에 처한다. 단, 그 목적한 죄의 실행에 이르기 전에 자수한 때에는 그 형을 감경 또는 면제한다.
② 전조 제1항, 제2항의 죄를 범할 것을 선동한 자도 전항의 형과 같다.

제120조 제1항의 범죄는 폭발물사용죄를 범할 목적으로 예비·음모함으로써 성립된다.

제2항의 범죄는 폭발물사용죄를 범할 것을 선동함으로써 성립된다. 선동이란 '범죄행위를 하도록 결의하게 부추기는 행위'를 의미한다. 교사의 경우와는 달리 선동을 당한 자가 실제로 범행을 결의하지 않아도 된다.

Ⅳ. 전시 폭발물제조 · 수입 · 수출 · 수수 · 소지죄

> 제121조 (전시 폭발물제조 등) 전쟁 또는 사변에 있어서 정당한 이유 없이 폭발물을 제조, 수입, 수출, 수수 또는 소지한 자는 10년 이하의 징역에 처한다.

전쟁 기타 사변이 일어난 상황에서 폭발물을 제조 · 수입 · 수출 · 수수 · 소지하는 행위는 그 자체로서 위험성을 가지고 있기 때문에 금지되고 있다. 폭발물사용 예비 · 음모와 다른 점은 폭발물사용죄를 범할 목적을 가지고 있지 않아도 본죄가 성립된다는 점이다.

'정당한 이유'는 법령에 의해 허용되거나 국가기관에 의해 정당한 취급 허가가 있을 경우에 인정된다.

전쟁이나 사변 기간중이 아니라 평시에 폭발물 제조 등의 행위를 하게 되면 「총포 · 도검 · 화약류 등 단속법」 위반죄가 성립된다.

Ⅴ. 폭발성물건 파열죄

> 제172조 (폭발성물건 파열) ① 보일러, 고압가스 기타 폭발성 있는 물건을 파열시켜 사람의 생명, 신체 또는 재산에 대하여 위험을 발생시킨 자는 1년 이상의 유기징역에 처한다.
> 제174조 (미수범) …… 제172조 제1항, ……의 미수범은 처벌한다.

1. 객관적 구성요건

(1) 행위: 폭발성 물건 파열

폭발성 물건이란 본래 폭파를 목적으로 만들어진 것은 아니지만 '객관적 성질상 사용하기에 따라 폭파의 결과를 초래할 수 있는 물건'을 말한다. 그 대표적인 것이 보일러와 고압가스이다.

파열이란 '급격한 팽창이 이루어지게 하는 행위'를 의미한다.

(2) 결과 : 생명, 신체 또는 재산에 대한 위험 발생

공공의 안전을 실제로 침해하는 결과를 발생시킬 것을 요구하고 있지 않으므로, 폭발성 물건을 파열해서 단 한 사람의 생명・신체 또는 재산에 대한 위험만을 발생시키더라도 본죄는 성립된다.

(3) 인과관계

폭발성 물건을 파열한 행위와 생명・신체・재산에 대한 위험 발생 사이에 인과관계가 인정되어야 한다.

2. 주관적 구성요건

폭발성 물건을 파열하여 생명・신체・재산에 대한 위험을 발생시킨다는 데 대한 인식과 의사가 있어야 한다.

Ⅵ. 폭발성물건 파열 예비・음모죄

> 제175조 (예비, 음모) …… 제172조 제1항, ……의 죄를 범할 목적으로 예비 또는 음모한 자는 5년 이하의 징역에 처한다. 단, 그 목적한 죄의 실행에 이르기 전에 자수한 때에는 형을 감경 또는 면제한다.

본죄는 폭발성물건 파열(제172조 제1항)의 범죄를 저지를 목적으로 예비・음모함으로써 성립된다.

Ⅶ. 폭발성물건 파열치사상죄

> 제172조 (폭발성물건 파열) ② 제1항의 죄를 범하여 사람을 상해에 이르게 한 때에는 무기 또는 3년 이상의 징역에 처한다. 사망에 이르게 한 때에는 무기 또는 5년 이상의 징역에 처한다.

폭발성물건 파열(제172조 제1항)을 기본범죄로 하고 사람을 상해하거나 사망하게 하는 것을 중한 결과로 하는 결과적 가중범이다.

Ⅷ. 과실 폭발성물건 파열죄

> 제173조의2 (과실 폭발성물건 파열 등) ① 과실로 제172조 제1항, 제172조의2 제1항, 제173조 제1항과 제2항의 죄를 범한 자는 5년 이하의 금고 또는 1천500만원 이하의 벌금에 처한다.
> ② 업무상 과실 또는 중대한 과실로 제1항의 죄를 범한 자는 7년 이하의 금고 또는 2천만원 이하의 벌금에 처한다.

폭발성 물건을 파열시켜 생명・신체・재산에 대한 위험을 유발하였으나 이에 대한 고의는 없고 과실만 인정되는 경우에 본죄가 성립된다.

제 3 절 방화와 실화의 죄

Ⅰ. 개 관

1. 의 의

제13장에는 불과 관련된 범죄들이 나열되어 있다. 이들 범죄는 고의로 불을 지르는 범죄(방화의 죄), 과실로 불이 나게 한 범죄(실화의 죄) 그리고 방화에 준하는 범죄(진화방해, 가스·전기 등 방류, 가스·전기 등 공급방해)로 분류된다. 폭발성 물건 파열과 관련된 범죄(제172조 제1항: 폭발성물건 파열, 제172조 제2항: 폭발성물건 파열치사상, 제173조의2: 과실폭발성물건 파열)는 성격상 폭발물에 관한 범죄에 포함되어야 하는 것으로서 제2절에서 이미 설명하였다.

2. 보호법익

(1) 법 익

방화죄와 실화죄 규정이 보호하고자 하는 법익이 무엇인가에 관하여 견해의 대립이 있다.

① **공공위험죄설** : 공공의 안전과 평온을 보호법익으로 보는 견해

② **이중성격설** : 공공의 안전이 주된 보호법익이고, 부수적으로 개인의 재산권도 보호법익으로 한다는 견해 (**통설 · 판례** | 대법원 1983. 1. 18. 82도2341)

결론 불을 지르게 되면 공공의 안전만 위협하게 되는 것이 아니라 불태우는 행위의 대상이 되는 물건도 태워서 망가뜨리게 되므로 개인의 재산권도 침해하게 된다. 따라서 공공의 안전이라는 사회적 법익을 주된 보호법익으로 하면서 개인적 법익도 부수적으로 보호하는 **이중성격**을 가진 규정이라고 생각된다.

(2) 보호의 정도

방화와 실화의 죄에는 추상적 위험범도 있고 구체적 위험범도 포함되어 있다. 이들 범죄는 일반적으로는 추상적 위험범이라고 할 수 있지만 제166조 제2항처럼 "공공의 위험을 발생하게 한" 경우에 처벌한다고 규정되어 있는 경우에는 구체적 위험범이 된다.

3. 구성요건 체계

고의범인 방화의 죄는 행위객체에 따라 현주건조물 방화죄(제164조), 공용건조물 방화죄(제165조), 일반건조물 방화죄(제166조) 그리고 일반물건 방화죄(제167조)로 구별된다. 현주건조물 방화치사상죄(제164조 제2항)와 연소죄(제168조)는 **결과적 가중범**이다.

과실범인 실화의 죄에는 기본 구성요건인 실화죄(제170조)와 가중 구성요건인 업무상 실화·중실화죄(제171조)가 있다.

방화에 준하는 범죄로는 진화방해죄(제169조), 가스·전기 등 방류죄(제172조의2)와 가스·전기 등 공급방해죄(제173조)가 있다.

Ⅱ. 방화의 죄

1. 현주건조물 방화죄

> 제164조 (현주건조물 등 방화) ① 불을 놓아 사람이 주거로 사용하거나 사람이 현존하는 건조물, 기차, 전차, 자동차, 선박, 항공기 또는 지하채굴시설을 불태운 자는 무기 또는 3년 이상의 징역에 처한다.
> 제174조 (미수범) …… 제164조 제1항 ……의 미수범은 처벌한다.

(1) 의 의

사람이 주거로 사용하거나 사람이 현존하는 건조물, 기차, 전차, 자동차, 선박, 항공기 또는 지하채굴시설(광갱)에 불을 지름으로써 성립되는 범죄이다. 불을 지르는 행위 자체를 공공의 안전에 대한 위험 야기로 보기 때문에 **추상적 위험범**이다.

(2) 구성요건

1) 객관적 구성요건

가. 행위객체

(가) 사람이 주거로 사용하거나 현존하는

제164조에서 말하는 **사람**이란 '행위자 이외의 사람'을 의미한다. 따라서 행위자 혼자서만 주거로 사용하거나 혼자 머물고 있는 공간은 행위객체가 되지 않지만, 행위자 이외에는 어느 누구라도 한 사람이라도 함께 살고 있거나 머물고 있으면 행위객체가 된다.

주거로 사용한다는 것은 '일상생활을 영위하는 것'을 의미한다. 일상생활을 영위한다는 것은 하루 종일 그 장소 안에 붙어 있는 것을 의미하는 것이 아니다. 따라서 밤에 들어와 잠만 자도 무방하고 낮에만 이용해도 상관없으며, 일년 내내 거주할 것을 필요로 하는 것도 아니기 때문에 콘도나 별장처럼 일시적으로 이용하는 경우에도 주거로 사용하는 것으로 보아야 한다.

행위시에 사람이 없더라도 본래 주거로 사용하는 것이라면 무방하다. 또한 주거로 이용하는 것이 합법적이지 않더라도 상관없다(**통설**).

사람이 현존한다는 것은 '행위자 이외에 다른 사람이 있다는 것'을 의미한다. 사람이 현존하는 한, 주거용으로 만들어진 것이 아니거나 주거에 적합하지 않더라도 행위객체가 되는 데 문제가 없다.

(나) 건조물, 기차, 전차, 자동차, 선박, 항공기 또는 광갱

여기서 **건조물**은 건축법(제2조)에서 말하는 건축물로 이해된다. 따라서 건축물로서의 최소한의 요건인 지붕과 기둥 또는 벽은 갖추고 있어야 한다. 이러한 요건을 갖추고 있다면 컨테이너 가설 건축물, 텐트, 캠핑카 같은 동산이나 토굴 등도 무방하다. 차고나 화장실 등도 별도의 건축물로 조성되어 있지 않고 건조물과 일체를 이루고 있는 한 건조물에 포함된다.

기차란 본래 '증기기관의 힘으로 철길을 운행하는 차량'을 의미하지만, 현재는 디젤기관 등 증기기관 이외의 동력을 이용하는 차량도 철길을 운행하는 것이면 모두 기차라고 보아야 한다. **전차**는 '전기기관의 힘으로 철길을 운행하는 차량'이다. 철길이 반드시 차량의 아래쪽에 위치해야 하는 것은 아니므로 철길 밑에 붙어서 이동하는 모노레일 차량이나 케이블카도 전차에 포함된다(**통설**).

자동차는 '철길 또는 가설된 선에 의하지 아니하고 원동기를 사용하여 운전되는 차'를 의미한다(**통설**). **항공기**란 비행기, 비행선, 활공기, 회전익항공기 등 항공에 사용할 수 있는 기기를 말한다(**통설**). **선박**이란 사람이 탑승하여 수상 이동을 할 수 있는 기기를 의미한다. **지하채굴시설**은 광물을 채취하기 위한 지하시설이다.

나. 행위

행위내용은 불을 놓아 행위객체를 불태우는 것이다. 여기서 불태우는 것이란 '화력이 매개물을 떠나 스스로 연소할 수 있는 상태에 이르게 하는 것'을 의미한다.

본죄의 **착수시기**는 행위객체에 불을 지르기 위해 준비한 매개물에 점화할 때 또는 행위객체에 직접 발화시킬 때로 보아야 한다.

【판례】 실행의 착수시기 피고인이 방화의 의사로 뿌린 휘발유가 인화성이 강한 상태로 주택주변과 피해자의 몸에 적지 않게 살포되어 있는 사정을 알면서도 라이터를 켜 불꽃을 일으킴으로써 피해자의 몸에 불이 붙은 경우, 비록 외부적 사정에 의하여 불이 방화 목적물인 주택 자체에 옮겨 붙지는 아니하였다 하더라도 현존건조물방화죄의 실행의 착수가 있었다고 봄이 상당하다. (대법원 2002. 3. 26. 2001도6641)

추상적 위험범인 본죄의 **기수시기**에 대해서는 견해가 대립되고 있다.

① **독립연소설** : 불이 매개물에서 행위객체로 옮겨 붙어 독립적으로 연소하게 되었을 때 기수가 된다는 견해 **(판례)**

【판례】 방화죄의 기수시기 피해자의 사체 위에 옷가지 등을 올려놓고 불을 붙인 천조각을 던져 그 불길이 타올라 천정에까지 옮겨 붙었다면 도중에 진화되었다고 하더라도 일단 천정에 옮겨 붙은 때 이미 현주건조물방화죄의 기수에 이른 것이다. (대법원 2007. 3. 16. 2006도9164 | 대법원 1970. 3. 24. 70도330; 대법원 1983. 1. 18. 82도2341)

여기서 행위객체는 예를 들어 건조물일 경우 가구, 커튼, 침구 등 부속물을 제외한 건조물 자체만을 의미한다.

② **효용상실설** : 행위객체의 주요부분이 불에 타서 효용이 상실되었을 때 기수가 된다는 견해

학설의 논거 : ① '불태운다'는 것은 단순히 불을 지르는 것이 아니라 불을 질러 못쓰게 만드는 것까지를 의미하는 것이고, ② 우리나라의 건조물은 대부분 나무로 지어져 있기 때문에 독립연소설을 취하면 기수의 성립범위가 너무 넓어지며, ③ 공공의 안전을 보호법익으로 하는 다른 범죄 규정도 생명・신체・재산 침해라는 결과를 요구하고 있어서 이와 균형을 맞추어야 하기 때문이라고 한다.

③ **제1절충설 | 중요부분 연소개시설** : 행위객체의 중요부분에 독립연소가 이루어진 때를 기수시기로 보자는 견해

독립연소설에 의하면 기수 인정범위가 너무 넓어진다는 단점을 보완하기 위한 학설이다.

④ **제2절충설 | 일부손괴설** : 일부가 손괴되는 정도에 이르면 이미 기수가 된다고 보는 견해

효용상실설에 의할 경우 기수 인정범위가 너무 축소된다는 점을 보완하기 위한 학설이다.

⑤ **이분설** : 추상적 위험범인 방화죄의 경우에는 그냥 독립연소로 충분하고, 자기소유 일반건조물 방화(제166조 제2항)와 같이 구체적 위험범인 방화죄의 경우에는 중요부분에 독립연소가 시작된 때를 기수시기로 보자는 견해

결론 본죄의 보호법익은 공공의 안전이다. 따라서 기수시기는 불을 지르는 행위가 공공의 안전에 대한 위험을 야기하는 것으로 평가되는 지경에 이르렀을 때로 보는 것이 타당하다. 이는 개인의 재산을 침해하는 것과는 구별되는 문제이다. 행위객체가 효용을 상실하는가 하는 문제는 이러한 면에서 고려대상에서 제외되어야 한다. 일단 불이 매개물을 떠나 독립연소를 하게 되면 공공의 안전을 위협하게 된 것으로 볼 수 있으므로 **독립연소설**이 타당하다.

본죄는 **부작위**에 의해서도 범행이 가능하다.

【판례】 부작위에 의한 방화가 되지 않는 경우 형법이 금지하는 법익침해의 결과발생을 방지할 법적 작위의무를 가지고 있는 자가 그 의무를 이행하지 않은 경우, 이를 작위에 의한 실행행위와 동일하게 부작위범으로 처벌하기 위해서는, 그 의무를 이행함으로써 결과발생을 쉽게 방지할 수 있었음에도 그 결과의 발생을 용인하고 방관한 결과가 그 부작위가 작위에 의한 법익침해와 동등한 반가치를 가진다고 평가될 만한 정도에 이르러야 한다.

이 사건 피고인은 모텔 방에 투숙하여 담배를 피운 후 재떨이에 껐으나 완전히 꺼졌는지 확인하지 않은 채 휴지를 재떨이에 버리고 잠을 잔 결과 담뱃불이 휴지와 침대시트에 옮겨 붙게 함으로써 화재가 발생하게 만들었다. 그 상황에서 피고인은 화재사실을 알리지도 않은 채 도주하였다. 이 경우 피고인이 화재를 쉽게 진화할 수 있었다고 볼 수 없으므로 부작위에 의한 방화죄가 성립될 수 없다. (대법원 2010. 1. 14. 2009도12109)

2) 주관적 구성요건

사람이 주거로 사용하거나 사람이 현존하는 건조물, 기차, 전차, 자동차, 선박, 항공기 또는 광갱에 불을 지른다는 데 대한 인식과 의사가 있어야 한다. 미필적 고의로도 족하다. 공공의 안전에 대한 위험을 야기한다는 고의는 필요 없다.

【판례】 가옥에 대한 방화 고의가 없는 경우 피고인이 동거하던 공소외인과 가정불화가 악화되어 헤어지기로 작정하고 홧김에 죽은 동생의 유품으로 보관하던 서적 등을 뒷마당에 내어놓고 불태워 버리려 했던 점이 인정될 뿐 피고인이 위 공소외인 소유의 가옥을 불태워 버리겠다고 결의하여 불을 놓았다고 볼 수 없다면 피고인의 이러한 행위에 대해서는 방화의 고의를 인정할 수 없다. (대법원 1984. 7. 24. 84도1245)

2. 현주건조물 방화치사상죄

> 제164조 (현주건조물 등 방화) ② 제1항의 죄를 지어 사람을 상해에 이르게 한 경우에는 무기 또는 5년 이상의 징역에 처한다. 사망에 이르게 한 경우에는 사형, 무기 또는 7년 이상의 징역에 처한다.

현주건조물 방화(제164조 제1항)를 기본범죄로 하고 사람을 상해 또는 사망에 이르게 하는 것을 중한 결과로 하는 **결과적 가중범**이다. 결과적 가중범의 일반적 검토 순서에 따라 구성요건 성립 여부를 판단하면 된다.

본죄는 행위자가 중한 결과를 발생시킨다는 고의를 가지고 있었을 경우(부진정 결과적 가중범)에도 성립된다(**통설 · 판례** | 대법원 1983. 1. 18. 82도2341; 대법원 1996. 4. 12. 96도215; 대법원 1996. 4. 26. 96도485).

따라서 가옥에 불을 질러 그 안에 있던 사람을 타죽게 하면 현주건조물 방화죄(제164조 제1항)와 살인죄(제250조 제1항)의 상상적 경합이 되는 것이 아니라 본죄가 성립된다. 그러나 본죄에서 말하는 중한 결과에 존속살해는 포함되어 있지 않으므로, 현주건조물에 방화해 존속살해를 하게 되면 현주건조물 방화죄(제164조 제2항)와 존속살해죄(제250조 제2항)의 상상적 경합이 된다(대법원 1996. 4. 26. 96도485).

이와 같은 결론은 하나의 행위에 의해 현주건조물 방화와 사람이 죽는 결과의 발생이 모두 이루어진 경우에만 타당하다. 현주건조물방화 이후 별개의 행위를 통해 살인이 이루어지게 되면 현주건조물방화죄와 살인죄의 실체적 경합이 된다.

【판례】 방화와 살인 현주건조물에 방화하여 기수에 이른 후 그 건조물로부터 탈출하려는 피해자들을 가로막아 타죽게 한 행위는 현주건조물방화죄와 살인죄의 경합범으로 처단되어야 한다. (대법원 1983. 1. 18. 82도2341)

현주건조물 방화라는 방법을 통해 살인이 아닌 강도살인이라는 다른 차원의 범죄를 저지르는 경우에는 두 가지 범죄가 **상상적 경합**이 된다.

【판례】 방화치사와 강도살인 피고인들이 피해자들의 재물을 강취한 후 그들을 살해할 목적으로 현주건조물에 방화하여 사망에 이르게 하였다면, 피고인들의 행위는 강도살인죄와 현주건조물 방화치사죄에 모두 해당하고 그 두 죄는 상상적 경합범 관계가 된다. (대법원 1998. 12. 8. 98도3416)

3. 공용건조물 방화죄

제165조 (공용건조물 등 방화) 불을 놓아 공용으로 사용하거나 공익을 위해 사용하는 건조물, 기차, 전차, 자동차, 선박, 항공기 또는 지하채굴시설을 불태운 자는 무기 또는 3년 이상의 징역에 처한다.
제174조 (미수범) …… 제165조, ……의 미수범은 처벌한다.

본죄는 **행위객체**가 공용 또는 공익에 공하는 건조물, 기차, 전차, 자동차, 선박, 항공기 또는 광갱이라는 점 외에는 현주건조물방화죄(제164조 제1항)와 구성요건 내용이 동일하다.

‘공용에 공(供)한다’는 것은 국가 또는 지방자치단체 등 공공단체의 이익을 위해 사용된다는 것을 의미한다.

‘공공의 이익에 공한다’는 것은 공공의 이익을 위해 사용된다는 것을 의미한다. 건조물 자체의 성격이 공공의 이익을 위한 것이라면 건조물의 소유권자가 국가나 지방자치단체가 아니더라도 공익건조물이 된다.

> 공공의 이익을 위하는 길은 여러 가지가 있을 수 있지만 여기서 의미하는 것은 일반 대중이 건조물을 자주 이용함으로써 이들에게 이익이 되는 것을 말한다. 동사무소, 구청, 경찰서, 자치단체 도서관, 구민회관, 공중 화장실, 대합실 등이 이에 해당된다.

4. 일반건조물 방화죄

> 제166조 (일반건조물 등 방화) ① 불을 놓아 제164조와 제165조에 기재한 외의 건조물, 기차, 전차, 자동차, 선박, 항공기 또는 지하채굴시설을 불태운 자는 2년 이상의 유기징역에 처한다.
> ② 자기소유인 제1항의 물건을 불태워 공공의 위험을 발생하게 한 자는 7년 이하의 징역 또는 1천만원 이하의 벌금에 처한다.
> 제174조 (미수범) …… 제166조 제1항 …… 의 미수범은 처벌한다.

본죄는 **행위객체**가 사람의 주거로 사용하거나, 사람이 현존하거나, 공용 또는 공익에 공하는 것이 아닌 건조물, 기차, 전차, 자동차, 선박, 항공기 또는 광갱이라는 점 외에는 제164조 제1항과 구성요건 내용이 같다.

다만 자기 소유인 경우에는 형이 감경된다(**자기소유 일반건조물 방화**). 재산범죄에서 행위자 자신의 단독소유인 경우를 제외하고 모두 타인의 물건으로 보는 것과는 달리 본죄에서는 **무주물**인 경우에도 자기소유로 이해하는 것이 규정의 취지에 비추어 타당하다고 본다(**통설**). 자기소유 일반건조물 방화는 공공의 위험 발생이라는 결과가 있어야 구성요건이 성립되는 구체적 위험범이다.

자기의 소유에 속하는 물건이라도 압류 기타 강제처분을 받거나 타인의 권리 또는 보험의 목적물이 된 때에는 제176조 규정에 따라 타인의 물건으로 본다.

5. 일반물건 방화죄

> 제167조 (일반물건 방화) ① 불을 놓아 제164조부터 제166조까지에 기재한 외의 물건을 불태워 공공의 위험을 발생하게 한 자는 1년 이상 10년 이하의 징역에 처한다.
>
> ② 제1항의 물건이 자기 소유인 경우에는 3년 이하의 징역 또는 700만원 이하의 벌금에 처한다.

현주건조물 등에의 방화, 공용건조물 등에의 방화, 일반건조물 등에의 방화의 행위객체 이외의 물건을 불태운 경우에 성립된다. 공공의 위험의 발생을 요건으로 하는 **구체적 위험범**이다.

행위객체가 자기 소유인 경우에는 형을 감경한다(**자기소유 일반물건 방화**). 일반건조물의 경우와 마찬가지로 **무주물**인 경우에도 자기소유로 본다(**판례** | 대법원 2009. 10. 15. 2009도7421).

자기의 소유에 속하는 물건이라도 압류 기타 강제처분을 받거나 타인의 권리 또는 보험의 목적물이 된 때에는 제176조 규정에 따라 타인의 물건으로 본다.

6. 연소죄

> 제168조 (연소) ① 제166조 제2항 또는 전조 제2항의 죄를 범하여 제164조, 제165조 또는 제166조 제1항에 기재한 물건에 연소한 때에는 1년 이상 10년 이하의 징역에 처한다.
>
> ② 전조 제2항의 죄를 범하여 전조 제1항에 기재한 물건에 연소한 때에는 5년 이하의 징역에 처한다.

자기소유 일반건조물(제166조 제2항), 자기소유 일반물건(제167조 제2항)에 방화하여 현주건조물(제164조), 공용건조물(제165조) 또는 타인소유 일반건조물(제166조 제1항)에 연소(延燒), 즉 불이 옮겨 붙는 중한 결과의 발생으로 인하여 가중처벌 하는 **결과적 가중범**이다.

자기소유 일반물건(제167조 제2항)에 방화하여 타인소유 일반물건(제167조 제1항)에 연소한 경우에도 중한 결과의 발생으로 인한 결과적 가중범이 성립되지만, 타인 소유의 일반물건 방화(제167조 제1항)보다 형량이 낮다.

본죄의 기본범죄에 자기소유 일반건조물 방화와 자기소유 일반물건 방화의 미수범도 포함되는가에 대하여 견해대립이 있다.

① 부정설 (**통설**)

② 긍정설

제168조가 기본범죄를 제166조 제2항과 제167조 제2항으로 명시하고 있으므로 미수범이 포함될 여지는 없다고 생각한다. **부정설**이 타당하다.

본죄는 **부진정 결과적 가중범**의 형태로는 성립할 수 없다는 견해가 있다(**통설**). 예를 들어 자기 물건을 매개물로 이용하여 — 불을 질러서 공공의 위험을 발생시키고 — 현주건조물에 불을 붙이는 경우처럼, 자기물건 방화와 현주건조물 방화 모두에 대해 고의를 가지고 있을 때에는 자기물건 방화죄와 현주건조물 방화죄가 성립될 뿐 연소죄는 성립될 수 없다는 것이다.

그러나 자기소유 일반건조물·물건은 현주건조물·공용건조물·타인소유 일반건조물·타인소유 일반물건에 포함되어 있지 않다. 현주건조물 방화는 자기물건 방화라는 단계를 거치지 않고도 얼마든지 할 수 있는 범죄이다. 따라서 현주건조물 방화의 고의가 있다고 해서 자기물건 방화의 고의가 이에 필연적으로 포함된다고는 할 수 없다. 중한 결과인 현주건조물 방화에 대한 고의가 있는 경우에도 기본범죄는 독립성을 유지하는 것이므로 부진정 결과적 가중범의 형태로도 연소죄는 성립할 수 있다고 본다.

따라서 자기소유 일반건조물·물건을 단순한 매개물로 이용해서 현주건조물 등에 불을 붙이는 경우 부진정 결과적 가중범 형태의 연소죄와 현주건조물 방화죄 등이 동시에 성립되고 두 범죄는 상상적 경합관계가 된다.

7. 방화 예비·음모죄

제175조 (예비, 음모) 제164조 제1항, 제165조, 제166조 제1항, ……의 죄를 범할 목적으로 예비 또는 음모한 자는 5년 이하의 징역에 처한다. 단, 그 목적한 죄의 실행에 이르기 전에 자수한 때에는 형을 감경 또는 면제한다.

본죄는 현주건조물 방화(제164조 제1항), 공용건조물 방화(제165조), 일반건조물 방화(제166조 제1항) 등의 범죄를 저지를 목적으로 예비·음모함으로써 성립된다.

Ⅲ. 방화에 준하는 죄

1. 진화방해죄

> 제169조 (진화방해) 화재에 있어서 진화용의 시설 또는 물건을 은닉 또는 손괴하거나 기타 방법으로 진화를 방해한 자는 10년 이하의 징역에 처한다.

(1) 객관적 구성요건

1) 행위상황: 화재에 있어서

"화재에 있어서"란 공공의 안전에 대한 위험이 있을 정도의 불이 난 상태를 의미한다(**통설**). 완전히 불이 붙은 상태만을 의미하는 것이 아니라 불이 붙기 시작하는 단계도 포함된다. 또한 불이 붙게 된 원인은 무엇이든 관계없다.

2) 행위: 진화 방해

가. 진화용의 시설 또는 물건을 은닉 또는 손괴

(가) 진화용의 시설 또는 물건

"진화용 시설 또는 물건"이란 소방법상의 소방시설을 의미한다.

소방시설은 다시 소화설비(소화기구, 소화전, 스프링클러, 소방펌프 등), 경보설비(자동화재탐지설비, 자동화재속보설비, 누전경보기 등), 피난설비(피난기구, 방열복, 유도표지 등), 소화용수설비(소화수조, 저수조 등) 그리고 소화활동설비(제연설비, 연결송수관, 연결살수설비, 비상콘센트, 무선통신보조설비 등)로 분류된다.

본래 소방활동 용도로 쓰이는 물건만을 의미하며, 유무선 전화기처럼 원래는 소방용이 아닌데 소방활동을 위해 쓰일 수 있는 물건은 **행위객체**에서 제외된다.

(나) 은닉 또는 손괴

은닉이란 소방기구를 숨김으로써 이를 발견하는 것이 불가능하게 하거나 매우 곤란하게 만들어 이용가능성을 침해하는 행위를 말한다. **손괴**란 소방시설의 전부나 일부에 직접 유형력을 가하거나 기계적·전자적 조작을 가하여 이용가능성을 침해하는 것을 말한다.

소방설비를 은닉하거나 손괴하더라도 그 정도가 일반적으로 진화를 방해할 지경에 이르지 않는 경미한 것이면 본죄는 성립되지 않는다. 예를 들어 화재 현장에 출동한 소방차의 방향지시등을 발로 차서 깨뜨리는 정도는 진화방해 행위로 평가할 수 없다.

나. 기타 방법

소방설비를 은닉하거나 손괴하는 것은 진화작업을 방해하는 방법 가운데 대표적인 것으로서 예시되어 있는 것에 불과하다. 그 외에 어떤 방법으로든 진화를 방해하게 되면 본죄의 구성요건이 성립된다. 예를 들어 소방차의 진행을 가로막거나 소방관의 접근을 저지하는 등의 행위가 진화를 방해하는 기타 방법에 해당된다.

진화 방해는 진화를 방해하는 상황을 제거해야 할 법적 의무를 가지고 있는 사람이 그 의무를 이행하지 않는 형태의 **부작위**를 통해서도 할 수 있다. 예를 들어 화재 현장에서 폭도들이 소방시설을 파괴하고 있을 때 이를 저지해야 할 의무를 가진 경찰관이 이를 막을 수 있음에도 불구하고 그냥 방치하면 부작위에 의한 진화 방해가 성립된다.

(2) 주관적 구성요건

화재가 일어났을 때 진화용 시설 또는 물건을 은닉·손괴하거나 다른 방법으로 진화를 방해한다는 데 대한 인식과 의사가 있어야 한다.

2. 가스·전기 등 방류죄

> 제172조의2 (가스·전기 등 방류) ① 가스, 전기, 증기 또는 방사선이나 방사성 물질을 방출, 유출 또는 살포시켜 사람의 생명, 신체 또는 재산에 대하여 위험을 발생시킨 자는 1년 이상 10년 이하의 징역에 처한다.
> 제174조 (미수범) …… 제172조의2 제1항 ……의 미수범은 처벌한다.

방출될 경우 사람의 생명·신체 또는 재산에 위험을 야기할 수 있는 물질로서 가스, 전기, 증기와 방사선 또는 방사성 물질이 열거되어 있다. 여기서 방사선은 '전자파 또는 입자선 중 직접 또는 간접으로 공기를 전이하는 능력을 가진 것'을 의미하며 방사성 물질은 '핵연료 물질, 사용 후 핵연료, 방사성 동위원소와 원자핵분열 생성물'을 말한다(원자력법 제2조).

방출·유출·살포는 모두 이들 위험물질이 머물러야 할 일정한 공간으로부터 밖으로 나오게 하는 행위를 의미한다.

이를 통해 생명·신체 또는 재산에 대한 위험을 야기하면 본죄가 성립된다. 본죄는 **구체적 위험범**이다.

3. 가스·전기 등 방류 예비·음모죄

> 제175조 (예비, 음모) …… 제172조의2 제1항, ……의 죄를 범할 목적으로 예비 또는 음모한 자는 5년 이하의 징역에 처한다. 단, 그 목적한 죄의 실행에 이르기 전에 자수한 때에는 형을 감경 또는 면제한다.

본죄는 가스·전기 등의 방류(제172조의2 제1항)의 목적으로 예비·음모함으로써 성립한다.

4. 가스 · 전기 등 방류치사상죄

> 제172조의2 (가스 · 전기 등 방류) ② 제1항의 죄를 범하여 사람을 상해에 이르게 한 때에는 무기 또는 3년 이상의 징역에 처한다. 사망에 이르게 한 때에는 무기 또는 5년 이상의 징역에 처한다.

가스 · 전기 등 방류(제172조의2 제1항)를 기본범죄로 상해 또는 사망을 중한 결과로 하는 결과적 가중범이다.

치상의 경우에는 부진정 결과적 가중범 형태로 성립될 수 있으나 치사의 경우에는 진정 결과적 가중범의 형태로만 가능하다는 견해(**통설**)가 있다. 그러나 연소죄(제168조)의 경우에서와 마찬가지 이유로 부진정 결과적 가중범의 형태로도 가능하다고 본다.

5. 가스 · 전기 등 공급방해죄

> 제173조 (가스 · 전기 등 공급방해) ① 가스, 전기 또는 증기의 공작물을 손괴 또는 제거하거나 기타 방법으로 가스, 전기 또는 증기의 공급이나 사용을 방해하여 공공의 위험을 발생하게 한 자는 1년 이상 10년 이하의 징역에 처한다.
> ② 공공용의 가스, 전기 또는 증기의 공작물을 손괴 또는 제거하거나 기타 방법으로 가스, 전기 또는 증기의 공급이나 사용을 방해한 자도 전항의 형과 같다.
> 제174조 (미수범) …… 제173조 제1항과 제2항의 미수범은 처벌한다.

가스, 전기, 증기는 현대 사회에서 일상생활을 영위하는 데 매우 중요한 역할을 하는 에너지원이다. 이들을 사용하지 못하게 방해할 경우 공공의 위험이 발생할 수 있다. 예를 들어 병원의 전기를 갑자기 차단시킬 경우 전기로 작동되는 병원의 각종 기기가 멈추어 수많은 사람의 생명 · 신체에 대한 위험을 야기할 수 있다.

제173조 제1항은 가스, 전기 또는 증기의 사용을 방해하여 공공의 위험

을 발생시킴으로써 성립되는 **구체적 위험범**이다.

제2항은 공공용의 가스, 전기 또는 증기의 사용을 방해하는 것 자체를 처벌하는 것으로서 **추상적 위험범** 규정이다.

6. 가스 · 전기 등 공급방해 예비 · 음모죄

> 제175조 (예비, 음모) …… 제173조 제1항과 제2항의 죄를 범할 목적으로 예비 또는 음모한 자는 5년 이하의 징역에 처한다. 단, 그 목적한 죄의 실행에 이르기 전에 자수한 때에는 형을 감경 또는 면제한다.

가스, 전기 또는 증기의 사용을 방해하여 공공의 위험을 발생시키거나(제173조 제1항) 공공용의 가스, 전기 또는 증기의 사용을 방해(제173조 제2항)할 목적으로 예비 · 음모함으로써 성립된다.

7. 가스 · 전기 등 공급방해치사상죄

> 제173조 (가스 · 전기 등 공급방해) ③ 제1항 또는 제2항의 죄를 범하여 사람을 상해에 이르게 한 때에는 2년 이상의 유기징역에 처한다. 사망에 이르게 한 때에는 무기 또는 3년 이상의 징역에 처한다.

가스 · 전기 등 공급방해(제173조 제1 · 2항)의 행위를 기본범죄로 하고, 사람을 상해하거나 사망하게 하는 것을 중한 결과로 하는 결과적 가중범이다. 양형상의 불균형을 이유로 치상의 경우에는 부진정 결과적 가중범 형태로 성립될 수 있으나 치사의 경우에는 진정 결과적 가중범의 형태로만 가능하는 견해(**통설**)가 있다. 그러나 연소죄(제168조)에서 설명한 바와 같은 이유로 치사의 경우에도 부진정 결과적 가중범의 형태로 성립된다고 본다.

Ⅳ. 실화의 죄

1. 실화죄

> 제170조 (실화) ① 과실로 제164조 또는 제165조에 기재한 물건 또는 타인 소유인 제166조에 기재한 물건을 불태운 자는 1천500만원 이하의 벌금에 처한다.
> ② 과실로 자기 소유인 제166조의 물건 또는 제167조에 기재한 물건을 불태워 공공의 위험을 발생하게 한 자도 제1항의 형에 처한다.

제1항은 과실로 ① 사람이 주거로 사용하거나 사람이 현존하거나(제164조), ② 공용 또는 공익에 공하거나(제165조), ③ 타인의 소유에 속하는(제166조) 건조물, 기차, 전차, 자동차, 선박, 항공기 또는 지하채굴시설을 불태움으로써 성립되는 범죄이다. 고의가 아니라 과실로 행한다는 점 이외에는 제164・165・166조와 구성요건 내용이 모두 같다.

제2항의 **행위객체**의 범위에 대하여 견해대립이 있다.

① **광의설**: 자기소유 일반건조물(제166조)과 자기소유・타인소유 일반물건(제167조)으로 보아야 한다는 견해 (**판례** | 대법원 1994. 12. 20. 94모32)

논거: 이렇게 해석하여야 하는 이유는 타인의 소유에 속하는 일반물건에 대한 실화를 처벌할 수 없기 때문이라고 한다.

② **협의설**: 자기소유 일반건조물과 자기소유 일반물건으로 다소 한정적으로 보아야 한다는 견해

논거: 제2항에서 '자기의 소유에 속하는 제166조'라는 부분을 별개로 분리하면 표현자체가 말이 되지 않는다. 일반적 표현방식에 따르면 '자기의 소유에 속하는'이라는 말은 '제166조 또는 제167조에 기재한 물건'을 한꺼번에 수식하는 것으로 볼 수밖에 없다(대법원 1994. 12. 20. 94모32 결정 중 반대의견의 취지). 따라서 타인의 소유에 속하는 제167조에 기재한 물건도 제2항의 행위객체가 된다는 해석은 죄형법정주의에 위배되는 확장해석이다.

결론 제2항의 문언을 엄격하게 해석하면 협의설이 타당하다. 그러나 제13장(방화와 실화의 죄) 내의 다른 조문과의 관계에서 해석하면 제170조 제2항의 취지는 광의설로 보는 것이 옳다는 것을 알 수 있다. 입법적으로 해결하여야 할 성질의 문제이기는 하나 현상태에서 합리적으로 해석하자면 **광의설**이 타당하다.

제2항은 공공의 위험을 발생시켰을 때 성립되는 구체적 위험범이다.

2. 업무상 실화・중실화죄

제171조 (업무상 실화, 중실화) 업무상 과실 또는 중대한 과실로 인하여 제170조의 죄를 범한 자는 3년 이하의 금고 또는 2천만원 이하의 벌금에 처한다.

업무상 과실이나 중과실로 인해 제170조의 죄를 범하는 경우 가중처벌하는 규정이다. 여기서 **업무**는 '직무상 화기로부터의 안전을 배려해야 하는 사회생활상의 지위'를 뜻한다(대법원 1988. 10. 11. 88도1273). 직무상 화재의 원인이 되는 화기를 직접 취급하는 경우에 그치지 않고, 화재의 발견・방지 등의 임무를 수행하는 경우도 포함된다(대법원 1983. 5. 10. 82도2279). 허가 없이 업무를 행하거나 업무 자체가 불법인 경우도 무방하다.

중대한 과실이란 행위자가 아주 약간만 주의를 기울였더라도 결과발생을 예견할 수 있었는데도 주의를 기울이지 않아 이를 예견하지 못하는 경우를 말하며(대법원 1988. 8. 23. 88도855), 구체적인 경우에 사회통념을 고려하여 결정할 문제이다(대법원 1980. 10. 14. 79도305).

1999년 10월에 120여명의 사상자를 냈던 인천호프집 사건의 경우 지하에서 내부공사 아르바이트를 하던 학생들이 휘발유와 신나 가운데 어느 것이 더 빨리 타는지 실험한다는 어처구니 없는 발상을 한 결과 일어난 사건으로서 본죄의 적절한 예에 해당된다.

【판례】 중실화로 인정된 사례 1. 피고인이 약 2.5평 넓이의 주방에 설치된 간이온돌용 새마을보일러에 연탄을 갈아넣고, 보일러로부터 5~10cm쯤의 거리에 가연물질을 그대로 두고 신문지를 구겨서 보일러의 공기조절구를 살짝 막아놓은 채 그 자리를 떠난 경우 (대법원 1988. 8. 23. 88도855)

2. 연탄아궁이로부터 80cm 떨어진 곳에 스폰지와 솜 등을 쉽게 넘어질 수 있는 상태로 쌓아 둔 채 방치한 경우 (대법원 1989. 1. 17. 88도643)

3. 성냥불이 꺼진 것을 확인하지 않은 채 플라스틱 휴지통에 던진 경우 (대법원 1993. 7. 27. 93도135)

【판례】 중과실이 인정되지 않는 경우 1. 피고인이 사용한 양초는 신품으로 약 3시간 지속할 수 있고 창고 내에는 상자 위에 녹여서 붙여 놓은 촛불 부근에 헌 가마니 쓰레기 등이 있을 뿐 휘발유 등 인화물질은 없었으며 양곡이 입고되어 있었고 약 30분 후에는 고사를 끝내고 고사에 사용한 쌀가마니를 입고할 예정으로 촛불을 끄지 아니하고 그대로 세워 놓고 창고문을 닫고 나온 것이니 위 경우에 인정되는 피고인이 촛불을 들고 나오든가 소화하고 나오지 아니한 과실은 어디까지나 경과실에 불과하다 할 것이다. (대법원 1960. 3. 9. 59도761)

2. 호텔오락실의 경영자가 그 오락실 천정에 형광등을 설치하는 공사를 하면서 그 호텔의 전기보안담당자에게 아무런 통고를 하지 아니한 채 무자격 전기기술자로 하여금 전기공사를 하게 하였더라도, 전기에 관한 전문지식이 없는 오락실경영자로서는, 시공자가 조인터박스를 설치하지 아니하고 형광등을 천정에 바짝 붙여 부착시키는 등 부실하게 공사를 하였거나 또는 전기보안담당자가 전기공사사실을 통고받지 못하여 전기설비에 이상이 있는지 여부를 점검하지 못함으로써 위와 같은 부실공사가 그대로 방치되고 그로 인하여 전선의 합선에 의한 방화가 발생할 것 등을 쉽게 예견할 수 있었다고 보기는 어렵다. (대법원 1989. 10. 13. 89도204)

제 4 절 일수(溢水)와 수리(水利)에 관한 범죄

Ⅰ. 개 관

일수와 수리에 관한 범죄는 물로 공공의 위험을 야기하는 범죄이다. 불과 함께 물도 많은 사람의 생명·신체·재산을 한꺼번에 위협할 수 있는 성질을 가지고 있다.

일수죄와 수리죄 규정이 보호하고자 하는 법익이 무엇인가에 관하여 견해의 대립이 있다.

① **공공위험죄설** : 공공의 안전과 평온을 보호법익으로 보는 견해

② **이중성격설** : 공공의 안전이 주된 보호법익이고, 부수적으로 개인의 재산권도 보호법익으로 한다는 견해 (**다수설**)

결론 본죄를 저지르게 되면 공공의 안전만 위협하게 되는 것이 아니라 개인의 재산권도 침해하게 된다. 따라서 공공의 안전이라는 사회적 법익을 주된 보호법익으로 하면서 개인적 법익도 부수적으로 보호하는 **이중성격**을 가진 규정이라고 생각한다.

일수와 수리에 관한 범죄의 구성요건 체계는 방화와 실화의 죄의 경우와 대체로 일치한다. 고의에 의한 일수의 죄는 행위객체에 따라 현주건조물 일수죄(제177조), 공용건조물 일수죄(제178조)와 일반건조물 일수죄(제179조)로 구별된다.

과실범으로서는 과실일수죄(제181조)가 규정되어 있고, 일수에 준하는 죄로서 방수방해죄(제180조)가 있다.

제184조의 수리방해죄는 공공의 안전과 평온을 위협하는 범죄가 아니다. 다만 형법전 편제상 다른 어느 곳에도 넣을 수가 없어서 이곳에 둔 것으로 생각된다. 체계에 맞지는 않지만 그냥 이곳에서 함께 설명하기로 한다.

Ⅱ. 현주건조물 일수죄

제177조 (현주건조물 등에의 일수) ① 물을 넘겨 사람이 주거에 사용하거나 사람이 현존하는 건조물, 기차, 전차, 자동차, 선박, 항공기 또는 광갱을 침해한 자는 무기 또는 3년 이상의 징역에 처한다.
제182조 (미수범) 제177조 내지 제179조 제1항의 미수범은 처벌한다.

본죄의 행위객체는 제164조(현주건조물 방화)의 경우와 동일하다.

행위 내용은 물을 넘겨 침해하는 것으로서, 방화죄에서의 불태우는 행위에 대응하는 개념이다. 물을 넘긴다는 것은 물을 있어야 할 공간에서 벗어나게 하는 행위를 의미한다. 댐 또는 제방을 파괴하거나 수문을 열어 물이 일정한 장소를 벗어나게 하는 것이 이에 해당된다.

침해한다는 의미는 방화죄의 경우에 준해서 해석되어야 한다. 따라서 행위객체 일부의 효용이 감소될 상황에까지 이르면 침해 행위는 완성된 것으로 보는 것이 타당하다(**통설**). 그 정도가 되면 이미 공공의 안전에 대한 위험은 발생한 것으로 볼 수 있기 때문이다.

Ⅲ. 현주건조물 일수치사상죄

제177조 (현주건조물 등에의 일수) ② 제1항의 죄를 범하여 사람을 상해에 이르게 한 때에는 무기 또는 5년 이상의 징역에 처한다. 사망에 이르게 한 때에는 무기 또는 7년 이상의 징역에 처한다.
제182조 (미수범) 제177조 내지 제179조 제1항의 미수범은 처벌한다.

본죄는 현주건조물 일수(제177조 제1항)를 기본범죄로 하여 상해나 사망의 결과를 야기한 경우에 가중처벌하는 결과적 가중범 규정이다(제2항). 상해의 결과를 야기시키는 경우에는 부진정 결과적 가중범이고, 사망의 결과를 발생시키는 때에는 진정 결과적 가중범이라는 견해가 있으나, 모두 상해나 살해의 고의를 가지고 있더라도 성립되는 범죄이므로 부진정 결과적 가중범으로 보는 것이 타당하다고 생각한다.

현주건조물 방화치사상죄(제164조 제2항)의 경우와는 달리 본죄에 대해서는 미수범 처벌규정이 있는데, 이는 상해나 살인에 대한 고의가 있는 경우(부진정 결과적 가중범)에만 해당되는 것으로 보아야 할 것이다.

Ⅳ. 공용건조물 일수죄

제178조 (공용건조물 등에의 일수) 물을 넘겨 공용 또는 공익에 공하는 건조물, 기차, 전차, 자동차, 선박, 항공기 또는 광갱을 침해한 자는 무기 또는 2년 이상의 징역에 처한다.

제182조 (미수범) 제177조 내지 제179조 제1항의 미수범은 처벌한다.

공용건조물 방화죄(제165조)와 상응하는 범죄로서 행위객체는 제165조의 경우와 동일하고, 행위내용은 '물을 넘겨 침해'하는 것으로서 제177조(현주건조물 일수)와 같다.

Ⅴ. 일반건조물 일수죄

제179조 (일반건조물 등에의 일수) ① 물을 넘겨 전2조에 기재한 이외의 건조물, 기차, 전차, 자동차, 선박, 항공기 또는 광갱 기타 타인의 재산을 침한 자는 1년 이상 10년 이하의 징역에 처한다.

② 자기의 소유에 속하는 전항의 물건을 침해하여 공공의 위험을 발생하게 한 때에는 3년 이하의 징역 또는 700만원 이하의 벌금에 처한다.

③ 제176조의 규정은 본조의 경우에 준용한다.

제182조 (미수범) 제177조 내지 제179조 제1항의 미수범은 처벌한다.

제1항은 일반건조물 방화(제166조 제1항)와 제2항은 자기소유 일반건조물 방화(제166조 제2항)에 상응하는 범죄이다. 불태우는 것이 아니라 '물을 넘겨 침해'한다는 점만 다르다.

Ⅵ. 일수 예비 · 음모죄

제183조 (예비, 음모) 제177조 내지 제179조 제1항의 죄를 범할 목적으로 예비 또는 음모한 자는 3년 이하의 징역에 처한다.

본죄는 현주건조물 일수(제177조), 공용건조물 일수(제178조), 일반건조물 일수(제179조 제1항) 등의 범죄를 저지를 목적으로 예비 · 음모함으로써 성립된다.

Ⅶ. 방수방해죄

제180조 (방수방해) 수재에 있어서 방수용의 시설 또는 물건을 손괴 또는 은닉하거나 기타 방법으로 방수를 방해한 자는 10년 이하의 징역에 처한다.

본죄는 일수에 준하는 범죄행위로서 진화방해(제169조)에 상응한다.

'수재에 있어서'란 공공의 안전에 대한 위험이 있을 정도로 물이 넘치고 있는 상태를 의미한다. 완전히 물이 범람한 상태만을 의미하는 것이 아니라 물이 넘치기 시작하는 단계도 포함된다(**통설**). 물이 넘치게 된 원인은 무엇이든 관계없다.

'방수용 시설 또는 물건'이란 본래 방수활동 용도로 쓰이는 물건만을 의미하며, 원래는 방수용이 아닌데 방수활동을 위해 쓰일 수 있는 물건은 행위객체에서 제외된다. 나머지 사항은 진화방해의 경우와 동일하다.

Ⅷ. 과실일수죄

> 제181조 (과실일수) 과실로 인하여 제177조 또는 제178조에 기재한 물건을 침해한 자 또는 제179조에 기재한 물건을 침해하여 공공의 위험을 발생하게 한 자는 1천만원 이하의 벌금에 처한다.

본죄는 과실로 물을 넘겨, 사람이 주거로 사용하거나 사람이 현존하거나, 공용 또는 공익에 공하는 건조물, 기차, 전차, 자동차, 선박, 항공기 또는 광갱(제177·178조)을 침해하거나(추상적 위험범) 타인의 소유에 속하는 건조물, 기차, 전차, 자동차, 선박, 항공기 또는 광갱(제179조)을 침해하여 공공의 위험을 발생하게 함(구체적 위험범)으로써 성립한다. 이들 행위객체가 타인의 소유이건 자기 소유이건 관계없다.

Ⅸ. 수리방해죄

> 제184조 (수리방해) 둑을 무너뜨리거나 수문을 파괴하거나 그 밖의 방법으로 수리를 방해한 자는 5년 이하의 징역 또는 700만원 이하의 벌금에 처한다.

둑이란 '물을 가두어 두기 위한 구조물'을 의미한다. **수리**(水利)는 물을 이용하는 것이다. 물은 농업·축산업·공업에도 이용되고 발전설비를 가동하는 데에 이용되기도 한다. 어떠한 유형이든 물을 이용하는 것은 모두 수리에 해당되고 이를 방해하게 되면 구성요건이 성립된다. 둑을 무너뜨리거나 수문을 파괴하는 것은 수리를 방해하는 방법 가운데 대표적인 것으로서 제184조가 예시하고 있는 것이다.

수리방해는 물을 이용할 권리를 가진 사람의 수리를 훼방해야 성립된다. 수리권은 법령·계약 또는 관습을 근거로 인정될 수 있다.

【판례】 수리방해 몽리민들이 1944년경부터 계속하여 20년이상 평온, 공연하게 본건 유지의 물을 사용하여 소유농지를 경작하여 온 것이라면, 민법 부칙 제2조, 민법 제294조 제245조 제1항, 제291조, 제292조 등에 의하여 지역권 취득기간의 경과로 본건 농지의 소유자들은 본건 유지 소유자에 대하여, 그 저수를 관개에 이용할 수 있는 권리를 취득하였다 하여 용수지역권에 관한 등기를 청구할 수 있는 것이라 할 것이고, 이러한 몽리농민들은 본건 유지의 물을 사용할 권리가 있어 그 권리를 침해하는 행위는 수리방해죄를 구성한다. (대법원 1968. 2. 20. 67도1677)

【판례】 수리방해가 아닌 경우 농촌주택에서 배출되는 생활하수의 배수관(소형 PVC관)을 토사로 막아 하수가 내려가지 못하게 하는 것은 수리방해죄에 해당하지 아니한다. (대법원 2001. 6. 26. 2001도404)

제 5 절 교통방해의 죄

Ⅰ. 개 관

육로와 수로를 통한 교통은 우리 사회에서 매우 중요한 역할을 수행하고 있으나, 교통기관의 발달과 함께 이에 의한 위험도 크게 증대되었다. 도로를 불통하게 만들어 교통을 방해하는 행위는 이미 현대사회에서 공공의 안전과 평온을 위협하는 것으로 평가되고 있다.

교통방해의 죄 규정이 보호하고자 하는 법익이 무엇인가에 관하여 견해의 대립이 있다.

① **공공위험죄설** : 공공의 안전과 평온을 보호법익으로 보는 견해

② **이중성격설** : 공공의 안전이 주된 보호법익이고, 부수적으로 개인의 재산권도 보호법익으로 한다는 견해 (**다수설**)

> 결론 본죄를 저지르게 되면 공공의 안전만 위협하게 되는 것이 아니라 개인의 생명·신체·재산에 대해서도 해를 끼치게 된다. 따라서 공공의 안전이라는 사회적 법익을 주된 보호법익으로 하면서 개인적 법익도 부수적으로 보호하는 **이중성격**을 가진 규정이라고 본다.

교통방해의 죄는 결과적 가중범과 과실범 규정을 제외하고는 모두 추상적 위험범이다. 교통방해의 죄 가운데 기본 구성요건은 제185조(일반교통방해)이다. 이에 대하여 제186조(기차·선박 등 교통방해), 제187조(기차 등 전복), 제188조(교통방해치사상)는 가중 구성요건이다.

Ⅱ. 일반교통방해죄

> 제185조 (일반교통방해) 육로, 수로 또는 교량을 손괴 또는 불통하게 하거나 기타 방법으로 교통을 방해한 자는 10년 이하의 징역 또는 1천500만원 이하의 벌금에 처한다.
>
> 제190조 (미수범) 제185조 내지 제187조의 미수범은 처벌한다.

1. 객관적 구성요건

(1) 행위객체: 육로, 수로 또는 교량

육로는 도로와 같은 개념으로 사실상 일반공중의 왕래에 공용되는 육상의 통로를 널리 일컫는 것으로서 그 부지의 소유관계나 통행권리관계 또는 통행인의 많고 적음 등은 가리지 않는다(대법원 1989. 6. 27. 88도2264; 대법원 1991. 12. 10. 91도2550).

【판례】 육로로 인정되는 경우 1. 주민들에 의하여 공로로 통하는 유일한 통행로로 오랫동안 이용되어 온 폭 2m의 골목길을 자신의 소유라는 이유로 폭 50~75cm 가량만 남겨두고 담장을 설치하여 주민들의 통행을 현저히 곤란하게 하였다면 교통방해죄가 성립된다. (대법원 1994. 11. 4. 94도2112)

2. 단지 농가의 영농을 위한 경운기나 리어카 등의 통행을 위한 농로로서 개설되었다 하더라도, 그 도로가 사실상 일반 공중의 왕래에 공용되는 도로로 이용되어 온 이상 육로에 해당된다. (대법원 1995. 9. 15. 95도1475)

3. 피고인 소유의 토지를 포함한 구도로 옆으로 신도로가 개설되었다고 하더라도 구도로는 여전히 형법 제185조 소정의 '육로'에 해당한다. (대법원 1999. 7. 27. 99도1651)

4. 주민들이 농기계 등으로 그 주변의 농경지나 임야에 통행하기 위해 이용하는 자신 소유의 도로에 깊이 1m 정도의 구덩이를 파는 등의 방법으로 통행을 방해하였다면 교통방해죄에 해당한다. (대법원 2007. 3. 15. 2006도9418)

【판례】 육로가 아닌 경우 1. 토지의 소유자가 자신의 토지의 한쪽 부분을 일시 공터로 두었을 때 인근주민들이 위 토지의 동서쪽에 있는 도로에 이르는 지름길로 일시 이용한 적이 있다 하여도 이를 일반공중의 내왕에 공용되는 도로라고 할 수 없으므로 형법 제185조 소정의 육로로 볼 수 없다. (대법원 1984. 11. 13. 84도2192)

2. 목장 소유자가 목장운영을 위해 목장용지 내에 임도를 개설하고 차량 출입을 통제하면서 인근 주민들의 일부 통행을 부수적으로 묵인한 경우 그 임도는 공공성을 지닌 장소가 아니어서 일반교통방해죄의 '육로'에 해당하지 않는다. (대법원 2007. 10 .11. 2005도7573)

3. 乙의 음식점으로 통하는 도로로 포장된 아스팔트 도로가 주로 이용되고 있었으나 그 도로를 이용하지 못하게 되자 피고인 소유의 임야에 있던 돌과 낙엽이 쌓여 있

어 통행하기에 부적합하던 상태의 도로에 乙이 콘크리트 포장공사를 하였고, 이에 피고인은 중장비를 동원하여 이 도로의 노면 일부를 손괴하고 쇠사슬을 걸어두어 진입이 불가능하도록 만들었다. 이 경우 새로 콘크리트 포장된 도로는 불특정 다수인을 위한 공공성을 가진 도로라고 보기 어려워 일반교통방해죄를 구성하지 않는다. (대법원 2010. 2. 25. 2009도13376)

수로는 선박의 통행에 이용되는 하천・운하・해협・호소・해로 등을 의미한다. 공해상의 해로를 제외시킬 것인가에 대하여 견해대립이 있다.

① 포함설 (**통설**)

② 제외설

결론 해로도 선박의 통행에 이용되는 물길이 분명하므로 **포함**시키는 것이 타당하다.

교량은 '일반교통에 이용되는 다리'를 말한다. 육교도 포함된다. 철교에 대해서는 이를 제외시켜야 하는가에 대하여 견해대립이 있다.

① 포함설

② 제외설

결론 기차도 일반 대중교통에 해당되므로 철교를 **포함**시키는 것이 타당하다.

(2) 행위: 교통 방해

본죄는 행위 방법으로 손괴와 불통하게 하는 것을 예시하고 있다. **손괴**란 행위객체의 전부나 일부에 직접 유형력을 가하거나 기계적・전자적 조작을 가하여 이용가능성을 침해하는 것을 말한다.

불통하게 하는 것은 행위객체 자체는 그대로 놔둔 상태에서 장애물을 설치하여 통행이 불가능하게 만드는 것이다. **기타**의 방법으로는 가짜 통행금지 표지판을 세워두거나 폭행・협박을 수단으로 동원하는 경우가 있을 수 있다.

이들 행위는 교통을 실제로 방해할 정도에 이르러야 한다. 교통을 방해한다는 것은 완전히 통행이 불가능하게 하는 경우 뿐 아니라 통행이 현저하게 곤란해지는 경우도 포함하는 개념이다.

【판례】 교통방해가 되는 경우 1. 자신 소유의 토지에 주민들이 농기계 등으로 그 주변의 농경지나 임야에 통행하는 데 이용할 도로가 무단으로 확장 개설되어 그대로 방치할 경우 불특정 다수인이 통행할 우려가 있게 되자 도로에 깊이 1m 정도의 구덩이를 파는 등의 방법으로 그 도로의 통행을 방해하였다. (대법원 2007. 3. 15. 2006도9418)

2. 토지에 대하여 사실상의 지배권을 가지고 그 소유자를 대신하여 실질적으로 관리하고 있던 피고인이 소유권에 대한 방해를 배제하기 위하여 이 사건 토지에 철주를 세우고 철망을 설치하고 포장된 아스팔트를 걷어내는 등의 방법으로, 이 사건 토지를 그에 인접한 상가건물의 통행로로 이용하지 못하게 하였다. (대법원 2007. 12. 28. 2007도7717)

3. 도로행진시위가 사전에 집회 및 시위에 관한 법률에 따라 옥외집회신고를 마쳤어도 신고의 범위와 위 법률 제12조에 따른 제한을 현저히 일탈하여 주요도로 전차선을 점거하여 행진 등을 함으로써 교통소통에 현저한 장해를 일으켰다면 일반교통방해죄를 구성한다. (대법원 2009. 7. 9. 2009도4266)

【판례】 교통방해가 되지 않는 경우 1. 약 600여명의 노동조합원들이 보도가 따로 마련되어 있지 않은 도로의 오른쪽 편도 2차선 대부분을 차지하면서 행진하는 방법으로 시위를 함으로써 상·하행 자동차들 모두가 나머지 편도 2차선으로 통행하느라 차량소통이 상당히 더디어 진 정도로는 일반교통방해죄가 성립된다고 볼 수 없다. (대법원 1992. 8. 18. 91도2771)

2. 포터트럭을 도로변의 노상 주차장에 주차된 차량들 옆으로 바짝 붙여 주차시키기는 하였지만 그 옆으로 다소 불편하기는 하지만 다른 차량들이 충분히 지나갈 수 있는 상황이었다면 일반교통방해죄로 볼 수 없다. (대법원 2003. 10. 10. 2003도4485)

3. 공항리무진 버스 외의 다른 차의 주차가 금지된 구역에 카니발 밴 차량을 40분가량 세워두고 호객행위를 함으로써 공항리무진 버스가 출발할 때 후진을 하여 차로를 바꿔 진출해야 하는 등 불편을 겪기는 하였으나, 옆차로를 통하여 다른 차량들이 통행할 수 있었으므로 일반교통방해죄에 해당하지 않는다. (대법원 2009. 7. 9. 2009도4266)

2. 주관적 구성요건

육로, 수로 또는 교량을 손괴 또는 불통하게 하거나 기타 방법으로 교통을 방해한다는 데 대한 인식과 의사가 있어야 한다.

Ⅲ. 기차 · 선박 등 교통방해죄

제186조 (기차, 선박 등의 교통방해) 궤도, 등대 또는 표지를 손괴하거나 기타 방법으로 기차, 전차, 자동차, 선박 또는 항공기의 교통을 방해한 자는 1년 이상의 유기징역에 처한다.
제190조 (미수범) 제185조 내지 제187조의 미수범은 처벌한다.

본죄의 행위 내용은 궤도, 등대 또는 표지를 손괴하거나 기타 방법으로 기차, 전차, 자동차, 선박 또는 항공기의 교통을 방해하는 것이다.

궤도는 지상에 궤도의 구조로 가설되어 그 위로 차량이 통행하는 시설을 말한다. 등대는 해안이나 섬에 설치하여 등불 · 소리 등의 신호를 통해 뱃길의 목표나 위험한 장소를 알리는 시설이다. 표지란 “교통의 안전에 필요한 주의 · 규제 · 지시 등을 표시하는 표지판 또는 도로의 바닥에 표시하는 기호나 문자 또는 선 등”을 의미한다(도로교통법 제2조 제15호).

이들 시설물을 손괴하거나 기타의 방법으로 기차 등의 교통을 방해하는 행위를 하면 구성요건이 성립된다. 기차, 전차, 자동차, 선박 또는 항공기의 의미는 제164조(현주건조물 방화)의 경우와 같다.

제186조의 법익보호의 정도를 어떻게 볼 것인가에 대해서도 침해범설(오영근 660면)과 추상적 위험범설(손동권, 574면; 임웅, 590면; 이정원, 560면)로 견해가 나뉘어 있다. 일반교통방해죄의 경우와 마찬가지로 **추상적 위험범**으로 보는 것이 타당하다.

Ⅳ. 기차・선박 등 교통방해 예비・음모죄

제191조 (예비, 음모) 제186조 ……의 죄를 범할 목적으로 예비 또는 음모한 자는 3년 이하의 징역에 처한다.

본죄는 기차・선박 등의 교통방해(제186조)를 목적으로 예비・음모함으로써 성립된다.

Ⅴ. 기차 등 전복죄

제187조 (기차 등의 전복 등) 사람이 현존하는 기차, 전차, 자동차, 선박 또는 항공기를 전복, 매몰, 추락 또는 파괴한 자는 무기 또는 3년 이상의 징역에 처한다.

제190조 (미수범) 제185조 내지 제187조의 미수범은 처벌한다.

사람이 현존하는 기차, 전차, 자동차, 선박 또는 항공기의 의미는 현주건조물 방화(제164조)의 경우와 같다. 여기서 '사람'은 행위자 이외의 사람을 의미하는 것이므로 행위자 혼자 타고 있던 차량을 스스로 전복시키는 경우는 본죄에 해당되지 않는다. 사람의 현존 여부는 실행에 착수하는 시점을 기준으로 판단해야 한다(**통설**).

【판례】 사람 현존의 판단시점 선박매몰죄의 고의가 성립하기 위하여는 행위시에 사람이 현존하는 것이라는 점에 대한 인식과 함께 이를 매몰한다는 결과발생에 대한 인식이 필요하며, 현존하는 사람을 사상에 이르게 한다는 등 공공의 위험에 대한 인식까지는 필요하지 않다. 나아가 사람이 현존하는 선박에 대해 매몰행위의 실행을 개시하고 그로 인하여 선박을 매몰시켰다면 매몰의 결과발생시 사람이 현존하지 않았거나 범인이 선박에 있는 사람을 안전하게 대피시켰다고 하더라도 선박매몰죄의 기수로 보아야 할 것이지 이를 미수로 볼 것은 아니다. (대법원 2000. 6. 23. 99도4688)

전복이란 '뒤집히게 만드는 것'이고, **매몰**은 '땅속에 파묻히거나 물속에 가라앉도록 하는 것'이며, **추락**은 '높은 곳에서 아래로 떨어뜨리는 일'을 의미한다. **파괴**는 '교통기관으로서의 기능을 전부 또는 일부 상실하게 만들 정도의 손괴'를 말한다.

【판례】 파괴의 의미 형법 제187조에서 말하는 '파괴'란 다른 구성요건 행위인 전복, 매몰, 추락 등과 같은 수준으로 인정할 수 있을 만큼 교통기관으로서의 기능·용법의 전부나 일부를 불가능하게 할 정도의 파손을 의미하고, 그 정도에 이르지 아니하는 단순한 손괴는 포함되지 않는다. 따라서 총 길이 338m, 갑판 높이 28.9m, 총 톤수 146,848톤, 유류탱크 13개, 평형수 탱크 4개인 대형 유조선의 유류탱크 일부에 구멍이 생기고 선수마스트, 위성통신 안테나, 항해등 등이 파손된 정도에 불과한 것은 선박의 '파괴'에 해당하지 않는다. (대법원 2009. 4. 23. 선고 2008도11921 판결 | 같은 취지: 대법원 1970. 10. 23. 70도1611)

본죄는 고의범이므로 과실에 의한 사고로 차량이 전복되도록 하는 경우는 범죄가 성립되지 않는다.

Ⅵ. 기차 등 전복 예비·음모죄

> 제191조 (예비, 음모) …… 제187조의 죄를 범할 목적으로 예비 또는 음모한 자는 3년 이하의 징역에 처한다.

본죄는 사람이 현존하는 기차 등을 전복, 매몰, 추락, 파괴할(제187조) 목적으로 예비·음모함으로써 성립된다.

Ⅶ. 교통방해치사상죄

제188조 (교통방해치사상) 제185조 내지 제187조의 죄를 범하여 사람을 상해에 이르게 한 때에는 무기 또는 3년 이상의 징역에 처한다. 사망에 이르게 한 때에는 무기 또는 5년 이상의 징역에 처한다.

제185조(일반교통방해), 제186조(기차·선박 등 교통방해) 그리고 제187조(기차 등 전복)의 행위를 기본범죄로 하고, 상해 또는 사망을 중한 결과로 하는 결과적 가중범이다. 본죄의 기본범죄에는 미수범(제190조)이 포함되어 있지 않다.

【판례】 교통방해에 따른 치사의 결과 피고인은 고속도로에서 2차로를 따라 시속 110~120km의 속도로 진행하여 1차로의 차량 앞으로 갑자기 끼어든 후 곧바로 제동하여 약 6초만에 정차하였고, 이에 그 차량에 이어서 승용차 한 대 및 트럭 한 대가 급정차하였으나, 그 뒤를 따르던 카고트럭이 피하거나 정차하지 못하고 트럭에 추돌하면서 운전자가 사망하였다. 이 경우 피고인의 행위와 피해자의 사망 사이에 인과관계가 인정되며 그러한 결과발생의 예견가능성도 인정된다. (대법원 2014. 7. 24. 2014도6206)

Ⅷ. 과실·업무상 과실·중과실 교통방해죄

제189조 (과실, 업무상 과실, 중과실) ① 과실로 인하여 제185조 내지 제187조의 죄를 범한 자는 1천만원 이하의 벌금에 처한다.

② 업무상 과실 또는 중대한 과실로 인하여 제185조 내지 제187조의 죄를 범한 자는 3년 이하의 금고 또는 2천만원 이하의 벌금에 처한다.

과실로 제185조(일반교통방해), 제186조(기차·선박 등 교통방해) 또는 제187조(기차 등 전복)에 해당되는 행위를 하는 경우 성립되는 범죄이다. 업무상 과실이나 중과실이 있는 경우에는 가중처벌된다.

【판례】 업무상 과실이 인정되는 경우 1. 농무로 인한 암야에 태풍으로 풍랑이 심한 해상을 항해하는 선박의 선장은 완전한 항로를 유지하기 위하여 선장 자신이 항시 조타운항 하여야 하고 부득이한 사정으로 인하여 조타실을 이거하려 할 때에는 항로에 경험이 있고 또 조타술이 능숙한 자로 하여금 대신 조타운항케 하는 조치를 강구하여야 하며, 이러한 조치가 불가능할 때에는 일시항해를 정지하는 등 적절한 조치를 취하여 선박으로 하여금 암초에 충돌하여 침몰케 하는 사고가 발생하지 아니하도록 미연에 이를 방지할 업무상 주의의무가 있다 할 것이다. (대법원 1960. 2. 29. 59도894)

2. 형법 제187조에서 말하는 항공기의 '추락'이라 함은 공중에 떠 있는 항공기를 정상시 또는 긴급시의 정해진 항법에 따라 지표 또는 수면에 착륙 또는 착수시키지 못하고, 그 이외의 상태로 지표 또는 수면에 낙하시키는 것을 말하는 것인 바, 헬리콥터에 승객 3명을 태우고 운항하던 조종사가 엔진 고장이 발생한 경우에 위 항공기를 긴급시의 항법으로서 정해진 절차에 따라 운항하지 못한 과실로 말미암아 사람이 현존하는 위 항공기를 안전하게 비상착수시키지 못하고 해상에 추락시켰다면 업무상 과실항공기추락죄에 해당한다. (대법원 1990. 9. 11. 90도1486)

3. 열차 기관사는 운전개시 전 차장으로부터 차장실의 공기압력계 점검결과 등을 무전으로 수신하는 등으로 열차의 제동장치 이상 유무를 확인하여야 할 업무상 주의의무가 있음에도 불구하고 이를 게을리 하였다면 업무상 과실이 인정된다. (대법원 1991. 11. 12. 91도1278)

4. 예인선 현장소장인 피고인은 사고의 위험성이 높은 해상에서 철골 구조물 및 해상크레인 운반작업을 함에 있어 선적작업이 지연되어 정조시점에 맞추어 출항할 수 없게 되었음에도, 출항을 연기하거나 대책을 강구하지 않고 공동피고인인 예인선 선장의 출항연기 건의를 묵살한 채 출항을 강행하도록 지시하였고, 해상에 강조류가 흐르고 있었음에도 무리하게 예인선을 운항한 결과 무동력 부선에 적재된 철골 구조물이 해상에 추락하여 해상의 선박교통을 방해하게 되었다. 이 경우 현장소장과 선장 모두 업무상과실일반교통방해죄의 공동정범으로 처벌된다. (대법원 2009. 6. 11. 2008도11784)

【판례】 업무상 과실이 인정되지 않는 경우 1. 피고인이 버스를 운전하여 시속 50km의 속도로 10° 정도의 좌곡각 길을 돌아나오면서 비로소 전방 100m 거리에서 두 버스가 약간의 간격을 두고 중앙선을 조금 침범한 채 과속으로 경쟁하면서 마주오는 것을 보

았는데 곧 뒤에 오던 버스(1628호)가 추월을 포기하고 자기차선으로 들어가자 별일 없으리라 생각하고 계속 같은 속도로 운행하였다면, 피고인으로서는 추월을 포기하고 자기 차선으로 들어가던 뒤의 버스가 앞차(2006호)의 갑작스러운 급제동조치로 앞차를 충격한 반동으로 반대차선을 완전히 가로막을 것임을 예견할 수 있었다고 인정하기 어렵고 또 이러한 거리와 속도 그리고 도로사정하에서 피고인이 사고를 회피할 수 있었다는 사실이 인정되지 아니하는 한 피고인에게 과실이 있다고 인정하기 어렵다. (대법원 1984. 3. 13. 83도3006)

2. 기관사가 열차 운행중 사고지점 부근이 좌우진동이 심하다는 다른 열차로부터의 연락이 있으니 주의운전을 바란다는 무전만 받고 시속 약 85 km로 운행하던 중 사고지점 약 50m 앞에서 궤도가 장출되어 있는 것을 발견하고 비상제동을 걸었으나 미치지 못하여 열차가 일부 탈선한 경우, 열차는 미리 지정된 속도로 진행하고 특별한 사정이 없는 한 마음대로 속력을 가감할 수 없는데, 육안으로 궤도장출을 발견하려면 상당히 가까이 가야만 가능하며 그 지점에 이르기 전에 시속 약 20 ~ 30 km로 감속하여야만 열차를 정지시킬 수 있었던 점 및 위 사고는 기온의 급상승으로 인한 철로장출이 그 직접적인 원인이 된 점 등에 비추어 보면 이와 같은 상황에서 기관사에게 위 사고를 예상하고 충분히 감속하여 즉시 정차해야 할 주의의무가 있다고 할 수 없다. (대법원 1991. 12. 10. 91도2044)

제 2 장 공공의 신용을 침해하는 범죄

제 1 절 통화에 관한 죄

Ⅰ. 개 관

통화에 관한 죄의 보호법익이 무엇인가에 대하여 견해대립이 있다.

① **통화에 대한 거래상의 안전과 신용이라는 견해 (통설)**

② 통화에 대한 거래상의 안전과 신용에 더불어 보충적으로 국가의 화폐주권도 보호법익이라는 견해

결론 화폐를 위조하거나 변조한다고 해서 한 국가의 화폐발행 권한이 침해된다고는 할 수 없으므로 화폐주권은 보호법익에서 제외되어야 한다.

통화에 관한 죄는 통화 위조죄(제207조), 위조통화 취득죄(제208조), 위조통화 행사죄(제210조)와 통화유사물 제조죄(제211조)로 구성되어 있다.

Ⅱ. 내국통화 위조 · 변조죄

제 207 조 (통화의 위조 등) ① 행사할 목적으로 통용하는 대한민국의 화폐, 지폐 또는 은행권을 위조 또는 변조한 자는 무기 또는 2년 이상의 징역에 처한다.

제 209 조 (자격정지 또는 벌금의 병과) 제207조 또는 제208조의 죄를 범하여 유기징역에 처할 경우에는 10년 이하의 자격정지 또는 2천만원 이하의 벌금을 병과할 수 있다.

제 212 조 (미수범) 제207조, 제208조와 전조의 미수범은 처벌한다.

1. 객관적 구성요건

(1) 행위객체

본죄의 행위객체는 통용하는, 대한민국의 화폐, 지폐 또는 은행권이다.

1) 통용하는

통용한다는 것은 '법적으로 통용이 강제되는 것'을 말한다.

사실상 국내에서 유통이 되고 있는가 하는 점과는 무관한 내용이다. 따라서 사실상 지불수단으로 이용되는 것이더라도 통용이 법적으로 강제되지 않는 것은 통용하는 것으로 볼 수 없다. 예를 들어 새 은행권이 발행되고 새 은행권과 교환하는 기간이 지나 통용기간을 벗어났지만 사실상 계속 유통되고 있는 옛날 은행권은 본죄에서 말하는 '통용하는 은행권'이 아니다(**통설**).

문제는 **발행될 예정인 통화**, 예를 들어 고액 은행권의 필요성이 대두되어 한국은행에서 새로 10만원권을 개발하고 발행할 준비를 하고 있는데, 누군가 미리 외관상 새 10만원권으로 보이는 것을 만든다면 위조가 되는가 하는 점이다. '통용하는'의 의미를 확장해서 앞으로 통용될 화폐 · 지폐 · 은행권까지 행위객체로 포함시키는 것은 죄형법정주의의 틀을 벗어나는 해석이라고 생각한다. 따라서 현재 법적으로 통용이 강제되는 것이 아니라 미래에 강제될 통화는 행위객체에서 제외시켜야 한다.

또 한 가지 문제는 위조의 대상이 되는 통화가 실제로 존재해야 하는가 하는 점이다. 견해대립이 있다.

① 긍정설: 실제로 존재하는 통화이어야 한다는 견해

② 부정설: 실제로 존재하지 않는 통화도 된다는 견해 (**통설**)

[결론] 제207조가 '통용하는 대한민국의 화폐, 지폐 또는 은행권'을 행위객체로 명시하고 있는 한 존재하지 않는 통화에 대한 위조는 범죄가 될 수 없다. **긍정설**이 타당하다.

기념주화나 **기념은행권**을 본죄의 행위객체로 볼 것인가에 대하여 견해의 대립이 있다.

① 긍정설: 유통보다는 주로 수집의 대상이기는 하지만, 그렇다고 해서 강제통용력이 없다고 할 수는 없으므로 행위객체에 포함시켜야 한다는 견해

② **부정설**: 강제통용력이 없으므로 본죄의 행위객체가 될 수 없다는 견해

결론 기념주화나 기념은행권이라고 해서 아무나 발행할 수 있는 것도 아니고, 엄연히 한국은행의 위탁에 따라 한국조폐공사에서 제조하는 은행권이므로 강제통용력을 부정할 근거가 없다. **긍정설**이 타당하다.

2) 대한민국의 화폐 · 지폐 또는 은행권

본죄의 행위객체는 "통용하는 대한민국의 화폐 · 지폐 또는 은행권"인데 이들을 모두 포괄하는 개념이 '대한민국의 통화'이다. **통화**란 '국가 또는 국가에 의해 권한이 부여된 기관에 의하여 금액 표시와 함께 발행된 강제통용력을 가진 지불수단'을 의미한다.

이 가운데 **화폐**는 금속으로 만든 통화인 경화(硬貨)를 말한다. 본래 금화 · 은화 등 실제가치와 명목가치가 일치하는 것에서 출발하였으나 현재는 일반적으로 그렇지 않다. 현재 통용되는 대한민국의 화폐로는 주화(鑄貨) 이외에는 없다.

지폐는 무게와 부피가 많이 나가서 많은 양을 가지고 다니기에 불편한 화폐를 대신해서 사용되는 증권을 의미한다.

은행권은 국가의 위임에 따라 특정 은행이 발행하고 강제 통용되는 지불수단이다. 현재 통용되는 대한민국의 은행권은 모두 한국은행권이다.

(2) 행위: 위조 또는 변조

1) 위 조

위조란 '발행권한 없는 자가 진짜 통화의 모습을 한 물건을 만들어내는 행위'를 말한다. 위조의 방법에는 제한이 없다.

진짜 통화의 모습을 하고 있다는 것은 일반인이 보기에 진짜처럼 느껴짐을 의미한다. 그러나 일반인의 능력으로 식별이 불가능할 정도에 이를 필요는 없다. 색깔이 조금 다르거나 인장 모양이 똑같지 않더라도 오인할 가능성이 다분하면 위조라고 볼 수 있다(**통설**).

【판례】 위조로 볼 수 없는 경우 1. 피고인은 한국은행권 10원짜리 주화의 표면에 하얀 약칠을 하여 100원짜리 주화와 유사한 색채를 갖도록 만들었다. 이처럼 색채의 변경만을 한 경우 이는 일반인으로 하여금 진정한 통화로 오신케 할 정도의 새로운 화폐를 만들어 낸 것이라고 볼 수 없다. (대법원 1979. 8. 28. 79도639)

2. 피고인은 한국은행 발행 일만원권 지폐의 앞·뒷면을 흑백 전자복사기로 복사하고 비슷한 크기로 잘라 진정한 지폐와 유사한 형태로 만들어 낸 후 이를 밤에 택시를 타고 나서 제시하였다. 이 경우 피고인이 만들었다는 위조통화는 그 복사상태가 정밀하지 못하고 진정한 통화의 색채를 갖추지 못한 흑백으로만 되어 있어 이는 객관적으로 진정한 것으로 오인할 정도에 이르지 못한 것에 불과하며 실제로 택시 기사(행사의 상대방)가 야간에 택시 안에서도 이를 진정한 것으로 오인한 바 없으니 통화위조죄와 그 행사죄의 객체가 될 수 없어 피고인들의 행위는 통화위조죄와 위조통화행사죄를 구성하지 않는다. (대법원 1986. 3. 25. 86도255)

2) 변 조

변조란 '진짜 통화에 가공해서 가치를 변경하는 것'을 의미한다. 원래 통화로서의 동일성은 유지하고 단지 가치만 변화시키는 것이 변조이므로, 전혀 새로운 통화의 모습으로 변화시키는 것은 변조가 아니라 위조이다.

예를 들어 1000원짜리 은행권의 1자를 5자로 바꾸는 것은 변조이지만, 천원짜리 은행권을 재료로 해서 그림과 색깔까지 바꿔 완전히 형태가 다른 만원짜리 통화를 만들어 내면 이는 위조이다.

금화나 은화처럼 명목가치와 실제가치가 같은 화폐의 경우에는 화폐를 깎아내어 실제가치를 떨어뜨리는 것도 변조가 된다. 그러나 우리나라에는 금화·은화 등이 없으므로 실제로 발생할 수 없는 일이다.

2. 주관적 구성요건

구성요건적 고의로서 통용하는 대한민국의 화폐, 지폐 또는 은행권을 위조 또는 변조한다는 데 대한 인식과 의사가 있어야 한다. 또한 목적범이므로 이를 행사할 목적을 가지고 있어야 한다. 다른 사람으로 하여금 행사하게 할 생각을 가지고 있었던 경우도 행사할 목적이 있는 것으로 해석된다.

【판례】 행사할 목적이 없는 경우 행사할 목적이란 위조·변조한 통화를 유통시키겠다는 의도를 말하므로, 자신의 신용력을 증명하기 위해서 남에게 보여주려고 통화를 위조한 경우에는 행사할 목적이 있었다고 보기 어렵다. (대법원 2012. 3. 29. 2011도7704)

Ⅲ. 내국유통외국통화 위조·변조죄

제207조 (통화의 위조 등) ② 행사할 목적으로 내국에서 유통하는 외국의 화폐, 지폐 또는 은행권을 위조 또는 변조한 자는 1년 이상의 유기징역에 처한다.

제209조 (자격정지 또는 벌금의 병과) 제207조 ……의 죄를 범하여 유기징역에 처할 경우에는 10년 이하의 자격정지 또는 2천만원 이하의 벌금을 병과할 수 있다.

제212조 (미수범) 제207조 ……의 미수범은 처벌한다.

내국에서 유통한다는 것은 강제통용력은 없으나 우리나라 영역 내에서 사실상 지불수단으로 이용됨을 의미한다. 다만 우리나라에서 뿐만 아니라 통화가 발행된 당사국에서도 강제통용력이 있어야 할 필요는 없다(**다수설**). 또한 전국적으로 유통되고 있을 필요는 없으므로 일부 지역에서만 국지적으로 이용되더라도 무방하다. 나머지 사항은 내국통화 위조·변조(제207조 제1항)의 경우와 동일하다.

【판례】 내국유통외국통화가 아닌 경우 스위스 화폐로서 1998년까지 통용되었으나 현재는 통용되지 않고 다만 스위스 은행에서 신권과의 교환이 가능한 진폐(眞幣)는 형법 제207조 제2항 소정의 내국에서 유통하는 외국의 화폐에 해당하지 아니한다. (대법원 2003. 1. 10. 2002도3340)

Ⅳ. 외국통용외국통화 위조·변조죄

제207조 (통화의 위조 등) ③ 행사할 목적으로 외국에서 통용하는 외국의 화폐, 지폐 또는 은행권을 위조 또는 변조한 자는 10년 이하의 징역에 처한다.
제209조 (자격정지 또는 벌금의 병과) 제207조 ……의 죄를 범하여 유기징역에 처할 경우에는 10년 이하의 자격정지 또는 2천만원 이하의 벌금을 병과할 수 있다.
제212조 (미수범) 제207조 ……의 미수범은 처벌한다.

내국통화가 아니라 외국통화라는 점을 제외하고 나머지 구성요건에 관한 사항은 내국통화 위조·변조(제207조 제1항)의 경우와 같다.

【판례】 외국통용외국통화가 아닌 경우 피고인은 공소외 乙과 공모하여, 행사할 목적으로, 2001. 9. 6. 17:00경 서울 강서구 화곡동에 있는 한 커피숍에서 미합중국 100만 달러 지폐 6장과 10만 달러 지폐 6장 등 합계 660만 달러(한화 약 73억 원 상당)가 위조된 것이라는 사실을 알면서도 공소외 丙으로부터 교부받아 이를 취득하였다. 형법 제207조 제3항은 "행사할 목적으로 외국에서 통용하는 외국의 화폐, 지폐 또는 은행권을 위조 또는 변조한 자는 10년 이하의 징역에 처한다."고 규정하고 있는바, 여기에서 외국에서 통용한다고 함은 그 외국에서 **강제통용력**을 가지는 것을 의미하는 것이므로 외국에서 통용하지 아니하는 즉, 강제통용력을 가지지 아니하는 지폐는 그것이 비록 일반인의 관점에서 통용할 것이라고 오인할 가능성이 있다고 하더라도 위 형법 제207조 제3항에서 정한 외국에서 통용하는 외국의 지폐에 해당한다고 할 수 없다. (대법원 2004. 5. 14. 2003도3487)

【판례】 위조가 아닌 경우 피고인들이 한국은행발행 500원짜리 주화의 표면 일부를 깎

아내어 손상을 가하였지만 그 크기와 모양 및 대부분의 문양이 그대로 남아 있어, 이로써 기존의 500원짜리 주화의 명목가치나 실질가치가 변경되었다거나, 객관적으로 보아 일반인으로 하여금 일본국의 500￥짜리 주화로 오신케 할 정도의 새로운 화폐를 만들어 낸 것이라고 볼 수 없고, 일본국의 자동판매기 등이 위와 같이 가공된 주화를 일본국의 500￥짜리 주화로 오인한다는 사정만을 들어 그 명목가치가 일본국의 500￥으로 변경되었다거나 일반인으로 하여금 일본국의 500￥짜리 주화로 오신케 할 정도에 이르렀다고 볼 수도 없다. (대법원 2002. 1. 11. 2000도3950)

Ⅴ. 통화위조 예비 · 음모죄

제213조 (예비, 음모) 제207조 제1항 내지 제3항의 죄를 범할 목적으로 예비 또는 음모한 자는 5년 이하의 징역에 처한다. 단, 그 목적한 죄의 실행에 이르기 전에 자수한 때에는 그 형을 감경 또는 면제한다.

제207조 제1항(내국통화 위조 · 변조), 제2항(내국유통외국통화 위조 · 변조) 또는 제3항(외국통용외국통화 위조 · 변조)의 범죄를 예비 · 음모함으로써 성립하는 범죄이다. 실행의 착수 이전에 자수한 때에는 형이 감면된다.

예비 · 음모가 되기 위해서는 객관적으로 기본범죄의 실현을 위한 행위임이 명확하고 범죄실현에 객관적으로 적합한 준비행위가 완료되어야 하는데, 본죄의 경우 통화의 사진을 찍어 원판과 인화지를 만드는 정도에 이르면 예비 · 음모가 인정된다(대법원 1966. 12. 6. 66도1317).

Ⅵ. 위조・변조통화 행사죄

제 207 조 (통화의 위조 등) ④ 위조 또는 변조한 전3항 기재의 통화를 행사하거나 행사할 목적으로 수입 또는 수출한 자는 그 위조 또는 변조의 각죄에 정한 형에 처한다.

제 209 조 (자격정지 또는 벌금의 병과) 제207조 ……의 죄를 범하여 유기징역에 처할 경우에는 10년 이하의 자격정지 또는 2천만원 이하의 벌금을 병과할 수 있다.

제 212 조 (미수범) 제207조 ……의 미수범은 처벌한다.

1. 구성요건

(1) 객관적 구성요건

1) 행위객체

본죄의 행위객체는 위조 또는 변조된 내국통화, 내국유통외국통화 또는 외국통용외국통화이다.

2) 행 위

가. 행 사

행사란 '진짜 통화인 것처럼 유통시키는 것'을 말한다. 따라서 ① 위조・변조된 통화임을 알리고 이를 증여하거나 판매하는 행위 또는 ② 점유를 이전시키지 않고 단순히 보여주기만 하는 행위는 행사에 포함되지 않는다. 이와 관련하여 판례는 위조통화라는 사실을 아는 사람에게 교부하는 것도 제207조 제4항의 행사에 해당된다고 판시하고 있다.

【판례】 사실을 아는 자에 대한 교부 위조통화임을 알고 있는 자에게 그 위조통화를 교부한 경우에 피교부자가 이를 유통시키리라는 것을 예상 내지 인식하면서 교부하였다면, 그 교부행위 자체가 통화에 대한 공공의 신용 또는 거래의 안전을 해할 위험이 있

으므로 위조통화행사죄가 성립한다. (대법원 2003. 1. 10. 2002도3340)

그러나 이는 위조통화를 직접 유통시키는 행위가 아니므로 행사가 아니라 본죄에 대한 교사, 방조 또는 간접정범에만 해당된다고 보는 것이 타당하다고 생각한다.

한편 유통은 ① 지불수단으로 사용하는 것만을 의미하는 것이 아니므로 무상으로 증여하는 것도 행사가 되며 ② 반드시 상대방에게 직접 건네주어야 하는 것은 아니므로 자동판매기에서 사용하는 것도 행사에 해당된다(**통설**).

본죄는 위조통화인 줄 모르는 사람에게 건네주면서 물건을 사오도록 시키는 것처럼 간접정범의 방법으로도 실행할 수 있다.

나. 수입·수출

수입은 외국에서 국내로 반입하는 것이고, **수출**은 국내에서 외국으로 반출하는 것을 의미한다. 기수시기는 비행기를 이용할 경우 착륙시(수입) 또는 이륙시(수출)이고, 선박을 이용하는 경우에는 영해로 들어오거나(수입) 영해를 벗어나는(수출) 시점이다.

(2) 주관적 구성요건

위조 또는 변조된 내국통화, 내국유통외국통화 또는 외국통용외국통화를 행사하거나 행사할 목적으로 수입 또는 수출한다는 데 대한 인식과 의사가 있어야 한다. 수입·수출의 경우 행사할 목적은 부가적 주관적 구성요건 요소이다.

2. 죄 수

통화 위조·변조죄와 본죄의 관계에 대하여 견해대립이 있다.

① **상상적 경합설**

② **실체적 경합설 (다수설)**

③ **보충관계설**: 본죄만 성립한다는 견해

④ **이원설**: 행사행위가 행위자의 위조행위시 처음 의도했던 범행계획의 일환일 때에는 법조경합이 되어 행사행위는 불가벌적 사후행위가 되고, 행사행위가 새로운 결단에 의해 이루어진다면 실체적 경합이 된다는 견해

결론 위조·변조와 행사는 하나의 행위로 이루어지기 어렵고, 통화 위조·변조와 이에 대한 행사행위를 별개의 범죄로 규정하고 있는 형법의 취지를 감안하면 양자는 **실체적 경합관계**에 있다고 보는 것이 타당하다고 생각한다.

본죄와 사기죄의 관계에 대하여 견해대립이 있다.

① **상상적 경합설 (통설)**

② **실체적 경합설 (판례 | 대법원 1979. 7. 10. 79도840)**

③ **보충관계설**: 사기죄가 본죄에 대하여 보충관계에 있다는 견해

결론 위조·변조통화를 행사하는 것과 사기죄의 행위내용이 서로 일치하는 것이 아니므로 두 가지 범죄는 두 가지의 행위에 의하여 범해지는 것이라고 할 수 있다. [79도840] 사건과 같은 경우를 보더라도 위조통화행사는 하였지만 사기는 성공하지 못하였다. 두 가지 범죄가 정확하게 합치되는 내용을 갖고 있지 않다는 말이다. **실체적 경합설**이 타당하다.

Ⅶ. 위조·변조통화 취득죄

제208조 (위조통화의 취득) 행사할 목적으로 위조 또는 변조한 제207조 기재의 통화를 취득한 자는 5년 이하의 징역 또는 1천500만원 이하의 벌금에 처한다.

제 209 조 (자격정지 또는 벌금의 병과) …… 제208조의 죄를 범하여 유기징역에 처할 경우에는 10년 이하의 자격정지 또는 2천만원 이하의 벌금을 병과할 수 있다.
제 212 조 (미수범) …… 제208조의 미수범은 처벌한다.

취득은 '점유를 이전 받아 사실상의 처분권을 획득하는 것'을 의미한다. 따라서 단순히 건네받기로 약속만 된 경우에는 점유 이전이 없기 때문에 취득이 되지 않으며, 잠시 구경하기 위해 건네받는 경우에도 사실상의 처분권을 획득하는 것이 아니므로 취득이라고 할 수 없다.

점유의 이전은 보관함의 열쇠를 건네주는 것처럼 간접적인 방법으로도 가능하다. 대가를 주는가 여부는 본죄의 성립과 관계가 없다.

한편 위조통화를 증여 받은 사람이 받을 당시에는 그것이 위조통화인지 몰랐다가 나중에 그것이 위조통화라는 사실을 알게 되었으면서도 그대로 계속 그 위조통화를 가지고 있는 경우와 같은 **부작위**에 의한 취득은 행위유형에서 제외해야 한다. 제210조(위조·변조통화 취득 후 지정행사)가 이처럼 모르고 취득했다가 나중에 알고 유통시키는 경우를 별도의 구성요건으로 규정하여 본죄보다 가볍게 처벌하고 있기 때문이다.

횡령행위를 취득의 유형에서 배제할 것인가에 대하여 견해대립이 있다.

① 배제설 (**다수설**)

② 포함설

결론 위조·변조 통화에 대한 사실상의 처분권은 절도·강도·사기·공갈·횡령·점유이탈물 횡령 등 범죄행위를 통해서 얼마든지 획득할 수 있는데, 그 가운데 굳이 횡령만 제외시킬 이유는 없다고 생각한다. **포함설**이 타당하다.

위조·변조된 통화인 사실을 알면서 취득하였다가 행사한 경우에는 본죄와 행사죄의 경합범이 성립한다.

위조·변조 통화를 절취하는 경우, 절도죄와 본죄의 관계에 대하여 견해대립이 있다.

① 위조·변조 통화는 금제품으로서 절도죄의 행위객체에서 제외되므로 본죄만 성립된다는 견해

② 금제품이라고 하더라도 절도의 대상이 될 수 있으므로 두 가지 범죄

가 모두 성립되고 상상적 경합이 된다는 견해 (**통설**)

> **결론** 금제품이라고 하더라도 그것이 소유권 자체가 있을 수 없는 물건을 의미하는 것은 아니므로 위조·변조 통화도 절도죄의 행위객체로 보는 것이 타당하다고 생각한다. ②의 견해가 합당하다.

Ⅷ. 위조·변조통화 취득 후 지정행사죄

> 제 210 조 (위조통화 취득 후의 지정행사) 제207조에 기재한 통화를 취득한 후 그 사정을 알고 행사한 자는 2년 이하의 징역 또는 500만원 이하의 벌금에 처한다.

위조·변조된 통화인 줄 모르고 취득했다가 나중에 위·변조 통화임을 알게 되었으면서도 이를 행사함으로써 성립되는 범죄이다. 행사의 의미는 제207조의 경우와 같다.

Ⅸ. 통화유사물 제조죄

> 제 211 조 (통화유사물의 제조 등) ① 판매할 목적으로 내국 또는 외국에서 통용하거나 유통하는 화폐, 지폐 또는 은행권에 유사한 물건을 제조, 수입 또는 수출한 자는 3년 이하의 징역 또는 700만원 이하의 벌금에 처한다.
> ② 전항의 물건을 판매한 자도 전항의 형과 같다.
> 제 212 조 (미수범) …… 전조의 미수범은 처벌한다.

통화유사물이란 통화와 비슷한 모습을 갖추기는 했지만 위조 또는 변조라고 인정할 수 있을 정도의 수준에는 이르지 않는 것을 말한다.

행위방법은 제조, 수입 또는 수출하는 것이다. 행위에 대한 고의와 함께 판매의 목적도 있어야 한다.

제 2 절 유가증권 · 우표와 인지에 관한 죄

Ⅰ. 개 관

1. 의 의

형법 제19장의 규정은 유가증권, 우표, 인지에 관한 **법적 거래의 신용과 안전**을 보호법익으로 한다.

유가증권은 통화 못지 않게 공공의 신용질서를 유지하는 중요한 수단이다. 더구나 신용사회가 발전해 나가면서 유가증권의 중요성은 더욱 증대되고 있다. 따라서 유가증권을 위조 · 변조하는 등의 행위는 이제 통화에 관한 범죄에 버금가는 사회적 의미를 가지게 되었다.

2. 구성요건 체계

형법 제19장은 ① **유가증권**과 관련하여 유가증권 위조 · 변조(제214조 · 제215조), 허위유가증권 작성(제216조)과 위조유가증권 등 행사(제217조)를 범죄 유형으로 나열하고 있으며, ② **인지 · 우표**와 관련하여 인지 · 우표 위조 · 변조(제218조), 위조인지 · 우표 취득(제219조), 소인말소(제221조), 인지 · 우표유사물 제조(제222조)를 구성요건 유형으로 하고 있다.

한편 유가증권의 일종인 **수표**에 관한 범죄를 처벌하기 위해 부정수표단속법이 제정되어 있다. 이 특별형법이 있기 때문에 행위객체가 수표인 경우에는 형법전의 규정이 적용될 여지가 없다.

Ⅱ. 유가증권 위조 · 변조죄

제214조 (유가증권의 위조 등) ① 행사할 목적으로 대한민국 또는 외국의 공채증서 기타 유가증권을 위조 또는 변조한 자는 10년 이하의 징역에 처한다.

제220조 (자격정지 또는 벌금의 병과) 제214조 내지 제219조의 죄를 범하여 징역에 처하는 경우에는 10년 이하의 자격정지 또는 2천만원 이하의 벌금을 병과할 수 있다.

제 223 조 (미수범) 제214조 내지 제219조와 전조의 미수범은 처벌한다.

1. 구성요건

(1) 객관적 구성요건

1) 행위객체

본죄의 행위객체는 대한민국 또는 외국의 유가증권이다. 발행지와 관계없이 국내외의 모든 유가증권을 행위객체로 하는 것이다. 공채증서는 유가증권의 한 가지 예에 불과하다.

유가증권이란 '증권상에 표시된 재산상의 권리의 행사와 처분에 그 증권의 점유를 필요로 하는 것'을 말한다(대법원 1972. 12. 26. 72도1688; 대법원 1984. 11. 27. 84도1862; 대법원 1995. 3. 14. 95도20; 대법원 1998. 2. 27. 97도2483; 대법원 1998. 11. 24. 98도2967).

> 따라서 ① 재산권이 표시되어 있지 않은 것은 유가증권이 아니다. 예를 들면 영수증이나 물품구입증(대법원 1972. 12. 26. 72도1688) 등이 이에 해당된다. ② 권리의 행사와 처분에 증권의 점유를 필요로 하지 않는 것도 유가증권이 아니다. 이러한 것으로는 정기예탁금증서(대법원 1984. 11. 27. 84도2147)와 같은 면책증권이 있다.

증권상에 표시되는 재산상의 권리에는 제한이 없다. 물권, 채권, 사원권 등 재산상의 권리라면 무엇이든 가능하다.

유가증권은 수표, 어음, 화물상환증, 선하증권, 창고증권 등 법적으로 일정한 형식을 필요로 하는 **법률상의 유가증권**과 백화점 상품권, 공중전화 카드(대법원 1998. 2. 27. 97도2483), 지하철 승차권, 구두 티켓(대법원 1995. 3. 14. 95도20), 스키장 리프트 이용권(대법원 1998. 11. 24. 98도2967) 등 법적으로 형식이 정해져 있지 않은 **사실상의 유가증권**으로 분류된다.

기재사항이 누락되거나 날인이 되어 있지 않아 사법상 무효인 유가증권도 행위객체에 포함된다(대법원 1973. 6. 12. 72도1769; 대법원 1974. 12. 24. 74도294).

유가증권의 **발행자**는 반드시 국가나 공공단체일 필요가 없다. 개인이 발행한 가계수표도 훌륭한 유가증권이 된다. 또한 유가증권에 표시된 발행자가 실제로 존재하지 않는 사람이더라도 무방하다(대법원 1971. 7. 27. 71도905; 대법원 1979. 9. 25. 78도1980).

【판례】 사자 명의의 약속어음 피고인이 사망자의 처로부터 사망자의 인장을 교부받아 생존 당시 작성한 것처럼 약속어음 발행일자를 소급하여 작성하였다면 이는 유가증권 위조에 해당한다. (대법원 2011. 7. 14. 2010도1025)

한편 유가증권 변조에 대해서는 발행자가 타인인 경우로 행위객체가 제한된다는 판례가 있다.

【판례】 본인이 발행한 주식의 명의 변경 △△△△회사의 대표이사인 피고인 甲은 乙 명의로 주식을 기명 · 발행한 후 乙의 승낙을 얻어 위 주권을 보관하면서 위 회사를 운영하다가 위 회사주권 400매를 마치 위 회사설립자 丙 앞으로 기명 · 발행하여 피고인이 丙으로부터 배서양도 받은 것 같이 만들어 행사할 목적으로 위 주권의 주주란에 고무명판으로 압날기명된 "乙"을 면도칼로 지우고 그 위에 흑색 사인펜으로 "丙"으로 기재하고 기명 조인란에 동일자로 위 丙으로부터 피고인이 위 주권을 배서받은 양 기재 · 날인한 후 그 주권을 주주명부에 개서 등재하고 회사에 비치하였다. 유가증권변조죄를 구성하려면 진정하게 성립된 타인명의의 유가증권에 변경을 가하는 행위가 있어야 하고 비록 타인에게 속한 자기명의의 유가증권에 무단히 변경을 가하였다 하더라도 그것이 문서손괴죄나 허위유가증권작성죄에 해당되는 경우가 있음은 별론으로 하고 유가증권변조죄를 구성하는 것은 아니라고 보아야 할 것이다. (대법원 2006. 1. 13. 2005도6267)

그러나 자기 명의의 유가증권이라 하더라도 이미 발행되어 공신력을 가지게 된 유가증권의 내용을 함부로 변경하는 것은 거래의 신용과 안전을 해치는 일이기 때문에 행위객체에 포함되어야 되는 것이 타당하다고 본다.

유가증권에는 통화와는 달리 비행기표처럼 유통성이 없는 것도 있는데, **유통성**은 유가증권이 되기 위한 요건에 포함되어 있지 않다. 따라서 전혀 유통성이 없는 것도 유가증권이 된다.

신용카드가 유가증권인가에 대하여 견해대립이 있다.

① 긍정설

② 부정설 (**통설 · 판례**)

결론 유가증권이라고 하기 위해서는 재산상의 권리가 표시되어 있어야 하는데 신용카드의 경우에는 재산권의 내용이 특정되어 있지 않다. 신용카드의 소유권자가 어떠한 신용상태에 있는가에 따라 카드의 구매력이 변동되어 유동적이고 경우에 따라서는 재산권이 전혀 없는 상태가 될 수도 있다. 이렇게 특정된 재산권이 표시되어 있지 않다는 면에서 신용카드는 유가증권이 아니라고 보아야 한다. **부정설**이 타당하다.

【판례】 신용카드의 속성 신용카드업자가 발행한 신용카드는 이를 소지함으로써 신용구매가 가능하고 금융의 편의를 받을 수 있다는 점에서 경제적 가치가 있다 하더라도, 그 자체에 경제적 가치가 화체되어 있거나 특정의 재산권을 표창하는 유가증권이라고 볼 수 없고, 단지 신용카드회원이 그 제시를 통하여 신용카드회원이라는 사실을 증명하거나 현금자동지급기 등에 주입하는 등의 방법으로 신용카드업자로부터 서비스를 받을 수 있는 증표로서의 가치를 갖는 것이다. (대법원 1999. 7. 9. 99도857)

본죄의 행위객체인 유가증권은 **위조된 유가증권의 원본**만을 말한다. 따라서 위조된 백지 약속어음을 구입하여 액면란에 금액을 기입하여 그 위조어음을 완성하는 행위는 본죄에 해당되지만(대법원 1982. 6. 22. 82도677), 위조된 백지 약속어음을 전자복사기 등을 이용해 기계적으로 복사한 뒤 여기에 금액을 기입하는 것은 본죄가 되지 않는다(대법원 1998. 2. 13. 97도2922).

2) 행 위

가. 위 조

위조란 '작성권한 없는 자가 타인 명의의 유가증권을 작성하는 것'을 말한다. 완전히 다른 사람의 명의로 유가증권을 만드는 것을 의미하므로, 대리권이 없는 사람이 대리권자인 것처럼 해서 유가증권을 작성하거나, 자신에게 부여된 대리권의 범위를 벗어나서 작성하는 등 중간적인 형태일 경우에는 위조가 아니라 '자격모용'에 의한 유가증권 작성(제215조)이 된다.

통화위조의 경우와 마찬가지로 위조라고 하기 위해서는 일반인이 보기에 진짜처럼 느껴질 정도에 이르러야 한다(대법원 1992. 6. 23. 92도976).

【판례】 유가증권위조가 되는 경우 1. 찢어서 폐지로 된 타인발행 명의의 약속어음 파지면을 이용·조합하여 어음의 외형을 갖춘 경우에는 새로운 약속어음을 작성한 것으로서 그 행사의 목적이 있는 이상 유가증권 위조죄가 성립한다. (대법원 1976. 1. 27. 74도3442)

2. 타인이 위조한 액면과 지급기일이 백지로 된 약속어음을 구입하여 행사의 목적으로 백지인 액면란에 금액을 기입하여 그 위조어음을 완성하는 행위는 백지어음 형태의 위조행위와는 별개의 유가증권위조죄를 구성한다. (대법원 1982. 6. 22. 82도677)

3. 폐공중전화카드의 자기기록 부분에 전자정보를 기록하여 사용가능한 공중전화카드를 만드는 행위는 유가증권위조죄에 해당한다. (대법원 1998. 2. 27. 97도2483)

4. 금액란이 백지인 수표의 소지인이 보충권을 남용하여 그 금액을 부당보충하는 행위는 백지 보충권의 범위를 초월하여 발행인의 서명날인이 있는 기존의 수표용지를 이용한 새로운 수표를 발행하는 것에 해당하여 유가증권위조죄를 구성한다. 그리고 이 경우 백지수표의 발행인은 보충권의 범위 내에서는 부정수표단속법위반죄의 죄책을 진다고 할 것이다. (대법원 1999. 6. 11. 99도1201)

5. 유가증권은 일반인이 진정한 것으로 오신할 정도의 형식과 외관을 갖추고 있으면 되므로 증권이 비록 문방구 약속어음 용지를 이용하여 작성되었다고 하더라도 그 전체적인 형식 · 내용에 비추어 일반인이 진정한 것으로 오신할 정도의 약속어음 요건을 갖추고 있으면 당연히 형법상 유가증권에 해당한다. (대법원 2001. 8. 24. 2001도2832)

【판례】 유가증권위조가 되지 않는 경우 **1.** 어음에 기재되어야 할 어음행위자의 명칭은 반드시 어음행위자의 본명에 한하는 것은 아니고 상호, 별명 그 밖의 거래상 본인을 가리키는 것으로 인식되는 칭호라면 어느 것이나 다 가능하다고 볼 것이므로 비록 그 칭호가 타인의 명칭이라도 통상 그 명칭은 자기를 표시하는 것으로 거래상 사용하여 그것이 그 행위자를 지칭하는 것으로 인식되어 온 경우에는 그것을 어음상으로도 자기를 표시하는 칭호로 사용할 수 있다 할 것이므로 피고인이 그 망부의 사망 후 그의 명의를 거래상 자기를 표시하는 명칭으로 사용하여 온 경우에는 피고인에 의한 망부명의의 어음발행은 피고인 자신의 어음행위라고 볼 것이고 이를 가리켜 타인의 명의를 모용하여 어음을 위조한 것이라고 할 수 없다. (대법원 1982. 9. 28. 82도296)

2. 피고인은 인쇄된 약속어음용지를 사용하기는 하였으나 유가증권인 약속어음을 발행할 의도로 약속어음을 작성한 것이라기 보다는 소비대차의 증표로서 발행한 것으로 보이고, 피고인이 위조한 것이라는 위 약속어음은 발행인의 날인이 없고, 발행인 아닌 피고인이 임의로 날인한 무인만이 있으며, 그 작성방식에 비추어 보아도 일반인이 진정하고 유효한 약속어음으로 오신할 정도의 형식과 외관을 갖춘 약속어음이라고 보기 어려우므로 이는 형법 제214조 소정의 유가증권으로 볼 수 없다. (대법원 1992. 6. 23. 92도976)

나. 변 조

변조는 진정으로 성립된 유가증권의 내용을 그 유가증권의 동일성을 해치지 않는 한도 내에서 권한 없이 변경시키는 것을 말한다. 따라서 위조된 유가증권의 내용을 변경시키거나 동일성이 상실될 정도로 변경하는 것은 변조가 아니다.

【판례】 위조 · 변조된 유가증권 내용 변경행위 1. 변조라 함은 진정으로 성립된 유가증권의 내용에 권한 없는 자가 그 유가증권의 동일성을 해하지 않는 한도에서 변경을 가하는 것을 말하므로, 이미 타인에 의하여 위조된 약속어음의 기재사항을 권한 없이 변경하였다고 하더라도 유가증권변조죄는 성립하지 아니한다. (대법원 2006. 1. 26. 2005도4764)

2. 권한 없는 자에 의하여 이미 변조된 약속어음의 지급기일을 다시 변경한 경우 유가증권변조죄가 성립하지 않는다. (대법원 2012. 9. 27. 2010도15206)

백화점 상품권의 액면가를 고치는 것 같은 행위가 전형적인 변조에 해당된다. 그러나 이미 날짜가 지나서 효력이 상실된 스키장 리프트 이용권의 사용날짜를 임의로 고쳐서 다시 사용할 수 있게 만드는 경우는 — 더 이상 재산상의 권리가 존재하지 않아 유가증권이 아닌 것을 유가증권으로 오인하게 만드는 것이므로 — 변조가 아니라 위조가 된다(같은 취지: 박상기, 507면).

변경을 시킨 결과가 설사 진실에 합치된다 하더라도 권한 없이 변경을 하면 변조가 된다(대법원 1984. 11. 27. 84도1862). 반대로 권한 내의 변경은 변조가 아니다.

【판례】 권한범위 내의 변경 유가증권변조 부정 약속어음의 발행인으로부터 어음금액이 백지인 약속어음의 할인을 위임받은 자가 위임 범위 내에서 어음금액을 기재한 후 어음할인을 받으려고 하다가 그 목적을 이루지 못하자 유통되지 아니한 당해 약속어음을 원상태대로 발행인에게 반환하기 위하여 어음금액의 기재를 삭제하는 것은 그 권한 범위 내에 속한다고 할 것이므로, 이를 유가증권변조라고 볼 수 없다. (대법원 2006. 1. 13. 2005도6267)

(2) 주관적 구성요건

유가증권을 위조 또는 변조한다는 데 대한 인식과 의사가 있어야 하며, 목적범으로서 위·변조한 유가증권을 행사할 목적을 가지고 있어야 한다.

2. 죄 수

본죄의 죄수는 위조·변조된 유가증권의 수를 기준으로 결정하여야 한다. 따라서 같은 시간 같은 장소에서 여러 장의 유가증권을 위조하게 되면 여러 개의 유가증권 위조죄가 성립하며 실체적 경합관계가 된다. 판례의 입장도 같다(대법원 1983. 4. 12. 82도2938).

유가증권을 위조·변조한 후 이를 행사하게 되면 두 범죄의 관계가 어떻게 되는가에 대하여 견해대립이 있다.

① 실체적 경합설

② 상상적 경합설

③ 행사죄설

결론 위조·변조죄와 행사죄는 별개의 규정에 의한 서로 다른 범죄이고 행위도 구분이 되므로 **실체적 경합**으로 보는 것이 타당하다.

Ⅲ. 유가증권 기재 위조·변조죄

제214조 (유가증권의 위조 등) ② 행사할 목적으로 유가증권의 권리의무에 관한 기재를 위조 또는 변조한 자도 전항의 형과 같다.

제220조 (자격정지 또는 벌금의 병과) 제214조 내지 제219조의 죄를 범하여 징역에 처하는 경우에는 10년 이하의 자격정지 또는 2천만원 이하의 벌금을 병과할 수 있다.

제223조 (미수범) 제214조 내지 제219조와 전조의 미수범은 처벌한다.

'유가증권의 권리의무에 관한 기재'는 증권의 유효성과는 관계가 없는 부수적 기재사항을 의미한다(대법원 1989. 12. 8. 88도753). 어음의 배서 같은 사항이 이에 해당된다. 위조와 변조의 의미는 제214조 제1항의 경우와 같다.

Ⅳ. 자격모용에 의한 유가증권 작성죄

제215조 (자격모용에 의한 유가증권의 작성) 행사할 목적으로 타인의 자격을 모용하여 유가증권을 작성하거나 유가증권의 권리 또는 의무에 관한 사항을 기재한 자는 10년 이하의 징역에 처한다.

제220조 (자격정지 또는 벌금의 병과) 제214조 내지 제219조의 죄를 범하여 징역에 처하는 경우에는 10년 이하의 자격정지 또는 2천만원 이하의 벌금을 병과할 수 있다.

제223조 (미수범) 제214조 내지 제219조와 전조의 미수범은 처벌한다.

타인의 자격을 모용한다는 것은 대리권 또는 대표권이 없음에도 불구하고 그러한 자격을 가지고 있는 것처럼 행동하는 것을 의미한다.

【판례】 본죄가 성립되지 않는 경우 회사를 대표하여 문서를 작성할 권한이 있는 대표이사가 은행과의 당좌거래 약정이 전 대표이사 명의로 되어 있는 상태에서 당좌거래 명의를 변경함이 없이 그대로 전 대표이사 명의를 사용하여 회사명의의 수표를 발행한 경우 (대법원 1975. 9. 23. 74도1684)

대리권·대표권이 있기는 한데 이를 남용한 경우는 자격을 모용한 것이 아니기 때문에 본죄가 성립되지 않는다.

그러나 대리권·대표권이 있더라도 자신의 권한 범위를 완전히 벗어나서 유가증권을 작성하는 경우에는 자격모용으로서 본죄가 성립된다(**통설**).

【판례】 본죄가 성립되는 경우 1. 대표이사 직무집행정지 가처분결정이 송달되어 일체

의 직무집행이 정지됨으로써 직무집행의 권한이 없게 된 대표이사가 권한 밖의 일인 대표이사 명의의 유가증권을 작성 행사하는 행위. (대법원 1987. 8. 18. 87도145)

2. 주식회사 대표이사로 근무하던 자가 대표이사를 그만 두고 자신을 대신해서 새로운 대표이사가 취임했는데도 불구하고 자신이 근무 중에 사용하던 회사 대표이사의 명판을 이용하여 여전히 약속어음을 발행 · 행사한 경우 (대법원 1991. 2. 26. 90도577)

V. 허위유가증권 작성죄

제 216 조 (허위유가증권의 작성 등) 행사할 목적으로 허위의 유가증권을 작성하거나 유가증권에 허위사항을 기재한 자는 7년 이하의 징역 또는 3천만원 이하의 벌금에 처한다.

제 220 조 (자격정지 또는 벌금의 병과) 제214조 내지 제219조의 죄를 범하여 징역에 처하는 경우에는 10년 이하의 자격정지 또는 2천만원 이하의 벌금을 병과할 수 있다.

제 223 조 (미수범) 제214조 내지 제219조와 전조의 미수범은 처벌한다.

허위의 유가증권이란 발행자가 작성권한을 가지고 있지만 내용이 허위인 유가증권을 의미한다. 본죄는 문서에 관한 죄 중에 작성권한 있는 공무원이 허위 내용의 공문서를 작성하는 경우(제227조: 허위공문서 작성)에 상응하는 범죄이다. 작성권한 없는 자가 다른 사람의 이름으로 유가증권을 작성하면 본죄가 아니라 유가증권 위조(제214조 제1항)가 된다.

기본적 증권행위 사항 뿐 아니라 부수적 증권행위 사항을 허위로 기재한 경우에도 본죄는 성립한다. 그러나 권리관계에 아무런 영향을 미치지 않는 사항, 예를 들어 어음 배서인의 주소를 허위로 기재하는 것은 본죄에 해당하지 않는다(대법원 1986. 6. 24. 84도547).

【판례】 본죄가 성립되는 경우 1. 피고인이 실재하지 아니한 유령회사의 대표라 기재하고 자기명의의 인장을 찍어서 유령회사 명의의 약속어음을 발행한 경우 (대법원

1970. 12. 29. 70도2389)

2. 주권발행의 권한을 위임받기는 했지만 발행일자를 소급시켜 허위내용이 된 경우 (대법원 1974. 1. 15. 73도2041)

3. 선하증권 기재의 화물을 인수하거나 확인하지도 아니하고 또한 선적할 선편조차 예약하거나 확보하지도 않은 상태에서 수출면장만을 확인한 채 실제로 선적한 일이 없는 화물을 선적하였다는 내용의 선하증권을 발행·교부한 경우 (대법원 1995. 9. 29. 95도803)

【판례】 본죄가 성립되지 않는 경우 1. 약속어음 발행의 경우에 있어서는 그 원인채무관계가 존재하지 않는다고 하더라도 회사의 대표이사가 적법한 대표권한에 의하여 약속어음을 발행한 이상 원인채무의 존부와는 관계없이 발행된 약속어음상의 문언에 따라 어음상의 권리의무 관계가 생기는 것이 약속어음의 무인증권성과 설정증권성의 원리에 비추어 명백하다 할 것이다. 그러므로 단순히 원인채무관계가 존재하지 아니한다는 이유만으로 약속어음의 발행행위를 허위유가증권 작성죄로 문의할 수는 없다고 봄이 상당하다. (대법원 1977. 5. 24. 76도4132)

2. 주권발행 전에 주식을 양도받은 자에 대하여 주권을 발행한 경우에 가사 그 주식양도가 주권발행 전에 이루어진 것이어서 상법 제335조에 의하여 무효라 할지라도 권리의 실체관계에 부합되므로 허위의 주권발행의 범의가 있다고 할 수 없다. (대법원 1982. 6. 22. 81도1935)

3. 은행을 통하여 지급이 이루어지는 약속어음의 발행인이 그 발행을 위하여 은행에 신고된 것이 아닌 발행인의 다른 인장을 날인하였다 하더라도 그것이 발행인의 인장인 이상 그 어음의 효력에는 아무런 영향이 없으므로 허위유가증권작성죄가 성립하지 아니한다. (대법원 2000. 5. 30. 2000도883)

4. 허위유가증권작성죄는 작성권한 있는 자가 자기 명의로 기본적 증권행위를 함에 있어서 유가증권의 효력에 영향을 미칠 기재사항에 관하여 진실에 반하는 내용을 기재하는 경우에 성립하는바, 자기앞수표의 발행인이 수표의뢰인으로부터 수표자금을 입금 받지 아니한 채 자기앞수표를 발행하더라도 그 수표의 효력에는 아무런 영향이 없으므로 허위유가증권작성죄가 성립하지 아니한다. (대법원 2005. 10. 27. 2005도4528)

Ⅵ. 위조 등 유가증권 행사죄

제217조 (위조유가증권 등의 행사 등) 위조, 변조, 작성 또는 허위기재한 전3조 기재의 유가증권을 행사하거나 행사할 목적으로 수입 또는 수출한 자는 10년 이하의 징역에 처한다.
제220조 (자격정지 또는 벌금의 병과) 제214조 내지 제219조의 죄를 범하여 징역에 처하는 경우에는 10년 이하의 자격정지 또는 2천만원 이하의 벌금을 병과할 수 있다.
제223조 (미수범) 제214조 내지 제219조와 전조의 미수범은 처벌한다.

1. 구성요건

본죄의 행위객체는 제214조(유가증권 위조 · 변조, 유가증권 기재 위조 · 변조), 제215조(자격모용에 의한 유가증권 작성)와 제216조(허위유가증권 작성)의 범죄에 의해 만들어진 유가증권이다.

행사란 이들 유가증권을 '진정하게 작성된 유가증권인 것처럼 사용하는 것'을 말한다.

【판례】 행사가 아닌 경우 1. 위조유가증권의 교부자와 피교부자가 서로 유가증권위조를 공모하였거나 위조유가증권을 타에 행사하여 그 이익을 나누어 가질 것을 공모한 공범의 관계에 있다면, 그들 사이의 위조유가증권 교부행위는 그들 이외의 자에게 행사함으로써 범죄를 실현하기 위한 전 단계의 행위에 불과한 것으로서 위조유가증권은 아직 범인들의 수중에 있다고 볼 것이지 행사되었다고 볼 수는 없다고 할 것이다. (대법원 2007. 1. 11. 2006도7120)

2. 피고인과 甲은 甲이 피고인으로부터 1천5백만원을 빌리는 것처럼 꾸미기로 공모한 후, 이 사실을 모르는 丙이 합석해 있는 자리에서 위조된 1백만원권 자기앞수표 14장과 진정한 10만원권 수표 10장이 들어있는 봉투를 乙을 통해서 甲에게 전달하였고, 甲은 봉투에서 10만원권 수표만 꺼내서 丙에게 보여주면서 자신의 애인인 丙을

보증인으로 하는 차용증을 작성하여 乙에게 교부하였다. 이 경우 甲이 위조된 수표를 제시하여 이를 인식하게 하지 않았으므로 위조유가증권을 행사한 것으로 볼 수 없다. (대법원 2010. 12. 9. 2010도12553)

판례는 위조·변조통화행사죄(제207조 제4항)의 경우와 마찬가지로 위조 등에 의해 작성된 유가증권이라는 사실을 아는 사람에게 교부하는 것도 행사에 해당된다고 보고 있다.

【판례】 사실을 아는 자에 대한 교부 1. 위조유가증권행사죄의 처벌목적은 유가증권의 유통질서를 보호하고자 함에 있는 만큼 단순히 문서의 신용성을 보호하고자 하는 위조공·사문서 행사죄의 경우와는 달리 교부자가 진정 또는 진실한 유가증권인 것처럼 유가증권을 행사하였을 때 뿐만 아니라 위조유가증권임을 알고 있는 자에게 교부하였더라도 피교부자가 이를 유통시킬 것임을 알고 있는 자에게 교부하였다면 그 교부행위자체가 유가증권의 유통질서를 해할 우려가 있어 처벌의 이유와 필요성이 충분히 있다고 할 것이므로 위조유가증권행사죄가 성립한다. (대법원 1983. 6. 14. 81도2492)

2. 허위작성된 유가증권을 피교부자가 그것을 유통하게 한다는 사실을 인식하고 교부한 때에는 허위작성유가증권행사죄에 해당하고, 행사할 의사가 분명한 자에게 교부하여 그가 이를 행사한 때에는 허위작성유가증권행사죄의 공동정범이 성립된다. (대법원 1995. 9. 29. 95도803)

그러나 이는 위조·변조유가증권을 직접 유통시키는 행위가 아니므로 행사가 아니라 본죄에 대한 교사, 방조 또는 간접정범에만 해당된다고 보는 것이 타당하다고 생각한다.

통화의 경우(제207조)와는 달리 유통시킬 것을 요건으로 하지 않는다. 따라서 상대방을 안심시키기 위해 단순히 보여주기만 하는 행위도 유가증권의 경우에는 행사가 된다.

수입·수출은 제207조(위조·변조통화 행사)의 경우와 의미가 같다. 행위내용이 수입·수출일 때에는 부가적 주관적 구성요건 요소로서 행사할 목적이 요구된다.

2. 죄 수

위조 등 유가증권을 행사해서 물건을 구입하게 되면 사기죄(제347조)도 동시에 성립되고 상상적 경합이 된다(대법원 1985. 8. 20. 83도2575).

여러 장의 위조 등 유가증권을 한꺼번에 사용하는 경우에 대하여 견해 대립이 있다.

① 포괄해서 하나의 행사죄만 성립된다는 견해

② 여러 개의 행사죄가 성립하면서 상상적 경합이 된다는 견해

결론 하나의 행위에 의해서 한꺼번에 공공의 신용이라는 하나의 법익을 침해하는 것이므로 포괄해서 하나의 행사죄만 성립된다고 보는 것이 타당하다.

Ⅶ. 인지 · 우표 등 위조 · 변조죄

제218조 (인지·우표의 위조 등) ① 행사할 목적으로 대한민국 또는 외국의 인지, 우표 기타 우편요금을 표시하는 증표를 위조 또는 변조한 자는 10년 이하의 징역에 처한다.

제220조 (자격정지 또는 벌금의 병과) 제214조 내지 제219조의 죄를 범하여 징역에 처하는 경우에는 10년 이하의 자격정지 또는 2천만원 이하의 벌금을 병과할 수 있다.

제223조 (미수범) 제214조 내지 제219조와 전조의 미수범은 처벌한다.

본죄의 행위객체는 대한민국 또는 외국의 인지, 우표 기타 우편요금을 표시하는 증표이다. 유가증권의 경우와 마찬가지로 발행지와 관계없이 모든 인지 · 우표 · 우편요금표시증표가 행위객체가 된다.

인지란 인지법이나 인세법이 정하는 바에 따라 일정한 수수료 또는 인지세를 납부하는 방법으로 첨부 · 사용하기 위해 정부 기타 발행권자가 일정한 금액을 표시하여 발행한 증표를 의미한다.

우표는 우편요금을 납부하는 방법으로 첨부・사용하게 하기 위해 정부 기타 발행권자가 일정한 금액을 표시하여 발행한 증표이다.

기타 우편요금을 표시하는 증표란 우편법 제20조의 규정에 따라 우표 이외에 우편요금 납부방법으로 사용되는 증표를 말한다. 많은 양의 우편물을 한꺼번에 발송할 때 사용하는 '요금별납' 표시나 회신용 봉투에 찍혀있는 '요금후납' 표시 등이 이에 해당된다.

위조・변조의 의미는 통화 위조・변조(제207조)의 경우와 같다.

Ⅷ. 위조・변조 인지・우표 등 행사죄

제218조 (인지・우표의 위조 등) ② 위조 또는 변조된 대한민국 또는 외국의 인지, 우표 기타 우편요금을 표시하는 증표를 행사하거나 행사할 목적으로 수입 또는 수출한 자도 제1항의 형과 같다.

제220조 (자격정지 또는 벌금의 병과) 제214조 내지 제219조의 죄를 범하여 징역에 처하는 경우에는 10년 이하의 자격정지 또는 2천만원 이하의 벌금을 병과할 수 있다.

제223조 (미수범) 제214조 내지 제219조와 전조의 미수범은 처벌한다.

행위객체가 위조・변조된 인지・우표・우편요금표시증표라는 점 외에는 위조・변조통화 행사죄(제207조 4항)의 경우와 모두 동일하다. 진짜인 것처럼 유통시키는 것이 행사이므로, 우표수집의 대상으로서 매매하는 경우는 이에 해당되지만(**통설・판례**), 가짜임을 밝히고 우표수집상에게 판매하는 경우에는 본죄가 성립되지 않는다. 또한 수입・수출의 경우에는 행사할 목적이 있어야 하므로 가짜임을 알고도 수집의 목적으로 수입하는 때에는 범죄가 되지 않는다.

Ⅸ. 위조 · 변조 인지 · 우표 등 취득죄

제219조 (위조인지 · 우표 등의 취득) 행사할 목적으로 위조 또는 변조한 대한민국 또는 외국의 인지, 우표 기타 우편요금을 표시하는 증표를 취득한 자는 3년 이하의 징역 또는 1천만원 이하의 벌금에 처한다.

제220조 (자격정지 또는 벌금의 병과) 제214조 내지 제219조의 죄를 범하여 징역에 처하는 경우에는 10년 이하의 자격정지 또는 2천만원 이하의 벌금을 병과할 수 있다.

제223조 (미수범) 제214조 내지 제219조와 전조의 미수범은 처벌한다.

행위객체가 위조 · 변조된 인지 · 우표 · 우편요금표시증표라는 점과 취득 후 지정사용죄가 없으므로 부작위에 의한 취득도 인정해야 한다는 점 외에는 위조 · 변조통화 취득죄(제208조)의 경우와 동일하다.

Ⅹ. 인지 · 우표 등 소인말소죄

제221조 (소인말소) 행사할 목적으로 대한민국 또는 외국의 인지, 우표 기타 우편요금을 표시하는 증표의 소인 기타 사용의 표지를 말소한 자는 1년 이하의 징역 또는 300만원 이하의 벌금에 처한다.

인지 · 우표와 기타 우편요금표시증서는 수수료나 요금 등을 납부했다는 표시를 하기 위해 사용한다. 그리고 이들은 한 번 사용되었을 경우에는 사용되었다는 표시를 하게 되고 이에 따라 다시는 사용할 수 없게 된다. 이 표시가 없을 경우에는 요금 납부 여부를 통제할 수 없게 된다. 본죄는 소인 등 사용된 인지 · 우표 · 우편요금 표시증표임을 나타내주는 표식을 인식 불가능하게 만듦으로써 성립된다. 그 방법에는 제한이 없다.

주관적 구성요건으로는 고의 외에 행사할 목적이 있어야 한다. 그냥 재미로 소인을 지웠을 경우에는 본죄가 성립되지 않는다.

XI. 인지·우표 등 유사물 제조죄

제222조 (인지·우표유사물의 제조 등) ① 판매할 목적으로 대한민국 또는 외국의 공채증서, 인지, 우표 기타 우편요금을 표시하는 증표와 유사한 물건을 제조, 수입 또는 수출한 자는 2년 이하의 징역 또는 500만원 이하의 벌금에 처한다.

② 전항의 물건을 판매한 자도 전항의 형과 같다.

제223조 (미수범) 제214조 내지 제219조와 전조의 미수범은 처벌한다.

인지·우표유사물이란 인지·우표와 비슷한 모습을 갖추기는 했지만 위조 또는 변조라고 인정할 수 있을 정도의 수준에는 이르지 않는 것을 말한다.

XII. 유가증권 위조 등 예비·음모죄

제224조 (예비, 음모) 제214조, 제215조와 제218조 제1항의 죄를 범할 목적으로 예비 또는 음모한 자는 2년 이하의 징역에 처한다.

제214조(유가증권 위조·변조), 제215조(자격모용에 의한 유가증권 작성)와 제218조(인지·우표 등 위조·변조)의 범죄를 범할 목적으로 예비·음모함으로써 성립되는 범죄이다. 통화위조 예비·음모(제213조)의 경우와는 달리 자수에 대한 감경 규정이 없다.

제3절 문서에 관한 죄

Ⅰ. 개 관

1. 의의와 보호법익

인간은 오랜 기간 동안 말로만 의사표시를 하다가 문자라는 기록 방법을 발명하였다. 문자를 통한 기록은 말과는 달리 내용이 변하지 않고 지속적으로 원래의 의사표시 상태를 유지한다는 특징 때문에 인간사회에서 독특한 기능을 하기 시작하였다. 이러한 기능은 대체로 다음 세 가지로 요약된다.

① **계속적 의사표시 기능**
② **증명 기능**
③ **작성명의 확인 기능**

문서는 이들 기능을 수행하는 사회적 수단이고, 문서에 대한 공공의 신용은 사회적 법익으로서 형법을 통한 보호의 대상이 되고 있다.

제20장(문서에 관한 죄)의 규정이 보호하고자 하는 법익은 **문서에 대한 공공의 신용**이다(대법원 1993. 7. 27. 93도1435). 이들 범죄는 추상적 위험범이다. 문서를 위조하거나 변조하는 등의 행위 자체를 공공의 신용을 위협하는 행위로 보고 처벌하고 있는 것이다.

2. 문서에 관한 죄의 본질

문서의 죄의 본질에 관한 논의는 문서에 관한 죄가 궁극적으로 무엇을 침해하는 것인가의 문제이다. **형식주의**는 성립의 진정성을 해치는 것, 즉 작성명의를 속이는 것이 문서에 관한 죄의 본질이라고 한다. 형식주의에 의하면 작성명의만 진실하다면 문서 내용의 진실성 여부는 상관 없다고 한다.

반면 **실질주의**는 내용의 진실성을 해치는 것, 즉 허위 내용의 문서를 작성하는 것이 본질이라고 한다. 내용만 사실이라면 작성명의는 거짓이라도 무방하다는 것이다.

우리나라 형법은 두 가지를 모두 문서에 관한 죄로 보고 있다. 예를 들어 제225조(공문서 위조)는 작성권한 없는 사람이 공문서를 임의로 만들어 내는 행위, 즉 성립의 진정을 해치는 짓을 범죄로 규정하고 있으며(**형식주의**), 제227조(허위공문서 작성)는 작성권한 있는 공무원이 허위 내용의 문서를 작성하는 행위를 처벌하고 있다(**실질주의**).

형식주의·실질주의와 관련하여 유형위조·무형위조라는 표현이 사용되고 있다. **유형위조**는 형식주의 입장에서 위조행위가 있다고 볼 수 있는 경우, 즉 작성명의를 도용하는 것을 의미한다. **무형위조**는 형식주의 입장에서 위조행위가 있다고 볼 수 없는 경우, 즉 작성명의에는 문제가 없고 내용이 허위로 작성되는 경우를 말한다. 공문서의 경우에는 유형위조와 무형위조를 모두 처벌하고, 사문서의 경우에는 진단서의 경우를 제외하고는 유형위조만 처벌대상으로 하고 있다.

3. 구성요건 체계

문서에 관한 죄는 행위객체에 따라 크게 공문서에 관한 죄와 사문서에 관한 죄 두 가지로 분류된다. 한편 정보화 사회의 도래와 함께 행위객체인 문서에 전자기록이 포함되었다.

공문서에 관한 죄로는 공문서 위조·변조(제225조), 자격모용 공문서 작성(제226조), 허위공문서 작성(제227조), 공전자기록 위작·변작(제227조의2), 공정증서원본 부실기재(제228조), 위조 공문서 행사(제229조) 그리고 공문서 부정행사(제230조)가 규정되어 있다.

사문서에 관한 죄에는 사문서 위조·변조(제231조), 자격모용 사문서 작성(제232조), 허위진단서 작성(제233조), 사전자기록 위작·변작(제232조의2), 위조사문서 행사(제234조) 그리고 사문서 부정행사(제236조)가 있다. 사문서에 관해서는 공정증서원본 부실기재에 상응하는 범죄가 없다.

Ⅱ. 공문서에 관한 죄

1. 공문서 위조·변조죄

제225조 (공문서 등의 위조·변조) 행사할 목적으로 공무원 또는 공무소의 문서 또는 도화를 위조 또는 변조한 자는 10년 이하의 징역에 처한다.
제235조 (미수범) 제225조 내지 제234조의 미수범은 처벌한다.
제237조 (자격정지의 병과) 제225조 내지 제227조의2 및 그 행사죄를 범하여 징역에 처할 경우에는 10년 이하의 자격정지를 병과할 수 있다.

(1) 객관적 구성요건

1) 행위객체

본죄의 행위객체는 공무원 또는 공무소의 문서 또는 도화이다.

가. 공무원 또는 공무소의

공무원 또는 공무소의라는 요건의 의미는 '공무원 또는 공무소가 자신의 직무범위 내에서 작성명의인이라는 것'이다. 따라서 공무원이 작성했더라도 사적인 차용증서처럼 직무와 관련이 없는 문서인 경우에는 행위객체가 되지 않는다(대법원 1984. 3. 27. 83도2892; 대법원 1991. 9. 24. 91도1733). 여기서 공무원이란 '국가공무원법, 지방공무원법 및 교육공무원법상의 공무원'을 말한다. 외국의 공무원·공무소는 본죄의 공무원·공무소가 아니다.

【판례】 공문서에 해당하는 경우 1. **한국은행** 국고과 명의의 보관금(국고금) 잔액 증명서는 공문서이다. (대법원 1969. 7. 29. 69도1012)

2. 타인으로 가장행세하기 위하여 그 타인명의의 주민등록신고서와 **면장**명의의 주거표 및 주거표 이송부를 위조하여 행사하였다면 주민등록법 제21조 소정의 "허위의 사실을 신고"한 죄가 아니라 형법상의 사문서위조, 동행사, 공문서위조, 동행사의 죄가 성립하는 것이다. (대법원 1970. 11. 24. 70도1978)

3. 이장이 직무에 관하여 작성하는 문서는 공문서이다. (대법원 1971. 8. 31. 71도1052)

4. 피고인이 **국립경찰병원장** 명의의 진단서에 직인과 계인을 날인하고 환자의 성명과 병명 및 향후치료소견을 기재하였다면 비록 진단서 발행번호나 의사의 서명날인이 없더라도 이는 공문서로서 형식과 외관을 구비하였으므로 공문서위조죄가 성립한다. (대법원 1987. 9. 22. 87도1443)

5. 간이절차에의한민사분쟁사건처리특례법에 의하여 설립된 **공증인가 합동법률사무소** 작성의 사서증서에 관한 인증서는 공문서이다. 또한 사서증서 인증서 원본의 보관에 관하여 법령상의 근거규정이 없다고 하더라도 관례상 합동법률사무소에서 보존 관리하고 있는 사서증서 인증서는 그 인증서의 원본으로 볼 수 있다. (대법원 1992. 10. 13. 92도1064 | 대법원 1977. 8. 23. 74도2715 전원합의체)

【판례】 공문서에 해당하지 않는 경우 **1. 홍콩 경찰청** 발행의 국제운전면허증은 공문서가 아니라 사문서에 해당한다. (대법원 1998. 4. 10. 98도164)

2. 미대사관 발행의 여권, 일본 문부성이나 동경대학교 명의의 졸업증명서 또는 학위증명서는 사문서에 해당한다. (대법원 2003. 9. 26. 2003도3729)

3. 그 행위주체가 공무원과 공무소가 아닌 경우에는 형법 또는 기타 특별법에 의하여 공무원 등으로 의제되는 경우를 제외하고는 계약 등에 의하여 공무와 관련되는 업무를 일부 대행하는 경우(**공무수탁사인**)가 있다 하더라도 공무원 또는 공무소가 될 수 없다. (대법원 2008. 1. 17. 2007도6987)

나. 문서 또는 도화

문서란 '문자 또는 기호에 의하여 인간의 사상이나 관념을 표시한 물체'를 말한다. **도화**는 '사람의 생각이 담겨져 있는 그림'을 의미한다. 문자나 기호가 아닌 그림으로 생각을 표현하는 것도 얼마든지 가능하다. 이렇게 도화는 의사표시의 수단이 그림이라는 면 외에는 문서와 다른 점이 없으므로 특별히 별도로 논의할 필요가 없다. 이하에서는 문서에 관한 죄의 행위객체를 도화를 포함한 넓은 의미의 문서라는 표현 하나로 포괄적으로 지칭하기로 한다.

공공의 신용을 담보할 만한 가치(계속적 의사표시 기능, 증명기능, 작성명의자 확인기능)를 지니고 있어야 문서라고 할 수 있다(**통설**). 문서죄 규정의 보호법익이 공공의 신용이기 때문이다. **판례**의 입장도 같다(대법원 1997. 3. 28. 97도30). 문서로 인정할 수 있게 되기 위한 요건을 좀 더 구체적으로 정리해 보면 다음과 같다.

(가) 계속적 의사표시 기능

무엇보다도 문서라고 하기 위해서는 의사표시가 유체물에 고착되어 있어야 한다(**계속적 기능**). 따라서 족적 · 지문 · 혈흔 등은 증거물은 될 수 있지만 의사표시가 담겨져 있지 않기 때문에 문서라고는 할 수 없다. 문서는 어떠한 형식이건 인간의 의사를 확인하게 해주는 내용을 가지고 있다.

컴퓨터에 의해서 작성되어 출력되는 것일 경우에는 문제의 소지가 있다. 예를 들어 세무서의 컴퓨터에 의해 계산이 수행되어 발급된 세금통지서가 문서인가 하는 문제이다. 이 경우에는 컴퓨터에 의해 연산이 이루어졌더라도, 프로그램 자체는 인간이 작성한 것이고 그에 따라 문서의 내용이 만들어진 것이므로, 의사표시가 담겨진 문서로 보아야 한다. 그러나 인공위성의 관측 결과를 기상청의 컴퓨터가 수신해서 이를 정리하여 자동적으로 출력한 경우에는 인간의 의사표시가 들어있지 않으므로 문서라고 볼 수 없다.

예술작품에 예술가가 한 서명 또는 낙관에 대해서는 견해대립이 있다.

① **인장**으로 보아야 한다는 견해 (**다수설**)

② **문서**로 보아야 한다는 견해

결론 예술작품은 창작물로서 인간의 사상이나 감정을 전달하는 기능을 가지고 있으므로 일종의 문서라고 할 수 있다. 서명이나 낙관은 이러한 예술품으로서의 문서가 누구의 작품인가를 증명하고자 사용되는 상징이기 때문에 **인장**으로 보는 것이 타당하다.

케이크나 눈 위에 글을 적어놓은 것과 같은 경우에는 의사표시가 유체물에 **고착**되어 있지 않은 것이므로 문서로 볼 수 없다. 녹음테이프나 CD 등에 말을 녹음하거나 신호를 저장한 것도 문서라고 할 수 없다. 문서라고 하기 위해서는 **시각적 인식**이 가능한 상태로 유체물에 고착되어야 하기 때문이다.

의사표시의 내용은 **해독**이 가능해야 한다. 약자나 부호를 사용하더라도 무슨 뜻인지 알 수만 있다면 무방하다. 암호의 경우에도 난수표 등을 통해 해독이 된다면 문서로 볼 수 있다. 그러나 본인만 해석할 수 있는 암호문은 문서에서 제외되어야 한다.

의사표시가 아주 간략한 형태로 기록되어 있는 이른바 **생략문서**도 무엇을 의미하는지 알 수 있는 한 문서에 포함된다(**통설**).

예를 들어 본래 **인장**은 특정인이 문서의 작성명의자임을 증명하기 위한 용도로 사용되는 것인데, 이러한 인장이 경우에 따라서는 접수일부인(대법원 1979. 10. 30. 77도1879)이나 확정일자인처럼 그 기능을 넘어서서 의사표시의 내용도 포함할 수 있다. 그럴 때 그 인장은 생략문서 형태로 문서를 포함하고 있는 것으로 보아야 한다(대법원 1995. 9. 5. 95도1269).

한편 의사표시가 직접 기록된 본래의 서류 자체만을 문서라고 볼 것인가 아니면 이것의 **사본**도 문서로 볼 것인가에 대하여는 논란이 있다. 사본은 필사본(筆寫本), 복본(複本), 기계적 방법에 의한 복사본으로 분류할 수 있다.

종래 관공서에서 발급하는 주민등록 등본·초본 등은 공무원이 원본을 보고 직접 손으로 옮겨 적는 방법으로 작성하였다. 이것이 본래 의미의 **필사본**인데 요사이에는 이 작업을 컴퓨터가 대신하고 있다. 민원인이 발급 신청을 하면 컴퓨터를 통해 필요한 사항을 발췌하여 프린터를 통해 출력하는 방법이 사용되고 있는 것이다. 이것도 역시 필사본의 범위에 포함시킬 수밖에 없다. 필사본의 경우에는 **작성자의 인증**이 있어야 문서로 볼 수 있다.

복본은 작성명의자가 직접 여러 통의 문서를 작성하는 것이므로 그 자체로서 문서로 보아야 한다.

기계적 방법에 의한 **복사본**은 원본을 그대로 기계적 방법으로 재생한 것으로서 원본과 외형상 똑같기 때문에 판례(대법원 1989. 9. 12. 87도506 전원합의체; 대법원 1992. 11. 27. 92도2226; 대법원 1994. 3. 22. 94도4; 대법원 1995. 12. 26. 95도2389)가 먼저 문서성을 인정하기 시작하였고 1995년 12월의 형법 개정을 통해 입법적으로 확실하게 문서로 간주하게 되었다.

형법 제237조의2 규정에 따라 '문서'에는 문서의 사본도 포함이 된다. 복사본은 원본과 똑같은 모습을 가지고 있고 이에 따라 증명수단으로서 원본과 같은 사회적 기능과 신용을 가지고 있기 때문이라는 것이 그 이유이다. 문서에 관한 범죄가 보호하는 법익은 바로 이와 같은 문서에 대한 공공의 신용이다. 이 경우 원본과 동일하다는 인증이 없어도 무방하다.

한 가지 문제는 문서를 **스캔한 파일**도 문서로 보아야 하는가 하는 점이다. 예를 들어 공문서를 스캔한 뒤에 컴퓨터상에서 스캔이미지의 내용을 변경하여 출력하는 것이 공문서 위조 또는 변조가 되느냐는 것이다.

스캔 파일 자체는 시각적 인식이 가능한 형태로 유체물에 고착되어 있는 것이 아니므로 물론 문서가 아니다. 그러나 스캔 이미지는 문서를 위조 또는 변조하는 과정에서 수단으로 이용되는 과정 가운데 하나일 뿐이라고 보는 것이 타당하다. 문서를 복사하는 과정에서 흰색 테이프를 붙이는 등의 손질로 문서의 내용을 바꾸듯 기술적인 조작으로 내용에 변경을 가하는 과정으로 이해하는 것이 타당하다고 생각한다. 공문서를 스캔해서 이미지의 내용을 변경하여 출력하는 것도 공문서 위조·변조로 보아야 하겠다.

(나) 증명기능

문서라고 하기 위해서는 법률관계에 대한 증명기능이 있어야 한다.

【판례】 문서의 증명기능 **1.** 가환지에 관한 경지정리확정지구 원도를 광주시장의 위탁에 의하여 대한 지적협회 전라남도지부가 측량 작성하여 전라남도 세정과 지적계 기좌의 검사를 마친 후 광주시에 납품하고 다시 서구청으로 회송되어 온 경우에 위 지적도는 이미 **이해관계인의 권리에 관한 사항**을 기입한 것으로서 형법 제225조 소정의 공무소가 비치한 도화라고 봄이 상당하다. (대법원 1980. 8. 12. 80도1134)

2. 형법상 문서에 관한 죄에 있어서 문서라 함은 문자 또는 이에 대신할 수 있는 가독적 부호로 계속적으로 물체상에 기재된 의사 또는 관념의 표시로서 그 내용은 법률상, 사회생활상 **주요 사항에 관한 증거**로 될 수 있는 것을 말한다. (대법원 1985. 6. 25. 85도758)

3. 형법상 문서에 관한 죄에 있어서 문서라 함은 문자 또는 이에 대신할 수 있는 가독적 부호로 계속적으로 물체 상에 기재된 의사 또는 관념의 표시인 원본 또는 이와 사회적 기능, 신용성 등을 동시할 수 있는 기계적 방법에 의한 복사본으로서 그 내용이 법률상, 사회 생활상 **주요 사항에 관한 증거**로 될 수 있는 것을 말하는 것이다. (대법원 2006. 1. 26. 2004도788 | 같은 취지: 대법원 1995. 9. 5. 95도1269)

증명기능이 인정되기 위해서는 작성자에게 무언가를 증명할 의사가 있어야 하는가에 대하여 견해대립이 있다.

① 긍정설

② 부정설

결론 문서라고 하기 위해서는 문서로서의 요건을 갖추고 있어야 하는데, 문서로서의 요건 가운데 하나인 증명 기능을 객관적으로 갖추고 있는데도 작성자가 증명 기능을 부여할 의도를 가지고 있지 않았다고 해서 문서가 아니라고 하기는 곤란하다고 생각한다. **부정설**이 타당하다.

작성자가 애초에 일정한 법률관계를 증명할 목적으로 문서를 작성하는 경우(이른바 **목적문서**)도 있지만, 그런 경우만 증명 기능이 인정되는 것은 아니다.

예를 들어 법률관계에 대한 증명을 목적으로 한 것이 아니라, 누군가를 비방할 목적을 가지고 문서를 작성했더라도 작성명의를 도용했거나 내용이 허위이어서 작성행위가 범죄가 되고 상대방이 이를 범죄사실을 증명하는 용도로 사용할 수 있다면 이것도 문서이다(이른바 **범죄문서**).

나아가 작성자가 무언가를 증명할 의도를 가지고 있지 않았지만 제3자가 이를 이용해서 일정한 법률관계를 증명할 수 있게 될 가능성도 있는데 이 경우에도 문서가 된다(이른바 **우연문서**).

예를 들어 돈을 빌린 사람이 사적으로 자신의 노트에 메모를 해 둔 것은 법률관계를 입증하겠다는 의사가 없지만, 이를 채권자가 입수해서 법원에 제출함으로써 증명기능을 가지게 되는 경우 문서가 된다.

한편 문서로 인정되기 위해서는 객관적으로 볼 때 법률관계 측면에서 의미 있는 내용을 가지고 있어야 한다. 서면상의 내용이 법적으로 어떠한 의미를 가지는가 하는 점에 대해서는 경우에 따라 법규・관습・당사자 사이의 약정 등을 근거로 보충적인 해석이 이루어져야 한다.

무엇보다도 법령상의 기본적인 법률행위 요건(당사자의 존재, 목적의 존재, 의사표시의 존재)을 충족시키지 못해서 법률행위를 성립시키지 못하는 내용이 기록된 경우에는 증명할 법률관계가 존재하지 않으므로 문서라고 할 수 없다. 예를 들어 “우리는 배달민족이다.”라고 적혀 있는 경우가 그 예이다.

그러나 본래 의도했던 법률행위는 무효이지만 다른 법률행위의 요건을 갖추고 있고, 당사자가 그 무효를 알았더라면 다른 법률행위를 하는 것을 의욕했으리라고 인정되는 경우(민법 제138조: **무효행위의 전환**)에는 증명 기능이 인정된다. 예를 들어 어음행위 자체는 무효이지만, 이를 통해 채권・채무관계의 존재는 증명이 될 수 있는 경우가 이에 해당된다.

반드시 법률관계의 주요부분에 대한 증명 기능을 가지고 있어야만 문서가 되는 것은 아니다. 다른 문서의 신빙성을 증대시켜 주는 것도 증명 기능에 포함된다. 또한 법률관계의 일부분만 입증할 수 있어도 문서로 보아야 한다.

예를 들어 계약의 성립에 대해서는 증명을 할 수 없고, 계약의 해지에 대해서만 입증할 수 있는 내용인 경우에도 문서라고 할 수 있다.

(다) 작성명의자 확인 기능

문서가 되기 위해서는 작성명의자가 누구인지 확인하는 것이 가능해야 한다(보증기능 = 보장기능). 왜냐하면 누구의 의사표시이고 따라서 누구에게 법률효과가 부여되는지가 확인 가능해야만 일정한 법률관계에 대한 증명 기능이 있을 수 있기 때문이다. 여기서 중요한 것은 글을 쓴 사람이 아니라 의사표시를 한 사람이다. 작성명의라는 표현을 사용하기는 하지만 물리적 작성행위를 한 사람이 누구인가 하는 점이 아니라, 의사표시의 내용을 생각으로 만들어낸 사람이 누구인가 하는 사실을 확인할 수 있는가 하는 점이 핵심인 것이다.

작성명의자를 확인할 수만 있다면 본인이 직접 서명을 하거나 본인의 인장이 찍혀 있지 않더라도 무방하다(대법원 1987. 1. 20. 86도1867; 대법원 1988. 3. 22. 88도3; 대법원 1997. 12. 26. 95도2221).

【판례】 서명 · 날인 없는 사문서 이 사건 선하증권은 DIMERCO 명의의 진정한 사문서로 보기에 충분한 형식과 외관을 갖추고 있고, 실제로도 피고인이 이를 은행에 증빙자료로 제출하여 수입대금이 지급되도록 하였으므로, 비록 이 선하증권에 작성명의자의 서명 · 날인이 되어 있지 않더라도 위조된 사문서로 보아야 한다. (대법원 2010. 5. 13. 2008도10678)

서류 자체만 가지고는 작성명의자를 확인하는 것이 불가능하고, 전적으로 서류 이외의 자료를 통해서만 그것이 가능한 경우에는 문서로 볼 수 없다. 필체를 통해서만 작성명의인을 확인할 수 있는 경우도 마찬가지이다.

일정한 범위의 인물 중의 한 사람이 작성했다는 것까지만 확인이 가능하고 구체적인 인물은 알 수 없는 경우도 문서라고 할 수 없다. 그러나 일정 범위의 사람 전체가 공동명의로 작성명의자가 될 수는 있다.

이미 죽은 **사자**나 존재하지 않는 **허무인**의 명의로 작성된 서류이더라도 공문서 · 사문서를 불문하고 일반인이 진정한 문서로 오인할 가능성이 있는 경우에는 문서로 보아야 한다(**통설 · 판례**).

【판례】 사망자 또는 허무인 명의의 문서 문서위조죄는 문서의 진정에 대한 공공의 신용을 그 보호법익으로 하는 것이므로 행사할 목적으로 작성된 문서가 일반인으로 하여금 당해 명의인의 권한 내에서 작성된 문서라고 믿게 할 수 있는 정도의 형식과 외관을 갖추고 있으면 문서위조죄가 성립하는 것이고, 그와 같은 요건을 구비한 이상 그 명의인이 실재하지 않는 허무인이거나 또는 문서의 작성일자 전에 이미 사망하였다고 하더라도 그러한 문서 역시 공공의 신용을 해할 위험성이 있으므로 문서위조죄가 성립한다고 봄이 상당하며, 이는 공문서뿐만 아니라 사문서의 경우에도 마찬가지라고 보아야 할 것이다. (대법원 2005. 2. 24. 2002도18 전원합의체)

따라서 서류에 작성자로 이름이 적혀 있기는 하지만 누가 보더라도 진실한 작성자가 아님을 알 수 있는 경우에는, 공문서이든 사문서이든 작성명의자가 확인되지 않는 경우로서 문서가 아니라고 보아야 한다. 예를 들어 2000년 2월 1일에 작성된 문서인데 명의가 '대한제국 황제 고종'으로 되어 있는 경우가 이에 해당된다. '홍길동', '개똥이' 등의 명의를 사용한 경우도 마찬가지이다. 이러한 경우를 **공개적 익명** 또는 **은폐적 익명**이라고 한다.

2) 행위 : 위조 또는 변조

가. 위 조

위조란 '작성권한 없는 자가 타인의 명의를 **도용**해서 문서를 작성하는 행위'를 의미한다.

【판례】 위조에 해당하는 경우 1. 주민등록표등본 작성업무를 취급할 지위에 있지 아니하나 그 사무를 담당하는 자가 바쁠 때 동인의 승낙 또는 인식하에 사실상 협조하여 동장명의의 주민등록표등본을 작성하여 온 자가 동인 모르게 주민등록표 원본기재 사실과 일치하지 아니한 주민등록표등본을 작성한 경우에는 공문서위조죄가 성립한다. (대법원 1979. 12. 11. 78도704)

2. 유효기간이 경과하여 무효가 된 공문서상에 '정정의 경우에는 무효로 한다'는 기재가 있다고 하더라도 이는 작성권한 없는 자의 정정을 무효로 한다는 취지로 보아야 할 것이므로 권한 없는 자가 그 유효기간과 발행일자를 정정하고 그 부분에 작성권한자의 직인을 압날하여 공문서를 작성하였다면 이는 형식과 외관에 의하여 효력이 있는 공문서를 위조한 것이 된다. (대법원 1980. 11. 11. 80도2126)

3. 동사무소의 사무장으로서 동장의 업무처리를 보좌하는 공무원인 피고인은 동장에게 이륜자동차 사용신고필증의 교부를 신청한 甲 등이 이륜자동차의 실제 소유자가 아니라는 사실을 잘 알면서도 동장을 보조하여 사용신고필증의 교부를 담당하던 乙·丙·丁 등에게 동장의 직인을 날인하여 허위내용의 사용신고필증을 교부하도록 지시하였다. 공문서 작성권자로부터 일정한 요건이 구비되었는지의 여부를 심사하여 그 요건이 구비되었음이 확인될 경우에 한하여 작성권자의 직인을 사용하여 작성권자 명의의 공문서를 작성하라는 포괄적인 권한을 수여받은 업무보조자인 공무원이, 그 위임의 취지에 반하여 공문서 용지에 허위내용을 기재하고 그 위에 보관하고 있던 작성권자의 직인을 날인하였다면, 그 업무보조자인 공무원에게 공문서위조죄가 성립할 것이고, 그에게 위와 같은 행위를 하도록 지시한 중간결재자인 공무원도 공문서위조죄의 공범으로서의 책임을 면할 수 없다. (대법원 1996. 4. 23. 96도424)

4. 형법 제237조의2에 따라 전자복사기, 모사전송기, 기타 이와 유사한 기기를 사용하여 복사한 문서의 사본도 문서원본과 동일한 의미를 가지는 문서로서 이를 다시 복사한 문서의 재사본도 문서위조죄 및 동 행사죄의 객체인 문서에 해당한다 할 것이고, 진정한 문서의 사본을 전자복사기를 이용하여 복사하면서 일부 조작을 가하여 그 사본 내용과 전혀 다르게 만드는 행위는 공공의 신용을 해할 우려가 있는 별개의 문서사본을 창출하는 행위로서 문서위조행위에 해당한다. (대법원 2000. 9. 5. 2000도2855)

【판례】 위조에 해당하지 않는 경우 1. 대리서명 공문서의 위조라 함은 행사할 목적으로 공무원 또는 공무소의 문서를 정당한 작성권한 없는 자가 작성권한 있는 자의 명의로 작성하는 것을 말하므로, 공문서인 기안문서의 작성권한자가 직접 이에 서명하지 않고 피고인에게 지시하여 자기의 서명을 흉내 내어 기안문서의 결재란에 대신 서명케 한 경우라면 피고인의 기안문서 작성행위는 작성권자의 지시 또는 승낙에 의한 것으로서 공문서위조죄의 구성요건 해당성이 조각된다. (대법원 1983. 5. 24. 82도1426)

2. 어느 문서의 작성권한을 갖는 공무원이 그 문서의 기재 사항을 인식하고 그 문서를 작성할 의사로써 이에 서명·날인하였다면, 설령 그 서명·날인이 타인의 기망으로 **착오**에 빠진 결과 그 문서의 기재사항이 진실에 반함을 알지 못한 데 기인한다고 하여도, 여기에 하등 작성명의를 **도용**한 사실이 있다고 할 수는 없으므로, 공무원 아닌 자가 관공서에 허위 내용의 증명원을 제출하여 그 내용이 허위인 정을 모르는 담당공무원으로부터 그 증명원 내용과 같은 증명서를 발급받은 경우 공문서위조죄의 간접정범으로 의율할 수는 없다. (대법원 2001. 3. 9. 2000도938)

이 사건의 경우 작성명의가 도용되지 않았기 때문에 공문서위조죄가 성립할 수 없다. 또한 간접정범에 대해서는 공범과 신분에 관한 형법 제33조 규정이 적용되지 않기 때문에 비공무원에게 진정신분범인 허위공문서작성죄의 간접정범도 성립되지 않는다. 이와 같은 경우에는 공정증서원본부실기재죄만 성립할 수 있다.

공문서의 작성권한은 최종결재권자에게 있으므로, 실질적으로 서류작성행위를 담당하는 기안자라 하더라도 작성권한이 없는 사람으로 분류된다(대법원 1991. 7. 28. 81도898; 대법원 1996. 4. 23. 96도424). 공문서 자체에 대한 작성권한은 없고 단지 **보충기재**를 할 권한만 가지고 있는 공무원의 경우도 마찬가지이다.

【판례】 백지 반출증 지방의 소를 도축하여 서울로 반출할 경우 군수명의의 반출증이 있어야 하는데, 관행상 날인까지 되어 있는 군수명의의 백지 반출증을 군청소속의 도

축장 검사원이 가지고 있다가 적법한 도축신청과 서울축산기업 납세조합에서 발행한 지방우육 서울반입 실수요자 확인증이 제출되는 경우에 한하여, 백지 반출증에 실수요자증명서 발행번호, 반출증 발행일자, 유효기간 등을 보충기재하여 반입 실수요자에 교부하도록 권한이 위임되어 있었다. 이러한 경우 검사원에게 반출증의 작성권한 자체가 위임되어 있다고 볼 수 없으므로, 검사원이 적법한 도축신청과 실수요자확인증 제출이 없는데도 불구하고 위임의 취지에 반하여 임의로 반출증을 작성·교부하게 되면 공문서 위조죄가 성립된다. (대법원 1984. 9. 11. 84도368)

공무원 또는 공무소에 대한 대리권이나 대표권을 가지고 있지 않은 사람이 마치 가지고 있는 것처럼 해서 공문서를 작성하게 되면 본죄가 아니라 자격모용에 의한 공문서 작성죄(제226조)가 성립된다. 자신이 공무원·공무소를 대리·대표하지 않으면서 그런 것처럼 표시하는 것은 **도용**(盜用)이 아니라 **모용**(冒用)이다.

한편 공무원 또는 공무소의 명의를 도용한다는 것이 반드시 누가 작성했다는 것을 명시적으로 적어 넣는 것만을 의미하는 것은 아니다.

예를 들어 공무소의 로고와 주소가 인쇄되어 있는 편지지를 이용해서 내용만 작성하는 것도 작성명의자가 공무원·공무소라고 오인하도록 만들기에 충분하므로 명의를 도용한 것이 된다. 그러나 외관과 형식을 제대로 갖추지 못해서 외견상 도저히 공문서로 볼 수 없을 정도일 경우에는 본죄가 성립되지 않는다(대법원 1992. 5. 26. 92도699).

나. 변 조

변조는 '진정하게 성립된 문서에 권한 없이 변경을 가하는 행위'를 의미한다.

【판례】 공문서변조에 해당하는 경우 1. 김포군 농림과 공무원인 피고인은 김포군수 명의로 발부되어 자신이 보관 중이던 계사건축허가통지서에 첨부된 설계도면을 떼어내고 건축사협회의 도서등록 일부인을 건축허가신청 당시인 1972. 11. 7자로 소급변조하여 새로 작성한 방적연공장설계도면을 그 자리에 가철하였다. 이는 공문서변조에 해당한다. (대법원 1982. 12. 14. 81도81)

2. 지방세무주사보로서 세무과에서 부동산취득세의 과세 및 징수업무에 종사하던 피고인이 자신이 징수한 취득세를 횡령한 후, 인사이동 되어 과세대장의 작성권한이

없어진 후에 자신의 횡령사실을 은폐하기 위하여 재산세 과세대장 변동사항 기록확인란의 기재를 '○월 ○일 신납'에서 '○월 ○일 납기'로 변경하였다. 이는 공문서변조에 해당한다. (대법원 1996. 11. 22. 96도1862)

【판례】 공문서변조에 해당하지 않는 경우 **1.** 인낙조서에 첨부되어 있는 도면 및 그 사본에 임의로 그은 점선은 인낙조서 본문이나 도면에서 그에 대한 설명이 없는 이상 특정한 의미 내용을 갖지 아니한 단순한 도형에 불과하여 그 자체로서 **새로운 증명력**이 작출케 된다고 할 수 없으므로, 그와 같은 점선을 그은 행위는 문서의 손괴에 해당할 수 있음은 별론으로 하고, 공도화로서의 공공적 신용을 해할 위험이 있는 공도화변조죄에 해당한다고 할 수는 없다. (대법원 2000. 11. 10. 2000도3033)

2. **인감증명**을 신청함에 있어서 그 용도가 부동산매도용일 경우에는 부동산매수자란에 매수자의 성명(법인인 경우에는 법인명), 주소 및 주민등록번호를 기재하여 신청하여야 하지만 그 이외의 경우에는 신청 당시 **사용용도**란을 기재하여야 하는 것은 아니고, 필요한 경우에 신청인이 직접 기재하여 사용하도록 되어 있으며, 사용용도에 따른 인감증명서의 유효기간에 관한 종전의 규정도 삭제되어 유효기간의 차이도 없으므로 인감증명서의 사용용도란의 기재는 증명청인 동장이 작성한 증명문구에 의하여 증명되는 부분과는 아무런 관계가 없다고 할 것이므로, 권한 없는 자가 임의로 인감증명서의 사용용도란의 기재를 고쳐 썼다고 하더라도 공무원 또는 공무소의 문서 내용에 대하여 변경을 가하여 **새로운 증명력**을 작출한 경우라고 볼 수 없으므로 공문서변조죄나 이를 전제로 하는 변조공문서행사죄가 성립되지는 않는다. (대법원 2004. 8. 20. 2004도2767)

인감증명서의 사용용도란 기재사항을 변경하는 행위는 과거에는 변조행위로 평가되었으나(대법원 1985. 9. 24. 85도1490) 인감증명법의 개정에 따라 판례가 변경되어 변조행위에서 제외되었다.

진정하게 성립되지 않은 문서에 대하여 변경을 가하는 것은 변조가 아니므로 위조 또는 허위작성된 문서의 내용을 고치는 것은 별도의 범죄가 되지 않는다(대법원 1986. 11. 11. 86도1984). 그러나 그 행위를 통해 전혀 새로운 문서가 만들어지는 경우에는 변조가 아니라 위조에 해당되어 별도의 범죄를 구성한다.

당해 공문서에 대해 작성권한을 가지고 있는 사람이 변경을 가하는 것은 본죄에 해당되지 않는다(대법원 1996. 11. 22. 96도1862 참조). 다만 자기 명의의 공문서라 하더

라도 이미 작성되어 공신력을 가지게 된 공문서의 내용을 함부로 변경하는 것은 금지되는 행위이고 이는 허위공문서 작성죄(제227조 | 변개)에 해당된다.

변조는 **문서의 동일성**은 유지되는 상태에서 내용에만 변화를 가하는 것이기 때문에 동일성을 잃게 되는 경우에는 변조가 아니라 위조가 된다. 예를 들자면 ① 이미 효력이 상실된 문서의 **발행일**을 고쳐서 다시 문서로서 기능을 할 수 있게 만드는 행위, ② 다른 사람의 **주민등록증 사진**을 떼어내고 자신의 사진을 붙이는 행위(대법원 1991. 9. 10. 91도1610) 등이 이에 해당된다.

변조의 경우에도 진정한 문서로 오인할 정도의 외관과 형식을 갖추어야 한다(대법원 1997. 3. 28. 97도30).

(2) 주관적 구성요건

공무원 또는 공무소의 문서 또는 도화를 위조 또는 변조한다는 데 대한 인식과 의사가 있어야 한다. 또한 목적범으로서 위조·변조된 공문서를 행사할 목적을 가지고 있어야 범죄가 성립된다. 행사란 '법적 거래관계 속에서 기능적으로 이용하는 것'을 말한다.

행사의 상대방이 누구든지 간에 그 상대방에게 문서의 진정에 대한 착오를 일으킬 목적이면 충분하고 반드시 위·변조 전의 그 문서 본래의 용도에 사용할 목적에 한정되는 것은 아니다(대법원 1995. 3. 24. 94도1112).

【판례】 고의가 인정되는 경우 결재된 원안문서에 이미 기재되어 있음에도 이를 자세히 인정치 않고 단순히 결재 때 빠진 것으로 생각하고 가필·변경할 권한이 없는 공무원이 원안에 없는 새로운 항을 만들어 중복되게 기재해 넣었다면 그 공문서를 변조한다는 인식이 있었다고 하지 않을 수 없다. (대법원 1970. 12. 29. 70도116)

【판례】 고의가 인정되지 않는 경우 가옥과세대장상의 용도구분을 변개하였다 하더라도 결재권자인 면장의 사전지시와 승낙을 받아 내무부 고시에 따른 현장조사 확인을 한 후에 가옥과세대장을 사실대로 고쳐 적은데 지나지 아니하는 경우에는 공문서 변조의 범의가 있다고 볼 수 없다. (대법원 1979. 8. 31. 79도1572)

2. 자격모용에 의한 공문서 작성죄

> 제 226 조 (자격모용에 의한 공문서 등의 작성) 행사할 목적으로 공무원 또는 공무소의 자격을 모용하여 문서 또는 도화를 작성한 자는 10년 이하의 징역에 처한다.
>
> 제 235 조 (미수범) 제225조 내지 제234조의 미수범은 처벌한다.
>
> 제 237 조 (자격정지의 병과) 제225조 내지 제227조의2 및 그 행사죄를 범하여 징역에 처할 경우에는 10년 이하의 자격정지를 병과할 수 있다.

자격을 **모용**한다는 것은 대리권 또는 대표권이 없음에도 불구하고 그러한 자격을 가지고 있는 것처럼 행동하는 것을 의미한다(대법원 1993. 7. 27. 93도1435).

> 예를 들어 甲 구청장이 乙 구청장으로 전보된 후 甲 구청장의 권한에 속하는 건축허가 조치에 대하여 대리로 결재할 수 있는 권한이 없는데도 결재란에 서명을 한 경우 본죄가 성립된다(대법원 1993. 4. 27. 92도2688).

대리권·대표권이 있기는 한데 이를 남용한 경우는 자격을 모용한 것이 아니기 때문에 본죄가 성립되지 않는다. 그러나 대리권·대표권이 있더라도 자신의 권한 범위를 완전히 벗어나서 공문서를 작성하는 경우에는 자격모용으로서 본죄가 성립된다.

3. 허위공문서 작성죄

제 227 조 (허위공문서 작성 등) 공무원이 행사할 목적으로 그 직무에 관하여 문서 또는 도화를 허위로 작성하거나 변개한 때에는 7년 이하의 징역 또는 2천만 원 이하의 벌금에 처한다.

제 235 조 (미수범) 제225조 내지 제234조의 미수범은 처벌한다.

제 237 조 (자격정지의 병과) 제225조 내지 제227조의2 및 그 행사죄를 범하여 징역에 처할 경우에는 10년 이하의 자격정지를 병과할 수 있다.

(1) 구성요건

1) 객관적 구성요건

가. 행위주체

본죄의 행위주체는 문서 또는 도화에 대하여 직무상 작성권한이 있는 공무원이다. 따라서 실제 업무를 담당하는 사람이더라도 최종 결재권을 상급자가 가지고 있는 경우에는 행위주체가 될 수 없다(대법원 1996. 4. 23. 96도424).

【판례】 허위공문서 작성죄의 주체가 될 수 없는 경우 1. 허위공문서 작성죄의 주체는 그 문서를 작성할 직무권한이 있는 명의인인 공무원이라 할 것인바 관세청 심리분실 행정서기보는 사법경찰관 직무취급을 하는 권한이 없고 사법경찰리의 직무를 취급하는 자에 불과하므로 간접정범이 인정될 수 있는 특별사정이 없으면 허위공문서 작성의 주체가 될 수 없다. (대법원 1974. 1. 29. 73도1854)

2. 형법 제227조가 규정한 허위공문서작성죄는 그 문서를 작성할 권한이 있는 공무원이 허위내용의 공문서를 작성한 경우에 성립하는 것이고 그 공무원을 보조하는 직무에 종사하는 공무원이 작성권한을 가진 공무원의 결재도 받지 아니하고 임의로 허위내용의 공문서를 작성권한자 명의로 작성한 때에는 공문서 위조죄가 성립한다고 할 것인바, 면사무소 호적계장이 면장의 결재 없이 호적의 출생년란, 주민등록번호란에 허위내용의 호적정정 기재를 한 경우에는 공문서 위조 및 동행사죄를 구성하는 것은

별론으로 하고 형법 제227조가 규정한 허위공문서작성죄에 해당할 수는 없다. (대법원 1990. 10. 12. 90도1790)

금전출납부처럼 수시로 출납 담당자가 기록을 하는 문서의 경우도 장부에 대한 확인·결재를 상급 공무원으로부터 받는 경우에는 그 상급자가 작성권한 있는 자로서 행위주체가 된다. 보충기재를 할 권한만 가지고 있는 공무원의 경우도 마찬가지이다(대법원 1984. 9. 11. 84도368). 그러나 공문서의 작성명의가 상급자이더라도 행위자의 전결사항인 경우에는 전결권을 가지고 있는 행위자가 행위주체가 된다(대법원 1977. 1. 11. 76도3884).

나. 행위객체

본죄의 행위객체는 행위주체가 직무상 작성하는 문서 또는 도화이다. 문서·도화의 의미는 제225조(공문서 위조·변조)의 경우와 같다.

다. 행 위

(가) 허위 작성

허위 작성이란 '사실이 아닌 내용을 기재하는 행위'를 말한다.

【판례】 허위작성에 해당하는 경우 1. 가옥대장에 기재된 내용과 다른 내용을 기재한 가옥증명서를 발급하는 경우 (대법원 1973. 10. 23. 73도395)

2. 무허가건물을 가옥대장에 허가받은 건물로 기재하는 경우 (대법원 1983. 12. 13. 83도1458)

3. 준공검사를 하지 않고도 준공검사를 하였다고 준공검사조서에 기재하는 경우 (대법원 1983. 12. 27. 82도3063)

4. 세대주가 아닌 자를 세대주인 것으로 해서 주민등록표를 작성하는 경우 (대법원 1990. 10. 16. 90도1199)

5. 연립주택이 당초의 설계도대로 공사되어 있지 아니한 것을 담당공무원이 세밀히 조사하지 아니하여 그 적합여부를 제대로 알지 못하면서도 준공검사 보고서 용지에 함부로 '적합'이라고 기재하고 서명날인을 한 경우 (대법원 1990. 10. 16. 90도1307)

6. 준공검사관이 매몰 부분 공사의 미완성을 알면서도 공사감독관의 감독조서를 근

거로 준공검사조서를 작성한 경우 (대법원 1995. 6. 13. 95도491)

7. 부작위 경찰서 보안과장이 甲의 음주운전을 봐주기 위해서 음주운전자 적발보고서를 찢어버리고 같은 일련번호의 음주운전자 적발보고서에 다른 운전자의 음주사실을 적게 함으로써, 담당 경찰관이 음주측정처리부에 甲의 음주운전 사실을 기재하지 않도록 만든 경우 (대법원 1996. 10. 11. 95도1706)

8. 부작위 소유권이전등기와 근저당권설정등기 모두에 관하여 등기부에의 기입을 마치고 그에 따른 등기부등본을 교부하여야 함에도 불구하고, 등기공무원이 소유권이전등기만 기입하고 근저당권설정등기는 기입하지 아니한 채 등기부등본을 발급받은 경우 (대법원 1996. 10. 15. 96도1669)

9. 임야도와 지적도상의 경계가 부합하지 아니하여 지적도의 경계 표시에 오류가 있음을 쉽게 확인할 수 있고 또 측량을 하지 않고서도 그 정정이 가능한 경우에 해당한다고 볼 수 없는 경우 (대법원 1997. 12. 26. 96도3057)

10. 사체검안의가 빙초산의 성상이나 이를 마시고 사망하는 경우의 소견에 대하여 알지 못함에도 불구하고 변사자가 '약물음독', '빙초산을 먹고 자살하였다.'는 취지로 사체검안서를 작성한 경우 (대법원 2001. 6. 29. 2001도1319)

11. 폐기물처리사업계획이 관계 법령의 규정에 적합하지 아니함을 알면서 적합하다는 내용으로 통보서를 작성한 경우 (대법원 2003. 2. 11. 2002도4293)

12. 사서증서 인증을 촉탁받은 공증인이 사서증서 인증서를 작성함에 있어, 당사자가 공증인의 면전에서 사서증서에 서명 또는 날인을 하거나 당사자 본인이나 그 대리인으로 하여금 사서증서의 서명 또는 날인이 본인의 것임을 확인하게 한 바가 없음에도 불구하고, 당사자가 공증인의 면전에서 사서증서에 서명 또는 날인을 하거나 본인이나 그 대리인이 사서증서의 서명 또는 날인이 본인의 것임을 확인한 것처럼 인증서에 기재한 경우 (대법원 2007. 1. 25. 2006도3844)

【판례】 허위작성에 해당하지 않는 경우 1. 미완공 건축물이지만 과세대상이 될 정도에 이른 건축물을 재산세과세대장에 등재한 경우 (대법원 1987. 8. 18. 87도1263)

2. 허위공문서 작성죄란 공문서에 진실에 반하는 기재를 하는 때에 성립하는 범죄이므로, 고의로 법령을 잘못 적용하여 공문서를 작성하였다고 하더라도 그 법령 적용의 전제가 된 사실관계에 대한 내용에 거짓이 없다면 허위공문서 작성죄가 성립될 수 없다. 따라서 당사자로부터 뇌물을 받고 고의로 적용하여서는 안될 조항을 적용하여 과세표준을 결정하고 그 과세표준에 기하여 세액을 산출하였다고 하더라도, 그 세액계산서에 허위인 사실에 대한 내용의 기재가 없다면 허위공문서 작성죄에는 해당하지 않는

다. (대법원 1996. 5. 14. 96도554)

3. 교통사고 가해자의 사고 후의 행동이 기재된 가해자 및 피해자의 관련자진술서만 첨부하고 교통사고 실황조사서의 사고원인기재란 중 사고도주표시란에는 아무런 표시를 하지 않은 경우 (대법원 1997. 3. 11. 96도2329)

4. 건축 담당 공무원이 건축허가신청서를 접수·처리함에 있어 건축법상의 요건을 갖추지 못하였음을 알면서도 건축허가통보서를 기안하여 작성명의인인 군수의 결재를 받아 이를 발급한 경우, 그것이 위법한 건축허가이기는 하지만 허가의 의사표시 자체가 없었던 것은 아니어서 허위공문서작성죄가 성립하지 않는다. (대법원 2000. 6. 27. 2000도1858)

공문서 허위 작성은 음주운전자 적발 보고가 있는데도 불구하고 주취운전자 음주측정처리부에 이 사실을 기재하지 않는 것처럼 **부작위**에 의해서도 할 수 있다.

등기 공무원처럼 신청내용에 대해 실질적 심사권을 가지고 있지 않은 공무원이 신청 사항이 허위라는 사실을 알면서도 이를 그대로 기재한 경우 본죄가 성립되는가 하는 점에 대해서 견해대립이 있다.

① **긍정설** : 등기 공무원이 실질적 심사권을 가지고 있는 것은 아니지만 신청 내용이 허위라는 사실을 알게 되면 직무집행을 거부할 수는 있기 때문에, 알면서도 신청한대로 원부에 기재하게 되면 본죄가 성립한다는 견해 (**판례** | 대법원 1977. 12. 27. 77도2155)

② **부정설** : 등기를 위한 형식적 요건을 갖추었을 경우 등기 공무원은 등기부 기재를 거부할 권한이 없기 때문에 '적법한 행위에의 기대가능성'이 없어서 구성요건은 충족되지만 책임이 조각된다는 견해

[결론] 등기관은 부동산등기법 제29조의 사유가 있는 경우에 한하여 이유를 기재한 결정으로 등기 신청을 각하해야 한다. 그런데 부동산등기법 제29조의 사유 가운데 '신청 사항이 허위인 경우'라는 내용은 포함이 되어 있지 않다. 결국 등기 신청은 서류만 제대로 갖추고 있으면 등기관이 이를 거부할 수 없다. 그렇더라도 허위의 공문서를 작성한다는 사실을 알고 있었으므로 허위공문서작성죄의 구성요건은 충족시킨다고 보아야 하겠다. 따라서 **긍정설**이 타당하다.

(나) 변 개

변개란 '이미 자신의 명의로 작성된 공문서의 내용을 변경시키는 행위'를 의미한다. 자기 명의의 공문서라 하더라도 이미 작성되어 공신력을 가지게 된 문서의 내용을 함부로 변경하는 것은 금지되는 행위인 것이다. 공문서 변조(제225조)와 같은 개념이면서 한 가지 다른 점은 행위자가 행위객체에 대한 작성권한을 가지고 있다는 점이다.

(다) 기수시기

본죄의 기수시기에 대하여 견해대립이 있다.

① 작성권자인 공무원이 허위의 사실을 기재하거나, 결재가 필요한 경우에는 그것을 받는 등 실질적인 부분의 행위가 마쳐지면 기수가 된다는 견해 (**통설 · 판례** | 대법원 1973. 6. 26. 73도733)

② 직인까지 찍혀지는 등 문서로서의 외관과 형식이 완벽하게 갖추어졌을 때가 되어야 기수로 볼 수 있다는 견해

결론 작성권자에 의해서 기재가 이루어지거나 결재가 마쳐지면 이미 그 문서는 공신력을 갖추는 것이기 때문에 그 순간 이미 기수에 이른 것으로 보아야 하므로 **통설 · 판례**가 타당하다.

【판례】 기수가 인정되는 경우 하나의 공문서에 작성자가 2인 이상인 경우 1인의 작성행위의 완료로 그 공문서의 작성행위는 완료되는 것이며 나머지 다른 사람의 서명 · 날인이 없다고 해서 전체로서 허위공문서가 작성되지 않는 것은 아니다. (대법원 1973. 6. 26. 73도733)

2) 주관적 구성요건

공무원으로서 직무에 관하여 문서 또는 도화를 허위로 작성하거나 변개한다는 데 대한 인식과 의사가 있어야 한다. 또한 부가적 주관적 구성요건 요소로서 행사할 목적을 가지고 있어야 한다.

판례는 단순한 오기의 경우(대법원 1978. 4. 11. 77도3781), 사소한 오차가 있을 뿐인 경우(대법원 1985. 5. 28. 85도327), 선례나 업무상 관행에 따른 허위기재 등의 경우에는 본죄의 고

의가 없다고 판시하고 있다.

【판례】 고의가 인정되는 경우 1. 군 농로계장이 **변태경리**에 의하여 유용된 예산액 지출의 내역에 대한 허위의 증빙서류를 작성한 것이 부득이한 사정하에 건설과장이나 군수의 양해를 얻은 후에 이루어진 것이었다 할지라도 허위공문서 작성과 비치에 관한 범의를 부정할 사유는 될 수 없다. (대법원 1970. 6. 30. 70도1122)

2. 지적도상의 토지 및 하천 등의 경계에 오류가 확인되지도 않는 상태에서 경계나 면적을 측량하지 아니한 채 이를 임야도를 기준으로 **임의**로 **정정**하였다면 허위공도화 작성의 범의를 부정할 수 없다. (대법원 1997. 12. 26. 96도3057)

【판례】 고의가 인정되지 않는 경우 1. 관행에 따른 기재 염장미역의 검사는 추출검사의 방법에 의할 수 있도록 되어 있고, 그 추출수량은 검사대상물의 물량에 따라 점증하여 151개 이상 400개 이내를 검사할 때는 20개를 무작위 추출한다고 되어 있으나 검사갯수가 400개를 초과할 경우의 그 추출검사 수량에 관하여는 정한 바 없어, 관례상 검사대상 갯수 400개당 20개의 비율로 추출검사 하여야 할 것으로 생각하면서도 통상 폭주된 업무량에 쫓겨 그와 같은 수량을 전부 확인하여 검사하지 못하고, 적당한 숫자만 실물 확인 검사해 온 상황에서, 수산물 검사원인 피고인은 염장미역 8,000상자를 검사하면서 400상자를 추출하여 외관검사하고 그 중 40상자를 추출하여 개피하고 실물검사한 다음, 검사보고서를 작성하면서 추출갯수를 위 추출하여 실물확인 검사한 40개로 하지 않고 외관검사한 수량인 160개로 기재하였다. 이 경우 업무관행에 비추어 볼 때 보고서의 기재 사항이 허위라는 인식을 가지고 있었다고 볼 수 없다. (대법원 1982. 7. 27. 82도1026)

2. 부주의에 의한 기재 누락 피고인은 공주군 재무과 평가계장직에 종사하다가 내무부 지방행정연수원에 입교하라는 명을 받고, 사무인계서를 작성함에 있어, 공소외 회사(甲)로부터 공사이행보증금의 지급담보로 교부받아 재무과 경리계의 금고에 보관중인 당좌수표 3매에 관한 사항을 기재하지 않았다. 위 공사이행보증금의 일부는 지급받고 일부만이 미수인 관계로 미수금이 얼마인지를 기재하여 후임자에게 미수금을 징수할 수 있도록 하면 충분한 것으로 알고 기재를 누락한 것이다. 이러한 경우에는 피고인에게 허위공문서작성의 인식이 있다고 볼 수 없다. (대법원 1982. 12. 28. 82도1617)

3. 신속한 업무처리를 위한 기재 공무원이 여러 차례의 출장반복의 번거로움을 회피하고 민원사무를 신속히 처리한다는 방침에 따라 사전에 출장조사한 사항에 대하여

출장조사내용에 변동이 없다는 확신하에 출장복명서를 작성하고 다만 그 출장일자를 작성일자로 기재한 것이라면 허위공문서작성의 범의가 있었다고 볼 수 없다. (대법원 2001. 1. 5. 99도4101)

4. 내용을 모르는 결재권자 어느 문서의 작성권한을 갖는 공무원이 그 문서의 기재사항을 인식하고 그 문서를 작성할 의사로써 이에 서명·날인하였다면, 설령 그 서명·날인이 타인의 기망으로 착오에 빠진 결과 그 문서의 기재사항이 진실에 반함을 알지 못한 데 기인한다고 하여도, 여기에 하등 작성명의를 도용한 사실이 있다고 할 수는 없으므로, 공무원 아닌 자가 관공서에 허위 내용의 증명원을 제출하여 그 내용이 허위임을 모르는 담당공무원으로부터 그 증명원 내용과 같은 증명서를 발급받은 경우 공문서위조죄의 **간접정범**으로 의율할 수는 없다. (대법원 2001. 3. 9. 2000도938)

이 경우 작성명의가 도용되지 않았기 때문에 공문서위조죄가 성립할 수 없다. 또한 간접정범에 대해서는 공범과 신분에 관한 형법 제33조 규정이 적용되지 않기 때문에 비공무원에게 진정신분범인 허위공문서작성죄의 간접정범의 성립을 인정할 수 없다. 이와 같은 경우에는 공정증서원본부실기재죄만 성립할 수 있다.

(2) 공 범

본죄는 직무상 작성권한이 있는 공무원으로 행위주체가 제한되는 **진정신분범**이다. 그래서 같은 공무원이라 해도 작성권한이 없으면 행위주체에서 제외되는 것이 원칙이다. 하지만 제33조가 있어서 구성적 신분이 없는 공무원이나 아예 공무원이 아닌 사람도 본죄에 가담하면 공동정범, 교사범 또는 종범이 될 수 있다. 문제는 간접정범이다. 제33조가 간접정범에 대해서는 적용이 되지 않기 때문에 비신분자는 본죄의 간접정범이 될 수 없는 것이 원칙이지만 반드시 그렇게 해석해야 하는가에 대해서 논란이 있다. 정범과 공범의 신분관계에 따라 **간접정범**의 성립 여부를 어떻게 판단할 것인가에 대하여 유형별로 나누어 살펴보도록 하자.

1) 작성권한 없는 공무원이 작성권한 있는 공무원을 이용하는 경우

우선 작성권한이 없는 공무원이라고 하더라도 ① 해당 문서의 작성과 전혀 관련이 없는 공무원도 있을 것이고, ② 해당 문서 작성 과정에서 실질적인 역할을 하는 실무 담당 공무원도 있을 수 있다. 전자의 경우에는 비공무원이나 다를 바 없으므로 여기에서는 논외로 한다.

작성권한 없는 공무원이 작성권한 있는 공무원을 이용해서 허위문서 작성행위를 하는 유형은 본죄와 관련해서 가장 문제가 되는 부분이다. 주로 실무 담당자가 허위 내용의 기안을 해서 상급자에게 결재를 받는 방법으로 허위공문서가 작성되고 있기 때문이다.

신분범의 경우에는 신분이 없는 사람은 원칙적으로 신분범의 정범이 될 수 없다. 간접정범도 정범이기 때문에 간접정범의 형태로 저지르는 것은 원래 불가능하다. 물론 공동정범의 경우에는 "신분관계로 인하여 성립될 범죄에 가공한 행위는 신분관계가 없는 자에게도 …… 적용한다"는 제33조의 규정이 적용되기 때문에 신분을 갖추지 않은 사람도 신분범의 공동정범이 가능하지만 간접정범에 대해서는 제33조의 규정이 적용되지 않아서 신분이 없는 사람은 신분범의 간접정범이 될 수 없다.

이러한 경우에 허위공문서 작성죄의 간접정범을 인정할 것인가 견해대립이 있다.

① **긍정설** (**판례** | 대법원 1960. 1. 30. 59도817; 대법원 1970. 7. 28. 70도1044; 대법원17. 91도2837; 대법원 1983. 2. 8. 82도2211; 대법원 1990. 2. 27. 89도1816; 대법원 1992. 1.1996. 10. 11. 95도1706)

기안을 담당하는 실무자가 사실상 실질적으로 공문서를 작성하는 것이므로 일반적인 경우와 달리 간접정범의 성립을 인정해야 한다는 것이 논거이다.

② **부정설**

공범과 신분에 관한 제33조의 원칙을 고수하자는 입장이다. 이에 따른 처벌의 공백은 입법을 통해 해결하거나 위계에 의한 공무집행방해죄 규정(제137조) 또는 직무유기죄 규정(제122조)을 적용해서 메울 수 있다고 한다.

결론 대부분의 공문서 작성 실무는 실질적으로 기안자가 모두 맡고 있고, 결재절차는 형식적인 데 불과한 것이 현실이다. 이렇게 형식적인 결재만 받고 있는 상황에서는 기안자(기안업무를 담당하는 자)가 실질적인 '문서의 작성권한'을 가지고 있다고 보아야 할 것이고 사실상 본죄의 행위주체로서의 신분을 가지고 있다고 보는 것이 옳다. 따라서 일반적으로 신분이 없는 자는 신분범의 간접정범이 될 수 없지만 허위공문서 작성죄에 한해 기안자도 행위주체가 될 수 있다고 보는 **긍정설**이 타당하다.

2) 작성권한 있는 공무원이 작성권한 없는 공무원을 이용하는 경우

이 경우 이용자인 작성권한 있는 공무원이 본죄의 행위주체에 해당되므로 **간접정범**이 성립되는데 문제가 없다.

3) 비공무원이 작성권한 있는 공무원을 이용하는 경우

공무원 아닌 일반인이 작성권한 있는 공무원을 이용해서 허위 내용의 공문서를 작성하게 만드는 경우에는 본죄의 간접정범은 성립할 수 없고 **공정증서 원본 부실기재죄**(제228조)가 성립된다. 이와 같은 결론에 대해서는 학설과 판례(대법원 1961. 12. 14. 4292형상645; 대법원 1970. 7. 28. 70도1044; 대법원 1976. 8. 24. 76도151) 모두 의견이 일치하고 있다.

4) 작성권한 있는 공무원이 비공무원을 이용하는 경우

이 경우 이용자인 작성권한 있는 공무원이 본죄의 행위주체에 해당되므로 **간접정범**이 성립되는데 문제가 없다.

(3) 죄 수

공무원이 위법사실을 발견하고도 이를 시정하는 등의 조치를 취하지 않고 오히려 그 위법사실을 숨기기 위해서 허위공문서를 작성하게 되면 형법적 평가의 중점이 직무유기(제122조)보다는 허위공문서 작성에 두어지므로 허위공문서 작성죄 규정만 적용된다. 그러나 직무유기와 무관하게 허위공문서 작성이 이루어지고 별도로 직무유기도 하게 되면 서로 별개의 행위에 의해 각각의 범죄를 저지르는 것이므로 실체적 경합이 된다.

【판례】 직무유기죄와 본죄의 관계 1. 공무원이 어떠한 위법사실을 발견하고도 직무상 의무에 따른 적절한 조치를 취하지 아니하고 위법사실을 적극적으로 은폐할 목적으로 허위공문서를 작성·행사한 경우에는 직무위배의 위법상태는 허위공문서작성 당시부터 그 속에 포함되는 것으로 작위범인 허위공문서작성·동행사죄만이 성립하고 부작위범인 직무유기죄는 따로 성립하지 아니하나, 복명서 및 심사의견서를 허위작성한 것이 농지 일시전용허가를 신청하자 이를 허가하여 주기 위하여 한 것이라면 직접적으로 농지불법전용 사실을 은폐하기 위하여 한 것은 아니므로 허위공문서작성·동행사죄와 직무유기죄는 실체적 경합범의 관계에 있다. (대법원 1993. 12. 24. 92도3334)

2. 공무원이 어떠한 위법사실을 발견하고도 직무상 의무에 따른 적절한 조치를 취하지 아니하고 위법사실을 적극적으로 은폐할 목적으로 허위공문서를 작성·행사한

경우에는 직무위배의 위법상태는 허위공문서작성 당시부터 그 속에 포함되는 것으로 작위범인 허위공문서작성 · 동행사죄만이 성립하고 부작위범인 직무유기죄는 따로 성립하지 아니한다. (대법원 1999. 12. 24. 99도2240)

공무원이 뇌물을 받고 그 청탁에 따라 허위공문서를 작성하게 되면 하나의 행위로 두 개의 범죄를 저지르는 것이므로 본죄와 수뢰후 부정처사죄(제131조 제1항)의 상상적 경합이 된다.

【판례】 수뢰후 부정처사죄와 본죄의 관계 예비군 중대장이 그 소속예비군으로부터 금원을 교부받고 그 예비군이 예비군훈련에 불참하였음에도 불구하고 참석한 것처럼 허위내용의 중대학급편성명부를 작성 · 행사한 경우라면 수뢰후 부정처사죄 외에 별도로 허위공문서작성 및 동행사죄가 성립하고 이들 죄와 수뢰후 부정처사죄는 각각 상상적 경합관계에 있다고 할 것이다. (대법원 1983. 7. 26. 83도1378)

4. 공전자기록 위작 · 변작죄

제 227 조의2 (공전자기록 위작 · 변작) 사무처리를 그르치게 할 목적으로 공무원 또는 공무소의 전자기록 등 특수매체기록을 위작 또는 변작한 자는 10년 이하의 징역에 처한다.

제 235 조 (미수범) 제225조 내지 제234조의 미수범은 처벌한다.

(1) 객관적 구성요건

1) 행위객체

본죄의 행위객체는 공무원 또는 공무소의 전자기록 등 **특수매체기록**(RAM 포함 | 대법원 2003. 10. 9. 2000도4993)이다. "공무원 또는 공무소의"라는 요건의 의미는 제225조(공문서 위조 · 변조)의 경우와 같다.

특수매체의 개념은 컴퓨터 손괴 등에 의한 업무방해죄(제314조 제2항)의 경우와 같다. 특수매체기록이란 특수매체에 저장되어 있는 내용을 말한다. 그런데 본죄는 공문서 위조 · 변조(제225조)와 동일한 사회적 의미를 갖는 것이기 때문에, 공문서의 경우와 기록 매체만 다를 뿐 공공의 신용을 담보한다는 측면에서 갖추어야 할 요소는 모두 갖추고 있어야만 행위객체로 인정된다고 할 수 있다. 따라서 의사표시가 담겨있지 않거나, 증명 기능이 없는 내용이거나, 작성 명의자가 확인되지 않는 등의 특성을 가진 기록은 행위객체에서 제외되어야 한다. 시각적 인식이 가능한 상태로 유체물에 고착되어 있지 않다는 점에서만 공문서와 구별되는 것이다.

공전자기록이란 처음부터 전자기록의 형태로 작성된 것을 말하는 것이므로 원래는 문서의 형태로 작성된 것을 스캔하여 보관하는 이미지 파일은 행위객체에서 제외된다.

2) 행 위

위작・변작은 대체로 위조・변조에 대응하는 개념이다. 다만 **위작**은 다음 두 가지 개념을 포괄한다.

① 작성권한 없는 자가 타인의 명의를 도용해서 공전자기록을 작성하는 행위
② 작성권한 있는 자가 권한을 남용하여 허위의 정보를 입력하는 행위

【판례】 위작의 개념 1. 형법 제227조의2에서 위작의 객체로 규정한 전자기록은, 그 자체로는 물적 실체를 가진 것이 아니어서 별도의 표시・출력장치를 통하지 아니하고는 보거나 읽을 수 없고, 그 생성 과정에 여러 사람의 의사나 행위가 개재됨은 물론 추가 입력한 정보가 프로그램에 의하여 자동으로 기존의 정보와 결합하여 새로운 전자기록을 작출하는 경우도 적지 않으며, 그 이용 과정을 보아도 그 자체로서 객관적・고정적 의미를 가지면서 독립적으로 쓰이는 것이 아니라 개인 또는 법인이 전자적 방식에 의한 정보의 생성・처리・저장・출력을 목적으로 구축하여 설치・운영하는 시스템에서 쓰임으로써 예정된 증명적 기능을 수행하는 것이다.

이와 같은 시스템을 설치・운영하는 주체와의 관계에서 전자기록의 생성에 관여할 권한이 없는 사람이 전자기록을 작출하거나 전자기록의 생성에 필요한 단위 정보의 입력을 하는 경우는 물론, 입력 권한을 가진 사람이 그 권한을 남용하여 허위의 정보를 입력함으로써 시스템 설치・운영 주체의 의사에 반하는 전자기록을 생성하는 경우도 형법 제227조의2에서 말하는 전자기록의 '위작'에 포함된다고 보아야 할 것이다. (대법원 2005. 6. 9. 2004도6132)

2. 형벌법규는 문언에 따라 엄격하게 해석・적용하여야 하고 피고인에게 불리한 방향으로 확장해석하거나 유추해석을 하여서는 안 되는 것이지만, 문언이 가지는 가능한 의미의 범위 안에서 규정의 입법 취지와 목적 등을 고려하여 문언의 논리적 의미를 분명히 밝히는 체계적 해석을 하는 것은 죄형법정주의의 원칙에 어긋나지 않는다.

'위작'이란 '위조'에서의 '위'와 '허위작성'에서의 '작'이 결합한 단어 또는 '허위작성'에서 '위작'만을 추출한 단어로 볼 수 있다. 이 단어는 형법이 개념을 정의하고 있지 아니하여 유사한 다른 범죄구성요건과의 관계에서 체계적으로 해석할 수밖에 없다. 형법 제227조의2에서 말하는 '위작'의 포섭 범위에 권한 있는 사람이 그 권한을 남용하여 허위의 정보를 입력함으로써 시스템 설치·운영 주체의 의사에 반하는 전자기록을 생성하는 행위를 포함하는 것으로 보더라도, 이러한 해석이 '위작'이란 낱말이 가지는 문언의 가능한 의미를 벗어난 것이라고 볼 수 없다. (대법원 2020. 8. 27. 2019도11294 전원합의체)

(2) 주관적 구성요건

공무원 또는 공무소의 전자기록 등 특수매체기록을 위작 또는 변작한다는 데 대한 인식과 의사가 있어야 한다. 또한 목적범으로서 사무처리를 그르치게 할 목적을 가지고 있어야 범죄가 성립된다.

5. 공정증서 원본 부실기재죄

제228조 (공정증서 원본 등의 부실기재) ① 공무원에 대하여 허위신고를 하여 공정증서 원본 또는 이와 동일한 전자기록 등 특수매체기록에 부실의 사실을 기재 또는 기록하게 한 자는 5년 이하의 징역 또는 1천만원 이하의 벌금에 처한다.

② 공무원에 대하여 허위신고를 하여 면허증, 허가증, 등록증 또는 여권에 부실의 사실을 기재하게 한 자는 3년 이하의 징역 또는 700만원 이하의 벌금에 처한다.

제235조 (미수범) 제225조 내지 제234조의 미수범은 처벌한다.

허위공문서작성죄(제227조)는 진정신분범이기 때문에 신분이 없는 사람은 원칙적으로 정범이 될 수 없다. 특히 간접정범의 경우에는 제33조가 적용되지 않기 때문에 문제가 된다. 공무원을 속여서 허위의 사실을 신고하거나 거짓 내용으로 신청을 할 경우, 이에 의해 허위공문서가 작성되는 결과가 야기되더라도 민원인은 신분이 없기 때문에 처벌될 수 없게 되는 것이다.

이러한 결과는 분명히 부당하다. 그래서 이런 경우에도 처벌을 할 수 있도록 하기 위해 마련된 것이 본죄의 규정이다. 실질적으로는 간접정범의 구조를 가진 직접정범 규정이 생긴 것이다. 본죄에 대한 성립요건은 간접정범 체계에 따라 검토하는 것이 적절하다.

(1) 구성요건

1) 피이용자의 행위

가. 행위객체

(가) 공정증서 원본

공정증서 원본이란 '권리 · 의무에 관한 사실관계를 증명해 주는 공문서'를 말한다(**통설**).

공문서	단순한 사실관계를	증명해 주는 공무원 · 공무소의 문서
공정증서	권리 · 의무에 관한 사실관계를	증명해 주는 공무원 · 공무소의 문서

공정증서는 공문서 가운데 좀 더 특별한 보호가 필요한 문서이므로 기본적으로 문서가 갖추어야 할 요건은 갖추고 있어야 한다.

여기서 말하는 권리 · 의무는 재산상 또는 신분상의 권리 · 의무를 의미한다. 공정증서에 해당되는 것으로는 부동산 등기부, 상업등기부, 자동차 등록부, 사업자 등록부, 화해조서 등이 있다.

단순한 사실관계를 증명해 주는 기능만 가지고 있어서 공정증서에 포함되지 않는 것으로는 주민등록부(대법원 1969. 3. 25. 69도163), 인감대장(대법원 1968. 11. 19. 68도1231), 토지대장(대법원 1970. 12. 29. 69도2059; 대법원 1971. 1. 29. 69도2238; 대법원 1988. 5. 24. 87도2696) 등이 있다. 수사기관에서 작성하는 각종 조서도 피의자나 참고인 등이 어떠한 내용의 진술을 하였다는 사실만 기재하는 것이므로 공정증서라고 할 수 없다. 공증인이 인증한 사서증서도 공정증서가 아니다(대법원 1984. 10. 23. 84도1217).

법원의 판결문 원본과 지급명령 원본은 권리 · 의무에 관한 사실관계를 증명해 주는 기능보다는 주로 처분문서로서의 목적을 가지고 있으므로 행위객체에서 제외된다(**통설**).

본죄의 행위객체는 공정증서 '원본'이므로 등기부 등본, 호적 등본 · 초본 등은 행위객체에서 제외된다.

【판례】 공정증서 정본 '공정증서원본'에는 공정증서의 정본이 포함된다고 볼 수 없으

므로 불실의 사실이 기재된 공정증서의 정본을 그 정을 모르는 법원 직원에게 교부한 행위는 형법 제229조의 불실기재공정증서원본행사죄에 해당하지 아니한다. (대법원 2002. 3. 26. 2001도6503)

(나) 공정증서 원본과 동일한 전자기록 등 특수매체기록

부동산 등기부, 가족관계등록부, 자동차 등록부 등 많은 공정증서 원본이 전산화 작업을 통해 특수매체기록으로 변경되었다. 이렇게 전산화된 공정증서의 경우에는 기재작업 자체를 특수매체에 직접 하고 있다. 이러한 특수매체기록은 종래 종이로 만들어져 있던 공정증서 원본과 동일한 법적 의미를 가지고 있는 것이고, 똑같이 보호되어야 할 규범적 필요성이 인정된다.

(다) 면허증

면허증이란 '특정인에게 특정 기능이 있음을 증명해 주는 공적 증서'를 말한다. 자동차운전면허증, 의사면허증, 약사면허증, 침사자격증(대법원 1976. 7. 27. 76도1709) 등이 이에 해당된다.

(라) 허가증

'일정한 영업 또는 업무를 허가한다는 사실을 증명하는 공문서'를 말한다. 숙박업 허가증, 유흥주점 허가증, 고물상 영업 허가증, 주류 판매 허가증 등이 그 예이다.

(마) 등록증

'일정한 자격을 가진 사람이 이를 바탕으로 활동하는 데 대한 권능을 부여해 주는 공적 증서'이다. 변호사, 공인회계사, 법무사, 세무사, 변리사 등의 등록증이 이에 해당된다. 사업자 등록증은 별도의 자격 없이도 발급이 되므로 여기서 말하는 등록증이 아니다.

(바) 여 권

'국외여행을 허가해 주는 공문서'이다. 일반인이 국내 여행을 할 때에는 필요가 없다.

나. 행위: 부실의 사실 기재

여기서 **부실의 사실**이란 '중요한 점에 있어서 허위인 사실'을 의미한다. 그리고 중요한 점이란 '권리·의무에 관한 사항'을 말한다.

【판례】 부실 사실의 기재가 되는 경우 1. 사망한 사람 명의의 문서를 함부로 작성하여 등기공무원에게 제출해서 그로 하여금 부동산등기부에 사망한 사람 명의로 소유권보존등기를 한 경우 (대법원 1969. 1. 28. 68도1596)

2. 교회소속의 재산은 다른 특별한 정함이 없으면 그 교회 교도의 총유에 속하는데, 교도전원의 결의 없이 타에 소유권이전등기를 한 경우 (대법원 1977. 4. 26. 76도1148)

3. 신주의 발행인수 및 인수액의 납입이 없는데도 허위의 납입금 보관증명서를 첨부하여 발행주식총수의 변경등기를 한 경우 (대법원 1982. 2. 23. 80도2303)

4. 1인 회사의 1인 주주의 의사에 합치되나 당해 이사의 의사에 기하지 않은 이사 사임등기를 한 경우 (대법원 1981. 6. 9. 80도2641)

5. 해외이주의 목적으로 **위장결혼**을 하고 그 혼인신고를 한 경우 (대법원 1985. 9. 10. 85도1481)

6. 타인의 부동산을 자기 또는 제3자의 소유라고 허위의 사실을 신고하여 소유권이전등기를 경료한 후 나아가 그 부동산이 자기 또는 당해 제3자의 소유인 것처럼 가장하여 그 부동산에 관하여 자기 또는 당해 제3자 명의로 채권자와의 사이에 근저당권설정등기를 경료한 경우 (대법원 1997. 7. 25. 97도605)

7. **가장납입** 당초부터 진실한 주금납입으로 회사의 자금을 확보할 의사 없이 형식상 또는 일시적으로 주금을 납입하고 이 돈을 은행에 예치하여 납입의 외형을 갖추고 주금납입증명서를 교부받아 설립등기나 증자등기를 한 경우 (대법원 2004. 6. 17. 2003도7645)

8. 부동산에 관한 종중 명의의 등기에 있어서 허위의 종중 대표자를 기재토록 한 경우 (대법원 2006. 1. 13. 2005도4790)

【판례】 부실 사실의 기재가 되지 않는 경우 1. 예고등기를 말소하는 경우 (대법원 1972. 10. 31. 72도1966)

2. 피고인이 사망한 부동산등기 명의인을 상대로 매매를 원인으로 하는 소유권이전등기절차 이행청구의 소를 제기하여 의제자백에 의한 승소판결을 받고 이에 기하여

피고인 명의로 소유권이전등기를 경료하였는데 그 등기원인은 다르나 동 등기가 실체적 권리관계에 부합하는 유효한 등기인 경우 (대법원 1982. 1. 12. 81도1702)

3. **이혼심판**은 형성판결로서 그에 기한 이혼신고는 보고적 신고에 불과하고 피고인이 비록 사위의 방법에 의하여 이혼심판을 받았다 하더라도 그 확정판결이 재심청구에 의하여 취소되지 아니하는 이상 혼인해소의 효력에는 영향이 없다 할 것이므로 그 확정판결에 기하여 이혼신고 및 이에 따른 호적부 등재를 한 경우 (대법원 1983. 8. 23. 83도1430)

4. 진정한 채무자가 아닌 제3자를 채무자로 근저당설정등기를 하였다 하더라도 그것이 계약당사자간의 합의에 의하여 이루어진 경우 (대법원 1985. 10. 8. 84도2461)

5. 재산상속인은 피상속인의 사망으로 인하여 상속개시된 때로부터 피상속인의 재산에 관한 포괄적 권리의무를 승계하게 되므로 어떤 부동산에 관하여 피상속인에게 실체상의 권리가 없었다 하더라도 재산상속인이 상속을 원인으로 한 소유권이전등기를 경료한 경우 (대법원 1987. 4. 14. 85도2661)

6. 부동산에 관하여 **가장매매**를 원인으로 소유권이전등기를 경료하였더라도, 그 당사자 사이에 소유권이전등기를 경료시킬 의사는 있었던 경우 (대법원 1991. 9. 24. 91도1164)

7. 광업출원인이 부정한 방법을 사용하여 광업권설정허가를 받아 광업권등록원부에 그를 광업권자로 등록케 하였으나 허가가 당연무효이거나 취소되지 않는 경우 (대법원 1992. 11. 24. 92도2450)

8. 공정증서원본에 기재된 사항이 객관적으로 존재하는 사실이고, 다만 취소사유에 해당되는 하자가 있을 뿐인 경우 (대법원 1993. 9. 10. 93도698)

9. 피고인과 매도인과의 사이에 매매계약이 이루어졌고 그 계약금과 대부분의 중도금이 지급되었으며 매도인이 법무사에게 소유권이전등기에 필요한 서류 일체를 맡기고 나중에 잔금지급이 되면 그 등기신청을 하도록 위임하였는데, 법무사가 피고인에게 기망당하여 잔금이 모두 지급된 것으로 잘못 알고 등기신청을 하여 그 소유권이전등기를 경료한 것이어서, 법무사의 등기신청 행위에 하자가 있다고 할 수는 있으나(신청이 무효라고는 할 수 없다), 소유권이전등기의 원인이 되는 법률관계인 매매 내지는 물권적 합의가 객관적으로 존재하지 아니하는 것이라고는 할 수 없는 경우 (대법원 1996. 6. 11. 96도233)

10. 1인주주회사에 있어서는 그 1인주주의 의사가 바로 주주총회 및 이사회의 결의로서 1인주주는 타인을 이사 등으로 선임하였다 하더라도 언제든지 해임할 수 있는

데, 1인주주인 피고인이 특정인과의 합의가 없이 주주총회의 소집 등 상법 소정의 형식적인 절차도 거치지 않고 특정인을 이사의 지위에서 해임하였다는 내용을 법인등기부에 기재하게 한 경우 (대법원 1996. 6. 11. 95도2817)

11. **협의상 이혼**의 의사표시가 기망에 의하여 이루어진 것일지라도 그것이 취소되기까지는 유효하게 존재하는데, 협의상 이혼의사의 합치에 따라 이혼신고를 하여 호적에 그 협의상 이혼사실이 기재된 경우 (대법원 1997. 1. 24. 95도448)

12. 양도인이 허위의 채권에 관하여 그 정을 모르는 양수인과 실제로 채권양도의 법률행위를 한 후, 공증인에게 그러한 채권양도의 법률행위에 관한 공정증서를 작성하게 한 경우 (대법원 2004. 1. 27. 2001도5414)

13. 재건축조합 임시총회의 소집절차나 결의방법이 법령이나 정관에 위반되어 임원개임결의가 사법상 무효지만, 실제로 임시총회에서 그와 같은 내용의 임원개임결의가 이루어진 상황에서 그 결의에 따라 임원변경등기를 한 경우 (대법원 2004. 10. 15. 2004도3584)

14. 부동산등기부에 기재되는 거래가액은 당해 부동산의 권리의무관계에 중요한 의미를 갖는 사항에 해당한다고 볼 수 없다. 따라서 부동산의 거래당사자가 사실과 다른 거래가액이 부동산등기부에 등재되도록 하더라도 공전자기록등불실기재죄가 성립하지는 아니한다. (대법원 2013. 1. 24. 2012도12363)

중간생략등기의 경우 본죄가 성립되는가에 대하여 견해대립이 있다.

① 긍정설

② 부정설 (**다수설 · 판례** | 대법원 1967. 9. 29. 67도1090; 대법원 1967. 11. 28. 67도1682; 대법원 1970. 5. 26. 69도826)

결론 중간생략등기의 경우 등기부에 기재되는 내용은 실체법률관계에 배치되지 않기 때문에, 부동산등기특별조치법에 위반되는 행위가 되기는 하더라도, 본죄는 성립되지 않는다고 보는 **부정설**이 타당하다.

2) 이용자의 행위 : 허위신고

허위신고는 '객관적 진실과 배치되는 내용의 신고'를 의미하는데, 신고의 대상이 되는 법률관계의 내용 자체 뿐 아니라 신고자의 명의가 허위인 경우도 포함한다. 따라서 가짜 매매계약서를 만들어서 소유권이전등기 신청을 하는 경우(대법원 1960. 9. 14. 4293형상348)만 허위신고가 되는 것이 아니고, 이미 죽은 사람을 신청인으로 해서 소유권보존등기 신청을 하는 것(대법원 1968. 12. 8. 68도1596)도 허위신고가 된다.

신고의 방법에는 제한이 없다. 서면으로 신고를 하건 구두로 신청을 하건 관계없다. 서면으로 신고·신청하는 경우 신청서 자체 뿐 아니라 이에 첨부해서 함께 제출된 소명자료에 허위의 사실이 포함된 경우도 허위신고가 된다.

3) 주관적 구성요건

행위자는 공무원에게 허위사실을 신고하여 이를 기재하게 한다는 인식과 의사가 있어야 한다. 객관적으로 허위인 사실을 신고하였으나 이에 대한 인식이 없는 경우에 본죄는 성립되지 않는다(대법원 1996. 4. 26. 95도2468).

【판례】 고의가 인정되지 않는 경우 1. 정관에 정한 절차에 따라 임시주주총회를 개최하여 당시 임기가 만료되지 아니한 대표이사의 해임을 결의하고, 정관 해석에 관하여 "전임자의 잔임기간 경과로 대표이사의 임기가 만료되었으니 해임등기보다 임기만료로 인한 퇴임등기를 하는 편이 낫다"는 법무사의 조언에 따라 그와 같은 내용의 임시주주총회 회의록을 작성하여 등기부상 퇴직사유를 임기만료로 인한 퇴임으로 변경등기한 경우 (대법원 1994. 11. 4. 93도1033)

2. 사망한 남편과 이름이 같은 타인의 소유 부동산에 관하여 피고인 앞으로 상속을 원인으로 한 소유권이전등기를 경료한 경우 (대법원 1995. 4. 28. 94도2679)

4) 실행의 착수와 기수

본죄는 공무원에게 허위의 신고를 할 때 실행의 착수가 되고, 행위객체에 부실의 사실이 기재 또는 기록이 이루어지면 기수가 된다.

【판례】 신고하지 않은 경우 피고인은 위장결혼의 당사자 및 브로커와 공모한 뒤 허위로 결혼사진을 찍고 혼인신고에 필요한 서류를 준비하여 위장결혼의 당사자에게 건네주었다. 이 경우 아직 공전자기록부실기재죄의 실행에 착수한 것으로 보기는 어렵다. (대법원 2009. 9. 24. 2009도4998)

일단 부실의 사실이 기록되면 추후에 사실관계가 기재내용과 일치하게 되더라도 본죄의 성립을 방해하지 않는다(대법원 1998. 4. 14. 98도16; 대법원 2001. 11. 9. 2001도3959).

(2) 죄 수

1) 위계에 의한 공무집행 방해죄와의 관계

공정증서 원본에 허위의 사실을 기재하는 것은 부당한 직무집행에 해당된다. 그리고 허위의 신고를 하는 것은 상대방으로 하여금 착오를 일으키게 하고 그 착오를 이용해서 자신의 목적을 이루는 것이므로 '위계'에 해당된다. 따라서 본죄가 성립하면 동시에 위계에 의한 공무집행 방해(제137조)가 성립될 가능성이 있다.

본죄와 제137조를 비교해 보면, 본죄는 간접정범의 구조를 가지고 있고 제137조는 결과범의 성격을 가진다는 차이점이 발견된다. 이 차이점 때문에 본죄의 성립 여부를 검토할 때는 인과관계를 확인하는 단계가 빠져 있지만, 제137조의 경우에는 이를 짚고 넘어가야 한다는 차이가 생긴다.

인과관계(객관적 귀속)가 성립요건에 포함되는 것 때문에 본죄와 제137조의 성립여부에 대한 결론이 달라질 수 있는 경우는 담당 공무원이 민원인의 출원 사유에 대한 **실질심사** 권한과 의무를 가지고 있는 때이다.

예를 들어 개인택시 운송사업 면허신청을 하면서 허위의 내용을 가진 소명자료를 첨부했는데, 담당 공무원이 이에 대한 심사를 제대로 하지 않고 모든 내용이 진실일 것이라고 가볍게 믿고 면허증을 교부한 경우 제137조는 성립되지 않는다. (대법원 1988. 9. 27. 87도2174)

그러나 이 경우 일반적으로 행정 공무원들이 면허신청 서류에 대한 심사를 제대로 하지 않고 서류만 구비하고 있으면 그냥 면허증을 교부한다는 사실을 잘 알고 행위자가 이를 이용해서 담당 공무원으로 하여금 면허증을 작성하게 만든 것이라면 위계공무집행방해가 된다.

2) 위조사문서 등 행사죄와의 관계

가짜 매매계약서를 작성해서 소유권이전등기를 신청하는 것처럼 위조사문서를 등기 공무원에게 제출하여 등기부에 부실의 사실을 기재하게 만들면 위조사문서 행사죄와 본죄가 동시에 성립하면서 상상적 경합이 된다.

3) 사기죄와의 관계

사기행위를 통해서 등기에 필요한 서류를 챙겨 가지고 이를 등기 공무원에게 제출하여 부실의 사실을 기재하게 만들면 사기죄와 본죄는 서로 별개의 행위에 의해 각각 다른 범죄를 저지른 것이므로 실체적 경합이 된다(대법원 1983. 4. 26. 83도188).

6. 위조공문서 행사죄

> 제229조 (위조 등 공문서의 행사) 제225조 내지 제228조의 죄에 의하여 만들어진 문서, 도화, 전자기록 등 특수매체기록, 공정증서원본, 면허증, 허가증, 등록증 또는 여권을 행사한 자는 그 각 죄에 정한 형에 처한다.
>
> 제235조 (미수범) 제225조 내지 제234조의 미수범은 처벌한다.
>
> 제237조 (자격정지의 병과) 제225조 내지 제227조의2 및 그 행사죄를 범하여 징역에 처할 경우에는 10년 이하의 자격정지를 병과할 수 있다.

본죄의 **행위객체**는 제225조(공문서 위조 · 변조), 제226조(자격모용에 의한 공문서 작성), 제227조(허위공문서 작성), 제227조의2(공전자기록 위작 · 변작) 또는 제228조(공정증서 원본 부실기재)의 범죄에 의해 만들어진 문서, 도화, 특수매체기록, 공정증서 원본, 면허증, 허가증, 등록증 또는 여권이다. 제237조의2 규정에 따라 이들 범죄행위를 통해 제작된 물건 자체 뿐 아니라 이를 다시 복사한 것도 행위객체에 포함된다.

행사란 '법적 거래관계 속에서 기능적으로 이용하는 것'을 말한다. 목적물을 상대방에게 직접 제시하거나 교부하는 경우 뿐 아니라 사업장에 붙여두는 것처럼 일반인이 인지할 수 있는 상태로 놔두는 것도 행사에 해당된다. 우편 또는 팩스(대법원 1994. 3. 22. 94도4)로 보내는 것도 마찬가지로 행사가 되며, 법원에 소송자료로 제출하는 것(대법원 1988. 1. 19. 87도1217)도 행사에 해당된다.

행사의 상대방에는 제한이 없으나, 행사란 진정한 것으로 이용하는 행위를 의미하므로 공문서가 제225조～제228조의 범죄에 의해 생산된 것임을 상대방이 알고 있는 경우에는 '행사'가 될 수 없다(대법원 1986. 2. 25. 85도2798).

본죄는 추상적 위험범이므로 행사행위만 하면 바로 범죄는 기수에 이른다. 상대방이 이를 인식하지 못했어도 무방하다.

7. 공문서 부정행사죄

제230조 (공문서 등의 부정행사) 공무원 또는 공무소의 문서 또는 도화를 부정행사한 자는 2년 이하의 징역이나 금고 또는 500만원 이하의 벌금에 처한다.
제235조 (미수범) 제225조 내지 제234조의 미수범은 처벌한다.

부정행사란 '진정한 공문서를 사용할 권한이 없는 사람이 사용하는 것'을 의미한다. 예를 들어 운전면허가 정지된 사람이 쌍둥이 동생의 면허증을 소지하고 운전하다가 교통경찰관에게 제시하는 경우가 이에 해당된다.

위조된 공문서나 **허위공문서**가 본죄의 행위객체가 될 수 없다는 원론에 대해서는 학설의 대립이 없다. 한 가지 이와 관련하여 논란이 있는 사안은 자신의 사진과 지문을 사용하여 **타인 명의의 주민등록증**을 발급받아 가지고 다니다가 경찰관에게 제시하는 경우이다. 이러한 행위가 본죄에 해당되는가에 대하여 견해대립이 있다.

① 긍정설 (판례)

② 부정설

결론 자신의 사진을 제출하고 지문을 날인하면서 다른 사람 이름으로 주민등록증을 발급받았다면 허위의 사실이 기재된 공문서가 작성된 것이다. 문제는 비공무원이 작성권한 있는 공무원을 이용해서 허위공문서를 작성하도록 만들었다는 점이다. 이 경우 허위공문서 작성죄(제227조)의 간접정범은 성립할 수 없다. 그렇다면 **공정증서원본 부실기재죄**(제228조)가 되어야 하는데 주민등록증은 공정증서가 아니어서 이 또한 곤란하다. 작성 명의를 도용한 것이 아니므로 **공문서 위조**(제225조)도 되지 않는다. 유일하게 가능한 것은 위계에 의한 공무집행 방해죄(제137조)이다.

그러면 허위의 사실을 기반으로 작성된 공문서는 **허위공문서**인가, 진정한 공문서인가? 예를 들어 경력이 모자라 개인택시 면허를 발급받을 수 없는 사람이 허위의 소명자료를 첨부하여 신청서를 제출했는데 행정청에서 그 자료가 사실이라고 믿고 면허를 발급했다면 그 면허증은 어떻게 되는가? 이 경우에 그 면허증은 허위의 사실을 기반으로 발급된 것이지만 유효한 공문서가 된다. 다만 이러한 경우의 면허 발급은 추후에 행정청에 의해서 **취소할 수 있는 행정행위**가 될 뿐이다.

같은 논리로 허위의 사실을 기반으로 발급된 주민등록증도 일단 행정청에 의해 발급된 이상 허위공문서가 아니라고 해야 할 것이다. 그렇기 때문에 잘못된 내용을 담고 있지만 진정한 공문서로서 본죄의 행위객체가 된다고 보는 것이 타당하다. 그리고 주민등록증은 문서에 표기된 바로 그 사람에게 사용할 권한이 있다고 보아야 한다. 다른 사람 이름으로 된 주민등록증은 사용할 권한이 없는 것이다. 따라서 '**진정한 공문서**를 사용할 권한이 없는 사람이 사용'한 경우가 된다. 본죄가 성립된다고 보는 **긍정설**이 타당하다.

【판례】 부정발급 받은 주민등록증의 행사 공문서부정행사죄는 그 사용권한자와 용도가 특정되어 작성된 공문서 또는 공도화를 사용권한 없는 자가 사용권한이 있는 것처럼 가장하여 부정한 목적으로 행사한 때 또는 형식상 사용권한이 있는 자라도 그 정당한 용법에 반하여 부정하게 행사한 때에 성립한다고 해석할 것인바, 피고인이 공소외 甲인 양 허위신고하여 피고인의 사진과 지문이 찍힌 甲 명의의 주민등록증을 발급받은 이상 주민등록증의 발행목적상 피고인에게 위 주민등록증에 부착된 사진의 인물이 공소외 甲의 신원 상황을 가진 사람이라는 허위사실을 증명하는 용도로 이를 사용할 수 있는 권한이 없다는 사실을 인식하고 있었다고도 할 것이므로 이를 검문경찰관에게 제시하여 이러한 허위사실을 증명하는 용도로 사용한 것은 **공문서 부정행사죄**를 구성한다. (대법원 1982. 9. 28. 82도1297)

본죄에서 행사라는 것은 공문서를 **본래의 용도**에 맞게 사용하는 것을 의미한다. 따라서 본래의 용도 이외에 사용하는 경우는 본죄가 성립하지 않는다(대법원 2003. 2. 26. 2002도4935).

문제는 운전면허증처럼 처음 만들어질 때의 용도는 운전할 수 있는 기능을 갖추고 있다는 것을 증명해 주는 증서이었으나, 사회적 관행에 의해 신분확인 기능을 갖추게 되어 용도가 확장되는 경우이다. 이에 대하여 **확장된 용도**로 사용하는 것도 '행사'에 해당되는가에 대한 견해대립이 있다.

① 긍정설 (판례)

② 부정설

결론 대법원은 종래의 입장을 바꾸어 긍정설을 취하고 있다. 운전면허증과 같은 경우 신분확인 기능을 분명히 가지고 있으므로 **긍정설**이 타당하다고 생각한다.

【판례】 운전면허증의 용도 운전면허증은 운전면허를 받은 사람이 운전면허시험에 합격하여 자동차의 운전이 허락된 사람임을 증명하는 공문서로서, 운전면허증에 표시된 사람이 운전면허시험에 합격한 사람이라는 **'자격증명'**과 이를 지니고 있으면서 내보이는 사람이 바로 그 사람이라는 **'동일인 증명'**의 기능을 동시에 가지고 있다. 운전면허증의 앞면에는 운전면허를 받은 사람의 성명·주민등록번호·주소가 기재되고 사진이 첨부되며 뒷면에는 기재사항의 변경내용이 기재될 뿐만 아니라, 정기적으로 반드시 갱신·교부되도록 하고 있어, 운전면허증은 운전면허를 받은 사람의 동일성 및 신분을 증명하기에 충분하고 그 기재 내용의 진실성도 담보되어 있다. 따라서 신분증명서의 제시를 요구받고 다른 사람의 운전면허증을 제시한 행위는 그 사용목적에 따른 행사로서 공문서부정행사죄에 해당된다. (대법원 2001. 4. 19. 2000도1985 전원합의체)

공문서를 본래 용도로 사용하는 경우만을 본죄의 '행사'로 해석한다면, 용도에서 벗어나는 것은 물론 아예 **금지된 용도**로 사용하는 것도 행사가 아니라고 보아야 할 것이다. 그러므로 권한 있는 자가 공문서의 정당한 용법에 반해서 공문서를 사용하는 경우는 더욱 본죄의 행위유형에 포함시킬 수가 없다(**통설**).

판례는 "공문서 등 부정행사죄는 …… 권한 있는 자라도 그 정당한 용법에 반하여 부정하게 행사하는 경우에… 성립한다"는 언급은 하고 있지만(대법원 1983. 6. 28. 82도1985; 대법원 1991. 7. 12. 91도1052; 대법원 1998. 8. 21. 98도1701) 실제로는 권한 있는 자가 공문서의 정당한 용법에 반해서 공문서를 사용한 데 대해서 본죄의 성립을 인정한 사례를 찾을 수는 없다. 오히려 부정하게 사용하더라도 행사할 권한을 가진 사람이 사용한 경우에는 본죄가 성립되지 않는다는 반대취지의 판례가 눈에 뜨일 뿐이다.

【판례】 권한있는 사람의 부정행사 이 사건에서 문제가 되어 있는 화해조서 갱정결정 신청에 대한 기각 결정문은 피고인이 신청을 해서 받은 공문서이므로, 피고인이 이를 화해조서 정본인 것처럼 등기서류로 제출·행사하였다고 하더라도 공문서부정행사죄는 성립되지 아니한다. (대법원 1984. 2. 28. 82도2851)

본죄는 ① 사용할 권한이 없는 사람이 공문서를 행사할 때 성립하는 것이고 ② 여기서의 행사는 본래의 용도로 사용하는 것을 의미하는 것이므로 사용권한자나 용도가 특정되어 있지 않은 공문서는 부정행사의 대상이 될 수 없다.

【판례】 부정행사의 대상이 되지 않는 공문서 1. 인감증명서 인감증명서와 같이 사용권한자가 특정되어 있는 것도 아니고 그 용도도 다양한 공문서는 그 명의자 아닌 자가 그 명의자의 의사에 반하여 함부로 행사하더라도 문서 본래의 취지에 따른 용도에 합치된다면 공문서부정행사죄는 성립되지 않는다. (대법원 1983. 6. 28. 82도1985)

2. 신원증명서 이 사건에서 문제가 되고 있는 공소외 甲에 대한 신원증명서는 그가 금치산 또는 한정치산의 선고를 받고 취소되지 않은 사실의 해당여부를 증명하는 문서로서 그 사용권한자가 특정되어 있다고 할 수 없고, 또 그 용도도 다양하며 반드시 피증명인만 사용할 수 있는 것이 아니므로, 피고인이 문서상의 피증명인인 甲의 의사에 의하지 아니하고 이를 사용하였다 하더라도 그것이 그 문서 본래의 취지에 따른 용도에 합치되는 이상 공문서부정행사죄는 성립되지 아니한다. (대법원 1993. 5. 11. 93도127)

3. 주민등록표등본 주민등록표등본은 시장・군수 또는 구청장이 주민의 성명, 주소, 성별, 생년월일, 세대주와의 관계 등 주민등록법 소정의 주민등록사항이 기재된 개인별・세대별 주민등록표의 기재 내용 그대로를 인증하여 사본・교부하는 문서로서 그 사용권한자가 특정되어 있다고 할 수 없고, 또 용도도 다양하며, 반드시 본인이나 세대원만이 사용할 수 있는 것이 아니므로(주민등록법 제18조 제2항의 규정에 의하면, 주민등록표등본의 교부신청은 본인 및 세대원뿐만 아니라 공무상 필요한 경우나 관계 법령에 의한 소송・비송사건・경매목적 수행상 필요한 경우 기타 대통령령이 정하는 경우에는 제3자도 할 수 있도록 되어 있다), 타인의 주민등록표등본을 그와 아무런 관련 없는 사람이 마치 자신의 것인 것처럼 행사하였다고 하더라도 공문서부정행사죄가 성립되지 아니한다. (대법원 1999. 5. 14. 99도206)

Ⅲ. 사문서에 관한 죄

1. 사문서 위조 · 변조죄

제 231 조 (사문서 등의 위조 · 변조) 행사할 목적으로 권리 · 의무 또는 사실증명에 관한 타인의 문서 또는 도화를 위조 또는 변조한 자는 5년 이하의 징역 또는 1천만원 이하의 벌금에 처한다.

제 235 조 (미수범) 제225조 내지 제234조의 미수범은 처벌한다.

(1) 구성요건

본죄의 **행위객체**는 '권리 · 의무 또는 사실증명에 관한 타인의 문서 또는 도화'이다. 타인의 문서란 작성명의가 다른 사람이라는 것을 말하므로 자신이 작성하였으나 타인의 소유가 되어 있는 사문서의 내용을 함부로 변경하는 것은 본죄에 해당되지 않는다. 다만 이 경우 문서손괴죄(제366조)가 성립될 수 있다(같은 취지: 대법원 1982. 7. 27. 82도223; 대법원 1987. 4. 14. 87도177).

문서 또는 도화의 의미에 대해서는 공문서 위조 · 변조(제225조) 부분에서 설명하였다.

【판례】 사문서 1. **홍콩 경찰청** 발행의 국제운전면허증은 사문서에 해당한다. (대법원 1998. 4. 10. 98도164)

2. 작성명의자의 인장이 찍히지 아니하였더라도 그 사람의 상호와 성명이 기재되어 그 명의자의 문서로 믿을 만한 형식과 외관을 갖춘 경우에는 사문서위조죄에 있어서의 사문서에 해당한다고 볼 수 있다. (대법원 2000. 2. 11. 99도4819)

3. **미대사관** 발행의 여권, 일본 문부성이나 동경대학교 명의의 졸업증명서 또는 학위증명서는 사문서에 해당한다. (대법원 2003. 9. 26. 2003도3729)

4. 계약 등에 의하여 공무와 관련되는 업무를 일부 대행하는 자(**공무수탁사인**)가 그 직무와 관련하여 작성한 문서는 사문서에 해당한다. (대법원 2008. 1. 17. 2007도6987)

권리 · 의무에 관한 문서란 권리 · 의무의 발생 · 변경 · 소멸에 관한 사항을 내용으로 하고 있는 문서를 말한다. 각종 계약서, 영수증, 차용증, 예금증서, 신탁증서 등이 이에 해당된다.

사실증명에 관한 문서는 거래상 중요한 사실을 증명해 주는 내용을 담고 있는 문서를 의미한다. 신분증, 재직증명서, 경력증명서 등이 그 예이다.

위조와 변조의 의미는 제225조(공문서 위조 · 변조)의 경우와 같다.

【판례】 위조에 해당하는 경우 1. 날인 없는 차용증 작성 연대보증인의 이름과 주민등록번호 및 주소가 함께 적혀 있으나 날인이 없는 차용증을 작성한 것은 위조에 해당한다. (대법원 2007. 5. 10. 2007도1674)

2. 권한을 초과한 문서 작성 타인으로부터 그 명의의 문서 작성을 위임받은 경우에도 위임된 권한을 초월하여 내용을 기재함으로써 명의자의 의사에 반하는 사문서를 작성하는 것은 작성권한을 일탈한 것으로서 사문서 위조죄에 해당된다. (대법원 1997. 3. 28. 96도3191 | 같은 취지: 대법원 1997. 2. 14. 96도2234)

【판례】 위조에 해당하지 않는 경우 1. 정부의 민원사무간소화규칙에 따라 매도인 또는 매수인이 단독으로 신청할 수 있는 농지개혁법 제19조 제2항의 농지매매증명을 발급받음에 있어 신청용지의 신청인란중에 매수인란에는 피고인의 이름을 기재하고 날인하였으나 매도인란에는 공소외인의 이름만 기재하고 날인을 하지 않았다면 위 문서는 그 형식이나 외관상 피고인 단독명의로 신청된 문서로 인정될뿐 피고인과 공소외인이 공동으로 신청한 문서로는 볼 수 없으므로 위 사실만으로는 위 공소외인 명의의 농지매매사실증명확인원을 위조하였다고 볼 수 없다. (대법원 1986. 9. 23. 86도1300)

2. 수기로 기재된 부분이 전혀 없이 컴퓨터 활자로만 작성하면서 공동 작성명의자 중 피고인 이름 다음에는 날인이 되어 있으나 다른 공동 작성명의자의 이름 다음에는 날인이 되어 있지 않은 입금확인서를 작성한 경우에는 위조라고 볼 수 없다. (대법원 2006. 9. 14. 2005도2518)

【판례】 변조에 해당하는 경우 사문서변조에 있어서 그 변조 당시 명의인의 명시적, 묵시적 승낙 없이 한 것이면 변조된 문서가 명의인에게 유리하여 결과적으로 그 의사에 합치한다 하더라도 사문서변조죄의 구성요건을 충족한다. (대법원 1985. 1. 22. 84도2422)

(2) 죄 수

본죄와 위조사문서 등 행사죄 사이의 관계에 대해서 견해대립이 있다.

① 하나의 목적 달성을 위한 하나의 행위이므로 **상상적 경합**이라는 견해

② 별개의 행위에 의해서 각각 다른 범죄가 성립되는 것이므로 **실체적 경합**이 된다는 견해 (**판례** | 대법원 1991. 9. 10. 91도1722)

③ **법조경합**이 되어 **본죄**만 성립된다는 견해

④ **법조경합**으로서 **행사죄**만 성립한다는 견해

결론 위조·변조와 행사는 하나의 행위로 이루어지기 어렵고, 사문서 위조·변조와 이에 대한 행사행위를 별개의 범죄로 규정하고 있는 형법의 취지를 감안하면 양자는 **실체적 경합** 관계에 있다고 보는 것이 타당하다고 생각한다.

甲이 작성한 사문서를 乙이 소유하고 있는데 제3자가 그 내용에 변경을 가하였다면 甲에 대해서는 본죄가 성립되고, 乙에 대해서는 문서손괴죄(제366조)가 각각 성립되면서 하나의 행위에 의한 것이므로 상상적 경합이 된다.

본죄를 저지르는 과정에서 먼저 인장을 위조하고 이를 사용해서 위조나 변조를 하게 되면 인장위조죄(제239조 제1항)도 성립되는데, 인장위조죄가 본죄에 대해서 보충적인 의미만 가지고 있다고 할 수도 없다. 또한 두 범죄가 동일한 사실관계를 규정하고 있는데 그 가운데 본죄의 규정이 인장위조죄 규정보다 구성요건을 특별하게 규정하고 있는 경우도 아니므로 보충관계나 특별관계로 보기 힘들다. 따라서 실체적 경합으로 보는 것이 타당하다고 생각한다. 그러나 판례는 이 경우에 본죄만 성립된다고 보고 있다(대법원 1978. 9. 26. 78도1787).

【판례】 연명문서 위조의 죄수 문서에 2인 이상의 작성명의인이 있을 때에는 각 명의자마다 1개의 문서가 성립되므로 2인 이상의 연명으로 된 문서를 위조한 때에는 작성명의인의 수대로 수개의 문서위조죄가 성립하고 또 그 연명문서를 위조하는 행위는 자연적 관찰이나 사회통념상 하나의 행위라 할 것이어서 위 수개의 문서위조죄는 형법 제40조가 규정하는 **상상적 경합범**에 해당한다. (대법원 1987. 7. 21. 87도564)

【판례】 신용카드부정사용죄와의 관계 신용카드업법 제25조 제1항은 신용카드를 위조 변조하거나 도난 분실 또는 위조 변조된 신용카드를 사용한 자는 7년 이하의 징역 또는 5천만원 이하의 벌금에 처한다고 규정하고 있는바, 위 부정사용죄의 구성요건적 행위인 신용카드의 사용이라 함은 신용카드의 소지인이 신용카드의 본래 용도인 대금결제를 위하여 가맹점에 신용카드를 제시하고 매출표에 서명하여 이를 교부하는 일련의 행위를 가리키고 단순히 신용카드를 제시하는 행위만을 가리키는 것은 아니라고 할 것이므로, 위 매출표의 서명 및 교부가 별도로 사문서위조 및 동행사의 죄의 구성요건을 충족한다고 하여도 이 사문서위조 및 동행사의 죄는 위 신용카드부정사용죄에 흡수되어 신용카드부정사용죄의 1죄만이 성립하고 별도로 사문서위조 및 동행사의 죄는 성립하지 않는다. (대법원 1992. 6. 9. 92도77)

2. 자격모용에 의한 사문서 작성죄

제 232 조 (자격모용에 의한 사문서의 작성) 행사할 목적으로 타인의 자격을 모용하여 권리 · 의무 또는 사실증명에 관한 문서 또는 도화를 작성한 자는 5년 이하의 징역 또는 1천만원 이하의 벌금에 처한다.

제 235 조 (미수범) 제225조 내지 제234조의 미수범은 처벌한다.

행위객체가 공문서가 아니라 권리 · 의무 또는 사실증명에 관한 타인의 문서 또는 도화라는 점을 제외하고는 모두 제226조(자격모용에 의한 공문서 작성)와 같은 내용이다.

3. 허위진단서 작성죄

> 제 233 조 (허위진단서 등의 작성) 의사, 한의사, 치과의사 또는 조산사가 진단서, 검안서 또는 생사에 관한 증명서를 허위로 작성한 때에는 3년 이하의 징역이나 금고, 7년 이하의 자격정지 또는 3천만원 이하의 벌금에 처한다.
>
> 제 235 조 (미수범) 제225조 내지 제234조의 미수범은 처벌한다.

(1) 행위주체

본죄의 행위주체는 의사, 한의사, 치과의사 또는 조산사이다. 이 범죄가 간접정범 형태로는 저질러질 수 없어서 자수범이라고 하는 견해(배종대, 696면; 이재상, 590면)가 있다. 하지만 예를 들어 한 의사가 내용을 모르는 다른 의사를 이용해서 허위진단서를 작성할 수도 있으므로 간접정범 형태로도 범행이 가능하다.

공무원인 의사가 허위진단서를 작성한 경우에 대해서 견해대립이 있다.

① **허위진단서 작성죄**만 적용된다는 견해

② **허위공문서 작성죄**만 적용된다고 보는 견해 **(판례)**

③ 허위진단서 작성죄와 허위공문서 작성죄의 **상상적 경합**이 된다는 견해

[결론] 공문서와 진단서를 비교해 볼 때 공문서에 대한 형법적 보호가 더 강하다는 것(공문서 : 7년 이하, 진단서 : 3년 이하)은 공문서에 대한 공공의 신뢰가 더 두텁게 보호되어야 함을 의미한다. 따라서 의사라는 지위보다는 공무원이라는 지위가 더 특별한 사회적 위치를 가지는 것이고, 그러한 면에서 **허위공문서 작성**에 형법적 평가의 중점이 놓이는 것이 타당하다.

【판례】 공무원인 의사의 허위진단서 형법이 제225조 내지 제230조에서 공문서에 관한 범죄를 규정하고, 이어 제231조 내지 제236조에서 사문서에 관한 범죄를 규정하고 있는 점 등에 비추어 볼 때 형법 제233조 소정의 허위진단서작성죄의 대상은 공무원이 아닌 의사가 사문서로서 진단서를 작성한 경우에 한정되고, 공무원인 의사가 공무소의 명의로 허위진단서를 작성한 경우에는 허위공문서작성죄만이 성립하고 허위진단서 작성죄는 별도로 성립하지 않는다. (대법원 2004. 4. 9. 2003도7762)

(2) 행위객체

진단서란 '환자에 대한 의사의 진단 결과를 기재하는 문서'를 말한다. 비록 문서의 명칭이 소견서로 되어 있더라도 그 내용이 의사가 진찰한 결과 알게 된 병명이나 상처의 부위, 정도 또는 치료기간 등의 건강상태를 증명하기 위하여 작성된 것이라면 진단서에 해당된다(대법원 1990. 3. 27. 89도2083).

'검안서'란 사람의 신체에 대한 의사의 검안 결과를 기재하는 문서를 의미한다. 사체검안서가 그 예이다. '생사에 관한 증명서'란 출생이나 사망의 사실 또는 사망의 원인을 증명해 주는 문서를 말한다.

(3) 행 위

허위 작성의 의미는 제227조(허위공문서 작성)의 경우와 같다. 진찰을 하지 않고 진단서를 작성하는 것도 허위 작성에 해당된다. 허위의 내용을 기재하고자 하였으나 의도와는 달리 객관적 사실과 부합하는 내용의 진단서가 작성되면 미수가 된다.

4. 사전자기록 위작・변작죄

제232조의2 (사전자기록 위작・변작) 사무처리를 그르치게 할 목적으로 권리・의무 또는 사실증명에 관한 타인의 전자기록 등 특수매체기록을 위작 또는 변작한 자는 5년 이하의 징역 또는 1천만원 이하의 벌금에 처한다.

제235조 (미수범) 제225조 내지 제234조의 미수범은 처벌한다.

행위객체가 권리・의무 또는 사실증명에 관한 타인의 특수매체기록이라는 점 외에는 공전자기록 위작・변작(제227조의2)과 같은 내용의 범죄이다.

5. 위조사문서 행사죄

> 제 234 조 (위조사문서 등의 행사) 제231조 내지 제233조의 죄에 의하여 만들어진 문서, 도화 또는 전자기록 등 특수매체기록을 행사한 자는 그 각 죄에 정한 형에 처한다.
> 제 235 조 (미수범) 제225조 내지 제234조의 미수범은 처벌한다.

행위객체가 제231조(사문서 위조・변조), 제232조(자격모용에 의한 사문서 작성) 또는 제233조(허위진단서 작성)에 의해 만들어진 문서, 도화 또는 특수매체 기록이라는 점 외에는 제229조(위조 공문서 행사)와 내용이 같다.

6. 사문서 부정행사

> 제 236 조 (사문서의 부정행사) 권리・의무 또는 사실증명에 관한 타인의 문서 또는 도화를 부정행사한 자는 1년 이하의 징역이나 금고 또는 300만원 이하의 벌금에 처한다.

행위객체가 공문서가 아니라 권리・의무 또는 사실증명에 관한 타인의 문서 또는 도화라는 점 외에는 공문서 부정행사(제230조)와 같은 내용의 범죄이다.

공문서 부정행사죄의 경우와 마찬가지로 본죄와 관련해서도 판례는 “부정사용이란 사문서를 사용할 권한 없는 자가 그 문서명의자로 가장 행세하여 이를 사용하거나 또는 사용할 권한이 있다 하더라도 문서를 본래의 작성목적 이외의 다른 사실을 직접 증명하는 용도에 이를 사용하는 것”을 말한다는 언급은 하고 있지만(대법원 1978. 2. 14. 77도2645; 대법원 1985. 5. 28. 84도2999) 실제로는 권한 있는 자가 사문서의 정당한 용법에 반해서 사문서를 사용한 데 대해서 본죄의 성립을 인정한 사례는 없다. 오히려 사용권한 없는 자가 본래의 용도와 다르게 사용했음에도 본죄가 성립되지 않는다는 취지의 판례가 눈에 뜨일 뿐이다.

【판례】 권한 없는 자의 용도 외 사문서 행사 피고인이 판시 민사소송의 변론기일에 공소외 甲 명의의 판시 현금보관증을 서증으로 제시한 것은 그 현금보관증에 기재된 내용대로의 법률행위가 있었다는 점을 증명하기 위함이 아니라, 피고인이 甲 명의의 현금보관증을 소지하고 있는 사실 자체를 증명하기 위한 자료 즉 위 현금보관증의 본래의 용도는 위 甲이 계주에 대하여 차후 계불입금 채무의 이행을 책임지겠다는 것을 담보하기 위한 것이므로, 정상적인 경우라면 본래의 사명을 다한 후에 작성명의자인 甲에게 환수되었거나 폐기되었어야 할 것인데 그렇지 아니하고 피고인의 수중에 남아 있다는 이례적인 사실(따라서 甲이 피고인으로부터 乙을 통하여 금전을 차용하였다는 피고인의 주장을 뒷받침하는 셈이 된다)을 증명하기 위한 자료로서 제시된 것이다.

사문서부정행사죄에 있어서의 부정사용이란 사문서를 사용할 권한 없는 자가 그 문서명의자로 가장 행세하여 이를 사용하거나 또는 사용할 권한이 있다 하더라도 문서를 본래의 작성목적 이외의 다른 사실을 직접 증명하는 용도에 이를 사용하는 것을 말하는 것이므로(대법원 1978. 2. 14 77도2645 | 실효된 문서를 증거로 제출한 사건 – 본죄 성립 안됨)피고인이 원심판시와 같이 판시 현금보관증이 피고인 수중에 있다는 사실자체를 증명키 위하여 증거로서 법원에 제출하는 행위는 사문서의 부정행사에 해당되지 아니한다. (대법원 1985. 5. 28. 84도2999)

공문서의 경우와 마찬가지로 사문서의 경우에도 본래의 사용목적과 다른 용도로 사용하는 행위는 본죄에 해당되지 않는다고 보는 것이 타당하다(**다수설**). 행사란 본래 용도로 사용하는 것을 의미하기 때문이다. 사용권한자가 특정되어 있지 않으면 본죄는 성립될 수 없다.

【판례】 사용권한자가 특정되지 않은 사문서 행사 실질적인 채권채무관계 없이 당사자간의 합의로 작성한 '차용증 및 이행각서'는 그 작성명의인들이 자유의사로 작성한 문서로서 그 사용권한자가 특정되어 있다고 할 수 없고 또 그 용도도 다양하므로, 비록 피고인이 그 작성명의인들의 의사에 의하지 아니하고 그 '차용증 및 이행각서'상의 채권이 실제로 존재하는 것처럼 그 지급을 구하는 민사소송을 제기하면서 소지하고 있던 '차용증 및 이행각서'를 법원에 제출하였다고 하더라도 그것이 사문서부정행사죄에

해당하지는 않는다. (대법원 2007. 3. 30. 2007도629)

본죄는 권한 없는 자가 본래의 사용용도에 따라 사문서를 행사하는 경우에만 성립된다.

【판례】 권한 없는 자의 용도 내 사문서 행사 카드번호와 카드발행자 등이 문자로 인쇄된 플라스틱 카드 위에 사용자에 관한 각종 정보가 전자기록되어 있는 자기띠가 부착되어 있는 전화카드의 경우 그 자기띠 부분은 카드의 나머지 부분과 불가분적으로 결합되어 전체가 하나의 문서를 구성하므로, 전화카드를 공중전화기에 넣어 사용하는 경우 비록 전화기가 전화카드로부터 판독할 수 있는 부분은 자기띠 부분에 수록된 전자기록에 한정된다고 할지라도, 전화카드 전체가 하나의 문서로서 사용된 것으로 보아야 하고 그 자기띠 부분만 사용된 것으로 볼 수는 없으므로 절취한 전화카드를 공중전화기에 넣어 사용한 것은 권리의무에 관한 타인의 사문서를 부정행사한 경우에 해당한다. (대법원 2002. 6. 25. 2002도461)

제4절 인장에 관한 죄

Ⅰ. 개 관

인장·서명 등은 서류의 작성자가 누구인지를 확인해 주는 기능을 가지고 있기 때문에 통화, 유가증권, 문서와 함께 공공의 신용을 담보하는 중요한 사회적 기능을 수행하는 물건이다. 본죄의 보호법익은 '인장에 대한 공공의 신용'이다.

본래 인장은 수작업을 통해 제조되어 왔고 아무리 뛰어난 손재주를 가진 사람이라 할지라도 인장을 똑같이 복사해서 만들어내는 것은 불가능하기 때문에 인영(印影 : 인장의 찍힌 모습)의 동일성은 곧 작성자의 동일성을 의미해 왔다. 그러나 과학기술이 점차 발달함에 따라 사진기술을 응용해서 완벽하게 똑같은 모양의 인장을 만들어내는 일이 가능해졌다. 따라서 인장은 더 이상 작성자가 누구인지를 담보해 주는 기능을 유지하기 어렵게 되었다. 작성자가 누구인지를 담보하기 위한 도구로 아직까지는 위조가 어려운 서명을 주로 이용해야 할 때가 아닌가 생각한다.

Ⅱ. 공인 위조·부정사용죄

제238조 (공인 등의 위조, 부정사용) ① 행사할 목적으로 공무원 또는 공무소의 인장, 서명, 기명 또는 기호를 위조 또는 부정사용한 자는 5년 이하의 징역에 처한다.

③ 전2항의 경우에는 7년 이하의 자격정지를 병과할 수 있다.

제240조 (미수범) 본장의 미수범은 처벌한다.

1. 행위객체

본죄의 행위객체는 공무원 또는 공무소의 인장, 서명, 기명 또는 기호이다. '공무원 또는 공무소의'라는 표현은 공무원 또는 공무소가 직무상 사용한다는 것을 의미한다.

1) 인 장

인장이란 '특정인이 문서의 작성명의자임을 증명하기 위해 사용하는 상징'을 의미한다. 따라서 기념스탬프처럼 문서 작성과는 관계가 없는 것은 도장이라고 찍어도 인장에 속하지 않는다.

인장이 반드시 문자의 모양을 갖추고 있어야 하는 것은 아니다. 그림을 이용한 로고이어도 무방하고, 지장도 인장에 속한다. 인장은 도장 자체인 인과(印顆)와 도장을 찍어 나타낸 흔적인 인영(印影) 두 가지를 포괄하는 개념이다.

2) 서 명

서명은 '자신이 문서의 작성명의자임을 증명해 주기 위해 사용하는 표시'를 말한다. 일반적으로 자신의 성과 이름을 적는 방법을 사용하지만 성과 이름 중 일부만 표기하거나 직책을 표기하는 것도 서명이 된다. 손수 표기를 하지 않는 경우에는 서명이라고 할 수 없다.

3) 기 명

기명은 '특정인이 문서의 작성명의자임을 증명하기 위해 사용하는 표시'인데, 서명과는 달리 작성명의자가 손수 표기하지 않는 경우를 의미한다. 서명을 도장으로 만들어 찍는 경우가 이에 해당된다.

4) 기 호

기호는 '작성명의자가 누구인가 하는 점을 제외한 문서의 다른 사항을 증명하기 위해 사용되는 상징'이다(**통설**).

기호는 문서의 내용을 증명하기 위해 사용되는 상징이라는 점에서는 인장과 마찬가지이며, 다만 증명의 대상이 다를 뿐이다. 검역을 하면서 물품의 등급을 표시하기 위해 찍는 도장이나 수도 · 전기 · 가스 계량기의 봉인이 그 예이다.

차량번호판의 경우 숫자와 부호로만 적혀 있지만 이를 통해 어느 공무소가 누구에게 어떤 차량의 운행을 허용한다는 의사표시의 내용이 모두 확인 가능하여서 공문서로도 볼 수 있지만 판례는 **공기호**로 보고 있다(대법원 1983. 10. 25. 83도2078).

2. 행 위

(1) 위 조

위조란 '권한 없이 타인(여기서는 공무원 또는 공무소)의 인장, 서명, 기명 또는 기호와 같은 모양의 상징이나 부호를 만들어내는 행위'를 의미한다. 위조라고 할 수 있기 위해서는 일반인이 보기에 본래의 인장, 서명, 기명 또는 기호와 구별하기 어려울 정도에 이르러야 한다. 물론 완전히 식별이 불가능할 정도에까지 이를 필요는 없다. 자세히 보지 않으면 같은 것으로 쉽게 오인할 정도가 되면 위조라고 할 수 있다(**통설**).

인장 등의 위조에 대해서는 자격모용에 의한 행위를 별도의 구성요건으로 정하고 있지 않다. 공무원 또는 공무소에 대한 대리권이나 대표권을 가진 사람이 자신의 권한 범위를 벗어나서 공무원·공무소의 인장, 서명, 기명 또는 기호와 같은 모양의 상징이나 부호를 만들어내는 것도 본죄의 범위에 포함된다. 대리권·대표권을 남용하는 경우도 마찬가지이다.

존재하지 않는 공무원이나 공무소 명의의 인장·서명·기명·기호의 경우에도 일반인이 진정한 것으로 오인할 가능성이 있는 경우에는 위조행위로 보아야 한다.

위조의 방법에는 제한이 없다. 최근에는 주로 사진기술이 응용되고 있다고 한다. 사진기술을 이용하면 도장 찍힌 모습(印影)을 그대로 옮길 수도 있고, 이것을 가지고 새로운 도장(印顆)을 만들 수도 있다. 도장집에서는 신원확인 등의 절차를 전혀 거치지 않고 고객이 원하는 대로의 도장을 다 만들어주는 것이 우리나라의 실정이다. 나중에 전문가가 감정을 하더라도 인장의 경우에는 본래 인과를 가지고 찍었는지 사진기술을 통해 복사된 인과로 찍었는지를 분간할 수 없는 경우가 많다는 점에서 문제가 아닐 수 없다.

(2) 부정사용

진정한 인장·기명·기호 등을 권한 없는 사람이 사용하거나 권한 있는 사람이 권한 범위를 벗어나서 사용하는 경우를 말한다.

Ⅲ. 위조 등 공인 행사죄

> 제238조 (공인 등의 위조, 부정사용) ② 위조 또는 부정사용한 공무원 또는 공무소의 인장, 서명, 기명 또는 기호를 행사한 자도 전항의 형과 같다.
> ③ 전2항의 경우에는 7년 이하의 자격정지를 병과할 수 있다.
> 제240조 (미수범) 본장의 미수범은 처벌한다.

본죄의 행위객체는 위조 또는 부정사용한 공무원 또는 공무소의 인장, 서명, 기명 또는 기호이다. 차량번호판(대법원 1983. 10. 25. 83도2078)도 이에 해당된다.

행사란 '법적 거래관계 속에서 기능적으로 이용하는 것'을 말한다. 예를 들어 공문서를 위조하면서 인장을 찍고 이 문서를 제3자에게 제시・교부하거나 일반인이 인식할 수 있는 상태로 놔두는 것이 이에 해당되는 행위이다.

【판례】 행사의 개념 부정사용한 공기호인 자동차등록번호판의 용법에 따른 사용행위인 행사라 함은 이를 자동차에 부착하여 운행함으로써 일반인으로 하여금 자동차의 동일성에 관한 오인을 불러일으킬 수 있는 상태, 즉 그것이 부착된 자동차를 운행함을 의미한다고 할 것이고, 그 운행과는 별도로 부정사용한 자동차등록번호판을 타인에게 제시하는 등 행위가 있어야 그 행사죄가 성립한다고는 볼 수 없다. (대법원 1997. 7. 8. 96도3319)

Ⅳ. 사인 위조 · 부정사용죄

제239조 (사인 등의 위조, 부정사용) ① 행사할 목적으로 타인의 인장, 서명, 기명 또는 기호를 위조 또는 부정사용한 자는 3년 이하의 징역에 처한다.
제240조 (미수범) 본장의 미수범은 처벌한다.

행위객체가 공무원 · 공무소가 아닌 타인의 인장, 서명, 기명 또는 기호라는 점 외에는 제238조 제1항(공인 위조 · 부정사용)과 같은 내용의 범죄이다. 다만 사인의 인장 등이 행위객체이기 때문에 형량이 조금 낮을 뿐이다.

한편 공인의 경우와 마찬가지로 현재 이 세상에 존재하지 않는 사람의 인장도 일반인이 진정한 것으로 오인할 가능성이 있는 경우에는 위조로 보아야 한다고 생각한다(**통설**). 그러나 **판례**의 입장은 다르다.

【판례】 사망한 사람의 인장 위조 이미 사망한 사람 명의의 문서를 위조하거나 이를 행사하더라도 사문서위조나 동행사죄는 성립하지 않는다는 문서위조죄의 법리에 비추어, 이와 죄질을 같이하는 인장위조죄의 경우에도 사망자 명의의 인장을 위조, 행사하는 소위는 사인위조 및 동행사죄가 성립하지 않는다고 해석함이 상당하다. (대법원 1984. 2. 28. 82도2064)

Ⅴ. 위조 등 사인 행사죄

> 제239조 (사인 등의 위조, 부정사용) ② 위조 또는 부정사용한 타인의 인장, 서명, 기명 또는 기호를 행사한 때에도 전항의 형과 같다.
>
> 제240조 (미수범) 본장의 미수범은 처벌한다.

행위객체가 공무원·공무소가 아닌 타인의 인장, 서명, 기명 또는 기호라는 점 외에는 제238조 제2항(위조 등 공인 행사)과 같은 내용의 범죄이다.

【판례】 행사의 개념 형법 제239조 제2항의 위조인장 행사죄에 있어서 행사라 함은 위조된 인장을 진정한 인장인 것처럼 용법에 따라 사용하는 행위를 말한다. 위조된 인영을 타인에게 열람할 수 있는 상태에 두거나 인과의 경우에는 날인하여 일반인이 열람할 수 있는 상태에 두면 그것으로 행사가 되는 것이고 인과 그 자체를 타인에게 교부하는 것만으로는 위조인장 행사죄를 구성한다고 할 수 없다. (대법원 1984. 2. 28. 84도90)

제5절 공정경쟁에 관한 죄

Ⅰ. 개 관

형법전은 공정한 경쟁을 담보하기 위해 제315조에 경매·입찰방해죄를 규정하고 있다. 제315조는 형법 제34장(신용, 업무와 경매에 관한 죄)에 위치하고 있지만 사회적 법익을 침해하는 죄로서 공정경쟁에 관한 죄로 분류하는 것이 타당하다.

Ⅱ. 경매·입찰방해죄

> 제315조 (경매, 입찰의 방해) 위계 또는 위력 기타 방법으로 경매 또는 입찰의 공정을 해한 자는 2년 이하의 징역 또는 700만원 이하의 벌금에 처한다.

경매 또는 입찰의 공정을 해한다는 것은 '적정 가격을 형성하기 위한 자유경쟁을 방해'하는 것을 말한다. **경매**는 매도인이 여러 사람으로부터 공개적으로 청약을 받고 그 가운데 최고가를 부른 청약자에게 승낙을 함으로써 매매를 성립시키는 방법이고, **입찰**은 자유경쟁에 의한 계약을 체결하면서 여러 사람으로 하여금 비공개적으로 계약조건을 서면에 적어서 제출하게 한 후 그 가운데 가장 유리한 조건을 제시한 청약자와 계약이 성립되게 하는 방법이다.

본죄의 **보호법익**은 경매·입찰의 공정성인데, 이를 해한다는 것은 기본적으로 자유경쟁을 침해한다는 것을 의미한다. 자유경쟁을 침해하는 방법으로 제315조가 예시하고 있는 것이 바로 위계와 위력이다. 위계·위력의 의미는 업무방해(제314조)의 경우와 같다.

자유경쟁을 해쳐서 공정경쟁이 이루어지지 못하게 하는 대표적인 방법 가운데 하나가 **담합입찰**이다. 입찰이란 기본적으로 다른 응찰자가 얼마의 가격에 응찰하는지 모르는 상태에서 각자 경쟁적으로 응찰하고 입찰 시행자가 자신에게 가장 유리한 조건을 제시한 응찰자를 고르도록 하는 것이 그 내용이다. 그런데 담합입찰은 입찰에 참가할 사람들이 미리 상의해서 누가 얼마를 적어낼 것인가를 정한 상태에서 입찰에 응하는 방법을 말한다. 따라서 분명히 자유경쟁을 해치는 행위이다.

대법원은 '**무모한 출혈 경쟁**'을 방지하기 위해서 입찰자 상호간에 의견 절충이 있었고, 가격경쟁이 있을 경우 당연히 예상되는 적정한 가격의 범위를 벗어나지 않아 실질적으로 입찰 시행자에게 손해를 입히지 않은 경우에는 입찰의 공정을 해하는 것이 아니라 하고 있다(대법원 1994. 11. 8. 94도2142; 대법원 1995. 5. 9. 94도2131). 이는 최저가 낙찰제가 폐단이 있고, 이를 시정하기 위해서는 일정한 범위의 담합입찰은 경매・입찰의 공정성을 해하지 않는 것으로 보아야 한다는 입장으로 생각된다. 이 경우 낙찰 이후에 낙찰자가 협조해 준 동업자에게 사례비를 주었더라도 무방하다.

그러나 실질적으로는 단독입찰하면서 경쟁입찰인 것 같이 가장하였다면 그 입찰가격으로서 낙찰하게 한 점에서 경쟁입찰의 방법을 해한 것이 되어 입찰의 공정을 해한 것이 된다(대법원 1988. 3. 8. 87도2646; 대법원 2003. 9. 26. 2002도3924).

제 3 장 공공의 건강을 침해하는 범죄

제 1 절 먹는 물에 관한 죄

Ⅰ. 개 관

물은 햇빛과 함께 지구상의 모든 동·식물이 생명을 유지하기 위해 필수적으로 있어야만 하는 요소이다. 인간은 매일 일정량의 깨끗한 물이 공급되어야 건강을 유지할 수 있다. 본장의 범죄는 이렇게 인간에게 필수적으로 필요한 물이 제대로 이용되지 못하게 하는 행위들을 내용으로 하고 있다.

이들 규정의 보호법익은 **공공의 건강**이다. 보호의 정도 측면에서 추상적 위험범이다.

본장의 죄 가운데 기본 구성요건은 음용수 사용방해죄(제192조 제1항)이다. 음용수 유해물 혼입죄(제192조 제2항), 수도음용수 사용방해죄(제193조 제1항), 수도음용수 유해물혼입죄(제193조 제2항) 그리고 수도불통죄(제195조)는 가중 구성요건이다. 음용수 혼독치사상죄(제194조)는 결과적 가중범 규정이다.

Ⅱ. 먹는 물 사용방해죄

제192조 (먹는 물의 사용방해) ① 일상생활에서 먹는 물로 사용되는 물에 오물을 넣어 먹는 물로 쓰지 못하게 한 자는 1년 이하의 징역 또는 500만원 이하의 벌금에 처한다.

1. 객관적 구성요건

(1) 행위객체

본죄의 행위객체는 "일상생활에서 먹는 물로 사용되는 물"이다. 이는 불특정 다수의 사람이 계속 반복적으로 이용하는 깨끗한 물을 의미한다. 따라서 한 사람이 자기만 이용하기 위해 보관하는 물은 행위객체에서 제외된다. 그러나 '불특정 다수'가 엄청나게 많은 수를 의미하는 것은 아니다. 한 집에서 이용되는 물탱크의 물도 행위객체가 된다.

깨끗한 물이 되기 위해서는 사람이 마실 수 있을 정도로 맑아야 한다. 그 정도로 깨끗하기만 하다면 실제로 마시기만 하는 것이 아니라 청소·원예 등 다른 용도로 사용하고 있어도 무방하다. 또 원래 깨끗한 물이건 정수과정을 거쳐 깨끗해진 물이건 관계없고 물의 소유권자가 누구이건 상관없다.

(2) 행 위

행위내용은 "오물을 넣어 먹는 물로 쓰지 못하게" 하는 것이다.

오물은 독극물이나 건강을 해치는 것을 제외한 더러운 물질을 의미한다. 독극물 등 유해물을 집어넣을 경우에는 본죄가 아니라 제192조 제2항(음용수 유해물혼입)이 성립된다. 오물을 물 밖에서 안으로 투입하는 것 뿐 아니라 우물 바닥을 갈아엎어서 우물물을 더 이상 마시지 못하게 하는 것과 같은 행위도 이에 해당된다.

2. 주관적 구성요건

본죄의 고의의 내용에 대하여 견해의 대립이 있다.

① 일상생활에서 먹는 물로 사용되는 물에 오물을 넣어 먹는 물로 쓰지

못하게 한다는 데 대한 인식과 의도를 가지고 있어야 한다는 견해 (**다수설**)

② 일상생활에서 먹는 물로 사용되는 물에 오물을 넣는다는 점에 대해서만 인식·의도하고 있으면 된다는 견해

> 결론 구성요건적 고의는 객관적 구성요건 요소의 모든 내용에 대한 인식과 의도이어야 하므로 **다수설**이 타당하다고 생각한다.

Ⅲ. 먹는 물 유해물질 혼입죄

> 제192조 (음용수의 사용방해) ② 제1항의 먹는 물에 독물이나 그 밖에 건강을 해하는 물질을 넣은 사람은 10년 이하의 징역에 처한다.
>
> 제196조 (미수범) 제192조 제2항, ……의 미수범은 처벌한다.

본죄는 "일상생활에서 먹는 물로 사용되는 물"에 건강을 해할 물건(유해물)을 혼입함으로써 성립된다. 유해물 가운데 대표적인 것이 독물이다. 독물이란 인체에 조금만 들어가도 건강에 장애를 일으키는 물질을 말한다. 가성소다, 황산, 염산, 유산니코틴 등이 그 예이다. 유해물은 독극물보다는 덜하지만 사람의 건강을 해치는 물질을 의미한다.

Ⅳ. 수돗물 사용방해죄

> 제193조 (수돗물의 사용방해) ① 수도를 통해 공중이 먹는 물로 사용하는 물 또는 그 수원에 오물을 넣어 먹는 물로 쓰지 못하게 한 자는 1년 이상 10년 이하의 징역에 처한다.

수도란 깨끗한 물을 공급하기 위한 인공적 설비를 말한다. 정수장에서 시작해서 최종 소비자에 이르기까지의 모든 설비가 이에 속한다. 공중이 먹는 물로 사용한다는 것은 불특정 다수가 마실 수 있도록 제공됨을 의미

한다.

수원은 수원지 · 저수지 그리고 그곳에서 정수지까지 이르는 수로를 모두 포괄하는 개념이다.

나머지 사항은 제192조 제1항(먹는 물 사용방해)의 경우와 같다.

Ⅴ. 수돗물 유해물질 혼입죄

> 제193조 (수돗물의 사용방해) ② 제1항의 먹는 물 또는 수원에 독물 그 밖에 건강을 해하는 물질을 넣은 자는 2년 이상의 유기징역에 처한다.
>
> 제196조 (미수범) …… 제193조 제2항 ……의 미수범은 처벌한다.

제193조 제1항(수도음용수 사용방해)에 독물 등 유해물질을 넣는 범죄이다. 제1항과 비교해 볼 때 불법이 더욱 강하기 때문에 가중처벌하고 있다.

Ⅵ. 먹는 물 혼독치사상죄

> 제194조 (먹는 물 혼독치사상) 제192조 제2항 또는 제193조 제2항의 죄를 지어 사람을 상해에 이르게 한 경우에는 무기 또는 3년 이상의 징역에 처한다. 사망에 이르게 한 경우에는 무기 또는 5년 이상의 징역에 처한다.

먹는 물 유해물혼입(제192조 제2항) 또는 수돗물 유해물혼입(제193조 제2항)을 기본범죄로 하고, 사람을 상해하거나 사망하게 하는 것을 중한 결과로 하는 결과적 가중범이다.

Ⅶ. 수도불통죄

제195조 (수도불통) 공중이 먹는 물을 공급하는 수도 그 밖의 시설을 손괴하거나 그 밖의 방법으로 불통(不通)하게 한 자는 1년 이상 10년 이하의 징역에 처한다.
제196조 (미수범) …… 전조의 미수범은 처벌한다.

수도의 개념은 제193조 제1항(수돗물 사용방해)의 경우와 같다. 기타 시설은 수도 이외에 불특정 다수를 위해 깨끗한 물을 공급하는 시설을 말한다. 지하수 펌프가 그 예이다.

불통하게 한다는 것은 물의 공급이 불가능하게 만드는 것을 의미한다. 손괴는 불통하게 만드는 방법 가운데 한 가지로 예시된 것이다. 손괴란 물을 공급하는 시설의 전부나 일부에 직접 유형력을 가하거나 기계적 · 전자적 조작을 가하여 이용가능성을 침해하는 것을 말한다.

Ⅷ. 먹는 물 유해물질 혼입 · 수돗물 유해물 혼입 · 수도불통 예비 · 음모죄

제197조 (예비, 음모) 제192조 제2항, 제193조 제2항 또는 제195조의 죄를 범할 목적으로 예비 또는 음모한 자는 2년 이하의 징역에 처한다.

먹는 물 유해물혼입(제192조 제2항), 수돗물 유해물혼입(제193조 제2항) 또는 수도불통(제195조) 행위를 예비 · 음모함으로써 성립되는 범죄이다.

제2절 아편에 관한 죄

Ⅰ. 개 관

아편은 습관성·의존성이 강하고 신체에 유해한 물질로서 오래 전부터 금지되어 왔다. 그러나 현재는 아편 이외에도 수많은 약물이 개발되어 이용되고 있어서 아편이 가지는 사회적 의미는 상당히 축소되었다.

그런데 새로운 마약이 계속해서 등장함에도 불구하고 형법전에는 아편에 관한 죄 규정만 되어 있고, 다른 마약류에 대해서는 새 마약이 등장할 때마다 새로 특별형법을 만들어 각각 개별적으로 규율하다가 2000년에 마약류관리법을 제정해서 마약법, 대마관리법, 향정신성의약품관리법 등 세 가지는 통합하여 관리하고 있다. 현재 마약과 관련해서 사실상 의미를 가지고 있는 형사법규는 마약류관리법과 「유해화학물질관리법」 그리고 「마약류불법거래방지에 관한 특례법」이다. 형법전의 마약관계 규정보다 특별형법상의 법규가 훨씬 더 많고 형법전상의 규정은 사실상 거의 필요 없는 것이나 마찬가지의 상황이다.

형법 제17장은 아편을 제조·수입·판매하는 행위, 아편흡식장소 제공행위, 아편흡식기 제조·수입·판매행위 그리고 아편이나 아편흡식기 소지행위 등을 구성요건으로 정하고 있다. 이들 범죄 가운데 기본 구성요건은 제201조 제1항(아편흡식·모르핀주사)이다.

Ⅱ. 아편흡식죄

제201조 (아편흡식 등, 동장소 제공) ① 아편을 흡식하거나 몰핀을 주사한 자는 5년 이하의 징역에 처한다.

제202조 (미수범) 전4조의 미수범은 처벌한다.

제204조 (자격정지 또는 벌금의 병과) 제198조 내지 제203조의 경우에는 10년 이하의 자격정지 또는 2천만원 이하의 벌금을 병과할 수 있다.

제206조 (몰수, 추징) 본장의 죄에 제공한 아편, 몰핀이나 그 화합물 또는 아편흡식기구는 몰수한다. 그를 몰수하기 불능한 때에는 그 가액을 추징한다.

아편이란 생아편 뿐 아니라 이를 원료로 해서 바로 흡식할 수 있는 상태로 제조된 제조아편을 포함하는 개념이다. **모르핀**은 생아편을 정제해서 주사제로 만든 것을 말한다.

흡식은 '호흡기를 통해 들이마시거나 소화기를 통해 흡수하는 것'을 말하며, **주사**는 '주사기를 이용해서 혈액 속으로 침투시키는 행위'를 말한다.

아편・모르핀을 흡식・주사하기 위해 소지하고 있다가 기회를 봐서 흡식・주사한 경우 아편 등 소지죄(제205조)와의 관계가 문제된다. 이 경우에 일단 소지죄와 본죄가 모두 성립하기는 하지만, 아편・모르핀 소지를 불가벌적 사전행위로 볼 것인가 하는 점이 문제이다. 견해대립이 있다.

① 불가벌적 사전행위설

② 이원설 : 소지가 일시적이었는가 아니면 장기적이었는가에 따라 달리 평가하는 견해

결론 **불가벌적 사전행위**란 범죄행위의 전반적인 맥락에서 사후행위에 평가의 중점이 놓여 있어서 사후행위의 범주 내에서 함께 취급되어야 하는 사전행위를 의미한다. 그렇다면 모르핀을 구입해서 집까지 소지하고 와 주사하는 경우는 어떠한가? 범죄행위의 전반적인 맥락에서 모르핀을 주사한 행위에 평가의 중점이 놓이는 것이 당연하다고 본다. **불가벌적 사전행위**로 보는 것이 타당하다.

Ⅲ. 아편흡식 등 장소제공죄

제201조 (아편흡식 등, 동장소제공) ② 아편흡식 또는 몰핀주사의 장소를 제공하여 이익을 취한 자도 전항의 형과 같다.

제202조 (미수범) 전4조의 미수범은 처벌한다.

제204조 (자격정지 또는 벌금의 병과) 제198조 내지 제203조의 경우에는 10년 이하의 자격정지 또는 2천만원 이하의 벌금을 병과할 수 있다.

발각되지 않고 안심할 수 있는 장소에서 아편을 흡식하거나 모르핀을 주사하게 도와주면서 이익을 취하는 행위도 아편흡식・모르핀 주사만큼 불법이 강한 행위라고 해서 같은 형벌로 처벌하고 있다.

이익이란 장소 제공의 대가로 제공되는 모든 형태의 이득을 의미한다. 반드시 재산적 이득일 필요는 없다.

마약류관리법 제3조 제12호 · 제60조 제1항 제1호는 마약을 사용하거나 투약하기 위한 장소를 제공하는 행위에 대하여 제201조 제2항의 경우보다 두 배로 가중처벌하면서 이익을 얻을 것을 조건으로 하지도 않고 있다. 따라서 제201조가 실제로 적용될 여지는 없다.

Ⅳ. 아편 등 제조 · 수입 · 판매 · 판매목적 소지죄

제 198 조 (아편 등의 제조 등) 아편, 몰핀 또는 그 화합물을 제조, 수입 또는 판매하거나 판매할 목적으로 소지한 자는 10년 이하의 징역에 처한다.

제 202 조 (미수범) 전4조의 미수범은 처벌한다.

제 204 조 (자격정지 또는 벌금의 병과) 제198조 내지 제203조의 경우에는 10년 이하의 자격정지 또는 2천만원 이하의 벌금을 병과할 수 있다.

제 206 조 (몰수, 추징) 본장의 죄에 제공한 아편, 몰핀이나 그 화합물 또는 아편흡식기구는 몰수한다. 그를 몰수하기 불능한 때에는 그 가액을 추징한다.

행위객체는 아편, 모르핀 그리고 이들과 다른 물질을 화합시켜서 만든 제3의 물질이다. **제조**는 아편을 재배하는 행위, 아편을 원료로 바로 흡식할 수 있는 물질을 만드는 행위, 아편을 정제해서 모르핀을 만드는 행위 그리고 이들 물질을 화합시켜 또 다른 물질을 만들어내는 행위를 의미한다.

수입은 국외에서 국내로 물건을 들여오는 것이다. 물건이 대한민국 영토에 도달했을 때 기수가 된다. **판매**는 금품 및 기타이익을 대가로 제공하는 행위를 말한다. **소지**란 물건에 대한 사실상의 지배를 의미한다. 형사상의 점유와 같은 개념이다. 이에 대해서는 절도죄(제329조) 부분에서 자세히 설명하였다.

V. 아편흡식기 제조 · 수입 · 판매 · 판매목적 소지죄

제199조 (아편흡식기의 제조 등) 아편을 흡식하는 기구를 제조, 수입 또는 판매하거나 판매할 목적으로 소지한 자는 5년 이하의 징역에 처한다.
제202조 (미수범) 전4조의 미수범은 처벌한다.
제204조 (자격정지 또는 벌금의 병과) 제198조 내지 제203조의 경우에는 10년 이하의 자격정지 또는 2천만원 이하의 벌금을 병과할 수 있다.
제206조 (몰수, 추징) 본장의 죄에 제공한 아편, 몰핀이나 그 화합물 또는 아편흡식기구는 몰수한다. 그를 몰수하기 불능한 때에는 그 가액을 추징한다.

행위객체가 아편흡식기라는 점 외에는 모두 제198조와 내용이 같은 범죄행위이다. 아편흡식기란 '아편흡식을 목적으로 제작된 물건'을 말한다. 따라서 객관적 성질상 아편흡식에 이용가능 할 뿐인 물건은 행위객체에서 제외된다.

VI. 세관공무원의 아편 등 수입 · 수입허용죄

제200조 (세관공무원의 아편 등의 수입) 세관의 공무원이 아편, 몰핀이나 그 화합물 또는 아편흡식기구를 수입하거나 그 수입을 허용한 때에는 1년 이상의 유기징역에 처한다.
제202조 (미수범) 전4조의 미수범은 처벌한다.
제204조 (자격정지 또는 벌금의 병과) 제198조 내지 제203조의 경우에는 10년 이하의 자격정지 또는 2천만원 이하의 벌금을 병과할 수 있다.
제206조 (몰수, 추징) 본장의 죄에 제공한 아편, 몰핀이나 그 화합물 또는 아편흡식기구는 몰수한다. 그를 몰수하기 불능한 때에는 그 가액을 추징한다.

본죄의 행위주체는 세관공무원이다. 세관공무원이란 '세관에서 수입사무에 종사하는 공무원'을 말한다. 따라서 세관에 근무하지만 차량정비 업무에 종사하는 공무원 등의 경우는 행위주체가 되지 않는다. 행위객체에 대해서는 앞에서 모두 설명하였다.

수입을 허용한다는 것은 이들 행위객체가 통관이 되지 않도록 방지해야 함에도 불구하고 그대로 방치하거나(부작위), 통관을 제지하려는 다른 세관공무원의 업무집행을 방해함으로써(작위) 통관이 이루어지도록 해주는 행위를 말한다.

Ⅶ. 상습 아편흡식 · 아편 등 제조 · 수입 · 판매 · 판매 목적 소지죄

> 제203조 (상습범) 상습으로 전5조의 죄를 범한 때에는 각조에 정한 형의 2분의 1까지 가중한다.
>
> 제204조 (자격정지 또는 벌금의 병과) 제198조 내지 제203조의 경우에는 10년 이하의 자격정지 또는 2천만원 이하의 벌금을 병과할 수 있다.

아편소지(제205조)를 제외한 나머지 아편 관련 범죄를 상습적으로 저지름으로써 성립되는 범죄이다.

Ⅷ. 아편 등 소지죄

제205조 (아편 등의 소지) 아편, 몰핀이나 그 화합물 또는 아편흡식기구를 소지한 자는 1년 이하의 징역 또는 500만원 이하의 벌금에 처한다.

제206조 (몰수, 추징) 본장의 죄에 제공한 아편, 몰핀이나 그 화합물 또는 아편흡식기구는 몰수한다. 그를 몰수하기 불능한 때에는 그 가액을 추징한다.

아편, 모르핀이나 그 화합물 또는 아편흡식기구를 소지함으로써 성립되는 범죄이다. 이들을 판매목적으로 소지할 경우에는 본죄가 아니라 제198조·제199조가 성립된다.

본죄의 행위는 아편흡식죄의 예비·음모에 해당되는 것인데 형법전이 별도의 구성요건으로 만들어 둔 것이다.

제 4 장　사회도덕을 침해하는 범죄

법익을 보호한다는 측면에서 형법은 단지 보충적인 의미만을 가지고 있는 것이 바람직하다. 전적으로 형법에만 의지해서 법질서를 지키려 한다면 여러 가지 부작용이 나타나기 때문이다. 국가권력은 가능한 한 형벌권을 적게 발동하여 국민의 자유가 최대한 보장되도록 주의를 기울여야 할 것이다. 이것이 이른바 **보충성의 원칙**이다.

막연하게 비윤리적이라거나 불경스러운 행위라고 해서 처벌하는 것은 있을 수 없는 일이다. 사회적으로 중요한 구체적 이익이 침해되는 경우에만 형벌로써 처벌되어야 한다는 이 원칙은 근대 계몽 이후에 확립되었고 현대 국가가 국가형벌권 행사 측면에서 반드시 지켜야 하는 철칙이다. 이러한 측면에서 가장 문제가 되는 부분이 형법과 특별형법상의 사회도덕을 침해하는 범죄에 관한 처벌규정들이다.

다른 사회규범인 윤리에 의해서 충분히 통제될 수 있고 또 윤리를 통한 통제가 적정함에도 불구하고 형법이 관여하고 있다면 이 경우에는 이른바 **형법의 탈윤리화**가 요청된다. 윤리에 의하여 통제되는 것이 바람직함에도 불구하고 굳이 왜 형법이 금지하고 있는가라는 반론이 가장 많이 제기되는 부분이 바로 사회도덕을 침해하는 범죄 쪽이다.

제 1 절 성풍속에 관한 죄

Ⅰ. 개 관

제22장의 규정들은 '건전한 성풍속'을 보호법익으로 한다.

본장의 규정은 ① 비윤리적인 성관계를 금지하기 위한 규정(제242조 : 음행매개), ② 음란한 물건과 접촉하는 것을 방지하기 위한 규정(제243조: 음화반포, 제244조 : 음화제조) 그리고 ③ 음란한 광경을 목격하지 못하도록 하기 위한 규정(제245조 : 공연음란) 등 세 가지로 분류된다. 제241조의 간통죄 규정은 성적 자기결정권과 사생활의 비밀과 자유를 침해한다는 헌법재판소의 위헌판단(2015. 2. 26. 2009헌바17)에 따라 삭제되었다.

Ⅱ. 음행매개죄

제242조 (음행매개) 영리의 목적으로 사람을 매개하여 간음하게 한 자는 3년 이하의 징역 또는 1천500만원 이하의 벌금에 처한다.

1. 객관적 구성요건

(1) 행위객체

본죄의 행위객체는 사람이다. 그런데 13세 미만의 아동과 간음을 하는 경우에는 상대방의 동의가 있더라도 제305조(미성년자 간음)에 따라 강간(제297조)으로 간주되므로, 단순한 음행매개는 성립될 여지가 없고 미성년자 간음 교사·방조만 성립된다. 따라서 13세 미만의 부녀는 행위객체에서 제외하여야 한다(**통설**).

(2) 행 위

1) 매 개

매개는 '중간에서 알선해 주는 행위'를 말한다. 이미 간음행위를 하겠다는 의사를 가지고 있는 사람들을 서로 알선해 주는 경우에도 '매개'가 된다는 점에서 '교사'와는 구별되는 개념이다.

2) 간 음

간음이란 '성기에 성기를 넣는 것'을 말한다. 폭행・협박을 동원하여 강제로 간음하도록 만드는 것은 본죄의 행위내용에서 제외된다. 본죄에서 말하는 간음은 상대방이 동의한 상태에서 이루어지는 것을 의미한다. 성적 자기결정권을 침해해서 강제로 간음하도록 만드는 행위는 강간(제297조) 교사・방조에 해당된다.

2. 주관적 구성요건

사람을 매개해서 간음하도록 한다는 데 대한 인식과 의사가 있어야 한다. 또한 목적범으로서 **영리의 목적**을 가지고 있어야 한다. 영리란 재산상의 이익을 의미한다. 재산상 이익의 개념에 대해서는 강도죄(제333조) 부분에서 자세히 설명하였다.

3. 죄 수

음행매개행위를 폭행・협박・위계・업무상 위력 등을 동원해서 하거나 알선행위를 영업으로 하게 되면 성매매처벌법에 따라 가중처벌된다. 성매매처벌법에서 말하는 폭행・협박은 제297조(강간)의 구성요건 내용으로서의 폭행・협박에 못 미치는 가벼운 정도의 폭력을 의미한다. 따라서 반항이 현저하게 곤란할 정도의 폭행・협박이 사용되면 강간의 간접정범이 성립된다.

Ⅲ. 음란물 반포・판매・임대・공연전시죄

제243조 (음화반포 등) 음란한 문서, 도화, 필름 기타 물건을 반포, 판매 또는 임대하거나 공연히 전시 또는 상영한 자는 1년 이하의 징역 또는 500만원 이하의 벌금에 처한다.

1. 행위객체

음란물 반포・판매・임대・공연전시죄의 행위객체는 **음란한 물건**이다. 학설과 판례(대법원 1995. 6. 16. 94도1758; 대법원 1995. 6. 16. 94도2413; 대법원 2000. 10. 27. 98도679; 대법원 2002. 8. 23. 2002도2889; 대법원 2019. 1. 10. 2016도8783; 대법원 2020. 1. 16. 2019도14056)는 음란을 '① 일반 보통인의 성욕을 자극하여 성적 흥분을 유발하고 ② 정상적인 성적 수치심을 해하여 ③ 성적 도덕관념에 반하는 것'으로 정의하고 있다. 이 개념 정의는 몇 가지 문제점을 가지고 있다.

첫째, 동물과 성교하는 장면이나 가학행위의 모습 등은 건전한 상식을 가진 일반인의 성욕을 자극하거나 흥분시키는 것이 아니라 오히려 소름끼치고 성욕이 사라지게 만들 수 있는데, 이러한 변태적인 내용을 음란물에서 제외시켜야 하는가 하는 점이다.

둘째, '수치심을 해친다'는 표현은 어법상 틀리다. 맞는 표현은 '수치심을 느낀다'이다. 수치심이라는 것은 자신이 벌거벗은 모습으로 대중 앞에 서 있을 경우에는 느껴지지만, 벌거벗은 성인의 모습을 대중속에 섞여서 바라보고 있을 때는 느껴지지 않을 수도 있다. 정상인이라면 음란물을 보고 성적 충동을 느낄 수는 있지만 수치심은 느끼지 않는 것이다. 물론 혼자서 보다가 들켰을 땐 창피하다는 느낌이 들기는 하겠지만 이는 자신을 쳐다보는 제3자와의 관계에서 느껴지는 감정이지 음란물로 인하여 가지게 되는 느낌은 아니다.

따라서 성욕을 자극, 흥분 또는 만족시켜 주어야 한다는 요건과 성적 수치심을 느끼게 만든다는 요소를 음란물의 개념을 정하는 데 그대로 이용할 것인지는 다시 검토해 보아야 하겠다.

음란물을 금지하는 이유는 결국 건전한 성풍속을 보호하는 데 있다. 즉, 음란물은 건전한 성풍속을 해치는 물건이다. 그런데 음란물이 건전한 성풍속을 해치는 구체적인 방법은 그 물건을 접하는 사람으로 하여금 불건전한 성적 충동을 일으키게 하는 것이다. 그렇다면 음란물이란 '**불건전한 성적 충동**을 일으키게 하는 물건'이다.

이때 그 물건이 과연 불건전한 성적 충동을 일으키게 하는 물건인지의 여부는 일반적인 사람을 기준으로 판단해야 한다(같은 취지: 대법원 1995. 2. 10. 94도2266). 또한 사람은 자연적 연령에 따라서도 외부 자극에 반응하는 양상이 다른데 본죄에서 말하는 음란물은 성년인 사람을 기준으로 하는 개념이다. 청소년과의 관계에서는 청소년보호법에 별도의 금지규정이 마련되어 있다.

청소년과 관련해서는 음란물이 아니더라도 성적인 욕구를 자극하는 선정적인 물건은 청소년유해매체물로서 금지된다(청소년보호법 제9조 제1항 제1호, 제16조, 제54조 제1항, 제58조 제1호).

이제 마지막으로 남은 가장 어려운 문제는 어떤 내용이 건전한 성풍속을 해치는 것인지를 어떠한 기준으로 판단할 것인가 하는 점이다. 여기서 유념해야 할 점은 ① 판단은 항상 판단대상인 물건의 전체적인 분위기를 감안해서 이루어져야 한다(대법원 1991. 9. 10. 91도1550)는 점과 ② 판단기준은 현재의 건전한 성풍속인데, 그 내용은 시간이 흐름에 따라 항상 변화하고 있다는 점을 감안해야 한다는 것이다.

우선 **전체적인 측면**에서 판단해야 한다는 점에 대하여 생각해 보자. 예를 들어 어떤 소설이 여러 가지 다양한 방법의 성관계 모습을 자세히 노골적으로 표현하고 있더라도 소설의 전체적인 맥락이 "인간에 내재하는 향락적인 성욕에 반항함으로써 결국 그로부터 벗어나 새로운 자아를 발견하는 과정으로 이끌어(대법원 1975. 12. 9. 74도976)" 나가는 것이라면 음란물이라고 할 수 없다.

이와 관련하여 **학술**서적이나 **예술**작품인 경우에는 물건 자체의 소속 범주가 학문과 예술이며 이는 불건전한 성적 충동 유발과는 무관하기 때문에 무조건 음란물에서 제외시켜야 하는가에 대하여 견해대립이 있다.

① **배제설** : 학술성과 예술성이 그 존재 자체로서 음란성을 배제하기 때문에 학문과 예술의 결과물은 무조건 음란물에서 제외시켜야 한다는 견해이다.

② **양립설** : 학문의 내용이나 예술작품도 음란성과 함께 양립하여 존재할 수 있는 것이므로 학술물이나 예술물이라고 해서 무조건 음란성을 가질 수 없다고 하기는 곤란하다는 견해이다(**판례**).

[결론] 학문이나 예술을 하는 사람이 모두 다 건전한 성적 상식을 가지고 있다고 할 수는 없는 일이다. 그렇기 때문에, 본인은 진지하게 만들어낸 것이더라도 불건전한 성적 충동을 일으키는 작품이 분명히 있을 수 있다. 예를 들어 가학적 성관계에 탐닉하고 있는 사진작가가 이를 주제로 적나라한 사진을 찍어 사진집으로 냈다면 음란물로 보아야 할 것이다. 그 물건이 어느 분야에서 만들어졌는가와는 관계 없이 음란성 여부는 물건 자체의 속성을 가지고 판단하여야 하므로 **양립설**이 타당하다고 생각한다.

【판례】 예술성과 음란성 1. '음란한 도화'에 해당되는가의 여부는 당해 도화의 성에 관한 노골적이고 상세한 표현의 정도와 그 수법, 당해 도화의 구성 또는 예술성·사상성 등에 의한 성적 자극의 완화의 정도, 이들의 관점으로부터 당해 도화를 전체로서 보았을 때 주로 독자의 호색적 흥미를 돋구는 것으로 인정되느냐의 여부 등을 검토·종합하여 그 시대의 건전한 사회통념에 비추어 판단하여야 할 것이며, 예술성과 음란성은 차원을 달리하는 관념이므로 어느 예술작품에 예술성이 있다고 하여 그 작품의 음란성이 당연히 부정되는 것은 아니라 할 것이고, 다만 그 작품의 예술적 가치·주제와 성적 표현의 관련성 정도 등을 감안할 때 경우에 따라서는 이로 인해 음란성이 완화되어 형법이 처벌대상으로 삼을 수 없게 될 수도 있을 뿐이다. (대법원 2002. 8. 23. 2002도2889 | 같은 취지: 대법원 2000. 10. 27. 98도679)

2. 미술교사인 피고인은 자신의 홈페이지를 개설하면서 교사생활 틈틈이 제작해두었던 자신의 미술작품들을 게시하였다. 그 가운데 '우리부부'라는 제목의 사진은 임신하여 만삭인 피고인의 처와 피고인이 벌거벗은 몸으로 나란히 서있는 모습을 정면 가까이에서 촬영한 것인데 두 사람의 벌거벗은 모습이 화면에 정면으로 가득하게 자리잡고 있어 피고인의 처의 유방과 만삭의 복부와 음부와 음모, 피고인의 성기와 음모가 뚜렷하게 드러나 있다. 피고인이 비록 부가된 설명을 통해 신체의 아름다움은 단지 외형이 아니라 그에 얽힌 역사, 경험, 삶의 흔적이며 그것들을 바라보는 순간 아름다움을 체험할 수 있으므로 있는 그대로의 신체의 아름다움을 느끼자는 주장을 하고 있기는 하지만, 그러한 의도와는 달리 위 사진을 보면 성적 수치심을 느끼거나 도색적 흥미를 갖게 되기가 쉽게 되어 있는 점 등을 종합하여 보면, 이 사진은 피고인이 주장하고 있는 바와 같은 표현의도와 예술성, 그리고 오늘날 우리 사회의 다분히 개방된 성관념에 비추어 보더라도, 음란하다고 보지 않을 수 없다. (대법원 2005. 7. 22. 2003도2911)

어쨌든 하나의 물건을 전체적인 측면에서 관찰해야 한다는 데 대해서는 다른 견해가 없으나, 똑같은 물건에 대하여 주위상황과의 유기적인 관계,

즉 어떠한 방법으로 취급되는가에 따라 음란성 여부를 판단하여야 하는가에 대해서는 논란이 있다.

예를 들어 예술작품인 나체화를 명화집에 싣는 경우에는 음란물이 안되지만, 이를 대량으로 복제해서 일반인에게 나누어주는 경우에는 음란물이 되는가 하는 문제이다. 이와 관련하여 이른바 **상대적 음란 개념**을 인정할 것인가에 대하여 견해대립이 있다.

① **긍정설 (판례)**

② **부정설**

【판례】 상대적 음란 1. 고야의 나체화 침대 위에 비스듬히 위를 보고 누워있는 천연색 여자 나체화 카드 사진이 비록 명화집에 실려 있는 그림이라 하여도 이것을 예술, 문학, 교육 등 공공의 이익을 위해서 이용하는 것이 아니고, 성냥갑 속에 넣어서 판매할 목적으로 그 카드 사진을 복사·제조하거나 시중에 판매하였다면 이를 통해 그 명화는 음화화 된 것이다. (대법원 1970. 10. 30. 70도1879)

2. 영화 사방지의 포스터 피고인이 제작한 영화 '사방지'가 공연윤리위원회의 심의를 거쳐 국내 여러 극장에서 상영된 것이라 하더라도 이것을 관람객의 범위가 제한된 영화관에서 상영하는 것이 아니고 관람객을 유지하기 위하여 영화장면의 일부를 포스터나 스틸사진 등으로 제작하였고, 제작된 포스터 등 도화의 내용이 상반신을 드러낸 여자들이 서로 껴안은 채 한 여자가 다른 여자의 뺨이나 가슴부분을 입술로 애무하는 장면으로서 여자의 얼굴표정이 성적 감정에 도취된 듯이 노골적으로 묘사되어 있거나, 여자 2명이 상반신을 드러내 놓은 채 서로 부둥켜안고 누워 있는 장면인데 성교장면을 연상케 하고 있으며, 나신으로 유두를 선명하게 노출시킨 채 물속에 비스듬히 앉아 있는 여자의 목에 다른 여자가 손을 대고 애무하고 있는 등 모두 그 표현방법이나 태양이 일반인의 정상적인 성적 정서를 해치고 건전한 성풍속이나 성도덕관념에 반하는 것이라면 음화에 해당한다고 보아야 할 것이다. (대법원 1990. 10. 16. 90도1485)

결론 예를 들어 수사기관에서 음란물에 관한 범죄실태를 조사해서 각종 사진·그림과 함께 자료집을 만들어 수사관들에게 배포한 경우 이것이 음란물이라고 할 수 있는가, 그리고 이 문건이 외부로 유출되어 한 출판업자가 이 자료집의 사진만 모아서 출처를 밝히고 책으로 만들어 시판하게 되면 그것은 음란물이 되는가 하는 문제가 있을 수 있다.

똑같은 책자를 누가 보는지에 따라 경찰이 볼 때는 자료집이고 일반인이 볼 때는 음란물이라고 할 수는 없는 일이지만, 일부 또는 전부를 다른 분위기에서 다시 만들어내는 경우에는 원작의 경우와는 달리 평가할 수도 있다고 생각한다. 이 경우에도 구체적인 사안에서의 구체적인 물건을 대상으로 음란성 여부가 판단되어야 한다고 본다. **긍정설**이 타당하다.

다음으로 건전한 성풍속을 기준으로 판단할 때 어떠한 내용을 가진 물건을 음란물이라고 할 수 있는지를 생각해 보자. 우선 성적인 자극을 가장 덜 주는 모습부터 매우 강한 충격을 주는 경우까지 나열해 보자.

① 미니스커트를 입고 있는 여성의 모습

② 원피스 수영복 차림

③ 비키니 수영복 차림

④ 토플리스 차림

⑤ 누드

⑥ 성기의 자세한 모습이 보이는 경우(대법원 1997. 8. 22. 97도937)

⑦ 성관계 모습이 성기의 역동적인 모습과 함께 관찰되는 경우

⑧ 가학적 또는 변태적 성관계의 모습이 적나라하게 보이는 경우

현재 우리나라의 건전한 성풍속을 기준으로 판단할 때 ⑤번까지는 문제가 없다고 생각한다. 다른 나라와 비교해 볼 때 아직도 상당히 고루한 성풍속을 유지하고 있다고 볼 수 있다.

본죄에서 말하는 문서·도화의 개념은 문서에 관한 죄의 경우와 다르다. 본죄의 문서·도화는 의사표시나 작성명의자가 확인되지 않더라도 무방하다. 여하튼 인간의 감각기관을 통해 인식이 가능하고 불건전한 성적 충동을 일으키게 하는 물건이면 모두 본죄의 행위객체가 된다.

판례에 의하면 남성용 자위기구인 모조 여성 성기는 음란물이고(대법원 2003. 5. 16. 2003도988) 여성용 자위기구인 모조 남성 성기는 음란물이 아니라고 한다(대법원 2000. 10. 13. 2000도3346). 여성과는 달리 남성은 이성의 성기를 보면 불건전한 성적 충동을 일으키게 된다고 여겨지는 것이다. 다만 남성요 자위기구라도 여성의 성기를 사실 그대로 표현했다고 하기에 크게 부족해 보이는 경우에는 음란물로 보지 않는다(대법원 2014. 7. 24. 2013도9228).

음란한 영상화면을 수록한 컴퓨터 프로그램 파일 자체는 인간의 감각기관을 통해 직접 인식할 수 없기 때문에 행위객체에서 제외된다(대법원 1999. 2. 24. 98도3140). 대신 그에 대해서는 정보통신망법 제74조 제1항 제1호(제44조의7 제1항 제1

호, 제65조 제1항 제2호) 및 성폭력특별법 제14조에 처벌규정이 마련되어 있다.

2. 행 위

반포란 불특정 또는 다수에게 무상으로 나누어주는 행위를 말한다. **판매**는 불특정 또는 다수에 대한 유상양도를 의미한다. **임대**는 무상 또는 유상으로 빌려주는 행위를 말한다.

공연히 **전시**한다는 것은 불특정 또는 다수가 관람할 수 있도록 비치해 두는 행위를 의미한다. 유상이든 무상이든 상관없다.

【판례】 웹사이트 링크를 통한 전시 링크를 포함한 일련의 행위 및 범의가 다른 웹사이트 등을 단순히 소개・연결할 뿐이거나 다른 웹사이트 운영자의 실행행위를 방조하는 정도를 넘어, 이미 음란한 부호 등이 불특정・다수인에 의하여 인식될 수 있는 상태에 놓여 있는 다른 웹사이트를 링크의 수법으로 사실상 지배・이용함으로써 그 실질에 있어서 음란한 부호 등을 직접 전시하는 것과 다를 바 없다고 평가되고, 이에 따라 불특정・다수인이 이러한 링크를 이용하여 별다른 제한 없이 음란한 부호 등에 바로 접할 수 있는 상태가 실제로 조성되었다면, 그러한 행위는 전체로 보아 음란한 부호 등을 공연히 전시한다는 구성요건을 충족한다. (대법원 2003. 7. 8. 2001도1335)

공연히 **상영**한다는 것은 불특정 또는 다수를 대상으로 필름을 영사하여 음란한 내용을 보여주는 것을 말한다. 따라서 친구 두 명에게 보여주는 것처럼 특정 소수 앞에서 영사하는 것은 이에 해당되지 않는다(대법원 1973. 8. 21. 73도409). 상영도 유상이든 무상이든 관계없다.

3. 공 범

본죄는 필요적 공범 중 대향범이면서 한 쪽 당사자인 반포・판매・임대・공연전시 등의 행위를 한 자만 처벌하는 유형에 속한다. 그런데 행위자의 상대방이 본죄의 행위를 교사 또는 방조했을 때에는 어떻게 되는가에 대하여 견해의 대립이 있다.

① 교사·방조 긍정설

② 교사·방조 부정설

예를 들어 집에서 놀고 있던 甲을 보다 못한 친구 乙이 그러지 말고 컴퓨터를 잘 하니까 음란물을 수집해서 인터넷을 통해 판매하는 일이라도 해보라고 권유했다고 해보자. 이에 따라 甲은 음란물 판매로 돈벌이에 나섰고 乙은 친구를 도와준다는 의미에서 甲으로부터 물건을 하나 구입했다면 乙은 음란물 판매 교사가 되지 않는가? 乙의 음란물 구입행위는 처벌대상이 되지 않지만 음란물 판매업을 시작하도록 만든 교사행위부분은 범죄가 된다고 보아야 하므로 **교사·방조 긍정설**이 타당하다.

반포·판매·임대·공연전시 등 행위에 대한 수요자를 처벌하지 않는 이유는 음란물이라는 것이 불건전한 성적 충동을 일으킬 가능성을 가진 존재이기는 하지만 그 효과는 개인적으로 천차만별일 수 있어서 그것을 접할 것인가 말 것인가에 대해서는 각자가 판단하도록 맡겨두어도 될 만한 사항이기 때문이라고 판단된다. 그러나 음란물을 공급하는 행위는 분명한 사회적 위험성을 가지고 있기 때문에 처벌대상으로 하는 것이고 그에 대한 교사·방조 행위는 음란물을 입수하는 행위와는 별개로 역시 처벌대상으로 하는 것이 타당하다고 생각한다.

4. 죄 수

음란물 반포·판매·임대·공연전시 등의 행위를 지속적으로 여러 차례 하였더라도 이는 여러 개의 같은 종류의 행위가 동일한 의사경향에 따라 반복되는 경우에 해당되므로 포괄 1죄가 된다.

Ⅳ. 음화 등 제조 · 소지 · 수입 · 수출죄

제244조 (음화제조 등) 제243조의 행위에 공할 목적으로 음란한 물건을 제조, 소지, 수입 또는 수출한 자는 1년 이하의 징역 또는 500만원 이하의 벌금에 처한다.

본죄는 제243조(음란물 반포)를 하기 위한 예비행위의 한 유형으로서 음란물을 제조, 소지, 수입 또는 수출하는 행위를 내용으로 한다. 음란물은 음란성이 있는 문서와 도화, 그 밖의 물건이다. 제조, 소지, 수입, 수출의 의미는 아편에 관한 죄의 경우와 같다.

Ⅴ. 공연음란죄

제245조 (공연음란) 공연히 음란한 행위를 한 자는 1년 이하의 징역, 500만원 이하의 벌금, 구류 또는 과료에 처한다.

1. 구성요건

'공연히'의 의미는 제307조(명예훼손죄)의 경우와 같다. 음란한 행위란 불건전한 성적 충동을 일으키게 하는 행위를 말한다. 물건이 아니라 행위라는 면을 제외하고는 음란물과 개념상 차이가 없다.

따라서 행위의 음란성 여부는 음란물의 경우와 마찬가지로 일단 행위자의 의도와는 분리해서 그 행위 자체의 속성을 가지고 판단해야 한다.

【판례】 나체 상태의 연기 이 사건 연극에서 피고인은 평균 250명에 이르는 남녀 관객이 지켜보는 가운데 그들 관람석으로부터 4~5m도 되지 않는 거리 내에 설치되어 있는 무대 위에서 배우들의 신체 각 부분을 충분히 관찰할 수 있을 정도의 조명 상태 아래, 여주인공을 폭행하여 실신시킨 다음 침대 위에 쓰러져 있는 그녀에게 다가가서

입고 있던 옷을 모두 벗기고 관객들에게 정면으로 그녀의 전신 및 음부까지 노출된 완전나체의 상태로 만든 다음, 그녀의 양손을 끈으로 묶어 창틀에 매달아 놓고 자신은 그 나신을 유심히 내려다보면서 자위행위를 하는 장면 등을 연기하였다. 이 경우 피고인이 비록 위 연극이 사회적 관계로부터 단절된 폐쇄적 공간속에서 남녀 주인공이 보여주는 삶의 몰가치성과 삶에의 의지라는 양면적 모습을 표현하기 위하여 연기한 것이라고 하더라도, 작품의 사상성·예술성에 의한 성적 자극의 완화 정도가 그로 인하여 관객들의 성에 관한 건전한 관념을 해하지 않게 할 정도라고는 볼 수 없으므로, 위 나체상태의 연기들은 일반 보통인의 성욕을 자극하여 성적 흥분을 유발하고 정상적인 성적 수치심을 해하여 선량한 사회풍속 또는 도의관념에 반하는 행위에 해당하는 음란한 행위로 판단되어야 한다. (대법원 1996. 6. 11. 96도980)

음란한 행위라는 판단은 성행위에 한정해서 내려야 하는가와 관련하여 견해대립이 있다.

① **긍정설**

② **부정설 (판례)**

결론 문제의 핵심은 성행위 외에도 불건전한 성적 충동을 일으킬만한 행위가 있는가 하는 점이다. 성행위를 하지 않으면서 가학행위나 자학행위를 통해 성적 욕구를 만족시키는 것도 가능하므로 음란한 행위를 굳이 성행위만으로 한정시키지 않는 것이 타당하다.

【판례】 음란한 행위인 경우 1. 알몸 저항 피고인은 승용차를 손괴하거나 타인에게 상해를 가하는 등의 행패를 부리던 중 경찰관이 이를 제지하려고 하자 이에 대항하여 불특정 또는 다수인이 있는 상태에서 옷을 모두 벗고 알몸이 되어 성기를 노출하였다. 이 경우 피고인의 행위는 일반적으로 보통인의 정상적인 성적 수치심을 해하여 성적 도의관념에 반하는 음란한 행위라고 할 것이고, 자신이 알몸이 되어 성기를 드러내어 보이는 것이 타인의 정상적인 성적 수치심을 해하는 음란한 행위라는 인식도 있었다고 보아야 할 것이다. (대법원 2000. 12. 22. 2000도4372)

2. 요구르트 나체쇼 요구르트 제품의 홍보를 위하여 전라의 여성 누드모델들이 일반 관람객과 기자 등 수십명이 있는 자리에서, 알몸에 밀가루를 바르고 무대에 나와 분무기로 요구르트를 몸에 뿌려 밀가루를 벗겨내는 방법으로 알몸을 완전히 드러낸 채 음부 및 유방 등이 노출된 상태에서 무대를 돌며 관람객들을 향하여 요구르트를 던진 행위는 공연음란죄에 해당한다. (대법원 2006. 1. 13. 2005도1264)

【판례】 음란한 행위가 아닌 경우 1. 말다툼을 한 후 항의의 표시로 엉덩이를 노출시킨 행위는 음란한 행위에 해당하지 않는다. (대법원 2004. 3. 12. 2003도6514)

2. 유흥주점 여종업원들이 웃옷을 벗고 브래지어만 착용하거나 치마를 허벅지가 다 드러나도록 걷어 올리고 가슴이 보일 정도로 어깨끈을 밑으로 내린 채 손님을 접대한 경우 이들 종업원의 행위와 노출 정도가 형사법상 규제의 대상으로 삼을 만큼 사회적으로 유해한 영향을 끼칠 위험성이 있다고 평가할 수 있을 정도로 노골적인 방법에 의하여 성적 부위를 노출하거나 성적 행위를 표현한 것이라고 단정하기에 부족하므로 이를 음란행위로 볼 수 없다. (대법원 2009. 2. 26. 2006도3119)

판례의 경향을 보면 단순히 알몸을 노출하는 것 자체를 음란한 행위라고 보지는 않지만, 조금이라도 분위기가 이상해지거나 야해지면 공연음란에 해당한다는 판단을 하는 것으로 보인다.

한편 말하는 것도 행위이기는 하지만 음담패설을 하는 것만으로는 공연음란이라고 보기 곤란하다(**통설**).

2. 죄 수

강제추행 행위가 공연하게 이루어지는 경우에 대하여 견해대립이 있다.

① 본죄와 강제추행죄의 상상적 경합이 된다는 견해(**통설**)

② 강제추행죄만 성립한다는 견해

결론 두 범죄는 보호법익이 전혀 다르므로 보충관계나 특별관계가 될 수 없어서 모두 성립되고 상상적 경합이 된다고 보는 견해가 타당하다.

제 2 절 도박과 복표에 관한 죄

Ⅰ. 개 관

도박이나 복표는 우연에 의해 갑자기 많은 재물을 손에 쥘 수 있다는 환상을 심어줌으로써 궁극적으로 대다수의 사람이 자신의 재물을 다 잃게 만드는 게임이다. 아주 예외적인 경우를 제외하고는 끊임없이 재원을 마련해야만 게임을 계속할 수 있기 때문에 자신과 자신의 가족의 생활기반인 재산이 사라지게 만들고, 나아가 재원을 확보하기 위해 재산범죄를 저지르게 만드는 원인이 된다. 또 게임에 중독된 사람이 도박 외에는 아무 일도 하지 않게 되어 사회적으로 노동력이 상실되도록 만드는 측면도 있다.

건전한 사회라면 도박이나 복표는 없어야 한다. 그럼에도 불구하고 우리나라에서는 개인이 복표를 발매하지 못하도록 금지해 둔 상태에서 정부・공공기관이 재정확보를 명분으로 경쟁적으로 복권을 발매하고 있다. 주택복권을 비롯해서 올림픽을 성공적으로 잘 치르자고 만들었던 올림픽 복권, 박람회 복권, 즉석식 복권, 또또 복권, 월드컵 복권, 불우이웃돕기 복권 그리고 이제는 로또까지 수도 없이 쏟아져 나오고 있다. 게다가 지방자치단체가 경마・경륜 사업을 벌이고, 지방자치단체끼리 운영권을 가운데 두고 싸움까지 하고 있다. 복표 발행을 금지하는 형법전의 규정은 더 이상 유지할 명분이 없어 보인다.

제23장(도박과 복표에 관한 죄)의 규정은 **'경제부문의 건전한 사회풍속'**을 보호법익으로 한다.

Ⅱ. 도박죄

제246조 (도박, 상습도박) ① 도박을 한 사람은 1천만원 이하의 벌금에 처한다. 다만, 일시 오락 정도에 불과한 때에는 예외로 한다.

1. 구성요건

도박이란 '우연에 의한 승패에 따라 재물이나 재산상의 이익의 귀속을 결정하는 게임'을 말한다. 우연이란 당사자 어느 누구의 의지나 능력에 의해서도 영향을 받지 않고 결과를 예견할 수도 없는 경우를 의미한다.

당사자의 능력에 따라 승패가 결정되는 경우에는 도박이라고 할 수 없다. 일반적으로 운동경기나 장기·바둑 등은 선수의 기량에 따라 결과가 좌우된다고 볼 수 있다. 윷놀이는 어떠한가? 우연적인 요소가 많이 있지만 참가자의 기량, 특히 말을 쓰는 지혜가 승패에 많은 영향을 미치는 것이 사실이다. 또한 흔히 도박의 범주에 포함시키는 고스톱의 경우에도 선수의 기량이 승패에 많은 영향을 미친다. 고스톱 교본까지 나와 있는 실정이다. 반대로 운동경기도 기량이 아주 비슷한 사람이 대결할 때에는 승패는 우연에 의해 좌우되기 마련이다.

따라서 도박인가 아닌가 하는 점은 게임의 종류 자체만이 아니라 그 게임에 참가하는 사람의 개인적 능력의 차이까지 종합적으로 검토해서 구체적인 경우에 상당 부분 우연의 지배를 받는 게임이 이루어진다면 도박에 해당된다고 보는 것이 타당하다.

리모컨에 의해 조정되는 주사위를 사용해서 승부를 조작하거나, 자신만 인식할 수 있는 표시를 카드에 해두거나 하는 식으로 승패를 일부 참여자가 좌우하는 경우(이른바 **사기도박**) 또는 뇌물로 전달하기 위한 돈을 걸고 일방적으로 져주는 소위 접대도박 등과 같은 **편면적 도박**이 도박인가에 대하여 견해대립이 있다.

① **부정설** : 승패가 우연에 의해 결정되는 것이 아니므로 도박이라고 할 수 없다는 견해 (**다수설·판례** | 대법원 1985. 4. 23. 85도583)

② **긍정설** : 당사자 쌍방에게 같은 정도로 우연성이 있어야 하는 것은 아니므로 도박으로 보아야 한다는 견해

결론 우연성이 있어야 도박이라고 할 수 있는 것이므로 **부정설**이 타당하다.

본죄는 추상적 위험범이다. 재물을 걸고 도박하는 행위를 하는 것 자체가 범죄가 된다. 다만 구체적으로 어느 단계까지 진행되었을 때를 **기수시기**로 볼 것인가에 대해서는 견해대립이 있다.

① 실행에 착수하면 그 즉시 기수가 된다는 견해
② 선을 정할 때 기수가 된다는 견해
③ 돈을 걸고 패를 돌리는 행위까지 해야 기수가 된다는 견해

결론 기수시기는 구성요건에 해당되는 행위를 했을 때로 보아야 하므로 돈을 걸고 패를 돌리는 행위까지 하여야 기수가 된다고 보아야 하겠다. 미수범 처벌규정이 없기 때문에 그 전 단계에서 그쳤으면 처벌할 수 없다.

2. 위법성

본조 단서는 "**일시 오락** 정도에 불과한 때에는 예외로 한다"고 규정하고 있는데 이는 본죄 특유의 위법성 조각사유라고 보아야 하겠다(**통설**). **판례**의 입장도 같다(대법원 1985. 11. 12. 85도2096; 대법원 2004. 4. 9. 2003도6351).

【판례】 제246조 제1항 단서의 해석 1. 도박죄에 있어서의 위법성의 한계는 도박의 시간과 장소, 도박자의 사회적 지위 및 재산정도, 재물의 근소성, 그 밖에 도박에 이르게 된 경위 등 모든 사정을 참작하여 구체적으로 판단하여야 할 것이다. (대법원 1985. 11. 12. 85도2096)

2. 형법 제246조 도박죄를 처벌하는 이유는 정당한 근로에 의하지 아니한 재물의 취득을 처벌함으로써 경제에 관한 건전한 도덕법칙을 보호하기 위한 것인바, 그 처벌은 헌법이 보장하는 국민의 행복추구권이나 사생활의 자유를 침해할 수 없고, 동조의 입법 취지가 건전한 근로의식을 배양 보호함에 있다면 일반 서민대중이 여가를 이용하여 평소의 심신의 긴장을 해소하는 오락은 이를 인정함이 국가정책적 입장에서 보더라도 허용된다 할 것으로, 일시 오락에 불과한 도박행위를 처벌하지 아니하는 이유가 여기에 있다. (대법원 1983. 3. 22. 82도2151)

일시적이라는 것은 행위자가 이를 위해 할애하는 시간이 나머지 다른 활동을 위한 시간과 비교할 때 별로 많지 않음을 의미한다. 이는 상대적인 개념이고 행위자의 사회적 역할을 감안해서 판단해야 할 사항이다. 예를 들어 직장에 다니는 사람이 매일 퇴근 후에 2~3시간씩을 할애하는 것은 일시적이라고 할 수 없다. 반면 실직자의 경우에는 이 정도는 일시적이라고 할 수 있다.

오락에 불과하다는 것은 승패와 이에 따른 재물의 귀속 여부보다는 함께 즐기는 데 주된 의미가 있는 분위기 속에서 진행됨을 뜻한다. 그러나 게임이 어떠한 분위기 속에서 진행되었는지를 판단하는 것은 경우에 따라 아주 어려운 일일 수 있다. 똑같이 점당 500원 짜리 고

스톱을 치더라도 눈에 불을 켜고 달려드는 사람이 있는가 하면 아무 느낌 없이 그저 즐긴다는 기분으로 참가하는 사람도 있을 수 있기 때문이다.

일시적 오락에 불과한가에 대한 판단은 행위자들의 경제적 지위와 판돈의 크기 그리고 지속성 여부를 종합적으로 검토해서 결론짓는 수밖에 없을 것이다(**통설**). 궁극적인 판단기준은 '경제부문의 건전한 사회풍속'을 해치는 행위인가 하는 점이다.

【판례】 일시오락으로 인정되는 경우 1. 일정한 직업을 가지고 있는 자들이 직업안내소에 종업원을 구하러 갔다가 딴 돈으로 탁주를 사 나눠 먹기로 하고 약 40분간 10여회에 걸쳐 속칭 끝내기 민화투를 쳤으며 판돈이 합계 금 700원 정도인 경우 (대법원 1979. 11. 13. 79도1715)

2. 한 동네에 거주하고 있는 피고인들이 마침 쉬는 날이라 동네 복덕방에 모여 놀다가 점심 및 술내기 육백을 치게 되었는데 판돈이 4,800원에 불과한 경우 (대법원 1983. 12. 27. 83도2545)

3. 친구 아들 생일잔치에 모여 총 4,000원의 판돈으로 술내기 화투를 친 경우 (대법원 1984. 7. 10. 84도1043)

4. 평소에 한 건물에 사는 관계로 얼굴을 알고 지내는 정도의 친분관계가 있는 이들이 서로의 친교를 두텁게 하기 위해 술내기 화투놀이(속칭 고스톱)를 하기로 하고 낮 3시경부터 7시경까지 1점당 100원을 걸고 화투를 친 결과, 잃은 사람의 돈액수는 200원 내지 4,000원 정도, 딴 사람의 돈 액수는 8,000원 정도였으며, 그 화투놀이 후 모두 부근 포장마차에서 피고인이 딴 돈 8,000원과 그외 일부 추렴한 돈을 합쳐 10,000원 상당의 술을 마신 경우 (대법원 1985. 11. 12. 85도2096)

5. 평소 알고 지내던 사람들이 식당에서 우연히 만나 각자 1,000원 내지 7,000원을 판돈으로 내놓고 한점에 100원짜리 속칭 고스톱을 30회 정도 한 경우 (대법원 1990. 2. 9. 89도1992)

6. 자신이 운영하는 여관 카운터에서 같은 동네에 거주하는 친구들과 함께 저녁을 시켜 먹은 후 그 저녁값을 마련하기 위하여 속칭 '훌라'를 친 것은 일시 오락 정도에 불과하는 행위로서 사회상규에 위배되지 않아 위법성이 조각된다. (대법원 2004. 4. 9. 2003도6351)

【판례】 일시오락으로 인정되지 않는 경우 1. 일회에 금 10원 내지 20원씩을 걸고 도박한 것이라 하더라도 그 도박회수와 피고인의 상습성에 비추어 이 경우 도박이 일시오

락의 정도에 불과하다고 볼 수 없다. (대법원 1967. 2. 28. 66도1791)

2. 모두 같은 군내에서 같은 직업에 종사하는 자들이 화투로 100끗에 10,000원씩 걸고 120여 회에 걸쳐 속칭 삼봉이라는 도박을 한 행위는 일시오락의 정도를 넘는 것이다. (대법원 1989. 4. 11. 88도2493)

Ⅲ. 상습도박죄

제246조 (도박, 상습도박) ② 상습으로 제1항의 죄를 범한 자는 3년 이하의 징역 또는 2천만원 이하의 벌금에 처한다.

도박행위를 상습적으로 하게 되면 본죄에 해당되어 가중처벌된다. 상습성의 의미는 상습상해죄(제264조) 부분에서 자세히 설명하였다.

【판례】 상습성의 판단 상습도박죄에 있어서의 상습성이라 함은 반복하여 도박행위를 하는 습벽으로서 행위자의 속성을 말한다 할 것인데, 이러한 습벽의 유무를 판단함에 있어서는 도박의 전과나 도박횟수 등이 중요한 판단자료가 된다 할 것이나(대법원 1990. 12. 11. 90도 2250; 대법원 1994. 3. 8. 93도 3608), 도박전과가 없다 하더라도 도박의 성질과 방법, 도금의 규모, 피고인이 도박에 가담하게 된 태양 등의 제반사정을 참작하여 도박의 습벽이 인정되는 경우에는 상습성을 인정하여도 무방하다(대법원 1983. 10. 25. 83도2448; 대법원 1985. 6. 11. 85도748) 할 것이다. (대법원 1995. 7. 11. 95도955)

【판례】 상습성이 인정되는 경우 1. 판돈 2,000원씩을 걸고 화투를 사용하여 속칭 도리짓고땡이라는 도박을 19회에 걸쳐 한 경우에 상습도박죄를 적용하였음은 정당하다. (대법원 1967. 10. 29. 68도1241)

2. 피고인에게 아무 전과가 없다 하더라도 2개월 10일 동안 9회에 걸쳐 도박을 하였다면 이는 상습성이 있다. (대법원 1983. 10. 25. 83도2448)

3. 단시일내에 전후 6회에 걸쳐 판돈 3백만 원여가 오간 도박의 경우, 1회의 도금 및 승패금과 압수된 금원 등에 비추어 이를 일시적인 오락으로 한 것으로는 볼 수 없고 여기에는 상습성이 있다고 할 것이다. (대법원 1985. 6. 11. 85도748)

4. 평소 알고 지내던 상피고인을 만나 각자 사람을 끌여 들여 거액의 판돈을 놓고 포커판을 벌이기로 모의하여 도박이 성사된 것인데, 2회에 걸친 도박이 모두 호텔방에서 딜러가 카드를 분배하는 수법으로 행해졌으며, 각자 소지한 도금은 수백만 원씩에 이르렀고, 1회 판돈은 금 15만 원 내지 1백만 원에 이르렀고, 특히 제1회 도박은 2박 3일 동안 같은 장소에서 계속되어 딜러의 몫으로 떼어진 돈만도 금 40만 원이나 되었던 사실, 피고인은 거액의 돈을 잃자, 그로부터 3일 후에 다시 호텔방을 예약하고 공범들 및 딜러에게 연락을 하여 제2회 도박을 성사시킨 사실 등 여러 사정을 참작하면 피고인에 대하여 도박의 습벽을 인정함에 부족함이 없다. (대법원 1995. 7. 11. 95도955)

【판례】 상습성이 인정되지 않는 경우 1. 피고인이 1982. 3. 15 19:00경부터 21:00경까지 사이, 동월 17. 17:30경부 터 18:30까지 사이, 동월 21. 17:00경부터 22:00까지 사이에 1회에 2만 원 내지 10만 원씩의 판돈을 걸고 "도리짓고땡"이라는 도박을 수십회 하였다 하여도 피고인에게는 도박의 전과도 없으며, 또한 피고인과 더불어 위 도박행위를 한 공범들은 1982. 10. 하순경까지 위와 같은 도박행위를 계속하였는데 피고인은 위 1982. 3. 21 이후에는 스스로 위 도박행위는 물론 다른 어떤 도박행위에도 가담하지 않았다면 위와 같은 도박의 회수, 방법 및 판돈의 금액만으로 피고인의 위 도박행위가 바로 도박습벽의 발현이라고 보기는 어렵다. (대법원 1985. 9. 24. 85도1272)

2. 도박자들이 모두 같은 군내에서 같은 직업에 종사하는 자들로서 도박전과가 없다면 화투로 100끗에 1만 원씩 걸고 120여 회에 걸쳐 속칭 삼봉이라는 도박을 한 행위가 일시오락의 정도를 넘는 것이더라도 그 도박회수와 1회 도박에 제공된 금액만 가지고 도박습벽의 발현이라고 보기는 어렵다. (대법원 1989. 4. 11. 88도2493)

3. 상피고인이 사용해 보라고 건네주는 유실물인 자기앞수표 금 1백만 원권 10매를 건네받은 도박 전과가 없는 피고인이 21:00경 부터 이튿날 09:00경까지 사이에 위 수표를 가지고 공소외 4인과 함께 화투를 사용하여 1회 도금 최고금 10만 원씩을 걸고 약 200회에 걸쳐 속칭 '모이쪼'라는 도박을 한 경우에는 상습성을 인정할 수 없다. (대법원 1991. 10. 8. 91도1894)

상습성은 가감적 신분에 해당되므로 공범 관계가 성립될 때는 상습성이 있는 사람만 상습도박 또는 상습도박의 공범으로서 가중처벌 된다.

【판례】 상습성의 의미 상습도박의 죄나 상습도박방조의 죄에 있어서의 상습성은 행위의 속성이 아니라 행위자의 속성으로서 도박을 반복해서 거듭하는 습벽을 말하는 것인 바, 도박의 습벽이 있는 자가 타인의 도박을 방조하면 상습도박방조의 죄에 해당하는 것이며, 도박의 습벽이 있는 자가 도박을 하고 또 도박방조를 하였을 경우 상습도박방조의 죄는 무거운 상습도박의 죄에 포괄시켜 1죄로서 처단하여야 한다. (대법원 1984. 4. 24. 84도195)

Ⅳ. 도박장소 개설죄

제247조 (도박장소 등 개설) 영리의 목적으로 도박을 하는 장소나 공간을 개설한 사람은 5년 이하의 징역 또는 3천만원 이하의 벌금에 처한다.

1. 객관적 구성요건

도박을 하기 위한 장소 또는 공간을 제공함으로써 성립되는 범죄이다. 영리를 목적으로 한다는 것이 영업적인 행위를 의미하는 것은 아니므로 상설 도박장이 아니라 한 번 개설하고 그만 둔 경우도 본죄가 된다.

【판례】 일회성 홍보용 도박장 인터넷 고스톱게임 사이트를 유료화하는 과정에서 사이트를 홍보하기 위하여 고스톱대회를 개최하면서 참가자들로부터 참가비를 받고 입상자들에게 상금을 지급한 행위는 도박개장죄에 해당한다. (대법원 2002. 4. 12. 2001도5802)

도박을 주재한다는 것은 공간 제공 이외에 도박기구 설치 등 도박이 이루어지게 하기 위한 부가적인 배려까지 하는 것을 말한다. 행위자가 도박에 직접 참가할 필요는 없다.

2. 주관적 구성요건

구성요건적 고의와 함께 부가적으로 영리의 목적을 가지고 있어야 한다. 여기서 영리란 도박을 하는 장소의 개설 자체를 통한 재산적 이익의 취득을 의미한다. 따라서 도박장 이용 자체에 대하여 어떠한 형태로든 반대급부를 받을 생각이 없는 경우에는 본죄가 성립되지 않는다. 그러나 목적범의 목적이 반드시 달성되어야 그 범죄가 성립되는 것은 아니므로 현실적으로 이익을 얻는다는 결과가 발생되어야만 본죄가 성립하는 것은 아니다(대법원 2002. 4. 12. 2001도5802).

3. 죄 수

도박을 하는 장소를 개설한 사람이 도박에 참가하면 본죄와 함께 도박죄(제246조 제1항)가 성립되고, 서로 별개의 행위에 의해 별개의 범죄를 구성하는 것이기 때문에 실체적 경합관계가 된다.

Ⅴ. 복표 발매·중개·취득죄

제248조 (복표의 발매 등) ① 법령에 의하지 아니한 복표를 발매한 사람은 5년 이하의 징역 또는 3천만원 이하의 벌금에 처한다.
② 제1항의 복표발매를 중개한 사람은 3년 이하의 징역 또는 2천만원 이하의 벌금에 처한다.
③ 제1항의 복표를 취득한 사람은 1천만원 이하의 벌금에 처한다.

1. 행위객체

본죄의 행위객체는 "법령에 의하지 아니한 복표"이다. 이와 관련하여 견해대립이 있다.

① 구성요건 조각설 : 법령에 의해서 발행된 복표는 행위객체에서 제외된다고 보는 견해

② **위법성 조각설** : 행위객체에는 해당되지만 법령에 따른 복표의 발행 행위는 위법성이 조각된다는 견해

결론 문제는 복표 발행이 본질적으로 금지되는 행위유형인가 하는 점이다. 경제부문의 건전한 사회풍속을 보호하기 위해서는 복표는 금지함이 마땅하다. 따라서 법령에 의해서 허용하는 것은 **위법성 조각**이라고 보는 것이 타당하다.

복표란 '여러 사람으로부터 재물을 모아, 추첨 등의 방법으로 당첨자에게 재산상의 이익을 주고 다른 참가자에게 손실을 주면서 발매하는 표찰'을 의미한다(「사행행위 등 규제 및 처벌 특례법」 제2조 제1항 제2호 가목).

복표는 우연에 의해 재산상 이익의 귀속자를 정한다는 측면에서 도박의 일종이다. 단지 일반적인 도박과의 차이점은 ① 추첨이라는 방법을 이용한다는 점, ② 복표발행 과정에서 취득된 금품의 소유권이 일단 발매자에게 귀속되었다가 추첨 후에 다시 배분된다는 점 그리고 ③ 참가자 가운데 한사람(발매자)이 재산적 손해의 위험을 전혀 부담하지 않는다는 점 등이다.

경품권은 이에 응모하는 사람에게서 별도의 금품을 받아 모아서 그 돈으로 상품을 주는 것이 아니라 발매자가 자신의 비용으로 부담하는 것이므로 복표가 아니다(**통설**).

이른바 **광고복권**은 복권 전면 일부에 기업체의 광고를 실은 것으로서 광고가 들어가 있다는 점 외에는 복표와 다를 것이 없다. 따라서 법령에 의하지 아니한 광고복권은 행위객체에 해당된다(대법원 2003. 12. 26. 2003도5433).

2. 행 위

발매란 '특정한 표찰을 발행하여 다수인으로부터 금품을 모아 추첨 등의 방법에 의하여 당첨자에게 재산상의 이익을 주고 다른 참가자에게 손실을 주는 행위'를 말한다. **중개**는 복표 발매자와 구매자를 중간에서 알선해 주는 행위이다. **취득**은 복표에 대한 소유권을 유상 또는 무상으로 이전 받는 것이다.

제3절 신앙에 관한 죄

Ⅰ. 개 관

서구의 경우와는 달리, 우리나라에서는 국가가 초월적 존재에 대한 신앙을 강요한 적도 없고, 국교라는 개념도 없었다. 배타적으로 한 종교만을 강요하는 분위기는 없었던 것이다. 조선 건국 이후에 이른바 숭유억불 정책이 시행되기는 했지만, 이는 세속의 권력과 연결된 불교 종단이 가지고 있던 정치적 힘을 무산시키는 것이 목적이었을 뿐이다. 정치권력과 전혀 무관했던 도교에 대해서는 아무런 조치도 취하지 않은 것을 보면 잘 알 수 있다.

국교라는 것이 존재하지 않았기 때문에 교회법상의 범죄라는 것은 이 땅에 있어본 적이 없다. 그보다는 신앙이 토착화되어 **건전한 사회풍속의 일부**를 이루고 있는 경우, 이를 해치는 행위는 신앙을 침해하는 것이기도 하지만 반사회적인 것이기 때문에 범죄행위로 평가된다고 할 수 있다.

또 한편 법회, 불사, 예배 등 종교의식은 다른 사람에게 해를 주지 않는 한 자유롭게 치를 수 있도록 보호되어야 한다. 다른 종교를 존중하고 배척하지 않는 것은 우리나라의 **선량한 풍속**이다. 이러한 면에서 종교의식을 방해하는 행위는 반사회적 행위로서 처벌대상이 되는 것이다.

제12장 규정의 보호법익은 '신앙·종교와 관련한 건전한 사회풍속'이라고 보는 것이 타당하다. 본장에 포함되어 있는 제163조(변사체 검시방해)는 공무집행을 방해하는 범죄이므로 국가의 기능을 침해하는 범죄 쪽으로 위치조정을 하는 것이 마땅하다. 제163조는 그곳에서 설명하기로 한다.

Ⅱ. 장례식 등 방해죄

제158조 (장례식 등의 방해) 장례식, 제사, 예배 또는 설교를 방해한 자는 3년 이하의 징역 또는 500만원 이하의 벌금에 처한다.

1. 행위객체

장례식은 '사자(死者)를 장사지내는 의식'을 뜻한다. 종교적 의식이어야 할 필요는 없다. 반드시 시신을 모셔두고 해야 하는 것도 아니다(**통설**).

제사는 '조상을 포함한 천지신명을 대상으로 제를 올리는 의식'을 말한다. 종교적인 형식을 취할 수도 있고 그렇지 않을 수도 있다.

예배란 '신을 숭배하기 위한 종교 의식'을 의미한다. 어느 장소에서 이루어지더라도 관계없다. 반드시 특정 종교의 공인된 교직자에 의해 집전되지 않더라도 상관없다(대법원 1971. 9. 28. 71도1465).

설교는 '종교의 교리를 설명하는 행위'를 뜻한다.

2. 행 위

방해란 '정상적인 진행이 이루어지기 힘들게 만드는 행위'를 말한다. 방해의 방법에는 제한이 없다. 소음을 일으켜 의식을 진행시킬 수 없게 만드는 것도 방법이 될 수 있다. 의식이 시작되기 전에 식을 집전할 사람(예: 제주, 교직자)을 **감금**하는 것도 본죄에 해당된다. 다만 의식이 시작단계에도 도달하지 않은 경우에는 본죄가 성립되지 않는다.

【판례】 의식 시작 이전의 방해 **1.** 형법 제158조에 규정된 제전방해죄는 제전의 평온을 그 보호법익으로 하는 것이므로, 제전이 집행중이거나 제전의 집행과 시간적으로 밀접 불가분의 관계에 있는 준비단계에서 이를 방해하는 경우에만 성립한다. 따라서 피고인이 피해자의 집에 가서 시비 중에 마침 제사상에 사용할 음식을 마련하여 임시로 작은 상 위에 올려 놓은 것을 발로 찼다는 정도의 행위는 제전방해죄에 해당되지 않

는다. (대법원 1982. 2. 23. 81도2691)

2. 교회의 교인이었던 사람이 교인들의 총유인 교회 현판, 나무십자가 등을 떼어 내고 예배당 건물에 들어가 출입문 자물쇠를 교체하여 7개월 동안 교인들의 출입을 막음으로써 계속 예배당 건물의 출입을 불가능하게 하였더라도, 이러한 행위는 교인들의 예배 내지 그와 밀접불가분의 관계에 있는 준비단계를 계속하여 방해한 것으로 볼 수 없어 예배방해죄가 성립하지 않는다. (대법원 2008. 2. 1. 선고 2007도5296)

목사가 엉터리라는 소문을 퍼뜨리는 것과 같은 간접적인 방법을 사용하는 경우에는 인과관계의 직접성이 인정될 수 없으므로 본죄가 성립되지 않는다.

Ⅲ. 시체 등 오욕죄

제159조 (시체 등의 오욕) 시체, 유골 또는 유발을 오욕한 자는 2년 이하의 징역 또는 500만원 이하의 벌금에 처한다.

1. 행위객체

시체란 '죽은 사람의 신체'를 의미한다. 태아도 본래 사람이므로 사태(死胎)도 본죄의 행위객체에 포함된다(**통설**). 매장 및 묘지에 관한 법률도 제2조에서 임신 4개월 이상의 사태를 사체로 규정하고 있다. 죽은 사람의 신체가 완벽한 형태로 갖추어져 있을 필요는 없다. 시체의 일부도 시체이다. 의치처럼 죽은 사람의 신체의 일부를 이루고 있던 부분도 시체로 보는 것이 타당하다(**통설**).

유골이란 시체를 화장하거나 세월이 흘러 뼈만 남은 경우 그 뼈를 이르는 말이다. 넓은 의미의 사체에 포함되는 개념이다. **유발**은 시체의 일부인 머리카락을 말한다.

시체·유골·유발이 학문적 목적에 따라 연구용으로 보관되고 있는 경우에는 행위객체에서 제외된다.

2. 행 위

오욕이란 '행동거지를 통해 욕되게 하는 것'을 의미한다. 침을 뱉거나 오줌을 누는 등의 행위가 이에 해당된다. 시체에 대한 간음행위도 마찬가지이다.

Ⅳ. 분묘발굴죄

> 제 160 조 (분묘의 발굴) 분묘를 발굴한 자는 5년 이하의 징역에 처한다.
> 제 162 조 (미수범) 전2조의 미수범은 처벌한다.

1. 행위객체

분묘란 시체·유골·유발 등을 매장하여 죽은 사람을 제사 또는 기념하는 장소를 말한다. 후손이 없거나 있더라도 관리가 이루어지지 않고 있는 경우도 분묘로 인정된다(대법원 1976. 10. 29. 76도2828; 대법원 1990. 2. 13. 89도2061). 불법하게 매장되었더라도 무방하다.

2. 행 위

발굴이란 흙이나 돌 등 '매장물을 덮고 있는 물질(이른바 覆土)을 제거하는 행위'를 말한다. 어느 정도나 제거해야 범죄가 성립되는가에 대해서는 견해대립이 있다.

① **외부인식설**: 매장물이 노출될 정도에 이르러야 한다는 견해 (**통설**)

② **복토제거설**: 매장물이 노출되지 않더라도 복토를 제거하기만 하면

된다는 견해 (**판례** | 대법원 1962. 3. 29. 4294형상539)

③ **복토일부제거설**: 복토의 전부가 아니라 일부를 제거하거나 묘석 등을 파괴하는 정도면 된다는 견해

결론 발굴의 개념 자체가 '매장물을 덮고 있는 물질을 제거하는 것'이므로, **복토제거설**이 타당하다.

3. 위법성

법적으로 그 분묘를 수호, 봉사하며 관리하고 처분할 권한이 있는 자 또는 그로부터 정당하게 승낙을 얻은 자가 사체에 대한 종교적·관습적 양속에 따른 존경의 예를 갖추어 이를 발굴하는 경우에는 정당행위(제20조)로서 위법성이 배제된다(대법원 1995. 2. 10. 94도1190).

본조의 제정 취지는 아무런 권한 없이 분묘를 발굴하는 행위 또는 권한이 있더라도 신앙·종교와 관련한 건전한 사회풍속에 위배되는 방법으로 발굴하는 행위만을 처벌하고자 하는 것이다.

Ⅴ. 시체 등 손괴·유기·은닉·영득죄

제 161 조 (시체 등의 영득) ① 시체, 유골, 유발 또는 관 속에 넣어둔 물건을 손괴, 유기, 은닉 또는 영득한 자는 7년 이하의 징역에 처한다.
② 분묘를 발굴하여 전항의 죄를 범한 자는 10년 이하의 징역에 처한다.
제 162 조 (미수범) 전2조의 미수범은 처벌한다.

1. 행위객체

시체·유골·유발의 개념은 사체 등 오욕죄(제159조)의 경우와 같다. 관 속에 넣어둔 물건이란 시체 이외에 관 안에 간직되어 있는 모든 물건을 말한다. 수의도 이에 해당된다.

2. 행 위

손괴란 시체의 전부나 일부에 직접 유형력을 가하여 훼손시키는 행위를 의미한다.

유기는 시체를 종교적·사회적 의미에서 매장이라고 볼 수 있는 방법에 의하지 않고 버리는 행위를 말한다.

> 유기는 작위와 부작위 모두에 의해서 가능하다. ① **작위**에 의한 유기는 시체를 장소적으로 이동시키는 경우이다. 이와는 반대로 매장을 해야 할 의무자가 시체를 그대로 방치하고 장소를 떠남으로써도 가능하다. ② **부작위**에 의한 유기는 제3자가 시체를 가져가는 것을 방치하는 경우이다. 또한 매장의무자가 어디를 갔다가 매장하기 위해서 돌아와야 할 상황이 되는데도 오지 않는 경우도 부작위에 의한 유기가 된다.

은닉이란 시체를 숨김으로써 이를 발견하는 것이 불가능하게 하거나 매우 곤란하게 만드는 행위를 말한다. 판례는 단순히 결과적으로 발견이 힘들게 만드는 정도를 넘어서 파묻는 등 발견되지 못하도록 하는 적극적인 조치가 있어야 은닉에 해당된다고 보고 있다.

> **【판례】 은닉의 의미** 형법 제161조의 사체은닉이라 함은 사체의 발견을 불가능 또는 심히 곤란하게 하는 것을 구성요건으로 하고 있으나 살인, 강도살인 등의 목적으로 사람을 살해한 자가 그 살해의 목적을 수행함에 있어 사후 사체의 발견이 불가능 또는 심히 곤란하게 하려는 의사로 인적이 드문 장소로 피해자를 유인하거나 실신한 피해자를 끌고 가서 그곳에서 살해하고 사체를 그대로 둔 채 도주한 경우에는 비록 결과적으로 사체의 발견이 현저하게 곤란을 받게 되는 사정이 있다 하더라도 별도로 사체은닉죄가 성립되지 아니한다. (대법원 1986. 6. 24. 86도891)

영득이란 시체에 대한 점유(사실상의 지배)를 이전 받아 사실상의 처분권을 획득하는 것을 말한다. 대가를 지급하고 취득하더라도 본죄는 성립된다.

사람을 살해한 자가 그 시체를 다른 장소로 옮겨 유기하거나 은닉하였을 때에는 살인죄(제250조) 외에 별도로 본죄가 성립하고 실체적 경합이 된다(대법원 1984. 11. 27. 84도2263; 대법원 1997. 7. 25. 97도1142). 분묘발굴행위(제160조)와 본조의 행위를 함께 하면 가중처벌 된다.

제 3 편

국가적 법익을 침해하는 범죄

제1장 국가의 존립을 위태롭게 하는 범죄
제2장 국가의 권위를 위태롭게 하는 범죄
제3장 국가의 기능을 침해하는 범죄

제 1 장 국가의 존립을 위태롭게 하는 범죄

제 1 절 내란의 죄

Ⅰ. 개 관

1. 의의 및 보호법익

내란이란 폭동에 의하여 헌법질서를 위태롭게 하고 국가의 존립 자체를 위협하는 범죄를 말한다. 국가의 존립 자체가 위험에 처하게 되면 대다수의 국민들이 도탄에 빠지게 되기 때문에 내란죄는 대단히 위험한 범죄이므로 현재 형법전이 가장 중대한 범죄로 취급하고 있다.

대한민국 정부가 수립된 이후에 큰 내란 행위가 두 차례 있었다. 그 가운데 첫 번째 내란은 제대로 성공하여 행위자들이 국가권력을 거의 완벽하게 장악한 관계로 그들의 행위에 대한 사법처리는 언급도 할 수 없는 상태로 20년의 집권기간이 흘러갔다. 두 번째 내란은 첫 번째 내란으로 시작된 군사독재정권을 종식시키고자 하는 힘과 이를 연장시키고자 하는 군부세력의 충돌이 만들어내었다. 이른바 '신군부 집단'은 1980년 5월 광주에서 수많은 사람을 살상하면서 내란을 성공시켰다.

성공한 내란은 사실상 처벌할 수 없게 되는 것이 일반적인 현상인데 두 번째의 내란은 시민들의 끈질긴 투쟁의 결과로 사법처리가 이루어졌다.

제1장(내란의 죄)의 **보호법익**이 무엇인가에 대하여 견해대립이 있다.

① **국가의 존립설**: 국가의 존립 자체로 보는 견해

② **국가의 내적 안전설**: 국가의 존립과 헌법질서 모두를 유지하기 위한 규정으로 보는 견해 **(다수설)**

결론 본죄는 "국토를 참절하거나 국헌을 문란할 목적으로 폭동"을 할 때 성립하는 것이므로 국가의 존립과 헌법질서 모두를 유지하기 위한 규정으로 보아야 한다. 따라서 보호법익은 **국가의 내적 안전**이라고 보는 것이 타당하다.

내란죄는 추상적 위험범이다(**통설**).

2. 구성요건 체계

내란의 죄 가운데 **기본 구성요건**은 내란(제87조)이다. 내란목적 살인죄(제88조)는 내란의 목적은 필요로 하지만 폭동을 요건으로 하지 않는다는 점에서 내란죄의 독자적 변형 구성요건이다. 내란 선전·선동죄(제90조 제2항)는 내란 또는 내란목적 살인보다 행위의 내용과 불법의 정도가 약하기 때문에 감경처벌하는 감경 구성요건이다.

Ⅱ. 내란죄

제87조 (내란) 대한민국 영토의 전부 또는 일부에서 국가권력을 배제하거나 국헌을 문란하게 할 목적으로 폭동을 일으킨 자는 다음의 구별에 의하여 처단한다.

1. 우두머리는 사형, 무기징역 또는 무기금고에 처한다.
2. 모의에 참여하거나 지휘하거나 그 밖의 중요한 임무에 종사한 자는 사형, 무기 또는 5년 이상의 징역이나 금고에 처한다. 살상, 파괴 또는 약탈의 행위를 실행한 자도 같다.
3. 부화수행(附和隨行)하거나 단순히 폭동에만 관여한 자는 5년 이하의 징역 또는 금고에 처한다.

제89조 (미수범) 전2조의 미수범은 처벌한다.

제91조 (국헌문란의 정의) 본장에서 국헌을 문란할 목적이라 함은 다음 각호의 1에 해당함을 말한다.

1. 헌법 또는 법률에 정한 절차에 의하지 아니하고 헌법 또는 법률의 기능을 소멸시키는 것.
2. 헌법에 의하여 설치된 국가기관을 강압에 의하여 전복 또는 그 권능행사를 불가능하게 하는 것.

1. 의 의

대한민국 영토의 전부 또는 일부에서 국가권력을 배제하거나 국헌을 문란하게 할 목적으로 폭동을 일으킴으로써 성립되는 범죄이다.

내란죄는 ① 범죄 자체가 지극히 위험한 것이라는 점과 ② 내란이 성공해서 국가권력을 배제하는 등 국가존립이 파괴되는 결과가 발생되면 사실상 처벌을 하기가 힘들어진다는 점 때문에 위험범의 형식으로 규정할 수밖에 없다. 위험범설 내에서도 견해대립이 있다.

① 구체적 위험범설

② 추상적 위험범설

결론 구성요건이 특별히 위험의 발생을 요건으로 하지 않는다는 점에서 **추상적 위험범설**이 옳다.

2. 구성요건

(1) 객관적 구성요건

1) 행위의 주체

내란행위의 주체에는 제한이 없다. 내국인은 물론 외국인이 국외에서 내란행위를 한 경우에도 본죄의 주체가 된다(제5조 제1호). 본죄는 여러 사람이 함께 행위를 해야 성립되는 범죄(필요적 공범)이고 각자의 역할이 각양각색이게 되는데 내란을 함께 도모했더라도 각 행위자별로 자신이 맡은 역할에 따라 달리 처벌받는다.

우두머리란 폭동을 조직·지휘·통솔하는 자를 말한다. 반드시 한 사람만 수괴가 될 수 있는 것은 아니며, 주모자가 아니라 나중에 가담한 사람이라도 될 수 있다.

모의참여자란 폭동계획 과정에 참여한 사람을 말한다. **지휘자**란 폭동에 참여하는 사람의 전부 또는 일부를 지휘하는 자이다. **중요임무종사자**는 모의참여자 또는 지휘자는 아니지만 폭동에 관한 주요 임무에 종사하는 자를 말한다. 예를 들어 폭동 과정에서 무기나 식량을 보급하거나, 살상이나 약탈행위에 가담하는 자가 여기에 해당된다.

부화수행자와 **단순가담자**는 공연히 군중심리에 휩쓸려 폭동에 참여한 사람을 말한다.

여기서 폭동에 참여한다는 것이 폭동의 전 과정을 처음부터 끝까지 함께 한다는 것을 의미하는 것은 아니다. 부분적으로만 관여했더라도 기여한 정도에 따라 내란죄로 처벌된다.

【판례】 부분적 내란 참여 내란 가담자들이 하나의 내란을 구성하는 일련의 폭동행위 전부에 대하여 이를 모의하거나 관여한 바가 없다고 하더라도, 내란집단의 구성원으로서 전체로서의 내란에 속하는 개개 행위에 대하여 부분적으로라도 그 모의에 참여하거나 기타의 방법으로 기여하였음이 인정된다면, 그 일련의 폭동행위 전부에 대하여 내란죄의 책임을 면할 수 없다. (대법원 1997. 4. 17. 96도3376)

2) 행 위

내란죄의 행위내용은 폭동이다. **폭동**이란 다수인이 결합해서 폭행·협박하는 것을 말한다. 다수인의 결합은 어느 정도 조직화 될 필요는 있으나, 그 수가 특정되어 있을 필요는 없다. 또한 여기서의 폭행·협박은 반드시 사람에 대한 것일 필요는 없다. 그러나 하찮은 난동까지 모두 폭동이라고 할 수는 없으므로, **한 지방의 평온**을 해칠 정도로 강력한 것이어야 한다.

대규모의 극렬한 폭력시위 또는 전기·가스·수도물의 공급 중단이나 교통·통신의 두절을 야기하는 폭행·협박행위 등이 한 지방의 평온을 해칠 정도에 이르면 폭동으로 인정된다.

1980. 5. 17.의 비상계엄 전국 확대선포로 시작되어 1981. 1. 24. 비상계엄 해제로 종료된 5·18 내란행위의 경우에는 반대로 광주시민들의 시위가 아니라 헌정질서를 수호하기 위한 정당행위이었던 이들 시위를 난폭하게 진압하여 당시의 대통령과 국무위원에게 강한 위협을 느끼도록 한 신군부 집단의 시위진압행위가 협박으로서 폭동에 해당하는 것으로 판단되었다. (대법원 1997. 4. 17. 96도3376 전원합의체)

본죄는 폭동행위로서의 집단행동이 개시된 후 국토참절 또는 국헌문란의 목적을 달성하였는가의 여부와는 관계없이, 폭동행위가 한 지방의 평온을 해할 정도에 이르면 기수가 된다(**통설·판례** | 대법원 1980. 5. 20. 80도306; 대법원 1997. 4. 17. 96도3376). 따라서 폭행·협박을 시작했어도 한 지방의 평온을 해할 정도에 이르지 않고 그

쳤을 때에는 미수가 된다.

【판례】 내란 행위 내란죄는 국토를 참절하거나 국헌을 문란할 목적으로 폭동하는 행위로서 다수인이 결합하여 위와 같은 목적으로 한 지방의 평온을 해할 정도의 폭행·협박행위를 하면 기수가 되고, 그 목적의 달성 여부는 이와 무관한 것이므로, 다수인이 한 지방의 평온을 해할 정도의 폭동을 하였을 때 이미 내란의 구성요건은 완전히 충족된다고 할 것이다. (대법원 1997. 4. 17. 96도3376 전원합의체)

(2) 주관적 구성요건

여럿이 함께 폭동을 일으킨다는 데 대한 인식과 의도가 있어야 한다. 또한 이러한 고의 이외에 대한민국 영토의 전부 또는 일부에서 국가권력을 배제하거나 국헌을 문란케 하겠다는 목적도 가지고 있어야 한다.

1) 국가권력 배제

국가권력을 배제한다는 것은 '대한민국 영토에 대한 대한민국 주권의 전부 또는 일부를 상실시키는 것'을 말한다. 대한민국의 영토를 외국에 양도하거나 영토에 대한 법적·사실적 지배를 불가능하게 만드는 것이 그 예이다(**통설**).

2) 국헌 문란

"국헌을 문란"하게 한다는 것은 '대한민국 헌법의 기본질서를 침해하는 것'을 말한다. 구체적으로는 "헌법 또는 법률에 정한 절차에 의하지 아니하고 헌법 또는 법률의 기능을 소멸시키는 행위(제91조 제1호)" 또는 "헌법에 의하여 설치된 국가기관을 강압에 의하여 전복 또는 그 권능행사를 불가능하게 하는 것(제91조 제2호)"을 의미한다. 여기에서 '권능행사를 불가능하게 한다'는 것은 그 기관을 제도적으로 영구히 폐지시키는 경우만을 가리키는 것이 아니라 사실상 상당기간 기능을 제대로 할 수 없게 만드는 것을 포함한다(대법원 1997. 4. 17. 96도3376).

【판례】 국헌 문란의 목적이 있는 경우 5·18 내란행위자들이 1980. 5. 17. 24:00를 기하여 비상계엄을 전국으로 확대하는 등 헌법기관인 대통령, 국무위원들에 대하여 강압을 가하고 있는 상태에서, 이에 항의하기 위하여 일어난 광주시민들의 시위는 국헌을 문란하게 하는 내란행위가 아니라 헌정질서를 수호하기 위한 정당한 행위였다. 그럼에도 불구하고 이를 난폭하게 진압함으로써, 대통령과 국무위원들에 대하여 보다 강한 위협을 가하여 그들을 두려움에 떨게 하였다면, 그 시위진압행위는 내란행위자들이 헌법기관인 대통령과 국무위원들을 강압하여 그 권능행사를 불가능하게 한 것으로 보아야 하므로 국헌 문란에 해당된다. (대법원 1997. 4. 17. 96도3376)

【판례】 국헌 문란의 목적이 없는 경우 피고인들은 한일회담이 우리나라에 불리하게 체결될 것을 우려한 나머지 국민여론을 환기시켜 이를 시정하게 만들거나 정권교체를 목적하였을 뿐이다. 그렇다면 이는 현정치적 기본조직제도 자체의 변경을 기도하여 직접적으로 국가의 기본조직을 강압으로 전부 또는 그 권능행사를 불가능케 할 목적이 아니므로 국헌 문란에 해당되지 않는다. (대법원 1977. 2. 22. 72도2265 | 같은 취지: 대법원 1968. 3. 5. 66도1056; 대법원 1980. 5. 20. 80도306)

3. 공 범

내란은 다수인에 의한 폭동으로 행해지는 것이므로 전형적인 필요적 공범이다. 본죄에 **공범에 관한 총칙 규정**이 적용될 수 있는가에 관하여 논란이 있다.

① **적극설** : 총칙의 공범 규정은 각칙의 모든 범죄에 적용되는 것이므로 내란에 대해서도 적용되어야 한다는 견해

② **소극설** : 총칙의 공범 규정은 임의적 공범에 관한 것이므로 필요적 공범의 형식으로 규정된 내란죄에는 적용될 수 없다는 견해

법률이 집단범죄의 특질을 고려하여 집단적 행동에 관여한 자를 일정한 태양과 정도에 따라 그 형을 구별하여 규정한 이상, 법률이 규정한 이외의 관여행위는 처벌하지 않겠다는 취지로 보아야 하므로 단독범을 전제로 한 총칙의 공범 규정은 적용할 수 없다는 것이 소극설의 논거이다.

결론 제87조가 내란행위에 관여한 자를 수괴, 모의관여자, 부화수행자로 구별하여 가담 정도에 따라 달리 처벌하고 있다는 점에서 보면 내란 자체에 가담한 자에게 총칙상의 공동정

범 규정이 적용될 여지는 없을 것이다.

그러나 제87조가 입법시 집단 밖에서 여러 가지 형태로 내란행위자를 교사 또는 방조하는 행위까지도 고려한 규정이라고 보기는 어렵고, 또 이러한 행위를 처벌하지 않을 이유도 없다. 따라서 본죄에 대해서도 교사나 방조의 규정을 적용하여야 하므로 **적극설**이 타당하다.

4. 죄 수

내란죄는 그 구성요건의 의미 내용 자체가 목적에 의하여 결합된 다수의 폭동을 예상하고 있는 범죄라고 할 것이므로, 내란행위자들에 의하여 애초에 계획된 국헌 문란의 목적을 위하여 행하여진 일련의 폭동행위는 단일한 내란죄의 구성요건을 충족하는 것으로서 하나의 행위에 의한 하나의 범죄(단순일죄)로 보아야 한다(대법원 1997. 4. 17. 96도3376).

한편 내란을 목적으로 폭동을 하면서 이에 수반하여 사람을 살상하거나 시설물을 파괴하거나 재물을 약탈하는 경우에 이들 범죄행위와 본죄의 관계에 대하여 견해대립이 있다.

① 제87조 제2호 후단에 포함되므로 별도로 다른 규정을 적용할 필요가 없다는 견해 **(판례)**

【판례】 폭동에 수반하는 살인 내란의 실행과정에서 폭동행위에 수반하여 개별적으로 발생한 살인행위는 내란행위의 한 구성요소를 이루는 것이므로 내란행위에 흡수된다. (대법원 1997. 4. 17. 96도3376)

② 제87조 제2호 후단과 별도로 제250조(살인), 제257조(상해), 제333조(강도), 제164조(현주건조물 방화) 등의 규정도 적용된다고 보는 견해

결론 제87조 제2호 후단에 규정되어 있는 행위에 대하여 별도의 규정을 적용할 이유는 없다고 본다.

Ⅲ. 내란목적 살인죄

제88조 (내란목적의 살인) 대한민국 영토의 전부 또는 일부에서 국가권력을 배제하거나 국헌을 문란할 목적으로 사람을 살해한 자는 사형, 무기징역 또는 무기금고에 처한다.
제89조 (미수범) 전2조의 미수범은 처벌한다.

1. 의 의

본죄는 국가권력을 배제하거나 국헌을 문란할 목적을 가지고 사람을 살해함으로써 성립하는 범죄이다. 제87조(내란) 제2호가 '살상한 자'를 모의참여자와 같은 형으로 처벌하도록 규정하고 있기 때문에 이 조항과 본죄와의 관계가 문제가 된다. 이에 대한 견해는 다음과 같이 대립되어 있다.

① **특별규정설**: 국토를 참절하거나 국헌을 문란할 목적을 가지고 사람을 살해한 경우, 내란죄에 해당하지만 이를 특히 무겁게 처벌하기 위한 특별규정이라는 견해

② **독자적 변형구성요건설**: 본죄는 요인의 암살을 내용으로 하는 내란죄의 독립된 유형이라고 보는 견해

③ **가중구성요건설**: 본죄에서의 내란 목적은 살인의 목적을 포함하므로 살인죄에 대한 가중구성요건이라고 보는 견해

④ **이원설**: 내란목적의 폭동자가 살인을 하는 경우에는 내란죄에 해당되고, 살인을 통하여 내란목적을 달성하고자 한 경우에는 본죄가 성립된다는 견해

[결론] 국헌 문란의 목적을 달성함에 있어 내란죄가 '폭동'을 그 수단으로 함에 비하여, 내란목적 살인죄는 '살인'을 그 수단으로 하는 점에서 두 죄는 엄격히 구별된다. 내란목적의 폭동자가 살인을 하는 경우에는 제87조 제2호가 적용되고, 살인을 통하여 내란목적을 달성하고자 하는 경우에는 본죄가 성립된다고 봄이 마땅하다. 따라서 본죄는 내란의 목적은 필

요로 하지만 폭동을 요건으로 하지 않는다는 점에서 내란죄와는 별개의 **독자적 변형 구성요건**으로 보는 것이 타당하다.

2. 구성요건

(1) 객관적 구성요건

1) 행위객체

본죄의 행위객체를 국가원수, 군 수뇌부와 같은 **요인**으로 한정해야 하는가에 대하여 견해대립이 있다.

① 한정설

② 비한정설

결론 요인이 아닌 사람을 살해함으로써 내란의 목적을 달성할 수도 있는 일이고, 요인을 살해하기 위해 먼저 요인의 경호원을 살해하는 경우도 살해의 목적이 내란에 있는 이상 본죄가 성립되지 않는다고 할 이유가 없다. 따라서 행위객체를 요인으로 제한할 이유는 없다. **비한정설**이 타당하다.

2) 결과의 발생 · 인과관계

본죄는 사람을 살해하는 결과가 발생되어야 성립하므로 침해범으로 보아야 한다(**통설**). 살해를 하기 위한 행위 또는 그 결과가 폭동 전에 이루어지든, 폭동이 진행되는 중에 이루어지든, 폭동이 종료된 이후에 완성이 되든 관계없다(**통설**).

(2) 주관적 구성요건

본죄는 목적범이므로 사람을 살해한다는 고의 이외에 내란의 목적이 있어야 한다. 행위시에 목적이 있으면 되고 그 목적이 실현되었는가의 여부는 본죄의 성립에 영향을 끼치지 않는다.

3. 죄 수

살해가 내란의 와중에서 폭동에 수반하여 일어난 경우에는 내란죄와 살인죄의 상상적 경합이 된다. 그러나 살인 자체가 내란의 목적으로 의도적으로 실행된 경우에는 본죄가 성립된다(대법원 1997. 4. 17. 96도3376). 즉, 폭동 전에 내란의 목적으로 살인하고 그 후 폭동에 가담하였다면 본죄와 내란죄의 실체적 경합이 되고, 폭동 중에 내란 목적의 살인을 하면 내란죄와 본죄의 상상적 경합이 된다(**통설**).

Ⅳ. 내란 예비·음모·선동·선전죄

> 제90조 (예비, 음모, 선동, 선전) ① 제87조 또는 제88조의 죄를 범할 목적으로 예비 또는 음모한 자는 3년 이상의 유기징역이나 유기금고에 처한다. 단, 그 목적한 죄의 실행에 이르기 전에 자수한 때에는 그 형을 감경 또는 면제한다.
> ② 제87조 또는 제88조의 죄를 범할 것을 선동 또는 선전한 자도 전항의 형과 같다.

내란죄(제87조) 또는 내란목적 살인죄(제88조)를 범할 목적으로 예비·음모·선동·선전함으로써 성립하는 범죄이다.

예비와 음모의 개념은 총론에서 설명한 것과 같다. 본죄에 대한 교사·방조가 가능하다는 견해가 있으나 예비에 대한 방조를 인정하면 처벌의 범위를 부당하게 넓히게 되므로 곤란하다(**통설**).

내란이라는 중대한 범죄를 방지하기 위하여 예비·음모 단계에서 자수한 때에는 그 형을 감면하도록 형사정책적 배려를 하고 있다.

선동이란 타인에게 자극을 주어 정당한 판단을 잃게 하고 범죄실행을 결의하게 하거나 이미 존재하는 결의를 강화시키는 것을 말한다.

선전이란 불특정 다수에게 내란의 취지를 설명하고 알리는 행위를 말한다.

제 2 절 외환의 죄

Ⅰ. 개 관

1. 의의 및 보호법익

외환(外患)의 죄는 외환을 유치하거나 외국과 모의하여 대한민국에 항적(抗敵)하거나 적국에 이익을 제공하는 등의 방법으로 국가의 안전을 위협하는 범죄를 말한다.

외환의 죄는 국가의 **외적 안전**을 보호법익으로 하며(**통설**) 추상적 위험범이다.

2. 구성요건 체계

외환의 죄는 외환유치(제92조), 여적(제93조), 이적(제94~97조, 제99조), 간첩(제98조), 전시 군수계약 불이행(제103조)으로 구성되어 있다. 이적죄의 경우는 제99조를 기본구성요건으로 하고 행위 방법과 불법에 따라 모병 이적죄(제94조), 시설제공 이적죄(제95조), 시설파괴 이적죄(제96조), 물건제공 이적죄(제97조)를 각각 가중 구성요건으로 두고 있다.

Ⅱ. 외환유치죄와 여적죄

1. 외환유치죄

제 92 조 (외환유치) 외국과 통모하여 대한민국에 대하여 전단을 열게 하거나 외국인과 통모하여 대한민국에 항적한 자는 사형 또는 무기징역에 처한다.

제 100 조 (미수범) 전8조의 미수범은 처벌한다.

제 104 조 (동맹국) 본장의 규정은 동맹국에 대한 행위에 적용한다.

본죄는 "외국과 통모(通謀)하여 대한민국에 대하여 전단(戰端)을 열게 하거나 외국인과 통모하여 대한민국에 항적"함으로써 성립된다.

외국이란 '대한민국 이외의 국가'를 말한다. 이와 관련하여 제92조에서 말하는 외국에 적국이 포함되는가에 대한 견해대립이 있다.

① 포함설 (**통설**)

② 비포함설

결론 제92조에 대하여 여적죄 규정(제93조)이 특별규정이라고 볼 수 있으므로, 외국 가운데 적국과 합세하여 대한민국에 항적하는 경우에는 여적죄 규정만 적용됨은 분명하다. 그러나 그렇다고 해서 제92조에서 말하는 외국에 적국이 포함되지 않는다고 보기는 곤란하다. **포함설**이 타당하다. 한편 법적으로 대한민국의 일부인 북한은 본죄에서 말하는 외국이 아니다.

통모란 의사연락을 통하여 모의하는 것을 말한다. 어느 쪽에서 먼저 의사연결을 꾀하였는가는 문제가 되지 않는다. 외국인이란 외국인 개인과 테러집단과 같은 사적 단체를 말한다.

본죄의 **행위**는 전단을 열게 하거나 항적하는 것이다. 전단을 연다는 것은 전투행위를 개시하는 것을 의미한다. 전투는 국제법상의 전쟁에 한정되지 않고 저강도 전쟁을 비롯한 사실상의 교전도 포함된다(**통설**). 또 항적한다는 것은 적국의 군무에 종사하는 것으로서 대한민국에 적대적인 일체의 행위를 하는 것을 말한다.

2. 여적죄

제 93 조 (여적) 적국과 합세하여 대한민국에 항적한 자는 사형에 처한다.

제 100 조 (미수범) 전8조의 미수범은 처벌한다.

제 102 조 (준적국) 제93조 내지 전조의 죄에 있어서는 대한민국에 적대하는 외국 또는 외국인의 단체는 적국으로 간주한다.

제 104 조 (동맹국) 본장의 규정은 동맹국에 대한 행위에 적용한다.

여적(與敵)이란 "적국과 합세하여 대한민국에 항적"하는 행위를 말한다.

'외국인' 개인과 합세하여 대한민국에 항적하는 경우에는 본죄가 아니라 외환유치죄(제92조)가 성립된다.

"대한민국에 적대하는 외국 또는 외국인의 단체"도 적국으로 간주되므로(제102조) 본죄에서의 적국이란 국제법상 선전포고를 하고 전쟁을 하는 국가 뿐 아니라, 실전에 참여하지 않더라도 사실상 교전 상대방을 지원하고 있는 국가도 포함하는 개념으로 이해하여야 한다(**통설**).

Ⅲ. 이적죄

1. 일반이적죄

제99조 (일반이적) 전7조에 기재한 이외에 대한민국의 군사상 이익을 해하거나 적국에 군사상의 이익을 공여한 자는 무기 또는 3년 이상의 징역에 처한다.
제100조 (미수범) 전8조의 미수범은 처벌한다.
제102조 (준적국) 제93조 내지 전조의 죄에 있어서는 대한민국에 적대하는 외국 또는 외국인의 단체는 적국으로 간주한다.
제104조 (동맹국) 본장의 규정은 동맹국에 대한 행위에 적용한다.

이적(利敵)이란 '대한민국의 군사상 이익을 해하거나 적국에 군사상의 이익을 제공하는 것'을 말한다. 본죄는 이적죄의 기본 구성요건이다. 따라서 제92조~제98조가 본죄에 대해서 특별관계에 있게 되므로 이들 규정의 적용이 있는 때에는 본죄의 적용이 배제된다.

【판례】 직무 무관 군사기밀 누설 직무에 관계없이 지득한 군사상 기밀을 적국에 누설한 경우에는 형법 제99조의 일반이적죄가 성립된다. (대법원 1982. 11. 9. 82도2239 | 같은 취지: 대법원 1982. 7. 13. 82도968)

2. 모병 이적죄

제94조 (모병 이적) ① 적국을 위하여 모병한 자는 사형 또는 무기징역에 처한다.
② 전항의 모병에 응한 자는 무기 또는 5년 이상의 징역에 처한다.
제100조 (미수범) 전8조의 미수범은 처벌한다.
제102조 (준적국) 제93조 내지 전조의 죄에 있어서는 대한민국에 적대하는 외국 또는 외국인의 단체는 적국으로 간주한다.
제104조 (동맹국) 본장의 규정은 동맹국에 대한 행위에 적용한다.

본죄는 모병을 하거나 모병에 응하여 적국을 이롭게 함으로써 성립된다. 모병이란 전쟁에 종사할 사람을 모집하는 것을 말하고, 모병에 응한다는 것은 그 모집에 지원하는 것을 말한다. 내국인은 물론 외국인도 본죄의 주체가 될 수 있다.

3. 시설제공 이적죄

제95조 (시설제공 이적) ① 군대, 요새, 진영 또는 군용에 공하는 선박이나 항공기 기타 장소, 설비 또는 건조물을 적국에 제공한 자는 사형 또는 무기징역에 처한다.
② 병기 또는 탄약 기타 군용에 공하는 물건을 적국에 제공한 자도 전항의 형과 같다.
제100조 (미수범) 전8조의 미수범은 처벌한다.
제102조 (준적국) 제93조 내지 전조의 죄에 있어서는 대한민국에 적대하는 외국 또는 외국인의 단체는 적국으로 간주한다.
제104조 (동맹국) 본장의 규정은 동맹국에 대한 행위에 적용한다.

대한민국의 군용시설이나 병기·탄약 등 군사상 필요한 물건을 적국에 제공하여 적국을 이롭게 함으로써 성립되는 범죄이다.

4. 시설파괴 이적죄

제96조 (시설파괴 이적) 적국을 위하여 전조에 기재한 군용시설 기타 물건을 파괴하거나 사용할 수 없게 한 자는 사형 또는 무기징역에 처한다.
제100조 (미수범) 전8조의 미수범은 처벌한다.
제102조 (준적국) 제93조 내지 전조의 죄에 있어서는 대한민국에 적대하는 외국 또는 외국인의 단체는 적국으로 간주한다.
제104조 (동맹국) 본장의 규정은 동맹국에 대한 행위에 적용한다.

대한민국의 군용시설이나 병기·탄약 기타 물건을 파괴하거나 사용할 수 없게 하여 적국을 이롭게 함으로써 성립되는 범죄이다. 따라서 오히려 군사시설이 적국에 포획되어 적국에 도움이 되는 것을 방지하기 위하여 이를 파괴하는 경우에는 본죄가 성립되지 않는다(이재상, 678면; 정성근·박광민, 943면).

5. 물건제공 이적죄

제97조 (물건제공 이적) 군용에 공하지 아니하는 병기, 탄약 또는 전투용에 공할 수 있는 물건을 적국에 제공한 자는 무기 또는 5년 이상의 징역에 처한다.
제100조 (미수범) 전8조의 미수범은 처벌한다.
제102조 (준적국) 제93조 내지 전조의 죄에 있어서는 대한민국에 적대하는 외국 또는 외국인의 단체는 적국으로 간주한다.
제104조 (동맹국) 본장의 규정은 동맹국에 대한 행위에 적용한다.

본죄는 군사용으로 사용되지 않는 병기·탄약 기타 전투용 물건을 적국에 제공하여 적국을 이롭게 함으로써 성립된다.

국가보안법, 군형법 제13조·제15조 또는 형법상의 내란의 죄·외환의 죄를 범하여 금고 이상의 형의 선고를 받고 그 형의 집행을 종료하지 아니한 자 또는 그 집행을 종료하거나 집행을 받지 아니하기로 확정된 후 5년이 경과하지 아니한 자가 본죄를 범한 때에는 법정 최고형을 사형으로 한다(국가보안법 제13조).

Ⅳ. 간첩죄

제98조 (간첩) ① 적국을 위하여 간첩하거나 적국의 간첩을 방조한 자는 사형, 무기 또는 7년 이상의 징역에 처한다.

② 군사상의 기밀을 적국에 누설한 자도 전항의 형과 같다.

제100조 (미수범) 전8조의 미수범은 처벌한다.

제102조 (준적국) 제93조 내지 전조의 죄에 있어서는 대한민국에 적대하는 외국 또는 외국인의 단체는 적국으로 간주한다.

제104조 (동맹국) 본장의 규정은 동맹국에 대한 행위에 적용한다.

국가보안법 제4조 (목적수행) ① 반국가단체의 구성원 또는 그 지령을 받은 자가 그 목적수행을 위한 행위를 한 때에는 다음의 구별에 따라 처벌한다.

2. 형법 제98조에 규정된 행위를 하거나 국가기밀을 탐지·수집·누설·전달하거나 중개한 때에는 다음의 구별에 따라 처벌한다.

가. 군사상 기밀 또는 국가기밀이 국가안전에 대한 중대한 불이익을 회피하기 위하여 한정된 사람에게만 지득이 허용되고 적국 또는 반국가단체에 비밀로 하여야 할 사실, 물건 또는 지식인 경우에는 사형 또는 무기징역에 처한다.

나. 가목 외의 군사상 기밀 또는 국가기밀의 경우에는 사형·무기 또는 7년 이상의 징역에 처한다.

1. 의 의

본죄는 "적국을 위하여 간첩하거나 적국의 간첩을 방조" 또는 "군사상의 기밀을 적국에 누설"함으로써 성립된다.

실질적으로는 형법전상의 본 규정보다 국가보안법상의 간첩죄 규정이 더 많이 활용되고 있다. 국가보안법 제4조 제1항 제2호는 '반국가단체의 구성원 또는 그 지령을 받은 자로서 목적수행을 위해 간첩행위를 하는 경우'를 범죄로 규정하고 있다. 북한을 상정해서 반국가단체를 적국과 같은 수준으로 평가하고 있는 것이다.

또 국가보안법, 군형법 제13조·제15조 또는 형법상의 내란의 죄·외환의 죄를 범하여 금고 이상의 형의 선고를 받고 그 형의 집행을 종료하지 아니한 자 또는 그 집행을 종료하거나 집행을 받지 아니하기로 확정된 후 5년이 경과하지 아니한 자가 본죄를 범한 때에는 법정 최고형을 사형으로 한다는 규정이 국가보안법 제13조에 마련되어 있다.

2. 구성요건

(1) 객관적 구성요건

1) 간 첩

본죄의 행위로서의 **간첩**이란 '국가기밀을 탐지·수집하는 것'을 말한다.

간첩행위의 객체는 **국가기밀**이다. 국가기밀은 기본적으로 비밀로서의 성격을 가지고 있는데, 비밀이란 ① 제한된 범위의 사람들에게만 알려져 있고, ② 이를 다른 사람이 모르게 유지하는 것이 본인에게 이익이 되는 사실을 의미한다. 이를 바탕으로 생각해 보면 국가기밀은 ① 대한민국 내의 제한된 범위의 사람들에게만 알려져 있고, ② 적국이나 반국가단체가 모르게 유지하는 것이 대한민국에게 이익이 되는 모든 사실을 의미하는 것이라고 할 수 있다.

국가보안법 제4조 제1항 제2호 가목은 그 내용이 누설될 경우 국가의 안전에 중대한 위험을 초래할 우려가 있어서 엄중하게 보호할 가치를 가지고 있는 비밀을 탐지·수집·누설·전달·중개하는 경우에 대해서 가중처벌 하고 있다.

우선 국가기밀의 개념과 관련해서 그 동안 문제가 되고 논란이 있었던 부분은 탐지·수집이나 확인·확증의 필요가 없을 정도로 국내에서 일반적으로 널리 알려진 **공지의 사실**이 국가기밀에 해당하는가 하는 점이다.

① **긍정설** : 신문, 잡지, TV, 라디오 등에 보도되어 잘 알려진 공지의 사실도 적국이나 반국가단체에 유리한 자료가 될 때에는 기밀에 포함된다는 견해 (**종전 판례** | 대법원 1984. 10. 10. 84도1796; 대법원 1991. 3. 12. 91도3; 대법원 1991. 12. 24. 91도2495; 대법원 1993. 10. 8. 93도1951; 대법원 1995. 9. 26. 95도1624)

② **부정설** : 공지의 사실은 비밀로서의 기본적인 속성을 갖추고 있지 않기 때문에 국가기밀의 범주에서 제외시켜야 한다는 견해 (**통설·현재 판례** | 대법원 1997. 7. 16. 97도985 전원합의체; 대법원 2013. 7. 26. 2013도2511)

결론 신문, 잡지, TV, 라디오 등 언론매체를 통해서 보도되는 사실은 거의 실시간으로 인터넷을 통해서 공유되기 때문에 전 세계 어느 곳에서도 이에 대한 접근이 가능하다. 지금은 국내에서 공지의 사실이 곧 전 세계의 공지의 사실이 되는 세상이므로 이를 국가기밀로 보기는 어렵다. **부정설**이 타당하다. 판례도 부정설로 입장을 바꾸기는 하였지만 '공지의 사실' 여부를 판단하는 데 매우 보수적인 입장을 취하고 있다.

【판례】 국가기밀로 인정되는 경우 **1.** 아태재단강연회에서 만난 외교안보연구원으로부터 북한에서의 원자력발전소 건설과 관련한 북한에 대한 남한의 경수로 지원 동향을 북한에 알려주기 위해 탐지·수집한 경우 (대법원 1997. 7. 25. 97도1295)

2. 남한의 미전향 장기수들의 인적사항, 수감교도소, 복역실태, 생활실태 등과 휴전선 부근의 지리상황, 땅굴발견을 위한 남한의 동태를 탐지·수집한 경우 (대법원 1997. 9. 9. 97도1656)

3. 한정된 범위 내의 사람만 참관할 수 있는 학술세미나, 국방산업박람회에서 또는 일반인이 쉽게 구할 수 없는 대학가 유인물이나 일반인에게는 배포가 되지 않거나 서점에서 입수가 가능하다고 하더라도 대형서점에서만 구입이 가능하고, 일부가 해외에도 배포가 되기는 하나 해외대사관 등 제한된 범위에서만 배포되는 국방과 기술, 군사평론, 국방저널, 군사세계 등의 군사관련 잡지에서 탐지·수집한 경우 (대법원 1998. 4. 10. 98도82 | 같은 취지: 대법원 1997. 7. 25. 97도1295)

【판례】 국가기밀로 인정되지 않는 경우 **1.** 국가기밀은 그 기밀이 정치, 경제, 사회, 문화 등 각 방면에서 반국가단체에 대하여 비밀로 하는 것이 대한민국의 이익이 되는 모든 사실, 물건 또는 지식으로서, 그것이 국내에서 적법한 절차 등을 거쳐 이미 일반인에게 널리 알려진 공지의 사실, 물건 또는 지식에 속하지 아니한 것이어야 하고, 그 내용이 누설되는 경우 국가의 안전에 위험을 초래할 우려가 있어 기밀로 보호할 실질가치를 갖춘 것에 한정된다.

반국가단체의 지령을 받고 국내 일간지와 잡지, 방송 등을 통하거나 재야 운동단체 사무실을 통해서 입수한 자료들을 종합하여 국내 정세와 재야 운동단체들의 활동, 범민련 남측본부 인사들의 구속 및 재판과정 등에 관한 내용을 전달한 경우 이들 자료는 더 이상 탐지·수집이나 확인·확증의 필요가 없는 것이라고 판단되는 공지의 사실에 해당하므로 국가기밀이라고 보기 어렵다. (대법원 1997. 7. 16. 97도985 전원합의체 | 같은 취지 : 대법원 2003. 6. 24. 2000도5442; 대법원 2013. 7. 26. 2013도2511)

2. 동아일보 등 국내 일간지와 잡지, 방송 등을 통하거나 범민련 등 재야운동단체 사무실 등을 출입하면서 입수한 자료들을 수집한 후 이를 종합한 국내 총선 관련 정당 및 총선과 관련하여 재야 단체들의 입장, 14대 국회의원선거결과, 3당합당, 대통령후보들의 성향, 김영삼 대통령에 대한 평가 등에 관한 내용을 정리하여 전달하였다면

이는 국가기밀이라고 보기 어렵다. (대법원 1997. 11. 20. 97도2021)

한편 기밀성이 인정되지 않는 개개의 공지의 사실을 결합하여 종합・재평가함으로써 새로운 차원의 정보를 만든 경우 그 정보를 국가기밀로 볼 수 있겠는가에 관하여 논란이 있다(이른바 **모자이크 이론**).

예를 들어 어디에서나 구입할 수 있는 지도의 도로망을 종합・분석하여 군사적 요충지를 파악하는 것이 그것이다.

① 긍정설

모자이크에 의하여 종합된 정보이더라도 대한민국의 이익에 침해될 내용을 가지고 있다면 국가기밀로서 보호하여야 한다는 것이 논거이다.

② 부정설 (**통설・판례** | 대법원 1997. 11. 20. 97도2021)

[결론] 그러나 공지의 사실을 단순히 결합하여 새로운 요소를 분석해내는 것만으로 이를 국가기밀이라고 하는 것은 타당하지 않다고 본다. **부정설**이 타당하다.

국가기밀이 되기 위한 두번째 요건은 적국에게 알려지지 않는 것이 대한민국에게 이익이 되는 사실이어야 한다는 점인데, 이에 대한 판단은 해당 비밀을 수집할 당시의 대한민국과 적국과의 대치현황과 안보사항 등이 고려되어야 하고, 건전한 상식과 사회통념에 따라 판단하여야 할 것이며, 그 비밀이 단순한 것이라 하더라도 누설되는 경우 적국에는 이익이 되고 대한민국에는 불이익을 초래할 위험성이 명백하다면 국가기밀에 해당된다.

【판례】 국가기밀의 개념 국가기밀은 국내에서의 적법한 절차 등을 거쳐 이미 일반인에게 널리 알려진 공지의 사실, 물건, 지식에 속하지 않은 것이어야 하며, 그것이 공지된 것인지의 여부는 신문, 방송 등 대중매체나 통신수단 등의 발달 정도, 독자 및 청취의 범위, 공표의 주체 등 여러 사정에 비추어 보아 반국가단체 또는 그 지령을 받은 자가 더 이상의 탐지・수집이나 확인・확증의 필요가 없는 것이라고 판단한 경우 등이라 할 것이다. 또한 그 내용이 누설되는 경우 국가의 안전에 위험을 초래할 우려가 있어 기밀로 보호할 실질가치를 가지고 있어야 하고, 누설될 경우의 실질적 위험성이 있는지의 여부는 그 기밀을 수집할 당시의 대한민국과 북한 또는 기타 반국가단체와의 대치현상과 안보사항 등이 고려되는 건전한 상식과 사회통념에 따라 판단하여

야 할 것이며, 그 기밀이 사소한 것이라 하더라도 누설될 경우 반국가단체에 이득이 되고 대한민국에는 불이익을 초래할 위험성이 명백하여야 한다. (대법원 1997. 7. 16. 97도985)

침략전쟁의 준비 등에 관련된 기밀과 같이 국제형법상의 범죄와 관련된 **범죄적 국가기밀**도 본죄의 보호대상이 되는가에 대하여 논란이 있다.

대한민국이 침략전쟁을 수행하지 않는 것이 궁극적으로 국가의 외적 안전을 지키는 길일 수도 있다. 그러나 모든 경우를 다 이렇게 일률적으로 보기는 힘들다. 경우에 따라서는 침략전쟁을 수행하는 것이 외적 안전을 담보하는 길이 될 수도 있다. 물론 매우 위험한 발상이기는 하다. 어쨌든 국가 자체가 중대한 범죄를 범하고 있거나 범할 예정인 경우 그 기밀을 누설하는 행위는 형식적인 면에서 국가의 외적 안전을 침해하는 성격을 가지고 있다. 따라서 본죄의 구성요건에는 해당된다고 보는 것이 타당할 것이다(**통설**). 그러나 이 경우 행위의 목적이 국제적 범죄행위를 방지하기 위한 것이라면 위법성이 배제된다고 보아야 하겠다.

본죄의 **실행의 착수시기**를 언제로 볼 것인가에 대하여 견해대립이 있다.

① **잠입시설** : 간첩행위를 하기 위해 국내에 잠입 또는 입국하였을 때로 보는 견해 (**판례** | 대법원 1958. 10. 10. 4291형상294; 대법원 1961. 2. 17. 4290형상943; 대법원 1969. 10. 28. 69도1606; 대법원 1984. 9. 11. 84도1381)

② **탐지·수집시설** : 실행의 착수시기에 관한 통설의 입장에 따라 탐지·수집행위를 시작할 때로 보는 견해 (**통설**)

결론 간첩행위는 그것을 목적으로 국내에 잠입하면서부터 국가기밀 탐지행위가 시작되는 것으a로 볼 수 있으므로 **잠입시설**이 타당하다.

국가기밀에 관한 탐지·수집 행위를 함으로써 본죄는 기수에 이른다. 기밀을 적국이나 반국가단체에 전달할 것까지는 필요로 하지는 않는다(대법원 1963. 12. 12. 63도312).

2) 간첩 방조

적국이나 반국가단체의 간첩임을 알면서 간첩 활동을 도와주는 행위도 똑같이 처벌된다.

【판례】 간첩 방조가 되는 경우 1. 북괴가 남파한 대남공작원을 상륙시킨 행위는 간첩방조가 된다. (대법원 1961. 1. 27. 60도807)

2. 남파된 간첩을 북한으로 호송할 목적으로 제반준비를 갖추고 남한에 도착하자마자 체포되었을 경우 간첩 방조 미수가 성립한다. (대법원 1959. 4. 30. 4292형상109)

3. 북괴가 남파한 대남공작원으로 하여금 합법적인 신분을 가장케 하기 위한 행위는 간첩방조죄에 해당한다. (대법원 1970. 10. 30. 70도1870)

4. 간첩은 우리나라에 입국함과 동시에 간첩행위에 착수한 것이므로 동인과 접선방법을 합의하였다면 간첩을 방조 하였다고 할 것이다. (대법원 1971. 2. 25. 70도2417)

간첩활동을 방조할 의사로서 그가 국가기밀을 탐지·수집하는 행위를 용이하게 하는 행위가 있어야 본죄가 성립하는 것이므로, 간첩인 줄 모르고 국가기밀이 되는 자료를 제공하거나(대법원 1994. 3. 11. 93도3145), 숨겨주거나(대법원 1979. 10. 10. 75도1003), 단순히 숙식을 제공한다거나 또는 무전기를 파묻는 행위를 도와주거나 하는 정도의 행위만으로는 간첩방조죄가 성립되지 않는다(대법원 1983. 4. 26. 83도416; 대법원 1986. 2. 25. 85도2533).

【판례】 간첩 방조가 되지 않는 경우 1. 간첩방조죄가 성립하기 위하여는 방조하는 행위가 본범인 간첩의 임무수행과 직접, 간접으로 관련하는 행위가 있어야 될 것이므로 이와 관련 없이 간첩의 단순한 심부름으로 하였다면 간첩방조죄를 구성할 수 없다. (대법원 1966. 7. 12. 66도470)

2. 조총련 간첩에 소개하여 일본국에 밀항하게 하거나 공동묘지를 촬영한 필름을 조총련 간첩에게 준 것만으로는 간첩행위나 간첩 방조행위라고 보기 어렵다. (대법원 1970. 6. 30. 70도896)

본죄는 간첩에 대한 방조행위를 처벌하는 것이지만 독립된 구성요건이므로 총칙상의 방조 규정은 적용되지 않는다. 따라서 방조범의 감경규정도 적용되지 않는다(대법원 1986. 9. 23. 86도1429).

3) 군사상 기밀 누설

군사상 기밀을 고의로 적국이나 반국가단체에 알리는 행위도 간첩행위와 같은 형벌로 처벌된다.

【판례】 군사기밀의 범위 군사기밀의 지정이 적법절차에 의해 해제되었거나 국방부장관에 의해 공개되지 않았으며 그 내용이 누설될 경우 국가안전보장에 명백한 위험을

초래할 우려가 있는 한 군사기밀로서의 성질을 그대로 가지고 있다고 할 것이다. (대법원 2015. 1. 29. 2013도6274 | 대법원 2000. 1. 28. 99도4022)

간첩행위가 기밀을 탐지 · 수집하는 것이라면 기밀누설은 직무상 이미 알고 있는 군사기밀을 적국이나 반국가단체에 누설한다는 점에서 다르다. 이러한 점에서 본죄는 신분범이고 직무상 군사기밀을 알게 된 자가 이를 적국에 누설할 때에만 본죄가 성립된다(**통설 · 판례** | 대법원 1982. 7. 13. 82도968; 대법원 1982. 11. 9. 82도2239). 직무와 무관하게 알게 된 군사기밀을 누설하는 경우에는 본죄가 아니라 제99조의 일반이적죄가 성립된다.

(2) 주관적 구성요건

간첩죄가 성립하기 위해서는 적국이나 반국가단체를 위한다는 의사가 필요하다. 입법론적인 면에서는 '외국 또는 이에 준하는 단체'로 개정하는 것이 바람직하다(같은 취지: 박상기, 616면; 이정원, 712면; 임웅, 784면).

'적국이나 반국가단체를 위하여' 간첩하여야 하므로 적국이나 반국가단체와 의사연락이 있을 것을 요하며, 그렇지 않은 **편면적 간첩**은 있을 수 없다(**통설 · 판례** | 대법원 1975. 9. 23. 75도1773).

3. 죄 수

적국을 위하여 국가기밀을 탐지 · 수집하고 이를 적국에 누설하게 되면 별개의 범죄가 성립되지 않고 포괄 1죄가 된다(대법원 1982. 4. 27. 82도285; 대법원 1982. 11. 23. 82도2201).

Ⅴ. 외환 예비 · 음모 · 선동 · 선전죄

> 第101조 (예비, 음모, 선동, 선전) ① 제92조 내지 제99조의 죄를 범할 목적으로 예비 또는 음모한 자는 2년 이상의 유기징역에 처한다. 단, 그 목적한 죄의 실행에 이르기 전에 자수한 때에는 그 형을 감경 또는 면제한다.
> ② 제92조 내지 제99조의 죄를 선동 또는 선전한 자도 전항의 형과 같다.

제92조부터 제99조까지의 죄에 대한 예비 · 음모 또는 선동 · 선전을 함으로써 성립되는 범죄이다. 선동 · 선전의 의미는 내란의 죄에서 설명한 바와 같다. 편면적 간첩행위는 본죄의 예비에 해당된다(대법원 1959. 5. 18. 59도34).

Ⅵ. 전시 군수계약 불이행죄

> 第103조 (전시 군수계약 불이행) ① 전쟁 또는 사변에 있어서 정당한 이유없이 정부에 대한 군수품 또는 군용공작물에 관한 계약을 이행하지 아니한 자는 10년 이하의 징역에 처한다.
> ② 전항의 계약이행을 방해한 자도 전항의 형과 같다.
> 第104조 (동맹국) 본장의 규정은 동맹국에 대한 행위에 적용한다.

전쟁 또는 사변시에 정당한 이유 없이 정부에 대한 군수품 또는 군용공작물에 관한 계약을 이행하지 않거나(진정 부작위범), 이러한 계약이행을 방해함으로써 성립되는 범죄이다.

국가가 계약당사자라는 이유만으로 사법상의 계약위반을 형사처벌 대상으로 하는 것은 시대착오적인 측면이 있다. 그러나 전쟁 또는 사변과 같은 비상시에 군수계약을 정당한 이유 없이 이행하지 않거나 이행을 방해하는 것은 국가의 안전을 위협하는 행위일 수 있다는 점에서 이 행위에 대한 형사처벌이 반드시 부당하다고만 할 수는 없다.

제2장 국가의 권위를 위태롭게 하는 범죄

제1절 국기에 관한 죄

Ⅰ. 개 관

국가 권위의 상징인 국기(國旗)·국장(國章)을 손상, 제거, 오욕 또는 비방하는 것을 내용으로 하는 범죄이다. 대한민국의 국기·국장은 물론 외국의 국기·국장도 보호대상이다. 다만 외국의 국기·국장은 그 자체를 보호해 주자는 것이 아니라 외교관계 때문에 보호해 주는 것일 뿐이고 이에 따라 본장이 아니라 제4장(국교에 관한 죄)에 그에 대한 규정이 들어가 있다.

따라서 제3장(국기에 관한 죄)에는 대한민국의 국기·국장 모독(제105조), 국기·국장 비방(제106조)에 관한 규정만을 두고 있다.

Ⅱ. 국기·국장 모독죄

> 제105조 (국기, 국장의 모독) 대한민국을 모욕할 목적으로 국기 또는 국장을 손상, 제거 또는 오욕한 자는 5년 이하의 징역이나 금고, 10년 이하의 자격정지 또는 700만원 이하의 벌금에 처한다.

국기란 태극기를 의미하고, **국장**이란 대한민국을 상징하는 것으로서 「나라문장 규정」에 정한 나라문장이나 군기, 대사관의 휘장 등을 말한다. 본죄의 국기·국장은 외국국기·국장 모독(제109조)과는 달리 공적으로 사용되는 것에 한정되지 않고 사적으로 사용되는 것도 포함된다(**통설**).

행위내용은 손상·제거 또는 오욕이다. **손상**이란 물리적인 훼손을 의미하고, 제거는 철거하거나 가려서 보이지 않게 하는 것을 말하며, **오욕**은 일반인이 혐오감을 느끼도록 오물을 칠하는 등 더럽히는 것을 뜻한다.

본죄는 구성요건적 고의 외에 대한민국을 모욕할 목적을 가지고 있어야 성립된다.

Ⅲ. 국기·국장 비방죄

제106조 (국기, 국장의 비방) 전조의 목적으로 국기 또는 국장을 비방한 자는 1년 이하의 징역이나 금고, 5년 이하의 자격정지 또는 200만원 이하의 벌금에 처한다.

비방이란 거동이나 언어적 방법으로 국기·국장을 모독하는 것을 말한다. 그 밖의 요건은 제105조에서 살펴본 바와 같다.

제 2 절 국교에 관한 죄

Ⅰ. 개 관

1. 의의 및 보호법익

외국과의 평화로운 국제관계를 침해하여 외국과의 국교에 나쁜 영향을 미칠 위험이 있는 행위를 처벌하는 규정이다. 본죄의 보호법익에 대하여 견해대립이 있다.

① 대한민국의 대외적 안전과 지위라고 보는 견해
② 국제법상의 의무에 근거한 외국의 법익이라는 견해
③ 두 가지 모두 법익이라는 견해 (**다수설**)

결론 국교에 관한 죄는 원만한 외교관계를 유지함으로써 대한민국의 이익을 보호하려는 규정으로 이해하는 것이 옳다. 따라서 본죄의 보호법익은 외국의 법익과 우리나라의 대외적 지위 모두에 있다고 보아야 할 것이다. 보호의 정도는 추상적 위험범이다(**통설**).

2. 구성요건 체계

국교에 관한 죄는 ① 외국원수에 대한 폭행 등의 죄(제107조), 외국사절에 대한 폭행 등의 죄(제108조), 외국국기에 대한 모독죄(제109조)와 같이 폭행·협박·모욕·명예훼손의 객체에 따라 가중 또는 감경처벌하는 유형, ② 외국에 대한 사전(私戰)죄(제111조)와 중립명령위반죄(제112조)와 같이 외국에 대한 평화침해를 처벌하는 유형 그리고 ③ 외교상 비밀누설죄(제113조)로 구성되어 있다.

Ⅱ. 외국원수·사절 및 국기에 대한 죄

1. 외국원수에 대한 폭행 등의 죄

> 제107조 (외국원수에 대한 폭행 등) ① 대한민국에 체재하는 외국의 원수에 대하여 폭행 또는 협박을 가한 자는 7년 이하의 징역이나 금고에 처한다.
> ② 전항의 외국원수에 대하여 모욕을 가하거나 명예를 훼손한 자는 5년 이하의 징역이나 금고에 처한다.
> 제110조 (피해자의 의사) 제107조 내지 제109조의 죄는 그 외국정부의 명시한 의사에 반하여 공소를 제기할 수 없다.

외국원수가 대한민국에 머무르고 있는 동안 그에 대하여 폭행 또는 협박을 가하거나 모욕 또는 명예훼손행위를 하는 경우를 처벌하기 위한 규정이다. 여기서 말하는 외국은 국교관계 여부와는 무관하다(**통설**). 행위가 외국원수에 대하여 가하여졌다는 점 때문에 불법이 가중되어 단순 폭행·협박·모욕·명예훼손에 비하여 무겁게 처벌한다.

외국 '원수'만 본죄의 객체가 되므로 내각책임제 국가의 수상은 여기에 해당되지 않는다. 그 가족이나 수행원도 마찬가지이다.

대한민국에 머무르기만 하면 되고 체류의 목적 등은 본죄의 성립에 영향을 미치지 않는다.

본죄에 대해서는 외국정부의 명시한 의사에 반하여 처벌할 수 없다.

2. 외국사절에 대한 폭행 등의 죄

> 제108조 (외국사절에 대한 폭행 등) ① 대한민국에 파견된 외국사절에 대하여 폭행 또는 협박을 가한 자는 5년 이하의 징역이나 금고에 처한다.
> ② 전항의 외국사절에 대하여 모욕을 가하거나 명예를 훼손한 자는 3년 이하의 징역이나 금고에 처한다.

> 제110조 (피해자의 의사) 제107조 내지 제109조의 죄는 그 외국정부의 명시한 의사에 반하여 공소를 제기할 수 없다.

본죄는 제107조와 그 객체가 외국사절이라는 점에서만 차이가 있다. 외교사절이란 대사, 공사 등을 말한다. 그 가족이나 수행원은 여기에 해당되지 않는다.

3. 외국 국기 · 국장 모독죄

> 제109조 (외국의 국기, 국장의 모독) 외국을 모욕할 목적으로 그 나라의 공용에 공하는 국기 또는 국장을 손상, 제거 또는 오욕한 자는 2년 이하의 징역이나 금고 또는 300만원 이하의 벌금에 처한다.
>
> 제110조 (피해자의 의사) 제107조 내지 제109조의 죄는 그 외국정부의 명시한 의사에 반하여 공소를 제기할 수 없다.

본죄의 행위객체는 외국의 공용에 공하는 국기 또는 국장이다. 외국의 국기 또는 국장이어야 하므로 국가가 아니라 국가의 연합체인 국제연합의 기(旗)는 여기에 해당되지 않는다.

공용에 공하는 것이란 '그 나라의 공적 기관에서 사용된다는 것'을 의미한다. 따라서 예를 들어 반미시위를 하는 학생들이 자신들이 준비한 미국국기를 불태우는 것과 같은 행위는 본죄에 해당하지 않는다.

본죄도 구성요건적 고의 외에 외국을 모욕할 목적이 있어야 성립된다.

Ⅲ. 외국에 대한 사전 및 중립명령위반죄

1. 외국에 대한 사전죄

> 제111조 (외국에 대한 사전) ① 외국에 대하여 사전한 자는 1년 이상의 유기금고에 처한다.
> ② 전항의 미수범은 처벌한다.

사전(私戰)이란 대한민국의 국민 일부가 외국에 대하여 사적인 전투행위를 하는 것을 말한다. 외국에 대하여 전투하여야 하므로 외국의 일부 집단이나 개인과 하는 전투는 본죄의 대상이 되지 않는다.

2. 외국에 대한 사전 예비·음모죄

> 제111조 (외국에 대한 사전) ③ 제1항의 죄를 범할 목적으로 예비 또는 음모한 자는 3년 이하의 금고 또는 500만원 이하의 벌금에 처한다. 단, 그 목적한 죄의 실행에 이르기 전에 자수한 때에는 감경 또는 면제한다.

본죄는 외국에 대한 사전(제111조 제1항)의 목적으로 예비·음모함으로써 성립한다.

3. 중립명령위반죄

> 제112조 (중립명령위반) 외국간의 교전에 있어서 중립에 관한 명령에 위반한 자는 3년 이하의 금고 또는 500만원 이하의 벌금에 처한다.

외국간의 전쟁 중 중립명령이 선언되었음에도 불구하고 이에 위반하여 교전에 참여하는 행위를 처벌하는 규정이다.

외국간의 교전에 한하므로 대한민국이 참여하는 교전은 여기서 제외된다. 교전의 정도는 문제되지 않는다. 다만 대한민국 정부로부터 중립명령이 선언되기만 하면 된다.

Ⅳ. 외교상 기밀누설죄

제113조 (외교상 기밀의 누설) ① 외교상의 기밀을 누설한 자는 5년 이하의 징역 또는 1천만원 이하의 벌금에 처한다.
② 누설할 목적으로 외교상의 기밀을 탐지 또는 수집한 자도 전항의 형과 같다.

본죄는 외교상의 기밀을 누설함으로써 성립된다.

외교상 기밀이란 ① 제한된 범위의 사람들에게만 알려져 있고, ② 외국에 대하여 비밀로 하는 것이 외교정책상 대한민국의 이익이 되는 정보자료를 말한다(대법원 1995. 12. 5. 94도2379).

예를 들면 외국과 비밀조약을 체결한 사실이 여기에 해당된다(**통설**). 국내에서 이미 공지의 사실인 경우에는 여기서 말하는 기밀이 되지 않는다(**통설**).

【판례】 외국언론에 보도된 정보 외국언론에 이미 보도된 바 있는 우리나라의 외교정책이나 활동에 관련된 사항들에 관하여 정부가 이른바 보도지침의 형식으로 국내언론기관의 보도 여부 등을 통제하고 있다는 사실을 알리는 것은 외교상의 기밀을 누설한 경우에 해당되지 않는다. (대법원 1995. 12. 5. 94도2379)

본죄의 행위내용은 누설이다. 제113조의 해석상 누설의 상대방을 반드시 외국으로 제한할 필요는 없다. 다만 적국에 누설하는 경우에는 본죄가 성립되지 않고 간첩죄(제98조)가 성립된다.

누설할 목적으로 외교상의 기밀을 탐지·수집하는 경우에도 누설과 똑같이 처벌받는다.

제 3 장 국가의 기능을 침해하는 범죄

제 1 절 공무원의 직무에 관한 죄

I. 개 관

1. 의 의

제7장은 공무원의 직무에 반하는 행위, 직권을 남용하는 행위 그리고 뇌물을 받는 행위를 처벌하는 규정들로 채워져 있다. 이들 범죄는 공무원을 행위주체로 하는 **신분범**이다. 각 죄에 있어서 구체적인 공무원의 범위는 차이가 있으나 일반적으로 공무원의 범위는 국가공무원법, 지방공무원법 및 교육공무원법에 정하여져 있다.

정부관리기업체의 간부직원(특가법 제4조)·정부투자기관의 임직원(정부투자기관관리기본법 제18조)은 뇌물죄(제129조~제132조)의 행위주체로서의 공무원에 해당된다(대법원 1990. 9. 28. 90도1092).

또한 공무원연금공단(공무원연금법 제15조)·공사채의 등록업무에 종사하는 등록기관(공사채등록법 제16조)·국민건강보험공단(국민건강보험법 제26조)·한국은행(한국은행법 제106조)의 임·직원과 중소기업은행(중소기업은행법 제32조)·한국산업은행(한국산업은행법 제17조)·한국수출입은행(한국수출입은행법 제17조) 등의 임원, 노동위원회의 위원(노동위원회법 제29조) 등도 형법 기타 법률에 의한 벌칙의 적용에 있어서 공무원으로 의제된다.

2. 구성요건 체계

공무원의 직무에 관한 죄는 직무유기의 죄, 직권남용의 죄, 뇌물죄로 구성되어 있다. 직무유기의 죄에는 직무유기죄(제122조), 피의사실공표죄(제126조), 공무상 비밀누설죄(제127조)가, 직권남용의 죄는 직권남용죄(제123조), 선거방해죄(제128조)가 각각 독자적 구성요건으로 규정되어 있다. 뇌물죄에는 수뢰죄(제129조 제1항)를 기본 구성요건으로 사전수뢰죄(제129조 제2항), 제3자 뇌물제공죄(제130조), 수뢰후 부정처사죄(제131조 제1항), 사후수뢰죄(제131조 제2항), 알선수뢰죄(제132조), 뇌물공여죄(제133조) 등이 있다.

Ⅱ. 직무유기죄

제122조 (직무유기) 공무원이 정당한 이유 없이 그 직무수행을 거부하거나 그 직무를 유기한 때에는 1년 이하의 징역이나 금고 또는 3년 이하의 자격정지에 처한다.

특가법 제15조 (특수직무유기) 범죄수사의 직무에 종사하는 공무원이 이 법에 규정된 죄를 범한 사람을 인지하고 그 직무를 유기한 때에는 1년 이상의 유기징역에 처한다.

1. 의 의

공무원이 정당한 이유 없이 그 직무수행을 거부하거나 그 직무를 유기한 때에 성립되는 범죄이다. 본죄의 성격에 관하여 견해대립이 있다.

① 직무수행을 거부하는 형태의 직무유기는 즉시범이지만, 그 외의 형태인 경우에는 계속범이라는 견해

② 어떠한 형태이건 모두 계속범이라는 견해 (**다수설 | 판례**)

③ 어떠한 형태이건 모두 상태범이라는 견해

결론 직무유기는 어떤 형태로든 직무집행을 하지 않는 상태가 어느 정도 지속되어야만 성립되는 범죄이므로 **계속범**이라는 견해가 타당하다.

【판례】 직무유기죄의 성격 직무유기죄는 그 직무를 수행하여야 하는 작위의무의 존재와 그에 대한 위반을 전제로 하고 있는 바, 그 작위의무를 수행하지 아니함으로써 구성요건에 해당하는 사실이 있었고 그 후에도 계속하여 그 작위의무를 수행하지 아니하는 위법한 부작위 상태가 계속되는 한 가벌적 위법상태는 계속 존재하고 있다고 할 것이며 형법 제122조 후단은 이를 전체적으로 보아 1죄로 처벌하는 취지로 해석되므로 이를 즉시범이라고 할 수 없다. (대법원 1997. 8. 29. 97도675)

또 본죄가 오로지 **부작위**에 의해서만 성립될 수 있는가에 대해서도 견해의 대립이 있다.

① 어떠한 형태이건 모두 작위로도 가능하다고 보는 견해 **(다수설)**

② 어떠한 형태이건 직무유기는 부작위에 해당한다는 견해 **(판례)**

③ 직무수행 거부의 경우에는 부작위로만 가능하다는 견해

결론 직무유기라는 것은 해야 할 직무를 수행하지 않는 경우를 의미한다. 직무수행을 거부하는 것도 마찬가지로 할 일을 하지 않는 것이 본질이다. 작위인가 부작위인가 하는 문제는 행위의 현상적인 모습을 보고 판단할 문제가 아니라 규범적으로 평가해야 하는 문제이다. 작위는 적극적으로 금지되어 있는 행위를 하는 것을 의미하고, 부작위는 규범이 요구하는 특정 행위를 해야 함에도 불구하고 하지 않는 것을 의미한다.

예를 들어 어느 공무원이 근무지를 이탈해서 한달 동안 어디선가 놀다가 왔다면 이것이 작위인가 부작위인가? 만약 근무지 이탈죄가 있다면 그것은 작위범이다. 그러나 근무지를 이탈해서 수행해야 할 직무를 수행하지 않았다면 부작위범이다. 그가 아무리 적극적으로 열심히 한 달 동안 놀았다 해도, 문제가 되는 부분은 직무를 수행하지 않았다는 점이지 놀러 갔다는 점이 아니다.

본죄가 금지하고 있는 것은 정당한 이유 없이 직무를 '수행하지 않는 것'이다. 따라서 직무유기죄는 **부작위**에 의해서만 저질러질 수 있는 범죄라고 보는 것이 타당하다. **판례**는 직무를 수행하여야 할 작위의무를 이행하지 않는 것이기 때문에 부진정부작위범이라고 하고 있다 (대법원 1983. 3. 22. 82도3065).

본죄의 보호법익은 **국가의 기능**이다(**통설 · 판례** | 대법원 1966. 3. 15. 65도984; 대법원 1970. 9. 29. 70도1790). 제122조의 법익보호의 정도를 어떻게 볼 것인가에 대하여 견해대립이 있다.

① 추상적 위험범설

② 구체적 위험범설

결론 직무를 유기한다는 행위가 있게 되면 그 자체로서 법익에 대한 침해의 위험이 발생하는 것으로 보게 되므로 **추상적 위험범**으로 보는 것이 타당하다고 생각한다.

2. 구성요건

(1) 객관적 구성요건

1) 행위주체

직무유기죄의 행위주체는 공무원이다. 그러나 미화원・사환 등과 같이 단순노동에 종사하는 공무원의 경우에는 직무유기를 통해 국가기능을 해칠 일이 없으므로 본죄의 행위주체에 포함되지 않는다(**통설 | 판례**).

【판례】 공무원의 범위 형법상 공무원이라 함은 국가 또는 지방자치단체 및 이에 준하는 공법인의 사무에 종사하는 자로서 그 노무의 내용이 단순한 기계적 육체적인 것에 한정되어 있지 않은 자를 말한다. (대법원 1978. 4. 25. 77도3709)

또한 휴가 중인 공무원도 행위주체에서 제외된다.

【판례】 병가중인 공무원 병가중인 자의 경우 구체적인 작위의무 내지 국가기능의 저해에 대한 구체적인 위험성이 있다고 할 수 없으므로 본죄의 행위주체가 될 수 없다. (대법원 1997. 4. 22. 95도748)

2) 행위상황

진정 부작위범인 직무유기죄가 성립하기 위해서는 우선 직무수행 의무를 인정할 수 있는 상황과 직무수행 의무 이행의 물리적・실질적 가능성이 확인되어야 한다. 제122조의 "정당한 이유"는 이들 두 가지 요건 가운데 한 가지라도 부인이 될 수 있는 사유를 의미한다.

가. 직무수행 의무를 인정할 수 있는 상황

모든 공무원은 자신에게 부여된 직무를 수행할 의무를 가지고 있다. 어떠한 직무를 수행하여야 하는가에 관한 구체적인 사항은 법령, 내규, 조례 등에 의해 정해진다. 직무수행 의무의 범위에 속하지 않는 사항일 경우에는 직무유기죄가 성립되지 않는다.

【판례】 직무수행 의무의 범위에 포함되지 않는 경우 1. 법인세 담당 세무공무원인 피고인은 ×회사가 부가가치세 불성실 신고를 했다는 혐의를 잡고 세금 추징을 위한 실사를 하였다. 그 결과 ×회사의 경영자 甲이 乙로부터 허위 세금계산서를 교부받은 사실을 확인하였다. 이에 피고인은 포탈 세액을 추징하고 乙이 고발되도록 조치하였으나, 甲에 대해서는 아무 조치도 취하지 않았다.

조세범처벌절차법에 의하면 세무공무원은 범칙사건의 조사를 완료한 때 국세청장, 지방국세청장 또는 세무서장에게 보고하여야 하며(제8조 본문), 이에 따라 국세청장, 지방국세청장 또는 세무서장이 통고처분을 하거나 고발을 하도록 되어 있으므로(제9조, 제12조), 세무공무원으로서는 범칙사건을 조사하여 그 내용을 국세청장·지방국세청장 또는 세무서장에게 보고하면 족한 것이고, 그 결과에 따라 통고처분이나 고발을 할 것인지의 여부는 국세청장·지방국세청장 또는 세무서장의 직무에 속하는 것이다.

따라서 피고인이 甲에 대한 통고처분이나 고발조치를 건의하는 등의 조치를 취하지 않았다고 하더라도 그것이 직무를 성실히 수행하지 못한 것이라고 할 수 있을지언정 피고인이 그 직무를 의식적으로 방임 내지 포기하였다고 볼 수는 없다. (대법원 1997. 4. 11. 96도2753)

2. 교육기관의 장인 피고인은 소속 교육공무원이 시국선언에 동참하여 집단행위를 금지하는 국가공무원법 제66조 제1항을 위반하였다는 이유로 수사기관으로부터 이 사실을 통보받았으나 징계사유에 해당하는지에 대한 확신이 없어 징계절차를 개시하지 않았다. 이에 주무장관이 피고인에게 징계에 대한 직무이행을 명령하였으나 대법원에 그 이행명령에 이의를 제기하는 소를 제기하였다.

이 경우 교육기관의 장이 수사기관에서 통보받은 자료 등을 통해 볼 때 징계사유에 해당함이 객관적으로 명백하고 달리 징계의결을 요구하지 아니할 상당한 이유가 없는데도 1월 이내에 관할 징계위원회에 징계의결을 요구하지 않으면 법령에서 부여된 작위의무를 이행하지 않은 것이 된다. 그러나 징계요구 직무이행명령에 대하여 이의의 소를 제기하였고, 문제의 시국선언과 관련하여 표현의 자유에 포함된다는 등 다양한 견해가 존재하였으며, 일부 1심에서 무죄가 선고되기도 하는 등 징계사유에 해당함이 객관적으로 명백하지도 않은 상황이었던 경우에는 이를 곧바로 직무유기에 해당한다고 볼 수 없다. (대법원 2013. 6. 27. 2011도797)

본죄에서 말하는 직무의 범위가 공무원으로서 자신이 담당하는 본래의 직무만을 의미하고 부수적·파생적으로 발생하는 의무는 제외된다는 견해가 있으나(**통설**), 본래의 직무와 파생적 직무를 구별하는 기준이 불명확하므로 이를 구분하여 구성요건 해당 여부를 판단하는 것은 적절하지 못하다고 생각한다. 그보다는 위 판례처럼 직무수행이 **법적 의무**인가를 판단하여 결론을 내리는 것이 타당하다고 본다.

한편 상관의 부당한 명령에 대해서는 복종할 의무가 없으므로 부당한 지시나 지침은 작위의무를 발생시키지 않는다.

나. 직무수행 의무 이행의 물리적·실질적 가능성

직무수행 의무가 법적으로 인정되더라도 이를 이행하는 것이 물리적·실질적으로 불가능하다면 직무유기는 성립할 수 없다.

> 예를 들어 시위 진압 작전에 한달 내내 동원되고 집에도 들어가지 못하고 있는 수사관이 범죄 신고를 받아 범죄가 발생하였다는 것을 인지하고도 수사를 개시하지 못한 경우에는 본죄가 성립하기 위한 행위상황이 존재하였다고 볼 수 없다.

3) 행위: 직무수행 거부 또는 유기

제122조는 행위유형을 직무수행 거부와 직무유기의 두 가지로 규정하고 있다. '직무수행 거부'란 민원인이나 상급자 등 제3자가 직무수행을 요구하는데도 이를 거부하는 경우를 의미한다. 이에 반해 '직무유기'란 제3자의 직무수행 요구가 없는 상태에서 직무수행 의무를 방임하거나 포기하는 경우를 말한다(대법원 1997. 8. 29. 97도675).

여기서 직무수행 의무의 불이행이라는 것은 의무를 전혀 이행하지 않는 것을 의미한다. 따라서 불성실 이행 또는 근무 태만은 직무유기가 되지 않는다. 직무유기가 되기 위해서는 근무지를 무단이탈하거나 직무수행을 의식적으로 포기하는 등 그를 통해 국가의 기능을 저해하며 국민에게 피해를 입힐 가능성이 있을 정도로, 직무수행을 전혀 하지 않았을 경우를 말한다(대법원 1966. 3. 15. 65도984; 대법원 1980. 2. 26. 79도31; 대법원 1983. 3. 22. 82도3065; 대법원 1993. 12. 24. 92도3334; 대법원 1997. 4. 22. 95도748).

【판례】 직무유기가 되지 않는 경우 1. 대대장이 부대 내에서 소란을 일으킨 부대원을

상급부대에 보고하지 아니하거나, 군사법경찰관리가 아닌 하사관이 군무이탈자를 동행하던 중 놓친 경우 (대법원 1976. 10. 12. 75도1895)

2. 상급부대에서 나오는 차량부속품을 수령하여 소속부대로 불출할 직무가 있는 병기관인 피고인은 두 차례에 걸쳐 하급부대에 병기물자를 불출하는 직무를 가진 공동피고인 甲으로부터 차량부속품을 불출 받음에 있어 부속품을 임의로 공제하여 주었다. 원래 형법 제122조에 규정하고 있는 직무를 유기한 때라고 함은 직무에 관한 의식적인 방임 내지는 포기 등 정당한 이유 없이 그 직무를 수행하지 않는 경우를 의미한다 할 것인바, 본건에 있어서와 같이 피고인들이 차량부속품을 불출 받는 직무를 수행함에 있어서 그 중 일부의 품목을 임의로 불출관에게 공제해 줌으로써 이를 불출받지 아니하고도 받은 것처럼 한 것이라면 이는 그 수령과정에서 일부품목에 관하여 권한 없는 행위를 한 위법이 있다고 할 수 있을 뿐 그 직무를 수행하지 아니한 경우에 해당한다고는 할 수 없다. (대법원 1977. 11. 22. 77도2952)

3. 사법경찰관리가 경미한 범죄 혐의사실을 검사에게 인지 보고하지 않고 훈방한 경우 (대법원 1982. 6. 8. 82도117)

4. 도축검사를 담당하는 군청 공무원이 도축검사업무를 소홀히 하여 형식적으로 수행하고 이로 인하여 도축할 수 없는 소를 도축한 결과가 발생한 경우 (대법원 1983. 12. 13. 83도1157)

5. 영등포교도소 보안과 소속 교도공무원인 피고인은 호송교도관 4명을 지휘하여 재소자 25명을 이감하라는 호송명령을 교도소장으로부터 받아 호송업무를 수행하였다. 그런데 호송 당일이 토요일이어서 근무시간인 오전 중에 25명의 피호송자들을 영등포교도소로 불러 대전교도소 등 세 곳으로 이감하기에는 시간이 촉박하였다. 이에 호송교도관들은 피호송자 개개인에 대하여 규정에 따른 검신 등의 절차를 철저히 이행하지 아니하고 대강 몸수색을 마친 후 호송버스에 탑승시켜 호송케 하였다. 이 과정에서 구체적인 확인·감독을 하지 않음으로써 계호임무를 소홀히 하였고 피호송자들이 집단 도주하는 결과가 발생하였다. 그러나 이는 불충실한 근무에 해당하여 징계의 사유는 될 지 몰라도 호송업무를 완전히 방기(放棄)한 것이 아니므로 직무유기죄는 성립하지 않는다. (대법원 1991. 6. 11. 91도96)

6. 통고처분이나 고발을 할 권한이 없는 세무공무원이 그 권한자에게 범칙사건 조사 결과에 따른 통고처분이나 고발조치를 건의하는 등의 조치를 취하지 않은 경우 (대법원 1997. 4. 11. 96도2753)

7. 지방자치단체장이 전국공무원노동조합이 주도한 파업에 참가한 소속 공무원들에

대하여 관할 인사위원회에 징계의결요구를 하지 아니하고 가담 정도의 경중을 가려 자체 인사위원회에 징계의결요구를 하거나 훈계처분을 하도록 지시한 행위는 직무유기죄를 구성하지 않는다. (대법원 2007. 7. 12. 2006도1390)

【판례】 직무유기가 되는 경우 1. 세무공무원이 자기 담당구역 내에 거주하는 자에 관한 양도소득세 관계 세무자료를 다른 공무원이 고의로 은닉하고 있는 사실을 발견하고 위 과세자료를 자료정리부에 등재하여 자기에게 넘겨달라고 촉구만 하고 그대로 이를 방치한 경우 (대법원 1984. 4. 10. 83도1653)

2. 소속대 수송관 겸 3종 출납관으로서 소속대 유류수령과 불출 및 그에 따른 결산 기타 업무를 수행할 직무 있는 자가 신병치료를 이유로 상부의 승인 없이 3종 출납관 도장과 창고열쇠를 포함한 3종 업무일체를 계원에게 맡겨두고 이에 대한 일체의 확인 감독마저 하지 않은 경우 (대법원 1986. 2. 11. 85도2471)

3. 가축도축업체에 배치되어 가축검사원으로 재직하는 공무원이 퇴근시 소 계류장의 시정·봉인 조치를 취하지 아니하고 그 관리를 도축장 직원에게 방치한 경우 (대법원 1990. 5. 25. 90도191)

4. 학생군사교육단의 당직사관으로 주번근무를 하던 육군 중위가 훈육관실에서 학군사관후보생 2명과 함께 술을 마시고 내무반에서 학군사관후보생 2명 및 자신의 애인과 함께 화투놀이를 한 다음 애인과 함께 자고 난 뒤 교대할 당직근무자에게 당직근무의 인계·인수를 안한 채 퇴근한 경우 (대법원 1990. 12. 21. 90도2425)

5. 농지사무를 담당하고 있는 군직원으로서 그 관내에서 발생한 농지불법전용 사실을 외면하고 아무런 조치를 취하지 아니한 경우 (대법원 1993. 12. 24. 92도3334)

6. 교통사고 처리담당 경찰관이 사고 현장조사에서 가해자로부터 그가 좌회전신호를 위반하여 교통사고가 발생한 것 같다는 말을 듣고도, 피해자와 보험처리만 하고 사고처리는 하지 아니하기로 합의하였으니 사고처리를 하지 말아달라는 가해자의 부탁을 받고 이 사건 교통사고를 입건하여 수사하지 않았을 뿐 아니라 보험회사 직원으로부터 위 교통사고를 정식 입건하여 수사하여 달라는 요청을 받았는데도 이를 거부한 경우 (대법원 1997. 8. 29. 97도675)

7. 경찰관이 방치된 오토바이가 있다는 신고를 받고 나가 순찰 중 이를 발견하고 오토바이 상회 운영자에게 연락하여 오토바이를 수거해 가도록 하고 그 대가를 받은 경우 (대법원 2002. 5. 17. 2001도6170)

8. 경찰관이 불법체류자의 신병을 출입국관리사무소에 인계하지 않고 훈방하면서 이들의 인적사항조차 기재해 두지 아니한 경우 (대법원 2008. 2. 14. 2005도4202)

9. 토사채취 허가를 담당하는 실무 담당자인 피고인이 산지관리법 제32조 규정에 의한 토사채취 허가가 사전재해영향성검토 대상임을 알리는 상급기관의 공문을 받고서도 절친한 친구의 편의를 봐주기 위해서 허가 관련 심의회검토조서 중 재난안전관리과의 항목을 삭제하도록 하여 사전재해영향성검토를 거치지 않은 경우 (대법원 2010. 1. 14. 2009도9963)

10. 경찰이 현행범으로 체포한 도박혐의자들에게 현행범인체포서 대신 임의동행동의서를 작성하게 하고, 압수한 일부 도박자금을 검사의 지휘도 받지 않고 반환하는 등 조사를 제대로 하지 않은 채 석방한 경우 (대법원 2010. 6. 24. 2008도11226)

11. 검사가 긴급체포 등 강제처분의 적법성에 의문을 가지고 대면조사를 위해 피의자의 인치를 2회에 걸쳐 명하였으나 사법경찰관이 이를 이행하지 않은 경우 (대법원 2010. 10. 28. 2008도11999)

13. 경찰관이 벌금미납자로 지명수배되어 있던 사람을 세 차례에 걸쳐 만나고도 그를 검거하여 검찰청에 신병을 인도하는 등 조치를 취하지 않은 경우 (대법원 2011. 9. 8. 2009도13371)

(2) 주관적 구성요건

직무유기죄가 성립하기 위해서는 직무수행을 거부하거나 유기한다는 데 대한 인식과 의사가 있어야 한다. 따라서 공무원이 태만이나 착각 등으로 인하여 직무를 수행하지 않은 경우에는 직무유기죄가 성립되지 않는다 (대법원 1983. 1. 18. 82도2624; 대법원 1983. 12. 13. 83도1157; 대법원 1994. 2. 8. 93도3568; 대법원 1997. 4. 11. 96도2753; 대법원 1997. 8. 29. 97도675).

【판례】 직무유기의 고의가 없는 경우 **1.** 전매공무원이 외제담배를 긴급압수한 후 태만과 분망으로 압수물에 대한 압수수색영장 신청 직무를 해태한 경우 (대법원 1982. 9. 28. 82도1633)

2. 의령경찰서장이 직속 부하인 경찰관이 그 관내에서 총기를 무차별 난사하여 수십명을 헤아리는 사상자가 발생하는 미증유의 사태에서 망연자실하여 적절한 진압조치를 태만히 한 경우 (대법원 1983. 1. 18. 82도2624)

【판례】 직무유기의 고의가 있는 경우 수송관 겸 3종 출납관으로서 소속대 유류수령과 불출 및 그에 따른 결산 기타 업무를 수행할 직무를 가진 피고인은 신병치료를 이유로 상부의 승인 없이 3종 출납관 도장과 창고열쇠를 포함한 3종 업무일체를 계원에게

맡겨두고 이에 대한 일체의 확인감독마저 하지 않았다. 이는 부대관례에 따른 정당한 위임의 정도를 벗어난 직무의 의식적인 포기로서 직무유기죄에 해당한다. (대법원 1986. 2. 11. 85도2471)

(3) 죄 수

공무원이 자신의 직무에 반하여 허위공문서를 작성하는 경우, 허위공문서 작성죄(제227조)가 성립하는 것 외에 별도로 직무유기죄가 적용되지는 않는다(대법원 1982. 12. 28. 82도2210). 그러나 직무유기와 무관하게 허위공문서 작성이 이루어지고 별도로 직무유기도 하게 되면 서로 별개의 행위에 의해 각각의 범죄를 저지르는 것이므로 실체적 경합이 된다.

【판례】 허위공문서 작성죄와 본죄의 관계 1. 공무원이 어떠한 위법사실을 발견하고도 직무상 의무에 따른 적절한 조치를 취하지 아니하고 위법사실을 적극적으로 은폐할 목적으로 허위공문서를 작성·행사한 경우에는 직무위배의 위법상태는 허위공문서작성 당시부터 그 속에 포함되는 것으로 작위범인 허위공문서작성·동행사죄만이 성립하고 부작위범인 직무유기죄는 따로 성립하지 아니하나, 위 복명서 및 심사의견서를 허위작성한 것이 농지 일시전용허가를 신청하자 이를 허가하여 주기 위하여 한 것이라면 직접적으로 농지불법전용 사실을 은폐하기 위하여 한 것은 아니므로 위 허위공문서작성·동행사죄와 직무유기죄는 실체적 경합범의 관계에 있다. (대법원 1993. 12. 24. 92도3334)

2. 공무원이 어떠한 위법사실을 발견하고도 직무상 의무에 따른 적절한 조치를 취하지 아니하고 위법사실을 적극적으로 은폐할 목적으로 허위공문서를 작성·행사한 경우에는 직무위배의 위법상태는 허위공문서작성 당시부터 그 속에 포함되는 것으로 작위범인 허위공문서작성·동행사죄만이 성립하고 부작위범인 직무유기죄는 따로 성립하지 아니한다. (대법원 1999. 12. 24. 99도2240)

3. 하나의 행위가 부작위범인 직무유기죄와 작위범인 허위공문서작성·행사죄의 구성요건을 동시에 충족하는 경우, 공소권자는 재량에 의하여 작위범인 허위공문서작성·행사죄로 공소를 제기하지 않고 부작위범인 직무유기죄로만 공소를 제기할 수 있다. (대법원 2008. 2. 14. 2005도4202)

경찰관이 검사로부터 범인을 검거하라는 지시를 받고서도 그 직무상의 의무에 따른 적절한 조치를 취하지 아니하고 오히려 범인에게 전화로 도피하라고 권유하여 그를 도피하게 한 경우에도 범인도피죄(제151조)만 적용되고 직무유기죄는 따로 적용되지 않는다(대법원 1996. 5. 10. 96도51).

【판례】 공무집행방해죄와 본죄의 관계 피고인이, 출원인이 어업허가를 받을 수 없는 자라는 사실을 알면서도 그 직무상의 의무에 따른 적절한 조치를 취하지 않고 오히려 부하직원으로 하여금 어업허가 처리기안문을 작성하게 한 다음 피고인 스스로 중간결재를 하는 등 위계로써 농수산국장의 최종결재를 받았다면, 직무위배의 위법상태가 위계에 의한 공무집행방해행위 속에 포함되어 있는 것이라고 보아야 할 것이므로, 이와 같은 경우에는 작위범인 위계에 의한 공무집행방해죄만이 성립되고 부작위범인 직무유기죄는 따로 성립되지 않는다. (대법원 1997. 2. 28. 96도2825)

다른 작위범과의 관계도 마찬가지이다(**통설**).

【판례】 작위범과 본죄의 관계 읍장인 피고인은 공동피고인 甲의 부탁을 받고 도시계획선을 침범하여 당초 허가면적보다 초과한 건물을 건축하도록 교사하였다. 그 후 군수로부터 위법건축시정지시 공문을 받았으나 위법건축을 중단케 하거나 시공된 부분을 철거케 하는 등 군수의 시정지시를 이행하지 아니하였다. 이와 같은 직무 위배의 위법상태는 건축법 위반교사행위가 있을 때부터 그 행위에 내재하고 있는 것이고 그 뒤에 군수로부터 위법건물의 시정지시를 받고 그대로 방치했다 해도 당초에 있었던 직무위반의 위법상태가 그대로 계속된 것에 불과하므로 다소 이론의 여지도 없는 것은 아니지만 다시 별도의 새로운 직무유기죄가 성립되어 건축법위반교사죄와 직무유기죄의 실체적 경합범이 되지는 아니한다. (대법원 1980. 3. 25. 79도2831)

Ⅲ. 직권남용죄

> 제123조 (직권남용) 공무원이 직권을 남용하여 사람으로 하여금 의무 없는 일을 하게 하거나 사람의 권리행사를 방해한 때에는 5년 이하의 징역, 10년 이하의 자격정지 또는 1천만원 이하의 벌금에 처한다.

1. 의 의

본죄는 공무원이 직권을 남용하여 사람으로 하여금 의무 없는 일을 하게 하거나 사람의 권리행사를 방해한 때에 성립한다. 본죄는 **국가기능의 공정한 행사**를 보호법익으로 한다(**통설**). 본죄의 속성에 대해서는 견해대립이 있다.

① 추상적 위험범설 (**다수설**)

② 침해범설

결론 국가기능이 현실적으로 침해되는 것이 확인되어야 범죄 성립이 인정되는 것은 아니므로 **추상적 위험범**으로 보는 것이 타당하다.

2. 구성요건

(1) 객관적 구성요건

본죄는 공무원을 행위주체로 하는 진정 신분범이다.

직권남용이란 공무원이 자신의 일반적 권한에 속하는 사항에 관하여 그것을 불법하게 행사하는 것, 즉 형식적·외형적으로는 직무집행의 모습을 띠고 있지만 실질적으로는 권한범위를 벗어나는 행위를 하는 경우를 의미한다. 따라서 공무원이 자신의 일반적 권한에 속하지 않는 행위를 하는 경우인 '지위를 이용한 불법행위(제135조)'와는 구별된다(대법원 1991. 12. 27. 90도2800).

'의무 없는 일'에서 말하는 의무는 법적 의무를 의미한다. 따라서 윤리적 측면에서는 의무가 인정되더라도 법적인 의무는 없는 경우, 이를 강제하면 본죄가 성립된다. 또한 법적인 의무가 있다고 하더라도 그 의무의 범위를 넘어서는 행위를 강제하면 본죄에 해당된다(**통설**).

또 '권리행사를 방해'한다고 할 때의 권리도 법령상 인정되는 권리를 말한다. 따라서 이 경우에 해당되기 위해서는 법적으로 인정되는 구체적 권리가 피해자에게 현실적으로 존재해야 한다.

【판례】 직권남용이 되는 경우 1. 대통령비서실 **민정수석비서관**이 대통령의 근친관리업무와 관련하여 정부 각 부처에 대한 지시와 협조 요청을 할 수 있는 일반적 권한을 갖고 있었음에 비추어 그가 농수산물 도매시장 관리공사 대표이사에게 요구하여 위 시장 내의 주유소와 서비스 등을 당초 예정된 공개입찰방식이 아닌 수의계약으로 대통령의 근친이 설립한 회사에 임대케 한 행위는 공무원이 그 일반적 직무권한에 속하는 사항에 관하여 직권의 행사에 가탁하여 실질적, 구체적으로 위법, 부당한 행위를 한 경우에 해당하여 타인의 권리행사방해죄의 구성요건을 충족한다. (대법원 1992. 3. 10. 92도116)

2. **재정경제원 장관**이 대기업에 해당되지도 아니하며 회생 가능성도 불투명하여 대출이 가능한 요건을 갖추었다고 보기 어려운 기업에 대하여 은행감독원장으로부터 경영개선명령을 받아 신규대출을 기피하고 있던 위 기업의 주거래 은행의 은행장에게 개인적 친분이 있는 위 기업을 도와주기 위한 목적으로 대출을 실행하여 줄 것을 요구하고, 위 요구에 따라 위 은행장이 이미 같은 은행으로부터 대출신청이 거절당한 바 있는 위 기업에 대하여 새로이 다른 채권 은행장들과 협조융자를 추진하고 대출하도록 한 행위는 직권남용죄에 해당한다. (대법원 2004. 5. 27. 2002도6251)

3. **검찰의 고위 간부**가 내사 담당 검사로 하여금 내사를 중도에서 그만두고 종결처리토록 한 행위는 직권남용죄에 해당한다. (대법원 2007. 6. 14. 2004도5561)

4. **해군본부 법무실장**이 국방부 검찰수사관에게 납품비리 수사관련 기밀사항을 보고하게 한 경우, 이러한 보고요구는 형식적·외형적으로는 직무집행으로 보이나 실질은 일반적 직무권한 범위를 넘어서는 부당행위이고, 이들 기밀사항이 유출될 경우 검찰단의 수사기능에 현저한 장애를 초래할 수 있어 직권남용 권리행사방해죄에 해당한다. (대법원 2011. 7. 28. 2011도1739)

5. 관련 법령에서 정한 절차에 따라 평정대상 공무원에 대한 평정단위별 서열명부 및 평정순위가 정해졌는데도, **시장**인 피고인이 실무 담당자에게 특정 공무원에 대한 평정순위를 변경하도록 지시하였다면 직권남용 권리행사방해죄에 해당한다. (대법원

2012. 1. 27. 2010도11884)

【판례】 직권남용이 되지 않는 경우 1. 군형법 제62조 소정의 직권남용이란 일반적 직무권한에 속하는 사항에 관하여 그 정당한 한도를 넘어 그 권한을 위법하게 행사하는 것을 말하는 것이므로 아무런 직권도 가지지 않는 자의 행위 또는 자기의 직권과 관계없는 행위는 이에 해당하지 않는다고 할 것인 바, **당직대의 조장**이 당직근무를 마치고 내무반에 들어와 하급자에게 다른 이유로 기합을 준 행위는 당직조장으로서의 어떤 직권을 남용한 것이 아니라 사적 제재에 불과하다. (대법원 1985. 5. 14. 84도1045)

2. **검사**가 고발사건을 불기소결정하여 피고발인을 처벌받게 하려는 고발인의 의도가 이루어질 수 없게 되었다 하여 고발인의 권리행사가 방해되었다고는 할 수 없다. (대법원 1986. 6. 30. 86모12)

3. **대통령비서실 정책실장**이 기업관계자들에게 기업 활동의 일환인 미술관 전시회 후원을 요청하여 기업관계자들이 특정 미술관에 후원금을 지급하도록 만든 행위는 직권남용죄 및 제3자 뇌물공여죄에 해당하지 않는다. (대법원 2009. 1. 30. 2008도6950)

(2) 주관적 구성요건

직권을 남용하여 의무 없는 일을 하게 하거나 권리행사를 방해한다는 데 대한 인식과 의사가 있어야 한다.

【판례】 직권남용의 인식 교도소에서 접견업무를 담당하던 교도관이 접견신청에 대하여 행형법 제18조 제2항 소정의 '필요용무'가 있는 때에 해당하지 아니한다고 판단하여 그 접견신청을 거부하였다면, 단지 접견신청거부행위의 위법성에 대한 인식이 없었던 것에 불과한 것이 아니라 애초부터 직권남용에 대한 범의 자체가 없어 위 범죄를 구성하지 아니한다. (대법원 1993. 7. 26. 92모29)

(3) 기수시기

현실적인 권리행사방해의 결과가 없더라도 기수가 되는지 견해 대립이 있다.

① 긍정설 (**통설 · 판례** | 대법원 1978. 10. 10. 75도2665)

② 부정설

결론 제123조의 해석상 본죄가 기수에 이르려면 의무 없는 일을 시키는 행위 또는 권리를 방해하는 행위가 있었다는 것만으로는 부족하고, 피해자가 의무 없는 행위를 하게 되거나, 권리행사가 방해된다는 결과가 발생한 것을 필요로 한다고 보는 것이 타당하다. 반면 국가 기능의 현실적 침해가 있어야 기수가 되는 것은 아니다.

3. 죄 수

본죄는 폭행·협박을 수단으로 하고 있지 않으므로 권리행사방해죄(제324조)의 가중 구성요건이 아니다. 따라서 공무원이 직권을 남용하면서 폭행·협박으로 의무 없는 일을 강제하거나 권리행사를 방해하는 경우에는 본죄와 제324조의 상상적 경합이 된다.

Ⅳ. 공무상 비밀누설죄

제127조 (공무상 비밀의 누설) 공무원 또는 공무원이었던 자가 법령에 의한 직무상 비밀을 누설한 때에는 2년 이하의 징역이나 금고 또는 5년 이하의 자격정지에 처한다.

1. 의 의

본죄는 공무원 또는 공무원이었던 자가 법령에 의한 직무상 비밀을 누설하는 행위를 처벌하는 것이다. 본죄의 보호법익은 기밀 그 자체가 아니라 공무원의 비밀엄수 의무의 침해에 의하여 위협받게 되는 이익, 즉 비밀의 누설에 의하여 위협받는 국가의 기능이다(**통설·판례** | 대법원 1996. 5. 10. 95도780). 본죄는 추상적 위험범이다.

2. 구성요건

본죄의 **행위주체**는 공무원 또는 공무원이었던 자이다.

공무상 비밀누설의 객체는 법령에 의한 **직무상의 비밀**이다. 여기서의 비밀이란 ① 제한된 범위의 사람들에게만 알려져 있는 사실로서 ② 이를 다른 사람이 모르게 유지하는 것이 국가에게 이익이 되는 것을 말한다.

또한 직무상 비밀이어야 하므로 직무와 관련 없이 알게 된 비밀은 여기에 포함되지 않는다. 군사상의 기밀이나 외교상의 기밀의 경우에는 제98조(간첩)와 제113조(외교상 기밀누설)에 의해 보호되고, 이에 속하지 않는 공무상 알게 된 비밀의 경우 본죄의 처벌대상이 된다.

'법령에 의한' 비밀이 무엇을 의미하는가에 대하여 견해대립이 있다.

① **협의설** : 법령에 의하여 비밀로 분류된 것만으로 제한하여야 한다는 견해 **(통설)**

② **광의설** : 법령에 의해서 비밀로 분류된 것은 물론, 객관적 · 일반적으로 외부에 알려지지 않는 것이 국가적으로 상당한 이익이 되는 사항까지 모두 포함하여야 한다는 견해 **(판례)**

결론 실질적으로는 비밀에 해당하는 내용이지만 문서가 아직 완성되기 전이거나 비밀분류 작업이 지연되는 경우에도 그 내용은 보호되어야 하므로 **광의설**이 타당하다.

【판례】 공무상 비밀누설죄의 객체 | 이문옥 감사관 사건 법령에 의한 직무상 비밀이란 반드시 법령에 의하여 비밀로 규정되었거나 비밀로 분류 명시된 사항에 한하지 아니하고 정치, 군사, 외교, 경제, 사회적 필요에 따라 비밀로 된 사항은 물론 정부나 공무소 또는 국민이 객관적, 일반적인 입장에서 외부에 알려지지 않는 것이 상당한 이익이 되는 사항도 포함되는 것으로 보아야만 한다. (대법원 1996. 5. 10. 95도780 | 같은 취지: 대법원 1981. 7. 28. 81도1172; 대법원 1982. 6. 22. 80도2822)

본죄의 행위는 누설이다. **누설**이란 비밀에 대하여 전혀 모르거나 어렴풋이는 알아도 확실하게는 모르는 사람에게 알리는 것을 말한다. 공연하게 알릴 필요는 없다.

3. 위법성

공직사회의 부정을 고발하기 위해 불가피하게 직무상 지득한 비밀을 누설한 경우에는 정당행위로서 위법성이 조각된다.

4. 죄 수

시험문제(대법원 1970. 6. 30. 70도562)나 입찰예정가(대법원 1983. 4. 26. 82도2095)를 알려주는 것처럼 공무상 비밀을 누설하는 대가로 금품을 수수하게 되면 수뢰후 부정처사죄(제131조 제1항)와 본죄가 동시에 성립되고 상상적 경합이 된다.

Ⅴ. 선거방해죄

제128조 (선거방해) 검찰, 경찰 또는 군의 직에 있는 공무원이 법령에 의한 선거에 관하여 선거인, 입후보자 또는 입후보자되려는 자에게 협박을 가하거나 기타 방법으로 선거의 자유를 방해한 때에는 10년 이하의 징역과 5년 이상의 자격정지에 처한다.

본조는 관권을 동원하여 선거의 자유를 침해하는 것을 방지하기 위한 규정으로 직권남용죄(제123조)의 특별규정이다(**통설**).

본죄의 **행위주체**는 검찰, 경찰 또는 군의 직에 있는 공무원으로 한정된다. 그러나 관권선거가 검찰, 경찰 또는 군인에 의해서만 이루어지는 것은 아니므로 그 밖의 공무원도 본죄의 주체에 포함시키는 방향으로의 입법적 개선이 요망된다.

본죄는 법령에 의한 선거에 관하여 선거인, 입후보자 또는 입후보자가 되려는 자에게 협박을 가하거나 기타 방법으로 선거의 자유를 방해한 때에 성립한다. 법령에 의한 선거이어야 하므로 선거의 근거가 법령에 정해져 있지 않는 사적 단체의 선거 등에는 적용되지 않는다. 협박은 선거방해 방법의 예시에 불과하므로 그 내용에는 제한이 없다.

선거를 방해하는 행위만 있으면 충분하므로 본죄는 **추상적 위험범**이다.

Ⅵ. 뇌물죄

1. 개 관

(1) 의의 · 보호법익

뇌물죄란 공무원 또는 중재인이 직무와 관련하여 뇌물을 수수, 요구, 약속하거나 이들에게 뇌물을 공여하는 경우 성립되는 범죄를 총칭하는 개념이다.

뇌물죄의 보호법익이 무엇인가에 대하여 견해대립이 있다.

① 공무원이 행하는 **직무행위의 불가매수성**(不可買收性)이라고 보는 견해

② 직무행위의 불가매수성뿐 아니라 **직무행위의 공정성**과 그에 대한 **사회의 신뢰**도 보호법익으로 보는 견해 **(판례)**

결론 뇌물죄는 원래 공무원이 공무를 이익의 대가로 활용하는 것을 금지하고자 하는 것이다. 또한 공무원의 이러한 불공정한 공무집행은 공무자체에 대한 국민의 신뢰를 잃게 한다. 따라서 뇌물죄는 직무행위의 불가매수성뿐만 아니라 **직무행위의 공정성과 그에 대한 사회의 신뢰**도 보호법익으로 한다고 보는 것이 타당하다.

【판례】 뇌물죄의 보호법익 1. 뇌물죄는 직무집행의 공정과 이에 대한 사회의 신뢰를 그 보호법익으로 하고 있다. (대법원 1998. 3. 10. 97도3113 | 같은 취지: 대법원 1994. 3. 22. 93도2962)

2. 뇌물죄는 직무집행의 공정과 이에 대한 사회의 신뢰에 기하여 직무수행의 불가매수성을 그 직접적 보호법익으로 하고 있다. (대법원 1999. 11. 9. 99도2530 | 같은 취지: 대법원 1984. 8. 14. 84도1139; 대법원 1992. 2. 28. 91도3364; 대법원 1995. 9. 5. 95도1269; 대법원 1996. 1. 23. 94도3022; 대법원 1997. 12. 26. 97도2609)

본죄는 보호의 정도 측면에서 추상적 위험범이다.

(2) 구성요건 체계

뇌물죄는 수뢰죄와 증뢰죄로 구성된다. 수뢰는 단순수뢰(제129조 제1항)를 기본 구성요건으로 하고, 사전수뢰(제129조 제2항)는 감경 구성요건, 수뢰후 부정처사(제131조 제1항)·사후수뢰(제131조 제2·3항)는 가중 구성요건이다. 제3자 뇌물제공(제131조 제3항)과 알선수뢰(제132조)는 독자적 변형 구성요건이다. 증뢰는 단순증뢰(제133조 제1항)와 증뢰물전달(제133조 제2항)을 각각 독립적인 구성요건으로 두고 있다.

2. 수뢰죄

> 제129조 (수뢰) ① 공무원 또는 중재인이 그 직무에 관하여 뇌물을 수수, 요구 또는 약속한 때에는 5년 이하의 징역 또는 10년 이하의 자격정지에 처한다.

(1) 구성요건

1) 객관적 구성요건

가. 행위주체

본죄의 행위 주체는 공무원 또는 중재인이다. **공무원**이란 '국가공무원법, 지방공무원법 및 교육공무원법에 의한 공무원'을 말한다. 이에는 지방의회의 의원(대법원 1997. 3. 11. 96도1258)이나 시의회 의장(대법원 1996. 11. 15. 95도1114), 시·구 도시계획위원회의 위원(대법원 1997. 6. 13. 96도1703)도 포함된다. 정부관리기업체의 간부직원(특가법 제4조), 정부투자기관의 임직원(정부투자기관관리기본법 제18조) 또는 중앙약사심의위원회 소분과위원회의 개최를 앞두고 소분과위원회 위원으로 위촉된 사람의 경우(대법원 2002. 11. 22. 2000도4593)도 본죄에 있어서의 공무원으로 간주된다.

중재인이란 '법령에 의하여 중재의 직무를 담당하는 자'를 말한다. 법령상의 근거없이 사실상 중재를 하는 것만으로는 충분하지 않다(**통설**). 중재법에 의한 중재인(제4조), 노동쟁의조정법에 의한 중재위원(제32조)이 여기에 해당된다.

나. 행위객체 : 뇌물

뇌물이란 '공무원 또는 중재인의 직무에 관련된 부당한 이익'을 말한다.

(가) 직무관련성

뇌물죄에 있어서 **직무**란 '당해 공무원이 그 지위에 수반하여 공무로서 취급하는 일체의 업무'를 말한다(대법원 1985. 2. 8. 84도2625). 공무원이 ① 법령상 권한 범위 내에서 관장하는 직무는 물론 ② 그 직무와 밀접한 관계가 있는 행위 또는 ③ 관례상·사실상 처리하는 업무행위와 결정권자를 보좌하거나 영향을 줄 수 있는 직무행위도 포함된다(대법원 1996. 11. 15. 95도1114; 대법원 1998. 2. 27. 96도5828; 대법원 1999. 6. 11. 99도275; 대법원 2002. 3. 15. 2001도970).

직무관련성은 의무위반행위의 유무와 청탁의 유무 및 수수시기가 언제인가와 관계 없이 인정되므로, 과거에 담당하였거나 장래 담당할 직무 및 사무분장에 따라 직무범위에서 제외된 업무라 하더라도 본죄의 직무에 해당된다(대법원 1992. 2. 28. 91도3364; 대법원 1994. 3. 22. 93도2962; 대법원 1995. 9. 5. 95도1269; 대법원 1999. 11. 9. 99도2530).

공무원이 다른 직무로 전직한 후에 전직하기 전의 직무에 관하여 뇌물을 받은 경우에도 직무행위의 공정성에 대한 사회일반의 신뢰보호라는 점과 **전임자의 영향력**을 고려할 때 그 직무관련성을 인정하는 것이 타당하다 (**통설**).

【판례】 직무관련성이 있는 경우 **1.** 업무집행을 지휘, 감독하는 상급자인 공무원이 그 하급자로부터 부하의 비행묵인의 취지로 금원을 받았다면 이를 수뢰죄로 의율하였음은 정당하다. (대법원 1968. 12. 24. 66도1575)

2. 뇌물수수죄에 있어서의 직무란 법령에 의한 공무원의 직무 자체뿐만 아니라 이와 관련하여 사실상 관리하는 직무행위도 포함한다고 할 것이므로 과세자료를 조사수집하고 그에 따라 법령의 규정에 따른 과세를 하여 이를 징수하는 법령상의 직무를 수행하는 세무공무원이 그 직무와 관련하여 그가 보관하는 공무소에서 사용하는 서류를 반환하여 달라는 청탁을 받고 이를 응락한 후 그 청탁 명목으로 금원을 수수하였다면 직무에 관한 뇌물의 수수라고 할 것이다. (대법원 1981. 8. 25. 81도1830)

3. 도시계획시설결정 승인이 시장의 소관사항이 아니고 도지사의 소관사항일지라도 시 군시계획계장으로서 위 승인신청서를 수리하여 결재를 거쳐 상급승인기관에 전달

하는 직무에 종사하고 있다면 그 신청에 관한 금품수수는 직무에 관한 것이라 할 수 있으므로 뇌물수수죄가 성립한다. (대법원 1983. 8. 23. 82도2350)

4. 보험회사의 감독관청인 재무부의 보험과장으로서 보험회사의 감독에 관한 실무 책임을 지고 있던 피고인이 상피고인이 보험회사의 주식 등을 금 2억5천만원으로 인수할 수 있도록 많은 노력을 기울여준데 대한 대가의 취지와 앞으로도 동 보험회사의 운영과정에서 감독관청의 실무책임자로서 계속적인 선처를 바란다는 취지에서 위 상피고인이 제공하는 금원을 수취하였다면 피고인은 그 직무에 관하여 뇌물을 수수한 경우에 해당한다. (대법원 1984. 7. 24. 83도830)

5. 유흥업소를 경영하는 사람으로부터 구청 위생계장이 건물용도변경허가와 관련하여 금품을 수수한 것은 직무와 관련하여 뇌물을 교부받은 것이다. (대법원 1989. 9. 12. 89도597)

6. **대통령 경제수석비서관**은 금융기관의 업무에 관하여 사실상의 영향력을 행사하는 지위이므로 직무관련성이 있다. (대법원 1994. 9. 9. 94도619)

7. 국책사업의 사업자 선정도 역시 대통령의 직무범위에 속하거나 그 직무와 밀접한 관계가 있는 행위다. (대법원 1997. 4. 17. 96도3377)

8. **국회의원**이 다른 의원의 직무행위에 관여하는 것이 국회의원의 직무행위 자체라고 할 수는 없으나, 국회의원이 자신의 직무권한인 의안의 심의·표결권 행사의 연장선상에서 일정한 의안에 관하여 다른 동료의원에게 작용하여 일정한 의정활동을 하도록 권유·설득하는 행위 역시 국회의원이 가지고 있는 직무권한의 행사와 밀접한 관계가 있는 행위다. (대법원 1997. 12. 26. 97도2609)

9. **토지개발공사 서울지사 공사부장**으로서 J건설이 시공하는 택지개발현장에서의 공사관리를 총괄하는 직무를 담당하는 피고인이 공사현장에서 발생하는 건축물 폐재류의 처리공사를 담당할 하도급업체를 J건설이 선정함에 있어 C기업이 하도급 받을 수 있도록 J건설에 청탁하는 것은 피고인의 직무와 밀접한 관계가 있는 행위라고 봄이 상당하다. (대법원 1998. 2. 27. 96도582)

10. 음주운전을 적발하여 단속에 관련된 제반 서류를 작성한 후 운전면허 취소업무를 담당하는 직원에게 이를 인계하는 업무를 담당하는 경찰관인 피고인이 피단속자로부터 운전면허가 취소되지 않도록 해달라는 청탁을 받고 금원을 교부받은 경우, 운전면허 취소업무가 피고인이 현실적으로 담당하지 않는 직무라거나 금원의 수수시기가 피고인이 단속에 관하여 작성한 서류를 인계한 후라고 하더라도 뇌물죄에 있어서의 직무와의 관련성을 부정할 수 없다. (대법원 1999. 11. 9. 99도2530)

11. 품절 의약품을 다른 약품으로 대체하는 것을 용인하거나 납품과정에서 다소의 하자를 선처하는 등의 편의를 보아주고, 또 의약품 입찰과 관련하여 의약품 리스트나 타업체의 투찰가를 알려주는 한편, 입찰과 관련된 필요 정보를 제공하는 등의 편의를 봐 달라는 취지의 청탁과 함께 금원을 수수한 경우 그 수수한 금원은 직무와 관련하여 수수된 뇌물이라고 봄이 상당하다. (대법원 2000. 1. 21. 99도4940)

12. **경찰관**들이 각각 피고인측의 부탁에 따라 자신의 조사대상인 피의자들에게 피고인을 변호인으로 선임하도록 알선하고 편의를 제공한 행위는 수사관으로서의 직무와 밀접한 관련이 있는 행위이다. (대법원 2000. 6. 15. 98도3697)

13. 군에서 **일차진급 평정권자**가 그 평정업무와 관련하여 진급대상자로 하여금 자신의 은행대출금채무에 연대보증하게 한 행위는 직무에 관련하여 이익인 뇌물을 받은 것에 해당된다. (대법원 2001. 1. 5. 2000도4714)

14. 의장선거에서의 투표권을 가지고 있는 군의원들이 의장선거와 관련하여 금품을 수수하는 행위는 군의원으로서의 직무와 관련된 것이라 할 것이므로 뇌물죄가 성립한다. (대법원 2002. 5. 10. 2000도2251)

15. 농림부 주관 농림기술개발사업의 일환으로 시행되고 국립대학교 총장 명의로 체결된 연구 용역 약정에 기하여 소속 대학 교수가 행하는 연구 활동은 교육공무원인 위 교수의 직무 집행 행위에 해당한다. (대법원 2005. 10. 14. 2003도1154)

16. 재건축 사업 설계업체로 선정되기를 희망하는 건축사사무소 대표가 재건축조합 직무대행자에 대한 수사를 담당하는 경찰관에게 금원을 제공한 경우, 진정사건의 진행 및 처리와 건축사무소의 이해관계가 밀접하기 때문에 직무관련성이 인정된다. (대법원 2007. 4. 27. 2005도4204)

【판례】 직무관련성이 없는 경우 1. 피고인의 모친 회갑 축의금으로 금 2만원을 받은 것만으로는 피고인이 동 금원을 직무와 관련하여 뇌물로 받았다고 할 수 없다. (대법원 1977. 11. 8. 77도2311)

2. 교과서의 내용검토 및 개편수정은 발행자나 저작자의 책임에 속하는 것이므로 이것이 **문교부 편수국 공무원**인 피고인들의 직무에 속한다고 할 수 없다. (대법원 1979. 5. 22. 78도296)

3. 형사사건의 양형은 **법원 참여주사**의 직무가 아닐 뿐 아니라 그 직무와 밀접한 관계가 있는 사무라고도 할 수 없다. (대법원 1980. 10. 14. 80도1373)

4. 피고인들이 본건 현대아파트의 건립 또는 융자에 관계되는 공무를 담당한 바가 있어도 동 건설회사측에 별다른 편의를 제공한 적이 없고, 위 공무를 취급하지 아니

하였더라도 다른 일반 수의 분양자들과 같이 친지, 동료 등의 연줄로 분양받을 수 있었고, 또 분양받아야 할 실수요자였으며 피고인들의 위 공무집행은 위 아파트의 분양계약과 관련시킬 수 없는 우연에 불과하였으므로 본건 아파트의 분양계약이 직무와 대가관계에 있는 부당한 이익 즉 뇌물성이 있다고 할 수 없다. (대법원 1981. 4. 28. 80도3323)

5. 피고인의 아들들의 결혼식장에서 공소외인들이 축의금으로 낸 것을 사후에 전달받은 것일 뿐만 아니라 피고인이 동 공소외인들과는 개인적으로도 친분관계를 맺어온 사이였다면 비록 동 공소외인들이 피고인의 직무와 관련이 있는 사업을 경영하는 사람들이었다 하더라도 그 사정만으로 위 금원이 축의금을 빙자하여 뇌물로 수수된 것이라고 단정할 수 없다. (대법원 1982. 9. 14. 81도2774)

6. 피고인 甲이 시의 도시과 구획정리계 측량기술원으로 근무하면서 다년간 환지측량업무에 종사하게 된 결과 얻은 지식과 경험을 기초로 체비지에 관한 공개경쟁 입찰에서 입찰예정가격이 대략 어느 정도 될 것이라고 추측한 내용을 피고인 乙에게 알려준 행위는 그의 직무행위 내지는 직무와 밀접하게 관련된 행위라고 볼 수 없다. (대법원 1983. 3. 22. 82도1922)

7. 보안부대 소속 치안본부 연락관이 경찰서장에게 경찰공무원의 승진을 부탁하고 이에 관하여 금원을 받았더라도 경찰공무원의 승진 여부는 치안본부의 인사에 관한 고유의 직무에 속하는 것이므로 이는 알선수뢰죄나 변호사법 제54조의 행위에 해당할지는 몰라도 자기의 직무에 관한 수뢰죄는 되지 아니한다. (대법원 1983. 10. 11. 83도425)

8. 중소기업협동조합 중앙회장의 외국인산업연수생에 대한 국내 관리업체 선정업무도 추상적으로는 **경찰청 정보과 형사**인 피고인의 정보수집 대상에 포함된다 하더라도 원래 위 국내 관리업체 선정이 당시의 통상산업부(현 산업자원부) 또는 그 산하 중소기업청의 소관으로서 피고인이 소속된 경찰청의 업무와는 아무런 관련이 없는 점, 중소기업협동조합 중앙회는 피고인의 출입처가 되어 본 적이 없다는 점 그리고 정보업무가 비밀리에 행하여진다는 점 등에 비추어 피고인이 직무를 통하여 위 국내관리업체 선정에 어떠한 영향을 준다고는 할 수 없다. (대법원 1999. 6. 11. 99도275)

9. 해양수산부 해운정책과 소속 공무원에게 중국 교통부로부터 선박운항허가를 받을 수 있도록 해달라고 부탁하고 돈을 준 경우, 해양수산부 해양정책과 소속 공무원이 관여할 수 있는 행위가 아니어서 직무관련성이 인정되지 않는다. (대법원 2011. 5. 26. 2009도2453)

(나) 부당성 | 대가성

제공된 이익의 **부당성**은 '직무에 대한 반대급부로서의 대가관계가 있는 경우'에 인정된다. 이는 공무원이 사적으로 직무집행의 대가를 받는 것 자체가 부당하다는 의미이다. 따라서 대가를 받고 정당한 직무집행을 하더라도 부당성이 인정된다.

공무원이 받은 금원이 직무와 대가관계가 있는 이익에 해당하는지 여부는 당해 공무원의 직무의 내용, 직무와 이익제공자와의 관계, 쌍방간에 특수한 사적인 친분관계가 존재하는지의 여부, 이익의 정도, 이익을 수수한 경위와 시기 등의 제반 사정을 참작하여 결정해야 한다(대법원 1999. 7. 23. 99도1911). 전체적으로 보아 공무원의 직무와 관련성이 있으면 충분하고, 특별히 청탁의 유무, 개개의 직무행위의 대가적 관계를 고려할 필요는 없으며 그 직무행위가 특정된 것일 필요도 없다(대법원 1997. 12. 26. 97도2609).

> 따라서 정치자금, 선거자금, 성금 등의 명목으로 이루어진 금품의 수수라 할지라도 그것이 정치인인 공무원의 직무행위에 대한 대가로서의 실체를 갖는 한 뇌물의 성격을 잃지 않는다. (대법원 1997. 4. 17. 96도3378)

【판례】 대가성이 인정되지 않는 경우 서울대학교 의과대학 교수 겸 서울대학교병원 의사가 구속집행정지 신청과 관련하여 부탁을 받고 구치소로 왕진을 나가 진료하고 진단서를 작성해 주었으며 법원의 사실조회에 대하여 회신을 해주었고 그 대가로 1천 5백만 원의 사례금을 받은 경우 이는 의사로서의 진료업무를 한 것이지 교육공무원인 서울대학교 의과대학 교수의 직무와 관련된 부당한 대가를 받은 행위라고 할 수 없다. (대법원 2006. 6. 15. 2005도1420)

> 지급된 대가가 공무원의 고유 업무 집행에 대한 것이고 통상 지급되는 수수료 등을 받은 것에 불과한 경우에는 부당한 이익이라고 할 수 없다. 그러나 이 사건의 경우처럼 1천 5백만 원이 지급되었다면 이를 통상 지급되는 수수료에 불과하다고 할 수 있을지 의문이다. 다만 의사로서 할 일을 지침에 따라 한 것일 뿐이고 돈을 받은 것 때문에 형평에서 벗어나는 조치를 취한 것은 아니어서 대가관계를 인정하기 어렵다고 한 것으로 보인다.

문제는 명절의 떡값, 경조사의 부조금 등의 명목으로 행해지는 **사교적 증여**를 어떻게 볼 것인가에 있다. 직무와 대가관계가 없이 순수히 의례적으로 행하여지는 사교적 예의로서의 증여는 뇌물이 아니다. 그러나 직무행위와의 대가관계가 인정되는 경우에는 비록 사교적 예의의 명목을 빌어서 했더라도 뇌물성을 부정할 수 없다(대법원 1984. 4. 10. 83도1499; 대법원 1999. 1. 29. 98도3584; 대법원 1999. 7. 23. 99도390; 대법원 2000. 1. 21. 99도4940).

대가관계가 인정될 수 있는 경우라고 하더라도 제공된 금품의 성질·액수 등이 의례적인 사교적 예의의 수준을 넘지 않는 경우에는 뇌물로 인정되지 않는다. 하지만 그 수준을 넘지 않는다는 것은 쉬운 일이 아니다.

【판례】 사교적 예의의 수준을 넘은 경우 1. 본봉이 9만 원에 불과한 공무원이 그 직무상 계속적으로 접촉하는 자로부터 돈 10만 원씩을 두 번에 걸쳐 수수한 경우 금액 자체로 보아도 그것이 사교상 의례적인 범위에 속한다 할 수 없다. (대법원 1979. 5. 22. 79도303)

2. 피고인이 교부받은 금원이 금 20만 원으로서 비교적 소액이라 하더라도 그것이 주차관리원의 채용이라는 공무원의 직무와 관련하여 그 알선 명목으로 수수된 것이므로 이를 단순히 사교적인 의례에 속하는 경우라거나 보호하여야 할 미풍양속이라고 할 수는 없다. (대법원 1996. 6. 14. 96도865)

3. 은행 지점장이 대출신청자에게 83,500원 상당의 향응을 받은 경우 전후 사정에 비추어볼 때 사교적 의례의 범위에 속하지 않는다. (대법원 1996. 12. 6. 96도144)

4. 대통령이 국정원장들에게 지시하여 특별사업비를 횡령하여 각각 6억원, 8억원, 19억원을 교부하게 하였다면 비록 사교적 의례의 형식을 빌어 금품을 주고받았다 하더라도 그 수수한 금품은 뇌물이 된다. (대법원 2019. 11. 28. 2019도11766)

(다) 이 익

이익이란 '가치측정이 가능한 모든 형태의 재화와 용역'을 말한다. 이에는 금전, 물품 기타의 재산적 이익뿐만 아니라 사람의 수요, 욕망을 충족시키기에 충분한 일체의 유형·무형의 이익이 포함된다.

따라서 향응을 제공받은 경우(대법원 1996. 12. 6. 96도144), 투기적 사업에 참여할 기회를 얻은 경우(대법원 1995. 9. 5. 95도1269; 대법원 2002. 11. 26. 2002도3539), 주식 등의 재산을 시가보다 싼 가격에 취득함으로써 장차 이를 시가에 처분할 수 있는 이익을 얻게 되는 경우(대법원 1992. 12. 22. 92도1762; 대법원 1995. 6. 30. 94도993)는 물론 성행위도 뇌물에 해당된다(**통설·판례**).

【판례】 이익의 의미 뇌물의 내용인 이익이라 함은 금전, 물품 기타의 재산적 이익뿐만 아니라 사람의 수요·욕망을 충족시키기에 족한 일체의 유형·무형의 이익을 포함하는 것이다. 따라서 일차진급 평정권자인 피고인이 그 평정업무와 관련하여 피고인의 은행대출금채무에 연대보증하게 한 행위는 직무에 관련하여 이익인 뇌물을 받은 것에 해당된다. (대법원 2001. 1. 5. 2000도4714)

이익이 가시적이거나 현재적일 필요가 있는 것도 아니다. 따라서 증여의 동기, 증여물의 규모 등을 통하여 장래의 이익을 기대하거나 불이익을 받지 않기 위한 경우라고 판단되는 경우에도 이익으로 볼 수 있다.

예를 들어 주식상장이 예상되는 회사의 주식을 매입할 수 있는 기회를 제공하는 것도 이익에 해당한다. 이 경우 정상가격에 매입하게 되더라도 이익이며, 추후 주가가 하락하여 결과적으로 손해를 보게 되었더라도 매입 당시를 기준으로 이익이었던 것으로 평가된다.

무형의 이익과 관련해서 견해대립이 있다.

① **포함설 (판례)**

② **제외설**: 명예심·허영심·호기심을 만족시켜주는 이익은 제외시켜야 한다는 견해

결론 예를 들어 명예 박사학위를 주는 것처럼 명예욕을 만족시켜주기만 하는 것도 뇌물이 될 수 있는가 하는 의문인데, 충분히 불공정한 공무집행의 대가가 될 수 있으므로 **포함설**이 타당하다.

【판례】 무형의 이익 공무원인 피고인이 그 소유의 B토지를 A토지와 교환하였는데, B토지의 시가가 A토지의 시가보다 비싸다고 하더라도 피고인으로서는 장기간 처분하지 못하던 B토지를 처분하는 한편 매수를 희망하던 전원주택지로 향후 개발이 되면 가격이 많이 상승할 A토지를 매수하게 되는 것이었다면 무형의 이익을 얻은 것이다. (대법원 2001. 9. 18. 2000도5438)

다. 행위: 수수·요구·약속

본죄는 직무에 관하여 뇌물을 수수, 요구 또는 약속함으로써 성립된다.

수수란 뇌물을 받는 것을 말한다. 반드시 공무원 또는 중재인이 직접 받

아야 하는 것은 아니다.

【판례】 수수한 것으로 인정되는 경우 1. 피고인이 뇌물을 수수한 후 그 중 일부를 상납하였다 하더라도 부탁받은 일의 달성을 위한 자기편의에 의하여 금원을 받은 지 2개월 20일이 지난 후에 상사들에게 그 중의 일부를 증뢰한 경우에는 그 뇌물전액을 수수하였다고 보아야 한다. (대법원 1980. 4. 22. 80도541)

2. 뇌물로 공여된 당좌수표가 수수 후 부도가 되었다 하더라도 뇌물죄의 성립에는 아무런 소장이 없다. (대법원 1983. 2. 22. 82도2964)

3. 공무원이 뇌물로 투기적 사업에 참여할 기회를 제공받은 경우, 뇌물수수죄의 기수 시기는 투기적 사업에 참여하는 행위가 종료된 때로 보아야 하며, 그 행위가 종료된 후 경제사정의 변동 등으로 인하여 당초의 예상과는 달리 그 사업 참여로 인한 이득을 전혀 얻지 못한 경우라도 뇌물수수죄의 성립에는 아무런 영향이 없다. (대법원 2002. 5. 10. 2000도2251)

요구는 '뇌물을 취득할 의사로 상대방에 대하여 뇌물 공여를 청하는 것'이다. 상대방이 요구에 거절하더라도 본죄의 성립에는 영향을 미치지 않는다.

약속은 '당사자가 뇌물의 수수를 장래에 기약하는 것'을 말한다. 따라서 뇌물의 목적물인 이익은 약속 당시에 현존할 필요는 없고 약속 당시에 예상할 수 있는 것이라도 무방하며 뇌물의 목적물이 재산상의 이익인 경우에는 그 가액이 확정되어 있지 않아도 본죄가 성립하는 데 영향이 없다(대법원 1981. 8. 20. 81도698).

2) 주관적 구성요건

직무와 관련하여 뇌물을 수수·요구 또는 약속한다는 데 대한 인식과 의사가 있어야 한다.

영득의사 없이 반환할 생각으로 일단 받아둔 경우에는 본죄가 성립되지 않는다(**통설·판례**). 그러나 뇌물을 일단 영득의 의사로 받았으면 뒤에 이를 반환하더라도 뇌물죄가 성립된다(대법원 1985. 5. 14. 83도2050; 대법원 1986. 12. 23. 86도2021; 대법원 1987. 4. 14. 86도2075; 대법원 1987. 9. 22. 87도1472).

【판례】 수뢰의 고의가 인정되는 경우 1. 수수한 금전을 약 2개월 후에 반환한 경우 (대법원 1982. 11. 23. 82도1431)

2. 피고인이 甲으로부터 입력송출의 부탁과 함께 사례조로 교부받은 자기앞수표를 약 2주일 후 반환하여 주었다 하더라도, 위 수표를 일단 피고인의 은행구좌에 예치시켰다가 그 뒤 동료직원들에게 甲에 대하여 탐문해 본 결과 믿을 수 없다고 하므로 후환을 염려하여 甲에게 반환한 것이라면 피고인에게 뇌물수수의 고의가 있었다고 할 것이다. (대법원 1984. 4. 10. 83도1499)

3. 금품을 수수한 공무원이 이를 부하직원들을 위하여 소비하였을 뿐 자신의 사리를 취한 바 없는 경우 (대법원 1996. 6. 14. 96도865 | 같은 취지: 대법원 1985. 5. 14. 83도2050)

4. 피고인의 뇌물수수가 공여자들의 함정교사에 의한 것이기는 하나, 뇌물공여자들에게 피고인을 함정에 빠뜨릴 의사만 있었고 뇌물공여의 의사가 전혀 없었다고 보기 어려울 뿐 아니라, 뇌물공여자들의 함정교사라는 사정은 피고인의 책임을 면하게 하는 사유가 될 수 없다. (대법원 2008. 3. 13. 2007도10804)

【판례】 수뢰의 고의가 인정되지 않는 경우 1. 택시를 타고 떠나려는 순간 뒤쫓아와서 돈뭉치를 창문으로 던져 넣고 가버려 의족을 한 불구의 몸으로서는 도저히 뒤따라가 돌려줄 방법이 없어 부득이 그대로 귀가하였다가 다음날 바로 다른 사람을 시켜 이를 반환한 경우 (대법원 1979. 7. 10. 79도1124)

2. 일방적으로 책상에 놓고 간 돈을 곧 돌려주려고 하였지만 만날 수 없게 되어 보관하고 있다가 반환한 경우 (대법원 1989. 7. 25. 89도126 | 같은 취지: 대법원 1985. 3. 12. 83도150)

3. 지방자치단체장인 피고인에게 건설업자가 거액의 현금이 든 굴비상자를 뇌물로 주었는데 두 사람 사이에 거액의 현금을 뇌물로 수수할 정도의 친분관계 내지 직접적 현안이나 구체적 청탁이 존재하지 아니함은 물론, 그 선물의 구체적 내용에 대하여 고지 받지 못한 상태에서 피고인의 여동생 가족이 사용하는 아파트로 선물이 전달되도록 하였다가 그 내용물을 확인하는 즉시 관청에 이를 신고하기에 이른 점 등의 사정에 비추어 피고인에게 수뢰의 범의가 있었다고 볼 수 없다. (대법원 2006. 2. 24. 2005도4737)

(2) 공 범

뇌물죄는 수뢰죄(제129조)와 증뢰죄(제133조)로 구성된다. 이들 수뢰죄와 증뢰죄가 어떤 관계에 있는지에 대해서는 견해가 나뉘어져 있다.

① **필요적 공범설** : 뇌물죄는 증뢰자와 수뢰자의 공동관계에 의하여만 성립될 수 있는 필요적 공범이므로 뇌물죄의 내부관계에서는 총칙상의 공범규정이 적용되지 않는다는 견해 (**종래 판례** | 대법원 1971. 3. 9. 70도2536)

② **별개 범죄설** : 증뢰죄는 신분범이 아니지만 수뢰죄는 신분범이고, 증뢰죄는 공무집행방해의 성격을 가지고 있으나 수뢰죄는 직무범죄라는 점을 이유로 양죄는 필요적 공범이 아닌 별개의 범죄라고 보는 견해 (**최근 판례** | 대법원 1987. 12. 22. 87도1699; 대법원 1999. 2. 24. 98도1812)

③ **이원설** : 뇌물죄의 구성요건에 따라 뇌물수수, 공여, 약속은 필요적 공범이고, 뇌물요구와 공여의사표시는 별개범죄라는 견해 (**다수설**).

결론 뇌물공여죄가 공무원인 상대방이 이에 호응하여야 성립하는 것도 아니고, 뇌물을 요구하는 경우도 또한 마찬가지이어서 **별개의 범죄**로 보는 것이 타당하다.

(3) 죄 수

같은 사람에 대하여 요구·약속·수수를 순차적으로 하는 경우에는 각각의 수뢰죄가 성립되는 것이 아니라 뇌물수수죄 하나만이 성립된다.

뇌물을 여러 차례에 걸쳐 수수함으로써 그 행위가 여러 개이더라도, 그것이 단일한 계속적 고의에 의해 이루어지고 같은 법익을 계속 침해한 때에는 포괄일죄로 처벌되지만, 그러한 고의의 단일성과 계속성을 인정할 수 없을 때에는 각 범행마다 별개의 범죄가 성립되며 이들은 경합범으로 처벌된다(대법원 1990. 6. 26. 90도466; 대법원 1999. 1. 29. 98도3584; 대법원 1998. 2. 10. 97도2836).

공무원이 자신의 권한을 빌미로 협박을 해서 금품을 받아내는 경우에 뇌물죄와 공갈죄의 관계가 어떻게 되는가에 대하여 견해대립이 있다.

우선 공무원의 **수뢰** 부분에 대한 견해는 다음과 같다.

① 공무원에게 **직무집행의 의사**가 있었으면 수뢰죄만 성립되고, 그렇지 않은 경우에는 공갈죄만 성립된다고 하는 견해 (**다수설** | **판례**)

② 공무원의 직무집행 의사의 존재 여부와 관계없이 수뢰죄와 공갈죄가 모두 성립하며 상상적 경합이 된다는 견해 (**소수설**)

결론 뇌물이란 '직무에 관련된 부당한 이익'을 의미하므로 공무원에게 **직무집행 의사**가 있었던 경우에만 수뢰죄가 성립한다고 보는 견해가 타당하다.

공무원에게 **증뢰**한 부분에 대한 견해는 다음과 같다.

① **뇌물죄 부정설** : 강요에 의하여 어쩔 수 없이 한 행위이므로 증뢰죄가 되지 않는다는 견해 **(판례)**

② **뇌물죄 긍정설** : 비록 협박에 의한 행위이었더라도 증뢰죄가 성립된다고 보는 견해

결론 강압에 의해서 어쩔 수 없이 금전을 교부한 것을 두고 증뢰행위로 보고 처벌하는 것은 부당하므로 **뇌물죄 부정설**이 타당하다.

【판례】 공갈과 뇌물 공무원이 직무집행의 의사 없이 또는 직무처리와 대가적 관계없이 타인을 공갈하여 재물을 교부하게 한 경우에는 공갈죄만 성립하고, 그러한 경우 재물의 교부자가 공무원의 해악의 고지로 인하여 외포의 결과 금품을 제공한 것이라면 그는 공갈죄의 피해자가 될 것이고 뇌물공여죄는 성립될 수 없다고 하여야 할 것이다. (대법원 1994. 12. 22. 94도2528 | 같은 취지: 대법원 1966. 4. 6. 66도12; 대법원 1969. 7. 22. 65도1166)

뇌물을 수수함에 있어서 공여자를 기망한 점이 있다 하더라도 본죄는 성립된다(대법원 1985. 2. 8. 84도2625). 공무원이 직무와 관련하여 증뢰자를 기망하여 재물을 교부받은 경우에는 본죄와 **사기죄**(제347조)의 상상적 경합이 된다(대법원 1977. 6. 7. 77도1069).

(4) 형 벌

1) 뇌물에 대한 몰수와 추징

제134조 (몰수, 추징) 범인 또는 사정을 아는 제3자가 받은 뇌물 또는 뇌물로 제공하려고 한 금품은 몰수한다. 그를 몰수할 수 없는 경우에는 그 가액을 추징한다.

가. 몰수·추징의 개념·상대방

일반적으로 몰수는 임의적으로 할 수 있는 것이 원칙이지만(제48조) 뇌물에 제공된 금품에 대하여는 **필요적으로 몰수**하도록 제134조가 규정하고 있다. 이처럼 특칙을 두는 것은 뇌물범죄의 중대성을 고려하여 이로 인한 부정한 이익을

관련자가 계속 보유하는 것을 막기 위한 것이다.

필요적 몰수를 정한 제134조의 입법취지를 고려하면 몰수나 추징은 최종적으로 뇌물을 보유하고 있는 사람으로부터 해야 한다. 따라서 수뢰자가 뇌물 그 자체를 증뢰자에게 반환한 경우 증뢰자로부터 뇌물을 몰수하거나 추징하여야 한다(대법원 1984. 2. 28. 83도2783).

뇌물로 돈을 받았던 경우 금전은 본래 가치로서의 의미를 가지고 있는 것이므로 본래 받았던 바로 그 현금이나 수표가 아니더라도 같은 금액(또는 다른 금액)을 증뢰자에게 돌려주었다면 돌려준 만큼은 증뢰자에게서 추징을 하는 것이 타당하다고 생각한다. 그러나 판례는 다른 돈으로 대체해서 돌려준 것은 돌려준 것으로 보지 않고 수뢰자에게서 추징하고 있다.

【판례】 수뢰자로부터 추징하는 경우 1. 뇌물로 받은 돈을 은행에 예금하고 수뢰자가 같은 액수의 돈을 증뢰자에게 반환한 경우 (대법원 1996. 10. 25. 96도2022)

2. 수뢰자가 자기앞수표를 뇌물로 받아 이를 소비한 후 자기앞수표 상당액을 증뢰자에게 반환한 경우 (대법원 1999. 1. 29. 98도3584)

수뢰자가 뇌물로 받은 돈을 다른 공무원에게 다시 뇌물로 준 경우에는 증뢰자에게 돌려주는 것과 전혀 관계가 없는 일이므로 수뢰자에게서 전액 추징하면 된다.

【판례】 전액 추징 1. 피고인들이 뇌물로 받은 돈을 그 후 다른 사람에게 다시 뇌물로 공여하였다 하더라도 그 수뢰의 주체는 어디까지나 피고인들이고 그 수뢰한 돈을 다른 사람에게 공여한 것은 수뢰한 돈을 소비하는 방법에 지나지 아니하므로 피고인들로부터 그 수뢰액 전부를 각 추징하여야 한다. (대법원 1986. 11. 25. 86도1951)

2. 변호사를 선임하여 주겠다는 명목이 아니라 판사, 검사에게 청탁하여 석방시켜 주겠다는 명목으로 돈을 받은 이상 그 중 일부를 변호사 선임비로 사용하였다 하더라도 이는 수뢰한 돈의 소비방법에 불과하므로 변호사선임비로 사용한 금액 상당을 추징액에서 제외할 수는 없다. (대법원 2000. 5. 26. 2000도440)

그러나 수뢰자가 뇌물로 받은 돈의 일부를 청탁받은 일을 처리해 주기 위해서 관련된 공무원에게 나누어 주는 것은 비용으로 사용한다는 측면이 있으므로 이를 제외한 나머지만 추징한다.

【판례】 비용 공제 후 추징 형법 제134조의 규정에 의한 필요적 몰수 또는 추징은, 범

인이 취득한 당해 재산을 범인으로부터 박탈하여 범인으로 하여금 부정한 이익을 보유하지 못하게 함에 그 목적이 있는 것으로서, 공무원의 직무에 속한 사항의 알선에 관하여 금품을 받고 그 금품 중의 일부를 받은 취지에 따라 청탁과 관련하여 관계 공무원에게 뇌물로 공여하거나 다른 알선행위자에게 청탁의 명목으로 교부한 경우에는 그 부분의 이익은 실질적으로 범인에게 귀속된 것이 아니어서 이를 제외한 나머지 금품만을 몰수하거나 그 가액을 추징하여야 한다. (대법원 2002. 6. 14. 2002도1283)

나. 몰수 · 추징의 방법

몰수는 특정된 물건에 대한 것이고 추징은 본래 몰수할 수 있었음을 전제로 하는 것이므로 뇌물에 제공할 금품이 특정되지 않았던 것은 몰수할 수 없고 그 가액을 추징할 수도 없다(대법원 1996. 5. 8. 96도221).

여러 사람이 공동하여 수수한 뇌물을 분배한 경우에는 실제로 분배받은 금품만을 각자로부터 개별적으로 몰수하거나 그 가액을 추징하여야 한다(대법원 1993. 10. 12. 93도2056). 또한 공무원이 뇌물을 받으면서 상대방에게 비용의 일부를 대주거나 그 외의 경제적 이익을 제공했다고 하더라도 받은 뇌물 자체를 전부 몰수한다(대법원 1999. 10. 8. 99도1638).

추징가액의 산정을 어느 시점을 기준으로 해야 할 것인가에 대하여 견해대립이 있다.

① 판결선고시를 기준으로 하여야 한다는 견해

② 몰수할 수 없게 된 사유가 발생한 시점을 기준으로 하여야 한다는 견해

결론 범인이 더 이상 뇌물죄와 관련된 부정한 이익을 보유하지 못하도록 하는 것이 몰수의 취지이므로, 몰수를 할 수 없게 된 사유가 발생한 시점을 기준으로 추징가액을 산정하는 것이 타당하다

본 범죄에 대한 몰수 · 추징의 대상 및 절차에 대해서는 「공무원범죄에 관한 몰수특례법」이 적용된다.

2) 특별법에 의한 가중처벌

특가법 제2조 (뇌물죄의 가중처벌) ① 형법 제129조, 제130조 또는 제132조에 규정된 죄를 범한 사람은 그 수수, 요구 또는 약속한 뇌물의 가액(이하 이 조에서 "수뢰액"이라 한다)에 따라 다음 각 호와 같이 가중처벌한다.

1. 수뢰액이 1억원 이상인 때에는 무기 또는 10년 이상의 징역에 처한다.
2. 수뢰액이 5천만원 이상 1억원 미만인 때에는 7년 이상의 유기징역에 처한다.
3. 수뢰액이 3천만원 이상 5천만원 미만인 때에는 5년 이상의 유기징역에 처한다.

특가법은 뇌물의 가액이 1천만원 이상인 경우에 가중처벌하고 있다. 특가법 제2조에는 형법 제131조(수뢰후 부정처사)가 포함되어 있지 않으나 제131조는 제129조와 제130조의 성립을 전제로 하고 있으므로 그 해석상 제131조에도 특가법이 적용된다고 보는 것이 타당하다(**통설**). 판례의 입장도 같다(대법원 1969. 12. 9. 69도1288).

【판례】 공범자의 수뢰액 결정 특가법 제2조 제1항의 적용 여부를 가리는 수뢰액을 정함에 있어서는 그 공범자 전원의 수뢰액을 합한 금액을 기준으로 하여야 할 것이고, 각 공범자들이 실제로 취득한 금액이나 분배받기로 한 금액을 기준으로 할 것이 아니다. (대법원 1999. 8. 20. 99도1557 / 같은 취지: 대법원 1991. 10. 8. 91도1911; 대법원 1993. 7. 13. 93도1341)

3. 사전수뢰죄

제129조 (사전수뢰) ② 공무원 또는 중재인이 될 자가 그 담당할 직무에 관하여 청탁을 받고 뇌물을 수수, 요구 또는 약속한 후 공무원 또는 중재인이 된 때에는 3년 이하의 징역 또는 7년 이하의 자격정지에 처한다.

본죄의 **행위주체**는 행위 당시에 공무원 또는 중재인의 신분을 갖고 있지 않으나 앞으로 그러한 신분을 갖게 될 것으로 예상되는 자이다. 공무원 임용시험에 합격하여 임용 전에 교육을 받고 있는 자를 예로 들 수 있다. 다만 아무리 실력이 뛰어난 사람이라 하더라도 시험에 합격하기 전까지는 행위주체라고 할 수 없다. 또한 선거직 공무원의 경우에 아무리 유력한 후보라 하더라도 당선이 확정되기 전까지는 행위주체로 볼 수 없다(같은 취지: 오영근, 925면).

사전수뢰는 수뢰(제129조 제1항)와는 달리 청탁을 받을 것을 요건으로 하고 있는데, 여기에서 청탁은 공무원에 대하여 일정한 직무행위를 할 것을 의뢰하는 것을 말하는 것으로서, 그 직무행위가 반드시 부정한 것이어야 하는 것은 아니며, 청탁이 반드시 명시적으로 이루어져야 하는 것도 아니다(대법원 1999. 7. 23. 99도1911).

사전수뢰행위는 행위자가 공무원이나 중재인이 된 때 비로소 처벌이 가능하다(**객관적 처벌조건**).

4. 제3자 뇌물제공죄

> 제130조 (제3자 뇌물제공) 공무원 또는 중재인이 그 직무에 관하여 부정한 청탁을 받고 제3자에게 뇌물을 공여하게 하거나 공여를 요구 또는 약속한 때에는 5년 이하의 징역 또는 10년 이하의 자격정지에 처한다.

(1) 의 의

본죄는 공무원 또는 중재인이 직무에 관하여 부정한 청탁을 받고 제3자에게 뇌물을 공여하게 하거나 공여를 요구 또는 약속하게 한 때에 성립된다. 본죄를 수뢰죄(제129조 제1항)의 간접정범(**간접수뢰**)으로 보아야 하는가에 대하여 견해대립이 있다.

① 긍정설

② 부정설

결론 간접정범이란 본인은 불법에 해당되는 내용의 행위를 하지 않고 다른 사람의 행위를 이용해서 범죄행위를 하는 경우이다. 하지만 본죄는 행위자가 부정한 청탁을 받는다는 불법을 직접 행하는 것이기 때문에 간접정범의 속성을 가지고 있다고 하기 곤란하다. 부정설이 타당하다.

(2) 구성요건

1) 행위주체

본죄의 행위주체는 공무원 또는 중재인이다. 공무원 또는 중재인의 의미는 수뢰죄(제129조 제1항)의 경우와 동일하다.

2) 부정한 청탁을 받고

부정한 청탁이란 '직무와 관련된 위법 또는 부당한 부탁'을 의미한다. 청탁을 받았다는 것은 상대방이 원하는 대로 직무를 처리하겠다는 의사표시를 했다는 것을 말한다. 뇌물의 대가로 행위자가 행할 직무행위의 내용이 언제, 어떠한 내용을, 어떠한 방식으로 할 것인가 하는 등 세부 사항까지 구체화 될 필요는 없으며 묵시적인 의사표시이어도 무방하다. 실제로 부정한 처사를 했을 필요는 없다.

【판례】 부정한 청탁의 의미 형법 제130조의 제3자 뇌물공여죄에서 '부정한 청탁'을 요건으로 하는 취지는 처벌의 범위가 불명확해지지 않도록 하기 위한 것으로서, 이러한 부정한 청탁은 명시적인 의사표시에 의한 것은 물론 묵시적인 의사표시에 의한 것도 가능하다. 묵시적인 의사표시에 의한 부정한 청탁이 있다고 하기 위해서는 당사자 사이에 청탁의 대상이 되는 직무집행의 내용과 제3자에게 제공되는 금품이 그 직무집행에 대한 대가라는 점에 대하여 공통의 인식이나 양해가 존재하여야 하고, 그러한 인식이나 양해 없이 막연히 선처하여 줄 것이라는 기대에 의하거나 직무집행과는 무관한 다른 동기에 의하여 제3자에게 금품을 공여한 경우에는 묵시적인 의사표시에 의한 부정한 청탁이 있다고 보기 어렵다. (대법원 2009. 1. 30. 2008도6950)

수뢰죄(제129조 제1항)와는 달리 본인이 직접 이익을 취하는 것이 아니기 때문에 부정한 청탁이라는 부가적인 성립요건이 추가된 것으로 생각된다.

3) 제 3 자

제3자란 행위자와 공동정범을 제외한 나머지 사람을 말한다. 따라서 교사범이나 방조범도 제3자에 포함된다. 그러나 행위자와 생활관계를 같이 하는 가족은 남으로 볼 수 없기 때문에, 자기 가족에게 뇌물을 주게 만드는 것은 스스로 뇌물을 받는 것과 같은 의미의 행위로 간주된다. 동거가족은 본죄의 제3자에 포함되지 않는다는 것이다.

예를 들어 행위자가 자신의 처를 통해 뇌물을 수수하는 것은 본죄가 아니라 그냥 수뢰죄(제129조 제1항)가 된다. 나아가 가족이 아니더라도 그 사람이 받는 것은 곧 공무원 자신이 받는 것이나 마찬가지로 볼 수 있는 경우에도 같다.

【판례】 단순수뢰와 제3자 뇌물제공의 관계 1. 공무원이 직접 뇌물을 받지 않고 증뢰자로 하여금 다른 사람에게 뇌물을 공여하도록 한 경우라 할지라도 그 다른 사람이 공무원의 사자(使者) 또는 대리인으로서 뇌물을 받은 경우나 그밖에 평소 공무원이 그 사람의 생활비 등을 부담하고 있었다거나 혹은 그 다른 사람에 대하여 채무를 부담하고 있었다는 등의 사정이 있어서 그 다른 사람이 뇌물을 받음으로써 공무원은 그만큼 지출을 면하게 되는 경우 등 사회통념상 그 다른 사람이 뇌물을 받은 것을 공무원이 직접 받은 것과 같이 평가할 수 있는 관계가 있는 경우에는 단순수뢰죄가 성립한다. (대법원 1998. 9. 22. 98도1234)

2. 공무원이 실질적인 경영자로 있는 회사가 청탁 명목의 금원을 회사 명의의 예금계좌로 송금받은 경우에 사회통념상 위 공무원이 직접 받은 것과 같이 평가할 수 있어 뇌물수수죄가 성립한다. (대법원 2004. 3. 26. 2003도8077)

4) 뇌물 공여 · 공여 요구 · 약속

본죄는 뇌물을 주도록 만들거나 주라고 요구하거나 줄 것을 약속하게 함으로써 성립된다. 제3자가 실제로 뇌물을 수령해야만 범죄가 성립되는 것은 아니다.

5. 수뢰후 부정처사죄

> 제131조 (수뢰후 부정처사) ① 공무원 또는 중재인이 전2조의 죄를 범하여 부정한 행위를 한 때에는 1년 이상의 유기징역에 처한다.
> ④ 전3항의 경우에는 10년 이하의 자격정지를 병과할 수 있다.

공무원 또는 중재인이 뇌물을 받고 이에 덧붙여 그 대가로 부정한 행위까지 함으로써 국가기능을 침해하였기 때문에 수뢰(제129조 제1항), 사전수뢰(제129조 제2항), 제3자 뇌물제공(제130조) 보다 가중처벌하는 규정이다.

부정한 행위는 공무원 또는 중재인의 직무에 반하는 행위를 말한다. 직무집행 내용이 위법하거나 부당하지 않으면 비록 수뢰하였더라도 본죄가 성립되지는 않는다(대법원 1995. 12. 12. 95도2320). 또한 입찰예정가를 알려주는 것(대법원 1983. 4. 26. 82도2095)과 같이 적극적으로 부정한 행위를 하는 것은 물론 소극적으로 직무를 이행하지 않는 것도 행위내용에 포함된다.

【판례】 부정한 행위 수뢰후부정처사죄에서 말하는 '부정한 행위'라 함은 직무에 위배되는 일체의 행위를 말하는 것으로 직무행위 자체는 물론 그것과 객관적으로 관련 있는 행위까지를 포함한다. (대법원 2003. 6. 13. 2003도1060)

수뢰(제129조 제1항), 사전수뢰(제129조 제2항), 제3자 뇌물제공(제130조)의 죄를 범하고 나서 부정한 행위를 한 경우에는 본죄만 적용된다. 본죄와 공문서 위조죄나 허위공문서 작성죄는 상상적 경합관계에 있다(대법원 1983. 7. 26. 83도1378).

【판례】 수뢰후 부정처사죄와 공도화변조죄의 관계 형법 제131조 제1항의 수뢰후부정처사죄에 있어서 공무원이 수뢰 후 행한 부정행위가 공도화변조 및 동행사죄와 같이 보호법익을 달리하는 별개 범죄의 구성요건을 충족하는 경우에는 수뢰후부정처사죄 외에 별도로 공도화변조 및 동행사죄가 성립하고 이들 죄와 수뢰후부정처사죄는 각각 **상상적 경합** 관계에 있다고 할 것인바, 이와 같이 공도화변조죄와 동행사죄가 수뢰후부정처사죄와 각각 상상적 경합범 관계에 있을 때에는 공도화변조죄와 동행사죄 상호간은 **실체적 경합범** 관계에 있다고 할지라도 상상적 경합범 관계에 있는 수뢰후부정처사

죄와 대비하여 가장 중한 죄에 정한 형으로 처단하면 족한 것이고 따로 경합범 가중을 할 필요가 없다. (대법원 2001. 2. 9. 2000도1216)

6. 사후수뢰죄

제131조 (사후수뢰) ② 공무원 또는 중재인이 그 직무상 부정한 행위를 한 후 뇌물을 수수, 요구 또는 약속하거나 제3자에게 이를 공여하게 하거나 공여를 요구 또는 약속한 때에도 전항의 형과 같다.

③ 공무원 또는 중재인이었던 자가 그 재직중에 청탁을 받고 직무상 부정한 행위를 한 후 뇌물을 수수, 요구 또는 약속한 때에는 5년 이하의 징역 또는 10년 이하의 자격정지에 처한다.

④ 전3항의 경우에는 10년 이하의 자격정지를 병과할 수 있다.

본죄는 공무원 또는 중재인이 부정처사 후 수뢰하거나(제2항), 공무원 또는 중재인이었던 자가 부정처사 후 수뢰하는 경우(제3항)에 성립된다. **부정처사후 수뢰죄**라고도 한다.

제131조 제2항의 부정처사후 수뢰는 현재 공무원 또는 중재인의 신분을 가진 상태에서 부정한 행위를 먼저 한 후 수뢰함으로써 성립된다. 제131조 제1항(수뢰후 부정처사)과 반대되는 행위유형이다.

제131조 제3항의 부정처사후 수뢰는 먼저 부정한 행위를 한 후 수뢰한다는 점에서는 제2항의 죄와 같으나 수뢰시점이 퇴직 이후라는 점에서 차이가 있다. 즉 본항의 사후수뢰는 퇴직 전에 부정한 행위를 한 후 퇴직한 뒤에 수뢰한 경우에 성립된다. 퇴직한 것이 아니라 다른 공직으로 전직한 경우에는 본죄가 적용되지 않고 제2항의 사후수뢰가 성립된다.

【판례】 사후수뢰죄와 허위공문서작성죄의 관계 형법 제233조 소정의 허위진단서작성죄의 규율대상은 공무원이 아닌 의사가 사문서로서 진단서를 작성한 경우에 한정되고, 공무원인 의사가 공무소의 명의로 허위진단서를 작성한 경우에는 허위공문서작성죄만 성립하고 허위진단서작성죄는 별도로 성립하지 않는다. 또한 허위공문서작성죄와 사후수뢰죄는 실체적 경합범이 된다. (대법원 2004. 4. 9. 2003도7762)

7. 알선수뢰죄

제132조 (알선수뢰) 공무원이 그 지위를 이용하여 다른 공무원의 직무에 속한 사항의 알선에 관하여 뇌물을 수수, 요구 또는 약속한 때에는 3년 이하의 징역 또는 7년 이하의 자격정지에 처한다.

특가법 제3조 (알선수재) 공무원의 직무에 속한 사항의 알선에 관하여 금품이나 이익을 수수, 요구 또는 약속한 사람은 5년 이하의 징역 또는 1천만원 이하의 벌금에 처한다.

본죄는 공무원이 자신의 지위를 이용하여 다른 공무원의 직무에 속하는 사항을 알선하여 수뢰하는 것을 요건으로 하고 있다. 현실적으로 공무원이 그 영향력을 이용하여 다른 공무원의 직무에 속하는 사항에 대하여 알선하고 수뢰함으로써 간접적으로 직무의 공정성을 해치는 행위를 처벌하기 위한 규정이다.

공무원은 지위의 고하를 불문한다. 다른 수뢰죄와는 달리 중재인은 행위주체가 되지 않는다. 단순히 공무원이라는 신분이 있다는 것만으로 본죄가 성립되는 것은 아니고, 공무원이 **'그 지위를 이용하여'** 알선하고 수뢰하여야 한다. 다른 공무원이 취급하는 사무의 처리에 법적으로나 사실상으로 영향을 줄 수 있는 관계에 있는 공무원이 그 지위를 이용하면 된다. 반드시 상하관계, 협동관계, 감독권한 등의 특수한 관계가 있을 것을 요하지 않는다(대법원 1993. 7. 13. 93도1056; 대법원 1995. 1. 12. 94도2687; 대법원 1999. 6. 25. 99도1900).

그러나 친구, 친족관계 등 사적인 관계를 이용하는 경우에는 이에 해당된다고 할 수 없다.

【판례】 지위를 이용한 것으로 인정되는 경우 1. 국방부 전국병무사범대책위원회 행정요원으로 파견 근무 중인 경기도 병무청 심리연구사보가 병역검사기피자로부터 출국절차를 원만히 해결해 달라는 부탁을 받고 병무담당자에게 부탁하여 병종 불합격된 것으로 병적을 고쳐 정리하여 주겠다고 말하고 돈 150,000원을 받았다면 이는 피고인이 영향을 미칠 수 있는 특수한 지위를 이용하여 병무담당자의 직무에 속한 사항의 알선

에 관하여 뇌물을 수수한 경우에 해당한다 할 것이다. (대법원 1969. 8. 26. 69도1120)

2. 군교육청 관리과 서무계장이 초등학교 고용원 임용알선에 대한 사례명목으로 금품을 수수한 것은 알선수뢰죄에 해당한다. (대법원 1988. 1. 19. 86도1138)

3. 노동부 직업안정국 고용대책과장은 그 관장업무에 비추어 연예인 국외공급사업에 관한 실무담당자인 해외고용과장 및 최종 허가권자인 노동부장관의 허가업무에 사실상 영향을 미칠 수 있는 특수한 관계에 있는 자라고 할 것이므로 피고인이 고용대책과장으로 재직 중 관계공무원에게 청탁하여 연예인 국외공급사업허가를 받아 달라는 부탁과 함께 금원을 교부받았다면 그 지위를 이용하였다고 보아야 할 것이니 알선수뢰죄에 해당한다. (대법원 1989. 9. 12. 89도1297)

4. 서울시 부시장의 비서관이 체비지 불하와 관련하여 금품을 받은 것은 알선수뢰죄에 해당한다. (대법원 1989. 11. 14. 89도1700)

5. 피고인이 남광주 세무서 징세계장인 공소외인의 전임자였고 이 사건 당시에 서광주 세무서 징세계장으로 근무하고 있었다면 이 사건 압류재산의 공매담당자인 위 공소외인의 직무에 관하여 사실상의 영향력을 행사할 수 있는 지위에 있었다고 할 것이다. (대법원 1989. 12. 26. 89도2018)

6. 구청 지역경제계장의 직전의 보직이었던 지적과 지정계장의 직무상 토지 등의 거래계약허가의 알선과 관련하여 돈을 받은 것은 알선수뢰에 해당한다. (대법원 1990. 7. 27. 90도890)

7. 농림수산부장관은 한국마사회장의 임명권, 마사회의 업무에 관한 감독권을 갖고 있으며 국회에는 입법권, 예산안심의확정권, 국정에 관한 조사권 등이 있고 국무위원 등에 대하여 국회에 출석, 국정처리상황에 관하여 답변할 것을 요구할 권한 등이 있으므로 국회의원은 한국마사회장에 대하여 사실상 영향력을 미칠 수 있는 지위에 있다고 보아야 할 것이고, 따라서 피고인이 국회의원에게 한국마사회가 발주하는 공사를 수의계약에 의하여 수주할 수 있도록 한국마사회장에게 알선하여 달라는 청탁을 하고 금원을 지급하였다면 알선증뢰죄를 구성한다 할 것이다. (대법원 1990. 8. 10. 90도665)

8. 토지구획정리사업 등의 업무를 담당하던 시청 도시계장이 토지구획정리사업시행여부를 결정하기 위하여 현지에 답사차 내려 온 건설부 소속 공무원들에게 청탁하여 사업시행인가가 날 수 있도록 하여 달라는 명목으로 지급하는 금원을 교부 받았다면 알선수뢰죄에 해당한다. (대법원 1991. 7. 23. 91도1190)

9. 친구, 친족관계 등 사적인 관계를 이용하는 경우는 알선수뢰죄에 있어서 공무원이 그 지위를 이용한다는 것에 해당한다고 할 수 없으나, 다른 공무원이 취급하는 사무처리에 법률상이거나 사실상으로 영향을 줄 수 있는 관계에 있는 공무원이 그 지위를 이용하는 경우는 이에 해당하고 그 사이에 반드시 상하관계, 협동관계, 감독권한 등의 특수한 관계에 있음을 요하지 않는다. (대법원 1995. 1. 12. 94도2687)

10. 서울시 구청직원으로 있는 자가 서울시 지하철공사의 임직원의 직무에 속한 사항의 알선에 관하여 뇌물을 수수하게 되면 알선수뢰죄에 해당한다. (대법원 2001. 10. 12. 선고 99도5294)

【판례】 지위를 이용한 것으로 인정되지 않는 경우 1. 검찰사무주무(검찰주사)는 검사의 직무에 대하여 영향을 미칠 수 없다. (대법원 1982. 6. 8. 82도403)

2. 도교육위원회 사회체육과 보건계에서 아동급식과 아동 및 교원의 신체검사에 관한 업무를 담당하는 지방보건기사는 도 보건사회국에서 카바레 영업허가업무를 담당하는 시 등의 환경위생과 식품위생계를 감독하고 그 영업허가에 앞서 사전승인하는 업무를 담당하는 지방행정주사보와 직접·간접의 연관관계도 없을 뿐만 아니라 법률상이나 사실상 어떠한 영향력을 줄 수 있는 지위에 있지도 않은 이상 단지 공무원의 신분을 가졌다는 사실만으로는 공무원이 지위를 이용하여 다른 공무원의 직무에 속한 사항의 알선에 관하여 뇌물을 수수하였다고 할 수 없다. (대법원 1983. 8. 23. 82도956)

3. 군청 건설과 농지계 공무원이 도지사의 직무에 속한 사항(골재채취 허가)에 관하여 영향을 미칠 수는 없다. (대법원 1984. 1. 31. 83도3015)

알선이란 공무원의 직무에 관한 사항을 중개 내지 주선하는 것을 말하며, 그 직무행위가 정당하건 부당하건 문제가 되지 않는다(대법원 1992. 5. 8. 92도532).

특가법 제3조는 본죄의 행위주체를 공무원에 한정시키지 않고 일반인도 행위주체로 하고 있다.

8. 뇌물공여죄

제133조 (뇌물공여 등) ① 제129조부터 제132조까지에 기재한 뇌물을 약속, 공여 또는 공여의 의사를 표시한 자는 5년 이하의 징역 또는 2천만원 이하의 벌금에 처한다.

② 제1항의 행위에 제공할 목적으로 제3자에게 금품을 교부한 자 또는 그 사정을 알면서 금품을 교부를 받은 제3자도 제1항의 형에 처한다.

본죄는 뇌물을 약속·공여 또는 공여의 의사를 표시하거나(증뢰), 이에 제공할 목적으로 제3자에게 금품을 교부하거나 그것이 뇌물로 제공될 것이라는 사정을 알면서 교부받은 경우(증뢰물 전달)에 성립된다.

본죄는 일반범이므로 행위주체에 제한이 없다. 공무원도 행위주체가 될 수 있다.

증뢰물 전달죄의 행위주체도 공무원이나 중재인에 한정되지 않는다.

공여란 뇌물을 취득하게 하는 것을 말한다. 상대방이 뇌물을 현실적으로 취득하였는가는 문제가 되지 않는다.

증뢰물 전달죄의 경우에도 뇌물이 실질적으로 해당 공무원에게 전달되었는가의 여부는 문제되지 않는다(대법원 1985. 1. 22. 84도1033). 일단 뇌물공여의 목적으로 전달하면 본죄가 성립되며, 받는 사람 쪽에서도 일단 받기만 하면 범죄가 이루어진다. 나아가 교부받은 사람이 뒤에 뇌물을 당사자에게 실제로 전달했다고 해서 별도로 증뢰죄가 성립하는 것도 아니다(대법원 1997. 9. 5. 97도1572; 대법원 2002. 6. 14. 2002도1283).

수뢰죄의 경우와 달리 제133조에는 "직무에 관하여"라는 문구가 포함되어 있지 않지만, 뇌물의 개념상 당연히 직무관련성과 대가성이 있어야 본죄가 성립된다고 볼 수 있다(**통설**).

「**국제상거래에 있어서의 외국공무원에 대한 뇌물방지법**」은 국제상거래와 관련하여 부정한 이익을 얻을 목적으로 외국공무원 등에게 그 업무와 관련하여 뇌물을 약속·공여하거나 공여의 의사를 표시한 때에는 5년 이하의 징역 또는 2천만 원 이하의 벌금에 처하고, 이 경우 범죄행위로 얻은 이익이 1천만 원을 초과하는 때에는 5년 이하의 징역 또는 그 이익의 2배에 상당하는 금액 이하의 벌금에 처하도록 하고 있다.

【판례】 공갈과 뇌물공여 공무원이 직무집행의 의사 없이 또는 직무처리와 대가적 관계 없이 타인을 공갈하여 재물을 교부하게 한 경우에는 공갈죄만 성립하고, 그러한 경우 재물의 교부자가 공무원의 해악의 고지로 인하여 외포의 결과 금품을 제공한 것이라면 그는 공갈죄의 피해자가 될 것이고 뇌물공여죄는 성립될 수 없다고 하여야 할 것이다. (대법원 1994. 12. 22. 94도2528 | 같은 취지: 대법원 1966. 4. 6. 66도12; 대법원 1969. 7. 22. 65도1166)

직무관련성과 대가관계가 있어야 뇌물이라고 할 수 있는데, 피해자는 대가성이 있다고 알고 있었지만 실제로는 공무원에게 직무집행 의사가 없어서 대가성이 인정될 수 없는 경우로 이해가 된다. 따라서 피해자의 입장에서는 뇌물이 아님에도 뇌물이라고 오인한 경우이므로 불능미수가 되는데 뇌물죄에 대해서는 미수범 처벌규정이 없다.

제 2 절 공무방해의 죄

Ⅰ. 개 관

1. 의의 및 보호법익

국가의 기능은 공무원에 의해 직무가 수행됨으로써 이루어진다. 따라서 공무원이 수행하는 직무의 집행을 방해하는 것은 국가기능을 저해하는 것이다. 본장의 규정은 이러한 행위를 금지함으로써 국가기능을 보호하고자 하는 것이다. 본죄의 보호법익은 국가작용인 공무 그 자체이다. 이러한 의미에서 공무원은 본죄의 행위객체는 되지만 본장의 규정의 보호법익의 주체는 될 수 없다.

2. 구성요건 체계

공무집행방해의 죄의 기본 구성요건은 공무집행방해(제136조 제1항)이다. 직무·사직강요(제136조 제2항)와 위계에 의한 공무집행방해(제137조)는 행위방법의 차이에 따른 변형 구성요건이다. 법정·국회회의장모욕(제138조), 인권옹호직무방해(제139조), 공무상 비밀표시무효(제140조), 부동산강제집행효용침해(제140조의2), 공용서류 등 무효(제141조 제1항), 공용물파괴(제141조 제2항), 공무상 보관물무효(제142조), 전시공수계약불이행(제117조), 공무원자격사칭(제118)은 독자적 변형 구성요건이다. 특수공무집행방해·특수공무방해치상은 가중 구성요건이다. 편제상 제12장에 속해 있는 변사체 검시방해(제163조)도 성격상 공무방해의 죄에 포함시키는 것이 타당하다.

Ⅱ. 공무집행방해죄

제136조 (공무집행방해) ① 직무를 집행하는 공무원에 대하여 폭행 또는 협박한 자는 5년 이하의 징역 또는 1천만원 이하의 벌금에 처한다.

1. 구성요건

(1) 행위객체

본죄의 행위객체는 직무를 집행하는 공무원이다. **직무집행**은 공무원이 자신의 직무범위 내의 사항을 처리하는 것을 말하며, 강제적 성격을 가진 직무집행으로 한정되지 않는다(**통설**).

【판례】 행위객체에 해당되는 경우 1. 폭행의 상대방이 집달리 대리가 아니고 그 인부라 하더라도 동인에게 폭행을 가하였다면 집달리 대리에 대하여 간접으로 폭행을 가한 것이 되므로 공무집행방해죄가 성립한다. (대법원 1970. 5. 12. 70도561)

2. 청원경찰관법 제3조, 경찰관직무집행법 제2조 규정에 비추어 보면 군 도시과 단속계 요원으로 근무하고 있는 **청원경찰관**이 허가 없이 창고를 주택으로 개축하는 것을 단속하는 것은 그의 정당한 공무집행에 속한다고 할 것이므로 이를 폭력으로 방해하는 소위는 공무집행방해죄에 해당된다. (대법원 1986. 1. 28. 85도2448)

3. 파출소에서 근무하는 **방범대원**은 「직할시・도・시・군・자치구 지방고용직 공무원의 임용 등에 관한 조례(준칙)」 제4조의2에 의한 임용권자의 명에 따라 경찰서・지서 또는 파출소에 파견되어 근무하는 지방공무원법 제2조 제3항 제4호 소정의 지방고용직공무원임이 분명하므로 형법 제136조 소정의 "공무원"에 해당한다. (대법원 1991. 3. 27. 90도2930)

4. 대간첩작전의 수행을 임무로 하는 **전투경찰** 순경(이른바 "전경")이라도 상관의 명령에 의하여 치안업무의 보조를 임무로 하는 전투경찰 순경(이른바 "의경")의 직무를 도와 시위진압을 하는 것은 객관적으로 보아 적법한 공무집행이라고 할 것이다. (대법원 1992. 8. 18. 92도1244)

제136조 제1항이 직무집행의 적법성을 명문의 요건으로 규정하고 있지는 않지만, 본죄가 성립되기 위해서는 직무집행이 적법한 것이어야 한다(**통설**). 적법한 직무집행만이 보호할 가치가 있기 때문이다. **판례**의 입장도 같다(대법원 1991. 5. 10. 91도453; 대법원 1992. 5. 22. 92도506; 대법원 1994. 9. 27. 94도886; 대법원 1995. 5. 9. 94도3016; 대법원 1996. 12. 23. 96도2673).

이처럼 직무집행이 적법한 경우에만 본죄가 성립한다는 결론에 대해서는 의견이 일치되지만 '직무집행의 적법성'이 범죄론 체계의 어디에 위치하는가에 대해서는 논란이 있다.

① 객관적 **구성요건** 요소로 보는 견해

② 위법성 요소이므로 위법한 직무집행에 대한 폭행·협박은 일단 본죄의 구성요건을 충족시키되 **위법성**은 조각된다는 견해

결론 제136조에서 말하는 '직무'는 구성요건의 내용이고 비록 아무 수식어 없이 그저 직무라고만 하고 있기는 하지만, 업무방해죄(제314조)에서 보호의 대상이 되는 업무를 '정당한 업무'만으로 보듯, 본죄에서는 공무원의 '정당한 직무'만을 보호의 대상으로 본다고 해석하는 것이 타당하다고 생각한다. 이렇게 정당한 직무만 보호의 대상이라고 보게 되면 정당한 직무를 방해해야만 구성요건이 성립된다고 해야 하겠다. '직무집행의 적법성'을 객관적 **구성요건 요소**로 보는 견해가 타당하다.

따라서 위법한 직무집행에 대하여 저항하는 과정에서 폭행·협박 행위를 하게 되면, 본죄는 성립되지 않고 폭행·협박죄의 구성요건에는 해당하게 되지만 위법성이 배제되어(대법원 1999. 12. 28. 98도138; 대법원 2000. 7. 4. 99도4341; 대법원 2002. 5. 10. 2001도300) 처벌대상이 되지 않는다고 봄이 마땅하다.

적법한 공무집행이란 직무가 공무원의 추상적 권한에 속할 뿐 아니라 직무집행이 그 직무집행에 관한 법적 요건과 방식을 갖춘 경우를 말한다(대법원 1996. 12. 23. 96도2673). 적법성의 판단은 법원이 관계법령을 해석하여 객관적으로 해야 한다(**객관설 | 통설**).

【판례】 적법한 직무집행 **1.** 공무집행의 대상이 된 사실에 관하여 착오가 있었지만 일응 그 행위가 공무원의 적법한 행위라고 인정할 수 있는 경우 (대법원 1961. 8. 26. 60도852)

2. 대학생들인 피고인들이 전경 5명을 불법으로 납치, 감금하고 있으면서 경찰의 수회에 걸친 즉시 석방요구에도 불구하고 불가능한 조건을 내세워 이에 불응하고, 경

찰이 납치된 전경들을 구출하기 위하여 농성장소인 대학교 도서관 건물에 진입하기 직전 동 대학교 총장에게 이를 통고하고 이에 동 총장이 설득하였음에도 불구하고 이에 응하지 아니한 상황 아래에서 경찰이 압수수색영장 없이 도서관 건물에 진입하게 된 경우 (대법원 1990. 6. 22. 90도767)

3. 경찰공무원이 승용차에 가족을 태우고 가던 술을 마시지 않은 운전자에게 음주여부를 확인하려고 후렛쉬봉에 두 차례 입김을 불게 했으나 잘 알 수 없어 동료경찰관에게 확인해 줄 것을 부탁하였고 그가 위와 같은 방법으로 다시 확인하려 했으나 역시 알 수 없어 보다 정확한 음주측정기로 검사받을 것을 요구한 경우 (대법원 1992. 4. 28. 92도220)

4. 범칙행위를 했다고 인정되는 운전자가 자신의 인적사항을 밝히지 않고 면허증제시를 거부하며 차량을 출발시킨 경우, 교통단속업무에 종사하던 의경이 서서히 진행하는 차량의 문틀을 잡고 정지할 것을 요구한 경우 (대법원 1994. 9. 27. 94도886)

5. 지방의회의 회의가 적법한 소집절차를 밟아 소집되었고 소집의 목적이 불법적이거나 사회질서에 반하는 것이 아닌 이상, 그 회의의 의결사항 중에 지방의회의 권한에 속하지 아니하는 사항이 포함되어 있었다 하더라도 지방의회 의원들이 그 회의에 참석하고 그 회의에서 의사진행을 하는 직무행위는 적법하다. (대법원 1998. 5. 12. 98도662)

6. 피고인들이 안양시청 현관 바로 앞에 해고자 복직을 요구하면서 천막을 설치하고 농성을 하려 할 때에 안양시청 총무과장의 지시를 받은 총무과 소속 공무원들과 청원경찰들이 농성을 저지하고 천막을 철거하는 행위는 청사방호의 업무범위 내에 포함되는 적법한 공무집행행위에 해당한다. (대법원 2005. 5. 26. 2004도8464)

7. 경찰관이 미란다 원칙상의 고지사항의 일부만 고지하고 신원확인절차를 밟으려는 순간 피의자가 유리조각을 쥐고 휘둘러 일단 이를 제압한 후에 다시 미란다 원칙을 고지하였다면 긴급체포업무의 정당성이 인정된다. (대법원 2007. 11. 29. 2007도7961)

8. 재개발지역 내 주민들이 철거에 반대하여 건물 옥상에 망루를 설치하고 다량의 인화물질을 보유하고 극한적인 저항을 하고 있는 상황에서 진압작전을 개시한 결과 화염병이 망루 3층 계단 부근에 떨어지고 그 불에 의해 계단 부근에 뿌려져 있던 세녹스에 불이 붙어 큰 화재로 전개된 경우, 농성을 진압하는 경찰관의 직무집행이 법령에 위배되는 것이라고 하기 위해서는 그 농성진압이 불필요하거나 농성의 태양 및 농성장소의 상황 등에서 예측되는 피해발생의 구체적 위험성의 내용 등에 비추어 볼

때 농성진압의 수행이나 방법 등이 현저히 합리성을 결여하여야 하는데, 이 사건의 경우에는 그렇게 볼 수 없어 직무집행의 적법성이 인정된다. (대법원 2010. 11. 11. 2010도7621)

【판례】 적법하지 않은 직무집행 1. 공무원이 자신의 행정사무의 편의를 위한 목적으로 설계도의 제출을 요구한 경우 (대법원 1982. 11. 23. 81도1872)

2. 법정형이 긴급구속사유에 해당하지 않는 범죄혐의로 기소중지된 사람을 경찰관들이 강제로 연행하려고 한 경우 (대법원 1990. 5. 10. 91도453)

3. 경찰관들이 법원의 영장도 없이, 현행범이나 준현행범도 아닌 피고인을 체포하려고 피고인의 집에 강제로 들어가려고 한 경우 (대법원 1991. 12. 10. 91도2395 / 같은 취지: 대법원 1991. 9. 24. 91도1314)

4. 교통단속 경찰관의 오만한 단속 태도에 항의한다고 하여, 피고인을 그 의사에 반하여 교통초소로 운행해 갈 권한은 경찰관에게 없는데 경찰관이 피고인의 자동차를 강제 운행한 경우 (대법원 1992. 2. 11. 91도2797)

5. 법정형이 5만원 이하의 벌금(현행 50만원 이하), 구류 또는 과료에 해당하는 경미한 범죄의 현행범은 주거가 명확하지 않은 경우 이외에는 영장에 의해서만 체포할 수 있는데도 영장 없이 강제로 연행하려고 하는 경우 (대법원 1992. 5. 22. 92도506)

6. 구속영장을 발부받음이 없이 피의자를 보호실에 유치한 경우 (대법원 1994. 3. 11. 93도958)

7. 의경이 피고인이 차선을 위반하여 진행하는 것을 적발하고 검문하던 중에 음주운전한 사실까지 추가로 발견하고, 음주측정을 위하여 파출소까지 가자고 요구하였으나 피고인이 음주운전한 사실이 없다고 하면서 이를 거절하자 피고인의 혁대를 잡고 파출소까지 끌고 가려 한 경우 (대법원 1994. 10. 25. 94도2283)

8. 사법경찰관 등이 피의자에 대한 구속영장을 소지하였다 하더라도 체포 당시에 피의자에 대한 범죄사실의 요지, 구속의 이유와 변호인을 선임할 수 있음을 말하고 변명할 기회를 준 후가 아니면 체포할 수 없음에도 불구하고 이와 같은 절차를 밟지 아니한 채 실력으로 연행하려 한 경우 (대법원 1996. 12. 23. 96도2673)

9. 경찰관이 적법절차를 준수하지 아니한 채 실력으로 현행범인을 연행하려고 한 경우 (대법원 2000. 7. 4. 99도4341 | 같은 취지: 대법원 1995. 5. 9. 94도3016)

10. 현행범인으로서의 요건을 갖추고 있었다고 인정되지 않는 상황에서 경찰관들이 동행을 거부하는 자를 체포하거나 강제로 연행하려고 한 경우 (대법원 2002. 5. 10. 2001도300)

11. 검사나 사법경찰관이 수사기관에 자진출석한 사람을 긴급체포의 요건을 갖추지 못하였음에도 실력으로 체포하려고 한 경우 (대법원 2006. 9. 8. 2006도148)

12. 음주운전을 종료한 후 40분 이상이 경과한 시점에서 길가에 앉아 있던 운전자를 술 냄새가 난다는 점만을 근거로 음주운전의 현행범으로 체포한 경우 (대법원 2007. 4. 13. 2007도1249)

13. 출입국관리공무원이 관리자의 사전 동의 없이 사업장에 진입하여 불법체류자 단속업무를 개시한 경우 (대법원 2009. 3. 12. 2008도7156)

14. 불심검문을 받게 된 피고인은 운전면허증을 교부한 후 경찰관에게 큰 소리로 욕설을 하였다. 이에 경찰관이 모욕죄의 현행범으로 체포하겠다고 고지하고 피고인의 어깨를 잡았다. 이 경우 인근 주민들도 욕설을 직접 들었기 때문에 피고인이 도주하거나 증거를 인멸할 염려가 없어 체포의 필요성이 인정되지 않는다. 경찰관의 체포는 적법한 직무집행이라고 할 수 없다. (대법원 2011. 5. 26. 2011도3682)

본죄에서 '**직무를 집행하는**'이라 함은 공무원이 직무수행에 직접 필요한 행위를 현실적으로 행하고 있는 때만을 가리키는 것이 아니라 공무원이 직무수행을 위하여 근무 중인 상태로서 여러 종류의 행위를 포괄하여 일련의 직무수행으로 파악하여야 한다.

직무의 성질에 따라서는 그 직무수행의 과정을 개별적으로 분리하여 부분적으로 각각의 개시와 종료를 논하는 것이 부적절하거나, 여러 종류의 행위를 포괄하여 일련의 직무수행으로 파악해야 하는 경우도 있다. 예를 들어 불법주차 차량에 불법주차 스티커를 붙였다가 운전자가 장애인이라는 사실을 알고 이를 다시 떼어낸 직후인 상태에 있는 주차단속 공무원을 폭행한 경우, 폭행 당시 주차단속 공무원은 일련의 직무수행을 위하여 근무중인 상태에 있었다고 보아야 한다(대법원 1999. 9. 21. 99도383).

【판례】 직무수행 중인 것으로 보아야 하는 경우 **1.** 피해자가 피고인으로부터 폭행을 당할 당시에는 피고인 등이 피해자의 요구에 따르지 않자 경비실 밖으로 나와 그 회사의 노사분규 동향을 파악하거나 파악하기 위해 대기 또는 준비하던 중이었던 것으로 보이므로, 피해자는 그러한 여러 종류의 행위를 포괄하여 근로감독관으로서 일련의 직무를 수행하던 중이었다고 보아야 할 것이다. (대법원 2002. 4. 12. 2000도3485)

2. 당직근무 중이던 청원경찰이 불법주차 민원에 따라 현장을 확인한 후 당장 단속이 불가능하고 주간 근무자에게 전달하여 처리하겠다고 하자, 화가 나서 빰을 때렸다면 공무집행 방해라고 볼 수 있다. (대법원 2009. 1. 15. 2008도9919)

(2) 행 위

본죄의 행위는 폭행 · 협박이다. 폭행은 사람에 대한 유형력의 행사를 말하고, 협박은 요구하는 대로 하지 않을 경우 가해질 해악을 고지하는 것이다.

폭행에는 공무원에 대한 직접적인 유형력의 행사뿐 아니라 간접적인 유형력의 행사도 포함된다(대법원 1998. 5. 12. 98도662). 따라서 파출소 사무실의 바닥에 인분이 들어 있는 물통을 집어던지고 책상 위에 있던 재떨이에 인분을 퍼담아 사무실 바닥에 던지는 행위도 폭행이다(대법원 1981. 3. 24. 81도326).

폭행 · 협박은 공무집행을 방해할 수 있을 정도에 이르러야 한다. 따라서 일반적으로는 폭행의 개념에 해당되더라도 너무 경미해서 공무를 방해할 정도에 이르지 못하면 본죄를 성립시키지 못한다(대법원 1970. 6. 30., 70도1121).

【판례】 폭행 · 협박이 인정되는 경우 폭력행위 등 전과 12범인 피고인이 자신이 경영하는 술집에서 떠들며 놀다가 주민의 신고를 받고 출동한 경찰로부터 조용히 하라는 주의를 받은 후, 새벽 4시에 파출소를 찾아와서 "우리 집에 무슨 감정이 있느냐, 이 순사새끼들 죽고 싶으냐"는 등의 폭언을 하였다면, 이는 단순한 불만의 표시나 감정적인 욕설에 그친다고 볼 수 없고, 경찰이 계속하여 단속하는 경우에 생명 · 신체에 어떤 위해가 가해지리라는 것을 통보함으로써 공포심을 품게 하려는 데 그 목적이 있었다고 할 것이고, 또 이는 객관적으로 보아 상대방으로 하여금 공포심을 느끼게 하기에 족하다고 할 것이다. (대법원 1989. 12. 26. 89도1204)

【판례】 폭행 · 협박이 인정되지 않는 경우 1. 차량을 일단 정차한 다음 경찰관의 운전면허증 제시요구에 불응하고 다시 출발하는 과정에서 경찰관이 잡고 있던 운전석 쪽의 열린 유리창 윗부분을 놓지 않은 채 어느 정도 차를 따라 가다가 차량속도가 빨라지자 더 이상 따라가지 못하고 손을 놓아버렸다면, 이러한 사실만으로는 피고인의 행위가 공무집행방해죄에 있어서의 폭행에 해당된다고 할 수 없다. (대법원 1996. 4. 26. 96도281)

2. 피고인 甲을 비롯한 노조원들은 구청 잔디밭광장에서 집회를 하고 있었는데, 정보통신과장 P가 노조원들을 향해 부적절한 언사하자 흥분한 노조원 丙 · 丁 등이 이에

대항하여 폭언을 하고 이어 동구청 실·과장들과 노조원들이 언쟁을 하였다. 당시 현장에는 노조원 10여 명이 있었고 동구청 간부들로는 P 외에 실·과장 약 15명 가량이 더 있었다. 피고인을 비롯한 노조원과 폭언의 상대방인 P는 같은 동구청에 근무하는 공무원들로서 평소 잘 알고 지내는 사이이었으며 노조원과 실·과장들이 언쟁 후에 화해를 하고 같이 식사를 하러 간 바 있다.

이 경우 노조원들의 욕설은 P로 하여금 공포심을 느끼게 하는 정도의 것이라고 보기 어렵다. 원심이 같은 취지에서 노조원들의 폭언을 협박에 해당하지 아니한다고 본 것은 정당하고, 거기에 공무집행방해죄에 관한 법리오해 등의 위법이 없다. (대법원 2006. 1. 13. 2005도4799)

폭행·협박행위를 함으로써 본죄는 기수에 이르며 직무집행이 현실적으로 방해되어야 하는 것은 아니므로 **추상적 위험범**이다(대법원 2018. 3. 29. 2017도21537).

(3) 주관적 구성요건

본죄가 성립되려면 행위자는 상대방이 직무를 집행하는 공무원이라는 사실, 그리고 이에 대하여 폭행 또는 협박을 한다는 사실을 인식하고 있어야 한다. 미필적 고의로도 족하다. 목적범이 아니므로 직무집행을 방해할 의사는 없어도 된다(**통설**). **판례**의 입장도 같다(대법원 1995. 1. 24. 94도1949). 따라서 직무집행을 방해한다는 목적 없이 개인적인 악감정으로 직무집행을 하는 공무원을 폭행·협박한 경우에도 본죄는 성립된다.

2. 위법성

적법하지 않은 직무집행에 대항하여 폭행·협박을 하는 경우에 본죄 자체는 구성요건에 해당되지 않지만, 폭행(제260조)이나 협박(제283조)의 구성요건에는 해당되게 된다. 그러나 이 경우에도 정당방위로서 위법성이 조각된다.

3. 죄 수

본죄는 공무원의 수가 아니라 직무의 수에 따라 죄수가 결정된다(**통설** | 다른 견해: 오영근, 931면). 본죄의 보호법익이 공무원의 직무이기 때문이다. 따라서 여러 명의 공무원이 집행하는 하나의 직무를 방해한 때에는 하나의 공무집행방해죄가 성립된다. 그러나 **판례**는 공무원의 수만큼 본죄가 성립된다고 한다(대법원 1961. 9. 28. 61도415).

본죄가 성립하는 경우에는 폭행·협박죄 규정은 별도로 적용되지 않는다(보충관계). 또한 업무방해죄(제314조)의 업무에서 공무는 제외되므로 본죄가 성립되는 경우에 업무방해죄는 성립되지 않는다.

> **【판례】 강도·준강도와 본죄** 절도범인이 체포를 면탈할 목적으로 경찰관에게 폭행·협박을 가한 때에는 준강도죄와 공무집행방해죄를 구성하고 양죄는 상상적 경합관계가 되나, 강도범인이 체포를 면탈할 목적으로 경찰관에게 폭행을 가한 때에는 강도죄와 공무집행방해죄는 실체적 경합관계가 된다. (대법원 1992. 7. 28. 92도917)

Ⅲ. 직무·사직 강요죄

> 제136조 (공무집행방해) ② 공무원에 대하여 그 직무상의 행위를 강요 또는 저지하거나 그 직을 사퇴하게 할 목적으로 폭행 또는 협박한 자도 전항의 형과 같다.

1. 의 의

장래의 공무집행을 보호하기 위하여 마련된 범죄이다. 본죄의 **보호법익**에 대해서는 공무와 더불어 공무원의 지위도 포함되어야 한다는 견해가 있다(다수설). 그러나 본죄가 개인적인 감정으로 특정 공무원을 사직하게 하는 것을 방지함으로써 그 공무원 개인의 신체적 안전이나 지위를 보호해 주려는 것은 아니고, 공무원이 그 직을 사퇴함으로써 생기는 공백으로 인하여 장래의 공무가 방해되는 것을 방지하려는 것이라고 이해하는 것이 타당하다. 따라서 본죄의 보호법익은 **공무** 그 자체이며, 공무원 개인의 지위가 보호되는 것은 반사적 효과에 불과하다. 본죄는 **추상적 위험범**이다.

2. 구성요건

(1) 객관적 구성요건

본죄의 **행위객체**는 공무집행방해(제136조 제1항)의 경우와 같이 공무원이지만 현재 직무를 집행하고 있는 공무원 뿐 아니라 장래에 직무를 집행할 공무원도 포함된다는 점에서 차이가 있다.

직무와 폭행·협박의 개념은 원론적으로 공무집행방해의 경우와 같다. 다만 직무상의 행위를 저지하는 경우에는 직무행위가 적법해야 하지만, 특정 직무집행을 강요하는 경우에는 강요되는 직무의 내용이 적법할 필요가 없다(**통설**)는 점에서 차이가 난다.

어디까지를 직무상의 행위로 볼 것인가에 대해서는 견해대립이 있다.

① 행위객체인 공무원의 직무권한에 속하는 것이어야 한다는 견해

② 구체적 직무권한에 포함될 필요는 없고 추상적 직무권한에만 속하면 된다는 견해 (**다수설**)

③ 직무권한에 포함될 필요는 없고 단지 해당 공무원의 직무와 관련이 있는 것이면 된다는 견해

> 결론 제136조 제2항이 '직무상의 행위'라고 하고 있으므로 법령에 따라 해당 공무원이 처리하는 업무에 속하기는 해야 할 것으로 생각된다. 그러나 그 범위를 구체적으로 제한할 이유는 없으므로 추상적이든 구체적이든 폭넓게 해당 공무원의 직무권한에 포함되면 모두 '직무상의 행위'라고 보는 것이 타당할 것이다. 두 번째 견해가 타당하다.

(2) 주관적 구성요건

본죄가 성립되기 위해서는 구성요건적 고의 이외에 행위자에게 직무상

의 행위를 강요 또는 저지하거나 사직케 할 목적이 있어야 한다.

3. 죄 수

본죄는 결과발생을 요하지 않는다는 점에서 강요죄(제324조)와 법익보호의 정도가 구별되는 범죄이다. 따라서 하나의 행위가 본죄와 강요죄에 해당하는 경우에는 두 범죄의 상상적 경합이 된다(**통설**).

Ⅳ. 위계에 의한 공무집행방해죄

제137조 (위계에 의한 공무집행방해) 위계로써 공무원의 직무집행을 방해한 자는 5년 이하의 징역 또는 1천만원 이하의 벌금에 처한다.

1. 의 의

본죄는 위계를 수단으로 하여 공무원의 직무집행을 방해함으로써 성립된다. 방해의 수단이 폭행·협박이 아니라 위계라는 점과 행위대상이 현재 공무집행중인 공무원에 한하지 않는다는 점에서 공무집행방해(제136조 제1항)와 구별된다.

2. 구성요건

(1) 객관적 구성요건

위계란 '행위자가 행위목적을 이루기 위하여 상대방에게 착오를 일으켜 그 착오를 이용하는 것'을 말한다(대법원 1995. 5. 9. 94도2990; 대법원 1997. 2. 28. 96도2825).

예를 들어 자신이 마치 자신의 형인 것처럼 시험감독을 속이고 대리로 운전면허 시험에 응시하는 것이 이러한 유형에 속한다(대법원 1986. 9. 9. 86도1245). 위계의 상대방은 반드시 공무원이 아니라도 된다. 제3자를 기망하여 공무원의 직무집행을 방해해도 본죄는 성립된다.

【판례】 위계에 해당되는 경우 1. 甲과 乙이 공모하고 甲이 시험장소 내에서 시험감독관의 감시가 소홀한 틈을 타서 시험답안지의 해답이 적힌 쪽지를 乙에게 전달한 경우 (대법원 1967. 5. 23. 67도650)

2. 간호보조원 자격시험 응시에 필요한 소정의 간호보조원교육과정을 수료한 것처럼 피고인 명의의 허위내용의 수료증명서를 발급하여 동 증명서와 함께 간호보조원 자격시험 응시구비서류를 경상북도 보건과에 제출해 주고 동인들로 하여금 6회에 걸쳐 마치 응시자격이 있는 것처럼 간호보조원 자격시험에 응시케 한 경우 (대법원 1982. 7. 27. 82도1301)

3. 고등학교 입학원서 추천서란을 사실과 다르게 조작, 허위기재하여 그 추천서 성적이 고등학교입학전형의 자료가 된 경우 (대법원 1983. 9. 27. 83도1864)

4. 피고인이 마치 그의 형인 양 시험감독자를 속이고 원동기장치 자전거운전면허시험에 대리로 응시한 경우 (대법원 1986. 9. 9. 86도1245)

5. 출원에 대한 심사업무를 담당하는 공무원이 출원인의 출원사유가 허위라는 사실을 알면서도 결재권자로 하여금 오인, 착각, 부지를 일으키게 하고 그 오인, 착각, 부지를 이용하여 인·허가처분에 대한 결재를 받아낸 경우 (대법원 1997. 2. 28. 96도2825)

6. 개인택시 운송사업 양도·양수를 위하여 허위의 출원사유를 주장하면서 의사로부터 허위 진단서를 발급받아 이를 소명자료로 제출하여 행정관청으로부터 양도·양수 인가처분을 받은 경우 (대법원 2002. 9. 4. 2002도2064)

7. 음주운전을 하다가 교통사고를 야기한 후 그 형사처벌을 면하기 위하여 타인의 혈액을 자신의 혈액인 것처럼 교통사고 조사 경찰관에게 제출하여 감정하도록 한 경우 (대법원 2003. 7. 25. 2003도1609)

8. 지방자치단체의 공사입찰에 있어서 허위서류를 제출하여 입찰참가자격을 얻고 낙찰자로 결정되어 계약을 체결한 경우 (대법원 2003. 10. 9. 2000도4993)

9. 감척어선 입찰자격이 없는 자가 제3자와 공모하여 제3자의 대리인 자격으로 제3자 명의로 입찰에 참가하고, 낙찰 받은 후 자신의 자금으로 낙찰대금을 지급하여 감척어선에 대한 실질적 소유권을 취득한 경우 (대법원 2003. 12. 26. 2001도6349)

10. 타인의 소변을 마치 자신의 소변인 것처럼 수사기관에 건네주어 필로폰 음성반응이 나오게 한 경우 (대법원 2007. 10. 11. 2007도6101)

11. 담당자가 아닌 공무원이 출원인의 청탁을 들어줄 목적으로 자신의 업무 범위에 속하지도 않는 업무에 관하여 그 일부를 담당공무원을 대신하여 처리하면서 위계를

써서 담당공무원으로 하여금 오인, 착각, 부지를 일으키게 하고 그 오인, 착각, 부지를 이용하여 인·허가 처분을 하게 하였다면, 이는 허가관청의 불충분한 심사가 그의 원인이 된 것이 아니라 담당자가 아닌 공무원의 위계행위가 원인이 된 것이어서 위계에 의한 공무집행방해죄가 성립한다. (대법원 2008. 3. 13. 2007도7724)

12. (구)병역법상 지정업체에서 전문연구요원으로 근무할 의사가 없음에도 허위내용의 편입신청서를 제출하여 관할관청으로부터 전문연구요원 편입을 승인받고, 관할 지방병무청장에게 허위의 공동연구 협약서를 작성·제출하여 파견근무를 신청하여 승인받았다면, 이러한 편입 및 파견근무의 승인은 관할관청의 불충분한 심사가 원인이 아니라 출원인의 위계행위가 원인이 된 것이어서 위계에 의한 공무집행방해죄가 성립한다. (대법원 2008. 6. 26. 2008도1011)

13. 범죄행위로 인하여 강제출국 당한 전력이 있는 사람이 외국 주재 한국영사관 담당직원에게 허위의 호적부 및 외국인등록신청서 등을 제출하여 사증 및 외국인등록증을 발급받은 경우 (대법원 2009. 2. 26. 2008도11862)

【판례】 위계에 해당되지 않는 경우 1. 수사기관에 대하여 피의자가 허위자백을 하거나 참고인이 허위진술을 한 경우 (대법원 1971. 3. 9. 71도186)

2. 피의자나 참고인이 아닌 자가 자발적이고 계획적으로 피의자를 가장하여 수사기관에서 허위진술을 한 경우 (대법원 1977. 2. 8. 76도3685)

3. 출원자가 그 출원사유에 허위의 사실을 기재하고 허위의 소명자료를 첨부한 경우 (대법원 1982. 12. 14. 82도2207 | 같은 취지: 대법원 1997. 2. 28. 96도2825)

4. 건물점유자로서 명도집행을 저지할 수 있는 정당한 기능이 있는 자가 그 점유사실을 입증하기 위한 수단으로 임대차계약서 사본을 제시하면서 그 실효된 사실을 고지하지 아니하고 자신이 정당한 임차인인 것처럼 주장한 경우 (대법원 1984. 1. 31. 83도2290)

5. 민사소송을 제기하면서 피고의 주소를 허위기재하여 소송서류를 허위주소로 송달케 하였으나 이로 인해서 법원의 송달업무나 재판업무 자체가 방해되지는 않은 경우 (대법원 1996. 10. 11. 96도312)

6. 보험회사 임원이 회사 전산시스템에서 관리하고 있던 보험금 출금 관련 데이터가 압수될 상황에 이르게 되자 특정 기간의 전산데이터를 삭제한 경우, 이 행위가 위계로써 특별검사 등의 직무수행을 방해한 것이라고 볼 수 없다. (대법원 2009. 6. 11. 2008도9437)

직무집행은 적법해야 하며, **방해**란 ① 정당한 직무집행을 못하게 하는 경우와 ② 부당한 직무집행을 하게 만드는 경우 두 가지로 생각할 수 있다.

본죄는 조문의 해석상 공무집행방해(제136조)와는 달리 위계가 있는 것만으로는 성립하지 않고 직무집행이 방해되는 **결과**가 발생되어야만 성립이 인정된다(**통설 | 판례**).

【판례】 공무방해의 결과가 없는 경우 **1.** 甲은 민사소송을 제기하면서 피고의 주소를 허위로 기재하였다. 이에 따라 피고에게 송달되는 변론기일 소환장 등 서류가 엉뚱한 주소로 보내지게 되었다. 그러나 이를 통해 법원의 송달업무 또는 재판업무 자체가 방해된 것은 아니므로 위계에 의한 공무집행방해는 성립되지 않는다. (대법원 1996. 10. 11. 96도312 | 같은 취지: 대법원 1977. 9. 13. 77도284; 대법원 1995. 5. 9. 94도2990)

2. 피고인 甲은 자신이 대구지방법원 집행관실의 사무원이기 때문에 평소 잘 알고 있으며 자신의 말을 들을 수밖에 없는 경매브로커 乙로부터 乙의 고객인 경쟁입찰자의 입찰가액을 알아내어 같은 피고인 丙 등에게 알려주어 경쟁입찰자의 입찰가격보다 약간 높은 가격으로 입찰함으로써 부동산을 낙찰받게 하였다. 이 경우 피고인의 행위가 법원경매업무를 담당하는 집행관의 구체적인 직무집행을 저지하거나 현실적으로 곤란하게 하는 데까지는 이르지 않고 입찰의 공정을 해하는 정도에 불과하므로 형법 제315조의 경매·입찰방해죄에만 해당될 뿐, 형법 제137조의 위계에 의한 공무집행방해죄에는 해당되지 않는다. (대법원 2000. 3. 24. 2000도102)

3. 구체적이고 현실적으로 감시, 단속업무를 수행하는 교도관에 대하여 위계를 사용하여 그 업무집행을 못하게 한다면 이에 대하여 위계에 의한 공무집행방해죄가 성립한다고 할 것이지만, 수용자가 교도관의 감시, 단속을 피하여 규율위반행위를 하는 것만으로는 단순히 금지규정에 위반되는 행위를 한 것에 지나지 아니할 뿐 이로써 위계에 의한 공무집행방해죄가 성립한다고는 할 수 없다. (대법원 2003. 11. 13. 2001도7045 | 대법원 2003. 2. 11. 2002도4293)

한편 정당한 직무집행이 이루어지지 않았다는 결과가 발생하더라도 피고인의 행위와 결과 사이에 **인과관계**가 연결되지 않으면 역시 본죄가 성립되지 않는다. 판례의 입장도 같다.

【판례】 허위사항 기재와 공무방해 수산과 시설지도계장인 피고인은 乙이 실제로는 어

선을 가지고 있지 않음에도 불구하고 가지고 있는 것처럼 서류를 작성하여 농수산국장에게 제출하였다. 농수산국장은 서류를 그대로 믿고 어업허가장을 발부하였다. 그런데 행정관청의 인허가 처분은 본래 출원사유에 대한 심사를 거치도록 되어 있다. 이는 출원사유가 사실과 부합되지 않는 경우가 있음을 전제로 한다. 따라서 제대로 심사를 하지 않고 출원서류를 가볍게 믿고 면허를 내주었다면 '직무집행이 제대로 되지 않은 원인은 불충분한 심사에 있는 것이지 피고인의 행위로 인한 것이 아니다'. 그러므로 이러한 경우에는 위계에 의한 공무집행방해는 성립되지 않는다. (대법원 1997. 2. 28. 96도2825 | 같은 취지: 대법원 1975. 7. 8. 75도324; 대법원 1977. 2. 8. 76도3685; 대법원 1988. 5. 10. 87도2079; 대법원 1989. 1. 17. 88도709)

(2) 주관적 구성요건

위계를 사용하는 것에 대한 인식과 의사가 있어야 한다. 나아가 공무집행을 방해하려는 의사도 있어야 하는가에 대하여 견해대립이 있다.

① 긍정설 : **(통설 | 판례)**

② 부정설

결론 폭행 · 협박 그 자체가 공무집행방해인 제136조 제1항과는 달리 모든 위계가 공무집행을 방해하는 것은 아니므로 본죄는 위계에 대한 고의 이외에 공무방해의 의사도 있어야 한다고 하지 않을 수 없다.

Ⅴ. 법정 · 국회회의장 모욕죄

제138조 (법정 또는 국회회의장 모욕) 법원의 재판 또는 국회의 심의를 방해 또는 위협할 목적으로 법정이나 국회회의장 또는 그 부근에서 모욕 또는 소동한 자는 3년 이하의 징역 또는 700만원 이하의 벌금에 처한다.

1. 의 의

법원의 재판 또는 국회의 심의를 방해하거나 위협할 목적으로 법정 또는 국회회의장 등에서 모욕 또는 선동함으로써 성립되는 범죄이다. 재판이나 국회의 기능을 보호법익으로 하는 목적범이다.

2. 구성요건

(1) 객관적 구성요건

행위주체는 제한이 없다. 피고인 · 변호인 · 증인 · 방청객은 물론 검사 또는 그 재판에 관여하지 않는 판사, 국회의원도 해당될 수 있다.

행위는 모욕 또는 소동하는 것이다. **모욕**이란 사회적 평판을 깎아 내리는 가치판단을 상대방을 지목해서 하는 것을 말한다. 상대방은 법관이나 검사 · 증인 · 피고인 또는 국회의원 뿐만 아니라 법원이나 국회 그 자체도 될 수 있다.

소동이란 법원이 재판이나 국회의 심의를 방해할 정도로 질서를 혼란시키거나 소음을 내는 행위를 말한다. 다수인이 모여서 해야 할 필요는 없다.

모욕이나 소동은 **장소**적으로 법정이나 국회회의장 또는 그 부근에서 행해져야 한다. 따라서 법원이나 국회의 정문 밖에서는 본죄가 성립되지 않는다. **시간**적으로는 재판이나 국회회의가 진행 중이거나 진행 직전 · 직후 또는 휴식시간 중에 이루어져야 한다.

(2) 주관적 구성요건

법정 또는 국회회의장이나 그 부근에서 모욕을 하거나 소동을 부린다는 데 대한 인식과 의사가 있어야 한다.

또한 부가적 주관적 구성요건 요소로서 재판 또는 국회의 심의를 방해 또는 위협할 목적이 있어야 한다. 목적의 달성 여부는 기수의 성립에 영향을 미치지 않는다.

3. 죄 수

행위내용이 내란죄(제87조)의 폭동이나 소요죄(제115조)의 폭행 · 협박에 이르게 되면 본죄가 아니라 이들 범죄가 성립된다(**통설**).

법원조직법 제61조는 법정모욕에 관하여 20일 이내의 감치 또는 100만원 이하의 과태료에 처할 수 있도록 하고 있다. 이들 감치나 과태료는 형벌과는 구별되는 행정벌이므로 법정모욕행위의 성립 여부에 대해서는 본죄와는 전혀 별개로 논의하는 것이 타당하다(**통설**).

모욕행위를 통해 본죄가 성립되는 경우 모욕죄(제311조) 규정은 보충규정으로서 적용이 배제되고 본조만 적용된다.

Ⅵ. 인권옹호직무방해죄

> 제139조 (인권옹호직무방해) 경찰의 직무를 행하는 자 또는 이를 보조하는 자가 인권옹호에 관한 검사의 직무집행을 방해하거나 그 명령을 준수하지 아니한 때에는 5년 이하의 징역 또는 10년 이하의 자격정지에 처한다.

제139조는 검사의 인권옹호에 관한 직무집행 기능을 특별히 보호하기 위해 만들어진 규정이다. 본죄의 행위주체는 사법경찰관리와 전투경찰과 같이 경찰의 직무를 행하는 자이다. 경찰정보원 등과 같이 사실상 경찰의 직무를 보조하는 데 불과한 사람은 행위주체에 포함되지 않는다.

행위내용은 인권옹호에 관한 검사의 직무집행을 방해하거나 그 명령을 준수하지 아니한 것이다. 여기서 검사의 직무집행은 적법한 것이어야 한다(**통설**). 인권옹호에 관한 검사의 직무에는 강제처분에 대한 집행지휘(형소법 제81, 115, 209조), 수사지휘(형소법 제196조), 구속장소감찰(형소법 제198조의 2) 등이 있다. 방해의 방법에는 제한이 없다.

본죄에서 정한 인권옹호에 관한 검사의 직무집행 방해는 공무집행방해(제136조) 규정을 통해서도 충분히 처벌이 가능하다. 본조가 가중처벌 규정이 되는 것도 아니다. 따라서 본조는 수사에 있어서 인권옹호라는 측면의 중요성을 선언하는 상징적 의미만 가지고 있다. 입법적으로 폐지해도 별 문제가 없는 규정이다(**통설**).

Ⅶ. 공무상 비밀표시무효죄

1. 공무상 봉인 등 무효죄

> 제140조 (공무상 비밀표시무효) ① 공무원이 그 직무에 관하여 실시한 봉인 또는 압류 기타 강제처분의 표시를 손상 또는 은닉하거나 기타 방법으로 그 효용을 해한 자는 5년 이하의 징역 또는 700만원 이하의 벌금에 처한다.
>
> 제143조 (미수범) 제140조 내지 전조의 미수범은 처벌한다.

(1) 객관적 구성요건

본죄의 행위객체는 공무원이 그 직무에 관하여 실시한 봉인 또는 압류 기타 강제처분의 표시이다.

봉인이란 물건에 대한 임의적인 처분을 금지하기 위한 개봉금지의 의사표시를 한 장치 일체를 말한다. 이러한 내용을 적은 건물에 붙이는 공시판도 이에 포함된다(대법원 1972. 9. 12. 72도1441). 반드시 공무원의 날인이 있어야 하는 것은 아니다.

압류 기타 강제처분의 표시는 압류나 그 밖의 강제처분을 시행하였음을 알리는 표시를 말한다. 압류는 공무원이 그 직무상 보관할 물건을 강제적으로 자기의 점유로 옮기는 것을 말한다. 행위 당시에 강제처분의 표시가 현존하여야 한다(대법원 1997. 3. 11. 96도2801).

이들 봉인이나 압류는 적법하고 유효한 것이어야 한다(**통설**). 일단 강제처분 절차가 완전히 종료되면 더 이상 봉인이나 압류는 의미가 없게 되므로 행위객체에서 제외되어 버리는 것이지만(대법원 1985. 7. 23. 85도1092), 채무변제 등으로 강제처분의 필요성이 실질적으로 사라지기는 하였으나 절차가 종료되지는 않은 경우에는 여전히 행위객체로 인정된다(대법원 1981. 10. 13. 80도1441). 또한 강제처분이 실체적으로 부당하더라도 절차적으로 취소되지 않는 한 행위객체에서 제외되지 않는다.

【판례】 강제처분표시의 효력 1. 법원의 가처분결정에 근거하여 집달관이 한 강제처분표시의 효력은 그 가처분결정이 적법한 절차에 의하여 취소되지 않는 한 지속되는 것이며, 그 가처분결정이 가령 부당한 것이라 하더라도, 그 효력을 부정할 수 없는 것이므로 그 효력이 존속하고 있는 동안 그 효용을 해치는 행위를 하면 공무상 비밀표시무효죄가 성립된다. (대법원 1985. 7. 9. 85도1165 | 같은 취지: 대법원 1971. 3. 23. 70도2688)

2. 피고인이 특허권을 침해하였다는 소명에 따라 결정이 이루어졌으나 후일 본안소송에서 그 특허가 무효라는 취지의 대법원 판결이 선고되어 피보전권리의 부존재가 확정되었다 하더라도 피고인의 공무상비밀표시무효죄가 성립함에는 아무런 영향이 없다. (대법원 2007. 3. 15. 2007도312)

공무원이 직권을 남용해서 위법하게 강제처분을 한 것이 명백하여 법률상 당연무효 또는 부존재라고 볼 수 있는 경우에는 그 강제처분표시는 본죄의 객체가 되지 않는다. 그러나 강제처분이 절차상 약간의 흠이 있는 정도일 때에는 그렇게 볼 수 없다.

【판례】 경미한 흠이 있는 강제처분 이 사건 가압류집행 당시 농장의 축사 안에는 채무자인 영농조합이 점유하는 비육돈 3,100여 마리가 사육되고 있었는데, 집행관은 가압류 집행을 하면서 비육돈의 정확한 숫자를 세어보거나 중량을 측정하여 보지 않은 채 집행에 참여한 채권자와 채무자 측 직원의 진술을 토대로 전체 비육돈 중 100여 마리는 곧 폐사할 것으로 판단하고 가압류할 전체 비육돈의 수를 3,000마리로 보아, 농장의 축사 안에 있는 비육돈을 무게에 따라 세 분류로 나누어 각 1,000마리씩을 가압류 목적물로 한다는 취지로 기재한 공시서를 축사에 붙여 놓았다. 가압류집행 당시 피고인들도 현장에 참여하여 채권자 및 채무자는 물론 피고인들도 위와 같은 가압류집행의 과정을 모두 알고 있었는데도, 가압류된 비육돈을 수회에 걸쳐 농장 밖으로 반출하고 그 대신 중량 30kg 이하의 새로운 자돈을 축사에 입사시키면서 농장 직원들에게 전체적으로 3,000마리는 항상 유지하라고 지시한 바 있다. 이와 같은 가압류집행의 상황, 당시 이 사건 농장에서 사육되고 있던 비육돈 전체의 수와 가압류공시서상 목적물의 전체적인 기재 내역, 그 후 피고인들의 행동 등을 종합하면, 이 사건 가압류는 이 사건 농장에서 사육되고 있던 비육돈 전부를 그 목적물로 특정하여 집행이 된 것으로 유효하다고 보아야 할 것이다. 이 사건 가압류공시서에 위와 같이 폐사될 100여

마리를 고려하여 3,000마리를 가압류목적물로 표시하였다는 취지의 기재를 하지 아니하고, 3,000마리의 중량을 일일이 측정하지 아니한 채 중량 별로 세 분류로 나누어 1,000마리씩 기재한 흠이 있기는 하다. 그러나 이와 같은 다소의 흠이 있다고 하더라도 가압류공시서의 기재 내용을 전체적으로 보면 이 사건 농장 안에 있던 비육돈 전체가 가압류목적물이 되었음을 알 수 있으므로, 이 사건 가압류공시서는 여전히 공무상비밀표시무효죄의 객체로 된다고 할 것이다. (대법원 2001. 1. 16. 2000도1757)

본죄의 행위는 손상 또는 은닉하거나 기타 방법으로 그 효용을 해하는 것이다. 손상이란 물리적 방법으로 효용을 해하는 것을, 은닉이란 물건의 소재를 알 수 없도록 숨기는 것을 말한다. 따라서 처분행위를 금지하는 압류의 효용을 손상시키지 않는 범위 내에서 압류 그대로의 상태로 그 용법에 따라 종전과 같은 방법으로 사용하는 것은 효용을 해하는 것으로 볼 수 없다(대법원 1984. 3. 13. 83도3291).

【판례】 효용을 해함의 의미 공무상 비밀표시무효죄에서 효용을 해하는 것이라 함은 손상 또는 은닉 이외의 방법으로 그 표시 자체의 효력을 사실상으로 감살 또는 멸각시키는 것을 의미하는 것이지, 그 표시의 근거인 처분의 법률상의 효력까지 상실케 한다는 의미는 아니다. (대법원 2004. 10. 28. 2003도8238)

【판례】 기타 방법 1. 영업행위금지 및 영업방해 금지의 가처분 결정이 내려져 그 취지에 대한 고시가 행해진 수산물 판매장 내에서 판매행위를 계속한 경우 (대법원 1971. 3. 23. 70도2688)

2. 임차인에 대한 점유이전금지 가처분결정이 집행된 후에 그 임차인이 그 가처분 목적물의 소유권자에게 점유를 이전한 경우 (대법원 1980. 12. 23. 80도1963)

3. 압류물을 채권자나 집달관 몰래 원래의 보관장소로부터 상당히 멀리 떨어져 있는 다른 장소로 이동시킨 경우 (대법원 1992. 5. 26. 91도894 | 같은 취지: 대법원 1983. 8. 23. 80도1545; 대법원 1986. 3. 25. 86도69)

【판례】 부작위 압류된 골프장시설을 보관하는 회사의 대표이사가 압류시설의 사용 및 봉인의 훼손을 방지할 수 있는 적절한 조치 없이 골프장을 개장하게 하여 봉인이 훼손되게 하였다면 부작위에 의한 공무상비밀표시무효죄의 성립이 인정된다. (대법원 2005. 7. 22. 2005도3034)

(2) 주관적 구성요건

공무원이 실시한 봉인 또는 압류 기타 강제처분의 표시라는 인식 및 그 효용을 해친다는 점에 대한 인식과 의사가 있어야 한다.

(3) 죄 수

강제처분 표시물을 절취 또는 횡령하면 본죄와 상상적 경합이 된다. 강제처분 표시를 손상하면서 그 목적물까지 동시에 손괴하는 경우도 마찬가지이다.

2. 공무상 비밀침해죄

제140조 (공무상 비밀표시무효) ② 공무원이 그 직무에 관하여 봉함 기타 비밀장치한 문서 또는 도화를 개봉한 자도 제1항의 형과 같다.
③ 공무원이 그 직무에 관하여 봉함 기타 비밀장치한 문서, 도화 또는 전자기록 등 특수매체기록을 기술적 수단을 이용하여 그 내용을 알아 낸 자도 제1항의 형과 같다.
제143조 (미수범) 제140조 내지 전조의 미수범은 처벌한다.

본죄는 공무원이 직무상 봉함 기타 비밀장치한 문서 또는 도화를 개봉하거나, 봉함 기타 비밀장치한 문서, 도화 또는 전자기록 등 특수매체기록을 기술적 수단을 이용하여 그 내용을 알아냄으로써 성립된다.

본죄는 공무원이 그 직무와 관련해서 봉함, 비밀장치를 했다는 점에서 비밀침해죄(제316조)와 구별된다. 그 밖의 구성요건에 대한 설명은 비밀침해의 경우와 같다.

Ⅷ. 부동산강제집행효용침해죄

제 140 조의2 (부동산강제집행효용침해) 강제집행으로 명도 또는 인도된 부동산에 침입하거나 기타 방법으로 강제집행의 효용을 해한 자는 5년 이하의 징역 또는 700만원 이하의 벌금에 처한다.

제 143 조 (미수범) 제140조 내지 전조의 미수범은 처벌한다.

강제집행된 부동산에 침입하거나 기타의 방법으로 강제집행의 효용을 해치는 행위를 처벌하기 위한 규정이다. 국가의 강제집행권을 보호법익으로 한다.

본죄의 행위주체는 강제집행을 받은 채무자에 한정되지 않는다. 행위객체는 강제집행으로 명도 또는 인도된 부동산이다. **인도**는 부동산의 점유의 이전 자체만을 의미하고, **명도**는 부동산에 대하여 채권자가 점유를 이전받는 외에 완전한 권리행사를 할 수 있게까지 된 상태를 말한다.

부동산 점유 이전에 대해서 구 민사소송법 제690조 제1항은 "인도 또는 명도"라고 해서 구별되는 개념인 것처럼 사용하였으나, 현행 민사집행법(2002년 7월 1일부터 시행)은 같은 사항에 대하여 제258조 제1항에서 "인도"라는 표현만 사용하고 있다. 형법 제140조의2도 이에 맞춰서 개정되어야 하지 않을까 생각된다.

【판례】 행위객체 형법 제140조의2 부동산강제집행효용침해죄의 입법취지와 체제 및 내용과 구조를 살펴보면, 부동산강제집행효용침해죄의 객체인 강제집행으로 명도 또는 인도된 부동산에는 강제집행으로 퇴거집행된 부동산을 포함한다고 해석된다. (대법원 2003. 5. 13. 2001도3212)

행위내용은 침입하거나 기타 방법으로 강제집행의 효용을 해하는 것이다. 침입은 강제집행의 효용을 해칠 정도이어야 한다. 그에 미치지 못하는 일시적인 침입으로는 본죄가 성립되지 않는다. 기타의 방법으로는 건물에 장애물을 설치하여 출입을 어렵게 하거나 손괴하는 것을 생각할 수 있다.

Ⅸ. 공용서류 등 무효죄

제141조 (공용서류 등의 무효) ① 공무소에서 사용하는 서류 기타 물건 또는 전자기록 등 특수매체기록을 손상 또는 은닉하거나 기타 방법으로 그 효용을 해한 자는 7년 이하의 징역 또는 1천만원 이하의 벌금에 처한다.
제143조 (미수범) 제140조 내지 전조의 미수범은 처벌한다.

본죄는 공무소에서 사용하는 서류 등을 손상 또는 은닉하거나 기타 방법으로 그 효용을 해침으로써 성립된다. 손괴죄(제366조)와 비교해 볼 때 행위의 객체가 공무소에서 사용된다는 점에서 불법이 가중된 규정이다.

행위객체는 공무소에서 사용하는 서류, 기타 물건 또는 전자기록 등 특수매체기록이다. 공문서인가 사문서인가는 관계 없이, 공무소에서 사용 중이거나 사용할 목적으로 보관하는 서류 기타 물건은 모두 여기에 해당된다(대법원 1981. 8. 25. 81도1830; 대법원 1987. 4. 14. 86도2799; 대법원 1995. 11. 10. 95도1395). 그러나 더 이상 보관하지 않는 것은 행위객체에서 제외된다.

【판례】 공용서류인 경우 1. 경찰이 작성한 진술조서가 미완성이고 작성자와 진술자가 서명·날인 또는 무인한 것이 아니어서 공문서로서의 효력이 없다고 하더라도 그것이 공무소에서 사용하는 서류가 아니라고 할 수는 없다. (대법원 2006. 5. 25. 2003도3945)

2. 울산광역시 선거관리위원회 지도과 소속 선거관리위원회 직원인 공소외인이 피고인에 대한 그 판시 금품교부 혐의를 조사하는 과정에서 작성한 것으로서 A4 용지에 피고인으로부터 금품을 교부받은 사람들에게 질문할 항목이 굵은 글씨로 인쇄되어 있고, 그 옆에 그에 대한 답변과 조사 대상자 또는 추가로 조사할 사람의 전화번호 등이 연필로 기재되어 있는 경우 이 서류는 공직선거법 제244조 제1항에서 규정하는 단속사무와 관련한 서류에 해당한다고 할 것이다. (대법원 2007. 1. 25. 2006도7242)

【판례】 공용서류가 아닌 경우 형사사건을 조사하던 경찰관이 스스로의 판단에 따라 자신이 보관하던 진술서를 임의로 피고인에게 넘겨준 것이라면, 위 진술서의 보관책임

> 자인 경찰관은 장차 이를 공무소에서 사용하지 아니하고 폐기할 의도 아래 처분한 것이라고 보아야 할 것이므로, 위 진술서는 더 이상 공무소에서 사용하거나 보관하는 문서가 아닌 것이 되어 공용서류로서의 성질을 상실하였다고 보아야 한다. (대법원 1999. 2. 24. 98도4350)

서류가 완성되어 서류로서의 효력을 갖추어야 하는 것은 아니다. 따라서 서명날인 또는 무인한 것이 아니어서 효력이 없는 피의자신문조서(대법원 1980. 10. 27. 80도1127)나 수사서류에 편철되지 않은 진술조서(대법원 1982. 10. 12. 82도368), 작성중인 미완성의 피의자신문조서(대법원 1987. 4. 14. 86도2799)도 본죄의 객체가 된다.

본죄는 정당한 권한 없이 공무소에서 사용하는 서류의 효용을 해함으로써 성립된다. 따라서 권한 있는 자가 정당한 처분절차에 따라 공용서류를 파기하는 경우에는 본죄가 적용되지 않는다(대법원 1995. 11. 10. 95도1395).

X. 공용물파괴죄

> 제 141 조 (공용물의 파괴) ② 공무소에서 사용하는 건조물, 선박, 기차 또는 항공기를 파괴한 자는 1년 이상 10년 이하의 징역에 처한다.
> 제 143 조 (미수범) 제140조 내지 전조의 미수범은 처벌한다.

공무소에서 사용하는 건조물, 선박, 기차 또는 항공기를 파괴함으로써 성립되는 범죄이다. 파괴란 물건을 훼손하여 본래의 용도에 따라 사용할 수 없도록 하는 행위를 말한다.

XI. 공무상 보관물무효죄

제142조 (공무상 보관물의 무효) 공무소로부터 보관명령을 받거나 공무소의 명령으로 타인이 관리하는 자기의 물건을 손상 또는 은닉하거나 기타 방법으로 그 효용을 해한 자는 5년 이하의 징역 또는 700만원 이하의 벌금에 처한다.
제143조 (미수범) 제140조 내지 전조의 미수범은 처벌한다.

본죄는 공무소로부터 보관명령을 받거나, 공무소의 명령으로 타인이 관리하는 자기의 물건을 손상 또는 은닉하거나 기타 방법으로 그 효용을 해하는 경우에 성립된다. 예를 들어 행위자로부터 경찰이 압수해서 보관하고 있는 물건을 행위자가 경찰서에 쫓아가서 손상시키거나 은닉하는 경우가 이에 해당된다.

XII. 특수공무방해·특수공무방해치사상죄

제144조 (특수공무방해) ① 단체 또는 다중의 위력을 보이거나 위험한 물건을 휴대하여 제136조, 제138조와 제140조 내지 전조의 죄를 범한 때에는 각조에 정한 형의 2분의 1까지 가중한다.
② 제1항의 죄를 범하여 공무원을 상해에 이르게 한 때에는 3년 이상의 유기징역에 처한다. 사망에 이르게 한 때에는 무기 또는 5년 이상의 징역에 처한다.

본조 제1항(특수공무방해)은 단체 또는 다중의 위력을 보이거나 위험한 물건을 휴대하여 공무집행방해(제136조), 법정·국회회의장모욕(제138조), 공무상 비밀표시무효(제140조), 공용서류 등 무효(제141조), 공무상 보관물무효(제142조) 행위를 하여 기수에 이르거나 미수에 그친 경우를 가중처벌하는 규정이다.

제2항(특수공무방해치사상)은 제1항에 대한 결과적 가중범 규정이다. 상해나 사망에 대한 과실이 있는 경우(진정 결과적 가중범)는 물론 이들 결과에

대한 고의가 있는 경우(부진정 결과적 가중범)에도 성립한다.

【판례】 본죄의 속성 특수공무방해치사상과 같은 이른바 부진정결과적가중범은 예견가능한 결과를 예견하지 못한 경우뿐만 아니라 그 결과를 예견하거나 고의가 있는 경우까지도 포함하는 것이므로, 공무집행을 방해하는 집단행위의 과정에서 일부 집단원이 고의행위로 살상을 가한 경우에도 다른 집단원에게 그 사상의 결과가 예견가능한 것이었다면 다른 집단원도 그 결과에 대하여 특수공무방해치사상의 책임을 면할 수 없다. (대법원 1990. 6. 26. 90도765)

【판례】 특수공무방해치사 신호위반에 따른 정지 지시를 무시하고 도주하던 피고인이 자신을 추격해 온 경찰관의 하차 요구에 불응한 채 계속 도주를 시도하다가 자동차 앞 범퍼로 경찰관을 들이받고, 차 본넷 위에 경찰관을 매달은 채로 그대로 차를 몰고 진행하던 중 인도에 있던 가로수를 들이받아 결국 경찰관을 사망에 이르게 하였다면 '위험한 물건'인 자동차를 이용하여 경찰관의 정당한 업무를 방해하고, 이로 인해 사망에 이르게 한 특수공무방해치사죄에 해당한다. (대법원 2008. 2. 28. 2008도3)

XIII. 변사체 검시방해죄

> 제163조 (변사체 검시방해) 변사자의 사체 또는 변사의 의심 있는 사체를 은닉 또는 변경하거나 기타 방법으로 검시를 방해한 자는 700만원 이하의 벌금에 처한다.

변사자 또는 변사의 의심 있는 사체가 있는 때에는 그 소재지를 관할하는 지방검찰청 검사가 검시하여야 한다(형소법 제222조 제1항). 본죄는 이와 같은 수사상의 공무집행을 방해함으로써 성립되는 범죄이다.

변사자란 '부자연한 사망으로서 그 사인이 분명하지 않은 자'를 의미한다. 따라서 자연사, 병사, 천재지변사나 익사 등의 사고사 또는 범죄로 인한 사망임이 명백한 경우에는 사인이 분명하므로 변사자라고 할 수 없다. 따라서 검시의 대상이 되지 않고 행위객체에서 제외된다.

【판례】 범죄로 인한 사체 변사체검시방해죄의 객체는 '변사체' 혹은 '변사의 의심 있는 사체'이고(형법 제163조), 여기서 '변사체'는 부자연한 사망으로서 그 사인이 분명하지 아니한 자의 사체를 의미하는 것이어서, 범죄로 인하여 사망한 것이 분명한 자의 사체는 사인이 불분명한 것이 아닐 뿐더러, 그러한 사체는 검증의 대상이지 검시의 대상이 아니므로, 변사체검시방해죄의 객체가 될 수 없다. (대법원 2003. 6. 27. 2003도1331 | 같은 취지: 대법원 1970. 2. 24. 69도2272)

검시를 방해한다는 것은 검시를 불가능하게 하거나 매우 곤란하게 만드는 행위를 의미한다. 방해하는 방법에는 제한이 없다. 은닉과 변경은 방해하는 대표적인 방법으로서 예시되어 있는 것이다. 은닉의 개념은 사체은닉죄(제161조) 부분에서 설명한 것과 같다. 변경이란 사체의 상태를 바꾸어 놓는 행위를 말한다.

XIV. 전시 공수계약 불이행죄

제117조 (전시 공수계약 불이행) ① 전쟁, 천재 기타 사변에 있어서 국가 또는 공공단체와 체결한 식량 기타 생활필수품의 공급계약을 정당한 이유없이 이행하지 아니한 자는 3년 이하의 징역 또는 500만원 이하의 벌금에 처한다.
② 전항의 계약이행을 방해한 자도 전항의 형과 같다.
③ 전2항의 경우에는 그 소정의 벌금을 병과할 수 있다.

본죄는 전쟁, 천재 기타 사변에 있어서 국가 또는 공공단체와 체결한 식량 기타 생활필수품의 공급계약을 정당한 이유 없이 이행하지 아니함으로써 성립한다. 비상상태시의 국가 또는 공공단체의 기능을 보호하고자 하는 규정이다.

XV. 공무원자격사칭죄

제118조 (공무원자격의 사칭) 공무원의 자격을 사칭하여 그 직권을 행사한 자는 3년 이하의 징역 또는 700만원 이하의 벌금에 처한다.

본죄의 행위주체는 제한이 없다. 공무원도 자신의 직무권한을 초과해서 권한행사를 하는 경우 행위주체가 될 수 있다.

'자격을 사칭'한다는 것은 행위자에게 자격이 없는데도 상대방으로 하여금 마치 자격이 있는 것으로 오인하게 하는 것을 말한다. 사칭의 대상인 공무원에는 임시직도 포함된다(대법원 1973. 5. 22. 73도884).

나아가 사칭한 자격의 직권을 행사하여야 한다. 직권행사가 없는 단순한 공무원 자격 사칭은 경범죄처벌법상의 관명사칭(제3조 제7호)에 해당될 뿐이다.

【판례】 직권행사 없는 사칭 1. 청와대 민원비서관임을 사칭하여 시외 전화선로고장수리를 하라고 말한 행위는 청와대 민원비서관의 직권을 행사한 것이라고 할 수 없다. (대법원 1972. 12. 26. 72도2552)

2. 채권을 용이하게 추심하는 방편으로 합동수사반원임을 사칭하고 협박한 사실이 있다고 하여도 위 채권의 추심행위는 개인적인 업무이지 합동수사반의 수사업무의 범위에는 속한다고 볼 수 없어 이를 공무원자격사칭죄로 처벌할 수 없다. (대법원 1981. 9. 8. 81도1955)

제 3 절 도주와 범인은닉의 죄

Ⅰ. 개 관

도주의 죄는 법률에 의하여 체포·구금된 자가 도주하거나, 이들의 도주를 원조함으로써 성립되는 범죄이다. **국가 형벌권**을 보호법익으로 하며 **침해범**이다(**통설**).

범인은닉은 벌금 이상의 형에 해당하는 죄를 범한 자를 은닉 또는 도피하게 함으로써 성립되는 범죄이다. 형사사법 기능을 보호법익으로 하며 **추상적 위험범**이다(**통설**).

Ⅱ. 도주의 죄

1. 도주죄

> 제145조 (도주) ① 법률에 의하여 체포 또는 구금된 자가 도주한 경우에는 1년 이하의 징역에 처한다.
> 제149조 (미수범) 전4조의 미수범은 처벌한다.

본죄의 **행위주체**는 법률에 의하여 체포 또는 구금된 자이다. 체포(영장에 의한 체포·긴급체포·현행범 체포)나 구금되어 수사 중인 피의자, 구금된 피고인, 재판이 확정되어 구금 중인 수형인은 물론 환형처분으로 노역장에 유치된 자, 감정유치 중에 있는 자도 본죄의 주체가 된다. 체포·구금은 법률상 요건과 방식을 갖춘 적법한 것이어야 한다(**판례**).

【판례】 임의동행의 형식을 띤 사실상 강제연행 상태에서의 도주 경찰관의 동행 요구를 거절할 수 없는 심리적 압박 아래 행해진 임의동행은 사실상 강제연행, 즉 불법체포에 해당한다고 봐야 하며 경찰관이 임의동행 후 긴급체포 절차를 밟았더라도 불법체

포로 인해 사후적으로 취해진 것에 불과하므로 긴급체포 또한 위법하다. 따라서 피고인이 이러한 긴급체포 상태에서 경찰이 입감서류를 작성하는 과정에서 감시가 소홀한 틈을 타 경찰서를 빠져나갔다고 하더라도 피고인은 '법률에 의하여 체포 또는 구금된 자'가 아니므로 도주죄가 성립되지 아니한다. (대법원 2006. 7. 6. 2005도6810)

일반인에 의하여 현행범으로 체포되어 수사기관에 인도되기 전 상태인 사람이 본죄의 행위주체가 되는가에 대하여 견해대립이 있다.

① **긍정설**

② **부정설 (다수설)**

결론 일반인에 의한 현행범체포는 적법절차 요건이 적용되지 않는 등 법률에 의한 체포라고 보기 어렵다. 따라서 그 상태에서 도주하는 것이 국가형벌권 침해라고 볼 수 없다. **부정설**이 타당하다.

구인된 자도 본죄의 행위주체에 포함되는가에 대하여 견해대립이 있다.

① 긍정설

② 부정설

결론 구인과 구금은 서로 구별되는 개념이므로(형소법 제71조) '구금'에 구인을 포함시켜 해석하는 것은 부당하다. 따라서 예를 들어 구인영장에 의해 구인된 증인(형소법 제152조, 제155조)과 같은 경우에는 본죄의 주체가 되지 않는다.

소년원에 수용되어 있는 자도 법률(소년법 제32조 이하)에 의하여 구금된 자이므로 본죄의 행위주체가 된다(**통설**).

행위내용은 **도주**이다. 도주는 체포 또는 구금된 상태, 즉 간수자의 '실력적 지배상태'로부터 벗어나는 것을 말한다. 실행에 착수한 뒤 추적이 계속되고 있는 동안은 기수가 성립되지 않는다. 상태범(**통설 · 판례**)이므로 도주 후 다시 체포 또는 구금되었을 때 범죄행위가 종료된다.

2. 집합명령위반죄

제 145 조 (집합명령위반) ② 전항의 구금된 자가 천재, 사변 기타 법령에 의하여 잠시 해금된 경우에 정당한 이유 없이 그 집합명령에 위반한 때에도 전항의 형과 같다.

제 149 조 (미수범) 전4조의 미수범은 처벌한다.

제1항의 도주죄와는 달리 '법률에 의하여 구금된 자'만 행위주체이므로 체포된 자는 본죄의 행위주체에서 제외된다. 천재 등의 사유로 적법하게 해금된 자만 본죄의 행위주체가 될 수 있다. 임의로 도주한 자는 행위주체가 아니다.

여기서 해금된 사유를 어떻게 볼 것인가에 대하여 견해대립이 있다.

① **광의설**: 천재·사변 또는 이에 준하는 상황에서 법령에 의해 해금되는 경우로 보는 견해

② **협의설**: 천재·사변 또는 법령에 의해 해금되는 경우만으로 제한해서 보는 견해

[결론] 제145조 제2항이 표현하고자 하는 중심 내용은 "법령에 의하여 잠시 해금된 경우"이다. 천재나 사변은 그렇게 되는 사안에 대한 예에 불과하다. 천재와 사변 때문에 해금되는 것을 법령에 의해 해금되는 경우와 분리해서 생각하는 것은 있을 수 없는 일이다. 광의설이 타당하다.

3. 특수도주죄

> 제146조 (특수도주) 수용설비 또는 기구를 손괴하거나 사람에게 폭행 또는 협박을 가하거나 2인 이상이 합동하여 전조 제1항의 죄를 범한 자는 7년 이하의 징역에 처한다.
>
> 제149조 (미수범) 전4조의 미수범은 처벌한다.

수용설비 또는 기구를 손괴하거나, 사람에게 폭행 또는 협박을 가하거나, 2인 이상이 합동하는 등의 행위방법 때문에 제145조 제1항(도주)에 비하여 가중처벌하는 규정이다.

수용설비란 '사람의 신체자유를 제한하기 위하여 설치한 시설'을 말한다.

구치소 · 교도소 · 소년원 · 경찰관서의 유치장은 물론 구금된 자를 호송하는 차량도 여기에 포함된다.

기구란 '사람의 신체를 속박하기 위한 장비'를 말한다. 수갑이나 포승을 예로 들 수 있다.

행위내용은 수용설비 또는 기구를 손괴하거나, 사람에게 폭행 또는 협박을 가하거나, 2인 이상이 합동하여 도주하는 것이다. 단순히 수갑을 풀거나 화장실 창문 나사를 풀고 도주하는 것은 손괴가 아니므로 본죄에 해당되지 않는다. 손괴는 도주와 연결되어 있어야 하므로 도주가 완료된 다음에 수갑을 파괴하는 것은 단순손괴가 될 뿐이다.

폭행 · 협박은 반드시 간수자의 신체에 대한 것일 필요는 없다. 또한 법률에 의하여 구금된 2인 이상이 장소적으로 협동하여 도주하여야 한다. 법률에 의하여 구금되어 있지 않은 제3자가 개입하면 이들의 행위는 각각 도주(제145조 제1항)와 도주원조(제147조)가 된다.

Ⅲ. 도주원조의 죄

1. 도주원조죄

> 제147조 (도주원조) 법률에 의하여 구금된 자를 탈취하거나 도주하게 한 자는 10년 이하의 징역에 처한다.
>
> 제149조 (미수범) 전4조의 미수범은 처벌한다.

행위주체에는 제한이 없다. 법률에 의하여 구금된 자가 같이 구금된 자를 도와서 도주하게 한 경우에도 본죄는 성립된다.

행위객체는 법률에 의하여 구금된 자이다. '법률에 의하여 구금된 자'의 의미는 단순도주(제145조 제1항)부분에서 설명한 바와 같다. 도주죄의 경우와는 달리 '법률에 의하여 체포된 자'는 행위객체에 포함되어 있지 않다. 이미 도주한 사람은 본죄의 행위객체가 될 수 없으므로 이를 돕게 되면 범인은닉 · 도피죄(제151조)가 성립될 수 있을 뿐이다.

【판례】 도주한 자에 대한 원조 도주원조죄는 도주죄에 있어서의 범인의 도주행위를 야기시키거나 이를 용이하게 하는 등 그와 공범관계에 있는 행위를 독립한 구성요건으로 하는 범죄이므로, 도주죄의 범인이 도주행위를 하여 기수에 이른 이후에 범인의 도피를 도와주는 행위는 범인도피죄에 해당할 수 있을 뿐 도주원조죄에는 해당하지 아니한다. (대법원 1991. 10. 11. 91도1656).

행위내용은 탈취하거나 도주하게 하는 것이다. 탈취란 피구금자를 간수자의 실력적 지배로부터 이탈시켜 자기 또는 제3자의 실력적 지배로 옮기는 것을 말한다. 탈취의 방법에는 제한이 없다. 피구금자에게 도주의 의사가 있는가는 문제가 되지 않는다.

2. 간수자의 도주원조죄

제148조 (간수자의 도주원조) 법률에 의하여 구금된 자를 간수 또는 호송하는 자가 이를 도주하게 한 때에는 1년 이상 10년 이하의 징역에 처한다.

제149조 (미수범) 전4조의 미수범은 처벌한다.

본죄의 행위주체는 법률에 의하여 구금된 자를 간수 또는 호송하는 자이다. 제147조(도주원조)의 경우와 비교해 볼 때 행위주체가 다른 사람이 아니라 바로 간수 또는 호송업무를 담당하는 자라는 점에서 불법이 가중되어 무겁게 처벌하는 규정이다(부진정신분범). 간수직 또는 호송 업무가 반드시 법률에 근거한 것일 필요는 없다(**통설**).

도주원조죄(제147조)의 경우와 마찬가지로 '법률에 의하여 체포된 자'는 행위객체에서 제외되어 있다.

본죄의 행위주체에 해당되지 않는 사람이 공동정범, 교사범 또는 종범의 형태로 본죄에 가담하게 되면, 가감적 신분에 관한 제33조 단서규정이 적용되어 단순 도주원조죄(제147조)의 공범으로 처벌된다.

3. 도주원조 예비 · 음모죄

> 제 150 조 (예비, 음모) 제147조와 제148조의 죄를 범할 목적으로 예비 또는 음모한 자는 3년 이하의 징역에 처한다.

본죄는 도주원조(제147 · 148조)할 목적으로 예비 · 음모함으로써 성립한다.

Ⅳ. 범인은닉죄

> 제 151 조 (범인은닉과 친족간의 특례) ① 벌금 이상의 형에 해당하는 죄를 범한 자를 은닉 또는 도피하게 한 자는 3년 이하의 징역 또는 500만원 이하의 벌금에 처한다.
>
> ② 친족 또는 동거의 가족이 본인을 위하여 전항의 죄를 범한 때에는 처벌하지 아니한다. 〈개정 2005. 3. 31〉 [시행일:2008. 1. 1] 제151조 제2항

1. 구성요건

(1) 객관적 구성요건

1) 행위주체

행위주체는 '벌금 이상의 형에 해당하는 죄를 범한 범인 이외의 자'이다(**통설**). 다른 제한은 없다.

범인이 타인을 교사하여 자기 자신을 은닉하거나 도피하도록 만드는 경우에는 본죄의 교사범이 되는가에 대하여 견해대립이 있다.

① 부정설

부정설의 논거는 두 가지가 가능하다. 첫 번째는 범인 자신은 **행위주체**에 해당하지 않아 정범이 될 수 없는데, 정범이 될 수 없는 자에게 교사범을 인정한다는 것은 논리적으로 모순

이기 때문이라는 것이다. 그러나 이 견해는 행위주체라는 신분을 가지고 있지 않아서 정범이 될 수 없는 사람(비신분자)이 신분자를 교사해서 범죄를 실행하게 하는 경우에 제33조 규정에 따라 교사범이 성립되는 것은 당연한 일이므로 인정하기가 곤란하다.

두 번째로 가능한 논거는 피고인 자신이 은닉을 교사하는 것은 정당한 방어권 행사라는 것이다. 이 견해는 형사소송절차가 요구하는 것이 어떠한 경우에도 어떠한 대가를 치르더라도 진실이 밝혀져야 된다는 것은 아니라는 점을 근거로 내세운다. 피고인은 단순한 진실 발견을 위한 객체가 아니라 나름대로의 권한을 가진 소송주체인데, 자신을 은닉하게 하여 형사처벌을 피하는 것은 피고인의 **정당한 권리행사**라는 것이다. 이를 통해 범인은닉이라는 범죄행위가 성립될 수도 있다는 문제점은 은닉하는 사람이 부담해야 할 부분이라는 주장이다.

② 긍정설 (판례)

긍정설의 논지는 범인이 스스로를 은닉하도록 함으로써 형사처벌을 피하는 것은 **방어권의 남용**이라는 것이다.

【판례】 범인 자신을 위한 도피 교사 **1.** 피고인은 무면허의 혈중 알코올농도 0.08%의 음주상태로 자신의 승용차를 운전하다가 피해자에게 상해를 입게 한 후 도주하였고, 동승했던 부하직원으로 하여금 수사기관에 가서 그가 사고운전자인 것처럼 진술하여 조사받도록 교사하였다. 이처럼 범인이 자신을 위하여 타인으로 하여금 허위의 자백을 하게 하여 범인도피죄를 범하게 하는 행위는 **방어권의 남용**으로 범인도피교사죄에 해당한다고 보아야 한다. (대법원 2000. 3. 24. 2000도20)

2. 피고인은 음주운전 혐의로 적발되자 평소 알고 지내던 사람을 불러내어 그로 하여금 단속경찰관이 피고인에 대한 주취운전자 적발보고서를 작성하거나 재차 음주측정을 하지 못하도록 제지하게 하는 등 경찰관의 수사를 곤란하게 하였다. 이러한 피고인의 행위는 범인도피죄에서 말하는 도피에 해당하고, 나아가 피고인이 전화를 걸어 아는 사람을 음주단속 현장으로 나오게 하여 그에게 "어떻게 좀 해 보라"고 계속 재촉한 것은 피고인 자신을 위한 범인도피교사에 해당한다. (대법원 2006. 5. 26. 2005도7528)

결론 범인 스스로가 숨어서 처벌을 피하는 행위를 처벌대상에서 제외하는 것은 그 한도 내에서는 방어권을 인정하는 것이다. 범인이 방어권 행사에서 할 수 있는 것은 바로 그 부분까지이다. 다른 사람을 이용하여 자신을 은닉하도록 하는 것까지 허용하기는 힘든 일이므로 **긍정설**이 타당하다.

2) 행위객체

행위객체는 '법정형이 벌금 이상에 해당되는 죄를 범한 자'이다. 따라서 구류, 과료에 해당되는 죄를 범한 자는 제외된다. 정범은 물론 교사, 방조, 미수, 예비·음모의 죄를 범한 자도 포함된다.

죄를 범한 자란 구성요건 해당성, 위법성, 책임성은 물론 처벌조건과 소추조건까지 구비한 자를 말한다(**통설**).

본죄의 제정취지는 벌금 이상의 형에 해당되는 죄를 범한 자에 대한 수사 및 재판 등의 국가형벌권 행사를 담보하자는 것이고, 이를 방해하는 자를 처벌하고자 하는 것이므로, '죄를 범한 자'의 의미를 공소제기가 되거나 유죄의 판결을 받은 자만으로 제한적으로 해석하는 것은 곤란하다. 범죄의 혐의를 받아 수사중인 자도 행위객체에 포함되어야 한다(대법원 1983. 8. 23. 83도1486).

죄를 범한 자가 **진범**이어야 하는가에 대하여 견해대립이 있다.

① 진범이 아니더라도 수사기관에 의하여 수사나 소추대상이 된 자이면 충분하다는 견해
② 진범이 아닌 자로서 혐의를 받고 있음에 불과한 자를 은닉하였다고 하여 국가의 형벌권이 침해되었다고 볼 수 없으므로 진범이어야 한다는 견해
③ 수사개시 전에는 반드시 진범이어야 하지만, 수사 단계에서는 진범이거나 적어도 객관적·합리적 판단에 따라 진범이라고 강하게 의심되는 자이면 되고, 소추·재판단계나 형의 집행단계에서는 진범 여부를 가리지 않는다는 견해 (**판례**)

【판례】 행위객체 형법 제151조 제1항의 이른바, 죄를 범한 자라 함은 범죄의 혐의를 받아 수사대상이 되어 있는 자를 포함하며, 나아가 벌금 이상의 형에 해당하는 죄를 범한 자라는 것을 인식하면서도 도피하게 한 경우에는 그 자가 당시에는 아직 수사대상이 되어 있지 않았다고 하더라도 범인도피죄가 성립한다고 할 것이고, 한편, 증거인멸죄에 관한 형법 제155조 제1항의 이른바 타인의 형사사건이란 인멸행위시에 아직 수사절차가 개시되기 전이라도 장차 형사사건이 될 수 있는 것까지 포함한다. (대법원 2003. 12. 12. 2003도4533)

결론 본조의 제정취지는 범죄를 범하여 형사처벌의 대상이 될 자를 은닉·도피시킴으로써 수사·재판과 같은 국가의 형사사법 기능을 침해하는 사람을 처벌하자는 데 있다. 그리고 수사와 재판은 진범이 누구인가를 가려서 처벌하기 위한 절차이다. 또한 본죄는 사실상 수사 등 재판이 확정되기 이전 단계에서 존재의 이유가 있다. 그런데도 본죄의 행위객체를

진범에 한정하게 되면 재판이 확정되기 전에는 본조가 제 기능을 발휘하기 어렵다. 따라서 진범 여부를 불문하고 형사처벌의 대상이 될 가능성이 있는 자는 모두 본죄의 행위객체에 포함된다고 보는 견해가 타당하다.

검찰로부터 불기소 처분을 받은 사람이 행위객체가 되는가에 대해서도 견해대립이 있다.

① **긍정설**

② **부정설**

결론 검찰의 불기소 처분이 궁극적인 유무죄 판단이 아니므로 긍정설이 타당하다고 생각한다.

예를 들어 보안사령관이 내란행위를 저질렀음에도 검찰이 불기소 처분을 하고 나서 동료들이 그를 해외로 도피하게 해주었다면 충분히 처벌대상이 된다고 볼 수 있다. 이 경우 본범은 재정신청(형소법 제260조)을 통해 심판의 대상이 될 수 있으므로 검찰의 불기소 처분에 의해서 종국적으로 피의자의 신분에서 벗어나는 것이 아니다.

3) 행 위

은닉 또는 도피하게 하는 것이다. **은닉**이란 장소를 제공하여 범인을 숨겨주는 것을 말한다. **도피**하게 한다는 것은 은닉 이외의 방법으로 범인에 대한 수사, 재판 및 형의 집행 등 형사사법 작용을 불가능하게 하거나 현저히 곤란하게 만드는 행위를 말한다(대법원 1990. 12. 26. 90도2439; 대법원 1995. 3. 3. 93도3080; 대법원 1995. 12. 26. 93도904).

【판례】 은닉 · 도피가 인정되는 경우 1. 검사로부터 범인을 검거하라는 지시를 받고서도 그 직무상의 의무에 따른 적절한 조치를 취하지 아니하고 오히려 범인에게 전화로 빨리 도피하라고 한 경우 (대법원 1996. 5. 10. 96도51)

2. 범인이 자신을 위하여 타인으로 하여금 허위의 자백을 하게 하는 경우 (대법원 2000. 3. 24. 2000도20)

3. 범인이 아닌 자가 수사기관에 범인임을 자처하고 허위사실을 진술한 경우 (대법원 2000. 11. 24. 2000도4078)

4. 범인이 기소중지자임을 알고도 범인의 부탁으로 다른 사람의 명의로 대신 임대차계약을 체결해 준 경우 (대법원 2004. 3. 26. 2003도8226)

한편 형사사법 작용을 조금이라도 방해하는 모든 행위 또는 범인을 돕는 모든 형태의 행위가 다 본죄의 구성요건에 해당한다고 하게 되면, 국민의 행동의 자유를 지나치게 제한하게 되기 때문에 부당하다. 따라서 범인도피행위라고 하기 위해서는 직접적으로 도주하는 것을 가능하게 만들거나 용이하게 만들어 주는 정도에 이르러야 한다. 그 자체가 도피시키는 것을 직접적인 목적으로 한 것이라고는 보기 어려운 행위를 했고, 그 행위의 간접적인 효과로서 범인의 도피를 돕게 되는 경우에는 본죄가 성립되지 않는다(대법원 1984. 4. 10. 83도3288; 대법원 1987. 2. 10. 85도897; 대법원 1991. 8. 27. 91도1441; 대법원 1995. 3. 3. 93도3080; 대법원 1997. 9. 9. 97도1596).

【판례】 범인도피죄가 성립되지 않는 경우 1. 검찰에서 참고인으로 진술하면서 범인을 알면서도 잘 알지 못한다고 하고, 범인과 함께 술을 마시다가 범인이 검문을 받아 도주한 사실을 알면서도 함께 술을 마신 사람 가운데 범인은 없었다고 허위진술한 경우 (대법원 1991. 8. 27. 91도1441)

2. 범인에게 단순히 안부를 묻거나 통상적인 인사말을 한 경우 (대법원 1992. 6. 12. 92도736)

3. 범인이 재산범죄 행위를 통해 마련한 자금 중 일부를 범인의 자녀들의 생활비로 주고 일부는 변호사 선임비로 사용한 경우 (대법원 1995. 3. 3. 93도3080)

4. 참고인이 실제의 범인이 누군지도 정확하게 모르는 상태에서 수사기관에서 실제의 범인이 아닌 어떤 사람을 범인이 아닐지도 모른다고 생각하면서도 그를 범인이라고 지목하는 허위의 진술을 한 경우 (대법원 1997. 9. 9. 97도1596)

5. 신원보증서를 작성하여 수사기관에 제출하는 보증인이 피의자의 인적 사항을 허위로 기재하였다고 하더라도, 그로써 적극적으로 수사기관을 기망한 결과 피의자를 석방하게 하였다는 등 특별한 사정이 없는 한, 그 행위만으로 범인도피죄가 성립되지 않는다. (대법원 2003. 2. 14. 2002도5374)

6. 사행행위 등 규제 및 처벌특례법 위반죄의 피의자가 수사기관에서 조사받으며 오락실을 단독 운영하였다고 허위진술하여 오락실 공동운영자인 **공범**의 존재를 숨긴 것은 범인도피죄에 해당하지 않는다. (대법원 2008. 12. 24. 2007도11137)

7. 사실은 게임장 종업원이면서 자신이 실제 업주라고 허위진술하여 게임장 운영자인 **공범**(정범)의 존재를 숨긴 것은 범인도피죄에 해당하지 않는다. (대법원 2012. 8. 30. 2010도13694)

8. 자신의 휴대폰을 사용할 경우 소재가 드러날 것을 염려하여 평소 가깝게 지내던 후배에게 부탁하여 대포폰을 개설하여 받고, 그가 운전하는 자동차를 타고 청주시 일

대를 이동하여 다닌 피고인의 행위는 형사사법에 중대한 장애를 초래한다고 보기 어려운 통상적 도피의 한 유형으로 볼 여지가 충분하다. (대법원 2014. 4. 10. 2013도12079)

본죄는 범인을 은닉하거나 도피하게 함으로써 기수에 이르지만, 예를 들어 범인을 자신의 집에 계속 숨겨두는 동안에는 범죄행위가 계속되는 것이고 숨겨 두거나 도피시키는 행위가 끝날 때 비로소 범죄행위가 종료된다(**계속범**). 이처럼 행위가 종료되기 이전에 제3자가 가담하게 되면 본죄의 공범이 된다(대법원 1995. 9. 5. 95도577).

(2) 주관적 구성요건

벌금 이상의 형에 해당하는 죄를 범한 자를 은닉 또는 도피하게 한다는 인식과 의사가 있어야 한다. 벌금 이상의 형에 해당하는 자라는 데 대한 인식은 어떠한 범죄행위를 한 사람이라는 데 대한 인식으로 족하고, 그 법정형이 벌금 이상이라는 것까지 알아야 할 필요는 없다. 범죄의 구체적인 내용이나 범인의 인적 사항 또는 공범이 있는 경우 공범의 구체적 인원수 등도 알 필요가 없다(대법원 1995. 12. 26. 93도904).

2. 위법성

【판례】 정당행위가 되지 않는 경우 성직자라 하여 초법규적인 존재일 수는 없으며 성직자의 직무상 행위가 사회상규에 반하지 아니한다 하여 그에 적법성이 부여되는 것은 그것이 성직자의 행위이기 때문이 아니라 그 직무로 인한 행위에 정당, 적법성을 인정하기 때문인 바, 사제가 죄지은 자를 능동적으로 고발하지 않는 것에 그치지 아니하고 은신처 마련, 도피자금 제공 등 범인을 적극적으로 은닉·도피케 하는 행위는 사제의 정당한 직무에 속하는 것이라고 할 수 없다. (대법원 1983. 3. 8. 82도3248)

3. 책 임

친족, 동거의 가족이 범인 본인을 위하여 은닉 또는 도피시키는 행위를 한 때에는 처벌하지 않는다. 이유는 적법행위에의 기대가능성이 없기 때문이다. 친족의 범위에 대해서는 견해대립이 있다.

① 법률상의 친족만 포함시키는 견해 (**판례** | 대법원 2003. 12. 12. 2003도 4533)
② 사실상의 친족까지 포함시키는 견해 (**통설**)

결론 사실상의 친족이 아니더라도 실제 친밀도 측면에서 가족 이상으로 가까운 사람은 얼마든지 있을 수 있다. 규정대로 해석하는 것이 타당하다.

본인이란 벌금 이상의 형에 해당하는 죄를 범한 범인을 말한다. 본인과 공범을 위하여 이들을 함께 은닉한 경우에 특례가 적용되는가에 대하여 견해대립이 있다.

① 긍정설
② 부정설

결론 본 특례가 적법행위에의 기대 불가능성에 근거한 책임조각을 바탕으로 한다는 점에서 본인과 함께 공범까지 은닉·도피시킨 경우에도 적용된다고 해석하는 것이 타당하다.

본인이 친족인데 그러한 사실을 전혀 알지 못한 상태에서 은닉 또는 도피를 시키게 된 경우에 특례가 적용되는가에 대하여 견해대립이 있다.

① **긍정설**
② **부정설**

결론 자신의 친족 등이라고 생각을 하는 경우에만 적법행위에의 기대 불가능성이 대두되는 것이므로 특례가 적용되지 않는다고 보아야 할 것이다. 부정설이 타당하다.

본 특례는 친족 그리고 일정한 가족 사이에만 적용되므로 친족이 비친족과 함께 범인은닉을 한 경우 친족에 대해서만 특례가 적용된다. 친족 아닌 자가 친족을 교사·방조해서 범인은닉을 하게 한 경우, 피교사자인 친족의 행위는 본죄의 구성요건과 위법성을 갖추고 있으므로, 친족 자신은 특례가 적용되어 처벌되지 않지만 친족 아닌 자는 교사범으로서 처벌대상이 된다(**제한적 종속형식**).

친족이 친족 아닌 자를 교사하여 범인은닉을 한 경우에도 친족에게 적법행위에의 기대가능성이 없기는 마찬가지이므로 특례가 적용된다(**통설**). 따라서 친족은 처벌되지 않지만 정범으로 범인은닉 행위를 한 친족 아닌 자는 처벌된다.

제 4 절 위증과 증거인멸의 죄

Ⅰ. 위증의 죄

1. 의 의

넓은 의미의 위증이란 법률에 의하여 선서한 증인이 허위진술을 하는 단순위증(제152조 제1항), 형사사건 또는 징계사건에 관하여 피고인·피의자 또는 징계혐의자를 모해할 목적으로 허위진술을 하는 모해위증(제152조 제2항), 법률에 의하여 선서한 감정인·통역인 또는 번역인이 허위의 감정·통역 또는 번역을 한 허위감정·통역·번역(제154조)을 포괄한다.

본죄는 허위의 진술로 국가의 재판권·징계권을 적정하게 행사하지 못하게 되는 위험을 방지하기 위한 것이다. 따라서 보호법익은 **국가의 재판권·징계권의 적정한 행사**라고 볼 수 있다(대법원 1987. 7. 7. 86도1724). 보호의 정도 면에서 추상적 위험범이다(**통설**).

위증의 죄는 허위의 진술이라는 행위를 하는 것 자체로써 범죄가 성립되는 전형적인 거동범이며, 간접정범의 형태로는 범할 수 없는 **자수범**이다.

2. 위증죄

> 제152조 (위증) ① 법률에 의하여 선서한 증인이 허위의 진술을 한 때에는 5년 이하의 징역 또는 1천만원 이하의 벌금에 처한다.
>
> 제153조 (자백, 자수) 전조의 죄를 범한 자가 그 공술한 사건의 재판 또는 징계처분이 확정되기 전에 자백 또는 자수한 때에는 그 형을 감경 또는 면제한다.

(1) 구성요건

1) 객관적 구성요건

가. 행위주체 : 법률에 의하여 선서한 증인

본죄의 행위주체는 '법률에 의하여 선서한 증인'으로 이는 진정 신분범이다. 선서는 법률상 근거가 있어야 하고 법적 절차에 따라서 이루어져야 한다. 따라서 법적 근거가 없는 선서를 하고 허위 진술을 한 경우에는 본죄가 성립되지 않는다(대법원 1995. 4. 11. 95도186).

예를 들어 피의자나 참고인이 검사나 사법경찰관리 앞에서 선서하고 허위의 진술을 했다고 하더라도 그 선서는 법률에 근거를 둔 것이 아니므로 위증이 되지 않는다. 선서의 절차를 정한 법률에는 형소법(제156조·184조·221조의2), 민사소송법(제290조), 비송사건절차법(제10조) 등이 있다.

【판례】 행위주체에 해당하지 않는 경우 | 법적 근거 없는 선서 가처분사건이 변론절차에 의하여 진행될 때에는 제3자를 증인으로 선서하게 하고 증언을 하게 할 수 있으나 심문절차에 의할 경우에는 법률상 명문의 규정도 없고, 또 구 민사소송법(2002. 1. 26. 법률 제6626호로 전문 개정되기 전의 것)의 증인신문에 관한 규정이 준용되지도 아니하므로 선서를 하게 하고 증언을 시킬 수 없다고 할 것이고, 따라서 제3자가 심문절차로 진행되는 가처분 신청사건에서 증인으로 출석하여 선서를 하고 진술함에 있어서 허위의 공술을 하였다고 하더라도 그 선서는 법률상 근거가 없어 무효라고 할 것이므로 위증죄는 성립하지 않는다. (대법원 2003. 7. 25. 2003도180)

이유와 관계없이 선서를 하지 않았으면 행위주체가 되지 않는다.

따라서 선서를 면제받거나(민사소송법 제294조), 선서거부권(민사소송법 제295조)을 행사하여 선서를 하지 않고 허위의 진술을 한 경우에는 본죄가 성립되지 않는다.

또한 사실상 선서를 했더라도 그 선서가 유효하지 않으면 행위주체가 되지 않는다.

예를 들어 16세 미만의 자나 선서의 취지를 이해하지 못하는 **선서무능력자**(형소법 제159조, 민사소송법 제293조)가 선서하고 허위의 진술을 한 경우에는 본죄가 성립되지 않는다.

허위의 진술이 먼저 있고 나서 뒤에 선서를 한 경우에 본죄가 성립하는가에 대해서는 견해대립이 있다.

① **긍정설 (통설 · 판례** | 대법원 1974. 6. 25. 74도1231)

② **부정설**

결론 진술을 한 이후에 선서를 하게 되면 선서를 하지 않았다는 형식적 문제점이 보완된 것이므로 선서한 증인으로서 행위주체에 해당한다고 보는 것이 타당하다.

증인만이 본죄의 주체가 될 수 있으므로 형사소송에서의 피고인이나 민사소송에서의 당사자(대법원 1998. 3. 10. 97도1168)는 본죄의 주체가 될 수 없다. 그러나 공범이 아닌 **공동피고인**은 증인적격이 있으므로 본죄의 주체가 될 수 있다(**통설** | **판례** | 대법원 1982. 9. 14. 82도1000; 대법원 1983. 10. 25. 83도1318).

증언거부권을 가진 자(형소법 제148조, 민사소송법 제285조)가 권리를 행사하지 않고 선서하고 위증을 한 경우에도 본죄가 성립된다. 증언거부권은 행사하지 않을 수도 있기 때문이다(**통설 · 판례** | 대법원 1987. 7. 7. 86도1724 전원합의체).

【판례】 증언거부권 불고지 증언거부권이 있음에도 재판장이 이를 고지하지 않고 증언을 하게 한 경우에는 허위의 진술이 있더라도 위증으로 처벌할 수 없는 것이 원칙이다. 그러나 증언거부권을 고지하였더라도 허위진술을 하였을 것이라고 볼만한 정황이 있는 경우처럼 증언거부권을 고지하지 않았더라도 증언거부권 행사에 사실상 장애가 초래되지 않은 경우에는 위증죄가 성립된다. (대법원 2012. 12. 13. 2010도10028)

나. 행위 : 위증

위증이란 허위의 진술을 말한다. 무엇을 기준으로 허위 여부를 결정할 것인가에 대해서는 견해가 대립된다.

① **객관설**: 증언의 내용이 사실적 · 객관적 상황이나 내용에 반하는 경우, 즉 증언과 객관적 사실이 일치하지 않으면, 증인이 자신의 기억과 일치하는 진술을 했더라도 위증이 된다는 견해

② **주관설**: 위증 여부는 증인이 자기의 기억에 반하는 사실을 진술하였는가에 따라 결정되어야 하는 것이므로, 그 진술이 객관적 사실과 부합하지 않는다고 해도 그 증언이 기억에 반하는 것이 아닌 한 위증이라고 할 수 없다는 견해 (**판례**)

【판례】 기억에 반하는 진술 타인으로부터 금품의 전달이 있었다는 이야기를 전해들은 증인이 마치 자기 자신이 전달한 것처럼 진술한 것은 증인의 기억에 반하는 허위진술이라고 할 것이므로 그 진술부분은 위증에 해당된다. (대법원 1990. 5. 8. 90도448 | 같은 취지: 대법원 1984. 2. 28. 84도114; 대법원 1988. 12. 13. 88도80; 대법원 1989. 1. 17. 88도580; 대법원 1996. 8. 23. 95도192)

③ **절충설**: 기억과 일치하는 증언을 한 경우에는 객관적 진실성 여부를 떠나서 언제나 위증이 아니고, 비록 기억에 반하지만 객관적 사실과 일치하는 것으로 믿고 진술한 경우에도 위증죄가 성립하지 않는다는 견해

[결론] 위증의 불법성은 법정에서 선서까지 하고 자신의 기억에 반하는 진술을 한다는 점에 근거한다. 따라서 객관적으로는 허위일지라도 기억에 반하지 않는 진술을 하는 행위는 위증으로 평가할 필요가 없다. 따라서 기억에 반하는 진술인가를 기준으로 판단하는 **주관설**이 타당하다.

반대로 기억에 반하는 진술이었지만 우연히 객관적 진실에 부합하는 증언을 하게 된 경우에는 사실상 문제가 되지 않아 사건화가 되지 않는다. 주관설에 의하면 허위의 진술이 되지만 그렇다고 해서 처벌한 사례는 존재하지 않는다.

허위성에 대한 판단은 그 증언의 지엽적인 사항에 구애되지 말고 당해 신문절차에서 있었던 증언 전체를 일체로 파악하여 판단하여야 할 것이고, 증언의 전체적 취지가 객관적 사실과 일치되고 사소한 부분에서 일치하지 않더라도 그것이 신문 취지의 몰이해 또는 착오에 의한 것이라면 위증이라고 할 수 없다(대법원 1982. 9. 14. 81도105; 대법원 1991. 5. 10. 89도1748; 대법원 1994. 12. 22. 94도1790; 대법원 1996. 3. 12. 95도2864).

진술은 증인이 경험한 '사실'을 그 대상으로 한다. 따라서 증인의 진술이 경험한 사실에 대한 법적 견해이거나, 단순한 의견에 지나지 않는 경우에는 진술이라고 할 수 없다(대법원 1987. 10. 13. 87도1501; 대법원 1988. 9. 27. 88도236; 대법원 1996. 2. 9. 95도1797). 진술 내용이 당해 사건의 요증사항이 아니거나 재판의 결과에 영향을 미치지 않는 것이더라도 본죄의 성립에는 영향을 미치지 않는다(대법원 1989. 9. 26. 88도1533).

증언을 거부하거나 일부 사실에 대해서 빼놓고 이야기 하지 않는 것을 위증이라고 보는 견해도 있으나(**통설**), 진술을 하지 않는 것과 허위의 진술을 하는 것은 서로 다른 행동이므로 이를 위증이라고 할 수는 없다고 본다. 증언거부로 인하여 사실관계 전체에 대해서 잘못된 이해를 하게 되더

라도 마찬가지라고 생각한다.

다. 기수시기

본죄의 기수시기는 진술이 종료된 때이다(대법원 1974. 6. 25. 74도1231). 일단 허위의 진술을 했더라도 신문이 끝나기 전에 허위내용의 진술을 철회하여 시정한 경우에는 국가의 재판권이 침해될 위험성이 없어지므로 본죄가 성립되지 않는다(대법원 1984. 3. 27. 83도2853; 대법원 1993. 12. 7. 93도2510).

2) 주관적 구성요건

자신이 법률에 의하여 선서한 증인이며, 허위의 진술을 한다는 데 대한 인식과 의사가 있어야 한다.

객관적으로 보아 허위의 사실인데도 자신의 기억에 비추어 진정한 사실로 오인하고 진술한 경우에는 본죄가 성립되지 않는다.

【판례】 위증의 고의가 인정되는 경우 가해자로 지목된 자들이 피해자에게 상해를 가한 행위가 인정되지 않으므로, 피고인이 동일한 사건현장을 직접 목격한 자로서 증언을 함에 있어 그와 반대로 가해자로 지목된 자들이 피해자를 폭행(상해)하였다고 증언을 한 것은 허위의 진술이라 할 것이고 피고인에게는 그 증언이 허위라는 인식 또한 있었다고 보아야 할 것이다. (대법원 1995. 9. 29. 95도852)

【판례】 위증의 고의가 인정되지 않는 경우 1. 위증죄로 공소제기된 피고인이 농지개혁법이 실지로 시행된 것이 1950. 3. 25 이후 임에도 불구하고 6.25사변 전 해에 농지분배되었다고 진술한 부분은 그 진술의 전후 문맥에 비추어 볼 때 계쟁토지가 6.25사변 전에 일반농지와 함께 농지분배절차에 의하여 분배된 사실을 증언하고자 한 취지이고 분배년도가 1949년도인 점에 증언의 목적이 있는 것이 아님이 분명하여 그 분배년도를 **착각**한 것으로 보여지므로 이 점을 들어 허위진술의 고의가 있었다고 보기는 어렵다. (대법원 1982. 12. 28. 82도263)

2. 계주가 계원 甲을 상대로 제기한 미납입계금 등의 지급을 구하는 민사소송에서 피고인들이 위 계주에게 증거로 사용하라고 준 자기들의 계통장이 계주에 의하여 그 내용 중 일부가 고쳐져서 법정에 현출된 정을 알았었다는 사정이 엿보이지 아니하는 경우에는 가사 위 피고인들이 법정에서 위 계통장의 내용을 일일이 확인하지 아니한

채 그것이 자기들이 소지하고 있던 계통장이라고 진술하고, 또 그 계통장을 보면서 위 甲의 가입번호를 진술하였다고 하여 이를 근거로 기억에 반한다는 인식아래 허위의 공술을 하였다고 단정하기에는 어렵다. (대법원 1984. 2. 28. 82도2120)

3. 증언당시 판사의 신문취지를 오해 내지 **착각**하고 진술한 것이라면 위증의 고의가 있었다고 보기 어렵다. (대법원 1986. 7. 8. 86도1050)

4. 증인이 무엇인가 **착오**에 빠져 기억에 반한다는 인식 없이 증언하였으면 위증의 범의를 인정할 수 없다. (대법원 1991. 5. 10. 89도1748)

(2) 공 범

위증죄는 자수범이므로 간접정범 형태로 성립할 수 없다. 증언을 할 사람에게 허위의 사실을 알려주어 거짓 진술을 하게 만든 경우 증언하는 사람이 허위진술의 고의를 갖고 있는 경우에 한하여 교사나 방조가 성립될 뿐이다.

피고인이 자신의 형사사건에 관하여 타인을 교사하여 위증을 하게 한 경우에 피고인 본인을 본죄의 교사범으로 처벌할 수 있는가에 대해서는 견해대립이 있다.

① 부정설 (**통설**)

부정설의 논거는 두 가지가 가능하다. 첫 번째는 피고인은 **증인적격**이 없어서 위증죄의 정범이 될 수 없는데, 정범이 될 수 없는 자에게 교사범을 인정한다는 것은 논리적으로 모순이기 때문이라는 것이다. 그러나 이 견해는 피고인도 공범의 자격으로는 증인이 될 수 있고, 신분을 가지고 있지 않아서 정범이 될 수 없는 사람(비신분자)이 신분자를 교사해서 범죄를 실행하게 하는 경우에 제33조 규정에 따라 교사범이 성립되는 것은 당연한 일이므로 인정하기가 곤란하다.

두 번째로 가능한 논거는 피고인 자신이 위증을 교사하는 것은 정당한 방어권 행사라는 것이다. 이 견해는 형사소송절차가 요구하는 것이 어떠한 경우에도 어떠한 대가를 치르더라도 진실이 밝혀져야 된다는 것은 아니라는 점을 근거로 내세운다. 피고인은 단순한 진실 발견을 위한 객체가 아니라 나름대로의 권한을 가진 소송주체인데, 허위의 내용이기는 하지만 자신의 진술 내용을 입증하기 위해 증인을 신청하는 것은 피고인의 **정당한 권리행사**라는 것이다. 이를 통해 위증이라는 범죄행위가 성립될 수도 있다는 문제점은 증인이 책임을 부담해야 할 부분이라는 주장이다.

② 긍정설 (**판례** | 대법원 2004. 1. 27. 2003도5114)

긍정설은 정당한 권리행사인가 하는 바로 이 부분에 대해서 반대의 입장을 가지고 있다.

【판례】 피고인의 위증교사 피고인이 자기의 형사사건에 관하여 허위의 진술을 하는 행위는 피고인의 형사소송에 있어서의 방어권을 인정하는 취지에서 처벌의 대상이 되지 않으나, 법률에 의하여 선서한 증인이 타인의 형사사건에 관하여 위증을 하면 형법 제152조 제1항의 위증죄가 성립되므로 자기의 형사사건에 관하여 타인을 교사하여 위증죄를 범하게 하는 것은 이러한 **방어권을 남용하는 것**이라고 할 것이어서 교사범의 죄책을 부담케 함이 상당하다. (대법원 2004. 1. 27. 2003도5114)

결론 피고인 스스로 허위진술 하는 것을 처벌대상에서 제외하는 것은 그 한도 내에서는 방어권을 인정하는 것이다. 피고인이 방어권 행사에서 할 수 있는 것은 그 지점까지이다. 다른 사람을 이용하여 허위진술을 하도록 하는 것까지 허용하기는 힘든 일이므로 **긍정설**이 타당하다.

(3) 죄 수

하나의 사건에 관하여 한 번 선서한 증인이 같은 기일에 여러 가지 사실에 관하여 기억에 반하는 허위의 진술을 한 경우 이는 하나의 범죄의사에 의하여 계속하여 허위의 진술을 한 것으로서 포괄해서 1개의 위증죄가 된다(대법원 1990. 2. 23. 89도1212; 대법원 1992. 11. 27. 92도498; 대법원 1998. 4. 14. 97도3340).

(4) 형 벌

제152조의 죄를 범한 자가 그 진술한 사건의 재판 또는 징계처분이 확정되기 전에 자백 또는 자수한 때에는 형벌이 감면된다. 일반적인 자수가 임의적 감경사유(제52조)인데 반해 이 경우는 필요적 감면사유이다.

【판례】 자백과 자수 1. 본조 소정의 자백은 그 절차에 관하여 아무런 법령상의 제한이 없으므로 그가 공술한 사건을 다루는 법원에 대한 고백이나 그 사건을 다루는 재판부에 증인으로 다시 출두하여 전에 그가 한 증언이 진실과 상위된 것이었음을 고백하는 것은 물론 위증사건의 피고인 또는 피의자로서 법원이나 수사기관에서의 신문에 의한 고백 또한 위 개념에 포함된다. (대법원 1977. 2. 22. 75도3316)

2. 형법 제52조 제1항 소정의 자수란 범인이 자발적으로 자신의 범죄사실을 수사기관에 신고하여 그 소추를 구하는 의사표시를 함으로써 성립하는 것으로서, 일단 자수가

성립한 이상 자수의 효력은 확정적으로 발생하고 그 후에 범인이 번복하여 수사기관이나 법정에서 범행을 부인한다고 하더라도 일단 발생한 자수의 효력이 소멸하는 것은 아니라고 할 것이다. (대법원 1999. 7. 9. 99도1695)

특례는 자백·자수한 본인에 대해서만 적용된다. 따라서 정범이 자수한 경우에는 정범만, 교사범이 자수한 경우에는 그 교사범만 특례의 적용을 받게 된다.

3. 모해위증죄

제152조 (모해위증) ② 형사사건 또는 징계사건에 관하여 피고인, 피의자 또는 징계혐의자를 모해할 목적으로 전항의 죄를 범한 때에는 10년 이하의 징역에 처한다.

제153조 (자백, 자수) 전조의 죄를 범한 자가 그 공술한 사건의 재판 또는 징계처분이 확정되기 전에 자백 또는 자수한 때에는 그 형을 감경 또는 면제한다.

국가보안법 제12조 (무고, 날조) ① 타인으로 하여금 형사처분을 받게 할 목적으로 이 법의 죄에 대하여 무고 또는 위증을 하거나 증거를 날조, 인멸, 은닉한 자는 그 각조에 정한 형에 처한다.

본죄는 단순한 위증(제152조 제1항)에 그치지 않고 모해할 목적이 부과됨으로써 불법이 가중되어 무겁게 처벌되는 가중 구성요건이다. 단순위증과 달리 형사사건 또는 징계사건에서의 위증에 한하여 본죄가 성립된다.

모해할 목적이란 '피고인, 피의자 또는 징계혐의자가 불이익을 받게 할 의도'를 말한다.

모해할 목적으로 그러한 목적이 없는 자를 교사하여 위증을 하게 하는 경우에 모해위증교사가 성립하는가에 대하여 견해대립이 있다.

① 긍정설 (**판례** | 대법원 1994. 12. 23. 93도1002)

② 부정설

[결론] 위증과 관련해서 모해의 목적이 있었는가 하는 점은 가중처벌 여부를 결정짓는 요소로서 제33조에서 말하는 '신분'의 의미를 매우 넓게 이해할 경우에 그에 해당한다고 할 수 있다. 이에 따라 '모해의 목적'이 있었는가의 문제는 신분관계로 인하여 형의 경중이 있는 경우가 된다. 그러므로 제33조 단서에 의거하여 모해의 목적이라는 특수한 상태에 해당하는 신분을 가진 교사자는 모해위증교사로 정범은 단순위증으로 보는 것이 타당하다.

4. 허위감정・통역・번역죄

제154조 (허위의 감정, 통역, 번역) 법률에 의하여 선서한 감정인, 통역인 또는 번역인이 허위의 감정, 통역 또는 번역을 한 때에는 전2조의 예에 의한다.

감정인이란 특수한 지식이나 경험을 가진 사람으로서 그 지식이나 경험에 근거하여 얻은 판단을 법원 또는 법관에게 보고하는 자를 말한다. 감정증인은 감정인이 아니라 증인에 해당된다.

행위내용은 허위의 감정, 통역 또는 번역을 하는 것이다. '허위'의 의미는 위증죄(제152조 제1항)부분에서 살펴본 바와 같다.

【판례】 고의 허위감정죄는 고의범이므로, 비록 감정내용이 객관적 사실에 반한다고 하더라도 감정인의 주관적 판단에 반하지 않는 이상 허위의 인식이 없어 허위감정죄로 처벌할 수 없다. (대법원 2000. 11. 28. 2000도1089)

Ⅱ. 증거인멸의 죄

증거인멸의 죄는 타인의 형사사건 또는 징계사건에 관한 증거를 인멸, 은닉, 위조 또는 변조하거나 위조 또는 변조한 증거를 사용함으로써 성립된다. 보호법익은 국가의 형사사법 기능이며, 보호의 정도 면에서 추상적 위험범이다.

1. 증거인멸죄

제155조 (증거인멸 등과 친족간의 특례) ① 타인의 형사사건 또는 징계사건에 관한 증거를 인멸, 은닉, 위조 또는 변조하거나 위조 또는 변조한 증거를 사용한 자는 5년 이하의 징역 또는 700만원 이하의 벌금에 처한다.
④ 친족 또는 동거의 가족이 본인을 위하여 본조의 죄를 범한 때에는 처벌하지 아니한다.

(1) 행위객체

본죄의 행위객체는 '타인의 형사사건 또는 징계사건에 관한 증거'이다. 증거는 사실관계를 확정하기 위한 자료를 말한다. 증인을 은닉하는 행위에 대해서는 증인은닉죄(제155조 제2항)가 적용되므로, 제155조에서의 증거는 물적 증거에 한하는 것으로 보아야겠다(**통설**).

타인의 사건에 관한 증거이어야 하므로 자기 사건에 대한 증거는 본죄의 행위객체에서 제외된다. 증거가 자신의 형사사건에 관한 것이면서 동시에 공범자나 제3자의 형사사건이나 징계사건에 관한 것일 경우에도 본죄의 행위객체가 되지 않는다(**다수설 · 판례** | 대법원 1995. 9. 29. 94도2608).

자기 사건에 대한 위증 교사의 경우와 마찬가지 자기 사건에 대한 증거인멸 교사는 범죄를 구성한다(**판례**).

【판례】 자신의 형사사건을 위한 증거인멸 교사 본법 제155조 제1항의 증거인멸죄는 국

가형벌권의 행사를 저해하는 일체의 행위를 처벌의 대상으로 하고 있으나 범인 자신이 한 증거인멸의 행위는 피고인의 형사소송에 있어서의 **방어권**을 인정하는 취지와 상충하므로 처벌의 대상이 되지 아니한다. 그러나 타인이 타인의 형사사건에 관한 증거를 그 이익을 위하여 인멸하는 행위를 하면 본법 제155조 제1항의 증거인멸죄가 성립되므로 자기의 형사사건에 관한 증거를 인멸하기 위하여 타인을 교사하여 죄를 범하게 한 자에 대하여도 교사범의 죄책을 부담케 함이 상당할 것이다. (대법원 1965. 12. 10. 65도826; 대법원 2000. 3. 24. 99도5275)

형사사건 또는 징계사건에 관한 증거이어야 하므로 민사사건이나 행정사건 등에 관한 증거는 여기에 해당되지 않는다. 형사사건의 증거에 대해 수사가 개시되기 이전의 증거도 행위객체인가에 대하여 견해대립이 있다.

① **긍정설 (통설 | 판례)**
② **부정설**

결론 수사개시 이전에 증거가 인멸되어 수사가 개시되지도 못하는 경우에도 형사사법 기능은 침해의 위험이 있다. 따라서 수사개시 이전의 증거도 여기에 포함된다고 보는 것이 타당하다.

【판례】 행위객체 형법 제151조 제1항의 이른바, 죄를 범한 자라 함은 범죄의 혐의를 받아 수사대상이 되어 있는 자를 포함하며, 나아가 벌금 이상의 형에 해당하는 죄를 범한 자라는 것을 인식하면서도 도피하게 한 경우에는 그 자가 당시에는 아직 수사대상이 되어 있지 않았다고 하더라도 범인도피죄가 성립한다고 할 것이고, 한편, 증거인멸죄에 관한 형법 제155조 제1항의 이른바 타인의 형사사건이란 인멸행위시에 아직 수사절차가 개시되기 전이라도 장차 형사사건이 될 수 있는 것까지 포함한다. (대법원 2003. 12. 12. 2003도4533)

(2) 행 위

증거를 인멸·은닉·위조·변조하거나 또는 위·변조된 증거를 사용하는 것이다. **인멸**이란 증거로서 사용할 수 없도록 방해하거나 그 효용을 감소시키거나 없애는 것을 말한다. **은닉**이란 증거를 제출할 수 없게 숨겨두는 것을 말한다. 위조·변조의 개념은 공공의 신용을 침해하는 범죄에서 설명한 바와 같다.

【판례】 증거인멸 형법상의 증거인멸행위는 증거의 현출방해는 물론 그 효력을 멸실 감소시키는 일체의 행위를 지칭하는 것이다.(대법원 1961. 10. 19. 61도347)

【판례】 증거위조 1. 형법 제155조 제1항에서 타인의 형사사건에 관하여 증거를 위조한다 함은 증거 자체를 위조함을 말하는 것으로서, 선서무능력자로서 범죄 현장을 목격하지도 못한 사람으로 하여금 형사법정에서 범죄 현장을 목격한 것처럼 허위 증언을 하도록 하는 것은 증거위조죄가 되지 않는다. (대법원 1995. 4. 7. 94도3412 | 같은 취지: 대법원 1998. 2. 10. 97도2961)

2. 증거위조죄에서 위조란 문서에 관한 죄에 있어서의 위조 개념과는 달리 새로운 증거의 창조를 의미하는 것이므로 존재하지 아니한 증거를 이전부터 존재하고 있는 것처럼 작출하는 행위는 증거위조에 해당하며, 증거가 문서의 형식을 갖는 경우 증거위조죄에 있어서의 증거에 해당하는지 여부가 그 작성권한의 유무나 내용의 진실성에 좌우되는 것은 아니다. (대법원 2007. 6. 28. 2002도3600)

(3) 죄 수

증거를 위조 또는 변조를 한 뒤에 그 증거를 사용하게 되면 형법적 평가의 중점은 증거의 사용행위에 놓이게 되고 위조·변조 행위에 대해서는 별도의 법규적용을 할 필요가 없게 된다. 따라서 두 가지 모두 같은 규정에 해당되는 행위이지만 위조·변조행위는 일종의 경과범죄로 보는 것이 타당하다(**통설**).

증거를 인멸하는 방편으로 증거물을 절취하여 숨긴 경우에 대해서 견해대립이 있다.

① 절도죄와 본죄의 실체적 경합이 된다는 견해

② 절도죄만 성립된다는 견해

[결론] 절도죄와 본죄는 보호법익의 유형이 분명히 구별되므로 서로 별개의 범죄라고 보는 것이 타당하다. 따라서 두 개의 범죄가 모두 성립되고 절취행위 자체가 증거를 인멸하는 것이므로 상상적 경합이 된다고 보아야 하겠다.

2. 증인은닉 · 도피죄

> 제155조 (증거인멸 등과 친족간의 특례) ② 타인의 형사사건 또는 징계사건에 관한 증인을 은닉 또는 도피하게 한 자도 제1항의 형과 같다.
> ④ 친족 또는 동거의 가족이 본인을 위하여 본조의 죄를 범한 때에는 처벌하지 아니한다.

증인을 은닉 또는 도피하게 하여 형사사건이나 징계사건의 진행을 방해하는 것을 처벌하는 규정이다. 본죄의 증인은 반드시 형사소송법에 의하여 증인으로 된 자 뿐만 아니라, 수사기관의 조사대상인 참고인도 장래 증인이 될 사람은 여기에 포함된다고 보는 것이 타당하다(**통설**).

【판례】 증인은닉이 아닌 경우 1. 단순히 타인의 형사피의사건에 관하여 수사기관에서 허위의 진술을 하거나 허위의 진술을 하도록 교사하는 정도의 행위로서는 타인의 형사사건에 관한 증인을 은닉 또는 도피하게 한 것에 해당되지 아니함은 물론 증거의 현출을 방해하여 증거로서의 효과를 멸실 또는 감소시키는 증거인멸 등의 적극적 행위에 나선 것으로는 볼 수 없다 할 것이므로 위와 같은 행위가 증거를 위조하고 또는 그 위조를 교사한 죄를 구성한다고 볼 수 없다. (대법원 1977. 9. 13. 77도997)

2. 증인도피죄는 타인의 형사사건 또는 징계사건에 관한 증인을 은닉 · 도피하게 한 경우에 성립하는 것으로서, 피고인 자신이 직접 형사처분이나 징계처분을 받게 될 것을 두려워한 나머지 자기의 이익을 위하여 증인이 될 사람을 도피하게 하였다면 이를 증인도피죄로 처벌할 수 없다. (대법원 2003. 3. 14. 2002도6134)

증거인멸죄의 경우와 마찬가지로 타인의 사건에 관한 증인이어야 본죄가 성립하며, 자신이 형사처분이나 징계처분을 받게 될 것을 두려워한 나머지 자기의 이익을 위하여 증인을 은닉했는데, 그 행위가 동시에 공범자나 제3자의 형사사건이나 징계사건에 관한 증인을 은닉한 결과가 되는 경우에도 본죄는 성립되지 않는다(대법원 2003. 3. 14. 2002도6134).

3. 모해증거인멸죄

제155조 (증거인멸 등과 친족간의 특례) ③ 피고인, 피의자 또는 징계혐의자를 모해할 목적으로 전2항의 죄를 범한 자는 10년 이하의 징역에 처한다.

④ 친족 또는 동거의 가족이 본인을 위하여 본조의 죄를 범한 때에는 처벌하지 아니한다.

국가보안법 제12조 (무고, 날조) ① 타인으로 하여금 형사처분을 받게 할 목적으로 이 법의 죄에 대하여 무고 또는 위증을 하거나 증거를 날조, 인멸, 은닉한 자는 그 각조에 정한 형에 처한다.

피고인, 피의자 또는 징계혐의자를 모해할 목적으로 증거인멸(제155조 제1항), 증인 은닉·도피(제155조 제2항)의 죄를 범한 자를 가중처벌하는 규정이다. 모해의 개념은 모해위증(제152조 제2항)에서 설명한 바와 같다.

제 5 절 무고죄

제156조 (무고) 타인으로 하여금 형사처분 또는 징계처분을 받게 할 목적으로 공무소 또는 공무원에 대하여 허위의 사실을 신고한 자는 10년 이하의 징역 또는 1천500만원 이하의 벌금에 처한다.

제157조 (자백·자수) 제153조는 전조에 준용한다.

제153조 (자백, 자수) 전조의 죄를 범한 자가 그 공술한 사건의 재판 또는 징계처분이 확정되기 전에 자백 또는 자수한 때에는 그 형을 감경 또는 면제한다.

무고란 타인으로 하여금 형사처분 또는 징계처분을 받게 할 목적으로 공무소 또는 공무원에 대하여 허위의 사실을 신고하는 범죄이다. 여기서 말하는 공무소 또는 공무원은 실제 형사사건·징계사건을 취급하는 일선 공무소·공무원만을 의미하는 것이 아니라 이를 지휘·감독하는 자까지 포함하는 개념이다. 수사기관인 검찰의 경우 법무부 장관의 지휘·감독을 받게 되어 있고, 다시 법무부 장관에 대한 지휘·감독권한을 대통령이 가지고 있으므로 이들 법무부 장관과 대통령도 본죄의 공무소 또는 공무원에 해당된다(대법원 1977. 6. 28. 77도1445). 또한 수사보조기관인 경찰을 지휘하는 도지사도 이에 포함된다(대법원 1982. 11. 23. 81도2380).

본조는 국가 형사사법권이 무고한 사람에 대하여 불필요하게 행사됨으로써 낭비되는 것을 막기 위해 규정되었다. 그러나 한편으로는 무고한 사람이 형사처분이나 징계처분으로 불이익을 받는 것을 방지하기 위한 기능도 있다.

보호법익은 **국가의 재판권·징계권의 적정한 행사**이고, 보호의 정도 면에서 **추상적 위험범**이다.

Ⅰ. 구성요건

1. 객관적 구성요건

본죄의 행위는 공무소 또는 공무원에 대하여 허위의 사실을 신고하는 것이다. 여기서 말하는 공무소 또는 공무원은 형사처분 또는 징계처분과 관련되는 공무소 또는 공무원을 의미한다.

【판례】 공무소 · 공무원에 해당하는 경우 변호사에 대한 징계는 공법상의 통제로서 제156조에서 정하는 '징계처분'에 포함되므로 지방변호사회의 장은 제156조에서 정한 공무소 또는 공무원에 해당한다. (대법원 2010. 11. 25. 2010도10202)

참고 징계처분 : '공법상의 감독관계에서 질서유지를 위하여 가하는 신분상의 제재'

【판례】 공무소 · 공무원에 해당하지 않는 경우 1. 농업협동조합중앙회나 농업협동조합중앙회장은 형법 제156조 무고죄에 있어서의 공무소나 공무원에 해당되지 아니한다. (대법원 1980. 2. 12. 79도3109)

2. 학교법인 등과 사립학교 교원의 관계는 원칙적으로 사법상 법률관계에 해당하고 학교법인 등의 사립학교 교원에 대한 징계 등 불리한 처분은 사법상 법률행위의 성격을 가진다. 따라서 사립학교 교원에 대한 학교법인 등의 징계처분은 제156조의 징계처분에 해당하지 않는다. (대법원 2014. 7. 24. 2014도6377)

허위의 사실이란 '객관적 진실에 반하는 것으로서 형사처분 또는 징계처분의 원인이 될 수 있는 사실'을 말한다.

【판례】 무고가 되는 경우 1. 시청의 시민과장이 부당하게 도시계획을 변경하였다는 내용의 허위진정은 비록 도시계획변경은 건설부장관의 권한에 속하며 시청의 시민과장이 임의로 좌우할 수 없다 하더라도 당해 시청에서 도시계획을 수립하는 이상 시청의 시민과장의 징계권자로 하여금 징계권 발동을 유발하기에 족한 것으로 보여진다. (대법원 1977. 4. 26. 75도2885)

2. 무고사실 중 일부가 혐의 없음이 밝혀졌다 하더라도 나머지 무고사실이 인정되는 이상 무고죄의 죄책을 면할 수 없다. (대법원 1983. 6. 28. 81도2546)

3. 무고죄에 있어서 허위사실 적시의 정도는 수사관서 또는 감독관서에 대하여 수사권 또는 징계권의 발동을 촉구하는 정도의 것이면 충분하고 반드시 범죄구성요건 사실이나 징계요건 사실을 구체적으로 명시하여야 하는 것은 아니다. (대법원 1985. 2. 26. 84도2774)

4. 무고죄는 타인으로 하여금 형사처분을 받게 할 목적으로 허위의 사실을 공무소에 신고하면 성립되는 것이고 허위의 사실을 기재한 고소장을 작성하여 수사기관에 제출한 이상 고소장을 작성할 때 변호사등 법조인의 자문을 받았다 하더라도 무고죄의 성립에는 소장이 없다. (대법원 1986. 10. 14. 86도1606)

5. 무고죄에 있어서 허위사실의 적시는 수사관서 또는 감독관서에 대하여 수사권 또는 징계권의 발동을 촉구하는 정도의 것이라면 충분하고 그 사실이 해당될 죄명 등 법률적 평가까지 명시하여야 하는 것은 아니다. (대법원 1987. 3. 24. 87도231)

6. 비록 자기명의의 문서라 할지라도 이미 타인(타기관)에 접수되어 있는 문서에 대하여 함부로 이를 무효화시켜 그 용도에 사용하지 못하게 하였다면 일응 형법상의 문서손괴죄를 구성한다 할 것이므로 그러한 내용의 범죄될 사실을 허위로 기재하여 수사기관에 고소한 이상 무고죄의 죄책을 면할 수 없다. (대법원 1987. 4. 14. 87도177)

7. 피고소인들이 피고인과 제3자와의 싸움을 말리려고 하다가 피고인이 말을 듣지 아니하여 만류를 포기하고 옆에서 보고만 있었을 뿐 피고소인들이 피고인의 팔을 잡은 사실이 없었고, 또한 피고인이 그 싸움에서 턱 부위에 상해를 입은 사실은 있으나 그 상해 역시 피고인이 제3자로부터 안면부를 얻어맞아 입은 것이 아니라 서로 멱살을 잡고 밀고 당기는 과정에서 입은 상해임을 엿볼 수 있는 경우, 이와 같은 사실관계에서 "피고소인들이 피고인의 양팔을 잡아 가세하고 제3자가 피고인의 안면부를 때려 상해를 입혔다"는 취지의 고소내용은 그 제3자에 대한 관계에서는 신고사실의 정황을 다소 과장한 것에 불과하다고 볼 수도 있겠으나, 피고소인들에 대한 관계에서는 고소내용 전체가 객관적인 진실에 반하는 허위의 사실을 신고한 것으로서 그것이 단지 신고사실의 정황을 과장하는 데 불과하다고 볼 수는 없다. (대법원 1995. 2. 24. 94도3068)

8. 피고인의 간통행위가 유죄로 인정된다면, 그 간통행위를 고소한 고소인의 행위를 허위사실의 신고라고 하여 무고죄로 고소하기에 이른 피고인에게는 그 신고사실이 허위라는 인식이 있었다고 보아야 하므로, 설사 피고인의 고소가 간통사실이 없다는 점을 강조하고 피의사실을 적극 방어하기 위한 것이었다 하더라도 피고인에게 무고죄

의 범의를 인정할 수 밖에 없다. (대법원 1995. 3. 17. 95도162)

9. 단지 신고한 사실을 과장한 것에 불과한 경우에는 무고죄에 해당하지 아니하지만, 그 일부 허위인 사실이 국가의 심판작용을 그르치거나 부당하게 처벌을 받지 아니할 개인의 법적 안정성을 침해할 우려가 있을 정도로 **고소사실 전체의 성질**을 변경시키는 때에는 무고죄가 성립될 수 있다. (대법원 2004. 1. 16. 2003도7178)

참고 고소사실 전체의 성질을 변경시키는 것으로 볼 수 있는 경우는 다음 두 가지이다.

1.	구성요건 해당 사실이 없는데	구성요건 해당사실이 있는 것으로 허위신고
2.	실제 구성요건보다	가중처벌되는 구성요건 해당사실이 있는 것으로 허위신고

고소내용이 터무니없는 허위사실이 아니고, 신고내용이 사실에 기초하되 그 정황을 다소 과장한 데 지나지 않는 경우에는 본죄가 성립하지 않는다(대법원 1986. 9. 23. 86도556; 대법원 1994. 1. 11. 93도2995; 대법원 1995. 12. 22. 95도414; 대법원 1998. 9. 8. 98도1949).

【판례】 무고가 되지 않는 경우 1. 피고소인이 피고인에게 피고인 명의의 연수표로 타인으로부터 100만원을 빌러셔 절반씩 쓰자고 하여 이러한 조건 아래서 피고인으로부터 연수표를 발부받아 그 보관증까지 써 주었는데 피고소인이 돈을 빌린 후에는 피고인에게 15만원만 주고 나머지 85만원은 자신이 다 쓰고도 이를 갚지 아니하여 피고인이 위 금원의 대주로부터 사기죄로 고소를 당하게 된 경우에는 피고인으로서는 피고소인이 보관증을 써놓고 가져간 연수표를 당초부터 반환할 의사가 없고 또 돈을 절반씩 나누어 쓸 의사도 없었다고 생각할 수 있으므로 피고소인이 사기죄의 혐의가 있다 하여 고소를 한 것을 가지고 반드시 무고죄가 성립한다고 볼 수는 없다. (대법원 1961. 11. 23. 4294형상59)

2. 피고인이 분묘 13기는 피고인의 선조묘라고 고소장에 기재한 것이 허위사실이 된다고 할지라도 피고소인들이 위 분묘 13기를 포함한 분묘 24기를 소정의 허가없이 불법으로 발굴화장하여 유골을 유기한 사실이 인정되어 형사상 처벌을 면치 못하게 되어 있는 이상 누구의 분묘인가에 따라 그 처벌법규상 다소의 차이를 초래함에 불과한 사실적 적시행위를 가리켜 무고죄에서 말하는 허위의 사실이라고 말할 수 없다. (대법원 1973. 12. 11. 73도1658)

3. 피고인의 고소내용이 피고인과 피해자 사이에 있었던 금전거래와 그 거래를 담보하기 위한 기계공구류의 제공행위를 법률상 평가하기가 어려워서 금전의 편취가 아니면 같은 물품의 횡령중 어느 하나의 범행에 해당한다고 주장한 취지라면 피고인에

게 허위사실에 대한 주관적 인식이 있었다고 할 수 없다. (대법원 1980. 5. 27. 80도819)

4. 피고소인이 피고인 소유의 원목을 절취하였다는 고소사실 중 동 원목이 피고인 소유가 아니라 피고소인 소유이어서 절도죄를 구성하지 아니하여도 피고소인의 소위가 권리행사방해죄를 구성하는 때에는 피고인의 고소를 무고라고 할 수 없다. (대법원 1981. 6. 23. 80도1049)

5. 허위사실을 신고한 것이 아닌 이상 그 신고된 사실에 대한 형사책임을 부담할 자를 잘못 택하였다고 해도 무고죄는 성립하지 아니한다. (대법원 1982. 4. 27. 81도2341)

6. 혼인무효로 귀착되는 乙녀를 피고인이 배우자 있는 여자로 알고서 상간하였다가 호적상 배우자로 등재된 甲남으로부터 간통죄로 고소를 당한 후에, 피고인이 혼인의 효력문제는 언급함이 없이 乙녀와 상간한 사실이 없는 데도 있는 것처럼 무고하였다는 취지로 제기한 위 甲남에 대한 고소는 결과적으로는 간통죄를 구성하지 아니한다는 객관적 사실에 부합하는 것이므로 위 甲남에 대한 무고죄가 성립하지 아니한다. (대법원 1982. 6. 22. 82도826)

7. 강간을 당하여 상해를 입었다는 고소내용은 하나의 강간행위에 대한 고소사실이고, 이를 분리하여 강간에 관한 고소사실과 상해에 관한 고소사실의 두 가지 고소내용이라고 볼 수는 없으므로, 피고인이 공소외 甲으로부터 강간을 당한 것이 사실인 이상 이를 고소함에 있어서 강간으로 입은 것이 아닌 상해사실을 포함시켰다 하더라도 이는 고소내용의 정황을 과장한 것에 지나지 아니하여 따로 무고죄를 구성하지 아니한다. (대법원 1983. 1. 18. 82도2170)

8. 피고인의 처가 간통한 사실이 없지만 만취하여 떠드는 피고인을 달랠 방편으로 피고인에게 간통한 사실이 있다고 자백을 하였다 해도 그 자백 당시의 정황 등에 비추어 진실한 것이 아님을 피고인이 능히 간취할 수 있었다는 등의 특단의 사정이 없는 한 남편인 피고인은 처의 간통자백을 진실한 것으로 믿을 수밖에 없을 것이므로 간통으로 고소한 데 무고의 범의를 인정할 수 없다. (대법원 1983. 7. 12. 83도1395)

9. 피고인이 여러 사람과 시비를 하여 누구로부터 얼마를 구타당하였는지 특정 지을 수 없으나 좌측안면부 등에 찰과상 및 좌상을 입은 사실을 인정할 수 있다면 피고인이 이를 고소함에 있어서 좌측안면부 등의 찰과상 및 좌상 외에 이미 수년전 또는 몇 개월 전에 입은 비골골절 사실마저 기재된 상해진단서를 제출하였다 하여도 이는 고소내용의 정황과장에 지나지 않으므로 위 골절부분만이 따로 무고죄를 구성한다고

할 수 없다. (대법원 1984. 1. 24. 83도3023)

10. 압수물의 환부를 받을 자의 소재가 불명하다 하여 관보에 공고하기 위하여서는 일단 압수물의 환부인에게 적법한 송달을 하여 그 송달이 불능한 경우라야 할 것인데 검사가 피의자에 대하여 무혐의 결정을 하면서 압수물의 환부결정을 한 다음, 피고인의 주소가 그 기록상 뚜렷한데도 압수물 환부를 관보에 공고하도록 조치한 것은 압수물환부에 관한 공고요건이 결여되었다 할 것이고 따라서 이를 탓하는 내용의 피고인 제출의 고소장 기재사실이 허위사실을 가지고 위 검사를 무고하였다고 할 수는 없다. (대법원 1984. 3. 27. 83도2826)

11. 고소인이 피고소인들이 저지른 불법행위에 관하여 고소를 제기함에 있어 법의 무지로 비록 죄명을 잘못 적었다고 하더라도 그 고소내용이 객관적인 사실관계를 거짓없이 신고한 것인 이상 무고죄가 된다고 할 수 없다. (대법원 1984. 5. 29. 83도3125)

12. 하천부지 점용권의 매매계약에 있어 매수인의 잔대금 지급과 매도인의 하천부지 점용포기서의 교부는 동시이행 관계에 있으므로 매도인이 하천부지에 대한 점용포기서의 준비나 제공 없이 매수인의 잔금지급 불이행만을 들고 일방적으로 매매계약 해제통고를 하였다 하여도 위 매매계약이 유효하게 해제되었다고 할 수 없는 것이어서 매도인이 매매계약 해제통고 후 하천부지를 타에 매각한 것을 들어 배임죄로 고소한 행위는 객관적으로 진실하여 허위라고 할 수 없으므로 무고죄를 구성하지 아니한다. (대법원 1985. 2. 26. 84도2510)

13. 서로 멱살을 잡고 밀고 당기는 과정에서 스스로 넘어져 입게 된 상처를 상대방의 폭행으로 인한 것이라고 고소하였더라도 허위사실을 신고한 것으로 볼 수 없다. (대법원 1986. 7. 22. 86도582)

14. 고소인이 甲에게 대여하였다가 이미 변제받은 금원에 관하여 甲이 이를 수개월간 변제치 않고 있었던 점을 들어 위 금원을 착복하였다는 표현으로 고소장에 기재하였다 하여도 이것이 甲으로부터 아직 변제받지 못한 나머지 금원에 관한 고소내용의 정황을 과장한 것이거나 또는 주관적 법률 평가를 잘못하였음에 지나지 아니한 것이라면 특별한 사정이 없는 한 이로써 허위의 사실을 들어 고소하였다고 단정할 수는 없다. (대법원 1987. 6. 9. 87도1029)

15. 관리대행업체 관리소장 甲은 같은 회사 소속 보일러 기계실장 P가 '특정유해물질 또는 산업폐기물'을 함유하고 있는 보일러 세관수를 방류하였다고 경찰에 고발하였다. 이를 수사한 검사는 방류된 보일러 세관수의 수소이온농도(pH)가 2.0 이하 12.5

이상 범위를 벗어나지 않아 산업폐기물이 아니라는 이유로 혐의 없음 처분을 내렸다. 이에 P가 甲을 무고로 고소하였다. 이 경우 P가 세관수를 방류한 것은 사실이고 甲이 그 사실을 고발한 것이므로, 고발의 내용이 중요부분에 있어 객관적으로 진실한 사실에 부합하는 것이어서 허위사실을 신고한 것이라고는 할 수 없으므로 무고죄에 해당하지 아니한다. (대법원 1991. 10. 11. 91도1950)

16. 폭행을 당하지는 않았더라도 그와 다투는 과정에서 시비가 되어 서로 허리띠나 옷을 잡고 밀고 당기면서 평소에 좋은 상태가 아니던 요추부에 경도의 염좌증세가 생겼을 가능성이 충분히 있다면, 구타를 당하여 상해를 입었다는 내용의 고소는 다소 과장된 것이라고 볼 수 있을지언정 이를 무고죄의 처벌대상인 허위사실을 신고한 것이라고 보기는 어렵다. (대법원 1996. 5. 31. 96도771)

17. 허위사실이라는 요건은 적극적인 증명이 있어야 하며, 신고사실의 진실성을 인정할 수 없다는 소극적 증명만으로 곧 그 신고사실이 객관적 진실에 반하는 허위사실이라고 단정하여 무고죄의 성립을 인정할 수는 없다. (대법원 2004. 1. 27. 2003도5114; 대법원 2006. 5. 25. 2005도4642)

18. 피고인 자신이 상대방의 범행에 공범으로 가담하였음에도 자신의 가담사실을 숨기고 상대방만을 고소한 경우, 피고인의 고소내용이 상대방의 범행 부분에 관한 한 진실에 부합하므로 이를 허위의 사실로 볼 수 없어 무고죄가 성립하지 않는다. (대법원 2008. 8. 21. 2008도3754)

허위의 '사실'을 신고한 경우에만 본죄가 성립되므로 **적용법조**나 **죄명**을 틀리게 적시하는 것은 본죄에 해당되지 않는다(대법원 1985. 6. 25. 83도3245).

제156조에서 말하는 '사실'에는 **위법성 조각사유**에 해당되는 사실도 포함되는 것이므로 이에 해당되는 사실이 존재함에도 이를 숨기고 구성요건 해당사실을 신고하게 되면 본죄가 성립된다(대법원 1986. 12. 9. 85도2482; 대법원 1998. 3. 24. 97도2956).

신고의 방법에는 제한이 없다. 다만 신고는 자발적인 것이어야 하고 수사기관 등의 추궁에 대해 허위의 진술을 하는 것은 무고죄가 되지 않는다(대법원 1996. 2. 9. 95도2652).

【판례】 신고의 방법 **1.** 무고죄에 있어서 허위사실의 신고방식은 구두에 의하건 서면에 의하건 관계가 없을 뿐 아니라, 서면에 의하는 경우 그 신고내용이 타인으로 하여금 형사처분 또는 징계처분을 받게 할 목적의 허위사실이면 족한 것이지 그 명칭을

반드시 고소장이라고 하여야만 무고죄가 성립하는 것은 아니다. (대법원 1985. 12. 10. 84도2380)

2. 고발은 피해자 본인 및 고소권자를 제외하고는 누구나 할 수 있는 것이어서 고발의 대리는 허용되지 않고 고발의 의사를 결정하고 고발행위를 주재한 자가 고발인이라고 할 것이므로 타인명의의 고소장 제출에 의해 위증사실의 신고가 행하여졌더라도 피고인이 고소장을 작성하여 수사기관에 제출하고 수사기관에 대하여 고발인진술을 하는 등 피고인의 의사로 고발행위를 주도하였다면 그 고발인은 피고인이다. (대법원 1989. 9. 26. 88도1533)

【판례】 신고에 해당하는 경우 1. 검찰수사관에게 허위사실을 말하고 진술조서를 받음에 있어 처벌요구의 진술을 하였다면 이는 무고죄에 있어서의 신고에 해당한다. (대법원 1988. 2. 23. 87도2454)

2. 무고죄에 있어서의 신고는 자발적인 것이어야 하고 수사기관 등의 추문에 대하여 허위의 진술을 하는 것은 무고죄를 구성하지 않는 것이지만, 당초 고소장에 기재하지 않은 사실을 수사기관에서 고소보충조서를 받을 때 자진하여 진술하였다면 이 진술 부분까지 신고한 것으로 보아야 한다. (대법원 1996. 2. 9. 95도2652)

3. 원판결의 증거된 증언을 한 자가 그 재판 과정에서 자신의 증언과 반대되는 취지의 증언을 한 다른 증인을 위증죄로 고소하였는데 그 고소가 허위임이 밝혀지면 무고죄가 성립한다. (대법원 2005. 4. 14. 2003도1080)

4. 경찰관이 갑을 현행범으로 체포하려는 상황에서 을이 경찰관을 폭행하여 을을 현행범으로 체포하였는데, 을이 경찰관의 현행범 체포업무를 방해한 일이 없다며 경찰관을 불법체포로 고소한 경우, 그 고소내용은 허위사실의 기재로서 무고죄가 성립한다. (대법원 2009. 1. 30. 2008도8573)

【판례】 신고에 해당하지 않는 경우 무고죄는 당국의 추문을 받음이 없이 자진하여 타인으로 하여금 형사처분 등을 받게 할 목적으로 공무소 또는 공무원에 대하여 허위의 사실을 신고한 경우에 성립되는 것이므로 공동피고인 중 1인이 타범죄로 조사를 받는 과정에서 사법경찰관 및 검사의 심문에 따라 다른 공동피고인의 범죄사실을 진술한 경우라면 가사 그 진술내용이 허위라 하더라도 이를 무고라고는 할 수 없다. (대법원 1985. 7. 26. 85모14)

부작위에 의한 신고는 불가능하다(**통설**). 그러나 고소인이 조사과정에서 질문·답변을 하다가 고소장에 기재되어 있지 않은 내용의 허위사실을 새롭게 진술하게 되면 본죄가 성립된다(대법원 1996. 2. 9. 95도2652). 고소장 제출에 따른 조사과정은 전체적으로 자발적인 행동으로 보아야 하기 때문이다.

다른 사람의 이름으로 신고를 하거나 **익명**으로 제보하는 것도 본죄의 '신고'에 포함된다(**통설**). 피무고자의 이름이 반드시 명시되어 있어야 하는 것은 아니다. 신고 내용을 통해 누구인가를 특정할 수 있기만 하면 된다(**통설**).

객관적으로 고소사실에 대한 **공소시효**가 완성되었더라도, 아직 공소시효가 완성되지 않은 것으로 판단하게 만드는 내용의 고소를 한 경우에는 국가기관의 직무를 그르칠 염려가 있으므로 무고죄가 된다(대법원 1995. 12. 5. 95도1908). 처벌규정이 없거나(대법원 1976. 10. 26. 75도1657; 대법원 2002. 11. 8. 2002도3738) 이미 사면이 이루어져(대법원 1970. 3. 24. 69도2330) 형사처벌이 불가능한 경우에도 마찬가지이다. 고소기간이 지난 범죄(친고죄)에 대해 고소했는데, 고소기간이 경과해서 공소를 제기할 수 없음이 신고내용을 통해 바로 확인이 될 때에는 국가기관의 직무를 그르치게 할 위험이 없으므로 무고가 되지 않는다(대법원 1994. 2. 8. 93도3445; 대법원 1998. 4. 14. 98도150).

【판례】 무고죄의 성립 1. 무고죄에 있어서 공무소 또는 공무원에 대한 신고는 반드시 징계처분 또는 형사처분을 심사 결행할 직권 있는 본속상관에게 직접 할 것을 필요로 하는 것이 아니고 지휘 명령계통이나 수사관할 이첩을 통하여 그런 권한 있는 상관에게 도달함으로써 성립한다. (대법원 1973. 1. 16. 72도1136)

2. 피고인이 최초에 작성한 허위내용의 고소장을 경찰관에게 제출하였을 때 이미 허위사실의 신고가 수사기관에 도달되어 무고죄의 기수에 이른 것이라 할 것이므로 그 후에 그 고소장을 되돌려 받았다 하더라도 이는 무고죄의 성립에 아무런 영향이 없다. (대법원 1985. 2. 8. 84도2215)

2. 주관적 구성요건

공무소 또는 공무원에 대하여 허위의 사실을 신고한다는 데 대한 인식과 의사가 있어야 한다. 실제로는 신고한 사실이 객관적 사실에 반하는 허위의 것이라 하더라도 이를 알지 못했을 때에는 무고가 되지 않는다

(대법원 1983. 11. 8. 83도2354; 대법원 1988. 9. 27. 88도99; 대법원 1995. 12. 5. 95도231; 대법원 1998. 9. 8. 98도1949). 반드시 확정적 고의임을 요하지 않는다. 미필적 고의로도 족하다. 따라서 신고자가 신고사실이 허위라는 것을 확신하고 있을 필요는 없다(대법원 1996. 5. 10. 96도324).

【판례】 고의의 내용 1. 무고죄에 있어서 허위사실의 신고라 함은 신고사실이 객관적 사실에 반한다는 것을 확정적이거나 미필적으로 인식하고 신고하는 것을 말하는 것이므로 객관적 사실과 일치하지 않는 것이라도 신고자가 진실이라고 확신하고 신고하였을 때에는 무고죄가 성립하지 않는다고 할 것이나, 여기에서 진실이라고 확신한다 함은 신고자가 알고 있는 객관적인 사실관계에 의하더라도 신고사실이 허위라거나 또는 허위일 가능성이 있다는 인식을 하지 못하는 경우를 말하는 것이지, 신고자가 알고 있는 객관적 사실관계에 의하여 신고사실이 허위라거나 허위일 가능성이 있다는 인식을 하면서도 이를 무시한 채 무조건 자신의 주장이 옳다고 생각하는 경우까지 포함되는 것은 아니다. (대법원 2000. 7. 4. 2000도1908)

2. 무고죄는 타인으로 하여금 형사처분 또는 징계처분을 받게 할 목적으로 공무소 또는 공무원에 대하여 허위의 사실을 신고하는 때에 성립하는 것으로, 여기에서 허위사실의 신고라 함은 신고사실이 객관적 사실에 반한다는 것을 확정적이거나 미필적으로 인식하고 신고하는 것을 말하는 것이므로, 설령 고소사실이 객관적 사실에 반하는 허위의 것이라 할지라도 그 허위성에 대한 인식이 없을 때에는 무고에 대한 고의는 인정할 수 없다. (대법원 2000. 11. 24. 99도822)

3. 무고죄에 있어서의 범의는 반드시 확정적 고의임을 요하지 아니하고 미필적 고의로서도 족하다 할 것이므로 무고죄는 신고자가 진실하다는 확신 없는 사실을 신고함으로써 성립하고 그 신고사실이 허위라는 것을 확신함을 필요로 하지 않는다. (대법원 2006. 5. 25. 2005도4642)

또한 타인으로 하여금 형사처벌이나 징계처분을 받게 할 목적으로 신고한다는 의사가 있어야 한다(**목적범**). 타인이 형사처분을 받도록 만드는 것이 유일한 목적이거나 근본적인 행위동기이었을 필요는 없다. 목적을 미필적 형태로 갖추고 있어도 본죄가 성립하는가에 대하여 견해대립이 있다.

① 긍정설 (**판례** 대법원 1986. 8. 19. 86도1259; 대법원 1991. 5. 10. 90도2601)

② 부정설

결론 주관적 구성요건 요소의 하나인 목적이 구성요건적 고의와는 달리 미필적 형태일 경우에 인정되지 않는다고 할 특별한 이유가 없다. **긍정설**이 타당하다.

Ⅱ. 죄 수

하나의 허위신고 행위를 통해 여러 사람을 무고하게 되면 여러 개의 무고죄가 성립하면서 상상적 경합이 된다(**통설**). 하나의 행위를 통해 한 사람에 대하여 여러 가지 허위사실을 신고하게 되면 단순 1죄가 된다. 같은 사람에 대해서 여러 차례 허위신고를 하게 되면 연속범으로서 포괄 1죄가 된다.

무고를 하고 나서 법정에서 허위의 증언을 하게 되면, 본죄와 위증죄가 모두 성립하면서 실체적 경합관계가 된다.

Ⅲ. 형 벌

본죄를 범한 자가 그 신고한 사건의 재판 또는 징계처분이 확정되기 전에 자백 또는 자수한 때에는 그 형을 감경 또는 면제한다. 여기서의 자백이란 자신의 범죄사실, 즉 타인으로 하여금 형사처분 또는 징계처분을 받게 할 목적으로 공무소 또는 공무원에 대하여 허위의 사실을 신고하였음을 자인하는 것을 말하고, 단순히 그 신고한 내용이 객관적 사실에 반한다고 이야기한 것에 지나지 않는 경우는 이에 해당되지 않는다(대법원 1995. 9. 5. 94도755).

형법 제157조에 의한 자수 감경이 인정되는 경우에도 형법 제52조 제1항에 의한 총칙상의 감경이 중복적으로 인정될 수 있다.

찾아보기

ㄱ

ㄴ

ㄷ

ㅁ

ㅂ

ㅅ

ㅇ

ㅈ

ㅊ

ㅋ

ㅌ

ㅍ

ㅎ

[저자약력]

김성천 (金聖天)

• 중앙대학교 법과대학 법학과 졸업
• 중앙대학교 대학원 석사과정 졸업
• 독일 빌레펠트대학 박사과정 졸업
• 위덕대학교 법학과 교수
• 현재 중앙대학교 법학전문대학원 교수

형법각론

초판 발행 2000년 3월 1일
초판2쇄 발행 2001년 9월 1일
제3판 발행 2012년 3월 1일
제4판 발행 2014년 3월 1일
제5판 발행 2015년 3월 1일
제6판 발행 2017년 9월 1일
제7판 발행 2021년 9월 1일
제7판2쇄 발행 2023년 9월 1일

지은이 : 김성천
표지디자인 : 김한비
펴낸이 : 강소진
펴낸 곳 : 도서출판 **소진**
(e-mail : mooriang@hanmail.net)
등록 : 2022년 4월 11일 (제2009-000042호)
주소 : 서울시 관악구 서원7길 24, 102호
전화 : 02-877-3038
팩스 : 02-6008-9469

ISBN 979-11-951193-4-9 값 48,000원